EDIFÍCIO AMBIENTAL

EDIFÍCIO AMBIENTAL

Joana Carla Soares Gonçalves
Klaus Bode
organizadores

oficina de textos

1ª reimpressão 2019

Grafia atualizada conforme o Acordo Ortográfico da Língua Portuguesa de 1990, em vigor no Brasil desde 2009.

Capa e projeto gráfico Malu Vallim
Diagramação Casa Editorial Maluhy Co.
Preparação de figuras Maria Lúcia Rigon
Preparação de textos Carolina Messias
Revisão de textos Maria Rosa Carnicelli Kushnir
Impressão e acabamento BMF gráfica e editora

Dados internacionais de Catalogação na Publicação (CIP)
(Câmara Brasileira do Livro, SP, Brasil)

Edifício ambiental / Joana Carla Soares Gonçalves, Klaus Bode , organizadores. -- São Paulo : Oficina de Textos, 2015.
Vários autores.

Bibliografia.
ISBN 978-85-7975-130-1

1. Arquitetura - Aspectos ambientais 2. Arquitetura sustentável 3. Meio ambiente 4. Planejamento 5. Sustentabilidade I. Gonçalves, Joana Carla Soares. II. Bode, Klaus.

15-00732 CDD-720.47

Índices para catálogo sistemático:
1. Arquitetura e meio ambiente 720.47
2. Arquitetura sustentável 720.47

Rua Cubatão, 798
CEP 04013-003 São Paulo SP
tel. (11) 3085 7933
www.ofitexto.com.br atend@ofitexto.com.br

[Agradecimentos]

Os autores do livro agradecem às seguintes instituições e empresas o apoio, o financiamento, a participação nas pesquisas e a dedicação de seus funcionários e colaboradores que resultaram nesta obra: Companhia Paulista de Força e Luz (CPFL); Conselho Nacional de Desenvolvimento Científico e Tecnológico (CNPq); Coordenação de Aperfeiçoamento de Pessoal de Nível Superior (CAPES); Escritório de arquitetura Mario Cucinella Architetto (MCA); European Commission's 6th Framework Programme; Financiadora de Estudos e Projetos (FINEP); Gerdau; MC Bauchemie; PhD Engenharia; Seção de Produção de Bases Digitais para Arquitetura e Urbanismo (Cesad/FAU-USP); e aos parceiros do consórcio do projeto Passive and Hybrid Downdraught Cooling (PHDC).

Os autores também agradecem às seguintes pessoas por sua contribuição: Ana Cláudia Magalhães, Anarrita Bueno Buoro, Ângela Madeira (Labaut/FAU-USP), Bárbara Ferronato (Labaut/FAU-USP), Carolina Abrahão Alves (Labaut/FAU-USP), Carolina dos Santos Gusson (Labaut/FAU-USP), Cauê César Carromeu, Dr. Chris Field (Global Ecology Centre), Prof. Dr. Demóstenes Ferreira da Silva Filho (Esalq-USP), Denise Moreira (Labaut/FAU-USP), Dimaghi Schwamback, Prof. Dr. Eleonora Sad de Assis (UFMG), Fernanda Barros (Labaut/FAUUSP), Hawllynsgton Franco, Hugo Fagundes, James Lutterman (Zion National Park Visitor Centre), Kevin Winschel (GSA, Phoenix Office), Larissa Miranda, Luca Bertacchi, Marcella Saade, Martin Yoklic (Environmental Research Laboratories, University of Arizona), Michela Grosso, Paul Torcellini (NREL), Paula Shinzato (Labaut/FAU-USP), Ron Terry (Zion National Park Visitor Centre) e William Deeths (Kenilworth Junior High School).

[Apresentação]

Foi uma longa trajetória desde as primeiras discussões sobre o impacto do setor dos edifícios no mundo até a proposta deste livro, trazendo à tona a necessidade de usar a denominação edifício ambiental. É importante resgatar como chegamos ao momento que vivemos hoje, como a consciência ambiental foi sendo criada e absorvida pelas nações e como o discurso ambiental passou a ser não somente uma bandeira pela natureza, mas também uma nova e promissora oportunidade de negócios em todo o mundo. Tudo começou quando o choque do petróleo nos atingiu enquanto conjunto de nações desenvolvidas e em desenvolvimento no início da década de 1970, sobretudo nos Estados Unidos e na Europa. Naquele momento, houve o embargo por parte dos países membros da Organização dos Países Exportadores de Petróleo (OPEP) e do Golfo Pérsico à distribuição de petróleo cru. Essa nova situação gerou impactos e consequências de abrangência internacional que, muito embora tenha afetado mais alguns países do que outros, atingiu de alguma forma todos os demais países importadores e dependentes de petróleo além dos EUA e da Europa Ocidental, como foi o caso do Brasil. A crise se iniciou de fato no dia 17 de outubro de 1973, quando a OPEP e aliados, durante a Guerra do Yom Kippur, anunciaram que deixariam de enviar petróleo aos países que estavam apoiando Israel no seu conflito com o Egito. Como consequência, em apenas cinco meses, entre 17 de outubro de 1973 e 18 de março de 1974, os preços do barril de petróleo sofreram aumentos de até 400%, provocando recessão, inicialmente, nos Estados Unidos e na Europa e, posteriormente, no restante dos países dependentes.

A clara dependência de todos em relação a um pequeno grupo de países não era desconhecida de ninguém, mas não havia um plano B internacionalmente traçado e acordado entre as nações dependentes. Quando analisamos isso hoje, nos causa espanto esse despreparo em relação à falta de uma ação de contingência internacional na eventual carência de um insumo básico como o petróleo. O fato é que o tumulto resultante da crise gerou reverberações em todas as áreas e em todas as direções, e o setor dos edifícios, personalizado na figura dos arquitetos e de suas criações, não se salvou da enxurrada de críticas que recebeu, sobretudo por ter andado para trás em relação a um casamento outrora bem-sucedido, que era a estreita parceria e relação entre a arquitetura e o clima. Essa relação e esse elo haviam sido rompidos em todo o mundo, e parte desse rompimento se deve ao *total environmental control*, ocorrido principalmente nos edifícios de escritório em virtude do avanço das tecnologias ativas e com mais ênfase na iluminação artificial e no ar condicionado. Entre o final da década de 1950 e a crise do petróleo em 1973, os arquitetos se sentiam bastante livres para concretizar as suas criações, no exato significado da palavra, lançando mão de meios artificiais que compensavam a falta dos meios naturais, e não havia mecanismos legais que impedissem isso. O resultado foi a existência de edifícios de escritórios com consumo de 100 kWh/m^2 mês nos Estados Unidos, o que é absolutamente impensável hoje.

Sob esse aspecto, a crise do petróleo, que também é conhecida como o choque do petróleo, gerou da mesma forma um choque na arquitetura, nos seus padrões de projeto, na sua forma de projetar e no papel da sua responsabilidade frente ao cenário energético internacional. Vale ressaltar que tanto na década de 1970 como atualmente, ou seja, na segunda década do século XXI, o setor dos edifícios continua sendo responsável por parte significativa do consumo de energia dos países desenvolvidos e em desenvolvimento, respondendo por algo entre 30% e 40% do consumo total. Destaca-se aqui o caso dos EUA, com 39% de participação (2011). O desdobramento da crise no ano de 1974 gerou duas ações altamente benéficas tanto para o setor dos edifícios como para o planeta, nomeadamente: a criação da International Energy Agency (IEA), sediada em Paris, na França, e o início da prática de implementação de regulamentos energéticos para o setor dos edifícios. Quando foi fundada, os principais objetivos da IEA eram: (i) manter e melhorar os sistemas para lidar com interrupções no fornecimento de petróleo; (ii) promover políticas racionais de energia num contexto global, por meio de relações de cooperação com os países membros e não membros, a indústria e as organizações internacionais; (iii) operar um sistema permanente de informação sobre o mercado internacional de petróleo; (iv) melhorar a oferta e a demanda de energia do mundo por meio do desenvolvimento de fontes alternativas de energia e o aumento da eficiência do uso da energia; (v) promover a colaboração internacional em tecnologias de energia e; (vi) auxiliar na integração das políticas ambientais e energéticas. Nota-se, nessa declaração de intenções da IEA, uma forte alusão a dois aspectos estreitamente ligados ao setor dos edifícios: o aumento da eficiência do uso da energia, que se refere também ao aumento da eficiência de equipamentos, e o auxílio a países membros e não membros na criação de suas próprias políticas ambientais e energéticas.

A resposta internacional pós-criação da IEA foi incrivelmente rápida, demonstrando que, muito embora não houvesse um plano B para uma crise energética, existiam alternativas que poderiam ser acionadas imediatamente. No tocante ao setor dos edifícios, essas respostas centraram esforços na criação de políticas públicas e políticas de governo visando à redução da participação do setor dos edifícios na matriz energética internacional. Na América do Norte, diversos Estados americanos iniciaram o desenvolvimento dessas políticas, mas boa parte deles, por meio de uma ação absolutamente inteligente, adotou as diretrizes das organizações técnicas nacionais já existentes, como a American Society of Heating, Refrigerating and Air-Conditioning Engineers (ASHRAE), e as adaptou para serem transformadas em códigos de edificações em forma de lei. Na Europa, a França adotou o mesmo princípio e adaptou as normas e as recomendações elaboradas pelo Centre Scientifique et Technique du Bâtiment (CSTB), com ampla participação de especialistas de todo o país, para transformá-las em um Código de Edificações Nacional, contemplando todas as regiões do país. A União Europeia, não na mesma velocidade, mas na esteira dos acontecimentos ocorridos, propôs ao parlamento o desenvolvimento do Eurocode, que seria um código único para todos os países membros. Esse código valeria principalmente para aqueles países que não tivessem elaborado os seus próprios códigos. No final, o Eurocode acabou não sendo muito usado, mas não por desinteresse, pois os países membros da IEA responderam positivamente à questão e desenvolveram, cada um no seu tempo, suas próprias políticas energéticas para o setor de edifícios, utilizando a sua cultura construtiva e, principalmente, os indicadores possíveis de serem alcançados em um primeiro momento. Bem, o primeiro passo havia sido dado. Menos de um ano após o embargo do petróleo, já existiam políticas públicas formuladas e implementadas para o setor dos edifícios, e esse movimento seguiu progressivamente país após país. Entretanto, um segundo movimento estava nascendo, seguindo de perto os fatos que sucederam o embargo, como uma consequência deste, embora com uma abrangência muito mais ampla: o movimento ambiental.

O movimento ambiental reconhecia as questões energéticas como fundamentais, mas admitia também que havia outras questões emergenciais no planeta e constatava, sobretudo, que os recursos naturais não poderiam continuar a ser extraídos naquela velocidade e que, ao contrário do que ocorreu no embargo, era necessário ter um plano B. Esse plano B se chamava *otimização dos recursos naturais*. A Organização das Nações Unidas (ONU) abraçou a causa e iniciou uma série de conferências internacionais para discutir a questão, mas essas discussões não estavam resultando na proposição de políticas ambientais claras, efetivas e restritivas. Nesse cenário, decorreu a década de 1970 e o início da década de 1980 até que, em duas importantes conferências da ONU, foram propostos documentos marcantes no contexto internacional, sendo o primeiro deles o Nosso Futuro Comum, da conferência de Copenhague, em 1987, e o outro a Agenda 21 Global, lançada na conferência do Rio de Janeiro, em 1992, que propôs uma política mundial para o ambiente. Naquele momento, havia uma consciência internacional bastante formada e clara a respeito do ambiente e do papel dos edifícios nesse cenário, podendo contribuir com a redução de insumos importantes como a água, a energia e os materiais de extração primária. Nos países desenvolvidos, essa consciência se transformou em ação e a sociedade civil iniciou um movimento de organização em torno dessas questões, criando associações cujos objetivos eram absolutamente claros: reduzir o impacto dos edifícios no cenário ambiental global. O primeiro país a se organizar nessa área foi o Reino Unido, que, por meio do Building Research Establishment (BRE), criou a ferramenta BREEAM (Building Research Establishment Environmental Assessment Method). O segundo foi os Estados Unidos, que, por meio do U.S. Green Building Council (USGBC), criou a ferramenta Leadership in Energy and Environmental Design (LEED). O terceiro foi a França, que criou o Haute Qualité Environnementale (HQE) ou High Quality Environmental Standard, e assim sucessivamente até o momento atual, com o lançamento da ferramenta alemã Deutsche Gesellschaft für Nachhaltiges Bauen (DGNB) ou German Society for Sustainable Construction, que está adotando uma política bastante agressiva de disseminação de suas ideais. Essas ferramentas e iniciativas, segundo elas mesmas, são uma resposta da sociedade civil organizada para suprir uma carência de políticas públicas, que os governos não se organizaram para criar. É interessante essa crítica, pois, no início da década de 1970, os governos se organizaram em torno da questão energética, mas, no início da década de 1980, não adotaram a mesma conduta em relação à questão ambiental. Sem tentar explicar o porquê dessa atitude por parte dos governos, vamos tentar entender os desdobramentos dessas ações por parte das sociedades civis internacionais. Com o advento das ferramentas/certificações ambientais voluntárias, houve uma rápida adesão do setor da construção civil a elas. Do lado acadêmico, essa adesão foi impulsionada por um ideal de ver a marca registrada da sustentabilidade nos projetos de arquitetura e visualizar um futuro no qual os grandes exemplos da ineficiência ambiental não seriam mais construídos. Do lado dos empreendedores, as certificações agregariam valor aos projetos, e esses valores seriam compensados pela comercialização desses empreendimentos, sem causar evidentemente nenhum prejuízo. Do lado do mercado da construção civil, as certificações foram vistas como oportunidades de negócios, uma vez que, se não foi possível evitá-las, a saída era se unir a elas. Assim, foi formada a rede de apoio às certificações. No momento, não há como e nem acreditamos que se deva retroceder a isso. Cremos, sim, que a arquitetura pode e deve estar além das certificações, dos regulamentos e das normatizações. Ela precisa respeitá-las, mas deve continuar sendo criativa e inovadora como sempre foi. Deve também entender que a sua relação com o clima nunca poderá ser desfeita e que o erro do passado não poderá ser repetido novamente. Este livro foi escrito com esse intuito, ou seja, de resgatar essa ideia e faz isso brilhantemente, apresentando conceitos, casos e mais, mostrando que a tecnologia pode ser aliada da arquitetura, e não sua inimiga.

Marcelo de Andrade Romero
Diretor da Faculdade de Arquitetura e Urbanismo da
Universidade de São Paulo (FAU-USP)
Superintendente de Gestão Ambiental da
Universidade de São Paulo (USP)

[Sumário]

Introdução ... **15**

Parte 1 | Arquitetura, ambiente e tecnologia ... **25**

1 Arquitetura da adaptação ... **27**
1.1 Conforto ambiental e as possibilidades do modelo adaptativo ... 27
1.2 Considerações preliminares sobre o projeto do edifício ambiental ... 36
1.3 Pesquisa arquitetônica para o projeto ambientalmente sustentável ... 46
Referências bibliográficas ... 53

2 Ventilação natural em edifícios de escritórios: mito ou realidade? ... **57**
2.1 A influência do clima ... 60
2.2 Discussão arquitetônica ... 65
2.3 Ventilação natural em edifícios altos ... 69
2.4 Modo misto: interação entre ventilação natural e sistemas prediais ... 75
2.5 Considerações finais ... 77
Referências bibliográficas ... 78

3 O desempenho térmico de ambientes de trabalho nas cidades de São Paulo e Rio de Janeiro ... **81**
3.1 A ventilação natural e o projeto de janelas para ambientes de trabalho em São Paulo ... 81
3.2 Ventilação natural e massa térmica: aspectos quantitativos e qualitativos do desempenho de edifícios de escritórios no Rio de Janeiro ... 93
Referências bibliográficas ... 99

4 A tecnologia dos sistemas prediais ... **103**
4.1 Considerações preliminares: princípios para uma abordagem ambiental ... 103
4.2 Fundamentos para a eficiência energética da climatização ... 106
4.3 Considerações finais ... 124
Referências bibliográficas ... 125

5 Seleção de materiais e edifícios de alto desempenho ambiental ... **129**
5.1 Os números da construção civil e o papel das edificações ... 129
5.2 Importância e desafios para consideração dos materiais de construção para avaliação de impactos no ciclo de vida de edificações ... 131
5.3 O que define um edifício de alto desempenho ambiental do ponto de vista de materiais? ... 133
5.4 Estimativa de impactos de materiais no ciclo de vida da edificação ... 135
5.5 Indicadores de ecoeficiência material para edificações brasileiras ... 138
5.6 Conclusões ... 143
Referências bibliográficas ... 147

Parte 2 | O Ambiente urbano e os edifícios **153**

6 O clima urbano e o ambiente construído **155**
6.1 Clima urbano: abordagens, escalas e balanço de energia em áreas urbanizadas........ 157
6.2 Efeitos do desenho urbano sobre o microclima urbano e sobre as edificações........ 169
6.3 Efeitos dos edifícios sobre o microclima urbano 172
6.4 Considerações finais 174
Referências bibliográficas 174

7 Edifícios altos e forma urbana **181**
7.1 O impacto de *canyons* urbanos no desempenho ambiental de edifícios 182
7.2 *Transbordering*: editando térreos do edifício alto típico em São Paulo 199
Referências bibliográficas 219

8 A economia das cidades: a perspectiva de um economista sobre as vantagens do adensamento urbano além do desempenho ambiental **223**
8.1 Os benefícios das aglomerações (ganhos de escala) 227
8.2 Os custos das aglomerações urbanas 231
Referências bibliográficas 234

Parte 3 | Processo de projeto **235**

9 Projeto integrado e o papel da simulação computacional de desempenho ambiental (exemplos de projeto) **237**
9.1 Velódromo das Olimpíadas de Londres de 2012: síntese entre arquitetura e tecnologia dos sistemas prediais 238
9.2 One Airport Square, edifício de escritórios na República de Gana, África: o potencial ambiental da arquitetura em concreto 253
9.3 Escola de Economia de Toulouse (TSE): arquitetura de espaços de transição para a mediação climática 269
Referências bibliográficas 283

10 Fundamentos da simulação energética de edificações **285**
10.1 Edificação-modelo 288
10.2 Tendências futuras 293
10.3 Considerações finais 294
Referências bibliográficas 294

11 Avaliação de desempenho, simulação computacional e o projeto arquitetônico **297**
11.1 O desempenho ambiental de estratégias arquitetônicas 298
11.2 O impacto da tecnologia digital no processo de projeto: aspectos metodológicos 302
11.3 O potencial gerativo de critérios ambientais 305
11.4 Considerações finais 311
Referências bibliográficas 312

12 **Arquitetura generativa *high-low*: princípios e aplicações 313**
12.1 Projeto paramétrico 314
12.2 O paradigma *high-low* 315
12.3 Experiências de projetos 316
12.4 Considerações finais 326
Referências bibliográficas 328

13 **Cálculos analíticos simplificados para a avaliação de conforto térmico relacionado ao uso da ventilação natural de galpões industriais 329**
13.1 Segurança e medicina do trabalho 330
13.2 Recursos da ventilação 331
13.3 Galpões industriais com pequena dissipação de calor no interior 332
13.4 Galpões industriais com grande dissipação de calor no interior 337
13.5 Considerações finais 345
Referências bibliográficas 348

Parte 4 | Aprendendo com os edifícios existentes 349

14 **Edifícios em uso: o desempenho ambiental de ícones de uma geração 351**
14.1 A sede do Commerzbank em Frankfurt am Main, Alemanha: ícone de eficiência energética e qualidade ambiental em edifícios de escritório 351
14.2 Assembleia Nacional do País de Gales: o projeto e a ocupação do edifício inspirado em princípios de desempenho e qualidade ambiental 367
Referências bibliográficas 378

15 **A tecnologia pioneira de resfriamento evaporativo: lições de edifícios norte-americanos, um estudo de avaliação pós-ocupação 379**
15.1 Edifícios, clima e estratégias de resfriamento 382
15.2 A percepção dos usuários 391
15.3 Avaliação pós-ocupação: resumo dos resultados 396
Referências bibliográficas 397

16 **A reabilitação de edifícios 399**
16.1 O porquê da reabilitação de edifícios 399
16.2 Diretrizes gerais para a requalificação ambiental e energética de edifícios 400
Referências bibliográficas 415

17 **O contexto europeu da reabilitação de edifícios 417**
17.1 Mais conforto e menos energia na renovação de edifícios habitacionais em climas mediterrânicos 417
17.2 O caso espanhol: reabilitação ambiental de edifícios residenciais na Galícia, uma resposta à crise econômica 428
Referências bibliográficas 450

18 O desempenho ambiental e a requalificação de edifícios altos no centro de São Paulo, com foco na habitação de interesse social ... 453
18.1 O centro de São Paulo e seus edifícios altos residenciais ... 453
18.2 Possibilidades arquitetônicas da requalificação e o seu desempenho ambiental ... 455
18.3 Ocupação e demanda energética ... 460
18.4 Flexibilidade e sustentabilidade ... 463
18.5 Considerações finais ... 472
Referências bibliográficas ... 474

19 A reocupação de edifícios multifamiliares no centro de São Paulo ... 477
19.1 Uma reflexão sobre a questão ergonômica ... 477
19.2 Edifício União, no bairro do Bom Retiro: a recuperação da estrutura e a conquista para a habitação ... 491
Referências bibliográficas ... 500

Parte 5 | Os desafios ambientais e as forças de mercado ... 501

20 Habitações mais sustentáveis para populações de baixa renda: fundamentos e propostas desenvolvidas pelo Núcleo Orientado para a Inovação da Edificação (Norie) ... 503
20.1 Um breve retrospecto das pesquisas em habitação de interesse social ... 503
20.2 Comunidades resilientes no cenário pós-pique do petróleo: uma reflexão sobre os desafios para a sustentabilidade ... 508
20.3 O desafio de (re)planejar comunidades para a era *pós-combustíveis fósseis* ... 513
20.4 Desenvolvimento de estudos para um conjunto habitacional, para o município de Feliz, no Rio Grande do Sul ... 516
20.5 Considerações finais ... 519
Referências bibliográficas ... 521

21 A certificação ambiental de edifícios ... 523
21.1 Uma revisão dos sistemas de certificação e o caso brasileiro ... 523
21.2 Uma avaliação crítica do sistema LEED ... 536
Referências bibliográficas ... 541

22 Brasil, Plano Nacional de Eficiência Energética, etiquetagem e o selo Casa Azul da Caixa ... 545
22.1 Etiquetagem para avaliação do nível de eficiência energética em edificações ... 548
22.2 Selo Casa Azul da Caixa ... 561
22.3 Considerações finais ... 568
Referências bibliográficas ... 569

Considerações finais ... 573
O valor do edifício de melhor desempenho e qualidade ambiental ... 573
Referências bibliográficas ... 582

Sobre os autores ... 585

[Introdução]

JOANA CARLA SOARES GONÇALVES

Desde os anos 1990, a discussão sobre o impacto ambiental de edifícios vem ganhando peso na agenda de uma série de cidades e países ao redor do mundo, alcançando dimensões globais em *The Green Economy Report* (Unep, 2011a, 2011b), do Programa das Nações Unidas para o Meio Ambiente (PNUMA). O relatório foi elaborado para informar políticas públicas e iniciativas privadas sobre o potencial de transformação socioeconômica associado a investimentos em prol de um melhor desempenho ambiental do setor de edificações.

Aproximadamente 25% do consumo da energia primária produzida no mundo está atrelado ao uso e à ocupação de edifícios, sendo os países desenvolvidos (ou industrializados) os responsáveis pela maior parcela desse consumo (Levine et al., 2007). Como consequência, o setor de edificações foi identificado como líder mundial em emissões de CO_2, no quarto relatório produzido pelo Painel Internacional de Mudanças Climáticas (International Panel of Climate Change, IPCC). No entanto, o mesmo relatório também identifica o setor como aquele com o maior potencial de redução das suas emissões de CO_2, em função das oportunidades de projeto, avanços tecnológicos e comportamento do usuário.

Estudos realizados pelo IPCC (2007) em 36 países apontam para a possibilidade de 29% de redução das emissões do setor das edificações até 2020, a custo zero. As estimativas do IPCC são ainda mais animadoras quando sugerem que cerca de 90% de redução do consumo de energia em edifícios pode ser alcançado com um investimento inferior a U$ 20,00 por tonelada de CO_2 (Fig. I.1).

Segundo projeções apresentadas em *The Green Economy Report*, com o investimento de um décimo do percentual do PIB mundial estimado para acionar a transição da economia em direção a uma condição mais *verde*, as emissões mundiais de CO_2 causadas pelo setor de edificações caem para valores menores do que os calculados para 1990. Esse é o desempenho equivalente a 43% de redução das emissões estimadas para o cenário conhecido como *business as usual*, ou seja, de um crescimento futuro do setor sem investimentos para a melhoria da sua eficiência energética (Unep, 2011a) (Figs. I.2 e I.3). Vale ressaltar que, como todos esses números se referem ao contexto global, projeções e metas devem ser recalculadas para as diferentes realidades regionais e locais.

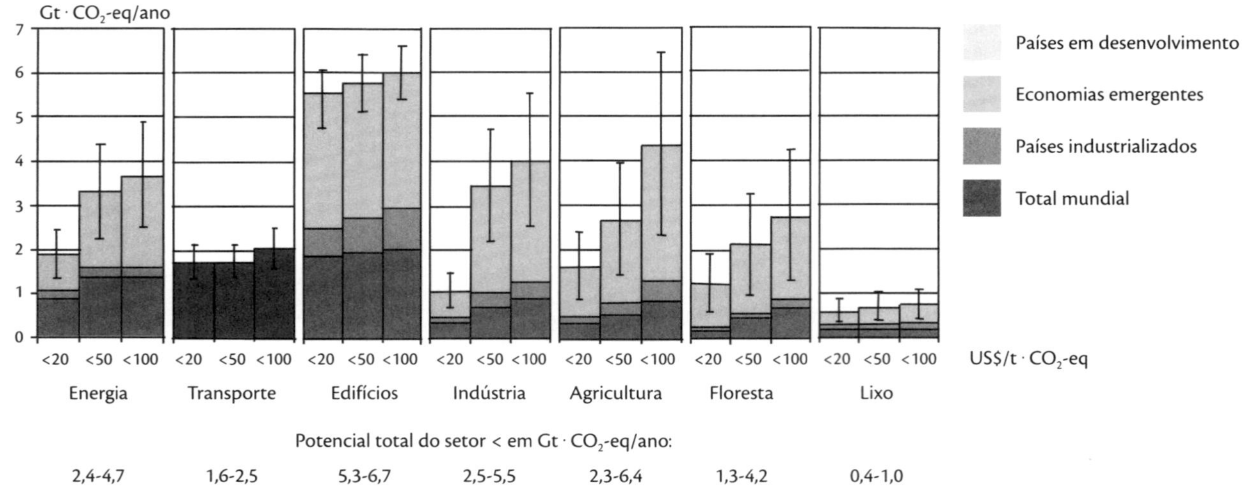

Fig. I.1 Comparação do potencial de redução de emissões de CO_2, como consequência de diferentes níveis de investimento financeiro (< US$ 20,00; < US$ 50,00; e < US$ 100,00), em uma série de setores da economia mundial, incluindo o setor de edificações
Fonte: Unep (2011a).

Simultaneamente à redução do impacto ambiental, acredita-se que os investimentos para as reduções das emissões dos edifícios conduzam a um crescimento mundial do setor e do PIB, incluindo um aumento da demanda energética, que é contrabalanceado pelo aumento da eficiência nos processos de consumo (Unep, 2011a).

Apesar de os países desenvolvidos (também chamados de industrializados) ainda ocuparem uma posição predominante nas emissões de CO_2 do contexto global, as projeções de um modesto crescimento econômico e populacional apontam para um aumento pouco expressivo do consumo de energia em edifícios nesses países nas próximas décadas. Olhando para o caso da Europa, em particular, aproximadamente 75% do estoque para o residencial necessário para 2050 já está construído (Ravetz, 2008). Diante dessa realidade, no que se refere ao desempenho ambiental do setor, a requalificação de edifícios ganha importância sobre a construção de novos empreendimentos.

Em contrapartida, o crescimento populacional, acompanhado pelo rápido processo de urbanização em determinadas partes do mundo em desenvolvimento, anuncia uma mudança de foco. O setor da construção de edifícios residenciais e comerciais tem um crescimento atual, em média, de 7% na China e de 5% na Índia e no sudeste da Ásia, contra 2% nos países desenvolvidos como um todo (Baumert; Herzog; Pershing, 2005). Paralelamente, a projeção de crescimento populacional no conjunto dos países em desenvolvimento é de 2,3 bilhões para as próximas quarto décadas (UN; Desa, 2009). Além da crescente demanda habitacional, estudos publicados pela organização World Business Council for Sustainable Development (WBCSD, 2007), mostram que o processo acelerado de urbanização e crescimento de cidades do Brasil, China e Índia (para citar os casos de maior peso no cenário mundial) tem como consequência uma demanda expressiva por novos edifícios comerciais. Na China, prevê-se até 2020 um aumento de 70% do estoque da área comercial exis-

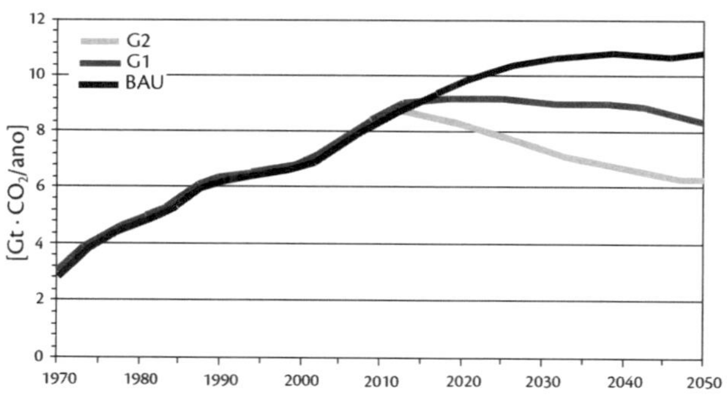

Fig. I.2 Comparação das emissões de CO_2 do setor de edifícios de 1970 até 2050 entre três cenários: *business as usual* (BAU) e aqueles referentes aos investimentos sugeridos em *The Green Economy Report*
Fonte: Unep (2011a).

tente em 2007 (aproximadamente 3,5 bilhões de metros quadrados construídos) (Zhou et al., 2007).

Junto às perspectivas de crescimento do número de edifícios comerciais ao redor do mundo e do consequente impacto ambiental associado ao desempenho energético, como apontado em *The Green Economy Report* (Unep, 2011a, 2011b), o déficit habitacional nas grandes cidades dos países em desenvolvimento e de economias emergentes também demanda respostas de projeto visando ao desempenho e à qualidade ambiental.

Além da construção do novo, é importante considerar que, em países e cidades onde o déficit habitacional é um dos maiores desafios para o desenvolvimento socioeconômico, como no Brasil, a reabilitação de edifícios existentes em centros urbanos consolidados tem o potencial de contribuir para programas habitacionais, com respostas econômicas, criativas e eficazes, tornando-se mais um nicho de mercado a ser explorado.

É sabido que a energia consumida no setor das edificações varia consideravelmente entre regiões e países, de acordo com as condições climáticas, o poder econômico, tecnologia disponível e padrões culturais. A demanda para o aquecimento dos ambientes na China, por exemplo, equivale a 35% do total, seguida pelo aquecimento da água, com 30%. Já na Índia, de 60% a 70% do consumo energético no setor residencial se destina exclusivamente à preparação de comida (WBCSD, 2007). No Brasil, a distribuição do consumo de energia elétrica por uso final no setor residencial mostra uma realidade diferente das anteriores, com a predominância dos eletrodomésticos somada à iluminação artificial totalizando 60%, seguidos pelo aquecimento de água, com mais 30%. A geladeira e o *freezer* somados equivalem a 40% do total (Ghisi; Gosch; Lamberts, 2007). No setor residencial dos países desenvolvidos, em que a grande maioria está localizada em regiões de clima temperado e frio, o aquecimento de ambientes internos representa em média 60% do consumo energético total, seguido pelo aquecimento de água, com 18% (WBCSD, 2007).

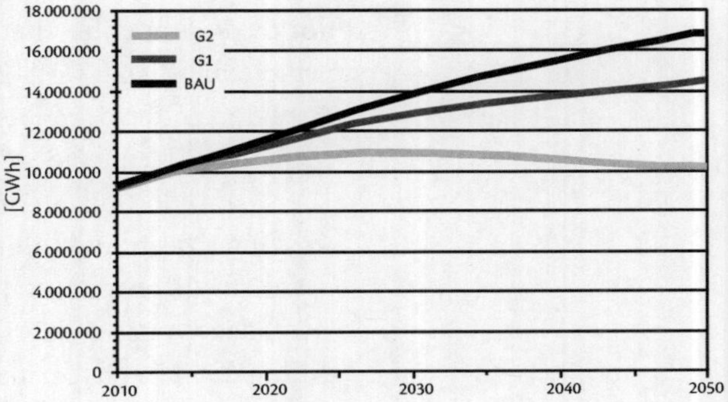

Fig. I.3 Comparação da demanda energética do setor de edifícios de 2010 até 2050 entre três cenários: *business as usual* (BAU) e aqueles referentes aos investimentos sugeridos em *The Green Economy Report*
Fonte: Unep (2011a).

Já nos países em desenvolvimento, cuja maioria se encontra em regiões mais quentes do globo, grande parcela da energia consumida no setor residencial é destinada a eletrodomésticos e ao aquecimento da água, como no Brasil. Nesses casos, o foco inicial para a redução da demanda de energia deve ser na introdução de tecnologia mais eficiente e, obviamente, na adoção de condutas comportamentais em prol de um consumo mais consciente.

Sobre os edifícios comerciais de uma forma geral, há a predominância da demanda pelo resfriamento artificial e o consequente consumo de energia elétrica, independente do contexto climático, sendo essa dependência dos sistemas ativos de climatização uma das características mais marcantes da cultura internacional do ambiente de trabalho ao redor do mundo.

Como resultado, uma pesquisa realizada pelo IPCC indica que 60% da energia elétrica consumida no planeta vem do uso e operação de edifícios residenciais e comerciais (Levine et al., 2007). No Brasil, o condicionamento de ar em edifícios comerciais é referente a aproximadamente 47% do total da energia elétrica consumida no país, seguido pela iluminação artificial, com 22% do total (Eletrobras, 2007). Em um futuro de aquecimento do clima do planeta, em particular do ambiente urbano, o crescimento estimado para o setor de edifícios nos países em desenvolvimento traz pressões econômicas e ambientais atreladas ao aumento da demanda pela climatização artificial e, consequentemente, pela energia elétrica.

A Agência Internacional de Energia (IEA, International Energy Agency) define o edifício de menor impacto ambiental, denominado *edifício verde*, como sendo aquele de maior eficiência energética e menor consumo de água e materiais, além de promover a qualidade do ambiente interno (IEA, 2008). Essa definição da IEA foi adotada no contexto do *The Green Economy Report*, da Unep (2011a), para o modelo de edifício cujo investimento contribui para a transformação do impacto ambiental do setor de edificações.

O consumo de energia por metro quadrado é certamente o principal indicador de desempenho energético de um edifício. Passando para o contexto global, o principal indicador é a emissão de CO_2, como já comentado anteriormente. Com esses dois indicadores, tem-se uma boa compreensão do impacto ambiental de um edifício em termos locais e globais.

É sabido que, além da influência do clima, a demanda energética derivada da climatização e da iluminação artificial está intrinsecamente relacionada com o projeto de arquitetura, as características termofísicas da construção, as particularidades do uso e ocupação e, também, a eficiência dos sistemas. Mudanças no estilo de vida e nas formas de trabalho das sociedades contemporâneas são fatores que afetam o uso de equipamentos eletrônicos e eletrodomésticos e a consequente geração de calor, com implicações diretas sobre as condições térmicas dos espaços internos.

Como proposto pela teoria e comprovado em muitos exemplos da prática, antes de serem um mero resultado da eficiência de sistemas tecnológicos, questões fundamentais de projeto e ocupação guardam um grande potencial de minimização do consumo de energia em edifícios.

O momento de uma revisão crítica

Apesar de instituições de porte internacional, como IPCC, Unep (United Nations Environment Programme) e outras, discutirem amplamente os porquês dos investimentos na realização do *edifício verde*, como é popularmente conhecido, a falta de esclarecimento sobre o que é o edifício de menor impacto ambiental, em diferentes contextos ambientais e socioeconômicos, traz o risco da criação de falsos paradigmas.

A verdade é que décadas de euforia com as possibilidades da tecnologia dos sistemas prediais (que no Brasil, em particular, teve início na década de 1960, com a influência da prática norte-americana sobre os escritórios brasileiros responsáveis pela produção da arquitetura comercial) resultou no esquecimento da noção de como se projetar com o clima, criando mitos e ideias falsas como a impossibilidade da ventilação natural em edifícios de escritório, principalmente, nos edifícios altos.

Indo mais além, a falta de um entendimento conceitual e técnico sobre o tema, com base em valores e possibilidades contemporâneos, direciona os interessados em uma linha reta em direção aos sistemas de certificação de *edifícios verdes*, que são apenas uma parte da história e nem sempre a melhor ferramenta para medir o grau de desempenho ambiental de um edifício. A popularidade das certificações sem uma abordagem crítica dos seus conteúdos acaba fazendo da sua real contribuição para a avaliação do desempenho ambiental de um edifício uma questão secundária à obtenção do selo.

Assim, enquanto as vantagens econômicas e ambientais de investimentos no setor das edificações em prol de um menor impacto ambiental são claramente demonstradas pelas projeções apresentadas no *The Green Economy Report* (Unep, 2011a), voltando a discussão para o significado e as possibilidades do edifício ambiental, a reformulação de referências teóricas de conforto ambiental e desempenho energético abre um leque de oportunidades para novas explorações no campo do projeto.

Simultaneamente, conquistas da prática alcançadas nas últimas duas décadas são exemplos de verdadeira inovação tecnológica e arquitetônica, na medida em que questões fundamentais sobre o desempenho ambiental de edifícios vêm passando por um processo de profunda revisão crítica. Entre elas, pode-se mencionar: o conceito de conforto ambiental, métodos e ferramentas para o processo de projeto, a integração entre soluções arquitetônicas e da engenharia de sistemas prediais e, até mesmo, o conceito de valor econômico dos edifícios e de suas qualidades ambientais.

No âmbito do conforto ambiental, dá-se uma ênfase maior sobre aspectos de qualidade do que em condições restritas e fixas de variáveis climáticas, incluindo temperatura, umidade e velocidade do ar, assim como níveis de luminosidade. A revisão dos princípios de conforto tem um efeito significativo sobre o controle das condições ambientais internas, com a valorização das possibilidades de adaptação do usuário.

Quanto aos processos de projeto, procedimentos analíticos e ferramentas de avaliação tiveram seu papel de correção e aperfeiçoamento do desempenho ampliado, tornando-se recursos quase indispensáveis para a criação de soluções arquitetônicas e tecnológicas inovadoras. Por um lado, equivoca-se quem espera das simulações computacionais o meio para o encontro das soluções *ótimas* do ponto de vista do desempenho ambiental e energético da arquitetura.

Sabe-se que é da compreensão dos fenômenos da física aplicada à arquitetura, em conjunto com todos os demais fatores determinantes do projeto, que vão surgir as melhores respostas projetuais. Por outro lado, com a complexidade crescente dos projetos arquitetônicos e o consequente interesse por soluções como fachadas duplas, novos materiais e formas inusitadas, é inegável a importância dos procedimentos avançados de simulação computacional para a formulação de respostas sobre o desempenho ambiental do edifício.

Do lado dos investimentos financeiros, entre as justificativas que se somam às vantagens da economia de energia, estão os benefícios econômicos atrelados à produtividade e à imagem do edifício de melhor qualidade e desempenho ambiental e também o valor agregado de empreendimentos que primam por um melhor desempenho ambiental.

Retomando a questão de metas e objetivos, sem contradizer a indiscutível necessidade de redução do consumo de energia em edifícios na dimensão global, a interpretação arquitetônica de fundamentos ambientais significa muito mais do que a redução de kWh/m^2 exclusivamente, ou mesmo o alcance de uma determinada temperatura do ar, ou níveis preestabelecidos de iluminação.

Com colocado por Dean Hawkes (2008), em *The environmental imagination*, o processo de criação do edifício ambiental, quando baseado em considerações arquitetônicas, tem como alcançar qualidade além do desempenho mensurável desafiando o alto grau de dependência dos sistemas ativos corrente na abordagem generalizada da arquitetura, que passou para os sistemas tecnológicos a responsabilidade de prover condições ambientais confortáveis.

Fig. I.4 Espaço de circulação externa do edifício do Parlamento em Chandigarh, na Índia, projetado por Le Corbusier. A fachada composta pela combinação de elementos horizontais e verticais traz proteção contra o impacto do sol, enquanto cria um ambiente de transição entre exterior e interior
Foto: Barak Pelman.

Em vez de se isolar do clima externo, o edifício ambiental se beneficia da relação com o meio exterior por meio de espaços de transição, nos mais diferentes e difíceis contextos climáticos. Dessa forma, acesso ao sol, aproveitamento da luz natural, comunicação visual entre interior e exterior e ar fresco são alguns dos parâmetros ambientais com o potencial de transcender os limites quantitativos do desempenho e dar qualidade e autenticidade à arquitetura.

No entanto, referenciando novamente Dean Hawkes, desta vez em *The environmental tradition* (1996), é interessante observar que nenhuma dessas considerações é completamente nova. Pelo contrário, muitas dessas qualidades estão presentes em exemplos da arquitetura de todos os tempos, lugares e culturas (Figs. I.4 e I.5).

A teoria e a prática nos mostra que não existe fórmula única ou soluções arquitetônicas e tecnológicas predefinidas para o sucesso do desempenho ambiental dos edifícios (Hawkes, 2008; Steemers; Steane, 2004; Turrent, 2007). Ícones de sucesso construídos nas últimas décadas, alguns dos quais são apresentados e discutidos nesta obra, provam que o processo de projeto direcionado pelo objetivo maior de promover qualidade além do desempenho resulta em diversidade das condições ambientais e originalidade arquitetônica, além de revelar uma integração exemplar entre arquitetura e tecnologia (Fig. I.6).

Nesse contexto, a economia de energia passa a ser uma consequência do ambiente de boa qualidade, e não o contrário. Com tudo isso, a reformulação dos vários temas do desempenho ambiental vem criar as bases para uma mudança paradigmática da teoria e da prática do projeto.

Por outro lado, o crescente interesse econômico pela imagem do edifício *sustentável*, *verde*, ou *ecológico* (são muitos os adjetivos) também vem produzindo um grande número de falsos paradigmas em várias partes do mundo, em particular para a tipologia do edifício comercial (Gonçalves; Umakoshi, 2010). A maioria desses casos se apoia nos sistemas de certificação de desempenho ambiental utilizados do mercado.

Sem negar o papel da certificação na valorização da imagem do edifício de melhor desempenho ambiental e disseminação do conceito (tratando simplesmente da questão energética, sem entrar na discussão sobre qualidade ambiental), dados de consumo de edifícios certificados ao longo da última década em várias cidades do mundo, em especial nas norte-americanas, levantaram questionamentos e críticas sobre a eficiência desses sistemas em distinguir edifícios de desempenho verdadeiramente superior ao daqueles não certificados (Scofield, 2009). Definitivamente, o real valor de edifícios certificados está na análise detalhada do desempenho energético desses edifícios quando em operação.

O fato é que o verdadeiro desempenho ambiental e energético de um edifício só se confirma com o tempo de uso e ocupação – o que pode ser verificado em projeto são apenas tendências. Apesar da importância ímpar de dados sobre o desempenho operacional de edifícios, é pouca a informação disponível no domínio público, no contexto internacional.

A falta de retorno sobre o real desempenho ambiental e energético de edifícios constitui séria barreira para a evolução do entendimento sobre as vantagens e desvantagens de determinadas estratégias de projeto, que correm o risco de virarem referências sem a confirmação necessária do seu desempenho. Esse é o caso do uso inapropriado de fachadas duplas de vidro em cidades de clima quente (e mesmo temperado).

Fig. I.5 Elevação de um dos edifícios do complexo residencial do Parque Guinle, no Rio de Janeiro, projetado por Lucio Costa, um caso exemplar do modernismo brasileiro que ressalta a originalidade de soluções arquitetônicas voltadas para a qualidade ambiental de espaços internos em clima quente e úmido
Foto: Joana Carla Soares Gonçalves.

Essa ausência de informação pode ser explicada por três razões: a falta de conhecimento sobre o papel central de dados empíricos tanto para o aprimoramento dos edifícios existentes como na elaboração de projetos melhores; a falta de interesse verdadeiro de seus executores e ocupantes na questão energética e ambiental; e o fato de muitos dos edifícios aclamados como *verdes* não alcançarem o desempenho prometido.

Com o conhecimento dos dados mencionados, as estratégias de projeto, incluindo a especificação de tecnologias prediais, podem ser revistas e aprimoradas, visando atender aos objetivos e metas de desempenho ambiental e à satisfação do usuário.

Além do desempenho do edifício como projeto e construção e a eficiência prescrita dos sistemas, o ocupante tem uma influência significativa no desempenho final do edifício de acordo com suas atividades, hábitos, necessidades e preferências. Por um lado, não surpreendentemente, o comportamento do usuário e o consequente impacto nas condições ambientais do espaço interno são difíceis de serem capturados pelos modelos matemáticos de simulação de desempenho, tendo em vista a gama de possibilidades e a imprevisibilidade que caracterizam o comportamento do usuário. Por outro, dados empíricos têm como mostrar essa realidade complexa e, por sua vez, informar a criação de possíveis cenários de estudos preditivos.

Avaliações de edifícios ícones de uma geração de melhor desempenho ambiental, alguns dos quais são apresentados nesta publicação, já demonstraram que a simplificação dos controles automatizados e uma maior interação dos usuários na tomada de decisão sobre as suas próprias condições de conforto resultam em uma maior satisfação desses com o edifício e em economias de energia maiores do que as previstas em fase de projeto. Essas economias se devem à comprovada preferência por condições ambientais internas menos restritivas e homogêneas (Nicol; Humphreys; Roaf, 2012). Dada sua importância no projeto, uso e operação de edifícios, a questão do usuário é abordada em uma série de capítulos desta publicação.

Reconhecendo o importante papel de edifícios existentes no aprendizado de aspectos qualitativos e quantitativos do desempenho ambiental, este livro apresenta experiências valiosas de projeto, assim como do uso e da operação desses edifícios, incluindo alguns dos mais relevantes exemplos de uma nova geração do contexto internacional.

Fig. I.6 Interior do Commerzbank, em Frankfurt am Main, na Alemanha, onde terraços de pé-direito quádruplo ligados por um átrio central criam espaços de transição entre interior e exterior que convidam o usuário ao uso mais informal do espaço livre dos sistemas de climatização do ar
Foto: Joana Carla Soares Gonçalves.

O conteúdo desta publicação é dividido em cinco partes: "Parte 1 - Arquitetura, ambiente e tecnologia", na qual são apresentados os fundamentos atualizados do desempenho ambiental dos edifícios, começando pela teoria do modelo adaptativo; "Parte 2 - O ambiente urbano e os edifícios", em que se trata da influência do ambiente urbano no desempenho dos edifícios e vice-versa; "Parte 3 - Processo de projeto", em que métodos e ferramentas para o projeto e a avaliação do desempenho ambiental e energético dos edifícios são discutidos em detalhe; "Parte 4 - Aprendendo com os edifícios existentes", que traz uma apreciação crítica de edifícios em uso e operação, assim como aborda as possibilidades da requalificação; e "Parte 5 - Os desafios ambientais e as forças de mercado", na qual são colocadas questões socioeconômicas da agenda do desempenho ambiental dos edifícios, com especial atenção à noção de valor e novas tendências de mercado.

Concluindo, são apresentadas reflexões finais em "O valor do edifício de melhor desempenho e qualidade ambiental". O conteúdo específico de cada uma das partes pode ser entendido separadamente, entretanto, a sequência dos temas reforça a importância de cada um na discussão mais ampla do edifício ambiental.

Ao contrário de repetir a narrativa desgastada e superficial do discurso mercadológico do *edifício sustentável*, *verde* ou *ecológico*, esta publicação convida o leitor à elaboração de pensamento crítico e circunstanciado tecnicamente sobre aspectos essenciais do projeto e da ocupação de edifícios. Questões de desempenho, qualidade e impacto ambiental das edificações são abordadas no contexto do edifício e do ambiente construído como um todo.

Referências bibliográficas

BAUMERT, K.; HERZOG, T.; PERSHING, J. *Navigating the numbers*: greenhouse gas data and international climate policy. Washington, D.C.: World Resources Institute, 2005.

ELETROBRAS. *Pesquisa de mercado 2007*. Programa Nacional de Conservação de Energia Elétrica. Ministério de Minas e Energia, 2007.

GHISI, E.; GOSCH, S.; LAMBERTS, R. Electricity end-uses in the residential sector of Brazil. *Energy Policy*, v. 35, n. 8, p. 4107-4120, 2007.

GONÇALVES, J. C. S.; UMAKOSHI, E. M. *The environmental performance of tall buildings*. London: Earthscan, 2010.

HAWKES, D. *The environmental imagination*: technics and poetics of the architectural environment. London: Routledge, 2008.

HAWKES, D. *The environmental tradition*: studies in the architecture of environment. London: Spon, 1996.

IEA - INTERNATIONAL ENERGY AGENCY. *Energy technology perspectives 2008*: Scenarios and strategies to 2050. Paris: IEA, 2008.

IPCC - INTERNATIONAL PANEL ON CLIMATE CHANGE. *Climate change 2007*: mitigation of climate change. Contribution of Working Group III to the Fourth Assessment Report of the Intergovernmental Panel on Climate Change. Cambridge: Cambridge University Press, 2007.

LEVINE, M. et al. Residential and commercial buildings. In: IPCC - INTERNATIONAL PANEL ON CLIMATE CHANGE. *Climate change 2007*: mitigation of climate change. Contribution of Working Group III to the Fourth Assessment Report of the Intergovernmental Panel on Climate Change. Cambridge: Cambridge University Press, 2007.

NICOL, F.; HUMPHREYS, M.; ROAF, S. *Adaptive thermal comfort*: principles and practice. Abingdon: Routledge, 2012.

RAVETZ, J. Resource flow analysis for sustainable construction: metrics for an integrated supply chain approach. *Waste and Resource Management*, v. 161, p. 51-66, 2008.

SCOFIELD, J. H. Do LEED-certified buildings save energy? Not really... *Energy and Buildings*, v. 41, p. 1386-1390, 2009.

STEEMERS, K.; STEANE, M. A. *Environmental diversity in architecture*. Oxon: Spon, 2004.

TURRENT, D. (Ed.). *Sustainable architecture*. London: Riba, 2007.

UN DESA - UNITED NATIONS DEPARTMENT OF ECONOMIC AND SOCIAL AFFAIRS. Population Division. *World population prospects*: the 2008 revision. New York, 2009. Disponível em: <www.un.org/esa/population/publications/wpp2008/wpp2008_highlights.pdf>. Acesso em: dez. 2010.

UNEP - UNITED NATIONS ENVIRONMENTAL PROGRAMME. Buildings: investing in energy and resource efficiency. *The Green Economy Report*. 2011a. Disponível em: <www.unep.org/greeneconomy>. Acesso em: 14 jun. 2011.

UNEP - UNITED NATIONS ENVIRONMENTAL PROGRAMME. Cities: investing in energy and resource efficiency. *The Green Economy Report*. 2011b. Disponível em: <www.unep.org/greeneconomy>. Acesso em: 14 jun. 2011.

WBCSD - WORLD BUSINESS COUNCIL FOR SUSTAINABLE DEVELOPMENT. Energy efficiency in buildings: business realities and opportunities. *FACTS Summary Report*. Oct. 2007.

ZHOU, N. et al. *Energy use in China*: sectoral trends and future outlook. Lawrence Berkeley National Laboratory, Environmental Energy Technologies Division, 2007. Disponível em: <china.lbl.gov/publications/energy-use-china-sectoral-trends-and-future-outlook>. Acesso em: dez. 2010.

[Parte 1]

Arquitetura, ambiente e tecnologia

Arquitetura da adaptação

1

Leonardo Marques Monteiro (seção 1.1)

Leonardo Bittencourt (seção 1.2)

Simos Yannas (seção 1.3)

1.1 Conforto ambiental e as possibilidades do modelo adaptativo

As pessoas passam a maior parte de suas vidas em suas casas, locais de trabalho e em outros edifícios. Essa atitude, profundamente enraizada em nossa sociedade, influencia o estabelecimento de padrões de conforto e a eficiência energética dos edifícios. A relação entre pessoas, clima e edifícios, complexa e interdependente, gera um grande impacto sobre o consumo de energia nestes últimos. A consideração mais importante sobre qualidade ambiental de um edifício é o conforto térmico (Cena; Clark, 1981), que é definido pela ASHRAE (2009), American Society of Heating, Refrigerating and Air Conditioning Engineers, como o estado de espírito que expressa satisfação com o ambiente térmico.

O conforto térmico contribui para o bem-estar em razão de sua ligação com o equilíbrio termofisiológico do corpo humano. Especificamente, ele representa a interação de variáveis ambientais (temperatura do ar, temperatura radiante média, umidade e velocidade do ar) com variáveis pessoais do ocupante (taxa metabólica e vestuário). Além disso, fisiologia humana, aspectos climáticos e culturais também têm influência sobre o conforto térmico e, assim, condições confortáveis irão variar de pessoa para pessoa, conforme suas experiências e preferências ambientais, e de acordo com a hora do dia.

Avaliar o nível de conforto térmico é fundamental para o estabelecimento de padrões de desempenho ambiental e energético de edifícios. Essa avaliação não requer apenas compreender o que o corpo humano pode suportar, mas também até que ponto as pessoas estão dispostas a fazer mudanças comportamentais na forma de experienciar o conforto em seu ambiente. Isso afeta a maneira como o usuário interage com seu ambiente, por exemplo, a escolha de fechar persianas e limitar a penetração de raios solares em determinados momentos do dia, em vez de ligar o ar-condicionado; colocar um agasalho quando a temperatura externa diminui, em vez de ligar uma fonte de aquecimento; ou ainda preferir se deslocar, na busca de melhores condições de conforto no ambiente. Em suma, edifícios de menor impacto ambiental exigem um envolvimento mais proativo entre ocupante, edifício e ambiente, o que reflete o número de técnicas com soluções passivas e, se realmente necessárias, também ativas possíveis de serem empregadas.

Nesse contexto, tem-se o conceito de conforto adaptativo, que se aplica tanto a edifícios passivos, ou seja, sem sistemas ativos de condicionamento do ambiente térmico, como àqueles que possuem esse condicionamento. Conforme será argumentado, grandes economias de energia, além de uma melhor qualidade ambiental, podem ser alcançadas com as práticas de adaptação. Contudo, é importante reconhecer que será necessária uma mudança de consciência e de comportamento nas atitudes e práticas diárias, tanto dos consumidores e ocupantes de edificações quanto dos decisores políticos e investidores, a fim de implementar uma mudança real de paradigma que proporcione conforto ambiental, em níveis superiores aos encontrados hoje em ambientes condicionados, e maior eficiência energética.

1.1.1 A evolução do conceito de conforto

Quatro trabalhos de pesquisa são as principais referências na área de conforto térmico. Os dois primeiros datam das primeiras décadas do século XX: o trabalho de Houghten e Yaglou (1923), sobre a temperatura efetiva (TE), e a obra de Winslow, Herrington e Gagge (1937), propondo a temperatura operativa (TO), o que influenciou todas as demais pesquisas nesse campo. A pesquisa macro restante remonta ao final dos anos 1960 e início de 1970, quando o trabalho de Fanger (1972), sobre o voto médio previsto (PMV, *predicted mean vote*), e o de Humphreys (1976), em um modelo adaptativo, levou a discussões contemporâneas sobre conforto térmico, especialmente no que diz respeito ao ambiente de trabalho.

A temperatura efetiva (TE) continua sendo um dos índices ambientais mais comumente usados, com a mais ampla gama de aplicações. Ela combina temperatura e umidade em um único índice. Consequentemente, dois ambientes com a mesma TE devem proporcionar resposta térmica idêntica, mesmo que apresentem diferentes temperaturas do ar e valores de umidade, contanto que eles tenham velocidades do ar iguais. A temperatura operativa (TO), pelo contrário, não é usada com frequência como um índice em si, mas como parte da avaliação do desempenho térmico dos edifícios, visando à consideração das trocas radiantes e convectivas.

Na sequência da proposta do índice de conforto de Houghten e Yaglou (1923) e a sua medição TE inicial, Gagge, Stolwijk e Nishi (1971) definiram uma TE* (nova temperatura efetiva) usando uma abordagem menos empírica, em que a TE* é a temperatura de um ambiente com 50% de umidade relativa, o que resulta na perda total de calor pela pele, tal como no ambiente real. Esta nova TE é definida em termos da TO, de modo que combina os efeitos de três parâmetros (a temperatura do ar, a temperatura radiante média e a umidade relativa) em um único índice. Porque TE* depende do vestuário e da atividade, não é possível gerar um gráfico universal desse índice. Em vez disso, um conjunto padrão de condições representativas das aplicações típicas de ambientes internos é usado para definir uma temperatura efetiva padrão (TEP*). Ela é definida como a temperatura de um ambiente térmico equivalente a 50% de umidade relativa, em que uma pessoa que veste uma roupa padronizada para a atividade em questão tem o mesmo estresse térmico em termos de temperatura da pele, tensão de termorregulação da pele e sudação como no ambiente real.

Ao mesmo tempo, na década de 1970, o conceito de conforto térmico foi redefinido por Fanger (1972), utilizando o de PMV. O índice PMV prevê a resposta média de um grande grupo de pessoas de acordo com a escala de sensação térmica da norma ASHRAE norte-americana, a saber: -3, -2, -1, 0, 1, 2, 3, que representam muito frio, frio, pouco frio, neutro, pouco quente, quente e muito quente, respectivamente. A abordagem de Fanger é reivindicada para dar melhores previsões em comparação com o método de TE de 1923. O PMV relaciona o desequilíbrio entre o fluxo de calor real do corpo em um determinado ambiente e o fluxo de calor necessário para o conforto durante uma atividade específica.

Depois de calcular o PMV, a porcentagem prevista de insatisfeitos (PPD, *predicted percentage dissatisfied*) também pode ser estimada. A PPD de 10% corresponde à faixa de ± 0,5 PMV, logo, mesmo com PMV igual a 0, cerca de 5% das pessoas estarão insatisfeitas (Fig. 1.1). O modelo PMV-PPD é amplamente utilizado e aceito para avaliação da concepção e domínio das condições de conforto em ambientes condicionados artificialmente, como a maioria dos edifícios de escritórios ao redor do mundo. A Norma Europeia ISO 7730 (2005) inclui uma curta listagem de computador que facilita o cálculo de PMV e PPD para uma vasta gama de parâmetros.

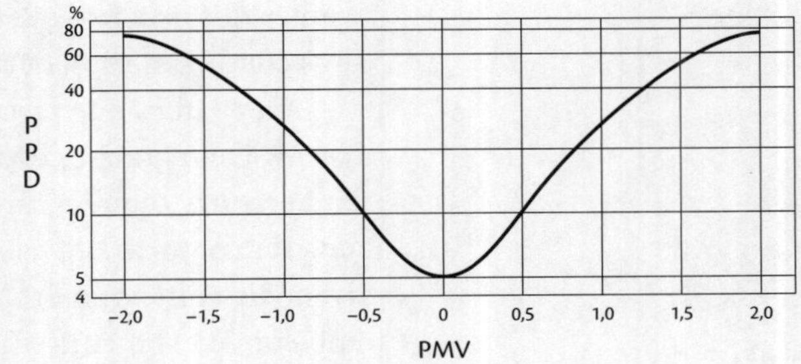

Fig. 1.1 Relação entre PPD e PMV
Fonte: adaptado de ASHRAE (2013).

A norma ASHRAE 55 usou o índice TE* como modelo até sua versão de 1992. Já na versão de 2004, e na atual de 2013, recomenda-se o modelo de PMV para ambientes condicionados artificialmente, permitindo também a utilização do índice de temperatura neutra para edifícios naturalmente ventilados (Fig. 1.2). Atualmente, a ASHRAE (2013) reconhece o valor da ventilação natural em edifícios de escritórios como forma de criar ambientes térmicos aceitáveis. Esse foi um momento importante para a evolução do projeto com preocupações ambientais, uma mudança paradigmática, para a arquitetura comercial em particular.

Tradicionalmente, as normas de conforto térmico existentes e os métodos para alcançá-lo referem-se principalmente às condições de conforto térmico em estado estacionário. Estudos sobre esse conceito foram realizados em laboratórios com base em avaliações da transferência de calor entre as pessoas e seu meio ambiente e das condições fisiológicas necessárias para o conforto térmico. Entretanto, dada a interação térmica entre o clima local e o envelope do edifício, os ocupantes e os sistemas de aquecimento e refrigeração, é muito raro encontrar condições de estado estacionário em edifícios com controle ambiental artificial, e é evidente que as temperaturas em edifícios naturalmente ventilados são muito menos propensas a condições constantes.

Humphreys (1976), investigando o conforto térmico, concluiu que há uma discrepância significativa entre os modelos de estado estacionário de ar condicionado e aqueles em que nenhum condicionamento mecânico é aplicado. Essa diferença

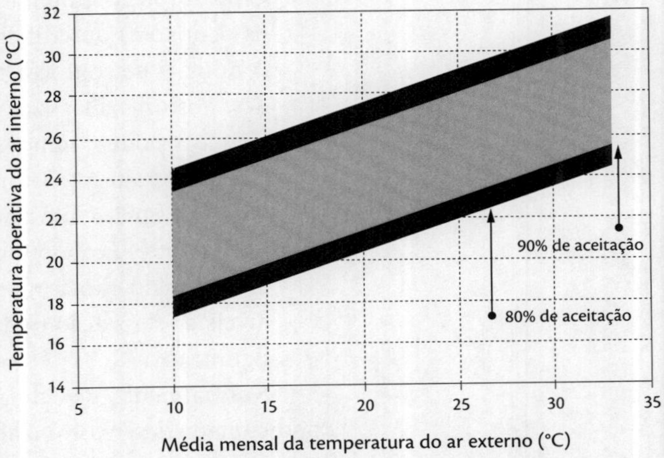

Fig. 1.2 Modelo adaptativo de conforto térmico para ambientes de edifícios de escritórios naturalmente ventilados
Fonte: adaptado de ASHRAE (2013)

ocorre em razão da variação temporal e espacial dos parâmetros físicos do edifício, uma vez que, em um edifício ventilado naturalmente, o ambiente é muito mais heterogêneo no espaço e no tempo. Assim, o conhecimento do conforto térmico em condições transientes é necessário.

Além disso, a referente pesquisa sobre o tema também concluiu que existem diferenças significativas entre as sensações de conforto térmico em condições reais de ocupação e em laboratório. Como mencionado por Nicol e Humphreys (1973), essa discrepância poderia ter sido resultante da retroalimentação entre a sensação térmica dos usuários e seus comportamentos, que, consequentemente, adaptaram-se às condições climáticas em que o estudo foi realizado.

Ocupantes que vivem permanentemente em edifícios com ar condicionado desenvolvem grandes expectativas com relação ao controle e à homogeneidade da temperatura, o que é fundamental quando as condições internas desviam-se da zona de conforto que eles estão acostumados. Por outro lado, os ocupantes que vivem em edifícios não climatizados são geralmente mais capazes de controlar seu ambiente e habituam-se à variabilidade climática e à diversidade térmica. Assim, suas preferências térmicas estendem-se a uma ampla gama de temperaturas e velocidades do ar.

O conceito do voto médio previsto (PMV) (Fanger, 1972), adotado pela ASHRAE (2009), traz condições estreitas e rigorosas para o conforto térmico nos edifícios, sendo amplamente utilizado para a concepção de edifícios com ar condicionado, cujas condições térmicas tendem a ser constantes durante todo o período de ocupação, com pequenas variações ao longo das estações. Por outro lado, edifícios que não são artificialmente aquecidos ou arrefecidos, isto é, naturalmente ventilados, têm flutuações de temperatura internas relacionadas com a temperatura externa. Nessas construções, verificou-se que a variação da temperatura confortável para as pessoas é diferente das condições térmicas estreitas previstas por Fanger (1972), introduzindo-se o conceito de adaptação térmica e modelo adaptativo para zona de conforto (Humphreys, 1978; Caro; Brager, 1998).

1.1.2 Vantagens da adaptação climática

O pressuposto fundamental da zona de conforto do modelo adaptativo é que os ocupantes do edifício têm o potencial de se ajustar e encontrar as suas condições de conforto por meio de mudanças individuais de roupas, atividades, posturas, localização, entre outros. Além disso, os ajustes de condições térmicas podem também ser obtidos por controles, tais como a abertura de janelas, os ajustes de diferentes tipos de persianas, de abertura de portas e, inclusive, meios alternativos de aquecimento localizado ou estratégias de arrefecimento. Proporcionando aos ocupantes dos edifícios a possibilidade de interferir no clima interno de acordo com sua preferência pessoal, maiores níveis de satisfação podem ser alcançados, ao lado de economias de energia significativas.

Normalmente, os ocupantes que vivem e/ou trabalham em edifícios com ar condicionado desenvolvem altas expectativas sobre as condições térmicas internas, que se tornam críticas quando saem de sua estreita zona de conforto típico. Em oposição a isso, os ocupantes de edifícios com ar condicionado não são mais capazes de controlar seus ambientes e de se acostumar com as variações climáticas. Além da relação com os ajustes fisiológicos e comportamentais, a noção do modelo adaptativo, ou oportunidades de adaptação, está ligada a uma grande mudança cultural na forma como os ambientes internos são usados e controlados, nos quais variações climáticas são não somente esperadas como desejáveis.

Ao alterar as expectativas convencionais com relação às condições ambientais internas, uma grande quantidade de energia consumida na operação de edifícios em diferentes zonas climáticas do mundo pode ser economizada, sem comprometer a qualidade ambiental dos edifícios e, na verdade, melhorando-a em inúmeros casos. A exemplo disso, estudos analíticos de desempenho térmico realizados em ambientes de trabalho, no clima da cidade do Rio de Janeiro, mostraram uma redução de 22% na demanda energética de resfriamento anual do ambiente, alterando os parâmetros de conforto de 24 °C e 50% de umidade relativa para 26 °C e 65% de umidade relativa (Marcondes et al., 2010). Para conseguir implementar esse tipo de modificação, a alteração de comportamento e padrões de conforto precisa ser acompanhada por uma mudança na concepção convencional de edifícios (principalmente em arquitetura comercial dedicada à produção de edifícios de escritórios), a fim de responder melhor ao clima local (se a solução para o edifício é adotar ar condicionado, ventilação natural ou ambos, ou seja, modo misto).

De forma positiva, o modelo adaptativo e a ligeira maior zona de conforto podem atender tanto ambientes com ar-condicionado como aqueles livres da exigência de seu funcionamento, aumentando as possibilidades de maior qualidade ambiental, ventilação natural e, consequentemente, gerando economia de energia ao longo do ano, uma vez que são permitidas variações de temperatura mais amplas.

O principal objetivo dos edifícios condicionados, artificialmente ou por meios naturais, é proporcionar um ambiente confortável para as pessoas viverem e trabalharem. Para isso, uma grande quantidade de pesquisas vem sendo desenvolvida desde o início do século XX, a fim de encontrar maneiras de medir o conforto ambiental. Desde a década de 1970, a ameaça da escassez de fontes de energia convencionais e o aumento da escala do impacto ambiental em virtude da utilização de combustíveis à base de carbono, concomitante ao aumento da demanda energética decorrente do desenvolvimento econômico e urbano nas regiões mais populosas do mundo, tornaram-se fatores fundamentais para estimular uma revisão crítica dos modelos urbanos e culturais atuais (Unep, 2011). Promover a utilização de menos energia possível, ou até mesmo deixar de consumir energia, tornou-se uma consideração importante no projeto de edifícios em todo o mundo.

Soluções de projeto cujos efeitos das diferentes variáveis ambientais sobre o conforto humano são manipulados individualmente são capazes de otimizar o edifício ao máximo de conforto, usando pouca energia para funcionar. Essas soluções podem ser obtidas por meio de sistemas de aquecimento, ventilação e ar condicionado bem projetados. Embora muitos aspectos de aceitabilidade, conforto e produtividade possam ser aplicados para medir a qualidade dos ambientes interiores, o conforto térmico é, sem dúvida, uma dimensão essencial, dado o impacto dessa área específica do projeto ambiental no consumo de energia.

1.1.3 O modelo adaptativo

No início do século XXI, o conceito de conforto térmico em edifícios alcançou outro marco. De acordo com Nicol e Humphreys (2002), os dados de pesquisas de campo recentes mostram que os métodos de estado estacionário, como o PMV, não preveem com exatidão os reais votos expressos na escala de

ASHRAE, superestimando o desconforto por uma margem inaceitável, especialmente em condições variáveis. Apesar do modelo de conforto sofisticado e detalhado desenvolvido por Fanger (1972), e após décadas de sua aplicação, os especialistas e inclusive instituições como a ASHRAE reconheceram que a percepção de conforto térmico não é determinada apenas por uma resposta fisiológica do corpo humano. Ela também é influenciada pelo fundo cultural e as condições psicológicas associadas com as oportunidades de adaptação às condições ambientais locais.

O modelo adaptativo de conforto proposto pela ASHRAE RP-884 (Dear; Brager; Cooper, 1997), compilado por Dear e Brager (2002), mostra que os ocupantes de edifícios naturalmente ventilados preferem uma ampla gama de condições que refletem mais de perto o clima ao ar livre, enquanto o PMV proporciona previsões que se encaixam bem dentro das preferências dos ocupantes de edifícios com ar condicionado. Como mencionado acima, ASHRAE 55 (2013) recomenda o modelo de PMV para edifícios com ventilação mecânica e sistemas artificiais de aquecimento e arrefecimento de ar, indicando o modelo adaptativo apenas para edifícios naturalmente ventilados (Fig. 1.3).

Na mesma época em que Dear, Brager e Cooper (1997) propõem o referido modelo de conforto adaptativo, com base em dados coletados em um amplo estudo de campo, Humphreys e Nicol (1998) propõem outro novo modelo de conforto adaptativo (Fig. 1.4). Enquanto a zona de conforto criada para o clima de Santiago do Chile, estabelecida com base no modelo de Dear, Brager e Cooper (1997), indica a necessidade de aquecimento, principalmente no inverno, para o alcance do conforto térmico, no caso de Recife (com valores mais altos de temperatura média mensal), observa-se que a curva representativa das temperaturas externas fica dentro da zona de conforto criada de acordo com o modelo de Humphreys e Nicol (1998). Dessa forma, mostra-se a adequação de cada um dos dois modelos para cada um dos climas.

O pressuposto fundamental dessa abordagem é expresso pelo seguinte princípio, que codifica o comportamento dos ocupantes do edifício e que tem duas formas básicas: (a) ajuste para a temperatura ideal de conforto por mudanças nas roupas, atividade, postura etc., para que os ocupantes se sintam confortáveis em condições prevalecentes; (b) ajuste das condições internas pelo uso de controles, tais como janelas, persianas, ventiladores e em determinadas condições de aquecimento ou de refrigeração mecânica (Figs. 1.5 e 1.6).

Os ocupantes também podem migrar ao redor do ambiente para encontrar melhores condições microclimáticas, conceito esse aplicado em muitos casos da arquitetura contemporânea, alinhada com os princípios fundamentais do desempenho ambiental, como no caso do edifício escolar Mossborne Community Academy, em Londres (Fig. 1.7). Tais comportamentos adaptativos provam que a temperatura de conforto está relacionada com a temperatura média do ar externo.

Humphreys (1976) sugeriu que esse efeito pode ser visto como o resultado de retroalimentação entre a sensação térmica dos ocupantes e seu comportamento, como parte do processo pelo qual a termostase, a manutenção da temperatura do corpo, é preservada. Eles demonstraram que, para um grupo de pessoas, o conforto é condicionado pela temperatura prévia média do ar externo à qual esse grupo está exposto.

Comparando os modelos de Dear, Brager e Cooper (1997) com o de Humphreys e Nicol (1998), o primeiro é mais adequado a situações ambientais em clima frio e temperado, como visto no exemplo de Santiago, enquanto o segundo é mais apropriado em situações ambientais em climas quente-seco e quente-úmido, como

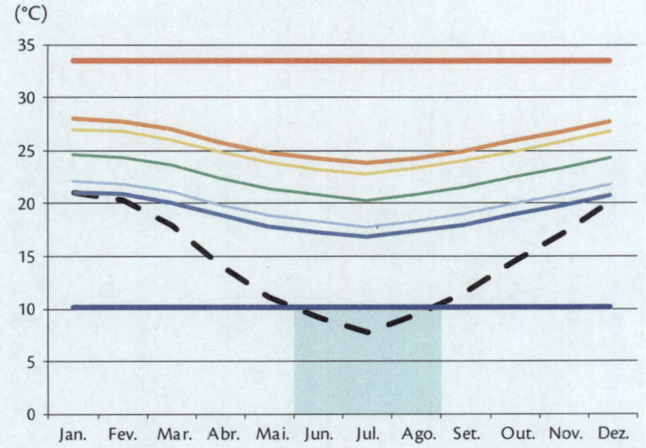

Fig. 1.3 Zona de conforto térmico para o clima temperado da cidade de Santiago do Chile, estabelecida com base no modelo de conforto de Dear, Brager e Cooper (1997)

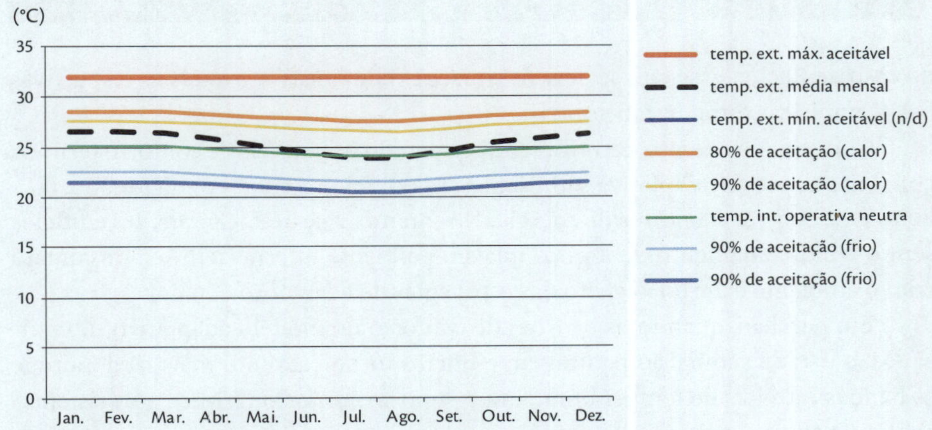

Fig. 1.4 Zona de conforto térmico para o clima quente e úmido da cidade de Recife, estabelecida com base no modelo de conforto de Humphreys e Nicol (1998)

Fig. 1.5 Ambientes de trabalho do escritório de arquitetura Richard Stirk Harbour and Partners, em Londres. Elementos externos de sombreamento e a abertura de janelas são acionados na busca de condições de conforto térmico
Fotos: João Cotta.

Fig. 1.6 Ambientes de trabalho em edifícios na cidade de Mumbai, na Índia, de clima quente-úmido, em que o conforto térmico dos usuários é beneficiado pelo incremento do movimento do ar, alcançado com o emprego de ventiladores Foto: Swastika Mukherjee.

no caso de Recife. Esse fato se deve às situações climáticas nas quais as respectivas bases empíricas foram estabelecidas.

Convém, no entanto, reconhecer que, quando os padrões de conforto térmico com base na teoria adaptativa são usados em edifícios com ar condicionado, também pode ocorrer economia de energia. No entanto, vale destacar que, em edifícios sem o condicionamento de ar, nos quais o ambiente interno tem maior contato com o ambiente externo, o efeito das estratégias de adaptação é maior.

Em paralelo, quando os padrões de conforto do modelo adaptativo são utilizados, o uso de ventilação natural em edifícios torna-se muito mais fácil, porque as bandas estreitas de temperatura para o suposto conforto térmico e os sistemas artificiais de ar condicionado não são necessários, desde que os ocupantes tenham a possibilidade de controle de dispositivos para se adaptarem às condições microclimáticas ambientais. Assim, o consumo de energia para aquecimento e arrefecimento é reduzido. Ao mesmo tempo, é evidente que as temperaturas internas em edifícios naturalmente ventilados, mudando constantemente a fim de que um padrão de temperatura interna variável auxilie na economia de energia, incentivará a utilização da ventilação natural nos edifícios.

Enquanto o conceito de conforto térmico foi anunciado por décadas como sendo um "produto" a ser comprado, com base na teoria de Fanger (1972), o mesmo conceito promovido pelos modelos adaptativos é um objetivo a ser alcançado, a um custo financeiro e ambiental mais baixo e resultados finais com maiores graus de satisfação dos usuários.

1.1.4 Da adaptação humana à adaptação urbana

Deve-se considerar que o conforto térmico é um tema, por natureza, multidisciplinar. Trata-se de aspectos de projeto, engenharia, biometeorologia, fisiologia humana e psicologia. Como o corpo humano tem sua própria temperatura e regula as respostas ao meio ambiente (por exemplo, sudorese e vasodilatação em ambientes quentes, constrição e tiritar em ambientes frios), a resposta de um ocupante é fortemente dependente de sua condição física, de sua aclimatação e de sua capacidade de adaptação. Por exemplo, um corpo jovem, saudável e aclimatado recupera-se mais rapidamente e, portanto, pode responder a mudanças no estresse térmico mais facilmente do que um corpo mais idoso, não saudável ou não aclimatado. No entanto, o objetivo habitual em edificações é prever as necessidades de conforto da média da população que vai ocupar os ambientes, em outras palavras, a pessoa média, que, na realidade, não existe.

Em geral, os projetistas supõem que o conhecimento da resposta média da população é suficiente. Contudo, variáveis fisiológicas e psicológicas não podem ser omitidas das equações e, em consequência, as pesquisas referentes a modelos adaptativos revelaram a importância de se considerar os processos de adaptação relativamente à avaliação do conforto térmico, o que leva à ventilação natural, ou a favorece, na maioria dos casos. Se forem consideradas outras questões além das previstas nas normas, embora os resultados possam ser diferentes dos normativos, deve-se corrigir as previsões de acordo com os novos modelos e seus resultados. Por exemplo, os habitantes de climas quentes se adaptam naturalmente a temperaturas mais elevadas, em torno de 30 °C, considerando-se que a temperatura média em aproximadamente metade do ano será mais baixa, uma vez que o ambiente foi protegido do Sol e ventilado adequadamente.

Fig. 1.7 Área de uso comum do edifício escolar Mossborne Community Academy, em Londres, com estações de estudo protegidas por estruturas flexíveis do tipo guarda-chuva para sombreamento e controle da luminosidade. Espaço de transição criado para atividades diversas, incluindo o uso de computadores. Projeto de arquitetura do escritório Rogers Stark Harbour and Partners e engenharia de sistemas prediais e desempenho ambiental da empresa BDSP Partnership Foto: Klaus Bode.

O futuro da ventilação natural e do modo misto (estratégia que alterna a ventilação natural e o condicionamento de ar), que diminuem o consumo de energia no controle ambiental dos edifícios, está intrinsicamente ligado às possibilidades de utilização do modelo adaptativo. Sob uma perspectiva mais holística, a influência de fatores urbanos, como modo de transporte e a distância entre espaços de habitação e de trabalho, além da experiência das condições ambientais ao longo desse percurso, também afetam a percepção de conforto ambiental no interior do edifício. Dessa forma, acrescenta-se outro nível de complexidade ao assunto, com fatores tais que muitas vezes não são considerados no projeto das edificações e nos desafios para o alcance de condições de conforto.

O conceito de conforto adaptativo responde às questões de flutuações climáticas e de aclimatação das pessoas, mas, por outro lado, aspectos determinantes de projeto, incluindo a localização dos edifícios, o tratamento do entorno imediato e os meios de acesso, têm grande impacto na qualidade de vida no ambiente urbano. Considerações nesse sentido são fundamentais para se concretizar plenamente o conforto ambiental.

1.1.5 Das condições impostas às adaptáveis

Tanto em termos urbanísticos quanto arquitetônicos, em todos os tipos de clima, mas ainda mais enfaticamente em condições de calor, muito mais importante do que os limites estreitos da zona de conforto teórico é se o projeto oferece ou não oportunidades de adaptação aos ocupantes, de forma que eles possam encontrar suas próprias condições de conforto de acordo com suas atividades, preferências e experiências. Assim, em outras palavras, os limites a serem definidos estão na concepção projetual e não em números específicos normativos. O destaque para as situações com condição de calor deve-se ao fato de que o resfriamento ativo de edifícios é algo razoavelmente novo para todas as sociedades, especialmente quando comparado ao aquecimento, que tem mais de 2000 anos.

Ao mesmo tempo, edifícios que se propõem a oferecer possibilidades adaptativas devem efetivamente trazer a noção de oportunidades para os ocupantes se adaptarem. Projetar o ambiente para essas oportunidades de adaptação deve ser uma prática quase intuitiva, não complexa ou que necessite de um manual de instruções. O projeto deve fornecer ambientes com possibilidades de variações, ajustes, adaptações dentro de um caráter ergonômico cognitivo.

A questão das oportunidades de adaptação e o papel do ocupante será considerado ao longo de todo o livro, com base na redefinição do conforto e do papel das soluções arquitetônicas para o impacto em grande escala sobre a economia "verde", versando sobre o impacto na economia de energia e os riscos de efeito rebote, isto é, quando os padrões de comportamento arruínam os benefícios dos avanços tecnológicos.

Tem-se aqui a noção de conforto térmico não como uma necessidade fisiológica pura, mas como uma experiência ambiental. A consideração do caso do Commerzbank, por exemplo, que é um caso real de aplicação da ideia de "conforto social" (Cole, 2008), inclui conceitos como a relação entre os habitantes, locais de trabalho e territórios e de que maneira essa relação proporciona a experiência de conforto no nível de um grupo de indivíduos.

Apesar de cada indivíduo ter a sua percepção de conforto, este é necessário em nível individual e em nível coletivo. Para tanto, a noção de conforto aqui proposta foge da tradicional concepção de algo a ser oferecido por um ambiente, tornando-se algo a ser alcançado pelo usuário, conforme sugerido por Nicol (2011). Na prática, isso significa que, se uma situação tender a fugir da zona de conforto, o usuário irá se adaptar para tentar retornar à situação de conforto.

De fato, estar fora da zona de conforto pode ser uma ótima oportunidade para uma mudança, para uma situação criativa, para algo que leve o usuário a experienciar e interagir efetivamente com o ambiente em que está. Muda-se, portanto, necessariamente o modo de pensar o projeto e os ambientes de edifícios e cidades. Não se deve, por meio do projeto, impor condições que fatidicamente não trarão conforto ou satisfação à maioria dos usuários, mas sim projetar de modo a fornecer variabilidade e meios necessários para que os usuários nos diferentes ambientes possam se adaptar, buscando conforto e satisfação enquanto indivíduos e coletividade.

1.2 Considerações preliminares sobre o projeto do edifício ambiental

Esta seção apresenta um conjunto de reflexões que abordam relevantes questões envolvidas no processo de elaboração de projetos arquitetônicos, particularmente naqueles que objetivam um bom desempenho ambiental das construções. A discussão concentra-se nas etapas iniciais do processo, nas quais ocorre a definição do partido arquitetônico, embora as demais etapas não sejam desconsideradas.

Primeiramente, o processo de projeto do edifício ambiental não deve ser entendido como um processo especial completamente diferente dos procedimentos adotados para a elaboração de projetos convencionais. Ao contrário, ele envolve raciocínio semelhante cuja particularidade está na priorização das questões relacionadas aos impactos produzidos pelos edifícios e pelas cidades sobre o meio ambiente. As principais diferenças são de natureza filosófica e metodológica, ou seja, estão presentes em uma visão de mundo comprometida com a minimização de impactos negativos e na utilização de ferramentas computacionais que permitam avaliar o desempenho ambiental dos espaços construídos, em seus vários aspectos.

Tendo em vista os graves problemas ambientais enfrentados pelo nosso planeta, a introdução de uma cultura arquitetônica que considere relevante os condicionantes ambientais parece urgente e atual. Igualmente relevante é a inclusão do discurso ético num plano de equilíbrio e igualdade de importância com o discurso estético. Apesar da indiscutível importância da estética para o deleite humano (Lacan, 1997), considera-se como fundamental o estímulo à discussão sobre os aspectos éticos e suas repercussões na concepção arquitetônica. Isso inclui a reflexão sobre o impacto dos edifícios no meio ambiente, em três níveis.

O primeiro nível consiste nas consequências decorrentes da inadequação do edifício ao meio ambiente que o envolve, demandando a utilização de equipamentos eletromecânicos para corrigir essa inadequação. Nessa categoria, encontram-se os sistemas de iluminação artificial e de ar condicionado, fortes consumidores de energia. Há que se considerar os reflexos dessas ações no real conforto dos usuários e nos custos operacionais das construções. Nos países em desenvolvimento, essa preocupação torna-se ainda mais relevante pelo fato de grande parte da população e até mesmo órgãos públicos não terem condições econômicas de arcar com a aquisição dos equipamentos eletromecânicos de condicionamento artificial e, muito menos, de arcar com elevadas contas de energia. Nessas condições, a obtenção de ambientes confortáveis depende fundamentalmente de edificações bem adaptadas às características climáticas locais (Bittencourt, 2007).

Fig. 1.8 Pilotis do edifício E1, São Carlos (SP)
Foto: Leonardo Bittencourt.

No segundo nível está o impacto proporcionado pela edificação no entorno imediato e sua relação com a legislação municipal. A prática profissional demonstra que os códigos de edificações precisam ser revistos no intuito de incluir restrições construtivas que impeçam os edifícios de atuarem como obstruções que bloqueiem o aproveitamento de características ambientais positivas, induzindo a formação de uma malha urbana que favoreça o acesso à luz e à ventilação naturais, ou estimule o aproveitamento de tais aspectos. Um bom exemplo dessa situação reside no estímulo à utilização de pilotis e de pavimentos vazados, favorecendo uma maior permeabilidade da malha urbana aos ventos predominantes, como pode ser observado no edifício E1 (Fig. 1.8), localizado no campus da UFSCar, São Carlos (SP), e no conjunto de Pedregulho (Fig. 1.9), situado no Rio de Janeiro/RJ.

Fig. 1.9 Pavimento vazado no conjunto habitacional de Pedregulho (RJ)
Foto: Leonardo Bittencourt.

No terceiro nível, encontra-se o impacto produzido pelo aglomerado de edificações no âmbito das cidades e suas repercussões no clima urbano e regional. Traçados urbanos que proporcionem o aproveitamento das potencialidades do clima local e minimizem seus aspectos negativos devem ser perseguidos em detrimento de modelos gerados pela lógica capitalista, em que o lucro se apresenta como diretriz principal, ou pela simples reprodução de modelos oriundos de diferentes contextos. No Brasil, por exemplo, assiste-se há décadas à implantação de grandes conjuntos habitacionais que desconsideram as preocupações ambientais tanto no desenho urbano quanto na implantação das edificações nos lotes.

A arquitetura espetacular e exibicionista, que caracteriza a maioria de nossas cidades, deveria dar lugar a uma arquitetura cuja beleza existisse em equilíbrio com as preocupações relativas àqueles que a utilizarão, bem como ao meio ambiente que nos cerca.

1.2.1 A complexidade do ato de pensar o projeto arquitetônico

A elaboração de um projeto de arquitetura baseia-se no equacionamento de problemas complexos e no exame de possíveis respostas e sínteses a eles (Lawson, 1990). Trata-se de um processo de escolha fundamentado na priorização de determinados aspectos em detrimento de outros, quando da ocorrência de demandas conflitantes por parte de dois ou mais condicionantes. A criatividade, importante componente desse procedimento, representa a capacidade de resolver problemas complexos, de forma original ou reelaborada.

O processo de projetar é marcado por dilemas que são apresentados e pela escolha de critérios que precisam ser estabelecidos, considerando os vários aspectos que embasarão a decisão final, ou seja, o contexto mais amplo do projeto. Nesse sentido, aspectos econômicos, como custo de oportunidade, durabilidade, valor agregado em razão do design, relação custo/benefício etc., também são considerados como condicionantes importantes. Além dos aspectos práticos, diversos outros de natureza subjetiva estão presentes nessa escolha, mesmo que inconscientemente. Entre eles encontram-se valores estéticos, culturais, ideológicos, bem como valores filosóficos e éticos.

A elaboração de um projeto arquitetônico costuma ser dividida em *estudo preliminar*, *anteprojeto*, *projeto executivo* e *detalhamento*. As questões ambientais permeiam essas quatro etapas, mas se apresentam com maior intensidade no estudo preliminar, no qual o partido arquitetônico é concebido. Por esse motivo, as reflexões aqui apresentadas se concentram nessa primeira etapa do processo.

1.2.2 Estudo preliminar

De maneira geral, o estudo preliminar se constitui no momento mais importante do projeto, quando a proposta arquitetônica adquire uma forma após uma complexa elaboração mental. A definição do partido arquitetônico pode ser dividida em quatro fases: filosofia arquitetônica, definição do caráter plástico e espacial, análise dos condicionantes arquitetônicos e síntese.

Filosofia arquitetônica

A primeira etapa pressupõe a existência de uma visão filosófica da vida, como um todo, e da arquitetura, em particular. É com base nessa forma de ver o mundo que os diversos valores arquitetônicos são hierarquizados no processo de projeto, definindo prioridades dentre os diversos condicionantes arquitetônicos. Em suma, é a forma de ver a arquitetura que norteia as tomadas de decisão diante dos dilemas que se apresentam no processo projetual.

Essa fase é fundamental e afeta (consciente ou inconscientemente) a hierarquia dos condicionantes envolvidos no projeto, com rebatimentos na configuração final do edifício. A busca de edifícios ambientalmente sustentáveis encaixa-se numa visão de mundo que acredita que o conceito de desenvolvimento humano deve contemplar, de forma equilibrada, as questões econômicas, ecológicas, sociais, culturais e políticas, e não apenas os valores econômicos.

Do ponto de vista da expressão arquitetônica, existem duas possibilidades no que concerne à volumetria do edifício ambiental. A primeira baseia-se na ideia de que o discurso ambiental deve estar presente na expressão arquitetônica dos edifícios que consideram adequadamente essas questões (Hagan, 2006). A Fig. 1.10 mostra um exemplo dessa abordagem, o Edifício Cobogó, assim denominado por se apresentar com uma volumetria vazada, permeável à circulação dos ventos da cidade de Maceió (AL). A outra possibilidade considera que, embora o desempenho ambiental possa interferir na composição volumétrica da edificação, essa vertente deveria se situar num plano de igualdade com os demais condicionantes de projeto, como ocorre no hospital da rede Sara Kubitschek (Fig. 1.11), localizado na cidade do Rio de Janeiro, no qual questões estruturais e funcionais também exercem um papel forte, ao lado do conforto ambiental, na criação da expressão arquitetônica.

Fig. 1.10 Edifício Cobogó, Maceió (AL)
Foto: Leonardo Bittencourt.

Fig. 1.11 Hospital Sara Kubitschek, Rio de Janeiro (RJ)
Foto: Leonardo Bittencourt.

O caráter plástico e espacial

Além da visão filosófica que delineia os princípios gerais seguidos pelo projetista, existe a necessidade de definição do caráter plástico e espacial a ser alcançado pela proposta arquitetônica, cujas características dependem da natureza da edificação. A desconsideração desse aspecto pode gerar edificações sem identidade, ou, pior ainda, com uma identidade antagônica à sua função, a exemplo de um local de meditação que produzisse sensação de dinamismo e agitação. É nessa fase que são definidas as sensações e emoções que deverão ser transmitidas pelo edifício, caracterizando sua identidade e natureza poética, como pode-se observar na Catedral de Brasília (Fig. 1.12). Nesse edifício, a elegante e inusitada volumetria sugere uma fervorosa oferenda voltada ao céu. O acesso ao espaço interno se dá por um corredor escuro que produz nos usuários uma sensação de insegurança e apreensão, para, em seguida, desembocar num deslumbrante espaço ascendente, intensamente iluminado. Parte-se da escuridão e do medo em direção à luz e ao encantamento.

Fig. 1.12 Vistas interna (A) e externa (B) da Catedral de Brasília
Fotos: Leonardo Bittencourt.

Trata-se de um ato poético afirmar, por exemplo, que uma linha reta é firme, que formas com ângulos agudos parecem frias, que uma curva é quente, que a curva acolhe e o ângulo agudo repele, que o ângulo transmite uma agressividade masculina e a curva uma suavidade feminina.

> A graça de uma curva é um convite a habitar. Pode-se fugir dela sem esperança de retorno. A curva amada tem os poderes do ninho; é um apelo à posse, ela é um canto curvo. É uma geometria habitada. (Bachelard, 1974, p. 109).

No caso do edifício ambiental, além do caráter plástico e espacial associado ao uso, pode-se reforçar a importância da integração entre ambiente construído e ambiente natural. É fato incontestável que os edifícios e seus usuários encontram-se imersos no meio ambiente natural exterior. Qualquer mudança em um aspecto ou qualidade desse meio ambiente, inevitavelmente afeta a percepção do usuário no que concerne à sua resposta ao ambiente como um todo. Segundo Fitch (1976), o reconhecimento desse fato é crucial para a teoria estética e está acima de todas estéticas arquitetônicas.

Análise dos condicionantes arquitetônicos

A terceira fase consiste em uma identificação e estudo das partes, ou seja, uma análise de todos os condicionantes arquitetônicos, classificados de acordo com suas características particulares. Nessa fase, são avaliadas as demandas apresentadas por cada um desses condicionantes, traduzidas nas seguintes ações:

- Elaboração do programa de necessidades, com respectivo dimensionamento e identificação dos fluxos que ocorrerão no interior da edificação, definindo o zoneamento correspondente ao agrupamento de usos correlatos.

- Consulta à legislação existente nas esferas municipal, estadual e federal que regulam a construção civil local, para conhecimento das restrições legais à implantação do edifício no terreno (gabarito, recuos, taxa de ocupação, coeficiente de aproveitamento etc.).
- Exame dos aspectos físicos do terreno, tais como forma, dimensão, topografia, acessos, massas vegetais e existência de vistas privilegiadas. Nesse importante item está inclusa a caracterização do entorno próximo, observando-se a escala das construções existentes, bem como as obstruções provocadas por edificações vizinhas e a disponibilidade de infraestrutura urbana.
- Apreciação dos condicionantes econômicos, considerando os recursos financeiros disponíveis para execução da obra e levando-se em conta, de forma cuidadosa, os custos de manutenção e operação da edificação.
- Análise dos materiais e técnicas construtivas disponíveis na região e de domínio da população local, considerando-se os impactos decorrentes da fabricação, transporte e durabilidade dos materiais, bem como suas características de manutenção e possibilidades de reciclagem. Nessa análise, procura-se identificar a existência de eventuais antagonismos entre os diversos aspectos envolvidos no conceito de sustentabilidade (econômicos, sociais, políticos, culturais e ambientais).
- Identificação dos condicionantes climáticos por meio da análise das características dos elementos: temperatura, umidade, direção e velocidade dos ventos dominantes, intensidade da radiação solar, nebulosidade e luminância da abóbada celeste. Essa ação tem como finalidade identificar as principais estratégias bioclimáticas recomendadas e seu rebatimento na configuração tipológica do edifício. Por exemplo, a recomendação de edificações pesadas em forma de pátios para climas quente e seco (Fig. 1.13), ou de edificações sombreadas, com espaços fluidos e permeáveis ao vento, para climas quente e úmido (Fig. 1.14). O atendimento a essas recomendações determina tipologias arquitetônicas diferentes para diferentes climas, sendo responsável pelo grau de eficiência energética do edifício.

Fig. 1.13 Construção com alta capacidade térmica. Estratégia típica de climas quente e seco, provendo estabilidade térmica ao ambiente interno, próxima às temperaturas médias do clima, evitando o superaquecimento
Foto: Leonardo Bittencourt.

Fig. 1.14 Varanda: recurso arquitetônico típico de climas quente e úmido, permitindo o sombreamento e o acesso aos ventos
Foto: Leonardo Bittencourt.

Além da tipologia, ou seja, da forma do edifício, diversos elementos e componentes arquitetônicos podem ser utilizados para adaptar a construção ao clima, como ocorre com o edifício do Núcleo de Pesquisa Multidisciplinar da Universidade Federal de Alagoas (UFAL), projetado pelo arquiteto Leonardo Bittencourt. Nesse edifício, uma cobertura solta e dotada de amplos beirais proporciona sombreamento e leveza ao conjunto, enquanto protetores solares móveis produzem uma textura dinâmica na fachada oeste. Componentes como os peitoris ventilados e captadores de vento, além de desempenharem papel fundamental na ventilação dos ambientes internos, compõem, de forma marcante, a volumetria do edifício (Fig. 1.15).

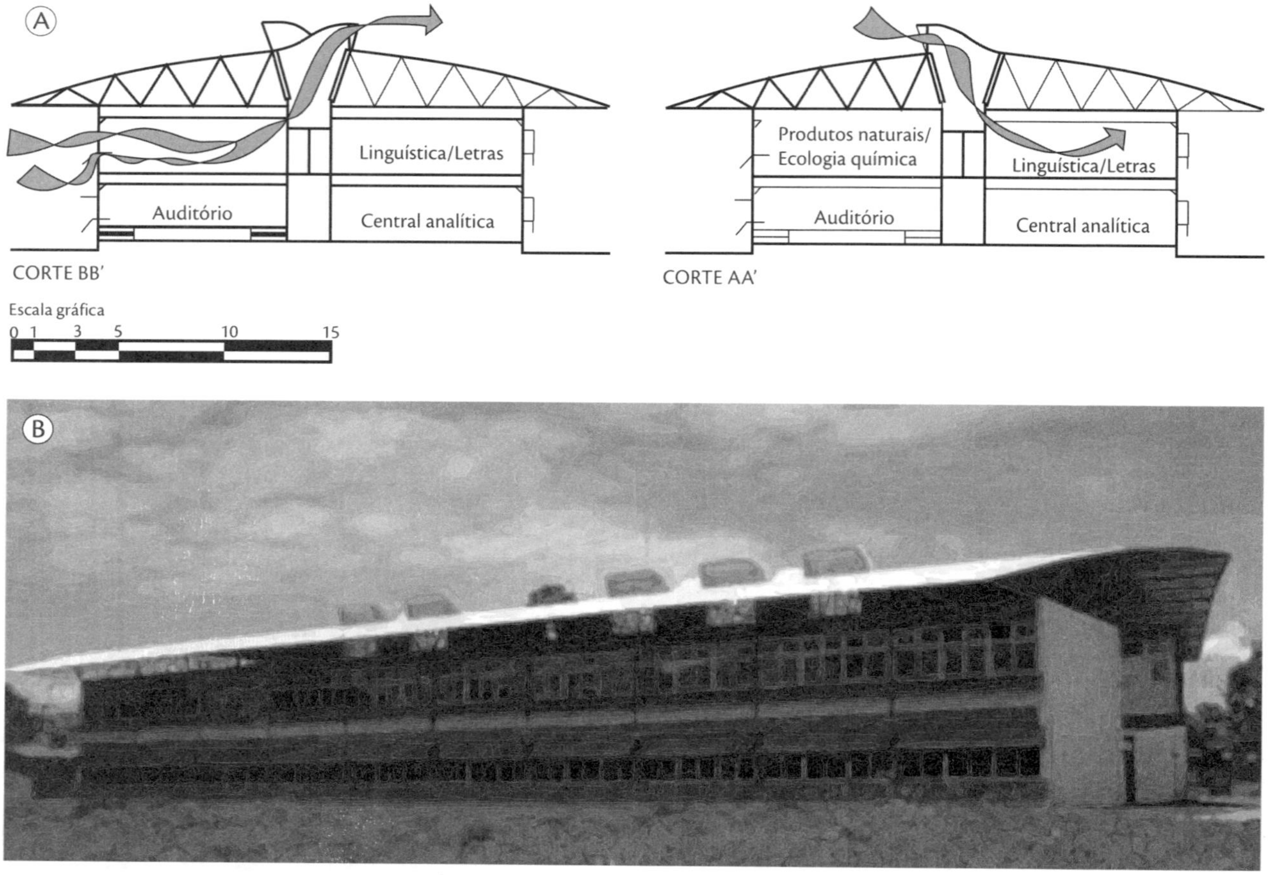

Fig. 1.15 Edifício do Núcleo de Pesquisa Multidisciplinar da UFAL, Maceió (AL). (A) Cortes mostrando o esquema da ventilação natural; (B) vista externa da fachada principal Fonte: Leonardo Bittencourt.

Elementos como esses constituem um amplo repertório arquitetônico, tanto volumétrico como espacial. Bons exemplos dessa abordagem podem ser encontrados na faixa equatorial do Brasil, onde o clima quente e úmido se caracteriza por pequenas oscilações da temperatura e da umidade do ar, que permanecem, em grande parte do tempo, nas proximidades da chamada *temperatura neutra de conforto*. Condição essa que favorece a integração entre os espaços internos e externos, permitindo a criação de ambientes sombreados e permeáveis à visão e aos ventos incidentes, com características peculiares a esse tipo de clima, como visto na Fig. 1.16. Por outro lado, vale destacar que, em climas frios, essa fluidez espacial dá lugar a uma compartimentação do edifício e à nítida separação entre espaços internos e externos.

No desenvolvimento do projeto arquitetônico, busca-se equacionar e resolver conflitos oriundos dos diversos condicionantes, em diferentes escalas. No que diz respeito ao edifício, os conflitos se apresentam não só entre os condicionantes ambientais e os demais (funcionais, econômicos, estéticos etc.), mas também entre os próprios condicionantes ambientais. Por exemplo, o excesso de sombreamento pode comprometer o aproveitamento da iluminação natural, ou ainda a provisão de amplas aberturas para captação da ventilação natural pode acarretar problemas acústicos.

Por essa razão, a definição do partido arquitetônico para um edifício ambiental depende do domínio de uma consistente base teórica que aborde as principais questões referentes ao controle exercido pela edificação sobre as diversas variáveis ambientais, minimizando seus efeitos negativos e potencializando os aspectos positivos.

A compreensão dos princípios biofísicos que governam a relação entre ambiente construído e ambiente natural constitui um suporte fundamental à adoção de tipologias construtivas adequadas às características climáticas locais. A apropriada compreensão desses fenômenos proporciona a escolha de tipologias construtivas e espaciais cujas propriedades apresentam maior potencial de adaptação ao ambiente climático, bem como sugerem a utilização de elementos construtivos peculiares às especificidades do clima local, gerando um vocabulário arquitetônico também próprio às diferentes regiões climáticas.

Na etapa do estudo preliminar, pode-se levantar questionamentos sobre a eficiência e a real contribuição do uso de ferramentas de simulação computacional para avaliação do desempenho ambiental da edificação, incluindo o acústico, o lumínico, o térmico e o energético. Ocorre que, para a validação (ou rejeição) de possíveis alternativas de partido, a maioria dos programas de simulação do desempenho ambiental de edifícios requer um nível de informações incompatível com as existentes nessa etapa.

Entretanto, para projetos em regiões onde a ventilação natural seja uma estratégia bioclimática fundamental, é importante examinar a influência exercida pelo entorno no escoamento dos ventos dominantes no local onde a edificação será implantada. Nesses casos, em particular, pode ser interessante a utilização de técnicas avançadas de simulação computacional, as quais são baseadas na mecânica dos fluidos computacional.

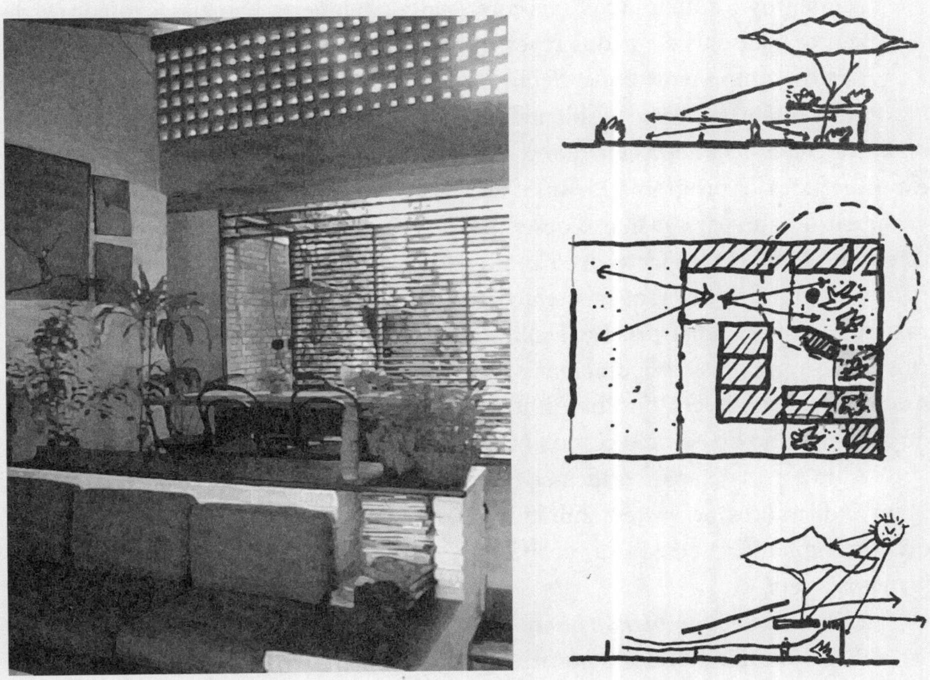

Fig. 1.16 Residência em Maceió (1985), o clima como gerador de tipologias arquitetônicas. Destaque para a permeabilidade ao vento com a sequência de espaços abertos, sombreamento e paredes vazadas
Fonte: Leonardo Bittencourt.

É consenso, no entanto, o caráter fundamental do conhecimento sobre os princípios físicos que regem as interações entre o homem, o ambiente construído e o ambiente natural. Para proporcionar o domínio desse conhecimento, a simples utilização de bons livros parece ser suficiente (Augenbroe, 2008).

Síntese

A quarta fase consiste na fusão das reflexões e análises anteriores, que resulta em uma síntese denominada *partido arquitetônico*, que deve satisfazer, da melhor forma possível, as demandas apresentadas pelas questões apreciadas na etapa anterior. Trata-se de um processo mental, que persegue a adequação das respostas arquitetônicas perante os diversos condicionantes, diferentemente da busca de uma proposta que atenda integralmente a cada uma daquelas demandas. Fundada na filosofia arquitetônica do projetista, bem como no caráter plástico-espacial da obra, a eleição de prioridades em razão das demandas oriundas dos diversos condicionantes facilita a escolha da melhor proposta entre as alternativas de partido apresentadas. É importante ressaltar que, como já disse Fitch (1976, p. 1), "a obra arquitetônica não pode nunca ser apreciada, sentida, vivenciada fora de sua multidimensional totalidade".

A partir desse ponto, o desenvolvimento do partido costuma ser realizado em três outras etapas: *anteprojeto*, *projeto executivo* e *detalhamento*, que serão sucintamente descritas a seguir.

1.2.3 Anteprojeto

Esta etapa caracteriza-se pelo desenvolvimento do partido arquitetônico e seus possíveis desdobramentos. Nela são testadas as viabilidades técnicas e econômicas, bem como são dimensionados as estruturas e os sistemas prediais e realizadas as compatibilizações preliminares entre os diversos anteprojetos envolvidos no empreendimento (arquitetônico e complementares). Além disso, são examinadas alternativas de configurações para os diversos elementos arquitetônicos, tais como paredes, cobertas, janelas, captadores de vento, materiais e cor dos revestimentos, protetores solares, assim como de outros componentes que afetam o desempenho da edificação nos aspectos ambientais (conforto ambiental, eficiência energética, durabilidade etc.).

Na etapa de anteprojeto, com uma definição mais precisa do projeto e suas especificações, os programas de simulação computacional são indubitavelmente de grande utilidade para avaliar o desempenho da edificação em diferentes cenários (Hensen, 2008). O impacto decorrente da utilização de diferentes configurações para cada um dos diversos elementos arquitetônicos pode ser avaliado de forma razoavelmente rápida e precisa, facilitando a realização de ajustes quando necessários. As ferramentas computacionais, cuja evolução as faz cada vez mais eficientes e acuradas, constituem um instrumento fundamental nos processos de avaliação do desempenho do edifício como um todo e dos ambientes internos em particular.

Ainda nessa etapa, verifica-se o atendimento aos diversos aspectos que formam indicadores de sustentabilidade. Nessa discussão, são considerados os de ordem ambiental e ecológica, econômica e social. Dentre esses indicadores, os principais são:

a) *Indicadores ambientais e ecológicos*
   - energia embutida nos materiais de construção;

- produção e tratamento de dejetos/lixo;
- gerenciamento do uso de água e energia;
- energia renovável;
- emissão de CO_2;
- uso de produtos à base de biomassa;
- consumo de materiais tóxicos.

b) *Indicadores econômicos*
- custos de operação e manutenção;
- retorno do investimento;
- investimento em energia renovável.

c) *Indicadores sociais*
- geração de emprego;
- bem-estar da mão de obra envolvida;
- custo de degradação;
- tecnologia apropriada.

No caso do interesse pelos conhecidos *selos verdes*, é nessa etapa que são realizadas avaliações preliminares do perfil ambiental da obra, de acordo com os critérios adotados por cada uma das certificações almejadas (AQUA – *alta qualidade ambiental*–, HQE – *haute qualité environnementale*–, LEED – *leadership in energy and environmental design* – etc.).

1.2.4 Projeto executivo

Uma vez implantados os ajustes necessários, são realizadas as compatibilizações finais entre os diversos projetos envolvidos e o projeto executivo, contemplando as particularidades de cada um. Nessa etapa, pode ocorrer o refinamento de soluções definidas na etapa anterior, que ainda requeiram aprimoramento. Aqui são também determinadas todas as especificações técnicas da obra, com repercussões na absortância, transmitância e capacidade térmica dos pisos, paredes e coberturas, bem como no sistema de aquecimento de água e no consumo de água e energia.

1.2.5 Detalhamento

No detalhamento é apresentado o processo de execução dos diversos componentes arquitetônicos da obra que não foram apresentados no projeto executivo em virtude da escala dos desenhos elaborados nessa etapa. Contém informações sobre dimensões, montagem e fixação, bem como sobre os revestimentos e materiais constitutivos desses componentes, de forma a garantir que eles sejam executados exatamente como foram concebidos.

No caso do edifício ambiental, destaca-se a importância do detalhamento das esquadrias, proteções solares, isolamentos e demais partes da construção que tenham um papel central na criação de condições ambientais de conforto. Especial atenção deve ser dada a componentes inovadores ou pouco difundidos, de maneira a garantir o seu correto funcionamento, por exemplo, no caso de captadores de vento e peitoris ventilados, estratégicos em edifícios de clima quente e úmido, como em parte do Sudeste e em todo o Norte e Nordeste do Brasil.

1.2.6 Por uma visão integrada no projeto arquitetônico

A elaboração do projeto arquitetônico pressupõe uma visão integrada das respostas às diversas demandas do conjunto de condicionantes. Deve-se evitar uma visão distorcida pelo olhar unilateral da obra ou pelo seu enquadramento em um estilo ou corrente arquitetônica. Um determinado condicionante não deve ser supervalorizado em detrimento dos demais, mesmo que se trate de um condicionante de cunho ambiental. Essa distorção pode ser observada em alguns exemplares da chamada *arquitetura bioclimática*. Uma boa arquitetura deve ser bioclimática e adequada aos demais aspectos ambientais, num plano de equilíbrio com os demais condicionantes socioeconômicos e também, quando for o caso, urbanos do contexto do projeto.

A ausência de conhecimentos sobre o impacto produzido pela construção civil no meio ambiente tem formado arquitetos com pouca consciência desse problema e da importância do setor para o meio ambiente global, de uma maneira geral.

O processo de projeto do edifício ambiental deve ser encarado de forma semelhante ao adotado no projeto de qualquer edifício, contemplando adequadamente as questões ambientais. No entanto, não se deve esquecer que as edificações têm como finalidade abrigar as diversas atividades desenvolvidas pelo homem. Abrigar tanto no que corresponde às necessidades físico-ambientais como no que se refere aos aspectos imaginários e simbólicos.

1.3 Pesquisa arquitetônica para o projeto ambientalmente sustentável

Embora muitas pesquisas internacionais desde os anos 1970 tenham focado em eficiência energética e na engenharia de projetos ambientais, pouco desses estudos lidaram diretamente com arquitetura ou responderam as questões ambientais normalmente encontradas por alunos e profissionais da arquitetura. Como resultado, dúvidas, ignorância e preconceito ainda prevalecem e necessitam ser abordados tanto na formação como na prática arquitetônica. Para fornecer alternativas à arquitetura universal e à engenharia convencional, que continuam sendo referência para o projeto de edificações em muitos países, é necessário uma nova compreensão do que consiste um bom ambiente para os ocupantes de edifícios, e como a arquitetura pode contribuir para isso, resgatando e reforçando seu papel histórico de instrumento de projeto ambiental.

1.3.1 O ambiente urbano

Inseridos em meio a fluxos de energia já existentes, os edifícios alteram o equilíbrio energético das suas imediações, modificando as condições de admissão da radiação solar e direcionando os ventos para outras edificações. Isso gera mudanças microclimáticas nas vizinhanças e, entre outros impactos, afetam as atividades do pedestre. Ademais, sendo aquecidos ou resfriados, naturalmente ventilados ou mecanicamente controlados, os edifícios irão liberar no ambiente urbano ao seu redor a energia utilizada em sua operação, sob a forma de calor. Desse modo, as edificações vão aquecendo o ar das cidades constante e incansavelmente, agindo como aquecedores de grandes proporções.

Isto posto, entende-se que a morfologia urbana tem uma influência dramática no clima das cidades, podendo fragmentar a paisagem urbana no que parece ser uma composição aleatória de microclimas acidentais. As pessoas se deparam com esses microclimas ao caminhar pelas cidades entre os quarteirões e terraços, parques, praças e coberturas de edifícios. Em um determinado momento, assim como durante qualquer período de tempo, as condições ambientais do ar e das temperaturas das superfícies, do vento e da luz do sol, que podem ser percebidas durante essas caminhadas, estarão bem diferentes das condições para as quais os prédios foram concebidos. Mesmo que fossem projetados edifícios ambientalmente conscientes, eles ainda poderiam falhar, a menos que as mudanças climáticas do seu local de implantação fossem consideradas. Esta é a herança ambiental da cidade contemporânea, como resultado da arquitetura e do urbanismo do século passado.

1.3.2 Aprendendo a projetar o edifício ambiental

As condições para uma relação simbiótica entre os edifícios e os ambientes urbanos que eles formam e ocupam são o principal interesse de estudo do programa de mestrado em Sustainable Environmental Design na Architectural Association School of Architecture, em Londres. O conhecimento e a compreensão dos princípios físicos subjacentes a essa relação, aliados às ferramentas conceituais e computacionais que os traduzem em arquitetura e urbanismo de ordem ambiental, formam o núcleo desse programa. Os objetivos principais são a melhoria da qualidade ambiental das cidades, a independência de fontes não renováveis de energia e a promoção da arquitetura de projetos ambientais sustentáveis.

Desde o fim da primeira década de 2000, a agenda contínua de pesquisa em *requalificação (ou remodelação) da cidade* propiciou a execução de mais de 350 projetos acadêmicos em 70 cidades em cerca de 40 países, tanto ao norte como ao sul da linha do equador. Esses trabalhos abrangeram uma ampla gama de tipologias de edificações e climas, com propostas para prédios novos e existentes.

Os escopos dos projetos combinam pesquisas de campo, incluindo observações e medições, e pesquisas de projeto que utilizam ferramentas computacionais, calibradas com os dados provenientes das próprias medições. Para estudantes de arquitetura, a realização de estudos de caso em sítios reais e edifícios ocupados fornece informações valiosas a respeito das questões ambientais fundamentais que afetam o conforto e o bem-estar dos ocupantes, assim como o desempenho ambiental e o uso de energia em edifícios arquitetônicos (Fig. 1.17).

A combinação de estudos empíricos e trabalhos analíticos cria uma base sólida de conhecimento para a formulação e o teste de proposições teóricas, assim como apoia a pesquisa de projeto em seus processos geradores (Fig. 1.18). O trabalho empírico consiste em medições de curto tempo dos parâmetros ambientais,

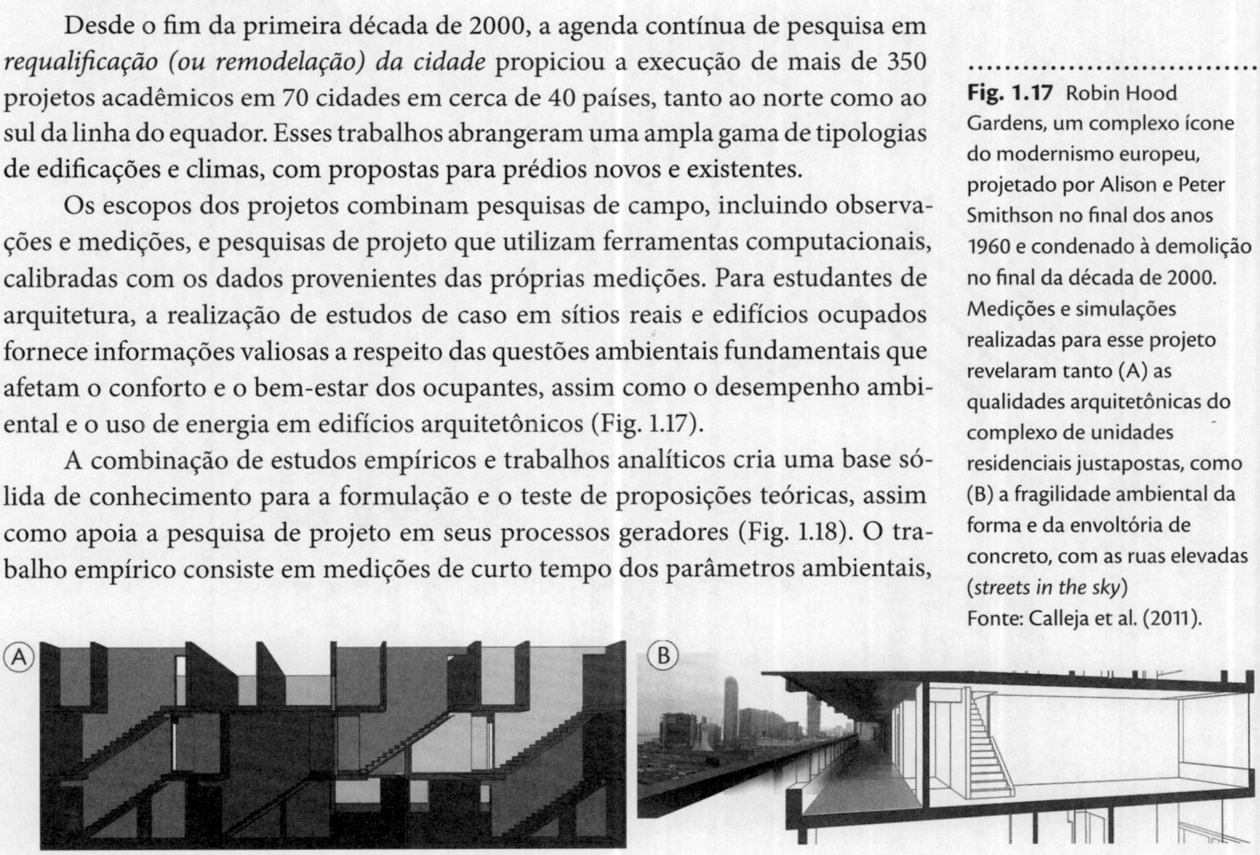

Fig. 1.17 Robin Hood Gardens, um complexo ícone do modernismo europeu, projetado por Alison e Peter Smithson no final dos anos 1960 e condenado à demolição no final da década de 2000. Medições e simulações realizadas para esse projeto revelaram tanto (A) as qualidades arquitetônicas do complexo de unidades residenciais justapostas, como (B) a fragilidade ambiental da forma e da envoltória de concreto, com as ruas elevadas (*streets in the sky*)
Fonte: Calleja et al. (2011).

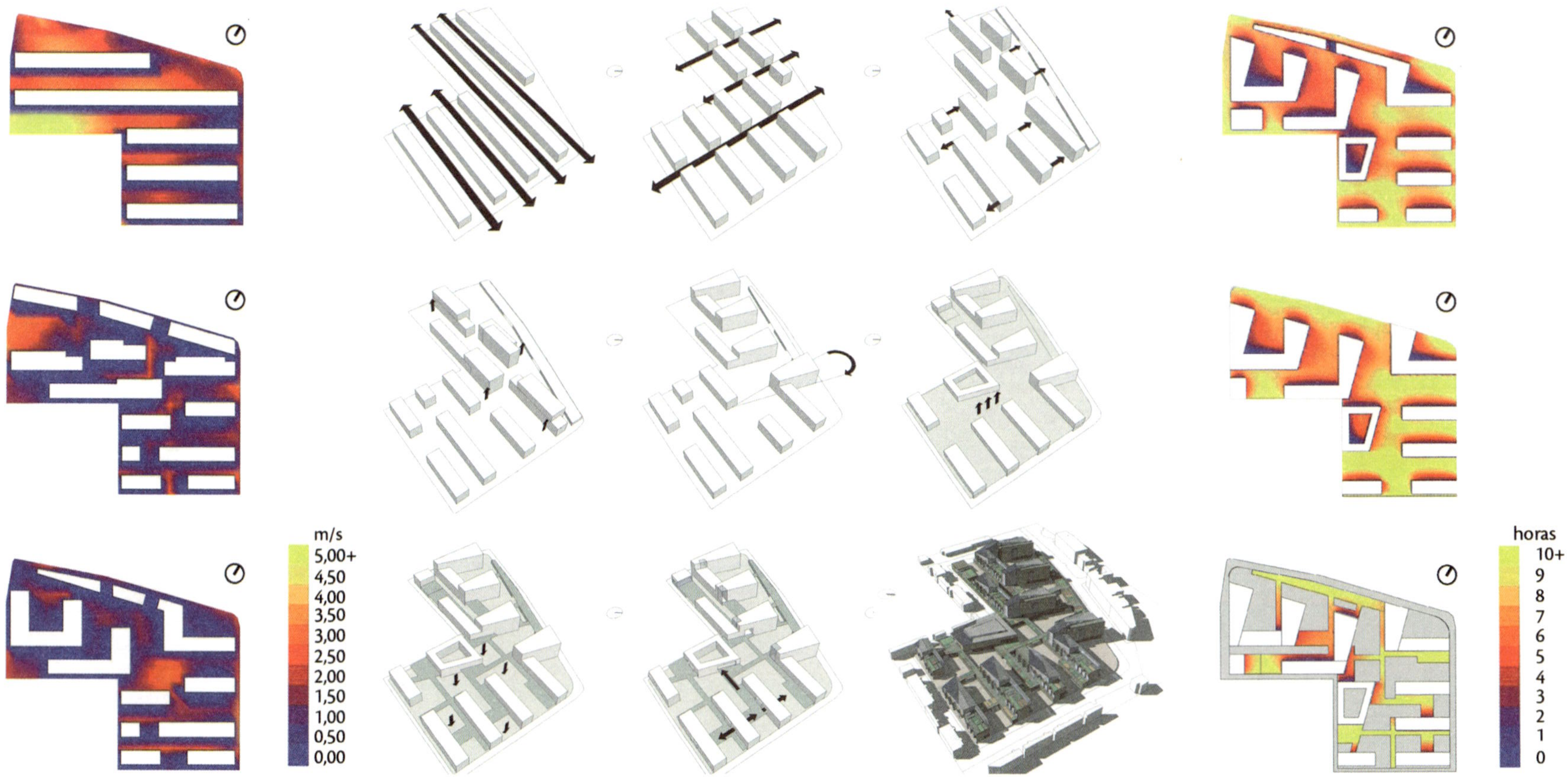

Fig. 1.18 Processo generativo para o desenvolvimento de um complexo residencial, incluindo agricultura urbana e outras atividades. Caracteriza um programa de uso misto no bairro de Brixton, no sul de Londres, cidade de latitude 51° 30'N e longitude 00° 07'W, mostrando a evolução do projeto de implantação e da forma arquitetônica com base em estudos de desempenho ambiental, que avaliam o movimento do ar e as horas de radiação solar incidente nos espaços abertos entre os edifícios
Fonte: Guzman et al. (2013).

pesquisas e entrevistas (com moradores, arquitetos, engenheiros e gerentes de instalações). As medições fornecem indicações comparativas das condições ambientais alcançadas e como estas variaram ao longo do tempo, entre e através dos diferentes espaços. As pesquisas e entrevistas fornecem informações a questões-chave identificadas com as medições.

Os dados coletados referentes às condições ambientais, padrões de ocupação, utilização de eletrodomésticos e outras características operacionais formam um perfil ambiental dos edifícios de estudo. Eles também fornecem dados necessários para calibrar os modelos digitais. Não há como substituir o conhecimento adquirido dessa maneira para a pesquisa sobre o desempenho ambiental da arquitetura. Acredita-se que estudos de caso ensinam mais a respeito do desempenho ambiental da arquitetura do qualquer explanação teórica.

1.3.3 O papel das simulações computacionais

As ferramentas computacionais de simulação são introduzidas logo no início do curso Sustainable Environmental Design, da Architectural Association School of Architecture, de forma que os alunos possam aplicá-las aos projetos assim que obtiverem uma compreensão razoável dos princípios básicos. Essas ferramentas da simulação computacional têm se aperfeiçoado ao longo dos anos 2000, tornando-se mais visual em suas interfaces e proporcionando maior facilidade de operação, assim como maior agilidade na execução de tarefas. Por outro lado, essas ferramentas ainda são limitadas na capacidade de lidar com os principais fenômenos da física aplicada ao desempenho ambiental das construções de forma mais interativa. Embora as simulações sejam uma fonte de confusão e desapontamento para quem as utiliza, isso também é um sinal do valor do conhecimento e do julgamento do próprio usuário da ferramenta computacional, isto é, do projetista do edifício.

As experiências com o ensino de simulação computacional de desempenho ambiental a partir dos anos 1980 têm mostrado que o arquiteto pode dominar rapidamente a mecânica da computação de qualquer complexidade. A tarefa de criar modelos digitais de edifícios reais ou virtuais, com o propósito da simulação do seu desempenho ambiental, é semelhante a de projetar um edifício e comissioná-lo para suas funções pretendidas.

O processo de elaboração e execução de simulações é também semelhante às tarefas do processo de projeto arquitetônico. Assim, até esse estágio, arquitetos e estudantes de arquitetura são, de longe, os usuários mais capazes de operar tais ferramentas. Por outro lado, a interpretação dos resultados produzidos pelas simulações de desempenho é um campo novo para o entendimento do arquiteto. Os resultados requerem um conhecimento crítico sobre o desempenho ambiental de edifícios, que convencionalmente não está disponível para os arquitetos, e são esses resultados que caracterizam o projeto e seus constituintes em novas formas (Fig. 1.19).

A primeira rodada de modelagem e simulação é normalmente simplificada de forma a recriar as condições existentes dos edifícios em estudo. Na sequência, são realizados estudos paramétricos destinados a responder questões que surgiram a partir das visitas aos edifícios, comentários dos ocupantes e, ainda, a partir da apresentação de outros edifícios que compõem a literatura arquitetônica. As simulações subsequentes podem então identificar o efeito das diferentes características

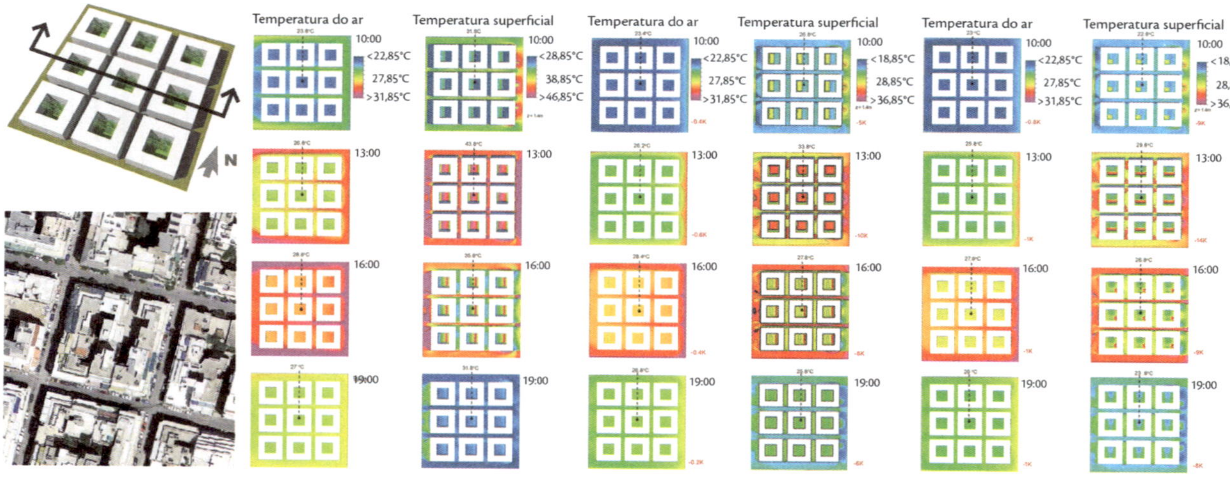

Fig. 1.19 Simulação de temperaturas superficiais e temperatura do ar em quadras urbanas, explorando o potencial de melhoria microclimática associada à inserção de vegetação no vazio das quadras, em Atenas, na Grécia, cidade de latitude 37° 58'N e longitude 23° 43'E
Fonte: Kapsali (2012).

de projeto no conforto térmico e visual do ocupante, assim como na demanda de energia.

Nesse processo, considera-se: a geometria e a exposição dos espaços individuais; a posição, forma, orientação e área das aberturas; as propriedades térmicas e luminosas das áreas envidraçadas e outros elementos externos da edificação; padrões de ocupação, atividade dos habitantes e uso de equipamentos e/ou eletrodomésticos. Algum entendimento dos princípios do projeto de melhor desempenho ambiental, chamado aqui de sustentável, é essencial nesse estágio do trabalho, em prol de um uso eficiente das ferramentas de simulação. Tendo uma prática guiada de estudos, o aprendizado com o uso das ferramentas de simulação computacional pode ser produtivo, com resultados úteis e rapidamente alcançados.

A simulação de modelos simplificados de edifícios reais ou virtuais pode ser executada em segundos, fornecendo resultados expressados em unidade de hora para determinados períodos do ano. Assim, as simulações de desempenho ambiental tornam-se uma extensão natural do processo de projeto (Fig. 1.20). Com o tempo, a prática da simulação dá ao arquiteto a capacidade de antecipar resultados de avaliações de desempenho, fazendo das simulações um recurso posterior ao processo de projeto, para uma investigação mais detalhada de questões de desempenho. Essa experiência reduz a dependência de ferramentas de simulação computacional para a definição da arquitetura.

1.3.4 Arquitetura adaptativa

Os trabalhos de campo em edifícios existentes, bem como as simulações de desempenho dos fenômenos térmicos, fluxo de ar e luz natural têm demonstrado que projetar edifícios condicionados naturalmente e com emissão praticamente zero de carbono é atualmente possível, na maior parte das regiões climáticas do globo. Esse conhecimento, conforme os arquitetos sempre afirmam, mostra o quão importante é o papel do projeto arquitetônico na concepção de ambientes de qualidade. As medições e simulações auxiliam a objetivar tal afirmação. Um projeto arquitetônico deve ser também um projeto ambiental, no entanto, a arquitetura necessita do conhecimento específico de critérios claros e objetivos de desempenho para alcançar os requisitos de um projeto ambiental sustentável.

Fig. 1.20 Pesquisa de campo e simulações computacionais foram realizados para avaliar o potencial de técnicas passivas e espaços de transição protegidos do Sol, como alternativas ao edifício climatizado por todo o ano, no clima quente e seco de Kuwait, de latitude 29° 22'N e longitude 47° 58'E
Fonte: Dib (2013).

Para conseguir edifícios que não dependam de sistemas mecânicos de condicionamento ambiental, os projetos das edificações precisam ser capazes de combinar variações diárias e sazonais de ocupação e clima. Isso só será possível se forem incorporados ao projeto componentes ajustáveis e propriedades variáveis, como isolamento móvel. Tem-se referido a esse estudo como *arquitetura adaptativa*. Trata-se de um processo generativo pelo qual se proporcionam meios de adequação da forma e da envoltória dos edifícios e de suas propriedades às atividades dos ocupantes nos espaços internos e também em espaços abertos (Yannas, 2013).

Os projetos realizados no programa de mestrado em Sustainable Environmental Design na Architectural Association têm demonstrado que esses conceitos são aplicáveis a todos os tipos e formas de edifícios, em todos os locais e climas habitáveis. Esses trabalhos destacaram também uma serie de tópicos de pesquisas de interesse global, assim como questões locais, decorrentes de determinados contextos urbanos e escopos de projeto.

Nesses projetos, alguns aspectos de importância primordial se sobressaem, tais como: a profundidade da planta; a geometria dos ambientes; a relação entre os espaços em planta e corte; a admissão e controle da radiação solar; a luz natural; os fluxos de ar; e mecanismos adaptativos disponíveis, que podem proporcionar aos habitantes um maior nível de conforto térmico, visual e qualidade do ar (Fig. 1.21).

A ocupação dos espaços, assim como a natureza e a intensidade de energia das atividades de ocupação, tem uma forte influência nessas questões, introduzindo ainda novas indagações que surgem em função das tendências de estilo de vida e desenvolvimento tecnológico (Fig. 1.22). Apesar de todos os aspectos supracitados terem objetivos e serem de interesse semelhante, suas implicações no desempenho energético e no conforto do usuário podem ser muito diferentes, variando de acordo com a função do prédio e com sua localização (Figs. 1.23 e 1.24).

À medida que o interesse em projeto ambiental sustentável cresce entre os estudantes de arquitetura e jovens arquitetos, é importante que as pesquisas de desempenho ambiental tenham cada vez mais foco em questões da arquitetura, de

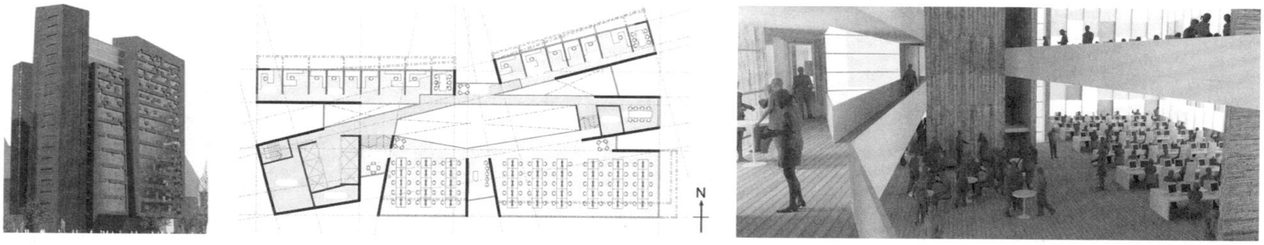

Fig. 1.21 Proposta de projeto para a tipologia do edifício alto de escritórios na cidade de Santiago, no Chile, de latitude 33° 26'S e longitude 70° 39'W. A figura mostra a proposição para a forma arquitetônica resultante de considerações sobre a função e os requisitos ambientais, no contexto de novas relações de trabalho. O posicionamento e o tamanho das janelas foram otimizados parametricamente
Fonte: Swett (2013).

Dia ameno de inverno | Dia quente de inverno | Dia de verão

Fig. 1.22 Projeto residencial para um complexo nos arredores de Florença, na Itália, cidade de latitude 43° 47'N e longitude 11° 15'E. O conceito arquitetônico contemplou um cenário futuro de equipamentos móveis e múltiplas estratégias de adaptação do usuário, na busca de uma diversidade ambiental alcançada em várias épocas do ano e horas do dia, em diferentes espaços da habitação
Fonte: Weber (2013).

forma a explorar o seu potencial adaptativo em relação aos usuários dos edifícios e também alcançar uma relação simbiótica com a cidade.

1.3.5 Medidas fundamentais para o projeto do edifício ambiental

No projeto de edifício ambiental, é imprescindível considerar os seguintes itens:

- *Aprendizado a partir de precedentes*, utilizando edifícios existentes em estudos de casos e combinando trabalhos de campo com simulações computacionais. O que torna um espaço em um bom ambiente para os seus usuários? Quais soluções foram bem-sucedidas? Quais soluções não funcionaram como esperado?
- *Entendimento dos princípios fundamentais de desempenho ambiental*, incluindo o uso de ferramentas de simulação computacional.
- *Aprendizado de ferramentas computacionais* como o meio mais rápido e mais eficaz de contextualizar o conhecimento e checar o resultado de referências e precedentes. No entanto, a aplicação desse conhecimento técnico de forma significativa está atrelado a uma orientação crítica, de profissionais experientes. Métodos computacionais e analíticos devem ser introduzidos logo no início dos estudos sobre o tema.
- *O entendimento de uma aritmética básica é essencial*, de forma a precaver contra erros e a desenvolver um senso de direção no campo de estudo.
- *Um senso crítico do processo de análise e projeto* é necessário para evitar desperdício de tempo.
- *O entendimento da diferença entre princípios globais e aplicabilidade local* mostra que algo que funciona bem em um contexto pode não funcionar da mesma forma em outros lugares ou no futuro.

Fig. 1.23 A maioria dos arquitetos e engenheiros de climatização tendem a desistir das estratégias passivas na elaboração de projetos em Dubai, nos Emirados Árabes, de latitude 25° 15'N e longitude 55° 18'E. No entanto, uma análise crítica do clima indica uma condição amena em metade do ano, enquanto o período mais extremo coloca desafios para o projeto, como visto nessa proposta para edifício educacional, em que uma sequência de sucessivos espaços e componentes construtivos amenizam a transição entre clima exterior e interior
Fonte: Mogali (2012).

Fig. 1.24 Esta proposta para um complexo habitacional sustentável (ambientalmente e quanto à produção de alimentos), em Bangkok, na Tailândia, de latitude 13° 45'N e longitude 100° 29'E, é inspirado nas tradições culturais e na arquitetura vernacular. O projeto elimina o uso do vidro nas fachadas externas, que é substituído por telas permeáveis ao ar e à luz, enquanto oferecem proteção contra a radiação solar direta
Fonte: Tedkajorn (2013).

- *A compreensão das condições climáticas do ambiente urbano* mostra que inúmeros edifícios e quarteirões ao redor das cidades europeias e em outras partes do mundo necessitam de atenção urgente.
- *Iluminação natural e controle solar*, ao contrário do que possa parecer, são tópicos geralmente mal compreendidos pelos alunos de arquitetura e profissionais da área, exigindo um esforço especial por parte dos especialistas e profissionais do ensino.
- *Compreensão de limiares, espaços de transição, condições de contorno e propriedades variáveis*. Nesses quesitos, o arquitetônico e o ambiental se tornam um.
- *Tendências de comportamento, estilo de vida, desenvolvimento tecnológico e mudança climática* são bons tópicos para imaginação especulativa e utopias arquitetônicas futuristas.

Referências bibliográficas

ASHRAE - AMERICAN SOCIETY OF HEATING, REFRIGERATING AND AIR CONDITIONING ENGINEERS. *Standard 55-1992*. Thermal environmental conditions for human occupancy. Atlanta, 1992.

ASHRAE - AMERICAN SOCIETY OF HEATING, REFRIGERATING AND AIR CONDITIONING ENGINEERS. *Standard 55-2004*. Thermal environmental conditions for human occupancy. Atlanta, 2004.

ASHRAE - AMERICAN SOCIETY OF HEATING, REFRIGERATING AND AIR CONDITIONING ENGINEERS. *Handbook of fundamentals*. Atlanta, 2009.

ASHRAE - AMERICAN SOCIETY OF HEATING, REFRIGERATING AND AIR CONDITIONING ENGINEERS. *Standard 55-2013*. Thermal environmental conditions for human occupancy. Atlanta, 2013.

AUGENBROE, G. The role of simulation in early design support. In: BUILDING PERFORMANCE SIMULATION FOR DESIGN AND OPERATION. *Proceedings*... Rio de Janeiro: Eletrobras/Procel, 2008.

BACHELARD, G. *A poética do espaço*. Rio de Janeiro: Abril Cultural, 1974.

BITTENCOURT, L. Meu, dele ou de outros? Especulações sobre o desejo no projeto arquitetônico. In: LEITÃO, L.; AMORIM, L. (Org.). *A casa nossa de cada dia*. Recife: UFPE, 2007.

CALLEJA, H.; CZECH, N.; HEPNER, A.; TZIASTOUDI, A. *Robin Hood Gardens*. Term 1 Building Study (M.Sc./M.Arch.) - SED, AA School, London, 2011.

CARO, J. de; BRAGER, G. S. Developing an adaptive model of thermal comfort and preference. *Transactions of the American Society of Heating, Refrigerating and Air Conditioning Engineers (ASHRAE)*, v. 104, p.145-167, 1998.

CENA, K.; CLARK, J. A. *Bioengineering, thermal physiology and comfort*. Amsterdam: Elsevier, 1981.

COLE, R. J.; ROBINSON, J.; BROWN, Z.; O'SHEA, M. Re-contextualizing the notion of comfort. *Building Research & Information*, v. 36, n. 4, p. 323-336, 2008.

DEAR, R. de; BRAGER, G. Thermal comfort in naturally ventilated buildings. *Energy and Buildings*, v. 34, n. 1, p. 549-561, 2002.

DEAR, R. de; BRAGER, G.; COOPER, D. *Developing an adaptive model of thermal comfort and preference*. Final Report, ASHRAE RP-884. Macquire University, 1997.

DIB, D. *From monotony to diversity:* residential development in Kuwait City. 2013. Dissertation (M.Arch.) - SED, AA School, London, 2013.

FANGER, P. O. *Thermal comfort*: analysis and application in environment engineering. New York: McGraw Hill, 1972.

FITCH, J. M. *American building*: the environmental forces that shapes it. 2. ed. New York: Shocken Books, 1976.

GAGGE, A. P.; STOLWIJK, J. A. J.; NISHI, Y. An effective temperature scale based on a simple model of human physiological regulatory response. *ASHRAE Transactions*, v. 77, 1971.

GUZMAN, J.; NATANIAN, J.; VALLEJO, J. *Mixed-use development in Southwyck, Brixton*. Term 2 Design Project (M.Sc./M.Arch.) - SED, AA School, London, 2013.

HAGAN, S. Taking risks: environmentally sustainable architecture and the new. In: Nutau 2006. São Paulo, *Anais*... São Paulo: Nutau/Faculdade de Arquitetura e Urbanismo da Universidade de São Paulo, 2006. CD-ROM.

HENSEN, J. Building performance simulation in a changing environment. In: BUILDING PERFORMANCE SIMULATION FOR DESIGN AND OPERATION, 2008, Rio de Janeiro. *Proceedings*... Rio de Janeiro: Eletrobras/Procel, 2008.

HOUGHTEN, F. C.; YAGLOU, C. P. Determining lines of equal comfort. *Transactions of the American Society of Heating and Ventilating Engineers (ASHVE)*, v. 29, p.163-169, 1923.

HUMPHREYS, M. A. Field studies of thermal comfort compared and applied. *Building Services Engineer*, v. 44, p. 5-27, 1976.

HUMPHREYS, M. A. Outdoor temperatures and comfort indoors. *Building Research and Practice*, v. 6, p. 92-105, 1978.

HUMPHREYS, M. A.; NICOL, J. F. Understanding the adaptive approach to thermal comfort. *ASHRAE Technical Data Bulletin*, v. 14, n. 1, p. 1-14, 1998.

ISO - INTERNATIONAL ORGANIZATION STANDARDIZATION. *ISO 7730*. Ergonomics of the thermal environment: analytical determination and interpretation of thermal comfort using calculation of the PMV and PPD indices and local thermal comfort criteria. Genève, 2005.

KAPSALI, M. *Refurbishing the urban blocks in central Athens*. 2012. Dissertation (M.Sc.) – SED, AA School, London, 2012.

LACAN, J. *O seminário*. Trad. Antônio Quinet. Rio de Janeiro: Jorge Zahar, 1997. (Livro 7: a ética da psicanálise.)

LAWSON, B. *How designers think:* the design process demystified. Oxford: Butterworth Architecture, 1990.

NICOL, J. F. Adaptive comfort. *Special issue of building research information journal*, v. 39, n. 2, Routledge, 2011.

NICOL, J. F.; HUMPHREYS, M. A. Thermal comfort as part of a self regulating system. *Building research and practice*, v. 6, n. 3, p. 191-197, 1973.

NICOL, J. F.; HUMPHREYS, M. A. Adaptive thermal comfort and sustainable thermal standards for buildings. *Energy and buildings*, v. 34, n. 6, p. 563-572, 2002.

MARCONDES, M. P.; MUELLER, C. M.; BRANDÃO, R. S. et al. Conforto e desempenho térmico nas edificações do novo centro de pesquisas da Petrobras, no Rio de Janeiro. *Ambiente construído* (on-line), Porto Alegre, v. 10, p. 7-29, 2010. Disponível em: <http://seer.ufrgs.br/index.php/ambienteconstruido/article/view/7794/7432>. Acesso em: 9 maio 2014.

MOGALI, P. *Optimising building form and wind towers in Dubai*. 2012. Dissertation (M.Arch.) - SED, AA School, London, 2012.

SWETT, T. *Passive strategies for office buildings in Santiago de Chile*. 2013. Dissertation (M.Arch.) – SED, AA School, London, 2013.

TEDKAJORN, A. *Self-sufficient social housing in Bangkok*. 2013. Dissertation (M.Arch.) - SED, AA School, London, 2013.

UNEP - UNITED NATIONS ENVIRONMENTAL PROGRAMME. Buildings. In: UNEP - UNITED NATIONS ENVIRONMENTAL PROGRAMME. *Towards a green economy:* pathways to a sustainable development and poverty eradication. Kenya, 2011. Disponível em: <http://www.unep.org/greeneconomy/>. Acesso em: 14 jun. 2011.

WEBER, F. *Contemporary passive shelters:* environmental diversity and contemporary lifestyles. 2013. Dissertation (M.Arch.) - SED, AA School, London, 2013.

WINSLOW, C. E. A.; HERRINGTON, L. P.; GAGGE, A. P. Relations between atmospheric conditions, physiological reactions and sensations of pleasantness. *American Journal of Hygiene*, v. 26, n. 1, p.103-115, 1937.

YANNAS, S. Adaptive architecturing. In: BRAHAM, W.; WILLIS, D. (Ed.). *Architecture & energy:* performance and style. New York: Routledge, 2013.

Ventilação natural em edifícios de escritórios: mito ou realidade?

2

Joana Carla Soares Gonçalves

Mônica Pereira Marcondes-Cavaleri

Em termos globais, a dependência dos edifícios de escritório em relação aos sistemas de condicionamento de ar vem acompanhada de alarmantes níveis de emissões de CO_2, dado o consequente consumo de energia elétrica, que tende a aumentar drasticamente. Vale destacar aqui que os edifícios residenciais e comerciais no início dos anos 2000 já eram responsáveis por 60% de toda eletricidade produzida no mundo (IEA, 2009; Laustsen, 2008; Levine et al., 2007; WBCSD, 2007).

A tendência é que esse cenário se agrave em razão do crescimento substancial da construção de edifícios do setor comercial, que vem acontecendo desde o final dos anos 1990 e se projeta para o futuro, principalmente em regiões da Ásia do Leste e Oriente Médio (Fig. 2.1), assim como nas grandes cidades da América do Sul (Fig. 2.2). O clima predominantemente quente dessas regiões (se não ao longo de todo o ano, certamente em uma parte dele), é um fator agravante da demanda de resfriamento e, atualmente, responsável pelo consequente consumo de energia elétrica nos edifícios.

Fig. 2.1 Concentração de edifícios altos do centro comercial de Abu Dhabi, nos Emirados Árabes Unidos, cidade de clima quente e úmido com períodos de extremo calor. Nesse local, a tipologia do edifício *caixa de vidro* hermeticamente selada só agrava a demanda energética dos sistemas de condicionamento de ar
Foto: Adrian James.

Por outro lado, o potencial de economia de energia do modelo convencional do edifício de escritórios é também significativo, uma vez que os espaços internos são normalmente climatizados e iluminados artificialmente durante praticamente todo o tempo de ocupação, ou seja, o modelo do edifício hermeticamente selado tem muito a ser explorado em busca de um melhor desempenho energético.

Diretrizes para um menor consumo de energia em edifícios de escritório no Reino Unido apontam para o potencial de 55% a 60% de economia de energia (o equivalente à faixa de 127-145 $kWh/m^2 \cdot ano$) em decorrência da introdução da ventilação natural (CIBSE, 2004).

Tomando como referência um clima mais quente e úmido do que os das cidades do Reino Unido, Vieira (2011) identificou, por meio de estudos analíticos, a possibilidade de reduzir até 75% da demanda energética para a climatização artificial em um edifício de escritórios no Rio de Janeiro. Isso corresponderia a 42 kWh/m^2 por ano, contra os 167 kWh/m^2 usados por um edifício modelo convencional da produção arquitetônica local. Tamanha redução se deve, principalmente, ao efeito combinado do sombreamento externo, da ventilação natural em partes do ano, da massa térmica exposta nos espaços internos e da configuração retangular do pavimento tipo, que facilita a ventilação cruzada.

Apesar das restrições de natureza climática impostas ao uso da ventilação natural (principalmente em regiões de clima quente), a maior barreira para a ampla adoção desse recurso em edifícios de escritório atualmente ainda é a cultura do ambiente climatizado artificialmente e a imagem de prestígio associada aos sistemas de condicionamento artificial de ar. Por essa razão, mais do que uma mudança de paradigma arquitetônico e tecnológico, a introdução da ventilação natural em edifícios comerciais requer uma mudança radical da noção de conforto ambiental. Em especial, essa mudança refere-se aos padrões de conforto térmico, que dominam a cultura do ambiente de trabalho desde a arquitetura do pós-guerra, com a disseminação de uma zona de conforto restrita e universal, que oscila ao redor dos 22 °C (+ ou -2 °C) (ASHRAE, 1974, 1992; ISO, 1994).

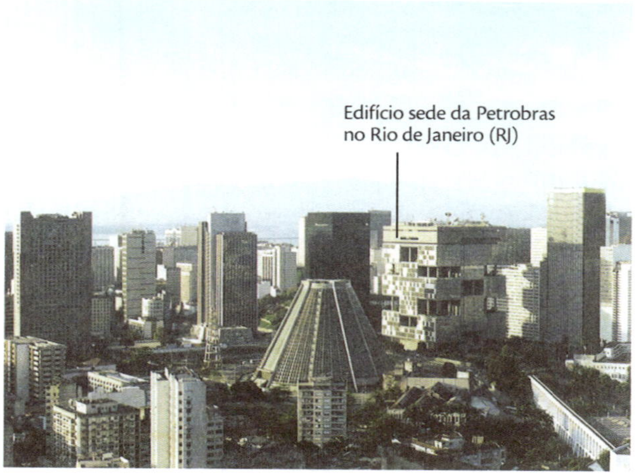

Fig. 2.2 Vista do centro da cidade do Rio de Janeiro, cidade de clima tropical (quente e úmido), e seus edifícios comerciais dependentes dos sistemas de condicionamento de ar. Apesar da predominância da caixa de vidro, edifícios construídos no centro da cidade durante o auge do período modernista (1930-1960), e um pouco depois desse período, são testemunhas do uso de estratégias de sombreamento, objetivando um amortecimento da carga térmica de refrigeração, como visto no caso da sede da Petrobras (edifício de planta quadrada indicado na imagem)
Foto: Joana Carla Soares Gonçalves.

Mesmo com a predominância da cultura do condicionamento artificial, diversos trabalhos de pesquisa indicam que a maioria dos usuários de edifícios de escritório aprecia o contato direto com o exterior, especialmente em cidades onde o clima é ameno pelo menos em parte do ano (Nicol; Humphreys; Roaf, 2012). Vale considerar que, na maioria dos casos, esses são lugares em que os edifícios residenciais não possuem sistemas de condicionamento artificial para o resfriamento do ar, fator que favorece a aceitação da ventilação natural no ambiente de trabalho.

Diante dessa realidade, a ASHRAE, uma das organizações internacionais de maior peso na regularização e disseminação do condicionamento de ar em edifícios, reconheceu em 2004 o potencial de um modelo adaptativo de conforto térmico no próprio uso de sistemas ativos de climatização, abrindo margem para períodos de ventilação natural, na revisão da publicação *ASHRAE Standard 55-2004* (ASHRAE, 2004). Essa revisão foi inicialmente publicada por Dear e Brager (2002), baseada no modelo adaptativo de mesma autoria (Dear; Brager, 1998).

É sabido que usuários de edifícios condicionados artificialmente são intolerantes a variações de temperatura para fora da sua estreita zona de conforto. Ao contrário disso, conforme demonstrado por Nicol, Humphreys e Roaf (2012), usuários de edifícios condicionados naturalmente são mais adaptados a maiores flutuações térmicas. Essa maior ou menor tolerância às variações térmicas está diretamente ligada ao grau de adaptabilidade dado ao usuário. Diferentemente do que acontece nos edifícios climatizados artificialmente, em edifícios ventilados naturalmente é comum que os usuários tenham maior controle sobre as condições térmicas do ambiente.

Conforme explorado na seção 1.1, a ideia de um modelo adaptativo de conforto térmico está associada a uma mudança de valor cultural, que também é comportamental, criando uma nova perspectiva sobre a maneira pela qual as condições ambientais dos espaços internos são percebidas e controladas.

Curiosamente, a história do projeto de edifícios de escritório mostra que o condicionamento artificial de ar e a ventilação mecânica não eram tecnologias comuns, nem mesmo em edifícios altos, até a explosão do setor da construção em Nova York e Chicago na década de 1950 (Banham, 1984).

Nas décadas de 1960 e 1970, a baixa qualidade dos ambientes urbanos barulhentos e poluentes das grandes cidades, que cresciam com a concentração de população e atividades econômicas, como Nova York, Chicago e Londres, criou o contexto perfeito para a justificativa e a disseminação do modelo do edifício hermeticamente fechado, dependente dos sistemas de controle das condições ambientais em 100% do tempo de ocupação. Atualmente, a questão da qualidade do ambiente urbano, comprometida pela poluição do ar e ruído devido ao uso intenso de veículos automotores, ainda constitui uma grande barreira para a ventilação natural em grandes centros urbanos. O Cap. 7 discute a questão da qualidade ambiental das cidades, apontando para as possibilidades de um ambiente urbano menos poluído e menos ruidoso, com a melhoria da rede de transportes públicos e a introdução de veículos elétricos. Mudanças essas que maximizam as possibilidades e os benefícios ambientais e econômicos do uso da ventilação natural.

Como nas grandes cidades norte-americanas e europeias na década de 1960, o problema da qualidade do ambiente urbano, marcado pela poluição do ar e o ruído, castiga grandes centros urbanos da atualidade, como São Paulo, Caracas, Hong Kong, Beijing e muitos outros ao redor do mundo, em consequência do intenso uso de veículos automotores. Indubitavelmente, essas condições constituem um grande impedimento para a ventilação natural dos edifícios, mesmo quando as condições do clima local são favoráveis ao conforto térmico.

Voltando às décadas de 1960 e 1970, pressões econômicas e ambientais geradas pela crise energética mundial, aliadas ao problema de qualidade do ar interno desses edifícios – que se agravou nos anos 1980, resultando na chamada *síndrome do edifício doente* – trouxeram de volta à cena considerações sobre a ventilação natural em edifícios de escritório, que recebeu especial atenção do contexto europeu. Isso porque as questões que se apresentavam naquele momento eram seguramente mais graves do que o problema localizado da qualidade do ambiente urbano.

Partindo das bases de um modelo adaptativo, a discussão sobre a introdução da ventilação natural pode, então, voltar-se para o projeto do edifício, que demanda uma solução mais complexa do que a simples abertura de janelas. Exemplos emblemáticos de edifícios comerciais em operação revelam que o sucesso da ventilação natural está atrelado a uma abordagem arquitetônica diferenciada daquela do modelo comercial convencional. Essa abordagem diferenciada questiona fundamentalmente aspectos da forma e, consequentemente, do pavimento tipo, explorando plantas mais estreitas, com implicações diretas sob a noção de eficiência do espaço, além do percentual de área útil disponível para a ocupação (formal) por área construída e, sobretudo, da qualidade dos ambientes internos e da expressão arquitetônica.

2.1 A influência do clima

Todos os climas oferecem a possibilidade da ventilação natural, pelo menos em alguns períodos do ano, mesmo aqueles mais quentes. Porém, como já mencionado, o ponto de partida para o reconhecimento desse potencial é o entendimento dos limites do conforto térmico com base em um modelo adaptativo de conforto, voltado para as condições climáticas locais e os padrões culturais de adaptação.

Seguindo a premissa proposta pela ASHRAE (2004), o clima de São Paulo, por exemplo, mostra-se favorável à ventilação natural dos edifícios, apresentando temperaturas amenas em aproximadamente 70% do ano, com médias mensais entre 18 °C e 33 °C (Fig. 2.3, p. 62). O diagnóstico climático local aponta a ocorrência de condições de conforto térmico em aproximadamente 36% das horas do ano, concentradas nos meses de maio a agosto, e indica que a climatização artificial seria necessária apenas nas horas mais quentes dos dias de verão correspondentes a 11% das horas do ano. Para o período restante, a ventilação aparece como estratégia primordial para o alcance do conforto térmico, sendo desejável a adoção conjunta de outras estratégias passivas, como o uso de massa térmica exposta no interior dos ambientes e o sombreamento das superfícies verticais – que recebem elevada carga de radiação solar em todas as direções ao longo do ano. Assim, apenas com base no clima externo, pode-se dizer que existe um potencial de utilização da ventilação natural nos edifícios da cidade que pode chegar a 89% do ano.

O aproveitamento desse potencial está estreitamente relacionado às decisões de projeto. Estudos desenvolvidos por Marcondes (2010) para a tipologia de escritórios em São Paulo evidenciaram que, para determinadas orientações e configurações de planta, aliadas a uma densidade de ocupação reduzida, o aproveitamento da ventilação natural pode ser maximizado, alcançando, e até superando, as previsões do diagnóstico climático. Baseando-se em um modelo arquitetônico de planta estreita (15 m), fachadas com 50% de área envidraçada (*window-to-wall ratio*, WWR), aberturas adequadamente dimensionadas e posicionadas em diferentes fachadas para possibilitar ventilação cruzada, pé-direito livre de 3 m, laje de concreto exposta e carga total de ocupação da ordem de 32 W/m^2, esses estudos consideraram os benefícios de estratégias de adaptação do usuário ao ambiente térmico (incluindo a disponibilidade de movimento do ar na área de ocupação), em que 29 °C de temperatura do ar resultam em condições de conforto.

Quanto à abordagem metodológica de projeto, referências de pesquisa demonstraram que, em ambientes de clima quente, nos quais o sistema de climatização é considerado uma necessidade (ou um requisito de desempenho) em determinados períodos do ano, a maximização da eficiência da ventilação natural depende que o projeto arquitetônico comece pelas estratégias que respondam ao período mais ameno do ano. Nesse sentido, essas estratégias devem reduzir a demanda energética pela climatização, enquanto favorecem o uso da ventilação natural, e então devem ser adicionados os recursos necessários para os períodos de climatização artificial (Yannas, 2008). Quando se começa pelo período mais difícil, o edifício acaba sendo climatizado artificialmente o tempo todo, ignorando o potencial da ventilação natural em parte do ano.

Nesse sentido, a análise crítica do clima de Abu Dhabi ou Dubai ilustra com clareza a importância do diagnóstico climático para a definição da abordagem de projeto, quanto às possibilidades da ventilação natural. Localizada na latitude de 24° 28'N (similar à de São Paulo), Abu Dhabi tem um clima classificado inicialmente como quente e seco (ASHRAE, 2009). No entanto, ao contrário do que se acredita, essas condições não são tão extremas como em outras regiões de clima quente e seco do planeta, além de não se manterem ao longo de todo o ano.

De acordo com a Fig. 2.4 (p. 62), em maio, o mês mais seco do ano na capital dos Emirados Árabes Unidos, as temperaturas ficam ao redor dos 30 °C, combinadas a uma umidade relativa média de aproximadamente 50%, caracterizando uma situação de calor, porém, não extremo. Já nos meses de julho e agosto, o clima se agrava com a ocorrência de elevadas taxas de umidade relativa, chegando bem próximo à faixa de 100%, com temperaturas médias variando entre 32 °C e 34 °C, e máximas que ultrapassam o limite dos 40 °C. Nesse caso, o clima chega a uma situação de calor extremo. Enquanto de maio a outubro o clima mostra seis meses de calor, nos demais seis meses, de novembro a abril, as condições climáticas são favoráveis ao conforto térmico, com temperaturas variando entre 20 °C e 26 °C. No entanto, o período mais ameno é raramente considerado nos projetos convencionais da arquitetura comercial, que dedicam exclusivamente ao período de extremo calor e de alta umidade, além de visar baixos valores de temperatura e umidade, contrários à natureza do clima local.

Como alternativa à abordagem da arquitetura comercial da globalização, que transforma todos os edifícios de escritórios em edifícios tipo caixa de vidro hermeticamente selada, Yannas (2008) demonstrou a viabilidade de redução do total de demanda energética para a climatização de um edifício comercial padrão, em Abu Dhabi, de 230 kWh/m^2 · ano para apenas 36 kWh/m^2 · ano.

Os quase 85% de queda da demanda energética foram alcançados com uma série de mudanças no modelo arquitetônico, incluindo a diminuição da área de vidro nas fachadas (WWR) de 100% para 50%, a melhora da resistência térmica da área envidraçada e a inserção de sombreamento. Além dessas medidas, a temperatura máxima de conforto foi redefinida de 22 °C para 29 °C, o que gerou a maior redução da carga térmica de resfriamento. Em conjunto, todas essas mudanças tornaram possível a ventilação natural por seis meses consecutivos, num clima rigoroso como o de Abu Dhabi. Complementando os estudos, nesse clima em particular, ocorreu a redução da área de vidro para 25% e 10%, que é o limite de área de janela para um bom aproveitamento da luz natural, dada a disponibilidade de radiação difusa no clima de Abu Dhabi (Fig. 2.5).

Em climas com períodos de extremo calor, quando temperaturas acima da marca dos 32 °C são registradas no interior dos edifícios, o conforto térmico é mais provável de ser atingido sem trocas significativas de ar entre exterior e interior, ou seja, sem a ventilação natural, (mantendo-se apenas a renovação de ar mínima necessária para a salubridade do ambiente). Entretanto, nesses casos, o movimento do ar interno ainda é um recurso vantajoso para o conforto, em razão do efeito fisiológico de baixar a sensação térmica em até 2 °C (Givoni, 1994). Uma vez que o contato com o ar externo é indesejável, o uso de ventiladores é uma prática bastante comum para a movimentação do ar no interior dos ambientes (Fig. 2.6). Exemplos dessa prática são encontrados em precedentes históricos e edifícios da arquitetura

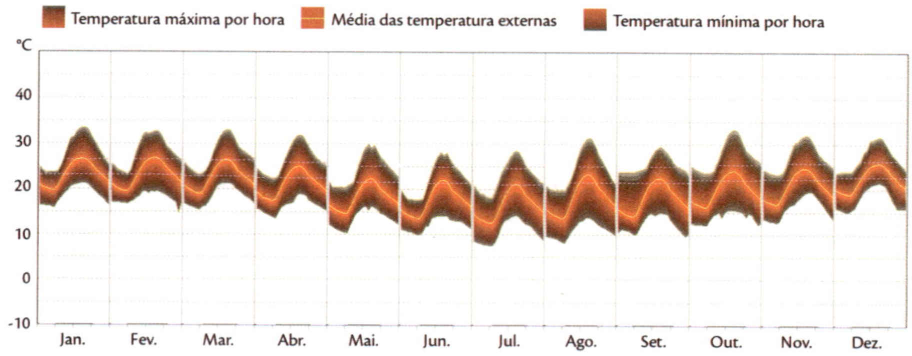

Fig. 2.3 O clima de São Paulo com base nas médias anuais mensais da temperatura do ar, extraídas do banco de dados climáticos da ASHRAE (2009)

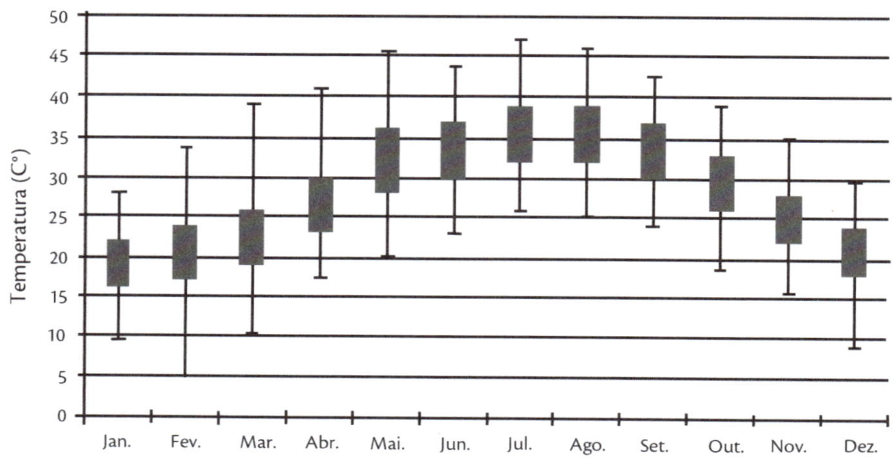

Fig. 2.4 O clima de Abu Dhabi a partir das médias anuais mensais da temperatura do ar, extraídas do banco de dados climáticos da ASHRAE (2009)

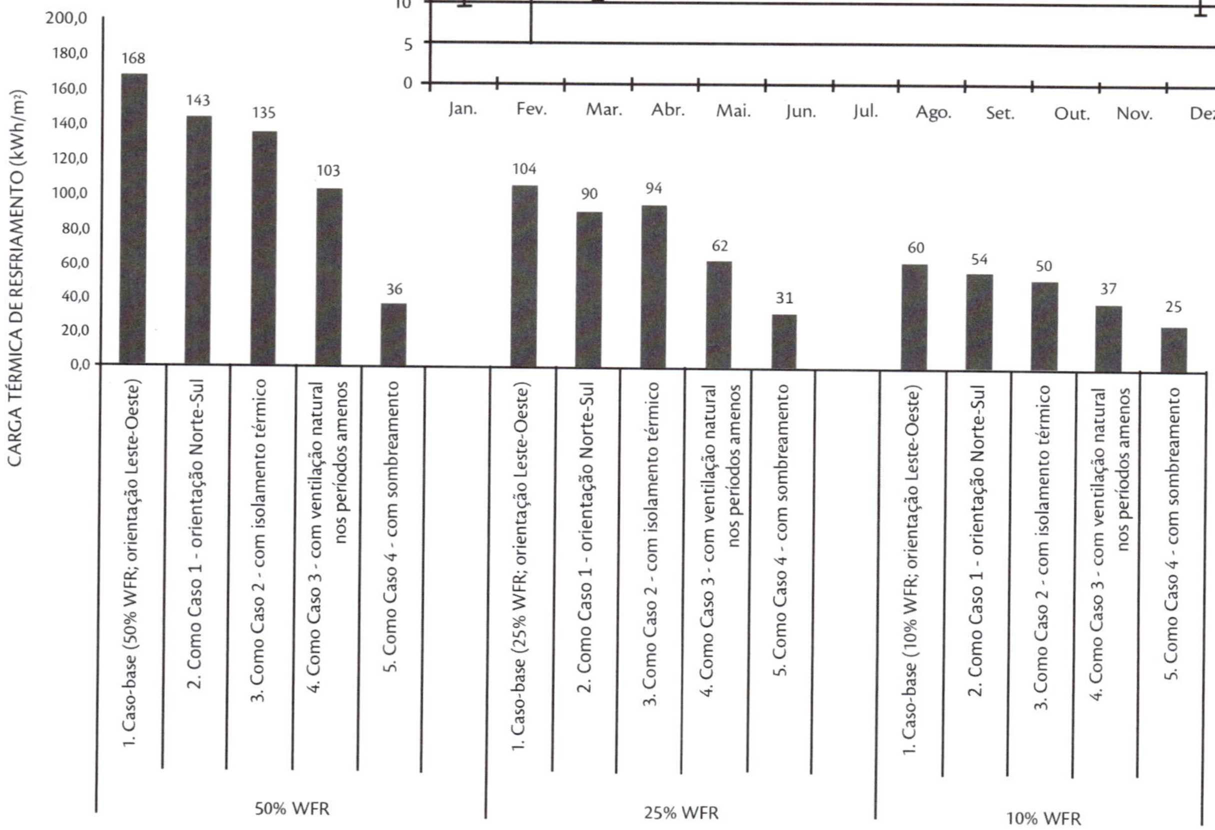

Fig. 2.5 Cargas de resfriamento em kWh/m^2, simuladas para um modelo simplificado de edifício de escritório localizado no clima de Abu Dhabi, variando características físicas de três estudos de caso-base diferenciados pela razão entre área de janela e área de piso do modelo WFR (*window-to-floor ratio*)
Fonte: Yannas (2008).

contemporânea de enfoque ambiental, em uma série de cidades da Índia e do Paquistão (Nicol; Humphreys; Roaf, 2012).

Por outro lado, em regiões de clima quente e úmido sem ocorrência de condições extremas, pesquisas recentes têm demonstrado que o uso de ventiladores aparece como estratégia complementar para maximizar os períodos de ventilação natural em ambientes em que os usuários têm acesso e controle das condições ambientais internas (Candido et al., 2010). Nesses casos, os usuários manifestaram a preferência por maiores velocidades do ar aliadas à ventilação natural, para obtenção de conforto térmico, sendo que aceitação aumenta conforme a temperatura operativa do ar nos ambientes ultrapassa 28 °C.

Dentre as possibilidades da ventilação natural, a ventilação noturna aproveita as temperaturas mais baixas do ciclo de 24 horas para o resfriamento do ambiente interno e da própria construção. Dependendo da variação entre temperatura máxima e mínima do ciclo de 24 horas, os benefícios da ventilação noturna podem ser sentidos em longos períodos do dia (Givoni, 1994). A ventilação noturna não é uma estratégia exclusiva dos edifícios passivos, podendo também ser utilizada naqueles que usufruem de sistemas ativos de climatização durante o dia, diminuindo a carga térmica a ser retirada pelo sistema. Assim, entende-se que, dependendo das condições climáticas do local, o edifício passivo não é necessariamente ventilado naturalmente o tempo todo, mas sim em períodos do ano, ou do dia, ou exclusivamente à noite.

Fig. 2.6 Espaços internos do edifício sede do instituto The Energy and Resources Institute (TERI), em Bangalore, na Índia, projetado para ser naturalmente ventilado o ano todo, ou seja, com total independência do sistema de condicionamento de ar. Para o conforto térmico dos seus ocupantes, utilizam-se ventiladores
Foto: Nikhil Deotarase.

Além das questões do clima externo, no caso particular do edifício de escritórios, o aumento das cargas internas decorrentes da ocupação e equipamentos exerce um impacto significativo sobre a carga total a ser retirada ou pela ventilação natural, ou pelo sistema de climatização para o alcance das condições de conforto. Nos casos de edifícios localizados em regiões de clima mais ameno, a contribuição das cargas internas chega a ser maior do que a dos ganhos solares (Fig. 2.7). Esse é o caso de São Paulo, onde a prática local de edifícios de escritórios apresenta altas densidades de ocupação, com taxas menores do que 7 m^2 de área útil por pessoa (sendo este o limite mínimo estabelecido pelo Corpo de Bombeiros de São Paulo), enquanto os centros financeiros e comerciais no cenário internacional têm por volta de 10 m^2 por pessoa (Andrade, 2005).

Em consequência do calor gerado pelo uso e ocupação, uma série de estudos analíticos, como os realizados por Marcondes (2010) e Swett (2013), mostra que a temperatura interna pode facilmente incorrer em um acréscimo de 3 °C em relação à externa, assumindo equipamentos eficientes energeticamente e uma ocupação de 10 m^2 por pessoa, trazendo riscos para o conforto térmico, mesmo em climas mais amenos, locais em que as temperaturas máximas no verão chegam perto dos 30 °C, como em São Paulo.

Retomando o trabalho de Marcondes (2010) sobre o desempenho térmico de edifícios de escritórios em São Paulo, por meio de simulações de termodinâmica, foi verificada a ocorrência de temperaturas internas acima das externas, mesmo

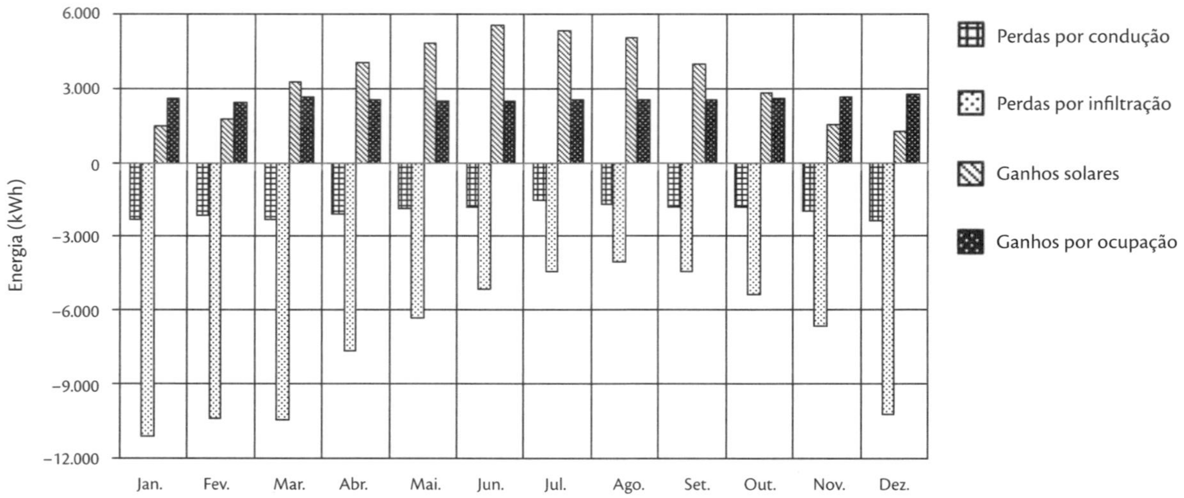

Balanço energético: caso crítico (típico)

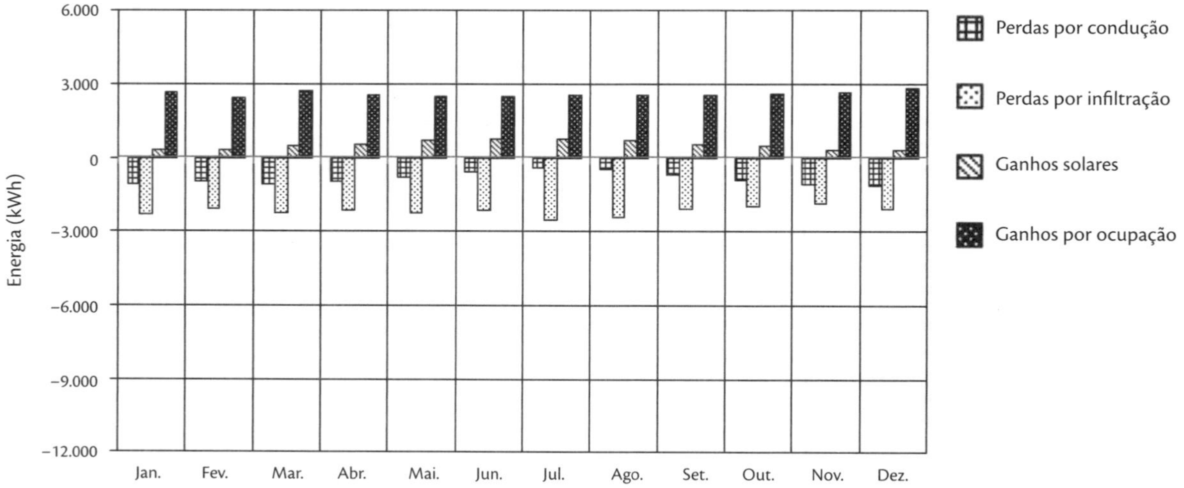

Balanço energético: boa prática

Fig. 2.7 Balanço energético de um edifício de escritórios com a participação das cargas térmicas internas na carga total de resfriamento ao longo de um ano, destacando o papel preponderante da ocupação, que cresce no cenário da boa prática arquitetônica, em comparação com os resultados do caso crítico (típico)
Fonte: Johnston, Counsell e Strachan (2011).

em um modelo com padrão de ocupação mais eficiente do que o padrão local, com 10 m^2 por pessoa e o uso de equipamentos e sistemas de iluminação artificial também mais eficientes (totalizando uma carga térmica de 32 W/m^2). Esse também é o caso em cidades de clima temperado, como Londres e Santiago, ou de clima continental, como Frankfurt, onde, conforme mencionado, o clima externo tem um impacto menor do que a ocupação sob as condições ambientais internas.

Em teoria, no clima de Londres, a ventilação natural é um recurso possível entre os meses de abril a outubro, sendo restrita pela ocorrência de baixas temperaturas (ASHRAE, 2009). No entanto, a realidade mostra que são utilizados sistemas de condicionamento de ar para o arrefecimento de ambientes de escritórios em determinados períodos do ano. Como já visto, um ou mais fatores podem explicar essa realidade: o simples desejo pelo ar-condicionado, ou inadequações do projeto arquitetônico, ou ainda o mau uso dos sistemas de climatização.

Além disso, não é difícil imaginar que, nesses contextos climáticos mais amenos, edifícios hermeticamente fechados, sem a possibilidade nem mesmo da mínima ventilação noturna, sofrem uma sobrecarga desnecessária por causa do sistema de condicionamento do ar nas primeiras horas da manhã, antes mesmo do início do período de ocupação. Isso ocorre em virtude do acúmulo das cargas térmicas internas geradas no período anterior, que são impedidas de escapar por conta do efeito do isolamento da envoltória.

Obviamente, o clima urbano, ao qual a grande maioria dos edifícios está exposta, apresenta diferenças em relação ao clima natural do lugar. Em alguns casos, os dois são bem contrastantes. Normalmente, o clima criado no ambiente urbano restringe mais o amplo uso da ventilação natural do que o clima natural. Porém, vale ressaltar que o clima urbano é caracterizado por uma diversidade microclimática entre distâncias próximas, como entre os lados opostos de uma quadra e entre ruas paralelas ou perpendiculares. Além das dificuldades, essa diversidade não deixa de reservar oportunidades para a ventilação natural, com boa qualidade do ar e sem problemas de ruído urbano. Por esse motivo também, é importante que o projeto ofereça flexibilidade de resposta às variações climáticas na forma de recursos de adaptação para o usuário, entre os quais a possibilidade de abertura de janelas constitui o principal fator para o conforto e a economia de energia.

2.2 Discussão arquitetônica

A ventilação natural é certamente um recurso central do projeto arquitetônico em prol de um melhor desempenho ambiental de edifícios em geral, não somente de escritórios. No entanto, essa estratégia tão poderosa não funciona sozinha. Em locais de clima quente, o sombreamento é a principal estratégia complementar da ventilação natural, com a função de reduzir os ganhos de calor solar no ambiente interno. Por outro lado, o sombreamento pode incorrer no bloqueio das aberturas para a ventilação.

O conflito entre o sombreamento e a ventilação, assim como entre o sombreamento e a iluminação natural, constitui uma questão essencialmente de projeto de fachada. No que tange ao projeto do elemento sombreado, uma série de soluções arquitetônicas tem o potencial de amenizar, e até mesmo de incrementar, o desempenho da ventilação, desde a simples orientação do componente de sombreamento e seu afastamento do plano da fachada até a elaboração de perfis aerodinâmicos e o uso de estruturas perfuradas (ver Figs. 2.8 e 2.9).

Olhando para o interior dos edifícios, o uso de componentes massivos que agregam massa térmica ao ambiente interno é uma estratégia bastante comum em edifícios projetados para a ventilação natural. Esses componentes são aplicados principalmente nos tetos, agindo como absorvedouros de calor (Givoni, 1994). Arquitetonicamente, a exposição da massa térmica tem um efeito transformador no aspecto físico do ambiente interno, quando comparado com o equivalente no modelo comercial convencional, representando um atributo determinante da nova imagem arquitetônica. O efeito da massa térmica interna como absorvedouro do calor interno pode ser reforçado com o auxílio de sistemas de resfriamento dessa massa, os quais reduzem a temperatura superficial do revestimento do espaço interno. Exemplos dessa integração entre arquitetura e sistemas são as vigas e os forros gelados, comumente aplicados em edifícios de escritórios no Reino Unido e na Europa (Figs. 2.10 e 2.11).

A altura do pé-direito e sua relação com a profundidade da planta são outros parâmetros do espaço interno que geram grande impacto no desempenho da ventilação natural. Como regra básica, recomenda-se o mínimo de 3 m de pé-direito

Fig. 2.8 Fachada norte do edifício do MEC, no Rio de Janeiro (RJ), com *brises* horizontais móveis e deslocados do plano principal da fachada, permitindo a passagem do ar entre o plano das janelas e a *parede vazada* criada pela estrutura de sombreamento Fotos: Joana Carla Soares Gonçalves.

para ambientes de escritório naturalmente ventilados (BCO, 2000), superando a medida padrão de 2,7 m, típica dos edifícios com climatização artificial. Entende-se que pés-direitos mais altos favorecem o conforto térmico pela possibilidade de estratificação do ar, que afasta a massa de ar aquecido da altura útil do espaço interno. Além de criar uma maior circulação do ar, pés-direitos mais altos permitem a colocação de aberturas em diferentes alturas das fachadas externas, incrementando o fluxo de renovação de ar com o efeito chaminé.

Outra regra básica indica que, quando unilateral, a eficiência da ventilação natural chega a duas vezes e meia o pé-direito livre da planta (CIBSE, 2005), o que prescreve o limite de 7,5 m de profundidade para o espaço interno, no caso do pé-direito de 3 m (Fig. 2.12). Com relação à eficiência da ventilação cruzada, a profundidade máxima recomendada é de cinco vezes o pé-direito, aumentando a profundidade da planta para 15 m. Quanto à organização do espaço interno, enquanto o modelo do escritório celular funciona com a ventilação unilateral, na grande maioria dos casos, o *layout* da planta livre, tipo *landscape*, requer a ventilação cruzada.

Marcondes (2010) também investigou o desempenho da ventilação natural em edifícios de escritório em São Paulo, comparando o desempenho dos *layouts landscape* e celular em duas formas distintas de pavimento tipo: quadrado e retangular, ambos com uma distância máxima de 7,5 m de qualquer ponto até a fachada (Quadro 2.1). Com relação às fachadas, foram determinadas a relação de 50% de área de vidro para área de fachada e a abertura máxima de 30% das janelas para ventilação. Estabeleceu-se como meta de desempenho, o alcance de condições de conforto térmico por pelo menos 80% das horas de ocupação.

Fig. 2.9 Vista interna do Commerzbank, em Frankfurt am Main, na Alemanha, construído em 1998, mostrando a abertura das janelas e o uso de sombreamento sem interferência de uma estratégia sobre a outra
Foto: Joana Carla Soares Gonçalves.

Fig. 2.10 Edifício sede da organização Woodland Trust, em Grantham, na Inglaterra. Ambiente de trabalho com placas de concreto fixas no teto, resfriadas por um sistema embutido de água gelada para o aumento da capacidade de absorção do calor interno
Foto: Peter Cook.

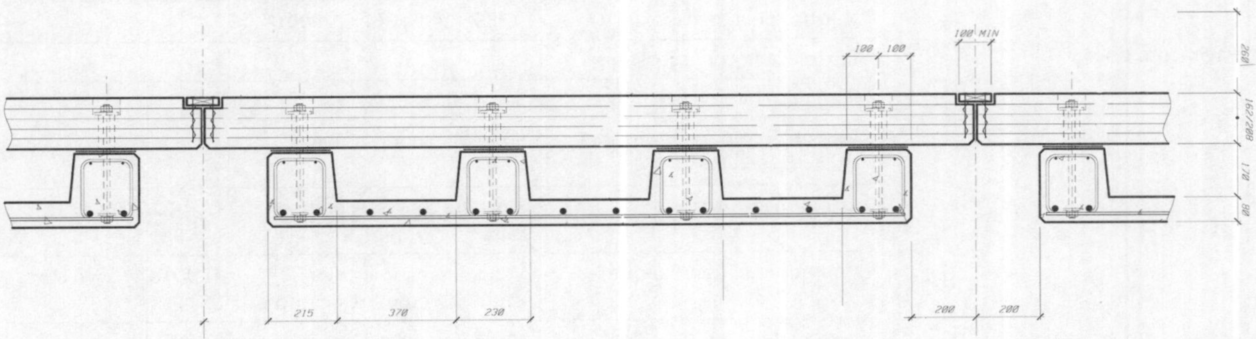

Fig. 2.11 Edifício sede da organização Woodland Trust. Detalhe construtivo das placas de concreto no ambiente interno
Fonte: Feilden Clegg Bradley Studios.

Como critério de conforto, foi usada a temperatura operativa interna (TO), seguindo o modelo de conforto adaptativo da norma ASHRAE (2004), que definiu valores de TO de acordo com a temperatura média mensal do clima de São Paulo. As médias mensais de temperatura do ar seco do clima de São Paulo, utilizadas para o cálculo da temperatura de conforto (TO) ficaram no intervalo entre 16,4 °C e 23,2 °C. Consequentemente, a temperatura de conforto do usuário no ambiente de escritório oscilou entre aproximadamente 19 °C a 29 °C.

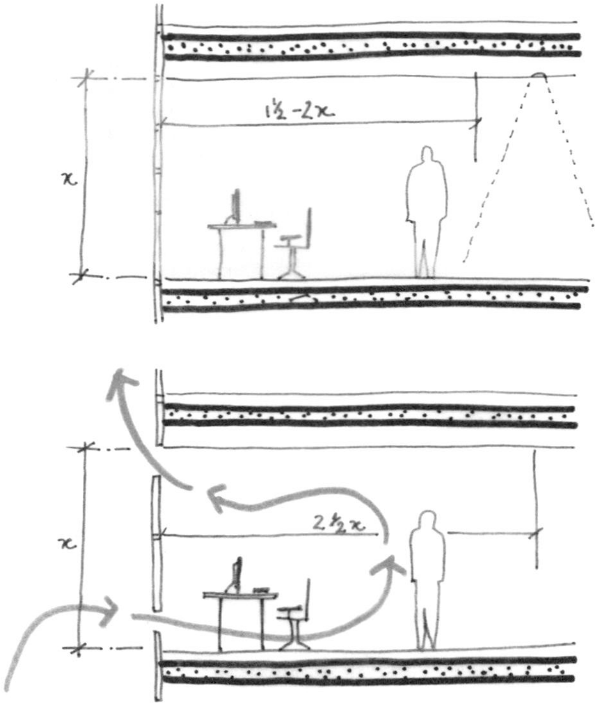

Fig. 2.12 Desenhos esquemáticos com as proporções da zona passiva de ventilação e iluminação natural, em função de uma abertura lateral
Fonte: Joana Carla Soares Gonçalves.

Simulações de termodinâmica feitas para uma gama de orientações mostraram que, quando sob o impacto do efeito dos ventos, o *layout* do tipo *landscape* tem um desempenho superior ao do escritório celular, nas duas formas de pavimento, por causa do impacto da ventilação cruzada (Tab. 2.1).

Para o escritório celular, com ventilação unilateral, a direção de incidência dos ventos mostrou-se um fator fundamental para a ventilação dos ambientes internos. Por outro lado, na condição de ausência de ventos, ou seja, quando a ventilação natural é resultado exclusivo do efeito chaminé criado pelas aberturas, o escritório celular tem desempenho superior, em razão da menor área de exposição aos ganhos solares (uma fachada por ambiente), em relação aos escritórios *landscape* (com duas ou quatro fachadas expostas, conforme a forma retangular ou quadrada do edifício).

Com relação à forma do pavimento tipo, os estudos analíticos demonstraram a influência desse parâmetro apenas nos escritórios com *layout landscape*, para o qual a planta retangular mostrou um melhor desempenho para a ventilação natural. Entre a gama de combinações simuladas, o melhor caso foi encontrado para o escritório norte/sul, com *layout landscape*

Quadro 2.1 Características físicas dos modelos simulados por Marcondes (2010) para o estudo da ventilação natural, considerando separadamente o efeito chaminé e a ação dos ventos

Modelos de edifício – Características arquitetônicas e construtivas			
Área do escritório	Total: 900 m^2	Útil: 675 m^2	
Pavimento tipo	Laje de concreto exposta	(CIBSE, 2005; CIBSE, 2000)	
	Piso elevado com carpete		
	Pé-direito interno livre	3 m (CIBSE, 2005)	
Fachadas	Proporção superfícies envidraçadas/opacas (WWR)	50% (Marcondes, 2004)	
	Componente opaco	Bloco de concreto; pintura clara	U = 2,0 W/m^2 · °C; α = 0,3*
	Componente transparente	Vidro laminado incolor 8 mm; sem sombreamento	TL = 0,87; FS = 0,80; CS = 0,93**
	Janela	Maxim-ar; 30% abertura efetiva (CIBSE, 2005)	
Parâmetros de ocupação	Período	Dias úteis, das 8h00 às 18h00	
	Densidade	1 pessoa (140 W) para 10 m^2	
	Carga térmica	Pessoas	14 W/m^2
		Iluminação artificial	8 W/m^2
		Equipamentos	10 W/m^2

* U é o coeficiente de transmitância térmica em W/m^2 · °C; e α é o coeficiente de absortância à radiação solar.
** TL é a transmitância luminosa; FS é o coeficiente de ganho solar; e CS é o coeficiente de sombreamento.

Tab. 2.1 Resultado das avaliações de desempenho térmico e energético dos vários cenários simulados para a ventilação (vazão de ar) por efeito chaminé e por efeito de vento, necessárias para o alcance do conforto térmico, em função da carga máxima de radiação na fachada (*Qfmáx*)

Layout	Modo de ventilação	Cenário/Escritório	*Qfmáx* (W/m² fachada)	Vazão de ar (vol/h)	Conforto anual (%)
Livre	Efeito chaminé	Retangular	N 207,3	6,1	61,2
			S 134,6		
		Quadrado	NE 257,2	7,1	52,4
			SO 130,8		
			NO 195,2		
			SE 196,0		
	Ação dos ventos	Retangular	N 211,1	74,3	95,7
			S 148,0		
		Retangular	L 224,2	8,7	66,4
			O 147,8		
Celular	Efeito chaminé	Retangular	S 148,8	7,0	83,0
		Quadrada	NE 317,3	7,0	58,8
	Ação dos ventos	Retangular	S 148,8	11,1	89,8
		Retangular	L 284,7	1,5	13

e exposição ao vento, possibilitando até 95,7% de horas em conforto. Em oposição, os escritórios celulares orientados a leste e a oeste apresentaram os menores resultados, 13% e 24,7%, respectivamente, em virtude da posição desfavorável aos ventos predominantes.

2.3 Ventilação natural em edifícios altos

A ventilação natural em edifícios altos é favorecida pela maior exposição dos pavimentos superiores às correntes de vento. Em *canyons* urbanos de proporções compactas, os pavimentos mais superiores dos edifícios altos são favorecidos em relação aos pavimentos mais baixos, cuja ventilação natural é prejudicada pelo efeito de barreira causado pelas paredes do *canyon*.

Além do mais, nos centros urbanos de grandes concentrações de população, atividades e veículos automotores, altura significa distância da poluição atmosférica, que se concentra nos primeiros pavimentos do ambiente urbano. A maior exposição aos ventos é especialmente favorável (e desejável) em contextos de clima quente e úmido. Por outro lado, vale alertar para o fato de que a altura não significa, necessariamente, distância do ruído urbano, pelo contrário, ela pode aumentar sensivelmente a exposição às fontes de ruído e, consequentemente, comprometer a abertura de janelas para a ventilação natural.

A altura também implica na exposição a ventos de maior intensidade. Com a pressão dos ventos sobre as aberturas, a ventilação natural se depara com duas problemáticas: primeiramente, o ruído gerado pela passagem do fluxo de ar pelas aberturas e, na sequência, a ocorrência de velocidades do ar acima das aceitáveis no espaço interior. Como resposta à necessidade de controlar a velocidade do ar

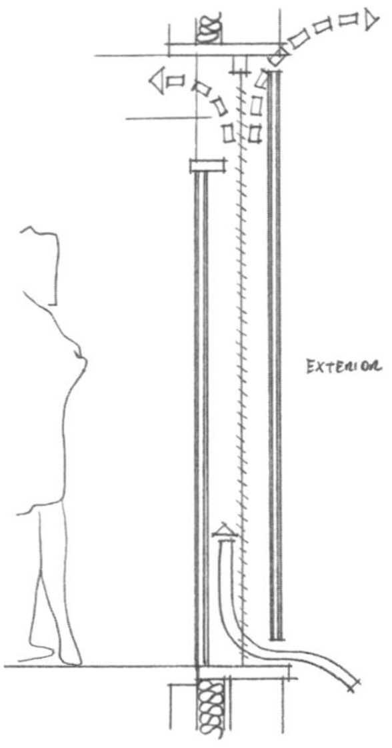

Fig. 2.13 Desenho esquemático de uma fachada dupla com abertura para a ventilação natural do ambiente interno
Fonte: Klaus Bode.

nas aberturas, variações de fachadas duplas são comumente vistas em um conjunto de projetos de edifícios altos do cenário internacional.

A fachada dupla é frequentemente justificada como o fator determinante para a viabilidade da ventilação natural, em que o painel externo cumpre a função de escudo moderador da pressão dos ventos (Oesterle; Heusle, 2001) (Fig. 2.13). No entanto, é importante mencionar que edifícios altos também podem ser ventilados naturalmente por meio de janelas que se abram diretamente para o exterior, desde que a fachada ofereça proteção contra os ventos mais fortes, como no caso do Commerzbank, em Frankfurt am Main, na Alemanha, sem necessariamente constituir uma fachada dupla com dois planos de vidro do piso ao teto conformando uma cavidade (Fig. 2.14).

Na realidade, fachadas duplas foram inicialmente desenvolvidas na década de 1980 para melhorar o isolamento térmico das fachadas do tipo caixa de vidro, de edifícios localizados em regiões de clima temperado ou frio, sem precisar reduzir a área de vidro, desejada para vistas do exterior e, até certo ponto, para um maior acesso da iluminação natural. Contudo, os riscos de superaquecimento da cavidade envidraçada levou à evolução da *fachada dupla* para a *fachada dupla ventilada*, em que a ventilação da cavidade da fachada não é obrigatoriamente associada à ventilação do espaço interno. O último estágio evolutivo da fachada dupla é a abertura para o meio externo e interno, facilitando a ventilação natural dos espaços internos, como já mencionado anteriormente (Fig. 2.15).

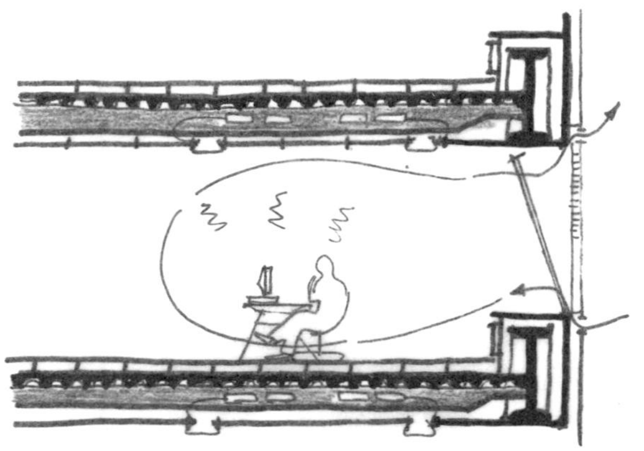

Fig. 2.14 Corte da fachada da sede do Commerzbank, em que as janelas dos escritórios são protegidas por um painel de proteção contra os ventos fortes. O sistema de sombreamento de cada janela constitui um tipo de persiana instalada entre a janela e o painel de proteção contra os ventos
Fonte: Klaus Bode.

O problema do aquecimento da cavidade envidraçada não é exclusivo de climas quentes, tendo sido identificado em edifícios existentes em cidades de clima temperado na Alemanha (Pasquay, 2001). Por essa razão, a ventilação da cavidade, assim como a inserção de componentes de proteção solar, tornou-se um aspecto central no projeto de fachadas duplas, nos mais variados contextos climáticos (Figs. 2.16 a 2.19). Além de resolver o problema do superaquecimento da cavidade nos períodos de calor, variações da fachada dupla ventilada vieram associá-la com a ventilação mecânica do espaço interno. Nesse sistema integrado, a fachada dupla pode contribuir tanto para o insuflamento como para o retorno do ar interno (Fig. 2.20). Quando associada ao sistema de ventilação mecânica, a fachada é, obviamente, fechada para o ambiente externo.

Quanto à altura, a cavidade da fachada dupla varia de um a três pavimentos no máximo, tendo em vista o aquecimento da cavidade (Fig. 2.21). O mais comum é a cavidade restrita à altura de um pavimento, principalmente quando a sua ventilação está ligada à ventilação mecânica do pavimento interno (Oesterle; Heusle, 2001), como visto na Fig. 2.20. Por outro lado, a altura de múltiplos pavimentos favorece a ventilação da cavidade em consequência do aumento do efeito chaminé, dissociado da ventilação do interior. Com respeito à largura, normalmente, a cavidade varia de 50 cm a 120 cm, por questões de acesso à manutenção e porque cavidades estreitas apresentaram um risco maior de superaquecimento.

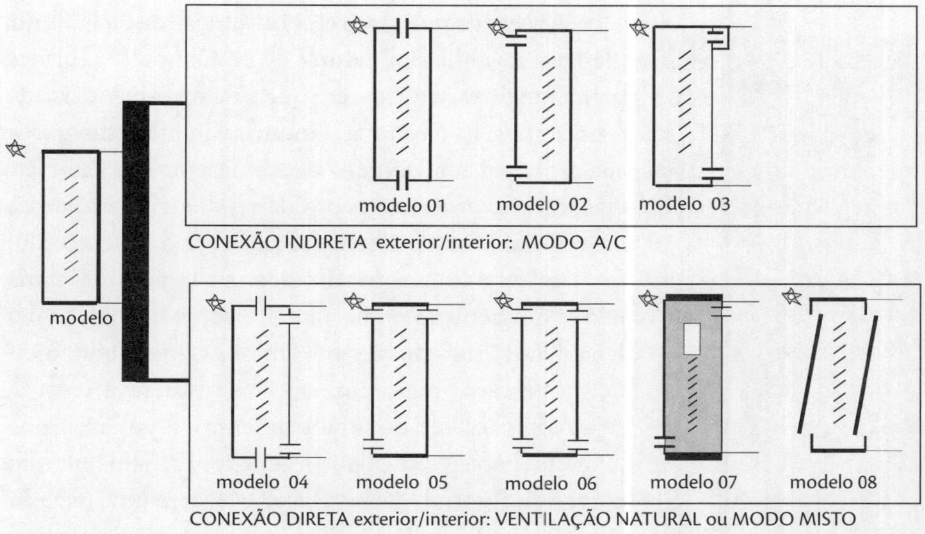

Fig. 2.15 Variações de composição e funcionamento da fachada dupla, mostrando as possibilidades de diferentes estratégias de climatização (natural, modo misto ou condicionamento de ar (A/C)) e, consequentemente, de ventilação (natural ou mecânica), definindo diferentes conexões com o ambiente externo e/ou interno
Fonte: Marcondes (2004).

Fig. 2.16 Edifício GSW, em Berlim, na Alemanha. A fachada dupla voltada para o oeste exerce um efeito de chaminé, puxando o ar do ambiente interno, que sobe pela cavidade da fachada dupla. Diferente da maioria dos projetos de fachada dupla, no caso do GSW, tem-se uma única cavidade conectando todos os pavimentos do edifício alto e agindo como uma grande chaminé de sucção do fluxo de ar interno. Obviamente, essa configuração traz grandes riscos de superaquecimento do ar no interior da cavidade e do retorno do ar quente para o espaço interno, principalmente nos últimos pavimentos. A planta estreita do edifício aumenta a eficiência da ventilação criada pela fachada dupla
Foto: Carsten Ernest.

Fig. 2.17 Vista aproximada da fachada dupla do edifício GSW, voltada para a orientação oeste, com elementos de sombreamento no interior da cavidade ventilada, a fim de evitar o superaquecimento da fachada e o ofuscamento nas estações de trabalho
Foto: Carsten Ernest.

Fig. 2.18 Vista aproximada da fachada do edifício 30th St. Mary Axe, em Londres, na Inglaterra, mostrando a abertura da face externa da fachada dupla que comunica o ambiente externo com os átrios internos de seis pavimentos e forma helicoidal, localizados no perímetro dos pavimentos. Nesse projeto, a fachada dupla foi projetada para promover a ventilação do ambiente de trabalho pelo átrio e não diretamente para o exterior. Na parte referente ao ambiente de trabalho, a fachada dupla tem o papel de aumentar a resistência térmica da envoltória e, com isso, minimizar as trocas de calor entre interior e exterior
Foto: Klaus Bode.

Fig. 2.19 Vista interna da cavidade da fachada dupla do edifício 30th St. Mary Axe
Foto: Klaus Bode.

Apesar da indiscutível contribuição da fachada dupla para a ventilação natural de edifícios altos (principalmente de escritórios, em que a fachada envidraçada é uma solução bastante comum), vale destacar que a sua principal contribuição para o desempenho ambiental de edifícios é o aumento da resistência térmica da envoltória. Essa característica favorece o desempenho térmico de edifícios localizados em regiões de clima frio e também de clima quente, como Dubai e Abu Dhabi, nos Emirados Árabes Unidos (sendo fundamental, neste caso, que o aumento da resistência térmica seja acompanhado de sombreamento). É possível constatar essa característica no projeto dos edifícios altos do complexo Central Market (Fig. 2.22), com uma tecnologia de fachada dupla ventilada pelo sistema de condicionamento de ar, desenvolvida especialmente para esse projeto.

No projeto dos edifícios altos do complexo Central Market, a ocorrência de elevadas temperaturas do ar em Abu Dhabi, em partes do ano, levou a uma solução de fachada dupla com transmissão total da radiação global (também conhecida como valor de g) menor que 0,1. Além da proteção dos elementos de sombreamento presentes no interior da cavidade, no caso do edifício alto de escritório, estudos técnicos realizados na etapa de projeto demonstraram que a amenização das temperaturas superficiais do vidro interno em consequência da ventilação mecânica da cavidade tem o potencial de reduzir em 26% a carga térmica de resfriamento dos ambientes internos nos horários de pico. Isso equivale a 10% de redução da carga anual total de resfriamento do edifício alto, em comparação com o desempenho térmico associado à opção de fachada dupla hermeticamente selada (Gonçalves, 2012).

Entretanto, o alto isolamento térmico da fachada não é necessário em climas mais amenos, mesmo em edifícios climatizados artificialmente 100% do tempo, como os de São Paulo e mesmo do Rio de Janeiro. Pelo contrário, essa prática pode ser desfavorável ao desempenho térmico e energético do edifício, uma vez que dificulta perdas térmicas pela envoltória nos horários de temperaturas externas mais baixas do que a interna, incluindo o período noturno. Nesses casos, o uso do sombreamento tem um papel muito mais importante para o melhor desempenho ambiental do edifício e, consequentemente, para a ventilação natural, do que a resistência térmica da envoltória.

No entanto, não é absurdo considerar a hipótese a favor da fachada dupla para climas como o do Rio de Janeiro ou de São Paulo. Isso assumindo que um modelo com sombreamento adequado na cavidade e uma operação dinâmica e automatizada dos dois planos da fachada pode alcançar um desempenho térmico e luminoso semelhante ao da fachada simples, bem protegida da radiação e com a possibilidade da ventilação natural. No entanto, no primeiro caso, o custo seria certamente maior, com o agravante de uma manutenção e operação bem mais complexas.

Voltando a discussão para outros aspectos arquitetônicos, o efeito combinado da forma e do espaço de transição tem sido foco de exploração no projeto de edifícios altos, ícones de uma geração voltada para o melhor desempenho ambiental.

Espaços de transição entre interior e exterior, como áreas comuns de pés-direitos múltiplos, átrios de variadas formas e tamanhos, são recursos arquitetônicos que facilitam a ventilação e a iluminação natural dos espaços internos de edifícios altos, cuja profundidade da planta constitui um obstáculo para a ventilação natural. A localização e a altura desses espaços de transição vão determinar o padrão da ventilação por efeito chaminé no interior do edifício (normalmente combinado à ventilação cruzada). A fim de controlar a força do efeito chaminé, que cresce com a altura, é comum a subdivisão vertical do edifício alto em *vilas*, com espaços de transição variando de dois a seis pavimentos (Fig. 2.23). Dessa forma, ao invés de impedimento, a verticalidade se torna um parâmetro facilitador da ventilação natural no edifício alto, enquanto a forma do edifício determina a melhor localização e arranjo dos espaços de transição.

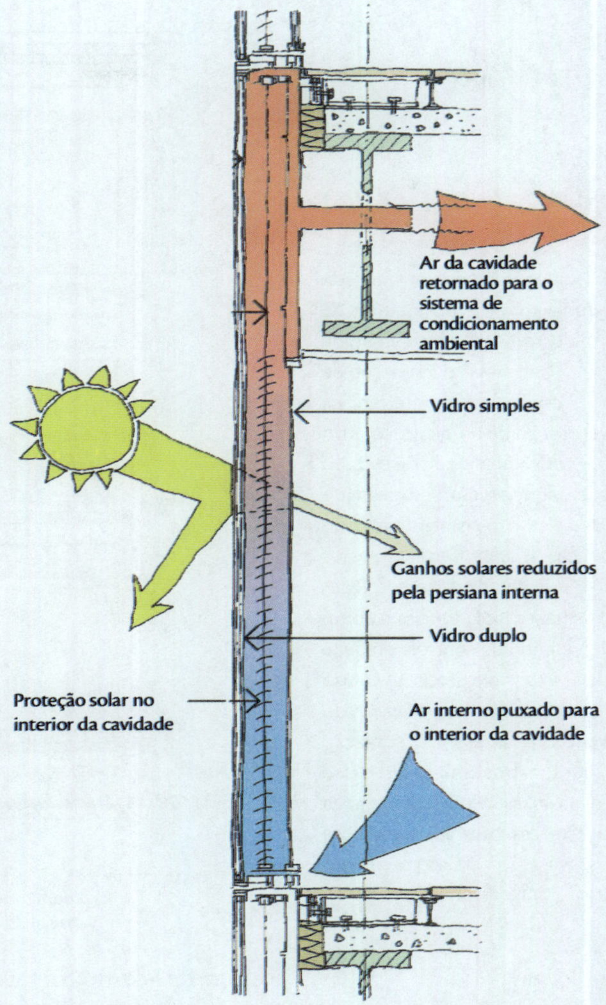

Fig. 2.20 Desenho esquemático de uma fachada dupla, cuja cavidade é associada ao sistema de ventilação mecânica e resfriamento do ar do ambiente interno. Nesse caso, a cavidade atua como meio de circulação do ar que retorna para o sistema
Fonte: Joana Carla Soares Gonçalves.

O edifício sede do Commerzbank é um dos exemplos de maior reconhecimento internacional sobre a retomada da ventilação natural em edifícios altos de escritório na Europa. O edifício alto é dividido em quatro vilas de doze pavimentos e planta triangular, em que o efeito chaminé é criado pelo conjunto de três espaços de transição de quatro pés-direitos de altura, com fachada para o exterior e conectados por um átrio central. Com espaços de transição voltados para as três orientações, o efeito chaminé é incrementado pela ventilação cruzada e o efeito dos ventos, independente da orientação dos ventos predominantes (Fig. 2.24).

Além das características formais e da configuração dos vazios internos, o sucesso da ventilação natural na sede do Commerzbank é atribuído à combinação de outros fatores, incluindo o *layout* do ambiente de trabalho, que é uma mescla deescritórios celulares e planta livre. Os escritórios celulares permitem um alto grau de controle dos usuários sobre a abertura de janelas e o uso das persianas para a proteção solar, enquanto os espaços de transição agregam flexibilidade no uso do

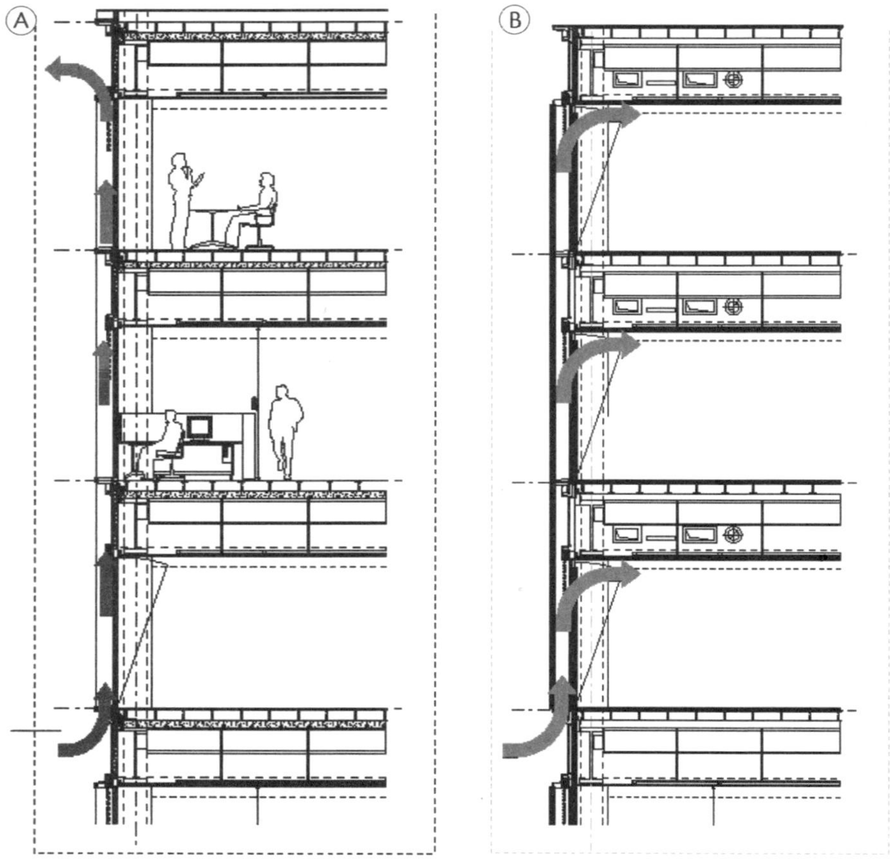

Fachada dupla aberta para a ventiladaçao da cavidade

Fachada dupla aberta para a ventilação do ambiente interno

Fig. 2.21 Desenho esquemático de uma fachada dupla com três pavimentos de altura. (A) O efeito chaminé promove a ventilação da cavidade, sem interferir na ventilação do ambiente interno, com a finalidade de evitar o superaquecimento da cavidade. Nesse caso, o ambiente interno é resfriado e ventilado pelos sistemas mecânicos. (B) A fachada dupla funciona como um escudo de controle do fluxo de ar externo e proteção contra velocidades mais elevadas do vento, viabilizando a ventilação natural dos ambientes. Nesse caso, a cavidade da fachada dupla é limitada à altura de um único pavimento
Fonte: Kohn Pedersen Fox, Londres.

espaço, de acordo com as preferências individuais quanto às condições ambientais (Gonçalves; Umakoshi, 2010).

Como resultado, com 26 °C de temperatura limite para o conforto térmico, estudos de avaliação pós-ocupação do edifício comprovaram que os ambientes de trabalho são ventilados naturalmente aproximadamente 80% do ano.

Construído em 2004, em Londres, o edifício alto 30th St. Mary Axe (antiga sede da empresa Swiss Re) é outro caso conhecido internacionalmente como um exemplo de síntese entre forma e espaços de transição, projetado para a ventilação natural. Nesse caso, uma série de átrios distribuídos ao redor da planta de forma circular (com pavimentos de diâmetros variados) e um *core* central, dividem o edifício alto em vilas de seis pavimentos (Figs. 2.25 e 2.26). A fachada dupla ventilada foi projetada para possibilitar a ventilação natural do edifício alto, comunicando os átrios com o meio exterior.

A avaliação do desempenho ambiental do edifício realizada na fase de projeto testou uma combinação de cenários considerando duas temperaturas limite de conforto, 24 °C e 26 °C, além de duas tipologias para o *layout* do ambiente de trabalho, o escritório celular e a planta livre. Como resultado, no caso particular do projeto 30th St. Mary Axe, para 24 °C de temperatura interna limite, a configuração da planta livre mostrou poder ser ventilada naturalmente em 48% do tempo anual de ocupação.

O acréscimo da temperatura de conforto para 26 °C elevou o período da ventilação para 66,2%. Mantendo o limite de 26 °C, a opção de *layout* celular mos-

Fig. 2.22 Torre de escritórios do complexo Central Market, em Abu Dhabi, nos Emirados Árabes Unidos. A fachada dupla de alta resistência térmica, com cavidade ventilada e proteção solar no interior da cavidade, tem um papel central na redução das cargas térmicas de resfriamento
Fonte: BDSP Partnership.

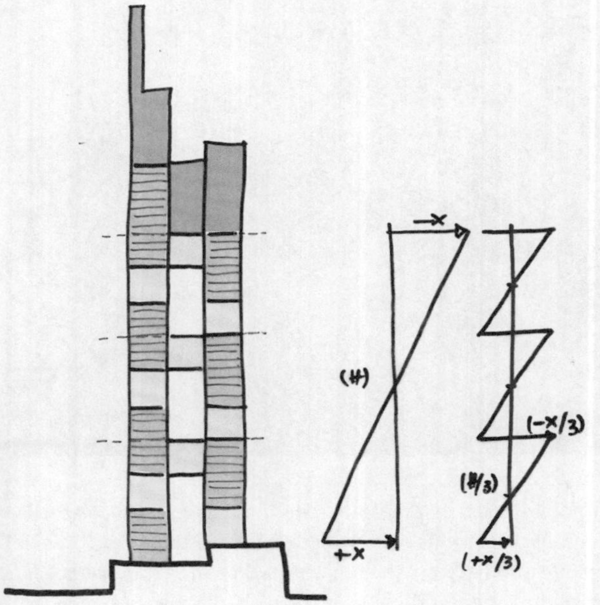

Fig. 2.23 Corte esquemático do edifício do Commerzbank, com a indicação da separação vertical das vilas para o controle do efeito chaminé
Fonte: Joana Carla Soares Gonçalves.

trou um desempenho ainda melhor, apontando para a possibilidade de ventilação natural em aproximadamente 76% do tempo. No caso específico do *layout* celular, a diferença de 2 °C significou 22% de acréscimo no período de ventilação.

No entanto, vale comentar que diferente do caso do Commerzbank, as informações disponíveis sobre a ex-sede da empresa Swiss Re no centro de Londres são dados exclusivamente de projeto e não do uso e ocupação do edifício, fato que leva a incertezas sobre o desempenho real do edifício de forma tão inusitada.

Em suma, a ventilação natural de edifícios altos não só é tecnicamente viável, como adiciona autenticidade e expressão arquitetônica ao projeto.

2.4 Modo misto: interação entre ventilação natural e sistemas prediais

Mesmo em edifícios projetados para o máximo aproveitamento da ventilação natural, nos momentos em que as condições de temperatura, umidade e/ou

Fig. 2.24 Vista de um dos jardins internos do edifício sede do Commerzbank, onde o sistema de espaços de transição possibilita a ventilação natural e o bom acesso da iluminação natural nos ambientes internos do edifício alto, voltados para o grande átrio central
Foto: Joana Carla Soares Gonçalves.

qualidade do ar externo não perrmitem que o conforto térmico seja alcançado por meios passivos, o uso dos sistemas ativos de climatização torna-se necessário, caracterizando a chamada estratégia de *modo misto*. Alternando o uso da ventilação natural com o de sistemas ativos de condicionamento do ar, o modo misto de climatização é uma estratégia bastante comum em edifícios de escritórios no cenário internacional, construídos desde a década de 1990 e aclamados por apresentarem os melhores níveis de desempenho ambiental.

A maioria dos exemplos dessa geração que alcançou repercussão internacional está situada na Alemanha. Desse conjunto de edifícios, pode-se citar a sede do Commerzbank, em Frankfurt (1998), o edifício Debis (1998) e a sede da empresa GSW (1999), ambos em Berlim, e o edifício Deutsche Post Office (2003), em Bonn, entre muitos outros.

A operação do modo misto é usualmente controlada por um sistema de automação predial, que controla a abertura de janelas de acordo com o monitoramento da temperatura e a umidade do ar interno, paralelamente ao das condições ambientais externas (temperatura do ar, umidade e velocidade dos ventos) (CIBSE, 2000). Apesar da popularidade dos sistemas de automação para decidir pela ventilação natural ou pelo sistema de climatização, o controle manual, mesmo que ainda praticado de maneira parcial ou em conjunto com o sistema de automação, favorece a satisfação dos usuários com as condições ambientais internas. Por essa razão, a sede do Commerzbank passou a enfatizar o controle manual do usuário sobre a abertura

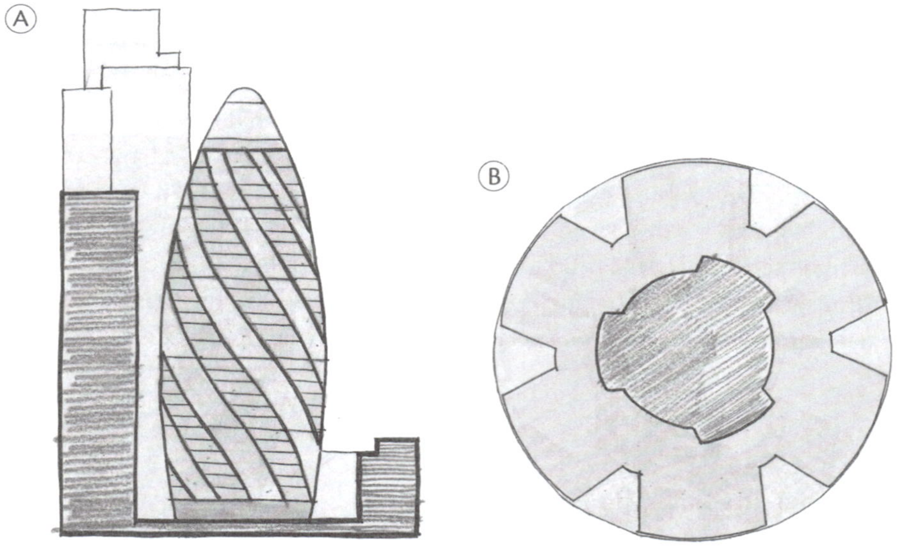

Fig. 2.25 Desenhos esquemáticos de corte e planta do edifício 30th St. Mary Axe, ilustrando (A) a divisão vertical das vilas e (B) a forma de estrela do pavimento, derivada da inserção dos átrios laterais de seis andares e forma helicoidal
Fonte: Joana Carla Soares Gonçalves.

das janelas (sem abrir mão do sistema de automação), após quase dez anos de controle totalmente automatizado (Gonçalves; Umakoshi, 2010).

Da mesma forma que a arquitetura do projeto que contempla o aproveitamento da ventilação natural ao longo de todo ou de parte do tempo de ocupação é distinta daquela do edifício com climatização artificial em 100% do tempo, a tecnologia dos sistemas prediais do edifício do modo misto também muda. O projeto pensado para a ventilação natural reduz o impacto tanto dos ganhos solares como também dos ganhos internos de calor (com o uso de massa térmica), quando necessário. Com isso, abre-se um leque de alternativas de sistemas prediais, de menor capacidade, porém de maior eficiência energética e menor impacto ambiental do que os convencionais, ou seja, trata-se de um modelo de edifício verdadeiramente novo por completo. Esse tema dos sistemas prediais que garantem melhor desempenho ambiental dos edifícios é explorado em detalhe no Cap. 4.

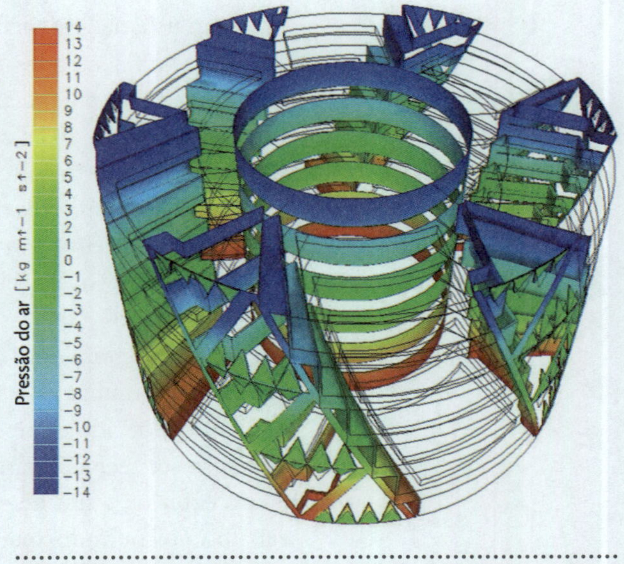

Fig. 2.26 Perspectiva e planta de uma das vilas de seis pavimentos do 30th St. Mary Axe, modelada para a avaliação da eficiência da ventilação natural, por meio de simulação computacional de dinâmica de fluidos. A variação de cores corresponde a diferenças no coeficiente de pressão ao longo das paredes internas, estando os valores positivos relacionados à entrada de ar pela parte inferior do átrio de seis pavimentos, e os valores negativos relacionados à saída de ar pela parte superior do átrio
Fonte: BDSP Partnership.

Economicamente, o percentual de horas anuais de ventilação natural que justifique a introdução de esquadrias que se abram para o exterior (além de todos os demais recursos de projeto necessários para o bom aproveitamento da ventilação natural), somadas à existência do sistema de climatização, varia de acordo com uma série de parâmetros do mercado local. Entre esses parâmetros, incluem-se o custo de componentes de fachadas e esquadrias contra o custo da energia, entre outros. Como referência, nas cidades europeias, a prática corrente sugere um aproveitamento mínimo da ventilação natural de 30% das horas anuais de ocupação, para que o modo misto atinja a posição de alternativa economicamente atraente (Gonçalves; Umakoshi, 2010).

O modo misto tem comprovado ser um bom acordo entre a confiança de se ter os sistemas ativos à disposição e a vontade de se ter um edifício verdadeiramente de melhor desempenho ambiental, abrindo os espaços internos para as flutuações e incertezas da ventilação natural. Mesmo quando o condicionamento ativo do ar não é uma necessidade identificada no diagnóstico climático do local, além das economias de energia, o valor da estratégia de modo misto está na criação de um modelo alternativo ao edifício da caixa de vidro hermeticamente fechada, uma vez que requer a inserção de esquadrias que possam ser abertas para a ventilação natural.

2.5 Considerações finais

O entendimento do desempenho térmico de edifícios naturalmente ventilados aumenta significativamente desde os anos 1990, com apoio de simulações computacionais, que auxiliam na visualização do fenômeno físico e no aperfeiçoamento técnico do projeto. Porém, mesmo com a disponibilidade dos recursos de projeto para isso, o real potencial da ventilação natural ainda é pouco explorado na grande maioria das cidades ao redor do mundo. Nessas cidades, a tipologia do edifício comercial torna-se preponderante na paisagem urbana, independentemente da condição climática.

Em muitas cidades de clima quente e úmido, não só o edifício comercial, mas também o residencial (principalmente quando na tipologia do edifício alto) promove a cultura do ar-condicionado, que, por sua vez, exerce grande influência sobre o projeto de arquitetura. Exemplos de cidades em que o condicionamento de ar domina os projetos de edifício comercial e residencial são: Cingapura, Hong Kong, Rio de Janeiro, entre outras.

Já no contexto das cidades europeias, uma nova geração de edifícios comerciais construídos e em fase de projeto, aclamados como de melhor desempenho ambiental, apontam para um maior uso da ventilação natural. Um dos casos mais recentes que enfatiza essa tendência é o edifício 110 Bishopsgate, concluído em 2012, também conhecido como Heron Tower, cuja fachada dupla, originalmente projetada para ser fechada para o exterior, foi reprojetada e executada com aberturas para o exterior, a fim de possibilitar a ventilação natural do ambiente interno de trabalho nos períodos mais amenos do ano como visto na Fig. 2.22 (Gonçalves e Umakoshi, 2010).

Por outro lado, em cidades de clima quente e úmido, como as do Brasil, o projeto da fachada do edifício alto guarda um potencial arquitetônico muito maior e com resultados mais promissores de desempenho ambiental, quando focado no desafio de sombrear sem comprometer a iluminação natural e a ventilação, do que na elaboração de fachadas duplas complexas e onerosas.

Mesmo com as limitações impostas pelo clima urbano, pode-se apostar nas reduções drásticas da poluição atmosférica e do ruído no ambiente urbano, com o aumento do uso do transporte público e a tecnologia de veículos menos poluidores. Ainda que os grandes centros urbanos continuem sendo problemáticos nesse sentido, é uma questão de tempo tornar a ventilação natural um recurso viável para edifícios residenciais e comerciais.

Concluindo, vale reforçar a ideia de que o aproveitamento da ventilação natural implica em uma mudança radical dos padrões de projeto, incluindo os arquitetônicos, os de ocupação (incluindo equipamentos de maior eficiência energética) e os de engenharia de sistemas prediais. Para tanto, a fórmula econômica do edifício convencional deve ser reformulada. Nesse sentido, o pavimento tipo ganha dimensões mais estreitas, fachadas se tornam mais complexas e mais protegidas do Sol, espaços internos são replanejados para a inserção de espaços de transição, entre outras possibilidades do projeto.

Referências bibliográficas

ANDRADE, C. M. *Avaliação de desempenho em edifícios de escritório*: o ambiente de trabalho como meio para o bem-estar produtivo. 2005. Tese (Doutorado) - Faculdade de Arquitetura e Urbanismo da Universidade de São Paulo, São Paulo, 2005.

ASHRAE - AMERICAN SOCIETY OF HEATING, REFRIGERATING AND AIR CONDITIONING ENGINEERS. *Standard 55-1974*. Thermal environmental conditions for human occupancy. New York, 1974.

ASHRAE - AMERICAN SOCIETY OF HEATING, REFRIGERATING AND AIR CONDITIONING ENGINEERS. *Standard 55-1992*. Thermal environmental conditions for human occupancy. Atlanta, 1992.

ASHRAE - AMERICAN SOCIETY OF HEATING, REFRIGERATING AND AIR CONDITIONING ENGINEERS. *Standard 55-2004*. Thermal environmental conditions for human occupancy. Atlanta, 2004.

ASHRAE - AMERICAN SOCIETY OF HEATING, REFRIGERATING AND AIR CONDITIONING ENGINEERS. Climate design information. In: ASHRAE - AMERICAN SOCIETY OF HEATING, REFRIGERATING AND AIR CONDITIONING ENGINEERS. *ASHRAE handbook*. Atlanta, 2009.

BANHAM, R. *The architecture of the well-tempered environment*. Chicago: University of Chicago Press, 1984.

BCO - BRITISH COUNCIL FOR OFFICES. *Guide 2000*. London, 2000.

CANDIDO, C.; LAMBERTS, R.; BITTENCOURT, L.; DEAR, R. de. Aplicabilidade dos limites da velocidade do ar para efeito de conforto térmico em climas quentes e úmidos. *Ambiente construído*, Porto Alegre, v. 10, n. 4, p. 59-68, 2010.

CIBSE - CHARTERED INSTITUTION OF BUILDING SERVICES ENGINEERS. *Guide F*: Energy efficiency in buildings. 2nd ed. London, 2004.

CIBSE - CHARTERED INSTITUTION OF BUILDING SERVICES ENGINEERS. *CIBSE Applications Manual AM13:* Mixed mode ventilation. London, 2000.

CIBSE - CHARTERED INSTITUTION OF BUILDING SERVICES ENGINEERS. *CIBSE Applications Manual AM10:* Natural ventilation in non-domestic buildings. London, 2005.

DEAR, R. de; BRAGER, G. S. Developing an adaptive model of thermal comfort and preference. *Transactions of the American Society of Heating, Refrigerating and Air Conditioning Engineers (ASHRAE)*. Atlanta, v. 104, p. 145-167, 1998.

DEAR, R. de; BRAGER, G. S. Thermal comfort in naturally ventilated buildings: revisions to ASHRAE Standard 55. *Energy and buildings*, v. 34, p. 549-561, 2002.

GIVONI, B. *Passive and low energy design of buildings*. New York: John Wiley & Sons, 1994.

GONÇALVES, J. C. S. Os edifícios altos do Central Market. *Finestra*, São Paulo, n. 72, p. 28-35, jan./fev. 2012.

GONÇALVES, J. C. S.; UMAKOSHI, E. M. *The environmental performance of tall buildings*. London: Earthscan, 2010.

IEA - INTERNATIONAL ENERGY AGENCY. *World energy outlook 2009*. 2009. Disponível em: <http://www.iea.org/weo/electricity.asp>. Acesso em: 1 jun. 2000.

ISO - INTERNATIONAL ORGANIZATION FOR STANDARDIZATION. *ISO 7730*: moderate thermal environments: determination of the PMV and PPD indices and specification of the conditions for thermal comfort. Geneva, 1994.

JOHNSTON, J.; COUNSELL, J.; STRACHAN, P. A. Trends in office internal gains and the impact on space heating and cooling. In: CIBSE TECHNICAL SYMPOSIUM, Leicester, 6-7 Sept. 2011. 2011.

LAUSTSEN, J. Energy efficiency requirements in building codes: energy efficiency policies for new buildings. *IEA Information Paper*. Paris: OECD; IEA, 2008.

LEVINE, M. et al. Residential and commercial buildings. In: IPCC - INTERNATIONAL PANEL ON CLIMATE CHANGE. *Climate change 2007*: mitigation of climate change. Contribution of Working Group III to the Fourth Assessment Report of the Intergovernmental Panel on Climate Change. Cambridge: Cambridge University Press, 2007.

MARCONDES, M. P. *Double-skin façades in high-rise office buildings in São Paulo*: a possible environmental efficient solution? 2004. Dissertation (M.Sc.) – Environment and Energy Programme, Architectural Association School of Architecture, London, 2004.

MARCONDES, M. P. *Soluções projetuais de fachadas para edifícios de escritórios com ventilação natural em São Paulo.* 2010. Tese (Doutorado) – Faculdade de Arquitetura e Urbanismo da Universidade de São Paulo, São Paulo, 2010.

NICOL, F., HUMPHREYS, M.; ROAF, S. *Adaptive thermal comfort*: principles and practice. Abingdon: Routledge, 2012.

OESTERLE, L.; HEUSLE, L. *Double-skin facades*: integrated planning. Munich: Prestel Vertag, 2001.

PASQUAY, T. Natural ventilation in high-rise buildings with double façade, save or waste of energy? In: THE 18. PLEA CONFERENCE, 2001, Florianópolis. *Proceedings...*, Florianópolis: PLEA, 2001.

SWETT, T. *Rethinking the office building typology in continental mediterranean climate*: a critical review of current layout, building form and design parameters. 2013. Dissertation (M.Sc.) - Environmental and Energy Programme, Architectural Association School of Architecture, London, 2013.

VIEIRA, J. *Concrete in architecture*: thermal inertia as a passive cooling strategy in working environments in Rio de Janeiro. 2011. Dissertation (M.Sc.) - SED, Environmental and Energy Programme, AA School, London, 2011.

WBCSD - WORLD BUSINESS COUNCIL FOR SUSTAINABLE DEVELOPMENT. Energy efficiency in buildings: business realities and opportunities. *FACTS Summary Report.* Oct. 2007.

YANNAS, S. Reconceiving the built environments of the Gulf Region: challenging the supremacy of air conditioning. *2A Architecture and Art, Golf Research Project in Sustainable Design*, Dubai, n. 7, p. 20-43, 2008.

O desempenho térmico de ambientes de trabalho nas cidades de São Paulo e Rio de Janeiro

3

João Oliveira Cotta (seção 3.1)
João Leal Vieira
(seção 3.2)

Pesquisas sobre o uso de energia indicam que na primeira década de 2000 os edifícios residenciais e comerciais já eram responsáveis pelo consumo de 60% de toda a eletricidade produzida no mundo (IEA, 2009; Laustsen, 2008; Levine et al. 2007; WBCSD, 2007), percentual que vem crescendo desde então. Quanto aos edifícios comerciais, em geral, os sistemas de iluminação artificial representam a maior parcela de consumo da energia elétrica.

No entanto, em regiões de clima quente, onde está grande parte dos países em desenvolvimento e economias emergentes, o sistema de condicionamento do ar acaba superando a demanda energética de iluminação artificial. No Brasil, por exemplo, o condicionamento de ar representa aproximadamente 47% do total da energia elétrica consumida em edifícios comerciais, seguido pela iluminação artificial, representando 22% (Procel, 2007).

No universo de soluções arquitetônicas e tecnológicas, muito pode ser feito em termos de forma, componentes construtivos, fachadas e tecnologia dos sistemas prediais, a fim de diminuir os impactos da carga térmica e, ao mesmo tempo, aumentar a eficiência dos sistemas de resfriamento ativo e iluminação artificial. Entretanto, indo um passo além do sombreamento, grandes economias de energia, as que fazem diferença, estão confirmadamente atreladas à introdução da iluminação natural e, sobretudo, da ventilação natural nos espaços internos. Este capítulo trata desse potencial, abordando questões de conforto ambiental e projeto arquitetônico com base nos resultados de estudos analíticos realizados para edifícios de escritórios nas cidades de São Paulo e Rio de Janeiro.

3.1 A ventilação natural e o projeto de janelas para ambientes de trabalho em São Paulo

3.1.1 O impacto das áreas envidraçadas

A janela sempre teve um grande papel no processo de composição arquitetônica, seja ela distribuída em uma série de aberturas, criando ritmo na fachada, ou em uma cortina de vidro cujas áreas envidraçadas se tornam a parede propriamente dita. As funções do elemento janela são diversas, já que ela proporciona contato visual com a área externa, luz natural para os ambientes, entrada de radiação solar (que influencia diretamente o desempenho térmico dos edifícios) e controle da ventilação natural. Desta forma, a janela promove uma conexão vital com o clima. Por isso, seu dimensionamento, distribuição e orientação são fatores determinantes no projeto de edifícios ambientalmente conscientes.

Na cidade de São Paulo, o controle solar em todas as orientações expostas deve ser a primeira estratégia a ser considerada quando se decide adotar a ventilação natural como método de resfriamento passivo dos ambientes de trabalho. Como se sabe, o sombreamento externo tem uma eficácia superior quando comparado ao uso de persianas internas, que permitem que grande parte da radiação solar seja admitida no interior do edifício, além de obstruírem a luz natural, resultando em uma maior dependência de iluminação artificial e, consequentemente, maior consumo energético.

Cabe ainda ressaltar outro aspecto negativo do uso de persianas como única estratégia de controle solar que é a obstrução de vistas. De acordo com diferentes pesquisas (Ne'eman; Hopkinson, 1970; Keighley, 1973; Wells, 1965; Osterhaus, 2001), as vistas são de extrema importância, podendo aumentar consideravelmente o nível de satisfação e produtividade dos usuários em edifícios de escritório.

Adicionalmente, o clima da cidade de São Paulo apresenta uma peculiaridade que exige atenção extra na minimização dos ganhos de calor resultantes da radiação solar. A Fig. 3.1 mostra que, ao longo do ano, as quantidades de radiação solar direta e difusa incidentes em um plano horizontal são bastante semelhantes. Isso ocorre pela alta frequência de céu na condição encoberto, com o expressivo percentual de 60% das ocorrências anuais. Uma das estratégias mais eficientes no bloqueio da radiação difusa é a redução das áreas envidraçadas, minimizando a visão do céu. Por essa razão, entende-se que a proporção entre as superfícies transparentes e opacas na fachada (WWR, *window-to-wall ratio*) é de grande importância no desempenho térmico do edifício.

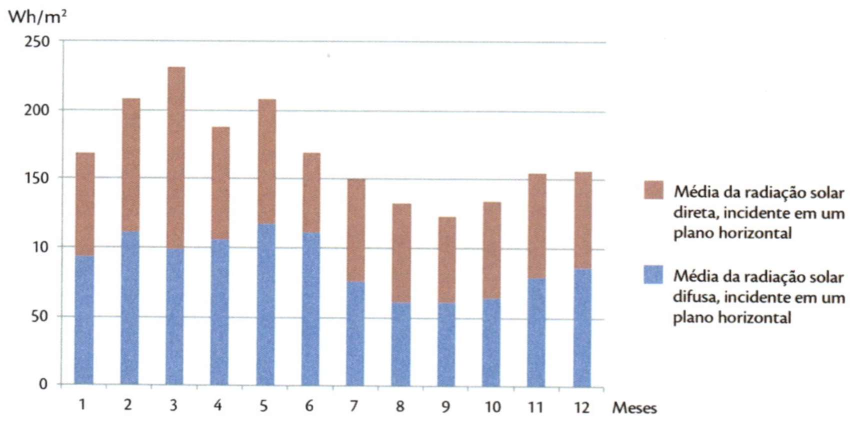

Fig. 3.1 Média da radiação horizontal direta e difusa na cidade de São Paulo. Os dados de radiação foram extraídos do banco de dados do programa Meteonorm 6.1
Fonte: Meteotest (2009).

A eficiência da ventilação natural para o conforto térmico em ambientes de trabalho em São Paulo foi foco dos estudos analíticos realizados por Cotta (2012), cujas principais etapas, questionamentos e resultados são aqui apresentados. Dando início aos estudos técnicos de simulação computacional, com o objetivo de quantificar as afirmações colocadas anteriormente, três modelos de fachadas foram testados para quatro diferentes orientações (norte, sul, leste, oeste), com o recurso de simulações de termodinâmica realizadas com o *software* TAS-Version 9.2.1.3 (EDSL, 2012).

Os três cenários testados foram: WWR de 100% representando a fachada cortina de vidro; WWR de 100% com adição de sombreamento externo; e WWR de 50% também com sombreamento externo. Em todas as simulações, foi utilizado vidro laminado incolor 8 mm, em virtude das suas altas propriedades de transmitância luminosa, permitindo assim uma maior independência da iluminação artificial. O resultado das simulações (Fig. 3.2) contém os ganhos de calor solar em cada um dos casos, que mostram que a vantagem da redução do WWR das fachadas é mais significativa nas orientações norte e sul, em que foi possível reduzir os ganhos de calor solar em 30% e 40% respectivamente, em comparação com uma fachada cortina de vidro, mesmo com sombreamento.

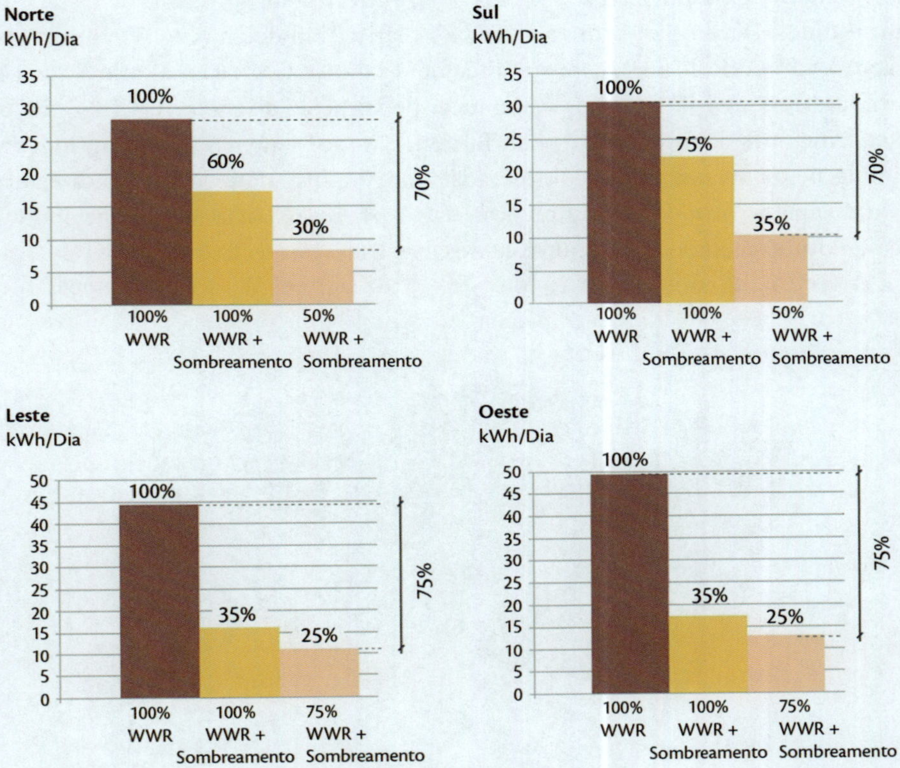

Fig. 3.2 Média diária dos ganhos de calor resultantes da radiação solar nos meses de verão
Fonte: Cotta (2012).

Por outro lado, nas orientações leste e oeste, essa redução é menos relevante, uma vez que os dispositivos de proteção solar já estão reduzindo os ganhos de calor solar em 65% e a redução do WWR só contribui em 10%. É importante notar que, nessas orientações, só foi possível reduzir o WWR da fachada para 75% e não para 50%, como nas fachadas norte e sul. Isso porque a proteção solar gerada pelos brises tem um significativo efeito de obstrução da vista do céu e da luz natural, por causa dos baixos ângulos de incidência solar.

Assim, para se garantir um mínimo nível de luz natural de 300 lux nas primeiras horas do dia, pelo menos, a área de vidro só pode ser reduzida em 25%, a fim de compensar a obstrução dos dispositivos de sombreamento. Ao contrário das orientações leste e oeste, as orientações norte e sul têm as menores quantidades de ganhos de calor solar transmitida para o ambiente (10 kWh e 7 kWh/dia), já que recebem menor incidência de radiação ao longo do verão.

3.1.2 Simulações de desempenho térmico

Após quantificar os efeitos da taxa de área envidraçada de fachada e do sombreamento na redução dos ganhos de calor solar para as quatro orientações, o passo seguinte do trabalho analítico desenvolvido por Cotta (2012) foi verificar como esses ambientes de trabalho se desempenham termicamente em um cenário mais realista, considerando as cargas térmicas de ocupação e ventilação.

O modelo da Fig. 3.3 representa o pavimento de um edifício de escritórios com planta retangular, na qual é possível encontrar tanto ambientes com *layout landscape* como com escritórios celulares. A profundidade de 12 m e o pé-direito de 3 m foram as medidas adotadas seguindo a referência teórica da zona passiva de ventilação e iluminação (CIBSE, 2005). Em relação às fachadas, os resultados dos estudos sobre o impacto da radiação solar, resumidos na Fig. 3.2, levaram à adoção do WWR de 50%, com sombreamento total da radiação direta. As cargas térmicas de ocupação foram baseadas nas especificações do *Guide A* (CIBSE, 2006), conforme os dados apresentados na Tab. 3.1. É importante notar que, em todas as simulações, a luz natural foi considerada como a única fonte de iluminação até às 17h00, quando os níveis de iluminação externos são insuficientes para proporcionar a iluminação mínima de 300 Lux nos espaços internos.

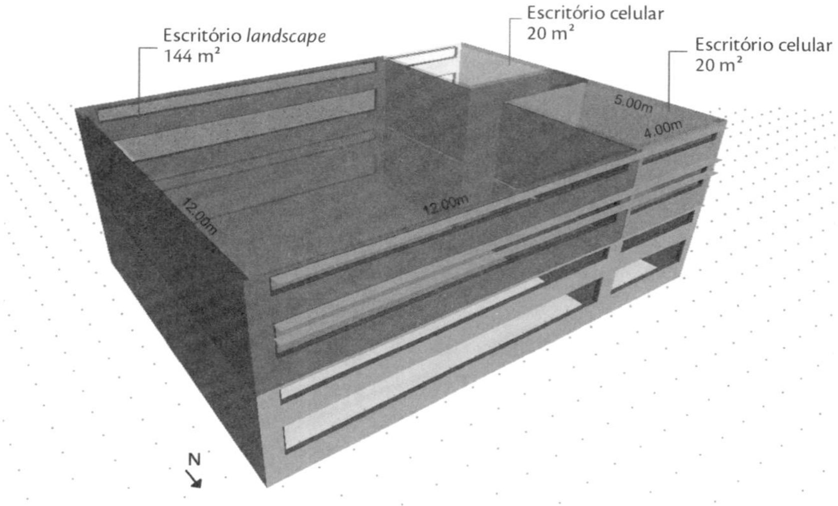

Fig. 3.3 Modelo eletrônico do caso-base construído para as simulações de desempenho térmico com o uso do *software* EDSL Tas
Fonte: Cotta (2012).

A zona de conforto térmico adotada para esses estudos foi gerada com o modelo proposto pela regulamentação europeia EN 15251 (CEN, 2007), que define neutralidade térmica (TN) como TN = 18,8 + 0,33 TRM (TRM = média das temperaturas diárias). A grande diferença entre o modelo da EN e outros com o mesmo propósito é que ele se baseia nas médias de temperaturas diárias, não somente na temperatura média mensal, considerando assim o efeito de condições climáticas recentes na aclimatação do usuário. Adicionalmente, foi considerada uma variação térmica de aproximadamente 3 °C aos valores de temperatura neutra, resultando em uma faixa de conforto de 6 °C para 10% de insatisfeitos.

A primeira etapa das simulações de desempenho térmico investigou o efeito da ventilação natural no escritório de planta livre (do tipo *landscape*), voltado para a orientação norte-sul, em uma semana típica de verão. No primeiro cenário, foi

Tab. 3.1 Dados de entrada para as simulações de desempenho térmico

Fontes de calor proveniente de ocupação (CIBSE, 2006)		Transmitância térmica dos elementos da construção		Valor U
Equipamentos em *layout landscape*	22,5 W/m^2	**Parede**	Bloco de concreto + argamassa	2,64 $W/m^2 \cdot °C$
Equipamentos em *layout* celular	10 W/m^2	**Vidro**	Vidro incolor laminado 10 mm	5,50 $W/m^2 \cdot °C$
Iluminação artificial (2h por dia)	12 W/m^2	**Caixilho**	Alumínio	5,35 $W/m^2 \cdot °C$
Pessoas	130 W	**Piso**	Laje de concreto de 150 mm + piso elevado	1,43 $W/m^2 \cdot °C$
Densidade de ocupação em *layout landscape*	6 m^2/pessoa (NBR 6401)	**Divisórias**	Vidro incolor laminado 10 mm	5,50 $W/m^2 \cdot °C$
Densidade de ocupação em *layout* celular	20 m^2/pessoa			

definida uma taxa de ventilação segundo requisitos mínimos de qualidade do ar (1,6 trocas de ar/h), enquanto que o segundo cenário considerou uma ventilação adicional de 10 trocas de ar/h no período noturno, para a remoção da carga térmica interna.

Conforme esperado, as temperaturas no segundo cenário mostraram valores mais baixos, uma vez que somente a ventilação noturna não é suficiente para reduzir os picos de temperaturas durante o dia, causados primordialmente pelas altas cargas térmicas de ocupação. Como resultado, a Fig. 3.4 mostra temperaturas resultantes de até 5 °C acima da faixa de conforto. Em todas as simulações foi utilizada a temperatura resultante, ou seja, a média entre a temperatura do ar e a temperatura radiante, como parâmetro de análise do desempenho térmico. Essa opção se deve ao fato de que a temperatura resultante é a que mais se aproxima da percepção de conforto do usuário. É importante notar que o uso da massa térmica exposta no ambiente em todas as simulações, aliado à estratégia de resfriamento noturno, torna as temperaturas radiantes ainda mais relevantes, pelo fato de que essas estratégias contribuem para o resfriamento da envoltória interna do ambiente.

A fim de melhorar o desempenho térmico do modelo, a taxa de ventilação noturna foi aumentada para 20 trocas de ar/h e a ventilação diurna para 10 trocas de ar/h. Por consequência, o gráfico da Fig. 3.5 mostra que as temperaturas resultantes nesse terceiro cenário ficam dentro da faixa de conforto durante a maior parte das horas de ocupação, com exceção de alguns picos nos dias mais quentes. Subsequentemente, o aumento da ventilação diurna para 30 trocas de ar/h mostrou a redução das temperaturas internas em apenas 1 °C em relação ao cenário anterior. Com isso, concluiu-se que taxas de ventilação acima de 20 trocas de ar/h (dia e noite) não resultam em uma redução significativa de temperatura.

Com a indicação da taxa de ventilação adequada para o resfriamento dos espaços internos, novas simulações foram conduzidas considerando as janelas abertas, em vez de um valor fixo de ventilação. As janelas superiores próximas ao forro, localizadas a 2,5 m de altura, foram consideradas abertas 24h por dia e as janelas mais baixas, localizadas a 0,80 m do piso, foram consideradas abertas apenas durante o período de ocupação. Nos dois casos, um fator de abertura de 30% foi aplicado, representando a área efetiva de abertura de uma janela Maxim-ar.

Comparando o desempenho do escritório de planta livre com o escritório celular, a Fig. 3.6 mostra que apesar de taxas mais baixas de ventilação serem

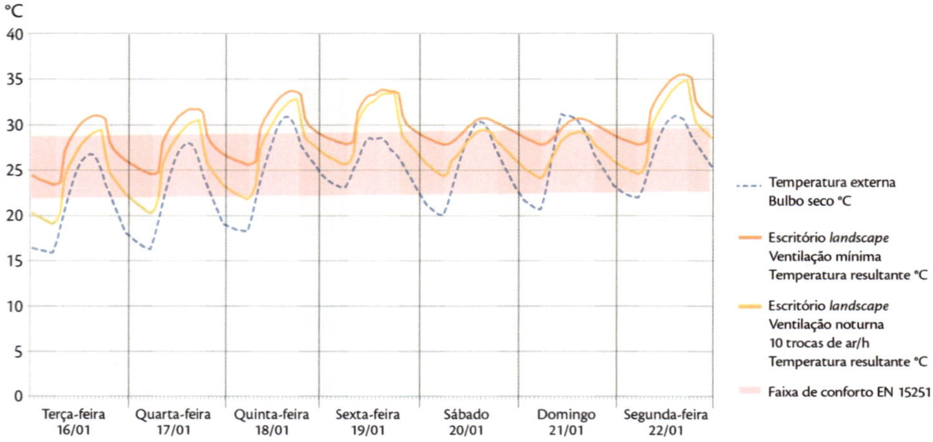

Fig. 3.4 Simulação de desempenho térmico do caso-base para o escritório de planta livre (*landscape*), em uma semana típica de verão, considerando dois cenários: trocas mínimas do ar interno e ventilação noturna
Fonte: Cotta (2012).

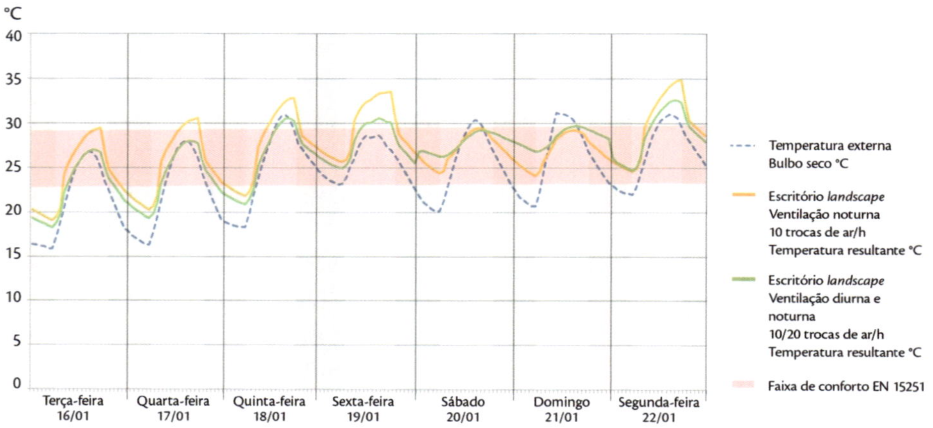

Fig. 3.5 Simulação de desempenho térmico do caso-base para o escritório de planta livre (*landscape*), em uma semana típica de verão, mostrando os dois cenários da Fig. 3.4 comparados a um terceiro cenário, em que a ventilação noturna foi aumentada para 20 trocas de ar/h e a diurna para 10 trocas de ar/h
Fonte: Cotta (2012).

encontradas no escritório celular, em grande parte do tempo as temperaturas resultantes no escritório de planta livre são mais altas, mesmo com a possibilidade da ventilação cruzada. Essa diferença pode ser explicada pelo fato de as cargas térmicas de ocupação serem mais elevadas no escritório de planta livre. Apesar da diferença entre o desempenho nos dois ambientes, vale destacar que, em ambos, as temperaturas estão dentro da faixa de conforto na maior parte do tempo.

Em termos anuais, as simulações mostraram que as temperaturas internas excedem o limite de 29,8 °C (estabelecido com base na EN 15251) em apenas 1,5% das horas de ocupação anuais no escritório tipo *landscape* e 1% no escritório celular. Essas temperaturas mais altas ficam entre 30 °C e 31 °C e ocorrem durante 10 dias do ano, entre 12h e 15h.

Quando o mesmo escritório de planta livre é orientado para leste e oeste, temperaturas levemente mais altas são alcançadas, chegando a 32 °C nas horas de pico, como mostra a Fig. 3.7, resultando em um aumento de 5,2% das horas de superaquecimento em relação à orientação norte e sul. No escritório celular, o acréscimo das horas de superaquecimento é de 3,2%.

Referências da teoria e da prática indicam que o conforto térmico nessas poucas horas de superaquecimento pode ser alcançado com o aumento da velocidade do ar (Baker, 2009). Nesse sentido, um ventilador de mesa ou de teto, somado a um código de vestimenta flexível, pode aumentar a tolerância às condições térmicas em 2,5 °C. Consideração semelhante foi apresentada pela associação ASHRAE (2010), quando menciona o aumento da aceitabilidade térmica em 2,2 °C em ambi-

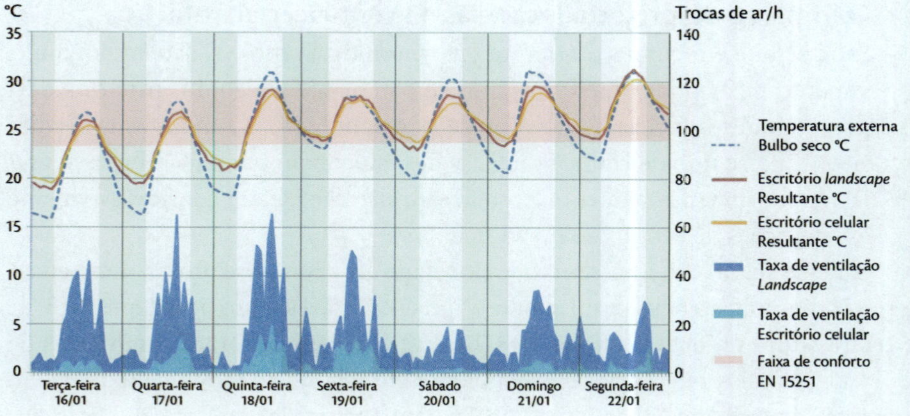

Fig. 3.6 Simulação de desempenho térmico do caso-base com o escritório de planta livre (*landscape*) orientado a norte e sul e o escritório celular a norte, em uma semana típica de verão, considerando as janelas abertas durante a ocupação e o período noturno, com um fator de abertura de 30%
Fonte: Cotta (2012).

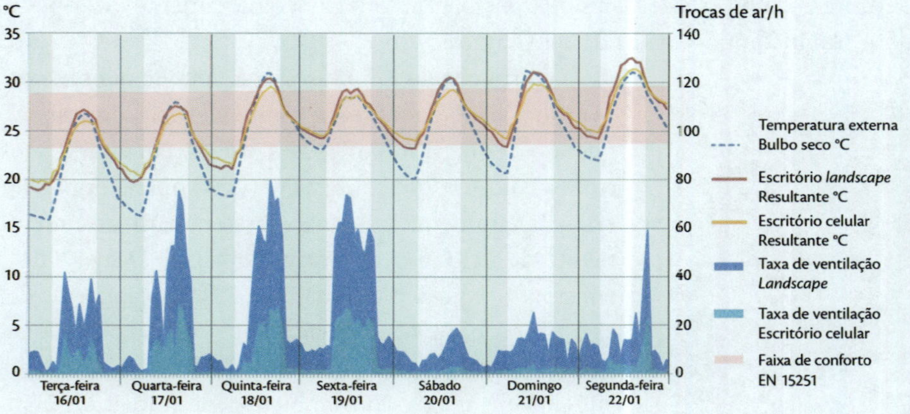

Fig. 3.7 Simulação de desempenho térmico do caso-base com o escritório de planta livre (*landscape*) orientado a leste e oeste e o escritório celular a oeste, em uma semana típica de verão, considerando as janelas abertas durante a ocupação e o período noturno, com um fator de abertura de 30%
Fonte: Cotta (2012).

entes de trabalho com velocidade do ar de 1,2 m/s. No caso dos modelos testados para São Paulo, esse acréscimo seria suficiente para compensar as horas de calor, originalmente fora da zona de conforto.

Até então, as estratégias focaram em resfriamento. O conjunto final de simulações térmicas de Cotta (2012) investiga o efeito do bloqueio da radiação direta e da redução do WWR no conforto térmico de inverno, tomando como referência uma semana típica de julho, quando apenas a taxa mínima de ventilação recomendada para a salubridade do ambiente foi considerada (36 m^3/h/pessoa), segundo CIBSE (2006). Na Fig. 3.8, nota-se que as temperaturas se mantêm dentro da faixa de conforto durante o período de ocupação, assumindo o mínimo de 19,5 °C, tendo em vista a contribuição das cargas térmicas da ocupação.

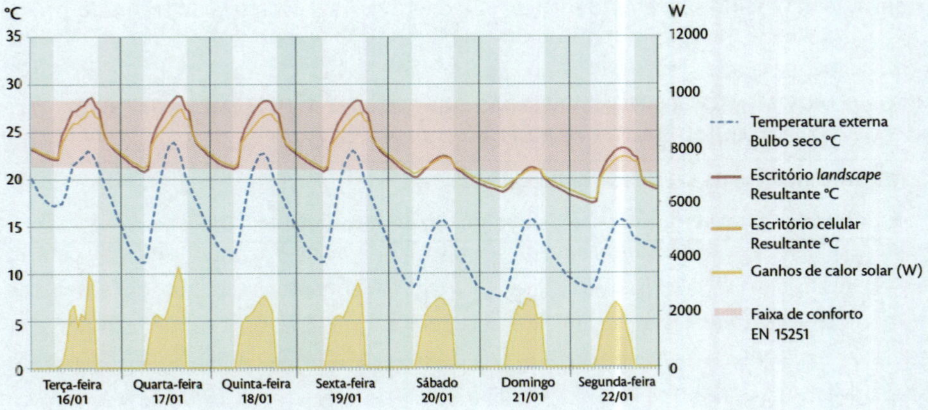

Fig. 3.8 Simulação de desempenho térmico do caso-base em uma semana típica de inverno, com o escritório de planta livre (*landscape*) orientado a norte e sul e o escritório celular a norte, considerando a taxa mínima de ventilação para a salubridade do ar
Fonte: Cotta (2012).

3.1.3 O impacto do projeto de janelas na ventilação natural

Sabe-se que em climas do tipo quente e úmido, como em São Paulo, o movimento de ar pode ampliar a zona de conforto térmico dos usuários, proporcionando o resfriamento da pele por convecção. Como afirma Givoni (1994), nesse tipo de clima, as janelas desempenham um papel fundamental, já que seu dimensionamento, projeto e localização afetam consideravelmente as condições de ventilação no edifício.

Sabe-se ainda que, com 2 m/s de velocidade do ar, pode-se produzir um efeito de resfriamento fisiológico equivalente a uma redução de aproximadamente 3 °C na temperatura do ar (CIBSE, 1999). Diferentes pesquisas foram conduzidas de forma a avaliar as preferências dos ocupantes em relação ao movimento de ar em ambientes de trabalho. Zhang et al. (2011), que analisaram mais de 200 edifícios de escritórios nos Estados Unidos, constataram que pouco movimento de ar pode causar um incômodo maior do que o oposto.

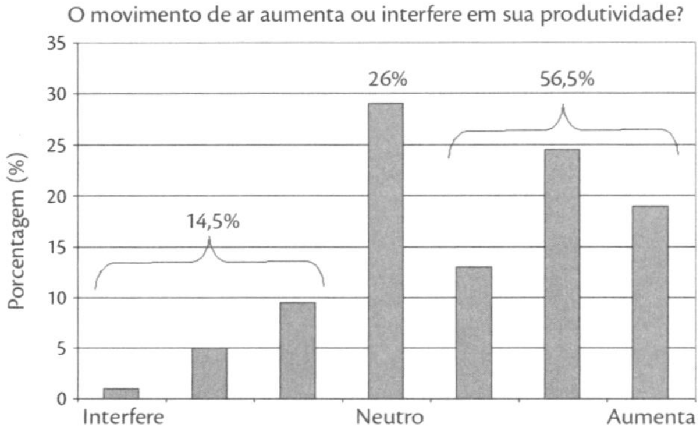

Fig. 3.9 Impacto do movimento de ar na produtividade
Fonte: Brager, Paliaga e Dear (2004).

Outra conclusão interessante foi que queixas em relação a velocidades do ar muito elevadas diminuem quando os ocupantes estão se sentindo em estado neutro ou com um pouco de calor. Obviamente, quando estão ligeiramente com frio, preferem menos movimento de ar (Tab. 3.2). Brager, Paliaga e Dear (2004), em uma pesquisa realizada com 230 funcionários de escritório do Berkeley Civic Center, descobriram que a maior parte dos ocupantes gostaria de ter mais movimento de ar nos seus ambientes de trabalho. Além disso, mais da metade dos funcionários percebem que o movimento de ar é benéfico em termos de aumento de produtividade, como mostrado na Fig. 3.9.

Por outro lado, mesmo em edifícios de escritório localizados em países de climas mais quentes, altas velocidades de ar internas podem causar desconforto aos usuários. Na pesquisa de campo realizada por Cotta (2012) em um edifício de escritório naturalmente ventilado na cidade de Jundiaí, na Região Metropolitana de São Paulo, foi constatado que as altas velocidades de ar internas são a maior causa de desconforto dos funcionários sentados próximo às janelas. Os trabalhos de campo registraram velocidades de ar de até 2,8 m/s junto às estações de trabalho. Somado a isso, constatou-se que as janelas do tipo Maxim-ar não permitem um controle apropriado do movimento de ar, levando a velocidades de ar excessivas nas estações de trabalho próxi-

Tab. 3.2 Preferência em relação ao movimento de ar para pessoas que reclamam da temperatura frequentemente muito quente, frequentemente muito fria ou ambas

Insatisfação térmica	Porcentagem de ocupantes indicando:		(Nº)
	movimento de ar muito baixo	movimento de ar muito alto	
Frequentemente muito quente	49%	1%	3.251
Frequentemente muito frio	6%	19%	4.553
Frequentemente muito quente e frio	32%	11%	5.102

Fonte: Zhang et al. (2011).

mas à janela e velocidades muito baixas nas demais áreas do pavimento, resultando em uma distribuição irregular da ventilação.

Certamente, a possibilidade de controle do fluxo de ar é um fator determinante nas condições de conforto dos usuários em ambientes de escritórios. A esse respeito, Lamberts et al. (2011) chegaram à conclusão de que os brasileiros usuários de edifícios naturalmente ventilados aceitam variações de temperatura ao longo do dia e do ano e, normalmente, preferem maior movimento de ar, caso controle seja fornecido. Além do conforto térmico, sabe-se que velocidades do ar acima de 1 m/s no nível das estações de trabalho podem gerar inconvenientes no manuseio de papéis (Koch-Nilsen, 2002). Por essa razão, a ASHRAE (2010) define 1,2 m/s como velocidade máxima do ar permitida em edifícios naturalmente ventilados.

Continuando os estudos analíticos de desempenho térmico em ambientes de trabalho para o clima de São Paulo (Cotta, 2012), um sistema de fachada foi proposto, contendo três tipos de janelas: pivotante, Maxim-ar e Maxim-ar invertida (Fig. 3.10). A distribuição das janelas no plano das fachadas priorizou a controlabilidade de uma vasta gama de velocidades de vento, além da necessidade de proteção contra chuva.

Fig. 3.10 Tipologias de janelas contempladas nas simulações de ventilação
Fonte: João Oliveira Cotta.

A média das velocidades do vento e a frequência de ocorrência para cada orientação, necessárias para as simulações de distribuição do fluxo de ar nos ambientes de trabalho, foram extraídas do banco de dados climáticos do *software* Meteonorm 6.1 (Meteotest, 2009). O estudo focou a ventilação por efeito de vento, desta forma, a maior parte das simulações foi conduzida em ambientes de escritório de planta livre (*landscape*), em que existe a possibilidade da ventilação cruzada.

O efeito de arrefecimento fisiológico do movimento de ar foi avaliado segundo a escala de sensação térmica de sete pontos, a PMV, em que: 3 = com muito calor, 2 = com calor, 1 = levemente com calor, 0 = neutro, -1 = levemente com frio, -2 = com frio, -3 = com muito frio. Conforme descrito por Nicol, Humphreys e Roaf (2012), os votos entre os três pontos centrais da escala (-1, 0 e +1) indicam conforto térmico.

Assim, combinando dados de temperatura, umidade e velocidade do vento, calcula-se o voto estimado dos ocupantes sobre as condições de conforto térmico, que pode ser representado também pelo percentual de ocupantes em desconforto, conhecido pelo índice PPD. Os cálculos foram realizados com a ferramenta Square One Comfort Calculator, recomendada pela ISO 7730 (Marsh; Raines, 1993), utilizando dados de temperatura de bulbo seco, temperatura radiante e umidade extraídos da simulação de desempenho térmico, representativos das condições internas de pico, em um dia quente de verão, a saber: temperatura do ar de 29,8 °C, temperatura radiante média de 26,9 °C, umidade relativa de 51%. Os dados de vento da estação foram extraídos das simulações apresentadas a seguir. Como influência da resistência térmica da vestimenta (clo) adotou-se 0,7 clo, com uma taxa metabólica de 1,0 met.

Em edifícios ventilados naturalmente, valores de PPD até 20% significam um bom desempenho, ou seja, que a maioria dos usuários ainda está em conforto (Nicol; Humphreys; Roaf, 2012).

Fig. 3.11 Vista interna da fachada norte, na qual pode ser visto o uso de prateleiras de luz
Fonte: João Oliveira Cotta.

Na fachada norte do escritório de planta livre, foram utilizados elementos horizontais de proteção solar, com mínima obstrução da conexão visual com a área externa. Em razão da maior exposição à radiação direta, a fachada norte recebeu um elemento a mais de proteção, projetado para o exterior, mas que, como as demais proteções, também serviu como bandeja de luz (Fig. 3.11). O sombreamento da fachada sul foi projetado com elementos verticais. No nível das estações de trabalho, foram utilizadas janelas do tipo pivotantes e Maxim-ar invertida.

As janelas do tipo pivotante oferecem um maior controle do fluxo de ar, enquanto as janelas do tipo Maxim-ar invertida proporcionam melhores vistas e uma taxa de ventilação adequada para o arrefecimento do ambiente. No nível inferior, foi proposta uma pequena abertura nas vedações opacas, com a função de dissipar as cargas térmicas no nível dos postos de trabalho, geradas principalmente por computadores. Dada a importância da ventilação, reconhecida nas simulações prévias de desempenho térmico, uma fileira de janelas do tipo Maxim-ar foi proposta acima da prateleira de luz, permitindo a ventilação constante (24 horas por dia), nos dias mais quentes do ano.

Mediante o padrão de ventos para a região de São Paulo, dois cenários distintos de velocidade foram estudados: 1,2 m/s para velocidade baixa e 7,50 m/s para velocidade alta. As Figs. 3.12 e 3.13 mostram a simulação da ventilação para o modelo do ambiente de escritórios de planta livre, orientado a norte e sul, considerando a velocidade de referência no exterior das aberturas da fachada norte. As simulações de vento foram realizadas com o *software* CFD Simulation Software, da Autodesk (2013).

No primeiro caso, as janelas do tipo pivotante podem estar totalmente abertas, proporcionando velocidades internas adequadas e resultando em valores de PPD abaixo de 20%, ou seja, dentro do aceitável como bom desempenho. Por outro lado, no caso da maior velocidade, as janelas pivotantes necessitam estar fechadas e as Maxim-ar invertidas e Maxim-ar superiores minimamente abertas, para a realização das atividades de escritório. Dada a similaridade no projeto das fachadas, resultados semelhantes foram encontrados para ventos vindos da orientação Sul. As

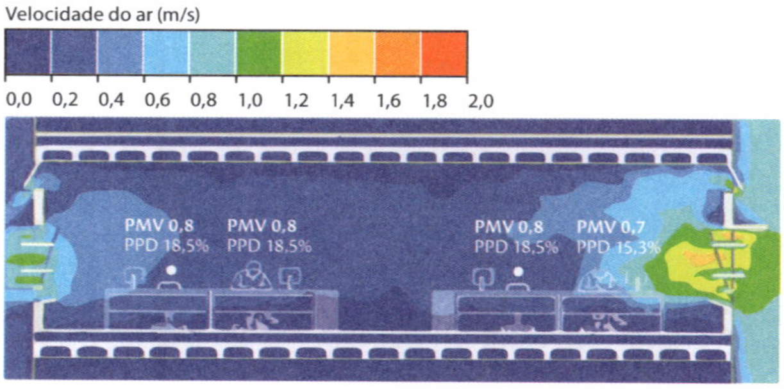

Fig. 3.12 Simulação da ventilação natural e porcentagem resultante de usuários insatisfeitos com as condições térmicas (PMV e PPD), no ambiente de escritórios de planta livre, orientado a norte e sul, para velocidade de vento baixa (1,2 m/s)
Fonte: Cotta (2012).

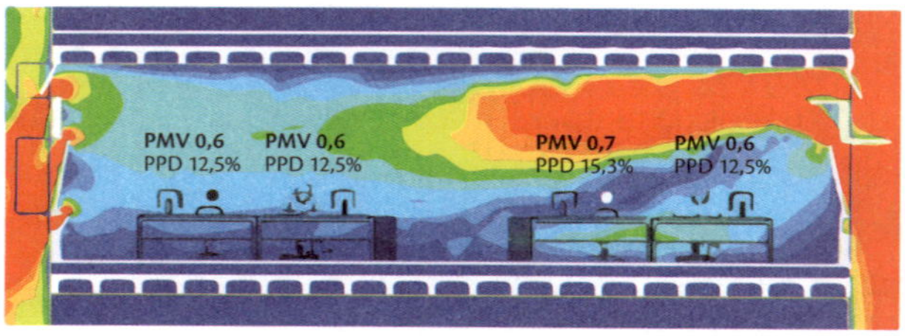

Fig. 3.13 Simulação da ventilação natural e porcentagem resultante de usuários insatisfeitos com as condições térmicas (PMV e PPD), no ambiente de escritórios de planta livre, orientado a norte e sul, para velocidade de vento alta (7,5 m/s)
Fonte: Cotta (2012).

simulações do fluxo de ar nos ambientes internos foram realizadas com o *software* CFD Simulation, da Autodesk (2013).

Na fachada leste, assim como na norte e sul, optou-se pelo uso de elementos horizontais como dispositivo de sombreamento, no entanto, de maior dimensão, a fim de bloquear a radiação direta após as 9h (Fig. 3.14). No que diz respeito às vistas para o exterior, essa solução tem um desempenho superior em relação aos elementos verticais, comuns e eficientes para as orientações leste e oeste, mas que bloqueiam a maior parte das vistas. Já na fachada oeste, o baixo ângulo de incidência solar no período das 16h30 até às 18h30 levou à adoção de elementos verticais de sombreamento, bloqueando praticamente toda a radiação solar direta incidente, mas também reduzindo a conexão visual com o exterior (Fig. 3.15).

Fig. 3.14 Vista interna da fachada leste, com o uso de elementos horizontais como estratégia de proteção solar
Fonte: João Oliveira Cotta.

O sombreamento determinou também o tipo de janela adotada, por exemplo, a do tipo pivotante foi usada em toda a fachada leste, oferecendo a maior área efetiva de abertura, necessária nos dias de baixa velocidade de vento (Fig. 3.16). Além da pivotante, a janela Maxim-ar invertida também foi adotada na fachada oeste, com maiores panos de vidro e menor área de esquadria, na tentativa de compensar a obstrução visual gerada pelo sombreamento. Nos dias de pouco vento, observa-se que os dispositivos de sombreamento, além de obstruírem as vistas, também representam um obstáculo à passagem do fluxo de ar.

Fig. 3.15 Vista interna da fachada oeste, na qual os brises verticais foram usados como estratégia de proteção solar
Fonte: João Oliveira Cotta.

As Figs. 3.16 e 3.17 mostram as simulações de ventilação natural e a porcentagem de ocupantes insatisfeitos com as condições térmicas, considerando as velocidades de referência no exterior das aberturas na fachada leste. Observa-se que, nos dois casos, a porcentagem de insatisfeitos fica abaixo do limite de 20%, e a melhor situação está próxima à fachada oeste, no cenário de maior velocidade. De forma geral, os resultados destacam a importância do controle da abertura para o sucesso das condições de conforto, mantendo a abertura máxima do vão quando a velocidade do vento estiver baixa e diminuindo sua eficiência quando a velocidade do vento estiver mais alta.

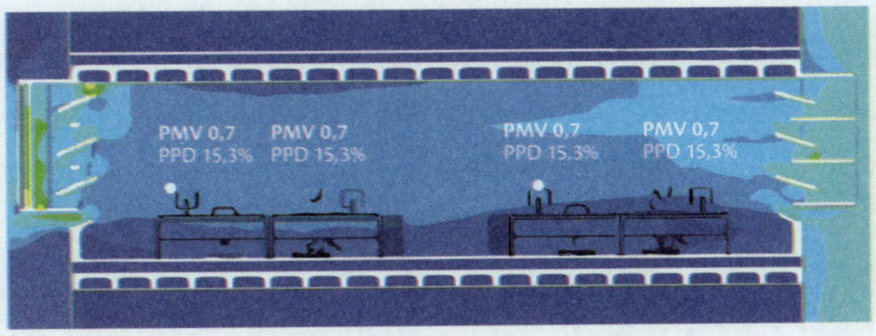

Fig. 3.16 Simulação da ventilação natural e porcentagem resultante de usuários insatisfeitos com as condições térmicas (PMV e PPD), no ambiente de escritórios de planta livre, orientado a leste e oeste, para velocidade de vento baixa (1,2 m/s)
Fonte: Cotta (2012).

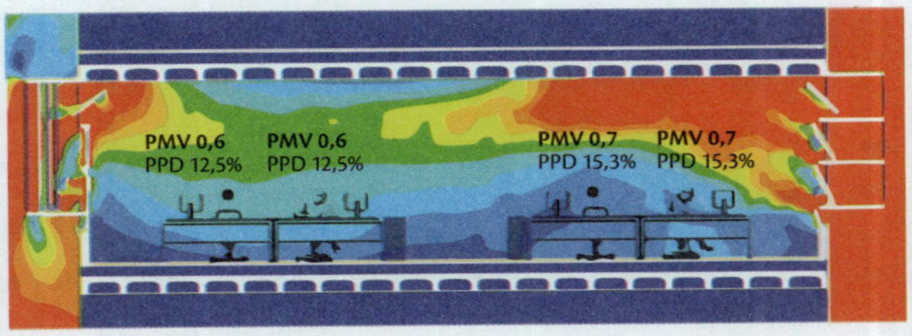

Fig. 3.17 Simulação da ventilação natural e porcentagem resultante de usuários insatisfeitos com as condições térmicas (PMV e PPD), no ambiente de escritórios de planta livre, orientado a leste e oeste, para velocidade de vento alta (7,5 m/s)
Fonte: Cotta (2012).

3.1.4 Conclusões sobre o uso de ventilação natural em escritórios de São Paulo

Ao contrário do que mostra a prática corrente, as simulações de desempenho térmico realizadas por Cotta (2012) demonstraram que edifícios de escritórios em São Paulo podem ser ocupados sem a necessidade dos sistemas de condicionamento do ar, ao longo de todo o ano, desde que haja um controle efetivo da radiação solar em todas as orientações, disponibilidade de movimento de ar e oportunidade de controle da abertura das janelas. No inverno, mesmo nos escritórios celulares com baixa densidade de ocupação, as cargas térmicas de ocupação permitem que os ambientes de trabalho não dependam de isolamento térmico ou de ganhos de calor solar para alcançar conforto.

Nos períodos mais quentes do ano, é importante ressaltar que os ganhos de calor provenientes de ocupação são um desafio maior para o alcance de condições de conforto térmico do que o clima propriamente dito, uma vez que, mesmo com inércia térmica e altas taxas de ventilação, ainda foram encontradas horas remanescentes de superaquecimento. Vale também notar que as orientações norte e sul (sem aberturas a leste e a oeste) resultam em um menor número de horas anuais de superaquecimento durante o período de ocupação, quando comparadas com as orientações leste e oeste (1,5% em comparação com 5,2%). Conforme mencionado anteriormente, essa quantidade de horas de superaquecimento não justifica a adoção de ar-condicionado, já que a disponibilidade de oportunidades de adaptação ao ambiente térmico (como um ventilador de mesa, por exemplo) é suficiente para melhorar o conforto dos usuários nas horas de mais calor.

As simulações de desempenho térmico, que consideraram janelas de vidro simples, também demonstraram que edifícios de escritórios em São Paulo não necessitam de vidro duplo para o conforto térmico de seus usuários em nenhum momento do ano. Por sua vez, as simulações de ventilação, combinadas às análises de conforto (com os índices PMV e PPD), confirmaram o que foi verificado nas simulações de desempenho térmico, demonstrando que conforto térmico pode ser alcançado mesmo com temperaturas do ar acima dos 29 °C, desde que haja disponibilidade de movimento de ar e baixas temperaturas radiantes.

Referente ao desempenho das janelas, as simulações computacionais também provaram que a janela pivotante é a que oferece o melhor controle dos ventos, proporcionando ao ocupante a oportunidade de direcionar o fluxo de ar e regular a área efetiva de abertura de acordo com suas necessidades. As janelas Maxim-ar invertidas mostraram um bom potencial para serem utilizadas em maiores panos de vidro (permitindo melhores vistas), evitando correntes de ar causadoras de desconforto por frio, e apresentaram baixa necessidade de operação do ocupante. Esse tipo de janela é mais recomendado em áreas próximas ao teto, já que não oferecem tantos artifícios para controle do vento.

Apesar de este estudo focar diversos fatores relacionados com o projeto de janelas e ventilação em ambientes de trabalho, ressalta-se que fatores não abordados específicos do contexto urbano, como qualidade externa do ar e ruído, podem ter um impacto significativo no projeto de janelas e na aplicabilidade da ventilação natural. Ademais, os tópicos de operação das janelas e as limitações do controle manual ou por meio de automação ainda podem ser explorados em maior profundidade. Esses aspectos remanescentes abrem possibilidades para novos desdobramentos de pesquisa, em que o componente janela é o pilar central para a investigação de estratégias para um melhor desempenho ambiental dos edifícios.

3.2 Ventilação natural e massa térmica: aspectos quantitativos e qualitativos do desempenho de edifícios de escritórios no Rio de Janeiro

A exploração da ventilação natural como estratégia de resfriamento passiva, aliada à massa térmica nos ambientes de trabalho, tomou como referência os estudos analíticos desenvolvidos por Vieira (2011), em que o concreto, técnica construtiva dominante no país magistralmente explorada durante todo o modernismo, foi enfocado como massa térmica.

Para tanto, foi revisitada uma série de simulações de desempenho térmico de edifícios, mostrando os principais resultados que ilustram o sucesso da contribuição da massa térmica quando se utiliza a ventilação natural. Para a análise técnica, foram adotados modelos arquitetônicos e construtivos de edifícios existentes na cidade do Rio de Janeiro, com a finalidade de demonstrar o potencial arquitetônico do *retrofit* desses edifícios. Para complementar essa análise, informados por literatura e estudos de caso, também foi testado um novo modelo arquitetônico voltado para um melhor aproveitamento da ventilação natural e da massa térmica.

Além dos benefícios da exposição das superfícies de grande inércia térmica em ambientes internos abertos e ventilados, também se discute aqui a noção de conforto térmico e a supremacia do ar-condicionado, no caso específico do Rio de Janeiro.

3.2.1 Clima e conforto

O clima da cidade do Rio de Janeiro é tropical úmido, marcado por um longo período de calor de novembro a março, com grande incidência de chuvas, seguido de períodos mais secos e temperaturas mais amenas. Excetuando as altas temperaturas, com média histórica de 27 °C no mês mais quente do verão, outras características dessa cidade que merecem destaque são a alta umidade relativa do ar (em média de 75%, atingindo picos de 90% a 95% nos períodos mais quentes do ano) e os altos índices de radiação solar o ano todo, atingindo 3,8 kWh/m^2 em planos verticais, considerando a orientação norte. O potencial dos ventos também é uma particularidade climática a ser considerada no Rio de Janeiro, sendo sul e sudeste as direções predominantes.

A princípio, a pequena flutuação de temperatura entre estações do ano, que também acontece durante um dia típico de verão, entre 5 K e 6 K, não aponta para um potencial tão significativo da inércia térmica como estratégia passiva de resfriamento. Porém, além de ocorrer uma mudança dessa condição quando se considera o cenário climático com maiores variações diárias de temperatura (Corbella; Yannas, 2003), ela se torna especialmente interessante quando aplicada à tipologia de edifício de escritórios, com seus altos ganhos de calor internos gerados pela ocupação, incluindo pessoas e equipamentos.

Nesse contexto, a massa térmica das superfícies de concreto exposta ao ambiente interno, combinada à ventilação natural (fundamental como estratégia para o conforto térmico, contra os altos níveis de umidade) e ao sombreamento, ganha eficiência no combate ao superaquecimento dos ambientes de trabalho.

Para a definição da zona de conforto, foi considerado o modelo de Auliciems e Szokolay (2007), elegendo o mês mais quente, fevereiro, e o mês mais frio, setembro. A variação dos limites de conforto do mês mais quente para o mais frio mostrou ser coerente com a proposta de Andreasi, Lamberts e Cândido (2010) com relação às diferenças de aceitação térmica em ambientes internos, de acordo com as particularidades regionais do clima, ao longo do território nacional. O cálculo da zona de conforto se apoiou nas informações do ano climático de referência da base de dados do programa computacional Meteonorm 6.1. As temperaturas de conforto calculadas ficaram entre 23,6 °C e 28,6 °C, para o auge do verão, e 22 °C e 27 °C, para o período mais fresco do ano. Plotando o clima do Rio de Janeiro e os limites da zona de conforto na carta psicrométrica identifica-se, inicialmente, a necessidade de resfriamento em 63% do ano, assim como uma zona de conforto em torno de 6% do ano, entre junho e agosto, em dias cuja média de temperatura diária é de 22 °C. Além disso, chama a atenção a possibilidade das estratégias passivas de resfriamento em aproximadamente 33% do ano (Fig. 3.18).

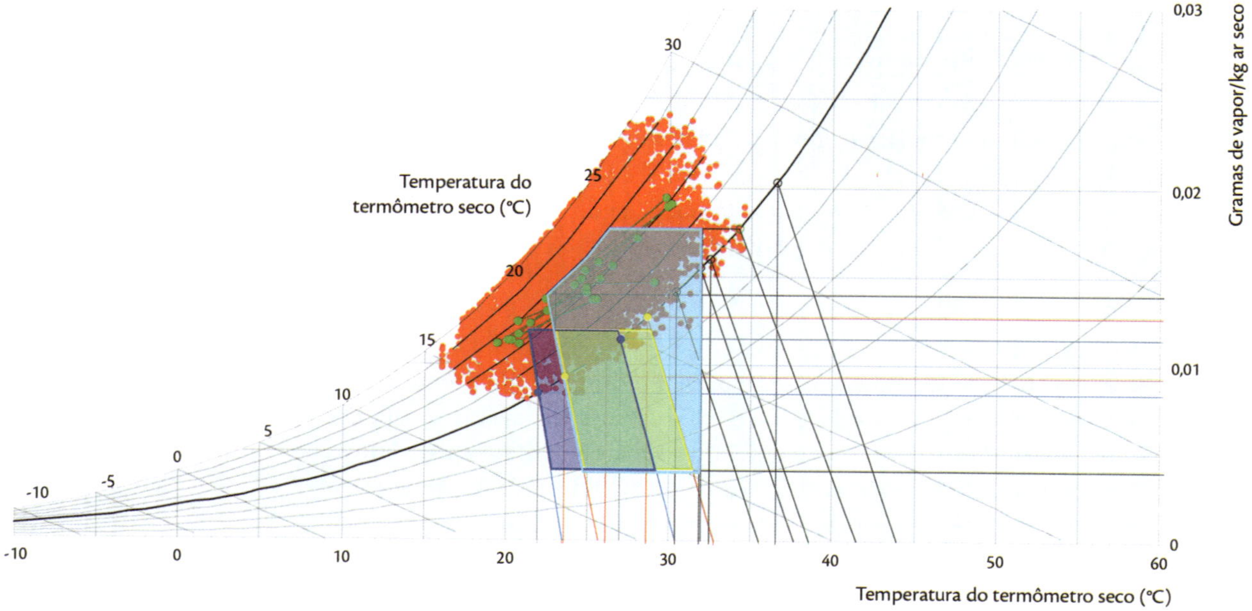

Fig. 3.18 Carta psicrométrica com os dados climáticos da cidade do Rio de Janeiro Fonte: Vieira (2011).

Além de remover a carga térmica do espaço interno, referências da teoria e da prática têm provado que a ventilação natural constitui uma das principais estratégias passivas para o conforto térmico em climas quentes e úmidos. Autores como Givoni (1994) apontam que mesmo em climas com médias de umidade de 90% a combinação de estratégias passivas de conforto ainda pode obter sucesso significativo. Como já mencionado anteriormente, até as normas mais convencionais de conforto térmico já reconheceram os benefícios da ventilação natural no ambiente de trabalho de escritórios, tais como a ISO 7730 e ASHRAE Standard 55-92 (Yannas, 2007).

No entanto, as justificativas constantes para o uso do ar-condicionado são fáceis e quase sempre invariáveis na retórica de engenheiros e demais agentes envolvidos na produção e ocupação do edifício: os altos ganhos de calor interno (seja ele por pessoas ou equipamentos), as altas temperaturas ao longo do ano, além de problemas ligados à qualidade do ar e ao barulho dos grandes centros urbanos, como discutido por Benedetto, (2007) e Marcondes (2010), entre outras pesquisas. Soma-se a isso a ideia de segurança mercadológica inerente ao produto ar-condicionado: o fascínio da manutenção estática de uma temperatura por um sistema mecânico, independente de toda e qualquer variação climática do ambiente externo (Chappells; Shove, 2004).

Como ponto de questionamento dessa ideia, tem-se a ausência da justificativa técnica ou fisiológica para o tratamento e manutenção de condições ambientais constantes durante todo o ano. Pelo contrário, como colocado por Yannas (2007), a teoria e a prática vêm demonstrar a satisfação dos usuários em responder às variações diárias e sazonais das condições climáticas, além de nos lembrar da melhoria da qualidade do ar interno de edifícios não condicionados.

Marcondes (2010) ressalta que, em muitos casos, sistemas de ar-condicionado centrais não são populares entre os seus usuários, que acabam por deixar sua estação de trabalho em busca de um ambiente aberto, além de reclamar da regulagem e do controle do sistema, que geralmente é operado em temperaturas baixas para a maioria deles. Isso sem falar do choque térmico gerado que sofrem os usuários ao entrar e sair dos ambientes condicionados artificialmente.

Em se tratando do cenário dos ambientes de escritório de uma forma global, outra grande restrição ao conforto é o vestuário dos usuários, caracterizado por uma cultura bastante inflexível de substancial isolamento térmico e impedimento das perdas de calor por efeito da convecção, conforme identificado por Andreasi, Lamberts e Cândido (2010).

Contraditoriamente, os costumes e o estilo de vida dos cariocas indicam justamente o oposto: um potencial latente para estratégias passivas de conforto, trazendo à tona a discussão de modelo adaptativo de conforto. Uma vida "de rua" e de uso do espaço externo extremamente dinâmica e intensa, em que sombra e brisa são combinadas de maneira simples, produzindo ambientes atraentes do ponto de vista da interação social e do microclima urbano. É o que acontece em bares, restaurantes e calçadas de suas principais ruas. O ambiente mais apoteótico dessa relação é a praia, onde a presença e a interação com a água, aliada à liberdade de vestuário, são graficamente mais claras.

3.2.2 Estudos analíticos: o modelo atual, lições do passado e considerações para o futuro

Como também já mencionado anteriormente, vale destacar que, de forma geral, o modelo arquitetônico para edifício corporativo praticado hoje na cidade do Rio de Janeiro, assim como em toda região Centro-Sul do país, é muito influenciado pela experiência norte-americana, baseada integralmente no condicionamento artificial o ano todo. Materialmente, na maioria dos casos, trata-se de edifícios com estrutura de concreto isolada por acabamentos leves, ou seja, de baixa inércia térmica, que cobrem também a maioria dos sistemas e instalações do edifício, em um envelope hermeticamente selado, muitas vezes quase envidraçado de modo completo.

No que diz respeito à construção, este é um modelo coerente, composto de uma sequência lógica de diferentes tipos de serviços que forma a obra do edifício de escritórios. É um modelo tão cartesiano que acaba refletindo a profunda segregação das várias fases e etapas do processo de projeto, mas não é a técnica do projeto de ar-condicionado que determina o resultado arquitetônico da obra. Ela é, de fato, uma apropriação arbitrária dos arranha-céus envidraçados dos países de clima temperado, que resulta quase invariavelmente numa arquitetura pobre em qualidade formal, espacial, ambiental e urbana.

Os ambientes de trabalho possuem, na maioria das vezes, qualidade duvidosa, decorrente da visão de que o clima externo, bem como outras variantes do projeto, como estrutura, consumo de energia e conforto, são vistos quase como problemas, de origem alheia à obra arquitetônica. É dessa lógica que os sistemas prediais surgem como solução para esses problemas agregados: o ar-condicionado (que é esteticamente discutível como equipamento) é escondido pelo forro, enquanto os vidros de fachada se tornam espelhados, na tentativa de minimizar a transmissão de calor para o interior do prédio, já com alta carga térmica interna acumulada.

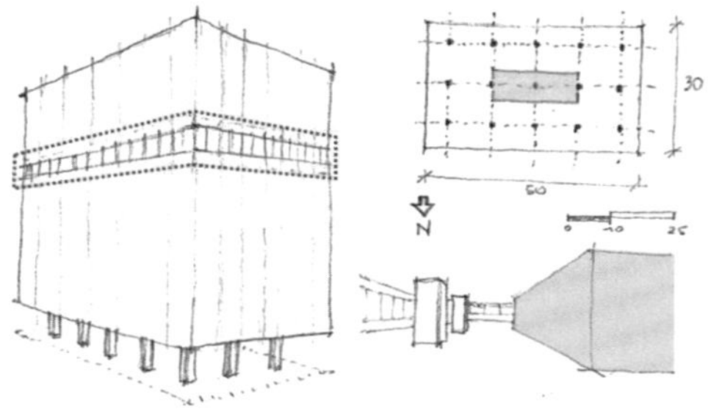

Fig. 3.19 Modelo desenvolvido para o caso A: volumetria, planta e parcial interna do pavimento tipo
Fonte: Vieira (2011).

Objetivando testar a eficiência energética desses edifícios, em Vieira (2011), o primeiro trabalho analítico foi uma série de simulações de termodinâmica, realizadas com o *software* de avaliação de desempenho térmico, EDSL Tas Version 9.2.1.3, partindo de um edifício hipotético, representativo do modelo convencional do edifício com condicionamento artificial (caso A - Passo 1). As Figs. 3.19 e 3.20 mostram os dados do modelo considerados nas simulações.

A partir desse envelope envidraçado, selado e de estrutura de concreto completamente isolada, uma série de modificações foram feitas, seguindo esta ordem: sombreamento efetivo e diminuição da área envidraçada (Passos 2 e 3) e a exposi-

Fig. 3.20 Dados de entrada e características de projeto dos diferentes passos das simulações realizadas para o caso A
Fonte: Vieira (2011).

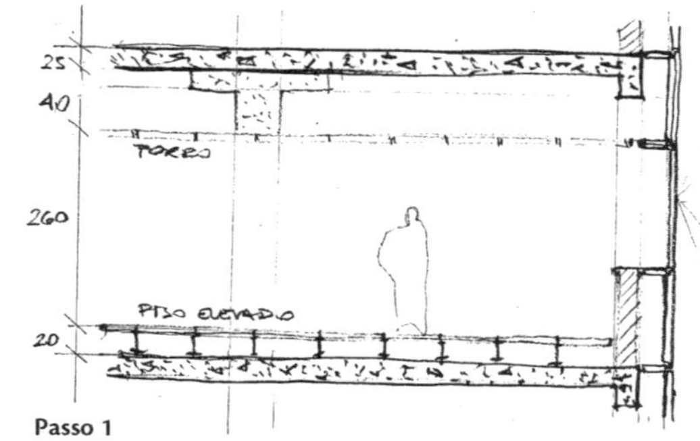

Passo 1
Piso: piso elevado sobre laje de concreto
Parede: bloco de concreto acabado e pintado
Teto: forro mineral e entreforro
Fachada: peitoril em bloco de concreto e pele de vidro contínua, sendo a janela em vidro duplo

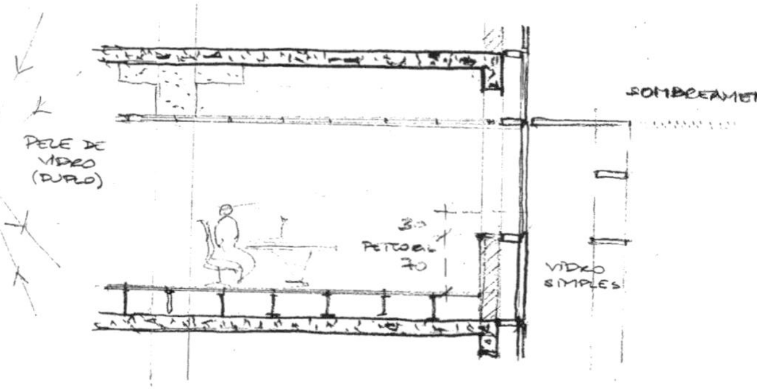

Passos 2 e 3
2. Sombreamento em material leve (U = 1,18 W;m2K) e vidro simples
3. Diminuição de 10% na proporção janela/piso

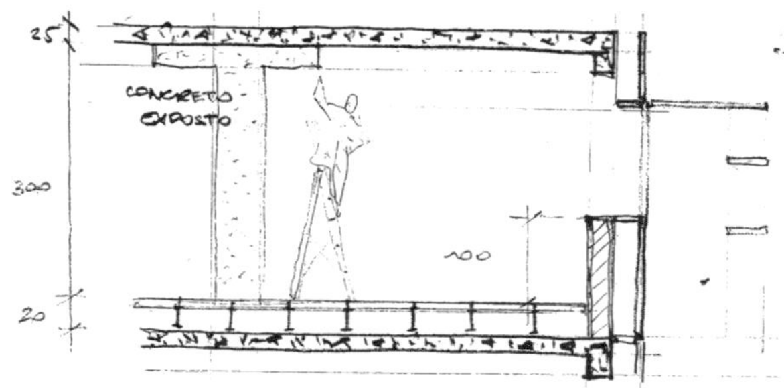

Passo 4
Parede e teto: elementos em concreto aparentes

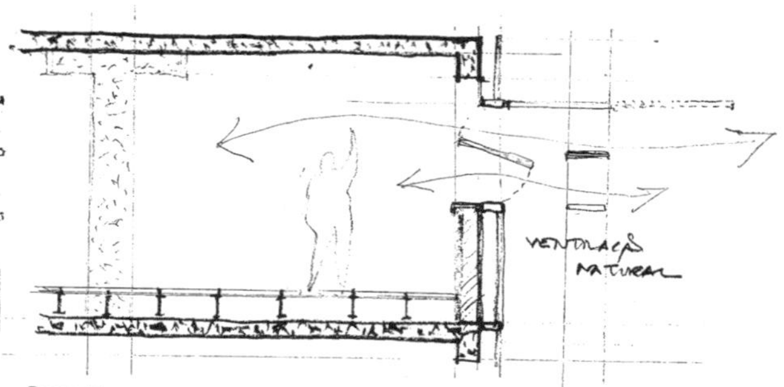

Passo 5
Ventilação natural simulada através da abertura de 30% das janelas e aumento de infiltração

ção das superfícies de concreto (Passo 4). O passo final foi a simulação da abertura de janelas e aplicação de ventilação natural às áreas de escritórios (Passo 5).

Os resultados identificados confirmaram o esperado. A demanda energética para o ar-condicionado (carga térmica de resfriamento) foi caindo progressivamente, conforme as melhorias propostas para o envelope da edificação foram sendo aplicadas (Fig. 3.21).

Quando protegido da radiação e aberto à ventilação natural, foi identificado um potencial razoável de independência do sistema de condicionamento do ar desse padrão de edifício, nas condições climáticas específicas do Rio de Janeiro. Como resultado, a temperatura do ar nas áreas de escritórios se mantém dentro da zona de conforto durante 1650 horas, ou 48% do tempo de ocupação ao longo de um ano. No geral, os resultados da simulação do primeiro passo da proposta são semelhantes aos encontrados em precedentes de pesquisa, como em Benedetto (2007), assim como ao consumo real de energia de edifícios existentes (Torre Sul, 2010).

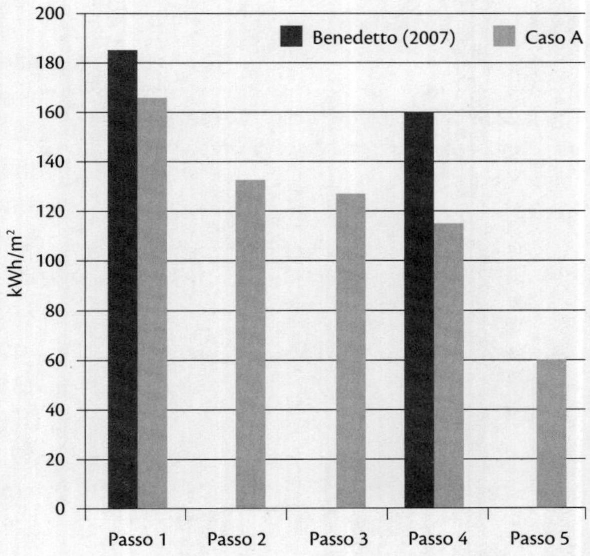

Fig. 3.21 Gráfico comparativo entre as cargas térmicas resultantes para os cenários simulados para caso A (em kWh/m^2) Fonte: Vieira (2011).

A análise crítica feita por Corbella e Yannas (2003) sobre o desempenho térmico de edifícios que são ícones da arquitetura moderna carioca dos anos de 1930 até 1960, como a sede da Associação Brasileira de Imprensa (ABI), o antigo Ministério da Educação (MEC) e a sede da Petrobras, comprovam o potencial real para o aproveitamento de estratégias passivas de resfriamento, tirando partido da inércia térmica do concreto, associada ao sombreamento e à ventilação natural.

Para os arquitetos, o mais interessante e curioso é perceber que vem justamente dessas estratégias a própria expressão arquitetônica das duas primeiras obras citadas, edifícios concebidos e construídos num tempo em que o ar-condicionado ainda não era facilmente disponível. O edifício sede da Associação Brasileira de Imprensa (ABI), projetado pelos irmãos M.M.M. Roberto, é um exemplo disso, e é pioneiro no conceito de sombreamento quase integral das fachadas por meio de *brise-soleils* fixos e varandas. Outro exemplo é o antigo MEC, da lendária equipe do concurso liderada por Lúcio Costa, em que as preocupações com ventilação e sombreamento se materializaram nos *brise-soleils* móveis da fachada norte e no próprio partido arquitetônico volumétrico do edifício principal: uma lâmina possibilitando a ventilação cruzada.

Apesar de as estratégias não funcionarem perfeitamente bem em ambos os casos, é importante destacar que essas obras não se amparavam na falsa comodidade da solução do ar-condicionado. Já na década de 1960, sinalizando para um regime misto (ventilação natural e ar-condicionado sazonais), o edifício da Petrobras toma partido do sombreamento eficiente e das grandes massas de concreto protegidas, respondendo termicamente bem à ocupação.

Dessa forma, buscando como premissas tomar vantagem da inércia térmica do concreto, conciliada com o sombreamento efetivo e oportunidades adaptativas – como ventilação natural e flexibilidade de ambientes, dando sequência à primeira etapa de análise do modelo do edifício hipotético, característico da cultura do

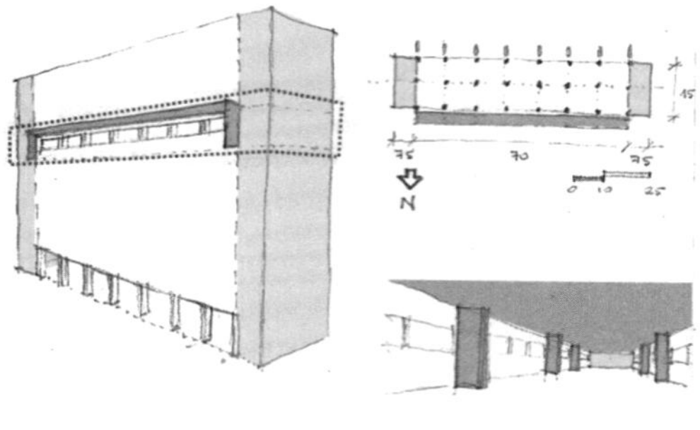

Fig. 3.22 Modelo desenvolvido para o caso B: volumetria, planta e parcial interna do pavimento tipo
Fonte: Vieira (2011).

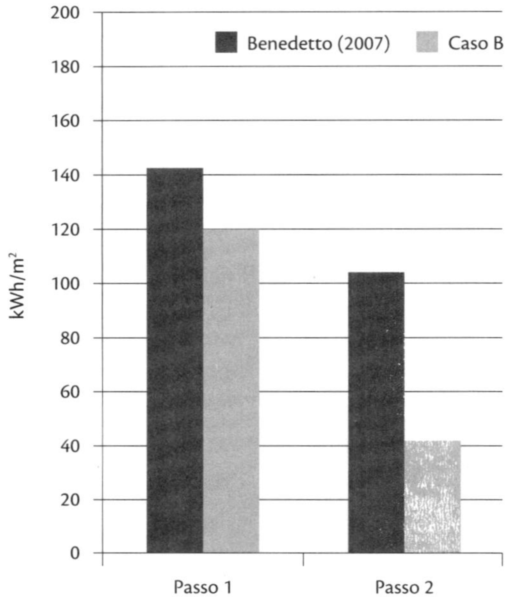

Fig. 3.23 Gráfico comparativo entre as cargas térmicas resultantes nos cenários simulados para o caso B (em kWh/m^2)
Fonte: Vieira (2011).

condicionamento artificial –, Vieira (2011) contemplou uma segunda etapa de trabalho analítico, cujo modelo proposto resgatou a forma linear de edifício, comum no período modernista (Fig. 3.22). Informado pelos achados das simulações preliminares, sombreamento efetivo foi provido para as duas fachadas principais do edifício, o que também permitiu tomar partido da ventilação cruzada em seu maior potencial.

A meta dessa segunda etapa foi criar um modelo diferenciado do convencional atual em forma e materialidade, sendo mais robusto termicamente, ao mesmo tempo mais aberto ao exterior, respondendo ao clima e à cultura do local. O desempenho térmico do novo modelo (caso B) foi verificado para dois contextos climáticos: um das médias históricas e outro de mudanças climáticas, com previsão de um aumento de aproximadamente 10 °C das temperaturas médias (Meteotest, 2009).

Os resultados apontam para uma diferença brutal quanto aos valores carga térmica de resfriamento entre os dois cenários: 42 kWh/m^2, no primeiro caso, contra 120 kWh/m^2, no segundo (Fig. 3.23). A possibilidade e os benefícios da ventilação natural na redução da carga térmica de resfriamento são bastante expressivos: 1951 horas na zona de conforto, aproximadamente 57% do tempo anual de ocupação, quase 10% a mais do tempo no primeiro caso, do modelo convencional, mas sombreado, em consequência da diferença na forma e na possibilidade da ventilação cruzada. Vale observar que a redução da carga térmica refere-se tanto à diminuição das horas de dependência do ar-condicionado como à redução da carga térmica a ser retirada nas horas de necessidade do resfriamento ativo.

Mesmo no pior cenário de aquecimento do clima do Rio de Janeiro, por consequência das mudanças climáticas previstas para 2050, idenfica-se um potencial para a ventilação perto de 15% do tempo de ocupação. Logicamente, esse exercício não é estático. Apesar da pesquisa não ter avançado nesse sentido, sabe-se que, de acordo com as informações das análises precedentes, que o modelo arquitetônico para o cenário futuro poderá contar com significativos incrementos, como maior massa exposta, menos aberturas e sombreamento mais pesado. Isso sem falar de uma necessária revisão da zona de conforto. No entanto, e principalmente, esse exercício alerta para o futuro bastante crítico no que diz respeito à eficiência energética e desempenho dos edifícios integral e artificialmente condicionados.

3.2.3 Considerações finais sobre a ventilação natural de edifícios de escritórios no Rio de Janeiro

Diante do que foi exposto, pode ser constatado que a ventilação natural de edifícios de escritórios, estratégia praticamente abandonada na produção arquitetônica brasileira corrente, é fundamental para a ativação da massa térmica, que pode ser representada pelas estruturas e superfícies de concreto, como absorvedouro das cargas térmicas internas. O uso de massa térmica é ainda mais fácil e vantajoso, não só ambientalmente, mas também para a economia da construção, uma vez que a técnica do concreto armado é extremamente comum e abundante no estoque construído da cidade, além de ser a principal tecnologia para a construção de novas obras. Paralelamente, do lado cultural, a ventilação natural dialoga diretamente com os hábitos de vida do carioca.

Com relação ao concreto especificamente, considerando os custos, serviços, energia e o impacto ambiental nele envolvidos, é fundamental ao menos tirar partido de suas propriedades térmicas nos edifícios de escritórios, novos e antigos. Já no que diz respeito ao potencial da ventilação natural, o panorama de um edifício misto de condicionamento ambiental abre novas possibilidades de projeto, em que plantas e *layouts* devem ser cuidadosamente estudados, assim como o projeto de fachada bem mais apurado, conciliando proteção solar efetiva e desenho de esquadrias que se abram para o exterior. Além de resultar em menos gastos operacionais de energia, como mencionado anteriormente, a combinação da ventilação natural e massa térmica representa também significativa melhoria na qualidade do ambiente de trabalho. A inserção de estratégias passivas de conforto incentiva o usuário, cuja percepção se diferencia, que passa imediatamente a interagir com o edifício em busca de conforto e satisfação.

É esta a missão do projeto de melhor desempenho ambiental: realizar edificações robustas, de projeto simples, mas eficaz, verdadeiramente baseado em noções técnicas e qualitativas. Fica, então, para os arquitetos o desafio para os próximos projetos!

Referências bibliográficas

ANDREASI, W. A.; LAMBERTS, R.; CÂNDIDO, C. Thermal acceptability assessment in buildings located in hot and humid regions in Brazil. *Building and environment*, v. 45, p. 1225-1232, 2010.

ASHRAE - AMERICAN SOCIETY OF HEATING, REFRIGERATING AND AIR-CONDITIONING ENGINEERS. *ANSI/ASHRAE Standard 55R*. Thermal environmental conditions for human occupancy. Atlanta, 2010.

AULICIEMS, A.; SZOKOLAY. S. V. Thermal Comfort. In: PASSIVE AND LOW ENERGY ARCHITECTURE (PLEA), 2007. *Notes*: note 3. Brisbane: The University of Queensland, 2007. 66 p.

BAKER, N. V. *A handbook of sustainable refurbishment*: non-domestic buildings. London: Earthscan, 2009.

BENEDETTO, G. S. de. *Avaliação da aplicação do modo misto na redução da carga térmica em edifícios de escritórios nas cidades de São Paulo e Rio de Janeiro.* 2007. Dissertação (Mestrado) - Faculdade de Arquitetura e Urbanismo da Universidade de São Paulo, São Paulo, 2007.

BRAGER, G.; PALIAGA, G.; DEAR, R. de. *Operable windows, personal control, and occupant comfort.* Center for Environmental Design Research, UC Berkeley, 2004.

CEN - COMITÉ EUROPÉEN DE NORMALISATION. *EN 15251*: Indoor environmental input parameters for design and assessment of energy performance of buildings addressing indoor air quality, thermal environment, lighting and acoustic. Brussels: CEN, 2007.

CHAPPELLS, H.; SHOVE, E. *Comfort*: a review of philosophies and paradigms. Future Comforts Project, UK ESRC programme. 2004. Disponível em: <http://www.lancaster.ac.uk/fass/projects/futcom/fc_litfinal1.pdf>.

CIBSE - CHARTERED INSTITUTION OF BUILDING SERVICES ENGINEERS. Daylighting and window design. *Lighting guide LG10*. London, 1999.

CIBSE - CHARTERED INSTITUTION OF BUILDING SERVICES ENGINEERS. Natural ventilation in non-domestic buildings. *Applications manual AM10*. London, 2005.

CIBSE - CHARTERED INSTITUTION OF BUILDING SERVICES ENGINEERS. Environmental design. *Guide A*. 7th ed. London, 2006.

CORBELLA, O.; YANNAS, S. *Em busca de uma arquitetura sustentável para os trópicos*: conforto ambiental. Rio de Janeiro: Revan, 2003.

COTTA, J. P. O. *The impact of window design in the environmental performance of work environments in São Paulo*. 2012. Dissertation (M.Sc.) - SED, Environmental and Energy Programme, AA School, London, 2012.

GIVONI, B. *Passive and low energy cooling of buildings*. New York: Van Nostrand Reinhold, 1994.

IEA - INTERNATIONAL ENERGY AGENCY. *World energy outlook 2009*. 2009. Disponível em: <http://www.worldenergyoutlook.org/publications/weo-2009/>. Acesso em: 2010.

KOCH-NIELSEN, H. *Stay cool*: a design guide for the built environment in hot climates. New York: James & James, 2002.

KEIGHLEY, E. C. Visual requirements and reduced fenestration in offices: a study of window shape. *Building Science*, v. 8, p. 311-320, 1973.

LAMBERTS, R.; CANDIDO, C.; DEAR, R. de; BITTENCOURT, L.; VECCHI, R. de. Towards a Brazilian standard for naturally ventilated buildings: guidelines for thermal and air movement acceptability. *Building Research & Information*, v. 39, n. 2, p. 145-153, 2011. Special Issue: Adaptive Comfort.

LAUSTSEN, J. Energy efficiency requirements in building codes: energy efficiency policies for new buildings. *IEA Information Paper*. Paris: OECD; IEA, 2008.

LEVINE, M. et al. Residential and commercial buildings. In: IPCC - INTERNATIONAL PANEL ON CLIMATE CHANGE. *Climate change 2007*: mitigation of climate change. Contribution of Working Group III to the Fourth Assessment Report of the Intergovernmental Panel on Climate Change. Cambridge: Cambridge University Press, 2007.

MARCONDES, M. P. *Soluções projetuais de fachadas para edifícios de escritórios com ventilação natural em são Paulo*. 2010. Tese (Doutorado) - Faculdade de Arquitetura e Urbanismo da Universidade de São Paulo, São Paulo, 2010.

NE'EMAN, E.; HOPKINSON, R. G. Critical minimum acceptable window size: a study of window design and provision of a view. *Lighting Research and Technology*, v. 2, n. 1, p. 17-27, 1970.

NICOL, F.; HUMPHREYS, M.; ROAF, S. *Adaptive thermal comfort*: principles and practice. London: Routledge, 2012.

OSTERHAUS, W. K. Discomfort glare from daylight in computer offices: what do we really know? In: EUROPEAN LIGHTING CONFERENCE (LUX EUROPA), 9., 2001, Reykjavik. *Proceedings*... Reykjavik, 2001.

PROCEL - PROGRAMA NACIONAL DE CONSERVAÇÃO DE ENERGIA ELÉTRICA. *Pesquisa de mercado 2007*. Ministério de Minas e Energia; Eletrobras, 2007.

TORRE SUL. Relatório de manutenção interno da equipe de *facilities* do edifício. [S.l.: s.n.t.], 2010.

VIEIRA, J. L. *Concrete in Architecture: Thermal Inertia as a Passive Cooling Strategy in Working Environments in Rio de Janeiro.* Dissertation (M.Sc.) - SED, AA Schoolff, London, 2011.

WBCSD - WORLD BUSINESS COUNCIL FOR SUSTAINABLE DEVELOPMENT. Energy efficiency in buildings: business realities and opportunities. *EEB Facts and Trends Summary report*. Oct. 2007.

WELLS, B. W. P. Subjective responses to the lighting installations in a modern office building and their design implications. *Building Science*, v. 1, p. 57-68, 1965.

YANNAS, S. Challenging the Supremacy of Air Conditioning. *2A Architecture & Art*, n. 7. 2007.

ZHANG, H.; ARENS, E.; FARD, S.A. et al. Air movement preferences observed in office buildings. In: CBE THERMAL COMFORT WORKSHOP *Workings of the CBE Thermal Comfort Workshop*. Windsor, 2011.

Programas de simulação computacional

AUTODESK. CFD Simulation Software. 2013. Disponível em: <http://www.autodesk.com/>

EDSL - Environmental Design Solutions Limited. Tas Version 9.2.1.3. United Kingdom. Milton Keynes. 2012. Disponível em: <http://www.edsl.net/>

MARSH, A.; RAINES, C. Square One Comfort Calculator. ISO 7730. ISO. 1993. Disponível em: <http://www.healthyheating.com/solutions.htm>

METEOTEST. Meteonorm 6.1. Bern, Switzerland. 2009. Disponível em: <http://meteonorm.com/>

A tecnologia dos sistemas prediais

4

Klaus Bode (seção 4.1)

Alberto Hernandez Neto (seção 4.2)

4.1 Considerações preliminares: princípios para uma abordagem ambiental

O ponto-chave para o alcance da eficiência energética e da redução do consumo de energia no controle das condições ambientais em edifícios é compreender que as soluções de arquitetura e de engenharia dos sistemas estão juntas na concepção de um projeto que possa ser chamado de integrado. Em edifícios inseridos no seu contexto climático, o propósito dos sistemas de climatização é a redução do consumo de energia associada ao condicionamento de ar e à iluminação de espaços internos, dentro dos limites do conforto ambiental.

É sabido que esse processo tem início com a minimização da dependência de sistemas de iluminação e condicionamento ambiental, com a exploração do potencial arquitetônico. Em seguida, vem o projeto e a especificação de sistemas da engenharia mecânica e elétrica, com a finalidade de suprir a demanda energética restante, contemplando a viabilidade de recursos tecnológicos baseados em energia renovável e/ou de baixa emissão de carbono, conforme o diagrama da Fig. 4.1.

A contemplação de aspectos contextuais, como o clima, as possibilidades tecnológicas e as condições socioeconômicas da cultura local, facilita a criação de soluções específicas para cada situação de projeto, com foco na minimização da demanda energética. Simultaneamente, minimizar a dependência dos meios artificiais de condicionamento ambiental exige uma análise criteriosa do desempenho da arquitetura durante as fases de projeto. O desempenho energético teórico do projeto é, então, aprimorado na situação real, pelo monitoramento das condições internas durante o uso e a operação do edifício.

No que tange aos sistemas, a eficiência energética não está relacionada exclusivamente a sua tecnologia, mas também aos modos de operação e aos padrões de conforto ambiental, que definem as condições ambientais a serem alcançadas. Neste contexto, os critérios convencionais, incluindo a temperatura, a umidade e o movimento do ar e outras variáveis, devem ser questionados, quando definem zonas restritas de conforto ambiental. Como extensamente discutido em outros trabalhos, a conquista do melhor desempenho ambiental de edifícios está associada à noção de inserção climática e adaptação dos ocupantes.

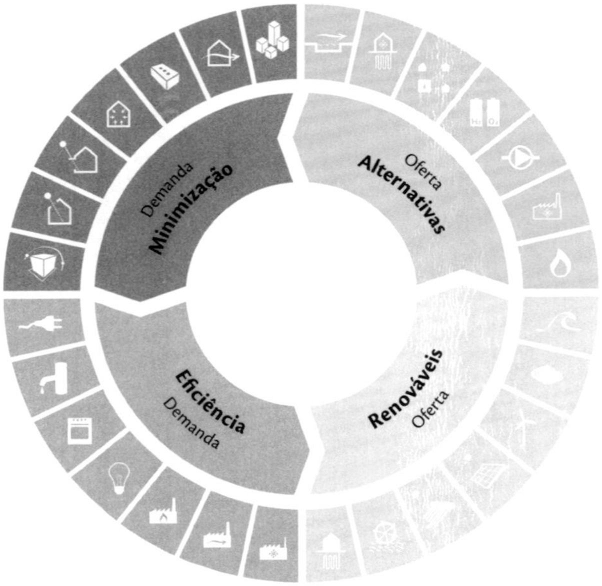

Fig. 4.1 Diagrama de estratégias para o aprimoramento do desempenho ambiental dos edifícios, da minimização de demanda à inserção de tecnologia de energias renováveis
Fonte: BDSP Partnership.

Como também já visto, a consideração da cultura local para maximizar o potencial da oportunidade adaptativa beneficia significativamente a aplicação de medidas passivas de projeto, como no caso de temperaturas internas mais elevadas em edifícios situados em climas mais quentes, do que naqueles situados em regiões de climas mais frios ou temperados.

Nesse sentido, em vez da adoção de critérios absolutos de conforto, economias notáveis podem ser alcançadas somente com a reavaliação dos parâmetros ambientais, não apenas associados ao modo de condicionamento natural, mas também ao uso e operação dos sistemas de condicionamento de ar e iluminação. Dessa forma, permite-se que as condições ambientais internas acompanhem e aproveitem as variações do clima externo.

Uma abordagem energeticamente eficiente dos sistemas de aquecimento, ventilação e resfriamento do ar divide o projeto do sistema em duas partes: os terminais locais que condicionam o ambiente e as fontes de energia do sistema que geram o aquecimento, resfriamento e ventilação (como *chillers*, *boilers* etc.). Soluções mais integradas da arquitetura e da engenharia de sistemas prediais têm sido possibilitadas pelos avanços tecnológicos, que além de aumentarem a eficiência energética dos sistemas de climatização também tornaram as suas partes mais compactas, ocupando menos espaço no edifício. Um exemplo disso é o projeto do Velódromo construído para as Olimpíadas de 2012, em Londres.

Diferentemente dos projetos convencionais, em que o sistema de condicionamento de ar reúne as funções de resfriamento ativo e ventilação mecânica (e mesmo de aquecimento), em edifícios ícones da prática europeia, cuja arquitetura favorece a redução da carga de resfriamento e a diminuição da dependência dos sistemas de climatização, a separação das funções do sistema de condicionamento ambiental é uma estratégia de projeto adotada a fim de aumentar sua eficiência operacional, uma vez que as diferentes funções são controladas independentemente.

Na questão específica do aquecimento, a demanda que não é atendida por meios passivos pode ser categorizada como calor de *baixo* ou *alto* valor, dependendo da exigência térmica do espaço a ser aquecido. Sistemas de aquecimento sob o piso são combinados com ventilação mecânica, operando a baixas temperaturas, quando comparados a radiadores ou convectores convencionais, e podem ser mais eficientes no aquecimento do espaço, enquanto proporcionam conforto térmico e não ocupam área potencialmente rentável.

Outra vantagem dessa tecnologia é a possibilidade de acoplação a sistemas térmicos solares, ou seja, tecnologias de energia renovável. Porém, é fundamental considerar que os sistemas de aquecimento sob o piso têm uma capacidade limitada e exige, portanto, um projeto arquitetônico com um bom desempenho térmico, ou seja, que, nesse caso, maximize os ganhos e minimize as perdas de calor.

Sistemas radiantes atingem o mais alto padrão de conforto, sendo geralmente integrados no acabamento do forro, com impacto visual mínimo, fornecendo resfriamento de maneira mais eficiente do que os sistemas convencionais de condicionamento de ar, em que ar frio é insuflado no ambiente, combinando as funções de renovação e resfriamento do ar interno. Os forros gelados retiram o calor do ambiente por um processo de trocas térmicas com superfícies radiantes, sendo assim, o ar levado até o interior do ambiente, ou pela ventilação natural ou por um sistema mecânico, não precisa estar nas temperaturas baixas típicas do primeiro caso, pois parte do calor interno já está sendo removido pelas superfícies radiantes. O conforto térmico dos ocupantes pode, então, ser alcançado com temperaturas do ar mais altas do que as comumente usadas nos sistemas convencionais de condicionamento ambiental, sem comprometer o nível de conforto percebido pelo ocupante.

Assim como sistemas de aquecimento sob o piso, os forros e vigas gelados também têm capacidade de resfriamento limitada e, por isso, precisam de um projeto arquitetônico eficiente termicamente, com especial atenção para as fachadas, que, nesse caso, impeçam os ganhos excessivos de carga térmica externa (proveniente da radiação solar e/ou altas temperaturas do ar externo). Valores altos de umidade também podem comprometer o sucesso do sistema com riscos de condensação nas placas radiantes. Complementando, como essa opção tecnológica só lida com o resfriamento, sem incluir a renovação do ar, a ventilação mecânica ou natural ainda se faz necessária.

Do ponto de vista da eficiência energética, a grande vantagem do resfriamento baseado na tecnologia dos forros e vigas radiantes é essencialmente a temperatura de operação da água gelada, geralmente entre 15 °C e 17 °C, maior do que no caso dos sistemas convencionais, que insuflam ar frio. Trabalhando a essas temperaturas, o sistema pode utilizar água de subsolo ou água do mar, dependendo do contexto do projeto, eliminando a necessidade de *chillers* para a produção de água fria.

Tendo a ventilação natural como principal parâmetro de qualidade e conforto ambiental em edifícios das mais variadas funções, em diferentes climas, é possível combiná-la aos sistemas de ventilação mecânica e de resfriamento ativo (com ou sem controle de umidade). Esse modo de climatização é conhecido como *modo misto*. O edifício sede do Commerzbank, em Frankfurt am Main, construída em 1998, é um dos primeiros ícones da arquitetura de melhor desempenho ambiental a aplicar essa estratégia. Outro exemplo mais recente de aplicação da estratégia mista de climatização é o edifício de escritórios One Airport Square, em Acra, Gana, em que a capacidade térmica do concreto exposto atua na captação do calor gerado internamente, tornando possível o alcance de condições de conforto com o recurso da ventilação natural.

A estratégia de condicionamento misto, que alterna a ventilação mecânica e o resfriamento ativo com a ventilação natural, também conhecida como sistema híbrido, é uma solução atraente quando o clima local apresenta situações favoráveis para o conforto térmico e, consequentemente, para a ventilação natural em partes do ano, reduzindo os custos de operação do sistema de resfriamento.

Ao considerar as fontes de energia, a localização da área técnica de fornecimento pode ser local ou central. No caso de um conjunto de edifícios, uma unidade central de abastecimento de energia elétrica, calor e/ou água gelada pode ser mais eficiente, servindo a todos por meio de um circuito urbano. No caso da energia, um dos maiores benefícios do então chamado Sistema Urbano de Energia é o proveito da diversidade na ocorrência e intensidade das demandas entre edifícios de diferentes funções, como comercial e residencial. Os sistemas urbanos também reduzem os custos de operação e manutenção dos sistemas prediais.

Outras alternativas são as soluções híbridas, que oferecem uma combinação de sistemas locais com um sistema centralizado, sendo essa modalidade amplamente utilizada em cidades de climas mais frios, em que o sistema urbano de aquecimento fornece calor aos edifícios na forma de vapor gerado nas grandes usinas térmicas.

Considerando a vida útil dos sistemas prediais de 15 a 25 anos, conclui-se que esses devem ser substituídos duas, senão três vezes, antes da necessidade de alteração de componentes construtivos do edifício, incluindo os de fachada, o que reforça a importância do investimento no projeto arquitetônico para o desempenho ambiental do edifício.

Concluindo esta seção, volta-se ao ponto central para a eficiência dos sistemas de climatização: a influência do ocupante. Como dito anteriormente, o desempenho real dos sistemas vai se diferenciar das previsões de projeto, de acordo com as condições de operação e expectativas dos ocupantes, que podem se diferenciar das premissas de projeto. A sede do Commerzbank é um exemplo de êxito de desempenho ambiental, com a simplificação dos sistemas de controle das condições ambientais internas, após anos de uso e operação, que inclui a participação do usuário na busca pelas condições de conforto.

4.2 Fundamentos para a eficiência energética da climatização

4.2.1 Sistemas de climatização: papel atual

Perez-Lombard, Ortiz e Pout (2008) mostram o espectro do uso de energia em edificações comerciais e públicas de países desenvolvidos como Estados Unidos, Inglaterra e Espanha (Fig. 4.2). É possível afirmar que o comportamento da curva de consumo do mesmo tipo de edificações no Brasil é bastante próximo (MME, 2011) (Fig. 4.3). Nesses estudos, verifica-se, em virtude do crescimento econômico desses países, uma ascensão semelhante (variando a sua intensidade ao longo dos anos e para cada país) do número de edificações e, consequentemente, do consumo de energia. Pode-se inferir um aumento médio de 23% no consumo das edificações, no período de 1994 a 2004 (Fig. 4.2), em comparação com um valor de 30% avaliado para o Brasil, no período de 2001 a 2010.

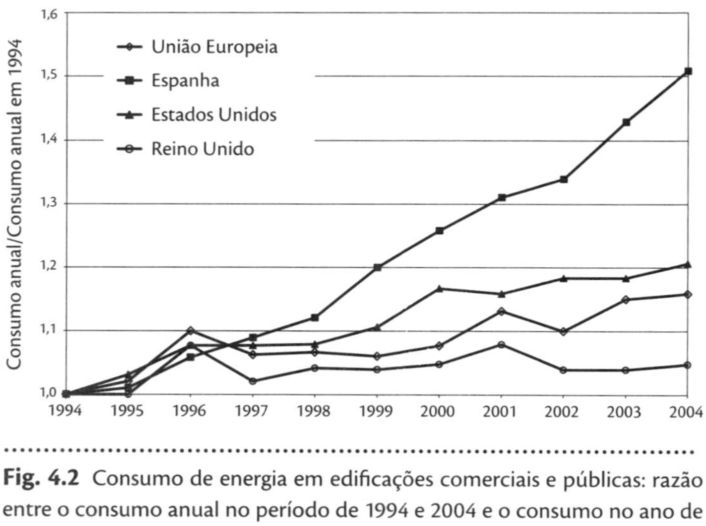

Fig. 4.2 Consumo de energia em edificações comerciais e públicas: razão entre o consumo anual no período de 1994 e 2004 e o consumo no ano de 1994

Fonte: adaptado de Perez-Lombard, Ortiz e Pout (2008).

Adicionalmente, pode-se observar na Fig. 4.4 uma comparação da contribuição percentual dos principais usos finais em uma edificação comercial para Estados Unidos,

Reino Unido, Espanha e Brasil. Verifica-se que o sistema de climatização é o uso final de maior contribuição no consumo total de energia da edificação, com a ressalva ao fato de que, com exceção do Brasil, esse consumo agrega também os sistemas de aquecimento utilizados para manter o conforto térmico nas edificações.

Como esse sistema é responsável pela manutenção dos níveis de temperatura e qualidade do ar no interior dos ambientes por ele climatizados, o consumo de energia desse sistema sofre influência tanto da edificação (materiais da parede, porcentagem da área envidraçada, tipo de vidro, etc.) como das fontes internas (número de pessoas, potência instalada de iluminação e equipamentos, etc.). Do ponto de vista de uma edificação de melhor desempenho ambiental, aspectos relacionados ao conforto térmico e à qualidade do ar interior devem ser considerados no projeto da edificação e de seus sistemas, em particular, os sistemas de climatização. Afirma-se que foi atingida a condição de conforto térmico quando a população no ambiente interior encontra-se próxima da neutralidade térmica, ou seja, as transferências de energia entre a população e o ar ambiente estão em equilíbrio. Para se atingir condições de conforto térmico para uma população em um ambiente interno, os seguintes parâmetros podem ser modificados (ABNT, 2008a):

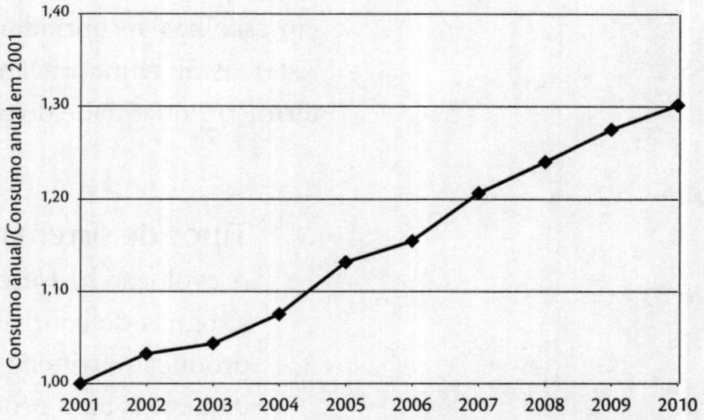

Fig. 4.3 Consumo de energia total em edificações comerciais e públicas: razão entre o consumo anual no período de 2001 a 2010 e o consumo no ano de 2001
Fonte: adaptado de MME (2011).

- temperatura de bulbo seco do ar;
- umidade relativa do ar;
- nível de radiação solar incidente;
- velocidade do ar;
- tipo de roupa;
- nível de metabolismo.

No tocante à qualidade do ar interior, deve-se atender exigências no que se refere aos níveis de ventilação e renovação do ar interno, bem como da filtragem

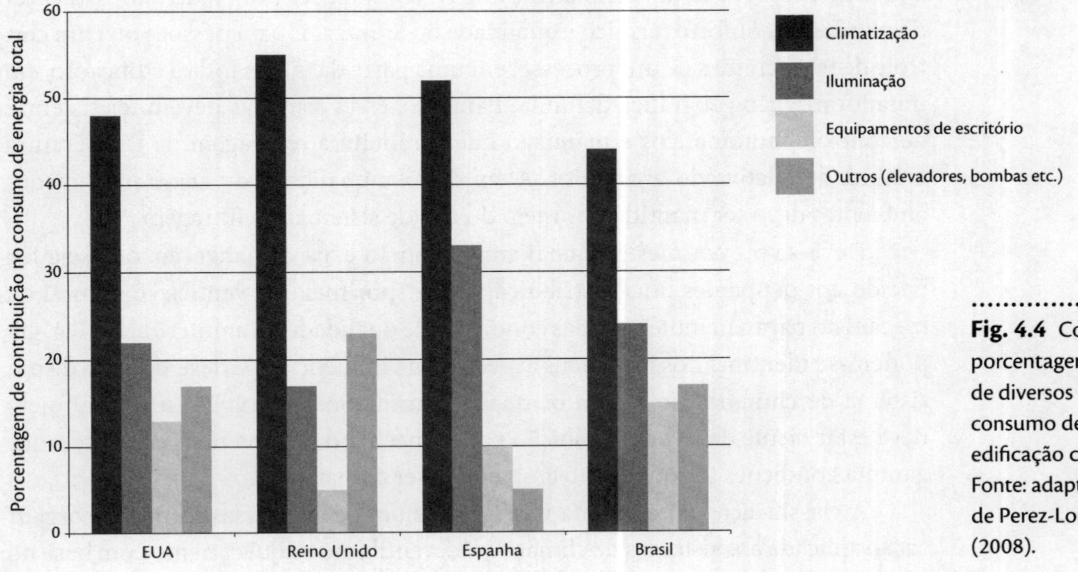

Fig. 4.4 Comparação da porcentagem de contribuição de diversos usos finais no consumo de energia de uma edificação comercial
Fonte: adaptado de EPE (2012) e de Perez-Lombard, Ortiz e Pout (2008).

do ar que é fornecido ao ambiente interno (ABNT, 2008b). Verifica-se que a maior parte dos parâmetros é diretamente afetada pelo sistema de climatização e pela envoltória. Dessa forma, ações para redução do consumo de energia em sistemas de climatização devem contemplar todos os aspectos da edificação, adequando a sua arquitetura ao clima do local em que será construída a edificação. Com base em escolhas apropriadas, pode-se reduzir e, em alguns casos, eliminar o uso de sistemas de climatização, garantindo, ainda assim, níveis adequados de conforto térmico e qualidade do ar interior.

4.2.2 Tipos de sistemas

A evolução histórica dos sistemas de climatização foi precedida pelo uso de sistemas de controle de temperatura para conservação de alimentos com a produção artificial de gelo. Os primeiros registros mostram o uso de equipamentos para produção de gelo nos Estados Unidos no começo de 1860. A partir de 1870, Estados Unidos, Reino Unido e França despontavam como grandes produtores de gelo principalmente para conservação de carne. No final do século XIX, o uso de sistemas de resfriamento foi expandido para a conservação e transporte de frutas e vegetais e, no início do século XX, laticínios e outros produtos. A primeira aplicação prática de sistemas de climatização para conforto térmico, considerada como marco histórico, foi a instalação realizada por Carrier, em 1902, para controlar a umidade no interior de uma gráfica (Thevenot, 1979). A primeira instalação de sistemas de climatização no Brasil foi realizada no Theatro Municipal do Rio de Janeiro, que foi construído entre 1905 e 1909 (Rienzo, 2006). A partir de 1925, o uso de sistemas de climatização para conforto térmico cresceu rapidamente chegando aos dias de hoje como um uso final quase imprescindível.

O projeto e a análise desse sistema podem ser descritos como o uso combinado de conceitos de Termodinâmica, Transferência de Calor e Mecânica dos Fluidos associados aos de Acústica, conforto térmico, qualidade do ar interior e eficiência energética (Haynes; Wilson, 2004). Pode-se inferir que um sistema de aquecimento, ventilação e climatização (AVAC) deve ser projetado para satisfazer demandas de conforto térmico e qualidade do ar interior para pessoas ou para controle de temperatura de um processo, em uma parte da ou em toda a edificação, em uma localização geográfica definida. Para isso, esses sistemas devem ter sistemas de controle (automáticos e manuais) que garantam a regulagem da temperatura e umidade relativa do ar interior. Além disso, a qualidade do ar no interior dos ambientes deve ser mantida por meio do uso de sistemas de filtragem.

Deve-se prever, mesmo que o ambiente não exija climatização, que seja fornecido aos ocupantes uma distribuição de ar (por meio de ventilação natural ou mecânica) para a manutenção das condições de qualidade do ar interior. Na Fig. 4.5, podem-se identificar os principais aspectos que influenciam o desempenho de um sistema de climatização e com os quais o profissional envolvido no seu projeto deve estar ciente da sua contribuição para conceber o sistema mais eficiente e que garanta condições adequadas ao ambiente a ser climatizado.

A classificação apresentada na Fig. 4.6 é uma das diversas formas de organização aplicada aos sistemas de climatização, ventilação e aquecimento com base no tipo de função que desempenham na edificação. A primeira grande divisão refere-se a ter sistemas de climatização (vazão do ar, temperatura e umidade dos ambientes controladas) ou de ventilação (vazão de ar controlada ou não). Neste último, pode-se ter controle total da vazão de ar que penetra nos ambientes (ventilação mecânica) ou parcial (ventilação natural). Ainda no caso da ventilação mecânica, ela pode ser realizada de forma local, com o uso de ventiladores nos ambientes, ou de forma centralizada, por meio de ventiladores ligados a sistema de dutos que promovem a distribuição de ar nos ambientes. Essa alternativa pode atender condições de conforto térmico e baixo consumo de energia, desde que os níveis de temperatura e umidade do ambiente externo sejam adequados.

Fig. 4.5 Interface entre os sistemas e ocupantes de uma edificação
Fonte: adaptado de Jones (2004).

No caso de sistemas de climatização, a primeira subdivisão refere-se ao aspecto do sistema de realizar o controle da temperatura do ambiente e a distribuição do ar localmente ou por meio de sistemas de dutos. No caso de sistemas locais, as bombas de calor unitárias e *splits* são os sistemas de menor capacidade individual que podem ser utilizados para resfriamento ou aquecimento. A Fig. 4.7 apresenta um esquema simplificado desses sistemas e que são mais apropriados para ambientes pequenos (área de piso de até 30 m^2). Deve-se ressaltar que, na seleção e instalação desses sistemas, deve ser previsto o de ventilação para prover a renovação de ar necessária e, assim, garantir a qualidade do ar interno.

Fig. 4.6 Classificação de sistemas de ventilação e climatização
Fonte: adaptado de Jones (2004).

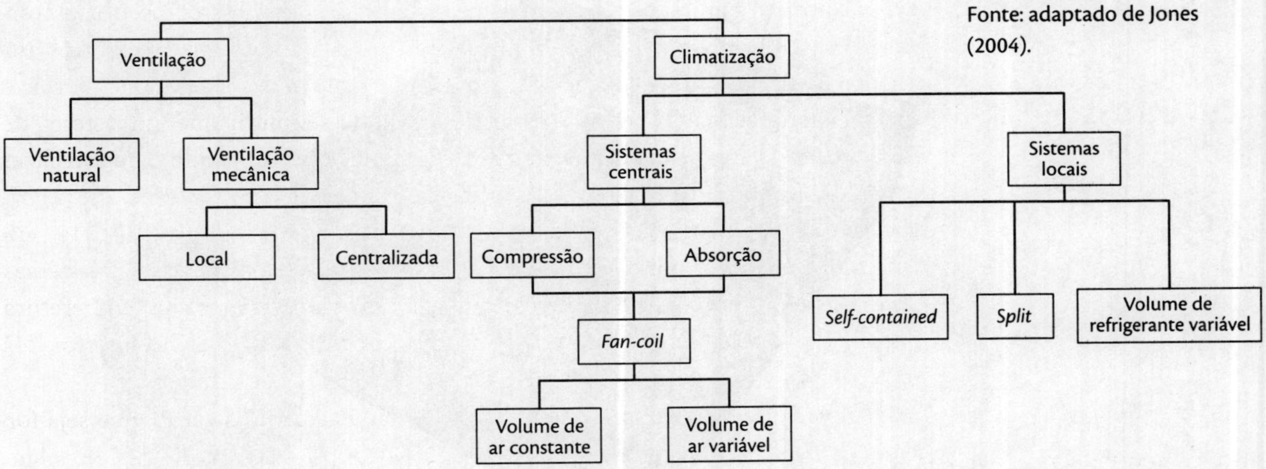

O sistema chamado de volume de refrigerante variável (VRV, ou VRF, *variable refrigerant flow*, em inglês) constitui-se de uma unidade condensadora que alimenta unidades evaporadoras em diferentes ambientes (Fig. 4.8), permitindo a sua utilização em áreas maiores (área de piso acima de 30 m^2). Esse sistema permite o controle individual da temperatura dos diversos ambientes, realizando a movimentação de fluido refrigerante pelo sistema de forma semelhante ao sistema *split*, porém, com capacidades de resfriamento maiores. Como no sistema *split*, é necessário implantar-se um sistema para fornecer a renovação de ar, garantindo a qualidade do ar interno. No caso do sistema denominado *self-contained* (Fig. 4.9), ele permite a distribuição do ar por meio de dutos e a adequada renovação de ar com a vazão suficiente e a filtragem necessária.

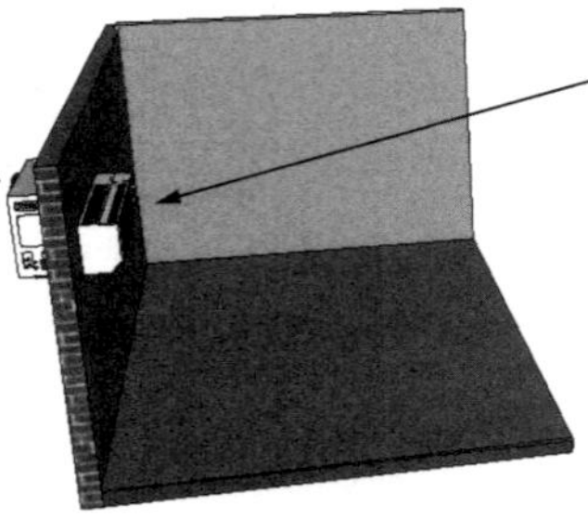

Fig. 4.7 Sistema do tipo *Split*
Fonte: Alberto Hernandez.

A Fig. 4.10 apresenta um diagrama típico com os principais componentes de um sistema central. Este sistema é usualmente aplicado em edificações com área de piso superior a 1000 m^2 e permite a distribuição de ar com controle de temperatura e níveis de renovação de ar adequados para padrões mínimos de qualidade de ar interno.

Para o sistema que utiliza o ciclo compressão de vapor, o resfriador constitui-se, basicamente, de um ciclo desse tipo cujos principais componentes são mostrados na Fig. 4.11, e utiliza um fluido refrigerante cujas características físicas atendem os níveis de temperatura para o resfriamento da água gelada, a fim de climatizar os ambientes da edificação.

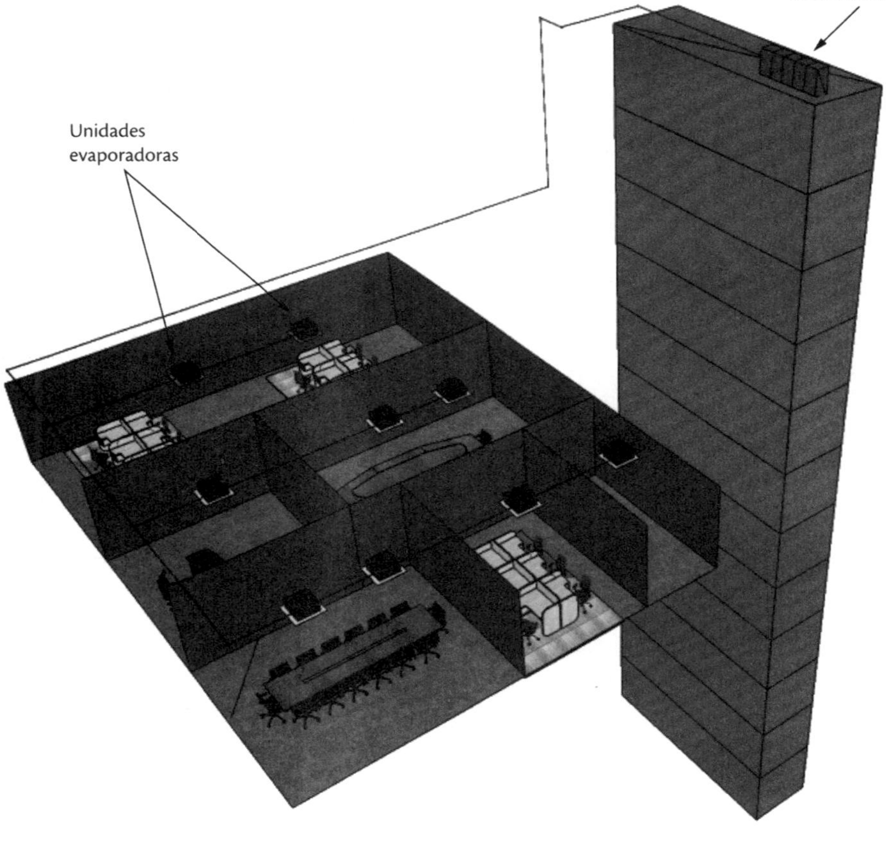

Fig. 4.8 Sistemas do tipo VRV (ou VRF)
Fonte: Alberto Hernandez.

No caso de sistema com ciclo por absorção, é necessário o uso de fonte geradora de calor, que usualmente emprega a queima de um combustível (gás, óleo etc.) no gerador. No gerador, encontra-se uma solução de água (solvente) e brometo de lítio (LiBr - soluto). Por meio do fornecimento de calor, a água evapora e vai para o condensador. A solução com alta concentração de LiBr passa por uma válvula redutora de pressão e segue para o absorvedor. Já o vapor de água que saiu do gerador vai para o condensador e é condensado, sendo transferido para o evaporador.

No conjunto evaporador/absorvedor, o vapor de água e a solução com alta concentração entram em contato promovendo uma reação química endotérmica (que retira calor do meio) resfriando a água gelada que, por sua vez, vai ser utilizada para climatizar os ambientes da edificação nos *fan coils*, como no caso do sistema com ciclo de compressão de vapor. O vapor de água remanescente que não foi absorvido é resfriado e reabsorvido na solução com brometo de lítio, reduzindo a sua concentração. Essa solução de baixa concentração de LiBr retorna ao gerador por meio de bombas (Fig. 4.12).

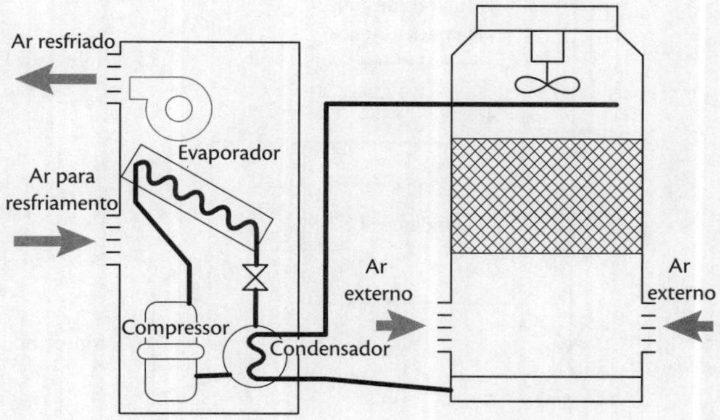

Fig. 4.9 Esquema simplificado de um equipamento tipo *self-contained*
Fonte: Alberto Hernandez.

Do ponto de vista energético, ocorre melhoria na eficiência se os processos de resfriamento são feitos em uma unidade central e distribuídos utilizando-se um fluido intermediário (caso do sistema central de água gelada). Porém, existem casos em que um sistema de climatização unitário pode ser utilizado, principalmente quando o ambiente a ser climatizado tem um perfil de ocupação muito diferente do restante dos ambientes. Um exemplo típico dessa situação é quando se deseja climatizar um andar inteiro e nele há uma sala que é usada com uma frequência muito baixa (sala de apresentações, por exemplo). Neste caso, pode-se adotar uma solução mista com um sistema central para o andar e um sistema unitário para a sala de apresentações. Definido o sistema, a escolha deve se basear no seu

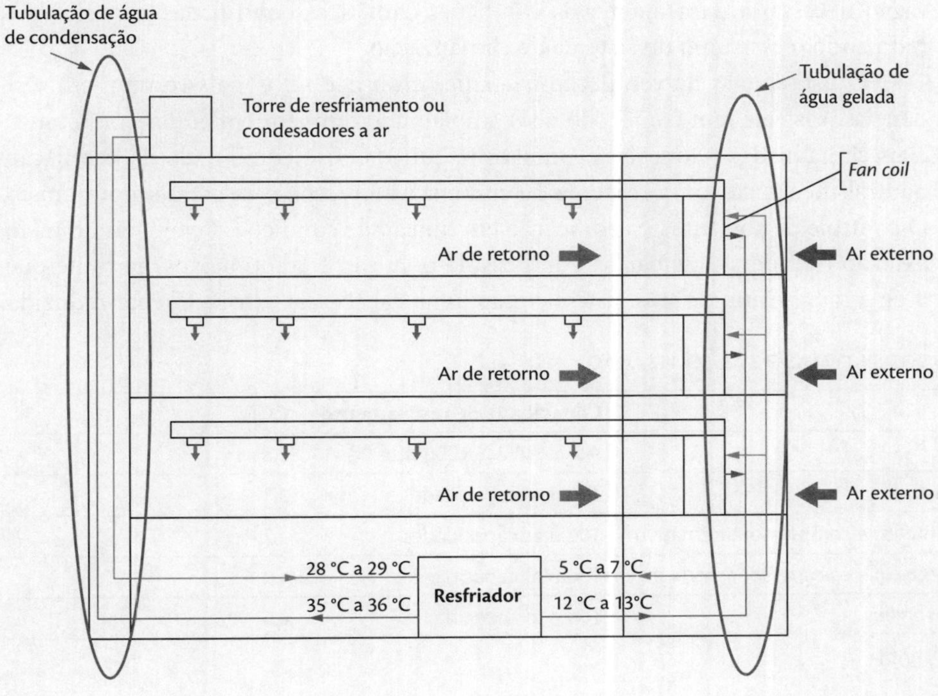

Fig. 4.10 Diagrama simplificado de um sistema central de climatização
Fonte: Alberto Hernandez.

desempenho energético, cujo parâmetro principal é o coeficiente de desempenho (COP – Coefficient of Performance), a saber:

$$\text{COP}: \frac{\text{Energia retirada do ambiente climatizado (W)}}{\text{consumo do sistema de climatização (W)}}$$

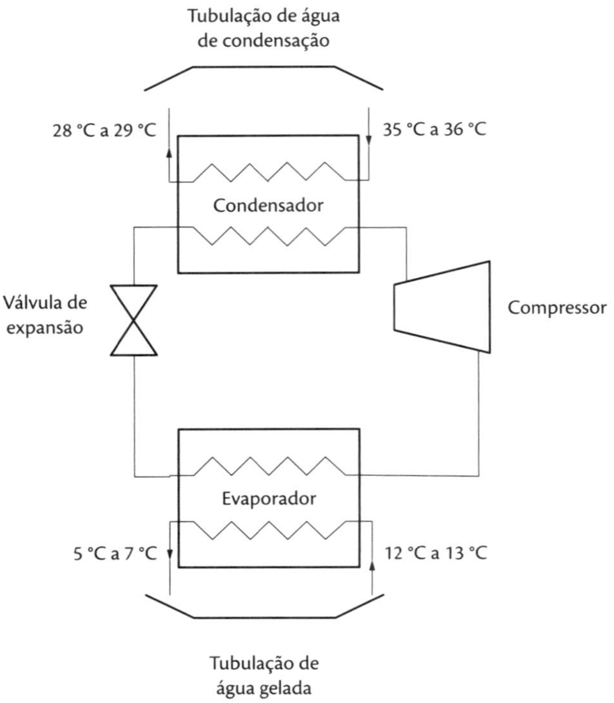

Fig. 4.11 Componentes de um resfriador com compressão de vapor
Fonte: Alberto Hernandez.

Dessa forma, quanto maior o valor do COP, maior a eficiência do sistema. A norma 189 da ASHRAE (ASHRAE et al., 2009) sugere níveis mínimos do COP em função do tipo de sistema e de sua capacidade de resfriamento. Alguns desses valores são apresentados no Quadro 4.1.

Além do aspecto energético, a escolha do sistema de climatização deve estar associada ao sistema de distribuição de ar no ambiente. Os sistemas unitários têm uma distância máxima a partir da qual a movimentação do ar proporcionado por esse sistema fica prejudicada. Essa distância denomina-se flecha ou alcance e é definida como a distância em que a velocidade do ar fica acima de 0,25 m/s. Para sistemas unitários, ela varia entre 3 m a 5 m. No caso de sistemas centrais, pode-se optar por sistemas de distribuição de ar com volume de ar constante (VAC) ou de ar variável (VAV) (Figs. 4.13A e 4.13B). A escolha entre os dois dependerá se o perfil de ocupação é muito variável ao longo do dia (situação mais adequada para o sistema tipo VAV).

O uso de sistema tipo VAV apresenta uma grande vantagem do ponto de vista energético em relação ao sistema tipo VAC, pois permite a modulação da vazão de ar ao longo do dia. Dessa forma, só é fornecida a vazão necessária para manter as condições climáticas controladas no ambiente, reduzindo o consumo do sistema de climatização.

O uso apenas da ventilação mecânica e/ou natural é mais comum em residências, mas ele tem começado a ser implantado também em edificações comerciais climatizadas (Gonçalves; Umakoshi, 2010). O uso combinado da ventilação natural/mecânica com o sistema de climatização recebe o nome de modo misto. O controle de aberturas na edificação em função de condições favoráveis do meio externo (temperaturas baixas e índices de poluição e ruído baixos) permite que a energia consumida nos sistemas de climatização seja sensivelmente reduzida,

Quadro 4.1 COP para diversos sistemas de climatização

Tipo de sistema	Capacidade de resfriamento	COP
Sistemas locais unitários	Até 5,4 kW (65.000 Btus/h)	2,8
Resfriadores com condensador a ar	Todas as capacidades	3,1
Resfriadores com torre de resfriamento e compressor alternativo	Todas as capacidades	4,2
Resfriadores com torre de resfriamento e compressor centrífugo	Todas as capacidades	4,9
Sistema central com ciclo por absorção	Todas as capacidades	0,6

Fonte: adaptado de ASHRAE et al. (2009).

chegando, em alguns casos, ao desligamento total dos sistemas de climatização. Essa solução pode ser obtida, mas exige uma integração profunda dos sistemas da edificação com sua arquitetura, sendo que se podem encontrar diversos exemplos desse tipo de aplicação no Brasil e no exterior (Gonçalves; Umakoshi, 2010).

4.2.3 Evolução dos sistemas

O uso de sistemas de climatização para conforto térmico começaram a ser utilizados no século XIX (Thevenot, 1979), com sistemas cujo conceito é muito próximo do que existe hoje (Fig. 4.14). A temperatura do ambiente climatizado (com suas fontes de calor e vapor d'água) é controlada por meio do fornecimento de ar na insuflação, que diminui a temperatura e a quantidade de vapor d'água, de forma a balancear as condições do ambiente climatizado. As condições de vazão, temperatura e quantidade de vapor d'água na insuflação são obtidas pela retirada de calor que ocorre durante a operação do sistema de climatização. Este, por sua vez, promove a retirada de calor e vapor d'água provenientes do ar que vem da caixa de mistura, consumindo energia durante esse processo. Nessa caixa, o ar que retorna do ambiente climatizado e o ar de renovação são misturados. Este último é necessário para que sejam mantidos os níveis adequados de qualidade de ar no ambiente climatizado. Deve-se ressaltar que para que a qualidade de ar interior seja atingida, sistemas de filtragem são posicionados normalmente na seção de ar de renovação e logo após a caixa de mistura.

Fig. 4.12 Componentes de um resfriador com ciclo por absorção
Fonte: Alberto Hernandez.

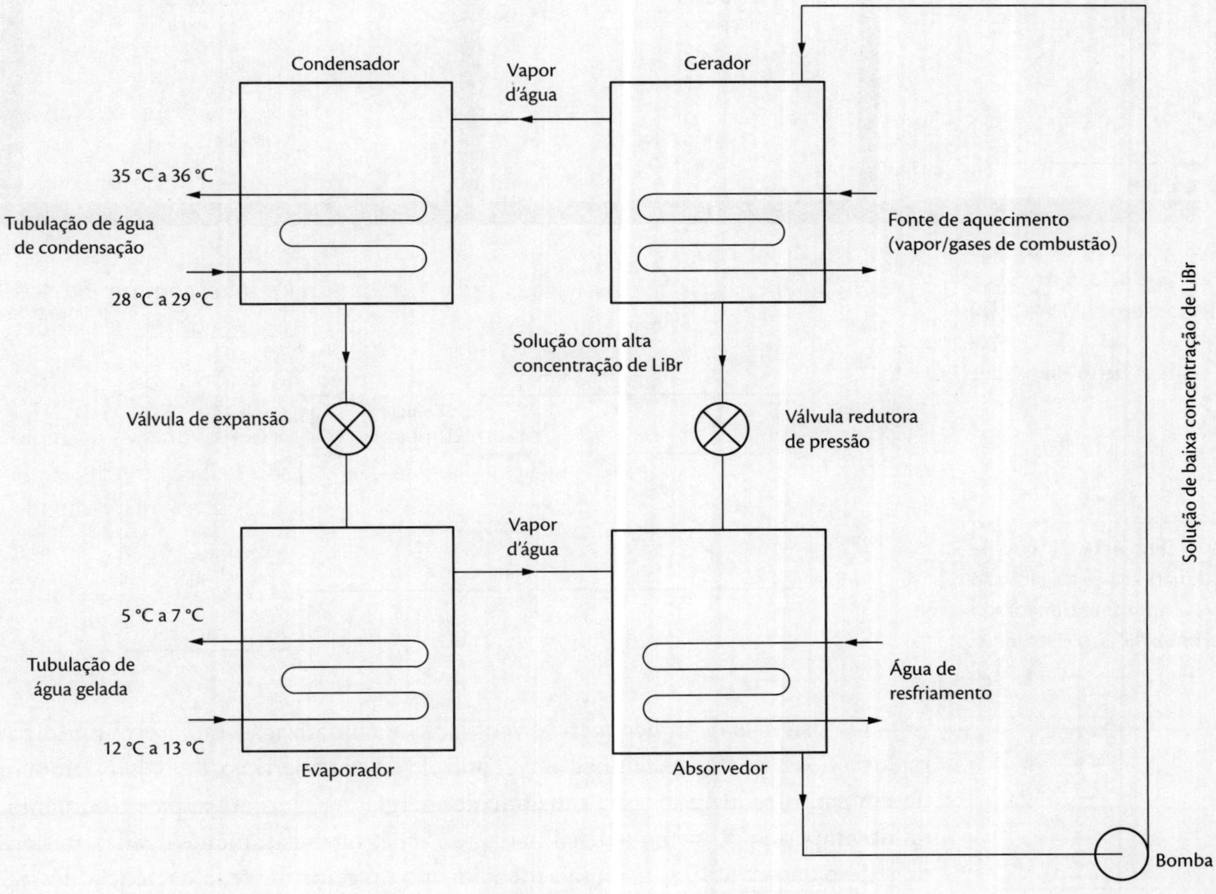

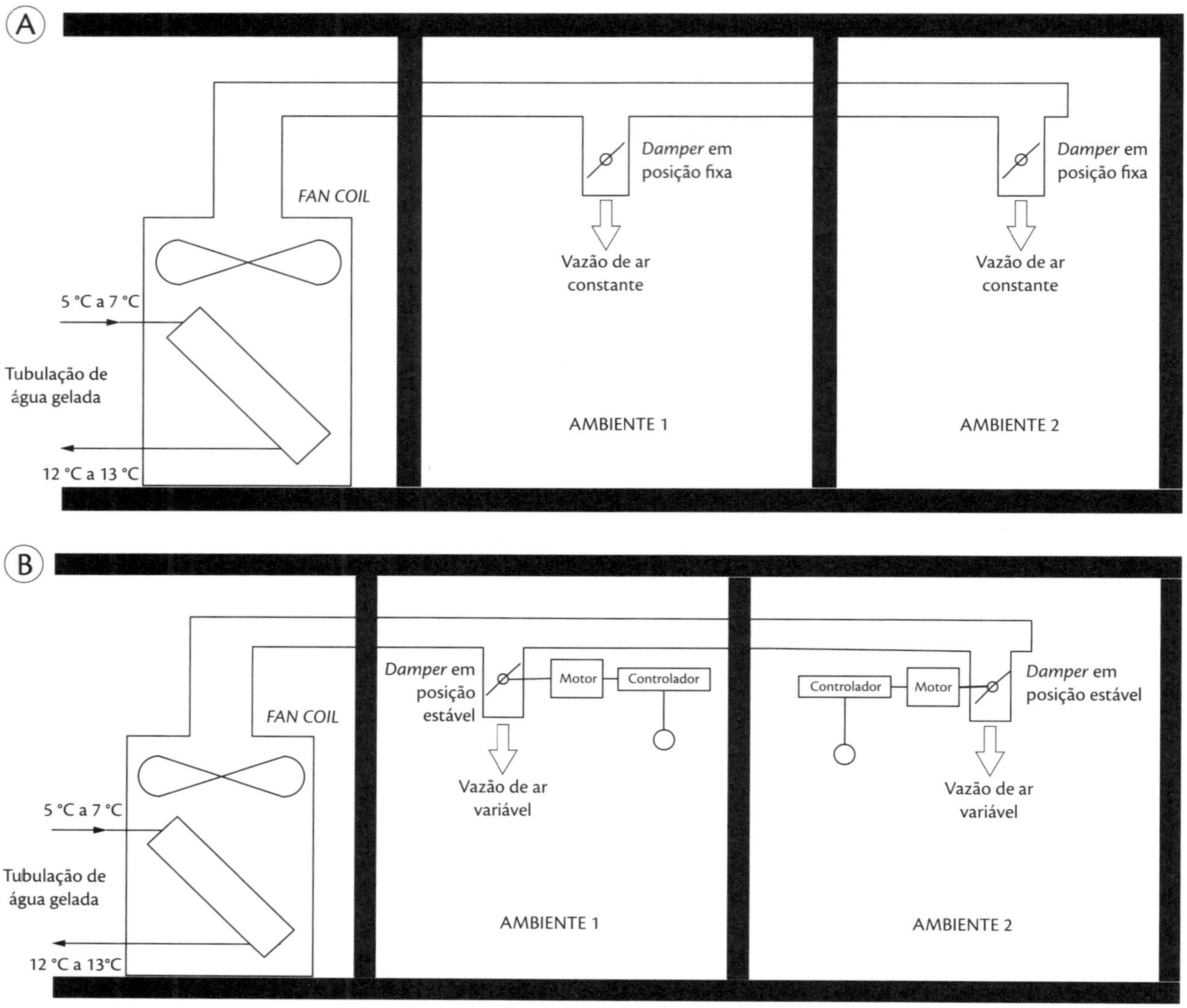

Fig. 4.13 Sistemas de distribuição de ar (A) VAC e (B) VAV
Fonte: Alberto Hernandez.

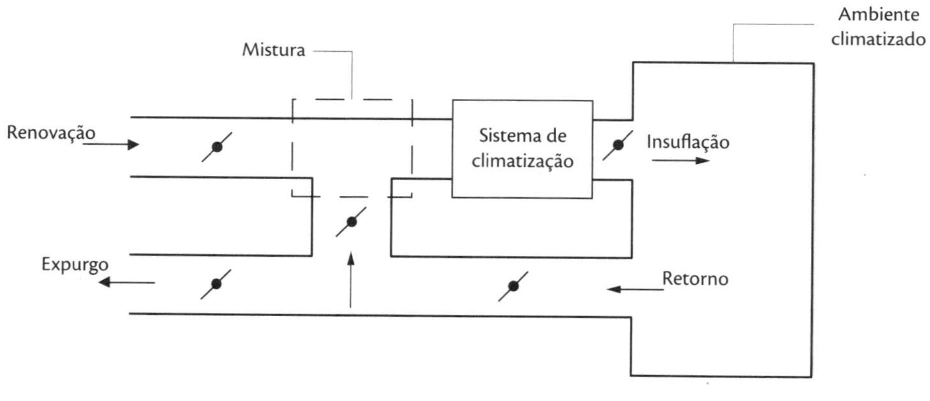

Fig. 4.14 Sistema de climatização e a ligação ao ambiente climatizado
Fonte: Alberto Hernandez.

Os sistemas de aquecimento, ventilação e climatização estão evoluindo na maioria dos aspectos relacionados ao controle da sua operação, bem como no seu desempenho, reduzindo o seu consumo de energia. As alternativas para o aumento do desempenho do sistema de climatização estão intrinsecamente ligadas ao tipo de sistema a ser utilizado. Como mencionado anteriormente, a eficiência desses sistemas é medida por meio do coeficiente de desempenho (COP). Quanto maior for o COP, mais eficiente será o sistema de climatização.

Desde a década de 1970, os níveis de COP têm crescido em função das demandas por equipamentos mais eficientes, visando à redução do impacto ambiental associado ao consumo de energia e à necessidade de redução de custos operacionais das edificações. Aswathanarayana, Harikrishnan e Sahini (2010) apresentam estudos nos quais foram realizadas avaliações de sistemas de climatização para edificações comerciais cujo COP médio variou de 4,3, em 1997, para 6,6, em 2006. McNeil e Letschert (2007) apontam para aumentos do COP de até 32% para equipamentos residenciais em 2015 em relação aos valores médios de COP de equipamentos em 2000.

Somado à questão do aumento do COP, outro aspecto importante que afeta significativamente o consumo dos sistemas de climatização é a vazão de ar de renovação. Verifica-se, com a crise de petróleo de 1973, ações para reduzir e, em alguns projetos, eliminar a vazão de ar de renovação. Essa ação leva a reduções de consumo, porém tem um impacto muito grande na qualidade do ar interior, gerando um aumento da incidência de doenças respiratórias e de ocorrências de irritações nos olhos e pele dos ocupantes. Este fenômeno foi denominado de *síndrome de edifício doente* (em inglês, *sick building syndrome*) (ECA, 1989). Atualmente, os níveis a serem adotados para a vazão de renovação de ar são definidos pela norma NBR 16401 (ABNT, 2008c), que tem por base a norma ASHRAE 62.1 (ANSI; ASHRAE, 2007), na qual são definidos limites mínimos de vazão de renovação de ar, de acordo com a Eq. 4.1. Alguns exemplos dos valores utilizados para o cálculo dessa vazão são apresentados na Tab. 4.2:

$$V_{ef} = P_z \cdot F_p + A_z \cdot F_a \tag{4.1}$$

em que:

V_{ef} = vazão eficaz de ar exterior (L/s);

P_z = número máximo de pessoas na zona de ocupação [pessoas];

F_p = vazão por pessoa (L/s · pessoa) (*vide* Tab. 4.1);

A_z = área útil ocupada pelas pessoas [m^2];

F_a = vazão por área útil ocupada (L/s · m^2) (*vide* Tab. 4.1).

Tab. 4.1 Exemplos de valores para avaliar a vazão de ar de renovação

Local	Pessoas/m^2	Nível 1		Nível 2		Nível 3	
		F_p(L/s · pessoa)	F_a (L/s · m^2)	F_p (L/s · pessoa)	F_a(L/s · m^2)	F_p(L/s · pessoa)	F_a(L/s · m^2)
Escritórios com baixa densidade	11	2,5	0,3	3,1	0,4	3,8	0,5
Escritórios com alta densidade	20	2,5	0,3	3,1	0,4	3,8	0,5
Call center	60	3,8	0,6	4,8	0,8	5,7	0,9
Sala de aula	35	5	0,6	6,3	0,8	7,5	0,9

Obs.: O nível 1 corresponde ao nível mínimo de ar exterior para ventilação; o 2 é um nível intermediário da vazão de ar exterior para ventilação; e o 3 é o nível de vazão de ar exterior sobre o qual, segundo estudos, há evidências de redução de reclamações e manifestações alérgicas. O nível a ser utilizado deve ser definido pelo projetista e pelo cliente.
Fonte: adaptado de ABNT (2008c).

4.2.4 O projeto de climatização

O desenvolvimento de um projeto de um sistema de climatização contempla vários critérios, a saber:

- tipo de ambiente a ser climatizado (conforto ou processo);
- uso racional de energia com atendimento às normas vigentes (ABNT, 2008a);
- avaliação dos custos iniciais e de operação para garantir o custo total mais baixo possível no ciclo de vida da edificação;
- necessidades do usuário/cliente, como níveis de controle de temperatura diferenciado em uma mesma edificação;
- limitações de espaço;
- facilidade de manutenção e confiabilidade;
- avaliação do uso de sistemas centrais e autônomos de forma adequada, por exemplo, um sistema central para conforto térmico e um sistema autônomo para o resfriamento dos equipamentos de informática do centro de processamento de dados (CPD) da edificação;
- simplicidade na operação e controle.

Muitas vezes opta-se por sistemas de controle muito sofisticados e que exigem uma equipe de operação muito qualificada, mesmo quando essa complexidade não é necessária. A definição do nível de sofisticação a ser empregado no sistema de controle deve ser avaliada junto com o cliente, verificando quais são as reais necessidades para o condicionamento ambiental. Não se deve adotar o mesmo nível de exigência de controle em um ambiente de escritório que é aplicado em salas limpas. Isto porque, em salas limpas, o controle de temperatura e a qualidade do ar interior devem ser muito mais rígidos. A metodologia empregada para o projeto de sistemas de climatização usualmente segue estes passos:

- definição da geometria da edificação (incluindo as áreas de parede e vidros);
- avaliação dos materiais que compõem as paredes, vidros, coberturas e pisos;
- definição do perfil de ocupação (número de pessoas e distribuição ao longo do dia);
- avaliação das potências instaladas de iluminação e equipamentos;
- definição do nível de renovação de ar dentro dos ambientes climatizados.

Com base nessas informações, é definido o perfil de carga térmica ao longo do ano, que é a quantidade de calor que deve ser retirado do ambiente a ser climatizado. Deve-se ressaltar que, neste ponto do processo, é possível interagir com os demais profissionais envolvidos no projeto da edificação (arquitetos, engenheiros elétricos, engenheiros civis etc.) com o objetivo de reavaliar alguns dos parâmetros, como níveis de conforto térmico, qualidade do ar interior, tipo de vidro, orientação da edificação, níveis de potência de iluminação e equipamentos etc. visando reduzir a carga térmica.

O valor de carga térmica é utilizado para definir a capacidade do sistema de climatização a ser instalado. Diminuir a carga térmica resultará em reduções tanto no custo inicial da edificação (do próprio sistema de climatização e das instalações elétricas) como também no custo de operação, pois um equipamento de menor capacidade terá um consumo de energia menor, diminuindo também o impacto ambiental causado pela edificação.

Deve-se ressaltar que o Brasil já possui normas atualizadas para o projeto de sistemas de climatização que levam em conta não só a avaliação da carga térmica como aspectos relacionados a conforto térmico e qualidade do ar interior (ABNT, 2008a, 2008c).

4.2.5 Instalação, operação e manutenção

Após um projeto bem realizado, a etapa de instalação deve ser cuidadosamente planejada e integrada ao projeto da edificação, para garantir que as condições definidas no projeto sejam atendidas. Para isso, nesta etapa, como nas demais (projeto, operação e manutenção), a existência de um agente de comissionamento é muito importante. Este agente exercerá a função de supervisionar a realização de cada etapa do projeto com os seguintes objetivos (Haines, 2004):

- verificar que o projeto do sistema e/ou edificação atenda as necessidade do proprietário;
- verificar que o desempenho do sistema esteja de acordo com os níveis definidos no projeto;
- solicitar a documentação completa e detalhada dos requisitos de operação e manutenção, incluindo manuais de treinamento e de referência;
- definir e eventualmente fornecer treinamento básico para a equipe de manutenção e operação do sistema e/ou edificação;
- observar, coordenar e documentar todos os testes, ajustes e balanceamento (TAB);
- auxiliar na resolução de disputas entre as diversas equipes e o proprietário da edificação;
- verificar o cumprimento de todas as normas vigentes;
- informar ao proprietário quando cada etapa do projeto for sendo satisfatoriamente completada e pode ser aceita.

Durante a fase de projeto do sistema, os aspectos relacionados às ações de manutenção devem ser considerados com a integração dos equipamentos na sala de máquinas, observando aspectos como a distância adequada para garantir espaço para a equipe técnica realizar as devidas ações de reparo e/ou manutenção. Além disso, devem ser previstas, no manual de operação e manutenção dos sistemas, quais ações devem ser realizadas e com que frequência. Estes aspectos estão descritos e definidos por normas brasileiras já vigentes que possibilitam ao profissional definir os diversos parâmetros junto com o projeto arquitetônico para garantir a qualidade do ar interior dentro dos ambientes climatizados (ABNT, 1997; ABNT, 2001).

Durante a fase de instalação, além dos requisitos de instalação dos equipamentos, dutos, tubulações etc., deve-se enfatizar a fase de testes, ajustes e balanceamento (TAB). Essa fase permite ajustar as vazões nos diversos ramos do sistema de distribuição de ar, garantindo assim uma distribuição adequada do ar em todos os ambientes com o controle de temperatura, umidade e renovação do ar necessários para o conforto térmico e qualidade do ar interior.

Para avaliar-se a importância do impacto da qualidade do ar interior, Wargocki et al. (1991 apud Fanger, 2001) conduziram uma pesquisa para avaliar o impacto da presença de poluentes na produtividade de funcionários em um edificação comercial. Um dos parâmetros utilizados para essa avaliação foi a velocidade

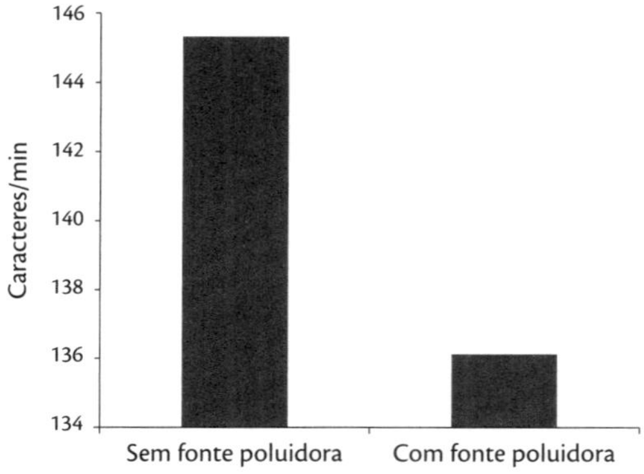

Fig. 4.15 Comparação da velocidade média de digitação em computador em ambiente de escritório com e sem fonte poluidora
Fonte: adaptado de Wargocki et al. (1991) apud Fanger (2001).

média de digitação de um mesmo grupo de funcionários com e sem fonte de poluição no ambiente climatizado durante 4,5 horas de trabalho. Nesta comparação, todos os demais parâmetros do sistema de climatização foram mantidos constantes e foi inserida uma fonte de poluição que os funcionários não poderiam detectar. Entre os diversos resultados obtidos, destaca-se a comparação apresentada na Fig. 4.15, na qual se pode notar uma redução significativa (6,2%) da velocidade média de digitação em um microcomputador na situação com fonte poluidora em comparação com a situação sem fonte poluidora. Além disso, o grupo de funcionários durante os testes sem fonte poluidora cometeu menos erros de digitação e apresentou menor incidência de ocorrências médicas relacionadas à exposição de fontes poluidoras (crises alérgicas e respiratórias).

Na fase de operação e manutenção, a equipe responsável deve ter um planejamento não só para execução das ações de manutenção, mas também para monitorar o desempenho dos diversos sistemas da edificação (climatização, iluminação etc.). Atualmente, sistemas de gerenciamento permitem a avaliação do desempenho da edificação de forma bastante detalhada. Esses sistemas devem fazer parte do chamado planejamento do sistema de gestão energética, cujas bases podem ser definidas por meio da aplicação de normas e protocolos já consolidados (ABNT; ISO, 2011).

4.2.6 Estratégias de redução de consumo de energia

A definição de estratégias de redução de consumo de energia em edificações climatizadas depende inicialmente do tipo de edificação e das suas exigências de conforto térmico e qualidade do ar interior. O número de estratégias que se define para uma edificação em projeto pode reduzir significativamente no caso de uma edificação existente. Isso se deve ao fato de que, em uma edificação existente, as limitações de espaço físico podem ser muito grandes, por exemplo, pé-direito baixo, falta de espaço para construção de uma casa de máquinas, entre outras. Além disso, algumas estratégias exigiriam mudanças muito drásticas na edificação e com um custo muito alto, inviabilizando a sua aplicação.

Como exemplo, pode-se citar a mudança do sistema de condensação a ar de uma central de água gelada para um sistema à água. Isso exigiria a inclusão de torres de resfriamento no lugar dos condensadores a ar e mudanças na tubulação de água de condensação, além da inclusão de bombas novas. Essas mudanças demandariam uma ocupação de espaço e um custo adicional que, dependendo da edificação, não seria viável.

Dessa forma, neste capítulo são apresentadas algumas ações para reduzir o consumo de energia em sistemas de climatização, porém, nas referências o leitor poderá encontrar algumas fontes em que muitas outras estratégias podem ser analisadas. Cabe diferenciar as estratégias para a climatização em duas categorias (Hughes; Chaudhrya; Ghanib, 2011):

- *estratégia passiva*: não utiliza nenhum equipamento mecânico que consuma energia e que promova o resfriamento e/ou redução das cargas térmicas da edificação;

- *estratégia ativa*: utiliza equipamentos mecânicos com consumo de energia para garantir o resfriamento da edificação.

A possibilidade da redução de cargas térmicas por meio de estratégias passivas para o condicionamento ambiental da edificação pode promover a redução da capacidade ou mesmo a eliminação do sistema de climatização. Isso exige uma integração dos diversos membros da equipe de projeto para a obtenção de soluções que atendam todos os requisitos de uso (conforto térmico e qualidade do ar interior). A tendência atual é usar cada vez mais essas estratégias, pois elas permitem reduções significativas do consumo de energia, diminuindo o impacto ambiental da edificação.

Com a redução das cargas térmicas internas por meio de estratégias passivas, é possível promover a ventilação de forma a reduzir e/ou eliminar a necessidade de resfriamento pelo sistema de climatização Em muitos casos, o uso misto de estratégias ativas e a ventilação natural também tem sido muito aplicado, definindo-se o chamado *sistema misto de climatização*. Como as estratégias passivas têm uma grande dependência das condições climáticas, em muitos casos, o seu uso é limitado ao longo do ano. Neste caso, deve-se lançar mão de estratégias ativas para superar as limitações das estratégias passivas, permitindo a operação da edificação durante todo o seu período de ocupação. Nesse sentido, podem-se citar algumas formas de ventilação que podem ser utilizadas, a saber:

- ventilação natural noturna: utilizando os regimes de vento locais e promovendo a abertura de passagens de ar ao longo da edificação no período noturno com temperaturas mais baixas (≈ 18 °C a 20 °C), reduzem-se as cargas térmicas residuais, diminuindo assim o consumo de energia do sistema de climatização nas primeiras horas de operação no dia seguinte;
- ventilação por efeito dos ventos (pode ser unilateral ou cruzada);
- ventilação por efeito chaminé.

Caso as estratégias passivas em conjunto com definições de fachadas e orientação da edificação não permitam atingir condições de conforto térmico e qualidade do ar interior, deve-se lançar mão de estratégias ativas. A definição e a aplicação das estratégias ativas dependem fortemente do tipo de sistema de climatização e ventilação que será projetado para a edificação. As estratégias apresentadas a seguir são voltadas para sistemas centrais de água gelada com sistemas de distribuição de ar com vazão de ar variável (VAV), por serem atualmente os mais utilizados em edificações climatizadas:

- *Sistema dedicado de tratamento de ar externo*: utiliza sistemas de recuperação de calor para reduzir a temperatura de bulbo seco do ar externo, que é utilizado para a renovação de ar. Estes equipamentos podem ser localizados na sala de máquinas de cada andar da edificação ou em uma central que realiza a distribuição desse ar tratado para cada andar ou zona térmica. Como esse ar externo (principalmente no verão) está a uma temperatura mais alta, sistemas que diminuam a sua temperatura promovem reduções de consumo de energia no sistema de climatização. Outra alternativa é utilizar rodas dessecantes, que reduzem o nível de umidade do ar externo, diminuindo também o consumo de energia do sistema de climatização. Pode-se também combinar esses sistemas de forma a maximizar a redução de consumo de energia. Para isso, o equipamento deve combinar um trocador de calor para retirada do calor sensível e outro para a retirada do calor latente.

- *Sistemas por absorção*: em vez de utilizar um compressor para movimentar o fluido refrigerante no sistema, esse sistema baseia-se na variação de concentração de mistura soluto/solvente (normalmente brometo de lítio/água) para resfriar um fluido intermediário usado para climatização. Para sua operação, esse sistema usa como fonte principal de energia a queima de um combustível, calor fornecido na forma de vapor ou mesmo a radiação solar.
- *Uso de sensores para controle de vazão de ar externo*: o controle da vazão de ar externo é feito com base na medição de uma variável específica, por exemplo, o nível de CO_2 no ambiente climatizado. Neste caso, o *damper* que controla a vazão de ar externo fica fechado até o nível de CO_2 atingir um valor máximo estipulado (1000 ppm, por exemplo). Nesse momento, o sistema de controle envia um comando para que o *damper* se abra e permita diluir e eliminar os poluentes no ambiente climatizado. Dessa forma, o ar externo só é utilizado quando necessário, reduzindo o consumo de energia e mantendo os níveis de qualidade do ar. Já os sistemas economizadores atuam no controle da vazão de ar externo em função de uma variável como a temperatura de bulbo seco e/ou a umidade relativa do ar externo. Neste caso, o aumento da vazão de ar externo está associado a níveis mais baixos de temperatura e/ou umidade relativa, permitindo reduções no consumo de energia do sistema de climatização.
- *Free cooling*: este sistema permite que seja realizado o resfriamento da água de condensação por outra fonte que não seja a torre de resfriamento. Usualmente, isso é feito quando as condições climáticas oferecem temperaturas mais baixas de bulbo seco. Para uso do *free cooling*, há necessidade de mudanças no sistema de controle da torre de resfriamento e no acionamento das bombas de condensação. Pode-se utilizar ainda o resfriamento com água do mar ou mesmo por meio de troca de calor com o solo (resfriamento geotérmico).

4.2.7 Sistemas de climatização em edifícios de melhor desempenho ambiental

Os aspectos de eficiência energética e baixo impacto ambiental para um sistema de climatização tornam-se mais relevantes quando o assunto são edifícios de alto desempenho energético ou *net zero energy buildings* (NZEBs) (Torcellini et al., 2006). No caso de NZEBs, podemos ter uma classificação apresentada no Quadro 4.2 (Torcellini et al., 2006).

Além disso, as decisões tomadas na fase de projeto são baseadas em análises de longo prazo e de uma forma muito mais integrada do que em um projeto convencional. Sendo assim, o projeto do sistema de climatização (caso seja necessário) deve ser conduzido de forma diferenciada, e os profissionais envolvidos devem modificar a sua postura, buscando uma maior integração em todas as fases do projeto e com todos os profissionais envolvidos no projeto. Nesse contexto, ferramentas de projeto integrado (Building Information Modeling, BIM) são cada vez mais frequentes e o uso de ferramentas de simulação de desempenho ambiental

Quadro 4.2 Definições de edifícios de zero consumo de energia (NZEBs)

Classificação	Definição
Net Zero Site Energy	Edificação NZEB que produz a mesma quantidade de energia que consome no local da edificação em um ano.
Net Zero Source Energy	Edificação NZEB que produz a mesma quantidade de energia que consome em um ano, levando-se em conta as suas fontes de energia. Entende-se como fonte de energia a energia primária (eletricidade, gás etc.) usada para gerar e fornecer a energia para a edificação. Para avaliar a energia total das fontes de uma edificação, é necessário que todo o fornecimento de energia seja calculado na mesma base energética (uso de metodologias para conversão de energia das diversas fontes usadas).
Net Zero Energy Costs	Edificação NZEB na qual o valor ganho pela geração de energia na edificação pelo proprietário da edificação é pelo menos igual ao custo pago pelo proprietário pela energia usada em um ano.
Net Zero Energy Emissions	Edificação NZEB que produz energia renovável sem emissões pelo menos na mesma quantidade de energia gerada com emissões para manter a edificação em operação em um ano.

Fonte: adaptado de Torcellini et al. (2006).

e energético será antecipado para os estágios iniciais do desenvolvimento de um projeto (Bauer; Mösle; Schwarz, 2007).

O enfoque dos projetos deve estar na qualidade do ambiente interior (QAI) e levar em conta aspectos como avaliação de controle da temperatura operativa no ambiente e redução da poluição no ar, bem como poluição acústica e luminosa. Dependendo do projeto, esses novos níveis de exigência podem necessitar de sistemas de automação mais sofisticados para permitir o controle integrado de diferentes sistemas dentro de uma edificação. Porém, deve-se ter atenção para evitar excessos e implementar níveis de sofisticação exagerados e, muitas vezes, desnecessários.

Para edificações sustentáveis e NZEBs, as decisões passam a ser de longo prazo e o baixo custo inicial da sua instalação deixa de ser uma prioridade. Além disso, a decisão pelo sistema de climatização passa a ser baseada em análises de custo de ciclo de vida com períodos de, no mínimo, 50 anos, como sugerido pela Norma ASHRAE 189.1-2009 (ASHRAE et al., 2009).

Em função deste contexto, tecnologias até então limitadas a aplicações de pequeno porte passam a se tornar viáveis em virtude da redução nos seus custos de instalação, como:

1] *sistemas de climatização solar*: sistemas por absorção que utilizam vapor gerado por radiação solar absorvida por coletores solares de alto desempenho;
2] *sistemas de controle individuais de climatização*: acoplados, por exemplo, a sistemas de insuflação pelo piso, cada indivíduo teria, no seu espaço, acessórios que permitam o controle individualizado das condições ambientais;
3] *sistemas de climatização e/ou de aquecimento geotérmico*: neles, o rejeito de calor é realizado para o solo próximo à edificação, permitindo aumentos significativos da eficiência do sistema (em torno de 40%) (Egg; Howard, 2011).

Esses sistemas e outros devem ser integrados à edificação, que será avaliada constantemente por meio de sistemas de gestão de energia e comparados com indicadores de desempenho energético ou ambiental. Dessa forma, serão buscados níveis cada vez mais altos de eficiência energética associados a indicadores de impacto ambiental, visando à operação mais sustentável da edificação. Nesse sentido, a geração de energia renovável ganha muita importância. Assim, a demanda de energia da edificação (iluminação, climatização etc.) deverá ser compatibilizada para que permita o fornecimento total dessa demanda por meio de fontes renováveis, constituindo os chamados *net zero energy buildings* (NZEBs).

4.2.8 Geração de energia renovável

Pode-se definir energia renovável como a energia gerada de forma natural e repetitiva no meio ambiente (Jones, 2004). Ela apresenta uma variedade de fontes, tais como:

- eólica;
- solar;
- hidrelétrica;
- biocombustível;
- mares;
- biomassa;
- geotermia.

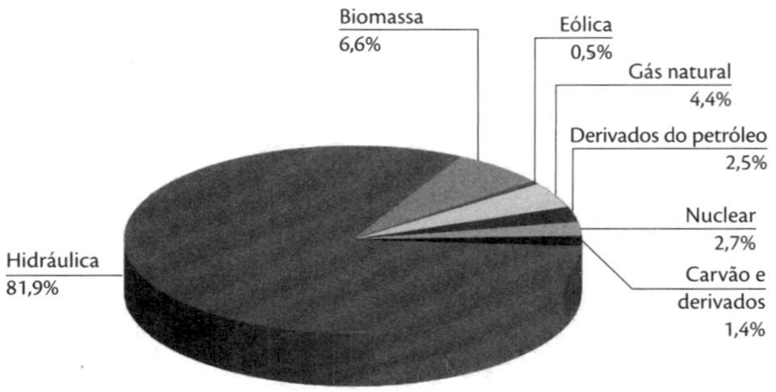

Fig. 4.16 Matriz energética brasileira
Fonte: adaptado de EPE (2012).

No Brasil, a matriz energética está concentrada na geração hidrelétrica (EPE, 2012), como se pode observar na Fig. 4.16, porém, verifica-se que há um aumento significativo do uso de fontes alternativas (denominadas *outras* na Fig. 4.17), como eólica e solar a partir de 1990, e crescimento semelhante pode ser observado no restante do mundo (Fig. 4.21). De forma geral, a matriz brasileira tem uma porcentagem bastante alta de energias renováveis, podendo ser considerada uma matriz mais limpa, quando comparada à de outros países.

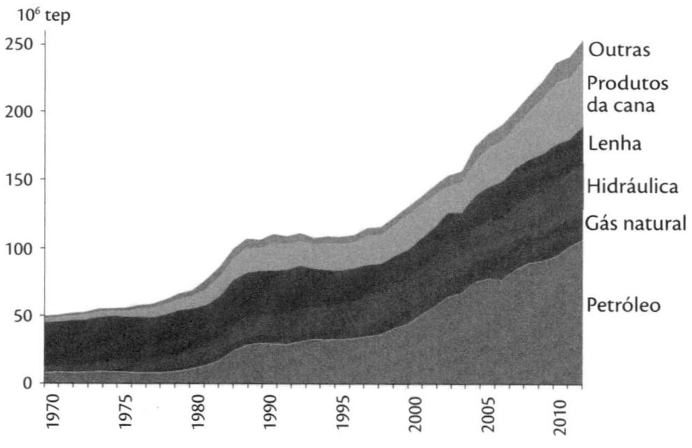

Fig. 4.17 Evolução da produção de energia primária no Brasil
Obs.: 1 tep = 1 tonelada equivalente de petróleo
Fonte: adaptado de EPE (2012).

A aplicação mais comum de energias renováveis ainda é para o aquecimento de água para uso residencial, seguido da geração de energia por turbinas eólicas que fornecem energia elétrica para a rede de distribuição. O uso de energia solar para geração de energia elétrica ainda tem custos muito altos, principalmente no Brasil, o que limita a sua aplicação. Por outro lado, a restrição de natureza econômica aponta para a importância de políticas públicas no apoio à geração e consumo da energia elétrica proveniente de fontes limpas. O uso de biocombustível está sendo incentivado, mas com aplicações restritas e ainda com baixa escala de produção e uso.

Nesta seção, o enfoque será dado às fontes solar e eólica em função do seu maior potencial de uso no Brasil.

Energia solar

O uso da energia solar pode ser direcionado para diversos equipamentos, a saber:

- células fotovoltaicas (geração de energia);
- coletores solares (aquecimento de água);
- sistema por absorção solar (climatização/refrigeração).

O uso de células fotovoltaicas é bastante flexível por causa de sua modularidade, que pode variar de miliwatts a megawatts (Fig. 4.18). A energia produzida pode ser armazenada com o uso de baterias ou ser devolvida à rede elétrica. Nos Estados Unidos e na Europa, a possibilidade de fornecimento de energia elétrica pelo usuário está bem estruturada e o governo oferece incentivos para a produção própria de energia. Já no Brasil, a possibilidade de geração própria deve, por enquanto, ficar restrita a sistemas internos e sem devolução do excedente para a rede elétrica. Porém, já foi sancionada a resolução de lei que regulamenta a geração própria de energia elétrica (Aneel, 2012).

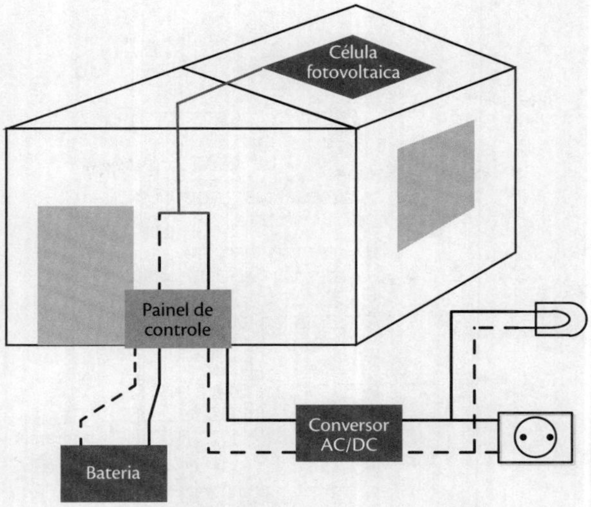

Fig. 4.18 Esquema simplificado de geração de energia elétrica com células fotovoltaicas
Fonte: Alberto Hernandez.

Os coletores solares para aquecimento de água são bastante difundidos no Brasil (Fig. 4.19) e sua aplicação tem crescido bastante no setor residencial.

Os coletores solares para aquecimento de água podem ser de dois tipos: coletores de placas planas ou de tubos a vácuo. Os coletores de placa plana têm uma eficiência menor que os de tubo a vácuo, pois os primeiros permitem atingir temperaturas de saída em torno de 55 °C enquanto os segundos conseguem alcançar temperaturas de até 95 °C.

Além do aquecimento da água para uso doméstico, a energia solar pode ser usada para o resfriamento, quando coletores solares transmitem calor para a água, que é utilizada para elevar a temperatura de uma solução de água e brometo de lítio em um sistema de climatização por absorção (Fig. 4.20).

A eficiência desse sistema é baixa (COP em torno de 0,4) e ele é muito dependente das condições climáticas, pois a geração de vapor ocorre por meio da energia solar. Em muitos casos, o perfil de demanda de resfriamento nem sempre coincide com o perfil de geração de frio (dependente da presença de radiação solar). Portanto, é necessário prever sistemas de acumulação de energia (termoacumulação). Além disso, a sua eficácia é diretamente proporcional aos níveis de radiação solar. Dessa forma, a aplicação desse sistema será mais eficiente em regiões com alta densidade de radiação solar, como as regiões Nordeste e Norte do Brasil.

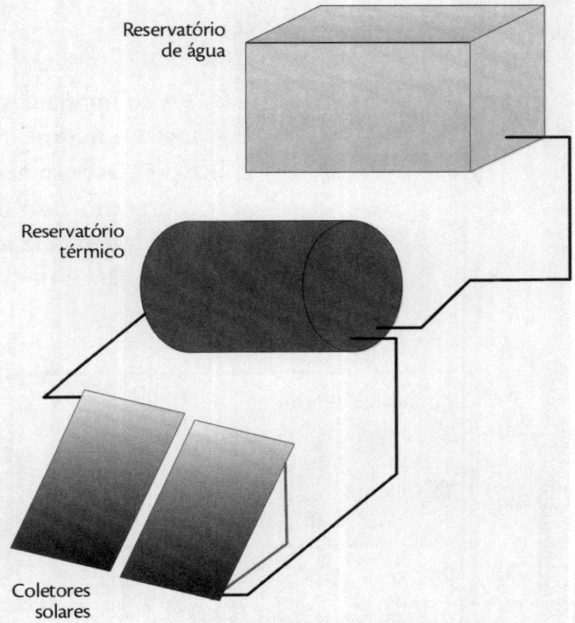

Fig. 4.19 Esquema simplificado de sistema de aquecimento solar
Fonte: Alberto Hernandez.

Energia eólica

A energia eólica tem sido usada comercialmente para geração de energia desde 1980 (Johansson, 2005). A Fig. 4.21 apresenta a sua evolução em diversas regiões do mundo. Os sistemas de geração eólica podem ser de dois tipos: eixo vertical ou horizontal.

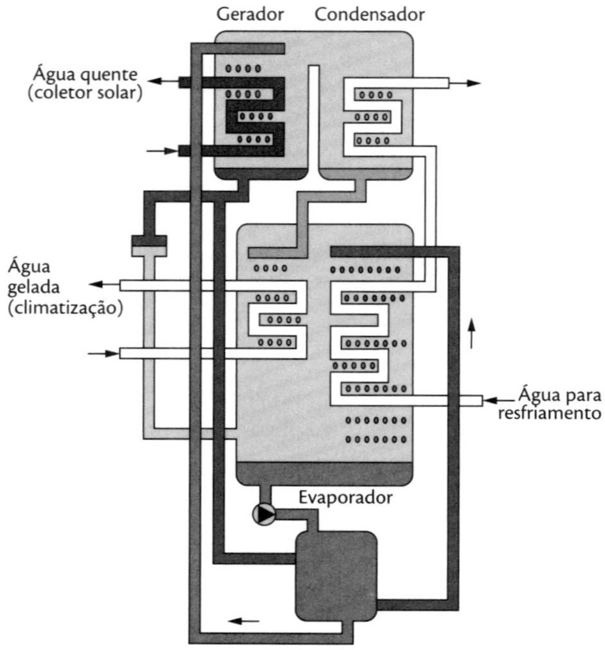

Fig. 4.20 Esquema simplificado de sistema por absorção com coletor solar
Fonte: Alberto Hernandez.

Uma curva típica de geração de energia de uma turbina eólica pode ser observada na Fig. 4.22. Verifica-se que a curva tem três regiões distintas:

- velocidade do vento entre 1 e 7 m/s: produção de energia muito baixa, pois a turbina exige uma energia apenas para iniciar sua rotação, saindo do estado de repouso;
- velocidade do vento entre 7 e 12 m/s: região de grande produção de energia pela turbina;
- velocidade do vento acima de 12 m/s: acima desse nível de velocidade, a turbina não tem grandes níveis de produção de energia. Além disso, nesse nível de velocidade, podem ocorrer danos mecânicos aos sistemas de transmissão mecânica da turbina. Por conta disso, as turbinas são fabricadas com sistemas de segurança que, a partir de certo nível de velocidade, desacoplam os sistemas de transmissão mecânica.

Deve-se, portanto, levar em consideração a distribuição do vento e a sua frequência na região em que pode ser implantado esse tipo de tecnologia para uma seleção correta desse equipamento.

Os componentes principais de uma turbina eólica podem ser observados na Fig. 4.23. Da mesma maneira que na geração de energia solar, a geração de energia eólica pode ser armazenada em baterias ou devolvida para a rede elétrica.

Como no caso da energia solar, a produção de energia eólica depende da localização geográfica. As regiões costeiras possuem as maiores velocidades e a maior frequência de ventos, sendo os locais mais adequados para a instalação dessa tecnologia.

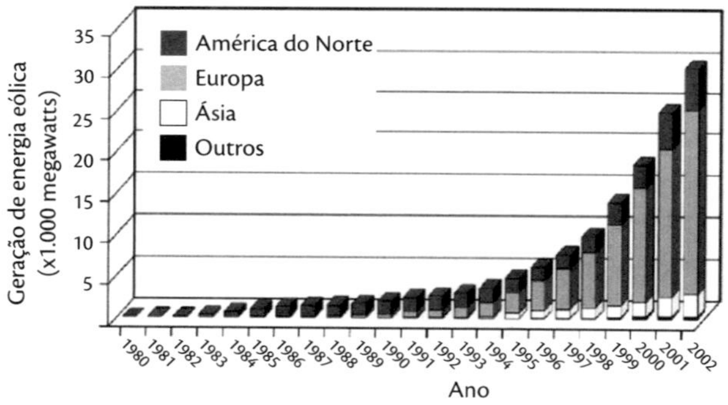

Fig. 4.21 Evolução da geração de energia eólica
Fonte: adaptado de Johansson, 2005.

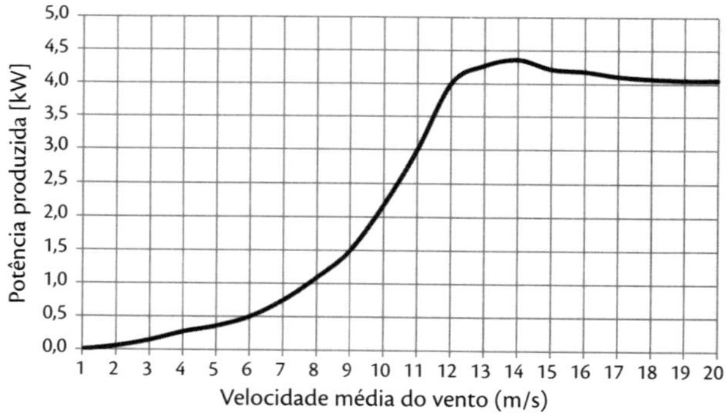

Fig. 4.22 Curva típica de turbina eólica de eixo horizontal
Fonte: Alberto Hernandez.

4.3 Considerações finais

O uso de sistemas de climatização, ventilação e aquecimento, bem como de geração de energia renovável, passa por uma avaliação integrada da edificação incluindo todos os profissionais envolvidos no projeto. A ASHRAE propôs um plano estratégico em dois documentos que sugere ações para permitir o desenvolvimento de projetos de edificação mais eficientes e com menor impacto ambiental (ASHRAE, 2006, 2010). A seguir, são apresentados alguns aspectos relatados nesses documentos que podem nortear algumas discussões necessárias para que existam, em um futuro próximo, edificações mais ambientalmente adequadas e energeticamente eficientes, a saber:

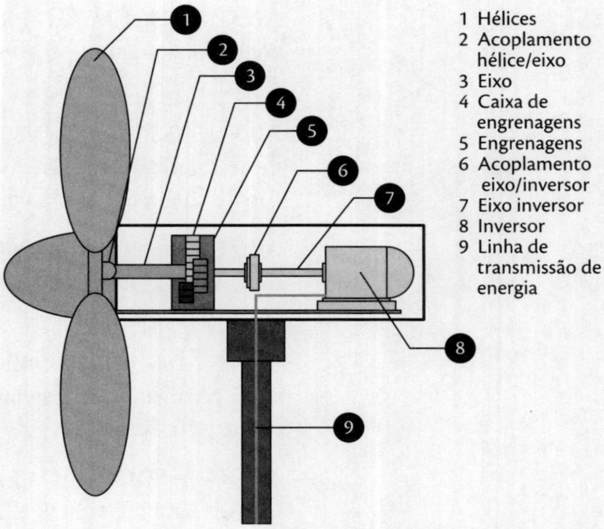

Fig. 4.23 Componentes principais de uma turbina eólica
Fonte: Alberto Hernandez.

Aspectos gerais

- maximizar o atual desempenho operacional de edificações e seus sistemas;
- direcionar esforços para projetar edifícios mais eficientes e NZEBs;
- apoiar o desenvolvimento de normas para desempenho energético e difundir o conhecimento delas aos profissionais do mercado;
- utilizar mais intensamente ferramentas de Building Information Modeling (BIM) para desenvolvimento de edificações mais eficientes;
- apoiar o desenvolvimento de ferramentas e metodologias para projeto de edifícios com baixo consumo de energia;
- aumentar o entendimento dos conceitos de eficiência energética, qualidade ambiental e projeto de edificações no ensino de engenharia e arquitetura.

Aspectos específicos

- reduzir o consumo de energia dos sistemas de climatização, aquecimento, ventilação, aquecimento de água e iluminação em residências existentes;
- aumentar o entendimento do impacto da qualidade do ambiente interior em aspectos como produtividade, doenças e avaliar a qualidade do ambiente em escritórios, fornecendo bases para melhorias das normas, diretrizes, critérios de projeto e práticas de engenharia;
- facilitar o uso de fluidos refrigerantes naturais ou de baixo impacto no aquecimento global e buscar métodos para reduzir a quantidade de fluido refrigerante nos sistemas;
- apoiar o desenvolvimento de componentes confiáveis e seguros de sistemas de climatização, ventilação, aquecimento e refrigeração para uso residencial e comercial para melhorias no seu desempenho energético com custo baixo;
- melhorar o entendimento da influência de sistemas de climatização, ventilação, aquecimento e refrigeração na proliferação de agentes patogênicos em espaços públicos e desenvolver estratégias para o seu controle.

Referências bibliográficas

ABNT - ASSOCIAÇÃO BRASILEIRA DE NORMAS TÉCNICAS. *NBR 13971*: sistemas de refrigeração, condicionamento de ar e ventilação: manutenção programada. Rio de Janeiro, 1997. 16 p.

ABNT - ASSOCIAÇÃO BRASILEIRA DE NORMAS TÉCNICAS. *NBR 14679*: sistemas de condicionamento de ar e ventilação: execução de serviços de higienização. Rio de Janeiro, 2001. 5 p.

ABNT - ASSOCIAÇÃO BRASILEIRA DE NORMAS TÉCNICAS. *NBR 16401*: Instalações de ar-condicionado: sistemas centrais e unitários. Parte 1: parâmetros de conforto térmico. Rio de Janeiro, 2008a. 60 p.

ABNT - ASSOCIAÇÃO BRASILEIRA DE NORMAS TÉCNICAS. *NBR 16401*: instalações de ar-condicionado: sistemas centrais e unitários. Parte 2: projetos e instalações. Rio de Janeiro, 2008b. 7 p.

ABNT - ASSOCIAÇÃO BRASILEIRA DE NORMAS TÉCNICAS. *NBR 16401*: instalações de ar-condicionado: sistemas centrais e unitários. Parte 3: qualidade do ar interior. Rio de Janeiro, 2008c. 24 p.

ABNT - ASSOCIAÇÃO BRASILEIRA DE NORMAS TÉCNICAS;ISO - INTERNATIONAL ORGANIZATION FOR STANDARDIZATION. *ABNT NBR ISO 50001*: sistemas de gestão da energia: requisitos com orientações para uso. Rio de Janeiro, 2011. 24 p.

ANEEL - AGÊNCIA NACIONAL DE ENERGIA ELÉTRICA. Resolução Normativa nº482. Diário Oficial da União, Brasília, DF, v. 149, n. 76, 19 abr. 2012, seção 1, p. 53.

ASHRAE - AMERICAN SOCIETY OF HEATING, REFRIGERATING AND AIR-CONDITIONING ENGINEERS. *Sustainability Roadmap*. ASHRAE, 2006. 24 p.

ANSI - AMERICAN NATIONAL STANDARDS INSTITUTE; ASHRAE - AMERICAN SOCIETY OF HEATING, REFRIGERATING AND AIR-CONDITIONING ENGINEERS. *Standard 62.1-2007*. Ventilation for Acceptable Indoor Air Quality. 2007. 48 p.

ASHRAE - AMERICAN SOCIETY OF HEATING, REFRIGERATING AND AIR-CONDITIONING ENGINEERS; et al. *ANSI/ASHRAE/USGBC/IES Standard 189.1-2009*. Standard for the Design of High-Performance Green Buildings Except Low-Rise Residential Buildings. 2009. 128 p.

ASHRAE - AMERICAN SOCIETY OF HEATING, REFRIGERATING AND AIR-CONDITIONING ENGINEERS. *Strategic Research Plan 2010-2015*. ASHRAE, 2010. 25 p.

ASWATHANARAYANA, U.; HARIKRISHNAN, T.; SAHINI, K. M. T (Ed.). *Green energy: technology, economics and policy*. Boca Raton: CRC Press, 2010. 337 p.

BAUER, M.; MÖSLE, P.; SCHWARZ, M. *Green Building*: guidebook for Sustainable Architecture. Springer, 2007. 209 p.

CIBSE - CHARTERED INSTITUTION OF BUILDING SERVICES ENGINEERS. *Guide F*: energy efficiency in buildings. 2nd ed. London, 2004. 261 p.

ECA - EUROPEAN CONCERNED ACTION. *Sick building syndrome:* a practical guide. Luxembourg: Office for Official Publications of the European Communities, 1989. 38 p.

EGG, J.; HOWARD, B. C. *Geothermal HVAC: Green Heating and Cooling*. New York: McGraw-Hill, 2011. 272 p.

EPE - EMPRESA DE PESQUISA ENERGÉTICA. *Balanço energético nacional 2012 (ano-base 2011)*. Rio de Janeiro, EPE: 2012. 282 p.

FANGER, P. O. Human requirements in future air-conditioned environments. *International Journal of Refrigeration*, v. 24, p. 148-153, 2001.

GONÇALVES, J. C. S.; UMAKOSHI, E. M. *The environmental performance of tall buildings*. Earthscan, 2010. 368 p.

HAINES, R. W.; WILSON, C. L. *HVAC Systems Design Handbook*. 4th ed. New York: McGraw-Hill, 2004. 468 p.

HUGHES, B. R.; CHAUDHRYA, H. N.; GHANIB, S. A. A review of sustainable cooling technologies in buildings. *Renewable and Sustainable Energy Reviews*, v. 15, p. 3112-3120, 2011.

JOHANSSON, T. B. (Ed.) *Encyclopedia of Energy*. Lund University, 2005. 6 v.

MCNEIL, M. A.; LETSCHERT, V. E. Future air conditioning energy consumption in developing countries and what can be done about it: the potential of efficiency in the residential sector. In: EUROPEAN COUNCIL FOR AN ENERGY EFFICIENT ECONOMY (ECEEE), 2007 Summer Study. *Proceedings...* 2007. 14 p.

MME - MINISTÉRIO DAS MINAS E ENERGIA. *Plano Nacional de Eficiência Energética: premissas e diretrizes básicas*. Distrito Federal: Ministério das Minas e Energia, 2011. 156 p.

PEREZ-LOMBARD, L.; ORTIZ, J.; POUT, C. A review on buildings energy consumption information. *Energy and Buildings*, v. 40, p. 394–398, 2008.

RIENZO, C. *Memória da refrigeração e do ar condicionado no Brasil:* uma história a ser contada. São Paulo: Sindratar, 2006. 215 p.

THEVENOT, R. *A history of refrigeration throughout the world*. Paris: International Institute of Refrigeration, 1979. 476 p.

TORCELLINI, P.; PLES, S.; DERU, M.; CRAWLEY, D. Zero Energy Buildings: a critical look at the definition. In: NREL - NATIONAL RENEWABLE ENERGY LABORATORY, June 2006, Oak Ridge. Conference Paper NREL/CP-550-39833. Oak Ridge: NREL, 2006. 15 p. (Preprint).

WARGOCKI, P.; WYON, D. P.; BAIK, Y. K; CLAUSEN, G.; FANGER, P. O. Perceived air quality, sick building syndrome (SBS) symptoms and productivity in an office with two different pollution loads. *Indoor Air*, v. 9, n. 3, p.165-79, 1999.

Seleção de materiais e edifícios de alto desempenho ambiental

5

Vanessa Gomes Silva e
Maristela Gomes da Silva

Preocupações éticas são a base do conceito de sustentabilidade. Seu objetivo primário é a distribuição justa de recursos, de maneira a satisfazer adequadamente as necessidades de toda a população, resguardando e restaurando os estoques para que as futuras gerações também possam fazê-lo. A transferência de tais implicações éticas para as atividades de construção relaciona-se ao fechamento de ciclos de utilização de recursos e claramente indica caminhos específicos quanto à minimização e inteligência no uso, origem, renovabilidade e extensão de vida útil.

A busca por edificações de alto desempenho ambiental do ponto de vista de seleção de materiais, componentes e sistemas construtivos passa pela implementação de pelo menos dois elementos principais: *estratégias para projeto* e *protocolos para estimativa do desempenho* na etapa de projeto e avaliação de edifícios construídos. Técnicas objetivas como a avaliação de ciclo de vida (ACV) e indicadores ambientais quantitativos assumem um papel fundamental nesse sentido.

Assim, com o objetivo amplo de contribuir nessas duas frentes e avançar no embasamento para seleção de materiais para sustentabilidade, as seguintes questões são discutidas neste capítulo:

- destacar o foco crescente dirigido a materiais de construção considerando o desempenho em sustentabilidade no ciclo de vida de empreendimentos;
- sintetizar as principais técnicas para avaliação de desempenho ambiental de materiais, componentes e sistemas construtivos;
- propor um conjunto de indicadores para, com base em ACV, descrever a ecoeficiência material no ciclo de vida de edificações e embasar o monitoramento de projetos e edificações no Brasil;
- explorar resultados de estudos de casos nacionais e posicioná-los em relação a dados internacionais para referência; e
- sugerir uma estratégia para incorporação dos conceitos apresentados na prática cotidiana de projeto.

5.1 Os números da construção civil e o papel das edificações

Com o ritmo exponencial de crescimento populacional, é consenso que em algum ponto a demanda por recursos não renováveis superará a sua disponibilidade (Suzuki; McConnell, 1997), ainda que a definição de quando isso acontecerá seja alvo de debate. Um segundo ponto focal nesta discussão é que este crescimento ocorrerá, em sua maior parte, em países em desenvolvimento, ativamente empenhados em alcançar o mesmo padrão de vida que países industrializados, notadamente no bloco conhecido como BRIC: Brasil, Rússia, Índia e China.

O setor de construção desempenha um papel cada vez mais importante nas economias regionais e global, contribuindo para a geração de empregos, o desenvolvimento de novas tecnologias e infraestruturas e a melhoria da qualidade de vida. Em países em desenvolvimento como o Brasil, com um volume de construção significativo ainda necessário para elevar a qualidade de vida da população, essa parcela do PIB chega a 14,5% (Silva, 2007a), com alguma reorganização dos números de consumo e emissões em relação às médias mundiais.

No entanto, essa relevância social e econômica vem a um alto preço ambiental. Na escala global, a indústria da construção é responsável por 14% a 50% da extração de recursos naturais do planeta. Aproximadamente 25% de todos os materiais extraídos da litosfera são consumidos na construção de edificações (Bribián; Capilla; Usón, 2011), e a produção e transporte desses materiais, assim como a construção de edificações, consome grande quantidade de energia e responde por parcela considerável das emissões de gases de efeito estufa (GEE) (Dimoudi; Tompa, 2008).

Em 2009, a emissão mundial de dióxido de carbono pela queima de combustíveis fósseis e produção de cimento atingiu 29,4 bilhões de toneladas (The World Bank, 2013), distribuídos como indicado na Fig. 5.1. Se forem adicionadas as emissões resultantes de mudança de uso do solo, esse número sobe para 34 bilhões (CO_2NOW, 2012).

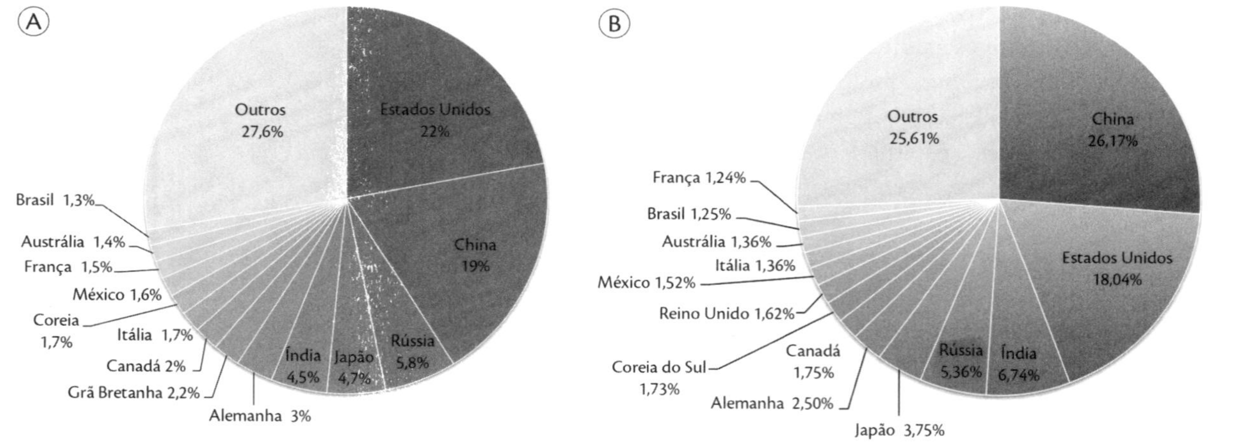

Fig. 5.1 Distribuição da emissão mundial de CO_2 (A) em 2005 e (B) 2009
Fonte: adaptado de (A) Oka (2010) e (B) The World Bank (2013).

Ao analisar alguns dados brasileiros, percebe-se que a produção de cimento *per capita* cresceu rapidamente, indo de 40 kg/pessoa · ano na década de 1930 para 422 kg/pessoa · ano em 2008. Em 2009, foram estimados consumos da ordem de 390 milhões de toneladas de agregados, 35 milhões de toneladas de cimento Portland e 36 milhões de toneladas de água (Agopyan; John, 2011).

O consumo final de eletricidade cresceu, de 2010 para 2011, a uma taxa de 3,6%. Em 2011, 23,5% (9.737 Mtep) do consumo de eletricidade e 9,5% do consumo final de energia no país foram relacionados ao setor residencial. Isso corresponde a

4,5% (17,7 $MtCO_{2-eq}$) das emissões antrópicas associadas à matriz energética brasileira naquele ano, em sua maior parte geradas no setor de transportes (EPE, 2012). O aumento no consumo residencial relaciona-se não só ao aumento da oferta, mas também da renda e de facilidades de crédito, e tende a continuar crescendo no atual cenário econômico. O setor comercial e de serviços respondeu por parcela muito parecida do consumo de eletricidade (23,4%) e cerca da metade do uso final de energia (4,4%).

A boa notícia é que o mesmo gigantismo que caracteriza os impactos do setor de construção abre espaço igualmente enorme para oportunidades de melhoria. O efervescente mercado global para tecnologias ambientais saltou de US$ 300 bilhões, em 1992 (NCT, 1994, apud Spiegel e Meadows, 2006), para US$ 782 bilhões em 2014 (US DOC, s.d.), com uma projeção de US$ 4.190 bilhões, em 2020 (Loewe, 2009). Por outro lado, em consequência do crescimento econômico recente, vários dos impactos brasileiros ainda são comparativamente menores que as médias mundiais. Por exemplo, a intensidade de carbono na economia nacional – ou seja, a quantidade de emissões, na produção e no consumo de energia, para gerar uma unidade de produto (0,16 kg CO_2/US$ em 2011) – é menos da metade das emissões da economia americana, 1/3 menos que a europeia e quase 2/3 menos que a chinesa (EPE, 2012).

5.2 Importância e desafios para consideração dos materiais de construção para avaliação de impactos no ciclo de vida de edificações

Depois da crise do petróleo no fim dos anos 1970, vários estudos apontaram uma relação de até 90%/10% entre os valores de energia consumida na etapa de uso da edificação (energia operacional) e energia incorporada nos materiais e processo de construção de edificações. Com o conceito de sustentabilidade na construção na década de 1990, veio a busca por edificações com longa vida útil, o que aumentou ainda mais o peso da fase operacional no desempenho global no ciclo de vida.

Isso dirigiu a pressão internacional para elevar a eficiência energética de edificações e explorar o conceito de edifícios zero energia (*net zero energy building*) ou energético-positivos. A relação custo-efetividade dos incrementos de eficiência ainda possíveis está subindo rapidamente e parece já estar próxima do limite de retornos decrescentes, em que investimentos adicionais passam a surtir efeito muito pequeno no aumento de eficiência. A alteração entre as proporções de energias incorporada e operacional redirecionou a atenção para a avaliação do primeiro estágio do ciclo de vida, que envolve a produção e o transporte de materiais e a etapa de construção.

Nesta linha, Huberman e Pearlmutter (2008) concluíram que, para um edifício com baixo uso de energia, a energia incorporada nos materiais corresponde a 60% da energia total no ciclo de vida. Na Europa, a relação energia incorporada/energia total está claramente crescendo, à medida que regulamentações mais rígidas para conservação de energia operacional são implementadas. Na Dinamarca, por exemplo, essa parcela aumentou de pouco menos de 1/3 da energia total no ciclo de vida, segundo a regulamentação de 2008, para 2/3 em experimentos com edifícios zero energia e cerca de 80% em edificações energético-positivas (Fig. 5.2).

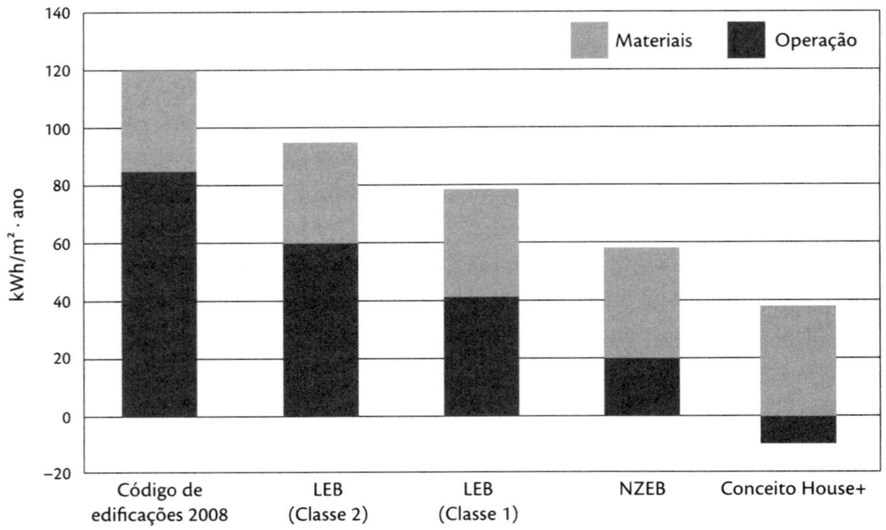

Fig. 5.2 Desenvolvimento esperado do consumo de energia em edificações residenciais na Dinamarca. LEB indica edifício de baixo uso de energia e NZEB são edifícios com balanço zero de energia durante a fase de uso e ocupação
Fonte: adaptado de Birgisdottir (2010).

Tipicamente, quando a renda individual em um país supera a marca dos US$ 5.000 anuais, num primeiro estágio de desenvolvimento, a industrialização ganha impulso e o consumo de energia cresce rapidamente, assim como a energia incorporada por causa da construção (Oka, 2010). A fração de CO_2 incorporada na construção de edificações nos Estados Unidos e países europeus é, portanto, relativamente pequena. No entanto, em países em desenvolvimento, de uma forma geral, e em países asiáticos, principalmente, ela é bem maior, por conta da intensa atividade de construção em andamento. A eficiência na produção dos materiais e na etapa de construção, que é uma característica da estrutura produtiva de cada país, também contribui para as diferenças notadas.

Países asiáticos parecem seguir uma tendência própria, caracterizada por uma parcela alta de emissões de CO_2 na construção em relação à fase de operação (Oka et al., 2009). Para um edifício verticalizado de escritórios em Hong Kong, Yan et al. (2010) encontraram que 82% a 87% das emissões de GEE na etapa de construção foram referentes aos materiais, enquanto o transporte de materiais e os equipamentos para construção responderam por 6% a 8% e 6% a 9%, respectivamente.

No caso do Brasil, em virtude da alta parcela de renováveis na sua matriz elétrica (89%), a intensidade de carbono na produção de eletricidade (56 kg CO_2/MWh, em 2011) é muito mais baixa que a média mundial (EPE, 2012). Apesar de não influenciar o consumo energético em si, isso reduz as emissões operacionais, podendo elevar a parcela relativa aos materiais no total do ciclo de vida. A eficiência e o *mix* energético da cadeia produtiva de materiais e das atividades de construção definirá a magnitude desse aumento.

A iniciativa para clima e edificação sustentável (Sustainable Buildings and Climate Initiative, SBCI) do Programa Ambiental das Nações Unidas (United Nations Environment Programme, Unep) já desenvolveu um protocolo para medição do uso de energia e relato de emissões de GEE durante a operação de edificações (Unep, 2010). No entanto, ainda não existe modelo, norma ou protocolo para a construção de inventários de energia incorporada (Dixit et al., 2010). Além disso, a revisão de literatura no tema revela interpretações de energia incorporada pouco claras e resultados significativamente variados, derivados de informações de países e fontes diferentes e bases de dados frequentemente incomparáveis entre si.

Em países europeus, o uso crescente de sistemas de certificação de sustentabilidade de empreendimentos vem estimulando a avaliação da pegada de carbono de edificações. Como exemplo, um dos métodos alemães calcula a pegada de carbono de um edifício com base nas normas desenvolvidas pelo Comitê Técnico 350 do Comitê Europeu de Normalização (CEN/TC 350) para construção sustentável. Assim como esperado para o protocolo desenvolvido pela Unep-SBCI, métricas para cálculo da pegada de carbono de edificações podem ser compartilhadas pelos diferentes métodos, mas também falta consenso quanto a um procedimento comum para contabilização de emissões incorporadas.

5.3 O que define um edifício de alto desempenho ambiental do ponto de vista de materiais?

Com sua lei da conservação da matéria, Antoine Lavoisier constatou que matéria não pode ser criada nem destruída. O que o ser humano tem hoje é o que herdou e é também o que deixará de herança às próximas gerações. Em termos ecológicos, uma faceta dessa mesma lei é que a matéria passa de reservatórios físicos aos biológicos, depois volta aos físicos e assim por diante, em ciclos.

A interseção entre sustentabilidade e uso de materiais centra-se em duas questões: o que o ser humano está usando (toxicidade) e quão bem ele está usando (gestão de recursos). A resposta à primeira questão (toxicidade) reflete o impacto das escolhas dos humanos nos recursos naturais e na saúde relativa do ambiente. O modelo de gestão de recursos adotado caracterizará o impacto do ser humano na qualidade e no ciclo desse modelo e terá implicações no desempenho do material, componente ou sistema construtivo em termos de durabilidade, eficiência energética, quantidade de resíduo gerado, potencial para reúso e reciclagem, entre outros (Spiegel; Meadows, 2006). Ampliando essa visão, argumenta-se que a avaliação do desempenho ambiental seja sempre balizada pelo desempenho funcional, para que, juntos, toxicidade, gestão de recursos e desempenho funcional formem uma base valiosa para avaliar o uso de recursos materiais em termos de sustentabilidade.

Excelência na aplicação de conceitos de eficiência, fechamento de ciclos de materiais e consideração da toxicidade potencial – linha mestra do chamado *projeto para o ambiente* – caracterizam um edifício com alto desempenho ambiental, do ponto de vista material. A Ecologia da construção instigada por Kibert, Sendzimir e Guy (2000a; 2000b) calca-se na criação de analogias entre sistemas naturais e processo de produção de edificações. No caso de materiais, tais analogias visam alcançar um metabolismo muito lento, *ou seja, o máximo alongamento entre o momento de consumo inicial de recurso e a necessidade de nova utilização,* enquanto se promove a saúde dos ocupantes e uma relação simbiótica com o ambiente, na qual os dois sistemas – natural e construído – se beneficiem.

Dessas duas vertentes, entre outras, resultaram as *recomendações para projeto* para padrões cíclicos de uso e outras estratégias para facilitar o fechamento dos ciclos (Silva, 2007b), como a *desmaterialização*, que busca reduzir a intensidade material (consumo de recursos e massa) do ambiente construído (Kibert; Sendzimir; Guy, 2000b); e a *desconstrutibilidade*, visando à recuperação de materiais e energia (Yeang, 1995).

Para verificar o sucesso da aplicação de estratégias de *projeto para o ambiente* e comunicar o desempenho ambiental alcançado, é necessário um protocolo padronizado, como a avaliação de ciclo de vida (ACV), assim como métricas que apontem o resultado em relação a referências ou metas fixadas contextualmente.

No entanto, a análise dos sistemas existentes para avaliação ambiental de empreendimentos (Quadro 5.1) revela que há raras ferramentas que avaliam desempenho ambiental objetivamente, predominando o reconhecimento de *atributos* de produtos, como teor reciclado, procedência local, parcela de renováveis e origem certificada. O problema da abordagem por atributos é que eles são tratados isoladamente e perde-se a noção global do impacto, quando, na verdade, esses atributos estão frequentemente em conflito e interferem (negativamente) um no outro. Trabalhar com atributos cria o risco de se confundir fim e meios e de transformar a seleção de atributos de materiais em objetivo, em detrimento de desempenho ambiental propriamente dito (Trusty; Horst, 2002; Silva, 2007b).

Quadro 5.1 Abordagem para consideração dos materiais e componentes de construção em diferentes sistemas de avaliação/certificação ambiental de empreendimentos

Sistema	Abordagem utilizada
BREEAM (Reino Unido)	**Híbrido: orientado a atributos e ACV.** Reconhece alguns itens prescritivos/atributos de produtos, mas a avaliação dos elementos principais do edifício é feita em relação às especificações do *Green Guide to Specification* ou aos *benchmarks* de ecopontos providos pelo *software* Envest (ambos desenvolvidos pelo BRE). Os ecopontos são uma maneira simples de entender resultados de ACV e permitem considerar a importância das diferentes categorias de impacto simultaneamente e refletir a importância relativa de cada categoria dentro da pontuação total.
Green Globes (Canadá)	**Orientado a atributos (em transição para ACV).** Atualmente, apresenta apenas créditos de caráter educativo, que encorajam a seleção de materiais com o menor impacto ambiental no ciclo de vida. Na transição para ACV, o Athena Environmental Impact Estimator será utilizado para a avaliação básica dos sistemas principais e pontos serão concedidos para cada uma das diversas medidas de impacto ambiental conforme o desempenho em relação a *benchmarks*.
Green Star (Austrália)	**Orientado a atributos.** Reconhece o uso de refrigerantes com menor ODP* e GWP**; a existência de compartimentos específicos para permitir coleta e armazenamento de resíduos de uso recicláveis; madeira de fontes sustentáveis; limita a avaliação de teor reciclado aos componentes estruturais; e a minimização de uso de PVC (único), admitindo que não aborda a toxicidade de materiais por falta de dados australianos.
LEED (EUA)	**Orientado a atributos.** A partir do LEED 2009, a demonstração de utilização expressiva de ACV para seleção de materiais é elegível a créditos adicionais de inovação em projeto e construção.
SBTool	**Orientado a ACV.** Permite a realização de ACV básica por meio de base de dados canadense pré-inserida ou pela inserção manual de dados locais.

*ODP: potencial de dano à camada de ozônio; **GWP: potencial de aquecimento global.

Para superação dessas limitações, há algumas opções de integração de ACV a sistemas de certificação ambiental de edifícios, principalmente por meio de:

1] seleção de produtos e sistemas com classificação alta em uma lista pré-analisada;

2] decisões amparadas por plataformas para ACVs para uso geral, como SimaPro (Holanda) e GaBi (Alemanha), ou por interfaces já adaptadas para avaliação de produtos e sistemas construtivos, como Eco Quantum (Holanda), Eco-Pro (Alemanha), EQUER e TEAM™ for Buildings (França), BEES (EUA), Athena Environmental Impact Estimator (Canadá) e LCAid (Austrália);

3] obtenção de níveis de desempenho global do edifício com relação a indicadores específicos de impacto no ciclo de vida; e
4] embasamento de análises em declarações ambientais de produtos (EPDs) e da inserção de dados ambientais sistematizados em catálogos de sistemas construtivos.

Os dois primeiros pontos vêm sendo trabalhados já há algum tempo. Indicadores são uma peça-chave para o entendimento do impacto ambiental dos materiais, componentes e sistemas construtivos, e serão discutidos mais detalhadamente neste capítulo.

As declarações ambientais de produtos (EPDs) são um desenvolvimento recente que está ganhando força rapidamente em países avançados no uso de ACV. Uma declaração ambiental de produto, como definida pela norma ISO 14025 (ISO, 2006a) para declarações ambientais tipo III, reúne dados ambientais quantitativos de um produto ou serviço estruturados segundo categorias de parâmetros predefinidos. A declaração não avalia a informação ambiental apresentada, já que não há níveis de desempenho predeterminados. Seu benefício é valer-se de dados quantitativos bem-estruturados e certificados por terceira parte independente para criar uma base para comparação mais transparente e com rigor científico entre produtos e serviços com base em seu desempenho ambiental.

5.4 Estimativa de impactos de materiais no ciclo de vida da edificação

A discussão mundial sobre impactos ambientais e ambiente construído é claramente centrada em estimativas de energia e emissões relacionadas. Nesse sentido, existem basicamente dois métodos para avaliação: *análise de entradas e saídas* (*input-output* ou I-O) e *análise de processos*. Limitações práticas de aplicação desses métodos individualmente levaram ao desenvolvimento de métodos híbridos, que combinam aspectos úteis de cada método.

Tabelas I-O são uma ferramenta econômica que permite examinar os fluxos monetários entre setores produtores de energia, incluindo importações, e cruzá-los com a quantidade de energia produzida por setor. Por contabilizar fluxos na esfera da nação e detalhá-los para a interpretação de subsistemas, setores e bens específicos, a análise I-O inclui-se entre as chamadas *abordagens top-down*, ou *de cima para baixo*.

Apesar de suas limitações intrínsecas (Bullard; Penner; Pilati, 1976), nota-se uma tendência crescente de seu emprego em análises ambientais e estimativas de energia (e emissões) incorporada, pois cada transação monetária – e, consequentemente, cada transação energética – é capturada, considerando não só os impactos *diretos* de um produto ou serviço como também impactos *indiretos* envolvidos na cadeia de suprimentos (Yan et al., 2010). As tabelas I-O para países como Japão e Estados Unidos, por exemplo, contemplam mais de 400 setores, em um nível de detalhamento suficiente para permitir análise de impactos ambientais dos respectivos setores de construção. A matriz brasileira é ainda insuficiente para embasar tais análises.

Por outro lado, o método de *análise de processos* envolve o exame sistemático de entradas diretas e indiretas de energia em um processo. A análise começa tipicamente com o processo final de produção e retrocede para capturar cada entrada de energia e a energia correspondente a cada material contribuinte. Por caracterizar fluxos individuais de processos e produtos que podem ser agregados para caracterizar diferentes processos, produtos e setores mais amplos, a análise de processos configura-se como uma *abordagem bottom-up*, ou *de baixo para cima*. Esse é o método mais comum, pois os resultados são acurados e específicos, e a maioria dos dados necessários pode ser usualmente obtida, apesar do tempo, custo e esforço consideráveis.

O emprego de avaliação de ciclo de vida (ACV) amplia o escopo de análise para além de energia e emissões de GEE. Ao considerar uma série de categorias ambientais, de maneira holística e sistemática, a ACV fornece uma visão mais completa dos impactos de um produto ou processo. O avanço considerável nesse campo desde a segunda metade dos anos 2000 encoraja o seu emprego como suporte metodológico, padronizando e facilitando o trabalho de coleta, registro e processamento dessas informações.

Existe uma tendência internacional à migração da avaliação ambiental para a chamada *avaliação integrada de sustentabilidade*, envolvendo avaliação social e de custos no ciclo de vida. Como os avanços nesse campo ainda são muito recentes, aqui será abordada apenas a avaliação ambiental.

As ACVs começaram nos Estados Unidos nos anos 1960 e foram normalizadas, quase 40 anos depois, pelas ISO 14040:2006 (*Princípios e framework*), 14044:2006 (*Requisitos e diretrizes*), 14047:2012 (*Exemplos de aplicação*) e 14048:2002 (*Formato para documentação de dados*). Com sua abordagem do berço ao túmulo, isto é, do ciclo de vida completo, incluindo desde a extração de matéria-prima até o estágio de fim de vida, a ACV constitui uma técnica formal para investigar sistematicamente os impactos de um produto em cada etapa de seu ciclo de vida (EPA, 2006), de forma independente. Com isso, permite estimar impactos como extração de matérias-primas naturais, transporte de materiais e disposição final, por vezes negligenciados em outras análises (Saade et al., 2012).

Apesar de algumas organizações – além da própria Setac (Society for Toxicology and Chemistry), EPA (United States Environmental Protection Agency), ISO (International Organization for Standardization), ASTM (American Society for Testing and Materials) e Nist (National Institute of Standards and Technology) – terem desenvolvido estruturas próprias do processo de avaliação, há consenso quanto ao conceito e utilidade na *quantificação* de sustentabilidade (Spiegel; Meadows, 2006).

Os principais objetivos de uma ACV são: (i) retratar, da forma mais completa possível, as interações entre o processo considerado e o ambiente; (ii) contribuir para o entendimento da natureza global e independente das consequências das atividades humanas sobre o ambiente e (iii) produzir informações objetivas que permitam identificar oportunidades para melhorias ambientais (Setac, 1991).

O processo típico de avaliação compreende quatro etapas (Fig. 5.3) (ISO, 2006b). A primeira etapa, ou *definição do escopo*, estabelece o objetivo do estudo, sua abrangência e profundidade (limites do sistema). Na construção do *inventário do ciclo de vida* (ICV), estudam-se os fluxos de energia e materiais para a identificação e a quantificação dos *inputs* (consumo de recursos naturais) e *outputs* (emissões para o ar, água e solo) ambientais associados a um produto durante todo o seu ciclo de vida. Na etapa de *avaliação do impacto*, esses fluxos de recursos e emissões são relacionados a problemas ambientais em diferentes categorias. Por exemplo, a etapa de avaliação de impactos relaciona a *emissão de CO_2*, um fluxo, a *mudança climática*, uma categoria de impacto. Os resultados da avaliação são apresentados na etapa final de *interpretação dos dados*, que também retroalimenta as etapas anteriores (Silva, 2003).

Internacionalmente, o conceito de ciclo de vida vem sendo aplicado para a rotulagem ambiental e declarações ambientais de produtos e para a elaboração de diretórios de produtos, como Green Building Digest, BRE Envest e BRE Environmental Profiles (Reino Unido); Environmental Choice e GreenSpec (EUA); Environmental Preference Method (Holanda); entre outros.

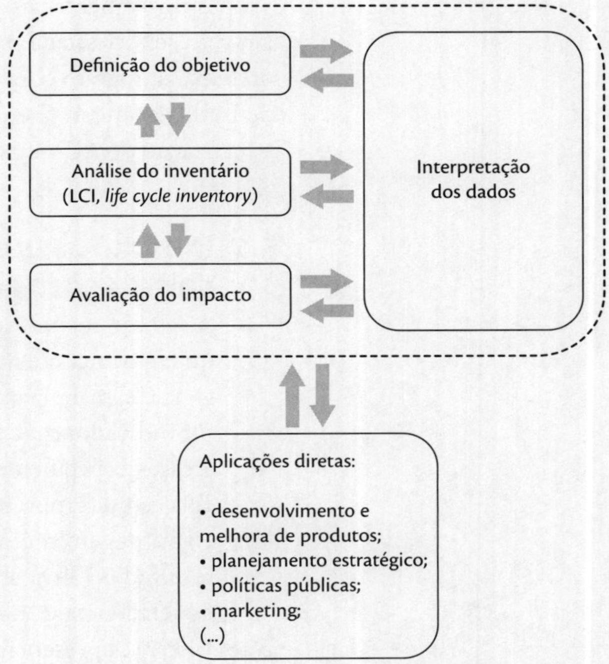

Fig. 5.3 Etapas de uma avaliação do ciclo de vida
Fonte: ISO (2006b).

A condução de ACV é detalhada e, consequentemente, pode ser cara. É também amplamente dependente de dados de fabricação, nem sempre disponíveis, por razões que vão desde mero desconhecimento até receio de evidenciar facetas indesejáveis de um determinado produto. Com frequência, o analista depara-se com qualidade e quantidade insuficiente de dados. Como resultado, podem ocorrer supersimplificações que empalidecem o rigor científico da análise e, muitas vezes, a destituem de significado (Silva, 2003).

Europa, Austrália, Japão e Canadá, por exemplo, possuem bases de dados bastante completas de ACV, e outros países seguem o mesmo caminho. O emprego de tecnologias e matrizes energéticas semelhantes torna as bases de dados alemã, suíça e holandesa aplicáveis, em grande extensão, aos demais países europeus. Já o Canadá desenvolveu base própria em um processo posteriormente adotado como referência para o desenvolvimento da base de dados norte-americana.

Superado o problema da disponibilização de dados confiáveis para os materiais-base, idealmente, o projetista simplesmente acessaria uma base de componentes ou sistemas construtivos e poderia eleger entre as alternativas com perfil ambiental precisamente definido aquela capaz de atender às suas demais expectativas de desempenho, ao menor impacto possível. No entanto, as poucas ferramentas específicas existentes são relativamente rudimentares e com bases de dados fechadas e limitadas a alguns sistemas, além de ainda não terem alcançado esse estágio ideal de abrangência e flexibilidade almejada pelos projetistas.

O estado da ACV no Brasil é ainda embrionário, com trabalhos realizados isoladamente por algumas universidades, ou, mais recentemente, estimulados pela Associação Brasileira de Ciclo de Vida (ABCV). Os estudos incluem temas como planejamento energético, redução de embalagens e busca de produtos agrícolas alternativos (Saade et al., 2012). Moretti e Ugaya (2010) estudaram os inventários de ciclo de vida (ICV) desenvolvidos no Brasil e confirmam a necessidade de adaptar uma base unificada de ICV para os diferentes setores industriais, em virtude da impossibilidade de utilizar bases internacionais, quando elementos críticos como matriz energética variam significativamente. Barbosa Júnior et al. (2008) afirmam que a própria NBR 14040:2001 (ABNT, 2001) reconhece sua implementação incipiente no país e apontam a falta de bases de dados aderentes às condições nacionais e as barreiras econômicas – dada a natureza intensiva em tempo e trabalho das ACVs – como os principais obstáculos a superar.

A implementação coordenada de ACV no campo da construção, em particular, vem sendo adiada por mais de uma década no Brasil. Apesar disso, os estudos no tema ganharam corpo, particularmente a partir de 2010, e o Instituto Brasileiro de Informação em Ciência e Tecnologia estabeleceu como prioridade possibilitar a realização de ACVs para produtos brasileiros (IBICT, 2012).

5.5 Indicadores de ecoeficiência material para edificações brasileiras

A seleção de indicadores é dirigida por seu propósito final, que deve ser adequado aos contextos ambiental e socioeconômico da região de análise, relevância e, principalmente, mensurabilidade (OECD, 2003). Esforços para definir indicadores de sustentabilidade para o ambiente construído que atendam a essas especificidades vêm sendo empreendidos há algum tempo no país. Tais estudos, porém, são consideravelmente variáveis em termos de critérios e abordagem metodológica e não necessariamente permitem agregação de resultados (Silva, 2007a).

Ecoeficiência é uma filosofia de gestão proposta em 1991 (Schmidheiny; BCSD, 1992) e apresentada como resposta do setor privado ao clamor por contribuições para o desenvolvimento sustentável feito à época da Conferência das Nações Unidas sobre Ambiente e Desenvolvimento (Rio-92). O conceito de ecoeficiência desacopla o *uso da natureza* da atividade econômica necessária para atender às necessidades humanas e matematicamente relaciona o valor de um produto ou serviço às cargas ambientais (uso de recursos, resíduos e poluição) para sua produção (OECD, 1998; WBCSD, 2000).

Indicadores de ecoeficiência são, portanto, estruturados para capturar uso de recursos – tanto em termos de produção quanto de consumo – e os impactos ambientais resultantes. Para efetivamente descrever os impactos a que se propõem, indicadores devem prover uma perspectiva do ciclo de vida completo. A abrangência da ACV evita a transferência de impactos entre fases, regiões e problemas ambientais (Finnveden et al., 2009) e pode apoiar cientificamente o cálculo de indicadores mais consistentes e informativos.

Os indicadores de ecoeficiência, normalizados por unidade de área construída, ora propostos neste capítulo são: energia incorporada; CO_{2eq} incorporado (ou pegada de carbono); pegada de água azul; teor abiótico; e emissões de compostos orgânicos voláteis (COVs). Apesar de valores de referência normalizados serem inadequados para formulação de políticas públicas e impactos absolutos precisarem ser considerados (Jones; Hammond, 2010), normalizar por unidade de área construída elimina a necessidade de avaliar projetos de arquitetura para cada edifício em uma dada região de análise, facilitando a orientação de políticas com base em dados governamentais disponibilizados.

Esse formato de informação confere comparabilidade entre edifícios e tipologias para comunicação de desempenho, estabelecimento de metas de projeto e checagem em relação a desempenhos de referência (*benchmarks*). Tornam-se, assim, úteis para balizar a decisão de projetistas, além de convenientes para comunicação para o público geral.

A seleção de um grupo inicial de indicadores para descrever desempenho ambiental no ciclo de vida não pretende dispensar a condução de ACVs completas. Pelo contrário, os valores de todos os indicadores devem ser calculados com base nos resultados de avaliações de ciclo de vida realizadas em rigorosa conformidade com as normas que as regem. Os objetivos aqui são: (i) *identificar os materiais e componentes pelos quais iniciar* os estudos, segundo uma estratégia metodológica coordenada para a construção dos inventários necessários; (ii) *facilitar a compreensão do significado dos indicadores* por projetistas e sua utilização na prática cotidiana de especificação; e (iii) *começar a gerar números de referência* que posicionem nossas construções e orientem o estabelecimento de metas de melhoria.

A energia incorporada e a pegada de carbono (também chamada de *carbono incorporado*) medem, respectivamente, a energia utilizada e as emissões de gases de efeito estufa (GEE), expressas em CO_{2eq}, liberadas durante a extração de matérias-primas, manufatura e transporte de materiais e componentes de construção, durante o processo de construção, uso e operação, incluindo manutenção, renovações e substituição de componentes, e demolição, reprocessamento ou outros tratamentos necessários ao final da vida útil (Langston; Langston, 2008).

O indicador de *conteúdo abiótico* vai diretamente à raiz do problema e comunica a intensidade de depleção de recursos não renováveis (Saade et al., 2012) em vez da descrição frequentemente encontrada em termos de atributos de conteúdo regional, renovável, reciclado ou reciclável, que fornecem apenas uma visão parcial.

Um padrão para cálculo de pegada de água foi publicado recentemente (Hoekstra et al., 2011), abrangendo três componentes principais: pegada de água *azul*, que inclui a água superficial e subterrânea utilizada; pegada de água *verde*, que inclui a água pluvial utilizada; e pegada de água *cinza*, que inclui a água doce poluída no processo. Apesar do uso ainda incipiente, o método de avaliação parece ser detalhado o suficiente para uso potencial no setor da construção.

Como os dados de emissões de compostos orgânicos voláteis (COVs) durante a etapa operacional não são comumente mensurados, propõe-se a consideração das emissões, ainda que restritas à etapa de produção, como um primeiro encaminhamento para relacionar o uso de materiais a aspectos de saúde em avaliações multidimensionais de sustentabilidade no ciclo de vida.

A conceituação de alguns indicadores, particularmente energia e carbono incorporados, varia mundialmente. Wiedmann e Minx (2008) e ETAP (2007), por exemplo, defendem que a pegada de carbono deva medir a quantidade de emissões de CO_2 direta ou indiretamente causadas pelas atividades humanas, ou acumuladas ao longo do ciclo de vida de um produto. Outros, como no artigo Carbon... (2006), afirmam que o indicador deve representar o total de GEE emitidos – referindo-se, portanto, a CO_{2eq} – durante o ciclo de vida de um produto ou processo.

Dados de energia e carbono incorporados são encontrados na literatura em nível de materiais, componentes e, mais recentemente, sistemas (Alcorn; Baird, 1996; Hammond; Jones, 2011; US DOE, 2011). Os números variam substancialmente entre países, mas não é possível identificar até que ponto isso resulta de variação real entre estruturas produtivas ou de diferenças nos métodos de contabilização ou apresentação da informação.

O consumo de energia e a emissão de CO_2 durante a produção de edificações é diferente entre países e isso não está relacionado à construção nem ao projeto da edificação em si, mas à estrutura do consumo de energia e às variações na eficiência energética para a fabricação de materiais em cada um. O emprego de tabelas de dados calculadas em outros contextos só faz sentido se eles forem realmente muito semelhantes à situação de aplicação, como pode ser o caso de países europeus ou de países com setores de construção essencialmente dependentes da importação a partir desses contextos de referência, como nos casos de Hong Kong, Cingapura ou Dubai.

Ainda assim, até recentemente, a tabela de coeficientes de energia e carbono incorporado mais frequentemente referenciada em pesquisas em diferentes países foi a resultante das investigações da equipe do Centro para Desempenho e Pesquisa de Edificações, da Victoria University of Wellington, para a Nova Zelândia (Alcorn; Baird, 1996; Baird; Alcorn; Haslam, 1997; Alcorn, 2003). Desde 2008, com a divulgação da primeira versão dos Inventários de Carbono e Energia (ICE), Hammond e Jones (2008, 2011), da University of Bath, no Reino Unido, os ICE parecem ter ocupado essa posição de referência internacional.

Dados de intensidade energética por unidade de área construída, como as estimativas publicadas pela Hastoe Housing Association (1999) e por Jones e Hammond (2010) para tipologias residenciais no Reino Unido, e a consolidação de literatura feita por Dixit et al. (2010) são também muito variáveis, particularmente para edifícios comerciais. A dificuldade consiste em encontrar um esquema de categorização capaz de considerar as características da energia incorporada acuradamente, ou seja, de colocar na mesma categoria edifícios que efetivamente tenham energia incorporada semelhante por unidade de área construída, porém, mantendo-se compatível com os dados coletados por agências governamentais e outras fontes confiáveis.

Para iniciar a construção de inventários de ciclo de vida para materiais de construção nacionais ou validar inventários internacionais, mediante uma análise criteriosa dos processos produtivos, Silva et al. (2013a) e Saade, Silva e Gomes (2013) usaram dados para modelagem dos ciclos de produção de materiais e componentes de construção coletados de literatura ou, quando considerado adequado, adaptados da base de dados Ecoinvent (Quadros 5.1 e 5.2). O cálculo do CO_{2eq} incorporado considerou todos os GEE incluídos na categoria de aquecimento global, pelo método de análise de impactos ambientais CML 2001 v. 205.

A Tab. 5.1 reúne coeficientes por unidade material (UM) para diferentes materiais de construção, calculados com base em ACVs do berço ao portão, utilizando inventários construídos ou preliminarmente validados para o contexto brasileiro. ACVs do berço ao portão consideram fluxos e impactos envolvidos desde a extração de matéria-prima até o portão das respectivas fábricas, desconsiderando os estágios posteriores do ciclo de vida. Em função da variação considerável encontrada por Silva et al. (2013a) para valores de CO_2 e CO_{2eq} incorporado para alguns materiais de construção, recomenda-se a consideração deste último como descritivo da *pegada de carbono*. Essas diferenças são particularmente consideráveis para armadura (aço CA50), brita, tubos e eletrodutos de PVC, perfil metálico da estrutura da cobertura e madeira serrada.

A Tab. 5.2 traz indicadores calculados para uma tipologia construtiva selecionada: edificações com até três pavimentos, estrutura de concreto armado e baixa relação de área janela-parede, em região com predominância comercial de Cimento

Quadro 5.2 Entradas e fontes de dados de inventário para cada material e componente de construção considerado

Material/componente	Entrada de dado	Fonte de dados
Concreto usinado (fck 30)	Areia, brita, água e cimento (CP I-S-32, CP II-E-32 ou CP III-32[1])	Silva (2006) (cimento) e Ecoinvent v. 2.2 (agregados e água)
Cimento Portland (CP I-S-32, CPII-E-32 e CPIII-32)	Sulfato de cálcio, clínquer e escória granulada de alto-forno	Silva (2006)
Armadura, perfil de aço (estrutura da cobertura), fios de cobre	Processos ELCD (European reference Life-Cycle Database) adaptados à matriz energética brasileira	ELCD v. 2.0 e Ecoinvent v. 2.2
PVC (tubo, eletroduto)	Dados da indústria, adaptados à matriz energética brasileira	Industry Data v. 2.0 e Ecoinvent v. 2.2
Madeira (compensada, serrada e roliça)	Processos Ecoinvent adaptados à matriz energética brasileira	Ecoinvent v. 2.2
Areia, brita, tinta acrílica, cal hidratada, argamassa colante, revestimento cerâmico, vidro	Processos Ecoinvent adaptados à matriz energética brasileira	Ecoinvent v. 2.2
Bloco cerâmico	Dados da indústria, adaptados à matriz energética brasileira (Hammond; Jones, 2011) ou coletados no país (Manfredini; Sattler, 2005)	Hammond e Jones (2011) (CO_2 incorporado) e Manfredini e Sattler (2005) (energia incorporada)

Fonte: Saade, Silva e Gomes (2013).

Portland CP III-32. Foi aplicada uma regra de corte (<5% da massa total de materiais (exceto fundações) ou <5% de energia incorporada total) que excluiu itens com contribuição considerada desprezível.

Cerca de 85% da energia incorporada contabilizada está relacionada a cimento, bloco cerâmico, aço CA50 (armadura), madeira serrada e compensada e tubo de PVC. Analogamente, cimento, aço CA50 (armadura), bloco cerâmico, tubos e eletrodutos de PVC e cal hidratada respondem por 81% do CO_{2eq} incorporado contabilizado.

Em termos de conteúdo abiótico, as principais contribuições são claramente do cimento e da argamassa colante. Para a pegada de água azul, destaca-se a contribuição do cimento seguida de argamassa colante, tubo de PVC e aço CA50. Finalmente, em termos de COVs durante o processo produtivo, as principais contribuições vêm da madeira serrada, aço CA50, madeira compensada, madeira roliça, argamassa colante, cal hidratada e revestimento cerâmico.

Da análise conjunta dos cinco indicadores (Tab. 5.2), conclui-se que uma base de dados composta por doze materiais e componentes principais fornece uma descrição muito razoável da edificação, representando mais de 95% do valor contabilizado para o cálculo de cada indicador.

Convém notar que a Tab. 5.2 traz valores para os constituintes do concreto individualmente e, para fins de referência, também para o concreto usinado – um compósito entregue pré-misturado no canteiro de obras. Fica claro que, exceto para indicador de emissões de COVs, o concreto – considerado de forma agregada – está entre as quatro maiores contribuições *para todos os demais indicadores* sugeridos, e seu uso deve ser cuidadosamente monitorado durante o processo de projeto.

Isso é reforçado pelos resultados de Silva et al. (2013b), que indicam que, para casos brasileiros de edificações escolares e de serviços com estrutura de concreto

Tab. 5.1 Coeficientes por unidade material (UM) calculados com base em ACVs do berço ao portão desenvolvidas ou preliminarmente validadas para o contexto brasileiro

Material/componente		UM	Energia incorp. (MJ/UM)	CO_2 incorp. (kg/UM)	CO_{2eq} incorp. (kg/UM)	Pegada de água azul (m^3/UM)	Conteúdo abiótico (kg/UM)	COV (kg/UM)
Cimento	CP I-S-32	kg	3,37	0,51	0,51	0,00	1,72	0,0000
	CP II-E-32		2,47	0,37	0,37	0,00	1,26	0,0000
	CP III-32		1,17	0,17	0,18	0,01	0,60	0,0000
Concreto fck 30*	CP I-S-32	m^3	1.222,06	184,73	188,03	3,02	2.573,41	0,0068
	CP II-E-32		1.002,40	151,08	154,16	3,70	2.363,17	0,0064
	CP III-32		484,97	72,32	75,01	4,80	2.131,35	0,0064
Areia		m^3	0,03	0,01	0,01	0,00	2,76	0,0000
Brita		m^3	0,09	0,01	0,02	0,00	2,89	0,0000
Aço CA50		kg	10,27	1,55	1,95	0,01	0,81	0,0003
Perfil do aço (estrutura cobertura)		kg	9,36	1,39	1,78	0,01	0,67	0,0003
Bloco cerâmico		kg	2,52	0,23	0,24	n.d.	n.d.	n.d.
Telha cerâmica		kg	1,59	0,63	0,76	0,01	1,73	0,0002
Madeira serrada		m^3	9.469,28	58,55	73,22	0,76	230,14	0,4673
Madeira roliça		m^3	9.327,64	42,99	52,17	0,54	187,71	0,4067
Madeira compensada		m^3	2.3377,34	501,95	623,55	9,60	943,81	0,7201
Tubo de PVC		kg	65,24	5,92	9,85	0,11	2,19	0,0009
Eletroduto de PVC		kg	65,24	5,92	9,85	0,11	2,19	0,0009
Argamassa colante		kg	0,99	1,01	1,20	0,04	19,60	0,0006
Cal hidratada		kg	0,24	0,74	0,78	0,00	1,42	0,0003

n.d.: dado não disponível.
*Impactos de concreto contendo CP I-S-32 (5% escória de alto-forno, traço 1:2,5:2,9:0,5) e CP II-E-32 (30% escória de alto-forno, traço 1:2,2:2,4:0,5) foram calculados para fins de referência. Todos os estudos de casos utilizaram cimento CP III-32 (66% escória de alto-forno, traço 1:2,3:2,5:0,5).

armado, o sistema estrutural e a envoltória somaram 66% da energia e 49% do CO_{2eq} incorporados nos materiais. Esses resultados alinham-se a estudos de ciclo de vida internacionais (Dobbelsteen; Arets; Linden, 2005; Dobbelsteen; Arets; Nunes, 2007; Haapio; Viitaniemi, 2008; Kellenberger; Althaus, 2009; Moon, 2009), que consistentemente apontam o sistema estrutural e a envoltória da edificação como os principais contribuintes para as cargas ambientais atreladas a materiais de construção.

Analisando o posicionamento dos resultados nacionais em relação às médias internacionais, nota-se que, para a tipologia construtiva considerada, tanto a energia incorporada (cerca de 1.030 MJ/m^2) quanto o CO_{2eq} incorporado (128 kg CO_{2eq}/m^2) são bastante inferiores aos dados de literatura, que são, por sua vez, muito variáveis (Tabs. 5.3 e 5.4).

As razões para essas discrepâncias são basicamente função de aspectos de método ou de contexto (Gomes et al., 2013). Entre os aspectos de método, está a variação *cronológica* (berço ao portão, berço ao sítio, berço a construção, berço a operação etc.); *funcional* (tipologia edificada, vida útil e parcela da edificação – edifício completo, apenas materiais, materiais mais sistemas prediais, apenas su-

Tab. 5.2 Valores calculados para os indicadores propostos e normalizados por m^2 de construção da tipologia de estudo

	Material/componente		Energia incorporada (MJ/m^2)	CO_{2eq} incorporado (kg/m^2)	Pegada de água azul (m^3/m^2)	Conteúdo abiótico (kg/m^2)	COV (kg/m^2)
	Concreto fck30	**CP III-32**	101,86	15,75	1,01	447,68	0,0013
1	**Cimento**	**CP III-32**	**294,13**	**44,17**	**1,34**	**150,62**	**0,0003**
	Areia		0,01	0,00	0,01	1,51	0,0000
	Brita		0,03	0,00	0,01	0,98	0,0000
2	**Aço CA50**		**135,78**	**25,82**	**0,10**	**10,67**	**0,0038**
9	**Perfil de aço (est. de cobertura)**		**28,08**	**5,34**	**0,04**	**2,00**	**0,0008**
3	**Bloco cerâmico**		**161,24**	**15,33**	**n.d.**	**n.d.**	**n.d.**
	Telha cerâmica		0,01	0,00	0,00	0,01	0,0000
4	**Madeira serrada**		**132,91**	**1,03**	**0,01**	**3,23**	**0,0066**
5	**Madeira roliça**		**56,76**	**0,32**	**0,00**	**1,14**	**0,0025**
6	**Madeira compensada**		**86,25**	**2,30**	**0,04**	**3,48**	**0,0027**
7	**Tubo de PVC**		**67,23**	**10,15**	**0,11**	**2,26**	**0,0010**
8	**Eletroduto de PVC**		**51,80**	**7,82**	**0,08**	**1,74**	**0,0007**
10	**Argamassa colante**		**3,13**	**3,78**	**0,13**	**61,74**	**0,0018**
11	**Cal hidratada**		**1,58**	**5,11**	**0,01**	**9,32**	**0,0017**
12	**Revestimento cerâmico**		**6,85**	**3,28**	**0,04**	**7,46**	**0,0010**
	Cabo de cobre nu		1,15	0,10	0,00	0,40	0,0000
	Tinta acrílica		1,12	1,02	0,03	0,80	0,0005
	Tinta PVA		0,45	0,41	0,01	0,32	0,0002
	Vidro		1,07	1,64	0,02	2,41	0,0004
	Total contabilizado/m^2		**1.029,58**	**127,66**	**1,97**	**260,08**	**0,0239**

perestrutura etc.); e de *contabilização* (inferência de tabelas *input-output*, ACV de processos, ACV híbrida).

Já os aspectos relacionados a contexto referem-se, por exemplo, a diferenças na matriz energética e a práticas construtivas variáveis segundo clima, padrão de qualidade da construção, códigos de obras, condições geográficas interferindo em transporte e suscetibilidade a desastres naturais. Exatamente para auxiliar a padronizar os procedimentos de avaliação e contabilização de energia e CO_2/CO_{2eq} incorporados a edificações, o programa de conservação de energia em sistemas de edificações e comunidades (EBC, Energy in Buildings and Communities Programme) da Agência Internacional de Energia (IEA) implementou o Anexo 57 (IEA/EBC, 2013). Dados para os demais indicadores aqui sugeridos são ainda muito escassos ou mesmo inexistentes na literatura.

5.6 Conclusões

Em síntese, as recomendações para subsidiar a tomada de decisão no processo de especificação incluem:

1] analisar e especificar sistemas construtivos em vez de materiais;

2] especificar para uso mínimo de materiais (desmaterialização);

Tab. 5.3 Valores de energia incorporada na fabricação de materiais por m^2 de construção retirados da literatura e o valor de referência (mediana) para os casos brasileiros apresentados

Autor	Tipologia de uso	Energia incorporada (MJ/m²)
Hill (1978)	Residencial	3.600[a]
D'Cruz et al (1990)		4.300-5.300[a]
Lawson (1992)		5.000[a]
Edwards et al. (1994)		3.900[a]
Putlen (1995)		4.900[a]
Treloar (1996)		8.800[a]
Treloar (1998)		6.800[a]
Ballantyne et al. (2000)		6.600[a]
Putlen (2000)		5.900[a]
Stein et al. (1976)	Comercial	18.600[a]
Honey e Uchanan (1992)		3.400-6.500[a]
Oka et al. (1993)		8.000-12.000[a]
Tucker et al. (1993)		19.000[a]
Tucker e Treloar (1994)		8.200[a]
Oppenheim e Treloar (1995)		5.500[a]
Cole e Kernan (1996)		4.300-5.100[a]
Yohanis e Norton (2002)		10.500[a]
Referência (Brasil)	**Serviços/escolar**	**1.030[b]**

[a] Limites de sistema variados; [b] computados apenas os materiais de construção.
Fonte: Dixit et al. (2010).

Tab. 5.4 Valores de CO_{2eq} incorporado por m^2 na construção de edifícios retirados da literatura e o valor de referência (mediana) para os casos brasileiros apresentados

Autor	Tipologia de uso	CO_{2eq} incorporado (kg/m²)	Técnica
Suzuki, Oka e Okada (1995) (Japão)	Residencial	715[a]	Análise I-O
		985[a]	Análise I-O
Suzuki e Oka (1998) (Japão)	Comercial	790[a]	Análise I-O
		1.100[a]	Análise I-O
		650[a]	Análise I-O
Dimoudi e Tompa (2008) (Grécia)		266[b]	Análise de processos
		386[b]	Análise de processos
Yan et al. (2010) (Hong Kong, 30 pavimentos tipo)		341[c]	Análise de processos (simplificada)
Referência (Brasil)	**Serviços/escolar**	**128[c]**	**Análise de processos**

[a] Exclui transporte dos materiais e resíduos de construção; [b] valores ajustados, considerando que emissões da produção de materiais corresponde a 75% das emissões totais de GEE; [c] computados apenas os materiais de construção.
Fonte: Yan et al. (2010).

3] não selecionar produtos, mas projetar padrões cíclicos de uso;

4] especificar desempenho e ciclos de vida em vez de enfatizar conteúdo e origem;

5] na medida do possível, avaliar a toxicidade potencial e selecionar alternativas a materiais tóxicos ou perigosos; e, principalmente,

6] sistematizar essas informações e seu processo de decisão, para que possa revisá-los sempre que o *status* da informação se modificar. Uma matriz MATec (materiais, água, toxicidade, energia e CO_{2eq}) para os sistemas principais (Quadro 5.3), filtrados com base em sua participação no volume/massa e nos coeficientes de impacto específicos (Tab. 5.1), ajuda a documentar as informações. Esta planilha inicial pode evoluir e acrescentar outros indicadores para ampliar o escopo de análise ambiental e, finalmente, migrar para avaliação integrada de sustentabilidade.

Quadro 5.3 Matriz MATec (materiais, água, toxicidade, energia e CO_{2eq}) para documentar perfil de sustentabilidade dos sistemas principais

MATec	Materiais Conteúdo abiótico			Água			Toxicidade			Energia incorporada Transporte			CO_{2eq} incorporado Transporte		
Alternativas (equiv. funcional)	1	2	n	1	1	2	n	2	n	1	2	n	1	2	n
Produção dos materiais															
Construção															
Uso e operação															
Fim de vida															

O ordenamento de materiais de construção com base em indicadores-chave e a sua divulgação para projetistas contribuem para uma seleção de materiais mais eficiente, propiciando o desenvolvimento de especificações e balanço de materiais orientados a impactos no ciclo de vida e a metas de sustentabilidade específicas. A divulgação de perfis ambientais de edificações ao público geral, por sua vez, cria condições para que a sociedade pressione pela mitigação de impactos e para orientar políticas públicas e setoriais para a melhoria tecnológica das indústrias relacionadas.

Para a tipologia construtiva aqui apresentada, uma base de dados de doze materiais e componentes de construção – cimento, aço CA50 (armadura), bloco cerâmico, madeira (serrada, roliça e compensada), componentes de PVC (tubos e eletrodutos), perfil de aço da estrutura de cobertura, argamassa colante, cal hidratada e revestimento cerâmico – fornece uma descrição muito abrangente da edificação, representando mais de 95% do valor contabilizado para o cálculo de cada indicador. Isso possibilita a otimização do escopo de monitoramento, indicando por onde começar na árdua e longa tarefa de montagem de inventários de ciclos de vida de materiais para uso no país.

A identificação de materiais essenciais tem implicações importantes não só em tempo e investimento de pesquisa, mas também no entendimento por projetistas e a implementação bem-sucedida desses conceitos em sua prática cotidiana de especificação. Os resultados apresentados neste capítulo são específicos para a tipologia construtiva considerada. Os estudos de casos considerados representam a prática nacional típica para essa tipologia e padrão de construção na região de estudo, e a base de dados já apresenta edificações escolares, centro de serviços e postos de atendimento ao público.

A análise de outras tipologias, padrões e culturas pode resultar em outros ordenamentos e contribuições individuais de materiais e componentes aos indicadores por unidade de área. Investigações para outras tipologias são importantes para a construção gradual e divulgação de uma base de dados aberta, que permita a aplicação dessas métricas e que auxilie o setor de construção nacional a se beneficiar do uso de ACV como ferramenta de apoio à tomada de decisão.

Nesse sentido, numa parceria entre a equipe da UNICAMP/UFES e empresas construtoras formalizada, em março de 2013, foram realizados levantamentos para inclusão de edifícios multipavimentos (habitacionais e comerciais de escritórios) e outras tipologias construtivas. Integrado com os trabalhos do Anexo 57 da IEA no Brasil, previu-se a realização da pesquisa entre 2013 e 2015. Os primeiros resultados foram divulgados ainda no primeiro semestre de 2013 e refinados ao longo do desenvolvimento do projeto, juntamente como uma ferramenta simples, para facilitar a avaliação pelos projetistas.

A comparação direta com dados internacionais fica ainda comprometida. Vários países contam com bases de dados para avaliação de *inputs-outputs* (I-O) por setor da economia, que, apesar da tendência em superestimar resultados, permitem considerar equipamentos e sistemas prediais, que não foram aqui computados.

As práticas construtivas, em grande parte diretamente associadas a clima e cultura locais, também influenciam os resultados. Gustavsson e Sathre (2006), por exemplo, encontraram que concreto, revestimento de gesso, isolamento, aço, plástico, madeira serrada, compensada e aglomerada respondem por, em média, 87% da energia primária total usada na produção de materiais em diferentes países europeus. Alguns desses materiais ainda não constam nas análises feitas aqui, tampouco constam o vidro e o alumínio que, em torres comerciais como o emblemático One Peking, em Hong Kong, respondem por cerca de 5% do CO_{2eq}incorporado, mesmo com a absoluta dominância de concreto e aço, que somam cerca de 94% dessas emissões (Yan et al., 2010).

Como a lista de materiais apresentada foi motivada por sua relevância na tipologia estudada, ela ainda não atende a todas as situações de projeto. Mesmo assim, os dados apresentados permitem a um projetista conectar os dados de quantitativos de seu projeto aos dados de indicadores por unidade de material e dirigir seu processo de tomada de decisão com base em comparações e estimativas razoáveis para os indicadores aqui sugeridos. Este é um avanço muito significativo em relação à seleção de materiais fundamentada em atributos que ainda impera no meio técnico.

No Brasil, ainda é necessário ampliar a base de dados de materiais para que atenda a quaisquer projetos, assim como o desenvolvimento de interfaces e catalogação de sistemas que facilitem o estudo objetivo de materiais e melhorem a acurácia das estimativas feitas na etapa projetual.

Referências bibliográficas

ABNT - ASSOCIAÇÃO BRASILEIRA DE NORMAS TÉCNICAS. *NBR 14040:* Gestão ambiental: avaliação do ciclo de vida: princípios e estrutura. Rio de Janeiro, 2001. (substituída por NBR ISO 14040:2009).

AGOPYAN, V.; JOHN, V. M. *O desafio da sustentabilidade na construção civil.* Coordenação de José Goldemberg. São Paulo: Blucher, 2011. (Série Sustentabilidade)

ALCORN, A. *Embodied energy and CO_2 coefficients for New Zealand building materials.* 2003. 31 p. Report series: Centre for building performance research report. - Victoria University of Wellington, Wellington, 2003. Disponível em: <http://www.victoria.ac.nz/cbpr/documents/pdfs/ee-co2_report_2003.pdf>. Acesso: 12 abr. 2012.

ALCORN, J. A.; BAIRD, G. *Use of a Hybrid Energy Analysis Method for Evaluating the Embodied Energy of Building Materials.* Centre for Building Performance and Research, Victoria University of Wellington, New Zealand, 1996. [Tabela de coeficientes de energia incorporada disponível para download em <http://www.victoria.ac.nz/architecture/centres/cbpr/resources/pdfs/ee-coefficients.pdf>. Acesso em: 05 jan. 2014.

BAIRD, G.; ALCORN, A.; HASLAM, P. The energy embodied in building materials - updated New Zealand coefficients and their significance. *IPENZ Transactions*, v. 24, n. 1/CE, 1997.

BARBOSA JÚNIOR, A. F.; MORAIS, R. M.; EMERENCIANO, S. V.; PIMENTA, H. C. D.; GOUVINHAS, R.P. Conceitos e aplicações de Avaliação de Ciclo de Vida (ACV) no Brasil. *Revista Gerenciais*. São Paulo, v. 7, n.1, p.39-44, 2008.

BIRGISDOTTIR, H. *Annex 57: evaluation of embodied energy & carbon dioxide emissions for building construction.* Proposal for IEA-EBC. EBC, 2010.

BRIBRIÁN, I. G.; CAPILLA, A. V.; USÓN, A. A. Life cycle assessment of building materials: comparative analysis of energy and environmental impacts and evaluation of the eco-efficiency improvement potential. *Building and Environment*, v. 46, p. 1133-1140, 2011.

BULLARD, C. W.; PENNER, P. S.; PILATI, D. A. net energy analysis: handbook for combining process and input-output analysis. *Resources and Energy*, v. 1, p. 267-313. 1976.

CO2NOW. Global Carbon Emissions. 2012. Disponível em: <http://co2now.org/Current-CO2/CO2-Now/global-carbon-emissions.html>. Acesso em: 9 fev. 2013.

DIMOUDI A.; TOMPA C. Energy and environmental indicators related to construction of office buildings. *Resources, Conservation and Recycling.* v. 53, n. 1-2, p. 86-95, 2008.

DIXIT, M. K.; FERNÁNDEZ-SOLÍS, J. L.; LAVY, S.; CULP, C. H. Identification of parameters for embodied energy measurement: a literature review. *Energy and Buildings*, v. 42, p. 1238-1247, 2010.

DOBBELSTEEN, A. A. J. F., ARETS, M.; NUNES, R. Sustainable design of supporting structures. Optimal structural spans and component combinations for effective improvement of environmental performance. *Construction Innovation,* v. 7, .n. 1. p. 54-71, 2007.

DOBBELSTEEN, A. A. J. F.; ARETS, M. J. P.; LINDEN, A.C.V.D. Smart sustainable office design–effective technological solutions, based on typology and case studies. In: YANG, J. et al. *Smart & sustainable built environments.* Oxford: Wiley-Blackwell, 2005. p. 3-13.

EPE - EMPRESA DE PESQUISA ENERGÉTICA. *Balanço energético nacional 2012 – Ano base 2011:* Síntese do Relatório Final. Rio de Janeiro: EPE, 2012. 53 p.

ETAP - EUROPEAN TECHNOLOGY ACQUISITION PROGRAMME. The carbon trust helps UK businesses reduce their environmental impact, 2007. Press release.Disponível em:

<http://ec.europa.eu/environment/etap/pdfs/jan07_carbon_trust_initiative.pdf>. Acesso em: 25 maio 2012.

FINNVEDEN, G.; HAUSCHILD, M. Z.; EKVALL, T.; GUINÉE, J.; HEIJUNGS, R.; HELLWEG, S.; KOEHLER, A.; PENNINGTON, D.; SUH, S. Recent developments in Life Cycle Assessment. *Journal of Environmental Management*, v. 91, n.1, p. 1-21, 2009.

GOMES, V.; SILVA, M. G.; FRANCO, H. G.; SCHWAMBACK, D.; SAADE, M. R. M. Carbon and energy profiles as ecoefficiency descriptors of key Brazilian building materials. In: SB13 MUNICH: IMPLEMENTING SUSTAINABILITY - BARRIERS AND CHANCES, 2013. *Proceedings*... Munich, Apr. 24-26, 2013 (em avaliação).

GUSTAVSSON, L.; SATHRE. R. Variability in energy and carbon dioxide balances of wood and concrete building materials. *Building & Environment,* v. 41, n. 7, p. 940-951, 2006.

HAAPIO, A.; VIITANIEMI, P. Environmental effect of structural solutions and building materials to a building. *Environmental Impact Assessment Review*, v. 28, p. 587-600, 2008.

HAMMOND, G.; JONES C. *ICE*: inventory of carbon & energy. Edição de Lowrie, F.; Tse, P. Bath: University of Bath & BSIRIA, iCAT, 2011.

HAMMOND, G.; JONES C. *ICE*: inventory of carbon & energy. version 1.6a. Bath: University of Bath, Department of Mechanical Engineering, SERT - Sustainable Energy Research Team, 2008

HASTOE HOUSING ASSOCIATION. *Sustainable homes.* Teddington, 1999. Disponível em: <http://www.hastoe.com/page/383/Sustainable-Homes-Limited.aspx>.

HOEKSTRA, A. Y.; CHAPAGAIN, A. K.; ALDAYA, M. M.; MEKONNEN, M. M. *The water footprint assessment manual: setting the global standard.* London: Earthscan, 2011. 203 p.

HUBERMAN, N.; PEALMUTTER, D. A life cycle energy analysis of building materials in the Negev desert. *Energy and Buildings*, v. 40, n. 5, p. 837-848, 2008.

IEA - INTERNATIONAL ENERGY AGENCY; EBC - ENERGY IN BUILDINGS AND COMMUNITIES PROGRAMME. 2013. *Annex 57: evaluation of embodied energy & carbon dioxide emissions for building construction*. Proposal for IEA-EBC. EBC, 2010. International Energy Agency. Disponível em: <http://www.ecbcs.org/annexes/annex57.htm>. Acesso em: 9 fev. 2013.

IBICT - INSTITUTO BRASILEIRO DE INFORMAÇÃO EM CIÊNCIA E TECNOLOGIA. Avaliação do Ciclo de Vida é uma das ações prioritárias do Ibict. 2012. Disponível em: <http://www.ibict.br/noticia.php?page=9&id=140>. Acesso em: 24. jan. 2012

ISO - INTERNATIONAL ORGANIZATION FOR STANDARDIZATIO. *ISO 14025:* environmental labels and declarations: Type III environmental declarations. Principles and procedures, Geneva, Switzerland, 2006.

ISO - INTERNATIONAL ORGANIZATION FOR STANDARDIZATION. *ISO 14025:* environmental labels and declarations: type III environmental declarations. Principles and procedures, Geneva, Switzerland, 2006a.

ISO - INTERNATIONAL ORGANIZATION FOR STANDARDIZATION. *ISO 14040:* environmental Management: life cycle: principles and framework. Geneva, Switzerland, 2006b.

ISO - INTERNATIONAL ORGANIZATION FOR STANDARDIZATION. *ISO 14044:* environmental management - Life cycle assessment - Requirements and guidelines. Geneva, Switzerland, 2006c.

ISO - INTERNATIONAL ORGANIZATION FOR STANDARDIZATION. *ISO/TR 14047:*

environmental management - life cycle assessment - illustrative examples on how to apply ISO 14044 to impact assessment situations. Geneva, 2012.

ISO - INTERNATIONAL ORGANIZATION FOR STANDARDIZATION. *ISO/TS 14048:* environmental management - life cycle assessment - data documentation format. Geneva, 2002.

JONES, C.; HAMMOND, G. Energy analysis: method and application. In: SUPERGEN HIDEF/BSEBEC TRAINING WORKSHOP: SUSTAINABILITY AND THE ENVIRONMENT, 2010, Bath. University of Bath, 7-8 June 2010.

KELLENBERGER, D.; ALTHAUS, H. Relevance of simplifications in LCA of building components. *Building and Environment*, v. 44, n. 4, p. 818-825, 2009.

KIBERT, C. J.; SENDZIMIR, J.; GUY, G.B. Construction ecology and metabolism: natural system analogues for a sustainable built environment. *Journal of Construction Management and Economics*, v. 18, n. 8, p. 903-916, Dec. 2000b.

KIBERT, C. J.; SENDZIMIR, J.; GUY, G.B. Construction ecology: natural systems models for the environment. In: STRATEGIES FOR A SUSTAINABLE BUILT ENVIRONMENT. *Proceedings...* Pretoria, 2000a.

LANGSTON, Y. L.; LANGSTON, C.A. Reliability of building embodied energy modelling: an analysis of 30 Melbourne case studies. *Construction management and economics,* v. 26, n. 2, p. 147-160, 2008.

LOEWE, C. The adoption of eco-innovations by households in Germany. In: OECD CONFERENCE, Household Behaviour and Environmental Policy, 2009, Paris. Disponível em: <http://www.oecd.org/env/consumption-innovation/43373183.pdf>. Acesso em: 12 dez. 2014.

MANFREDINI, C.; SATTLER, M. A. Estimativa da energia incorporada a materiais de cerâmica vermelha no Rio Grande do Sul. *Ambiente construído*, Porto Alegre, v. 5, n. 1, p. 23-37. 2005.

MOON, K. S. Sustainable design of tall building structures and façades. In: INTERNATIONAL CONFERENCE ON SMART AND SUSTAINABLE BUILT ENVIRONMENT, 2009. *Proceedings...* 2009, v. 1, p. 1-8.

MORETTI, T. V.; UGAYA, C. M. L. Avaliação da estrutura conceitual de inventários de ciclo de vida brasileiros. In: II MOPP - MOSTRA DE PESQUISA E PÓS-GRADUAÇÃO, 2010. *Proceedings...* Curitiba, 2010.

OKA, T. et al. Comparison of energy consumption and CO_2 emission due to building construction between China and Japan. *Transaction of Architectual .Institute of.Japan (AIJ)*, Tokyo. 2009

OKA, T. *Annex 57:* evaluation of embodied energy & carbon dioxide emissions for building construction. Proposal for IEA ECB. EBC, 2010. (Comunicação oral).

OECD - ORGANIZATION FOR ECONOMIC CO-OPERATION AND DEVELOPMENT. *Eco-efficiency*. OECD, Paris, 1998.

OECD - ORGANIZATION FOR ECONOMIC CO-OPERATION AND DEVELOPMENT. *Indicators*: development, measurement and use. OECD, Paris. 2003.

CARBON footprint of electricity generation. *POSTnote,* Londres, n. 268, out. 2006.

SAADE, M. R. M.; SILVA, M. G.; GOMES, V. Methodological discussion and piloting of LCA-based environmental indicators for Brazilian building materials. In: CIB WORLD BUILDING CONGRESS, 2013. *Proceedings...* Brisbane, 5-9 maio, 2013.

SAADE, M. R. M.; SILVA, M. G.; GOMES, V.; FRANCO, H. G.; SCHWAMBACK, D.; LAVOR, B. Proposition and preliminary analysis of a core set of indicators to describe material eco-efficiency of Brazilian buildings. In: Smart and Sustainable Built Environment, 2012, São Paulo. *Proceedings*... São Paulo, 2012, p. 525-532.

SCHMIDHEINY, S.; BUSINESS COUNCIL FOR SUSTAINABLE DEVELOPMENT (BCSD). Changing course: a global business perspective on development and environment. Cambridge: MIT Press, 1992.

SILVA, M. G. (Coord.). *Concreto de alto desempenho com elevados teores de escória de alto-forno:* estratégia para consolidar o mercado da escória de alto-forno em cimentos e concretos. 2006. Relatório (Projeto de pesquisa) - NEXES - Núcleo de Excelência em Escórias Siderúrgicas, Universidade Federal do Espírito Santo, Vitória, 2006.

SILVA, M. G.; GOMES, V.; FRANCO, H. G.; SCHWAMBACK, D.; SAADE, M.R.M. Study of embodied energy and CO. as eco-efficiency descriptors of Brazilian building materials. In: V INTERNATIONAL CONFERENCE ON LIFE CYCLE ASSESSMENT IN LATIN AMERICA - CILCA, 2013. *Proceedings*... Mendoza, Mar. 24-27, 2013_a.

SILVA, M. G.; GOMES, V.; SCHWAMBACK, D.; FRANCO, H. G.; SAADE, M.R.M.; FAGUNDES, H.; MIRANDA, L. Contribution of structural system and envelope to the overall embodied energy and CO_{2eq}. of low-rise buildings in Brazil. In: SB13 – SUSTAINABLE BUILDING CONFERENCE 2013, Graz. *Proceedings*... Graz, 2013. set. 25-28, 2013 (em avaliação).

SILVA, V. G. Avaliação da sustentabilidade de edifícios de escritórios brasileiros: diretrizes e base metodológica. 2003. Tese (Doutorado) – Escola Politécnica da Universidade de São Paulo, São Paulo, 2003. 210 p.

SILVA,V. G. Indicadores de sustentabilidade de edifícios: estado da arte e desafios para desenvolvimento no Brasil. *Ambiente Construído*, Porto Alegre, v. 7, n. 1, p. 47-66, 2007a.

SILVA, V. G. Uso de materiais e sustentabilidade. *Revista Sistemas Prediais*, Editora Nova Técnica, São Paulo, v. 1, p. 30-34, 2007b.

SETAC - SOCIETY FOR TOXICOLOGY AND CHEMISTRY. *A technical framework for life-cycle assessments.* Edição de FAVA, J. et al. Washington, 1991. 134 p.

SPIEGEL; R.; MEADOWS, D. *Green Building Materials: a guide to product selection and specification*. Hoboken: John Wiley & Sons, 2006.

SUZUKI, D.; MCCONNELL. A. *Sacred Balance:* rediscovering our place in Nature. Vancouver: David Suzuki Foundation and Greystone Books, 1997.

SUZUKI, M.; OKA, T. Estimation of life cycle energy consumption and CO_2 emission of office buildings in Japan. *Energy and Buildings*, v. 28, p. 33–41, 1998.

SUZUKI, M.; OKA T.; OKADA, K. The estimation of energy consumption and CO_2 emission due to housing construction in Japan. *Energy and Buildings*, v. 22, p. 165-169, 1995.

THE WORLD BANK. CO_2 emissions (metric tons per capita). 2013. Disponível em: <http://data.worldbank.org/indicator/EN.ATM.CO2E.PC>. Acesso em: 9 fev. 2013.

TRUSTY, W. B.; HORST, S. Integrating LCA tools in green building rating systems. In: GREEN BUILD INTERNATIONAL CONFERENCE & EXPO. US GBC - U. S. GREEN BUILDING COUNCIL. Building Green Inc. Austin, nov. 2002, p. 53-57.

UNEP - UNITED NATIONS ENVIRONMENT PROGRAMME. *Common carbon metric for measuring energy use & reporting greenhouse gas emissions from building operations.* United Nations Environment Programme, Sustainable Building and Construction Initiative. Paris, 2010.

US DOE - UNITED STATES DEPARTMENT OF ENERGY. *2010 Buildings Energy Data Book.* U.S. Department of Energy, Energy Efficiency and Renewable Energy. Building Technologies Program. 2011.

EPA - UNITED STATES ENVIRONMENTAL PROTECTION AGENCY. *Life cycle assessment:* principles and practice. Cincinnati, 2006.

US DOC - THE UNITED STATES DEPARTMENT OF COMMERCE. *The environmental technology industry in the United States.* [s.d.]. Disponível em: <http://selectusa.commerce.gov/industry-snapshots/environmental-technology-industry-united-states>. Acesso em: 12 out. 2014.

WIEDMANN, T.; MINX, J. A definition of 'Carbon Footprint'. In: PERTSOVA, C. C. (Ed.). *Ecological Economics Research Trends.* New York: Nova Science Publishers, 2008. p. 1-11.

WBCSD - WORLD BUSINESS COUNCIL FOR SUSTAINABLE DEVELOPMENT. *Eco-efficiency:* creating more value with less impact. Geneva, 2000.

YAN, H.; SHEN, Q.; FAN, L.C.; WANG, Y.; ZHANG, L. Greenhouse gas emissions in building construction: a case study of One Peking in Hong Kong. *Building and Environment*, v. 45, p. 949–955, 2010.

YEANG, K. *Ecological design*. New York: McGraw-Hill, 1995.

Parte 2

O ambiente urbano e os edifícios

O clima urbano e o ambiente construído

6

DENISE DUARTE

Este capítulo discute a interdependência entre o edifício e o ambiente urbano e como um afeta o outro, ou seja, mostra que não há como pensar o edifício ambiental fora do seu contexto urbano e climático. Além disso, nessa interação, não há como pensar o edifício sozinho inserido em um ambiente urbano, mas, sim, refletir sobre um grupo de edifícios, no mínimo em uma escala de nove quadras, para considerar o que acontece no entorno imediato de uma determinada quadra (de referência), entendida aqui como a unidade mínima de projeto (Fig. 6.1).

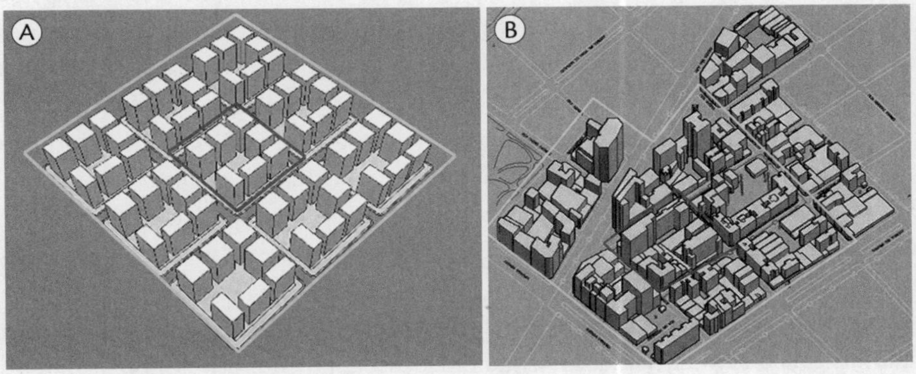

Fig. 6.1 Quadra de referência como unidade mínima de projeto e mais oito quadras no entorno imediato; (A) uma versão simplificada do contexto existente em um bairro no centro da cidade de São Paulo para estudos paramétricos; (B) exemplo de um caso real, no distrito da República, em São Paulo
Fonte: Labaut e LabHab (2014).

O principal motivo para se considerar o clima urbano é a criação de ambientes construídos que interajam com a atmosfera gerando microclimas nos quais as pessoas se sintam confortáveis (Brown; Gillespie, 1995). Se o espaço não oferece condições de conforto, não atrai as pessoas. Se tiver alternativa, o usuário vai buscar um espaço mais confortável do ponto de vista térmico, luminoso, acústico, tátil etc. Com o objetivo principal de melhorar a qualidade ambiental das cidades, é preciso aprimorar as condições que favoreçam o uso dos espaços públicos onde as pessoas circulam a pé, de transporte público ou por outros meios não motorizados de transporte. Para que as pessoas passem mais tempo nos espaços públicos, essa vivência precisa ser prazerosa (Robinson; Bruse, 2011). Um segundo objetivo é minimizar o consumo de energia em edifícios (Brown; Gillespie, 1995). Para atingir esses dois objetivos, é importante conhecer os elementos do microclima que mais afetam o conforto humano, o consumo de energia das cidades e dos edifícios, e reconhecer aqueles que podem ser alterados pelo planejamento e pelo desenho urbano.

O microclima urbano é incrivelmente complexo e está sempre mudando. Na escala microclimática, é possível observar os efeitos locais do clima urbano, em sua distribuição espacial e temporal: i) a ilha urbana de calor, em suas várias manifestações; ii) as modificações no balanço de energia em comparação com os sítios naturais do entorno e iii) a interação com as mudanças globais aumentando os riscos sociais e ambientais em eventos extremos (Assis, informação verbal, 2010).

As variáveis ambientais podem, até certo ponto, ser controladas pela atividade de planejamento e projeto, tanto na escala urbana quanto na do edifício, por meio das legislações de uso e ocupação do solo e códigos de edificações, de modo que há, a princípio, potencial para agregar objetivamente informações da climatologia ao planejamento e gestão das cidades, por meio de um planejamento urbano climaticamente responsável, pelo desenho urbano e pelo entendimento do papel dos edifícios na estratégia de climatização das cidades.

Entretanto, embora se reconheça a importância da consideração do clima no planejamento urbano, constata-se que muito pouco do conhecimento disponível da climatologia urbana é usado no planejamento das cidades. Na década de 1980, Oke (1984) apontava que parte do problema estava na natureza da pesquisa em Climatologia Urbana, essencialmente descritiva, e na sua dificuldade em traduzir seus resultados em subsídios e ferramentas úteis para aplicação em planejamento. De fato, Taesler (1986) observa que, do ponto de vista da Climatologia, o principal objetivo reside em estudar o impacto da área urbana sobre a atmosfera, mas que para o planejador urbano e para o projeto de edificações, ao contrário, o interesse está em avaliar os impactos do clima sobre as funções, a economia e a segurança do ambiente construído, bem como sobre a saúde e bem-estar da população, de modo a tomar decisões para a preservação da qualidade desse ambiente.

Obviamente, o processo de tomada de decisão em planejamento e projeto não pode estar baseado em critérios puramente qualitativos e em princípios gerais; é necessário desenvolver metodologias para a análise quantitativa e integrada de atributos da forma urbana e do clima, em suas várias escalas (Assis, 1997), baseadas em critérios de conforto ambiental e eficiência no uso de recursos energéticos e de materiais, de maneira a diminuir a pressão das áreas urbanas sobre os recursos naturais e a contribuir para a sustentabilidade do ambiente construído. Monteiro (1986) e Assis (2005) já chamavam a atenção para a necessidade do desenvolvimento de modelagem para a simulação, com base em situações observadas, fortalecendo as bases de previsão para subsidiar o planejamento urbano.

Nos últimos anos, o cenário está mudando, pois já há recursos de modelagem numérica que permitem estudos preditivos de clima urbano na camada ao nível das coberturas (Urban Canopy Model, UCM), ainda que bastante complexos. Também começam a acontecer acoplamentos entre modelos de diferentes escalas (Robinson et al., 2011). Nos estudos microclimáticos urbanos em Arquitetura e Urbanismo, o mais utilizado é o ENVI-met (<http://www.envi-met.com/>), criado por Michael Bruse e equipe. Esse software gratuito oferece um modelo microclimático tridimensional para simular as interações entre o solo, a superfície (vegetação, área urbana) e a atmosfera na microescala urbana (Bruse; Fleer, 1998). Para isso, ele se baseia nos princípios da Mecânica dos Fluidos e nas leis fundamentais da Termodinâmica. O modelo considera as caraterísticas dos processos da macro e mesoescalas para fornecer dados da microescala, e o seu uso exige conhecimentos de Micrometeorologia, que não são abordados na formação de arquitetos e urbanistas, o que o torna bastante complexo para aplicações na área.

Esse é um dos poucos modelos em microescala que tentam descrever a maior parte dos processos climáticos que acontecem no meio urbano, incluindo turbulência, transporte de calor sensível e latente, fluxos de radiação em estruturas urbanas e a influência da vegetação (Jansson, 2006). Ele considera não apenas o efeito de sombreamento das árvores, mas também o processo fisiológico de fotossíntese e a abertura dos estômatos (Bruse; Fleer, 1998), o que é fundamental para o correto entendimento do impacto da vegetação no clima. A fim de se avaliar os benefícios da vegetação, o modelo considera os principais processos relacionados a ela: transpiração, evaporação, fluxo de calor sensível, fluxos turbulentos de calor e vapor; balanço de energia da folha e balanço de água do sistema solo-vegetação. Também determina as temperaturas de superfície (pisos e envoltória dos edifícios), as trocas de água e calor no solo e um índice de conforto, o PMV adaptado de Fanger (1972) por Jendritzky e Nübler (1981) para uso em espaços externos, além do BOT, *pedestrian agent* (Bruse, 2007).

Outro ponto a ser incluído é o desempenho ambiental dos edifícios no cenário de mudanças climáticas. Isso porque alterações nos padrões de clima têm sido verificadas nos últimos anos, e o desempenho dos edifícios depende, assim como o conforto dos usuários, do clima ao qual eles estão expostos, agora e nos cenários de mudança climática. Um impacto adicional no clima das cidades é o efeito da ilha urbana de calor (Wilde; Coley, 2012; Unep, 2007), em suas diversas manifestações. Novas condições climáticas impõem novos impactos aos edifícios e cidades, assim como aos seus usuários. Na constatação da ocorrência de mudanças climáticas, vários estudos apontam que elas são ocasionadas por atividades humanas, principalmente com a emissão de gases de efeito estufa para consumo energético, e os edifícios são responsáveis por boa parte desse consumo.

Nesse contexto, existe um importante trabalho de adaptação e mitigação a ser realizado, incluindo diversos setores, inclusive o da construção civil, da arquitetura e do urbanismo. Nesses setores, adaptação diz respeito aos estudos dos impactos das mudanças climáticas e da previsão de suas prováveis consequências para as áreas urbanas, para os edifícios e para as pessoas que neles habitam. Ela se refere ao desempenho das construções frente às alterações dos principais parâmetros climáticos e à redução da sua vulnerabilidade a essas mudanças. Por outro lado, a mitigação das causas das mudanças climáticas, decorrentes das emissões de gases de efeito estufa, implica a redução dessas emissões pela diminuição do consumo de energia.

Ainda que exista certo grau de incerteza quanto às projeções das alterações, grande parte dos pesquisadores aceita sua relação com o aumento de emissões de gases de efeito estufa (Guan, 2012), resultante do modelo de ocupação humana. Os edifícios, responsáveis por parte do consumo energético e de matéria-prima, contribuem, desse modo, com uma parcela dessas emissões.

6.1 Clima urbano: abordagens, escalas e balanço de energia em áreas urbanizadas

Os estudos de clima urbano se fundamentam na Climatologia e na Meteorologia, com duas abordagens distintas: a geográfica e a meteorológica. A abordagem geográfica, segundo Monteiro (1976), tem uma perspectiva humanista e se baseia nos canais de percepção humana do clima, com subdivisões nos subsistemas termodinâmico (canal do conforto térmico), físico-químico (canal da qualidade do ar) e hidrometeórico (canal de impacto meteórico). Essa abordagem dá ênfase à dimensão espacial horizontal, porém, as escalas vertical e temporal dos fenômenos não são bem definidas, o que constitui a principal fragilidade do modelo. A análise é feita com base na identificação da dinâmica do clima local, desde a escala sinótica, aplicando técnicas da análise rítmica (sucessão de estados atmosféricos).

A abordagem meteorológica traz uma perspectiva física, fenomenológica e estatística do comportamento das variáveis do clima, tendo como base os fluxos de energia e massa e seus balanços na interação da atmosfera com a superfície. A abordagem meteorológica é quadridimensional (espaço e tempo) e integra as escalas de cima para baixo (*downscaling*). A preocupação é preditiva com relação ao comportamento do clima e não necessariamente gera subsídios ao planejamento e desenho urbanos (Assis, informação verbal, 2010).

A Climatologia traz uma visão geral do que acontece dentro do sistema, já a abordagem meteorológica é mais fenomenológica, mais preditiva do comportamento das variáveis do clima e, em última instância, mais útil para o projeto. Tanto na abordagem geográfica quanto na meteorológica, a definição das escalas do fenômeno em estudo é fundamental para identificar as bases de dados necessárias, o tamanho da área de estudo e os meios, métodos e técnicas observacionais mais adequados. Não se pode perder de vista a hierarquia de escalas, típica da abordagem ecológica e fundamental para que se possa identificar adequadamente as bases de dados, o tamanho da área de estudo, e os métodos e técnicas mais adequados (Assis, informação verbal, 2010).

A melhor maneira de entender o microclima urbano é pelo balanço de energia. O tecido urbano altera o balanço de energia introduzindo um termo de calor antropogênico e diminuindo o termo de calor latente. A forma como a energia é particionada afeta fortemente o microclima: a radiação solar pode ser usada para aquecer o solo ou evaporar a água, pode ser reirradiada para a atmosfera, e o seu saldo é usado aquecer o ar. A proporção de energia usada em cada uma dessas funções irá afetar o microclima: por exemplo, se o local é seco, a energia não vai ser usada para evaporar a água, portanto, mais energia está disponível para aquecer superfícies e, consequentemente, o ar. Temperatura e umidade do ar geralmente não são significativamente afetadas pelo desenho, mas radiação e vento, sim (Brown; Gillespie, 1995).

O mesmo conceito de balanço aplica-se a uma pessoa ou a um edifício. O uso de energia em um edifício pode ser estimado considerando-se todos os fluxos de energia *para* e *a partir do edifício* (balanço de energia). Dependendo da tipologia dos edifícios (forma, orientação solar, envoltória etc.), eles reagem de forma diferente ao microclima (Brown; Gillespie, 1995). O controle da radiação solar é o mecanismo mais importante para determinar os ganhos de calor pelo edifício, daí a importância da forma, da orientação solar e da proteção da envoltória onde necessário.

Toda matéria emite energia radiante. Algumas superfícies se aquecem mais sob a radiação solar direta do que outras, porque elas interagem com a radiação de maneira diferente. A fração da radiação solar que é refletida por uma superfície é chamada de albedo dessa superfície. Quanto maior o albedo, mais energia é refletida e menos é absorvida. A transferência de energia do Sol para a Terra é uma transferência de calor radiante de ondas curtas; igualmente importante, porém menos intuitiva, é a perda de energia radiante de onda longa da Terra para o espaço, caso contrário, o calor acumulado faria a temperatura da Terra aumentar continuamente, se ele não fosse removido. A temperatura resultante é influenciada por um arranjo complexo de fatores como vento, evaporação e precipitação, além do calor emitido por outras fontes antropogênicas (Sass, s.d.).

Tanto as áreas rurais quanto as áreas urbanas recebem energia solar por processos radiativos, ganhando energia de onda curta do Sol e perdendo energia de onda longa para a atmosfera. A superfície da Terra se aquece durante o dia e se resfria durante a noite principalmente por esses processos. As variáveis climáticas resultam diferentes por causa dos diferentes albedos entre o ambiente rural e urbano, por causa da perda de calor por evapotranspiração, geralmente maior nos ambientes rurais, pela presença de vegetação e solo permeável, pelas fontes de calor antropogênico nas cidades etc., tudo isso resultando em mais ou menos calor estocado no sistema (solo, pavimentos, edifícios etc.) (Sass, s.d.).

Tendo em mente as trocas de calor envolvidas no balanço, as formas possíveis de se amenizar as condições microclimáticas urbanas em climas tropicais incluem: manter os corredores de vento onde necessário para favorecer as trocas convectivas, aumentar o albedo das superfícies urbanas para reduzir o calor estocado, incluir a vegetação e o solo permeável em locais estratégicos para aumentar as perdas por evapotranspiração, minimizar a geração de calor antropogênico nos transportes, nas indústrias, nos sistemas de ar-condicionado etc.

6.1.1 Interações entre o clima urbano e o ambiente construído

A eficiência energética em cidades não pode ser alcançada ignorando-se as condições de mobilidade e transportes (Emmanuel, 2005). São largamente conhecidos os efeitos do espalhamento urbano, da baixa densidade de ocupação, com o aumento dos gastos com infraestrutura urbana, dos deslocamentos feitos por automóveis e, consequentemente, da poluição do ar das cidades. Nesse contexto, cria-se a necessidade do uso do carro para distâncias perfeitamente caminháveis se houvesse um percurso viável.

Além da mobilidade, são muitas as consequências da escala e do desenho da cidade para uma maior qualidade ambiental. As dimensões das ruas, das quadras, as distâncias entre os pontos para as diferentes atividades cotidianas determinam o tempo de percurso e as formas de deslocamento. Isso influencia o uso de energia para o transporte, o uso de recursos não renováveis, assim como a saúde humana (Bosselmann, 2008). Em climas tropicais, além das necessidades comuns a qualquer aglomeração urbana, um cuidado especial precisa ser tomado, por exemplo, o provimento de amenidades climáticas como sombreamento nos percursos para pedestres e ciclistas (Emmanuel, 2005).

Por essas razões, uma série de trabalhos sobre a sustentabilidade das cidades aponta que uma das necessidades atuais das aglomerações urbanas é uma maior densidade de ocupação (Rogers; Gumuchdjian, 1997; Giradet, 2003; Edwards, 2002), inclusive nas cidades latino-americanas (Duarte, 2012; Gonçalves et al., 2011; Gonçalves, 2011). É preciso pensar um novo modelo de cidade, assim como os arquitetos e planejadores dos séculos XIX e XX também o fizeram. Por mais que haja críticas, a cidade modernista foi uma solução para os problemas do final do século XIX e de boa parte do século XX. Hoje as demandas são outras. O mundo está novamente em um ponto de inflexão e, desta vez, enfrentando a iminência de escassez de recursos, de mudança de matriz energética, de mudanças climáticas etc. (Assis, informação verbal, 2010). Além de envolver muitas outras questões sociais e econômicas, a cidade também é um ecossistema, e o fator humano introduziu um grau de complexidade sobre o qual a natureza também não tem experiência. A primeira confrontação do planeta com um limite global ocorreu com a constatação do buraco na camada de ozônio no final do século XX, mas limites locais já vêm sendo superados há muito mais tempo (Meadows et al., 2004). Atualmente acontecem com frequência cada vez maior eventos climáticos antes desconhecidos, talvez inéditos.

Com o programa habitacional *Minha casa, minha vida* em curso no país, pode-se construir como? Com qual padrão de ocupação urbana? Na maioria dos municípios brasileiros, se mantidos os padrões atuais, isso significa construir residências unifamiliares, principalmente, em áreas distantes, aumentando cada vez mais a dispersão das cidades e suas consequências já tão conhecidas e, mais do que isso, vivenciadas nas cidades brasileiras.

É possível pensar uma São Paulo adensada, policêntrica, conectada por bons serviços de transporte público, com usos mistos, em lugar das muitas áreas monofuncionais existentes hoje na cidade, e, principalmente, onde o imenso estoque construído desocupado das áreas centrais possa ser reabilitado e ocupado principalmente pelo uso habitacional, contemplando unidades de diversos tamanhos, para comportar diferentes arranjos familiares. O desafio maior para o adensamento nas cidades latino-americanas é a qualidade do espaço público, dos espaços de transição entre os edifícios, a mobilidade, a poluição etc. Nas cidades latino-americanas a maior densidade de ocupação precisa ser resolvida com novas propostas, pois a dispersão não pode persistir. O adensamento traz vantagens e os impactos negativos decorrentes disso podem ser minimizados, desde que haja planejamento, infraestrutura adequada e excelência no desenho urbano e no projeto dos edifícios.

Parcelamento, uso e ocupação do solo orientados aos recursos ambientais

Partindo-se do consenso de que se deve viabilizar ambientes urbanos compactos, adensados, e uma vez entendida a necessidade e a premência do adensamento urbano, a discussão muda de *deve-se adensar?* para *como se deve adensar?* Logo, as questões que se colocam agora são: como compatibilizar adensamento e qualidade ambiental. Adensar quanto? Com qual arranjo? Sob quais condições? Com qual padrão de ocupação das quadras? Torres? Lâminas? Ocupação perimetral? Há uma relação entre densidade e morfologia urbana que precisa ser explorada com critérios de desempenho ambiental qualitativos e quantitativos que possam subsidiar políticas públicas, decisões de projeto urbano e de projeto de edifícios (Gonçalves et al., 2011). E nessa relação entre densidade e morfologia, a aceitação das pessoas aos arranjos de alta densidade depende da percepção que elas têm dos espaços propostos (Cheng, 2010), daí a importância ainda maior de um bom planejamento e da excelência no desenho urbano e no desenho dos edifícios.

São muitos os pontos a serem tratados: adensamento e acesso ao sol e à luz natural (para iluminação natural, conforto térmico, aquecimento de água e geração de energia), adensamento e ventilação urbana (para conforto térmico e dispersão de poluentes), adensamento e mobilidade (por razões óbvias), adensamento e resíduos sólidos, adensamento e qualidade do ar, adensamento e ruído urbano, além das muitas questões sociais e econômicas advindas da maior concentração e diversidade de pessoas, tais como os conflitos que podem surgir em áreas residenciais com diversidade de renda.

Esses temas ambientais precisam ser tratados em diversas escalas:

- no zoneamento, que inclui o parcelamento do solo, o adensamento, o controle do uso do solo, a mobilidade, inclusive ciclovias e vias para pedestres, o controle de ocupação nas margens de cursos d'água etc.;
- nos códigos de edificações, com a orientação dos lotes e dos edifícios, forma, envoltória, tratamento do térreo para passeios permeáveis ao fluxo de pessoas e sombreamento dos percursos, altura das edificações, exigências de sombreamento, monitoramento do consumo de energia etc.;
- no tratamento da paisagem como infraestrutura urbana (infraestrutura verde): tipo e densidade de vegetação, distribuição espacial, permeabilidade à água, espaços públicos conectados com boas opções de mobilidade para as pessoas etc.

O termo infraestrutura verde pode ser entendido como o uso da paisagem como rede de infraestrutura urbana, assim como o sistema viário, de energia ou de abastecimento de água; é um enfoque no projeto urbano que ressalta espaços multifuncionais conectados e baseia-se no aproveitamento dos muitos serviços ambientais dos ecossistemas urbanos (Benedict; Mcmahon, [s.d.]). Da mesma forma, a infraestrutura verde pode atuar conjuntamente com outros sistemas, no atendimento da mobilidade e da acessibilidade, da drenagem das águas pluviais, do lazer, da recreação e do convívio social, da manutenção dos processos ecológicos, da biodiversidade e da sustentabilidade dos ecossistemas.

Para o tratamento das questões ambientais, é preciso fazer uma distinção entre densidade construída e densidade de ocupação. Para o balanço de energia em áreas urbanas, por exemplo, o que importa é a densidade construída, que pode ter *n* tipologias e arranjos diferentes para comportar a mesma densidade de ocupação. Nesse caso, a pergunta é: quais são os efeitos microclimáticos de diferentes arranjos de quadra possíveis com alta densidade e com diferentes tipologias construtivas?

Entre as razões para as alterações no clima provocadas pela urbanização estão o armazenamento de calor, o aumento da rugosidade e a menor evaporação, fenômenos que são vistos em qualquer cidade do mundo, em menor ou maior grau, mas que são mais evidentes em megacidades densamente construídas (Katzschner, 2010).

O desconforto térmico em regiões tropicais está estreitamente relacionado à radiação. Nesse sentido, o controle da radiação em edifícios é a maneira mais eficiente, mais impactante, de minimizar os ganhos de calor pela envoltória; portanto, a acumulação de calor nas superfícies urbanas e nos edifícios deve ser minimizada (Emmanuel, 2005). No desenho urbano, os mecanismos de controle desse armazenamento de calor estão principalmente relacionados ao desenho das vias, à densidade construída, à altura dos edifícios, às diferenças de altura entre eles, às tipologias dos edifícios (forma, orientação, envoltória), à infraestrutura verde etc.

Em áreas adensadas, o desenho urbano assume uma importância ainda maior do que em outras situações, até o último detalhe. Nessas áreas, o cuidado deve ser redobrado com o tratamento dos térreos e com o embasamento dos edifícios altos; nas calçadas, no nível do pedestre, fachadas cegas para a rua não ajudam, edifícios cercados por muros intermináveis também não. Especial cuidado deve ser tomado também ao se mesclar áreas de alta densidade com a área urbana existente, com um gradiente de alturas dos edifícios em direção aos edifícios mais baixos preexistentes.

Excelência e diversidade no desenho urbano e no projeto dos edifícios são fundamentais, ao contrário do que ocorre nas extensas áreas de baixa densidade ocupadas pelas habitações populares no Brasil (Ferreira, 2012), que infelizmente tendem a se repetir no extenso programa habitacional federal em curso no país.

Acesso ao sol e acesso à luz natural e ventilação urbana

Quanto à insolação e ventilação, os impactos podem ser muito diversos em diferentes climas. Os estudos de acesso ao sol e de ventilação urbana precedem qualquer avaliação de desempenho térmico e luminoso dos edifícios inseridos na área urbanizada e fazem toda a diferença nos ganhos e perdas de calor, no acesso à luz natural e no consumo de energia do edifício. As condições externas de ventilação e de insolação (ou de sombreamento) precisam necessariamente ser consideradas nos modelos BES, *building energy simulation*.

Para o controle de acesso da radiação solar, são bastante conhecidos os conceitos de envelope solar (Knowles, 2003) e *shadow umbrella* (Emmanuel, 1993; 2005), cada um dentro do seu contexto climático, quando se busca garantir o acesso ao sol ou prover a sombra (Assis, 1995; Brandão, 2004; Cheng et al., 2006; Duarte; Brandão; Prata, 2004).

Com base em estudos paramétricos, para áreas adensadas, edifícios altos com diferentes alturas são mais vantajosos para o acesso ao sol e à luz natural. Para o mesmo volume construído, em média, a disponibilidade de luz natural nos edifícios pode ser até 40% maior (Ng; Wong, 2004).

No contexto das densas cidades asiáticas, o acesso ao sol propriamente dito é algo muito restrito. Em Hong Kong, a preocupação, regulamentada inclusive pelo código de edificações local, é garantir a área de visão desobstruída (UVA, *unobstructed vision area*) e o acesso à luz (e não necessariamente ao sol) que essa área pode prover (Ng, 2010).

Irregularidades naturais ou construídas modificam a velocidade do vento, a direção e a intensidade da turbulência, ou seja, implica necessariamente uma maior complexidade do terreno. Do rural ao urbano, o vento se ajusta às novas condições de camada-limite definidas pela área urbanizada (topografia, geometria e dimensões dos edifícios, traçados das vias, vegetação etc.), e os efeitos se sobrepõem, do impacto de um único edifício no solo até os impactos em larga escala de áreas urbanizadas.

Ao contrário de climas temperados ou frios, em climas tropicais, a preocupação é incrementar o fluxo do vento, mesmo em áreas altamente adensadas. Os estudos de ventilação urbana precedem o estudo de soluções de ventilação nos edifícios por ação dos ventos. Mesmo para edifícios que, por diferentes razões, operam com climatização artificial durante o período diurno, ressalta-se a importância da ventilação noturna para o esfriamento da massa construída. Edifícios selados ou ainda edifícios que apesar de possuírem aberturas operáveis funcionam com climatização por todo o tempo de operação deixam de aproveitar esse valioso recurso e estocam calor de um dia para o outro desnecessariamente, em contrassenso com o que se busca para um melhor desempenho do edifício.

A diferença de alturas entre os edifícios, mencionada anteriormente, para melhor acesso ao sol e à luz natural é também uma estratégia mais vantajosa do ponto de vista da ventilação em climas tropicais, como demonstram trabalhos recentes que vêm sendo feitos no Brasil (Bittencourt, 1997; Prata, 2005; Leite, 2010) e na Ásia (Ng, 2010, 2011; Yuan; Ng, 2012), principalmente. Quando se projeta edifícios altos, as diferenças de altura são mais vantajosas do ponto de vista da ventilação, por causa das diferenças de pressão induzidas pelo desenho (Ng, 2004, 2010).

Por outro lado, sem levar em conta as diversas questões ambientais, um arranjo de alta densidade sem o planejamento necessário pode criar uma série de problemas, não somente de desconforto, mas de estresse térmico e saúde pública. Muitas cidades asiáticas estão revendo os seus critérios em função dos problemas que surgiram. Após um grave episódio de poluição que provocou a *severe acute respiratory syndrome* (SARS) em 2003, a administração de Hong Kong – Hong Kong Special Administrative Region (HKSAR) – decidiu implementar medidas para aprimorar as condições de ventilação para uma melhor qualidade de vida urbana (Yuan; Ng, 2012; Ng, 2011).

Além das considerações de qualidade ambiental do ponto de vista físico propriamente dito, pesquisas recentes demonstram que arranjos de edifícios mais altos e com menores taxas de ocupação são *percebidos* como de menor densidade quando comparados a arranjos com menor altura e maior taxa de ocupação (Cheng, 2010). Isso ocorre porque a percepção humana não corresponde exatamente à densidade física, expressa geralmente por taxa de ocupação e coeficiente de aproveitamento em muitas legislações municipais.

Infraestrutura verde urbana

Muitos são os serviços ambientais diretos ou indiretos da vegetação, entre os quais: o aumento na umidade do ar, a diminuição da temperatura do ar, o menor aquecimento das superfícies urbanas, a melhoria da qualidade do ar, o resfriamento passivo de uma edificação, o manejo das águas, além do valor estético e da influência na saúde das pessoas.

No século XX, o crescimento das metrópoles reduziu os espaços para as áreas verdes e o ambiente urbano criou vários obstáculos para o plantio de novas mudas, por exemplo, a compactação do solo, o pouco espaço para crescimento das raízes, as instalações da rede elétrica e a falta do manejo adequado das árvores.

Como a vegetação e o manejo das águas modulam o clima na paisagem urbana, as consequências da negligência em relação a esses elementos são evidentes: enchentes recorrentes cada vez mais severas, aquecimento das superfícies urbanas, baixa qualidade do ar e aumento do efeito de ilha de calor em suas diversas manifestações, efeitos esses ligados à escassez de vegetação e água, entre outros fatores. Um aumento na taxa de evaporação em áreas urbanizadas pressupõe um aumento de vegetação e dos corpos d'água, assim como uma maior retenção da água de chuva, e esse armazenamento pode ser incrementado também com superfícies urbanas mais porosas, seja em solo natural ou construído (Emmanuel, 2005).

O armazenamento de energia na vegetação, diferente dos materiais inertes, tem dois componentes distintos: i) armazenamento físico de calor; ii) armazenamento bioquímico de energia, resultante da fotossíntese e da troca de CO_2. Na maioria das vezes, a disponibilidade de água e o consequente aumento na evaporação resulta em temperaturas mais baixas. No entanto, o efeito da vegetação no microclima é bastante complexo e, sob certas condições, um parque urbano pode até ser ligeiramente mais quente do que os arredores (Erell; Pearlmutter; Williamson, 2010).

A presença da vegetação influencia em dois mecanismos fundamentais para a redução da temperatura nas cidades: o sombreamento e o processo de evapotranspiração (Akbari et al., 1997; Akbari; Pomerantz; Taha, 2001; Wong; Chen, 2009). Mais precisamente, a vegetação ameniza o aquecimento urbano não por meio da redução das temperaturas, mas pelo fato de aquecer menos o ar (Dimoudi; Nikolopoulou, 2003). Sob a influência da vegetação, as diferenças na temperatura de superfície são maiores do que na temperatura do ar. Akbari, Pomerantz e Taha (2001) apontam a vegetação como sendo mais eficiente do que a substituição das superfícies por materiais de cor clara ou de alto coeficiente de reflexão, pois os materiais têm a capacidade de absorver e armazenar calor, e mesmo uma superfície de cor branca pode atingir 10 °C acima da temperatura do ar.

Já a evapotranspiração é uma das principais contribuições da vegetação e compreende as perdas associadas de água, que ocorrem pela evaporação da superfície do solo e pela transpiração estomática e cuticular da planta (Ometo, 1981). Estômatos são poros localizados na superfície das folhas que fazem a ligação entre a atmosfera e o interior das plantas. Essa transpiração é uma consequência da fotossíntese, uma vez que, durante o dia, os estômatos ficam abertos para receber e eliminar CO_2, funcionando como válvulas, expondo, assim, a umidade do seu interior (Oke, 1987).

Além de alterar a temperatura do ar e das superfícies, a vegetação também influencia na direção dos ventos, na retenção do material particulado, no armazenamento do carbono atmosférico e na proteção de pisos e fachadas externas por meio do sombreamento.

Em síntese, a vegetação afeta o microclima urbano com consequências no conforto humano e na energia consumida pelos edifícios. Segundo Oke (1989), o efeito mais importante é a prevenção do aquecimento dos *canyons* urbanos, promovendo um alívio dos efeitos da radiação solar por meio da combinação da diminuição da absorção solar e da evaporação. Dessa forma, a vegetação previne o sobreaquecimento de edifícios e demais superfícies urbanas. Ela não reduz as temperaturas diretamente, mas as folhas aquecem menos o ar, quando comparadas aos materiais inertes.

A capacidade das árvores de melhorar as condições microclimáticas no seu entorno é função das estações do ano, do clima da região, do tamanho da área verde, do tipo de cobertura de solo sobre a qual as árvores estão plantadas e da cobertura das folhas (Emmanuel, 2005; Wong; Chen, 2009). A disponibilidade de água é um fator crucial para aumentar a transferência de calor latente pela vegetação, e os efeitos de resfriamento são mais evidentes em locais mais quentes. Nos dias quentes, a árvore funciona como um sistema de resfriamento evaporativo natural, pois maior quantidade de radiação absorvida é dissipada sob a forma de calor latente e não de calor sensível (Shashua-Bar; Hoffman, 2000).

Segundo Givoni (1991), a influência de parques urbanos e de espaços abertos no clima urbano se estende somente a uma curta distância nos arredores densamente construídos. Santamouris (2001) avançou no sentido de realizar medições da temperatura do ar nas áreas internas e externas de um parque na cidade de Atenas, Grécia. O resultado indicou que a variação das temperaturas do ar no interior do parque foi de no máximo 1,5 °C e a diferença entre o parque e o entorno durante o dia foi de aproximadamente 3 °C. Jansson (2006) mediu em Estocolmo as temperaturas do ar a 1,2 m do solo em um parque urbano e nos arredores e encontrou 0,5 °C a 1,5 °C a menos no parque do que nas quadras ao redor. Bowler et al. (2010) sistematizaram resultados de 74 trabalhos tratando do efeito da vegetação no clima e encontraram, em média, 1 °C a menos de temperatura do ar em parques urbanos, em diferentes climas. Diferenças dessa ordem de grandeza na temperatura do ar, de 1 °C a 3 °C, são significativas para o conforto humano.

Outra variável ainda mais afetada pelo efeito do sombreamento das árvores é a temperatura média radiante, já que a diminuição da temperatura de superfície é da ordem de 20 °C ou mais, quando comparada à superfície exposta ao sol.

Essas diferenças são percebidas pelo corpo humano, interferindo favoravelmente na sensação de conforto térmico em climas tropicais, o que pode ser verificado, por exemplo, com a aplicação dos índices de conforto para espaços abertos, como o PET (Höppe, 1999) ou o TEP (Monteiro, 2012), que podem cair cerca de 10 °C ou mais.

Medições de campo foram feitas no Parque da Luz (São Paulo) e em outras áreas próximas, em dois períodos distintos, em 2006 e 2007, registrando-se os seguintes parâmetros: temperatura do ar, umidade do ar, velocidade dos ventos e temperatura de globo, para se investigar a diminuição da temperatura do ar, o aumento da umidade do ar, a diminuição da temperatura média radiante e o efeito da distribuição espacial da vegetação. Na primeira medição, em 19 de dezembro de 2006 (Figs. 6.2 e 6.3), um dia típico de verão, foram monitorados o parque, uma praça pavimentada e um *canyon* urbano próximo, das 7h às 20h, e a temperatura do ar no parque foi até 3 °C mais baixa do que na praça, em alguns horários, com o *canyon* em situação intermediária, provavelmente por causa da contribuição do sombreamento dos edifícios. Na segunda medição, foram monitorados novamente o parque e dois pontos mais próximos, do outro lado da via, sem vegetação, e houve uma redução de até 1,5 °C na temperatura do ar no parque, se comparado aos outros dois pontos.

Na primeira medição (parque, praça pavimentada e *canyon*), a temperatura do ar no parque foi mais baixa durante todo o dia, e a umidade específica apresentou um incremento médio de 1 g/kg no parque em relação ao *canyon*. Esses resultados ocorrem em consequência do efeito do sombreamento das copas e do processo de evapotranspiração da vegetação e da retenção de umidade no solo. Os resultados mostraram a influência da vegetação na diminuição da temperatura superficial em cerca de 23 °C, medidos sob a copa das árvores, em relação a uma área descoberta com superfície em asfalto (Fig. 6.4). Isso acontece pelo efeito do sombreamento das árvores com copa densa que evita a chegada da radiação direta no solo. No entanto, o efeito microclimático da vegetação urbana é bastante localizado no nível do pedestre; o efeito das árvores é sentido embaixo das copas e sua influência não vai muito além dos limites das áreas verdes, fora do efeito do sombreamento e da cobertura do solo (Spangenberg et. al, 2008; Shinzato, 2009; Shinzato; Duarte, 2011).

Fig. 6.2 Vista aérea do Parque da Luz e seu entorno, local de três pontos de medição: um no centro parque (ponto A), outro na praça em frente à Estação da Luz (ponto B) e outro em uma das ruas internas do bairro (ponto C)
Fonte: Google DigitalGlobe (2014).

Baseando-se nesses dados medidos e dando continuidade aos estudos com simulações paramétricas no modelo ENVI-met, verificou-se que: i) o efeito microclimático da vegetação é local e não ocorre uma influência significativa muito além dos limites das áreas verdes; nas simulações, com baixa velocidade do ar, a influência da vegetação termina na borda do parque, com um pequeno efeito de arrasto em função da velocidade do ar; ii) a redução na temperatura do ar no nível do pedestre não é muito influenciada pela distribuição espacial da vegetação (par-

Fig. 6.3 Fotos hemisféricas mostrando o fator de visão de céu dos três locais monitorados em 19 de dezembro de 2006: o parque, o *canyon* e a praça, no bairro da Luz, em São Paulo
Fonte: Shinzato e Duarte (2011).

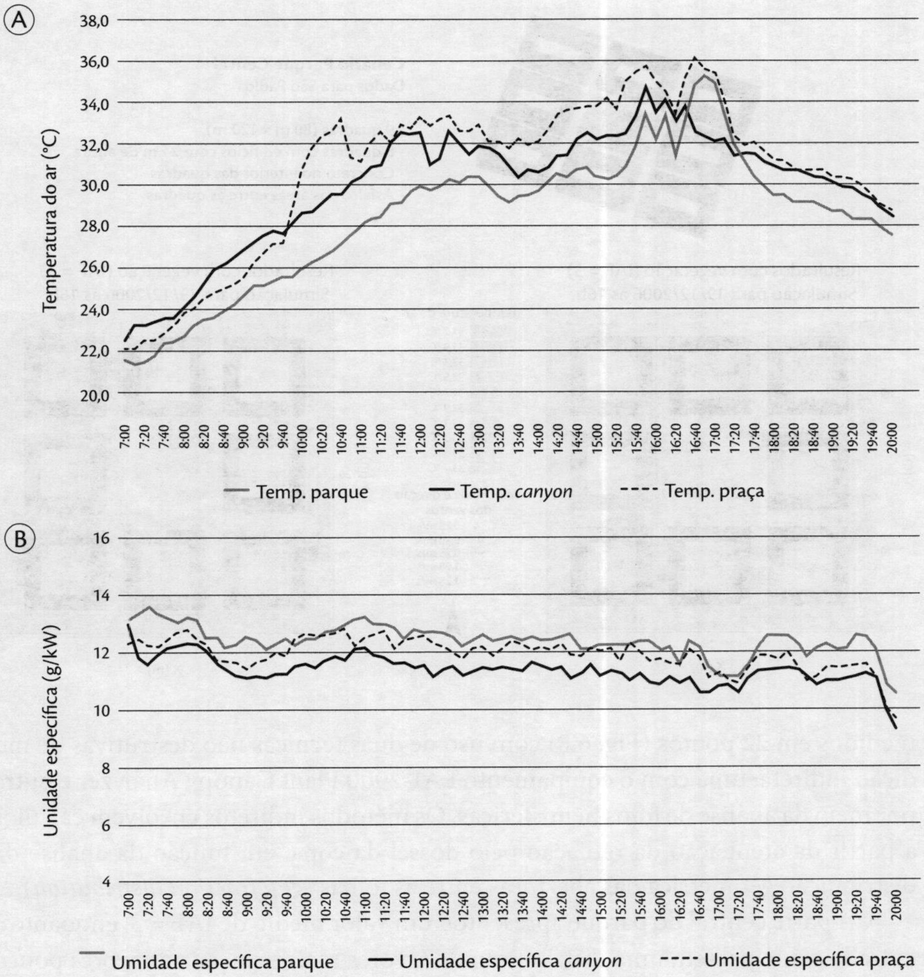

Fig. 6.4 (A) Temperatura do ar e (B) umidade específica nos três pontos medidos no bairro da Luz, em São Paulo, em 19 de dezembro de 2006
Fonte: elaborado por P. Shinzato.

que linear, pequenos agrupamentos espaçados, grande massas de vegetação etc.), mas sim, pela maior ou menor densidade foliar que contribui para os processos de evapotranspiração e sombreamento.

Assim, quanto maior a área de exposição das folhas, ou seja, maior o índice de área foliar, IAF (em inglês, LAI, *leaf area index*), maior o efeito. A densidade e a distribuição das folhas afetam a interceptação da radiação solar incidente abaixo do dossel, determinando a qualidade do sombreamento e a sua influência na temperatura do ar e das superfícies (Fig. 6.5). Sendo assim, o IAF é um importante parâmetro biofísico que não pode ser ignorado nos modelos preditivos envolvendo a interação solo, vegetação, ambiente construído e atmosfera, sendo a densidade da copa o principal fator para a qualidade do sombreamento (Shinzato; Duarte, 2011, 2012).

Novas medições de campo foram realizadas no Parque Tenente Siqueira Campos (Trianon), em São Paulo, em três períodos distintos, sendo o último deles durante três dias consecutivos em setembro de 2012, confirmando a influência da densidade foliar na redução da temperatura do ar e da temperatura de superfície abaixo do dossel.

A medição no Parque Trianon foi feita em dois pontos, um localizado na entrada principal, em frente à Av. Paulista e outro na parte central, com vegetação mais densa, próximo à área do *playground* (Figs. 6.6 e 6.7). Os valores de IAF foram

Fig. 6.5 Simulação paramétrica do ENVI-met para o dia 19 de dezembro de 2006, típico de verão, em nove quadras, mostrando a temperatura do ar às 16h, próxima ao solo, com um parque na quadra central e edifícios perimetrais de 24 m de altura ao redor. À esquerda, resultados de temperatura do ar para IAF = 1, que corresponde a gramíneas ou mesmo árvores com baixo índice de área foliar que praticamente não proporcionam sombreamento, e à direita para IAF = 3, com árvores densas, como as encontradas no Parque da Luz ou no Parque Trianon, em São Paulo
Fonte: elaborado por P. Shinzato.

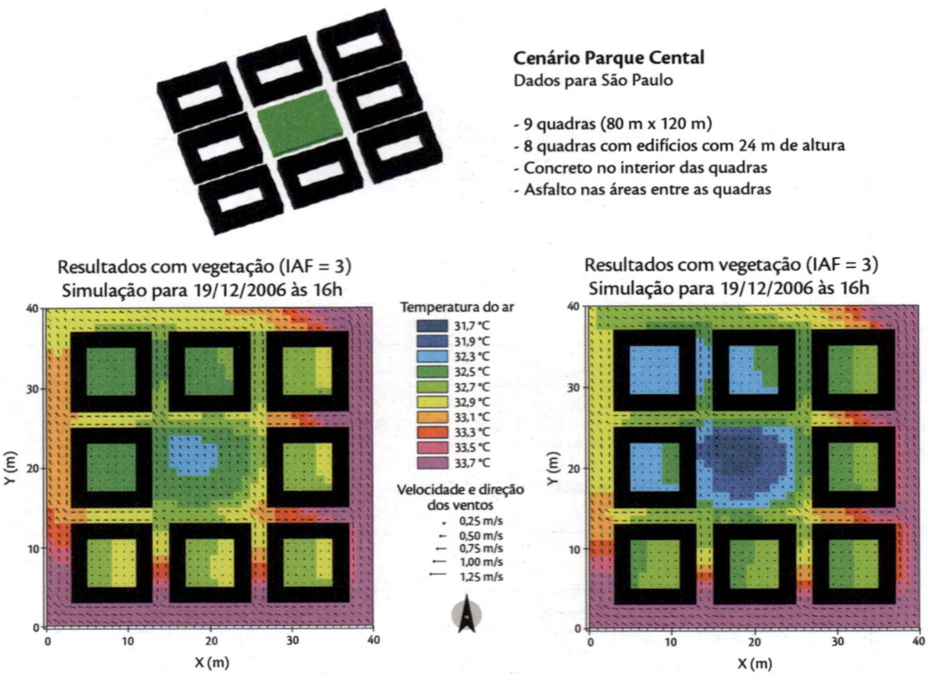

medidos em 22 pontos (Fig. 6.8) com uso de duas técnicas não destrutivas de medição indireta: uma com o equipamento LAI-2000 Plant Canopy Analyzer e outra por meio da análise de fotos hemisféricas. Os métodos indiretos envolvem cálculos a partir da atenuação da radiação pelo dossel da copa, em função da análise da distribuição geométrica das aberturas entre as folhas (*gap fraction distribution*).

A parte central do parque apresentou um valor médio de IAF = 3, enquanto a entrada principal tem uma distribuição de árvores mais espaçada e árvores pouco densas com IAF = 1,5, em média. A estação no centro do parque registrou temperaturas do ar cerca de 1 °C mais baixas e um aumento de até 0,5 g/kg na umidade específica em relação à estação da entrada. Com imagens termográficas, verificou-se que a vegetação apresenta temperatura superficial menor do que os materiais inertes, principalmente à sombra, contribuindo para um menor aquecimento do ar. Esses dados mostram o impacto da vegetação no microclima em virtude dos efeitos de sombreamento e evapotranspiração, principalmente.

À primeira vista, edifícios e vegetação competem por espaço nas áreas urbanas, mas eles podem colaborar entre si. A importância da vegetação para a mitigação dos impactos negativos da urbanização não pode ser negligenciada. A vegetação pode e precisa estar presente nas áreas urbanizadas, não somente em grandes parques, mas estrategicamente incorporada como uma rede de infraestrutura verde incluindo os espaços abertos urbanos e os edifícios (Wong; Chen, 2009). Como dito anteriormente, reduções de temperatura de superfície da ordem de mais de 20 °C abaixo do dossel são significativas, e as reduções de temperatura do ar de 1 °C a 3 °C fazem diferença no conforto humano.

O processo de urbanização altera o balanço entre a energia recebida do Sol usada para o aumento da temperatura (processo de aquecimento) e usada para a evaporação (processo de resfriamento (KATZSCHNER, 2010). Sendo assim, tendo em vista que em áreas densamente urbanizadas as trocas de calor que prevalecem são as trocas sensíveis, é preciso incorporar a parcela de trocas úmidas nesses ar-

Fig. 6.6 Parque Trianon, na Av. Paulista, local com dois pontos de medição: um na entrada principal do parque (ponto A) e outro parte central (ponto B). Fonte: Google DigitalGlobe (2014).

ranjos com vegetação, solo exposto e corpos d'água para equilibrar o balanço de energia. A presença de água no sistema resulta em maior taxa de evaporação e, consequentemente, na diminuição da temperatura do ar. Diversos estudos trazem contribuições nesse sentido, visando à incorporação do verde e seus efeitos nas áreas urbanas e nos edifícios. Aos poucos, esse conhecimento vem sendo incorporado nas legislações municipais, como o *green plot ratio*, adotado em Cingapura (ONG, 2002).

6.2 Efeitos do desenho urbano sobre o microclima urbano e sobre as edificações

O *canyon* urbano é largamente utilizado nos modelos microclimáticos como uma estrutura que se repete na *urban canopy layer*, UCL, e é afetado diretamente pelo balanço de radiação. O *canyon* é definido como o espaço tridimensional formado pela rua e pelos edifícios lindeiros à via. Na área urbana, ele restringe a visão da abóbada celeste, caracterizada pelo fator de visão de céu, causa múltiplas reflexões da radiação solar e geralmente restringe o movimento do ar. Por outro lado, em climas tropicais, edifícios em *canyons* urbanos podem se beneficiar do sombreamento mútuo.

Na estrutura do *canyon*, a radiação solar é absorvida e transformada em calor sensível, atingindo principalmente as coberturas e as superfícies verticais dos edifícios. Paredes, coberturas e solo emitem radiação de onda longa para o fundo de céu, e a intensidade depende do fator de visão de céu. O balanço líquido entre ganhos solares e perda de calor em consequência da emissão de radiação de ondas longas determina o balanço térmico de áreas urbanas. Como a perda de calor radiante é mais lenta em áreas urbanizadas, o balanço líquido é maior do que nos arredores

Fig. 6.7 Localização da estação meteorológica (A) e fator de visão de céu (B) na parte central do parque
Fotos: (A) P. Shinzato e (B) D. Moreira.

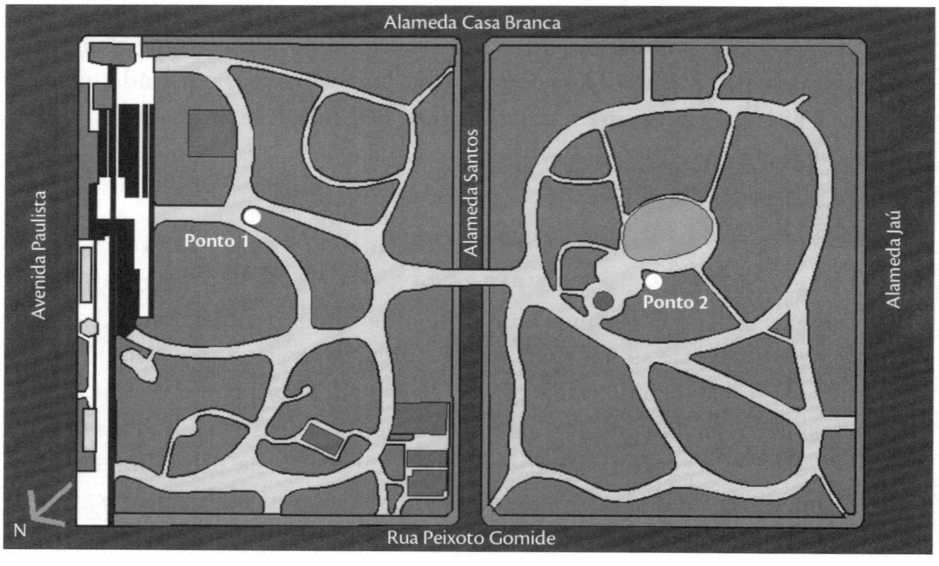

Fig. 6.8 Localização dos pontos com IAF medidos no Parque Trianon
Fonte: Paula Shinzato.

e, portanto, as temperaturas são mais altas; diversos trabalhos estabeleceram correlação entre temperaturas do ar e fator de visão de céu sob condições atmosféricas estáveis, com baixa velocidade do vento.

As temperaturas superficiais no *canyon* são determinadas pelo balanço térmico; as superfícies absorvem radiação de onda curta em função do albedo e de sua exposição à radiação solar; as mesmas superfícies absorvem e emitem radiação de onda longa em função da temperatura, da emissividade e do fator de visão de céu. Além disso, a temperatura do ar no *canyon* é influenciada pela temperatura de suas superfícies, já que a energia também é transferida por processos convectivos.

Muitos modelos de simulação energética de edifícios (BES, *building energy simulation*) trabalham com o edifício isolado, considerando apenas o sombreamento do entorno. No entanto, para resolver corretamente o balanço de energia, as múltiplas reflexões da radiação solar entre os edifícios e a troca de radiação de onda longa entre eles deveria ser considerada. Os coeficientes de convecção adotados para a envoltória do edifício geralmente são os mesmos padrões adotados para edifícios isolados e, na verdade, eles são influenciados pelos edifícios vizinhos, pelas temperaturas mais altas das superfícies, especialmente causadas pela radiação solar. Um primeiro fator a ser considerado são os dados climáticos de estações meteorológicas em áreas próximas, urbanizadas, e não em locais afastados, rurais, para que os efeitos do aquecimento urbano sejam considerados e para que o potencial de ventilação noturna seja corretamente avaliado. Em segundo lugar, deve-se considerar mais os fluxos de calor radiativos e, em terceiro, levar em conta os fluxos de ar locais, por exemplo, acoplando modelos BES com CFD (Computer Fluid Dynamics) (Allegrini; Dorer; Carmeliet, 2012).

Também devem ser considerados os efeitos das superfícies no ofuscamento em espaços urbanos, em função das reflexões. O ofuscamento urbano, ainda pouco estudado, provoca desconforto no espaço externo, na maioria das vezes causado por reflexões dos raios solares nas fachadas envidraçadas, e pode ter consequências mais graves, como as ocorridas por causa do edifício 20 Fenchurch Street, Londres, em setembro de 2013, conhecido como Walkie-Talkie, por sua forma, ou mais recentemente por Fryscraper, por ter provocado o derretimento de partes de um veículo estacionado à sua frente e outros danos nas proximidades (Futcher; Mills, 2013).

O ofuscamento provocado pelo desenho, pela localização e pela orientação de envoltórias envidraçadas implica desconforto e comprometimento da segurança no ambiente externo, especialmente para o trânsito, bem como o aumento da carga térmica e o consumo de energia de edifícios afetados, que recebem uma concentração de radiação que provoca ganhos de calor indesejados (Schiler, 2009).

Há, portanto, um conflito entre a necessidade ou a conveniência de reflexão pela envoltória para diminuir os ganhos de calor nos edifícios ou o aquecimento das superfícies urbanas, por um lado, e o ofuscamento no espaço externo, por outro (Schiler; Valmont, 2006).

Dessa forma, o desenho, a localização e o impacto de superfícies refletivas devem ser considerados no desenho urbano e no projeto do edifício e ser objeto de regulamentação urbana.

Além dos benefícios microclimáticos e de consumo de energia, os edifícios pintados com cores claras para absorver menos radiação ou com grandes fachadas envidraçadas podem incluir soluções mitigadoras para o ofuscamento urbano. Entre essas soluções estão o tratamento das superfícies, a inclusão de peles externas de sombreamento e o tratamento da paisagem (Figs. 6.9 e 6.10). O acabamento irregular, por exemplo, cria pequenas sombras e reduz o ofuscamento na rua; pode-se também optar por um acabamento jateado em superfícies aluminizadas em vez do acabamento especular; outra opção é o uso de proteções externas, que também diminuem o ofuscamento, e de peles externas de sombreamento, que podem incluir vegetação nos fechamentos verticais e horizontais.

Fig. 6.9 Biblioteca Nacional de Cingapura. Recortes e detalhes das fachadas que contribuem para minimizar o ofuscamento provocado pelas cores claras, além de outros benefícios microclimáticos para o edifício e para o entorno
Fotos: Denise Duarte.

6.3 Efeitos dos edifícios sobre o microclima urbano

Edifícios influenciam o clima urbano (Emmanuel, 2005; Wong; Chen, 2009) substituindo solo exposto, solo gramado e árvores por asfalto, concreto e vidro; trocando volumes arredondados e resilientes ocupados pela vegetação por superfícies rígidas e angulosas características dos edifícios; emitindo calor gerado pelos sistemas de ar-condicionado e por processos industriais; e conduzindo a água da chuva para os sistemas de drenagem, diminuindo drasticamente a infiltração no solo.

Por outro lado, os edifícios também podem ser tratados de diversas maneiras como parte da estratégia de climatização urbana no tratamento da interface entre espaço público e privado no nível da rua, bem como no projeto do edifício como um todo, incluindo a volumetria, a orientação, o projeto de fachadas ou a criação de espaços de transição interior/exterior ao longo das mesmas (Yeang, 2002). Podem ainda ser exploradas a incidência da radiação solar na forma e no projeto de fachadas ou o aproveitamento dos ventos para resfriamento noturno da massa construída do edifício. Além das vantagens evidentes para a redução do consumo de energia do edifício propriamente dito, isso tudo resulta em menor carga térmica acumulada e em menos calor reirradiado para a cidade no período noturno, contribuindo para a mitigação da ilha de calor (Duarte, 2002).

As regulamentações municipais geralmente incentivam o estabelecimento de limites muito rígidos entre o espaço público e o privado, e com isso eliminam os tão desejáveis espaços de transição, mas existem alternativas ligadas tanto ao tratamento dos espaços abertos propriamente ditos como também ao desenho dos edifícios, que podem criar espaços de transição climática e de uso.

Fig. 6.10 Biblioteca Nacional de Cingapura. Recortes e detalhes do tratamento das fachadas e do tratamento paisagístico nos jardins em altura que contribuem para minimizar o ofuscamento provocado pelas cores claras, além de benefícios microclimáticos para o edifício e para o entorno
Fotos: Denise Duarte.

Em áreas comerciais, de lazer ou onde mais se quiser incentivar o uso de espaços públicos, e atrair as pessoas para os espaços ao ar livre, a proteção ao sol e à chuva para os pedestres é um dos requisitos mais importantes. O recuo do andar térreo com a permissão de se avançar com a projeção de um ou dois andares sobre a calçada pode compensar economicamente o proprietário e incentivar o uso desse elemento no projeto. Os demais pavimentos voltam a seguir o recuo original, ou um recuo progressivo com a altura, para não prejudicar a ventilação no nível da rua (Duarte, 2001).

Para Yeang (2002), os edifícios podem ser projetados não somente com concentrações de material inorgânico. Eles precisam ser balanceados com elementos naturais, não só para a melhoria das condições do seu microclima imediato, mas para a produção de ar limpo e filtragem de poluentes, com aspersão de água nas fachadas a fim de promover evaporação e resfriamento das superfícies e da camada de ar mais próxima. O autor pesquisa a incorporação de materiais orgânicos e biodegradáveis nos espaços de transição nas fachadas, suavizando o impacto dos edifícios na cidade e criando espaços semiconfinados mesmo em edifícios altos.

Esses espaços permitem a abertura das janelas para um ar mais limpo e um ambiente menos ruidoso, além das vantagens estéticas e de maiores possibilidades de escolha para o usuário, como o simples fato de poder abrir as janelas, por exemplo. Com o desenho de átrios ventilados, a ideia é que as possibilidades de ventilação e iluminação natural recriem nos edifícios altos as possibilidades externas existentes no nível da rua. Com essa concepção, as fachadas mudam com a orientação e têm diferentes possibilidades de operação em função das condições ambientais locais (Fig. 6.11).

Fig. 6.11 Biblioteca Nacional de Cingapura. Espaços de transição interior/exterior (A) no térreo e (B) ao longo da altura do edifício
Fotos: Denise Duarte.

6.4 Considerações finais

Tendo em mente a interdependência entre o edifício e o ambiente urbano e as relações necessárias e desejadas entre o espaço interior e o exterior, a concepção do ambiente construído climaticamente responsável passa necessariamente:

- pelo entendimento dos fenômenos envolvidos na questão ambiental urbana em seus diferentes aspectos (climático, acústico, visual, qualidade do ar, mobilidade etc.) (Brown; Gillespie, 1995; Emmanuel, 2005; Wong; Chen, 2009);
- pela descrição adequada da cidade em modelos numéricos, para que se possa fazer estudos preditivos de diferentes cenários (Robinson, 2011);
- pelo acoplamento entre as diferentes escalas climáticas envolvendo a meteorologia e a geografia, com suas distintas contribuições (Robinson, 2011);
- pelo acoplamento entre os modelos microclimáticos e os *building energy simulation models* em edifícios (Allegrini; Dorer; Carmeliet, 2012);
- pela integração dos índices de conforto térmico, luminoso, acústico, de qualidade do ar, de mobilidade etc., a fim de que os resultados possam ser referenciados em indicadores de qualidade para auxílio à tomada de decisão em planejamento;
- pela proposição de parâmetros passíveis de controle pelas legislações urbanas (geometria no desenho urbano e nos edifícios, revestimentos urbanos e dos edifícios, desempenho térmico, acústico e luminoso de materiais e componentes construtivos, impacto da vegetação etc.) (Assis, 1995; Ong, 2002; Duarte; Brandão; Prata, 2004);
- pela integração de resultados sobre demanda de energia nas edificações associada à mudança climática, com avaliação de desempenho térmico de edifícios nos cenários climáticos atuais e futuros, que atendam às condições de conforto térmico diante das mudanças climáticas previstas.

Referências bibliográficas

AKBARI, H.; POMERANTZ, M; TAHA, H. Cool surface energy use and shade trees to reduce energy use and improve air quality in urban areas. *Solar Energy*, v. 70, n. 3, p. 295-310, 2001.

AKBARI, H.; KURN, D.; BRETZ, S; HANFORD, J. Peak power and cooling energy savings of shade trees. *Energy and Buildings*, v. 25, p. 139-148, 1997.

ALLEGRINI, J., DORER, V.; CARMELIET, J. Influence of the urban microclimate in street canyons on the energy demand for space cooling and heating of buildings. *Energy and Buildings*, v. 55, p. 823-832, 2012.

ASSIS, E. S. Bases para a determinação dos recuos e volumetria dos edifícios, considerando a insolação e iluminação natural, na revisão da lei de uso e ocupação do solo de Belo Horizonte, MG. In: III ENCONTRO NACIONAL DE CONFORTO NO AMBIENTE CONSTRUÍDO, 1995, Gramado. *Anais...* Gramado: ANTAC, 1995. p. 511-516.

ASSIS, E. S. Bases teóricas para a aplicação da climatologia ao planejamento urbano. In: IV ENCONTRO NACIONAL DE CONFORTO NO AMBIENTE CONSTRUÍDO, 1997, Salvador. *Anais...* Salvador: FAUFBA/LACAM-ANTAC, 1997. v. 1, p. 134-139.

ASSIS, E. S. de. Abordagem do clima urbano e aplicações no planejamento: reflexões sobre uma trajetória. In: VIII ENCONTRO NACIONAL SOBRE CONFORTO NO AMBIENTE CONSTRUÍDO, 2005, Maceió. *Anais...* Maceió: ENCAC-ELACAC, 2005.

ASSIS, E. S. de. *Informação verbal.* Palestra na disciplina de pós-graduação AUT 5823 - Conforto ambiental em espaços urbanos abertos, na Faculdade de Arquitetura e Urbanismo da Universidade de São Paulo/LABAUT. 06 out. 2010.

BENEDICT, M. A.; MCMAHON, E. T. *Green Infrastructure:* smart conservation for the 21st century. The Conservation Fund. [s.d]

BITTENCOURT, L. S. et al. A influência da relação entre taxa de ocupação x nºde pavimentos no potencial de ventilação natural dos ambientes internos e externos. In: IV ENCAC - ENCONTRO NACIONAL DE CONFORTO NO AMBIENTE CONSTRUÍDO, 1997, Salvador. *Anais...* Salvador, FAUFBA/LACAM-ANTAC, 1997, p. 102-106.

BOSSELMANN, P. *Urban transformation:* understanding city design and form. Washington: Island Press, 2008.

BOWLER, D.; BUYUNG-ALI, L.; KNIGHT, T. M.; PULLIN, A. S. Urban greening to cool towns and cities: a systematic review of the empirical evidence. *Landscape and Urban Planning*, v. 97 p. 147-155, 2010.

BRANDÃO, R. S. *Acesso ao sol e à luz natural: avaliação do impacto de novas edificações no desempenho térmico, luminoso e energético no seu entorno*. 2004. Dissertação (Mestrado em Arquitetura) - Faculdade de Arquitetura e Urbanismo, Universidade de São Paulo, 2004.

BROWN, R. D.; GILLESPIE, T. J. *Microclimatic landscape design:* creating thermal comfort and energy efficiency. New York: John Wiley & Sons, 1995.

BRUSE, M. Simulating human thermal comfort and resulting usage patterns of urban open spaces with a Multi-Agent System. Edição de WITTKOPF, St.; TAN, B. K. In: PLEA - International Conference on Passive and Low Energy Architecture, 2007, Cingapura. *Proceedings...* 2007. p. 699-706.

BRUSE, M.; FLEER, H. Simulating surface-plant-air interactions inside urban environments with a three dimensional numerical model. *Environmental Modelling and Software*, v. 13, p. 373-384, 1998.

CHENG, V. *Human perception of urban density*. 2010. Thesis (PhD) - Department of Architecture, University of Cambridge, 2010.

CHENG, V. et al. Urban form, density and solar potential. In: The 23rd PLEA - INTERNATIONAL CONFERENCE ON PASSIVE AND LOW ENERGY ARCHITECTURE, 2006, Genebra. *Proceedings...* 2006.

DIMOUDI, A.; NIKOLOPOULOU, M. Vegetation in the urban environment: microclimatic analysis and benefits. *Energy and Buildings*, v. 35, n. 1, p. 69-76, 2003.

DUARTE, D. A inclusão de questões relacionadas aos microclimas urbanos nas regulamentações municipais no Brasil. *Sinopses*, São Paulo, Faculdade de Arquitetura e Urbanismo da Universidade de São Paulo, p. 24-34, out. 2001. Especial Tecnologia.

DUARTE, D. Estado da arte em clima urbano e planejamento. In: NUTAU - SUSTENTABILIDADE, ARQUITETURA E DESENHO URBANO, 2002, São Paulo. *Anais*... NUTAU/Faculdade de Arquitetura e Urbanismo da Universidade de São Paulo, 2002.

DUARTE, D.; BRANDÃO, R.; PRATA, A. Environmental criteria incorporation in a brazilian building code. In: The 21th PLEA – INTERNATIONAL CONFERENCE ON PASSIVE AND LOW ENERGY ARCHITECTURE, 2004, Eindhoven. *Proceedings*... Eindhoven, 2004.

DUARTE, D. Densidade e qualidade ambiental: o inevitável, o desejável e o possível. In: GALICIA, S.; FREIXANET, V. *Hábitat Sustentable*. México, D.F.: UAM Azcapotzalco, 2012. p. 85-99.

EDWARDS, B.; HYETT, P.; (Colab.) *Rough guide to sustainability*. London: RIBA, 2002.

EMMANUEL, M. R. *An urban approach to climate-sensitive design:* strategies for the Tropics. New York: Spon Press, 2005.

EMMANUEL, M. R. A hypothetical "shadow umbrella"for thermal comfort enhancement in the equatorial urban outdoors. *Architectural Science Review*, v. 36, n. 4, p. 25-36, dez. 1993.

ERELL, E.; PEARLMUTTER, D.; WILLIAMSON, T. *Urban Microclimate: designing the spaces between buildings*. London: Earthscan, 2010.

FANGER, P. O. *Thermal comfort:* analysis and application in environment engineering. New York: McGraw Hill, 1972.

FERREIRA, J. S. W. (Coord.). *Produzir casas ou construir cidades? Desafios para um novo Brasil urbano. Parâmetros de qualidade para a implementação de projetos habitacionais e urbanos*. São Paulo: LABHAB; FUPAM, 2012.

FUTCHER, J.; MILLS, G. No building is an "energy" island: the cautionary tale of the Fryscaper. *Urban Climate News*, n. 49, p. 15-17, set. 2013. Disponível em: <www.urban-climate.org>. Acesso em: 13 nov. 2013.

GIRADET, H. *Creating sustainable cities*. Bristol: Green Books, 2003. (Schumacher Briefings Series, n. 2.).

GIVONI, B. Impact of planted areas on urban environmental quality: review. *Atmospheric Environment*, v. 25, n. 3, p. 289-299, 1991.

GONÇALVES, J.; MULFARTH, R. K.; MONTEIRO, L. M.; MOURA, N. C.; PRATA, A. R.; MIANNA, A. C.; CAVALCANTE, R. Adensamento urbano e desempenho ambiental no centro da cidade de São Paulo. In: XI ENCONTRO NACIONAL E VII ENCONTRO LATINO-AMERICANO DE CONFORTO NO AMBIENTE CONSTRUÍDO, 2011, Búzios. *Anais...* Búzios: FAUUFRJ, 2011.

GONÇALVES, J. Sustentabilidade urbana. *AU*, São Paulo, n. 212, 2011.

GUAN, L. Energy use, indoor temperature and possible adaptation strategies for air-conditioned office buildings in face of global warming. *Building and Environment*, v. 55, p. 8-19, 2012.

HÖPPE, P. The physiological equivalent temperature - a universal index for the biometeorological assessment of the thermal environment. In: DEAR, R. et al. (Ed.). *Biometeorology and urban climatology at the turn of the millennium:* selected papers from the Conference ICB - ICUC´99. Sydney, 1999. (WCASP-50, WMO/TD No 1026).

JANSSON, C. 2006. *Urban microclimate and surface hydrometeorological processes.* Thesis (PhD) - Kungliga Tekniska Högskolan, Stockholm, 2006.

JENDRITZKY, G. ; NÜBLER, W. A model analysing the urban thermal environment in physiologically significant terms. In: KASEMIR, H. W. *Archive for meteorology, geophysics, and bioclimatology.* Washington, D.C. American Geophysical Union. Ser. B, 29, p 313-326, 1981.

KATZSCHNER, L. Urban climate in dense cities. In: NG, E. (Ed.). *Designing high-density cities for social and environmental sustainability.* London: Earthscan, 2010. p. 71-78.

KNOWLES, Ralph L. The solar envelope: its meaning for energy and buildings. *Energy and Buildings*, v. 35, p. 15-25, 2003.

LABAUT - LABORATÓRIO DE CONFORTO AMBIENTAL E EFICIÊNCIA ENERGÉTICA; LABHAB - LABORATÓRIO DE HABITAÇÃO E ASSENTAMENTOS HUMANOS. Edificação e Desenho Urbano com adensamento e qualidade ambiental: habitação de interesse social na recuperação de áreas urbanas degradadas. Relatório Intermediário de acesso restrito CAPES/PNPD 2009-2014. São Paulo: Faculdade de Arquitetura e Urbanismo da Universidade de São Paulo, 2014.

LEITE, R. C. V. Fortaleza: terra do vento: a influência da mudança nos padrões de ocupação do solo sobre a ventilação natural em cidade de clima tropical úmido. 2010. Dissertação (Mestrado em Arquitetura e Urbanismo) - Faculdade de Arquitetura e Urbanismo da Universidade de São Paulo, São Paulo, 2010.

MEADOWS, D. et al. *Limits to growth, the 30th year update.* White River Junction: Chelsea Green, 2004.

MONTEIRO, C. A. F. *Teoria e clima urbano.* Tese (Livre-Docência em Geografia) – Faculdade de Filosofia, Letras e Ciências Humanas da Universidade de São Paulo, São Paulo, 1976.

MONTEIRO, L. M. Modelo adaptativo de conforto para avaliação in loco de espaços urbanos abertos. *Ambiente construído* (on-line), v. 12, p. 61-79, 2012.

MONTEIRO, C. A. F. Some aspects or urban climates in tropical South America: the Brazilian contribution. In: TECHNICAL CONFERENCE ON URBAN CLIMATOLOGY AND ITS APPLICATIONS WITH SPECIAL REGARD TO TROPICAL AREAS, 1986. *Proceedings...* 1986, p. 165-198.

NG, E. (Coord.) *Urban climate map and standards for wind environment:* feasibility study. Hong Kong: The Chinese University of Hong Kong, School of Architecture. dez. 2011.

NG, E.; WONG, N. H. Better Daylight and Natural Ventilation by Design. In: PLEA - PASSIVE AND LOW ENERGY ARCHITECTURE CONFERENCE, 2004. *Proceedings...* Eindhoven, 2004.

NG, E. (Ed). *Designing high-density cities.* London: Earthscan, 2010.

OKE, T. R. Towards a prescription for the greater use of climatic principles in settlement planning. *Energy and Buildings*, v. 7, p. 1-10, 1984.

OKE, T. R. *Boundary layer climates.* 2. ed. London: Routledge, 1987.

OKE, T. R. The micrometeorology of the urban forest. *Philosophical Transactions of Royal Society of London B*, v. 324, p. 335-350, 1989.

OMETO, J. C. *Bioclimatologia vegetal.* São Paulo: Agronômica Ceres, 1981.

ONG, B. L. Green plot ratio: an ecological measure for architecture and urban planning. *Landscape and Urban Planning*, v. 63, p. 197-211, 2002.

PRATA, A. R. *Dimensionamento do impacto da altura de edifícios nas condições de ventilação natural do meio urbano simulando em túnel de vento:* o caso de Santos. 2005. Tese (Doutorado em Arquitetura e Urbanismo) - Faculdade de Arquitetura e Urbanismo da Universidade de São Paulo, São Paulo, 2005.

ROBINSON, D. *Computer modeling for sustainable urban design:* physical principles, methods and applications. New York: Routledge, 2011.

ROBINSON, D. et al. Building modelling. In: ROBINSON, D. *Computer modeling for sustainable urban design:* physical principles, methods and applications. New York: Routledge, 2011.

ROBINSON, D.; BRUSE, M. Pedestrian comfort. In: ROBINSON, D. *Computer modeling for sustainable urban design:* physical principles, methods and applications. New York: Routledge, 2011.

ROGERS, R.; GUMUCHDJIAN, P. (Ed.). *Cities for a small planet.* London: Faber and Faber, 1997.

SASS, R. L. *It's not cool to be hot in Houston.* [s.d.]. Disponível em: <http://www.ruf.rice.edu/~sass/UHI.html>. Acesso em: 29 jul. 2013.

SANTAMOURIS, M. (Ed). *Energy and climate in the urban built environment.* London: James and James, 2001.

SPANGENBERG, J.; SHINZATO, P.; JOHANSSON, E.; DUARTE, D. Simulation of the influence of vegetation on microclimate and thermal comfort in the city of São Paulo. *RevSBAU*, Piracicaba, v. 3, n. 2, p. 1-19, jun. 2008.

SCHILER, M.; VALMONT, E. *Urban environmental glare:* the secondary consequence of highly reflective materials. In: THE 23RD PLEA - CONFERENCE ON PASSIVE AND LOW ENERGY ARCHITECTURE, 2006. *Proceedings...* Genebra, 2006.

SCHILER, M. *Examples of glare remediation techniques:* four buildings. In: THE 26th CONFERENCE ON PASSIVE AND LOW ENERGY ARCHITECTURE, 2009. *Proceedings...* Quebec, 2009.

SHASHUA-BAR, L.; HOFFMAN, M. E. Vegetation as a climatic component in the design of an urban street: an empirical model for predicting the cooling effect of urban green areas with trees. *Energy and Buildings*, v. 31, p. 221-235, 2000.

SHINZATO, P. *Impacto da vegetação nos microclimas urbanos.* Dissertação (Mestrado em Arquitetura) – Faculdade de Arquitetura e Urbanismo da Universidade de São Paulo, São Paulo, 2009.

SHINZATO, P.; DUARTE, D. Microclimatic Effect of Vegetation for Different Leaf Area Index - LAI. In: PLEA 2012 - PASSIVE AND LOW ENERGY ARCHITECTURE CONFERENCE. Opportunities, Limits & Needs. *Proceedings...* Lima: PUC Peru, 2012. v. 1. p. 1-6.

SHINZATO, P.; DUARTE, D. Quantificação da intensidade e a distribuição espacial dos efeitos microclimáticos da vegetação. In: XI ENCONTRO NACIONAL DE CONFORTO NO AMBIENTE CONSTRUÍDO / VII ENCONTRO LATINO-AMERICANO DE CONFORTO NO AMBIENTE CONSTRUÍDO. 2011, Búzios. *Anais...* Conforto Ambiental na Arquitetura e no Urbanismo: Uma Reflexão além da Técnica, 2011.

SHINZATO, P.; DUARTE, D.; BARROS, F.; MOREIRA, D. Intensity and spatial influence of urban parks: a case study in Sao Paulo, Brazil. In: SUSTAINABLE BUILDING CONFE-

RENCE 2013. *Proceedings...* Graz, 2013. International Conference on Sustainable Buildings - Construction Products and Technologies, 2013a.

SHINZATO, P.; DUARTE, D.; BARROS, F.; MOREIRA, D. O impacto da vegetação nos microclimas urbanos: estimativa do índice de área foliar em diferentes grupos arbóreos. In: XII ENCONTRO NACIONAL DE CONFORTO NO AMBIENTE CONSTRUÍDO / VIII ENCONTRO LATINO-AMERICANO DE CONFORTO NO AMBIENTE CONSTRUÍDO, 2013, Brasília. *Anais...* Conforto & Projeto. Brasília: UnB, 2013b.

TAESLER, R. Urban climatological methods and data. In: TECHNICAL CONFERENCE ON URBAN CLIMATOLOGY AND ITS APPLICATIONS WITH SPECIAL REGARD TO TROPICAL AREAS. *Proceedings...* Geneva, 1986. WMO n. 652, p. 199-236, 1986.

UNEP - UNITED NATIONS ENVIRONMENT PROGRAMME. *Buildings and climate change:* status, challenges and opportunities, 2007.

WILDE, P. de; COLEY, D. The implications of a changing climate for buildings. *Building and Environment*, v. 55, p. 1-7, set. 2012.

WONG, N. H.; CHEN, Y. *Tropical urban heat islands:* climate, buildings and greenery. New York: Taylor & Francis, 2009.

YEANG, K. *Reinventing the Skyscraper*. West Sussex: Wiley-Academy, 2002.

YUAN, C.; NG, E. Building porosity for better urban ventilation in high-density cities: a computational parametric study. *Building and Environment*, v. 50, p. 176-189, 2012.

Edifícios altos e forma urbana

7

Joana Carla Soares Gonçalves, Marcelo Mello e Anna Christina Miana (seção 7.1)
Marcos Lima Rosa (seção 7.2)

Com o crescimento mundial da população urbana, que ultrapassou a marca dos 50% na primeira década do século XXI (UNDESA, 2011), tanto o impacto ambiental quanto o sucesso das dinâmicas socioeconômicas de cidades ao redor do mundo estão diretamente relacionados aos desafios e às vantagens das altas densidades populacionais, como claramente colocado em uma série de referências bibliográficas de interesse e repercussão internacional (Unep, 2011; Glaeser, 2011; Urban Task Force, 1999). Nesse contexto de adensamento das cidades, o desempenho ambiental de edifícios e espaços abertos se depara com os impactos da forma urbana na qualidade do ambiente construído (Fig. 7.1).

Fig. 7.1 Vista da concentração de edifícios do centro da cidade de São Paulo, que formam uma grande fonte de aquecimento urbano pela forma urbana e concentração de material inerte
Foto: Joana Carla Soares Gonçalves.

7.1 O impacto de *canyons* urbanos no desempenho ambiental de edifícios

A discussão sobre o desempenho ambiental de edifícios ganha uma complexidade maior, e absolutamente necessária, quando inserida no contexto ambiental das cidades. Isso porque as condições microclimáticas do ambiente construído são determinantes para o desempenho ambiental e energético dos edifícios. Como exemplo, o processo de urbanização presenciado em muitas cidades ao redor do mundo a partir da segunda metade do século XX desencadeou um processo de desertificação climática, com o aumento das temperaturas do ar e a diminuição da umidade, como constatado em várias regiões da cidade de São Paulo (Nobre et al., 2010), em imagens de satélite tiradas sobre a cidade que registraram temperaturas superficiais chegando aos 32 °C nos bairros do centro, na primavera, enquanto áreas verdes marcavam de 27 °C a 28 °C.

A configuração da forma urbana, combinada com a concentração de materiais inertes do ambiente construído, retém uma parcela significativa da energia incidente da radiação solar, que é irradiada de volta para o ambiente urbano, elevando a temperatura do ar. Esse processo é acentuado com a escassez da vegetação nos espaços abertos. Os edifícios constituem outro agente contribuidor desse aquecimento, em decorrência do calor gerado pelas atividades internas e o consequente consumo de energia, que é então transmitido para o ambiente urbano (Oke, 1976). Em casos mais extremos, a elevação da temperatura do ar em áreas urbanas resulta nas chamadas ilhas de calor. De acordo com Oke (1976), quando o calor acumulado no *canyon* urbano não pode escapar para a atmosfera, aumentando a temperatura do ambiente urbano, o chamado efeito *ilha de calor* é criado. Apesar de a temperatura do ar aumentar durante o dia em função da forma e das atividades urbanas, o conceito de ilha de calor é fundamentalmente um fenômeno noturno, quando, ao contrário do esperado (temperaturas mais baixas do que as diurnas), as temperaturas acabam sendo mais altas do que as diurnas.

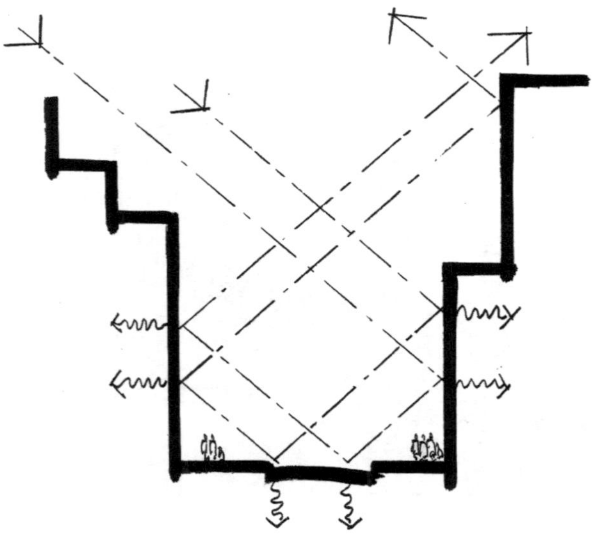

Fig. 7.2 Diagrama do *canyon* urbano ilustrando a reflexão e absorção da radiação global pelas paredes do *canyon*

O processo de aquecimento das cidades é agravado no cenário das mudanças climáticas decorrentes do aumento da concentração de CO_2, trazendo elevações ainda maiores de temperatura, juntamente com chuvas torrenciais e outros impactos climáticos.

Focando no impacto da forma urbana nas condições microclimáticas do ambiente construído, é importante ressaltar que as áreas de *canyon* (definido pelo paralelismo de edifícios) resultam em espaços abertos cujas condições ambientais são altamente influenciadas pelas proporções da forma urbana e das fachadas dos edifícios (Fig. 7.2), muitas vezes anulando o impacto da radiação solar consequente da orientação a partir de uma determinada altura, como demonstrado por Mello (2012). Esse autor investigou o desempenho de *canyons* típicos dos bairros centrais de São Paulo e identificou o *canyon* de razão 2 (H/W = 2, relação de altura (H) sobre largura (W) do *canyon*) como proporção-limite a partir da qual a orientação se torna praticamente irrelevante no desempenho ambiental dos edifícios do *canyon*.

A forma urbana determinada pelas proporções e orientação do *canyon* vai determinar quanto de radiação solar chega até os níveis mais baixos dos *canyons*, assim como quanto de calor pode ser dissipado nos períodos noturnos em função do fator de visão de céu (importante fonte sumidoura de calor nos períodos noturnos em virtude das baixas temperaturas, por meio de trocas de radiação com o ambiente construído) (Fig. 7.3). O fator de visão de céu (*sky view factor*, SVF) é uma medida de ângulo sólido da visão do céu a partir de um determinado ponto no ambiente urbano. Esse fator determina a troca de calor radiante entre o ambiente urbano e o céu, que funciona como sumidouro desse calor (Oke, 1987; Givoni, 1998). Além disso, ele também é relacionado com a disponibilidade de luz natural no ambiente urbano e tem um papel determinante na percepção de conforto ambiental no espaço aberto. Um ambiente urbano mais aberto, ou seja, de maior fator de visão de céu, resulta em uma percepção de uma menor densidade urbana (Cheng, 2010).

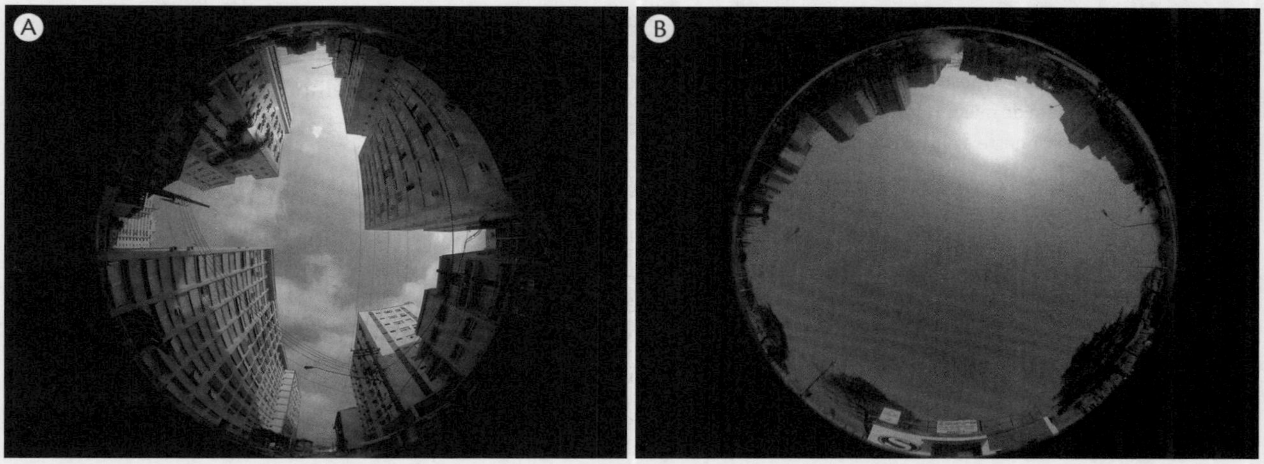

Fig. 7.3 Vistas do fator de visão de céu em duas situações urbanas distintas: (A) *canyon* urbano e (B) praça. Lembrando que, quanto maior o fator céu, maior a incidência da radiação solar durante o dia, mas também menor as perdas de calor por radiação para o fundo de céu no período noturno Fotos: Denise Duarte.

A ventilação urbana também é fortemente influenciada pela forma urbana. Enquanto por um lado as *paredes* dos *canyons* podem representar barreiras para a ventilação urbana, por outro lado, a *rugosidade* da forma urbana criada pelas diferenças de altura entre edifícios próximos favorece a ventilação (Fig. 7.4), trazendo benefícios para o conforto do pedestre (especialmente em cidades de clima quente), a ventilação natural no interior dos edifícios e, ainda, para a dispersão de poluentes do ambiente urbano (Givoni, 1998).

Isso significa que, dependendo do clima local, determinadas características da forma urbana podem ser positivas para os microclimas urbanos. Por exemplo, situações de turbulência de vento podem ser desejáveis em climas quentes, enquanto causam desconforto em climas mais frios. Vale destacar que todos esses impactos podem ser identificados com o uso de métodos analíticos de avaliação de desempenho.

Com relação ao desempenho ambiental dos edifícios, é importante considerar que o aquecimento do ambiente urbano pode levar, em muitos casos, ao aumento da demanda pelo condicionamento de ar, assim como a uma maior dependência da iluminação artificial, em virtude da redução da disponibilidade de luz natural, por causa dos *canyons* mais estreitos. Estudos do grupo de pesquisa Heat Island Group (2000) identificaram que o aumento de 1 °C na temperatura do ambiente urbano de cidades no Sul da Califórnia levou a um aumento de 3% da demanda energética do condicionamento de ar em edifícios, equivalendo a um total de 400 MW a mais de energia consumida por esses sistemas.

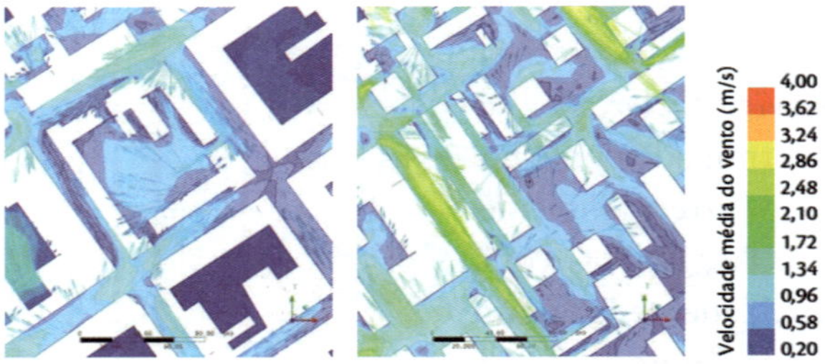

Fig. 7.4 Resultados da simulação de ventos nos espaços livres de uma quadra urbana no bairro de Santa Ifigênia, no centro de São Paulo. À esquerda, a quadra é ocupada por edifícios altos de alturas similares localizados no perímetro da quadra. À direita, a mesma quadra é ocupada por edifícios mais altos e de alturas diferentes, com diferentes afastamentos do limite da quadra. Os resultados das simulações mostram uma melhor ventilação urbana no caso da quadra de maior rugosidade, ou seja, naquela com uma variação maior entre a altura dos edifícios
Fonte: Gonçalves et al. (2011).

Entretanto, os efeitos das ilhas de calor podem ser mitigados por uma série de medidas, como: o uso de cores claras nas fachadas dos edifícios, aumentando a capacidade de reflexão da radiação e reduzindo as absorções de calor; o aumento da massa de vegetação com o plantio de árvores (com o cuidado de que essas não se tornem um impedimento para a ventilação urbana), entre outras (Gartland, 2008). O uso de concreto claro em vez de asfalto, por exemplo, aumenta a reflexão da radiação global incidente em aproximadamente 50%, reduzindo a quantidade de energia absorvida e posteriormente reemitida pelo material (Gartland, 2008). Indo mais além, transformações na configuração física da forma urbana, como a criação de espaços abertos, ou a inserção de edifícios novos, também guardam o potencial de melhorar a qualidade do clima urbano e, com isso, melhorar o desempenho ambiental dos edifícios.

Diante da complexidade das múltiplas interações que determinam as condições microclimáticas do ambiente construído, as regras convencionais de código das edificações nacional, por exemplo, incluindo coeficiente de aproveitamento, taxa de ocupação, afastamentos, além de refletirem um grau de arbitrariedade, são insuficientes para garantir a qualidade ambiental do meio urbano.

Somado a isso, o uso do lote como base para a determinação de tais regras impõe um conjunto de restrições sobre as possibilidades do desenho urbano e do adensamento, incluindo considerações para com a forma e a orientação dos edifícios, assim como quanto ao tamanho e a localização dos espaços livres. Como alternativa, o uso da quadra como unidade mínima do desenho urbano permite múltiplas possibilidades para as relações entre área construída, forma arquitetônica e espaços livres.

Retomando a questão inicial sobre o adensamento urbano, no momento em que a maioria da população do mundo se torna urbana, um dos principais desafios do desenho urbano é demonstrar as possibilidades do adensamento populacional e construído com o cumprimento de critérios ambientais, no que diz respeito à qualidade dos espaços abertos e ao desempenho dos edifícios. Com esse objetivo em mente, as relações entre densidade, forma urbana e clima abrem um leque de possibilidades para o desenho urbano com qualidade ambiental.

7.1.1 Variáveis ambientais

Sol e vento são variáveis do clima urbano com impacto sobre a qualidade ambiental do espaço aberto e dos edifícios. O estudo da geometria solar oferece métodos de projeto para o bom aproveitamento da insolação ou a criação de sombreamento, além da possibilidade de geração de energia elétrica por meio da captação da energia solar. Os principais benefícios da energia solar para espaços internos e externos são: efeito bactericida (visando atender à exigência humana de salubridade nas habitações); conforto térmico quando a temperatura do ar se encontra abaixo da zona de conforto, aquecimento de água e geração de energia renovável.

A busca pela insolação em determinados dias do ano e horas do dia influencia decisões arquitetônicas sobre a orientação, forma e altura dos edifícios, assim como o afastamento entre eles, além do tratamento das fachadas, afetando aspectos de ocupação e densidade do lote urbano. Vale ressaltar aqui que além do acesso ao sol, a visão do céu de uma determinada localização no espaço aberto da cidade ou na fachada de um edifício também é determinada pelos métodos da geometria solar, além de ser o principal fator para a boa iluminação natural dos espaços externos e internos.

Com relação aos ventos, direção e velocidade podem variar entre os meses do ano e os períodos diurno e noturno, dependendo das condições climáticas e geográficas do lugar, além de estarem sujeitas ao impacto da forma urbana. As dimensões, formas e justaposições dos elementos que compõem o ambiente construído definem zonas de baixas e altas pressões ao redor dos edifícios, as quais afetam a aceleração e a distribuição dos fluxos de ar ao redor deles (Givoni, 1998).

Além da sua importância para o conforto térmico em cidades de clima quente, como já mencionado, o fluxo de ar nos espaços abertos do ambiente construído é fundamental para a dispersão de poluentes e, consequentemente, o alcance da boa qualidade do ar. Como se sabe, a emissão de poluentes no meio urbano é gerada pelos veículos automotores, resultando em concentrações desses no térreo da cidade. Por essa razão, a permeabilidade da forma urbana aos ventos predominantes e a boa ventilação nos espaços públicos tem um papel central na conquista de cidades *mais saudáveis*.

A concentração de monóxido de carbono (CO) é comumente adotada como indicador do nível de toxicidade, pois embora existam outras fontes tóxicas nas emissões dos veículos, sabe-se que o CO atinge valores proibitivos em menor tempo. De acordo com a concentração de CO, a Companhia de Tecnologia de Saneamento Ambiental (Cetesb, 1990) classifica a qualidade do ar em três categorias: padrão, atenção e alerta. Para a avaliação da qualidade do ar, o método proposto por Road World Association (Silva, 2001; Piarc, 2001) considera três variáveis: o agente poluente, sendo este a quantidade de veículos por hora, a largura da via e a velocidade do vento. O método considera um caudal de emissão de poluentes (fluxo de ar poluído) e propõe um caudal de ar fresco de diluição, que faça com que o nível de poluente se encontre abaixo de um dado valor.

7.1.2 O impacto dos edifícios altos

É lógico assumir que a inserção de edifícios altos seja uma maneira óbvia de se alcançar altas densidades. Contudo, com respeito às implicações na qualidade do espaço público, questões estratégicas relacionadas com o projeto e a inserção urbana desses edifícios emergem, tais como: quantos? quão altos? e quão distantes uns dos outros? Perguntas estas cujas respostas vão depender das particularidades do contexto urbano (físico) e ambiental, além do contexto econômico.

Entretanto, é importante ressaltar que as vantagens econômicas do edifício alto sobre o valor do solo tem sido a mais importante força de transformação da forma urbana desde meados do século passado até os dias de hoje, criando lugares emblemáticos da modernidade, como a ilha de Manhattan, em Nova York, a *Cidade das Torres* do século XX, como é chamada por Le Goff (1997) (Fig. 7.5); além de Chicago, Hong Kong e muitas outras cidades, com especial destaque para o que vem se passando no continente asiático desde a última década do século XX.

Fig. 7.5 Vista dos edifícios altos de Manhattan, a *Cidade das Torres* de Le Goff Foto: Joana Carla Soares Gonçalves.

Apesar da justificativa de que a construção de edifícios altos é um meio de regeneração socioeconômica de áreas urbanas desvalorizadas economicamente, por vários motivos, incluindo as oportunidades decorrentes da concentração de pessoas e atividades, a verticalização constitui um processo complexo de transformação do território. Processo esse que, em muitos casos, provou resultar em espaços urbanos de baixa qualidade física e ambiental.

O comprometimento da qualidade urbana como consequência da verticalização é comumente visto em cidades de economias emergentes e rápido crescimento econômico, como São Paulo, na América do Sul, onde, como colocado por Hepner (2011), as regras do planejamento e da construção são fortemente influenciadas pelas forças do mercado imobiliário, em muitos casos, com pouca ou nenhuma atenção para a qualidade do espaço público.

Com foco na questão ambiental, em casos extremos de *canyons* urbanos caracterizados por ruas estreitas e paredes criadas pelos edifícios altos próximos uns dos outros, o espaço aberto no nível da rua, assim como os primeiros andares dos edifícios adjacentes, ficam condenados à ausência de acesso solar e baixos níveis de iluminação (Fig. 7.6). Essa situação é mais grave em cidades localizadas nas latitudes mais altas, onde o clima é mais frio e a altura solar nos meses de inverno é mais baixa. Por outro lado, em cidades de clima quente e úmido, a sombra criada pelos edifícios altos e os *canyons* urbanos exerce um efeito benéfico de resfriamento do ambiente urbano (Givoni, 1992).

A inserção urbana do edifício alto necessita de espaço livre ao seu redor para a mediação dos impactos de ordem física e ambiental sobre o entorno imediato, sendo os principais impactos aqueles relacionados com a falta de escala humana e as drásticas mudanças microclimáticas. A esse respeito, exemplos clássicos da arquitetura demonstram como o nível térreo do ambiente urbano pode ser preservado do impacto indesejado da verticalidade, por meio de medidas estratégicas de implantação. No caso do Seagram Building, em Manhattan, por exemplo, o recuo entre o edifício e o passeio público resulta em uma praça que evita o efeito de opressão do edifício alto sobre o espaço público, enquanto que o edifício alto é claramente distinguido, de perto e a distância, entre os demais edifícios altos do entorno imediato (Fig. 7.7).

Outro exemplo de inserção urbana de sucesso é o edifício sede do Commerzbank, no distrito financeiro de Frankfurt, em que o edifício alto é situado no centro da quadra, enquanto um edifício-base reconstitui o perímetro da quadra, dando continuidade à forma urbana e ao gabarito do entorno do centro histórico, junto ao espaço público (Figs. 7.8 e 7.9). Dessa forma, o edifício, que é o mais alto da cidade, tem a presença de maior destaque na paisagem urbana contemplada a distância, sem causar qualquer perturbação sobre a área de uso do pedestre ou os edifícios do entorno (Gonçalves; Umakoshi, 2010).

Como mencionado anteriormente, a inserção do edifício no terreno, incluindo o tratamento de sua base, são fatores cruciais para o impacto ambiental desse edifício sobre os espaços abertos do entorno imediato. Nesse sentido, pódios, pilotis, marquises e articulações da forma arquitetônica são algumas medidas estratégicas de projeto para aproximar o edifício da escala humana, enquanto

Fig. 7.6 Vista superior de um *canyon* urbano típico das ruas de Manhattan, mostrando o espaço entre edifícios, privado do acesso ao sol e da luz natural
Foto: Joana Carla Soares Gonçalves.

Fig. 7.7 Situação de implantação do Seagram Building, com a praça entre o edifício e a rua, permitindo uma distância suficiente para a torre ser notada de longe
Foto: Joana Carla Soares Gonçalves.

oferecem proteção para o nível térreo contra o sol, a chuva e o vento. Pódios e pilotis tiveram um papel central na inserção urbana dos edifícios do apogeu do período modernista brasileiro (1930-1960). Como resposta às condições climáticas dos trópicos, espaços abertos no térreo foram projetados para serem protegidos pelo sol e pela chuva, enquanto permitem a passagem do vento ao redor dos edifícios (Figs. 7.10 e 7.11).

Fig. 7.8 Entrada exclusiva para o edifício alto do Commerzbank, com acesso pela rua lateral da quadra
Foto: Joana Carla Soares Gonçalves.

Logo, em decorrência de sua forma e altura, o edifício alto tem um grande potencial de modificar o microclima do entorno. Nesse sentido, os impactos mais relevantes são a projeção de sombras e a criação de turbulências de vento.

Em se tratando do impacto específico na ventilação urbana, as diferenças de altura, somadas às distâncias entre os edifícios, definem o nível de rugosidade da forma urbana, que tem uma relação direta com os padrões de ventilação no ambiente urbano. De acordo com Givoni (1992), o posicionamento estratégico de edifícios altos, mantendo certa distância entre os mais altos, aumenta a rugosidade da forma urbana, acelerando os fluxos e criando turbulências (Tab. 7.1). Nesses casos, a ventilação urbana pode ser melhorada de 35% a 70% em decorrência de variação de altura entre edifícios altos próximos (Ng, 2010).

O potencial de dispersão da poluição no nível da rua em função da ventilação urbana é outra vantagem associada ao impacto dos edifícios altos, em centros urbanos congestionados. Voltando às particularidades do clima quente-úmido, o incremento da ventilação urbana é favorável ao conforto térmico em espaços abertos. No entanto, deve ser destacado que as vantagens do impacto ambiental

Fig. 7.9 Acesso público para a praça coberta no interior da quadra do Commerzbank, em frente à estação do metrô
Foto: Joana Carla Soares Gonçalves.

Fig. 7.10 Edifícios altos sobre a base tipo pódios e pilotis, nas ruas do centro de São Paulo, criando um espaço público protegido da chuva e do sol
Foto: Joana Carla Soares Gonçalves.

Fig. 7.11 Piso térreo do edifício do MEC no Rio de Janeiro, Ministério de Cultura e Educação, com o espaço público criado pelo espaço dos pilotis que conecta o térreo do edifício e a quadra de implantação com o entorno
Foto: Joana Carla Soares Gonçalves.

Tab. 7.1 Relação entre diferença de altura entre edifícios e fluxo de vento no ambiente urbano

Contraste de altura entre as laterais do *canyon*	Diferença de altura entre as laterais do *canyon*	Trocas de ar por hora no *canyon*
0	4:4	10,5
3	3:6	10,8
4	3:7	11,9
6	2:8	13,8
7	2:9	11,2
8	1:9	13,3
10	1:11	13,4
10	0:10	17,9
14	0:14	17,0

Fonte: Ng, Wong e Han (2006).

dos edifícios altos no ambiente urbano, mais especificamente no conforto térmico do pedestre, não podem ser generalizadas, estando atreladas às características do clima local. Enquanto sombras e ventos são favoráveis para o conforto térmico em lugares de clima quente e úmido, os mesmos efeitos são desfavoráveis nos climas mais frios.

Por outro lado, retomando a questão do impacto dos *canyons* urbanos, como comentado na introdução, quando bem próximos ou mesmo justapostos, os edifícios altos podem criar uma barreira para a ventilação urbana, em vez de incrementá-la. Esse é o caso no bairro de Copacabana, no Rio de Janeiro (uma das regiões urbanas mais densas do planeta na década de 1970), onde, por décadas consecutivas, as atividades do mercado imobiliário resultaram em fileiras paralelas de edifícios altos à margem da praia, os quais formam verdadeiros paredões que, para piorar, se repetem no interior do bairro (Fig. 7.12).

Fig. 7.12 *Canyon* urbano criado pelas paredes de edifícios altos no bairro de Copacabana, paralelo à avenida da praia, bloqueando o acesso do vento que vem da praia até o interior do bairro
Foto: Joana Carla Soares Gonçalves.

Em teoria, *canyons* urbanos de proporções maiores que 0,65, ou seja, mais estreitos e mais altos, direcionam grande parte do fluxo dos ventos para sobre a cobertura dos edifícios (Littlefair, 2000). *Canyons* com essa proporção-limite são muito difíceis de serem encontrados em áreas urbanas de edifícios altos, uma vez que requereriam ruas demasiadamente largas. No centro de São Paulo, por exemplo, onde a altura de edifícios varia entre 30 m e 100 m, um *canyon* de 0,65 de proporção implicaria em ruas entre 45 m e 150 m. Por isso, em áreas urbanas de edifícios altos, evitar a formação de *canyons* contínuos, mantendo afastamentos laterais entre os edifícios para a passagem dos ventos, é uma medida fundamental para uma boa ventilação urbana, como visto no bairro de Higienópolis, em São Paulo, em que os edifícios altos são afastados uns dos outros (Figs. 7.13 e 7.14, p. 192). No caso desse bairro, apesar de os *canyons* das ruas principais de H/L igual a 1 ainda não serem tão prejudiciais para a ventilação urbana, o afastamento entre os edifícios, mesmo que estreito (equivalente a um *canyon* de H/L = 8), tem um impacto positivo na ventilação urbana (Fig. 7.15).

Em geral, pode-se assumir que em cidades de climas quente-úmido, como São Paulo e Rio de Janeiro, a presença de edifícios altos no ambiente construído é compatível com as condições de conforto ambiental nos espaços abertos e as condições microclimáticas favoráveis para o desempenho ambiental dos edifícios. Em outras palavras, é possível melhorar os microclimas urbanos com a criação de sombras e o incremento do movimento do ar, desde que diretrizes de projeto com relação à altura e à localização dos edifícios altos sejam consideradas na configuração geral da forma urbana do local. Em ultima instância, o impacto ambiental dos edifícios altos é uma questão de interesse público, a ser tratado no âmbito do projeto de edifícios e também do desenho urbano e do planejamento urbano.

7.1.3 A influência de *canyons* urbanos: o caso de São Paulo

Estudos analíticos sobre o impacto de *canyons* urbanos no desempenho térmico e luminoso de edifícios altos na cidade de São Paulo foram realizados por Mello (2012), tomando como referência proporções típicas da forma urbana de trechos de bairros centrais caracterizados pelo conjunto de edifícios altos, como República, Santa Ifigênia e Higienópolis. No modelo do edifício, a razão entre a área de janela e a área de piso de 10% (WFR) corresponde a uma razão de 25% entre a área de janela e a área de fachada (WWR). Para o modelo do *canyon*, considerou-se 0,5 de reflexão para as fachadas externas e 1,85 $W/m^2 \cdot K$ para o coeficiente global de condutibilidade térmica (valor de U). Para efeitos de simplificação, a reflexão do piso (rua e calçadas), que foi considerada nas simulações de desempenho luminoso, não foi considerada nas simulações de térmica. As simulações de térmica dinâmica foram realizadas com o auxílio do software TAS, Thermal Assessment Simulation, da EDSL. Para as simulações de iluminação natural, foi utilizado o software Ecotect-Radiance, da Autodesk.

O modelo da quadra urbana seguiu a lógica de torres dispostas lado a lado, sendo essas de 16 m por 30 m de base e 17 pavimentos de altura (51 m), com um edifício central de 18 pavimentos (54 m), que foi o edifício-modelo para os estudos técnicos de desempenho térmico e luminoso (Fig. 7.16).

O afastamento lateral de 6 m entre os edifícios resultou em um *canyon* bem estreito, enquanto o distanciamento da rua criou outro *canyon* mais largo, com 30 m de afastamento. Nesse arranjo, o 18º pavimento não apresenta obstrução em nenhuma das orientações, enquanto que, à medida que se aumenta o número de pavimentos em direção ao térreo, aumenta-se a altura e as proporções do *canyon*. Nesse modelo, o *canyon* lateral mais estreito, com 6 m de largura, foi tomado como objeto de estudo por Mello (2012), por ser o mais crítico, além de corresponder à fachada mais extensa do edifício. O 18º pavimento foi classificado como *canyon* 0, ou seja, *canyon* inexistente pela ausência de obstruções, o 17º como *canyon* 0,5 (por suas proporções de 6 m de largura por 3 m de altura), o 16º como *canyon* 1 (3 m de largura e 3 m de altura), e assim por diante.

Tomando-se as proporções dos canyons como base de estudo, pode-se considerar que os resultados obtidos para os dois últimos andares do *canyon* lateral mais estreito, equivalentes a uma razão de H/L igual a 1, são generalizáveis para os andares mais baixos das fachadas voltadas para a rua, em que a razão do *canyon* também é igual a 1. Para que a proporção do *canyon* principal pudesse ser correlacionada com os andares superiores do *canyon* lateral, houve uma simplificação. O efeito de reflexão do solo foi ignorado ou considerado nulo, usualmente índices de albedo da pavimentação da rua são muito baixos (0,1 para asfalto e outras superfícies escuras). Caso essas superfícies fossem tratadas com cores claras, os resultados dos andares próximos ao nível da rua seriam influenciados, e as reflexões vindas da pavimentação teriam que ser contabilizadas.

Desempenho térmico

O estudo do impacto do *canyon* urbano sobre o desempenho ambiental dos edifícios contemplou, inicialmente, a função de escritórios, tendo em vista a reconhecida dependência do condicionamento de ar de edifícios comerciais na cidade de São Paulo (mais por razões culturais do que climáticas), principalmente por causa da radiação solar incidente no plano das fachadas, que

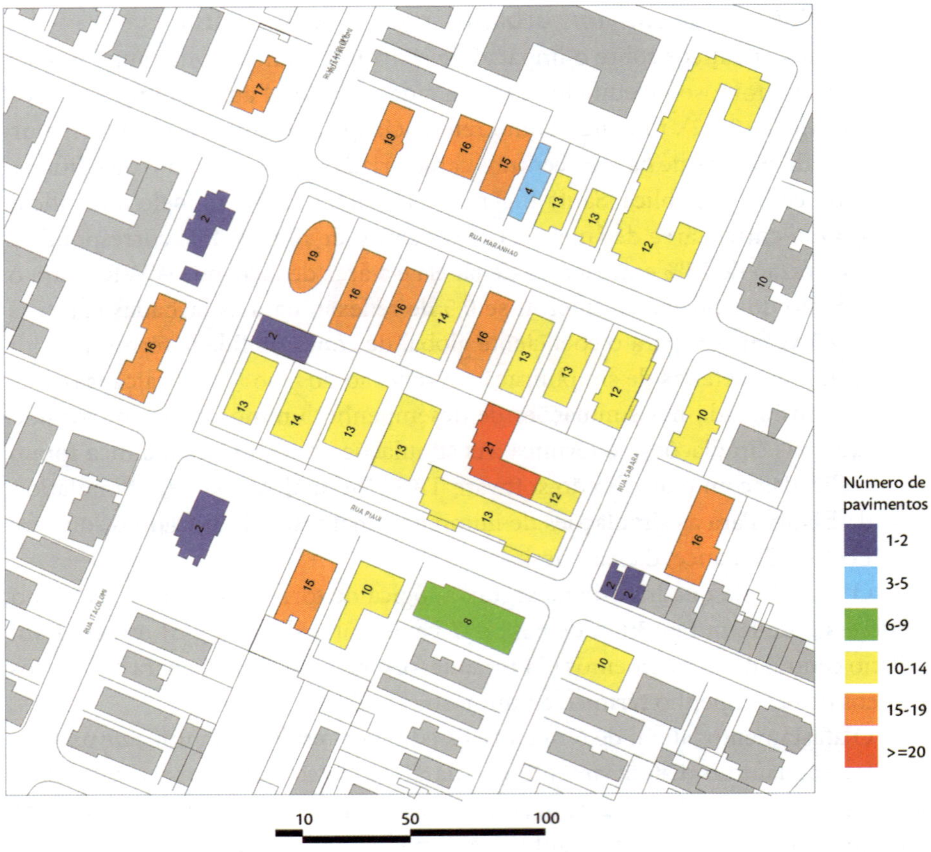

Fig. 7.13 Planta de situação de uma quadra típica do bairro de Higienópolis, em São Paulo, com a marcação da altura dos edifícios vizinhos
Fonte: Mello (2012).

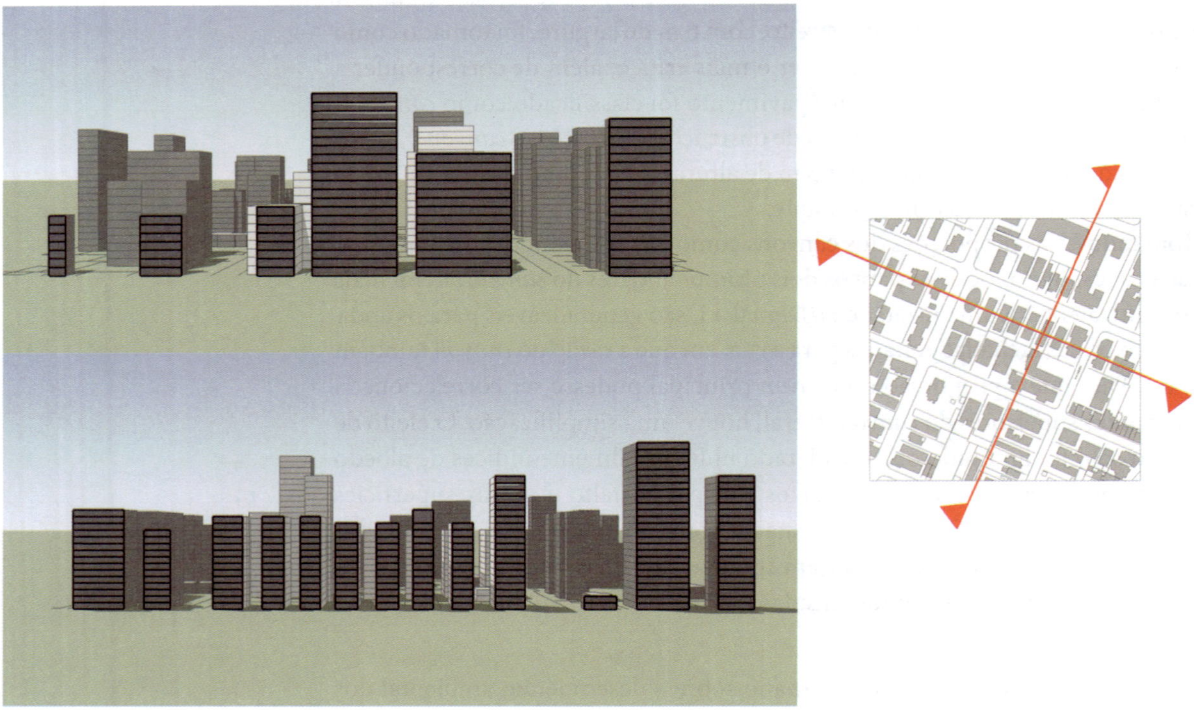

Fig. 7.14 Cortes transversal e longitudinal de uma quadra típica do bairro de Higienópolis, em São Paulo, mostrando o afastamento entre os edifícios, sendo este um fator favorável para a ventilação urbana
Fonte: Mello (2012).

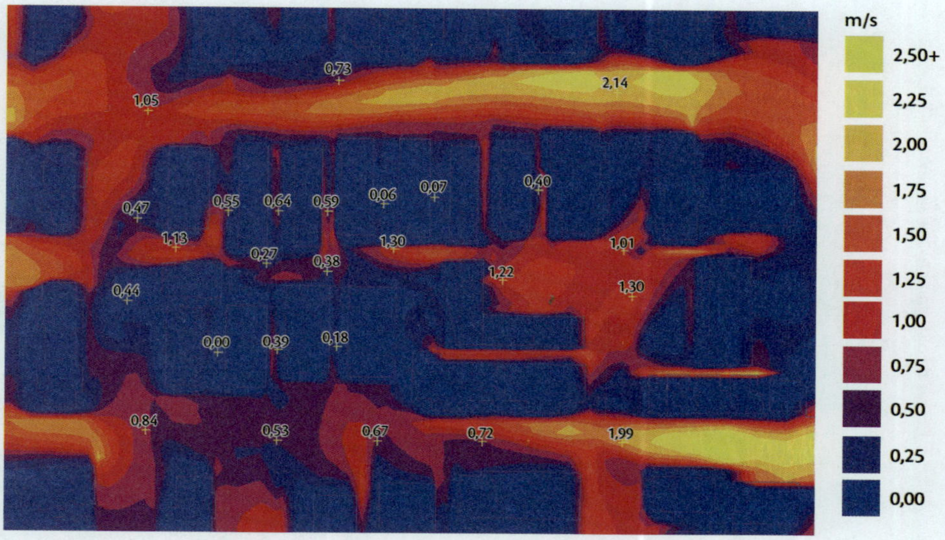

Fig. 7.15 Resultado da simulação de movimento do ar nos *canyons* de Higienópolis, com destaque para a contribuição dos afastamentos entre os edifícios para a ventilação urbana das ruas principais
Fonte: Mello (2012).

é alterada no cenário dos *canyons* urbanos. Os edifícios residenciais foram considerados como uma variação do modelo elaborado para o edifício de escritórios, com diferentes cargas térmicas internas, sendo essas sensivelmente menores no segundo caso. A carga térmica anual de resfriamento foi adotada como indicador de desempenho.

A princípio, o aumento de dois graus no limite das condições de conforto térmico do modo de condicionamento de ar no edifício de escritório para o condicionamento natural no edifício residencial foi adotado com base nas possibilidades do modelo de conforto adaptativo (ASHRAE, 2004). Assim, assumiu-se que no ambiente residencial os habitantes têm muito mais possibilidades de adaptação climática, incluindo a troca de vestimentas, o uso de ventiladores para a circulação do ar interno, maior flexibilidade no uso e ocupação do espaço e, finalmente, controle individual sobre a abertura das janelas e o controle de acesso da radiação.

Fig. 7.16 Modelo da quadra urbana usada como referência para as análises de desempenho térmico e luminoso do edifício padrão, inserido em um *canyon* urbano de proporções comumente encontradas nos bairros centrais da cidade de São Paulo
Fonte: Mello (2012).

O acionamento do sistema ativo foi considerado a partir do limite de 28 °C de temperatura resultante no espaço interno. Por temperatura resultante, entende-se a temperatura consequente do efeito da temperatura radiante média das superfícies internas sobre a temperatura do ar, percebida pelo ocupante no centro geométrico do espaço interno. Além disso, reconhecendo o potencial do condicionamento natural em decorrência das condições amenas do clima local, também foi verificado o número de horas acima de 30 °C, para a avaliação do desempenho de ambientes sem o sistema de condicionamento de ar, correspondendo a uma situação mais comum para o caso do edifício residencial. Obviamente, as mesmas possibilidades de adaptação climática podem ser consideradas para o ambiente de trabalho, incluindo o uso da ventilação natural.

Partindo de uma situação inicial de desobstrução total, das oito orientações simuladas, observa-se que os ambientes voltados para noroeste (NW) e oeste (W) tendem a apresentar uma carga anual de resfriamento maior do que aqueles voltados para sul (S) e sudeste (SE). Obviamente, esses resultados estão diretamente atre-

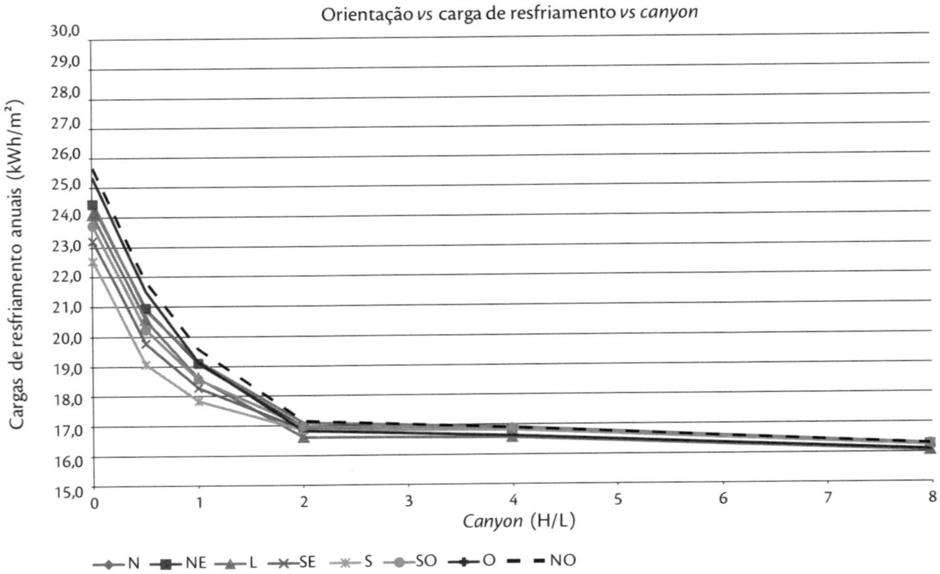

Fig. 7.17 Variação anual da carga de resfriamento dos ambientes internos de acordo com a orientação e as proporções do *canyon* urbano
Fonte: Mello (2012).

lados ao efeito da radiação solar global, mais significativo nas duas primeiras orientações. Além disso, a fachada oeste recebe radiação no período da tarde, quando as temperaturas externas estão mais elevadas, sendo esse também o período de maior ocupação dos ambientes internos.

Com a inserção da obstrução do *canyon*, o impacto da orientação solar na carga de resfriamento dos ambientes internos passa a ser sensivelmente menor. O gráfico da Fig. 7.17 indica que as diferenças entre orientações permanecem praticamente as mesmas do último ao 14º pavimento, correspondente ao *canyon* 2, sendo esse de 6 m de largura por 12 m de altura e ângulo de obstrução de 63,4º, a partir do qual foram verificadas reduções de 6 kWh/m^2 a 10 kWh/m^2 da carga térmica de resfriamento. Nos pontos mais baixos da fachada, o impacto da orientação passa a ser insignificante. Sendo assim, o papel das proteções solares no desempenho térmico de edifícios situados em *canyons* como esse somente é relevante nos andares mais altos dos edifícios definidores do *canyon* urbano. Para as proporções de *canyon* aqui apresentadas, mais precisamente, o impacto da orientação só é significativo nos dois últimos andares.

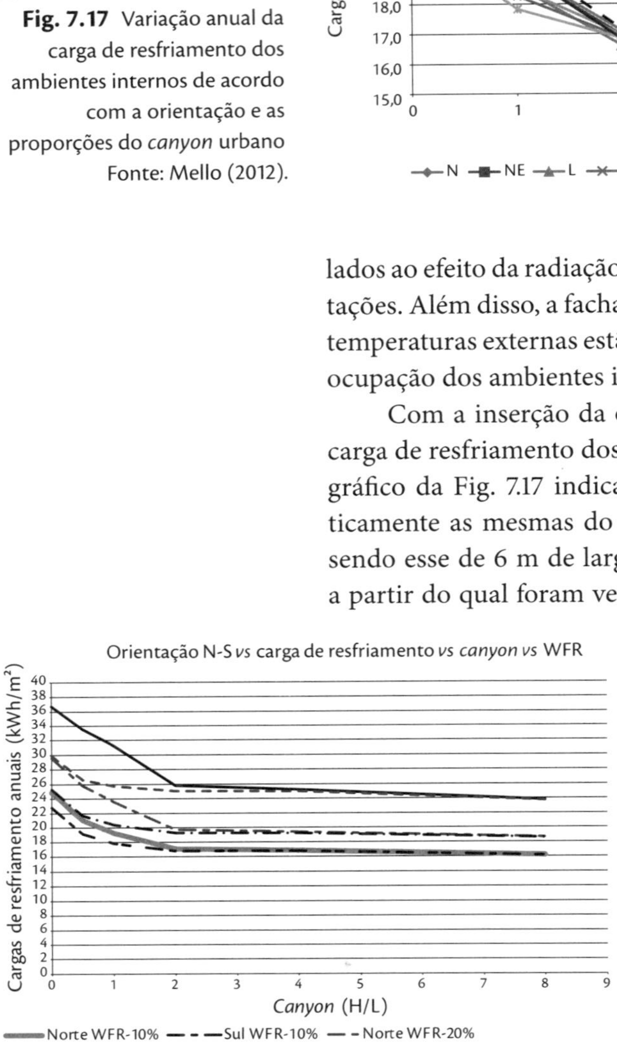

Fig. 7.18 Influência do tamanho da janela (WFR, *window-to-floor ratio*, razão entre a área de janela, ou área envidraçada, e a área de piso) na carga térmica de resfriamento de ambientes voltados para o sul e o norte, em diferentes configurações de *canyon*
Fonte: Mello (2012).

Paralelamente ao estudo do *canyon*, deve-se considerar que o tamanho das áreas envidraçadas em uma determinada fachada é um parâmetro-chave no impacto da orientação solar. Ilustrando essa questão, a Fig. 7.18 traz os valores de carga térmica de resfriamento para ambientes com diferentes razões entre a área de janela e a área de piso, 10%, 20% e 30%, voltadas para as orientações norte e sul. No caso da ausência de obstrução, as simulações mostram que a variação nos valores de carga térmica para as duas orientações cresceu de 2 kWh/m^2 para 7 kWh/m^2, em função do aumento da área envidraçada (sem proteção).

De maneira semelhante, a partir do *canyon* de razão 2, em que a obstrução passa a alterar significativamente o desempenho térmico do edifício, a carga térmica aumenta de 17 kWh/m^2, no caso da razão entre a área envidraçada e a área de piso (WFR) ser de 10%, para 25 kWh/m^2, quando essa razão sobre para 30%. A diferença que ainda permanece entre as duas razões de área de janela deve-se ao efeito da radiação difusa, refletida pelas paredes do *canyon*.

Para o ambiente com ventilação natural, a análise das horas de temperatura do ar acima do limite de 30 °C no edifício influenciado pelo *canyon* mostrou o impacto significativo da obstrução, assim como do tamanho de janela. A taxa de ventilação tomada como requisito mínimo foi de cinco trocas por hora, sendo essa a taxa mínima de renovação suficiente para manter o ambiente interno pelo menos 1 °C a menos que o externo, no caso do clima de São Paulo.

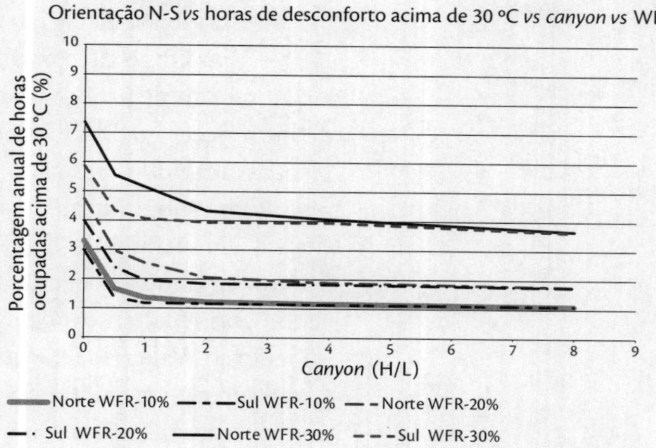

Fig. 7.19 Influência da razão entre a área de janela e a área de piso (WFR), nas horas de temperatura do ar acima de 30 °C, em ambientes voltados para o sul e o norte, em diferentes configurações de *canyon*
Fonte: Mello (2012).

Como visto na Fig. 7.19, o aumento da área de janela incorre no aumento de carga térmica, mesmo com o benefício da obstrução do *canyon*, por causa do impacto da radiação difusa, que constitui uma parcela relevante da radiação global no clima de São Paulo. Sendo assim, tecnicamente, o indicado é manter as janelas no tamanho necessário para o acesso suficiente de luz natural, evitando a entrada excessiva de radiação difusa em decorrência de vãos demasiadamente grandes e sem proteção solar.

O impacto do *canyon* de razão 2 no desempenho ambiental dos espaços internos se explica pela relação entre o ângulo de obstrução e as proporções do *canyon*, como visto na Fig. 7.20. Nesse sentido, é a partir do *canyon* de razão 2 que a maior parte do céu é obstruída, estando o fator de visão de céu correlacionado com a quantidade de radiação global e difusa que chega até o plano da fachada.

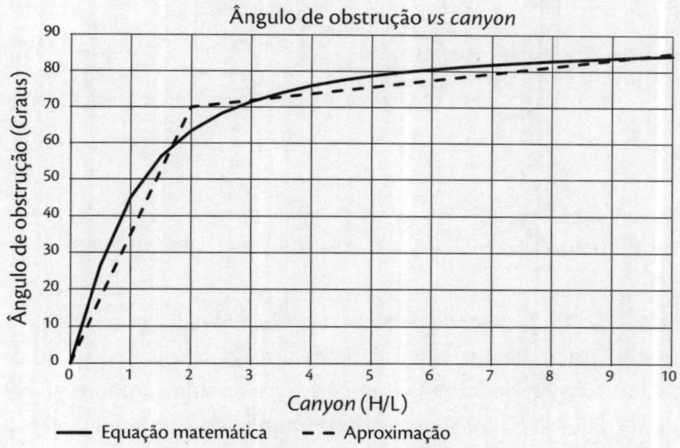

Fig. 7.20 Relação entre ângulo de obstrução e razão de *canyon*
Fonte: Mello (2012).

Concluindo, os estudos analíticos sugerem que qualquer tratamento de fachada de edifícios localizados em *canyons* urbanos para a latitude e clima de São Paulo, com o intuito de propiciar proteção solar, é eficiente no caso de situações urbanas de *canyons* com proporções igual ou menor que 2. Em *canyons* de razão maior que 2, não só as proteções deixam de ser relevantes, como a orientação solar passa a ser um parâmetro indiferente no desempenho ambiental do edifício.

Desempenho luminoso

A obstrução criada pelos *canyons* urbanos também exerce um efeito considerável no desempenho luminoso de edifícios, por reduzir o fator de visão de céu. Estudos paramétricos conduzidos por Mello (2012) investigaram essa questão em situações urbanas distintas, criadas por *canyons* urbanos típicos da cidade de São Paulo. Com respeito à razão entre a área de janela e a área de parede (WWR), foi testada a relação de 25% e 50% (sendo essas proporções típicas de edifícios em *canyons* urbanos do centro da cidade).

Assim como no caso dos estudos de térmica, um cômodo padrão de 5 m de largura e 8 m de profundidade foi tomado como referência, já para as simulações de iluminação natural, adotou-se 0,7 de reflexão para paredes e teto e 0,3 para o piso, assumindo cores claras para as paredes e teto e uma cor mais escura para o piso, como são tipicamente os ambientes de escritório na cidade ou locais.

Além do fator de visão de céu, a reflexão média das paredes do *canyon* constitui um parâmetro fundamental para quanto de luz natural que chega até as janelas, sendo essa resultante da área referente às partes opacas da fachada e seu potencial de reflexão. Vale ressaltar que, quanto maior a área de vidro em uma determinada parede do *canyon*, menor a área de reflexão para as janelas das fachadas opostas. No contexto desses estudos, foi adotado um albedo (reflexão) médio para as fachadas do *canyon* de 0,3, podendo esse valor ser resultante de uma superfície com WWR de 0,5 e reflexão opaca de 0,5, ou, alternativamente, de um WWR de 0,65 e reflexão opaca de 0,7.

A Fig. 7.21 mostra o alcance em profundidade do cômodo, dos valores mínimos do fator de luz natural (FLN) de 0,5% e 1% em relação a diferentes valores de FLN disponíveis na fachada externa do cômodo. De acordo com a disponibilidade de luz no céu de São Paulo e sua variação diária, um FLN de 0,5% representa um iluminamento de 60 lx por 82% do tempo de horas de luz do dia, enquanto o FLN de 1,0% aumenta esse desempenho para 90%. Apesar de o tamanho das aberturas compensar as perdas causadas pelas obstruções (refletidas na redução do FLN ao longo da fachada externa), os ganhos para a luz natural em decorrência da janela maior têm um limite de eficiência (além de exercerem um impacto nas condições térmicas do ambiente). Como se pode observar para a situação mais favorável de área de janela, com um WWR de 50%, para a profundidade de 6 m (referência teórica para a zona passiva de iluminação natural), tem-se o valor mínimo de 0,5% de FLN, quando o correspondente na fachada é de, no mínimo, 20%.

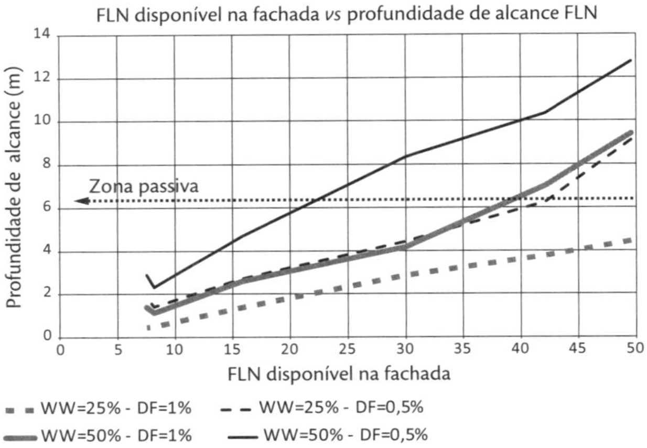

Fig. 7.21 Profundidade de alcance do fator de luz natural de 1,0% e 0,5%, em função da quantidade de luz natural disponível em diferentes alturas da fachada (também apresentada segundo valores de FLN). A ABNT (2008) estabelece como mínimo o iluminamento natural do ambiente de 60 lx
Fonte: Mello (2012).

Somado aos estudos do impacto do *canyon* na disponibilidade de luz natural no interior dos edifícios, os estudos analíticos olharam para o potencial de recortes específicos da forma dos edifícios altos e suas implicações no aproveitamento da luz natural. As formas e os recortes escolhidos foram baseados no código de obras e em formas frequentemente encontradas na cidade, como pátios internos e recortes laterais, localizados na parede do *canyon* mais estreito (Fig. 7.22). A Fig. 7.23 traz o FLN disponível em diferentes alturas das fachadas para cada um dos casos, calculado em função da componente de céu resultante da obstrução. Os estudos analíticos apontam para o desempenho superior da fachada externa do *canyon*, quando comparada às demais situações de obstrução.

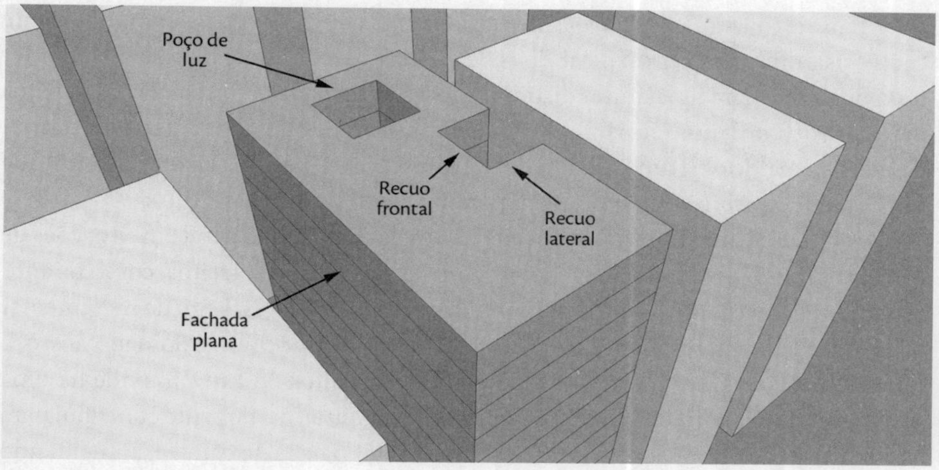

Fig. 7.22 Modelo teórico das quatro situações de recortes e afastamentos da forma urbana, testadas para o aproveitamento da iluminação natural no interior dos edifícios
Fonte: Mello (2012).

A componente de céu de 45° (equivalente ao *canyon* de razão 1) reflete em um FLN na fachada externa de 30%, enquanto o mesmo grau de obstrução na fachada do pátio equivale a um FLN de 10%, obviamente em virtude do efeito das obstruções laterais do pátio, que inexistem no caso da fachada externa. Da mesma forma, as paredes do recorte lateral, normalmente recuadas do plano da fachada externa para a abertura de janelas, apesar de estarem mais distantes da parede oposta do *canyon*, bloqueiam a luz que vem dos lados, incorrendo em valores de FLN menores do que os encontrados à mesma altura na fachada principal do *canyon*. Com isso, entende-se que fachadas paralelas oferecem condições mais favoráveis para a iluminação natural do que os recortes.

Voltando para o caso do *canyon*, assim como na avaliação de desempenho térmico, viu-se que o FLN decai drasticamente nos quatro casos de fachada (*canyon*, pátio interno e uma fachada do recorte lateral e outra do recorte frontal) até o *canyon* de razão 2 (Fig. 7.24).

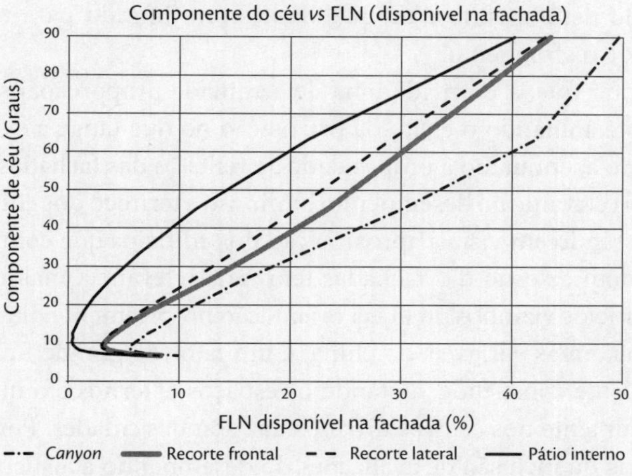

Fig. 7.23 Fator de luz natural (FLN) disponível em função da componente de céu ao longo da fachada externa do cômodo em cada um dos casos: *canyon*, pátio interno e duas paredes, uma do recorte lateral e outra do recorte frontal
Fonte: Mello (2012).

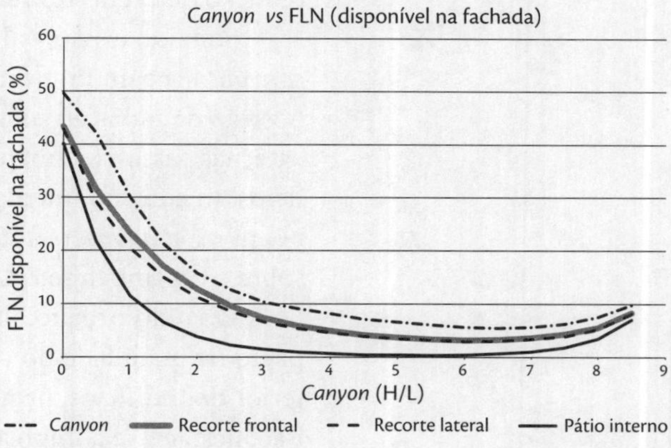

Fig. 7.24 FLN disponível na fachada externa em função das proporções do *canyon*
Fonte: Mello (2012).

Por outro lado, nos *canyons* de razão maior que 2, em que a componente de céu é insignificante, o potencial de reflexão das paredes do *canyon* passam a ter um papel-chave na luz natural disponível para as fachadas opostas. Estudos feitos para *canyons* urbanos em Hong Kong demonstraram que uma parede de *canyon* de razão 1 (45° de obstrução) e albedo 0,1 apresenta os mesmos valores de FLN que uma parede de *canyon* de razão 4, mas com albedo de 0,5 (Ng, 2010).

A fim de se maximizar o aproveitamento da iluminação geral em situações de *canyons* urbanos, pode-se dizer que as paredes de *canyons* estreitos, como os apresentados nesses estudos, devem ser pintadas com cores claras, a fim de incrementar a reflexão da luz natural para os níveis mais baixos dos *canyons*. Somado a isso, a redução das áreas de janelas nos pavimentos mais altos do *canyon*, onde há uma disponibilidade significativamente maior de luz natural, certamente contribui para as condições de iluminação natural nos níveis mais baixos do *canyon*, aumentando os níveis de reflexão da luz difusa.

7.1.4 Considerações finais

O adensamento de centros urbanos de economias emergentes, como São Paulo, é uma realidade e uma tendência irreversível, como já se disse anteriormente, com consequências na qualidade ambiental do ambiente urbano e no desempenho ambiental do edifício. Cidades como São Paulo, e muitas outras na Ásia e na América do Sul, estão descobrindo as vantagens de reocupar os seus centros urbanos, por isso a importância cada vez maior de um olhar técnico sobre os vários aspectos do desempenho ambiental e energético da forma urbana.

Nesse sentido, estudos analíticos como os vistos sobre a influência de *canyons* urbanos apontam tendências gerais que servem de base para a formulação de hipóteses de projeto em prol de um melhor desempenho ambiental do edifício. As referências aqui discutidas trouxeram resultados importantes sobre o desempenho de edifícios em *canyons* urbanos. Primeiramente, viu-se que o adensamento do ambiente construído pela proximidade e altura dos edifícios não é necessariamente um fator comprometedor do desempenho e da qualidade, contribuindo para a redução de cargas térmicas de resfriamento.

Somado a isso, vale notar que, a partir de uma determinada proporção, os *canyons* acabam praticamente anulando o efeito da orientação no que tange à exposição da radiação solar direta, enquanto a propriedade de reflexão das fachadas externas passa a ter um papel relevante no desempenho luminoso e térmico dos edifícios do entorno imediato. Tendo em vista a aproximação dos edifícios que compõem os *canyons*, o tratamento externo das fachadas tem uma relevância maior sobre o desempenho dos edifícios vizinhos do que a orientação propriamente dita.

O ruído urbano, junto com as variáveis do clima, é um fator de grande impacto na qualidade do ambiente construído, afetando os espaços externos e o interior dos edifícios, principalmente nos centros urbanos das grandes cidades. Por isso, destaca-se a importância da inclusão de avaliações do desempenho acústico da forma urbana, em propostas de adensamento e ventilação natural dos edifícios.

Imaginando que, em um futuro de 20 a 30 anos, cidades bem populosas como São Paulo, e que atualmente se encontram congestionadas e poluídas por todos os tipos de veículos, estarão mais bem servidas por uma infraestrutura de transportes baseada em transporte público e veículos menos ou não poluentes, como ônibus e carros elétricos, o paradigma do adensamento urbano se torna uma alternativa ainda mais viável e atraente do que já é hoje. Nesse sentido, o adensamento urbano se aliaria ao uso mais eficiente da infraestrutura urbana e à melhoria da qualidade de vida na cidade.

Em suma, a introdução de critérios de desempenho ambiental não restringe soluções de desenho urbano, tampouco aponta uma solução ideal para as questões ambientais, mas sim valoriza o processo de projeto por agregar mecanismos de verificação da qualidade do ambiente urbano.

7.2 *Transbordering*: editando térreos do edifício alto típico em São Paulo

Neste item, discute-se a tipologia do edifício alto reproduzida em São Paulo, em especial nas últimas duas décadas, por incorporadoras e pelo mercado imobiliário, e regulamentada pelas políticas urbanas. Trata-se de uma reflexão crítica sobre a produção do objeto arquitetônico e de seu impacto no espaço urbano produzido na escala local. Na escala macro, reflete-se sobre a produção de uma paisagem impactada e construída por essa tipologia.

Chama-se a atenção para a quantidade de unidades construídas no município de São Paulo, apontando a possibilidade de se realizar um *retrofit* dessas estruturas, por meio de desenho urbano. Essa reflexão baseia-se em um exercício de projeto intitulado *Transbordering*, desenvolvido em 2010, que propõe o uso de conhecimentos e ferramentas advindos da arquitetura para editar e transformar essa tipologia, ambicionando revelar o espaço coletivo já existente, eliminando barreiras e conectando-o ao espaço da rua.

O exercício descreve uma estratégia de impacto na escala local, assim como na escala macro, atentando para o potencial e oportunidades existentes no modelo do edifício tipo torre. Como resultado, são apresentadas reflexões sobre como o desenho urbano pode tirar partido da situação encontrada para propor alternativas tipológicas diferentes e novas formas de operacionalizar o uso dos térreos já construídos.

A linha do tempo disponível no fim do capítulo resume a história da evolução da tipologia do edifício alto em São Paulo, com base na história de regulamentação de uso e ocupação do solo, desde o edifício alinhado à calçada e geminado até o modelo do edifício alto, a torre isolada no centro do lote e determinada pelos recuos (p. 219). Apresenta-se registro fotográfico do modelo da torre aqui discutido, além de variações da tipologia experimentadas por arquitetos da Escola Paulista, que tem como referência os trabalhos de Vilanova Artigas, na segunda metade do século XX, e o de Paulo Mendes da Rocha, somadas a um registro do impacto da tipologia na paisagem e na infraestrutura urbana.

7.2.1 O modelo de urbanização adotado em São Paulo e sua tipologia arquitetônica

Em São Paulo, o problema de segurança gerou isolamento. A construção do típico modelo da torre isolada no lote começa por inúmeros pisos de garagem no subsolo, e termina isolando o edifício no terreno por muros, grades e cercas (Fig. 7.25). Segurança é uma questão importante na cidade. João Withaker Ferreira explica que:

> a lógica de construir condomínios murados com equipamentos de lazer e até comércio, ao invés de se abrir para a cidade, produz uma malha urbana segmentada, pouco fluida, e que vai aos poucos aniquilando a possibilidade de espaços públicos de qualidade. Praças, jardins e árvores para que, se é possível ter tudo isso de maneira exclusiva, nas minicidades, ou cidadelas fortificadas, que se tornaram os condomínios? (Ferreira, 2011).

Essa tipologia predominante modificou a forma como as pessoas vivem na cidade, sendo o confinamento baseado na premissa de que muros e portões mais altos aumentam a segurança. A urbanista Raquel Rolnik apresenta argumentos contrários a essa premissa:

> o modelo adotado em resposta à violência tornou-se padrão em cidades brasileiras. Mas roubos recentes em condomínios gradeados mostram que o aparato de segurança não necessariamente aumenta a proteção: quanto mais altos os muros, mais interessantes os edifícios se tornam para os assaltantes. Uma pesquisa recente feita pela polícia militar do Paraná revelou que 60% das casas assaltadas em Curitiba são aquelas com muros, enquanto apenas 15% são as abertas para a rua. A mesma pesquisa entrevistou detidos, dos quais 61% afirmaram que casas com muros são preferidas para roubos. 54% disseram que os muros protegem sua ação. (Rolnik, 2007).

A construção do edifício alto em São Paulo está diretamente ligada à infraestrutura urbana construída ao longo do tempo. Trata-se de um modelo de expansão urbana que teve o carro como motor principal, o que torna o estacionamento um importante item a ser comercializado junto com as unidades construídas.

Atualmente, a cidade de São Paulo tem mais de cinco milhões de automóveis, além de uma adição de aproximadamente dez mil carros por mês. São 5.417.189 automóveis, parte dos 7.529.208 veículos que circulam na capital paulista (Detran, 2013). Com isso, a cidade vive um momento de crise no transporte privado, com congestionamentos diários de mais de duzentos quilômetros. É nítido que a cidade demanda alternativas urgentes.

Fig. 7.25 Panfleto de *marketing* de um empreendimento característico: empreendimento da Cyrela, na Vila Leopoldina
Fonte: <www.cyrela.com.br>.

A replicação da tipologia construtiva

O edifício alto isolado no lote com recuos determinados em lei, criando o edifício-torre, é a tipologia construtiva adotada pelo mercado imobiliário em São Paulo após a década de 1960, e de forma acentuada nas últimas duas décadas por incorporadoras e construtoras e regulamentadas por políticas públicas. Essa tipologia reflete na produção do edifício enquanto objeto arquitetônico, assim como impacta o espaço urbano resultante no térreo, na escala local, e define uma paisagem peculiar na escala macro.

Escalando a tipologia

Dados do município de São Paulo de 1992 a 2009 mostram um aumento relevante no número anual de novos empreendimentos verticais na cidade de São Paulo (28.157 em 2000, 21.366, 19.559, 23.863, 19.362, 22.787, 24.332, 36.563, 32.577, 29.102 nos anos seguintes, respectivamente) (Embraesp, 200-a). Esses números (Embraesp, 200-c) somam 447.548 novos empreendimentos ocupando aproximadamente

16.422.853 m^2 e gerando uma economia de aproximadamente 29.156.379.425 US$ em duas décadas (Embraesp, 200-b) (Fig. 7.26). Trata-se de um total representativo em uma Região Metropolitana que ocupa aproximadamente 8.000 km^2, onde vivem cerca de vinte milhões de pessoas.

Fig. 7.26 Empreendimentos imobiliários em São Paulo
Foto: Bruno Feder (2008).

Esses dados sustentam a importância de se pensar o impacto da implementação do edifício torre na cidade, em suas escalas local e metropolitana. Na escala macro, produz-se uma paisagem urbana caracterizada por esse modo de produção: uma paisagem contínua de torres que redesenham o horizonte (Fig. 7.27). Na escala local, tem-se uma fragmentação característica de espaços privados e isolados.

Como descreve o urbanista João Sette Whitaker Ferreira (2011), trata-se de um modelo de urbanização que se intensificou em um momento de euforia e crescimento que a cidade viveu nos últimos anos e que continua a produzir condomínios fechados que negam o espaço público e a própria cidade:

> a arquitetura que impera é a da extrema verticalização capitaneada pelo mercado imobiliário, a transfigurar sem culpa bairros tradicionais, produzindo prédios isolados no lote, cercados e murados, que renegam a rua e a cidade. A opção desenfreada pelo modelo do automóvel em detrimento de sistemas de transporte coletivos – que a arquitetura endossa alegremente – alimenta a oferta generalizada de unidades habitacionais com às vezes mais de dez vagas de garagem (!), o que leva à impermeabilização total do solo, afetando sem parcimônia a drenagem urbana e o escoamento de águas. (Ferreira, 2011).

A urbanista Ermínia Maricato (2013) atribui o resultado desta paisagem construída ao não cumprimento constitucional por parte dos municípios de "dar prioridade ao transporte coletivo, controlar o uso do solo seguindo as leis e os planos diretores e regulamentar a atividade imobiliária visando o interesse social, orientado pelo Estatuto da Cidade." (Maricato, 2013).

Fig. 7.27 Zona Sudoeste da cidade de São Paulo, vista aérea: construção e expansão da paisagem
Foto: Bruno Feder (2008).

A experiência do isolamento

Como mencionado anteriormente, a tipologia do edifício isolado no lote tem papel fundamental na configuração de um tipo de urbanidade e influencia na forma como se vive na cidade. Essas torres são empreendimentos privados e com frequência oferecem a seus moradores instalações como *playgrounds*, jardins, áreas para churrasco, piscina etc.; na maior parte das vezes, no térreo e separadas da rua por muros e grades. Adiciona-se a isso a cultura do transporte privado, que é determinante na experiência do espaço público. Como com frequência se estaciona diretamente em garagens subterrâneas, evita-se o contato com o espaço público, com a rua e com o outro. O contato ocorre intramuros, protegido e estratificado.

A cidade fragmentada vs. *a cidade aberta*

Os arquitetos Mendrano e Recaman (2006) descrevem São Paulo como uma aglomeração de edifícios e pessoas, construída pela exploração livre da terra (visando o lucro), como uma cidade em que "não existe ou existiu espaço urbano, apenas um processo de justaposições, descontinuidades e fragmentação que não cessa e que transforma a cidade inteira num movimento autofágico de produção de valor e de segregação" (Mendrano; Recaman, 2006).

A ideia de uma cidade fragmentada é demonstrada em *bordas* que hoje foram materializadas em barreiras físicas como muros, grades e guaritas; exemplos são os condomínios fechados, os *shopping centers*, centros de negócios, e até mesmo as favelas, promovendo a vida confinada em áreas controladas, protegidas ou vulneráveis, de alta ou baixa renda. Esse espaço fragmentado é uma anticidade com novas formas de urbanidade baseadas na negação do contato com o outro (Fig. 7.28).

A confirmação desse território fragmentado, desencorajando a interação social, contrasta com uma São Paulo aberta, sem *bordas* e obstáculos, verificada na riqueza de sua formação étnica (baseada na miscigenação ocorrida particularmente

Fig. 7.28 O empreendimento do shopping Cidade Jardim, com torres residenciais sobrepostas e isoladas representam uma máxima desse raciocínio
Foto: Olaf Jacobs.

no último século), já que essa foi a cidade que abriu a possibilidade concreta do desenvolvimento humano individual e coletivo, com base na intensidade de trocas e interações sociais existentes.

Como subverter essa lógica?

A típica paisagem descrita e formada de uma sequência de repetição do modelo do edifício-torre isolado no lote, não apenas foi construída, mas continua a se expandir de forma acelerada. Pretende-se aqui apontar para duas formas possíveis de se lidar com esse cenário: uma delas seria localizar o problema de forma precisa, formular uma reflexão crítica que ambicione informar e alterar regulamentações para novas edificações; a outra poderia focar naquilo que pode ser feito com o estoque de edificações já construídas e o espaço urbano produzido por elas.

É importante notar que as novas discussões que são parte da revisão do Plano Diretor de São Paulo resultam em algumas premissas propostas para a regulamentação do uso e ocupação do solo que questionam e modificam este modelo. Propõe-se, ainda que apenas no entorno (até 400 m de raio) dos corredores de ônibus e estações de metrô (pontos de acesso ao transporte público), um outro modelo de ocupação do terreno por novas edificações: sem os recuos vigentes, com calçadas mais largas, com térreos reservados para o uso comercial, além de menos vagas de garagens (Rolnik, 2014).

Com ambos os caminhos em mente, questiona-se como se poderia agir, atuando de forma propositiva para experimentar alternativas ao uso desses espaços. A segunda forma de enfrentar a questão do desenho urbano parte de uma atitude que aceita a cidade real e determina um posicionamento proativo em relação a ela. Questiona-se como fazer o melhor uso, por meio de intervenções possíveis *a posteriori*, daquilo que já se tem.

A tipologia arquitetônica como uma oportunidade para o desenho urbano

A área verde média por habitante no município de São Paulo é de 12,50 m^2, mas as taxas locais são muito menores do que a média se olhamos para as regiões mais densas da cidade (1,34 m² *per capita* no bairro da Sé, no centro da cidade, ou 5,25 m² *per capita* no bairro de Pinheiros, por exemplo). Vale ressaltar que o índice é de 2,6 m² quando só contabilizada a mancha urbana. Nesse caso, o número diz respeito às áreas públicas que podem ser acessadas na mancha urbana, excluídas as grandes áreas de preservação ambiental fora do perímetro urbano e nos extremos da cidade (SVMA, s.d.). No entanto, a observação de uma imagem aérea mostra que, no nível do térreo, há aparentemente uma proporção maior de espaço verde e aberto com piscinas, jardins, bosques, *playgrounds* etc. (Fig. 7.29). Trata-se de instalações privadas, e não acessíveis pela rua, muradas e de uso exclusivo de seus moradores.

Esses espaços contradizem um entendimento que se tornou senso comum na cidade de São Paulo, o de que há uma baixa média de área verde (ou, espaços de lazer acessíveis) *per capita* na cidade. Podemos utilizar casos exemplares em que os recuos desses edifícios foram desenhados de forma integrada com o espaço da rua para construir um argumento a respeito do uso e ocupação coletiva dessas áreas (Fig. 7.30)? Esses recuos foram projetados e construídos, mas não são acessíveis. Poderia se pensar em romper com o atual modelo de condomínios murados, com o objetivo de organizar uma série de negociações em favor da remoção dos obstáculos físicos que dividem e isolam tais espaços?

Fig. 7.29 Imagem aérea mostrando áreas e instalações privadas de condomínios Fonte: Google/DigitalGlobe (2014).

7.2.2 *Transbordering*: o estudo de caso da Rua Frei Caneca

Transbordering foi um exercício que começou com a formulação de uma estratégia de projeto em 2009, pelos arquitetos Kristine Stiphany e Marcos L. Rosa, para o concurso público de premiação de projeto de reurbanização da rua Frei Caneca promovido pelo Instituto dos Arquitetos do Brasil de São Paulo, no mesmo ano. Esse estudo foi desenvolvido com base em dois projetos de pesquisa que investigaram a forma como iniciativas comunitárias faziam uso de recursos locais, modificando seus espaços, construindo espaços coletivos para contato e experiência coletiva, ativados por meio de práticas culturais, de lazer e artísticas. Essa ideia foi desenvolvida na sequência, junto com estudantes da Escola da Cidade, dentro de um módulo chamado Estúdio Tático. Rosa (2011) investigou o potencial de iniciativas comunitárias em espaços subutilizados em São Paulo. Kristine Stiphany, por sua vez, desenvolveu um estudo etnográfico em 2009 (patrocinado pela Fullbright) por meio do qual pesquisou como a aquisição de materiais afetou os métodos construtivos na autoconstrução em São Paulo.

Fig. 7.30 Edifício Jaraguá, de Paulo Medes da Rocha: térreos abertos para a calçada e rua e de livre acesso e térreo-jardim. Esse arquiteto e urbanista deu continuidade ao pensamento da Escola Paulista. Os térreos de seus edifícios revelam a preocupação com o desenho da rua articulado ao da arquitetura, explorando o potencial arquitetônico para um desenho urbano mais humanista. Foto: Eduardo Pompeo.

Estratégia de projeto

> *Transbordering* ambiciona redesenhar e reconfigurar pequenas áreas construídas e já existentes, confinadas em lotes de edifícios e separados da rua por dispositivos de segurança (a exemplo de muros e grades). A estratégia questiona tal separação e sugere que esses espaços poderiam ser utilizados de forma coletiva, rompendo com a separação criada entre a área verde, livre ou de lazer e a calçada. Para tanto, a proposta de desenho apresenta intervenções táticas locais explorando o potencial desses espaços para novos usos e formas de ocupação. Essa ideia aponta para a necessária revisão de mecanismos de ação e negociação existentes na escala 1:1, conectada à leitura da experiência do cotidiano na escala local e humana, ambas negligenciadas pelo modelo convencional do edifício alto tipo torre isolado no meio do lote urbano.

O projeto visualiza um cenário no qual o térreo do edifício é transformado coletivamente. Foram desenhados mecanismos de ação com base em uso e ocupação atuais, identificados na cidade de São Paulo, propondo uma sistematização de tipologias exemplares, nas quais o potencial de transformação é latente. Isso foi realizado por meio de: (i) um mapeamento das morfologias arquitetônicas encontradas e documentação fotográfica em toda a extensão da rua Frei Caneca; (ii) destaque do potencial de cada uma dessas morfologias para uso coletivo; (iii) organização de um menu de experiências compiladas de práticas existentes em São Paulo, e que mostram que atividades e programas poderiam ser utilizados nos espaços de interesse (Figs. 7.31 a 7.33).

A estratégia está baseada em uma forma pragmática de modificar a paisagem da rua utilizando pequenas manobras, com o objetivo de fazer coletivo o uso de espaços privados e protegidos. Ela permite que se visualize o possível impacto da ação local em maior escala, dado o efeito replicador potencializado pela repetição desse modelo de edificação e ocupação urbana.

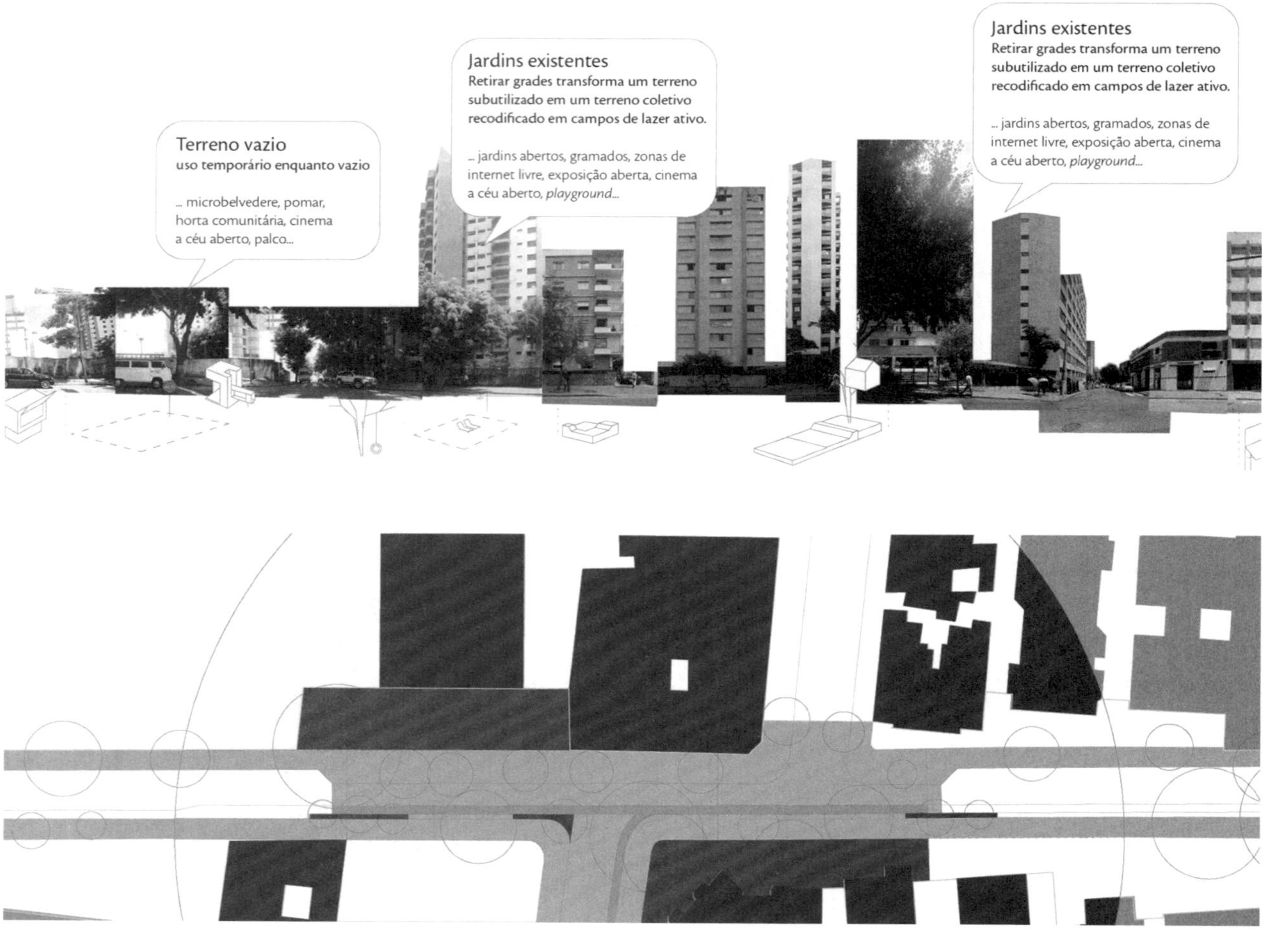

Fig. 7.31 Projeto *Transbordering*, mapeamento
Fonte: cortesia de Rosa e Stiphany (2010).

Por meio de operações táticas, argumenta-se pela necessidade de um *des-isolamento* começando pela negociação da retirada e realocação de muros, afastamento de portões, a fim de aumentar e redesenhar o espaço urbano, denominado em inglês de *streetscape*, no qual estão incluídas a rua, as calçadas e as áreas acessíveis dos recuos dos edifícios. Por meio de uma série de *brincadeiras* e negociações, propõe-se o transbordamento das calçadas e das ruas nos espaços atualmente confinados e já desenhados nos lotes dos edifícios altos (Fig. 7.34).

Público e privado

Quando se repensam (propositivamente) os espaços existentes no limite da calçada com os lotes, interfere-se em uma borda definida pelo tradicional entendimento do que é público em oposição ao privado. A proposta questiona essa borda e tira proveito dessa relação, apoiando-se no valor do coletivo, do espaço de encontro, de trocas e negociações de possíveis usos desses espaços (Fig. 7.35).

Escolheu-se a *borda* como mote para ação e para o que se definiu como *transbordamento*. Além disso, distanciou-se da necessidade de definir os térreos dos edifícios como especificamente públicos, já que a proposta é a criação de espaços para a coletividade, para o *viver junto* em estruturas já existentes e predefinidas (Fig. 7.36).

A estratégia

Não se trata de fazer um projeto de arquitetura ou desenho urbano, da maneira convencional como se entende comumente a prática de projeto. Define-se uma estratégia de ação que só se transforma em projeto a partir da participação. Trata-se de uma espécie de jogo. Definiu-se um *tabuleiro* (resultante da documentação das morfologias existentes), que traduz o que foi lido no *streetscape*. Marcamos campos para ação ao longo da borda onde estão os espaços existentes, com os *playgrounds*, os jardins e as praças privadas, que podem ser usados coletivamente. A proposta é que as escolhas dos campos e novas ferramentas para rearticulá-los venham dos moradores, daqueles que passam e que utilizam o espaço temporariamente e de formas diversas. Essas atividades e usos foram compiladas em um menu que permite visualizá-las e registra operações táticas a serem implementadas.

Trata-se de uma estratégia que pretende reunir o coletivo (enquanto necessidade política) e ativar espaços subutilizados, e não de um *masterplan* que define a forma de transformação do espaço ao longo do tempo. Pelo contrário, pretende-se revelar o existente, articulando todas as referências presentes – o diverso – sem homogeneizá-las.

Providenciou-se, assim, espaço para o abrigo e o contato, rompendo o limite das grades e muros que, como já mencionado anteriormente, definem relações de distanciamento. A arquitetura, ou o pensamento arquitetônico, como resultado desse processo de negociação é muito menos formal ou previsível e demanda experimentação.

Fig. 7.32 Projeto *Transbordering*, potencial representado
Fonte: cortesia de Rosa e Stiphany (2010).

Do ponto de vista metodológico, é importante questionar o conhecimento adquirido com base em estudos de caso existentes e experimentações de projeto como o que foi apresentado anteriormente. Acredita-se que o conhecimento extraído dessa experiência pode contribuir para a discussão sobre as leis que determinam o uso e a ocupação do solo, assim como para a adequação e formulação de novos planos e intervenções urbanas. Com esse fim, e com base nessa experiência, é relevante indicar novas ferramentas e processos de negociação aplicáveis que capacitem as pessoas a pensar a escala do desenho urbano com base em conhecimentos próprios da arquitetura. Trata-se dos processos de negociação e gestão de espaços – que hoje são exclusivamente privados e isolados entre muros, assim como apresentados – além de modelos operacionais sistematizados com base em situações encontradas na cidade de São Paulo, aqui mostrados em um menu de ferramentas cuja aplicabilidade poderia ser testada em novos ambientes.

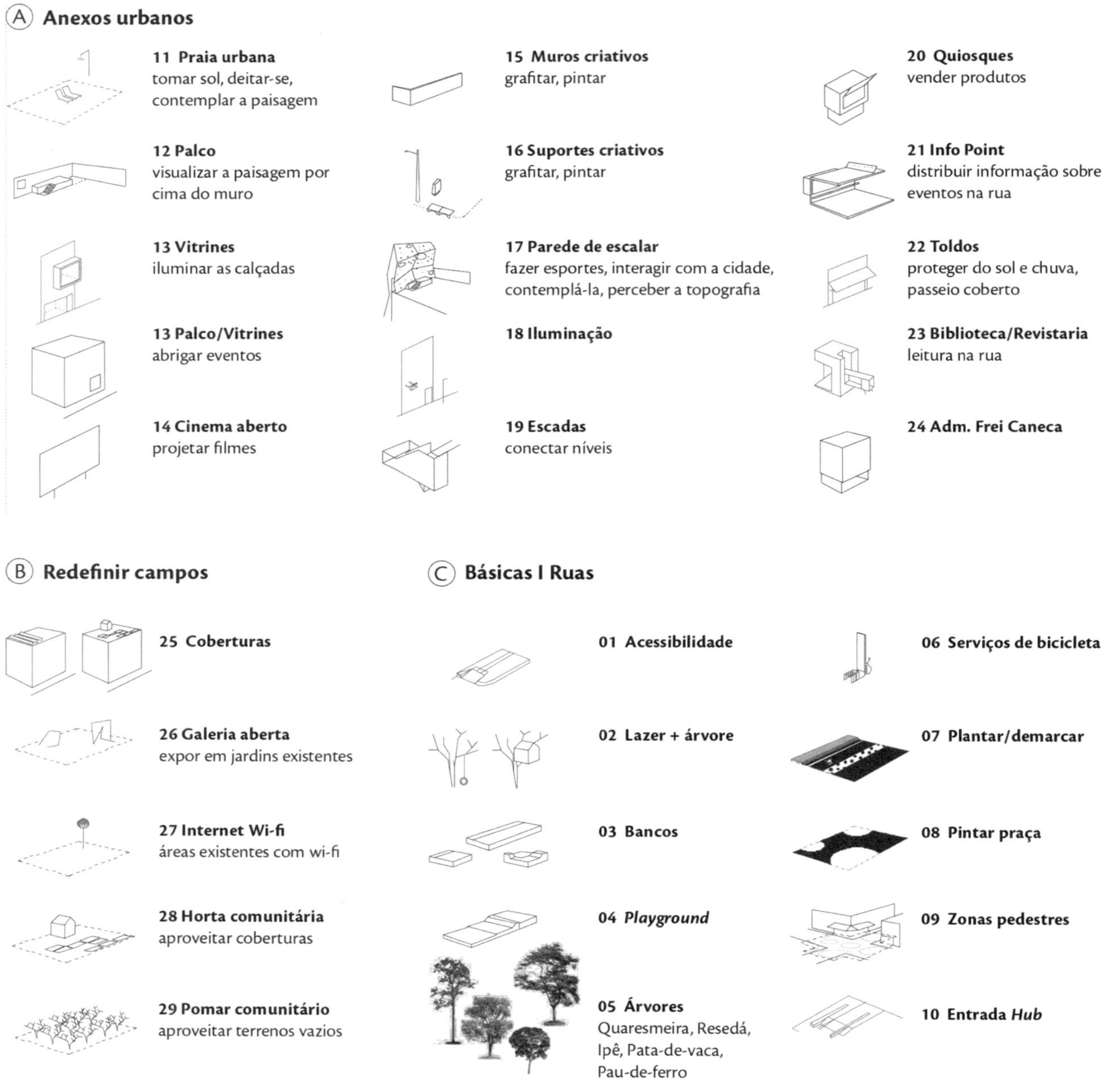

Fig. 7.33 Projeto *Transbordering*, menu de experiências
Fonte: cortesia de Rosa e Stiphany (2010).

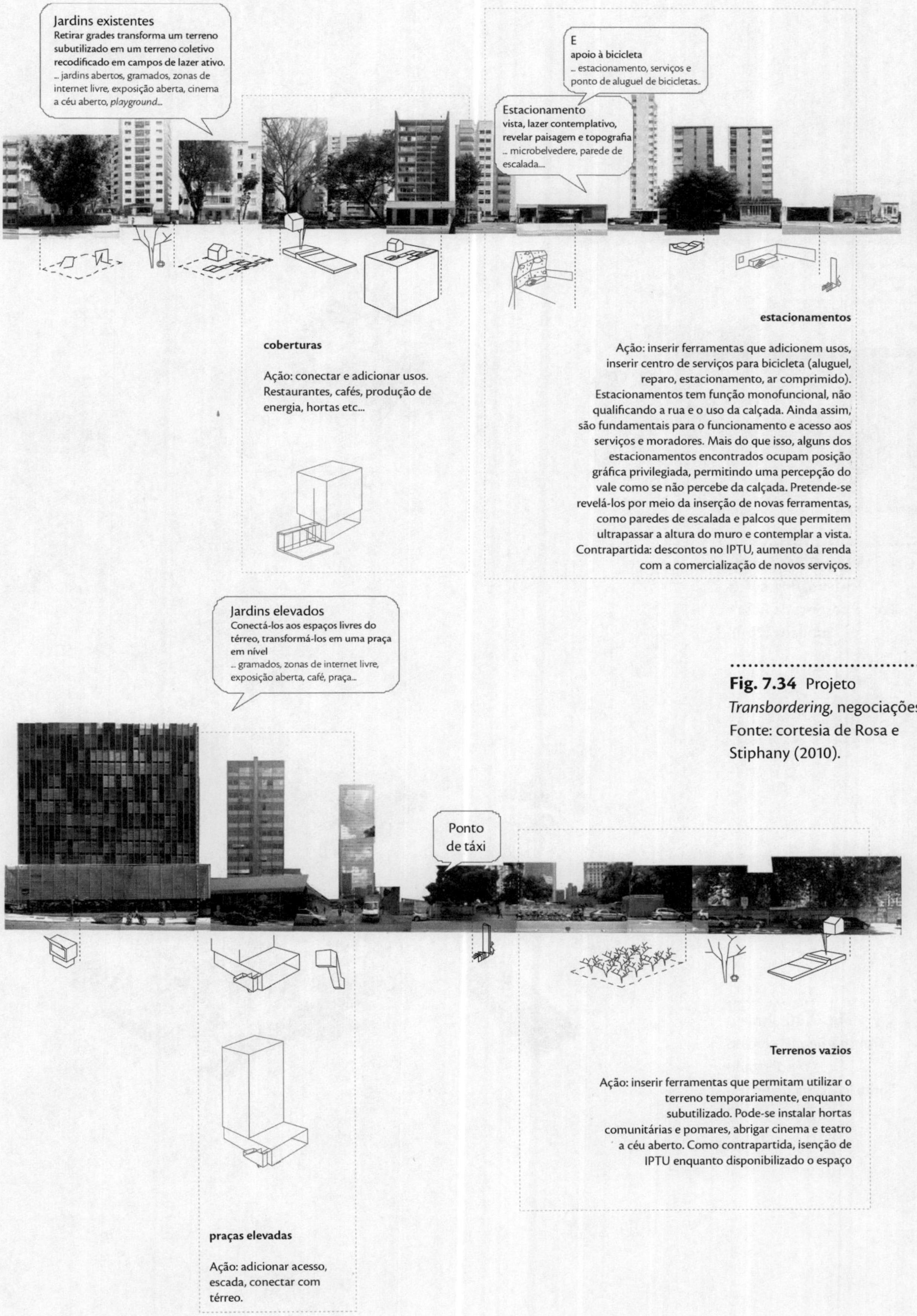

Fig. 7.34 Projeto *Transbordering*, negociações
Fonte: cortesia de Rosa e Stiphany (2010).

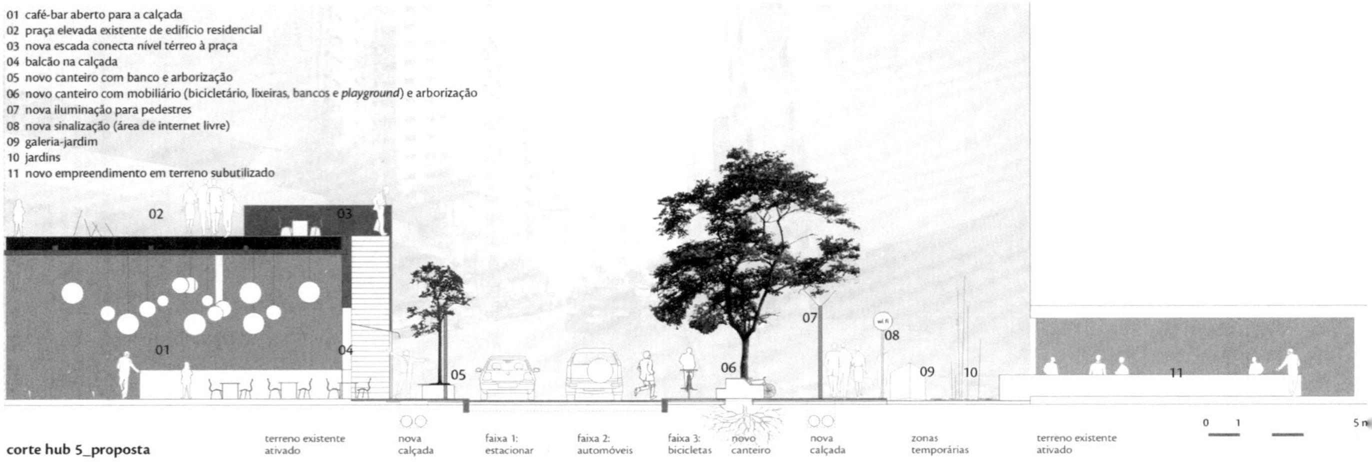

Fig. 7.35 Projeto *Transbordering*, cortes
Fonte: cortesia de Rosa e Stiphany (2010).

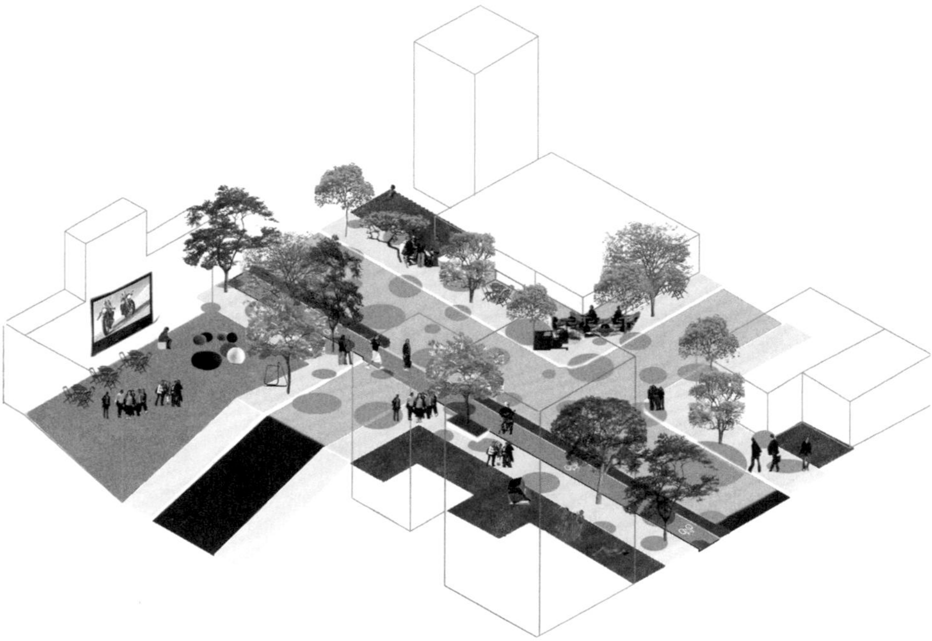

Fig. 7.36 Projeto *Transbordering*, cenário renderizado
Fonte: cortesia de Rosa e Stiphany (2010).

Evolução da tipologia do edifício alto na cidade de São Paulo entre 1910 e 2014

1910

- Regulamentações legislam sobre alguns dos primeiros edifícios na cidade, com três ou quatro pavimentos, com o objetivo de promover o adensamento populacional (Anitelli, 2010, p. 61).
- O modelo de produção dos primeiros edifícios de apartamentos em São Paulo (1910) seguiram uma lógica de produção para o lucro pelo aluguel, dominante até a década de 1940 (Anitelli, 2010).

1920

- Lei nº 2.332
  Determina um padrão para a altura máxima do edifício: não mais do que três vezes a largura da rua. Os edifícios tendem a ser alinhados com a rua, sem quaisquer recuos ou afastamentos, ocupando todo o lote e construindo empenas cegas em seus limites laterais. Essa relação definiu a paisagem da cidade nas quatro décadas seguintes (Silva, 1997).
- Planos para unidades residenciais são estandardizados com referência à habitação burguesa europeia (Anitelli, 2010).

1924

- Ed. Sampaio Moreira
  Projetado pelo arquiteto Christiano das Neves. O edifício supera a altura máxima definida pela lei de 1920. É o primeiro arranha-céu da cidade e abre um precedente para uma futura modificação da legislação.

Foto: Beatrizatihe (2014). Disponível em: <http://commons.wikimedia.org/wiki/File%3AEdif%C3%ADcio_Sampaio_Moreira_1.jpg>. Acesso em: 12 nov. 2014.

1929

- Código de Obras Arthur Saboya
  Lei nº 3.427
  No fim da década, entra em vigor um Código de Obras na tentativa de normatizar a construção de edificações, seguindo as disposições da Lei nº 2.332. Este código agrupa as ruas em três categorias de acordo com a sua largura: até 9 m, 9 m-12 m, mais largas que 12 m; com limites de altura máxima de 2, 2,5 e 3 vezes a sua largura, respectivamente (Souza, 1994).
- Ed. Martinelli
  Construído por Giuseppe Martinelli, possui 130 m de altura e foi a mais alta estrutura da cidade até 1947, quando o Edifício Banespa foi concluído.

Foto: Alberto Urameshi Malta (2014). Disponível em: <https://www.flickr.com/photos/albertomalta/14466934274/in/photostream/>. Acesso em: 03 nov. 2014.

1930

- Os primeiros exemplos de arquitetura moderna são experimentados, inovando na relação com o tecido urbano e criando qualidades que praticamente desapareceram após os anos 1960.
- Plano Prestes Maia
  Estruturou a expansão da cidade para fora do triângulo central. Nos novos corredores viários, já no fim da década, nota-se uma paisagem de edifícios altos, com desenhos semelhantes aos do centro antigo, sem recuos laterais e alinhados com a rua. Até então havia pouca preocupação com novas soluções formais e espaciais nessas avenidas.

1934

- Ato municipal nº 663 revisa o Código Saboya
  Recuos laterais e frontais permitem edifícios mais altos. As avenidas São Luís e Nove de Julho refletem o impacto dessa legislação. Os recuos permitem outra arquitetura por meio de aberturas laterais etc. (Rolnik, 1997).

1935

- Ed. Esther transforma-se em um ícone da arquitetura moderna.

Foto: Vincent Bevins (2012). Disponível em: <http://commons.wikimedia.org/wiki/File%3AEdificio_Esther%2C_with_Edificio_S%C3%A3o_Tomas_and_Edificio_It%C3%A1lia.jpg>. Acesso em: 11 nov. 2014.

1940

- O Decreto-lei nº 41 determina uma altura mínima de 39 m e máxima de 80 m para os edifícios da avenida Ipiranga, dependendo dos recuos e variando entre 115 m-135 m em casos especiais. Edifícios abaixo da altura mínima são penalizados com impostos mais altos. As alturas máximas quase nunca foram alcançadas e não representaram um fator limitante para os interesses imobiliários (Silva, 2007).

1940-1950

- Recuos permitem prédios mais altos e limites diferentes dentro do lote, prevendo o arranha-céu que no futuro vai aparecer isolado dentro de um único lote.

1930-1950

- Mesmo se a altura do edifício ainda é limitada pela largura da rua, algumas concessões são feitas por meio da regulamentação de recuos laterais e frontais. Edifícios assemelham-se a arranha-céus norte-americanos, construídos de acordo com as regras para seus recuos. Confira a *New York Zoning Resolution*, 1916; estudos volumétricos de Hugh Ferriss, que popularizaram essa resolução em 1922; além de sua revisão, que abriu precedentes para a construção da torre com praça frontal, como ensaiada por Mies van der Rohe, no Ed. Seagram, completado em 1958.

1941

- A Lei nº 92 mantém a relação entre altura do edifício e largura da rua, aumentando os limites proporcionalmente às novas ruas mais largas. Ruas de até 12 m de largura permitem alturas máximas de construção de 40 m; entre 12 m e 18 m de largura, 60 m de altura; e ruas de mais de 18 m de largura permitem alturas de construção de 80 m (Somekh, 1997).

1946

▣ Ed. Louveira

Vilanova Artigas cria térreos abertos para calçada e rua, de livre acesso e com jardins.

1948

▣ Ed. Lealdade, de Francisco Beck, na avenida Nove de Julho demonstra os resultados do ato nº 633.

Fonte: Revista Acrópole. Banco de dados de Apartamentos. Nomads.usp.

1951-1960

▣ Ed. Conjunto Nacional

Segue o conceito do complexo de uso misto, com escritórios, unidades residenciais e instalações orientadas a serviços, no piso térreo e dois mezaninos. Ocupando um quarteirão inteiro, ele projeta um espaço coberto semipúblico que oferece qualidades de uma praça pública.

▣ Ed. Copan

Com 100 m de altura, ilustra a megaestrutura com mais de mil unidades habitacionais no topo de um embasamento semipúblico com lojas, cafés e cinema, divididos em cinco andares. O Copan ilustra a tipologia que pode ser encontrada em diversos outros projetos da época e que desenham

Foto: Iron Dornelas (2014). Disponível em: <http://commons.wikimedia.org/wiki/File%3AEd.Copan-S%C3%A3o_Paulo-SP.jpg>. Acesso em: 11 nov. 2014.

um sistema de passagens no térreo, como é também o caso da Galeria Metrópole e da Galeria do Edifício Califórnia, que exploram o potencial da arquitetura para desenhar o espaço urbano com base em térreos acessíveis.

1957

▣ Lei nº 5.261

A restrição de altura muda suas premissas. Em vez da largura da rua, a altura máxima de construção passa a depender de um índice máximo de ocupação que se relaciona com o tamanho do lote. A restrição é inspirada no estudo de Anhaia Mello, que defende o controle da expansão urbana, diferenciando-se a tendência de crescimento quase ilimitado que dominou o cenário até então. O coeficiente de aproveitamento do lote, que era de cerca de 8-10 vezes o lote na altura, foi reduzido para quatro vezes para edifícios residenciais e seis vezes para edifícios de escritórios (Anitelli, 2010).

▣ A regulamentação de 1957 inicialmente reduz a altura geral de edifícios, o que mudará em virtude de outras permissões no futuro.

1960-1970

- Modelo da torre

  O edifício alto isolado no lote com recuos determinados em lei, criando o edifício-torre, é a tipologia construtiva adotada pelo mercado imobiliário em São Paulo após a década de 1960. Essa tipologia reflete na produção do edifício enquanto objeto arquitetônico, assim como impacta o espaço urbano resultante no térreo, na escala local, e define uma paisagem peculiar na escala macro.

1964-1970

- BNH (Banco Nacional da Habitação)

  A Lei nº 4.380 cria o BNH, um dos mais importantes instrumentos do processo de verticalização das cidades brasileiras. Esse banco normatizou e sugeriu regras para a atualização de códigos de obras municipais, além disso, elaborou manual para aplicações de recursos e para avaliação dos projetos apresentados, sugerindo regras para recuos etc. Tais instrumentos restringiram soluções espaciais e usos que faziam parte do repertório da arquitetura anterior (Anitelli, 2010).

- SFH (Sistema Financeiro Habitacional)

  Organizado pelo governo federal para responder à crescente demanda por habitação urbana (resultado do êxodo rural), o BNH estabeleceu bases para o financiamento de empreendimentos privados em larga escala e em todo o país, por meio do SFH, até 1986, quando o banco foi extinto (Anitelli, 2010).

- Estudos Especiais SINAPI (Sistema Nacional de Pesquisa de Custos e Índices da Construção Civil) para o BNH

  Esses estudos criavam recomendações desde a planta até a circulação dos apartamentos, estipulando também o uso do térreo, sugerindo ainda compartimento destinado à portaria e área para estacionamento de cada unidade (Anitelli, 2010, p. 100-104).

A Cidade Tiradentes, no extremo Leste da cidade, abriga mais de 40 mil unidades habitacionais, a maioria construída pela Companhia Metropolitana de Habitação de São Paulo (COHAB), Companhia de Desenvolvimento Habitacional e Urbano do Estado de São Paulo (CDHU) e por grandes empreiteiras. Trata-se de um exemplo importante do espaço urbano resultante da repetição de tipologias arquitetônicas, com pouca exploração de seu potencial para o desenho urbano.

1968

- PUB (Plano Urbanístico Básico) propôs uma estrutura urbana baseada no modelo norte-americano, com altas densidades concentradas no centro, representando 4% da área total do município, e os outros 96% restante da cidade, distribuídos em bolsões residenciais de baixa e média densidades, servidos por uma um malha viária de 815 km de vias expressas (Nobre, 2004).

Fonte: Plano Urbanístico Básico (PUB), Município de São Paulo (1968).

1970-1990

- Expansão horizontal

  A cidade viveu uma explosão de assentamentos informais, passando de 1%, em 1973, para 18%, em 1994. Adicionalmente, o modelo de construção adotado enfatizou a expansão horizontal, ocupando uma área de 4.144 km^2, dos quais apenas 600 km^2 eram servidos por infraestrutura. Acioly (2000) argumenta que, à época, metade dessa área (300 km^2) teria a capacidade de abrigar uma população de 7,5 milhões de habitantes.

1972-2004

- A Lei nº 7.805, de Zoneamento, estabelece uso e índices de aproveitamento permitidos e controla o uso do solo. Controlou a densidade das construções, definindo os coeficientes de aproveitamento, taxas de ocupação, recuos frontais, laterais e de fundo, tamanhos mínimos de lote, largura mínima de testadas. Os coeficientes de aproveitamento variam de 1 a 4, de acordo com o tipo de zona determinada nessa Lei (Nobre, 2004).

1990

- A partir desta década, de forma acentuada, incorporadoras e construtoras empreenderam a expansão do modelo da torre encerrada e protegida por muros e grades na cidade de São Paulo.

1972

- Plano Urbanístico Básico (PUB) e Plano Diretor de Desenvolvimento Integrado (PDDI), Lei nº 7.688/71

  Trata-se dos principais instrumentos de política urbana desenvolvidos nessa época. Resultaram na Lei de Uso e Ocupação do Solo, instituindo o zoneamento.

  Estabeleceu oito zonas de uso e prevê a redução dos coeficientes de aproveitamento ao máximo de quatro vezes a área do terreno, restrito apenas às zonas centrais de uso misto (Nobre, 2004).

- Operação Faria Lima

  O conceito de Operação Urbana é implementado. Atrai a atenção da iniciativa privada, que aumenta o potencial construtivo e faz uso da outorga onerosa para reverter benefícios ao ambiente urbano no térreo das torres construídas.

Foto: Roberto Berlim (2009). Disponível em: < https://www.flickr.com/photos/robertoberlim/3776707462/>. Acesso em: 05 nov. 2014.

1991

- Outorga onerosa do direito de construir foi possível dentro da Operação Urbana Vale do Anhangabaú (Lei no 11.090/91). Discutia a Reforma Urbana por meio do instrumento do solo criado.

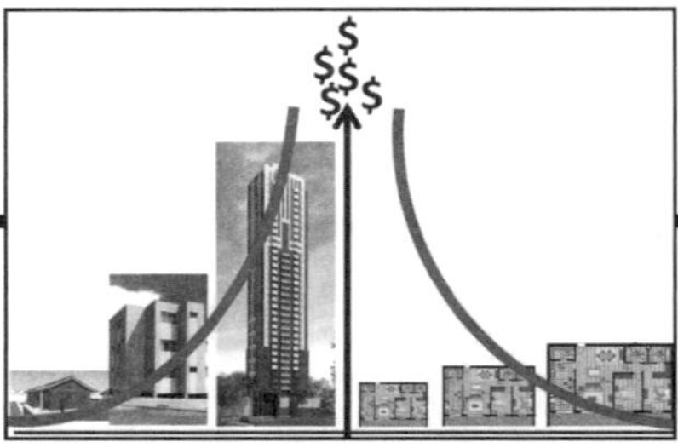

Fonte: Jorgensen, P. O coeficiente de aproveitamento e a valorização do solo. 23 fev. 2013. Disponível em: <http://abeiradourbanismo.blogspot.com.br/2013/02/o-coeficiente-de-aproveitamento-e.html>. Acesso em: 03 nov. 2014.

Novo Plano Diretor estabelece coeficiente de aproveitamento 1 para toda a cidade, definindo zonas adensáveis. Nestas, os promotores imobiliários podem comprar potencial construtivo adicional, mediante outorga onerosa, construindo acima do coeficiente básico (Nobre, 2004).

2000-2009

- Aumento no número de novos empreendimentos verticais em São Paulo
  Número anual de novos empreendimentos verticais na cidade de São Paulo: 28.157 em 2000, 21.366, 19.559, 23.863, 19.362, 22.787, 24.332, 36.563, 32.577 e 29.102 nos anos seguintes, respectivamente.

Foto: Marcos L. Rosa.

2000-2014

- Aquecimento da produção imobiliária destinada às classes médias
  Modernização da legislação para o setor de investimentos imobiliários e decisões governamentais específicas que colocaram no mercado, somente no ano 2000, cerca de R$ 8 bilhões para crédito imobiliário oriundos da poupança (Ferreira, 2011).

- Automóvel *vs.* transporte coletivo
  De forma crescente, optou-se pelo modelo do automóvel em detrimento de sistemas de transporte coletivos. Há oferta generalizada de unidades habitacionais com, às vezes, mais de dez vagas de garagem. Com as vagas abrigadas no subsolo, tal construção leva à impermeabilização total do solo, afetando a drenagem urbana e o escoamento de águas (Ferreira, 2011).

■ Condomínios murados, minicidades ou cidadelas fortificadas
Intensifica-se a adoção do modelo de condomínios murados. Trata-se de grupos de prédios isolados no lote, cercados e murados, com praças, jardins, árvores, equipamentos de lazer e até comércio. Essa lógica renega a rua e a cidade e produz uma malha urbana segmentada, pouco fluida, e que vai aos poucos aniquilando a possibilidade de espaços públicos de qualidade (Ferreira, 2011). Barreiras físicas: muros, grades e guaritas protegem os condomínios fechados, os *shopping centers*, centros de negócios e até mesmo as favelas, promovendo a vida confinada em áreas controladas, protegidas ou vulneráveis, de alta ou baixa renda. Esse espaço fragmentado configura uma anticidade.

■ Impacto na paisagem: a tipologia do edifício alto, aplicada em escala em toda a cidade, tem impacto direto na paisagem construída. Ela se torna a referência de paisagem urbana que reflete a imagem internacional da cidade.

Foto: Marcos L. Rosa.

2002

■ O Novo Plano Diretor Estratégico estipula coeficientes de aproveitamento mínimos, básicos e máximos para as diversas zonas da cidade; define os parâmetros de cálculo da Outorga Onerosa do Direito de Construir; e estabelece os parâmetros de cumprimento da função social da propriedade (Nobre, 2004).

2003

■ Complexo Brascan Century Plaza produz uma praça semipública acessível no térreo e acesso a torres comerciais. Tem como objetivo ampliar o espaço coletivo pelo território privado que abriga comércio, restaurantes e cafés, acessíveis ao pedestre diretamente das calçadas.

■ Empreendimentos-padrão com lazer privativo repetem o modelo na periferia da Grande São Paulo.

Foto: Marcos L. Rosa.

2001

■ O Estatuto da Cidade de 2001, Lei nº 10.257
Regulamenta os artigos nº 182 e nº 183 da Constituição Federal de 1988. Executa a relação entre o coeficiente de aproveitamento, diretamente ligado à verticalização e à função social da propriedade. Legitimou instrumentos existentes e instituiu novos para a aplicação dessa função (Nobre, 2004).

2008

■ O empreendimento do shopping Cidade Jardim, com torres residenciais sobrepostas e isoladas representam uma máxima desse raciocínio. Transforma-se em um ícone da cidadela fortificada de luxo.

Foto: Olaf Jacobs, AHS Archive (2008).

- Repetição do modelo nas periferias urbanas
  O padrão urbanístico dos bairros ricos passou a servir de modelo na proliferação dos novos bairros de classe média: empreendimentos murados, distantes de centralidades, com oferta de uso exclusivamente residencial, sem serviços ou equipamentos necessários (Ferreira, 2011, p. 8).

2014

- Novo Plano Diretor Estratégico e Revisão do Zoneamento (Lei nº 16.050/14)
  Define adensamento nos eixos de transporte público (corredores de ônibus, estações de trem e metrô) e estabelece alturas máximas menores nos miolos de bairros.
  Propõe uso misto com térreos desenhados e com fachadas vivas e lojas abertas a calçadas mais largas no lugar de muros, grades e térreos com usos de lazer privativos; além disso, limita vagas de garagem (Rolnik, 2014).

Fonte: SMDU/PMSP. Disponível em: <http://gestaourbana.prefeitura.sp.gov.br/caderno-de-propostas-para-a-revisao-do-zoneamento/> . Acesso em: 03 nov. 2014.

Referências bibliográficas

ABNT - ASSOCIAÇÃO BRASILEIRA DE NORMAS TÉCNICAS. *NBR 15575:* edifícios habitacionais de até cinco pavimentos: desempenho. Rio de Janeiro, 2008.

ACIOLY, C., *Housing programme Funacom*, São Paulo, 2000. Disponível em: <http://www.claudioacioly.com>. (apresentação/aula).

ANITELLI, F. *Como nasce um modelo: o projeto de apartamentos na cidade de São Paulo.* 2010. Dissertação (Mestrado) – Instituto de Arquitetura e Urbanismo da Universidade de São Paulo, São Carlos, 2010.

ASHRAE - AMERICAN SOCIETY OF HEATING REFRIGERATION AND AIR-CONDITIONING ENGINEERS. *Standard 55. Thermal environment conditions for human occupancy.* Atlanta, 2004.

CETESB - COMPANHIA DE TECNOLOGIA DE SANEAMENTO AMBIENTAL. Resolução CONAMA nº03 de 28 jun. 1990. Disponível em: <http://www.cetesb.sp.gov.br/Ar/ar_indice_padroes.asp>. Acesso em: nov. 2008.

CHENG, V. *Human perception of urban density*. 2010. Thesis (PhD) - Department of Architecture, University of Cambridge, Cambridge, 2010.

EMBRAESP - EMPRESA BRASILEIRA DE ESTUDOS DE PATRIMÔNIO DO ESTADO DE SÃO PAULO. Número de unidades residenciais verticais lançadas no Município de São Paulo, Subprefeituras e distritos municipais, 1992-2009. [200-]a. Disponível em: <http://infocidade.prefeitura.sp.gov.br/htmls/15_numero_de_unidades_residenciais_verticai_1992_672.html>.

EMBRAESP - EMPRESA BRASILEIRA DE ESTUDOS DE PATRIMÔNIO DO ESTADO DE SÃO PAULO. Preços gerais de venda de unidades residenciais lançadas no Município de São Paulo, Subprefeituras e distritos municipais, 1992-2009. [200-]b. Disponível em: <http://infocidade.prefeitura.sp.gov.br/htmls/15_valor_geral_de_vendas_de_lancamentos_res_2000_306.html>.

EMBRAESP - EMPRESA BRASILEIRA DE ESTUDOS DE PATRIMÔNIO DO ESTADO DE SÃO PAULO. Terrenos consumidos (em m^2) em empreendimentos residenciais verticais no Município de São Paulo, Subprefeituras e distritos municipais. 1992-2009. [200-]c. Disponível em: <http://infocidade.prefeitura.sp.gov.br/htmls/15_terrenos_consumidos_em_m_nos_lancamentos_1992_314.html>.

FERREIRA, J. S. W. Perspectivas e desafios para o jovem arquiteto no Brasil. *Arquitextos*, São Paulo, ano 12, n. 133.07, 2011. Disponível em: <http://www.vitruvius.com.br/revistas/read/arquitextos/12.133/3950>. Acesso em: 7 maio 2011.

GARTLAND, L. *Heat islands.*, London: Earthscan, 2008.

GLAESER, E. *The triumph of the cities.* London: Macmillan, 2011.

GIVONI, B. *Climate considerations in building and urban design.* Van Nostand Reinhold, 1998.

GIVONI, B. Climatic aspects of urban design in tropic climates. *Atmospheric Environment*, v. 26B, n. 3, p. 397-406, 1992.

GONÇALVES, J. C. S.; MULFARTH, R. K.; MONTEIRO, L. M.; MOURA, N. C.; PRATA, A. R.; MIANA, A. C. The environmental performance of high-density urban living: with reference to the city centre of São Paulo. In: PLEA - THE 27TH INTERNATIONAL CONFERENCE ON PASSIVE AND LOW ENERGY ARCHITECTURE, 2011. *Proceedings...* Louvain-la-Neuve, 2011.

GONÇALVES, J. C. S.; UMAKOSHI, E. M. *The environmental performance of tall buildings*. London: Earthscan, 2010.

HEAT ISLAND GROUP. *Energy Use*. San Francisco, 2000. Disponível em: <http://eetd.lbl.gov/HeatIsland/EnergyUse/>.

HEPNER, A. *Desenho urbano, capital e ideologia em São Paulo:* centralidade e forma urbana na Marginal do Rio Pinheiros. 2011. Dissertação (Mestrado em Arquitetura e Urbanismo) - FAU-USP, Universidade de São Paulo, São Paulo, 2011.

LE GOFF, J. *Pour l'amour des villes*. Paris: Textuel, 1997.

LITTLEFAIR, P. *Environmental site layout planning (BR 380)*. IHS BRE Press, 2000.

MELLO, M. R. de A. F. *Refurbishing the urban fabric of centre São Paulo*. 2012. Dissertation (M.Sc) - SED, AA School, London, 2012.

MARICATO, E. *Cidades no Brasil:* sair da perplexidade e passar à ação. *Carta Maior*, 11 mar. 2013. Disponível em: <www.cartamaior.com.br/templates/materiaMostrar.cfm?materia_id=21725>. Acesso em: 1 jul. 2013.

MENDRANO, L.; RECAMAN, L. Espaços públicos na região central da cidade de São Paulo. O Telecentro Elevado Costa e Silva. *Arquitextos*, São Paulo, ano 7, n. 075.00, ago. 2006. Disponível em: <http://www.vitruvius.com.br/revistas/read/arquitextos/07.075/326>. Acesso em: ago. 2006.

NG, E. Designing for urban ventilation, In: NG, E. (Ed). *Designing high-density cities for social & environmental sustainability*. London: Earthscan, 2010.

NG, E.; WONG, H.; HAN, M. Permeability, porosity and better ventilated design for high density cities. In: *PLEA - The 23rd Conference on Passive and Low Energy Architecture, 2006. Proceedings...* Geneva, 6-8 set. 2006.

NOBRE, E. A. C. Novos instrumentos urbanísticos em São Paulo: limites e possibilidades. In: IV SEMINÁRIO INTERNACIONAL DA LARES - LATIN AMERICA REAL ESTATE SOCIETY, São Paulo, 2004. Disponível em: <http://www.usp.br/fau/docentes/depprojeto/e_nobre/instrumentos_urbanisticos_sao_paulo.pdf>

NOBRE, C. A. et al. *Vulnerabilidade das megacidades brasileiras às mudanças climáticas:* região metropolitana de São Paulo. Sumário executivo. INPE, 2010.

OKE, T. R. The distinction between canopy and boundary-layer urban heat islands. *Atmospheric Environment*, v. 14, n. 4, p. 268–277, 1976.

OKE, T. R. *Boundary layer climates*. London: Methuen & Co, 1987.

PIARC - WORLD ROAD ASSOCIATION. *Congrès mondial de la route*. Publication 2001.

ROLNIK, R. *A cidade e a lei: legislação, política urbana e territórios na cidade de São Paulo*. São Paulo: FAPESP; Studio Nobel, 1997.

ROLNIK, R. Por que aprovar o Plano Diretor já? Publicado em: 19 maio 2014. Disponível em: <https://raquelrolnik.wordpress.com/category/plano-diretor-de-sao-paulo/>.

ROLNIK, R. Quanto mais altos os muros e grades, mais proteção, certo? Errado. Disponível em: <http://raquelrolnik.wordpress.com/>Acesso em: 16 ago. 2012. Publicado originalmente em: 07 out. 2007. Disponível em: <http://www1.folha.uol.com.br/fsp/cotidian/ff0710200722.htm>.

ROSA, M. L. *Microplanejamento:* práticas urbanas criativas. São Paulo: Ed. de Cultura, 2011.

ROSA, M. L.; STIPHANY, K. Transbordering. Cortesia dos autores, 2010.

SECRETARIA DE PLANEJAMENTO E DESENVOLVIMENTO REGIONAL, DEPARTAMENTO ESTADUAL DE TRÂNSITO DE SÃO PAULO. *Estatísticas do trânsito:* frota de veículos. 2013. Disponível em: <http://www.detran.sp.gov.br>.

SILVA, L. O. A constituição das bases para a verticalização na cidade de São Paulo. *Arquitextos*, São Paulo, ano 7, n. 080.05, 2012. Disponível em: <http://www.vitruvius.com.br/revistas/read/arquitextos/07.080/280>. Acesso em: 02 mar. 2012.

SILVA, M. T. R. M. da. *A Influência da densificação urbana na ventilação das cidades*: projecto de Termodinâmica Aplicada. Lisboa: Departamento de Engenharia Mecânica, Instituto Superior Técnico, 2001.

SOMEKH, N. *A cidade vertical e o urbanismo modernizador*: São Paulo 1920-1939. São Paulo: EDUSP; Studio Nobel, 1997.

SOUZA, M. A. A. *A identidade da metrópole: a verticalização em São Paulo.* São Paulo: HUCITEC/EDUSP, 1994.

SVMA – SECRETARIA DO VERDE E DO MEIO AMBIENTE. (DEPARTAMENTOS DE PLANEJAMENTO AMBIENTAL E PARQUES E ÁREAS VERDES); SECRETARIA MUNICIPAL DE DESENVOLVIMENTO URBANO. Projeção da população a partir do CENSO/IBGE, [s.d.].

UN DESA - UNITED NATIONS DEPARTMENT OF ECONOMIC AND SOCIAL AFFAIRS POPULATION DIVISION. *Population distribution, urbanization, internal migration and development*: International Perspective. Word Urbanization Prospects, the 2011 Revision. 2011. Disponível em: <http://www.un.org/esa/population/publications/PopDistribUrbanization/PopulationDistributionUrbanization.pdf>.

UNEP - United Nations Environmental Programme Cities: investing in energy and resource efficiency. In: *The Green Economy Report*. Disponível em: <http:www.unep.org/greeneconomy>.

URBAN TASK FORCE. Towards an urban renaissance. Department ofthe Environment. Trnasport and Regions. London: Taylor & Francis, 1999.

A economia das cidades: a perspectiva de um economista sobre as vantagens do adensamento urbano além do desempenho ambiental

8

CARLOS EDUARDO SOARES GONÇALVES

> Cidades, as densas aglomerações que pontilham o mundo, têm sido os motores da inovação desde as discussões de Platão e Sócrates num mercado ateniense.
>
> (Glaeser, 2011, tradução do autor).

O historiador econômico Paul Bairoch estimou que cerca de 15% da população mundial vivia nas cidades em 1900. Em 2010, aproximadamente um século depois, dados publicados pelas Nações Unidas sugeriam que esse percentual subira para 50%, mas com grande variação entre países, com a taxa da população urbanizada chegando aos 85% nos países mais ricos. Em conjunto com um crescimento substancial da população global, esse aumento percentual significa que aproximadamente quatro bilhões de pessoas vivem nas cidades ao redor do mundo correntemente, quantidade que deve continuar subindo nos próximos anos, principalmente em decorrência do crescimento urbano nos países menos desenvolvidos, mas muito populosos, como a China.

Como os habitantes do campo, que viviam a grandes distâncias entre si, se direcionaram em grande massa para as cidades ao longo do século passado, na grande maioria dos países, eles passaram a viver mais próximos uns dos outros (Fig. 8.1). Essa intensificação das aglomerações obviamente trouxe benefícios extraordinários, mas também importantes desafios, que são temas deste capítulo.

Quão aglomeradas estão as pessoas? Muito. Por exemplo, apenas 2% de todo o território dos Estados Unidos da América encontra-se pavimentado e construído. No entanto, essa parcela reduzida de um vasto território abriga aproximadamente 250 milhões de pessoas.

A história de São Paulo, no Brasil, é similar: o Estado possui uma população de aproximadamente 12 milhões de pessoas e um território total de 250.000 km^2. Desse total, porém, apenas 5.000 km^2 são urbanizados, ou seja, todos esses 12 milhões de cidadãos vivem em meros 2% da área do Estado (Fig. 8.2). Isso é que é aglomeração!

E a transformação em curso no país mais populoso do mundo, a China, sugere que a força centrípeta das cidades não é fenômeno do Ocidente e de suas ex-colônias (Fig. 8.3). Lá, na maior economia em desenvolvimento do planeta, o percentual de residentes urbanos pulou de 13% para 40% do total nacional entre os anos de 1950 e 2005, com previsão de alcançar os 60% até 2030.

Fig. 8.1 Vista da baía de Hong Kong, no sul da China, que contava com 52.000 pessoas por km^2 no final década de 2010 (Cheng, 2010). Sendo umas das áreas urbanas de maior aglomeração populacional do mundo, já na década de 1990 a cidade passou por uma acentuada verticalização do ambiente construído Foto: Paul Benn (2010).

O quadro geral é claro: em todo o mundo, aglomerações de pessoas e de atividades econômicas estão ou em estágio avançado (consolidado), ou crescendo rapidamente. Como Edward Glaeser (2011, p. 1) bem notou: "mesmo com um planeta tão vasto (toda a humanidade caberia no Estado norte-americano do Texas, cada um de nós com uma casa), nós escolhemos viver em cidades".

Na perspectiva de um economista, o tamanho e o número das cidades mantêm relação direta com a análise de custo-benefício das aglomerações. Adiantando a principal conclusão dessa reflexão, mesmo que seja prioritário planejar melhor e repensar nossas cidades para que elas venham a ter um desempenho ambiental melhor no futuro, o balanço entre benefícios e custos da vida urbana até o momento tem se inclinado claramente para o positivo.

As cidades são importantes instrumentos do desenvolvimento econômico-social. Mesmo sem se adentrar em análises estatísticas detalhadas, é patente que os benefícios associados às cidades superam os custos, pois, se não fosse assim, como explicar a escolha de milhões de pessoas, em vários lugares e ao longo de muitos anos, de se mudarem para as cidades? Esse fato em si deveria servir como evidência *prima facie* do sucesso socioeconômico das cidades e também da sua capacidade de se adaptar a um mundo de constantes mudanças.

Poderia ser esse movimento baseado em expectativas e impressões equivocadas sobre a vida nas cidades? Muito improvável, pois, nesse caso, se teria presenciado um fluxo reverso, de volta ao campo, uma vez que os habitantes das cidades se dessem conta das desvantagens e problemas da vida urbana. Obviamente, nada disso aconteceu.

Os países se encontram em diferentes estágios de urbanização e, por isso, os números agregados mencionados anteriormente escondem marcantes heterogeneidades. Os dados mostram que, nos países mais ricos e desenvolvidos, a urbanização é muito maior do que nos países mais pobres. A Tab. 8.1 mostra que

Fig. 8.2 Vista aérea da Praça da República, no centro da cidade de São Paulo (início da aglomeração e verticalização da cidade de São Paulo)
Foto: Fernanda Invernise (2013).

Fig. 8.3 Pequim, vista do distrito financeiro da capital chinesa, de dentro da Cidade Proibida. A paisagem urbana retrata o aumento da aglomeração urbana na construção de edifícios altos
Foto: Klaus Bode (2012).

urbanidade e padrão de vida andam juntos: a taxa de urbanização é um bom indicador de desenvolvimento econômico. A pobreza é basicamente rural, enquanto a urbanização é um dos pilares fundamentais do desenvolvimento econômico.

Além disso, a coluna "Crescimento da População Urbana" da Tab. 8.1 mostra que, como esperado, desde a última década as nações mais pobres estão se urbanizando mais rapidamente do que as mais ricas. O mundo não é *plano* nem

Tab. 8.1 Taxa de urbanização nos países mais desenvolvidos, em desenvolvimento e menos desenvolvidos

	População urbana	Crescimento da população urbana (2005-2010)
Países mais desenvolvidos	75%	0,7%
Países em desenvolvimento	45%	2,4%
Países menos desenvolvidos	29%	4,0%

Fonte: UN DESA (s.d.)

homogêneo, mas a sua população está se tornando mais urbanizada na medida em que se torna mais rica.

Infelizmente, porém, nem tudo são rosas. Em grandes cidades como o Rio de Janeiro e Mumbai, milhares de pessoas vivem em condições muito aquém das desejáveis, sem acesso à infraestrutura básica, como saneamento, energia e boas escolas. No entanto, culpar a estrutura social chamada cidade por essas vicissitudes é confundir a direção do efeito causal. Cidades não causam pobreza, o que ocorre é que as pessoas pobres migram para as cidades na busca de melhores oportunidades para si e para seus filhos. A cidade não gera pobres, ela os atrai. Dito de outro modo, a pobreza urbana é, num certo sentido, um sinal de vitalidade das cidades, é prova inegável de que as cidades são um polo de atração para aqueles que vivem isolados na extrema pobreza do campo.

É ingênuo, ou pior, enganoso, comparar o padrão de vida na favela da Rocinha, no Rio de Janeiro, com o de residentes de famosas cidades modernas como os da ilha de Manhattan, em Nova York, ou de Londres. A comparação certa é entre a pobreza e a possibilidade de mobilidade social de quem mora na favela da Rocinha e as de quem mora nas áreas rurais do estado do Rio de Janeiro.

Por que as cidades geram desenvolvimento? Ao permitir a concentração de atividades em uma área relativamente pequena, criando relações de proximidade, as cidades:

- facilitam a exploração de economias de escala que, por sua vez, permite maior especialização e expansão na variedade de produtos e serviços colocados à disposição dos consumidores;
- economizam em custos de transporte e tempo;
- aumentam as interações humanas e, com isso, a produtividade no trabalho;
- são um solo fértil para o desenvolvimento de novas ideias, pois ideias são função direta da taxa de troca de conhecimento entre as pessoas;
- ajudam a preservar o ambiente natural na medida em que concentração restringe a área ocupada pelas atividades humanas.

Claro que há custos associados com a vida urbana que não devem ser deixados de lado nessa reflexão. Aglomerar pessoas e atividades socioeconômicas não é uma tarefa simples. Engarrafamentos e dificuldade de mobilidade, poluição, criminalidade, infraestrutura urbana saturada são alguns dos graves problemas atrelados às grandes aglomerações urbanas. Como os economistas gostam de dizer: benefícios sociais raramente são como um *almoço grátis*. Contudo, mesmo que nada venha sem custo na vida urbana, políticas públicas podem reduzir esses custos e, consequentemente, aumentar os benefícios líquidos da vida em aglomerações.

8.1 Os benefícios das aglomerações (ganhos de escala)

Na era pré-Moderna, as cidades cumpriam a função de proteger a população contra a ação militar de bandos invasores. Hoje, o papel central das cidades não é mais esse, claro, mas o exemplo ilustra muito bem o que os economistas chamam de *economia de escala*, um conceito crucial para o entendimento dos vários tipos de benefícios oferecidos pelas aglomerações urbanas de hoje.

Em poucas palavras, economia de escala significa que mais volume leva a uma redução de custos. Por exemplo, montar uma fábrica, arcar com o aluguel e com certo número de funcionários etc. é tanto menos custoso (por unidade) quanto maior for o volume final produzido. A ideia básica é que volumes maiores amortizam custos fixos associados ao processo produtivo. As cidades ajudam a incrementar *volumes* de mercadorias, pessoas, ideias, produtores etc.

A ideia de ganhos de escala não se restringe aos processos puramente econômicos. Por exemplo, quanto mais pessoas falam uma dada língua, mais útil se torna aprender aquela determinada língua (ganho de escala); ou, quanto mais pessoas aceitam dinheiro como forma de troca de mercadorias e serviços, mais valioso e útil aquele papelzinho sem valor intrínseco se torna para todos; ou ainda, quanto mais se usa um determinado software de edição de texto, mais interessante é aprender a manusear esse software em vez de outro; e por aí vai.

O conceito de ganhos de escala será aplicado agora para entender a utilidade da mãe das cidades modernas: a *cidade-proteção* da era Pré-Moderna. No passado, o custo de se proteger uma determinada área, murando e armando suas fronteiras, era proporcional à sua área externa exposta, ou seja, ao seu perímetro. Em outras palavras, os custos dessa proteção cresciam linearmente à medida que a cidade se expandia. Por outro lado, os benefícios de uma área urbana protegida são proporcionais à área, e não ao perímetro, dado que o número de habitantes e suas atividades socioeconômicas mantidas nesse território são claramente uma função da área interna.

A seguir, é apresentado um pequeno modelo com essas características. Imagine uma cidade quadrada com comprimento lateral L. De acordo com as premissas anteriormente discutidas, o custo para proteger esse território urbano seria de $4L \cdot c$ (sendo c o custo para murar e armar 1 m do perímetro da área urbana em questão). Designando os benefícios socioeconômicos de 1 m^2 dessa área urbana protegida por b, o benefício total trazido pela cidade-proteção é $b \cdot L^2$. Observe-se que a crucial relação benefício por custo nesse caso é igual a $L(b/4c)$, ou seja, é crescente com L. Quanto maior o perímetro, maior a razão benefício/custo do sistema de defesa da cidade. Isso é o que se chama de ganho de escala. Obviamente, existem e existiam custos associados ao gerenciamento da *área* urbana que restringem e restringiam no passado o tamanho ideal das cidades. Nesse modelo, o melhor L é o máximo L (dado que o benefício/custo é crescente em L), o que não pode estar correto e, de fato, não está, ou seja, as cidades não são infinitamente grandes, por conta justamente desses outros custos.

Juntamente com a enorme economia de custos de transporte, as economias de escala exercem um papel crucial no funcionamento das cidades modernas, mas por meio de quais canais?

A aglomeração de um número maior de pessoas e atividades socioeconômicas em uma determinada área aumenta o tamanho dos mercados consumidores por metro quadrado, e essa concentração geográfica de pessoas facilita o surgimento de muitas atividades, de natureza social ou puramente econômica, pois garante um fluxo constante de demanda por bens e serviços e atividades. Sem esse fluxo constante, não haveria oferta, pois uma demanda intermitente não é suficiente para remunerar o ofertante desses bens e serviços.

Demandas fracas e inconstantes podem levar ao que os economistas chamam de *mercados incompletos*, o que significa que determinados serviços e produtos simplesmente não são oferecidos porque há muita insegurança sobre a demanda de mercado.

Porque a cidade de São Paulo é cheia de cinemas, enquanto não se encontra nenhum na pequena cidade de Ibiúna, a menos de 100 km de distância da capital? Escala é a resposta. Na densamente populada metrópole de São Paulo, praticamente todos os dias da semana, e durante grande parte da noite, uma enorme quantidade de indivíduos está disposta a se distrair numa sala de cinema. Essa demanda certa, segura, significa que os pesados custos de manutenção de uma sala de cinema se pagam. Ibiúna, por outro lado, que possui baixa densidade populacional, gera uma demanda pequena e imprevisível por sessões de cinema, e é exatamente por isso que essa cidade não tem nenhuma sala de cinema.

O mesmo raciocínio pode ser aplicado em outras situações. Explica-se dessa maneira, por exemplo, porque Nova York tem uma gama enorme de museus, enquanto a pequena cidade de Arroyo Alto, no Texas, não tem nenhum. Sim, esses são exemplos talvez extremos que servem pelo seu didatismo, mas o argumento continua sendo válido para situações mais comuns. Por exemplo, a variedade de bons restaurantes no Rio de Janeiro não é tanta como em Nova York. A razão, novamente, está na diferença de demanda por restaurantes bons nas duas cidades. A grande e variada demanda em Nova York, que vem de fortíssima aglomeração e também de nível mais elevado de renda, cria oportunidade para restaurantes que atendam os gostos mais exóticos e raros possíveis.

Vejam esse exemplo: uma garrafa de vinho chileno é mais barata em um supermercado em Londres do que em São Paulo. Por que isso? Escala explica boa parte da história: como a escala de consumo em Londres é maior, os custos de importação são mais amplamente diluídos do que em São Paulo.

As aglomerações urbanas também exercem o efeito de amenizar/suavizar a demanda, e isso aumenta a eficiência econômica. Para ilustrar essa questão, considere-se o caso de dois cirurgiões cardiologistas que moram em duas cidades pequenas de 100 mil habitantes cada. É bem provável que esses dois médicos, individualmente, realizem menos operações do que se morassem em uma única cidade de 200 mil habitantes (ou seja, separados em cidades distintas e menores, eles são menos eficientes). A explicação é a seguinte: no primeiro cenário, em que cada um mora em uma cidade, pode acontecer de num certo dia várias pessoas precisarem de cirurgia numa delas, mas ninguém demande esse serviço na outra cidade. Dessa forma, ao mesmo tempo que, em uma das cidades, pacientes teriam que esperar (correndo riscos) para serem atendidos por um único cirurgião, na outra, o cirurgião estaria ocioso, esperando por um paciente, o que certamente é uma situação desfavorável tanto para os pacientes como para os médicos. No entanto, esse tipo de situação é menos provável se a população de 200 mil e os dois médicos estivessem todos numa única cidade maior. Nesse caso, a demanda total seria distribuída entre os dois cirurgiões e, nos moldes do exemplo hipotético, nenhum deles ficaria ocioso – e pacientes não morreriam em vão. O exemplo pode parecer um tanto dramático, mas o ponto aqui é mostrar que aglomerações urbanas mais densas levam a uma suavização da demanda e previnem desperdício, o que, no exemplo citado, é representado pelo cirurgião ocioso em uma cidade pequena, enquanto existem pacientes precisando de seus serviços em outra cidade pequena.

Aglomerações urbanas mais densas também geram economias de custos de transporte. Numa configuração em que há muitas cidades pequenas, isoladas umas das outras, muitos produtos têm que ser transportados por longas distâncias para abastecer vários mercados geograficamente separados, o que gera desperdício de recursos na forma de energia empregada no transporte, e tempo. Além disso, cidades mais densas economizam no transporte não somente de produtos finais, mas também repercutem na redução de custos de produção ao encurtar a distância viajada de matéria-prima e insumos intermediários. A economia de custos de transporte foi de fato a força determinante por trás do surgimento da cidade moderna, e não é mera coincidência que famosas cidades grandes como Nova Iorque, Londres e Paris estejam localizadas junto a rios. Esse, porém, não é mais o ponto crucial, como no caso da cidade-proteção. Após enorme evolução na tecnologia dos transportes, a proximidade com o rio e com o mar perdeu obviamente importância, mas as cidades permaneceram.

Além da economia de escala, outro conceito importante para explicar os benefícios do ambiente urbano é o de *externalidades*, nesse caso, *externalidades positivas*. Uma externalidade positiva é um beneficio que a ação de outro lança sobre você inadvertidamente. Quando se passa anos interagindo com falantes nativos da língua inglesa, acaba-se falando inglês melhor, mas esse benefício recai sobre você sem que você precise pagar por ele. O mesmo pode ser visto no caso de eleições: quando um eleitor dedica tempo a estudar propostas políticas e o histórico dos candidatos, e esse conhecimento adquirido é dividido com outros eleitores menos informados, estes são beneficiados por uma externalidade positiva. Ou ainda, se uma pessoa convive com outras que estudam bastante e com frequência e ela usufrui desse convívio, ela mesma aumenta seus conhecimentos e se torna mais produtiva – mais um caso importante de externalidade positiva.

Externalidades positivas explicam por que indústrias, empresas e serviços se aglomeram geograficamente. A proximidade permite a troca de conhecimentos e de tecnologias. Em grande parte, esse ganho ou troca acontece pelo contato com o produto final vendido no mercado local, e também via mobilidade de empregados entre empresas concorrentes. Como resultado, a produtividade de todos aumenta e os consumidores são beneficiados com produtos ou serviços melhores.

As relações de proximidade fazem das grandes cidades berços de criatividade, invenção e aprendizado. Pesquisas empíricas mostraram que, de fato, invenções são mais comuns em áreas urbanas densamente povoadas. O registro de patentes aumenta com a densidade das aglomerações urbanas. Além disso, a alta citação de patentes anteriores em novas invenções da mesma localidade é um indicador dos benefícios da proximidade.

E esses ganhos se refletem em salários mais elevados: profissionais com o mesmo perfil educacional, anos de experiência prática e mesmo perfil familiar ganham salários mais altos em cidades de maiores concentrações populacionais. Nos Estados Unidos da América, por exemplo, o salário da população das grandes cidades é cerca de 10% maior do que o da população das cidades menores, e por volta de 30% a mais do que daqueles que vivem fora das áreas mais urbanizadas. Essas diferenças são ainda maiores nos países em desenvolvimento (Bairoch, 1991).

Então, externalidades positivas e acesso a conhecimento são uma parte importante das vantagens econômicas das cidades mais densas. Entretanto, agentes econômicos com interesses convergentes se aproximam por outras razões também. Em primeiro lugar, a concentração de atividades similares em áreas geograficamente restritas gera um mercado derivado de insumos que facilita o desenvolvimento daquelas atividades. É o caso da indústria do cinema, por exemplo. Na medida em que diferentes empresas se concentraram na mesma área urbana chamada Hollywood, o mercado de materiais para filmagem cresceu nas redondezas, facilitando a vida de quem roda filmes; e esse mercado de insumos floresceu justamente porque, para esses fornecedores de materiais, a concentração de várias empresas cinematográficas significou uma demanda mais robusta e constante. Além disso, atores se beneficiam da proximidade com os principais produtores e vice-versa.

Em segundo lugar, quando vendedores de um mesmo produto se aglomeram, os custos incorridos pelo consumidor em busca desse tipo de produto são sensivelmente reduzidos. À primeira vista, pode parecer um paradoxo a escolha de alguns produtores de se localizarem uns ao lado dos outros competidores diretos, mas não é! Quando os consumidores podem ter acesso a diferentes oportunidades de compra percorrendo distâncias pequenas (um vendedor ao lado do outro), eles se sentem mais seguros para ir em busca da opção que melhor satisfaça sua necessidade. Esse custo de procura menor para o consumidor obviamente beneficia quem vende para ele, ou seja, beneficia os próprios produtores. Curiosamente, quando concorrentes se localizam um próximo ao outro, a demanda total por seus bens cresce.

Quando eu era pequeno, certa vez meus pais me levaram para passear em uma pequena cidade do interior de Minas Gerais chamada Monte Sião. Eu me lembro de ter me surpreendido ao ver tantas lojas lado a lado vendendo roupas de inverno tão parecidas naquelas ruas lotadas de pedestres. A explicação para esse fenômeno que por tanto tempo me pareceu incoerente é a do parágrafo anterior: aglomeração reduz custo de busca e assim aumenta a demanda total.

Cidades reduzem custos de procura de todos os tipos, incluindo aqueles associados ao *mercado do casamento*. Evidências empíricas mostram que a quantidade de pessoas solteiras é desproporcionalmente maior nas cidades grandes, nas quais a interação social também é maior. A oferta de solteiros nas grandes cidades aumenta as chances de encontro do parceiro *ideal*, enquanto em localidades mais remotas esse encontro é menos provável. Do mesmo modo, uma empresa que busca seus empregados em centros urbanos maiores e mais densos tem maiores chances de encontrar um empregado que se enquadre bem aos requisitos da vaga disponível.

Aglomerações urbanas mais densas também são beneficiadas pela maior facilidade em propiciar bens públicos a custos mais baixos em decorrência da base populacional sobre a qual incide o custo do bem público em questão (escola, corpo de bombeiros, avenida etc.). Construir um hospital, manter parques urbanos e ter uma brigada de bombeiros a postos são atividades com elevados custos fixos (custos que pouco independem da quantidade ofertada do serviço). E quando os custos fixos são uma significativa parcela dos custos totais, como é o caso no que se refere a muitos bens públicos, a densidade populacional é uma benção para quem os financia: você divide a conta com muitos outros.

Finalmente, as cidades adensadas minimizam o impacto da ação humana sobre o meio ambiente porque restringem o percentual do espaço físico sobre o qual o homem atua. Além disso, baixas densidades implicam deslocamentos mais longos e, consequentemente, uma demanda energética maior, mais uma vantagem das aglomerações. Aliás, para os arquitetos, essa não é uma ideia nova, dado que Jane Jacobs (1970) em trabalho clássico já chamava a atenção para esse ponto há mais de 40 anos. Mas e os custos das aglomerações?

8.2 Os custos das aglomerações urbanas

Como discutido anteriormente, todos os benefícios associados à vida urbana nas cidades mais adensadas são derivados da concentração de pessoas e atividades em um território relativamente pequeno. Ocorre que essa proximidade também está na raiz dos custos da vida urbana.

E esses custos vêm majoritariamente sob o formato de externalidades negativas. Simetricamente ao caso da externalidade positiva, uma externalidade negativa acontece sempre que a ação de alguém acaba afetando adversamente o bem-estar de outros. Exemplificando, se alguém fuma um cigarro sozinho em um quarto fechado, esse alguém prejudica a sua saúde, mas não afeta ninguém mais com a sua ação. Não há externalidade nesse caso. O problema é quando esse fumante decide fumar num local público, num metrô, por exemplo, gerando danos a terceiros. Aí o governo precisa intervir, via proibição, pois essa atitude caracteriza uma externalidade negativa.

Mas o que isso tem a ver com as cidades? Tudo! No exemplo anterior, o impacto social adverso do fumante é proporcional ao número de pessoas na estação de metrô, ou do restaurante, ou de qualquer outro lugar público. Já fumar em uma área aberta, em uma pequena cidade do interior, gera menos externalidades negativas e, por isso, deixa de ser uma questão social importante como nas grandes cidades.

Externalidades negativas vêm sob vários formatos, mas, no caso das cidades, as mais problemáticas são as doenças transmissíveis e todos os problemas gerados pelos congestionamentos e a dificuldade de locomoção no ambiente urbano. De acordo com Edward Glaeser (2011), doenças contagiosas podem transformar a grande vantagem do ambiente urbano, qual seja, a comunicação entre as pessoas, em uma causa de morte. Congestionamentos de trânsito eliminam a vantagem da comunicação por completo, ao tornar muito difícil a mobilidade no meio urbano. Muito lixo nas ruas faz do ambiente urbano um local de perigo para a saúde; muitos motoristas tornam as ruas da cidade em um grande estacionamento. E muitos carros incrementam acidentes e poluição!

Doenças se espalham mais facilmente em áreas densamente povoadas. Se isso significa que alguém tem mais chance de pegar uma gripe em São Paulo do que em Ibiúna hoje em dia, no passado esse efeito adverso da vida em grandes cidades era ainda mais grave. Mas não é preciso voltar às pragas da Europa medieval para entender como as doenças podem afetar o bem-estar econômico-social nas grandes aglomerações urbanas. Mais recentemente, no início do século XIX, Nova York sofreu ondas de cólera, com a transmissão da doença a enorme contingente populacional por meio da água contaminada. Note-se que a proporção da catástrofe teria sido muito menor caso a população fosse mais dispersamente distribuída. Infelizmente, o adensamento populacional ajuda na rápida proliferação de doenças.

Por outro lado, é verdade também que as cidades caracterizadas por fortes adensamentos urbanos possuem maior capacidade de lidar com problemas de interesse público do que as cidades menores e, normalmente, mais pobres. Por exemplo, em 1860, uma rede de água limpa já estava instalada em toda a cidade de Nova York, possibilitada pela construção do aqueduto de Cróton em 1842, que custou aproximadamente 9 milhões de dólares, propiciando uma queda sensível da mortalidade causada pela epidemia de cólera de 1832. O fato é que 9 milhões de dólares naquela época significava uma grande soma de dinheiro, possível de ser financiado por uma grande aglomeração, em que o custo do bem público *água limpa* pode ser dividido entre muitos.

No entanto, em países pobres, mesmo as grandes aglomerações urbanas não dispõem da capacidade financeira e da organização política necessárias para a provisão desse tipo de infraestrutura. Nesses casos, o envolvimento dos governos centrais e a ajuda internacional passam a ser essenciais.

Em áreas urbanas mais desenvolvidas, as externalidades negativas mais importantes são o trânsito e a poluição, e não as doenças transmissíveis.

Quando o cidadão opta por ir de carro ao trabalho, por exemplo, ele implicitamente considera seus custos (gasolina, estacionamentos, depreciação do próprio carro e outros fatores) e benefícios (conforto e economia de tempo, entre outros), mas usualmente deixa de somar os custos sociais dessa ação ao seu cálculo, como mais poluição e mais congestionamento para todos. Como regra geral do comportamento humano, somente (ou principalmente) os custos e os benefícios particulares são considerados e, portanto, o governo deve intervir para lidar com as externalidades do congestionamento. Isso pode se dar de duas formas não excludentes: taxando a externalidade negativa, isto é, impondo-se pedágios urbanos mais salgados e aumentando os benefícios de modos alternativos de transporte de menor impacto adverso, como o investimento na malha de metrôs e trens.

E a construção de mais ruas? Isso não aliviaria os congestionamentos também? Em um primeiro momento, mais ruas fariam das viagens de carro uma experiência mais confortável, mas em um curto espaço de tempo mais carros estariam nas ruas se beneficiando do sistema viário expandido. Assim, a redução do tempo de congestionamento (inicialmente proporcionada pelas novas ruas) desapareceria rapidamente. Pior do que isso, nessa situação, o dinheiro dos cidadãos pagadores de impostos acaba financiando indiretamente a presença de mais carros nas ruas, com consequente aumento da poluição no ambiente urbano.

Poderia a externalidade negativa da poluição ser tratada por normas e leis sobre as emissões de poluentes? Certamente, sim! Medidas nesse sentido têm contribuído significativamente, nas últimas décadas, para a melhoria da qualidade do ar nas cidades. Por outro lado, uma oferta maior de carros menos poluentes acabaria incentivando o uso mais frequente do carro (*efeito ricochete*: a maior eficiência de um produto ou de uma tecnologia leva a um consumo maior desse produto). Com isso, os benefícios dos carros mais eficientes sobre a minimização da poluição no ambiente acabam sendo parcialmente (senão inteiramente) amortecidos, enquanto o congestionamento é agravado.

A melhor maneira de forçar os cidadãos a considerarem os custos sobre o bem-estar social e sobre o meio ambiente da excessiva dependência do carro é cobrá-los pelos custos extras, ou seja, pelas externalidades negativas geradas. Logo, o pedágio urbano é um instrumento que deveria fazer parte de políticas públicas focadas em aumentar o controle sobre o congestionamento e poluição e, com isso, melhorar a qualidade de vida nas grandes cidades.

Como formular o pedágio urbano ideal? Uma vez que o objetivo desse instrumento é atacar externalidades negativas, o mais lógico é variar o seu valor de acordo com os fatores que afetam o volume de externalidades negativas geradas pelo uso do carro. Dessa forma, o valor dessa taxação deve ser maior em áreas urbanas mais movimentadas e em dias e horas de maior uso, quando o tempo perdido no congestionamento tende a ser maior.

Além disso, também faz sentido que ele seja proporcional ao tamanho do carro, uma vez que carros maiores poluem mais, ocupam mais espaço e causam prejuízos maiores em acidentes do trânsito.

Apesar de tudo o que foi dito sobre o impacto negativo do carro no ambiente urbano, o objetivo dessa reflexão não é depreciar a importância do automóvel. A questão é apenas que o automóvel gera externalidades negativas que devem ser incorporadas no preço que se paga para usá-lo. Em muitas situações, os benefícios do uso do carro são de fato maiores do que os impactos negativos sobre a sociedade. A beleza da estratégia do pedágio urbano é a possibilidade da escolha de simplesmente se usar o carro (pagando o pedágio) quando os benefícios dessa escolha superam os custos das externalidades que, supostamente, devem estar cobertos pelo imposto do pedágio urbano. Assim, diminui-se trânsito e poluição, sem que isso implique o não uso do carro quando este é essencial.

Vale a pena ilustrar este último ponto com uma experiência pessoal. No dia do nascimento do meu segundo filho, há aproximadamente quatro anos, em São Paulo, meu carro estava proibido de rodar em qualquer horário dentro do centro expandido da cidade por causa das regras do rodízio de carros. Na realidade, proibido não é a palavra mais apropriada para essa situação; o fato é que, para rodar fora dos horários prescritos, eu teria que pagar uma multa. Contudo, uma vez que o benefício pessoal de usar carro nessa situação específica era bem maior do que os custos dessa ação, eu usei o carro e paguei pela multa aplicada sobre as externalidades negativas que eu gerei sobre a cidade, tudo sem arrependimentos.

Porém, se o pedágio urbano é uma estratégia tão boa, por que ela não é mais amplamente adotada? Porque é uma medida nada popular politicamente. Acredito que essa impopularidade esteja ligada à força de *lobbies* pró-automóvel e à falta de informação do público em geral. Contudo, a experiência de Londres com o pedágio urbano, implementada em fevereiro de 2003, reafirma as vantagens dessa medida de duas maneiras. Primeiramente, estima-se que ela tenha reduzido o congestionamento em 30%, um valor elevado. Em segundo lugar, *a posteriori*, em decorrência dos resultados positivos alcançados na prática, o pedágio urbano recebeu expressivo apoio popular e segue vigente.

E o investimento em transporte de massa, como linhas de metrô e ônibus? Obviamente, é um grande benefício para o bem coletivo (e, infelizmente, é uma carência nas cidades dos países em desenvolvimento). Os benefícios do transporte público são tantos que nem precisam ser enfatizados neste texto. Porém, é importante enfatizar que um bom sistema de trens, ônibus e metrô auxilia na conquista do apoio da população para a imposição do pedágio urbano. As pessoas se tornam menos resistentes a ter que pagar para usar seus carros se há uma alternativa boa de transporte público.

As cidades e as grandes aglomerações são uma grande invenção humana e contribuem de modo fundamental para o desenvolvimento econômico ao reduzirem custos de transporte, aumentarem a escala dos mercados, facilitarem o funcionamento do mercado de trabalho, incrementarem as inovações e trocas de ideias e também ao preservarem o meio ambiente. Contudo, aglomerações também geram custos, claro, as chamadas externalidades negativas. As mais relevantes hoje em dia são congestionamento e poluição, e a maneira de atenuá-las passa por melhora da infraestrutura de transportes coletivos e pela imposição do pedágio urbano.

Referências bibliográficas

BAIROCH, P. *Cities and economic development*: from the dawn of history to the present. Chicago: University of Chicago Press, 1991.

CHENG, V. Understanding density and high density. In: NG, E. (Ed.) *Designing high-density cities*: for social and environmental sustainability. London: Earthscan, 2010.

GLAESER, E. *The triumph of the city*. London: Macmillan, 2011.

JACOBS, J. *The economy of cities*. New York: Vintage Books, 1970.

[Parte 3]

Processo de projeto

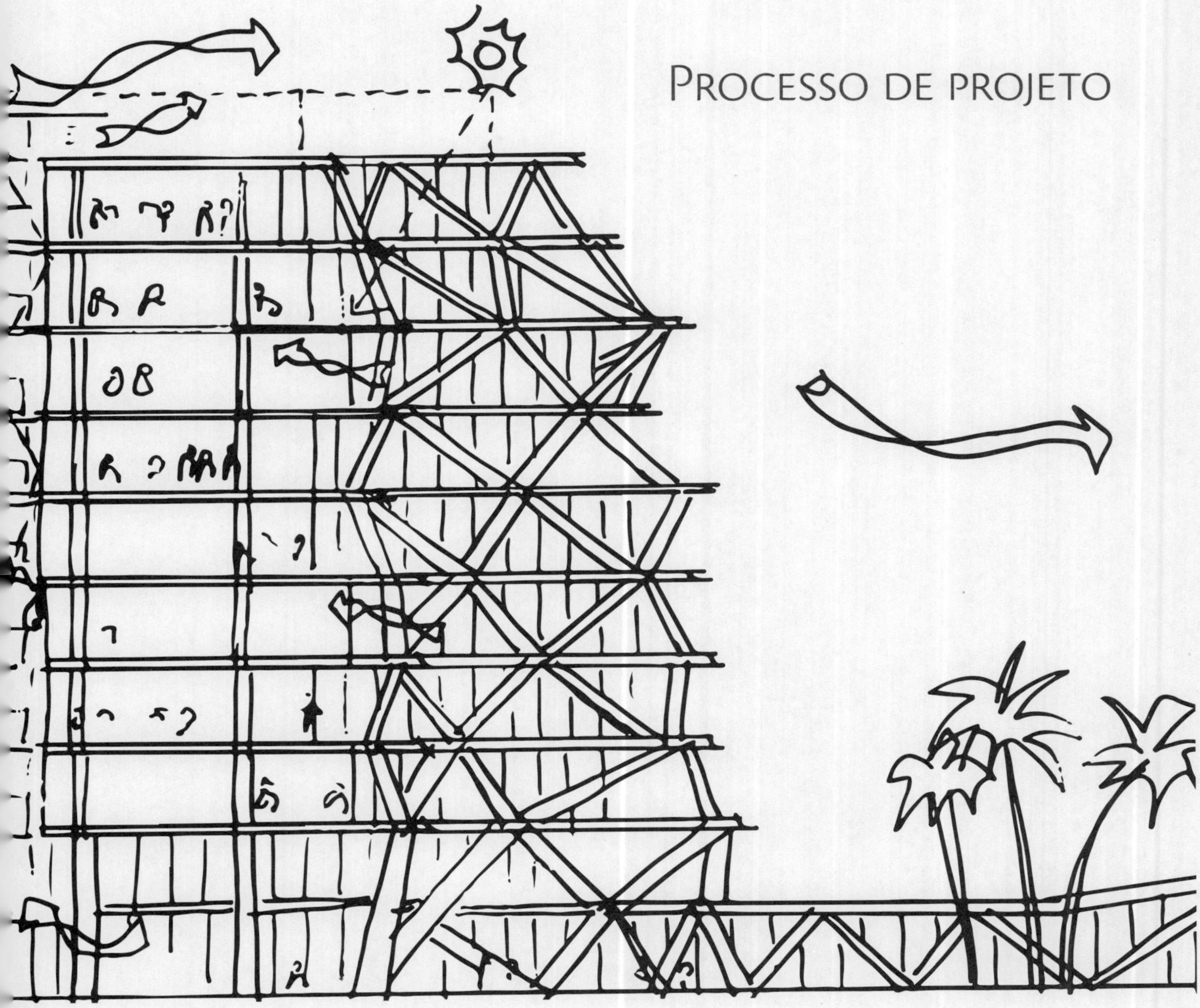

9 Projeto integrado e o papel da simulação computacional de desempenho ambiental (exemplos de projeto)

Joana Carla Soares Gonçalves

Gustavo Brunelli e Klaus Bode (seção 9.1)

Klaus Bode (seções 9.2 e 9.3)

A crescente influência de questões de desempenho ambiental no projeto arquitetônico de edifícios, incluindo conforto e energia, observada desde os anos 1990, tem sido acompanhada do uso de simulações computacionais, tanto como ferramenta central de avaliação do desempenho da arquitetura propriamente dita como de integração entre arquitetura e engenharia de sistemas prediais, em especial entre as equipes europeias de projeto. Entretanto, vale destacar que, como confirmado no caso de exemplos ícones de uma nova geração de edifícios, o bom desempenho ambiental do projeto não deixou de ser embasado no entendimento claro e aprofundado de princípios da Física aplicada à construção, somado ao conhecimento de precedentes testados e validados por estudos de casos existentes.

Com vistas ao melhor desempenho ambiental de edifícios, é importante também ressaltar que a experiência dos casos apresentados neste capítulo, como exemplos de projeto integrado, revela o impacto significativo da identificação de critérios apropriados de desempenho para o resultado arquitetônico final e o desempenho ambiental real do edifício. Essa identificação de critérios é mais importante até do que o aumento da complexidade do processo de projeto por meio de programas de simulação computacional. É válido lembrar que a escolha de critérios para um melhor desempenho ambiental e energético dos edifícios, em diferentes partes do mundo, implica a revisão crítica de critérios e procedimentos convencionais, não adequados a uma abordagem de projeto que busca uma interação maior com o clima externo e, consequentemente, maior qualidade ambiental e menor consumo de energia dos edifícios.

Contudo, a grande importância de conceitos e critérios não elimina o papel das simulações computacionais de testar, validar, aprimorar e mesmo ilustrar estratégias de projeto para um melhor desempenho ambiental dos edifícios. Além disso, o uso de ferramentas de simulação computacional de desempenho ambiental, nas várias fases do projeto, tem tido um papel crucial de acentuar as vantagens de soluções verdadeiramente integradas entre arquitetura, engenharia e sistemas prediais.

Conforme apontado, o processo de projeto de um número de edifícios localizados dentro e fora da Europa (que foi liderado por um conjunto de profissionais europeus, especialistas nas questões de desempenho ambiental), desenvolvido desde o final da década de 1990, promoveu a introdução de tecnologia no projeto, por meio de simulações computacionais de desempenho ambiental, com a finalidade de reduzir a dependência do uso de sistemas prediais na rotina de ocupação dos edifícios.

Somado ao cumprimento de exigências de regulamentações energéticas, assim como o interesse em processos de certificação verde do tipo voluntária, ambos crescentes ao redor do mundo, a avaliação de projetos por meio de programas de simulação computacional se tornou uma etapa obrigatória no processo de projeto de edifícios associados com algum tipo de regulamentação energética ou ambiental. Entretanto, nesses casos, a simulação pode não passar de uma simples verificação de desempenho para efeitos de comparação com um *check list* de metas e critérios, sem necessariamente ter uma influência significativa no projeto arquitetônico.

Apesar de os estudos com simulação computacional adicionarem complexidade ao processo de projeto, em essência, a avaliação de desempenho ambiental com o auxílio desses programas oferece a possibilidade de simplificação e aprimoramento dos projetos de arquitetura e sistemas prediais, para um melhor desempenho ambiental. Esse é o enfoque dado ao papel da simulação computacional de desempenho ambiental nos três projetos discutidos neste capítulo, em prol da integração entre arquitetura e engenharia, com soluções originais e contextualizadas.

Os projetos são: o Velódromo das Olimpíadas de Londres de 2012, de autoria arquitetônica do escritório Hopkins Architects; o edifício da Escola de Economia de Toulouse (TSE, Toulouse School of Economics), projeto do escritório Grafton Architects; e o edifício de escritórios One Airport Square, em Acra, na República de Gana, projetado pelo escritório de arquitetura Mario Cucinella Architects (MCA). Paralelamente aos projetos de arquitetura, os estudos ambientais desses três projetos foram realizados pelo escritório de engenharia e consultoria BDSP Partnership.

9.1 Velódromo das Olimpíadas de Londres de 2012: síntese entre arquitetura e tecnologia dos sistemas prediais

Ficha técnica	
Edifício	Velódromo das Olimpíadas de Londres de 2012 (London 2012 Velodrome)
Cidade	Londres, latitude 42°N
Arquitetura	Hopkins Architects
Estrutura	Expedition
Engenharia de sistemas prediais e desempenho ambiental	BDSP Partnership
Área total construída	18.000 m^2
Construção	2011

9.1.1 O sucesso do projeto

Com projeto de arquitetura do escritório Michael Hopkins, engenharia de estruturas do Expedition e sistemas prediais e desempenho ambiental da empresa BDSP Partnership, o velódromo construído para as Olimpíadas de 2012, em Londres, é um dos edifícios ícones do Parque Olímpico, e é o principal

Fig. 9.1 O edifício do Velódromo das Olimpíadas de Londres em 2012
Fonte: BDSP Partnership.

no que tange ao desempenho ambiental e energético, por sua excelência arquitetônica e ambiental reconhecida internacionalmente (Fig. 9.1).

A criação de condições ambientais ideais para o alcance de altas velocidades na pista de ciclismo foi, desde a concepção, uma das principais metas de projeto para o bom desempenho dos atletas e quebra de recordes, o que exigiu uma solução integrada de arquitetura e ambiente. Em termos ambientais, a resistência do ar, que atrapalha as altas velocidades dos ciclistas, pode ser minimizada com o aumento da sua densidade, sendo esse um resultado de temperaturas mais elevadas. Ao mesmo tempo, movimento de ar na pista de ciclismo é um fator ambiental indesejado, pelos riscos de intervenção do desempenho dos ciclistas. A uniformidade de luz também foi uma exigência ambiental para o projeto, a fim de evitar distrações visuais por ofuscamento ou contrastes entre áreas iluminadas e áreas de sombra.

Para a maior eficiência das estratégias de condicionamento ambiental, os requisitos de desempenho dos ciclistas foram tratados separadamente do conforto térmico dos espectadores, em virtude da diferença entre as demandas, marcada principalmente pela exigência de elevadas temperaturas na pista, inclusive no verão.

A fim de satisfazer o conforto dos espectadores distribuídos na arquibancada de assentos, a principal estratégia foi o aproveitamento da ventilação natural durante grande parte do ano. Já os ciclistas, ao contrário dos espectadores, não deveriam sentir o movimento do ar, mas competir em um ambiente de temperaturas mais altas. Assim, uma solução combinada de estratégias passivas e ativas foi desenvolvida para atender às várias exigências do desempenho térmico, assegurando a eficiência energética do conjunto edifício-sistemas e, consequentemente, as baixas emissões de carbono.

Nesse sentido, enquanto sistemas mecânicos fornecem ar quente para a pista de ciclismo, inclusive nos períodos mais amenos do ano, outra parte do edifício, ocupada pelos espectadores, aproveita a ventilação natural durante grande parte do ano, reduzindo significativamente o consumo de energia para a climatização ambiental, principalmente no verão. Vale destacar que, apesar de contar com a ventilação mecânica, o velódromo de Londres não possui nenhum tipo de arrefecimento ativo do ar.

Somado a isso, ao contrário da maioria dos velódromos, o construído para as Olimpíadas de Londres em 2012 foi projetado para o máximo aproveitamento da luz natural, com a complementação da iluminação artificial para o caso de eventos televisionados. O projeto investiu na eficiência de estratégias passivas para o condicionamento ambiental e a iluminação.

9.1.2 Dando forma ao edifício com os estudos técnicos de desempenho térmico

Estudos técnicos de desempenho térmico contribuíram para o projeto do velódromo, influenciando aspectos-chave da forma arquitetônica, a saber: a forma aerodinâmica, para aumentar a ação dos ventos nas aberturas de captação do ar para a ventilação natural; a altura da cobertura no anel de contorno da arena, a fim de impulsionar o desempenho da ventilação natural; o aprofundamento da altura da parte central da cobertura, para minimizar o volume interno e, com isso, reduzir a quantidade de ar a ser aquecida no inverno; e a orientação, que previu módulos de células fotovoltaicas na face inclinada da cobertura voltada para o sul.

A Fig. 9.2 mostra as principais estratégias de condicionamento ambiental para o alcance do conforto térmico dos espectadores nos dias quentes e frios do ano, maximizando o uso de estratégias passivas. A ventilação noturna, por meio de aberturas motorizadas e controladas pelo sistema de automação predial do edifício, agindo junto com a inércia térmica da construção (para o amortecimento e a estabilização da temperatura do ar), foi uma estratégia que se somou ao condicionamento ambiental natural nos dias mais quentes do ano. No período de inverno, o elevado grau de isolamento térmico da grande cobertura foi estratégico para a minimização das perdas do calor interno e a manutenção de temperaturas de conforto com mínima demanda energética (*u-value* da cobertura foi especificado como 0,15 $W/m^2 \cdot k$). No inverno, a energia térmica do ar aquecido acumulado junto ao plano da cobertura é reaproveitada pelo sistema de ventilação mecânica.

Em virtude da falta de critérios ambientais para pistas de ciclismo em manuais de projeto para o esporte, um conjunto de critérios de desempenho ambiental específico para o Velódromo de Londres 2012 foi criado pela equipe de projeto, em conjunto com a British Cycling. O Quadro 9.1 apresenta os principais critérios ambientais então estabelecidos para o velódromo, de acordo com os modos *evento* e *atividades diárias*.

Quadro 9.1 Critérios de desempenho ambiental do velódromo das Olimpíadas de Londres, para os modos de operação *evento* e *atividades diárias*

Eventos	Atividades diárias
Temperatura mínima: 24 °C Temperatura ideal: 26 °C	De 18 °C a 26 °C dependendo do tipo de uso (atletas profissionais necessitam de temperaturas mais altas)
Movimento de ar < 0,25 m/s na pista	Movimento do ar > 0,1 m/s nas áreas de assento dos espectadores durante o verão
2.000 lx distribuídos igualmente	300 lx distribuídos igualmente
20 dias por ano	345 dias por ano

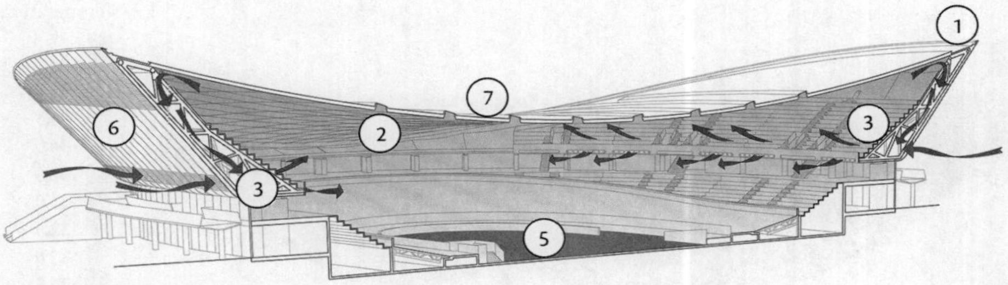

Período de inverno

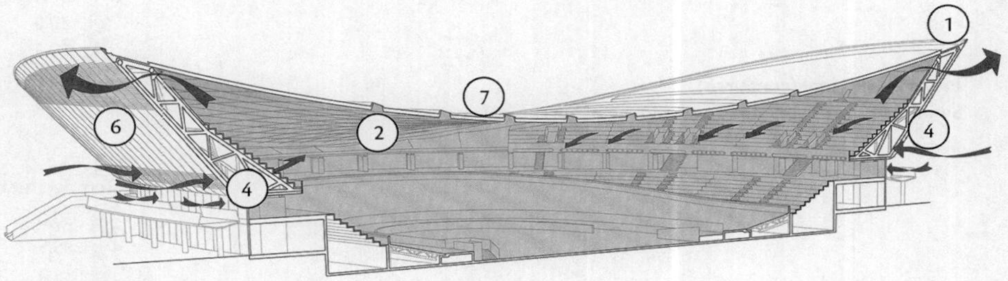

Período de verão

(1) Coleta de água da chuva por sistema de calhas na cobertura
(2) Iluminação natural por meio de claraboias
(3) Ventilação mecânica para o inverno (jatos em direção à pista e insuflamento sob os assentos)
(4) Ventilação mecânica para o verão (insuflamento sob os assentos)
(5) Aquecimento sob o piso
(6) Isolamento térmico da cobertura e dos fechamentos laterais
(7) Volume interno reduzido pela curvatura da cobertura

Fig. 9.2 Diagramas das estratégias de projeto para o condicionamento ambiental do velódromo nos dias quentes e frios do ano
Fonte: BDSP Partnership.

Simulações computacionais de dinâmica de fluidos (Computational Fluid Dynamics, CFD) foram utilizadas para demonstrar a estratégia de ventilação natural, já na fase de concepção. A ideia de criar um forte efeito chaminé para a eficiência da ventilação, com uma significativa diferença de altura entre as aberturas de entrada e de saída de ar, impulsionou a elevação dos extremos da cobertura de forma oval, junto a qual foram colocadas as aberturas laterais mais altas para a saída da ventilação.

A Fig. 9.3 mostra o processo de transformação do perfil do edifício e a evolução da forma na busca de uma ventilação natural interna suficiente para o alcance de temperaturas de conforto nas áreas ocupadas pelos espectadores, sem prejudicar as condições térmicas no ambiente da pista. A Fig. 9.3A e a Fig. 9.3B mostram o corte transversal e longitudinal da forma, ainda no primeiro estágio do projeto, com a simulação das temperaturas de conforto para um dia de inverno e um de verão, respectivamente. Já na Fig. 9.3C se veem as condições térmicas no corte transversal da forma modificada.

Assim, enquanto as aberturas de entrada do ar foram colocadas na parte mais baixa possível da lateral de fechamento do edifício, as saídas de ar foram posicionadas o mais alto possível, também no fechamento lateral, a fim de garantir a maior altura possível entre a entrada e a saída de ar. Aberturas no plano da cobertura foram evitadas em razão de detalhamento e infiltração de água. Vale destacar que a mudança sutil da forma para a melhor ventilação no verão não

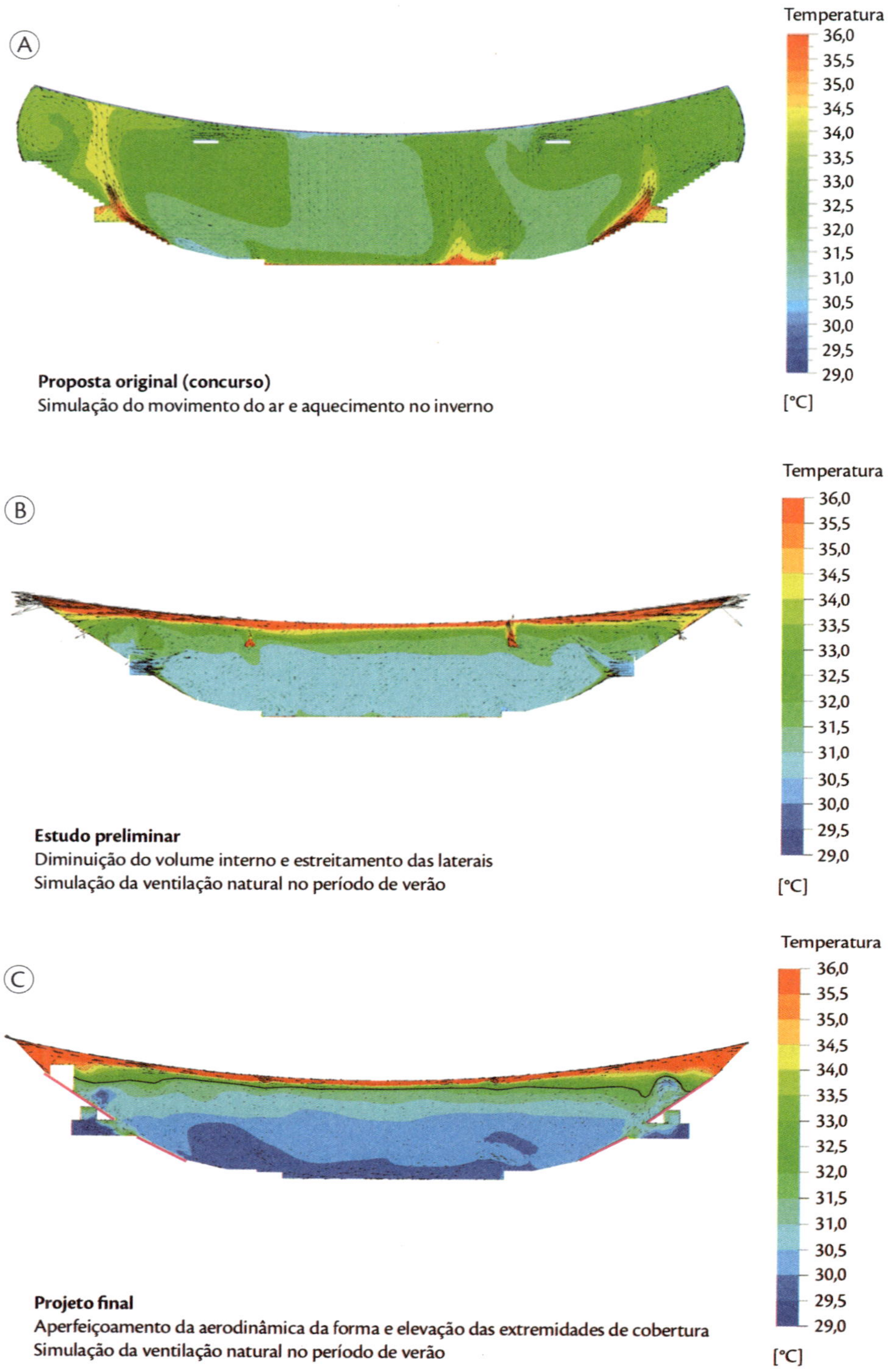

Fig. 9.3 Evolução da forma do edifício do velódromo de Londres na busca do melhor fluxo de ar interno para a ventilação no período de verão, e o consequente conforto térmico dos espectadores
Fonte: BDSP Partnership.

causou alteração no corte transversal, somente no longitudinal, mantendo assim as condições térmicas previstas inicialmente para o período mais frio do ano.

Além da ventilação por efeito chaminé, a forma côncava do velódromo favorece a aceleração dos ventos, criando zonas de pressão negativa junto às partes mais elevadas da lateral do edifício. Por isso, as saídas foram projetadas para tirar proveito da ventilação natural pela ação dos ventos, que se soma à força do efeito chaminé. A Fig. 9.4 mostra os resultados das simulações de dinâmica computacional de fluidos (CFD), com a indicação das pressões do ar nas superfícies externas e das velocidades do ar ao redor da forma.

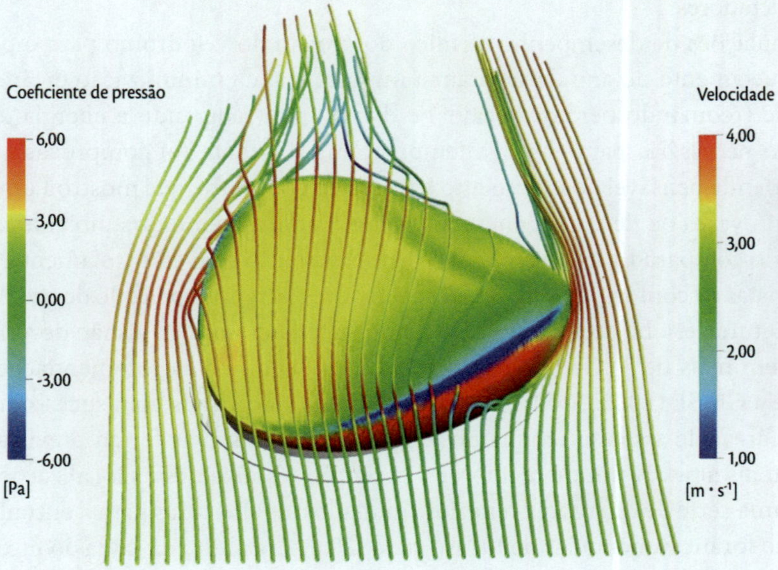

Fig. 9.4 Simulação computacional de dinâmica de fluidos (CFD) mostrando as pressões do fluxo de ar sobre a superfície externa da forma, com as maiores intensidades vistas nas partes mais altas da forma. As simulações de fluxo de ar foram realizadas com o *software* CFX (Ansys, 2004) Fonte: BDSP Partnership.

A fim de maximizar a captação dos ventos locais para o desempenho térmico do edifício, a orientação original do diâmetro mais longo da forma sob o eixo leste-oeste foi alterada em direção aos ventos predominantes vindos do sudoeste. A nova orientação possibilitou a ocorrência de maiores pressões negativas junto às saídas de ar, aumento do fluxo de renovação do ar interno e, com isso, a eficiência da ventilação.

Como visto no Quadro 9.1, a meta para a temperatura do ar na pista é de, no mínimo, 24 °C, e a temperatura ideal é de 26 °C, independente da estação do ano, sendo esta uma exigência da função para garantir uma baixa resistência do ar para os ciclistas. Enquanto no verão não é difícil atingir esse objetivo com meios passivos, nas meias estações e no período mais frio do ano, o edifício precisa dos sistemas de aquecimento tanto na pista de corrida como nas áreas ocupadas pelos espectadores.

A fim de responder às diferentes exigências de conforto térmico no período de inverno, o sistema de aquecimento foi dividido em três partes (duas para a pista e uma para a arquibancada): aquecimento sob o piso e um insuflamento de ar quente direcionado de sob as arquibancadas para a pista, chamado em inglês de *jetted heated air supply*, e outro sistema de insuflamento de ar quente sob os assentos das arquibancadas, exclusivo para o conforto dos espectadores. A divisão do sistema de aquecimento em partes separadas não só favoreceu o alcance das condições térmicas distintas em diferentes partes do edifício, como garantiu uma maior eficiência energética do sistema.

A fim de minimizar a demanda energética para o aquecimento do grande ambiente interno do velódromo (incluindo pista e assentos), o sistema de aquecimento foi concebido para que o ar quente introduzido no ambiente seja misturado e permaneça junto à pista e aos espectadores, em vez de ser estratificado ao longo da altura do ambiente interno. A minimização de energia durante o inverno é especialmente importante, uma vez que, após as olimpíadas, a temporada de competições de ciclismo na Inglaterra ocorre no período mais frio do ano, de outubro a abril, e consequentemente é essencial o aquecimento ativo tanto para os ciclistas quanto para os espectadores.

As simulações de desempenho térmico do projeto do velódromo para o período de aquecimento do ano destacaram a importância da minimização da área de superfície (reduzindo perdas de calor) e do volume (reduzindo a energia de aquecimento necessária para elevar a temperatura). Também foi comprovada a contribuição indispensável do isolamento térmico da cobertura, que mostrou uma redução de 18 vezes da demanda energética para o aquecimento do ambiente interno, quando comparado ao desempenho de uma solução sem esse isolamento.

Com vistas ao conforto térmico dos espectadores durante o período de uso da ventilação natural, estabeleceu-se como meta que a temperatura do ar não deveria ultrapassar em mais de 3 °C a temperatura externa, seguindo as recomendações definidas pela CIBSE (2005a, 2005b). Meta essa que foi alcançada com sucesso na maioria das áreas de assentos, enquanto temperaturas mais altas foram previstas nas fileiras mais altas. A fim de melhorar a condição térmica nessas localizações, ao final de uma série de diferentes cenários simulados, as aberturas para a entrada do ar externo foram aumentadas de 100 m^2 para 120 m^2 e a altura da saída do fluxo de ar foi elevada para as extremidades da lateral mais alta da forma, como indicado na Fig. 9.3C.

Na etapa de estudo preliminar, diferentes cenários de provisão da ventilação natural foram analisados para avaliar as condições térmicas na pista e nos assentos durante períodos de verão, como mostram as Figs. 9.5 e 9.6. O critério para a velocidade máxima do ar na pista foi de 0,25 m/s, segundo recomendações das organizações Sports Council (1995) e Union Cycliste Internationale (2007). Quatro cenários de ventilação natural foram simulados, com diferentes localizações e áreas de entrada de ar, sendo que todos os cenários apresentam a saída de ar no ponto mais alto do envelope (Fig. 9.5).

Com relação aos cálculos da eficiência da ventilação natural, as seguintes premissas foram consideradas para as simulações de desempenho de termodinâmica (Harries; Brunelli; Rizos, 2012):

- temperatura externa de projeto de 29 °C (temperatura de bulbo seco excedida por 0,62% do ano, ou temperatura excedida em menos de 55 horas do ano);
- ocupação máxima de 6.000 pessoas (3.500 nos assentos inferiores, 2.124 nos assentos superiores e 376 na área central da arena);
- carga térmica da iluminação de 300 kW (correspondente a 2.000 lx);
- isolamento térmico de 0,25 $W/m^2 \cdot K$ para a cobertura, 0,25 $W/m^2 \cdot K$ para as paredes opacas e 2,0 $W/m^2 \cdot K$ para os componentes de vidro (conforme ou melhor que o mínimo exigido pelo código de energético de edificações do Reino Unido, Part L);
- saídas de ar elevadas, localizadas em ambos os lados do edifício, com área livre total de 100 m^2, sendo 50 m^2 em cada lado.

O cenário simulado mostrou que o projeto atende aos critérios de conforto térmico dos espectadores, enquanto minimiza as velocidades de ar na pista, com um sistema de aberturas e área técnica completamente integrados, localizados atrás

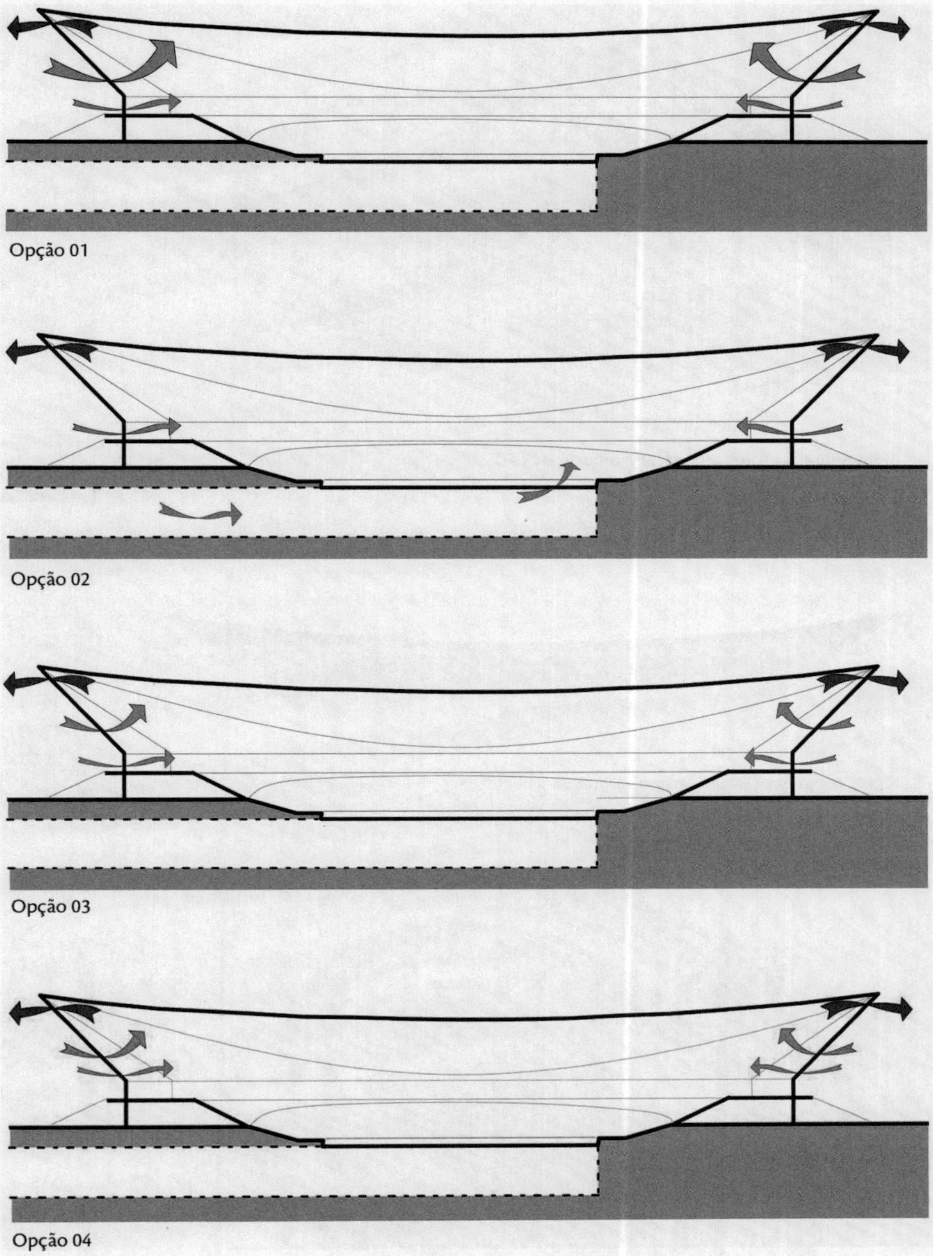

Fig. 9.5 Opções de aberturas para o fornecimento de ventilação natural
Fonte: BDSP Partnership.

da arquibancada superior e entre a estrutura de suporte, onde os sistemas mecânico e natural de ventilação coexistem compartilhando o espaço e as aberturas de entrada e saída de ar (Fig. 9.7).

A Fig. 9.8 (p. 248) mostra a área técnica sendo utilizada durante os três modos de operação: ventilação natural, ventilação mecânica convencional e ventilação mecânica suplementar ao modo natural. A Fig. 9.9 (p. 249), por sua vez, mostra as aberturas externas de captação de ar incorporadas à fachada, que se tornam praticamente um detalhe arquitetônico. Da mesma forma, as aberturas de saída do ar nas arquibancadas são incorporadas de tal forma à arquibancada que parecem parte do trabalho arquitetônico.

Como resultado da integração entre as estratégias de ventilação natural e mecânica, a quantidade de dutos foi reduzida ao mínimo, por conta dos vários

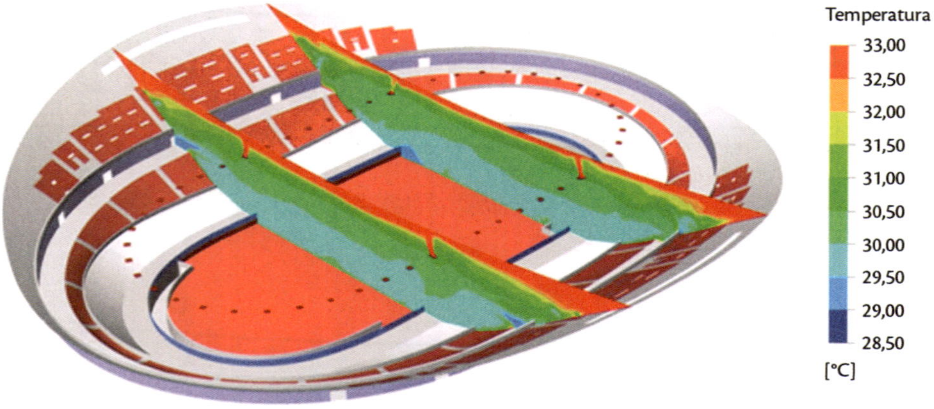

Representação tridimensional do modelo de CFD (Dinâmica Computacional de Fluidos)

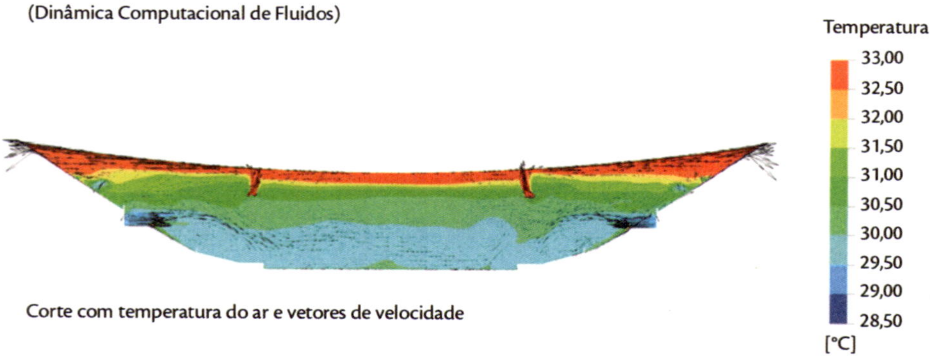

Corte com temperatura do ar e vetores de velocidade

Velocidades do ar a 1,5 m acima do nível da pista

Fig. 9.6 Simulação de fluxo de ar para o cenário com aberturas no nível inferior de assentos totalizando 48 m^2 e 72 m^2 de aberturas no nível superior, em uma condição de vento calmo. O corte mostra temperatura e vetores de velocidade do ar a 1,5 m acima da pista
Fonte: BDSP Partnership.

condicionadores de ar e das curtas distâncias entre o exterior e os terminais de alimentação, ou seja, as aberturas de saída. Assim, o sistema de ventilação mecânica ganhou eficiência e melhor condição para atender às diferentes exigências de conforto pela estratégia de distribuição tanto na puxada como no insuflamento de ar, como dito anteriormente.

A estratégia de aquecimento no inverno também foi verificada por estudos técnicos de simulação computacional de dinâmica de fluidos, por meio dos quais

Fig. 9.7 Modelo 3D da área técnica do sistema de ventilação e aquecimento integrada ao vazio da arquibancada superior
Fonte: BDSP Partnership.

foi possível ver o caminho dos fluxos de ar, sua velocidade e temperatura. Com o intuito de obter a desejada condição de ar misturado sob a pista, ao invés da estratificação, para manter as temperaturas mais altas mesmo nos dias de inverno, bicos de jato de ar foram propostos ao redor da base da arquibancada superior para soprarem o ar aquecido sobre a pista. Foi essa a estratégia chamada de *jetted heated air supply* pela equipe de projeto dos sistemas prediais (Fig. 9.10, p. 250).

As simulações computacionais de dinâmica de fluidos (CFD) para a visualização dos efeitos da ventilação natural no período mais quente do ano demonstraram a possibilidade de se atingir temperaturas internas de, no máximo, 3 °C acima das temperaturas externas, o que, junto com o movimento do ar proporcionado pela ventilação natural, oferece condições de conforto térmico. Já as temperaturas de ar na pista e no canteiro central da arena não ultrapassam o limite de 1,5 °C acima da temperatura externa, ou seja, não excedem a temperatura ideal para o desempenho dos ciclistas, de 26 °C.

9.1.3 Luz natural: direcionamento de projeto sem o comprometimento do partido arquitetônico

A grande cobertura do velódromo de aproximadamente 13.000 m^2 de área oferece oportunidade para a penetração de luz natural, sem a ocorrência de contrastes de iluminâncias nas superfícies no interior do edifício, assim como sem a ocorrência de qualquer penetração solar direta e consequente formação de sombras, evitando os riscos de distrações e acidentes. Somado a isso, a meta de 300 lx uniformemente distribuídos ao longo do espaço interno responde a mais de 90% das horas de atividade do velódromo durante a ocupação pós Jogos Olímpicos, com a contribuição da iluminação artificial suplementar, na ocasião de eventos televisionados.

Simulações computacionais de desempenho luminoso foram realizadas para a investigação sobre o tamanho e a distribuição das claraboias. Um conjunto de cenários foi simulado na etapa de estudo preliminar para analisar o nível de iluminância e de uniformidade resultantes na pista e no canteiro central com cada uma das formas (Fig. 9.11, p. 250). As opções incluíam claraboias lineares e circulares de variados tamanhos que, em alguns cenários, foram posicionadas sobre a pista somente e, em outros, sobre toda a arena. Questões de integração, execução e custo também foram consideradas durante a avaliação das opções. O objetivo da entrada de luz

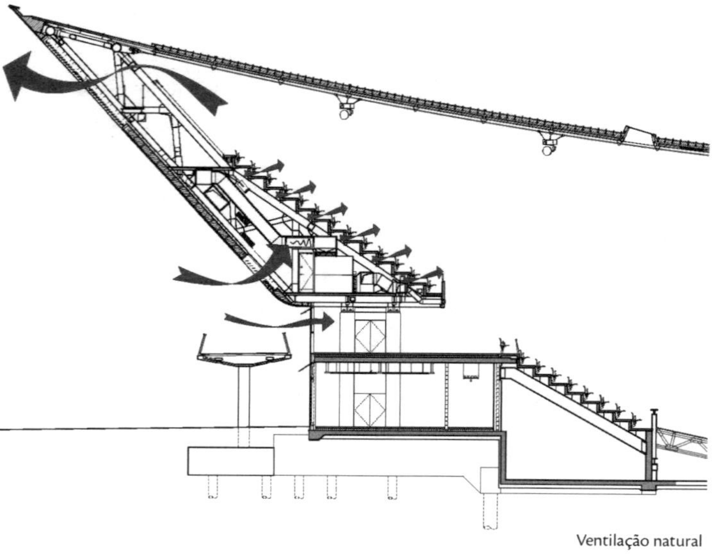

Ventilação natural

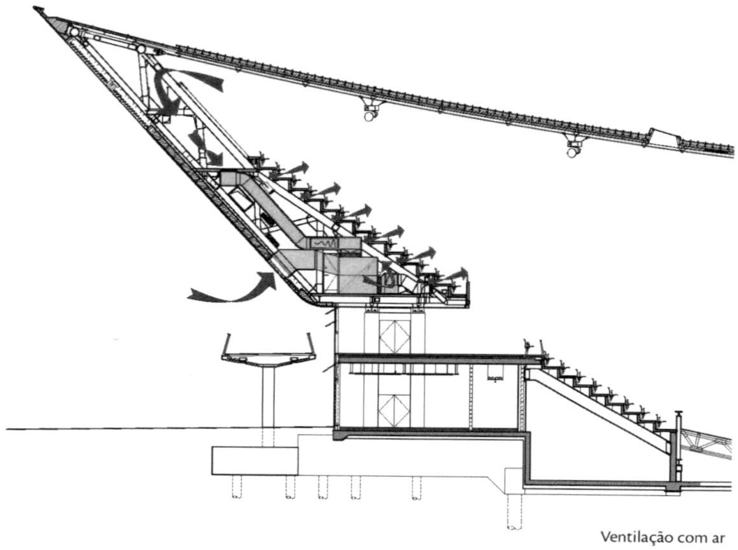

Ventilação com ar
externo aquecido

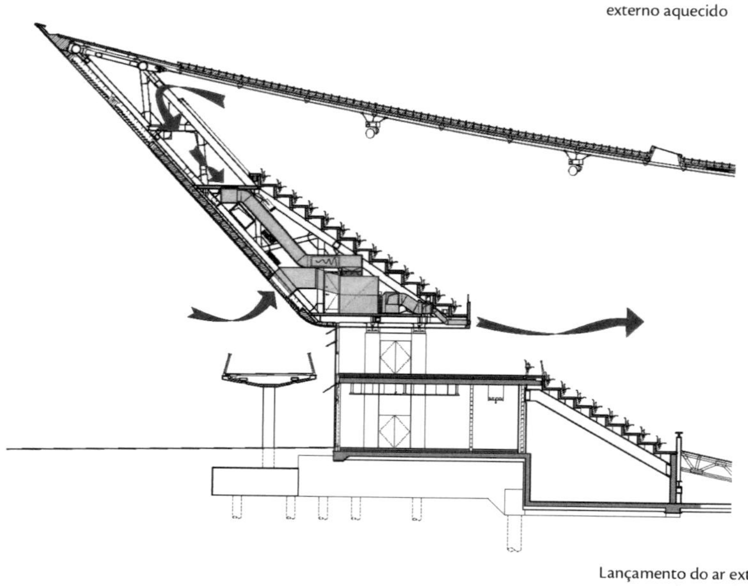

Lançamento do ar externo
para aquecimento da pista

Fig. 9.8 Corte da área técnica atrás da arquibancada superior nos três modos de condicionamento ambiental: ventilação natural, ventilação mecânica com o aquecimento do ar externo, para o conforto dos espectadores, e a ventilação mecânica com a chamada *jetted heated air supply*, para o desempenho dos ciclistas Fonte: BDSP Partnership.

natural sem a ocorrência de sombras levou a um alto grau de difusão das claraboias, para as quais foi utilizado um painel de vidro difusor com 0,32 de transmitância de luz.

Os níveis de iluminação foram calculados para uma grade tridimensional cobrindo todo o espaço interno, gerada pelo programa Ecotect (Marsh, 2001) e, em seguida, exportada para o aplicativo Radiance (Ward, 2002), para os cálculos de iluminação. As simulações foram realizadas considerando um céu nublado de 6.500 lx, que corresponde à iluminância do céu de Londres excedida em 80% das horas ocupadas em um ano (de segunda a sábado, das 8h às 19h, durante todo o ano). A Fig. 9.11 mostra os níveis internos de luz natural calculados para oito cenários.

De forma a extrapolar os resultados de iluminância para todo o ano e, assim, calcular o número de horas em que a luz natural atenderia à meta de 300 lx, sem a necessidade de complementação do sistema artificial, foi calculado um fator de luz natural médio com base nos resultados de iluminância obtidos sob céu típico, de condições nubladas. Os resultados levaram à escolha de claraboias lineares uniformemente distribuídas na grande cobertura. Independente do seu desempenho, as claraboias circulares foram descartadas por questões de execução, envolvendo a integração com a malha estrutural da cobertura e os complexos detalhes de impermeabilização.

Fig. 9.9 Fachada externa do edifício do velódromo com as fendas de entrada e saída de ar
Fonte: BDSP Partnership.

Outro fator considerado na escolha do arranjo de claraboias foi a quantidade de vidro. Grandes áreas envidraçadas afetariam a estrutura da cobertura, além de aumentar as perdas de calor e a consequente penalidade energética durante o inverno. A opção linear apresentou um bom equilíbrio entre a penetração de luz natural e o tamanho da área envidraçada, além de se adaptar mais facilmente à malha estrutural.

Com a evolução do projeto, as claraboias na forma de faixas de vidro se tornaram mais estreitas, alinhadas à rede de cabos estruturais da cobertura. A redução da área envidraçada beneficiou o desempenho térmico de uma forma geral, enquanto que a penetração de luz natural, mesmo que reduzida, ainda mostrou proporcionar níveis adequados (4.300 lx) por mais de 50% das horas ocupadas. A Fig. 9.12 mostra o resultado da simulação para o arranjo final de claraboias e a Fig. 9.13 traz uma vista interna do edifício construído, que comprova a homogeneidade alcançada na simulação.

Como mencionado anteriormente, o projeto do velódromo tomou a decisão de prover o máximo de luz natural para atividades do dia a dia do edifício, enquanto que eventos de maior porte teriam sua iluminação complementada pelo sistema de iluminação artificial. Sendo assim, o projeto de luminotécnica garante 2.000 lx em toda a pista, atendendo à alta definição necessária para a televisão. Obviamente, o sistema artificial também atende aos níveis mais baixos (300 lx),

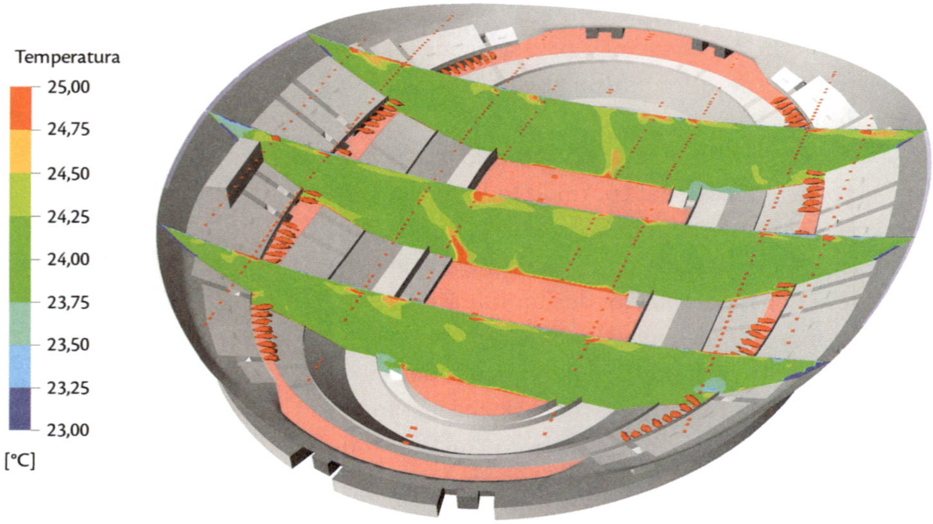

Fig. 9.10 Simulação da ventilação em um dia de inverno, mostrando a mistura do ar em vez da estratificação
Fonte: BDSP Partnership.

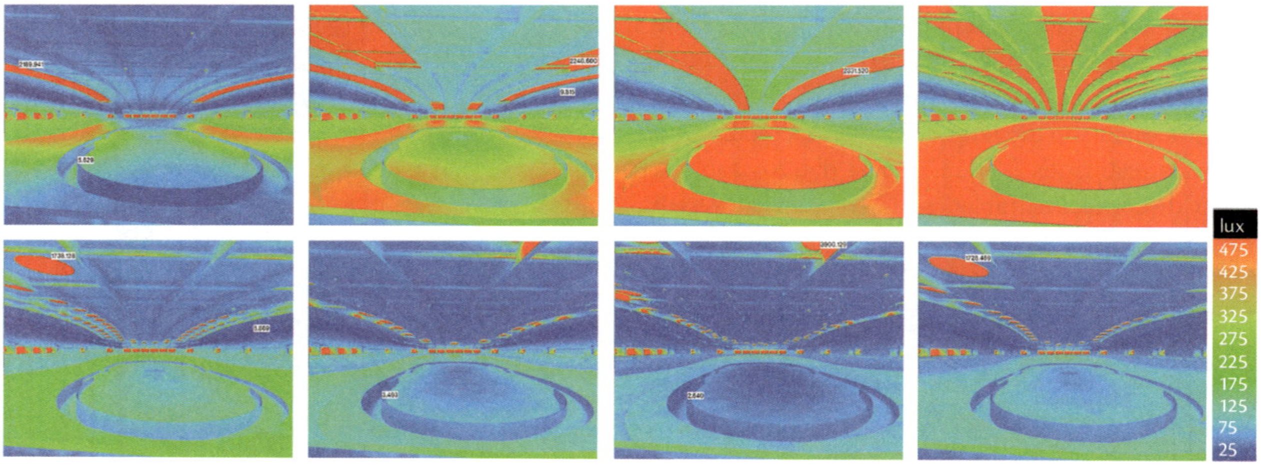

Fig. 9.11 Análise da penetração da iluminação natural (em lux) para os vários cenários de forma e distribuição das claraboias
Fonte: BDSP Partnership.

necessários durante dias (ou noites) sem eventos, quando a luz natural é insuficiente. Como boa prática de projeto, controles que regulam a alteração de iluminação entre esses períodos foram implementados para assegurar a economia de energia.

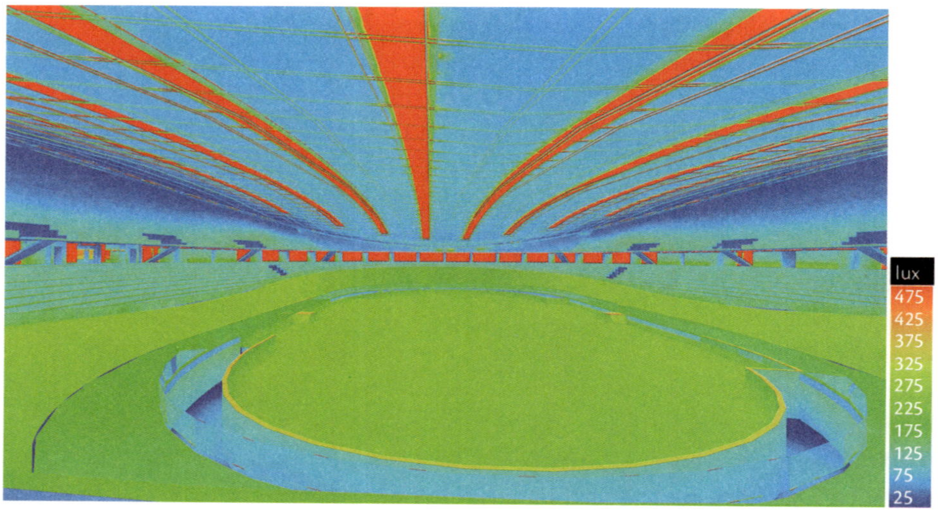

Fig. 9.12 Simulação do desempenho da iluminação natural (em lux) para o arranjo final das claraboias, considerando o céu nublado, típico do clima da cidade de Londres
Fonte: BDSP Partnership.

Fig. 9.13 Vista interna do edifício do Velódromo, destacando a luz natural, difusa e homogênea, resultante das claraboias com vidro translúcido e as aberturas laterais, ao fundo
Fonte: BDSP Partnership.

Os estudos de desempenho das claraboias demonstraram que por mais de 50% das horas de ocupação, ao longo de um ano típico, o interior do velódromo pode ser iluminado naturalmente, resultando em uma redução de 30% em consumo de energia elétrica para iluminação, quando comparado a um cenário de uso intermitente da iluminação artificial.

Passando da cobertura para as aberturas laterais, a exigência de ausência da radiação direta e da formação de sombras sobre a pista de ciclismo levou à inserção de proteção solar sobre as laterais envidraçadas do edifício, ao redor do nível de acesso. No entanto, apesar da grande área envidraçada lateral, a geometria e a distribuição de espaços internos provaram limitar os períodos de penetração de luz direta.

Os edifícios do entorno, localizados a sul e a leste do velódromo, também mostraram oferecer proteção contra a radiação solar direta. Dessa forma, a penetração solar é restrita aos períodos de nascente e poente do Sol (Fig. 9.14). Como solução para essa questão, dispositivos de controle solar móveis, como persianas, foram inseridos para serem utilizados somente quando necessário, mantendo a comunicação visual entre interior e exterior, em todo o contorno do nível de acesso.

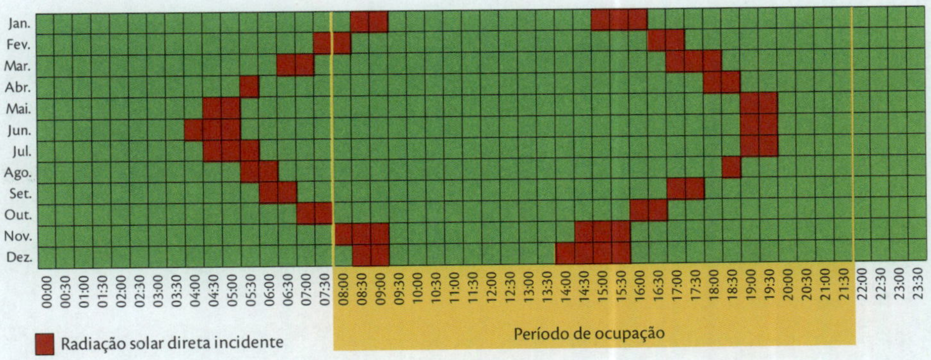

Fig. 9.14 Horas de incidência da radiação solar direta na pista de ciclismo, pelas aberturas laterais, apontando os horários de necessidade de dispositivos móveis de controle e proteção
Fonte: BDSP Partnership.

9.1.4 Considerações finais

A redução calculada de 35% em emissões de carbono associadas ao desempenho energético do edifício, comparado a um modelo de referência da prática convencional, ultrapassa de longe a meta inicial de 15% estabelecida pela ODA (Olympic Delivery Authority). Indo mais além, considerando os benefícios ambientais da rede de energia do Parque Olímpico, é estimado que, no caso do velódromo, essa redução atinja 55% (Fig. 9.15).

Uma das razões do sucesso esperado para o desempenho ambiental e energético do edifício do Velódromo das Olimpíadas de 2012, em Londres, está na importância dada aos resultados das simulações avançadas de desempenho ambiental, no processo de tomada de decisões arquitetônicas, incluindo estudos de forma e a especificação dos componentes construtivos. Como visto anteriormente, o projeto arquitetônico e a ampla estratégia energética do edifício focaram na minimização da demanda energética, sem o comprometimento das exigências de conforto, trabalhando a forma e os componentes construtivos do edifício, assim como as soluções tecnológicas de climatização, muito bem integrados ao projeto arquitetônico.

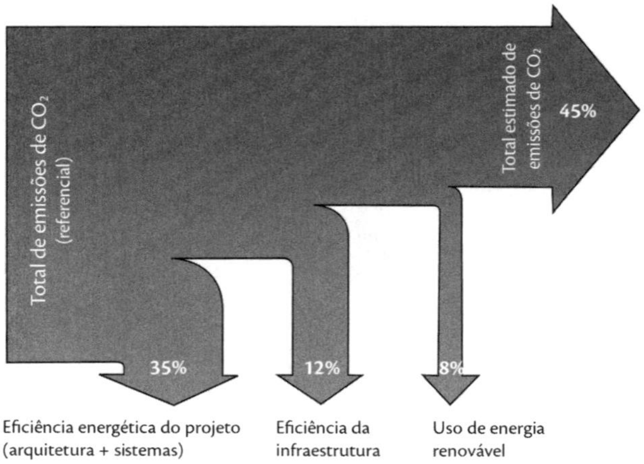

Fig. 9.15 Fluxograma das emissões de carbono estimadas para o edifício do velódromo de Londres. Veem-se as reduções calculadas com base em um valor de referência, em função da eficiência energética do projeto (arquitetura e sistemas), eficiência da infraestrutura e a introdução de energias renováveis. Observa-se que o maior impacto está atrelado à eficiência do projeto
Fonte: BDSP Partnership.

A verificação durante a etapa de projeto, da possibilidade do edifício do velódromo ter um desempenho ambiental acima das expectativas iniciais colocadas pela ODA, ultrapassou o escopo do próprio projeto, incorrendo em uma revisão geral das metas inicialmente propostas para o Parque Olímpico como um todo.

Sendo o edifício mais eficiente energeticamente do Parque Olímpico, o velódromo recebeu diversos prêmios e alcançou a classificação *BREAAM Excelent*, do sistema BREAAM (Building Research Establishment Environmental Assessment Method) de certificação *verde*, ainda na fase de projeto. Nas palavras de Richard Arnold, da ODA de Londres: "o Velódromo é simplesmente surpreendente e é em minha opinião o melhor edifício dos Jogos de 2012. O projeto é um triunfo da colaboração entre arquitetura e engenharia" (Palliser, 2011, tradução de Joanna Perez Conceição). As informações sobre o desempenho ambiental e energético do edifício do Velódromo das Olimpíadas de Londres de 2012 foram extraídas de relatórios técnicos produzidos pela empresa de engenharia e consultoria BDSP Partnership, de Londres.

Lista de premiações	
2011	RIBA Awards
2011	AJ100 Building of the Year Awards
2011	The New London Awards
2011	Prime Minister's Better Building Award
2011	Structural Award, Supreme Award for Structural Engineering Excellence
2011	David Alsop Sustainability Award
2012	Architectural Prize, Design of the Year Award
2013	Civic Trust Awards, Special Award for Olympic and Paralympic Awards

9.2 One Airport Square, edifício de escritórios na República de Gana, África: o potencial ambiental da arquitetura em concreto

Ficha técnica	
Edifício	One Airport Square
Cidade	Acra, capital de Gana, latitude 5° 33'N
Arquitetura	Mario Cucinella Architects
Estrutura	Politecnica
Engenharia de sistemas prediais e desempenho ambiental	BDSP Partnership
Área total construída	39.500 m^2
Construção	2014

O projeto do edifício One Airport Square está localizado na cidade de Acra, capital da República de Gana, na África. O edifício foi projetado com nove pavimentos de escritórios, o pavimento térreo dedicado ao acesso público e ao comércio e um grande *hall* de acesso que inclui espaços para exposições. Um átrio central ao longo de toda a altura do edifício conecta os nove pavimentos de escritórios (Figs. 9.16 e 9.17).

O projeto arquitetônico é caracterizado por uma forma que varia ao longo da altura, com reentrâncias e projeções, gerando terraços e varandas ao redor

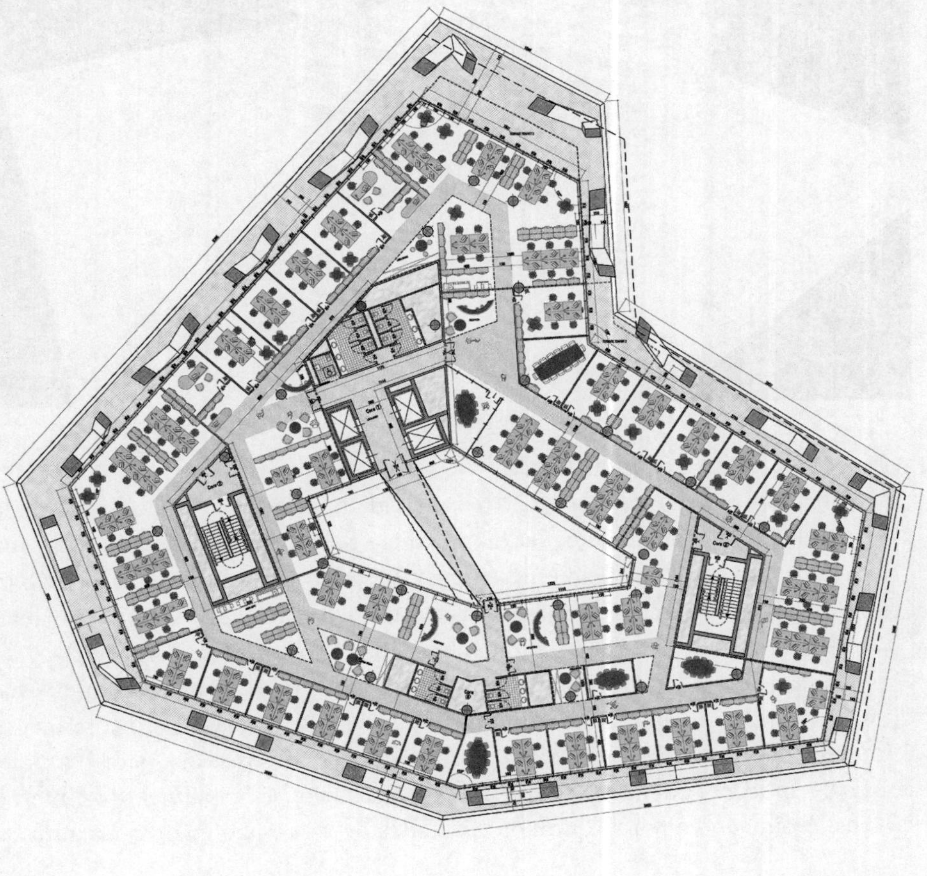

Fig. 9.16 Planta baixa de um dos pavimentos tipo de escritórios, com a distribuição dos espaços internos de escritório, do tipo escritório celular e planta livre, e também os terraços que contornam todo o pavimento
Fonte: MCA.

Fig. 9.17 Corte transversal do projeto do One Airport Square, mostrando os dois subsolos de estacionamento, o pavimento térreo com o espaço de acesso e exposições e os oito pavimentos de escritórios, atravessados pelo átrio central – fundamental para a iluminação natural e ventilação dos espaços internos
Fonte: MCA.

do perímetro dos pavimentos de diferentes dimensões e profundidades. Os nove pavimentos (térreo mais oito de escritórios) são sustentados por uma estrutura externa em concreto, de vigas diagonais, denominada pelos arquitetos de gaiola de passarinho, fundamentalmente inspirada nas formas e pinturas da arquitetura vernacular de Gana (Figs. 9.18 a 9.20).

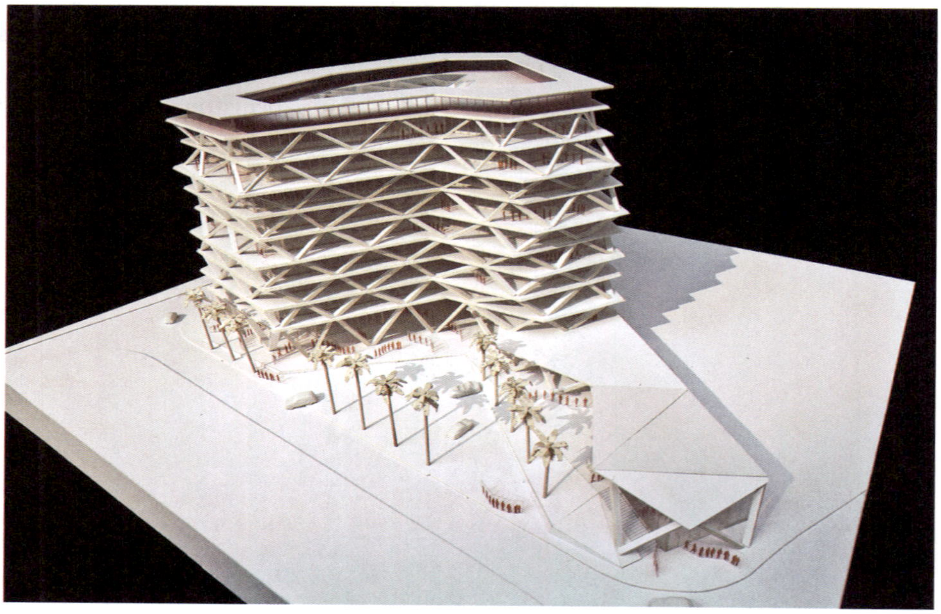

Fig. 9.18 Modelo físico do projeto One Airport Square, destacando a estrutura do exterior do edifício e a ocupação do terreno marcada pela marquise proeminente, que oferece sombra e proteção contra as chuvas no pavimento térreo
Fonte: MCA.

9.2.1 Localização e implantação

Situada na costa sudoeste da África, a cidade de Acra está localizada na latitude 5° 33' a norte do equador, na região de savana, caracterizada por um clima tropical. O edifício One Airport Square fica próximo ao aeroporto internacional de Acra e a principal artéria de acesso à cidade, adjacente a um bairro residencial de alto padrão denominado Airport City (Fig. 9.21).

Apesar de uma localização como essa levantar preocupação com a questão do ruído urbano em decorrência do trânsito de veículos e, principalmente, aviões, é interessante notar que a maioria das chegadas e saídas de voos ocorre à noite, após o período de ocupação dos edifícios de escritório, principalmente os internacionais. Assim, entendeu-se que a problemática do ruído não incorre em impacto

Fig. 9.19 Vista do edifício One Airport Square em construção, com destaque para a estrutura de vigas de concreto em diagonal, que sobem no exterior da forma arquitetônica
Foto: Patrick J. de Cruz.

Fig. 9.20 Imagem da arquitetura vernacular do norte de Gana
Fonte: MCA.

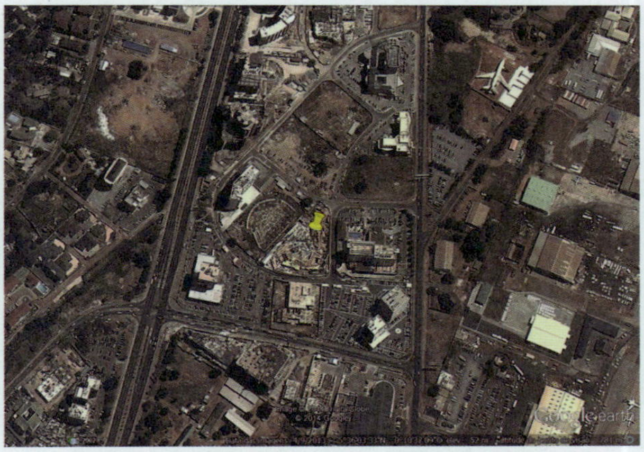

Fig. 9.21 Vista aérea do terreno do projeto do edifício One Airport Square, com o entorno urbano mostrando as vias principais de acesso à cidade
Fonte: Google Earth/DigitalGlobe (2014).

negativo sobre o conforto acústico dos ocupantes do edifício e, consequentemente, não influenciou a especificação das fachadas. Além do mais, existem planos das autoridades locais de realocar o aeroporto internacional fora do perímetro urbano da cidade.

Aproximando-se da escala do terreno, as Figs. 9.22 e 9.23 mostram a implantação do edifício, que prioriza as orientações norte e sul, e a área de cobertura da marquise, que protege o percurso do pedestre, da entrada do terreno ao acesso do edifício. Dessa forma, a implantação do edifício trata o térreo a fim de favorecer o conforto térmico do usuário nesse local e de criar a transição ambiental entre exterior e interior.

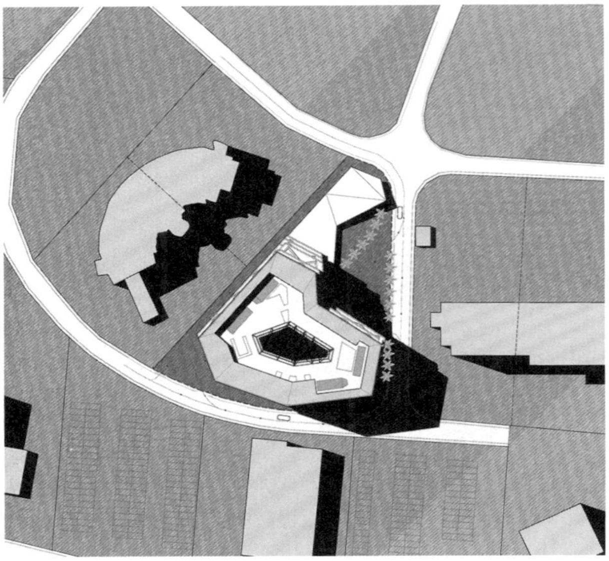

Fig. 9.22 Implantação do edifício One Airport Square no terreno, mostrando a projeção dos pavimentos de escritório no nível térreo e a intenção da marquise que permite a passagem do pedestre ao longo do terreno com cobertura e proteção contra a insolação solar direta
Fonte: MCA.

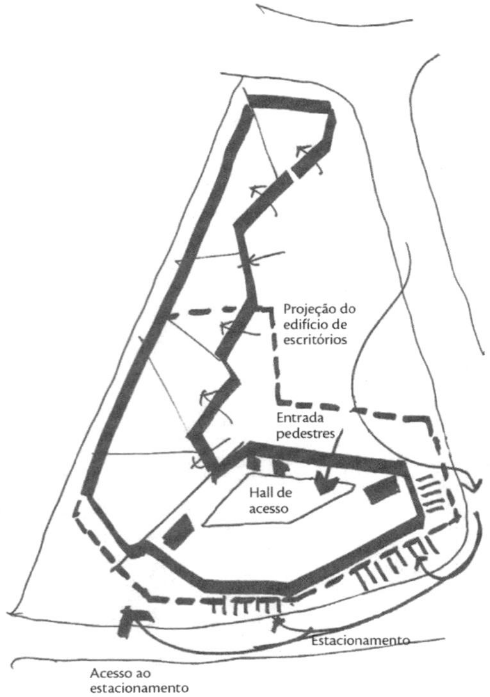

Fig. 9.23 Croqui da implantação com a ocupação do terreno e a distribuição dos usos, espaços e acessos, além da projeção dos pavimentos superiores de escritórios
Fonte: MCA.

9.2.2 Clima e microclima

Estando em uma região de clima tropical, a variação da temperatura anual em Acra é pequena, com valores médios no período mais quente do ano, entre fevereiro e março, ao redor dos 29 °C, que cai para 25,5 °C no período mais ameno, entre agosto e setembro (Fig. 9.24). A umidade relativa média anual fica entre 78% a 90% (Fig. 9.25). Os ventos predominantes são provenientes do quadrante oeste-sudoeste, com velocidades que variam entre 8 km/h e 16 km/h (Fig. 9.26). Analisando os dados climáticos, observou-se ainda que os meses mais amenos, agosto e setembro, apresentam umidades mais altas do que aqueles mais quentes, compreendidos entre dezembro e março. Como resultado, o período de temperaturas médias mais elevadas (quando ocorre o fenômeno denominado Harmattan, um tipo de tempestade de areia) e menor umidade acaba sendo mais confortável do que o período mais ameno, mas de umidade mais elevada.

O fenômeno do choque térmico, típico em edifícios localizados em regiões de clima quente, quando o ocupante se desloca entre espaços abertos desprotegidos da radiação solar e ambientes condicionados artificialmente, é caracterizado por essa experiência ligada à diferença brusca entre temperaturas que se reflete em condições de desconforto térmico. Contudo, se existe a oportunidade de uma adaptação gradual de uma condição para a outra, por exemplo, de um espaço climatizado artificialmente para um espaço aberto, por meio de espaços de transição,

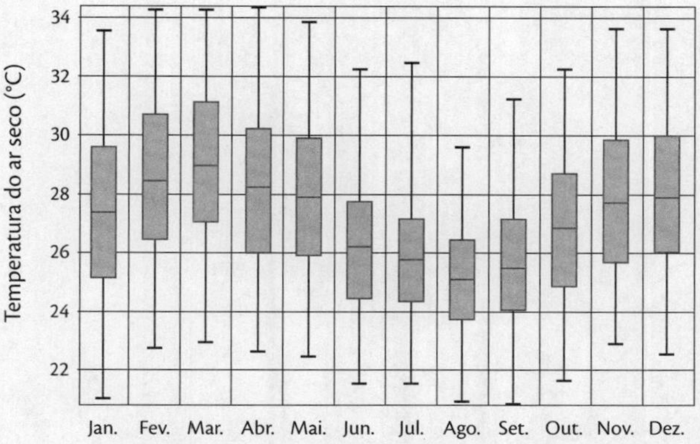

Fig. 9.24 Dados anuais de temperatura do ar para a cidade de Acra, em Gana. Os retângulos destacados entre as máximas e mínimas marcam o intervalo de temperaturas que ocorrem por 50% do tempo. O clima apresenta temperaturas médias amenas ao longo do ano, porém com máximas que ultrapassam a marca dos 30 °C
Fonte: BDSP Partnership, com base no banco de dados climáticos da ASHRAE (2009).

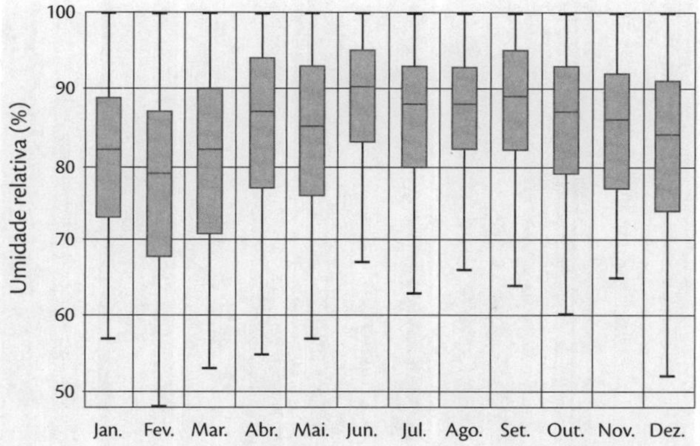

Fig. 9.25 Dados mensais de umidade relativa do ar para a cidade de Acra, em Gana, mostrando um clima úmido, em que a umidade relativa fica acima dos 80% em praticamente mais de 50% do tempo entre junho e outubro. Os retângulos destacados entre as máximas e mínimas marcam o intervalo de valores que ocorrem por 50% do tempo
Fonte: BDSP Partnership, com base no banco de dados climáticos da ASHRAE (2009).

o ocupante desses espaços tem a chance de se *ajustar* termicamente às mudanças ambientais.

A Fig. 9.27 mostra a estratégia de transição microclimática entre espaços externos e internos, passando pela condição de exposição ao Sol e ao clima do local (33 °C), chegando aos ambientes internos climatizados artificialmente em parte do ano (24 °C), enquanto a Fig. 9.28 traz a imagem do espaço exterior do entorno imediato do pavimento térreo, protegido da radiação solar pela extensão da laje superior.

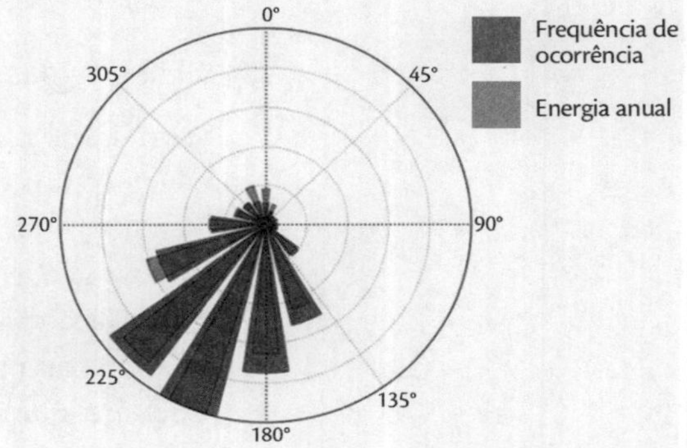

Fig. 9.26 Rosa dos ventos com a indicação das velocidades dos ventos predominantes, provenientes do quadrante sudoeste
Fonte: BDSP Partnership, com base no banco de dados climáticos da ASHRAE (2009).

Fig. 9.27 Corte esquemático do projeto, ilustrando a estratégia de transição microclimática entre espaços externos e internos
Fonte: BDSP Partnership.

Fig. 9.28 Imagem do espaço aberto junto ao hall de entrada do edifício, protegido do Sol pela projeção da laje do pavimento superior
Fonte: MCA.

9.2.3 Estratégias para o desempenho ambiental

Ventilação natural e resfriamento passivo

Dentro do edifício, as flutuações diárias e de estação do clima de Acra, junto com a variação das atividades nas várias partes do edifício, resultam em um conjunto de condições climáticas específicas para serem resolvidas com a ventilação natural. A Fig. 9.29 traz um corte esquemático com a indicação das estratégias para o desempenho ambiental do projeto do edifício One Airport Square, que inclui a ventilação natural trabalhada dentro das possibilidades do clima tropical de Acra.

A temperatura do ar em Acra varia entre a mínima de 22 °C e a máxima de 34,5 °C, resultando em temperaturas médias entre 25,5 °C e 29 °C. Com base nesses dados, inicialmente, o diagnóstico climático de Acra chama a atenção para a necessidade de resfriamento por 60% do ano. Paralelamente, em teoria, as temperaturas diurnas ao longo do ano mostram a possibilidade de esse resfriamento ser alcançado com o recurso da ventilação natural por aproximadamente 40% das horas de ocupação do edifício de escritório, ou seja, das 8h às 20h (Fig. 9.30).

É sabido que a capacidade de um determinado projeto prover conforto térmico por meio da ventilação natural depende da carga de calor interno, da intensidade dos ganhos solares, da relação entre pé-direito e profundidade da planta (que vai determinar alcance do fluxo de ar que entra por uma abertura) e da área e posicionamento das aberturas. No caso do projeto do One Airport Square, estudos analíticos demonstraram que o efeito conjunto desses fatores, combinado ao período de alta umidade relativa (a ponto de impossibilitar o conforto térmico), reduziu a estimativa inicial de 40% para 25%. Mesmo assim, a possibilidade de redução em um quarto da dependência do condicionamento de ar justificou a adoção da ventilação natural no edifício One Airport Square.

Dessa forma, a estratégia de climatização do One Airport Square foi a de modo misto, em que o condicionamento ativo é alternado com as horas de ventilação natural. Ao mesmo tempo, existem espaços do edifício em que a ventilação mecânica é necessária o tempo todo, tendo em vista a falta de acesso à fachada externa, como salas de reunião e corredores para a circulação interna.

Fig. 9.29 Corte esquemático do projeto, com a indicação das estratégias fundamentais para o desempenho ambiental: os terraços no perímetro da planta atuando como proteções solares prolongadas, a ventilação natural combinando a abertura das fachadas externas e o átrio central e a coleta de água de chuva
Fonte: MCA.

No projeto do One Airport Square, nem todas as esquadrias de janela podem ser abertas. Um conjunto selecionado de esquadrias externas e internas (aquelas voltadas para o átrio) pode ser aberto para promover a ventilação natural em ambientes de trabalho do tipo escritório-celular e planta aberta, também conhecida como *landscape*. Essas esquadrias são manualmente controladas, com um sistema auxiliar da automação predial, que desliga o condicionamento ambiental no caso de uma janela ser aberta durante o período do condicionamento ativo.

No caso específico de Acra, a pouca diferença entre as temperaturas diurna e noturna, entre 5 °C e 8 °C, não favorece a eficiência da ventilação noturna em remover a carga térmica acumulada pelos componentes construtivos dos espaços internos durante o dia. Além disso, o fato de o projeto ser climatizado por aproximadamente 70% das horas de ocupação faz com que, nesse período, seja mais vantajoso para a eficiência energética do sistema de climatização manter o edifício fechado durante a noite também, uma vez que a temperatura externa acaba sendo mais alta do que a interna (mesmo com o sistema desligado), em virtude do efeito

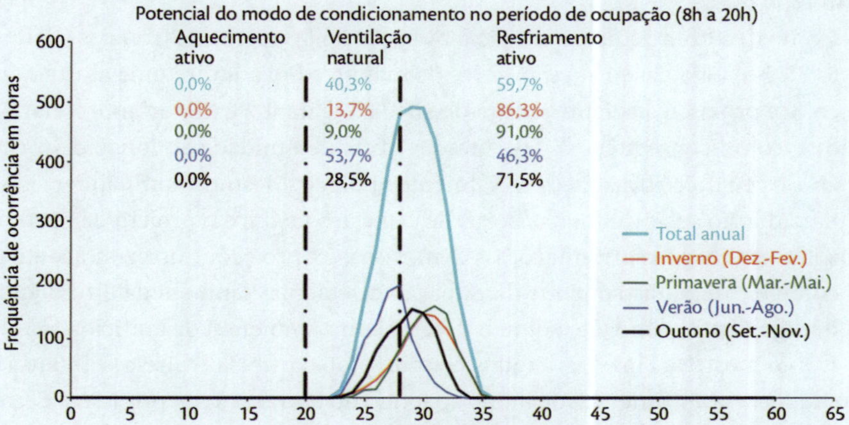

Fig. 9.30 Análise do potencial anual de ventilação natural e da necessidade de arrefecimento ativo do clima local, para o período das 8h às 20h, com base nos dados climáticos do local e assumindo 28 °C como temperatura limite do clima externo
Fonte: BDSP Partnership.

do condicionamento artificial e da eficiência no controle da radiação solar durante o dia, o que evita ganho excessivo de calor.

O espaço do átrio tem um papel central na eficiência da ventilação natural dos ambientes de trabalho, que combina ventilação cruzada por efeito do vento com o efeito chaminé.

A direção sudoeste dos ventos predominantes foi explorada no desenho no átrio, com o intuito de criar uma força de sucção para incrementar o efeito chaminé através do átrio e, consequentemente, a ventilação cruzada nos ambientes de trabalho. Assim, o setor sudoeste da cobertura do átrio foi mantido desobstruído para a saída do fluxo de ar interno, enquanto os demais lados da cobertura são controláveis, a fim de evitar a entrada dos ventos predominantes, puxando a entrada do ar externo pelo pavimento térreo e as fachadas externas dos pavimentos de escritório (Figs. 9.31 e 9.32).

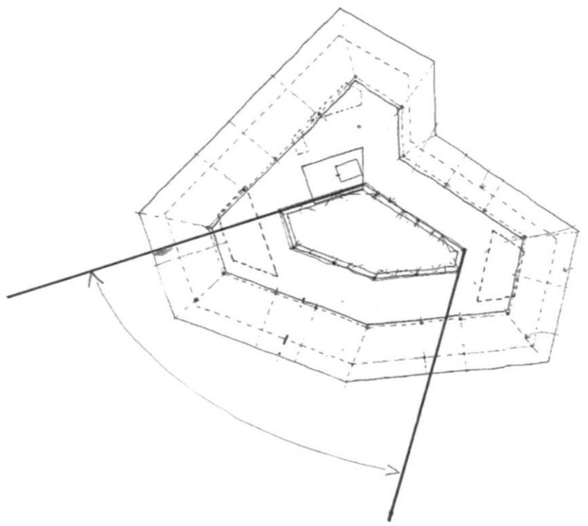

Fig. 9.31 Desenho esquemático da cobertura do edifício, com a marcação do perímetro do átrio a ser fechado, a fim de evitar a entrada dos ventos predominantes
Fonte: BDSP Partnership.

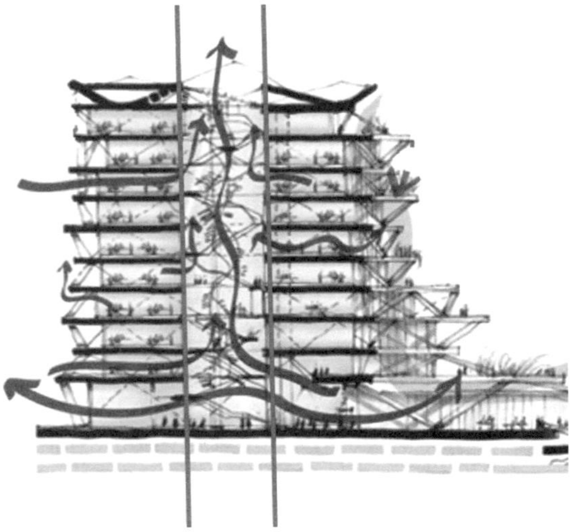

Fig. 9.32 Corte esquemático mostrando a estratégia geral da ventilação e o papel do átrio em maximizar a ventilação cruzada nos espaços internos de escritórios pela força do efeito chaminé
Fonte: BDSP Partnership.

Proteção solar

Como decorrência da exposição à radiação solar típica dos trópicos (latitude 5° 33' N), logo nas primeiras horas da manhã o Sol adquire uma altura que o coloca próximo ao zênite (altura de 90°). No entanto, é importante esclarecer que, como consequência das elevadas taxas de umidade ao longo de todo o ano, o céu típico de Acra é parcialmente nublado. Mesmo assim, a intensidade da radiação solar direta nas horas de céu claro justifica o projeto de proteção solar em todas as orientações. Além disso, as projeções horizontais atuam como barreira não somente da radiação direta, mas também da difusa, que é de significativo impacto sobre o desempenho ambiental de edifícios.

Como mostra a Fig. 9.33, a radiação solar global (difusa + direta) é intensa ao longo do dia e praticamente constante ao longo do ano em Acra, por isso a exigência de maximizar a proteção solar, porém, sem perder a luz natural disponível.

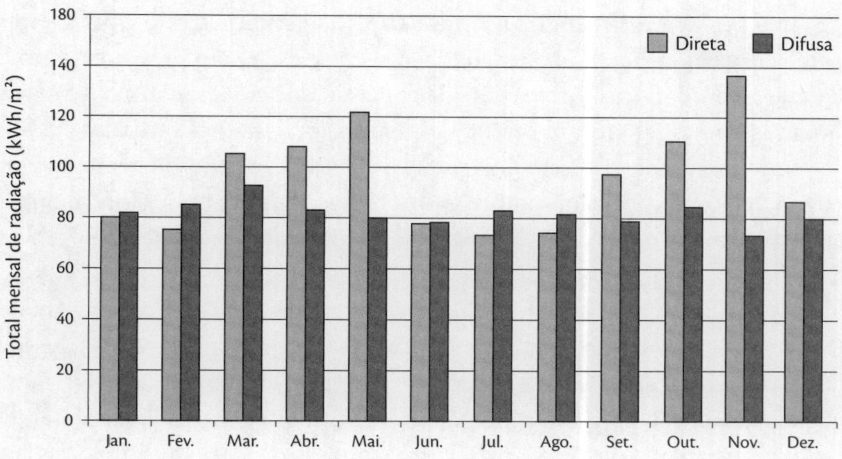

Fig. 9.33 Dados mensais de radiação direta e difusa para a cidade de Acra
Fonte: BDSP Partnership, com base no banco de dados climáticos da ASHRAE (2009).

Com esse objetivo em mente, o desempenho de um conjunto de parâmetros de projeto das fachadas e ajustes da forma arquitetônica foi avaliado quantitativamente, por meio de ferramentas de simulação computacional, como a razão entre a área envidraçada e a área opaca (*window-to-wall ratio*, WWR) para as fachadas externas *versus* a alternativa de uma fachada praticamente inteiramente envidraçada com uma extensa proteção solar (geralmente, das opções bioclimáticas, a preferida pela arquitetura por conta da transparência e da vista para o exterior, desejável em edifícios de escritório).

Proteções horizontais prolongadas, formando terraços em balanços e varandas com áreas verdes ao longo dos pavimentos, foram idealizadas e testadas ao redor e ao longo dos pavimentos (Fig. 9.34) sem desconsiderar que o sombreamento excessivo das fachadas tem um efeito negativo sobre a iluminação natural, impactando no consequente consumo de energia elétrica para a iluminação artificial. Também foi considerado o impacto do tipo de vidro na penetração de calor e luz advindos da radiação global.

Fig. 9.34 Terraço de um dos pavimentos de escritório, onde a profundidade da proteção solar horizontal cria espaços externos para a convivência no ambiente de trabalho. Modelo eletrônico
Fonte: MCA.

Sem o problema das pontes térmicas (típico dos edifícios em climas temperados, em que existe a demanda de isolamento entre espaço interno e externo para minimizar as perdas de calor), as lajes de concreto que constituem a base dos nove pavimentos do edifício foram prolongadas além da linha das fachadas envidraçadas, criando uma proteção solar horizontal e contínua ao redor de cada pavimento. A extensão da proteção solar, sombreando a radiação direta por praticamente todo o dia, permitiu o uso de uma área envidraçada de aproximadamente 90% da área total das fachadas, sem o ganho excessivo de calor solar.

Testada analiticamente, a solução de sombreamento do edifício proporcionou bons níveis de iluminação natural, sem o acréscimo da carga térmica de resfriamento. Contudo, apesar da componente direta da radiação ter sido efetivamente bloqueada, a solução mais eficiente para lidar com os ganhos solares restantes da radiação difusa foi a especificação do vidro simples com transmissão total da radiação inferior a 0,45 (*g value*), vidro este chamado em inglês de *solar performance* ou *solar control glass*.

A Fig. 9.35 mostra a quantidade de radiação global anual incidente em toda a fachada envidraçada e também sobre as áreas de varanda. Os totais anuais calculados para as radiações direta e difusa incidentes no plano horizontal, na cidade de Acra, foram de 1.147 kWh/m^2 e 986 kWh/m^2, respectivamente; e aproximadamente 750 kWh/m^2 do total global atinge a superfície externa das fachadas envidraçadas, por conta da proteção horizontal, dos quais apenas uma parte é transmitida para o interior do edifício, em virtude do baixo fator de transmissão total do vidro.

Fig. 9.35 Radiação solar global anual incidente ao longo das fachadas do projeto, calculada por meio de simulação computacional
Fonte: BDSP Partnership.

O dimensionamento da proteção solar foi resultado de um processo de simulações paramétricas, que teve como indicadores de desempenho a carga de pico de resfriamento e a demanda anual de resfriamento, como resultado dos prolongamentos horizontais da laje de cada pavimento (Figs. 9.36 e 9.37).

A demanda energética de pico para o resfriamento ativo do ar interno afeta a capacidade e o dimensionamento do sistema, enquanto o consumo de energia anual propicia uma indicação geral da energia a ser consumida pelo edifício anualmente, que é associada às emissões de carbono.

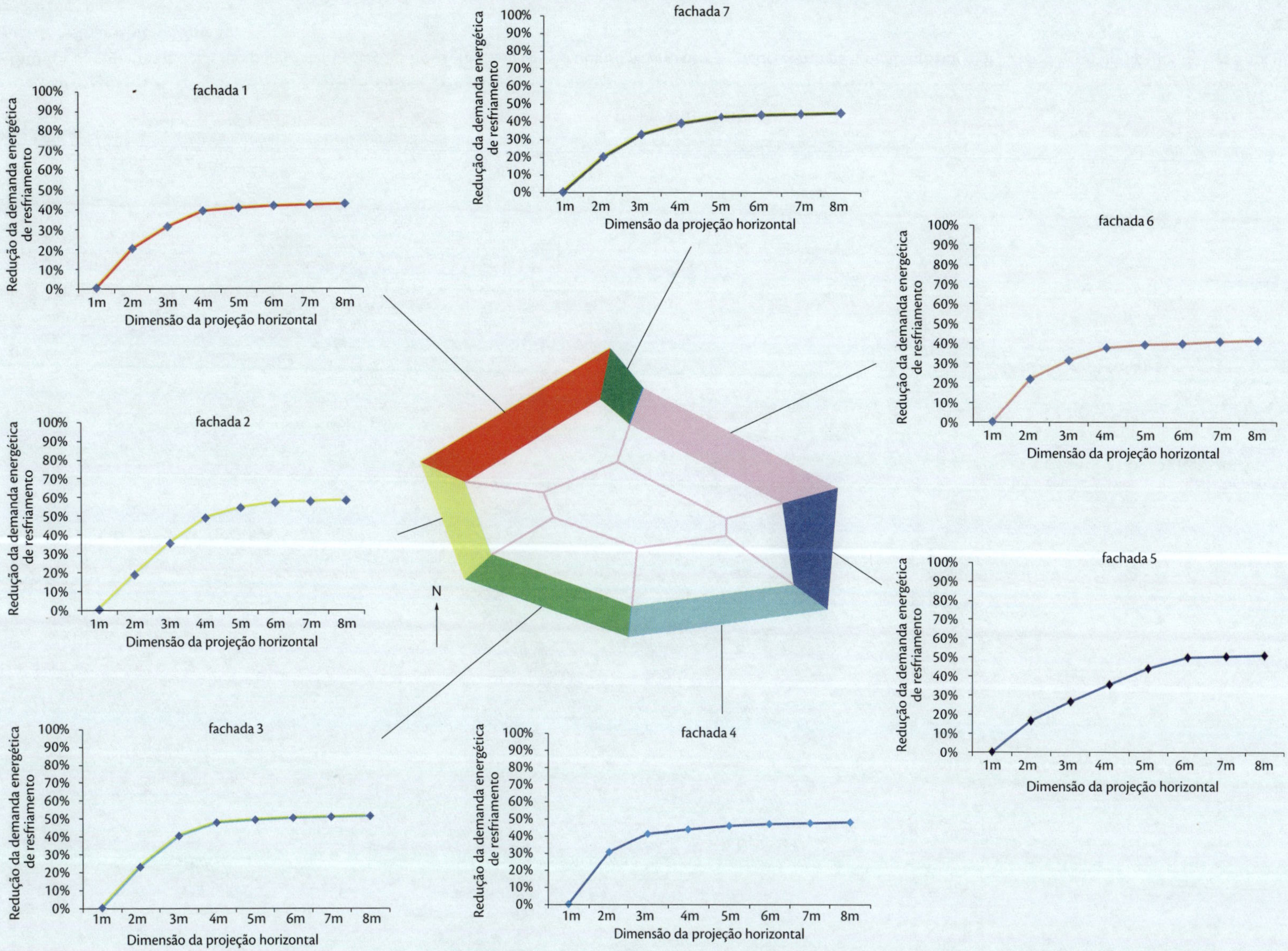

Fig. 9.36 Estudos paramétricos de desempenho das projeções horizontais da laje do quinto pavimento, tomado como pavimento de referência, tendo com indicador de desempenho a carga de pico de resfriamento (kW)
Fonte: BDSP Partnership.

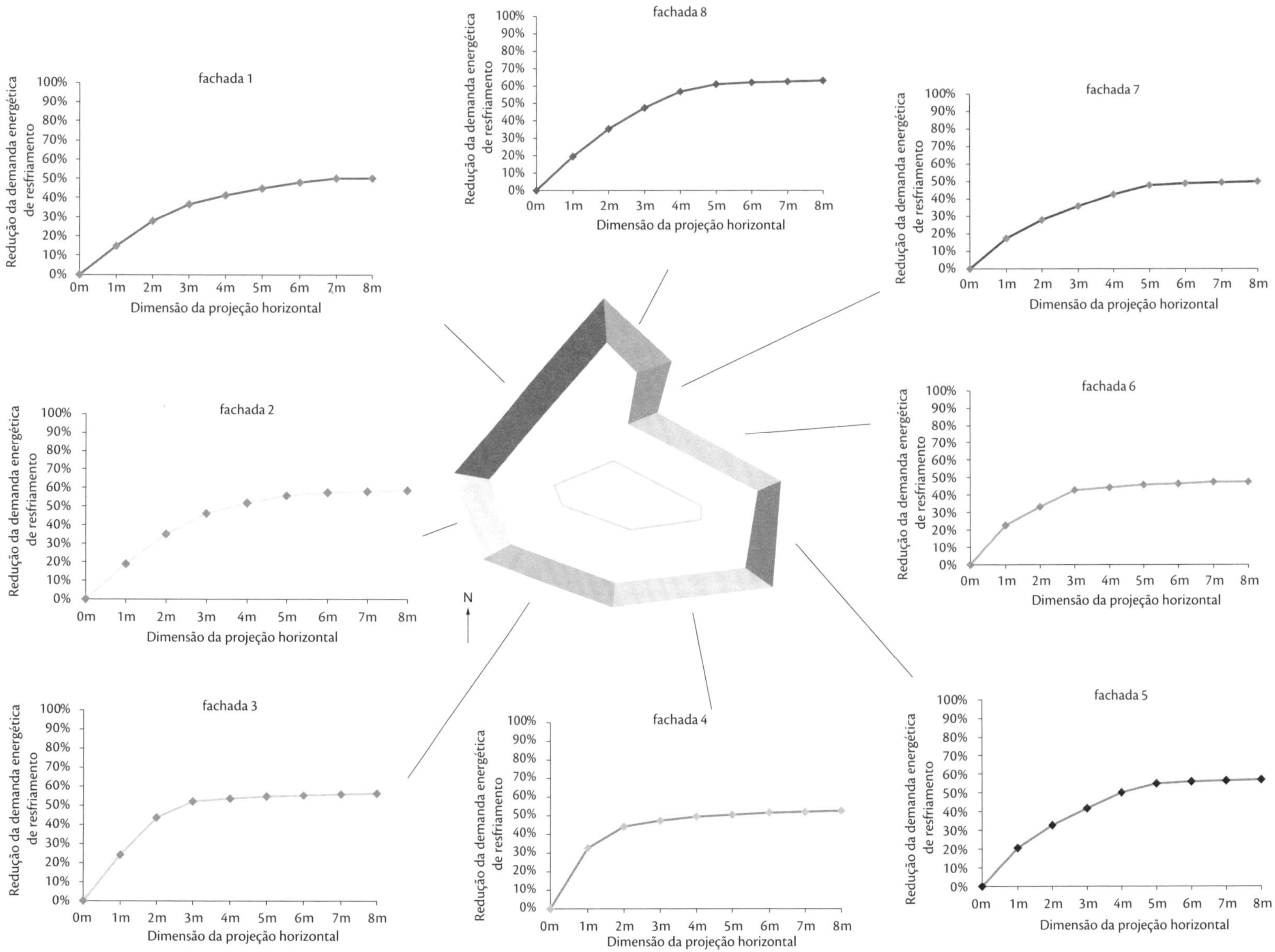

Fig. 9.37 Estudos paramétricos de desempenho das projeções horizontais da laje do quinto pavimento, tomado como pavimento de referência, tendo com indicador de desempenho a carga térmica anual de resfriamento (kWh/ano)
Fonte: BDSP Partnership.

Os benefícios da metodologia de projeto e avaliação aplicada no caso do One Airport Square estão na demonstração clara e objetiva das correlações entre parâmetro arquitetônico e indicador de desempenho, por exemplo, no caso da redução da carga térmica com o aumento do sombreamento, que deixa de ser vantajosa a partir de uma determinada profundidade da proteção, fato esse ilustrado pelo ponto em que a curva de desempenho perde a sua inclinação, formando uma reta paralela ao eixo X. Esse ponto muda de acordo com a orientação, em decorrência das variações na exposição à radiação solar. Esse processo didático, criado com base em estudos analíticos, acompanhou o entendimento da influência de decisões do projeto arquitetônico no desempenho ambiental final do edifício e a integração dos resultados desses estudos no aprimoramento do projeto como um todo.

Um processo de projeto cíclico foi desenvolvido entre os arquitetos (MCA) e os engenheiros consultores de desempenho ambiental e projetistas dos sistemas prediais (BDSP Partnership), no qual as fachadas e os terraços resultantes dos prolongamentos foram ambos ajustados para a redução da carga térmica de resfriamento, enquanto, ao mesmo tempo, serviram para a racionalização da construção. As Figs. 9.38 e 9.39 ilustram a aplicação dos resultados dos estudos analíticos, comparando o efeito da evolução da forma arquitetônica sobre a carga térmica. O quinto pavimento foi tomado como referência.

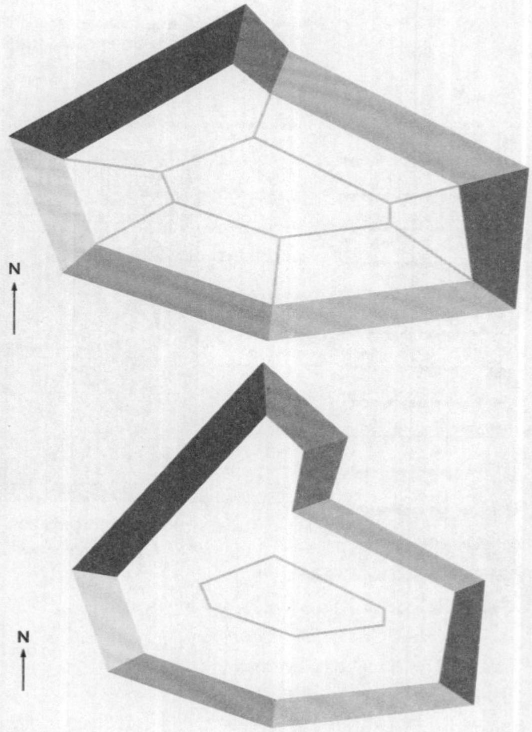

Fig. 9.38 Alternativas para a forma arquitetônica do pavimento de referência e das projeções horizontais, cuja evolução foi guiada pelos estudos analíticos de simulação do desempenho ambiental da forma
Fonte: BDSP Partnership.

Iluminação natural e ofuscamento

Considerações para o bom aproveitamento da iluminação natural estão presentes em diversos aspectos do projeto, incluindo a especificação de alta transmissão luminosa das fachadas externas e internas, com a devida proteção solar, e a entrada de luz natural pelo átrio central.

Tendo em vista o fechamento envidraçado da cobertura do átrio e o alto percentual de área envidraçada nas fachadas internas (90%), o desafio em relação ao desempenho ambiental dos espaços voltados para o interior do átrio foi cortar o calor solar e minimizar os riscos de ofuscamento nos últimos pavimentos, mais próximos à cobertura, sem comprometer o acesso à luz natural nos primeiros pavimentos. O impacto da cobertura envidraçada do átrio sobre a penetração da luz natural nas fachadas internas foi aferido por meio de simulações computacionais, testando variações da transmissão luminosa do vidro e a relação entre área envidraçada e área total de cobertura.

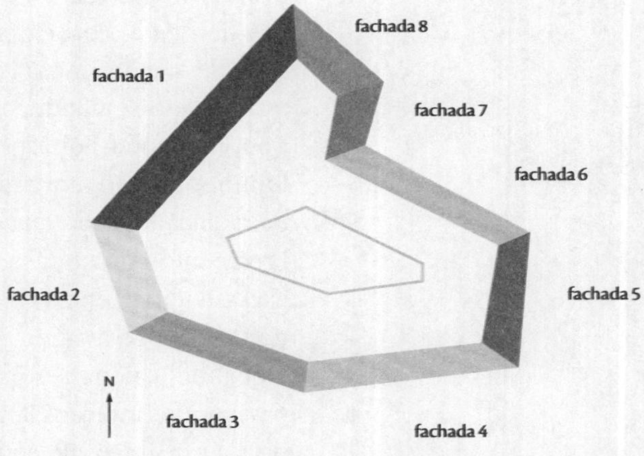

Fig. 9.39 Solução final para a forma do pavimento de referência e as projeções horizontais nas diferentes fachadas, como resultado das análises técnicas
Fonte: BDSP Partnership.

A Fig. 9.40 mostra os resultados de fator de luz natural nas três fachadas internas do átrio, sob uma cobertura com transmissão luminosa de 69% (*guardian*

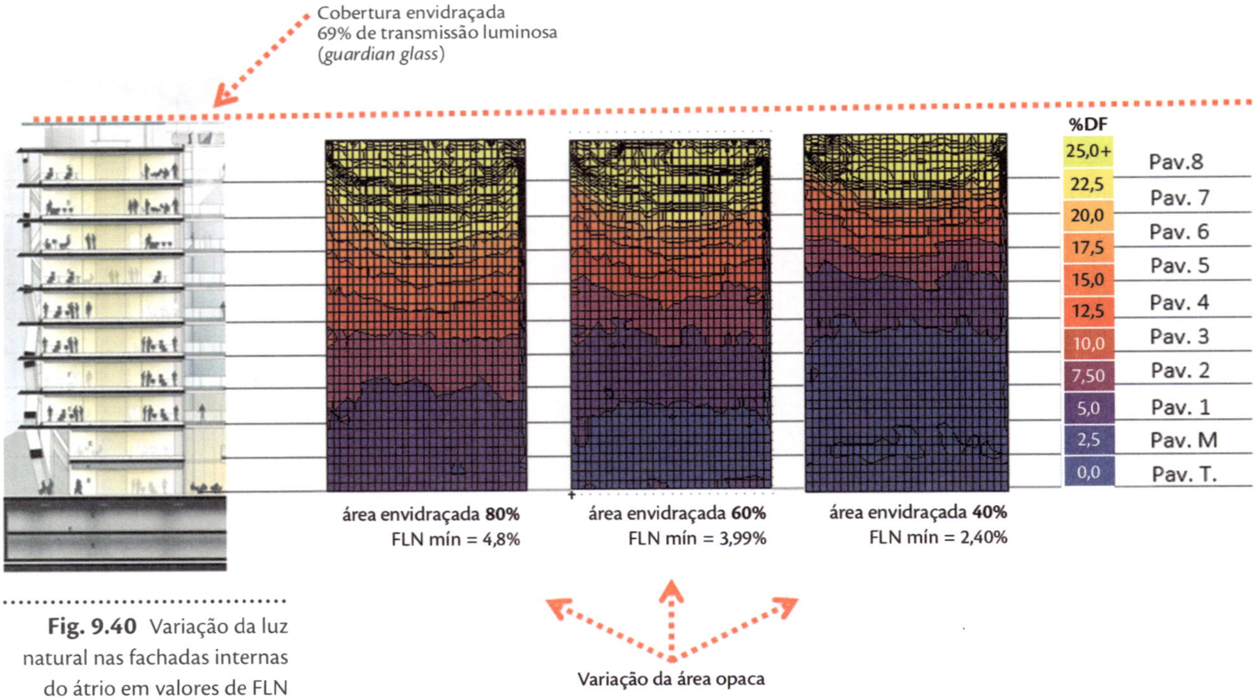

Fig. 9.40 Variação da luz natural nas fachadas internas do átrio em valores de FLN (fator de luz natural), em que a transmissão luminosa do vidro da cobertura do átrio é de 69% e a proporção de área envidraçada para a área total é de 80%, 60% e 40%
Fonte: BDSP Partnership.

glass) e diferentes percentuais de área envidraçada para área opaca: 80%, 60% e 40%. Nesse caso, a diminuição da área envidraçada levou a uma ligeira redução do excesso de luminosidade nos três últimos pavimentos, mas com o prejuízo da luz natural nos pavimentos mais baixos. Alternativamente, a Fig. 9.41 mostra o efeito de uma cobertura com transmissão luminosa maior, de 50% (*solar control glass*), e duas opções de área envidraçada, de 80% e 60%. A melhor variação do primeiro caso (69% de transmissão luminosa e 40% de área envidraçada) tem um desempenho bem similar à melhor combinação do segundo caso (50% de transmissão luminosa com 60% de área envidraçada).

Como resultado, combinando questões de estrutura, arquitetura e desempenho ambiental, foi especificada a cobertura envidraçada de menor transmissão luminosa (50%) sem a inserção de elementos opacos (Fig. 9.42). Para o corte parcial da radiação foi adotada uma estrutura de perfil T invertido, com um efeito de sombreamento horizontal sob a área envidraçada. Assim como nos casos anteriores, a excessiva incidência da radiação global e, consequentemente, da luz natural, nos dois últimos pavimentos, levou a recomendação de um vidro com transmissão global de 0,45 nesses pavimentos, como o das fachadas externas. Para os demais pavimentos internos, foi especificado um vidro com transmissão luminosa de 0,85, para a maximização da passagem da luz natural.

Somadas aos estudos quantitativos de desempenho, as Figs. 9.43 e 9.44 ilustram a ambiência do átrio no nível térreo e a sua qualidade luminosa, criando um espaço de comunicação visual entre os pavimentos banhado pela luz natural que vem de cima e das fachadas laterais do *hall* de acesso.

Complementando as análises sobre o desempenho da iluminação natural, a Fig. 9.45 (p. 270) apresenta um estudo realizado para aferir o fator de luz natural (FLN) em um pavimento tipo do edifício de escritório One Airport Square. Como mostram as simulações computacionais, grande parte da área de escritórios se beneficia de um fator de luz natural maior que o de 2% recomendado. Aqueles

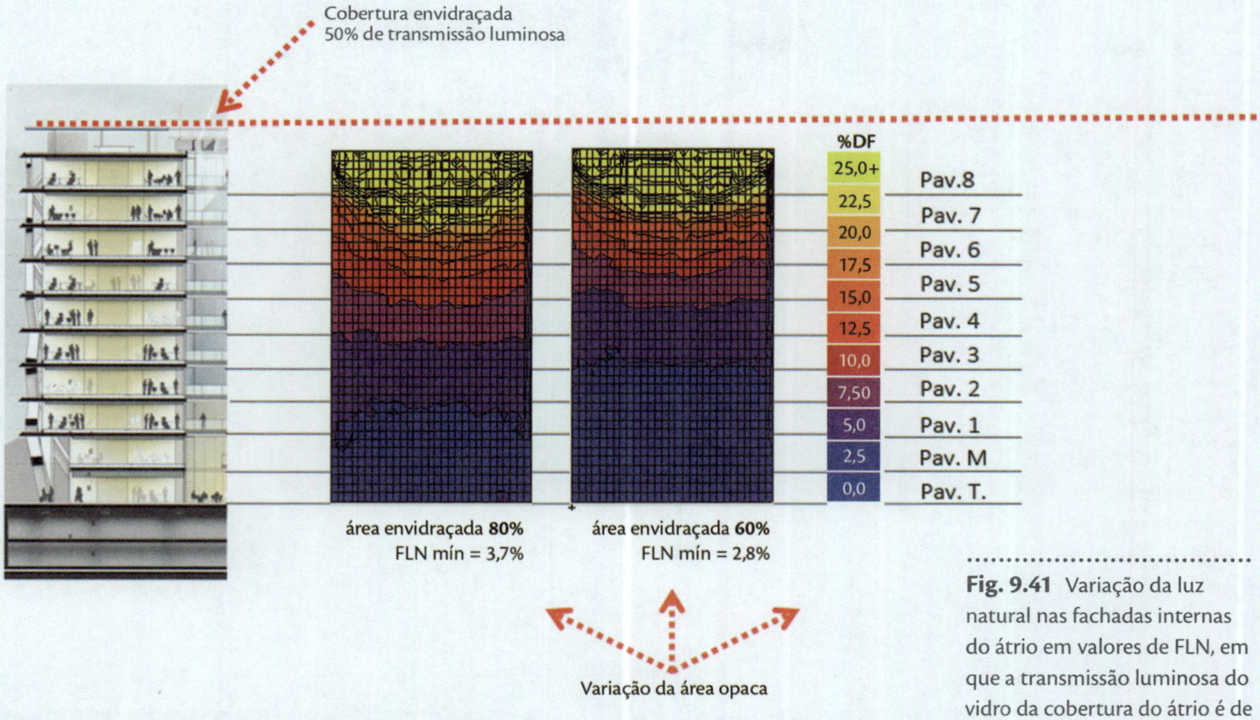

Fig. 9.41 Variação da luz natural nas fachadas internas do átrio em valores de FLN, em que a transmissão luminosa do vidro da cobertura do átrio é de 50% e a proporção de área envidraçada para a área total é de 80% e 60%
Fonte: BDSP Partnership.

espaços em que a iluminação natural não é um requisito importante para o desempenho da tarefa, como as salas de reunião e áreas de circulação, foram localizados nas áreas menos favorecidas pela luz natural.

Em conjunto com a otimização da luz natural, outra análise técnica foi conduzida para a identificação da ocorrência de ofuscamento, desta vez tomando como referência o primeiro e o oitavo pavimentos, que configuram visões extremas e opostas do céu. A Fig. 9.46 mostra os respectivos resultados, apontando para o fato de que, na maioria das horas de ocupação, a proteção horizontal ao redor dos pavimentos é adequada contra riscos de ofuscamento em todas as orientações, com exceção do início da manhã na orientação nordeste e do final da tarde nas orientações oeste e sudoeste.

O número de horas que um determinado ocupante está exposto aos riscos de ofuscamento é limitado pela rápida subida do Sol na abóboda celeste, saindo de uma posição mais perpendicular ao olho humano. Consequentemente, concluiu-se que a melhor forma de proteção contra o ofuscamento é a instalação de persianas internas controladas manualmente pelos ocupantes.

Especificação das fachadas

O prolongamento da laje foi o primeiro passo no controle dos ganhos solares de radiação para minimizar a consequente carga térmica de resfriamento. Por outro lado, estudos técnicos mostraram a redução da componente difusa da radiação solar, sem prejuízo da iluminação natural, com a especificação de um vidro com um coeficiente de transmissão total da radiação global de 0,45 (*g value*). A fim de cumprir com requisitos de proteção solar e acesso da luz natural, três soluções de projeto foram recomendadas para as diferentes fachadas do edifício, de acordo com a orientação e a localização no edifício:

- Tipo 1 – Fachada externa dos pavimentos de escritório: minimização dos ganhos solares sem perder o aproveitamento da luz natural, por meio da

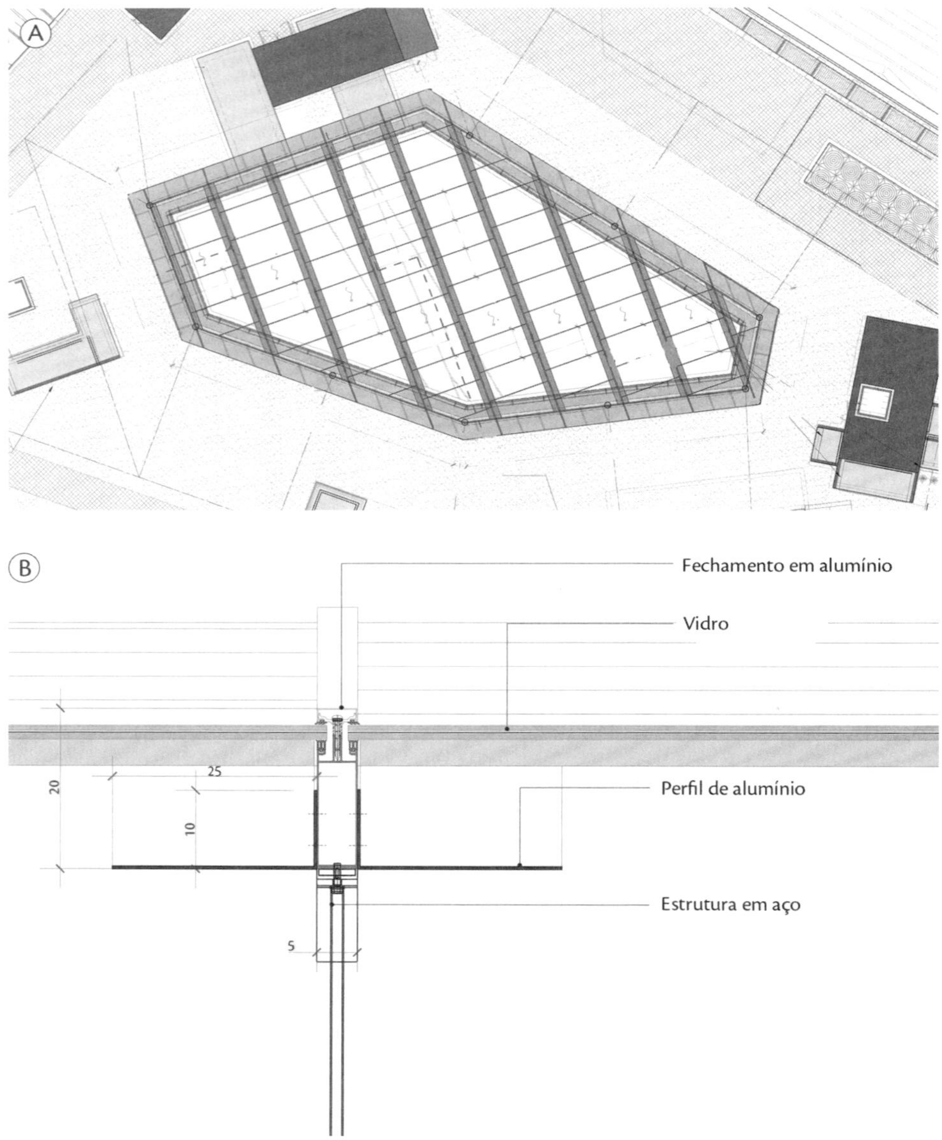

Fig. 9.42 (A) Planta da solução final da cobertura do átrio central, (B) com detalhe da estrutura em T de sombreamento interno Fonte: MCA.

aplicação de vidro simples com transmissão total da radiação global menor que 0,45 (*g value*) e transmissão luminosa maior que 0,7;

- Tipo 2 – Fachada interna dos pavimentos de escritório voltada para o átrio: maximizar a penetração da luz natural proveniente do átrio, sendo a luz natural a variável mais crítica do desempenho ambiental das fachadas internas. Aplicação de vidro simples de transmissão luminosa maior que 0,85;
- Tipo 3 – Fachada do pavimento térreo e do espaço de exposições: mesmos requisitos da fachada dos pavimentos de escritório, com vidro simples de transmissão total menor que 0,45 e transmissão luminosa maior que 0,7.

9.2.4 Considerações finais

Os estudos analíticos de desempenho ambiental desenvolvidos para o projeto do edifício de escritórios One Airport Square tiveram como objetivo encontrar um equilíbrio entre o controle da radiação solar e o aproveitamento tanto

Fig. 9.43 Modelo eletrônico do projeto, que mostra o piso térreo do átrio: um espaço de luz natural e comunicação visual interna entre os pavimentos do edifício de escritórios
Fonte: MCA.

Fig. 9.44 Modelo eletrônico do projeto, com a vista de um observador localizado no piso do átrio olhando em direção à cobertura envidraçada
Fonte: MCA.

da luz natural como da ventilação natural, e foram esses parâmetros que, em conjunto, influenciaram o projeto das fachadas do edifício.

No caso do edifício climatizado segundo uma estratégia de modo misto, com o *set point* de resfriamento estabelecido em 26 °C, o projeto apresenta uma demanda energética por resfriamento 40% menor que o modelo convencional (climatizado artificialmente por 100% do tempo de ocupação). O aumento do *set point* para 28 °C levou à redução de aproximadamente 47% dessa demanda. Vale destacar que tal desempenho não inclui o uso de tecnologias renováveis ou qualquer tipo de sistema predial *high-tech*.

O desempenho ambiental e as economias de energia estimados para o projeto do One Airport Square levaram à conquista da certificação 4-Star do sistema de certificação ambiental de edifícios Green Star, a primeira desse sistema de certificação de edifícios a ser obtida por um projeto da Costa Oeste da África.

9.3 Escola de Economia de Toulouse (TSE): arquitetura de espaços de transição para a mediação climática

Ficha técnica	
Edifício	Escola de Economia de Toulouse (Toulouse School of Economics)
Cidade	Toulouse, latitude 43° 37'N
Arquitetura	Grafton Architects
Estrutura	RFR Paris
Engenharia de sistemas prediais e desempenho ambiental	BDSP Partnership
Área total construída	10.000 m^2
Construção	2015

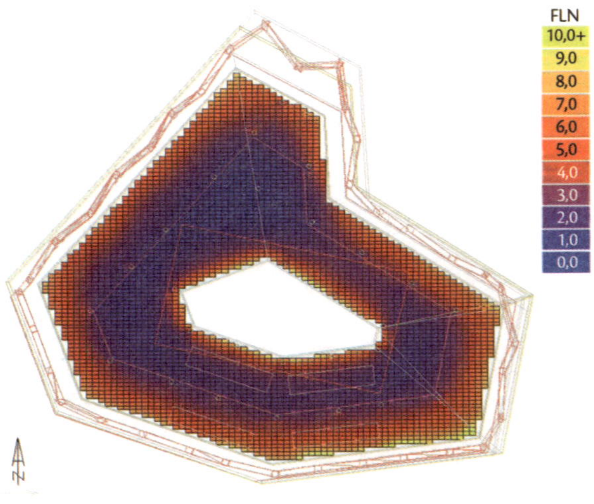

Fig. 9.45 Imagem da simulação de desempenho luminoso do quinto pavimento (pavimento de referência), usando como indicador o Fator de Luz Natural (FLN)
Fonte: BDSP Partnership

O novo edifício da Escola de Economia de Toulouse (TSE) está localizado em um contexto urbano de valor histórico (Fig. 9.47). A oeste e a sudoeste, o terreno é margeado por um muro de 4 m de altura remanescente do Império Romano, já a leste se vê a igreja medieval de Saint-Pierre des Cuisines, a mais antiga do sudoeste da França. A relação com o rico contexto histórico teve um papel definidor na formulação do partido de projeto do novo edifício da instituição, incluindo aspectos de funcionalidade e comunicação visual entre o novo e o existente. O novo edifício faz referência ao contexto histórico por meio do uso generalizado do tijolo vermelho, típico da arquitetura tradicional de Toulouse, e da continuação das ruas do entorno imediato, que levam os usuários e os visitantes até os pátios centrais, reproduzindo a morfologia urbana do tecido histórico.

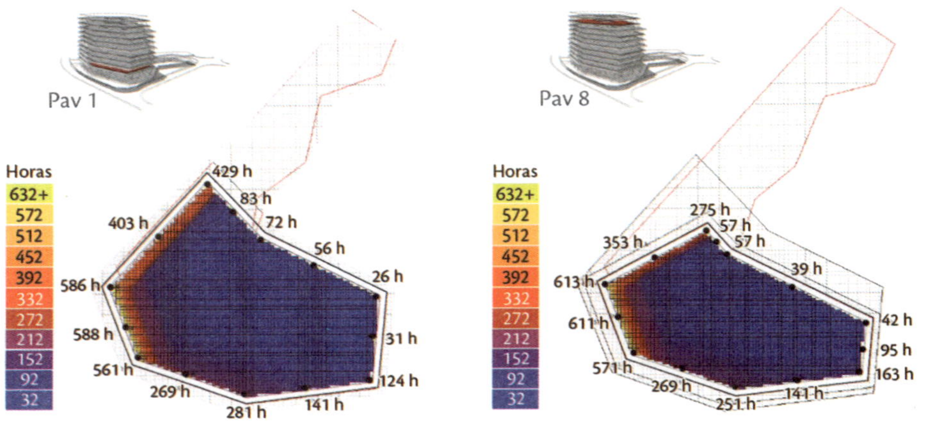

Fig. 9.46 Simulação da quantidade de horas de ofuscamento ao redor do perímetro do primeiro e do oitavo pavimento
Fonte: BDSP Partnership.

A maioria dos espaços no novo edifício é ambiente de trabalho de pesquisadores e demais membros da instituição, com possibilidade de ocupação intermitente de 24 horas. O programa de atividades é distribuído em três blocos distintos denominados Garonne, Canal e St. Pierre (Fig. 9.48). A largura dos blocos é determinada pela profundidade adequada dos escritórios celulares para o bom aproveitamento da luz natural e da ventilação natural (Fig. 9.49). Os três blocos são conectados por uma passagem aérea denominada Coursive, um tipo de terraço idealizado como um espaço de encontro e socialização para os ocupantes do complexo.

Além dos escritórios celulares, o complexo arquitetônico inclui espaços de uso público, como um auditório, áreas externas, cafés e outras amenidades colocadas no pavimento térreo e nos pavimentos superiores (Figs. 9.50 e 9.51). O volume do auditório foi localizado ao sul da composição arquitetônica, agindo como barreira contra a incidência da radiação solar direta sob os pátios internos, no verão, primavera e outono.

A implantação dos blocos Garonne, Canal e St. Pierre, com o grande terraço Coursive ao norte e os espaços de uso público ao sul, forma o espaço aberto e

Fig. 9.47 Contexto urbano, de valor histórico, de inserção do novo edifício da Escola de Economia de Toulouse. Imagem eletrônica
Fonte: Grafton Architects.

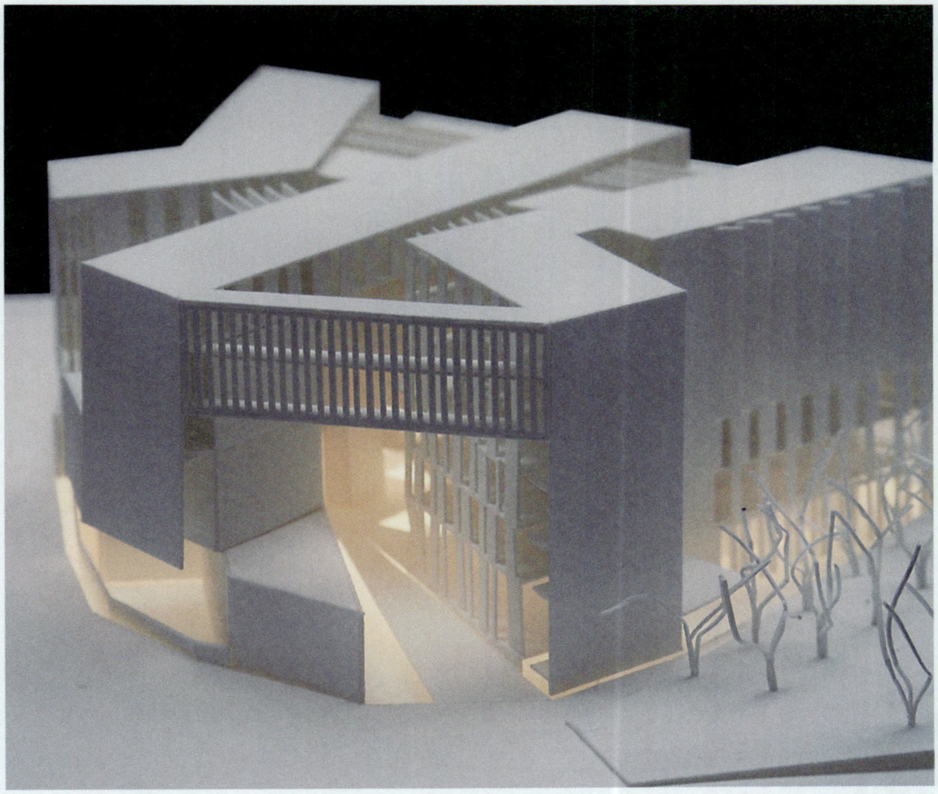

Fig. 9.48 Modelo físico da composição arquitetônica do novo edifício da instituição TSE, caracterizado pelos três blocos de escritórios: Garonne, Canal e St. Pierre
Fonte: Grafton Architects.

semipúblico denominado Cour (Fig. 9.52), que oferece a oportunidade para mais espaços de socialização e contemplação visual do canal de Brienne e da igreja Saint-Pierre des Cuisines.

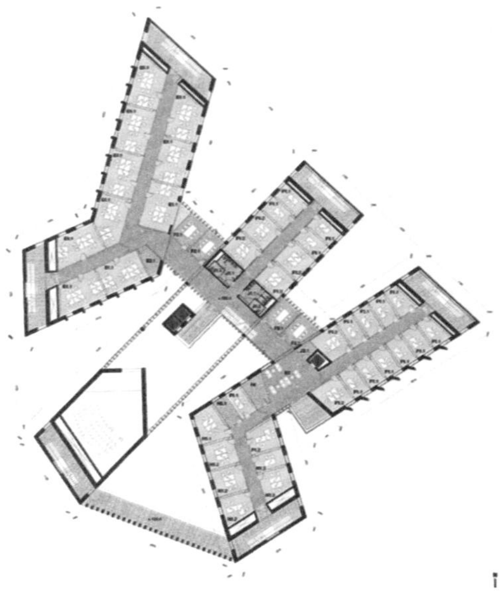

Fig. 9.49 Planta baixa do terceiro pavimento do novo edifício da instituição TSE (pavimento tipo dos andares de escritórios celulares)
Fonte: Grafton Architects.

O espaço Cour foi concebido para expandir o espaço público do entorno, convidando o público em geral a usufruir o ambiente aberto e sombreado do pátio central, com a possibilidade de subir pelas escadas, que direcionam a vista a pontos estratégicos do centro histórico, até os terraços, para desfrutar de mais vistas panorâmicas de Toulouse, com o apoio de cafeterias e áreas de permanência. Similar aos pátios sombreados e com um microclima próprio, protegido da radiação e das elevadas temperaturas do verão, comuns ao tecido urbano medieval da cidade, a intenção do projeto foi que o espaço Cour tivesse as mesmas qualidades ambientais favoráveis ao conforto térmico nos dias quentes do verão de Toulouse.

O edital do projeto demandava alta qualidade ambiental para os ocupantes do complexo, com vistas de valorização do entorno, luz natural em abundância (mesmo nos meses de inverno, quando a disponibilidade é pouca) e espaços internos e externos confortáveis termicamente, em especial, no pico do verão. Em suma, os requisitos de desempenho ambiental do edital podem ser resumidos em três objetivos básicos: conforto térmico, boa

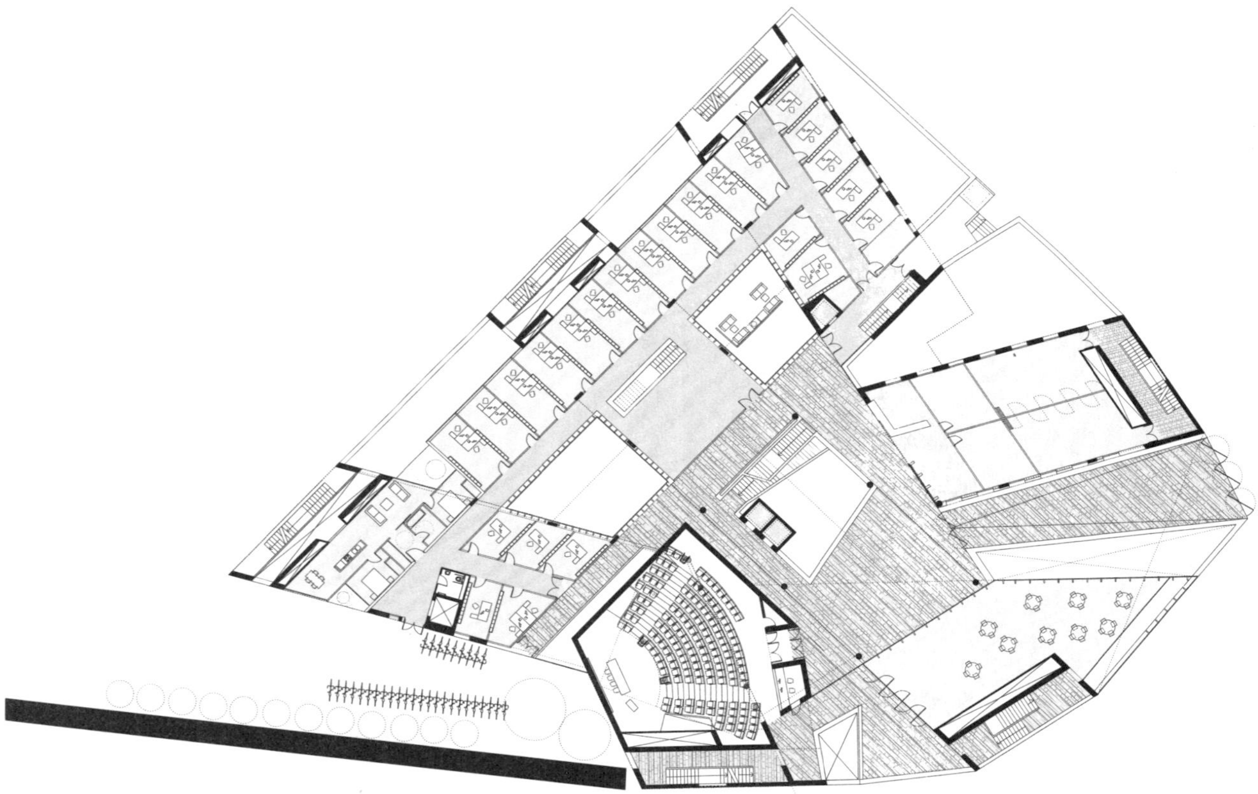

Fig. 9.50 Piso térreo do novo edifício da Escola de Economia de Toulouse, com a continuação dos espaços públicos do entorno até o centro do novo complexo arquitetônico
Fonte: Grafton Architects.

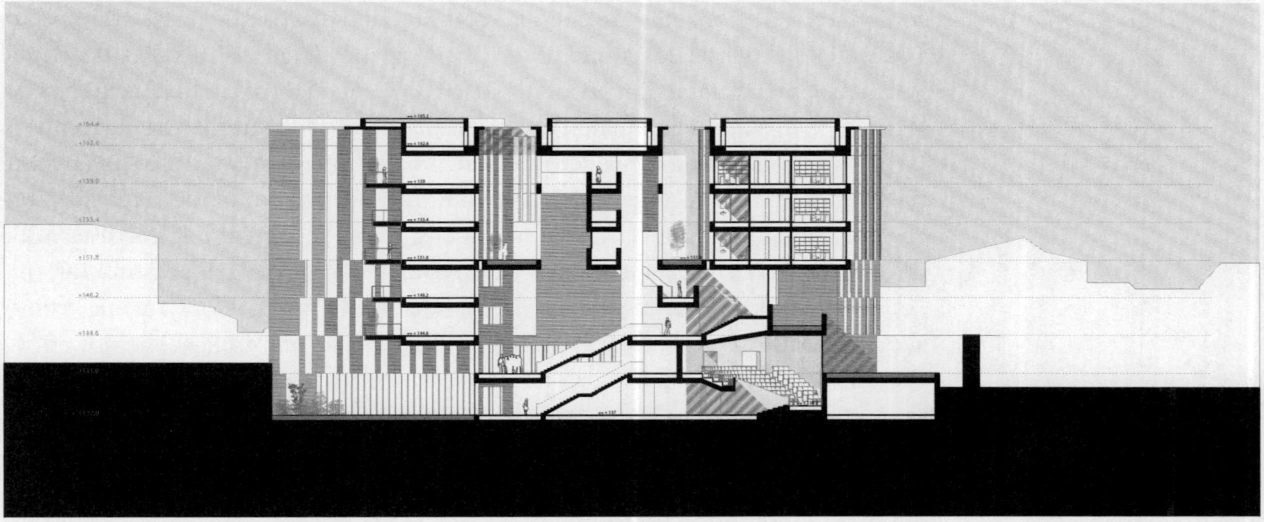

Fig. 9.51 Corte transversal do novo edifício da Escola de Economia de Toulouse, mostrando as várias transições entre espaços internos e externos
Fonte: Grafton Architects.

iluminação natural e eficiência energética. A resposta a esses objetivos levou a estratégias específicas para lidar com o desafio da demanda por resfriamento nos meses de verão e da alta dependência da iluminação artificial nos dias de inverno, decorrente da baixa disponibilidade de luz natural nos dias de inverno.

A forma aberta e recortada do complexo arquitetônico do novo edifício da Escola de Economia de Toulouse, embora positiva para a comunicação visual e a captação da luz natural e da ventilação natural, trouxe o desafio do conforto térmico nas áreas de uso comum (parte fundamental do programa de atividades), que, na proposta arquitetônica, tomaram a forma de espaços abertos, de transição entre exterior e interior, como pátios, terraços e circulações horizontais abertas ao longo dos pavimentos, conectando os três blocos.

Por um lado, a ideia de transformar as áreas comuns em espaços abertos é estratégica para o desempenho ambiental do projeto, pois reduz significativamente a área a ser climatizada artificialmente, tanto para o aquecimento como para o resfriamento. Por outro lado, a exigência do uso desses espaços ao longo do ano levou à preocupação com a exposição aos ventos indesejáveis nos dias de inverno e à radiação solar nos dias de verão.

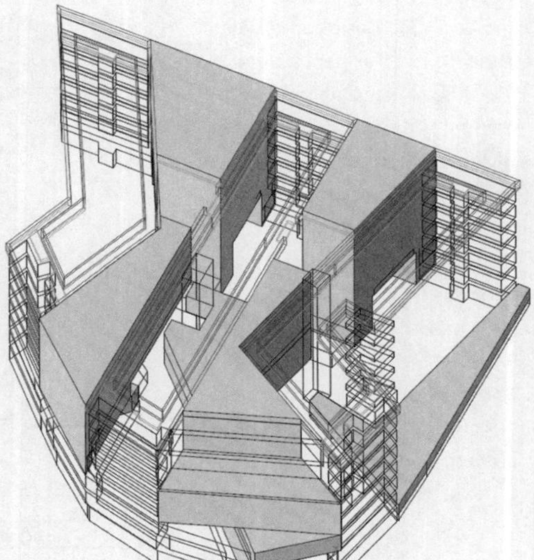

Fig. 9.52 Perspectiva axonométrica destacando em amarelo os espaços abertos do projeto que, de uma forma conjunta, constituem o espaço de uso comum denominado Cour
Fonte: BDSP Partnership.

9.3.1 Localização

O diagnóstico do clima e o entendimento do contexto ambiental apontou as estratégias gerais de desempenho ambiental, influenciando tanto as linhas gerais do partido arquitetônico quanto, mais adiante, as soluções tecnológicas.

O clima de Toulouse mostra uma significativa variação anual de temperatura, saindo de valores abaixo de -5 °C, nos dias mais frios do inverno, a aproximadamente 35 °C, no pico do verão. Apesar do problema potencial durante o verão, por mais de 70% das horas diurnas de ocupação, as temperaturas horárias ficam abaixo dos 19 °C (Figs. 9.53 e 9.54). Consequentemente, a análise das temperaturas aponta a demanda por aquecimento como sendo a principal componente do consumo de energia total do edifício. No que tange ao impacto ambiental da energia consumida no edifício, apesar de, inicialmente, a demanda pelo aquecimento ser maior ao longo do ano, o verão incorre em uma demanda de pico por metro quadrado maior, ou seja, cada estação traz um desafio diferente.

Para minimizar a carga de aquecimento, um isolamento térmico da envoltória foi especificado como estratégia de minimização das perdas de calor, acentuadas por conta da forma alongada dos blocos, e aproveitamento da carga térmica proveniente da ocupação e do calor solar, para a elevação da temperatura interna. Por outro lado, apesar de 50% das horas diurnas do verão serem amenas, como já mencionado, a temperatura externa nessa época do ano sobe acima dos 30 °C. Quando somada ao impacto da radiação solar global, os riscos de desconforto por calor apontam para a necessidade de estratégias de resfriamento por um quarto das horas diurnas de ocupação nos meses de verão.

Uma análise mais aproximada da distribuição das temperaturas do ar externo durante o período de verão mostra que as temperaturas mais altas ocorrem no período da tarde, das 13h às 18h. Já o período da manhã apresenta condições favoráveis à ventilação natural.

Complementando a análise, as temperaturas do período noturno de verão apontam para o potencial da ventilação noturna como estratégia completar de resfriamento dos espaços internos. Como sabido da teoria, a eficiência da ventilação noturna é maximizada quando combinada ao efeito de massa térmica, estratégia esta que foi devidamente incorporada nesse projeto, por meio da exposição da laje de concreto aos ambientes internos.

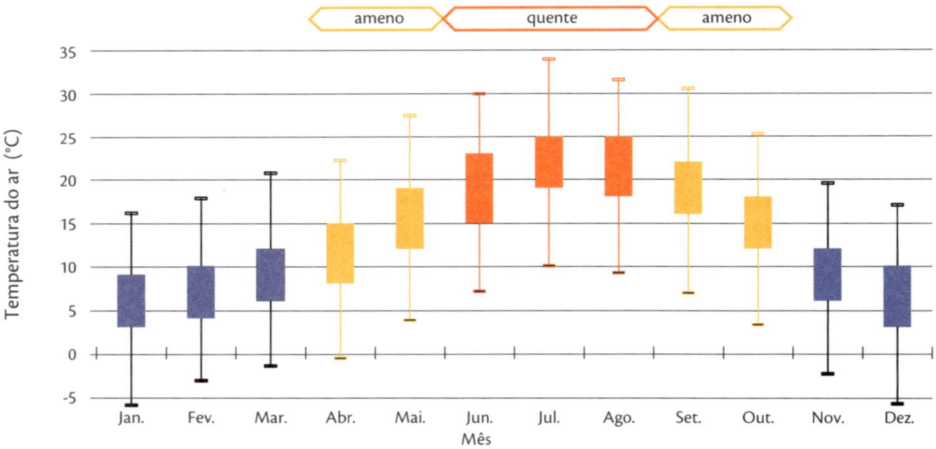

Fig. 9.53 Dados anuais de temperatura do ar para a cidade de Toulouse, na França. Os retângulos destacados entre as máximas e mínimas marcam o intervalo de temperaturas que ocorrem por 50% do tempo. O clima apresenta temperaturas mínimas no inverno abaixo de zero e máximas no verão acima dos 30 °C
Fonte: BDSP Partnership, com base no banco de dados climáticos da ASHRAE (2009).

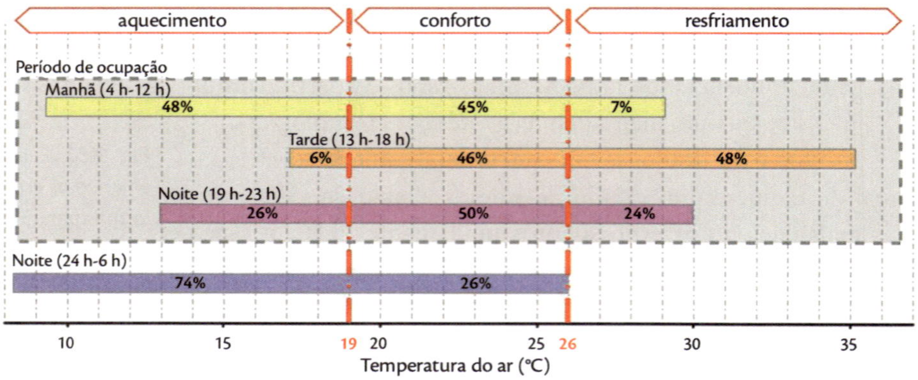

Fig. 9.54 Diagnóstico climático de Toulouse, com a indicação dos períodos de demanda por aquecimento, conforto e demanda por resfriamento, nas quatro estações do ano
Fonte: BDSP Partnership.

A radiação solar da cidade de Toulouse é intensa, chegando a aproximadamente 1.000 w/m^2 no plano horizontal, no pico do verão, sendo 85% desse valor advindo da componente direta, caracterizando um clima de céu claro. Essa análise chamou a atenção para a importância do projeto de fachadas, no que diz respeito ao sombreamento e ao controle das áreas de janela. A intensidade média anual dos ventos fica ao redor de 3,9 m/s, contribuindo para a eficiência da ventilação natural. No que tange à direção, a primeira predominância vem do quadrante noroeste e a segunda do sudoeste.

A proximidade do terreno do projeto com o rio Garonne e o canal de Brienne inspirou a estratégia de usar a água do rio e do canal, cuja temperatura fica entre 14 °C e 17 °C, como fonte de resfriamento do sistema de climatização artificial dos espaços internos, durante o período crítico de verão.

9.3.2 Estratégias de desempenho ambiental

A significância relativa em área de cada um dos diferentes espaços internos e suas exigências de desempenho foi colocada em um diagrama, para o entendimento das prioridades do desempenho ambiental do projeto como um todo (Fig. 9.55). Como grande parte da área do novo edifício é dedicada a escritórios celulares, as características gerais do projeto de desempenho ambiental foram determinadas de acordo com as necessidades desses espaços, aproveitamento máximo da luz natural e minimização da demanda energética total, com ênfase na redução do aquecimento e do resfriamento dos espaços internos.

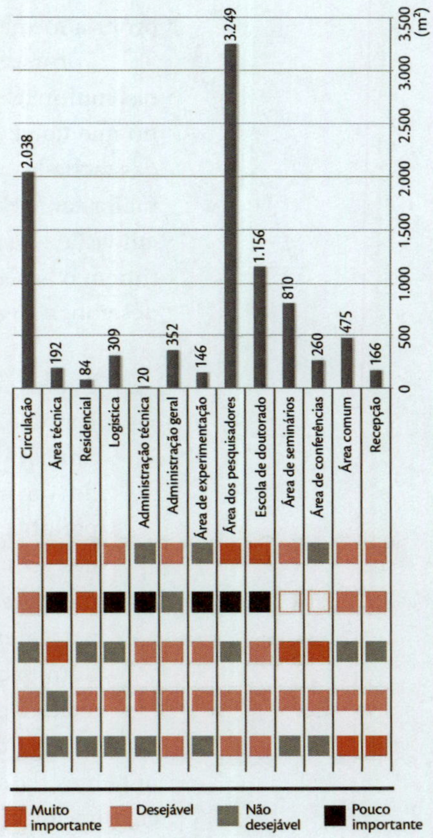

Fig. 9.55 Diagrama da relação entre o tipo de espaço interno, a participação da sua área sobre a área total do projeto e a importância dos seguintes requisitos de desempenho ambiental: luz natural, acesso ao Sol, proteção acústica e controle das condições térmicas
Fonte: BDSP Partnership.

Seguindo as indicações do diagnóstico climático de Toulouse, os três blocos que constituem o novo edifício da Escola de Economia de Toulouse foram projetados para permitir a ventilação natural por meio de janelas com esquadrias controláveis na maior parte do ano, incluindo horas de ocupação durante o verão, recorrendo ao resfriamento ativo nas horas críticas do verão, frequentes no período da tarde, caracterizando o modo misto de climatização. Para a maximização das horas de ventilação natural e minimização da carga de térmica de resfriamento, um conjunto de medidas foi estabelecido:

- minimização dos ganhos solares por meio das fachadas;
- exposição da laje de concreto dos espaços internos, na busca dos efeitos de estabilização das temperaturas internas por conta da inércia térmica;
- janelas com esquadrias controláveis para o bom aproveitamento da luz natural e da ventilação natural;

- ventilação noturna por meio de janelas com esquadrias controláveis para a remoção da carga térmica;
- adoção de tecnologia eficiente no que diz respeito ao sistema de resfriamento ativo do ar.

Apesar de serem estratégias/medidas que podem ser implementadas independentemente e em diferentes estágios do projeto, o alcance de um benefício significativo para o desempenho ambiental do edifício depende da sua aplicação conjunta.

Como parte da estratégia de aproveitamento da luz natural, a forma arquitetônica dividida em três blocos tem largura adequada para a boa penetração lateral da luz nos escritórios celulares, localizados nas duas laterais de cada bloco (como visto nas Figs. de 9.48 a 9.51). Como mencionado anteriormente, somada à largura estreita dos blocos, a forma recortada e a introdução dos pátios internos aumenta a área de envoltória de captação da luz e da ventilação natural, no entanto com diferenças decorrentes da orientação e do mascaramento criado por um bloco sobre o outro. No total, entre diferentes orientações e condição de obstrução criada pela própria forma arquitetônica, são identificadas dez variações de fachada.

Por isso, a busca pela mesma qualidade ambiental (ou pelo menos similar) nas múltiplas fileiras de escritórios, refletiu em variações no projeto das aberturas, no que tange a sua área e tipo de proteção solar. Seguindo essa lógica, as janelas das fachadas voltadas para os pátios internos, por exemplo, foram projetadas em maior tamanho, a fim de aumentar a área de captação de radiação difusa, tendo em vista a disponibilidade reduzida da luz natural. Sendo assim, as fachadas constituem o aspecto mais importante a ser estudado do projeto arquitetônico, para o desempenho ambiental e energético do edifício.

9.3.3 Evolução do projeto das fachadas

Um detalhado estudo de simulações paramétricas de variáveis do desempenho ambiental foi realizado logo nas etapas iniciais do processo de projeto, a fim de informar a arquitetura, com base em uma avaliação quantitativa e comparativa de soluções alternativas para as diferentes condições de exposição das fachadas. Os estudos analíticos das soluções de fachada e janela focaram na avaliação do conforto visual e térmico dos usuários, tendo como objetivo final a menor demanda energética possível para o resfriamento, aquecimento e iluminação dos espaços internos, sempre com vistas aos escritórios celulares.

Voltando às considerações sobre o clima de Toulouse, enquanto a minimização da carga de aquecimento está diretamente associada ao isolamento dos componentes da envoltória, a carga de resfriamento é remetida à razão entre a área envidraçada e a área de fachada (WWR) e à introdução de sombreamento, sendo esses dois parâmetros testados mediante os critérios de comunicação visual e penetração da luz natural, tendo em mente que vistas para o exterior e o sombreamento são dois requisitos potencialmente conflitantes.

Um método específico de apresentação dos resultados dos estudos de desempenho ambiental foi montado para auxiliar a escolha da solução mais adequada para cada pavimento, de cada uma das dez diferentes fachadas (Fig. 9.56).

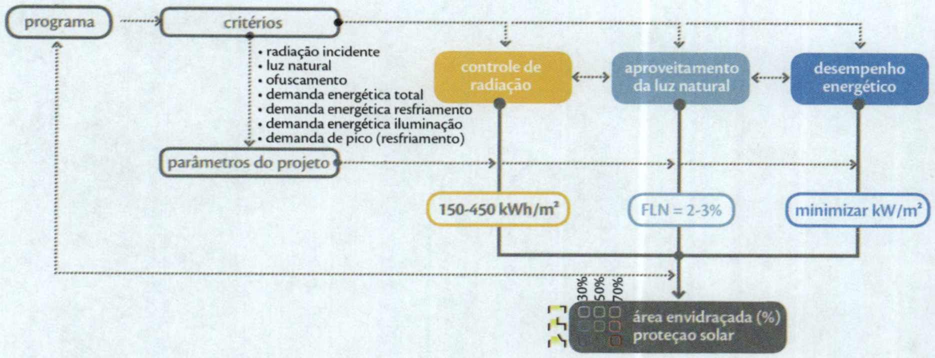

Fig. 9.56 Diagrama da metodologia dos estudos analíticos de desempenho ambiental, empregada para avaliar o desempenho de um conjunto de soluções diferenciadas para o projeto das fachadas

Impacto da radiação solar

O mapeamento da radiação incidente (*irradiation mapping*) foi determinante para a elaboração de soluções específicas de projeto para cada uma das fachadas, considerando diferenças não somente de orientação, mas também de obstruções ao longo da altura, em função do autossombreamento causado pelos blocos vizinhos e o entorno imediato (Fig. 9.57). Os resultados desse mapeamento foram classificados em cinco faixas de exposição à radiação, apresentadas em kWh/m^2 de radiação acumulada durante os dias de verão:

- área sombreada, abaixo de 150 kWh/m^2;
- exposição baixa, entre 150-250 kWh/m^2;
- exposição moderada, entre 250-350 kWh/m^2;
- exposição alta, entre 350-450 kWh/m^2;
- área desobstruída, acima de 450 kWh/m^2.

Inicialmente, esses resultados apontaram um conjunto de diretrizes gerais para o tratamento das fachadas, na busca pelo melhor desempenho ambiental, sem definir ainda soluções específicas de projeto. Por exemplo, a diretriz para as áreas de alta exposição à radiação solar global foi a minimização da área envidraçada, acompanhada pelo sombreamento apropriado, sem perder de vista os riscos do impacto de tais diretrizes sob as condições de iluminação natural.

Desempenho luminoso

A fim de achar a melhor proteção contra a radiação solar direta para os escritórios celulares, sem prejudicar a iluminação natural no verão e no inverno, estudos analíticos, realizados com o auxílio de simulações computacionais examinaram, então, o efeito combinado de uma variação do percentual entre área de vidro e área de fachada (WWR), de 30%, 50% e 70%, e três tipologias diferentes de proteção solar, incluindo a opção de ausência de sombreamento, outra com aletas verticais perpendiculares à fachada, com 80 cm de comprimento, e uma terceira com aletas verticais inclinadas a 45°, construindo assim, nove cenários de simulação para a averiguação do desempenho luminoso (Figs. 9.58 e 9.59).

Um escritório típico de 2,6 m de largura por 4,5 m de profundidade foi modelado para as simulações computacionais de desempenho luminoso e térmico, com nove cenários, para dois pavimentos representativos do conjunto (o segundo e o quinto) em cada uma das dez fachadas. A opção pelos elementos verticais de proteção solar seguiu a preferência arquitetônica pelos componentes verticais na composição geral das fachadas.

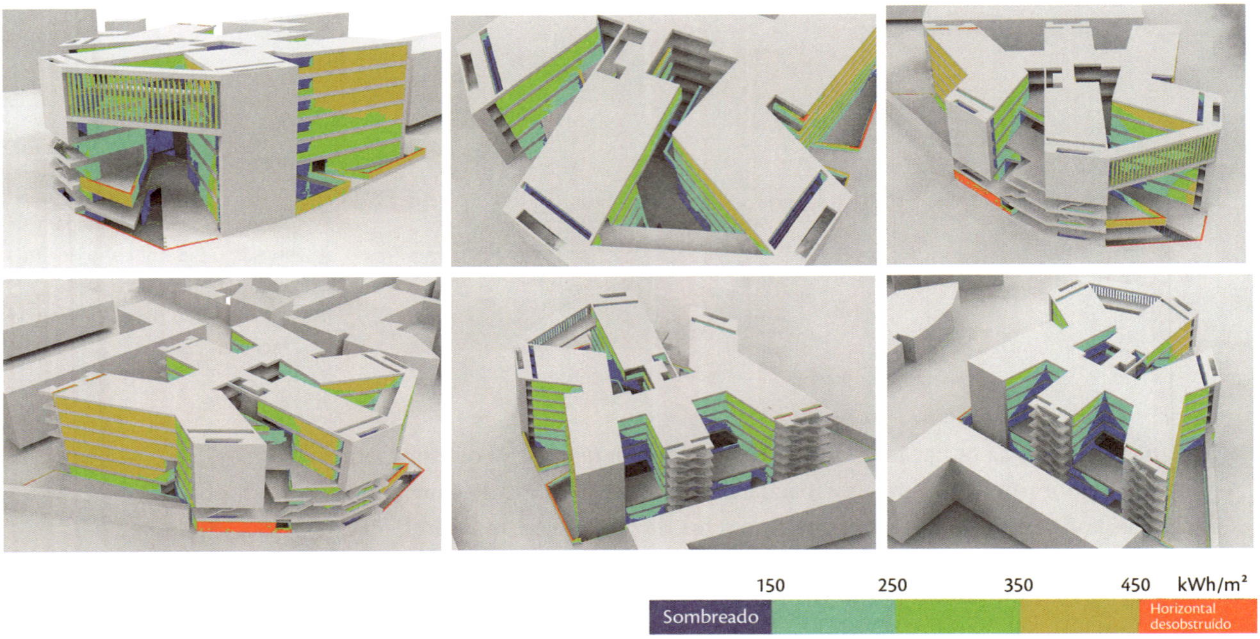

Fig. 9.57 Mapeamento da radiação incidente (*irradiation mapping*) nas dez fachadas distintas do complexo arquitetônico, acumulada durante os dias de verão, em função da orientação e do autossombreamento dos blocos e do entorno imediato
Fonte: BDSP Partnership.

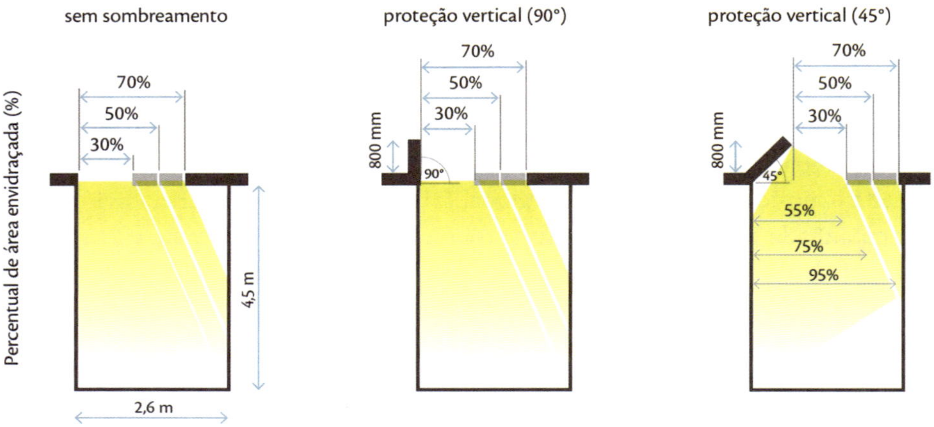

Fig. 9.58 Representação das três variações de área envidraçada e das três estratégias de sombreamento que, combinadas, deram origem às nove opções de janela a serem simuladas nos dois pavimentos de referência, das dez fachadas distintas do projeto
Fonte: BDSP Partnership.

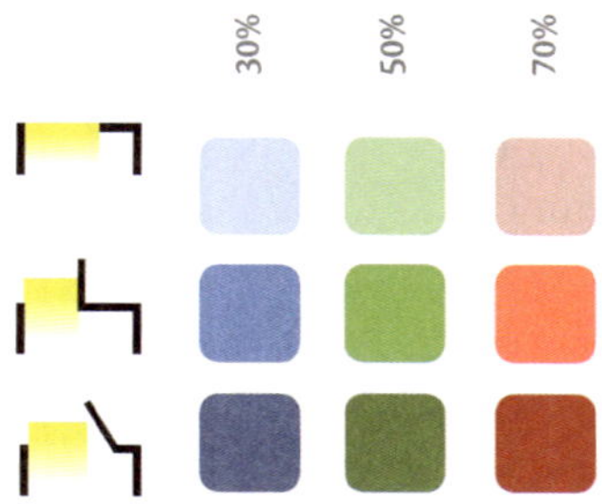

Fig. 9.59 Diagrama de representação das nove opções de janela
Fonte: BDSP Partnership.

Para o modelo com a proteção solar da aleta inclinada, foram calculados dois percentuais de área de vidro: um referente à porção desobstruída do vidro e outro à área envidraçada total em relação à área de fachada (WWR), resultando nas seguintes combinações: para 30% de área desobstruída, um WWR de 55%; para 50% de área desobstruída, um WWR de 75%; e para 70% de área desobstruída, um WWR de 95% (Fig. 9.58).

A Fig. 9.60 mostra os resultados das simulações de desempenho luminoso, realizadas com o *software* Radiance, apresentados na forma de fator de luz natural (FLN), sendo esse o percentual de luz natural da abóboda celeste de um céu nublado, medido ou calculado em um plano horizontal desobstruído, que chega em um ponto do espaço interno, em função do tamanho e localização da abertura e das reflexões externas e internas da radiação luminosa. Como diretriz de desempenho, considerou-se o intervalo entre 2% e 3% de FLN, recomendado por referências das normatizações internacional e francesa para ambientes de trabalho, adotadas também pelos sistemas internacionais de certificação (HQE, BCO, LEED, BREEAM etc.).

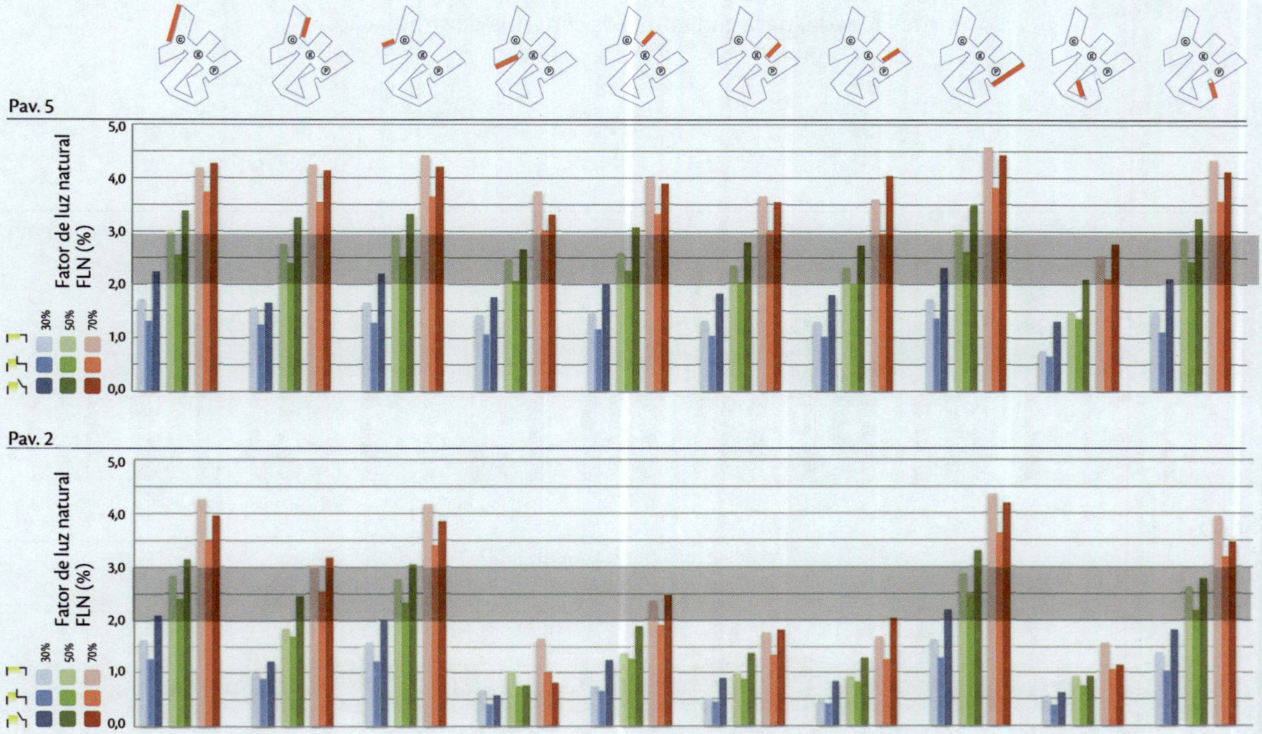

Espaços internos com menos de 2% de FLN médio correm o risco de se tornarem escuros nos dias de inverno (quando a disponibilidade de luz natural é menor do que no restante do ano), enquanto aqueles espaços com mais de 4% de FLN médio correm o risco da ocorrência de ofuscamento e ganhos de calor solar desnecessários, com implicações sobre a carga térmica de resfriamento.

Fig. 9.60 Valores de fator de luz natural resultantes das simulações de desempenho luminoso, utilizando como base as nove opções de janela, aplicadas no segundo e quinto pavimentos das dez fachadas do projeto
Fonte: BDSP Partnership.

Desempenho térmico

O impacto das mesmas nove opções de janela (combinando tratamento com relação ao sombreamento e às proporções de área envidraçada) sobre a demanda energética por resfriamento foi verificado por meio de simulações computacionais de térmica dinâmica realizadas com o *software* EDSL TAS. Para as simulações de desempenho térmico, foi considerado um longo período de ocupação de 365 dias do ano, das 7h às 23h.

Os valores de FLN médio resultantes para cada uma das nove opções de janela, em cada cenário de simulação (dois pavimentos em dez fachadas distintas), foram considerados no modelo de simulação de desempenho térmico para a estimativa do uso da iluminação artificial como componente complementar da iluminação natural em cada caso. Desse modo, quanto menor o FLN, maior a intensidade da luz artificial. iluminação artificial essa que representa uma parcela sobre a geração de calor interno. daí a importância das simulações de desempenho luminoso antecederem às de desempenho térmico.

Um dos indicadores de desempenho extraídos das simulações de desempenho térmico foi a carga térmica anual de resfriamento (kWh/m^2), seguida pela carga térmica anual de aquecimento que, quando comparada com a carga de resfriamento e mesmo com a demanda energética para a iluminação artificial, é a de menor peso. A Fig. 9.61 mostra os cálculos das três componentes da demanda energética total (resfriamento, iluminação artificial e aquecimento) para cada solução de fachada, para cada um dos cenários de simulação.

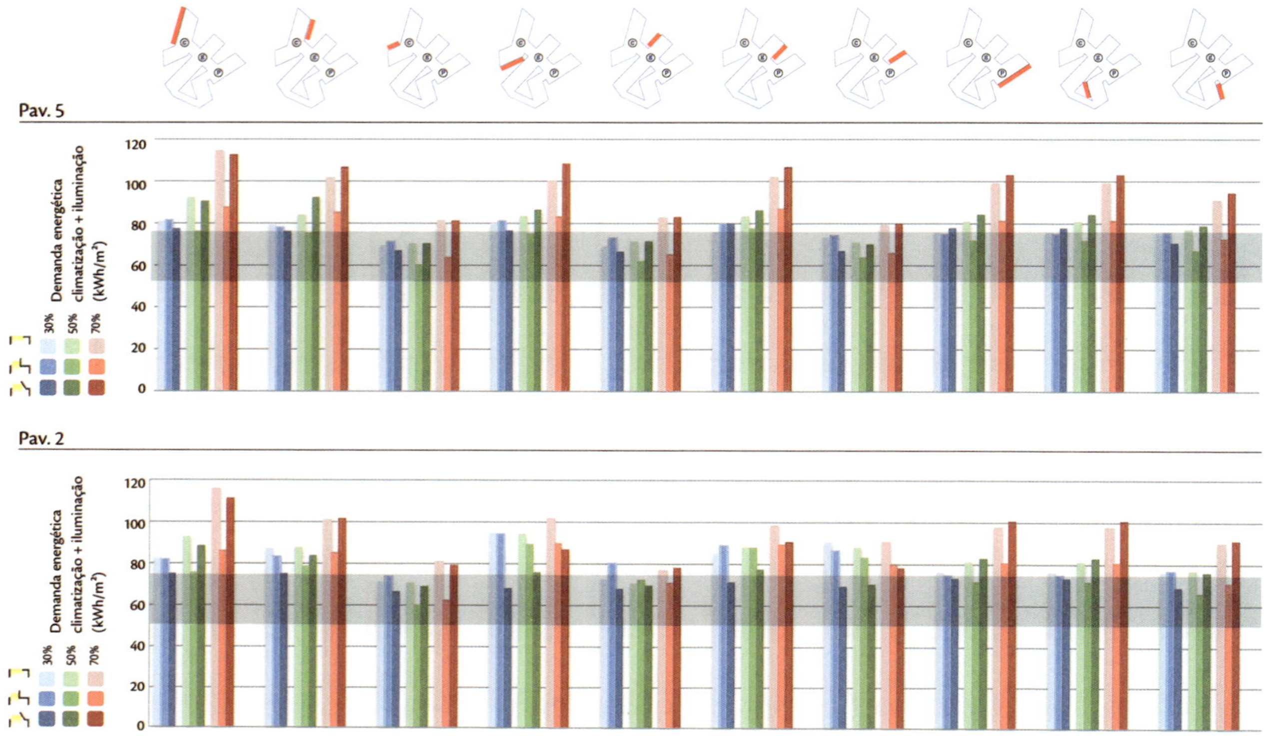

Fig. 9.61 Resultados da demanda energética total, considerando as cargas de iluminação artificial, aquecimento e resfriamento, utilizando como base as nove opções de janela, aplicadas no segundo e quinto pavimentos das dez fachadas do projeto
Fonte: BDSP Partnership.

Na medida em que cresce a demanda por resfriamento, como resultado do aumento da área envidraçada (aumento dos ganhos solares), maior também o valor de FLN médio e menor a exigência da iluminação artificial, e vice-versa. Curvas de tendência para as diferentes combinações de estratégia de sombreamento e áreas envidraçadas indicam as soluções mais adequadas para cada um dos diferentes cenários de simulação, oferecendo a menor carga de resfriamento para um bom aproveitamento da iluminação natural.

A demanda energética de pico para o resfriamento também foi verificada como indicador de desempenho, tendo em vista as elevadas temperaturas de verão e o impacto da carga de pico sobre o dimensionamento dos sistemas de climatização, com consequências sobre os custos de operação e espaço para a instalação dos sistemas (Fig. 9.62).

9.3.4 Resultados e considerações finais

Os resultados das simulações computacionais de desempenho ambiental mostraram uma relação direta entre área de vidro e carga térmica de resfriamento, que é reduzida ainda mais com a introdução de sombreamento. Enquanto

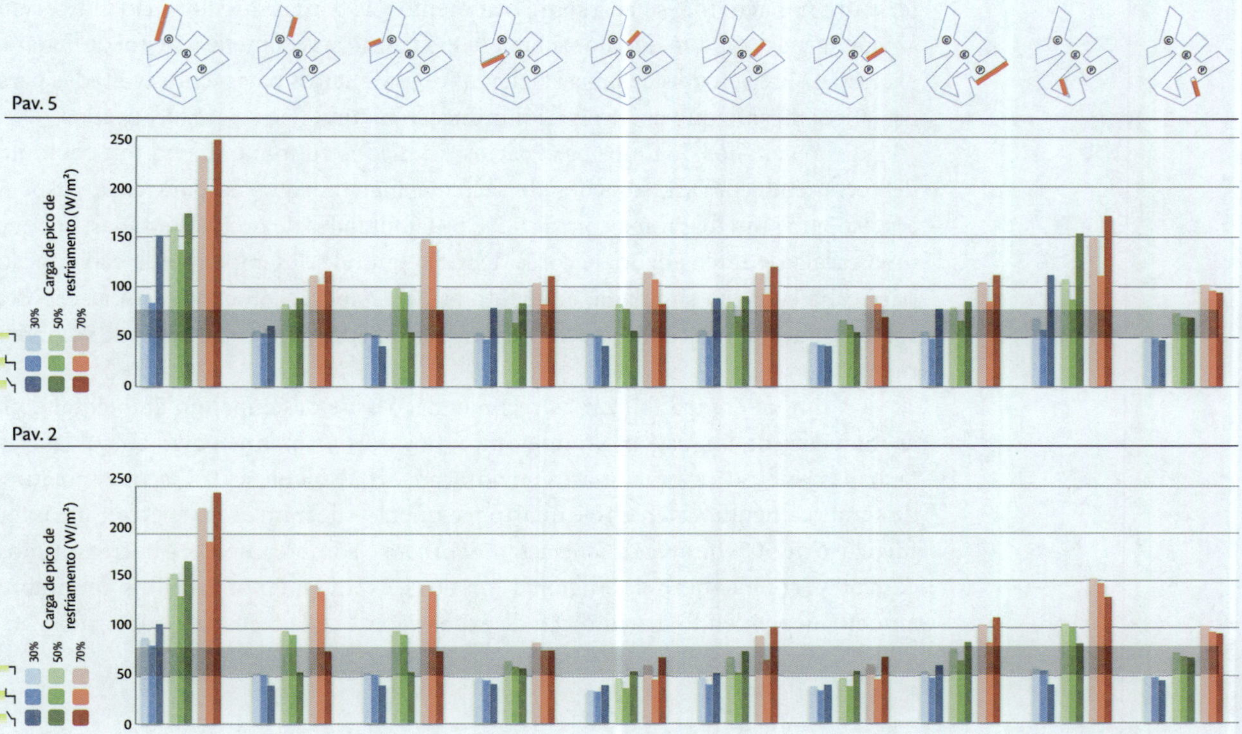

Fig. 9.62 Resultados da demanda de pico de resfriamento, utilizando como base as nove opções de janela, aplicadas no segundo e quinto pavimentos das dez fachadas do projeto
Fonte: BDSP Partnership.

a redução das áreas envidraçadas e o uso do sombreamento refletem na minimização da carga anual de resfriamento para 50 kWh/m^2 na maioria dos cenários simulados, o objetivo de uma boa iluminação natural, expressa por valores de FLN (de 2% a 4%), implica o comprometimento desse desempenho em alguns cenários, subindo para 75 kWh/m^2, como no caso da fachada noroeste, voltada para o Canal, e da fachada sudoeste, voltada para a igreja Saint-Pierre des Cuisines.

As fachadas críticas em termos de exposição à radiação solar são a de orientação oeste do bloco Canal e a de orientação leste do bloco St. Pierre. De uma forma geral, todos os pavimentos superiores recebem alto nível de radiação solar, particularmente aqueles voltados para a orientação sudoeste, do bloco St. Pierre. Nesses casos, a menor carga térmica de resfriamento é alcançada com a menor área envidraçada combinada à proteção solar da aleta vertical inclinada a 45°, sem o prejuízo da luz natural.

Os primeiros pavimentos e os intermediários apresentam níveis de exposição à radiação solar e aproveitamento da luz natural bem distintos dos pavimentos superiores. Complementando, a tendência de demanda energética por resfriamento depende não somente da orientação, mas também da obstrução de um bloco sobre o outro. Nos casos em que a demanda energética por resfriamento e iluminação artificial não é penalizada com o aumento da área envidraçada, a recomendação para o projeto de arquitetura priorizou os valores mais altos de FLN, favorecendo também a comunicação entre interior e exterior e, por conseguinte, a qualidade ambiental dos espaços internos.

No caso das fachadas votadas para os pátios, em especial nos primeiros pavimentos, o FLN médio não atinge a marca dos 2%, em virtude do mascaramento da forma criada pelo próprio pátio. Nesses casos, o aumento da área envidraçada teria um impacto indesejado sobre o aumento das perdas de calor pelo vidro, sem as vantagens do ganho de calor solar. Por essa razão, a recomendação foi de evitar o excesso da área envidraçada nas fachadas dos primeiros pavimentos voltadas para os pátios, mesmo que os níveis de iluminação natural não sejam alcançados.

Os resultados de todos os cenários simulados culminaram em um conjunto de recomendações de soluções de fachada mais adequadas para cada caso. A Fig. 9.63 traz um diagrama com as nove possibilidades de projeto testadas, em que uma escala de intensidade de cores define o grau de desempenho de cada opção, para cada situação simulada, enquanto as Figs. 9.64 e 9.65 expressam a resposta arquitetônica para as combinações entre área envidraçada e estratégia de sombreamento.

A fim de compatibilizar as recomendações de desempenho ambiental com as intenções da linguagem arquitetônica, nos dois primeiros pavimentos das dez fachadas, adotou-se a maior área envidraçada, equivalente a 70%, sem a estrutura de sombreamento. O terceiro e quarto pavimentos ficaram com o percentual intermediário de 50% de área de janela, também sem o sombreamento, e os três últimos, com 30%, com a opção de adicionar um dos três tratamentos distintos de sombreamento, dependendo da condição de exposição de cada fachada à radiação solar.

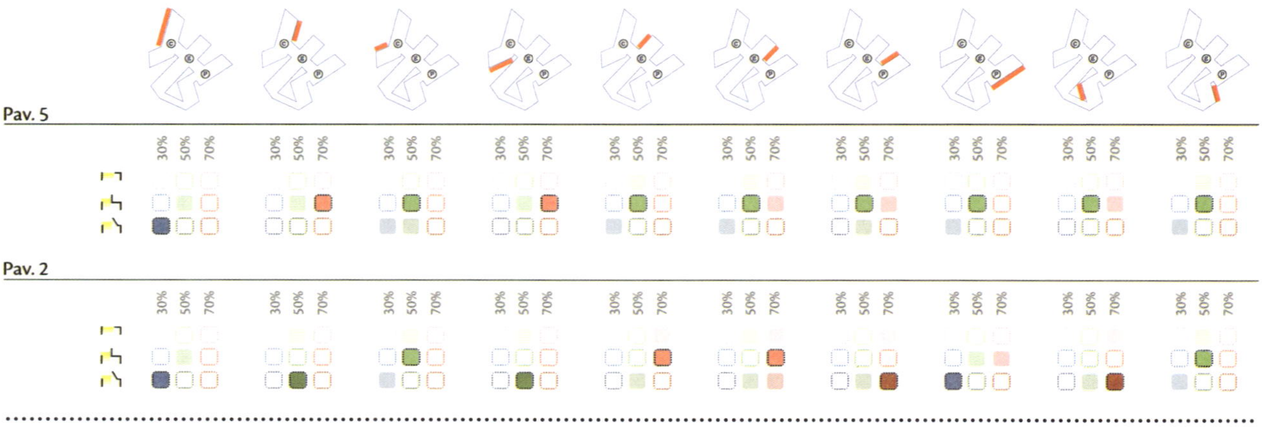

Fig. 9.63 Diagrama das recomendações das soluções de fachada mais apropriadas para cada um dos dois pavimentos de referência, nas dez elevações do projeto. Os quadrados de cor sólida representam as soluções mais adequadas, os de cor clara indicam aquelas que ainda são aceitáveis e os sem cor mostram as opções que não devem ser adotadas

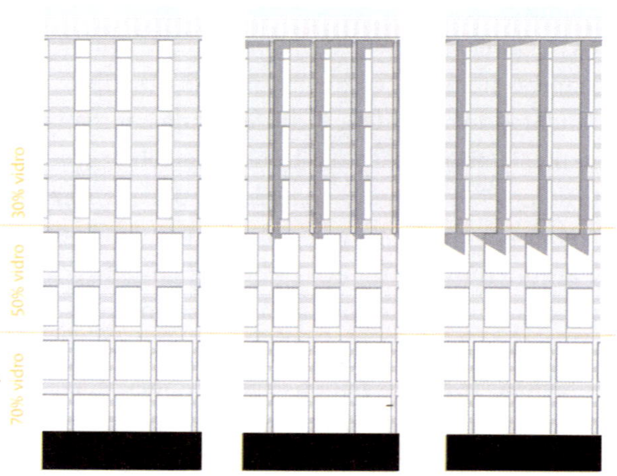

Fig. 9.64 Resposta arquitetônica simplificada às recomendações de área envidraçada e estratégia de sombreamento, que separa o tratamento das fachadas em três tipos, de acordo com a altura, sendo os dois últimos pavimentos passíveis de variação, dependendo da exposição à radiação solar
Fonte: BDSP Partnership.

Fig. 9.65 Vista da elevação principal do edifício, com a aplicação das diferentes soluções de fachada
Fonte: Grafton Architects.

Esse método didático de síntese e apresentação dos resultados de um complexo e extenso conjunto de estudos analíticos de simulação computacional serviu ao processo de tomada de decisão da arquitetura, na composição das várias fachadas do projeto, com flexibilidade na escolha das soluções de janela, garantindo um desempenho ambiental apropriado.

Concluindo, no caso do projeto do novo edifício da Escola de Economia de Toulouse, a minimização da demanda energética total e o bom desempenho ambiental partiram do entendimento do clima, seguido pela elaboração da forma arquitetônica e, por último, por um detalhado estudo analítico de fachadas, considerando o desempenho ambiental dos espaços internos, minimizando a dependência dos sistemas tecnológicos.

Referências bibliográficas

ASHRAE - AMERICAN SOCIETY OF HEATING, REFRIGERATING AND AIR CONDITIONING. *Climate design data*: ASHRAE Handbook. Atlanta, 2009.

CIBSE - CHARTERED INSTITUTE OF BUILDING SERVICE ENGINEERS. *CIBSE Guide B*: heating, ventilation, air conditioning and refrigeration. Norwich: CIBSE Publications, 2005a.

CIBSE - CHARTERED INSTITUTE OF BUILDING SERVICE ENGINEERS. *CIBSE Applications manual AM10*: natural ventilation in non-domestic buildings. Norwich: CIBSE Publications, 2005b

HARRIES, A.; BRUNELLI, G.; RIZOS, I. London 2012 Velodrome: integrating advanced simulation into the design process. *Journal of Building Performance Simulation,* Taylor & Francis, v. 6, n. 6, p. 401-419, London, 2012.

PALLISER, J. (Ed.). The Velodrome Brief, Richard Arnold, ODA project sponsor, is interviewed by Christine Murray, editor of The Architects' Journal. In: *Hopkins Architects London 2012 Velodrome*: design in pursuit of efficiency. London: The Architects'Journal/ Emap, 2011.

THE SPORTS COUNCIL. *Handbook of sports and recreational building design*. 2nd ed. Oxford: Butterworth Architecture, 1995. v. 2: indoor sports.

UCI - UNION CYCLISTE INTERNATIONALE. *UCI cycling regulations*: part III track races. 2007. Disponível em: <http://www.uci.ch/>. Acesso em: jul. 2007.

Programas

ANSYS. CFX (version 5.7), 2004 . Disponível em: <www.ansys.com>. Acesso em: jul 2009.

EDSL - ENVIRONMENTAL DESIGN SOLUTION. Tas (version 9.2.0). Disponível em: <www.edsl.net>. Acesso em: dez., 2010.

MARSH, A. Ecotect (version 5.6), 2001.. Disponível em: <www.autodesk.com/ecotect-analysis>. Acesso em: mar. 2008.

WARD, G. Radiance (version 4.1), 2002. Disponível em: <http://radsite.lbl.gov/radiance/index.html>. Acesso em: mar. 2008.

Fundamentos da simulação energética de edificações

10

Alberto Hernandez Neto

Malkawi e Augenbroe (2004) apontam que o espectro do termo simulação de edificações é bastante amplo e varia de avaliações de fluxo de massa e energia, passando por durabilidade estrutural e desempenho de sistemas, até simulação do comportamento da edificação no sítio da construção. Os primeiros desenvolvimentos de ferramentas de simulação foram iniciados nas décadas de 1960 e 1970, focando no campo do desempenho energético da envoltória da edificação, e expandiram-se para os sistemas de iluminação, climatização, aquecimento, ventilação e outros. Atualmente, este escopo se ampliou para análises que avaliam transferência de calor e massa combinados, acústica, sistemas de controle e várias combinações de simulações de climas urbanos e microclimas.

Os principais usos de ferramentas de simulação são apresentados por Hong, Chou e Bong (2000), a saber:

- Estudo de estratégias passivas

  Ferramentas de simulação permitem avaliar o impacto no desempenho energético da edificação pelo uso de estratégias passivas como sombreamento, iluminação natural, geotermia etc.

- Uso de ferramentas de *Dinâmica de Fluidos Computacional (Computational Fluid Dynamics, CFD)*

  Tipo de ferramenta que permite estudos de microclima urbano e no interior de edificações, ventilação de edificações, segurança em incêndios etc.

- Cálculo de cargas de resfriamento/aquecimento de edificações

  Os valores de pico e o perfil das cargas de aquecimento/resfriamento são a base para o dimensionamento e a seleção de sistemas de climatização, aquecimento, ventilação e refrigeração. Essas cargas são definidas como a quantidade de energia necessária para se manter um ambiente com suas condições de temperatura, umidade relativa e velocidade controladas.

- Análise de desempenho energético para projeto e *retrofit* (ou reabilitação espacial/tecnológica)

  A ferramenta de simulação pode oferecer os perfis de consumo de energia da edificação e o desempenho dos principais sistemas em carga nominal e parcial. Carga nominal é a quantidade de energia que pode ser transferida por resfriamento por um sistema de climatização em condições especificadas em norma de testes de capacidade. Carga parcial, por sua vez, é a quantidade de energia que pode ser transferida por resfriamento por um sistema de climatização fora das condições especificadas em norma de testes de capacidade.

Entende-se por desempenho energético o comportamento do perfil de consumo de energia da edificação e seus sistemas (iluminação, climatização, elevadores) durante um período de tempo (dias, meses ou anos). No caso de uso para projetos, a ferramenta pode fornecer os dados para uma correta seleção do sistema de climatização a ser utilizado. Já para o uso em *retrofit*, as ferramentas de simulação podem auxiliar na avaliação de alternativas para redução de consumo de energia, fornecendo à equipe subsídios para uma escolha mais adequada dos sistemas a serem modificados.

- Auxílio no projeto de sistemas de gerenciamento de energia e controle

  Sistemas de gerenciamento de energia e controle monitoram, controlam e fornecem relatórios sobre os diversos sistemas da edificação. Utilizando a ferramenta de simulação, pode-se avaliar quais são as estratégias mais adequadas a serem utilizadas na edificação e quais parâmetros devem ser monitorados.
- Adequação da edificação a normas, regulamentações e códigos

  A simulação pode fornecer subsídios quanto ao impacto no desempenho da edificação quando esta é submetida a determinadas normas e regulamentos (como nos processos de certificação, por exemplo, LEED, Procel, Edifica etc.). Além disso, a ferramenta de simulação pode auxiliar no processo de auditoria energética, fornecendo uma análise energética da edificação no seu estado atual (*as built*).
- Análise de custos

  Algumas ferramentas de simulação possibilitam a análise de custos em que a estrutura tarifária pode ser simulada, verificando-se o impacto no custo de operação de mudanças no desempenho da edificação.

Crawley et al. (2005) realizaram uma comparação com 20 ferramentas para simulação energética de edificações. Uma breve história e descrição de cada programa é também apresentada. Os autores comentam que uma das dificuldades principais na realização da comparação é a de não existir uma linguagem comum para descrever as características de cada ferramenta. Eles ressaltam que os profissionais que se envolvem em simulação energética devem, muitas vezes, lançar mão de mais de um aplicativo, de forma que um complemente as deficiências do outro. Além disso, cada vez mais aplicativos estão sendo testados de acordo com diretrizes definidas em normas como ASHRAE 140 (ANSI; ASHRAE, 2007), cujos resultados vêm sendo disponibilizados na rede para comparações (http://www.iea.org/).

Clarke (2001) sugere uma metodologia para análise do desempenho energético de uma edificação de acordo com os seguintes passos:

1] *Estabelecimento de uma representação computadorizada que corresponda à edificação de referência*: deve-se utilizar ferramentas para desenho tridimensional para caracterizar as dimensões das diversas áreas (chamadas zonas térmicas) bem como a sua orientação. Essa representação e as informações contidas nela serão utilizadas para a simulação de desempenho energético.

2] *Calibração do modelo com técnicas confiáveis*: por meio de informações fornecidas pelo cliente e levantamentos feitos pela equipe do projeto, pode-se definir os perfis de ocupação e de operação dos diversos sistemas e garantir uma boa representação do comportamento energético da edificação.

3] *Definição de condições de contorno adequadas*: trata-se dos parâmetros que afetam direta ou indiretamente o desempenho energético da edificação, por exemplo, a definição das condições climáticas do local onde a edificação será construída (temperatura de bulbo seco, direção e velocidade do vento etc.) ou das curvas de eficiência dos sistemas de climatização a serem usadas na edificação em análise.

4] *Realização das simulações com ferramenta apropriada, de acordo com a complexidade do problema e a etapa do projeto*: dependendo do estágio em que se encontra o projeto (fase conceitual, executiva etc.), deve-se optar por ferramentas que forneçam resultados adequados em um prazo condizente com a fase em que o projeto está. Por exemplo, no caso da fase de projeto conceitual, uma ferramenta mais simplificada, mas que forneça resultados para análise mais rapidamente pode ser uma opção mais adequada do que uma ferramenta mais complexa, que demande um tempo para a preparação e saída de resultados, pois, na fase conceitual, estão sendo avaliadas diretrizes de projeto mais gerais (níveis de potência de iluminação artificial, uso de sistemas de climatização etc.).

5] *Caracterização do desempenho com múltiplas variáveis com critérios adequados*: como o desempenho energético de uma edificação depende de uma série de parâmetros, devem-se utilizar indicadores que reflitam de forma adequada o desempenho da edificação. No caso de hospitais, é muito comum se informar o consumo de energia mensal/anual por leito. Já em um hotel, pode-se utilizar o consumo energético mensal/anual por hóspede.

6] *Identificação de áreas problemáticas em função de critérios aceitáveis*: após a simulação do desempenho energético de uma edificação, passa-se a verificar quais seriam os sistemas ou zonas da edificação que podem sofrer mudanças no sentido de reduzir o seu impacto no consumo energético da edificação. Nessa fase, identifica-se como se pode atuar na mitigação desses níveis de consumo excessivos.

7] *Definição de alternativas para redução de consumo de energia*: com base na etapa anterior, são propostas modificações no projeto da edificação e/ou de seus sistemas para melhorar o desempenho energético da edificação.

8] *Implantação das propostas de redução de consumo*: utilizando como referência a edificação sem nenhuma alteração, realiza-se a simulação da edificação com as modificações e compara-se o seu perfil de consumo com o perfil da edificação adotada como referência. Com isso, busca-se verificar se as mudanças propostas atingem os níveis de redução desejados.

9] *Avaliação do desempenho global satisfatório*: repetem-se os procedimentos de 4 a 8 até se atingirem os níveis desejados (ou possíveis) de redução de consumo de energia para a edificação analisada.

10] *Avaliação do impacto do clima*: podem-se repetir os procedimentos de 3 a 8 para avaliar o impacto das condições climáticas no desempenho da edificação em análise, quando esse aspecto for relevante.

10.1 Edificação-modelo

Como mencionado anteriormente (Hong, Chou, Bong, 2000), um dos usos frequentes de ferramentas de simulação energética está voltado para projetos de novas edificações. Neste caso, para se definir se a edificação é eficiente ou não, faz-se necessário o uso de edificações cujas características (envoltória, sistema de climatização, iluminação etc.) sejam tais, que o seu desempenho energético possa ser tomado como referência (*benchmarking* ou *baseline*).

Nesse contexto, têm sido utilizadas no Brasil algumas normas que fornecem diretrizes para a definição dessa edificação de referência. A norma ASHRAE 90.1 (ANSI; ASHRAE; IESNA, 2007) fornece dados para construir um modelo de uma edificação virtual para a simulação energética, o qual serve de limite máximo para o consumo de uma edificação para diferentes localidades. Nessa norma, está prevista a etapa de construção de uma edificação de referência virtual por meio de modelo para simulação. Os perfis de consumo de energia e de custos de operação desse modelo são avaliados e serão úteis como medida de comparação quando se avalia o desempenho de outras edificações. Dessa forma, verifica-se se o perfil de consumo e/ou de custos de operação dessas edificações está acima ou abaixo do perfil de consumo de energia e/ou custos da edificação de referência. Caso esteja acima, modificações podem ser realizadas nas características da edificação proposta para reduzir os seus níveis de consumo, de forma a ficar igual ou abaixo dos níveis da edificação de referência.

No sentido de aprimorar os projetos e buscar níveis mais altos de eficiência energética e maiores reduções no impacto ambiental, foi lançada a norma ASHRAE 189.1 (ANSI et al., 2009), que propõe diretrizes mais exigentes do ponto de vista energético que as apresentadas na já mencionada norma 90.1 (ANSI; ASHRAE; IESNA, 2007). Essas exigências vão desde valores de COP mais altos para os sistemas de climatização, passando por níveis menores de densidade de potência de iluminação artificial. O objetivo principal é fornecer bases para um projeto de edificações de alto desempenho energético que incorporem os conceitos de projeto integrado (*Building Information Modeling*, BIM) e análises de custo de ciclo de vida.

Especificamente no Brasil, a Eletrobras desenvolveu um selo energético para edificações dentro de um programa denominado Procel Edifica – Eficiência Energética em Edificações (Procel, 2011). Neste programa, devem ser atendidos os requisitos descritos nos seguintes documentos:

- RTQ-C: Regulamento Técnico da Qualidade para o nível de eficiência energética de edifícios comerciais, de serviços e públicos;
- RTQ-R: Regulamento Técnico da Qualidade para o nível de eficiência energética em edificações residenciais;
- RAC-C: Regulamento de Avaliação da Conformidade do nível de eficiência energética de edifícios comerciais, de serviços e públicos;
- RAC-R: Regulamento de Avaliação da Conformidade do nível de eficiência energética de edificações residenciais.

Além desses documentos, a Eletrobras também fornece Guias Procel Edifica abordando os seguintes tópicos:

- acústica arquitetônica;
- clima urbano;
- desempenho térmico;

- equipamentos;
- iluminação;
- ventilação natural;
- sustentabilidade.

Dessa forma, pode-se inferir que hoje existem diversas referências para orientar projetos e para a construção de edificações mais eficientes do ponto de vista energético e de baixo impacto ambiental. Com base nessas referências, podem-se utilizar as ferramentas de simulação para auxiliar na tomada de decisões durante a fase de projeto de edificações mais sustentáveis.

10.1.1 Avaliação de edificações existentes

As ferramentas de simulação aplicadas em projetos de novas edificações são extremamente úteis também em projetos de edificações existentes, comumente denominados *retrofits*. Essas ferramentas podem ser o fator-chave para desenvolver estudos de viabilidade de ações de *retrofit* por diversas razões (Waltz, 2000), tais como:

- confirmar o conhecimento sobre o desempenho da edificação pela equipe responsável pelo *retrofit,* fornecendo uma avaliação detalhada do desempenho energético da edificação. Essa ação, quando vem documentada, servirá de referência para os estudos de redução de consumo de energia e/ou custos de operação/manutenção;
- permitir a identificação de oportunidades para redução de consumo de energia e/ou de custos de operação;
- fornecer subsídios para eventuais recontratações da demanda de energia junto à concessionária elétrica;
- auxiliar nos estudos de viabilidade desenvolvidos para contratos de desempenho. Esses contratos são uma prática pouco desenvolvida no setor comercial/residencial brasileiro no qual uma empresa realiza uma avaliação do desempenho energético de uma edificação e propõe ações para redução de consumo de energia, cobrando um percentual mensal/anual da redução obtida no custo de operação da edificação.

Para que essas ações sejam executadas adequadamente, as seguintes tarefas devem ser realizadas (Waltz, 2000):

- determinação do perfil de ocupação e dos usos finais da edificação;
- determinação das características geométricas e de materiais da envoltória;
- levantamento da configuração dos sistemas elétricos e de iluminação, bem como dos seus respectivos sistemas de controle;
- levantamento da configuração dos sistemas diversos (elevadores, escadas rolantes etc.), bem como dos seus respectivos sistemas de controle;
- avaliação da operação da edificação e dos seus usos finais.

Para colocar essas ações em prática, podem ser feitos levantamentos por meio de (Waltz, 2000):

- revisão de documentos existentes;
- entrevistas com membros das equipes de operação;
- visitas técnicas;
- desenhos *as built.*

Portanto, o uso das ferramentas de simulação para a avaliação de edificações existentes exige um conhecimento bastante detalhado tanto dessas ferramentas quanto do comportamento da edificação, a fim de que este seja corretamente traduzido e os resultados obtidos pela simulação possam servir de base confiável para a tomada de decisões para ações de *retrofit*.

10.1.2 Processo de elaboração dos modelos para simulação

O processo de elaboração do modelo da edificação a ser simulada e a inserção dos dados na ferramenta de simulação adotada exigem a colaboração de diversos profissionais, como arquitetos, engenheiros mecânicos, engenheiros elétricos etc. Isso porque o processo de entrada de dados em uma ferramenta de simulação demanda uma quantidade de dados imensa.

A entrada de dados é feita de forma colaborativa, ou seja, diversos profissionais são consultados sobre os sistemas de sua competência e um ou mais profissionais ficam responsáveis pela tradução dessas informações e a realização da entrada de dados na ferramenta de simulação (Donn et al., 2009). Os profissionais encarregados de operar a ferramenta de simulação devem ter, além da capacidade de interagir com outros profissionais, um conhecimento profundo dos modelos, equações e hipóteses utilizadas na ferramenta de simulação. O conhecimento da Física das construções, estrutura e operação de sistemas de climatização, iluminação e demais equipamentos são elementos importantes para que o modelo inserido na ferramenta de simulação corresponda, o máximo possível, à edificação de análise.

Estudo realizado por Kaplan e Caner (1992) demandou vários profissionais com diferentes níveis de capacitação para simular o comportamento energético de edifícios de escritórios existentes, de pequeno e grande porte. Nesse estudo, os profissionais não realizam a chamada etapa de calibração do modelo, na qual se tem acesso às faturas de energia elétrica, gás etc. Portanto, não lhes foi possível ajustar o modelo para melhor representar a edificação. Em virtude dessa impossibilidade de realizar a calibração, a diferença entre o consumo de energia avaliado pelos especialistas e o fornecido pelas faturas de energia variaram entre 66% a 127% para os escritórios pequenos e entre 37% a 120% para os escritórios grandes. Como se pode verificar nesse exemplo, a etapa de calibração deve ser sempre realizada, não só no caso de edificações existentes (caso aqui relatado) como também na simulação de edificações novas. Para edificações novas, a experiência e o conhecimento do comportamento energético da edificação pode alertar para resultados pouco prováveis, o que indicaria algum erro na simulação. Exemplificando, se ao analisar os resultados de uma simulação verifica-se que a edificação localizada em um clima desértico está apresentando, durante o período diurno, consumo de energia para sistemas de aquecimento, é sinal de que alguma entrada de dados foi feita de forma incorreta. Apesar de esse exemplo ser um pouco exagerado, deve-se ressaltar que é preciso ter sempre muito cuidado ao checar a coerência dos resultados, para garantir a qualidade das simulações realizadas.

No caso de simulação de edifícios existentes, a etapa de calibração torna-se um pouco mais fácil, pois mais informações estão disponíveis sobre o comportamento da edificação e falhas podem ser encontradas mais rapidamente. Já para edificações novas, o desafio é, levando em conta a experiência e o conhecimento do profissional, prever o comportamento da edificação simulada com base em outras simulações já realizadas ou mesmo em resultados de auditorias energéticas de edificações com o mesmo perfil de ocupação.

Alguns mitos relacionados a ferramentas de simulação são muito comuns, tais como:

- "Tem que estar certo, pois foi feito pelo computador."

  Deve-se deixar claro que o computador e as ferramentas de simulação fazem o que o operador manda. Portanto, qualquer profissional envolvido em simulação deve ter uma postura crítica e avaliar constantemente os resultados obtidos em cada simulação.
- "Somente se pode confiar em ferramentas certificadas."

  Ferramentas certificadas são ferramentas de simulação que foram submetidas a testes padronizados para verificar se os modelos nela contidos têm um grau de incerteza aceitável. Pode-se citar a metodologia descrita na norma ASHRAE 140 (ANSI; ASHRAE, 2007) como uma das metodologias mais consagradas para avaliação de ferramentas de simulação de desempenho energético de edificações. O uso de ferramentas certificadas é importante, mas uma ferramenta certificada continua sendo "burra" e não fornecerá alertas caso a potência de iluminação informada não corresponda à da edificação em análise. Essa é a tarefa do profissional de simulação, que deve estar atento ao uso da ferramenta. Dessa forma, uma ferramenta não certificada, mas com modelos e equações consistentes e bem utilizada, pode produzir resultados tão bons quanto o de uma ferramenta certificada.
- "O resultado da simulação está errado. O meu prédio não consome essa energia toda."

  Deve-se deixar claro que uma ferramenta de simulação não tem condições de prever o consumo real de uma edificação com incertezas da ordem de 1%. Com informações adequadas, ferramentas de simulação apropriadas e um bom profissional em simulação, pode-se atingir incertezas na avaliação do consumo de energia entre 5% a 8%. A ferramenta apenas pode ser usada para indicar o comportamento do perfil de consumo de energia e a diferença de consumo de energia entre os dois cenários de uma edificação para as mesmas condições climáticas.

O profissional envolvido em simulação energética deve se manter atualizado não só na sua ferramenta de trabalho, mas também em técnicas para análise. A International Building Performance Simulation Association (IBPSA) concentra informações, artigos, congressos e informações para o profissional envolvido na simulação energética de edificações (http://www.ibpsa.org/). No Brasil, a IBPSA mantém uma associação afiliada (IBPSA Brasil – http://www.ibpsa.org.br/) com os mesmos objetivos de apoiar e fomentar o uso de ferramentas de simulação e troca de informações e referências.

10.1.3 Incertezas no processo de simulação

As ferramentas de simulação têm como característica principal a tradução do comportamento de um fenômeno (comportamento energético de edificações) por meio de equações e hipóteses que geram o chamado modelo. Como colocado por Malkawi e Augenbroe (2004), esse modelo é uma representação do fenômeno a ser analisado e, por ser uma representação, demonstra uma incerteza entre ele e o fenômeno real (Fig. 10.1).

Waltz (2000) alerta para o fato de que uma simulação de uma edificação não tem condições de prever o consumo de energia com precisões maiores que 5%. Muitas vezes, em função da etapa do projeto, uma incerteza de até 10% pode ser aceitável. Deve-se reforçar que um modelo para simulação deve ter condições de atingir o nível de 5% a 8% de incerteza entre os resultados dos perfis de consumo de energia do modelo da simulação e a edificação real. Porém, esse resultado é muito afetado pelo grau de profundidade de conhecimento que se tem dos perfis de ocupação e operação, podendo-se atingir diferenças entre o perfil de consumo real e simulado de até 30%.

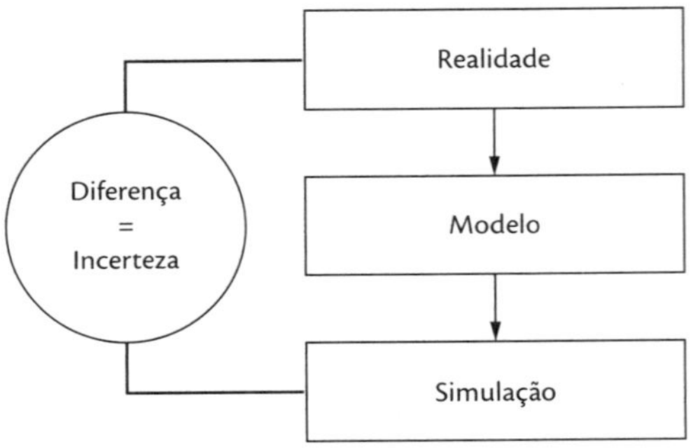

Fig. 10.1 Representação do fenômeno analisado
Fonte: adaptado de Malkawi e Augenbroe (2004).

O aumento do detalhamento na geometria, ou mesmo o uso de intervalo sub-horário para o fornecimento de resultados, pode afetar muito pouco o nível de incerteza dos resultados obtidos. Portanto, o nível de detalhamento deve ser compatível com o tipo de ocupação e uso da edificação. Dessa forma, para uma edificação de pequeno porte (até 2.000 m^2), não há necessidade de obter perfis de consumo de energia a cada 15 minutos. Já para uma edificação que possui acima de 10.000 m^2, pode ser necessário até a instalação de medidores dedicados em determinados sistemas (por exemplo, sistemas de climatização e de elevadores), por uma a duas semanas, para poder avaliar de forma adequada o perfil de consumo de energia da edificação em estudo.

Kaplan e Caner (1992) avaliaram que as ferramentas de simulação apresentam limitações no que tange às avaliações de valores absolutos dos resultados obtidos. Dessa forma, deve-se ressaltar a ideia de que os resultados de uma simulação para avaliação de medidas de redução de consumo de energia devem ser analisados em comparação com os resultados de simulação de edificação de referência nas mesmas condições de ocupação e de clima.

Ressalta-se o fato de que os resultados obtidos por ferramentas de simulação são uma estimativa que será tão precisa quanto forem precisos os dados de entrada. Essas incertezas podem ser reduzidas até 8% se:

- a ferramenta de simulação for escolhida de forma que sejam compatibilizadas a capacidade da ferramenta e as análises a serem feitas;
- o profissional que vai utilizar a ferramenta tenha grande experiência no seu uso;
- os dados fornecidos sobre a edificação sejam os mais próximos da realidade.

Outro desafio no uso de ferramentas de simulação é o equilíbrio entre o nível de detalhamento a ser realizado na simulação e o tempo disponível para realizá-la. Dessa forma, dependendo do estágio em que se encontra o projeto, um nível muito profundo de detalhamento não é possível, nem necessário, e poderia resultar em retrabalhos desnecessários. No caso de erros muito grosseiros obtidos durante o processo de simulação, pode-se tentar verificar onde está o problema checando os seguintes pontos:

- avaliação de resultados por análise de diferentes dados de saída;
- análise dos algoritmos de simulação para verificar possíveis entradas de dados grosseiras;
- melhoria do entendimento da edificação para aprimorar a aderência dos dados de entrada;

- verificação de detalhes na entrada de dados;
- verificação do grau de incerteza das informações relacionadas à edificação.

Os resultados obtidos em simulações devem ser checados e criticados para garantir que as análises realizadas com base nesses resultados sejam confiáveis. Esse processo de checagem pode ser definido como a calibração do modelo e alguns autores propõem diversas metodologias para a realização desse processo (Waltz, 2000; Pan; Huang; Wu, 2007; Raftery; Keane; Costa, 2011).

Donn (2009) realizou pesquisa junto a 160 usuários de diferentes ferramentas de simulação e avaliou alguns outros aspectos que afetam o nível de incerteza dos resultados obtidos, a saber: limitações de prazo para preparação dos modelos; falta de informações sobre a edificação a ser modelada; inexistência de sistemas de monitoramento para avaliar a qualidade dos resultados da simulação; e falta de normas e diretrizes para definição dos parâmetros da simulação.

A melhoria do nível de incerteza dos resultados obtidos em simulações energéticas resume-se em: conhecimento detalhado das características da edificação e do seu uso, escolha correta da ferramenta de simulação e uso dessa ferramenta por um profissional experiente.

10.2 Tendências futuras

Deve-se ressaltar que a tendência das ferramentas de simulação direciona-se cada vez mais no sentido de incorporar mais aspectos de multidisciplinaridade no trabalho em equipes em rede (BIM) e do uso de realidade virtual. Com isso, busca-se reduzir o tempo de análise e avaliação de alternativas, com a colaboração dos diversos profissionais envolvidos no processo, trazendo o uso da simulação para os estágios iniciais do projeto de edificações.

Chlea et al. (2009) apresenta metodologia baseada em técnica denominada Projeto de Experimentos (*design of experiments*), que permite a otimização do número de parâmetros a serem variados quando do uso de simulação para projeto de edificações eficientes. Clarke (2001) oferece uma visão semelhante, mas um pouco mais detalhada das tendências no desenvolvimento de ferramentas de simulação e seu uso.

No panorama atual, há ferramentas de simulação com visualização tridimensional e a aplicação de normas e diretrizes para auxiliar na elaboração de modelos de referências. O treinamento no uso dessas ferramentas está mais concentrado em cursos específicos de pós-graduação, e as pesquisas estão voltadas para o desenvolvimento de ferramentas com base na Web e em sistemas de realidade virtual.

A curto prazo (5 a 8 anos), Clarke (2001) avalia que as ferramentas de simulação evoluirão para sistemas mais complexos, com a análise de diversas variáveis simultaneamente acopladas a metodologias como Análise de Ciclo de Vida. As barreiras de especialização profissional, por sua vez, serão aos poucos quebradas com o aparecimento de profissionais com uma formação mais ampla. A longo prazo (15 a 20 anos), as interfaces com as ferramentas serão mais simples, baseadas em projetos tridimensionais com as barreiras profissionais praticamente inexistentes e o foco dos projetos será voltado para a otimização da operação da edificação e de seus sistemas.

Atualmente, pode-se reforçar que essas tendências ainda estão circunscritas a um número limitado de projetos. Porém, acredita-se que o uso de ferramentas mais sofisticadas, projetos integrados e interação mais intensa dos profissionais em equipes multidisciplinares será uma realidade para a grande maioria dos projetos das edificações nos próximos 10 a 15 anos. Este novo cenário certamente contribuirá para a melhoria da qualidade das edificações no futuro.

10.3 Considerações finais

O bom uso de ferramentas de simulação está associado a diversos fatores que devem ser avaliados constantemente de forma a garantir a qualidade do resultado final. Isso permitirá que as ferramentas de simulação efetivamente contribuam de forma positiva para o processo de projeto e/ou *retrofit* de edificações mais sustentáveis.

A escolha da ferramenta pode ser bastante difícil e deve levar em conta os seguintes aspectos (Hong; Chou; Bong, 2000):

- *necessidade ou propósito*: o entendimento da natureza do problema que precisa ser resolvido é muito importante. A escolha de uma ferramenta mais complexa que o necessário pode incorrer em custos altos e desnecessários, além de se correr o risco de aumentar a possibilidade de erros maiores por incapacidade na utilização da ferramenta em virtude de sua alta complexidade;
- *orçamento*: a avaliação do custo da ferramenta de simulação deve incluir os custos de aquisição da ferramenta, o das suas atualizações e o de manutenção, bem como os custos da plataforma na qual será operada a ferramenta e os custos de treinamento;
- *disponibilidade de instalações*: o usuário deve escolher a ferramenta de simulação que pode ser implementada nas instalações de computação disponíveis.

Referências bibliográficas

ANSI - AMERICAN NATIONAL STANDARDS INSTITUTE; ASHRAE - AMERICAN SOCIETY OF HEATING, REFRIGERATING AND AIR CONDITIONING ENGINEERS. *ANSI/ASHRAE 140-2007:* standard method of test for the evaluation of building energy analysis computer programs. Atlanta, 2007. 38 p.

ANSI - AMERICAN NATIONAL STANDARDS INSTITUTE; ASHRAE - AMERICAN SOCIETY OF HEATING, REFRIGERATING AND AIR CONDITIONING ENGINEERS; IESNA - ILLUMINATING ENGINEERING SOCIETY OF NORTH AMERICA. *ANSI/ASHRAE/IESNA Standard 90.1-2007:* energy standard for buildings except low-rise residential buildings. Atlanta, 2007. 190 p.

ANSI - AMERICAN NATIONAL STANDARDS INSTITUTE; ASHRAE - AMERICAN SOCIETY OF HEATING, REFRIGERATING AND AIR CONDITIONING ENGINEERS; USGBC – U. S. GREEN BUILDING COUNCIL; IES - ILLUMINATING ENGINEERING SOCIETY. *Standard 189.1-2009:* standard for the design of high-performance green buildings except low-rise residential buildings. Atlanta, 2009. 128 p.

CHLEA, F.; HUSAUMMDEE, A.; INARD, C. R. A new methodology for the design of low energy buildings. *Energy and Buildings*, v. 41, p. 982–990, 2009.

CLARKE, J. A.. *Energy simulation in building design*. 2nd. ed. Oxford: Butterworth-Heinemann, 2001. 373 p.

CRAWLEY, D. B.; HAND, J. W.; KUMMERT, M.; GRIFFITH, B. T. Contrasting the capabilities of building energy performance simulation programs. United States Department of Energy, University of Wisconsin; University of Strathclyde, 2005. 59 p.

DONN, M. *Quality assurance:* simulation and the real world. Technical Report (CBPR - Centre for Building Performance Research) - School of Architecture, Victoria University, 2009. 8 p.

DONN, M.; CRAWLEY, D.; HAND, J.; MARSH, A. 2009. The provenances of your simulation data. In: 11TH INTERNATIONAL IBPSA CONFERENCE, BUILDING SIMULATION, jul. 2009, Glasgow. *Anais...* Glasgow, 2009. CD-ROM.

HONG, T.; CHOU, S. K.; BONG, T. Y. Building simulation: an overview of developments and information sources. *Building and Environment*, v. 35, p. 347-361, 2000.

KAPLAN, M.; CANER, P. *Guidelines for energy simulation of commercial buildings.* Bonneville Power Administration, 1992. 128 p.

MALKAWI, A. L.; AUGENBROE, G. (Ed.). *Advanced building simulation.* New York: Spon Press, 2004. 267 p.

PAN, Y.; HUANG, Z.; WU, G. Calibrated building energy simulation and its application in a high-rise commercial building in Shanghai. *Energy and Buildings*, v. 39, p. 651-657, 2007.

PROCEL – PROGRAMA NACIONAL DE CONSERVAÇÃO DE ENERGIA ELÉTRICA. *Procel Edifica:* selo energético para edificações. 2011. Disponível em: <http://www.procelinfo.com.br/>. Acesso em: nov. 2011.

RAFTERY, P.; KEANE, M.; COSTA, A. Calibrating whole building energy models: detailed case study using hourly measured data. *Energy and Buildings*, v. 43, p. 3666-3679, 2011.

WALTZ, J. P. *Computerized building energy simulation handbook.* Lilburn: The Fairmont Press, 2000. 380 p.

Avaliação de desempenho, simulação computacional e o projeto arquitetônico

11

Joana Carla Soares Gonçalves

Norberto Corrêa da Silva Moura

Erica Mitie Umakoshi Kuniochi

A cobrança crescente pela quantificação do consumo de energia em edifícios ao redor do mundo fez das simulações computacionais de desempenho energético e ambiental uma parte essencial do processo de projeto. Os métodos de avaliação de desempenho apoiados em técnicas de simulação computacional vieram aprimorar o processo de projeto com a investigação criteriosa sobre o impacto dos vários aspectos arquitetônicos e do programa de atividades no desempenho ambiental dos edifícios. Desse modo, a eficiência de soluções projetuais derivadas da interpretação arquitetônica dos princípios da Física pode ser comprovada, quantificada e aprimorada.

Variáveis do desempenho térmico e luminoso de edifícios podem ser quantificadas e visualizadas por meio de simulações computacionais, incluindo temperatura, umidade, movimento do ar, insolação, sombreamento e níveis de iluminação (Fig. 11.1). Programas de avaliação do desempenho ambiental de projeto arquitetônico oferecem uma sofisticada e clara comunicação visual dos fenômenos da Física aplicada ao ambiente construído, facilitando sua compreensão e aproveitamento no processo de projeto. Esse processo, por sua vez, se beneficia da rápida verificação do desempenho comparativo de soluções alternativas possibilitadas pelas simulações.

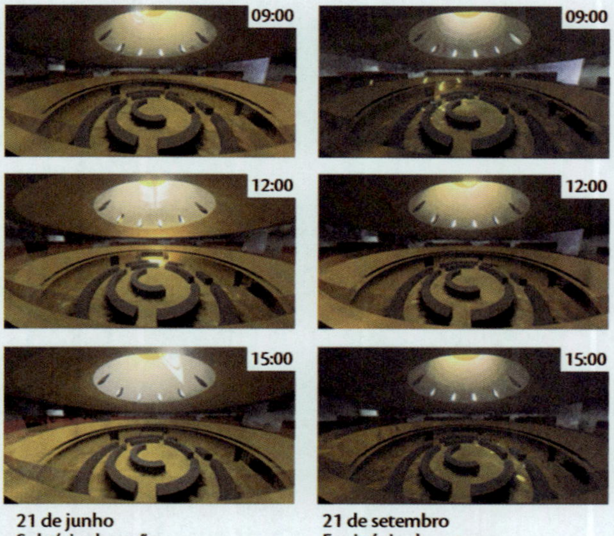

Fig. 11.1 Simulação do desempenho luminoso da sala da Assembleia do Edifício do Senado do País de Gales, no Reino Unido, no solstício de verão (21 de junho) e no equinócio de outono (21 de setembro). Vê-se a boa distribuição da luz natural (sem a influência da luz artificial) e a ausência de raios da luz direta, que ficam restritos às paredes do grande cone que conecta a sala ao ambiente externo Fonte: BDSP Partnership.

No campo do desempenho térmico e energético, uma das maiores vantagens das técnicas computacionais, quando comparadas aos métodos analíticos mais simplificados, é a possibilidade da avaliação termodinâmica, que considera variações do clima externo, bem como do padrão de ocupação e, ainda, os efeitos da inércia térmica da construção ao longo do tempo. Com relação aos resultados, no caso de edifícios dependentes de sistemas de climatização artificial, as simulações de termodinâmica fornecem dados de carga térmica de resfriamento e/ou aquecimento, dependendo do clima em questão e dos requisitos de desempenho. Já para edifícios cujas condições ambientais são determinadas por estratégias passivas, a simulação de termodinâmica viabiliza a quantificação desse potencial, com a identificação do total de horas em que os espaços internos apresentam condições de conforto térmico, de acordo com parâmetros específicos e preestabelecidos.

Passando da etapa de quantificação do desempenho para uma abordagem mais qualitativa da arquitetura, as simulações computacionais contribuem para o entendimento das condições ambientais possíveis de serem alcançadas em decorrência de mudanças climáticas do dia ou do ano, assim como da utilização de estratégias de adaptação às condições ambientais e das variações no uso dos espaços. Dessa maneira, os benefícios das simulações computacionais para a avaliação do projeto arquitetônico vão além do cálculo de cargas térmicas ou temperaturas extremas.

Como apontado por Yannas (2011), trata-se aqui da caracterização e visualização de aspectos da qualidade ambiental interna, tomada pela perspectiva do usuário e alcançada por meio de recursos do projeto (fixos e/ou flexíveis para a adaptação ambiental), em condições climáticas não apenas críticas, mas também típicas do ano e do clima interno dos edifícios. Nessa caracterização, reúnem-se informações sobre temperaturas, umidade, movimento do ar, insolação, sombreamento, luminosidade, vistas ao exterior, transições microclimáticas e quaisquer outros fatores importantes para a qualidade de um determinado ambiente.

No entanto, por outro lado, pode-se argumentar que qualidade ambiental faz parte da dimensão temporal da arquitetura, ou seja, é uma condição dinâmica percebida durante a experiência de uso e ocupação do espaço. Por isso, é impossível de ser completamente capturada por imagens de simulação.

Tanto do lado quantitativo das cargas térmicas ou das temperaturas como da avaliação mais qualitativa do ambiente, é fundamental considerar que os métodos analíticos de simulação computacional não passam de simplificações da realidade (mesmo nos modelos matemáticos mais elaborados). Já o uso e a operação de edifícios, assim como a satisfação dos usuários, são questões mais complexas que podem ser representadas pelos procedimentos de simulação. Tal complexidade não se refere à reprodução dos fenômenos da Física ou aos modelos de cálculo matemático, mas sim à imprevisibilidade e variações do clima, além das inúmeras possibilidades que definem o comportamento e as preferências dos usuários.

Metodologicamente, sabe-se que o maior benefício dos procedimentos analíticos e das simulações computacionais para as análises de desempenho ambiental reside nas etapas iniciais de projeto, concomitante à definição do partido arquitetônico. Quando aplicados somente nas etapas finais do projeto, o seu papel se resume em uma ação corretiva e restrita, muitas vezes, resultando em uma contribuição marginal para o desempenho ambiental dos edifícios. Ao contrário disso, quando incluídos nas etapas de concepção e consolidação do projeto, esses procedimentos e simulações passam a fazer parte do processo de criação das soluções projetuais, efetivamente dando forma e qualidade à arquitetura.

11.1 O desempenho ambiental de estratégias arquitetônicas

Estudos paramétricos constituem a etapa inicial de avaliação do desempenho ambiental do projeto de arquitetura. Nessa etapa do processo, o impacto de cada variável do projeto é verificado isoladamente. Como exemplo disso,

Bhatla (2011) comparou a redução na carga térmica de resfriamento em um caso-base de uma unidade residencial localizada na cidade indiana de Chennai (latitude 13,0°N), de clima quente e úmido, por efeito do sombreamento externo das áreas envidraçadas, *versus* o uso de isolamento térmico das fachadas externas. As simulações de desempenho térmico mostraram que o sombreamento resultou em aproximadamente 32% de redução contra 37% alcançados com o isolamento. Já o efeito conjunto das duas estratégias mostrou uma redução de quase 50% (Fig. 11.2).

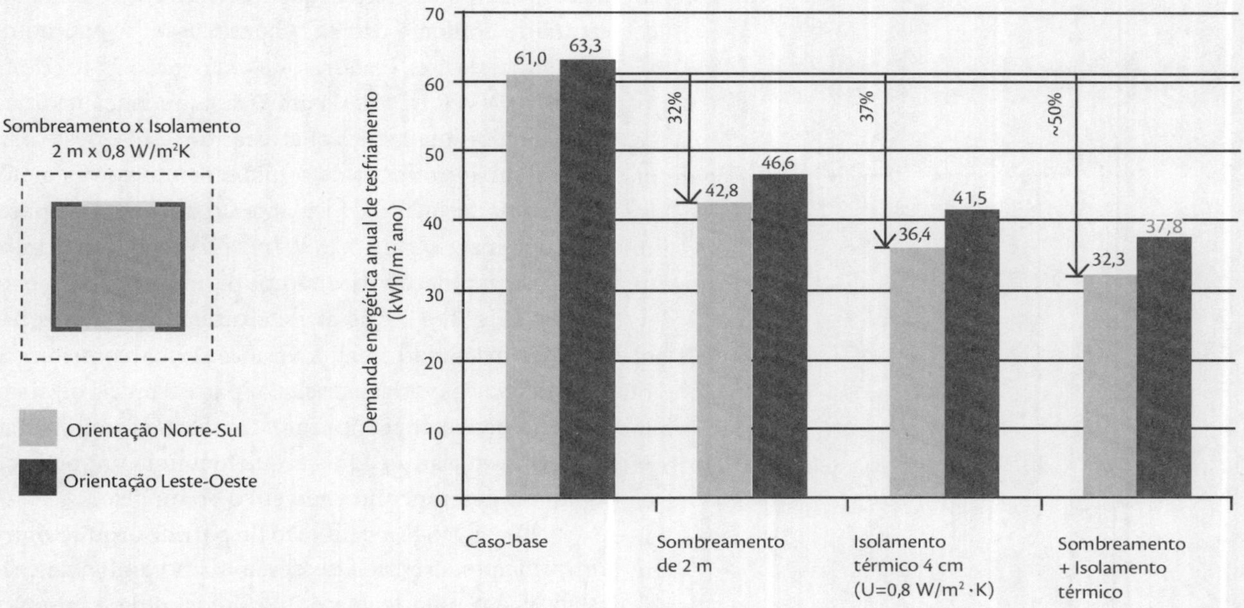

Fig. 11.2 Simulação da carga térmica de resfriamento do caso-base de uma unidade residencial, em Chennai, na Índia, resultante do uso de duas estratégias de projeto: sombreamento e isolamento térmico
Fonte: Bhatla (2011).

Complementando as análises comparativas entre o impacto de diferentes estratégias, análises sensitivas de desempenho mostram a relação entre variações na especificação de uma determinada variável e os consequentes ganhos na eficiência da estratégia. Voltando aos estudos analíticos para Chennai, Bhatla (2011) testou a variação na redução da carga térmica com o aumento da proteção horizontal de 1 m para 3 m. Como resultado, o primeiro metro de sombreamento mostrou uma redução expressiva na carga térmica interna que, entretanto, mostrou ser menos relevante a cada metro de sombreamento adicionado (Fig. 11.3). Vale mencionar, ainda, que tanto nos estudos paramétricos como nas análises sensitivas, a importância da quantificação do desempenho de determinadas soluções está muito mais nas diferenças comparativas do que no valor numérico absoluto.

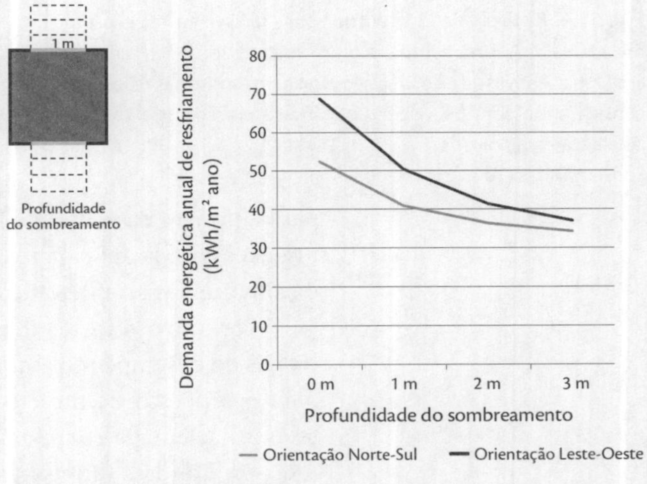

Fig. 11.3 Impacto de proteções solares de diferentes profundidades na carga térmica de resfriamento da unidade residencial
Fonte: Bhatla (2011).

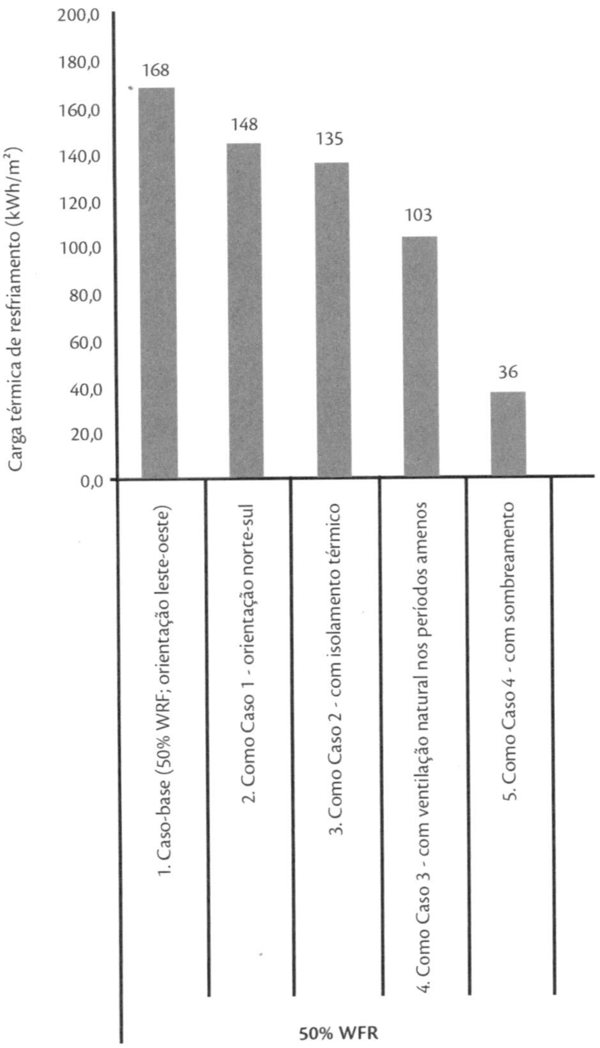

Fig. 11.4 Redução de 230 kWh/m^2 para 36 kWh/m^2 da carga térmica anual de resfriamento em um ambiente típico de escritórios em Dubai, em virtude de uma sequência de estratégias de projeto, considerando um WFR de 50%, que indica a razão entre a área de janela e área de piso
Fonte: Yannas (2008).

Além das análises paramétricas e sensitivas, a elaboração de diretrizes de projeto para a busca de um melhor desempenho ambiental implica na verificação do efeito cumulativo de um conjunto de estratégias. Yannas (2008) demonstrou a redução da carga térmica anual de resfriamento em um ambiente típico de escritórios em Dubai, de 230 kWh/m^2 para 36 kWh/m^2, como consequência do efeito cumulativo de uma série de medidas arquitetônicas (em sequência): aumento da temperatura de conforto (de 22 °C para 29 °C), redução do percentual da área envidraçada em relação à área de envoltória (WWR de 100% para 50%), mudança na orientação predominante das aberturas de leste e oeste para norte e sul, introdução de sombreamento contra a radiação direta, aumento do isolamento das paredes opacas (de 1,0 W/m^2 · K para 0,25 W/m^2 · K) e, por fim, a introdução da ventilação natural nos períodos mais amenos do ano (Fig. 11.4). Apesar de a ordem dos fatores não alterar o resultado final, a verificação da contribuição cumulativa das várias estratégias parte daquela de maior impacto para a de menor impacto. Dessa forma, são indicadas com clareza aquelas que têm uma importância maior no desempenho energético do modelo.

No que tange à definição do partido arquitetônico, em princípio, critérios de desempenho ambiental não estabelecem uma forma *ótima* predefinida, tampouco o projeto de demais aspectos definidores da estética arquitetônica, como componentes construtivos. Ao contrário disso, o entendimento das questões fundamentais do desempenho ambiental, incluindo a influência do programa de atividades, das expectativas e hábitos dos usuários e do contexto climático, abre um leque de oportunidades para a exploração arquitetônica, desafiando, em última instância, ideias preconcebidas não somente de arquitetura, mas também de desempenho ambiental. Estudos analíticos de desempenho ambiental realizados para o projeto da Escola de Economia de Toulouse (TSE), na França, representam um exemplo da aplicabilidade dessas técnicas para a geração de uma diversidade de alternativas arquitetônicas (Fig. 11.5).

Por outro lado, técnicas de simulação computacional para a avaliação de variáveis do desempenho ambiental constituem uma ferramenta importante de teste para o processo de projeto, contribuindo para a criação de uma estética arquitetônica aclamada como ambiental. A forma curvilínea do edifício 30th St. Mary Axe, em Londres (antiga sede da empresa Swiss Re), por exemplo, é fortemente justificada pelo seu desempenho relacionado ao padrão de ventilação gerado no entorno imediato do edifício, sem a criação de turbulências típicas das formas retangulares, e por suas vantagens para a ventilação natural dos espaços internos, em consequência da distribuição dos coeficientes de pressão do vento ao redor da

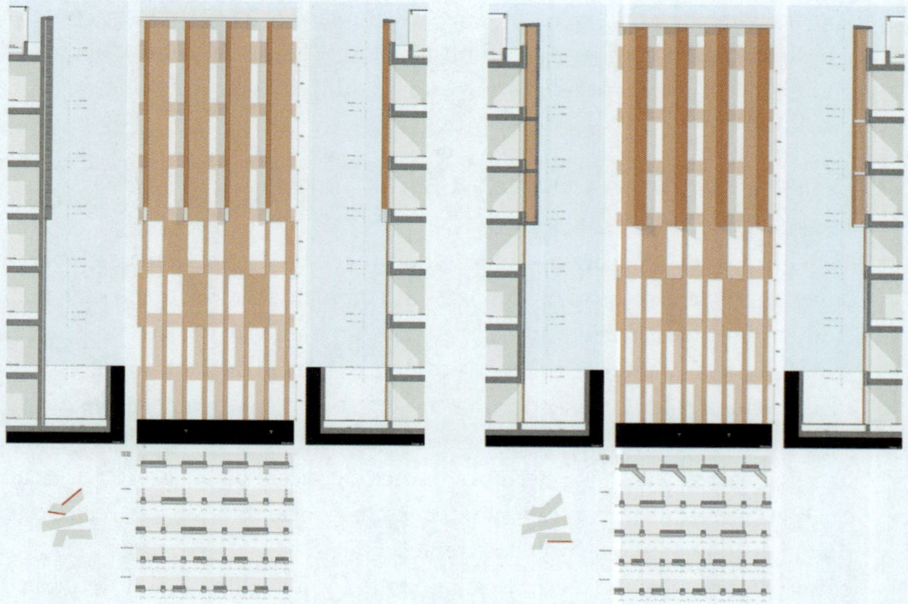

Fig. 11.5 Soluções de fachada do projeto da Escola de Economia de Toulouse (TSE), na França, com vistas ao desempenho térmico e luminoso dos espaços internos. A parte superior da figura mostra a resposta arquitetônica às opções de abertura e proteção solar sugeridas com base em resultados de estudos analíticos
Fonte: Grafton Architects.

envoltória. Este foi o desempenho demonstrado em simulações computacionais de dinâmica de fluidos (CFD, Computational Fluid Dynamics) (Figs. 11.6 e 11.7).

Entretanto, a justificativa da forma curvilínea do edifício exclusivamente pelo seu desempenho ambiental não parece lógico, uma vez que desempenho similar poderia ser alcançado com alternativas arquitetônicas mais simples e convencionais. Certamente, o projeto da antiga sede da empresa Swiss Re foi movido pela intenção de criação de um ícone arquitetônico, de forma inusitada, da geração de edifícios altos, influenciada por critérios de desempenho ambiental.

A princípio, o uso da simulação computacional de desempenho ambiental na busca de formas arquitetônicas constitui um procedimento metodologicamente válido desde que o processo seja guiado por princípios e critérios objetivos e também

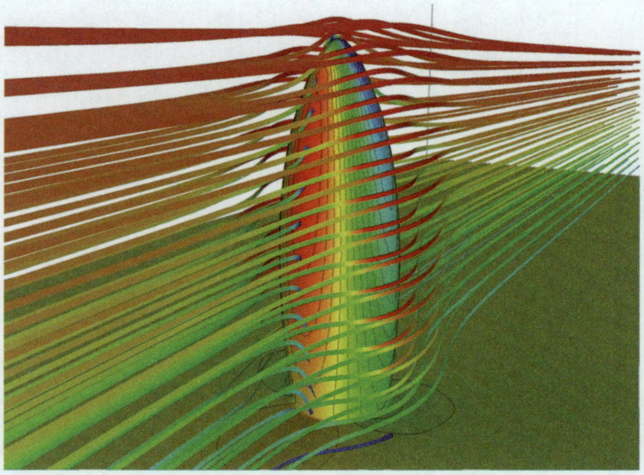

Fig. 11.6 Simulação do impacto da forma do edifício 30th St. Mary Axe na ventilação do entorno imediato feita com programa computacional de dinâmica de fluidos, mostrando a ausência de turbulências em decorrência da forma aerodinâmica
Fonte: BDSP Partnership.

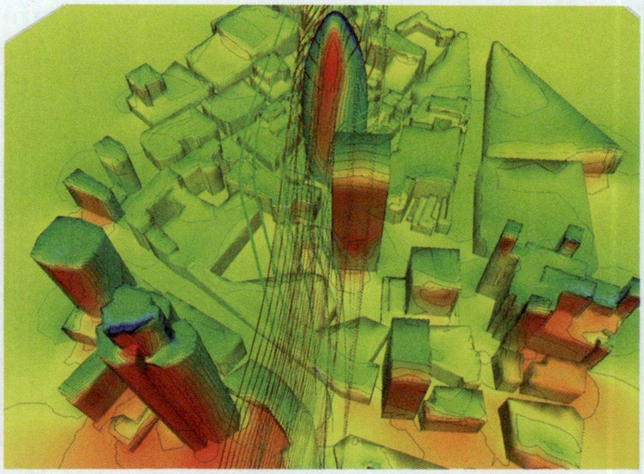

Fig. 11.7 Simulação do padrão de ventilação no ambiente urbano do edifício 30th St. Mary Axe, confirmando a ausência de turbulências criadas pelos edifícios altos
Fonte: BDSP Partnership.

válidos tecnicamente (trata-se aqui daquelas simulações associadas à geometria solar e à dinâmica de fluidos), caso contrário, tanto o uso da simulação como o resultado formal acabam por refletir um esforço arbitrário de projeto.

11.2 O IMPACTO DA TECNOLOGIA DIGITAL NO PROCESSO DE PROJETO: ASPECTOS METODOLÓGICOS

Voltando-se o olhar para a evolução do processo de projeto mais global, independente da discussão de desempenho ambiental, os recursos digitais introduziram gradualmente transformações no ateliê de projeto no setor da Arquitetura, Engenharia e Construção (AEC). Com impacto progressivo à medida que se desvendava o potencial da nova tecnologia, o projeto e sua representação passaram por processos metodológicos que logo revelaram a necessidade de uma nova estrutura teórica e conceitual. A seguir, observam-se abordagens que se contrapõem e refletem as inadequações do recurso tecnológico ao processo de projeto e representação.

Num primeiro enfoque, a crítica à adaptação quase que literal de procedimentos da prancheta, ou seja, do desenho manual, para o sistema digital, também conhecida como crítica à metáfora da régua T (Flemming; Bhavnani; John, 1997), já apontava ineficiências nessa transferência de procedimentos.

Em outro enfoque, Burry e Murray (1997) analisam as implicações da modelagem paramétrica digital numa aplicação retrospectiva ao processo de projeto documentado de Jørn Utzon para Opera House de Sydney, ao considerar seus elementos paramétricos. Nele, mesmo sem a utilização do computador, o arquiteto encontra harmonia entre volumes complexos, feitos de elipses e parábolas, por terem sido extraídos da mesma esfera. O processo de projeto peculiar de Utzon exemplifica uma abordagem apropriada ao recurso digital, na qual a metodologia convencional já não conseguia dar suporte à criatividade do arquiteto.

Assim como Utzon, Antoni Gaudí transcende o instrumental convencional em seu processo característico de projetar, utilizando modelos físicos tridimensionais e aplicando esforços para concepção da forma. Em ambos, observa-se uma nova postura de pensamento, adiantando a reflexão e discussão que só viria diversas décadas depois, em função do modelo virtual tridimensional e seus desdobramentos.

Uma metodologia teórica e conceitual específica para o projeto digital ainda se encontra em formação, delineando transformações substanciais em diversas instâncias. Os modelos paradigmáticos propostos por Oxman (2006) e a estrutura para a modelagem da informação da construção (BIM) estabelecida por Succar (2009) são contribuições importantes nesse aspecto.

Oxman estabelece quatro componentes e seus relacionamentos no processo de projeto, conhecidos em inglês como: *representation, generation, evaluation, performance*. Na classificação dos modelos paradigmáticos, há uma correspondência direta entre a integração desses quatro componentes e o estágio de evolução na aplicação da tecnologia digital, observando-se que, na primeira fase de implantação de sistemas auxiliados por computador (CAD), praticamente não houve alteração em relação ao método tradicional de desenho e projeto em papel. Nesse sentido, apenas ocorreu a transferência da representação bidimensional do objeto tridimensional para o sistema digital.

Os termos integração e interoperabilidade e a noção de projeto colaborativo ampliaram a importância multidisciplinar nas decisões projetuais, compartilhando informações e responsabilidades nas intervenções. Assim, diluíram-se as hierarquias e, embora incrementando a complexidade, diversas demandas – relacionadas a custos e execução da obra, sistema construtivo, utilidades, eficiência energética, gerenciamento pré, durante e pós-obra – começaram a ser computadas em um processo integrado já nas fases iniciais da concepção. A responsabilidade passou a ser compartilhada por todos os agentes do processo (arquitetos, engenheiros, consultores, gerentes, construtores), e o próprio cliente passou a ter uma participação ativa, alterando-se os modelos contratuais do empreendimento. Tal contexto favorece as intervenções relacionadas ao desempenho ambiental do edifício, pois elas passam a ser incorporadas na essência do partido arquitetônico.

Inserida no processo BIM (*Building Information Modeling*), a análise de desempenho ambiental possibilita a predição das condições de conforto e eficiência energética do edifício, e passa a ser mais um instrumento de avaliação, direcionando as decisões projetuais de maneira integrada aos diversos elementos definidores do resultado arquitetônico. BIM é um processo aperfeiçoado de planejamento, projeto, construção, operação e manutenção que usa um modelo-padrão de informação mecânica legível para cada instalação, nova ou velha. Esse modelo contém toda informação relevante, criada ou associada àquela instalação em um formato acessível a todos durante seu ciclo de vida (*National Building Information Modeling Standard*, NBIMS).

A discussão sobre os rumos da arquitetura enquanto produto de sistemas e processos digitais tem esbarrado em limites antagônicos. Nesse sentido, confronta-se Venturi (1966) com Lynn (1993). Na arquitetura de característica dobrável, flexível e moldável proposta pelo segundo, integram-se as exigências e contingências em suas deformações e recepções, com adaptação às vicissitudes; enquanto na obra do primeiro argumenta-se pela descontinuidade, fragmentação, heterogeneidade, justaposição e oposição. Bun (2008) critica Lynn e o processo digital enquanto definidor de um movimento de arquitetura, por entender tal processo apenas como uma ferramenta indireta, questionando os fundamentos e bases estéticas da *Architectural Folding*.

Essa reflexão é importante, pois, mesmo considerando que os avanços tecnológicos impactam e, por vezes, são determinantes nos movimentos de vanguarda da arte e da ciência, é comum observar uma trajetória cíclica representando um momento de glória seguido de um momento de queda, geralmente quando se extrapolaram os limites estruturais que embasavam o movimento. Ocorre aqui o embrião do novo movimento, como reflexão ou até negação dos preceitos do seu antecessor.

Em relação à tecnologia digital, a diversidade de recursos e opções pode levar a exageros e desviar o propósito das novas demandas que se delineiam no âmbito da arquitetura e do urbanismo. Se uma simples impressora pode resultar em desperdício exagerado de papel, quando utilizada de maneira inadequada, o que não dizer dos recursos digitais que concebem, moldam, recortam e produzem os componentes da construção civil. A possibilidade de adotar sistemas de elevada complexidade não garante, por si só, um melhor resultado, podendo induzir a inconsistências conceituais.

Um dispositivo de sombreamento que rastreia a posição solar ou um sistema dinâmico que ajusta a transmissão térmica e luminosa do vidro não substitui preceitos consolidados na arquitetura, como a orientação adequada do edifício e das aberturas; e um *brise* convencional projetado corretamente pode ser equivalente ou até mais eficiente que um sistema sofisticado que se sobrepõe a um determinado problema, sem aprofundar sua análise.

Entre as diversas transformações que a tecnologia digital trouxe à produção industrial está a substituição do conceito de produção em massa por personalização em massa. De acordo com Schodek, Bechthold e Griccs (2005), a demanda de estandardização e repetição de componentes construtivos para aproveitar eficientemente as técnicas industriais de produção cede lugar à customização em massa, a qual se tornou viável com o incremento dos recursos digitais aplicados ao projeto e à produção.

Assim como uma série de casos ao redor do mundo, o Velódromo construído para as Olimpíadas de Londres em 2012 é um exemplo da adoção de técnicas de modelagem digital nas principais áreas do projeto, incluindo arquitetura, desempenho ambiental e as engenharias de estrutura e sistemas prediais. A cobertura de dupla curvatura do edifício, que constituiu o principal desafio estrutural do projeto, foi solucionada com uma grande malha de cabos de aço, sustentada pela estrutura da arquibancada superior e vedada por painéis de madeira de tamanhos variados (Fig. 11.8).

A estrutura e a vedação da cobertura de complexa geometria do Velódromo de Londres, assim como o detalhamento dos painéis triangulares da fachada curvada do edifício 30th St. Mary Axe (citado anteriormente), não teriam sido possíveis sem a utilização de ferramentas digitais para a modelagem paramétrica da forma. Observa-se nessas experiências o substancial impacto da tecnologia digital em todo o processo de projeto, corroborando sua influência não apenas como ferramenta auxiliar, mas implícita na atividade projetual, com desdobramentos no planejamento pré, durante e pós-obra.

Fig. 11.8 Estrutura em cabos de aço da cobertura do Velódromo de Londres, projetada com o auxílio de modelagem paramétrica Foto: Ed McCann.

Confrontando seus resultados a obras de arquitetos que extrapolaram seu tempo como Utzon e Gaudí, pode-se inferir a dimensão do recurso digital enquanto suporte do pensamento, criação e expressão. De fato, tanto Utzon quanto Gaudí utilizaram processos peculiares na concepção de suas obras, por vezes inacabadas, que traduzem procedimentos similares de investigação, utilizando modelos físicos que encontram correspondência nos modelos e processos digitais disponíveis atualmente.

11.3 O potencial gerativo de critérios ambientais

A criação de formas arquitetônicas inovadoras é tema central dos processos de projeto que caracterizam a chamada arquitetura generativa. Nessa abordagem, inovações relacionadas aos processos e critérios de concepção da forma arquitetônica aplicam-se tanto ao edifício como aos seus componentes, com o uso da simulação computacional envolvendo questões de insolação, iluminação e ventilação.

Dando continuidade à discussão sobre a influência da tecnologia digital na arquitetura, o exercício de projeto, que será apresentado a seguir, explorou o tema do edifício alto de melhor desempenho ambiental, utilizando estratégias e ferramentas de geração de formas da chamada arquitetura generativa, também conhecida como arquitetura paramétrica (diferente dos procedimentos de análises paramétricas do desempenho ambiental mencionados anteriormente), combinadas a princípios, critérios e métodos de avaliação do desempenho ambiental. O projeto foi desenvolvido no *workshop* promovido pela escola de arquitetura Architectural Association School of Architecture, de Londres, no ano de 2011, em São Paulo, e foi coordenado pelos professores Anne Save de Beaurecueil e Franklin Lee, também sócios-fundadores do escritório de arquitetura anglo-brasileiro SUBdV.

A proposta partiu do desenvolvimento de um padrão geométrico para formar módulos de fachada que pudessem se movimentar abrindo e fechando de acordo com a variação dos níveis de radiação incidente. Com isso, esses elementos de controle de radiação solar poderiam ser então estruturados de forma a serem aplicados ao longo da fachada de um edifício alto de escritórios, idealizado para a latitude de São Paulo.

Além do desenvolvimento dos componentes da fachada, também fez parte do exercício repensar na forma retangular padrão dos edifícios de escritórios da avenida Paulista. Assim, a forma do edifício foi concebida com o objetivo de provocar um autossombreamento parcial da área de fachada, no período dos equinócios, sendo essa proteção complementada pelos componentes de padrão geométrico e operação previamente definidos.

Para a modelagem paramétrica, foram usados o programa Rhinoceros e seus aplicativos Grasshopper e Geco. A produção de modelos físicos e protótipos foi realizada com tecnologia de corte a laser e máquinas de usinagem CNC.

O exercício de projeto teve início com a elaboração de modelos físicos, os quais serviram de base para a modelagem paramétrica computacional que, por sua vez, teve continuidade na fabricação digital de componentes para o projeto de fachada. Com o entendimento das possibilidades formais e estruturais pelo modelo físico, na sua etapa final, o processo de projeto volta para o aprimoramento dos modelos digitais, no que se refere às questões propostas de desempenho ambiental, que são, nesse caso, o controle da radiação e da luz natural.

Na busca de um padrão geométrico simplificado e de fácil replicação, o modelo físico do componente teve sua forma definida por uma base triangular, cuja volumetria foi criada com base na aplicação de esforços de tensão sobre uma superfície de tecido elástico, alcançados com o auxílio de linhas de costura, feita sobre as laterais do triângulo com aproximadamente 15 cm de comprimento (Fig. 11.9). O aspecto tridimensional e de estrutura rígida do padrão geométrico foi acentuado por um desenho de triângulos intercalados e de diferentes dimensões (os componentes), tensionados nos vértices de junção (Fig. 11.10). No entanto, o resultado formal não alcançou, nessa primeira tentativa, a tridimensionalidade buscada para o que virá a ser um módulo de fachada.

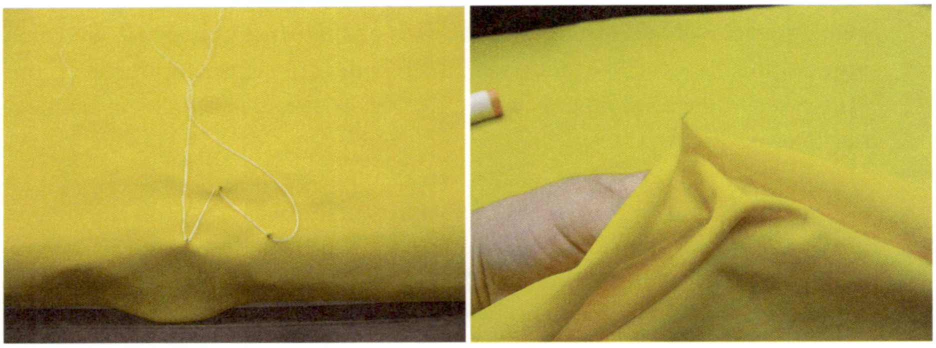

Fig. 11.9 Desenho da forma triangular inicial sobre tecido elástico
Fotos: Erica Mitie Umakoshi Kuniochi.

Para a aplicação do padrão geométrico de triângulos tridimensionais em um plano de fachada, fez-se necessária a inserção de uma estrutura interna de sustentação da forma, sem interferir nos esforços externos de tensão. Para isso, desenvolveu-se um tripé (cortado a laser) com encaixes na parte superior (Fig. 11.11A).

A fim de manter a estrutura dos módulos criados pelo padrão geométrico independente da estrutura da fachada, houve a necessidade da inclusão de mais um elemento estrutural, agora horizontal, com encaixes nas pontas para o apoio das hastes verticais, que são as estruturas que fazem os triângulos ganharem forma tridimensional. Nesse sistema, a estrutura tensiona o tecido que toma o formato de meia esfera, criando possibilidades de aberturas para a entrada da iluminação natural (Fig. 11.11B).

O passo seguinte da evolução do padrão geométrico de triângulos tridimensionais em um elemento de proteção solar de fachada foi a marcação de aberturas

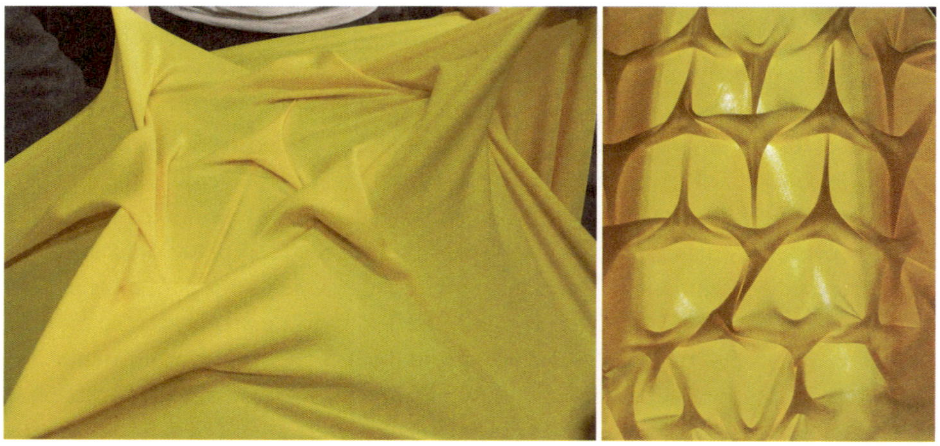

Fig. 11.10 Padrão geométrico gerado a partir da forma triangular
Fotos: Erica Mitie Umakoshi Kuniochi.

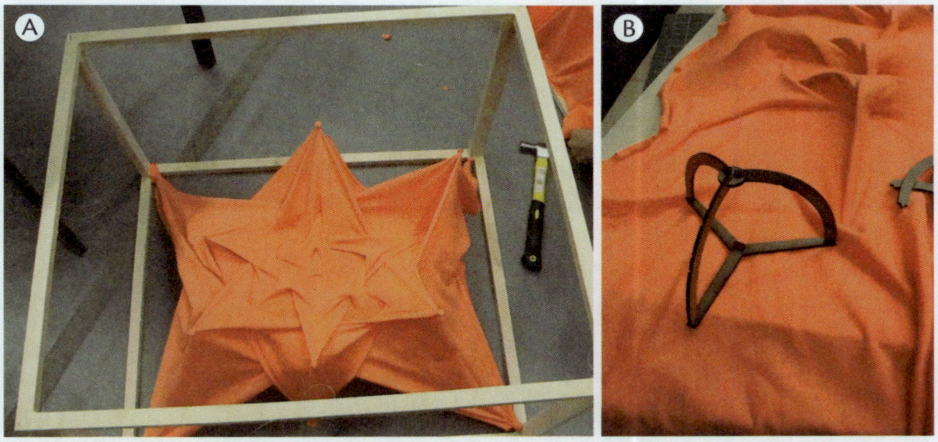

Fig. 11.11 (A) Forma gerada com estrutura externa e (B) tripé com suporte inferior Fotos: Erica Mitie Umakoshi Kuniochi.

no modelo de tecido elástico tensionado, com a finalidade de permitir a passagem controlada e adequada da radiação solar pelo componente. No entanto, nesse caso, o modelo físico impôs uma limitação aos estudos de desempenho do componente como proteção solar. Pela sua condição tensionada e estática, a estrutura não permite a variação das aberturas e, consequentemente, do controle de radiação e luminosidade.

Nesse momento, a interação entre o modelo físico e a tecnologia digital foi efetivada com a passagem do padrão geométrico para a modelagem computacional, gerada pelo programa Rhinoceros. Com as possibilidades dos recursos computacionais, o modelo físico digitalizado serviu de base para estudos exploratórios sobre variações das aberturas do padrão geométrico, de acordo com oscilações da radiação solar incidente, gerando uma versão modificada do padrão geométrico, originalmente produzido pela modelagem física, agora na forma digital.

No entanto, vale ressaltar aqui que a reprodução do modelo físico para o modelo digital não se deu de forma direta, uma vez que o programa computacional Rhinoceros e o seu aplicativo Grashopper trabalham com base em modelos matemáticos e não com uma linguagem geométrica. Assim, o desafio da modelagem digital foi a criação de um modelo matemático que resultasse no mesmo desenho do objeto físico e com a possibilidade de ser operado parametricamente, respondendo a variações de dados climáticos.

A criação do modelo digital baseou-se em modelos matemáticos de representação de triângulos feita no programa Rhinoceros e o seu *plug-in* Grashopper. O resultado físico do padrão criado no modelo digital constituiu uma estrutura essencialmente bidimensional, como consequência da simplificação geométrica da modelagem digital. No entanto, com o auxílio dos cortes e a estrutura interna, que permaneceu a mesma, alcançou-se um modelo físico modificado, mas com os princípios volumétricos iniciais, com a profundidade inerente às estratégias de sombreamento. Em suma, o processo de concepção da forma trabalhou uma adaptação do modelo físico para o modelo eletrônico, que, por sua vez, gerou um novo modelo físico, mais elaborado.

Retomando os trabalhos no modelo físico, o padrão geométrico modificado com aberturas controláveis, foi então recortado a laser sobre o tecido elástico. Assim, nesse novo modelo, quanto mais tensionado estivesse o tecido, mais aberto ele ficaria (Fig. 11.12).

Tendo em vista que o modelo antigo da estrutura era fixo e não permitia a variação das aberturas, foi desenvolvida uma estrutura retrátil, para funcionar como a estrutura de um guarda-chuva, cujas hastes, agora flexíveis, pudessem ser moldadas conforme o tecido fosse tensionado. A nova estrutura de sustentação foi montada sobre a base horizontal do modelo original, sobre a qual hastes curvilíneas retráteis foram instaladas para a moldagem do tecido, quando tensionado (Fig. 11.12).

Fig. 11.12 Aberturas no tecido para a criação do modelo retrátil
Fotos: Erica Mitie Umakoshi Kuniochi.

A evolução do sistema estrutural do modelo físico foi seguida em paralelo pela elaboração de um elemento geométrico parametrizado, na sua base digital, com as mesmas caraterísticas geométricas do modelo físico.

Fig. 11.13 Vista externa da composição dos componentes da fachada. Modelo eletrônico gerado pela combinação dos programas Rhino e Grasshopper

Como mencionado anteriormente, elegeu-se como parâmetro de controle das aberturas dos triângulos a incidência da insolação solar sobre o plano da malha de triângulos, ou seja, quanto maior a quantidade de radiação solar global sobre a superfície dos triângulos, maior o fechamento da malha de triângulos (Fig. 11.13). A adaptabilidade da solução permite que ela possa ser aplicada em qualquer orientação. Nesse exercício-piloto de experimentação da solução formal, não foi estabelecido nenhum critério específico em termos de quantidade de luz desejada no espaço interno. Diferentemente, foi testada a relação gradual entre intensidade de radiação e tamanho da abertura, tomando como referência a orientação norte para a latitude de São Paulo (24° S). Os dados de radiação solar foram extraídos do banco de dados do programa Ecotect e conectados ao modelo digital do Grashopper pelo aplicativo Geco.

Retomando o objetivo inicial desse exercício de projeto, o estudo do componente solar faz parte de uma proposta mais ampla de revisão não somente das fachadas, mas também da forma do edifício *caixa de vidro*, típico da arquitetura comercial, descontextualizada do clima. Assim, procedimentos paramétricos foram também aplicados na definição da forma de um edifício alto, com o intuito de criar um autossombreamento da forma, a ser complementado pela adição de componentes de proteção solar de fachada.

O autossombreamento da forma foi estabelecido pela inclinação dos planos verticais das fachadas de cada pavimento e pelas reentrâncias da forma curvilínea da planta. A inclinação dos planos verticais seguiu o ângulo de altura solar dos equinócios (março e setembro), às 15h00 (Fig. 11.14), resultando em uma proteção parcial das fachadas, que acaba por evitar a necessidade de projeções demasiadamente profundas e reforçar o papel dos elementos de sombreamento.

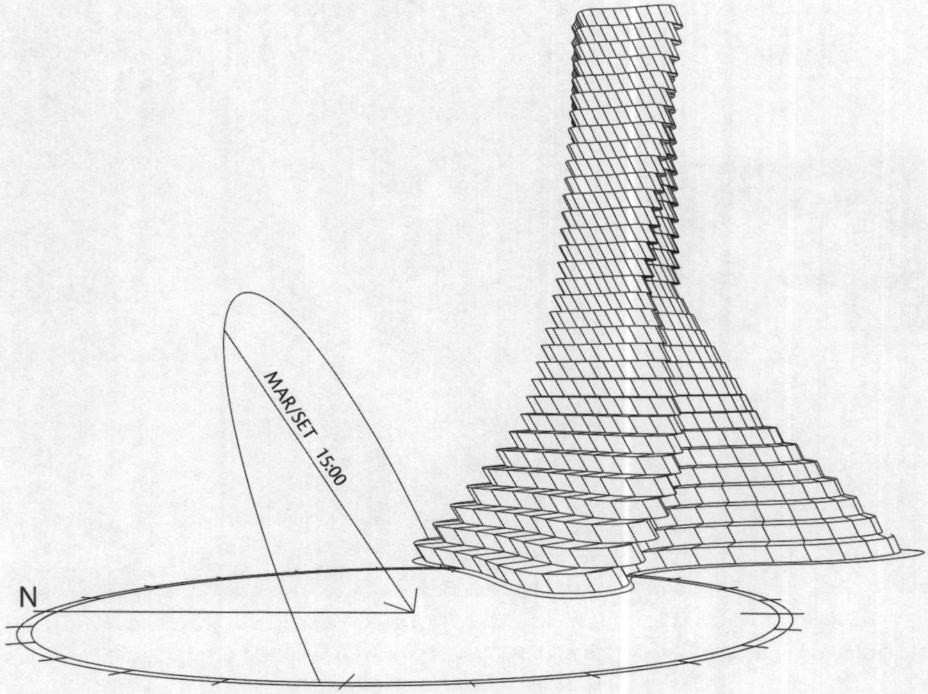

Fig. 11.14 Modelo eletrônico do edifício alto, com a indicação do ângulo de inclinação dos planos verticais, objetivando o autossombreamento parcial da forma

Os pavimentos de forma curvilínea do edifício alto foram projetados com diferentes raios e curvaturas, cujo efeito volumétrico foi estudado com base em um modelo físico que, assim como no caso dos componentes de sombreamento, foi produzido com o auxílio da fabricação digital, usando cortadoras a laser do tipo CNC (Figs. 11.15 e 11.16).

Complementando a estratégia de sombreamento, os componentes de proteção solar projetados pelo processo paramétrico foram adicionados sobre os planos inclinados da fachada, com a proposta de serem controlados automaticamente por meio de sensores posicionados estrategicamente na fachada e acionados pela incidência direta do Sol.

O impacto dos componentes sobre a luz natural nos espaços internos foi testado com o recurso do aplicativo Geco, ligado ao banco de dados climáticos do Ecotect. As simulações de desempenho mostram que os níveis de iluminação natural no plano horizontal variam entre 500 lx e 250 lx, aproximadamente, em um dia típico de São Paulo, ou seja, propiciando assim níveis favoráveis de iluminação natural para um ambiente de trabalho (Fig. 11.17).

Entretanto, as simulações também mostram a passagem da radiação solar direta, que atinge uma área próxima à fachada. A fim de evitar ofuscamento e superaquecimento do ambiente interno por conta da radiação solar, a estratégia precisa de um refinamento, ou mesmo uma estratégia complementar, uma vez que o simples fechamento maior da abertura do componente comprometeria os níveis médios de iluminação natural, que, apesar de satisfatórios, não são muito altos.

Fig. 11.15 Corte na CNC da maquete do edifício projetado
Foto: Erica Mitie Umakoshi Kuniochi.

Fig. 11.16 Modelo físico do novo edifício alto, resultado do processo paramétrico de geração de forma
Foto: Erica Mitie Umakoshi Kuniochi.

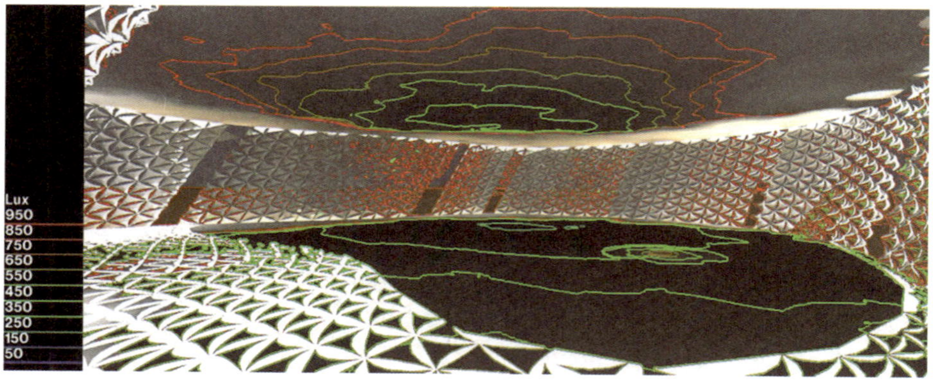

Fig. 11.17 Simulação do desempenho da iluminação natural no pavimento tipo

A ondulação do plano vertical da fachada, combinada à resposta dinâmica do componente de sombreamento à incidência da radiação, confere movimento e diversidade à solução arquitetônica final, na medida em que o grau de abertura do componente se altera de acordo com a sua posição e consequente orientação solar (Fig. 11.18).

O projeto do componente de proteção solar foi desenvolvido considerando as restrições e as exigências estruturais do modelo físico, descobertas ao longo do processo de evolução da forma e da inserção de critérios específicos de desempenho ambiental. Como demonstrado ao longo desse processo, a interface entre a elaboração do modelo físico e o digital-paramétrico traz complexidade e origi-

Fig. 11.18 Vista aérea do projeto final

nalidade ao processo de elaboração da forma. Com isso, questões de execução e funcionalidade da forma arquitetônica são levantadas e solucionadas ainda nas etapas de concepção do projeto.

Em última instância, com foco em estratégias de sombreamento, incluindo a forma do edifício e o componente da fachada, esse processo de concepção projetual exercita a busca de originalidade da forma arquitetônica.

11.4 Considerações finais

Como comentado anteriormente, além de dados quantitativos de desempenho ambiental ou energético, as técnicas de simulação computacional podem ser usadas no processo de projeto para a visualização de aspectos específicos da qualidade ambiental, como temperaturas, movimento do ar, luminosidade e vistas do exterior, em qualquer dia do ano e hora do dia. Com isso, apesar da simplificação da realidade, que é a simulação de desempenho ambiental, ela pode agregar uma noção de realismo ao processo de criação e demonstração das qualidades do projeto, que não aparece quando consideradas apenas as condições climáticas extremas, ou nos dados mensais ou anuais de desempenho ambiental e/ou energético.

O interesse do uso das simulações de desempenho ambiental para um entendimento mais claro de possíveis realidades se reflete na elaboração de soluções adequadas à multiplicidade de possíveis cenários climáticos e de uso e ocupação (mostrando melhoras em relação às convencionais e insatisfatórias do ponto de vista da qualidade ambiental e da eficiência energética), ao contrário do foco exclusivamente naquela conhecida como *solução ótima*, que é projetada para uma situação extrema.

Quanto à aplicabilidade dos processos paramétricos, a formulação de respostas arquitetônicas com base na variação de um único elemento geométrico, como no caso específico da fachada do edifício de escritórios, pode levantar questionamentos sobre a eficiência da solução, tendo em vista a complexidade das questões que caracterizam a ocupação dos edifícios, a satisfação dos usuários e a interação entre as diferentes variáveis do desempenho ambiental. Por outro lado, o uso exploratório desses processos tem o potencial de contribuir para a inovação arquitetônica, pela natureza exploratória da busca pela forma, o que, por sua vez, não invalida o potencial criativo de outros processos de projeto mais convencionais, também informados por estudos técnicos de simulações de desempenho ambiental, como verificado nos exemplos de projetos reais discutidos neste capítulo.

Referências bibliográficas

BHATLA, S. *Tall Communities:* passive urban housing for the tropics. 2011. Dissertation (M.Arch.) - Environmental and Energy Programme, Architetural Association School of Architecture, London, 2011.

BUN, Z. Between Analogue and digital diagrams. *ARCC Journal*, v. 5, p.11-23, 2008.

BURRY, M.; MURRAY, Z. Computer aided architectural design using parametric variation and associative geometry. In: ECAADE - EDUCATION AND RESEARCH IN COMPUTER AIDED ARCHITECTURAL DESIGN IN EUROPE CONFERENCE, 1997, Vienna. *Proceedings...* Vienna, 1997. 11 p.

FLEMMING, U.; BHAVNANI, S. K.; JOHN, B. E. Mismatched metaphor: user *vs* system model in computer-aided drafting. *Design Studies*, v. 8, n. 4, p. 348-368 oct. 1997.

LYNN, G. Architectural curvilinearity: the folded, the pliant and the supple. *Architectural Design*, v. 63, n. 3/4, p. 8-15, 1993. (Profile n. 102).

OXMAN, R. Theory and design in the first digital age. *Design Studies,* v. 27, n. 3, p. 229-265, maio 2006.

SCHODEK, D.; BECHTHOLD, M.; GRIGGS, K. *Digital design and manufacturing*: CAD/CAM applications in architecture and design. New Jersey: John Wiley & Sons, 2005.

SUCCAR, B. Building information modelling framework: a research and delivery foundation for industry stakeholders. *Automation in Construction*, n. 18, p. 357-375, 2009.

YANNAS, S. Adaptive strategies for an ecological architecture. *Architectural design,* London: Wiley, p. 62-69, nov./dez. 2011.

YANNAS, S. Challenging the supremacy of air-conditioning: re-conceiving the built environment of the Gulf region. *2A Architecture and Art*, n. 7, p. 20-43. Dubai, 2008.

VENTURI, R. *Complexity and contradiction in architecture.* New York: The Museum of Modern Art, 1966.

Arquitetura generativa *high-low*: princípios e aplicações

12

Anne Save de Beaurecueil
Franklin Lee

A arquitetura generativa é criada por meio de ferramentas computacionais com o objetivo de manipular a geometria da forma em resposta à influência de variáveis de diferentes naturezas, incluindo as ambientais. Sendo assim, com base no uso de determinadas ferramentas, propõe-se um método diferenciado para o processo de projeto do edifício de melhor desempenho ambiental.

Os princípios de uma arquitetura que condiz com o contexto ambiental estão nas bases da física e da geometria da insolação aplicadas ao projeto de edifícios e espaços abertos, como visto em um grande leque de precedentes da história da arquitetura. No Brasil, a arquitetura modernista deu grande ênfase à importância das proteções solares e da ventilação natural na busca pelo conforto ambiental. Nesse contexto, os *brise-soleil* e as paredes de cobogó (elemento vazado), entre outros componentes e aspectos da forma, tiveram um papel marcante na formação de uma expressão arquitetônica bioclimática, ou de inserção ambiental.

No entanto, o forte valor estético da arquitetura bioclimática dado aos componentes de proteção solar, como *brises* e tijolos vazados, levou à repetição de soluções comuns de projeto, por exemplo, o uso, em muitos casos, de um único tipo de componente de mesma forma e dimensões para prover proteção solar às diferentes orientações e partes do edifício. Esse exemplo levanta questionamentos sobre as consequências da generalização de determinadas soluções de projeto no que tange à eficiência do desempenho dessas proteções, pois, apesar de funcionarem apropriadamente em determinados períodos do ano e horas do dia, podem ser super ou subdimensionadas para outras condições de exposição.

Aliada ao forte valor formal conferido a tais componentes na arquitetura modernista brasileira, a falta da precisão analítica na busca pela proteção contra a radiação solar e o consequente superdimensionamento desses componentes, em muitos casos, podem ser associados ao comprometimento de vistas para o exterior e da boa iluminação natural.

Com o uso das ferramentas digitais, é possível calcular com precisão e rigor geométrico os ângulos de proteção solar e as consequentes áreas de visão do céu a serem *mascaradas*, para situações específicas do entorno do edifício, incluindo as variações necessárias ao longo do ano e do dia, o que agrega dinâmica ao processo de adaptação às mudanças temporais das condições de exposição. Comparativamente, os métodos mais simplificados de desenho geométrico estão associados a um repertório restrito de soluções projetuais, cuja geometria, também mais restrita, resulta em áreas de mascaramento do céu ligeiramente além ou aquém daquelas estipuladas pela geometria solar.

Apesar da hipótese de que tais diferenças são desprezíveis para o desempenho ambiental (térmico e luminoso) do edifício, há casos mais extremos, em que o superdimensionamento da proteção causa a diferença entre a área de proteção efetivamente criada e aquela de fato necessária. Consequentemente, geram-se ambientes mais escuros do que o necessário, ou, ao contrário disso, a falta da proteção solar mínima necessária. Por outro lado, a precisão geométrica das soluções criadas com base em processos generativos otimizam as soluções criadas. Somados à discussão sobre a eficiência da proteção, os processos generativos resultam em uma expressão formal distinta daquela alcançada pelos métodos convencionais.

A confluência de forças ambientais agindo sobre o edifício, como a insolação ao longo do dia e ao longo do ano, juntamente com os ventos provenientes de múltiplas orientações, também traz desafios quanto à prioridade de estratégias e à escolha entre as diversas soluções possíveis. Com algoritmos evolutivos, como o Galápagos, e programas computacionais de desenho, como o Grasshopper, do Rhinoceros, milhares de variações projetuais podem ser geradas e testadas em questão de minutos na busca por soluções formais mais precisas ou otimizadas, por exemplo, no caso da busca pela melhor configuração geométrica da radiação direta para o máximo de área sombreada, com o menor bloqueio da radiação difusa para o aproveitamento da iluminação natural.

12.1 Projeto paramétrico

A computação paramétrica constrói ligações entre fatores como os ângulos da geometria solar e os parâmetros formais que definem o edifício e seus componentes. Nesse sentido, os ângulos solares podem ser usados para a geração da forma do edifício, por exemplo, a inclinação de planos verticais e horizontais para o autossombreamento da forma, ou mesmo para a captação de vento.

O mesmo processo pode ser aplicado ao projeto de componentes de fachadas e coberturas, visando ao dimensionamento de soluções mais localizadas e próximas da relação entre a abertura e o espaço interno. As dimensões desses componentes podem ser diretamente determinadas por variáveis da geometria solar associadas à trigonometria, ou por uma rotina de simulação computacional criada com base em critérios preestabelecidos de desempenho, por exemplo: a definição do percentual de obstrução de um componente de proteção sobre uma determinada área de fachada em função do valor-limite de insolação sobre a área protegida, percentual este que vai determinar a forma da proteção.

Desde o início da década de 2010, o uso das simulações paramétricas de modelos generativos associados aos *softwares* de simulação de desempenho ambiental de edifícios utilizados para simulações de geometria solar e iluminação natural, como o Autodesk Ecotect Analysis, evoluiu muito. Se antes a conversão dos modelos paramétricos para os programas computacionais de avaliação de desempenho era um processo complexo e sujeito a erros, principalmente pelas restrições desses programas em interpretar geometrias complexas, atualmente, com o *plug-in* Geco (aplicativo computacional que agiliza e facilita as rotinas de simulação), informações sobre os parâmetros de forma e desempenho ambiental são automaticamente trocadas entre as plataformas do Grasshopper e do Ecotect.

Parâmetros de projeto, como a dimensão dos componentes e seus ângulos de inclinação para proteção solar, variam dentro de limites predefinidos, sendo utilizados como *genes* (séries de opções numéricas a serem testadas) para o *solver*, que é a parte de um algoritmo computacional responsável por desenvolver o produto final do processo generativo. Nesse processo, os resultados das simulações de sombra, insolação, ou iluminação natural de um determinado modelo testado no Autodesk Ecotect Analysis são importados para o Rhino, outro *software* de modelagem geométrica. Assim, as avaliações de desempenho são automaticamente atualizadas cada vez que um parâmetro da forma arquitetônica é mudado no modelo do Grasshopper.

12.2 O paradigma *high-low*

Projetos acadêmicos da Architectural Association School of Architecture (AA), desenvolvidos em Londres, assim como em São Paulo e no Rio de Janeiro, são demonstrações da aplicação do processo paramétrico da arquitetura generativa na realidade brasileira. Sob a coordenação dos arquitetos do escritório SUBdV e juntamente com os projetos profissionais desse escritório, os projetos acadêmicos realizados nas cidades brasileiras, aqui apresentados, fizeram parte do programa AA Brazil Visiting School. A adaptação dos conceitos e métodos da arquitetura generativa à realidade das cidades deste país deu origem ao processo de projeto denominado pelos seus organizadores como arquitetura *high-low*.

Nesse contexto, a arquitetura *high-low* é definida pelo uso de simulações computacionais que determinam uma etapa *high-tech* do processo de geração de formas arquitetônicas informada por critérios de desempenho ambiental, seguida pela fabricação digital de partes e componentes dessas formas. Elementos digitalmente fabricados são aqueles produzidos por máquinas de corte a laser do tipo CNC (*Computer Numerical Control*), em que um modelo em 3D ou um desenho em 2D de natureza digital estabelece numérica e automaticamente a produção ou fabricação do modelo físico.

O conceito de *high-tech*, ou alta tecnologia, em *design*, é definido como toda a geração de forma ou componente arquitetônico alcançada com o uso de ferramentas computacionais e com a fabricação digital, enquanto o *low-tech*, ou baixa tecnologia, caracteriza uma produção arquitetônica com base em processos locais manuais, não industrializados ou com uma tecnologia muito simples, e no uso de materiais reciclados.

No âmbito da abordagem *high-low*, a produção de partes e componentes da forma lança mão do uso de materiais e técnicas locais classificadas como *low-tech*, criando novas oportunidades para o futuro do edifício de melhor desempenho ambiental em contextos nos quais as práticas informais de construção e do uso de materiais são correntes. Exemplos da arquitetura *high-low* incluem o emprego de materiais reciclados integrados por elementos digitalmente fabricados, assim como a produção de moldes físicos com o auxílio das roteadoras CNC para a utilização de fibra de vidro ou termoformagem.

A interpretação *high-low tech* da arquitetura generativa possui exemplos icônicos ao redor do mundo. Alguns dos mais conhecidos são: a cobertura de latas de óleo recicladas do projeto *Jugaad*, de Sanjeev Shankar, em Nova Délhi; a cobertura

Repurposed Political Ply, de Jason Griffiths, que é uma cobertura feita de *posters* eleitorais para Arizona State University, em Tempe, Arizona; e o *Recycled Toy Furniture*, de Greg Lynn, em Los Angeles, Califórnia, que utiliza brinquedos antigos na composição de componentes construtivos.

A prática da arquitetura generativa *high-low tech* foi associada ao conceito denominado em inglês de *repurpose*, com o sentido de repropor o uso de materiais no lugar de reciclar, com o intuito de separar o uso de materiais existentes das conotações negativas a que são associados, às práticas de reciclagem, em alguns casos. Esse conceito, portanto, enfatiza a ação de repensar o propósito de um objeto, nesse caso, o material ou um componente construtivo. Dessa forma, a exploração de materiais e componentes existentes tem o objetivo de criar soluções arquitetônicas culturalmente relevantes, indo além da abordagem ambiental de fechamento do ciclo de vida de um componente com técnicas de reúso e reciclagem.

A arquitetura generativa criada por processos digitais *high-tech*, combinada a técnicas e materiais *low-tech* possibilita a inovação e a expressão que valoriza o emprego de materiais locais. Explorações de projeto utilizando o conceito de repropor e o seu desenvolvimento com base em *found objects* – componentes construtivos originários de partes de edifícios ou outras construções, podendo também ser simplesmente objetos comuns – geram e agregam uma identidade local e criativa para a arquitetura, contrastando com a estética genérica do próprio processo de projeto paramétrico de arquitetura generativa convencional.

12.3 Experiências de projetos

A discussão de projetos começa com a apresentação de projetos do escritório SUBdV em São Paulo, seguida de propostas acadêmicas da Architectural Association School of Architecture, de Londres, desenvolvidas no estúdio de projeto Diploma 2 do módulo de graduação da instituição. Por fim, são apresentados exercícios de projetos realizados nos *workshops* do programa AA Brazil Visiting School, nas cidades de São Paulo e Rio de Janeiro.

12.3.1 Experiências de projetos do escritório SUBdV

A seguir, são apresentados exemplos da arquitetura generativa projetada pelo escritório de arquitetura SUBdV, com foco no desenvolvimento de fachadas, coberturas e componentes de fechamento para edifícios. Trata-se de dois projetos, um comercial e um social, ambos em São Paulo.

Lojas Clarindo, no bairro do Morumbi, São Paulo (em construção)

Em um novo espaço de compras de 600 m^2, localizado próximo ao Shopping Jardim Sul, no bairro Morumbi, em São Paulo, foi criado um sistema de dispositivos de bloqueio da radiação solar direta no interior da loja, o qual permite a penetração da luz natural refletida. Uma matriz combinando uma variação de ângulos de proteção solar e o comprimento do sombreamento resultante foi estabelecida para a geração da superfície da área de proteção, formada por uma série de componentes.

Para a seleção da melhor opção resultante do processo generativo, o critério estabelecido foi a maximização da área de sombreamento (Figs. 12.1 e 12.2). Com os parâmetros de geração da forma configurados, o algoritmo evolutivo *Galápagos* foi utilizado para gerar milhares combinações distintas desses parâmetros. Na

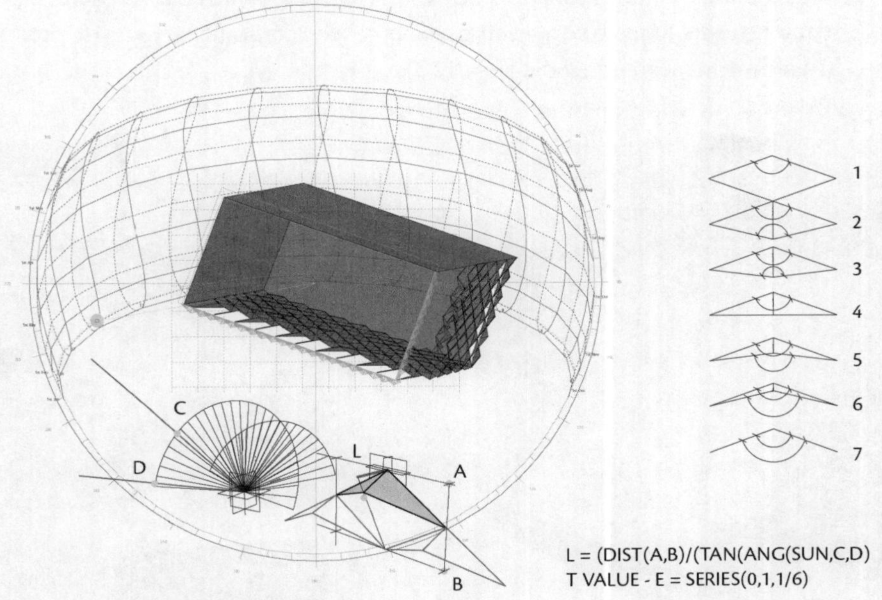

Fig. 12.1 Processo de projeto da nova envoltória do edifício das Lojas Clarindo, no bairro do Morumbi, em São Paulo. Projeto em construção. Os números representam as diferentes soluções de componentes de sombreamento das fachadas e os ângulos correspondem aos ângulos de sombreamento do sol
Fonte: Anne Save de Beaurecueil e Franklin Lee.

Fig. 12.2 Modelo do edifício das Lojas Clarindo, com as novas fachadas formadas por componentes de sombreamento, projetados por um processo paramétrico de geração de forma
Fonte: Anne Save de Beaurecueil e Franklin Lee.

sequência, essas combinações foram testadas pela mesma ferramenta, que escolhe a solução que apresenta a maior área de sombreamento.

Instituto Escola do Povo, Comunidade de Paraisópolis (UMCP), no bairro do Morumbi, São Paulo (projeto desenvolvido em 2012 e aguardando início da obra)

A reforma e construção de novos edifícios no centro da comunidade de Paraisópolis para a UMCP (União de Moradores e Comércio de Paraisópolis) totalizou uma intervenção de 500 m^2. Além de instalações bancárias e cinco salas de aula para a Escola do Povo, o programa de atividades inclui um espaço externo coberto para eventos, café, sala de computação, sala de projeção e a administração da escola (Fig. 12.3).

Fig. 12.3 Projeto de intervenção do Instituto Escola do Povo, na Comunidade de Paraisópolis, no bairro do Morumbi, em São Paulo. Vista do espaço externo coberto para eventos, com comunicação visual com o entorno
Fonte: Anne Save de Beaurecueil e Franklin Lee.

O processo de projeto foi direcionado pela introdução de alta tecnologia aliada aos recursos econômicos e técnicas locais disponíveis na geração da forma. A estratégia *high-tech-low-tech* foi adotada para o projeto dos componentes de controle das variáveis ambientais. A fachada voltada para a rua principal foi tratada por uma superfície formada por componentes de proteção solar, feitos por uma tecelagem de fios de *nylon* (como os de cadeiras de praia), estruturados por um sistema de tubos metálicos curvos (Fig. 12.4).

Enquanto a tecelagem e a preparação do *nylon* podem ser feitas por artesãos locais, a estrutura metálica foi projetada para ser fabricada por uma mão de obra mais especializada. Outra proposta de intervenção foi a transformação de caixas d'água aparentes, que caracterizam as coberturas das construções da comunidade, em refletores de luz natural para o interior das salas de aula. A intenção por trás dessa ideia é incentivar a participação direta de artistas locais no tratamento final dessas caixas d'água, conceitualmente *repropostas*. A replicação dessa proposta em outros edifícios locais tem o potencial de contribuir para uma nova paisagem urbana da comunidade, com melhor qualidade ambiental dos seus edifícios.

12.3.2 Experiências de projetos na Architectural Association School of Architecture, estúdio de projeto Diploma 2

Entre 2005 e 2010, o estúdio de projeto Diploma 2 do módulo de graduação da Architectural Association School of Architecture, em Londres, se dedicou a exercícios de projetos focados na aplicação de métodos da arquitetura generativa. Em 2008, o estúdio teve como tema de projeto a transformação do edifício do Departamento Estadual de Trânsito de São Paulo (Detran-SP), localizado junto ao parque Ibirapuera, em São Paulo, em uma extensão do programa de atividades do Museu de Arte Contemporânea de São Paulo (MAC), isto é, incluir a inserção de um programa de atividades culturais entre a nova sede do museu e o parque. Esse exercício de projeto contou com a colaboração da equipe de alunos e pesquisadores do Laboratório de Conforto Ambiental e Eficiência Energética (Labaut) do Departamento de Tecnologia da Arquitetura da Faculdade de Arquitetura da Universidade de São Paulo, que deu apoio técnico na realização de medições de variáveis ambientais no sítio de projeto.

Fig. 12.4 Vista da fachada do edifício do Instituto Escola do Povo voltada para a rua. Fachada formada por componentes de proteção solar feitos de fios de *nylon* (modelo digital)
Fonte: Anne Save de Beaurecueil e Franklin Lee.

Intervenção De-tran: double interface

O objetivo deste projeto, do estudante Asako Hayasaki, foi a criação de uma conexão entre o edifício do Detran e o parque Ibirapuera, duplicando o nível do solo e os fechamentos, permitindo a articulação de espaços em níveis diferentes e com distintos graus de permeabilidade e acessibilidade (Save de Beaurecueil e Lee, 2009a). Estratégias de controle ambiental são integradas aos espaços de circulação a partir do nível duplo de piso, e o fechamento vertical permeável contribui para a extensão dos aspectos urbanos e públicos do edifício sobre os espaços de ligação com o parque.

No parque, o espaço sob a grande marquise, que conecta todos os pavilhões expositivos com os espaços abertos e semiabertos, é constantemente ocupado nos finais de semana, porém, permanece praticamente deserto durante a semana. Enfrentando essa questão, o projeto aposta na força de transformação da ligação física entre o espaço da marquise e o edifício, ocupada por um programa de atividades culturais e qualificada por condições ambientais diversas.

Voltando ao projeto do edifício, o fechamento duplo da nova fachada foi programado algoritmicamente, com base em critérios de insolação (Figs. 12.5 e 12.6). Por meio de estratégias de autossombreamento, o sistema paramétrico do duplo fechamento foi projetado para reduzir os ganhos de calor pela incidência da insolação. Dessa forma, a inclinação dos componentes da fachada foi determinada de forma a garantir que as áreas e circulação interna junto a fachada, assim como grande parte da superfície interna do duplo fechamento, não fossem expostas à radiação solar direta. Paralelamente, as fachadas leste e oeste são perfuradas em diversos pontos proporcionando permeabilidade para a ventilação natural no interior do edifício. Rasgos na cobertura foram propostos com a finalidade de levar luz natural difusa até as áreas mais afastadas do plano da fachada (Fig. 12.7).

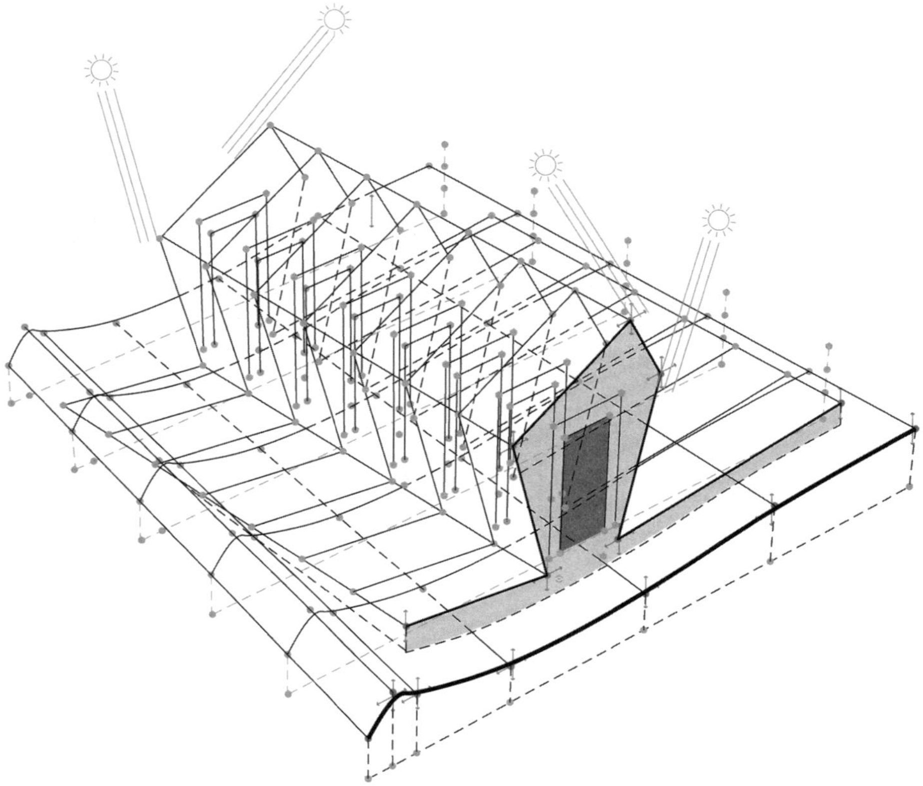

Fig. 12.5 Corte transversal da proposta de intervenção no edifício do Detran, com a inserção de uma segunda envoltória externa
Fonte: Asako Hayasaki.

A interface criada segundo o conceito de *duplo solo e duplo fechamento* permite que os programas do museu se espalhem pelo parque, atravessando a avenida e o viaduto, que conecta o edifício ao parque. Um sistema adicional de componentes articula tanto o piso quanto a pele do edifício para permitir efeitos de luz difusa nas galerias e um jogo de luz e sombra nas áreas de circulação. Diferente da atual marquise, os espaços semiabertos, incluindo a área sobre a grande marquise, são caracterizados pelo acesso da luz difusa, abrigando atividades do museu e uma nova programação educativa.

Ponte do parque Ibirapuera, shell articulations

Este projeto, da estudante Sua Song, se baseou no conceito de uma infraestrutura ponte do tipo habitável, entendida como ponte-solo, como meio de transformação do *campus* cultural do parque em um complexo de maior diversidade de atividades (Save de Beaurecueil e Lee, 2009b). Nesse novo contexto, a ponte-solo possibilita um novo fluxo de atividades culturais qualificadas por diferentes condições ambientais, incluindo térmica, ventilação e iluminação natural.

Programaticamente, o projeto propõe um processo de micromediações de macro-organizações, reconsiderando as estruturas em casca projetadas por Oscar Niemeyer no parque Ibirapuera. Com o objetivo de transformar os grandes edifícios culturais do parque em um complexo de micro-organizações formado por galerias, demais áreas de exposição e outras funções complementares, eles são conectados em diferentes níveis por um sistema de rampas (Fig. 12.8). Somado a isso, novas estruturas em casca foram inseridas, porém, com um projeto alternativo ao original, sendo as novas cascas multidirecionais, corrugadas vertical e horizontalmente, a fim de mediar fluxos de luz e ar em várias direções.

As estruturas em casca aqui mencionadas são construções leves fabricadas de elementos curvos e montados para criar superfícies curvadas e finas, nas quais as cargas estruturais são distribuídas igualmente por toda a superfície da forma. As cascas sobrelevadas são então transformadas ambientalmente por componentes articulados, com o objetivo de aumentar a permeabilidade das superfícies à luz e à ventilação natural (Fig. 12.9).

Fig. 12.6 Vista da nova fachada externa com aberturas variáveis para o controle da passagem de radiação e iluminação natural
Fonte: Asako Hayasaki.

Fig. 12.7 Modelo da intervenção no edifício do Detran resultante da proposta de duplo solo e duplo fechamento
Fonte: Asako Hayasaki.

Fig. 12.8 Implantação e volumetria do projeto *shell articulations*, com a sequência de novas estruturas em casca. Fonte: Sua Song.

12.3.3 Experiências de projetos na Architectural Association Visiting School: São Paulo e Rio de Janeiro

Em 2010 e 2011, *workshops* de projeto com duração de dez dias foram promovidos pelo estúdio Diploma 2 da Architectural Association School of Architecture, em São Paulo e no Rio de Janeiro, como parte do programa internacional AA Visiting School. O programa contou com a presença de professores e alunos de diversos países para contribuir com a discussão e aplicação de técnicas de projeto e fabricação digital, no contexto das questões urbanas, socioeconômicas e ambientais do cenário urbano brasileiro.

Projeto Giramundo, workshop *High-low, São Paulo, SP, 2011*

Durante os dez dias do *workshop High-low*, participantes foram motivados a produzir intervenções de diferentes escalas em espaços e edifícios da avenida Paulista. A proposta das estudantes Erica Umakoshi, Renata França Marangoni, Carolina Gusson e Eloisa Dezen-Kempte surgiu da ideia de potencializar cultural e economicamente a região da avenida Paulista, a fim de torná-la mais competitiva frente aos novos centros de atividades comerciais e financeiras da avenida Berrini e da Marginal Pinheiros, tirando proveito das suas boas condições de urbanização e infraestrutura. Enquanto alguns projetos propuseram equipamentos urbanos e pavilhões interativos para enriquecer o espaço público, o projeto intitulado Giramundo propôs uma nova torre para o terreno da antiga residência da família Matarazzo.

Como alternativa à arquitetura comercial convencional, típica da cultura internacional de edifícios de escritórios, comum na cidade de São Paulo, o projeto Giramundo trabalhou a ideia de um edifício alto com fachadas tratadas por dispositivos de proteção solar e controle de luminosidade, projetados com o auxílio

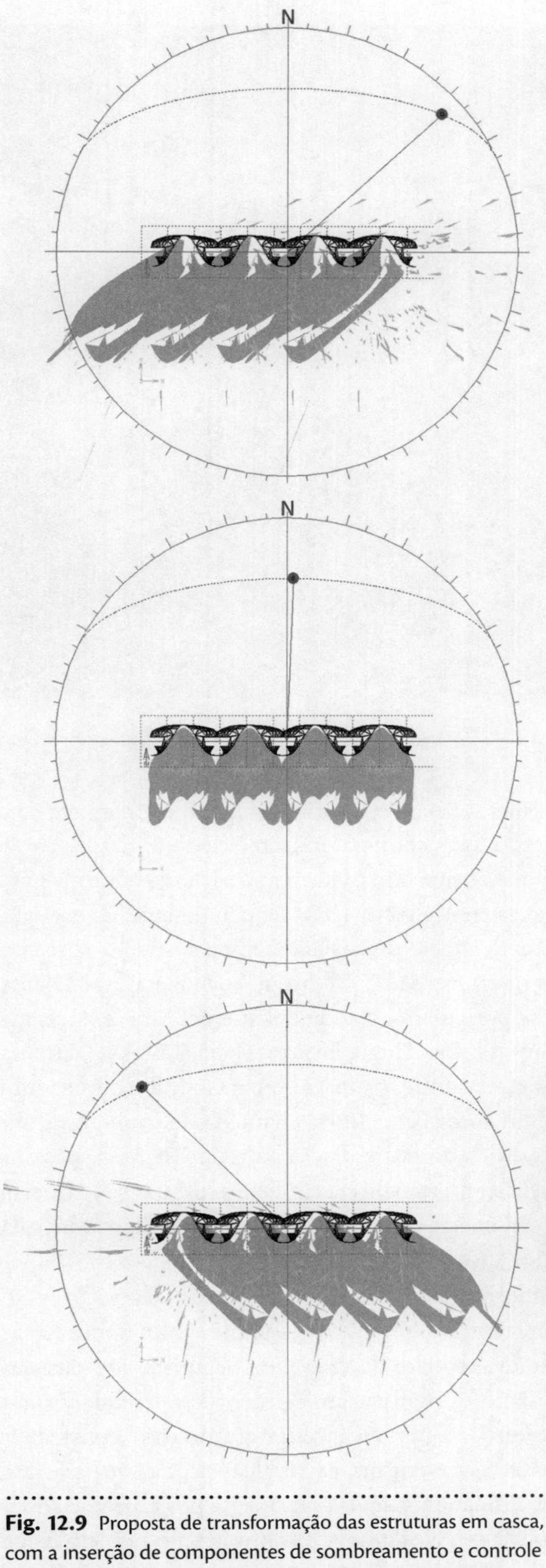

Fig. 12.9 Proposta de transformação das estruturas em casca, com a inserção de componentes de sombreamento e controle da entrada de luz natural e ventilação natural, de aberturas variáveis de acordo com a incidência de radiação solar direta
Fonte: Sua Song.

de processos computacionais generativos, testados em um exercício de fabricação digital de componentes (Fig. 12.10). Na escala do edifício, a forma arquitetônica em degraus foi inicialmente proposta para a inserção de terraços verdes na interface entre espaços internos e o ambiente externo. A forma final do edifício resultou de um processo de rotação do pavimento tipo por um eixo vertical que levou à redução das dimensões da planta baixa nos pavimentos mais altos.

A busca pelo autossombreamento levou ao processo de inclinação dos planos de fachada, no entanto, a fim de evitar inclinações demasiadas, adotou-se um ângulo equivalente a uma proteção parcial contra a radiação solar direta, que foi complementada por componentes de sombreamento e passagem da luz natural. Esses componentes foram projetados com o auxílio de modelos físicos compostos por uma estrutura de tecido, criada para o bloqueio do sol direto e a passagem da luz natural, que serviu de base para o projeto da versão digital do mesmo componente (Figs. 12.11 e 12.12). A eficiência da proteção solar e da iluminação natural resultante da inserção dos componentes de fachada foi testada analiticamente com o uso do *software* Ecotect e do aplicativo Radiance.

Biofantasia, workshop *Matéria-prima*, *Rio de Janeiro, 2011*

O interior do barracão da escola de samba Pimpolhos possui cores deslumbrantes e é adornado com a vibrante parafernália dos carros alegóricos e das fantasias de carnavais passados. O ambiente é carregado de energia criativa

Fig. 12.10 Modelo do projeto Giramundo, edifício alto de escritórios na Avenida Paulista, cuja forma final foi resultante de um processo de rotação da planta baixa
Fonte: Erica Umakoshi, Renata França Marangoni, Carolina Gusson e Eloisa Dezen-Kempte.

Fig. 12.11 Modelo físico do componente de proteção solar, inicialmente projetado em uma superfície de tecido
Fonte: Erica Umakoshi, Renata França Marangoni, Carolina Gusson e Eloisa Dezen-Kempte.

dos artistas, artesãos, crianças e membros da comunidade, que trabalham em conjunto para produzir produtos inovadores com materiais reciclados.

Por outro lado, o edifício que abriga tanta vida e animação encontra-se em um estado de degradação da sua estrutura física e, consequentemente, da sua qualidade ambiental. A insolação direta aquece demasiadamente os pavimentos superiores, ao mesmo tempo que os inferiores são privados de boa luz natural. Diante dessa realidade, a proposta desse projeto, dos estudantes Raquel Monte, Mariana Meneguetti, Silvia Proserpio Fontes Lima, Hugo Tavares, Gabriel Brasil, Carolina Chataignier, Bruna Moreira, Sara Luz, Jonne Viana, Carolina Godinho e Ana Luisa Costa Barreira, foi a criação de uma nova envoltória chamada de *biofantasia*, em que o edifício é trajado por um *vestido de gala ecológico*, um tipo de mediação ambiental e ornamental que bloqueia a radiação direta e reflete a luz natural, dispersa o ruído, e ainda coleta a água das calhas do telhado para irrigar a horta urbana proposta no interior do barracão (Save de Beaurecueil e Lee, 2011).

A inspiração para esta *fantasia ambiental* veio dos carros alegóricos, com suas conchas, folhagens e corais, motivos que historicamente foram aplicados às fachadas como adornos que mediavam fluxos de água e luz. Seguindo as premissas da abordagem generativa de projeto e a fabricação *high-tech-low-tech*, as formas curvilíneas dos motivos carnavalescos foram alcançadas reutilizando cones de fibra de vidro para criar tulipas de chope em um carro alegórico, as quais foram montadas em uma estrutura hexagonal de madeira produzida por uma cortadora do tipo CNC (Fig. 12.13). Os componentes da nova estrutura, cujo modelo físico é mostrado na Fig. 12.14, têm a função de mediação ambiental, com o controle do impacto da insolação direta, passagem da luz natural, coleta da água da chuva e amortecimento do ruído externo.

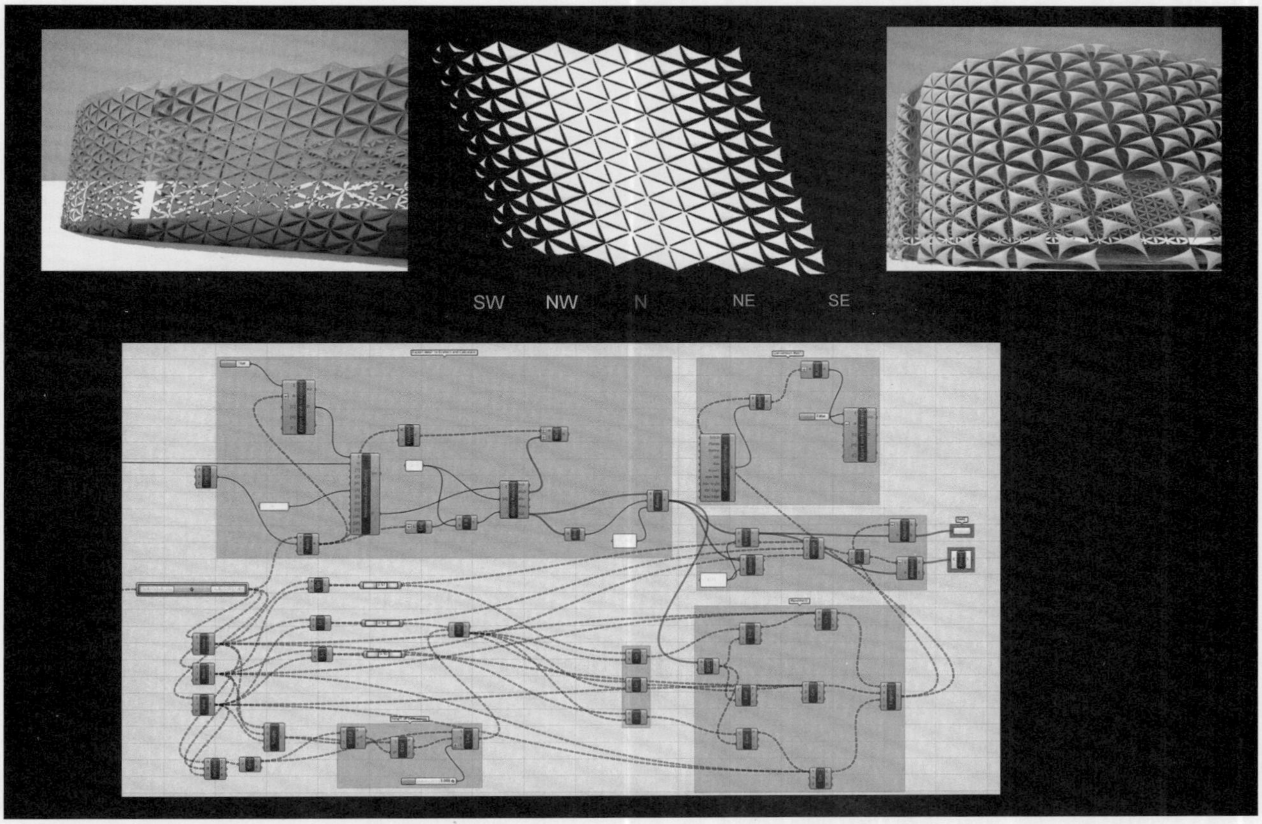

Fig. 12.12 Modelo digital do componente de sombreamento da fachada, baseado no modelo físico, incluindo a tela de programação do programa de simulação paramétrica
Fonte: Erica Umakoshi, Renata França Marangoni, Carolina Gusson e Eloisa Dezen-Kempte.

A proposta da ornamentação de função ambiental da envoltória do barracão da escola de samba Pimpolhos buscou a transformação das condições ambientais internas por meio de uma solução arquitetônica que ressaltasse valores estéticos associados ao carnaval (Fig. 12.15).

Edges and Transitions, workshop *Micro Revolutions, São Paulo 2010*

O objetivo do *workshop Micro Revolutions*, ocorrido em São Paulo em 2010, (promovido por uma parceria entre a Architectural Association e o Instituto de Arquitetos da Holanda, NAi) foi explorar a reabilitação de comunidades, ambientes e equipamentos urbanos considerados obsoletos e desprezados pela cidade formal. O tema da cultura esportiva foi tomado pelos estudantes Alex Garcia, Beatriz de Abreu Lima, Daniela Asdente, Valerie Saavedra como ponto de partida para a transformação de ambientes urbanos conturbados socialmente, tomando como referência as instalações da academia de boxe Cora-Garrido, em São Paulo (Save de Beaurecueil e Lee, 2010). Fundado pelo pugilista Nilson Garrido, unidades desse centro esportivo informal funcionam sob viadutos da cidade. Assim, a proposta desse *workshop* foi o desenvolvimento de projetos de pequena escala, como assentos, mobiliário para armazenagem de livros e objetos, componentes para um melhor aproveitamento da iluminação natural e fornecimento de água, a fim de contribuir para o conforto e qualidade ambiental nesses espaços.

O espaço sob o viaduto Alcântara Machado, como muitos outros viadutos, não somente sofre com a falta de conexão física com o entorno urbano, mas também com a escassez de iluminação natural. Com respeito ao problema da luz natural, o projeto *Edges and Transitions* lança mão dos efeitos de reflexão da luz natural

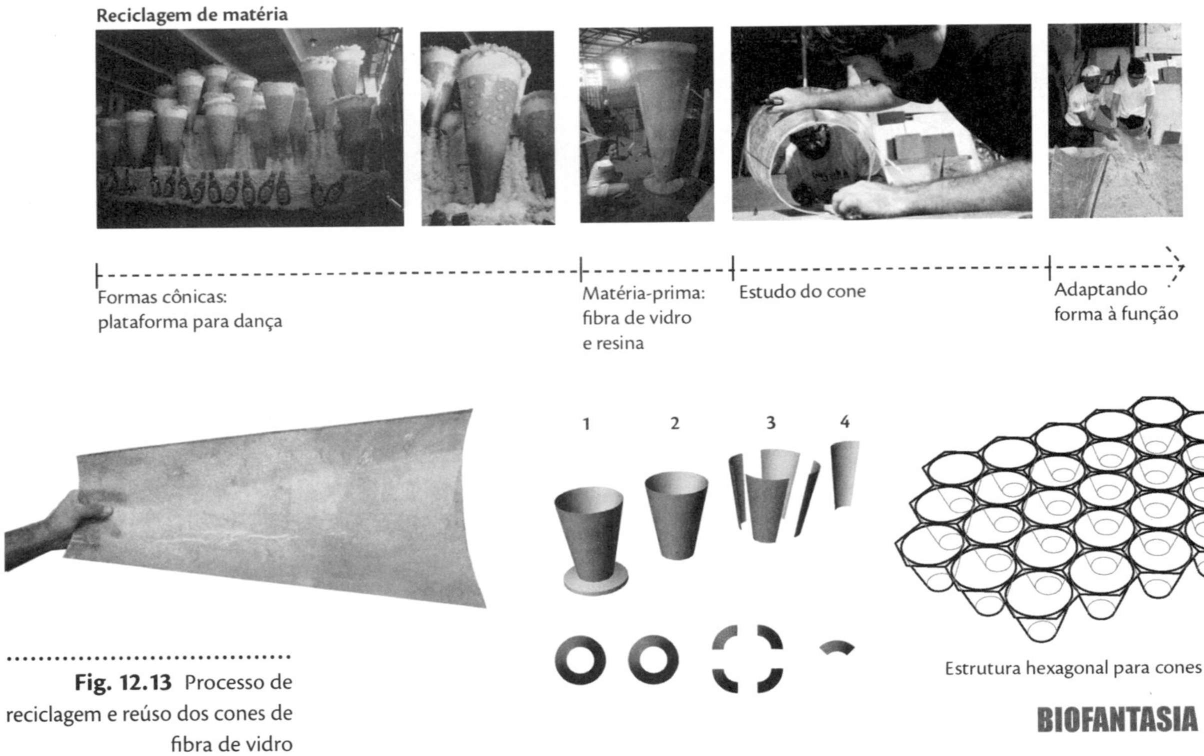

Fig. 12.13 Processo de reciclagem e reúso dos cones de fibra de vidro
Fonte: Raquel Monte, Mariana Meneguetti, Silvia Proserpio Fontes Lima, Hugo Tavares, Gabriel Brasil, Carolina Chataignier, Bruna Moreira, Sara Luz, Jonne Viana, Carolina Godinho e Ana Luisa Costa Barreira.

para melhorar as condições de iluminação sob o viaduto. Um dispositivo refletor baseado na geometria e na reflexão de discos de CD foi projetado para regular a quantidade de luz e o acesso da radiação solar que atinge os espaços criados sob o viaduto. O disco de CD oferece alta refletividade e uma geometria simples e precisa, de fácil reprodução na modelagem digital (Fig. 12.16).

12.4 Considerações finais

A arquitetura generativa associada à mediação de forças ambientais sob a forma arquitetônica pode ser usada de inúmeras maneiras e em diversas escalas. Como visto nos exemplos aqui apresentados, essa tecnologia pode ser usada para gerar tanto a geometria aqui denominada global (ou geral) de um edifício quanto no projeto de componentes construtivos aplicados à envoltória, como proteções solares ou bandejas de luz, conferindo precisão ao desempenho ambiental do projeto. O uso de algoritmos evolutivos para uma arquitetura de melhor desempenho ambiental possibilita um processo de projeto diferenciado dos mais convencionais, caracterizados por procedimentos corretivos em vez de generativos da forma.

Um dos grandes benefícios dos processos generativos é a rapidez na geração de múltiplas opções formais já nas etapas iniciais do projeto. Outra vantagem dos processos de projeto da arquitetura generativa informados por critérios de desempenho ambiental é a ligação entre a geometria *global* e o componente *local*: uma mudança na geometria global incorre na correção automática da forma dos componentes para o ajuste do desempenho. Com o *plug-in* Geco, os resultados numéricos da simulação de insolação ou iluminação, por exemplo, feitas no Ecotect, alteram automaticamente a geometria da modelagem paramétrica. Dessa forma, o processo de projeto é automatizado e agilizado.

Também foi mostrado nos exemplos aqui apresentados que a arquitetura generativa pode ser usada para projetos de grande porte e formalmente complexos, assim como para projetos menores e de geometria mais simples. Entre as possibilidades metodológicas da arquitetura generativa, o conceito *high-low* introduz o reaproveitamento de materiais e componentes existentes na geração de formas arquitetônicas originais, além de servirem à fabricação digital de modelos e componentes construtivos propriamente ditos.

Além da ênfase dada às questões de desempenho ambiental, os projetos aqui apresentados adotaram motivos de ordem urbana e socioeconômica para a definição da arquitetura, englobando aspectos da forma, materiais e execução de componentes construtivos. Acredita-se que o poder de impacto e transformação da arquitetura de melhor desempenho ambiental exige não apenas uma resposta quantitativa aos problemas ambientais, mas também uma abordagem mais ampla de projeto *sustentável*, que incorpore o potencial da mão de obra local, além de prover o engajamento social, a criação de espaços públicos de qualidade e a cultura local.

Fig. 12.14 Modelo físico do componente de mediação ambiental, composto de uma estrutura tridimensional de madeira, com espaço para o encaixe das peças de fibra de vidro, originárias dos cones reciclados
Fonte: Raquel Monte, Mariana Meneguetti, Silvia Proserpio Fontes Lima, Hugo Tavares, Gabriel Brasil, Carolina Chataignier, Bruna Moreira, Sara Luz, Jonne Viana, Carolina Godinho e Ana Luisa Costa Barreira.

Fig. 12.15 Proposição de intervenção no barracão da escola de samba Pimpolhos, no Rio de Janeiro, com a nova envoltória intitulada *Biofantasia*
Fonte: Raquel Monte, Mariana Meneguetti, Silvia Proserpio Fontes Lima, Hugo Tavares, Gabriel Brasil, Carolina Chataignier, Bruna Moreira, Sara Luz, Jonne Viana, Carolina Godinho e Ana Luisa Costa Barreira.

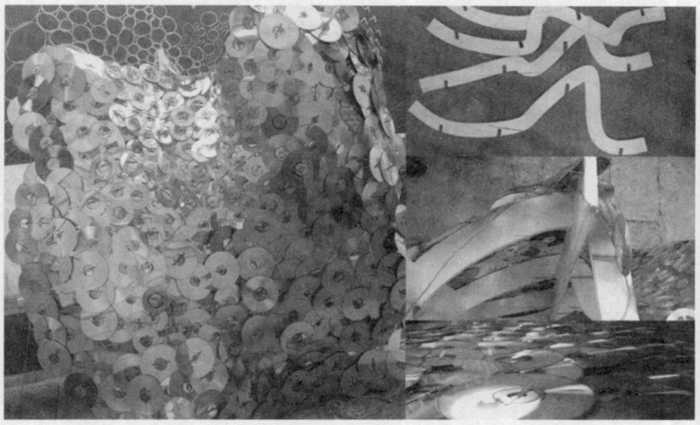

Fig. 12.16 Modelo físico do componente de reflexão da luz natural, criado da reciclagem de discos de CD
Fonte: Alex Garcia, Beatriz de Abreu Lima, Daniela Asdente, Valerie Saavedra.

Referências bibliográficas

SAVE DE BEAURECUEIL, A. de; LEE, F (Ed.). *Articulated grounds:* mediating environment and culture. London: Architectural Association, 2009a. 102 p. (AA Agendas 7).

SAVE DE BEAURECUEIL, A.; LEE, F. (Ed.). *Articulated Grounds:* mediating environment and culture. Londres: Architectural Association, 2009b. 48 p. (AA Agendas 7).

SAVE DE BEAURECUEIL, A.; LEE, F. Workshop de Design São Paulo. *Revista Arquitetura e Urbanismo,* n. 198, p. 72-75, set. 2010.

SAVE DE BEAURECUEIL, A.; LEE, F. AA Rio Design Workshop: Materia Prima. *Revista Arquitetura e Urbanismo,* n. 208, p. 78-81, 2011.

Programas computacionais

MCNEEL, B. Rhinoceros, NURBS modeling for Windows. [s.d.]. Disponível em: <www.rhino3d.com/>.

RUTTEN, D. Grasshopper Generative Modeling for Rhino. [s.d.]. Disponível em: <www.grasshopper3d.com/>.

GRABNER, T.; FRICK, U. Geco for Grasshopper. [s.d.]. Disponível em: <www.grasshoper3d.com/group/geco/>.

Cálculos analíticos simplificados para a avaliação de conforto térmico relacionado ao uso da ventilação natural de galpões industriais

13

Anésia Barros Frota

Alessandra Rodrigues Prata Shimomura

A renovação do ar é de grande importância para a higiene dos edifícios e também para o conforto térmico no verão nos edifícios localizados em regiões de clima temperado e de clima quente. A ventilação natural é fator de eficiência energético-econômica, com alterações na qualidade do ar interior e na saúde dos usuários, que, em ambientes muito quentes, ficam expostos a uma série de problemas, como cansaço, mal-estar, baixa capacidade de concentração, insatisfação, riscos de acidentes e de doenças.

Um sistema de ventilação natural consta de aberturas dimensionadas, localizadas e distribuídas de modo a proporcionar a requerida renovação do ar do ambiente. Projetar um sistema de ventilação natural significa dimensionar, em função de requisitos específicos, um sistema de aberturas, umas destinadas a funcionar como entradas de ar e outras, como saída. A renovação do ar tem diversas funções, além da remoção de calor, como: desconcentração de odores, resfriamento da estrutura do edifício e de seus componentes, incremento das trocas térmicas do corpo humano com o ambiente, remoção do excesso de vapor d'água proveniente da presença humana e de suas atividades, com redução dos riscos de condensação superficial ou intersticial.

Ao se pensar em projetos arquitetônicos e atividades exercidas em seu interior, vale destacar os edifícios industriais, nos quais pode ser utilizada a ventilação natural com o aproveitamento dos ventos e com os recursos do efeito chaminé (Frota, 1989). No âmbito dos galpões industriais, a ventilação natural tem amplo campo para aplicação, em alguns casos, em plantas muito grandes, associada à ventilação mecânica.

Resultados muito bons têm sido obtidos em fábricas de automóveis, galvanizações, metalúrgicas, siderúrgicas, minerações, indústrias químicas e mecânicas. É nesse contexto que será apresentada a estratégia do uso da ventilação natural em projetos arquitetônicos, com ênfase sobre soluções arquitetônicas específicas para edifícios de uso industriais.

A ventilação, com a renovação do ar, representa uma forma de retirada de calor do ambiente que abriga cargas térmicas significativas e pode resultar em consequente melhoria das condições térmicas ambientais. A ventilação também pode ser responsável pela retirada de umidade gerada no interior dos recintos. Em função das cargas térmicas a que o edifício está submetido – calor solar, pessoas, iluminação artificial, máquinas e motores –, há como determinar a taxa de ventilação requerida para obter o adequado controle térmico ou de umidade ambiente, para, em seguida, dimensionar o sistema de ventilação necessário.

Desde que o calor gerado no interior de um galpão industrial não represente tão elevada carga térmica que inviabilize a obtenção de condições de conforto, pode-se dizer que é possível obter a requerida ventilação justamente pelo fato de haver um *motor* para ventilação: o ar, sobreaquecido pelos ganhos de calor, torna-se menos denso, fica mais leve, tende a ascender e, se houver aberturas altas por meio das quais possa sair e aberturas baixas por meio das quais possa ser reposto, passa a ocorrer o fenômeno do *efeito chaminé*. Fica também sob responsabilidade do projetista do edifício o aproveitamento do vento no sentido de somar suas forças às do efeito chaminé.

Nos galpões industriais, caso haja grande dissipação de calor no ambiente, o que se pode pretender são melhorias das condições térmicas nem sempre associadas ao conforto do usuário.

13.1 Segurança e medicina do trabalho

A ventilação natural se apresenta como fator fundamental na qualidade do ar dos galpões industriais, quer quando se trata das condições térmicas ambientais, quer no que se refere à desconcentração de contaminantes químicos, de material particulado ou de outros agentes alteradores da qualidade do ar.

O lançamento, para o ar exterior, de poluentes provenientes da indústria no estado de São Paulo é regulamentado pelos órgãos responsáveis pelo controle da poluição, a exemplo da Cetesb (Companhia de Tecnologia de Saneamento Ambiental) e da Soma (Secretaria de Obras e do Meio Ambiente, do Estado de São Paulo/Brasil). A Engenharia Mecânica dispõe de recursos para, por meio de sistemas de ventilação forçada localizada e munidos de dispositivos especiais, reduzir a concentração dos poluentes do ar a serem lançados para o ambiente externo aos níveis exigidos por lei.

Porém, a não ser nos casos em que se recorre ao enclausuramento das fontes poluidoras – o que só é possível em alguns casos – há sempre uma contaminação residual que, à medida que o ar do recinto não seja adequadamente renovado, pode ultrapassar os limites de tolerância e não atender às Normas Regulamentadoras (NR) da CLT (Consolidação das Leis do Trabalho) referentes às questões de segurança e medicina do trabalho – no caso brasileiro, a Lei nº 6.514, de 22 de dezembro de 1977, altera o Capítulo V do Título II e a Portaria nº 3.214 de 8 de junho de 1978, que aprova as NRs também do Título II da CLT (Brasil, 2002).

As questões relativas às condições ambientais, mais especificamente ao conforto térmico, à ventilação e à qualidade do ar do interior dos edifícios, são abordadas nas seguintes normas:

- NR 6: Equipamentos de Proteção Individual (EPI), que são obrigatórios em atividades com riscos referentes às condições ambientais em pauta;
- NR 7: Exame médico, que versa, em vários itens e subitens, sobre o controle da Saúde Ocupacional;
- NR 9: Riscos ambientais. Aborda os riscos apresentados pela natureza, concentração ou intensidade e tempos de exposição a agentes físicos, químicos e biológicos existentes nos ambientes de trabalho e que podem causar danos à saúde;

- NR 15: Atividades e operações insalubres, cujos graus de insalubridade são caracterizados por limites de tolerância. O Anexo nº 3 é relativo à exposição ao calor; o Anexo nº 11 é referente aos Agentes Químicos cuja insalubridade é caracterizada por limite de tolerância e inspeção no local de trabalho; o Anexo nº 12 trata dos limites de tolerância para poeiras minerais; o Anexo nº 13 é relativo aos agentes químicos (excluídos os constantes nos Anexos nº 11 e nº 12); e o Anexo nº 14 trata dos agentes biológicos. Essa norma é essencial para as análises em galpões industriais.

Para os limites de tolerância para exposição ao calor, deve ser aplicado o "Índice de Bulbo Úmido – Termômetro de Globo" (IBUTG) contido no Anexo nº 3 da NR 15 (Brasil, 2002). As tabelas utilizadas para os Limites de Tolerância a Agentes Químicos e Biológicos pela NR 15 se baseiam nos quadros da American Conference of Governmental Industrial Hygienists (ACGIH, 1980).

De modo geral, as NRs definem os níveis de exigências, determinam providências – exames médicos, uso de EPIs, adicionais aos salários – e estabelecem inclusive as sanções cabíveis quando do não atendimento às normas.

Os adicionais, o trabalho intermitente, o uso de EPIs, os exames médicos periódicos e as possíveis sanções por não atendimento às normas representam o *custo da insalubridade*, sendo que muitas vezes as disposições de projeto do edifício e do *layout* dos equipamentos podem ser responsáveis por boa parte do problema.

A renovação do ar dos edifícios pode ser feita por meios mecânicos – ventilação forçada – ou por meios naturais. Porém, só se pode considerar ventilação quando o sistema, mecânico ou natural, responde, ainda que dentro de certos limites, às necessidades específicas do edifício ou do recinto em questão. Evidentemente, não se pode pretender condições de conforto térmico numa aciaria, por exemplo.

13.2 Recursos da ventilação

Nos galpões industriais onde há grande geração de calor, há demanda e condições de se promover a ventilação natural, principalmente em função das diferenças entre as temperaturas do ar interno e externo – efeito chaminé, que pode proporcionar altas taxas de renovação do ar, dificilmente obtidas com sistema mecânico, muitas vezes incompatível com a complexidade de uso do espaço, além de representar significativo consumo de energia.

A experiência na assessoria a projetos de edifícios industriais que abrigam processos com grande dissipação de calor, ou mesmo envolvendo ganhos térmicos menores, tem demonstrado a eficiência dos sistemas de ventilação natural: incorporar ao edifício as aberturas para entrada e para saída de ar, devidamente dimensionadas e posicionadas para proporcionar a adequada renovação do ar do ambiente. Além disso, também há outras decisões importantes, que se referem à orientação, à implantação, aos materiais e acabamentos da envoltória, às disposições de *layout*, entre outras.

Quando o objetivo é ventilar um ambiente como um todo, é indispensável que as entradas de ar sejam baixas, de modo a beneficiar a região próxima ao piso, onde estão as pessoas e muitas das fontes de calor ou de outros alteradores da qualidade do ar. As saídas de ar devem ocupar as posições mais elevadas possíveis – na cobertura ou até na cumeeira, de preferência – para que, em conjunto com as aberturas de entrada de ar, baixas, se obtenha o melhor funcionamento do sistema. Para tal funcionamento, é também de suma importância que as aberturas, tanto de entrada como de saída de ar, estejam devidamente distribuídas, de modo a beneficiar, com a melhor uniformidade possível, todo o ambiente, procurando, assim, evitar ao máximo a formação de zonas mal ventiladas ou até de ar estagnado.

Por outro lado, ainda que o sistema de ventilação natural seja constituído essencialmente de aberturas, estas geralmente demandam dispositivos que as protejam principalmente da entrada de chuva, como os ventiladores naturais de gravidade, lineares, a serem instalados na cobertura.

Quando se trata de região com estação fria, com problemas de conforto de verão e de inverno, torna-se muitas vezes imperiosa a adoção de dispositivos reguláveis.

Apesar de tudo, nem sempre implica em maior custo a construção de um edifício industrial dotado de um adequado sistema de ventilação natural, posto que, muitas vezes, ocorre de se ter um melhor desempenho por meio de soluções mais simples que as tomadas como premissas para um projeto.

Porém, muitas vezes os problemas de ventilação não são tratados na etapa de projeto ou são tratados de maneira simplória, e as consequências só aparecem no momento em que o galpão está concluído e o processo industrial entra em plena operação. Buscar soluções para esses casos é deparar com uma série de problemas, como a paralisação parcial ou total do uso do galpão, adaptações muitas vezes complexas, custos mais elevados que os referentes à solução prévia e desempenho nem sempre compatível com o custo e com o que poderia ter sido obtido com uma solução adotada na etapa de projeto.

Para as soluções de projeto que visem ao melhor desempenho possível em termos de ventilação natural para melhorias térmicas e de qualidade do ar ambiental, os galpões industriais podem ser divididos em duas grandes classes: os que têm pequena dissipação de calor no seu interior e os que têm grande dissipação de calor.

Pode ser classificado como galpão que tem pequena geração de calor no seu interior aquele cujos ganhos de calor solar são significativos na hipótese de a envoltória não ser dotada de isolamento térmico. Já para a mesma hipótese de envoltória, quando a carga térmica solar é relativamente pequena em comparação com o calor dissipado no interior do galpão, este pode ser considerado como tendo grande geração de calor no seu interior.

13.3 Galpões industriais com pequena dissipação de calor no interior

Para o caso de galpões com pequena dissipação de calor interno, como os que abrigam processos com máquinas de baixa potência elétrica ou até em casos em que não há dissipação de calor interno, como depósitos, almoxarifados, devem ser tomados(as) como premissas:

- implantação que exponha o galpão à menor incidência de radiação solar direta possível durante o verão;
- áreas envidraçadas devidamente protegidas da radiação solar direta, por meio da utilização de dispositivos do tipo quebra-sol, pois, na maioria

das vezes, os vidros especiais se apresentam insuficientes e as proteções internas são muito pouco eficientes;

- envoltória de material com grande resistência térmica associada ou não à maior inércia térmica, nos casos de clima quente e seco ou temperado, e a um grau de isolamento adequado, como paredes e coberturas tipo sanduíche com espuma de poliuretano, poliestireno, lã de vidro, lã de rocha e outros isolantes ou coberturas simples com forro isolante, nos casos de clima quente e úmido; sempre de cor externa clara;
- iluminação natural zenital dosada para proporcionar um conveniente nível de iluminância sem provocar maiores ganhos de calor solar e resultando em menor consumo de energia para iluminação artificial;
- o sistema de ventilação natural dimensionado para funcionar por *efeito chaminé*, mesmo na ausência do vento, pois geralmente os dias mais quentes estão associados às calmarias;
- as aberturas destinadas à saída de ar não podem estar em superfícies verticais, para não ficarem expostas à ação do vento, que representará uma força contrária à do *efeito chaminé*;
- as tomadas de ar devem ser reguláveis nos casos de climas com problemas de conforto térmico de inverno, mas podem ser fixas quando isso não acontece;
- as tomadas de ar devem ter, quando possível, área superior à de saída de ar, pela resistência imposta pelos obstáculos internos, que são predominantes no nível do piso, e ainda pelo menor custo, maior facilidade de acionamento e menores problemas com incidência de chuva;
- as tomadas de ar devem estar localizadas o mais baixo possível, posto que, a ventilação deve beneficiar os usuários e ainda porque quanto maior for a distância vertical entre as aberturas de entrada e de saída do ar, mais eficiente será o sistema de ventilação natural;
- o vento deve ser sempre aproveitado de modo que sua força possa ser somada à do efeito chaminé, e com possível ação no sentido contrário minimizada;
- dentro de certos limites, posto que em recintos com menores cargas térmicas as taxas de ventilação requeridas são também mais baixas, a ventilação natural pode resolver problemas menores de concentração de contaminantes aí gerados;
- a taxa de ventilação é fator importante, porém igualmente importante é a questão da distribuição;
- o entorno próximo ao edifício deve ter tratamento paisagístico que envolva o máximo de área verde possível, para que o ar seja de melhor qualidade – inclusive a sua temperatura;
- quase sempre é mais recomendável que seja adotada uma série de saídas de ar menores e distribuídas que uma grande e única saída de ar;
- as saídas de ar devem estar localizadas o mais alto possível – de preferência nas cumeeiras;
- galpões como centros de distribuição, hangares, gráficas, cervejarias são exemplos que compõem o rol de galpões com pequena dissipação de calor no interior.

13.3.1 Estudo de caso

Toma-se como exemplo um Centro de Distribuição, com planta genérica, a ser construído supostamente na cidade de Catalão, estado de Goiás, situada na latitude 18° 08'S. Na Tab. 13.1, são apresentados os dados de clima da região.

Tab. 13.1 Dados de clima: cidade de Catalão, GO, equinócio de setembro

(1)	(2)	(3)	(4)	(5)	(6)	(7)	(8)	(9)
22,9	**29,7**	**17,6**	**33,2**	**13,9**	**54**	41	3,2	196

Temperaturas em °C. (1) Média aritmética mensal; (2) média mensal das máximas diárias; (3) média mensal das mínimas diárias; (4) máxima do mês (média entre a média das máximas e a máxima absoluta); (5) mínima do mês (média entre a média das mínimas e a mínima absoluta); (6) média aritmética mensal da umidade relativa, em %; (7) total mensal de chuva caída (precipitação), em mm; (8) nebulosidade (0-10); (9) Insolação mensal, em horas.
Fonte: Inmet (1992).

Para aplicação do método de predição de condições térmicas ambientais, conforme *Manual de conforto térmico* (Frota; Schiffer, 2007), são determinados, a seguir, os dados de temperaturas para o projeto, em setembro (mês mais quente):

- Temperatura externa máxima:
  $T_{e,máx} = (29{,}7 + 33{,}2)/2$ .... $T_{e,máx} = 31{,}5$ °C
- Temperatura externa mínima:
  $T_{e,mín} = (17{,}6 + 13{,}9)/2$ .... $T_{e,mín} = 15{,}8$ °C
- Temperatura externa média:
  $T_{e,méd} = (31{,}5 + 15{,}8)/2$ .... $T_{e,méd} = 23{,}7$ °C
- Elongação = Amplitude/2:
  $E = (31{,}5 - 23{,}7)$ .... $E = 7{,}8$ °C

Para a radiação solar incidente, considera-se o horário do meio-dia, quando se tem 1.000 W/m² sobre superfície horizontal e 80 W/m² sobre superfícies verticais.

Apresenta-se, a seguir, o caso de um Centro de Distribuição, com 96 m x 72 m em planta e pé-direito médio de 8 m (Fig. 13.1), um galpão a ser construído em região de clima quente.

A envoltória do galpão deve ser de isolamento térmico, pois o calor dissipado no seu interior é desprezível e o ganho de calor solar deve ser controlado. No que se refere à iluminação natural zenital, respeitado o sistema de estocagem com resultantes corredores entre altas pilhas, chegou-se a uma área de material translúcido que corresponde a 7,5% da área do piso, com fator solar 0,43 (policarbonato alveolar *opal white*). O sistema de ventilação natural deve sempre ser composto de aberturas baixas, para entrada de ar e de exaustores naturais de gravidade, a serem instalados nas cumeeiras. O objetivo é dimensionar um sistema de aberturas para ventilação natural que seja compatível com a carga térmica a ser retirada do ambiente, de modo a ser obtido conforto térmico.

- Descrição de materiais da envoltória
  * Cobertura opaca do galpão, telha sanduíche, cor externa clara, coeficiente de absorção da radiação solar $\alpha = 0{,}4$, com 50 mm de manta de lã de rocha, coeficiente de transmissão térmica $U = 0{,}82$ W/m² · K para ganhos de calor solar e $U = 0{,}88$ W/m² · K para perdas de calor, e área de 6.394 m²;

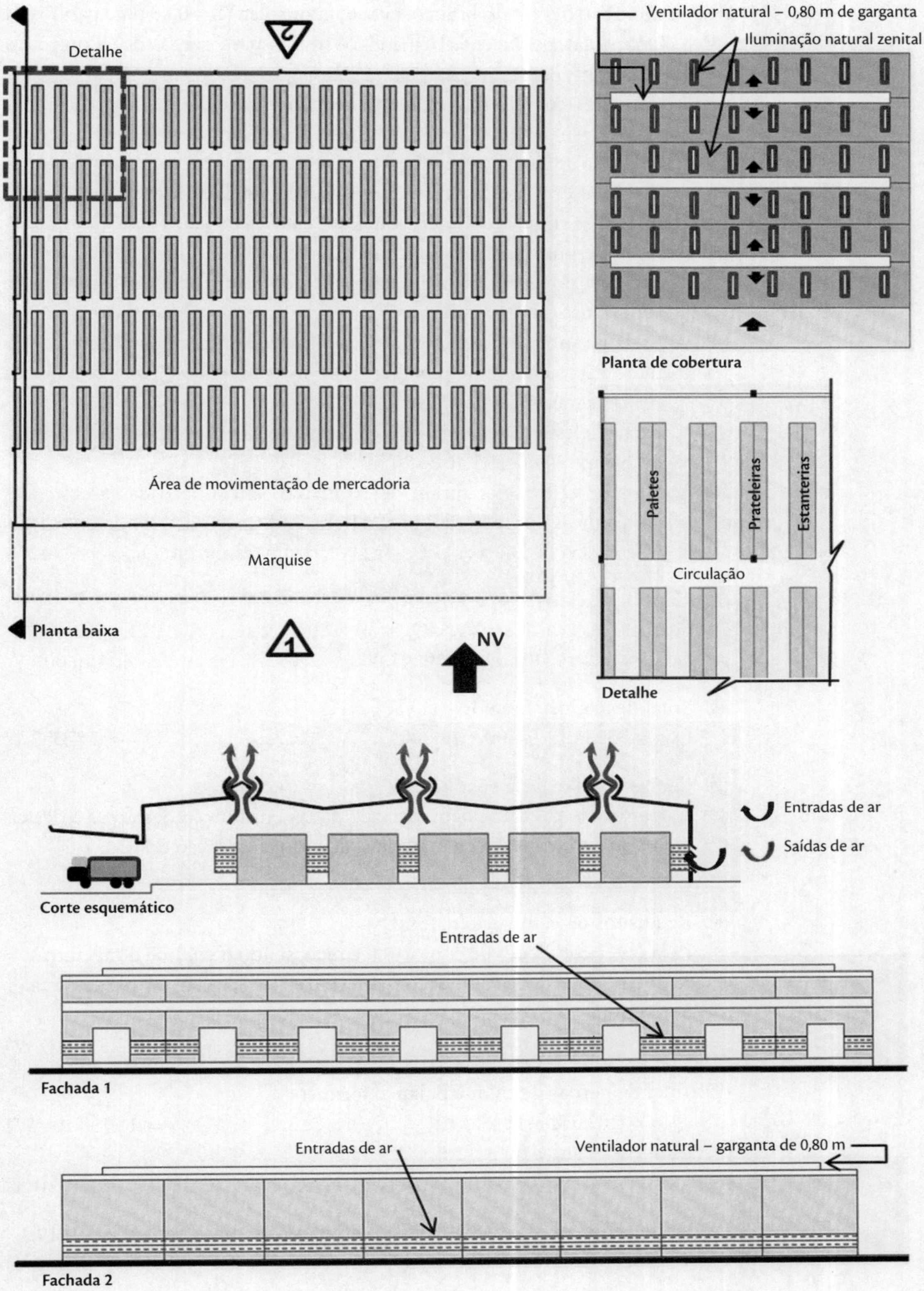

Fig. 13.1 Galpão Centro Distribuição, planta baixa, cobertura, corte, fachadas e detalhe
Fonte: Anésia Barros Frota e Alessandra Rodrigues Prata Shimomura.

* Elementos zenitais, branco leitoso, fator solar FS = 0,43 para ganhos de calor solar, coeficiente $U = 5{,}14\ W/m^2 \cdot K$ para perdas de calor, e área de 518 m^2;
* Fachadas com fechamento superior mesma telha da cobertura, cor cinza claro $\alpha = 0{,}3$, $U = 0{,}85\ W/m^2 \cdot K$, peitoril de alvenaria de bloco concreto aparente, espessura 14 cm, com pintura branca na face externa, $\alpha = 0{,}6$ e $U = 3{,}00\ W/m^2 \cdot K$, venezianas metálicas industriais e portas metálicas simples cor média, $\alpha = 0{,}6$ e $U = 5{,}88\ W/m^2 \cdot K$.

- Áreas dos componentes das fachadas
  * Fachada norte, fechamento superior de 480 m^2, peitoril de 96 m^2 e venezianas de 192 m^2;
  * Fachada sul, fechamento superior acima da marquise de 384 m^2, e, sob marquise, fechamento metálico de 96 m^2, peitoril de 72 m^2, venezianas e portas metálicas de 128 m^2;
  * Fachada leste = fachada oeste, fechamento superior de 360 m^2, peitoril de 196 m^2 e venezianas de 20 m^2.

Os ganhos de calor solar foram determinados em função das áreas e das características térmicas dos materiais para o horário do meio-dia, sendo que $Q_{op} = A_{op} \cdot a \cdot U \cdot 1/he \cdot Ig$ (W) e $Q_{tr} = A_{tr} \cdot F_S \cdot Ig$ (W), o que resulta em Q_{sol} = 335.142 W.

- Ganhos de calor ocupação
  Pessoas (30), calor sensível: $Q_e = 30 \times 80$ .... Q_e = 2.400 W
  Empilhadeiras (10): $Q_{eq} = 10 \times 1.000$ .... Q_{il} = 10.000 W

- Total de ganhos de calor
  Q_{tot} = 335.142 + 2.400 + 10.000 .... Q_{tot} = 347.552 W

- Perdas de calor pela envoltória
  As perdas de calor também são calculadas em função das áreas e das características térmicas dos materiais, ficando em função do Δt.
  $Q'_{tot1} = 14.185\ \Delta t$ (W)

- Requisitos de ventilação natural
  Para obter condições de conforto térmico, sendo o volume do recinto V = 55.296 m^3, a taxa de ventilação requerida é N = 5,3 (1/h) e a perda de calor por ventilação é dada por:
  $Q'_{vent} = 0{,}35 \times 5{,}3 \times 55.296\ \Delta t$ .... $Q'_{vent} = 102.574\ \Delta t$ (W)

- Total de perdas de calor e balanço térmico
  $Q'_{tot} = (102.574 + 14.185)\ \Delta t$ .... $Q'_{tot} = 116.758\ \Delta t$ (W)
  Ganhos = Perdas ou $347.552 = 116.758\ \Delta t$ ....
  ... $\Delta t = 374.585 / 124.700$ .... $\Delta t = 3{,}0$ °C

- Dimensionamento do Sistema de Ventilação Natural, para N = 5,3 (1/h)
  $\Phi = (5{,}3 \times 55.296) / 3.600$ .... $\Phi = 81{,}4\ m^3/s$

- Distância vertical entre ponto médio das venezianas (a 2 m do piso) e garganta do ventilador natural (a aproximadamente 8 m do piso) ......
  .... H = 6 m

- Fator de inércia térmica m = 0,5 e (1 – m) = 0,5

- Considerando, para fins de dimensionamento, que $A_e = A_s$
  $A_e = A_s = 81,4 / [0,14 (6 \times 0,5 \times 3)^{1/2}]$ .... $A_e = A_s = 194\ m^2$
  sendo que:
  * para entrada de ar, para se obter 194 m^2 de abertura real utilizando-se 360 m^2 de venezianas, o rendimento delas deve ser 194 / 360 = 0,54 ou 54%, o que significa que cada m^2 de veneziana deve proporcionar 0,54 m^2 de vão para passagem do ar;
  * para saída de ar, sendo três cumeeiras e recuando ½ módulo (6 m) em cada extremidade, o que resulta em 84 m de comprimento, a garganta dos ventiladores naturais deve ser A = 194 / (3 × 84) = 0,77 m, ou A = 0,80 m.

Observe-se que, como a estocagem se desenvolve no sentido norte-sul, as entradas de ar estão localizadas predominantemente nas fachadas norte e sul, com complementação nos extremos dos corredores transversais.

Previsão de condições térmicas ambientais

Nessas condições – dados climáticos $t_{e,méd} = 23,7$ °C e E = 7,8 °C, inércia térmica fator m = 0,5 e (1 – m) = 0,5 e balanço térmico resultando em $\Delta t = 3,0$ °C –, a temperatura interna máxima $t_{i,máx}$ (que é a temperatura de bulbo seco, tbs) resulta em:

$t_{i,máx} = 23,7 + (0,5 \times 7,8) + (0,5 \times 3,0)$ .... $t_{i,máx} = 29,1$ °C

Obtendo-se a temperatura de bulbo úmido para t_i = tbs = 29,1 °C, UR = 54% → tbu = 22 °C, e aplicando o Índice de Temperatura Efetiva para velocidade do ar de 0,5 m/s, tem-se TE = 25 °C, dentro da zona de conforto para clima quente, compreendida entre 22 °C e 27 °C.

13.4 Galpões industriais com grande dissipação de calor no interior

Na etapa de projeto, podem ser tomadas como premissas, para casos de edifícios que abrigam processos que envolvem grande geração de calor, como aciarias, laminações, fabricação de vidro, metalúrgicas, galvanizações, entre outros:

- envoltória de baixa resistência térmica, de modo a permitir que o calor gerado no interior possa ser dissipado também pela envoltória;
- sistema de ventilação dimensionado para funcionar por *efeito chaminé*;
- saídas de ar (ventiladores naturais de gravidade) devem ser localizadas o mais alto possível, de preferência nas cumeeiras;
- tomadas de ar (venezianas, elementos vazados, envidraçados basculantes, aberturas livres) devem estar localizadas o mais baixo possível, de modo a beneficiar diretamente os usuários, e ainda porque quanto maior for a distância vertical entre as aberturas de entrada e de saída de ar, mais eficiente será o sistema de ventilação natural;
- as aberturas destinadas à entrada de ar devem, sempre que possível, ter área superior às de saída, em virtude das resistências impostas por equipamentos, plataformas, obstáculos físicos, enfim; isso porque os custos dos dispositivos destinados à entrada de ar são geralmente inferiores aos dos destinados à saída de ar;

- quando se colocam problemas de conforto de verão e de inverno, as aberturas destinadas à entrada de ar devem ser reguláveis para que as pessoas que estejam próximas às fontes de calor não fiquem simultaneamente submetidas ao vento frio e ao calor da fonte;
- dentro do possível, quando se tratar de edifício com tomadas de ar em fachadas opostas, a área das aberturas localizadas a jusante do vento predominante deve ser menor que a das aberturas localizadas a montante, ou então reguláveis, pois o calor gerado pelas fontes internas, que, pelo *efeito chaminé* poderia ser retirado pelas correntes ascendentes, passa a ser deslocado no sentido horizontal, prejudicando justamente a região no nível do piso, normalmente área de trabalho;
- como a ventilação está associada ao fenômeno térmico da convecção, não resolve problemas de radiação de calor, que podem, em alguns casos, ser resolvidos ou minorados por meio de tratamento da superfície externa do objeto aquecido, com a aplicação de material isolante térmico ou com acabamento superficial de baixa emissividade, como metais brilhantes, ou com dispositivos especiais que podem ser denominados *escudos térmicos* e que devem ser instalados entre a fonte térmica e o usuário;
- em alguns casos, pode-se recorrer à ventilação natural para ventilação geral e resolver os problemas junto às fontes de calor por meio da ventilação forçada localizada;
- edifícios que abriguem atividades que envolvem grandes ganhos térmicos associados à contaminação química ou à reduzida emissão de material particulado podem ter os dois problemas resolvidos simultaneamente pela ventilação natural, desde que o lançamento desse ar ao meio externo respeite os limites impostos pela Cetesb, para não ocasionar maiores problemas de poluição do ar;
- no que diz respeito à qualidade do ar no interior dos edifícios industriais, a CLT tem uma regulamentação, em função de exigências de Segurança e Medicina do Trabalho, incluindo os regimes especiais de trabalho e os ganhos adicionais de acordo com o grau de insalubridade;
- se a taxa de ventilação é importante, também o é a distribuição – evitar, dentro do possível, áreas de estagnação de ar;
- o entorno dos edifícios deve ser tratado com o máximo de área verde possível e o mínimo de áreas asfaltadas, concretadas, calçadas, pois estes acabamentos de piso externo provocam alterações prejudiciais no ar admitido pelo edifício para proporcionar a ventilação;
- quase sempre é mais eficiente uma solução com diversas saídas de ar distribuídas que uma grande e única saída, evidentemente, em função da planta do pé-direito e da distribuição das máquinas que geram calor;
- galpões com grande geração de calor interno demandam pé-direito elevado e grandes volumes de ar.

13.4.1 Estudo de caso

Apresenta-se como exemplo um galpão de Lingotamento Contínuo de uma siderúrgica (Fig. 13.2) com planta genérica, a ser construído supostamente, como no exemplo do Centro de Distribuição, em Catalão, Goiás.

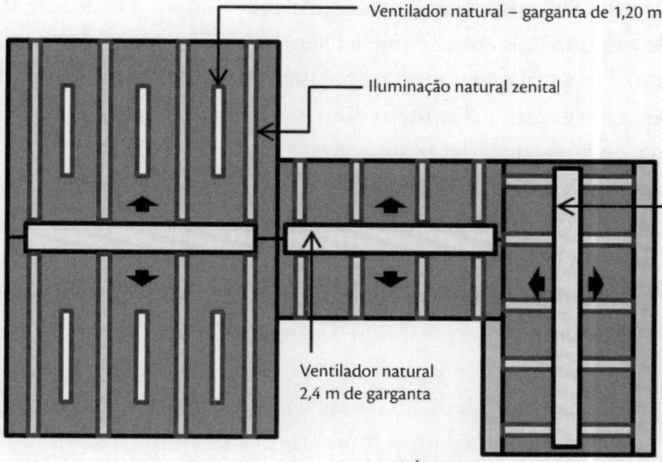

Exemplo – Ventilador natural
Foto: Anésia Barros Frota

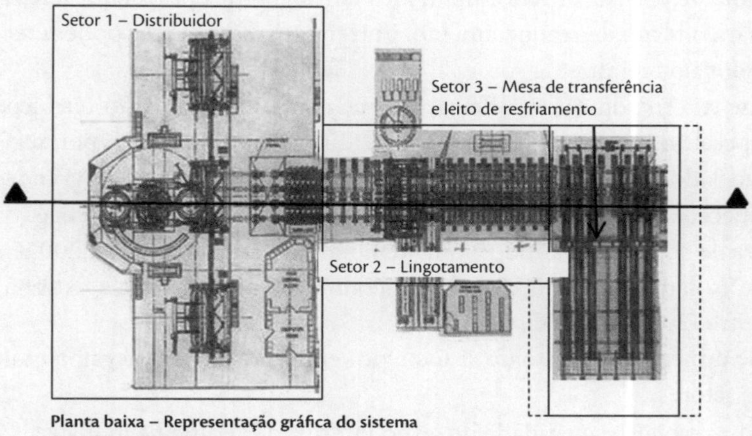

Planta baixa – Representação gráfica do sistema
Desenho sem escala

Setor 1	
Convecção	892.511 W
Radiação	2.173.337 W
Totais parciais	3.060.556 W

Setor 2	
Convecção	839.590 W
Radiação	2.231.500 W
Totais parciais	3.071.090 W

Setor 3	
Convecção	2.076.400 W
Radiação	3.275.800 W
Totais parciais	5.352.200 W

Calor dissipado no interior do galpão

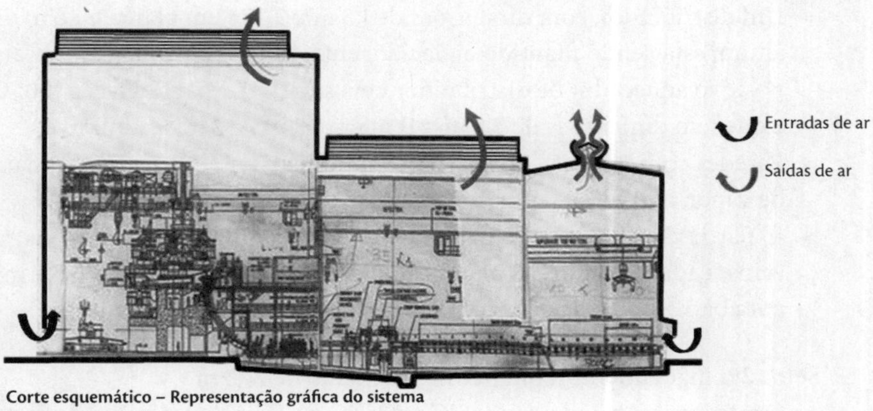

Corte esquemático – Representação gráfica do sistema
Desenho sem escala

Fig. 13.2 Planta baixa, planta de cobertura e corte de uma aciaria
Fonte: Anésia Barros Frota e Alessandra Rodrigues Prata Shimomura.

A envoltória do galpão deve ser de telha metálica simples, pois as cargas térmicas geradas no seu interior são muito elevadas e predominarão.

O objetivo é dimensionar um sistema de aberturas para ventilação que seja compatível com a carga térmica a ser retirada do ambiente, de modo a serem obtidas as possíveis melhorias térmicas ambientais. Entretanto, é importante esclarecer que o calor radiante, emitido na forma de onda eletromagnética pelas superfícies sobreaquecidas, não pode ser controlado pela ventilação – nem precisa de meio para se propagar. No entanto, ele aquece outras superfícies que também perdem calor para o ambiente, e a ventilação terá o importante papel de ir substituindo o ar sobreaquecido, por convecção, no contato com as superfícies aquecidas diretamente pelo processo e com as superfícies aquecidas pelo calor radiante.

Em produção contínua de 200 t (dezesseis blocos) a cada hora, o distribuidor recebe o aço líquido, a 1.570 °C, que, após passar pela câmara de vapor, é distribuído pelos quatro veios do Setor de Lingotamento, os quais produzirão lingotes com seção 0,36 m x 0,46 m e comprimento variando entre 4,5 m e 13,6 m. O aço estará aflorando nos veios a uma temperatura de 1.000 °C, passando, a seguir, pela estação de redução leve (comprime para expulsar as inclusões). Ao passar pela máquina de corte, os lingotes, que já estarão a 820 °C, vão sendo conduzidos pelos roletes à mesa de transferência, na qual chegam à temperatura de 700 °C, sempre dissipando calor para o ambiente. Então, os blocos passam para mesa de saída e são transportados por pontes rolantes para o leito de resfriamento, onde ficam a uma temperatura média de 650 °C, ou são empilhados em vagões próprios para serem transportados para o forno de reaquecimento. Entretanto, esses blocos podem ter de ficar empilhados no recinto.

A superfície externa da câmara de vapor, que não tem isolamento térmico, fica a uma temperatura que varia entre 80 °C e 120 °C, ainda que o vapor seja exaurido. De um lado e de outro da máquina de lingotamento, há um grande dispositivo – aquecedor de distribuidor – no qual um distribuidor, que já chega a uma temperatura de 800 °C, é mantido a uma temperatura entre 800 °C e 1.200 °C, com tampa com isolamento térmico, e a temperatura de sua superfície externa também varia entre 120 °C e 200 °C.

Para fins de dimensionamento do sistema de ventilação natural, o galpão foi dividido em três setores:

- Setor 1: Distribuidor, com pé-direito de 44,5 m
  - Um distribuidor, com dimensões de 1,5 m x 9,2 m em planta e 1,6 m de altura, está sendo mantido aquecido, entre 800 °C e 1.200 °C, num dispositivo aquecedor de distribuidor cuja superfície externa fica a 160 °C e que tem dimensões de 2,0 m x 11 m em planta e 2 m de altura;
  - Paredes com 240 m^2 e pisos (parte superior) com 200 m^2, da câmara de vapor, a 100 °C;
  - A partir do afloramento a 1.000 °C, o segmento de 12 m dos quatro veios, cada um com 5,8 m^2 de superfície voltada para cima e 5,8 m^2 para baixo, e 4,5 m^2 para cada lado, temperatura caindo a 900 °C.

- Setor 2: Lingotamento, com pé-direito médio de 27,5 m
  - Quatro veios, caindo de 900 °C a 820 °C no final da máquina de corte, com 12,5 m de comprimento, e mesmas dimensões do primeiro trecho;
  - Quatro veios, trecho começando no final da máquina de corte, caindo de 820 °C a 760 °C, também com 12,5 m de comprimento.

- Setor 3: Mesa de transferência e leitos de resfriamento, pé-direito de 19,5 m
  - Quatro linhas a 760 °C e limite com a mesa de transferência a 720 °C;
  - Mesa de transferência, quatro blocos, mesmas áreas, tudo a 700 °C;

* Leito de resfriamento, com oito blocos, tudo a 650 °C, média entre 680 °C e 620 °C;
* Pilhas de blocos, dois grupos com oito pilhas de oito blocos, perfazendo o primeiro a 310 °C e o segundo a uma temperatura média de 180 °C;
* Um vagão meio carregado, tudo a 600 °C com quatro pilhas de quatro blocos;
* Mais pilhas de lingotes, em dois grupos com oito pilhas de oito blocos, o primeiro a 550 °C e o segundo a uma temperatura média de 400 °C.

Com base nas áreas das superfícies expostas, da posição de cada uma das superfícies e das suas temperaturas, foi determinado o calor dissipado para o ambiente, por convecção e por radiação, o que resultou no resumo apresentado na Fig. 13.2.

As características térmicas dos materiais da envoltória são: envoltória de telha metálica simples, cor média, coeficientes de absorção da radiação solar $\alpha = 0{,}7$ para cobertura e 0,5 para fechamentos verticais, e coeficientes globais de transmissão térmica $U = 4{,}55\ W/m^2 \cdot K$ para ganhos de calor pela cobertura, $U = 7{,}14\ W/m^2 \cdot K$ para perdas de calor pela cobertura, e $U = 5{,}88\ W/m^2 \cdot K$ para ganhos e perdas de calor pelas paredes verticais. Cobertura translúcida $FS = 0{,}65$ e $U = 7{,}14\ W/m^2 \cdot K$ para perdas de calor; inércia fraca $m = 0{,}4$ $(1 - m = 0{,}6)$.

- Setor 1: Distribuidor, 40 m de largura, 56 m de comprimento, cumeeira a 45 m e pé-direito médio de 44,5 m

  Área cobertura opaca .... $A_1 = 2.016\ m^2$

  Área cobertura translúcida .... $A_2 = 224\ m^2$

  Volume (descontando volume ocupado por equipamentos) .... $V_1 = 60.000\ m^3$

  Distância do ponto médio da entrada de ar e a cumeeira/saída .... $H_1 = 43{,}5\ m$

  Fachada norte .... $F_N = 2.296\ m^2$
  Trecho alto fachada sul .... $F_S = 168\ m^2$

  Fachada leste = fachada oeste .... $F_E = F_W = 1.640\ m^2$

  Os ganhos de calor solar foram determinados em função das áreas e das características térmicas dos materiais para o horário do meio-dia .... $Q_{sol} = 845.261\ W$

  Total de ganhos de calor:
  Processo + sol (3.060.556 + 845.261) .... $Q_{tot} = 3.905.817\ (W)$

  As perdas de calor também são calculadas em função das áreas e das características térmicas dos materiais, ficando em função do Δt .... $Q'_{átot,1a} = 49.769\ \Delta t\ (W)$

  * Requisitos de ventilação natural e balanço térmico para o setor

    Ventilação requerida (N em trocas por hora) .... N = 20 (1/h)

    Calor a ser retirado pela ventilação:
    $Q'_{vent} = 0{,}35 \times 20 \times 60.000\ \Delta t = 420.000\ \Delta t\ (W)$

Total de perdas de calor:
$Q'_{tot,1} = (49.769 + 420.000)\ \Delta t = 469.769\ \Delta t$ (W)

Balanço térmico:
$\Delta t = 3.905.817 / 469.769$ .... $\Delta t = 8{,}3$ °C
que será a diferença entre a temperatura do ar externo e do ar que sai do setor, pelo ventilador natural, quando o sistema de aberturas estiver dimensionado para obter N = 20 (1/h).

* Dimensionamento do sistema de ventilação natural

Fluxo de ventilação requerido:
$\Phi = (20 \times 60.000) / 3.600 = 333{,}3\ m^3/s$

H = 43,5 m, inércia fraca m = 0,4 (1 – m = 0,6) e $\Delta t = 8{,}3$ °C

O dimensionamento da abertura de saída de ar, considerando que, descontando os segmentos de entrada de ar ocupados (por salas de apoio, sanitários/vestiários etc.), a área de aberturas para entrada de ar pode ser da ordem de 3,5 vezes maior que a de saída/ventilador natural de gravidade, fica dado por:

$A_s = 333 / [0{,}16\ (43{,}5 \times 0{,}6 \times 8{,}3)^{1/2}]$ .... $A_s = 142\ m^2$

Saídas de ar: sete linhas de ventilador natural de gravidade, sendo uma linha na cumeeira central, com 35 m de comprimento e 2,4 m de garganta, 84 m^2, e três linhas em cada lado, sentido das águas, comprimento 24 m e 1,20 m de garganta, 58 m^2, perfazendo $A_s = 142\ m^2$.

Entradas de ar → Perímetro disponível de 180 m
por 3 m de altura .... $A_e = 540\ m^2$

* Previsão de condições térmicas ambientais

Nessas condições – dados provenientes dos dados climáticos $t_{e,méd}$ = 23,7 °C e E = 7,8 °C, inércia térmica fator m = 0,4 e (1 – m) = 0,6 e balanço térmico resultando em $\Delta t = 8{,}3$ °C, a temperatura interna máxima (que é a temperatura de bulbo seco – tbs) pode ser estimada como:

$t_{i,máx} = 23{,}7 + (0{,}6 \times 7{,}8) + (0{,}6 \times 8{,}3)$ .... $t_{i,máx} = 33{,}4$ °C

Obtendo-se a temperatura de bulbo úmido para t_i = tbs = 33,4 °C, UR = 41% → tbu = 24 °C, e aplicando o Índice de Temperatura Efetiva para velocidade do ar var = 0,5 m/s, tem-se TE = 27,5 °C, pouco acima da zona de conforto para clima quente, compreendida entre 22 °C e 27 °C.

- Setor 2: Lingotamento, 24 m de largura, 35 m de comprimento, pé-direito médio de 29,5 m

Área cobertura opaca .... $A_1 = 756\ m^2$

Área cobertura translúcida .... $A_2 = 84\ m^2$

Volume (descontando volume ocupado
por equipamentos) .... $V_2 = 21.000\ m^3$

Distância entre ponto médio da entrada de
ar e a cumeeira .... $H_2 = 28{,}5$ m

Fachada leste = fachada oeste .... $F_E = F_W = 928\ m^2$

Os ganhos de calor solar foram determinados em função das áreas e das características térmicas dos materiais para o horário do meio-dia .... $Q_{sol} = 196.720$ W

Total de ganhos de calor:
Processo + sol (3.071.090 W + 196.720) .... $Q_{tot,2} = 3.267.810$ (W)

As perdas de calor também são calculadas em função das áreas e das características térmicas dos materiais, ficando em função do Δt .... $Q'_{tot,2a} = 16.911\ \Delta t$ (W).

* Requisitos de ventilação natural e balanço térmico para o setor

O total de ganhos de calor é $Q_{tot,2} = 3.267.810$ W, o de perdas de calor pela envoltória é $Q'_{tot,2a} = 16.911\ \Delta t$ (W) e o volume do recinto é $V_2 = 21.000\ m^3$, logo:

Ventilação requerida (N em trocas por hora) .... N = 32 (1/h)

Calor a ser retirado pela ventilação:
$Q'_{vent} = 0{,}35 \times 32 \times 21.000\ \Delta t = 235.200\ \Delta t$ (W)

Total de perdas de calor:
$Q'_{tot,1} = (16.911 + 235.200)\ \Delta t = 252.111\ \Delta t$ (W)

Nessas condições, o balanço térmico resulta em:
Δt = 3.267.810 / 252.111 .... Δt = 13,0 °C
que será a diferença entre a temperatura do ar externo e do ar que sai do setor pelo ventilador natural, quando o sistema de aberturas estiver dimensionado para obter N = 32 (1/h).

* Dimensionamento do sistema de ventilação natural

Dimensionamento do sistema de ventilação natural para o fluxo de ventilação requerido: $\Phi = (32 \times 21.000) / 3.600 = 186\ m^3/s$, sendo H = 28,5 m, inércia fraca m = 0,4 (1 – m = 0,6) e Δt = 13,0 °C e considerando que a área de aberturas para entrada de ar pode ser da ordem de três vezes maior que a de saída, fica dado por:
$A_s = 186 / [0{,}155\ (28{,}5 \times 0{,}6 \times 13)^{1/2}]$ .... $A_s = 80\ m^2$.

Saída de ar: ventilador natural de gravidade, que, instalado em 33,5 m de cumeeira, resulta num dispositivo com 2,40 m de garganta.

Entradas de ar → Perímetro disponível por 3 m de altura: $A_e = 210\ m^2$

* Previsão de condições térmicas ambientais

Com base nos dados provenientes dos dados climáticos $t_{e,méd} = 23{,}7$ °C e E = 7,8 °C, inércia térmica fator m = 0,4 e (1 – m) = 0,6 e balanço térmico resultando em Δt = 13,0 °C, a temperatura interna máxima pode ser estimada como:

$t_{i,máx} = 23{,}7 + (0{,}6 \times 7{,}8) + (0{,}6 \times 13) \rightarrow t_{i,máx} = 36{,}2$ °C

Obtendo-se a temperatura de bulbo úmido para t_i = tbs = 36,2 °C, UR = 41% → tbu = 25 °C, e aplicando o Índice de Temperatura Efetiva para var = 0,5 m/s, tem-se TE = 28,5 °C, fora da zona de conforto para clima quente, compreendida entre 22 °C e 27 °C.

* Setor 3: Mesa de transferência e leito de resfriamento, com 44 m de comprimento por 20 m de largura, duas águas, cumeeira a 30 m e pé-direito médio 29,5 m, aberto até 3 m (desconsiderando as marquises):

  Área cobertura opaca .... $A_3 = 790\ m^2$
  Área cobertura translúcida .... $A = 90\ m^2$

  Volume (descontando ocupação) .... $V = 22.000\ m^3$

  Distância entre ponto médio da entrada – aberto até 3 m – e cumeeira: $H_3 = 28,5\ m$

  Fachada leste = fachada oeste: $F_E = F_W = 530\ m^2$;
  Fachada norte: $F_N = 520\ m^2$; fachada sul: $F_S = 1.144\ m^2$.

  Os ganhos de calor solar foram determinados em função das áreas e das características térmicas dos materiais para o horário do meio-dia .... $Q_{sol} = 241.705$ W

  Total de ganhos de calor:
  Processo + sol (5.352.200 W + 241.705): $Q_{tot,3} = 5.566.905$ (W)

  As perdas de calor também são calculadas em função das áreas e das características térmicas dos materiais, ficando em função do Δt .... $Q'_{tot,3a} = 22.300\ \Delta t$ (W)

* Requisitos de ventilação natural e balanço térmico para o setor

  Ventilação requerida (N em trocas por hora) .... N = 32 (1/h)

  Calor a ser retirado pela ventilação:
  $Q'_{vent} = 0,35 \times 32 \times 21.000\ \Delta t = 235.200\ \Delta t$ (W)

  Total de perdas de calor:
  $Q'_{tot,1} = (16.911 + 235.200)\ \Delta t = 252.111\ \Delta t$ (W)

  Nessas condições, o balanço térmico resulta em
  $\Delta t = 3.267.810 / 252.111$ .... $\Delta t = 13,0$ °C
  que será a diferença entre a temperatura do ar externo e do ar que sai do setor, pelo ventilador natural, quando o sistema de aberturas estiver dimensionado para obter 32 trocas de ar por hora.

  Requisitos de ventilação natural, para o setor, sendo o total de ganhos de calor $Q_{tot,3} = 5.566.905$ W, o de perdas de calor pela envoltória $Q'_{tot,3a} = 22.300\ \Delta t$ (W) e o volume do recinto $V_2 = 22.000\ m^3$:

  Ventilação requerida (N em trocas por hora) .... N = 42 (1/h)

  Calor a ser retirado pela ventilação:
  $Q'_{vent} = 0,35 \times 42 \times 22.000\ \Delta t = 323.400\ \Delta t$ (W)

  Total de perdas de calor:
  $Q'_{tot,1} = (22.300 + 323.400)\ \Delta t = 345.700\ \Delta t$ (W)

  Nessas condições, o balanço térmico resulta em:
  $\Delta t = 5.566.905 / 345.700 \rightarrow \Delta t = 16,1$ °C

que será a diferença entre a temperatura do ar externo e do ar que sai do setor, por meio do ventilador natural, quando o sistema de aberturas estiver dimensionado para obter N = 42 (1/h).

Dimensionamento do sistema de ventilação natural para o fluxo de ventilação requerido $\Phi = (42 \times 22.000) / 3.600 = 257\ m^3/s$, sendo H = 28,5 m, inércia fraca m = 0,4 (1 − m = 0,6) e $\Delta t = 16{,}1\ °C$ e considerando que a área de aberturas para entrada de ar pode ser da ordem de três vezes maior que a de saída/ventilador natural de gravidade, fica dado por:

$A_s = 257 / [0{,}155\ (28{,}5 \times 0{,}6 \times 16{,}1)^{1/2}]$ .... $A_s = 100\ m^2$

Saída de ar: ventilador natural de gravidade, que, instalado em 41,7 m de cumeeira, resulta num dispositivo com 2,40 m de garganta.

Entradas de ar → Perímetro disponível (100 m)
por 3 m de altura .... $A_e = 300\ m^2$

A previsão de condições térmicas ambientais obtida com base nos dados provenientes dos dados climáticos $t_{e,méd} = 23{,}7\ °C$ e E = 7,8 °C, inércia térmica (1 − m) = 0,6 e balanço térmico resultando em Δt = 16,1 °C pode ser feita em termos de temperatura interna máxima $t_{i,máx}$ como:

$t_{i,máx} = 23{,}7 + (0{,}6 \times 7{,}8) + (0{,}6 \times 16)\ 1$ .... $t_{i,máx} = 38{,}0\ °C$

Obtendo-se a temperatura de bulbo úmido para t_i = tbs = 38 °C, UR = 41% → tbu = 26,4 °C, e aplicando-se o Índice de Temperatura Efetiva para $v_{ar} = 0{,}5$ m/s, tem-se TE = 29,7 °C, fora da zona de conforto para clima quente, compreendida entre 22 °C e 27 °C.

Nos três setores, como as superfícies estão a temperaturas muito elevadas, à medida que o trabalhador precise se aproximar principalmente dos lingotes, a sensação térmica será função da temperatura de bulbo úmido natural e da temperatura de globo. Essas temperaturas devem ser medidas em cada posto de trabalho e é com base nelas que se determina o Índice de Bulbo Úmido – Temperatura de Globo (IBUTG), conforme a NR 15, Anexo nº 3, que regulamenta o regime de trabalho em função da atividade e do resultado obtido. Como a temperatura de bulbo úmido diminui à medida que a temperatura do ar é menor, é importante manter a ventilação do local, ainda que essa medida não chegue a proporcionar conforto térmico.

Quando possível, a utilização de um anteparo especial, a ser posicionado entre a fonte térmica e o trabalhador – o chamado *escudo térmico* –, pode reduzir o efeito do calor radiante. Pode ser um dispositivo opaco, dotado de isolante térmico e de acabamento superficial metálico de alto brilho ou até ser um painel de vidro. Tal dispositivo pode ser fixo ou móvel, de acordo com a atividade a ser desenvolvida pelo trabalhador.

13.5 Considerações finais

- Um sistema de ventilação natural pode proporcionar grandes vazões e promover elevadas taxas de renovação do ar nos galpões industriais, sem os custos com equipamentos e com consumo de energia dos sistemas mecânicos.

- As tentativas de tabelar taxas de ventilação para os galpões industriais em função da atividade neles realizada podem fornecer dados que venham a ser tomados como referência. Entretanto, para a ventilação natural, quando não se tem uma condição de ventos constantes e se conta com o efeito chaminé, se não houver uma determinada geração de calor, não é possível garantir o funcionamento do sistema de ventilação natural.
- Caso haja sistemas de exaustão mecânica que tomem o ar do interior do galpão, suas vazões devem ser consideradas.
- Nos casos de galpões com pequena dissipação de calor no seu interior, é quase sempre possível obter condições de conforto térmico, mesmo em região de clima quente, entretanto, em plantas muito grandes e quadradas – há casos de galpões com o dobro ou até o triplo do apresentado como exemplo – os setores muito distantes das entradas de ar podem ficar prejudicados.
- Em alguns casos, pequenas alterações de *layout* de equipamentos podem ajudar em melhorias de condições ambientais que sejam função da ventilação.
- Nos depósitos, há uma tradição de instalação de prateleiras em quase todo o perímetro, o que impossibilita utilizar o recurso da ventilação natural; isso também ocorre nos supermercados, onde há também a preocupação com o desvio de mercadoria.
- Outra prática que chega a inviabilizar a utilização da ventilação natural é utilizar o perímetro do galpão para instalar blocos para escritórios, laboratórios, vestiários/sanitários, almoxarifados, depósitos, ou então utilizar as paredes para instalação de quadros elétricos, eletrônicos, de comando, de distribuição, ou prateleiras e painéis para ferramentas ou outros usos.
- Há casos em que parte dos equipamentos – motores, compressores, entre outros – pode ser deslocada para o exterior.
- Há casos em que as fontes de calor podem receber tratamento especial como o isolamento, enclausuramento com sistema mecânico de exaustão localizada associado a sistema de despoeiramento ou de lavagem de gases, e tantos outros recursos específicos.
- Os problemas de poeira dificilmente podem ser resolvidos com ventilação, logo demandam soluções especiais.
- Dados acerca do calor dissipado por máquinas, motores, equipamentos, processos devem ser fornecidos, assim como fatores de uso, o número de trabalhadores e os postos de trabalho a serem por eles ocupados.
- Caso seja necessário recorrer ao auxílio da ventilação forçada, geralmente é preferível insuflar o ar em posições convenientes e proporcionar as aberturas adequadas para saída.
- Venezianas e elementos vazados devem proporcionar aberturas cuja menor dimensão não deve ser inferior a 7 cm. Também se deve ter cuidado com sua geometria, para que não desviem o ar diretamente para cima, o que estará prejudicando o acesso do ar externo na região próxima ao piso, onde há maior ocupação.

- As regiões mais elevadas dos galpões estarão sempre submetidas à passagem do ar sobreaquecido, não sendo conveniente localizar aí postos de trabalho nos quais as pessoas fiquem expostas. Outra opção é que esses locais recebam tratamento especial como envoltória dotada de isolamento térmico e ambiente com temperatura controlada por sistema de ar condicionado.
- As plantas de grandes dimensões, principalmente as quadradas ou aproximadamente quadradas – como é tendência na construção de galpões, com dimensões correspondentes a um quarteirão ou mais – chegam a tornar inviável a ventilação natural. Se as fachadas são o lugar onde devem ser instaladas as entradas de ar e o perímetro cresce linearmente, enquanto a área cresce ao quadrado e o volume ao cubo, então, à medida que a planta cresce, há, proporcionalmente, cada vez menos perímetro para se instalar as entradas de ar. Há cada vez mais cobertura para se instalar as saídas de ar – sejam *sheds* ou ventiladores naturais lineares – as quais só funcionarão se houver correspondente área de entradas de ar nas fachadas.
- De qualquer forma, o comportamento dos galpões industriais com fontes térmicas, do ponto de vista da ventilação natural, precisa ser estudado caso a caso, em função da planta, do número de naves, das potências e das posições das fontes térmicas, da variação ou não das dimensões (principalmente pé-direito) de cada uma das naves, colocando-se então uma grande variedade de problemas que implicam numa variedade de soluções. Observe-se que algumas melhorias podem ser obtidas por meio de alterações, muitas vezes possíveis, no *layout* dos equipamentos.
- É importante destacar, porém, que, se nos galpões com menor carga térmica interna é possível obter condições de conforto térmico relativas ao clima, nos casos de galpões com grande geração de calor, como os que se destinam a siderúrgicas, metalúrgicas, como exemplos, não há condições de obtenção de conforto térmico, principalmente no verão, mas podem ser obtidas grandes melhorias ambientais.
- Estudos de iluminação natural devem ser simultaneamente realizados, de modo a se obter um bom aproveitamento da luz natural sem causar desnecessários ganhos de calor solar, muitas vezes, prejudiciais, principalmente no caso de pequena dissipação de calor no seu interior.
- Os adicionais ao salário, o trabalho intermitente, o uso de EPIs, os exames médicos e laboratoriais periódicos e inclusive as possíveis sanções por não atendimento às normas representam o *custo da insalubridade*, e muitas vezes as disposições de projeto do edifício e do *layout* dos equipamentos são responsáveis por boa parte do problema.

Com base nas recomendações gerais propostas para a adoção do tipo de galpão mais adequado, é necessário que se faça uma análise detalhada para cada caso e que, em função do calor gerado no interior do galpão, de suas características dimensionais, dos materiais e da envoltória, das exigências funcionais e humanas e do clima, se dimensione o sistema de ventilação natural a ser incorporado ao edifício.

Referências bibliográficas

ACGIH - AMERICAN CONFERENCE OF GOVERNMENTAL INDUSTRIAL HYGIENISTS. *A manual of recommended practice.* Michigan: ACGIH, 1980.

FROTA, A. B. *Ventilação de edifícios industriais:* modelo paramétrico para dimensionamento de sistemas de ventilação natural por efeito chaminé. Tese (Doutorado) – Faculdade de Arquitetura e Urbanismo da Universidade de São Paulo, São Paulo, 1989.

FROTA, A. B.; SCHIFFER, S. R. *Manual de conforto térmico.* 8. ed. São Paulo: Studio Nobel, 2007.

MTE - MINISTÉRIO DO TRABALHO E DO EMPREGO. *Segurança e medicina do trabalho*: Lei nº 6.514, de 22 de dezembro de 1977. São Paulo: Atlas, 2002. (Manuais de Legislação Atlas).

Parte 4

Aprendendo com os edifícios existentes

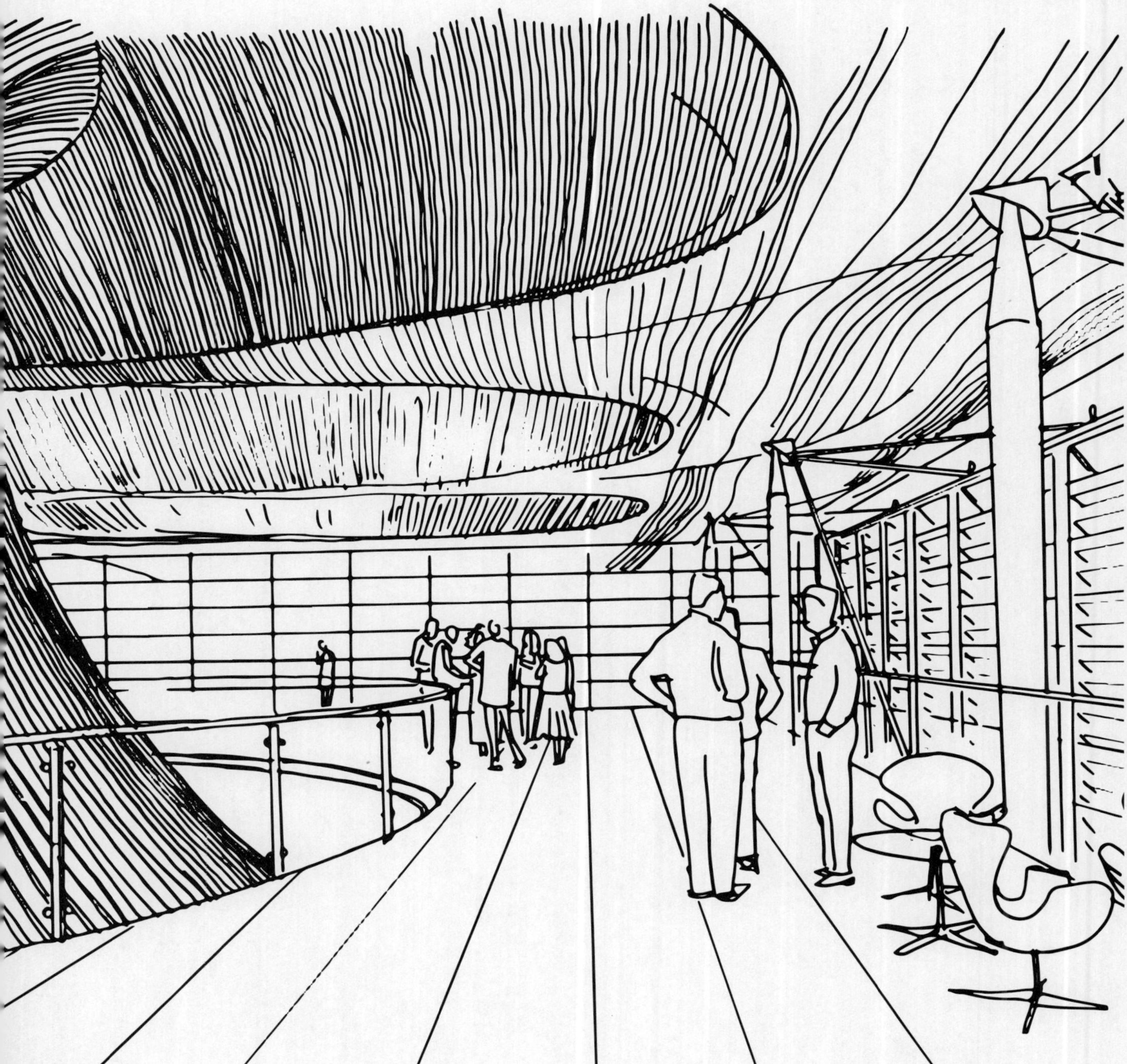

Edifícios em uso: o desempenho ambiental de ícones de uma geração

14

Joana Carla Soares Gonçalves

Klaus Bode

Em resposta às pressões globais por uma maior eficiência energética e melhor qualidade ambiental dos edifícios, combinadas às vantagens mercadológicas da imagem do edifício *verde*, principalmente daquele do setor comercial, a última década do século XX marcou o início de uma nova geração de edifícios, aclamados como de melhor desempenho ambiental.

Nesse momento, é prudente chamar atenção para o fato de que a busca pelo edifício de melhor desempenho ambiental, ou mais *verde*, nos principais distritos financeiros do mundo, tem resultado em uma série de projetos de questionável desempenho ambiental e energético, como colocado por Gonçalves e Umakoshi (2010). Por outro lado, deve-se reconhecer que soluções arquitetônicas diferenciadas e criativas, combinadas a novas possibilidades tecnológicas, podem ser identificadas em casos particulares.

Como já mencionado na introdução desta obra, a revisão crítica do desempenho ambiental de edifícios em uso guardam uma posição central no processo de aprendizado sobre o real potencial de determinadas soluções de projeto, englobando o comportamento do usuário e suas preferências de espaço e ambiente, bem como o aprimoramento de questões técnicas. De forma geral, a realidade de uma geração recente de edifícios de diferentes tamanhos, formas, contextos climáticos e funções revela a eficácia de projetos simples do ponto de vista tecnológico, porém resilientes às variações do clima externo e convidativos à intervenção do usuário na busca pelo seu conforto ambiental.

14.1 A sede do Commerzbank em Frankfurt am Main, Alemanha: ícone de eficiência energética e qualidade ambiental em edifícios de escritório

Desde os anos 1990 até os dias atuais, as cidades alemãs e a cidade de Londres, em particular, concentram um importante foco de inovação, diferenciando-se dos padrões da arquitetura comercial norte-americana que, por sua vez, segue influenciando a produção de edifícios classificados como *verdes* na América do Sul e ao redor da Ásia.

Ficha técnica	
Edifício	Commerzbank Headquarters
Cidade	Frankfurt am Main, latitude 50°N
Cliente	Commerzbank S.A.
Arquitetura	Norman Foster and Partners
Estrutura	Ove Arup and Partners International, London
Engenharia de sistemas prediais e desempenho ambiental	Roger Preston and Partners, Pedersen and Ahrens, Schaad and Hoelzel and Stangier Partner
Número de pavimentos	56
Altura	258 m (até a última laje)
Área total construída do edifício de escritório	85.000 m^2
Outros usos do empreendimento	residencial (4.500 m^2), comércio (2.200 m^2), estacionamento para 300 vagas
Construção	1998

Com relação aos exemplos europeus, alguns dos ícones dessa nova geração, famosos internacionalmente pela sua arquitetura distinta, são: a sede do Commerzbank, em Frankfurt am Main, concluída no final da década de 1990, e aquele que foi construído para ser a sede da empresa de seguros Swiss Re, em Londres, concluído no início dos anos 2000, atualmente denominado 30th St. Mary Axe.

Em ambos os casos, soluções de forma e configuração dos espaços internos foram elaboradas com ênfase no aproveitamento da ventilação e da iluminação natural, fugindo dos padrões convencionais de projeto do edifício de escritório. Como resultado, têm-se formas inusitadas e até mesmo polêmicas para a arquitetura comercial, com a introdução de átrios e áreas de transição entre interior e exterior, servindo ao uso comum e à qualidade ambiental do edifício, desafiando a noção convencional de área útil de ocupação.

No entanto, diferentemente do Commerzbank, em que o uso da ventilação nos ambientes internos de escritórios é fato constatado, o 30th St. Mary Axe não se beneficia da mesma estratégia, apesar do potencial verificado em projeto (Gonçalves; Umakoshi, 2010). A verdade é que pouco se sabe sobre o uso e a operação do 30th St. Mary Axe.

Independente da retórica do discurso ambiental, bastante comum no universo da arquitetura comercial internacional, a urgência por edifícios verdadeiramente de menor demanda energética levanta questões como: qual o desempenho real desses novos edifícios quando em uso e operação? As economias de energia verdadeiramente alcançadas respondem às metas nacionais e internacionais de redução da demanda energética do setor das edificações? E ainda, olhando para o futuro, como fica o desempenho ambiental desses edifícios no cenário de mudanças climáticas, culturais e, não obstante, de regulamentações energéticas gradativamente mais exigentes?

Lições de edifícios em uso e ocupação são fundamentais na busca de respostas para tais perguntas. Nesse sentido, além da qualidade ambiental criada com a introdução da ventilação e iluminação natural, dados de consumo energético registrados ao longo de uma década fazem da sede do Commerzbank uma das mais importantes referências de desempenho ambiental da tipologia do edifício alto ao redor do globo.

14.1.1 Projeto arquitetônico e desempenho ambiental

A apreciação sobre o projeto arquitetônico do edifício do Commerzbank e seus atributos de desempenho ambiental foi extraída de *The environmental performance of tall buildings*, de Gonçalves e Umakoshi (2010).

Construída em 1998, a sede do Commerzbank em Frankfurt am Main, na Alemanha, foi objeto de um concurso de projeto realizado em 1992, que premiou a proposta liderada pelo escritório de arquitetura da Inglaterra, Norman Foster and Partners, publicada em detalhe em Davis e Lambot (1997).

O momento político pelo qual passava a cidade de Frankfurt na época do concurso, sob a governança do Partido Verde, fortaleceu o objetivo de se criar um ícone do edifício *verde* de repercussão internacional na cidade que se tornava a capital do edifício alto na Alemanha e um dos principais distritos financeiros da Europa nos anos 1990.

O edital do concurso solicitou um projeto com ambientes de trabalho diferenciados do convencional, primando pela boa comunicação visual, qualidade ambiental e eficiência energética. Como meta de desempenho energético, foi requisitada a redução de 50% da demanda de um edifício de escritório típico do cenário local.

A principal estratégia adotada no projeto vencedor para o cumprimento de tal meta foi o uso da ventilação natural nos ambientes de trabalho, que teve uma influência determinante no projeto arquitetônico do edifício como um todo. Positivamente, poluição do ar e ruído urbano (problemas típicos de grandes centros urbanos, em decorrência do intenso fluxo de veículos) não são problemas no centro de Frankfurt, o que veio a favorecer o aproveitamento da ventilação natural.

Os principais aspectos da qualidade ambiental do projeto vencedor foram relacionados com a forma arquitetônica e o sistema vertical de espaço de transição, formado pelos átrios e as áreas de uso comum, a saber:

- possibilidade de ventilação natural em todos os ambientes de trabalho;
- comunicação visual entre espaços internos de diferentes pavimentos;
- vistas do exterior a partir das áreas mais internas dos pavimentos;
- controle do usuário sobre a penetração da luz natural nos ambientes de trabalho;
- criação de áreas de interação social e transição climática.

Vale destacar que, mesmo sendo o mais alto edifício de escritórios da Alemanha na época de sua conclusão, com 56 pavimentos e 258 m de altura, e sendo, até os dias atuais, o principal marco do distrito financeiro de Frankfurt, o papel de ícone do Commerzbank esteve sempre atrelado aos seus atributos de ordem ambiental e energética, não à sua altura.

Ambientalmente, o clima temperado de Frankfurt, caracterizado por verões amenos, apresenta condições favoráveis para o uso da ventilação natural por grande parte do tempo de ocupação. Com médias mensais da temperatura do ar variando de 1 °C em janeiro a 18,7 °C em agosto, o aquecimento do espaço interno nos meses de inverno é o objetivo predominante da climatização artificial.

No verão, o diagnóstico climático mostra que, em princípio, o condicionamento de ar pode ser dispensado. No entanto, vale atentar para o fato de que apesar de as temperaturas médias serem amenas, as máximas nos dias mais quentes do verão podem ultrapassar os 30 °C. Por isso, o sombreamento se faz indispensável no clima de Frankfurt, visando ao bloqueio de ganhos excessivos de calor pelo acesso da radiação direta, enquanto a ventilação tem o potencial de remover a carga térmica gerada pela ocupação.

Urbanisticamente, o edifício alto do Commerzbank tem uma posição de destaque no distrito financeiro da cidade, marcando o ponto de altura máxima do conjunto de torres. Na escala do lugar, a fim de evitar os vários impactos negativos sobre o entorno imediato, o edifício alto é colocado no centro do lote, sendo rodeado por um edifício-base de seis pavimentos de uso residencial. Graças à transição de formas e alturas criada pela localização da torre no interior do lote e à presença do bloco residencial que contorna o perímetro urbano do terreno, o edifício alto tem seu impacto visual e microclimático de sombras e turbulências de vento contornado (Fig. 14.1).

Fig. 14.1 O edifício alto da sede do Commerzbank na paisagem urbana de Frankfurt am Main, marcando a localização do distrito financeiro da cidade
Foto: Joana Carla Soares Gonçalves.

O edifício de forma triangular funciona estruturalmente como três edifícios de planta estreita conectados pelos vértices, onde estão localizados os polos de circulação vertical. Esse arranjo estrutural permitiu a construção de um edifício significativamente mais alto do que aqueles restritos pela profundidade do código alemão.

Para o desempenho ambiental, a forma triangular acaba por minimizar a área de exposição à radiação solar, enquanto vazios abertos nas três orientações: nordeste, sul e noroeste, combinados a um átrio interno, facilitam a ventilação natural no interior da forma (Fig. 14.2). Ou seja, apesar de a projeção do pavimento equivaler a de um edifício com planta de dimensões razoavelmente profundas, a qualidade ambiental interna do Commerzbank é comparável àquela encontrada em edifícios de pavimentos mais estreitos.

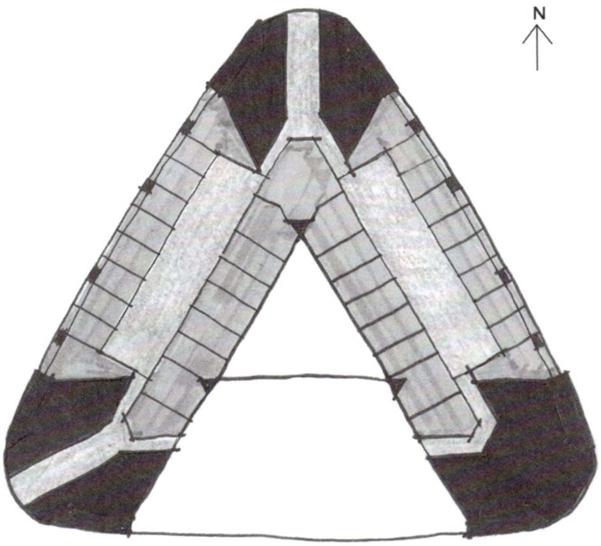

Fig. 14.2 Pavimento tipo do Commerzbank, com o desenho do *layout* original de escritórios celulares voltados para o átrio e para a fachada externa
Fonte: Joana Carla Soares Gonçalves.

A esse respeito, vale destacar que, na Alemanha, a profundidade do pavimento tipo de escritórios é limitada pela norma que determina que nenhuma estação de trabalho deve estar a mais de 6 m da fachada, com o intuito de preservar vistas do exterior e o acesso da luz natural, definindo, assim, as possibilidades de profundidade do pavimento. No caso do Commerzbank, a forma triangular de dimensões mais profundas foi aprovada em função da qualidade ambiental interna demonstrada na etapa de projeto. Do ponto de vista estrutural, a forma triangular permitiu o alcance de uma altura superior ao que seria possível com uma base de planta estreita.

A estratégia da ventilação natural levou à divisão do edifício alto em quatro blocos de 12 pavimentos, chamados de vilas, em que o vazio criado pelos terraços laterais e o átrio central permite a formação de fluxos de ar resultantes da combinação do efeito chaminé com a ação dos ventos. Quanto à iluminação natural, a estrutura metálica com fechamento em vidro que separa os átrios centrais dá continuidade à passagem da luz natural (Fig. 14.3). No entanto, é importante destacar que as aberturas laterais criadas pelos terraços de pé-direito quádruplo, um em cada lado da base triangular, tem um papel muito mais significativo no acesso da luz até o interior do edifício do que a abertura superior do átrio central.

Além da ventilação e iluminação natural, a perfuração da planta com os terraços e o vazio central dos átrios teve o objetivo de possibilitar a ampla comunicação entre os espaços internos e a paisagem do exterior. Vista de fora, a forma triangular perfurada pelos terraços de pé-direito quádruplo confere uma expressão arquitetônica distinta ao edifício alto (Fig. 14.4).

É importante mencionar que, no caso do Commerzbank, os ganhos na qualidade ambiental e arquitetônica têm consequências sobre o conceito convencional de eficiência do espaço. Em virtude, principalmente, da área ocupada pelos terraços e o átrio central, apenas 35% da área total construída da torre é computada como área efetiva de estações de trabalho. Porém, mesmo não fazendo parte

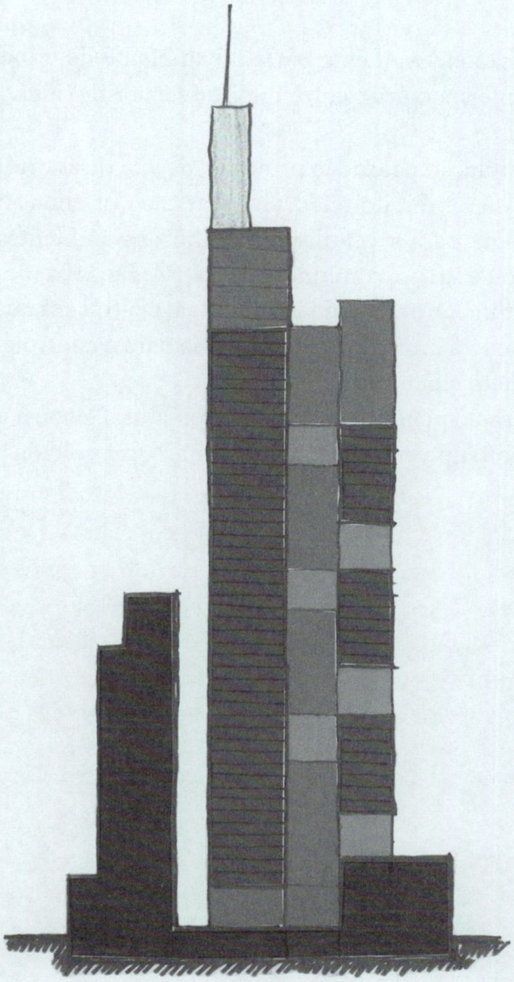

Fig. 14.3 Corte do edifício alto com as *vilas* de escritórios dividindo o edifício em quatro conjuntos de doze pavimentos
Fonte: Jona Carla Soares Gonçalves.

Fig. 14.4 Vista externa do edifício alto destacando os terraços de pé-direito quádruplo na forma arquitetônica
Foto: Joana Carla Soares Gonçalves.

Fig. 14.5 Um dos terraços destinados ao uso comum e à integração social, contribuindo para o acesso da luz e da ventilação natural até o interior do edifício
Foto: John Perry.

da área útil contábil, os terraços são efetivamente parte do ambiente de trabalho, com condições microclimáticas intermediárias entre interior e exterior (Figs. 14.5 e 14.6).

Retomando a questão da ventilação natural, o princípio da vila de escritórios com um átrio central e terraços de pé-direito quádruplo em cada orientação da planta constitui a base da estratégia para a ventilação natural dos ambientes de trabalho voltados para o interior do edifício, combinando a ventilação cruzada por ação dos ventos com o efeito chaminé. A divisão do grande átrio central em quatro partes distintas de doze pavimentos foi uma medida necessária para o controle das pressões de vento criadoras do efeito chaminé.

Além da divisão vertical, a implementação da ventilação natural levou a uma setorização horizontal do pavimento tipo em três zonas distintas: uma voltada para

Fig. 14.6 Vista do átrio central a partir de um dos terraços, ressaltando o acesso da luz natural no interior das vilas de escritórios
Foto: John Perry.

a fachada externa, outra voltada para os átrios internos e uma terceira de circulação interna, entre a zona da fachada e a zona do átrio (Fig. 14.7).

As zonas externas e internas de escritórios respeitam o limite de 6 m de distância entre a fachada até a estação de trabalho mais afastada, tendo sido originalmente projetadas para acomodar uma sequência de escritórios celulares, enquanto a zona intermediária é destinada à circulação e espaços de reunião (Figs. 14.8 e 14.9).

Das três zonas de escritórios do pavimento tipo, aquela voltada para os átrios centrais apresenta as condições mais favoráveis para a abertura de janelas e o aproveitamento da ventilação natural, ao longo de toda altura do edifício alto, por estar protegida contra ventos de alta velocidade que acabam impedindo a ventilação natural. Com respeito aos escritórios voltados para o exterior, a abertura das janelas é viabilizada com a inclusão da proteção de painéis externos de vidro. Complementando, persianas no interior do vidro duplo das janelas oferecem controle contra o acesso da luz direta e a ocorrência de ofuscamento sobre o plano de trabalho (Fig. 14.10).

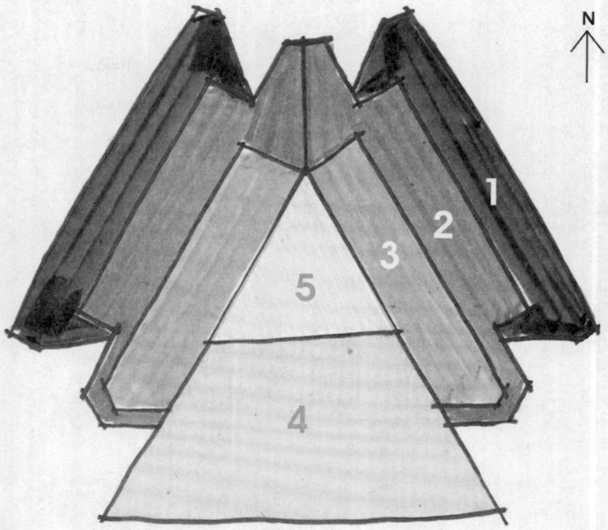

Fig. 14.7 Esquema do zoneamento horizontal do pavimento tipo, com a indicação da setorização das três zonas de climatização e diferentes estratégias de ventilação, sendo: 1) zona externa, junto à fachada, sob o modo de climatização; 2) zona intermediária (100% dependente da ventilação mecânica); 3) zona interna, voltada para o átrio e também sob o modo misto de climatização; 4) jardim, com condicionamento natural e aquecimento sob o piso; e 5) átrio com condicionamento natural
Fonte: Joana Carla Soares Gonçalves.

Almejando o controle da velocidade dos ventos no sistema de vazios criado no interior do edifício, os terraços das três primeiras vilas foram fechados com uma grande parede de painéis de vidro sustentados por uma estrutura metálica, com aberturas controladas para a entrada dos fluxos de ar. Diferentemente das três primeiras, a última vila é aberta para o exterior, por razões de fundo arquitetônico.

Fig. 14.8 Escritório celular voltado para o átrio com vista para o exterior e os espaços de transição no interior das vilas de escritórios
Foto: John Perry.

Fig. 14.9 Espaço de circulação central do pavimento tipo, servindo como área informal de trabalho, encontros e reuniões
Foto: Keunjoo Lee.

Fig. 14.10 Vista de uma das fachadas externas do Commerzbank mostrando esquadrias, aberturas para a ventilação dos jardins e de escritórios nos pavimentos superiores. Nota-se que algumas das janelas dos escritórios têm as persianas inteiramente ou parcialmente abaixadas, enquanto outras não. O painel externo de vidro para o controle da velocidade dos ventos também é visível do exterior
Foto: John Perry.

Retomando os fundamentos do projeto arquitetônico, os principais fatores que contribuem para a comunicação visual e o bom aproveitamento da iluminação natural e da ventilação natural são: a forma triangular cujos vértices amarram o sistema estrutural e de circulação vertical e permitem a criação de vazios internos e espaços de transição formados por terraços e átrios; a planta estreita nas três laterais da forma; a divisão vertical da grande torre em quatro vilas de doze pavimentos; a setorização horizontal dos pavimentos; e as esquadrias que abrem para o ambiente externo.

Com relação ao controle das condições ambientais internas, estações meteorológicas instaladas nos nove terraços das três primeiras vilas foram programadas para o monitoramento das condições microclimáticas nesses espaços de transição, com especial atenção para a velocidade dos ventos. Simultaneamente, uma décima estação na cobertura registra continuamente as variáveis do clima externo.

Enquanto os dados registrados pela estação da cobertura alimentam o sistema de controle das janelas voltadas para o exterior, os enviados pelas estações dos térreos informam o controle de janelas voltadas para os átrios. Com base nessas informações, a central de controle dos sistemas prediais (*building management system*) opta pela ventilação natural ou mecânica em cada zona do pavimento, caracterizando o chamado modo misto de climatização.

Além da setorização horizontal dos sistemas, a compartimentação vertical permite que uma vila inteira esteja aberta para a ventilação natural, enquanto aquela imediatamente superior ou inferior esteja operando com a ventilação mecânica, dependendo principalmente das condições de vento, como já mencionado. Apesar da automatização, o controle de aberturas permite interação dos ocupantes, que tem a opção de acionar a abertura das janelas mediante condições externas favoráveis à ventilação natural, assim como decidem sobre a abertura e o fechamento das persianas de bloqueio da radiação solar direta.

No que tange aos sistemas prediais de climatização, a busca pela máxima eficiência energética levou à separação das funções, ou seja, a ventilação mecânica foi separada do aquecimento e do resfriamento ativo. Assim, nos períodos mais quentes do ano, um sistema de forros gelados atua na remoção de carga térmica dos ambientes de escritórios, podendo ser combinado à ventilação natural ou mecânica, dependendo das temperaturas externas e da velocidade dos ventos. No caso de ventos fortes, mesmo com temperaturas aceitáveis, as janelas se fecham automaticamente, requisitando a ventilação mecânica.

14.1.2 Desempenho ambiental do edifício em operação

As informações sobre o desempenho ambiental do Commerzbank foram obtidas em uma série de visitas técnicas ao edifício, realizadas em 1998, 2002 e 2009, as quais foram assistidas pelo engenheiro Peter Muschelknautz, encarregado pelo controle dos sistemas prediais desse edifício até 2010.

Como apresentado em Gonçalves e Umakoshi (2010), avaliações do desempenho ambiental realizadas durante a fase de projeto confirmaram a hipótese de que as zonas internas de escritórios voltadas para os átrios apresentam a menor demanda anual por aquecimento e arrefecimento e as melhores condições para a ventilação natural, como consequência das condições microclimáticas resultantes no interior das vilas protegidas pelo fechamento dos terraços.

Maiores restrições à ventilação natural são identificadas com mais frequência nos pavimentos da última vila (aberta totalmente ao ambiente externo), em virtude da frequência de ventos de alta velocidade. Da mesma forma, voltando-se para as fachadas externas, por conta do efeito dos painéis de proteção, as janelas só precisam ser fechadas quando expostas a ventos acima de 9 m/s. Como resultado, o edifício como um todo usufrui da ventilação natural por aproximadamente 80% do ano, com uma variação de mais ou menos 5%.

A combinação do átrio central com os terraços laterais cria uma zona de mediação climática, um ambiente de transição entre o clima externo e o interior do edifício. No verão, a temperatura máxima registrada nos terraços pelo sistema de automação predial mostrou não ultrapassar os 27 °C. No inverno, um sistema de aquecimento sob o piso, alimentado pela rede urbana de distribuição de calor (*district heating*) faz com que a temperatura mínima não caia abaixo dos 5 °C.

Em 2002, quatro anos após a conclusão do edifício, as nove estações meteorológicas dos terraços foram removidas, permanecendo apenas a da cobertura. O objetivo dessa medida foi a simplificação dos controles de automação predial no

Fig. 14.11 Vista interna da área de escritórios resultante da junção dos escritórios celulares junto à fachada externa, em resposta ao acréscimo da ocupação em 2008
Foto: Keunjoo Lee.

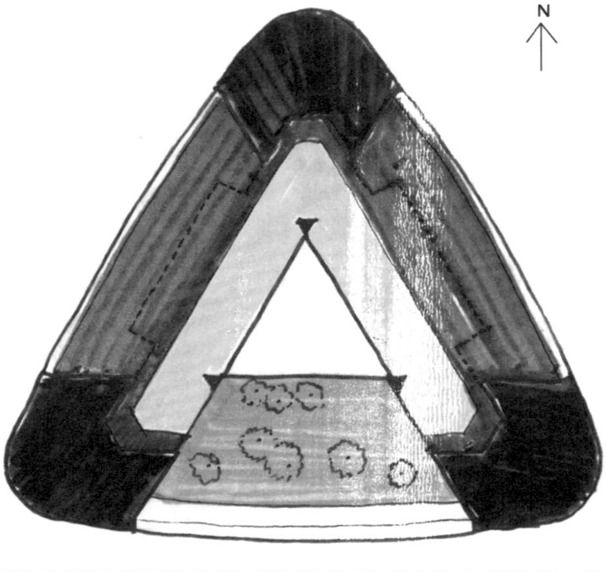

Fig. 14.12 Planta do pavimento tipo, com a área de planta livre voltada para a fachada exterior (área resultante da junção entre a zona externa e a intermediária). Vale observar que a zona interna, voltada para o átrio e os jardins, continua separada
Fonte: Joana Carla Soares Gonçalves.

que se refere à abertura de janelas. A decisão de aumentar o controle manual sobre as janelas das zonas internas e externas de escritórios veio da constatada satisfação dos usuários dos escritórios voltados para os átrios com a ventilação natural e as consequentes oscilações de temperatura, inclusive no verão.

No cenário original de projeto, as janelas eram fechadas no momento em que as temperaturas internas chegassem ao limite de 26 °C, sendo então a ventilação mecânica adicionada ao sistema de resfriamento ativo. Com a mudança no modo de operação, passa a ser critério dos usuários o momento de fechamento das janelas em função de temperaturas mais elevadas. Contudo, o sistema de automação predial continua assumindo o controle sobre o fechamento das janelas quando ventos acima dos 9 m/s são registrados pela estação da cobertura, ou no caso de a temperatura interna cair abaixo dos 17 °C.

Com um maior controle dos usuários sobre as suas próprias condições de conforto térmico, possivelmente temperaturas internas acima da marca exata dos 26 °C sejam aceitas, até que as janelas sejam fechadas e o resfriamento ativo seja necessário. Em outras palavras, fala-se aqui da hipótese de que, no caso do Commerzbank, a simplificação do sistema de automação e o maior controle dos usuários sobre as condições térmicas dos ambientes internos aumentam a independência dos sistemas de climatização ambiental, reduzindo ainda mais a demanda energética do edifício.

Em 2008, a população do edifício aumentou de 2.400 para 2.820 ocupantes. A fim de acomodar a nova população, os escritórios celulares das zonas externas junto às fachadas foram abertos, formando um único espaço do tipo *landscape* (planta livre) junto com a zona intermediária de circulação. Já os escritórios celulares voltados para os átrios foram mantidos como no projeto original, com ambientes de trabalho mais privados e pleno aproveitamento da ventilação natural. Com a eliminação da zona interna de circulação, toda a área do pavimento tipo, incluindo escritórios celulares e *landscape*, pode então ser ventilada naturalmente (Figs. 14.11 e 14.12).

Medições de temperatura e velocidade dos ventos no interior da terceira vila de escritórios (a última com fechamento dos terraços), realizadas por Lee (2011) em dois dias do mês de julho de 2011, provaram o efeito de mediação climática e proteção contra os ventos do espaço de transição criado pelos terraços e o átrio central, em dias de verão da cidade de Frankfurt (Figs. 14.13 e 14.14).

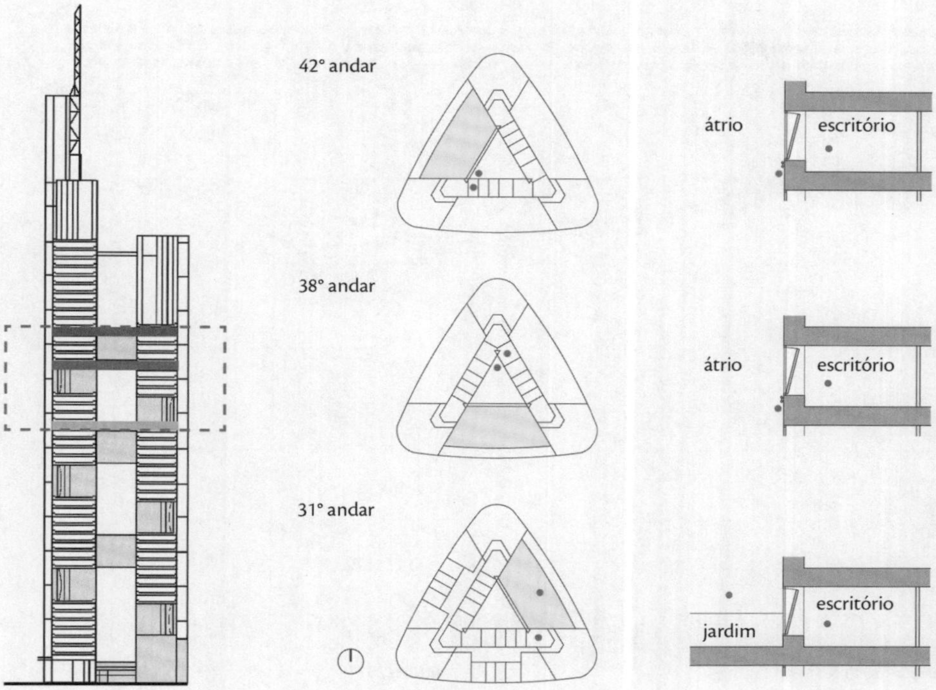

Fig. 14.13 Localização dos pontos de medição de temperatura do ar no interior da terceira vila de escritórios, incluindo um ponto no primeiro terraço da vila (voltado para o nordeste), dois pontos no átrio (sul e noroeste) e um ponto em três escritórios diferentes
Fonte: Lee (2011).

Fig. 14.14 Localização de três dos *data loggers* de medição, com uma indicação no terraço, uma no átrio e uma em um dos escritórios
Fotos: Keunjou Lee.

A Fig. 14.15 mostra que no primeiro dia das medições a temperatura externa (medida pela estação instalada na cobertura do edifício) sobe até os 29 °C no meio da tarde, enquanto no terraço e no átrio, a temperatura do ar não ultrapassa os 26 °C. Como consequência da mediação criada pelo interior da vila, as temperaturas nos três escritórios medidos permanecem estáveis, entre 24 °C e 25 °C. É importante mencionar que no primeiro dia os três terraços permaneceram abertos, tirando o máximo proveito dos ventos para a ventilação natural tanto no interior da vila como nos escritórios voltados para ela.

Já no segundo dia das medições, as temperaturas no terraço e no átrio se aproximam da temperatura externa no período da tarde. A convergência das temperaturas foi resultado do fechamento do terraço voltado para o vento predominante, quando esse atingiu o limite de 9 m/s (Fig. 14.16). Como indicado na Fig. 14.16, a

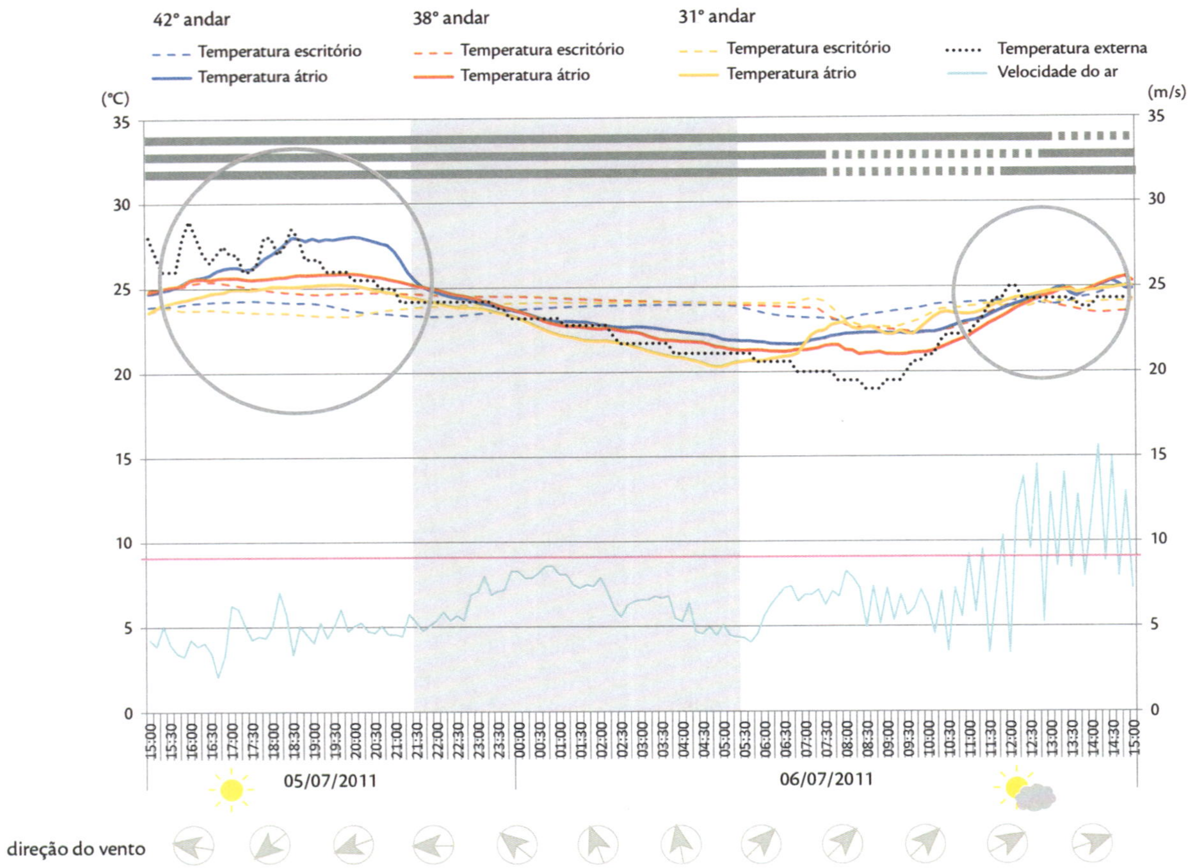

Fig. 14.15 Gráfico de temperaturas do ar registradas nos dois dias de medição, no terraço, no átrio e nos escritórios
Fonte: Lee (2011).

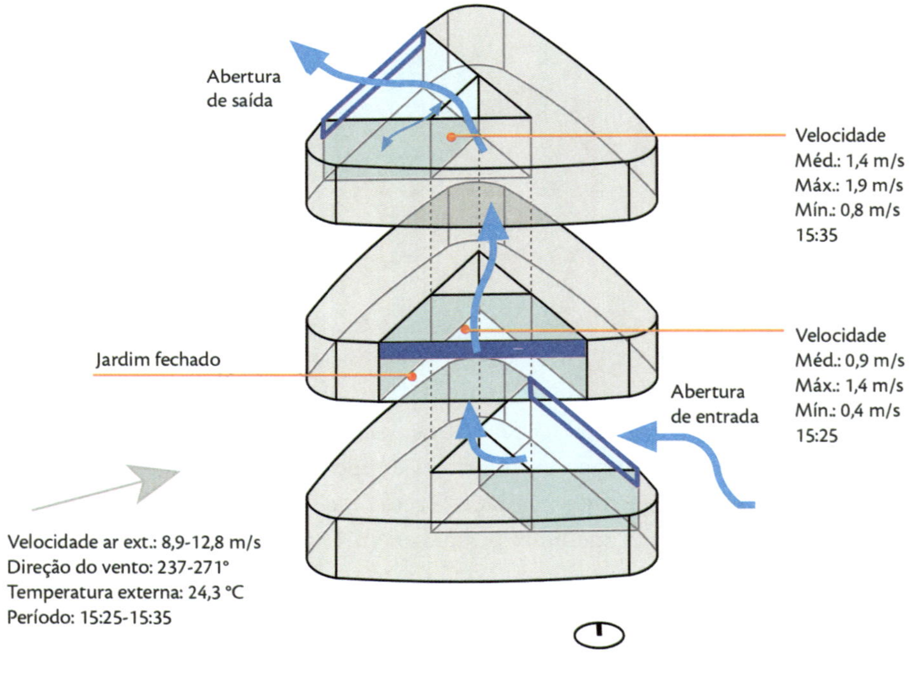

Fig. 14.16 Desenho esquemático da terceira vila de escritórios, com a indicação de medições da velocidade do vento em diferentes pontos. O esquema mostra o fechamento da abertura do terraço voltado para os ventos predominantes.
Fonte: Lee (2011).

ventilação por efeito chaminé ao longo do átrio central é mantida com a abertura dos dois outros terraços, e a velocidade do vento no terraço mais elevado da vila chegou próximo aos 2,0 m/s.

Mesmo com a ventilação reduzida, as temperaturas no terraço, no átrio e mesmo nos escritórios não ultrapassam a temperatura externa de 25 °C. Observações *in loco* constataram que, nesse dia, as janelas voltadas para o interior da vila foram fechadas no momento em que a temperatura no terraço e no átrio ultrapassou a temperatura no interior dos escritórios, os quais passam a fazer uso da ventilação mecânica.

Concluindo, as medições de temperatura e velocidade do vento nos dois dias de verão comprovaram a hipótese inicial de projeto que dita a eficiência da estratégia de ventilação na vila de escritórios de 12 pavimentos, incluindo os benefícios do efeito chaminé para a ventilação dos escritórios e o conforto térmico nos terraços, na impossibilidade do aproveitamento da ação dos ventos.

14.1.3 Desempenho energético

Os dados sobre o consumo de energia do Commerzbank foram fornecidos pelo engenheiro Peter Muschelknautz, encarregado pelos sistemas prediais do edifício, na visita técnica de 2009, tendo sido originalmente publicados em Gonçalves e Umakoshi (2010).

A análise dos dados de consumo de energia da sede do Commerzbank requer o esclarecimento prévio a respeito do tipo de energia e sistemas prediais em questão. O referente edifício conta com energia elétrica, fornecida diretamente pela rede de infraestrutura urbana para iluminação artificial, equipamentos, elevadores, bombas e os ventiladores da ventilação mecânica, e energia térmica (calor), também provida pela rede distrital urbana, que alimenta o sistema de aquecimento do ar com radiadores à base de água quente e os *chillers* de absorção do condicionamento de ar.

Vale lembrar que, como projetado, o edifício ocupado faz uso da ventilação natural por grande parte do tempo de ocupação, com uma eventual demanda da ventilação mecânica e do sistema de condicionamento do ar para resfriamento e aquecimento, nos períodos mais críticos do ano.

No caso do arrefecimento, forros gelados são acionados para a remoção da carga térmica interna, enquanto trocadores de calor conectados à ventilação mecânica fazem o resfriamento do ar externo, aproveitando as temperaturas relativamente mais baixas do fluxo de ar extraído do ambiente interno. A fim de maximizar a eficiência energética do sistema, a ventilação mecânica é descentralizada, tendo trocadores de calor e uma unidade de distribuição de ar (*air handling unit*) em cada vila de 12 pavimentos. Os forros gelados funcionam à base de água fria fornecida pelos *chillers* de absorção de calor, alimentados pela rede distrital urbana. Desse modo, o consumo de energia elétrica no processo de resfriamento do ar é restrito ao sistema de distribuição da água gelada e ao funcionamento dos ventiladores da ventilação mecânica.

Consumo de energia elétrica

Examinando inicialmente a energia elétrica, dados medidos pelo sistema de automação predial do edifício mostram que o consumo desse tipo de energia teve uma variação relativamente pequena ao longo da primeira década de ocupação, de pouco mais de 10%, variando de 105 kWh/m^2 a 120 kWh/m^2 (Fig. 14.17). O cálculo do consumo de energia por metro quadrado utilizou como base a área útil do edifício alto, totalizando 85.500 m^2, nos quais estão incluídos os vários espaços de escritório, salas de reunião, circulação horizontal, salas de conferência e todos os demais espaços internos utilizados para as atividades do edifício. Vale ressaltar que o consumo de energia elétrica tem uma ligação mínima com o sistema de climatização, sendo sua grande parcela dedicada à iluminação artificial e equipamentos. Assim, a variação mencionada pode ser atribuída ao acréscimo de aproximadamente um terço da população do edifício, nos últimos anos do referido período, com consequências esperadas no uso de equipamentos, elevadores e iluminação artificial.

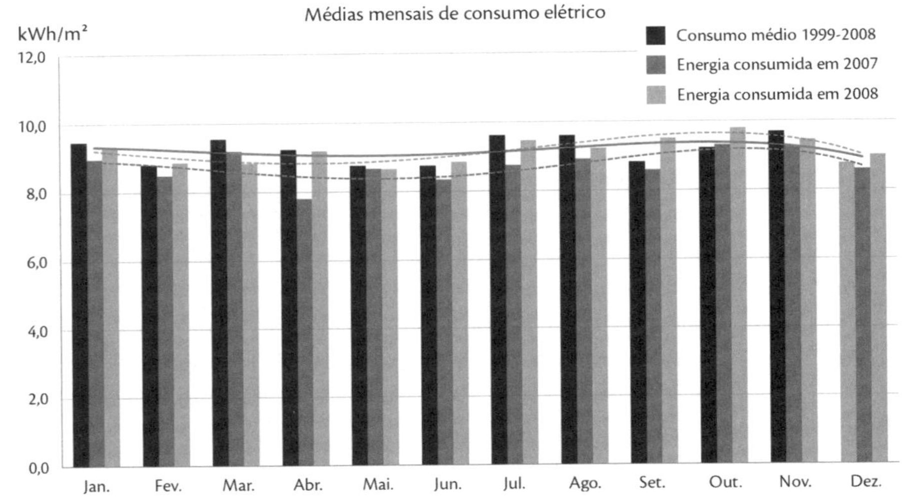

Fig. 14.17 Médias mensais do consumo de energia da sede do Commerzbank no período de 1999 a 2008 comparadas ao consumo em 2007 e 2008
Fonte: Peter Muschelknautz/sede do Commerzbank.

A Fig. 14.18 mostra que o consumo anual de energia elétrica no referente período está abaixo das metas nacionais alemãs de desempenho para edifícios de escritório não somente para aqueles com condicionamento de ar (155 kWh/m^2), mas também para edifícios de escritório com ventilação mecânica e aquecimento ativo, mas sem o sistema de arrefecimento (125 kWh/m^2) (Enbau, 2007). Vale destacar aqui, além da predominância da ventilação natural (de 80% a 85% do tempo de ocupação) e bom acesso da luz natural, grande parte da energia consumida pelo sistema de condicionamento de ar está desassociada da energia elétrica.

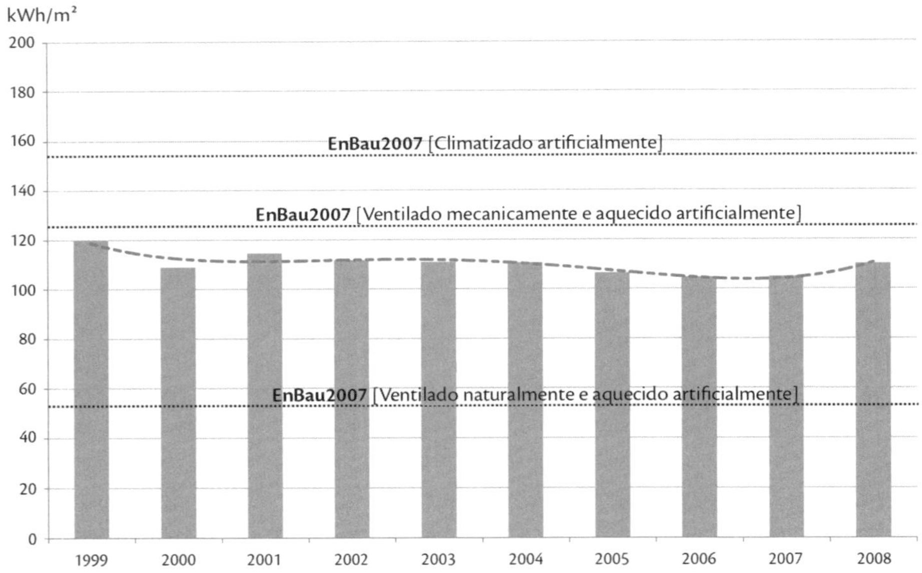

Fig. 14.18 Consumo anual de energia elétrica em kWh/m^2 (desde 1999), comparado a metas nacionais alemãs para o desempenho energético de edifícios de escritório (Enbau, 2007), incluindo: o edifício condicionado artificialmente, aquele ventilado mecanicamente e aquecido artificialmente e outro ventilado naturalmente, mas aquecido artificialmente
Fonte: Peter Muschelknautz/sede do Commerzbank.

Consumo de energia térmica

Similarmente ao perfil de consumo da energia elétrica, o consumo de energia térmica variou ao longo de uma década. Nesse caso, a diferença nos níveis de consumo pode ser associada a variações climáticas entre os anos e o consequente impacto na demanda por aquecimento e arrefecimento dos ambientes internos.

Dados medidos entre 1999 e 2008 mostram que o consumo de energia térmica variou de 105 kWh/m^2 a 127 kWh/m^2 (Fig. 14.19). Assim como para a energia elétrica, os valores do consumo anual de energia térmica para o período estão abaixo de todas as metas nacionais de desempenho energético para edifícios de escritório, incluindo aqueles com sistema completo de condicionamento de ar (190 kWh/m^2), assim como edifícios com ventilação mecânica e aquecimento do ambiente interno, mas sem o arrefecimento ativo (160 kWh/m^2) e, ainda, edifícios ventilados naturalmente (135 kWh/m^2) (Enbau, 2007).

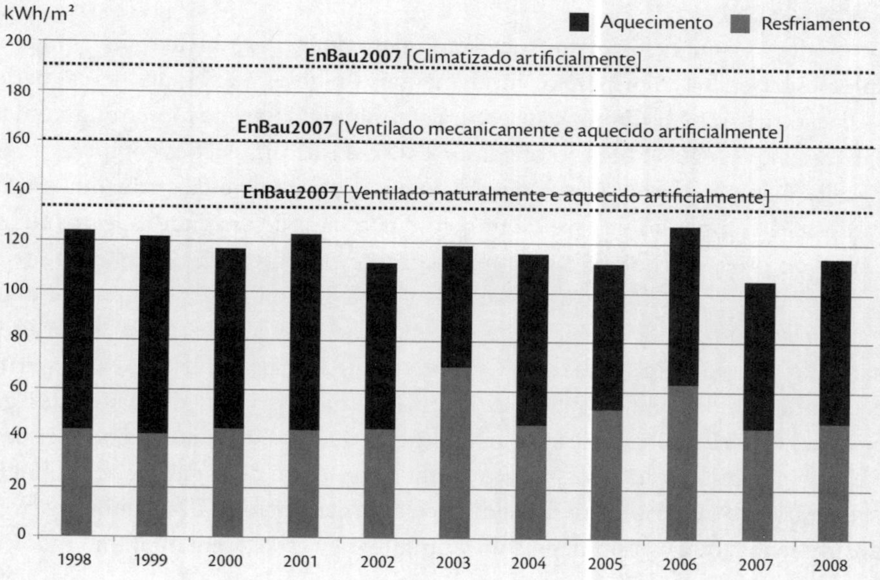

Fig. 14.19 Médias mensais do consumo de energia térmica para o sistema de aquecimento e arrefecimento do edifício, durante o período de 1998 a 2008, comparadas às metas nacionais para o desempenho energético de edifícios de escritório (Enbau, 2007), como descrito na Fig. 14.17
Fonte: Peter Muschelknautz/sede do Commerzbank.

No entanto, considerando-se os valores de consumo por aquecimento em relação àqueles por arrefecimento, separadamente, encontra-se uma diferença mais significativa em cada um dos dois modos de climatização ao longo do período de dez anos. Nesse sentido, os números revelam que o ano de 2003 teve o menor consumo por aquecimento e o maior por arrefecimento, enquanto os anos de 1998 e 2001 têm um perfil exatamente oposto, confirmando a hipótese do impacto do clima na demanda por energia para a climatização.

Examinando os números, para o aquecimento do espaço, os valores oscilaram entre 49 kWh/m^2 e 81 kWh/m^2, sendo esses semelhantes no caso do arrefecimento, que ficou entre 42 kWh/m^2 e 70 kWh/m^2 (Fig. 14.19). Em ambos os casos, a diferença entre o consumo mínimo e o máximo fica ao redor de 60%.

14.1.4 Considerações finais

A comparação entre os dados de consumo de energia do Commerzbank e as metas alemãs de desempenho constata a performance superior do estudo de caso, validando seu papel de ícone internacional do edifício alto de melhor desempenho ambiental e referência do uso da ventilação natural em edifícios comerciais de grande porte e altura. Como discutido anteriormente, o desempenho exemplar do edifício do Commerzbank é resultado da predominância da ventilação natural acompanhada da boa iluminação natural nos ambientes de trabalho.

Entretanto, o valor do desempenho ambiental do Commerzbank vai além dos números da questão energética. Em seu projeto arquitetônico original, com sistemas prediais integrados ao conceito do edifício de menor impacto ambiental e usuários preparados para um ambiente de trabalho diferenciado e menos dependente dos sistemas de climatização artificial, o edifício do Commerzbank restabelece a cultura do edifício de escritório com ventilação natural, com as oscilações de temperatura do ar e condições de conforto térmico inerentes a ela. A predisposição dos ocupantes do Commerzbank para com a ventilação natural certamente contribui para o sucesso da estratégia, como visto na pesquisa de campo realizada no verão de 2011.

É interessante notar que o sucesso do desempenho ambiental do Commerzbank está baseado em princípios fundamentais do desempenho ambiental para a ventilação natural e a iluminação natural, combinados a soluções arquitetônicas relativamente simples e bem resolvidas. Nesse caso, as simulações computacionais de avaliação ambiental serviram essencialmente para a formulação de uma estimativa desse desempenho na fase de projeto e não para determinar aspectos fundamentais do projeto arquitetônico, como acontece em outros casos em que a forma e o tratamento arquitetônico são resultado direto de simulações computacionais.

Por sua qualidade ambiental e desempenho energético, que se reverte em qualidade arquitetônica, a sede do Commerzbank em Frankfurt am Main permanece sendo um dos edifícios altos de escritórios da Alemanha de maior destaque no cenário internacional. Curiosamente, apesar de seu constatado baixo consumo de energia, o edifício não passou por nenhum processo de certificação ambiental, como a grande maioria de outros edifícios aclamados como de melhor desempenho ambiental, que vieram depois do Commerzbank, na Alemanha e ao redor do mundo.

Mesmo sem ter nenhuma certificação de *edifício verde*, o sucesso do desempenho ambiental do Commerzbank mostrou uma repercussão notória. A exemplo disso, outros edifícios de escritórios em Frankfurt foram influenciados pela cultura da ventilação natural estabelecida pelo Commerzbank, incluindo seus vizinhos mais próximos, que passaram por processos de substituição completa de fachadas, criando a possibilidade de abertura de esquadrias.

De acordo com Francis Duffy (2007), a transformação por que passa a cultura do ambiente de trabalho, desde o início dos anos 2000 nos principais centros financeiros e comerciais do mundo, cria uma série de novas expectativas para com a qualidade do ambiente de trabalho, que, por sua vez, demanda mudanças na configuração convencional do espaço.

Nesse sentido, as condições ambientais passam a ser menos homogêneas e mais diversificadas, como o ambiente externo, exigindo um conjunto de espaços internos diferenciados, com oportunidades para espaços mais abertos, ventilados naturalmente e bem servidos de luz natural, como átrios, terraços e outros tipos de espaços de transição. Por tudo isso, reconhece-se que algumas das melhores qualidades do ambiente de trabalho da atualidade são encontradas no edifício do Commerzbank.

14.2 Assembleia Nacional do País de Gales: o projeto e a ocupação do edifício inspirado em princípios de desempenho e qualidade ambiental

Ficha técnica	
Edifício	Senado da Assembleia Nacional do País de Gales
Cidade	Cardiff, latitude 50,2°N
Arquitetura	Rogers Stirk and Harbour and Partners
Estrutura	Ove Arup and Partners International
Engenharia de sistemas prediais e desempenho ambiental	BDSP Partnership
Iluminação artificial	BDSP Partnership e DPA Lighting Consultant
Área total construída	5.300 m^2
Construção	Dezembro de 2005

O envolvimento da empresa de engenharia BDSP Partnership foi além do projeto de engenharia mecânica, elétrica e hidráulica, iluminação artificial e avaliação de desempenho ambiental da proposta arquitetônica, com a simulação do desempenho ambiental do *as built* e o monitoramento das condições ambientais de térmica e iluminação e também do consumo energético do edifício na fase pós-ocupação.

Situado à beira da baía de Cardiff, o novo edifício do Senado da Assembleia Nacional do País de Gales (National Assembly for Wales, NAW), inaugurado em março de 2006, foi concebido para ser um ícone da arquitetura inspirada em variáveis do desempenho ambiental, para a criação de espaços de uso público e privado de qualidade (Figs. 14.20 e 14.21). O edital de projeto pedia um edifício com vida útil de 100 anos, construído com a predominância de materiais nativos e componentes projetados para a minimização do consumo de energia e água, combinada à produção local de energia renovável. O desempenho ambiental constatado na fase de projeto levou a classificação *Excelent* do sistema britânico de certificação BREEAM.

Fig. 14.20 Vista aérea da baía de Cardiff com a marcação da localização do novo edifício do Senado
Fonte: BDSP Partnership.

A minimização da demanda energética foi associada à busca da qualidade ambiental e da valorização do espaço público em um partido de projeto que se baseou nas possibilidades e restrições do clima local para a definição da forma arquitetônica, da composição dos componentes construtivos e da especificação da tecnologia dos sistemas prediais. A busca pela excelência do desempenho e da qualidade ambiental priorizou a iluminação natural, a ventilação natural e o conforto dos usuários em todos os ambientes internos e de transição. O projeto contou com tecnologia de sistemas mais eficientes de climatização e automação sobre o controle das condições ambientais internas, os quais foram integrados a

Fig. 14.21 Vista externa do edifício do Senado da Assembleia Nacional do País de Gales, à beira da baía de Cardiff
Foto: Klaus Bode.

tecnologias passivas, que são aquelas incorporadas no projeto de arquitetura e que, consequentemente, contribuem para o desempenho ambiental do edifício sem demanda energética. Quanto ao fornecimento de energia, trocadores de calor foram instalados para aproveitar energia geotérmica, além de uma caldeira à biomassa.

Assim como em outros edifícios ícones de desempenho ambiental do contexto europeu, a principal estratégia de projeto para a redução da demanda energética do edifício do Senado da Assembleia do País de Gales foi a ventilação natural nos mais diversos espaços internos. A validação das hipóteses de projeto sobre a ventilação e a iluminação natural foi feita por um detalhado trabalho técnico, que inclui simulações computacionais e testes com modelos físicos, dos quais fizeram parte estudos em túnel de vento. Como resultado, na etapa de projeto, verificou-se que aproximadamente 76% do edifício poderia ser ventilado naturalmente.

14.2.1 Arquitetura, desempenho e qualidade ambiental

Transparência, qualidade e desempenho ambiental foram os principais objetivos do partido arquitetônico do projeto vencedor do concurso para a nova sede do Senado da Assembleia Nacional do País de Gales, como discutido detalhadamente em Gonçalves (2007a). No sentido mais amplo do conceito de transparência, a arquitetura propôs um acesso convidativo, por meio do qual os visitantes são levados até o patamar do piso de convivência pública, onde as sessões de trabalho político podem ser acompanhadas de uma visão superior da sala do senado (Figs. 14.22 a 14.24).

As considerações a respeito da qualidade ambiental englobaram desde o conforto térmico nos espaços mais abertos de uso público até o conforto ambiental nos espaços internos. Para tanto, soluções de projeto desenvolvidas especificamente para essa sede, cuja forma e organização dos espaços e cujos componentes construtivos foram concebidos e dimensionados para cumprir uma ou mais funções ambientais, também promovem qualidade e originalidade arquitetônica.

A cobertura ondulada de estrutura metálica de seções elípticas e revestimento em placas de madeira, que paira sobre os níveis de acesso e de uso público, junto com a torre em forma de funil, que atravessa todos os níveis do edifício e a própria cobertura a fim de possibilitar a ventilação e a iluminação natural da sala do Senado, são indubitavelmente os componentes mais marcantes do projeto arquitetônico.

Embora, por um lado, os ambientes internos não tenham fachadas com aberturas para o exterior, o piso de uso público, no topo do edifício-base, tem as laterais de maior dimensão voltadas para o sudeste e o noroeste. Apesar de tratado ambientalmente como um espaço externo, ou seja, sem a exigência do cumprimento de critérios fixos e exigentes de conforto ambiental, o espaço de uso público é protegido contra os ventos frios do inverno com o fechamento de vidro simples ao redor de todo o perímetro da planta, cujas esquadrias abrem no período de verão para o conforto térmico dos usuários. Somadas às aberturas dos fechamentos

Fig. 14.22 Acesso ao patamar de uso público e vista das atividades na câmara do Senado. Destaque para a vista da cobertura ondulada, formada por uma sequência de seis módulos metálicos de forma elíptica e o grande cone (um tipo de chaminé de ventilação natural) que atravessa o edifício
Foto: Klaus Bode.

Fig. 14.23 Piso de uso público, sob a grande cobertura, espaço concebido com as qualidades ambientais de um espaço externo
Foto: Klaus Bode.

laterais, aberturas nos módulos elípticos da cobertura aumentam a circulação no ambiente do piso público, importante nos dias mais quentes do verão (como visto na Fig. 14.31).

Esse espaço também é parcialmente protegido contra a insolação direta da orientação sudeste nos dias de verão por meio de *brises* translúcidos (Fig. 14.25), sendo o prolongamento da cobertura na fachada noroeste suficiente para o corte da radiação nessa orientação.

Fig. 14.24 A galeria de acesso público, localizada abaixo do piso de uso público, com vista direta para a câmara do Senado. A área de vidro ao redor da base do cone e sob a circunferência da galeria cria mais uma possibilidade de vista da sala do Senado, agora sendo do piso de uso público
Foto: Klaus Bode.

Abaixo do piso principal de uso público, que configura o topo de uma base de concreto revestida em pedra local, estão as salas dos comitês, que são anfiteatros de pé-direito duplo, e os escritórios individuais de pé-direito simples, ambos localizados nas duas laterais principais da base, com a sala do Senado, de formato circular, no centro da composição (Figs. 14.26 e 14.27). A privacidade e proteção dada a todos os espaços de trabalho, pela construção da base, com paredes de concreto e revestimento em pedra, veio ao encontro do critério de segurança. Ao mesmo tempo, a massa térmica da construção atua na estabilidade das temperaturas internas ao longo do ano e evita a ocorrência de temperaturas internas muito baixas no período de inverno, típicas do clima local, assim como a elevação significativa das temperaturas no período do verão.

As áreas de trabalho nas laterais da base são separadas da sala do Senado por pátios lineares, cuja abertura para o piso superior (ainda protegido pela grande cobertura) garante acesso à luz e à ventilação natural. No mesmo nível dos pátios,

Fig. 14.25 Fachada sudoeste da *caixa de vidro*, protegida por *brises* translúcidos, que bloqueiam parte da radiação solar direta. Sendo esse espaço um lugar de qualidade ambiental similar à dos espaços externos, não foi considerada necessária a proteção total contra a incidência da radiação solar direta, nem mesmo nos dias de verão. Por isso, o uso dos *brises* de translúcidos Foto: Klaus Bode.

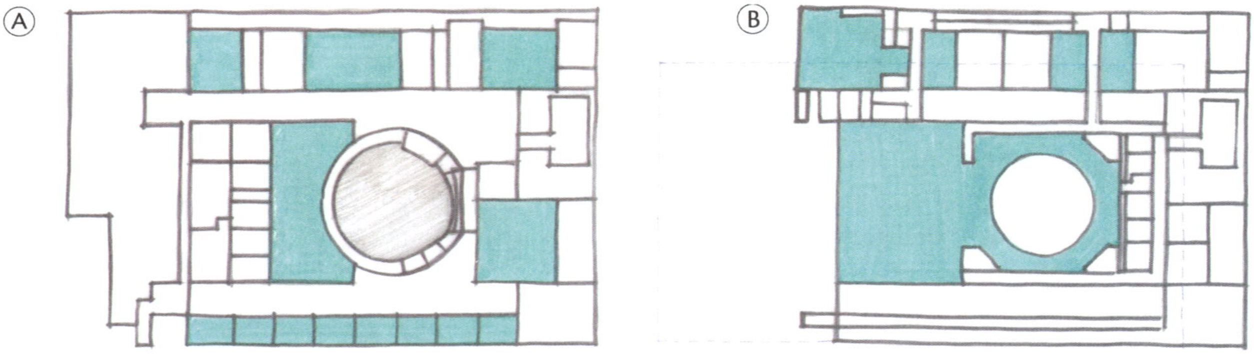

Fig. 14.26 (A) Planta baixa do pavimento inferior, onde estão as salas de comitês, escritórios e a sala do Senado e (B) planta baixa do nível de acesso e do patamar superior (piso de uso público) Fonte: Joana Carla Soares Gonçalves.

estão duas áreas de jardins que desempenham um papel importante nas estratégias passivas de condicionamento ambiental, servindo como pontos de tomada de ar para o sistema de ventilação mecânica dos espaços internos. A conexão entre os níveis, vista nos cortes do projeto, tem um papel central na qualidade e no desempenho ambiental. A organização do programa de atividades do edifício e a consequente solução formal do projeto do Senado e sua distribuição em níveis mostram um partido simples, claro e funcional, que evidencia comunicação visual, iluminação e ventilação naturais e ênfase na expressão arquitetônica.

Como colocado em Gonçalves (2007b), apesar da menor importância da orientação solar para o desempenho ambiental dos espaços internos e suas áreas de trabalho, o clima temperado da cidade de Cardiff teve grande influência no projeto arquitetônico. Por conta das condições amenas nos meses de verão, apesar de rigorosas nos meses de inverno, foi possível o uso da ventilação natural e da ventilação mecânica (com o aproveitamento do ar externo nas suas condições naturais) como estratégia de condicionamento ambiental dos espaços internos por parte do tempo de ocupação.

Assumindo 26 °C como temperatura máxima da zona de conforto térmico nos espaços internos, como requerido no edital do projeto, simulações de desempenho térmico do projeto arquitetônico mostraram a viabilidade do condiciona-

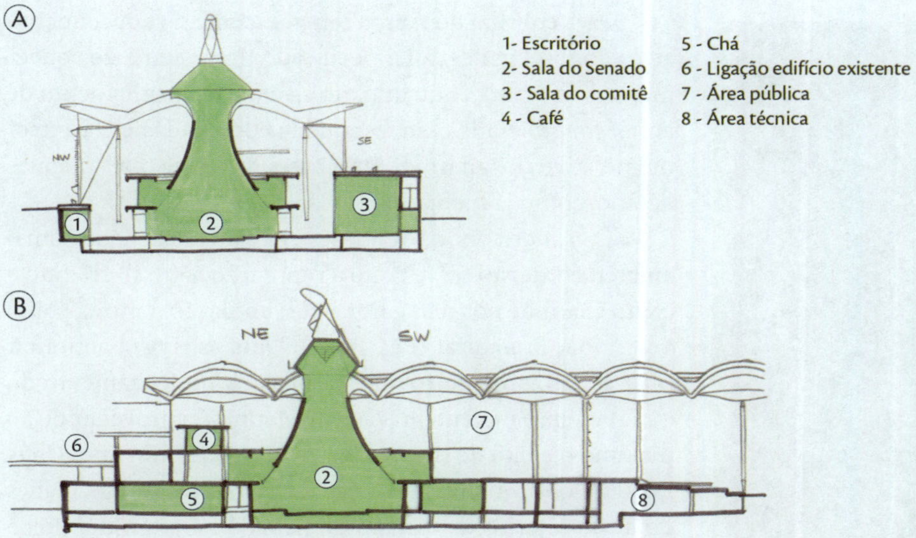

Fig. 14.27 Cortes (A) transversal e (B) longitudinal com a distinção entre os ambientes internos e externos do edifício
Fonte: Joana Carla Soares Gonçalves.

mento natural (considerando aqui também o uso da ventilação mecânica sem alterar as condições de temperatura e umidade do ar) quando as temperaturas externas estivessem entre 15 °C e 22 °C. Nas horas de ocupação em que as temperaturas dos ambientes internos superam a marca dos 26 °C, o sistema de condicionamento de ar é acionado nos ambientes de trabalho, incluindo a câmara do Senado.

Outra característica importante do clima é a variação diurna de até 10 °C nos dias de verão, que levou à adoção da ventilação noturna como mais uma estratégia complementar para o resfriamento dos ambientes internos de trabalho. No entanto, vale ressaltar que, no caso do edifício do Senado, quando se fala em ventilação natural nos ambientes internos, a falta de aberturas para o exterior exigiu a participação de um sistema mecânico para o insuflamento do ar fresco e o funcionamento do efeito chaminé, tanto na sala do Senado como nos escritórios e nas salas de comitês. Assim, a Fig. 14.28 traz o corte transversal do edifício com os ambientes que são efetivamente ventilados naturalmente (nesse caso, por todo o ano, mesmo no inverno) e aqueles que contam com a ventilação mecânica, usando o ar externo nas suas condições naturais e o sistema ativo, quando muito frio ou muito calor, caracterizando a chamada estratégia de modo misto.

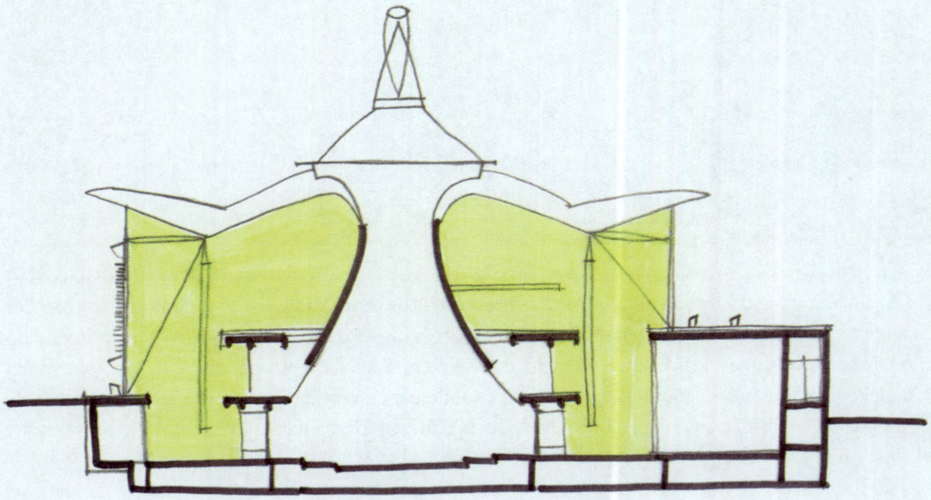

Fig. 14.28 Corte transversal do edifício do Senado com a indicação dos espaços ventilados naturalmente por todo o tempo. Nos demais espaços, a ventilação natural é alternada com os sistemas ativos de resfriamento e ventilação mecânica, caracterizando a estratégia de climatização de modo misto
Fonte: Joana Carla Soares Gonçalves.

Fig. 14.29 Vista interna da câmara do Senado, com o cone de ventilação e iluminação natural revestido de estruturas tubulares de alumínio que define o espaço e a qualidade, não só ambiental como também arquitetônica
Foto: Klaus Bode.

Para cobrir a demanda remanescente do aquecimento ativo dos ambientes, foi especificado um sistema de aquecimento sob o piso, enquanto um sistema de insuflamento de ar frio foi projetado para responder à demanda pelo arrefecimento ativo dos mesmos ambientes, nos dias mais quentes do ano, como já mencionado.

O grande cone que conecta a câmara do Senado com o ambiente externo serve tanto à ventilação natural, criando o efeito chaminé nos dias e horas de ventilação natural, como à iluminação natural (Fig. 14.29). Uma estrutura aerodinâmica de movimento rotatório colocada no fechamento do cone facilita e incrementa o efeito chaminé, aproveitando ao máximo o efeito de sucção dos ventos predominantes (Figs. 14.30 e 14.31). A simulação das temperaturas e velocidades do ar no interior da câmara do Senado para um dia típico de verão identificou que, na altura dos usuários, a temperatura não ultrapassa a marca dos 21 °C, com velocidades de ar entre 0,05 m/s e 0,15 m/s, criando condições praticamente ideais de conforto. O cone do edifício do Senado da Assembleia Nacional do País de Gales é a maior chaminé projetada no Reino Unido para a ventilação natural de um espaço interno.

Para a iluminação, a superfície interna do grande cone, revestida de tubos de alumínio, reflete a luz natural até o nível da ocupação. Outro cone de revestimento espelhado, colocado no interior do grande cone, com movimento flexível no interior da cavidade, junto com uma estrutura externa móvel de sombreamento, controla a quantidade de

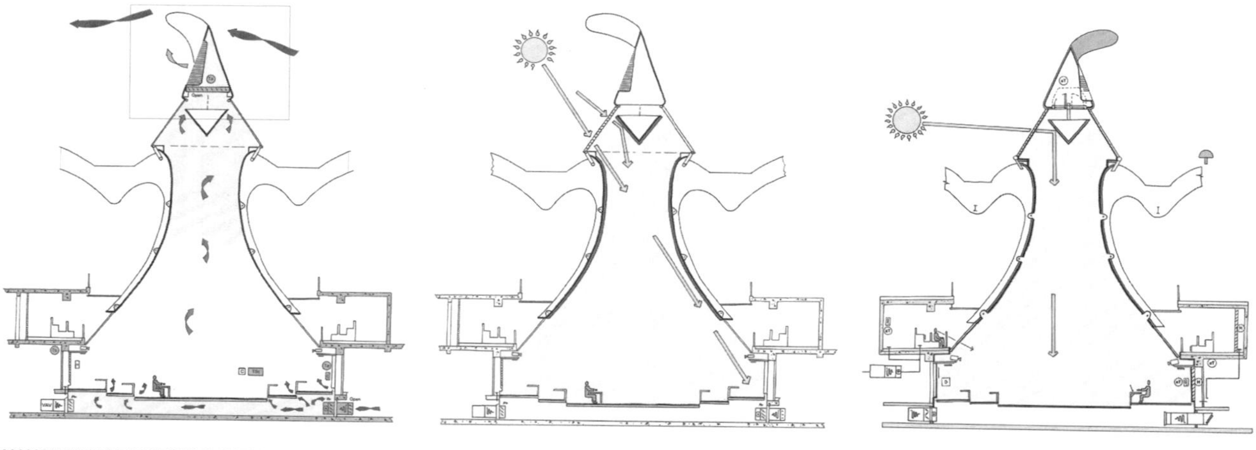

Fig. 14.30 Cortes diagramáticos da sala do Senado e da grande chaminé criada pela estrutura em forma de cone, com a ilustração das estratégias de desempenho luminoso e térmico. À esquerda, vê-se o conceito de captação e distribuição da luz natural, com o auxílio do cone interno, que bloqueia e ao mesmo tempo redireciona a luz direta. No centro, tem-se o esquema da ventilação mecânica incrementada pelo efeito chaminé. Nessas situações, o efeito chaminé provocado pelo grande cone é usado para a ventilação. À direita, vê-se a situação de extremo frio ou extremo calor, em que a saída da ventilação chaminé, na extremidade do cone, é fechada para a maior eficiência do sistema ativo de condicionamento ambiental
Fonte: BDSP Partnership.

luz e evitam ofuscamento na altura útil do espaço interno (Fig. 14.32). Quanto mais baixo o cone interno, mais luz passa pelo orifício do grande cone. Simulações computacionais demonstraram o alcance de uma distribuição bastante homogênea da luz natural no principal espaço do edifício (Fig. 14.33). Além da distribuição da luz, a Fig. 14.34 demonstra, ao longo de um dia do mês de junho, como a forma do cone e a sua altura impedem a penetração da radiação solar direta, evitando ofuscamentos ou contrastes que venham a comprometer o conforto visual na sala do Senado.

Fig. 14.31 Estrutura aerodinâmica de fechamento do grande cone central, cuja base rotatória maximiza o aproveitamento dos ventos predominantes (independente da direção), com o efeito de sucção da ventilação natural. À esquerda, vê-se a abertura zenital, que se repete nos seis módulos metálicos da cobertura para a eficiência da ventilação natural no piso de uso público
Foto: Klaus Bode.

Assim como a câmara do Senado, as salas de trabalho de pé-direito duplo e simples, nas duas laterais de base, também se beneficiam da iluminação zenital. Nesse caso, a entrada de luz é feita por aberturas retangulares, justapostas aos elementos de ventilação, que, da mesma forma que a iluminação, conta com uma estrutura no plano da cobertura (Figs. 14.35 a 14.37). O fechamento envidraçado voltado para os pátios complementa a iluminação natural. Tanto a abertura lateral como a zenital têm a opção de controle da luminosidade por meio de um tecido interno flexível. Dentre um conjunto de formas para o elemento zenital das salas de comitês e escritórios, simulações computacionais provaram o desempenho superior da forma retangular. Nos dias mais frios de inverno, a ventilação por efeito chaminé é interrompida, uma taxa mínima de renovação do ar é então criada por uma pequena abertura na fachada voltada para o pátio, enquanto a radiação solar direta contribui para o aquecimento do ambiente interno.

Em todos os ambientes ventilados mecanicamente, as aberturas para a entrada e saída de ar foram definidos com aletas e tampões para o controle automatizado do fluxo de ar, que varia de acordo com as condições térmicas dentro e fora do ambiente.

Fig. 14.32 Vista do interior do cone no centro da sala do Senado, com o cone interno de revestimento espelhado e o elemento móvel (automatizado) de sombreamento externo, que controlam o acesso do Sol e a quantidade de luz natural que chega até o nível dos usuários
Foto: Klaus Bode.

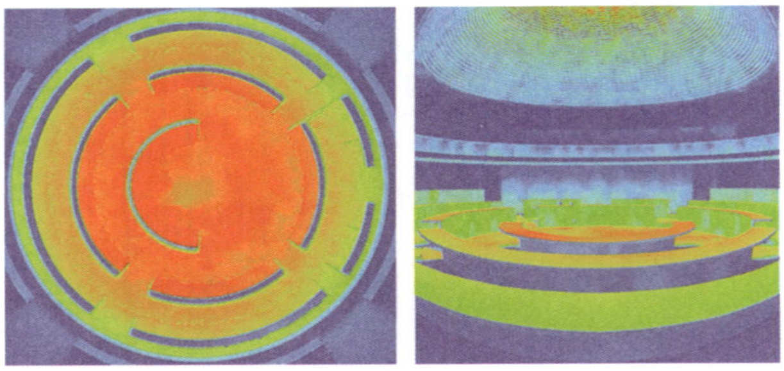

Fig. 14.33 Simulação da iluminação natural na câmara do Senado, revelando uma boa distribuição homogênea da luz, medidos no plano de trabalho
Fonte: BDSP Partnership.

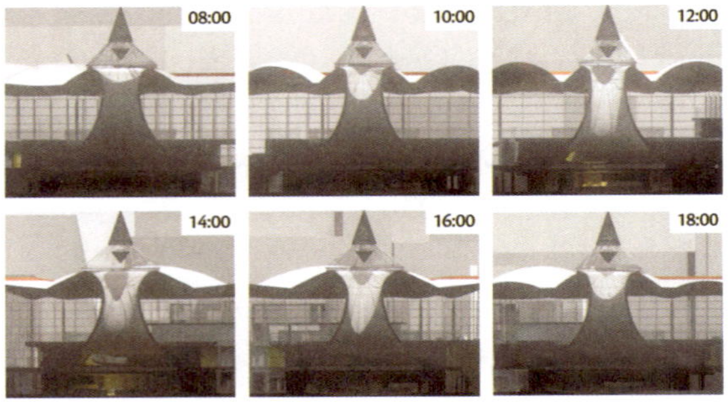

Fig. 14.34 Estudo de penetração do Sol pelo cone da câmara do Senado ao longo do dia 29 de junho, próximo do solstício de verão
Fonte: BDSP Partnership.

Fig. 14.35 Um das salas de comitê, de pé-direito duplo, com acesso da iluminação natural zenital
Foto: Klaus Bode.

Fig. 14.36 Vista externa dos elementos de ventilação zenital, com amortecimento acústico, colocados em todos os escritórios e salas de comitê localizados ao redor da sala do Senado
Foto: Klaus Bode.

14.2.2 A tecnologia de energias renováveis

A síntese entre ambiente, arquitetura e tecnologia garante ao Senado da Assembleia Nacional do País de Gales a condição de um edifício ícone da atualidade. Nas etapas originais do projeto, foram realizados estudos de viabilidade de diferentes tecnologias visando, inicialmente, a geração de energia elétrica e térmica no próprio edifício com fontes renováveis. Para a energia elétrica, analisou-se o potencial da energia solar, eólica e de células de combustível, sendo esta última extremamente atraente por conta do mínimo impacto arquitetônico.

No entanto, a opção das células de combustível foi rapidamente descartada, principalmente em virtude de um panorama desfavorável de custo-benefício do hidrogênio. As energias eólica e solar também foram descartadas por um conjunto

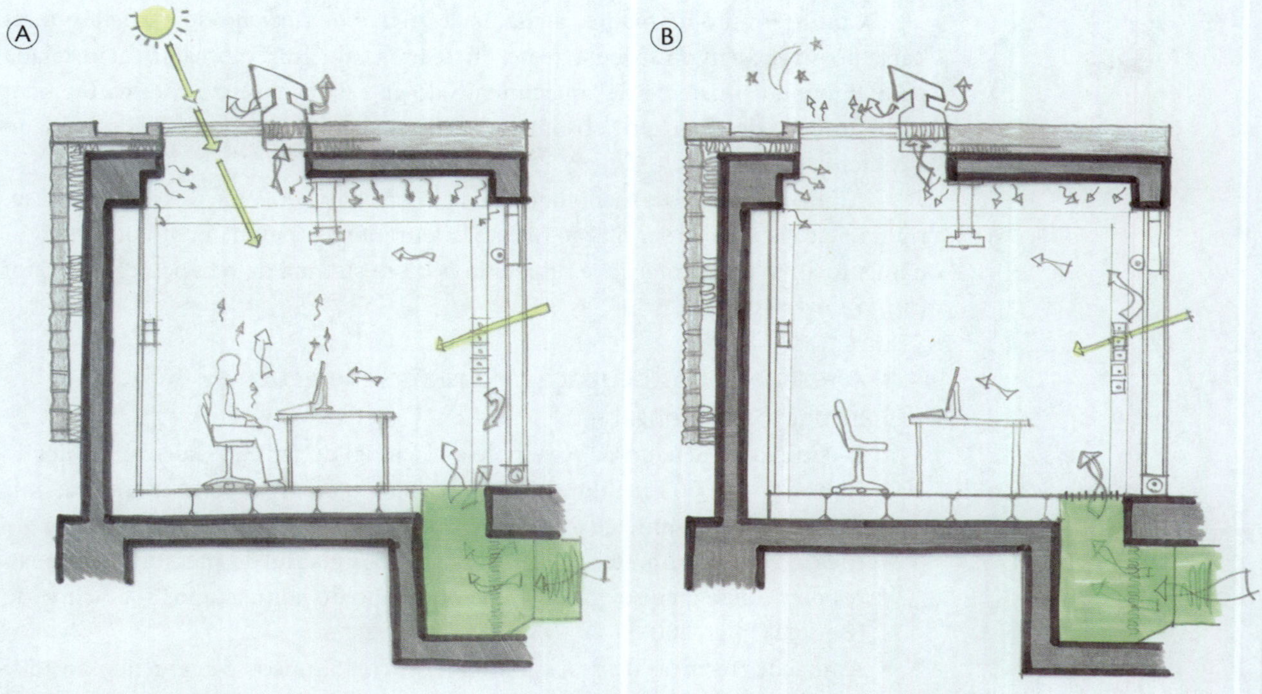

Fig. 14.37 Sessões da sala típica de escritório, de pé-direito simples, com a ilustração das estratégias de desempenho ambiental, incluindo o acesso da luz natural zenital, com a possibilidade de corte da radiação direta por meio de bloqueadores translúcidos do tipo *roll-on*, e o funcionamento da ventilação mecânica com insuflamento de ar fresco (aquecido ou resfriado, se necessário, por um sistema de captação da energia geotérmica) e saída zenital. Em (A), vê-se o funcionamento diurno da sala, com a penetração da radiação direta pela abertura zenital. Em (B), vê-se o período noturno típico dos dias mais quentes do ano, quando a massa térmica do espaço interno elimina o calor absorvido durante o dia, que é expelido pela ventilação natural e perdas por condução pelo vidro da abertura zenital no período da noite.
Fonte: Joana Carla Soares Gonçalves.

de razões, das quais a mais significativa foi a constatação da baixa produtividade energética para as condições climáticas do lugar.

Na busca de uma solução de fato energeticamente eficiente, o foco foi direcionado para a geração de energia térmica, com a finalidade de suprir a demanda por aquecimento e resfriamento dos ambientes internos, já minimizada pelo desempenho da forma e dos componentes construtivos do projeto arquitetônico, que propiciaram o aproveitamento da ventilação natural.

Tanto o aquecimento sob o piso como o insuflamento de ar frio foram projetados para serem alimentados por um sistema de geotermia formado por bombas e trocadores de calor geotérmico instalados a 100 m de profundidade, que age na extração de calor nos dias de inverno e na rejeição de calor no modo de resfriamento para os dias quentes de verão, consequentemente, substituindo *chillers* e aquecedores convencionais. No total, foram instalados no solo 27 trocadores de calor de ciclo fechado, que foram conectados a três bombas.

Com uma significativa redução da demanda pelo condicionamento ativo do ar por meio da integração de diversas estratégias passivas, o sistema de uso da energia geotérmica foi dimensionado para suprir toda a demanda de resfriamento ativo dos ambientes internos do edifício do Senado. Como as bombas de calor requerem eletricidade para o acionamento do sistema, esta tecnologia é considerada como de baixo carbono, em vez de renovável.

Com o intuito de manter a chamada *pegada de carbono* do edifício o mais baixa possível, além do sistema geotérmico, uma caldeira à biomassa foi instalada para alimentar o sistema de aquecimento do ar e da água. Esse sistema também inclui um silo de 25 m^3 no subsolo para armazenagem de combustível conectado à caldeira.

Ainda no âmbito da tecnologia predial, o ar mais aquecido dos ambientes, extraído pelo sistema de ventilação mecânica durante o funcionamento do condicionamento ativo do ar interno, é resgatado por um sistema de recuperação de calor (*heat recovery system*).

14.2.3 A realidade pós-ocupação: consumo energético e impacto ambiental

O edifício do Senado da Assembleia Nacional do País de Gales foi equipado com mais de 600 medidores e sensores para o controle de temperatura, umidade relativa, luminosidade, concentração de CO_2, consumo de energia elétrica e outros parâmetros ambientais. A instalação de medidores e sensores permitiu a análise crítica do desempenho do edifício após sua ocupação (Bode; Winter, 2007).

Avaliações técnicas de desempenho térmico, luminoso e energético do edifício apresentadas em detalhe por Bode e Winter (2007), que informaram a etapa de desenvolvimento do projeto, foram refeitas após a conclusão do edifício, a fim de verificar o efeito de mudanças de projeto e também do padrão real de ocupação, implementado durante o primeiro ano de uso do edifício. Os resultados dessas avaliações foram então utilizados como referência para uma análise comparativa entre o desempenho simulado do projeto *as built* e o do edifício em operação, verificado com base em dados medidos. A diferença entre os dois casos (modelado segundo *as built* e real) pode ser atribuída a fatores climáticos, comportamento do usuário (e expectativas que levem a parâmetros de conforto diferente dos adotados nas simulações) e à operação dos sistemas de iluminação e climatização.

Monitorado entre os anos de 2006 e 2011, o consumo de energia elétrica do edifício do Senado no verão e no inverno mostrou uma redução a cada ano, aproximando os dados do desempenho real das metas do projeto simulado (Fig. 14.38). Vale destacar que, em determinados meses do período medido, como em junho e julho de 2010, o desempenho real foi melhor do que o desempenho teórico, alcançando uma significativa queda no consumo energético total desse ano em relação aos anteriores.

O Certificado de Energia em Uso (Displayed Energy Certificate, DEC), que avalia tanto a eficiência energética como o impacto ambiental dos edifícios, segundo as emissões de carbono durante a fase de uso, conferiu ao edifício no ano de 2008 a chamada nota operacional de 70 pontos (conhecida em inglês como *operational rating*, que é o índice que relaciona as emissões anuais de CO_2 de um edifício, em decorrência do consumo energético, com as de um edifício de referência – 789 t de CO_2/ano) (HM Government, 2008). A nota operacional de 70 corresponde ao nível C de desempenho, o que equivale a 30% a menos de emissões de carbono de um edifício de referência. Por outro lado, as simulações de desempenho ambiental do projeto *as built* apontaram um potencial de 40% de superação da meta referencial. De fato, os dados medidos para o último DEC, mostraram que esse desempenho atingiu 41% em 2013 (HM Government, 2013).

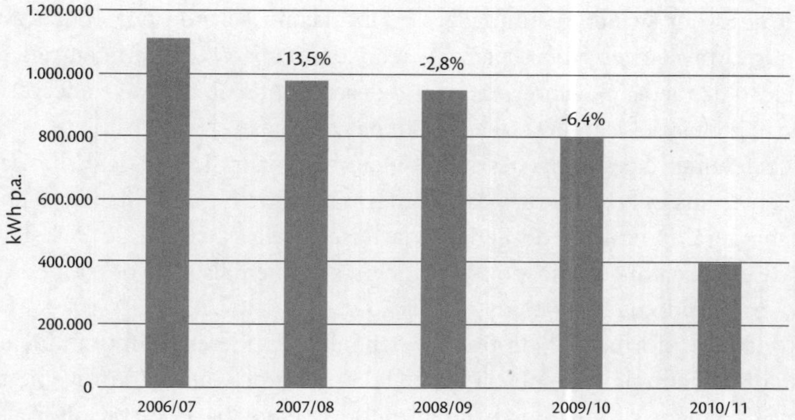

Fig. 14.38 Consumo anual de eletricidade de 2006 a 2011
Fonte: BDSP Partnership.

Dentre um conjunto de fatores, a melhora no consumo de energia em operação no ano de 2011, que se manteve até os dias atuais, em comparação ao consumo previsto nas simulações e aos anos anteriores, foi influenciada pela redução da demanda de energia elétrica somada à eficiência da caldeira à biomassa e das bombas de calor geotérmicas (Fig. 14.39).

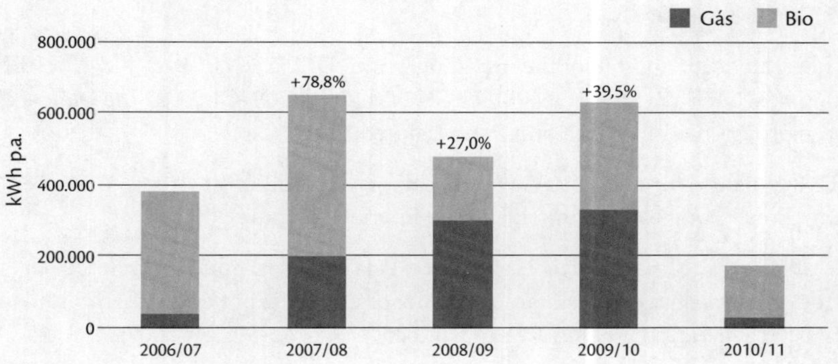

Fig. 14.39 Consumo anual de combustível para o sistema de aquecimento dos ambientes internos de 2006 a 2011
Fonte: BDSP Partnership.

14.2.4 Reflexões sobre o projeto e o desempenho do edifício

A síntese entre arquitetura e clima resultou em soluções originais de projeto, promovendo o desempenho e a qualidade ambiental dos vários espaços que compõem o programa do edifício. Em suma, a estratégia para a minimização do consumo energético e do impacto ambiental do edifício em operação se baseou na metodologia que coloca três etapas sequenciais, começando pela redução da demanda energética para a climatização, em decorrência do efeito de estratégias passivas, seguida pela adoção de tecnologias eficientes, de baixa demanda energética e, por último, pela implementação de tecnologias renováveis, ou de baixo carbono.

Por outro lado, por meio de um detalhado monitoramento do edifício nos primeiros anos de ocupação, foi constatada uma demanda energética relativamente alta, em virtude do controle complexo do sistema de automação predial, alimentado por uma grande rede de sensores. A melhoria do desempenho energético nos anos seguintes foi resultado do entendimento das condições ambientais preferidas pelos usuários e de ajustes técnicos na operação dos sistemas prediais.

Enquanto as simulações de desempenho ambiental e energético realizadas durante o projeto informaram o processo de tomada de decisão arquitetônica e especificação dos sistemas, simulações realizadas no período pós-ocupação, considerando o projeto *as built* e padrões reais de ocupação, foram centrais para a estipulação de metas mais precisas para o desempenho ambiental e energético do edifício e, inclusive, de operação dos sistemas prediais.

A referência das simulações auxiliou também na indicação de melhorias operacionais ou ajustes nos sistemas para conferir ao edifício o desempenho planejado. De forma geral, o edifício do Senado da Assembleia Nacional do País de Gales partiu de um projeto qualificado por princípios ambientais, cujo desempenho vem sendo aprimorado na fase de pós-ocupação.

Todas as informações de projeto, tecnologia e desempenho ambiental do edifício do Senado da Assembleia Nacional do País de Gales são provenientes de relatórios técnicos produzidos pela empresa de engenharia e consultoria BDSP Partnership, de Londres.

Referências bibliográficas

BODE, K.; WINTER, M. Passive and active systems in harmony. In: *Renewable Energy Focus*, v. 8, n. 6, p. 44-48, nov. 2007.

DAVIS, C.; LAMBOT, I. *Commerzbank, Frankfurt*: prototype for an ecological high-rise. Basel: Birkhäuser Verlag, 1997.

DUFFY, F. The death and life of the urban office. In: DEUTSCHE BANK'S ALFRED HERRHAUSEN SOCIETY; LSE - LONDON SCHOOL OF ECONOMICS. *The endless city*: the urban age project. Londres: Phaidon Press Limited, 2007.

ENBAU. Regulation for energy saving in buildings and building systems. *Energieeinsparverordnung*: EnEV kompakt. Berlim: Deutsche Energie-Agentur, 2007.

GONÇALVES, J. C. S. Assembleia Nacional do País de Gales. Eficiência energética e sustentabilidade: as estratégias que resultaram em menor demanda por energia e mínimo impacto ambiental. *Arquitetura e urbanismo*, São Paulo, n. 155, p. 44-49, fev. 2007a.

GONÇALVES, J. C. S. Assembleia Nacional do País de Gales. Política ambiental: a arquitetura para o lugar, a transparência para a politica, o conforto ambiental para as pessoas e a sustentabilidade para o meio ambiente. *Arquitetura e urbanismo*, São Paulo, n. 155, p. 34-43, fev. 2007b.

GONÇALVES, J. C. S.; UMAKOSHI, E. M. The environmental performance of tall buildings. Londres: Earthscan, 2010.

HM Government. *Display energy certificate*. The Welsh Assembly, The Senedd Building, National Assembly for Wales. Certificate reference number: 9220-6002-0178-2780-2044, 2008. Disponível em: <http://www.assemblywales.org/abthome.htm>.

HM Government. *Display energy certificate*. The Welsh Assembly, The Senedd Building, National Assembly for Wales. Certificate reference number: 0560-0217-2079-4802-2006, 2013. Disponível em: <http://www.assemblywales.org/abthome.htm/>.

LEE, K. *The environmental role of transitional spaces in residential tall buildings in Seoul, Korea*: with reference to natural ventilation strategies. Dissertation (M.Sc.) - Environmental and energy programme, Architectural Association School of Architecture. Londres, 2011.

A tecnologia pioneira de resfriamento evaporativo: lições de edifícios norte-americanos, um estudo de avaliação pós-ocupação

15

Rosa Schiano-Phan

O provado impacto ambiental da dependência exagerada dos sistemas ativos de resfriamento de edifícios, o conhecido condicionamento de ar, tem motivado nas últimas décadas o desenvolvimento de pesquisas na busca de soluções passivas alternativas. É sabido que, arquitetonicamente, a dependência do resfriamento ativo desconecta os ocupantes do seu contexto climático, criando espaços selados, nos quais o edifício não responde mais ao clima externo. Entre várias linhas de pesquisa sobre resfriamento passivo nos últimos 20 anos, o resfriamento evaporativo passivo por efeito de vento (inverso ao efeito chaminé), em inglês conhecido como Passive Downdraught Evaporative Cooling (PDEC) tem provado ser uma alternativa viável aos meios ativos convencionais de resfriamento de edifícios em climas quentes e secos.

Dando sequência ao trabalho teórico e experimental de Givoni (1994) em Israel, e de Cunningham e Thompson (1986) no Arizona, há mais de duas décadas, o número de edifícios pioneiros que adotaram essa técnica inovadora tem crescido ao redor do mundo. Essa primeira geração de edifícios demonstra a aplicação do PDEC como parte de uma estratégia maior, em prol do melhor desempenho ambiental da edificação. Entretanto, dada a sua originalidade, são vários os questionamentos sobre a incorporação dos sistemas de PDEC, incluindo dúvidas sobre a integração arquitetônica, a eventual interação com os sistemas prediais e a percepção e controle dos usuários.

Quatro estudos de casos com a técnica de PDEC foram identificados nos Estados de Arizona, Utah e Califórnia, nos Estados Unidos, para os quais um estudo de pós-ocupação foi realizado em 2010, como parte de um projeto de disseminação dessa tecnologia, com o apoio da Comissão Europeia. Esses edifícios utilizaram diferentes tipos de sistema PDEC, acompanhados de diferentes estratégias de integração com o projeto arquitetônico e de sistemas prediais. Como no caso de outras estratégias passivas, o estudo mostrou que a percepção de satisfação dos usuários com a estratégia é influenciada pela possibilidade de controle sobre as condições do seu ambiente.

A demanda pelo resfriamento de edifícios é crescente em diferentes partes do mundo, uma vez que a maior parte da população global vive em regiões de clima quente espalhadas pelo globo. Somado a isso, a internacionalização da cultura do ambiente climatizado vem alimentando nos últimos anos o mercado mundial do condicionamento, que ainda cresce rapidamente (IEA, 2011).

Nos Estados Unidos, o condicionamento de ar para o resfriamento de ambientes internos é responsável por aproximadamente um quarto da energia consumida pelo setor das edificações. O mercado do condicionamento de ar nos Estados Unidos movimenta bilhões de dólares todos os anos. Com o aquecimento do clima por conta das mudanças climáticas somado à conformidade a uma suposta necessidade do condicionamento de ar para o alcance do conforto térmico nos espaços internos, é esperado que o consumo de energia para esse fim cresça ainda mais nos próximos anos.

Como muito comentado em outros trabalhos, além da demanda energética, o impacto ambiental do uso indiscriminado dos sistemas convencionais de condicionador de ar está associado à ocorrência de ilhas de calor, por causa do calor liberado pelos compressores no ambiente urbano, e ao aquecimento global, pelo efeito dos gases refrigerantes. O sudoeste dos Estados Unidos é particularmente sensível a esses problemas por conta do alto nível de dependência do ar condicionado e da vulnerabilidade de catástrofes ambientais, como secas recorrentes e incêndios.

Nos últimos anos, estratégias de resfriamento evaporativo híbrido ou misto, denominado em inglês de Passive and Hybrid Downdraught Cooling (PHDC), que faz uso de recursos ativos e passivos, foram disseminadas e aplicadas em diversas partes do mundo como alternativa ao resfriamento ativo, ou seja, ao condicionamento de ar (Ford; Schiano-Phan; Francis, 2010), produzindo uma mostra de edifícios ícones dessa técnica.

Tecnicamente, o resfriamento evaporativo híbrido inclui várias formas de resfriamento por efeito de vento (inverso ao efeito chaminé), podendo esse ser passivo ou forçado (ativo). Como o nome indica, essa técnica provoca o movimento descendente de um fluxo de ar, levando o ar frio (ou resfriado) até os ambientes internos. Dependendo do clima, e de uma série de características formais do projeto do edifício, o PDEC pode ser baseado em estratégias passivas usando equipamentos de nebulização, esteiras úmidas de celulose, acessórios tipo chuveiros, superfícies porosas; ou por indução do movimento de ar frio utilizando serpentinas de resfriamento e desumidificadores que geram um efeito de vento descendente; ou ainda, por um sistema híbrido de estratégia passiva e sistema predial, como já mencionado e a ser discutido nos estudos de caso aqui apresentados. O Quadro 15.1 traz os estudos de caso com as estratégias arquitetônicas e as tecnologias de PDEC utilizadas em cada caso.

Apesar das possibilidades tecnológicas, poucos estudos têm conectado o desempenho térmico de edifícios com PDEC e a percepção da condição interna dos usuários, requisitos de manutenção e consumo real de energia (Thomas; Baird, 2006). A fim de cobrir essa lacuna, a Comunidade Europeia financiou o projeto intitulado *Promoção e disseminação de resfriamento evaporativo misto em edifícios não residenciais*, realizado entre os anos de 2007 e 2010, coordenado pela escola de arquitetura inglesa School of the Built Environment, da Universidade de Nottingham, e envolvendo outros parceiros europeus, bem como chineses e indianos.

Essa pesquisa de avaliação de pós-ocupação envolveu dez estudos de caso, localizados na Índia, em Israel, em Malta, no Reino Unido e nos Estados Unidos. O objetivo foi a avaliação da percepção dos usuários de edifícios com PDEC e o aprendizado sobre a gestão desse recurso na rotina de ocupação dos edifícios. O estudo incluiu entrevistas com os usuários e as equipes de manutenção do edifício, analise crítica do projeto arquitetônico em geral e, em alguns casos, a verificação do desempenho energético, por meio de contas de energia. A pesquisa com os usuários foi realizada com base no Questionário de Local de Trabalho (*Workplace*

Questionnaire) desenvolvido e licenciado pelo Building Use Studies (BUS), UK (BUS, 2006). O questionário e a metodologia BUS sobre a ocupação são mostrados com mais detalhe no artigo de Leaman (1997) e foi extensivamente utilizado com base em sua aplicação no projeto Probe (em português: Revisão Pós-Ocupação do Edifício e o Seu Meio Ambiente) entre 1995 e 2002. Ao longo dos anos, o BUS já coletou um banco de dados de centenas de edifícios pesquisados no mundo inteiro. São apresentados aqui quatro estudos de caso situados no sudeste dos Estados Unidos, citados no Quadro 15.1, que trazem aplicações relativamente recentes das técnicas de resfriamento evaporativo em edifícios não residenciais.

Quadro 15.1 As técnicas de PDEC dos quatro estudos de caso

Estudo de caso	Tipos de PDEC	Sistemas de PDEC
1  Sandra Day O'Connor Federal Courthouse, Phoenix, AZ	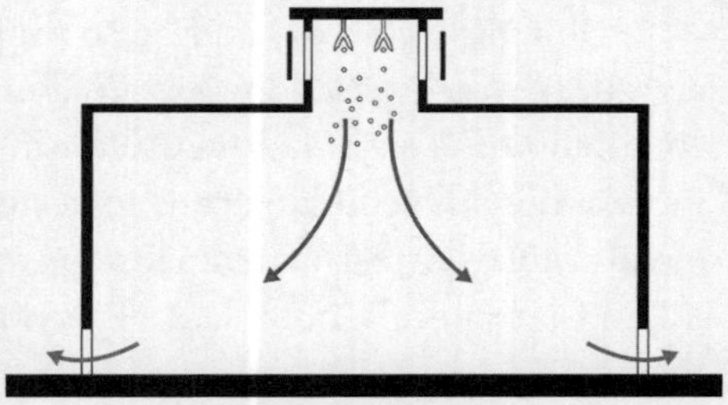 Sistema para átrios	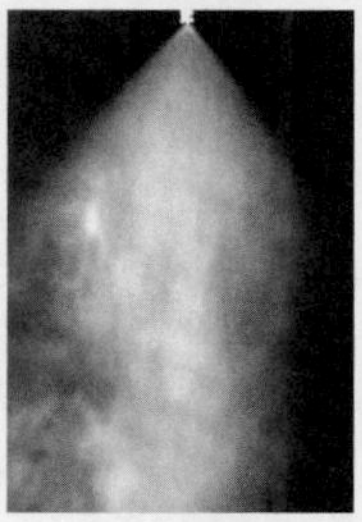 Sistema de aspersão
2  Kenilworth High School, Petaluma, CA		 Painéis de celulose molhada
3  Global Ecology Research Centre, Stanford, CA	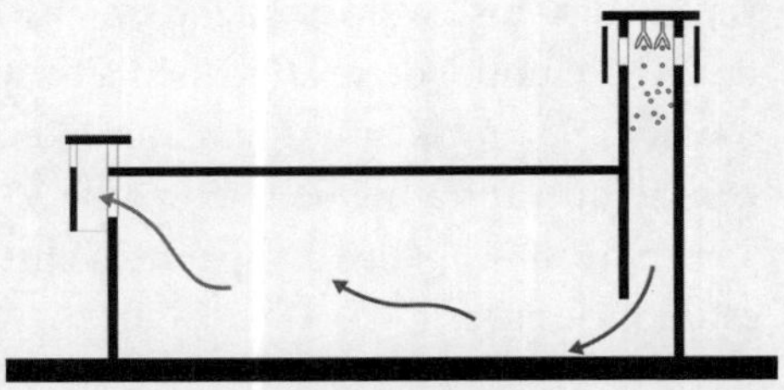 Sistema em torre	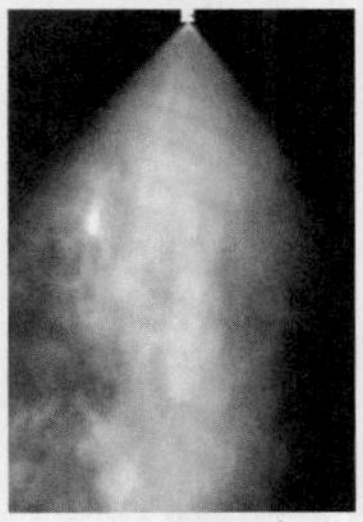 Sistema de aspersão
4  Visitor Centre, Zion National Park, UT		 Painéis de celulose molhada

Apesar da ênfase nas respostas quanto ao desempenho térmico nos dias mais quentes do ano, à qualidade do ar e à importância e possibilidade de controle, a avaliação junto aos usuários contemplou a percepção da qualidade ambiental como um todo, incluindo questões sobre iluminação, ruído, além da percepção dos usuários sobre o projeto arquitetônico, a sua produtividade e a imagem passada para os visitantes.

15.1 Edifícios, clima e estratégias de resfriamento

Os estudos de caso deste trabalho, já citados no Quadro 15.1, são todos edifícios públicos que empregam o resfriamento evaporativo passivo por efeito de vento (PDEC), entretanto, eles se diferenciam consideravelmente em forma, área e função.

De acordo com a classificação proposta por Ford (Ford; Schiano-Phan; Francis, 2010) o caso 1 (Sandra Day O'Connor Federal Courthouse, em Phoenix, Arizona) adotou o sistema PDEC em um átrio por onde o ar resfriado é levado ao interior dos ambientes internos adjacentes; enquanto os demais casos são baseados em uma torre de resfriamento justaposta aos ambientes a serem resfriados, na qual o PDEC acontece. Com relação à tecnologia do sistema, os edifícios 1 e 3 (Global Ecology Research Centre, em Stanford, Califórnia) utilizam dispositivos de nebulização de água, enquanto os edifícios 2 (Kenilworth High School, em Petaluma, Califórnia) e 4 (Visitor Centre, Zion National Park, em Utah) empregam esteiras molhadas de celulose. A diferença entre os dois modos consiste em o primeiro injetar água nebulizada diretamente na corrente de ar, enquanto o segundo utiliza esteira de celulose porosa para absorver e então liberar a água.

Os quatro estudos de caso estão localizados em três regiões climáticas distintas (Fig. 15.1). O edifício 1 é localizado no clima mais extremo do sul do Arizona, caracterizado por invernos brandos e por verões muito quentes e secos, com temperatura média máxima de 41 °C em agosto e umidade relativa média de 20%, ou seja, bem seco. Os edifícios 2 e 3 estão inseridos no contexto climático mais ameno do clima mediterrâneo da região de São Francisco, caracterizado por invernos úmidos e verões quentes e ensolarados, com temperatura média máxima de 28 °C e umidade relativa média de 35%. O clima de Utah, onde está localizado o edifício 4, apresenta um verão quente e seco semelhante ao do primeiro caso, com temperatura média máxima de 32 °C e umidade relativa de 20%. A Fig. 15.1 apresenta uma análise comparativa entre os quatro climas dos locais onde estão os estudos de caso.

15.1.1 Federal Courthouse, Phoenix, Arizona

O Palácio de Justiça construído em Phoenix, no Arizona, e projetado pelo arquiteto Richard Meier abriga 46.500 m^2 em dois blocos de seis pavimentos unidos por um átrio central. As fachadas principais do edifício estão orientadas a leste e oeste. A maior parte dos escritórios e as salas de audiência está localizada no bloco sul e se abre para o átrio ao norte do edifício, por meio de varandas onde os sistemas de PDEC foram instalados (Figs. 15.2 e 15.3) (Meier et al., 2004).

Em termos ambientais e arquitetônicos, o objetivo do projeto com a criação do átrio central, foi realizar um ambiente de transição entre o rigor climático do

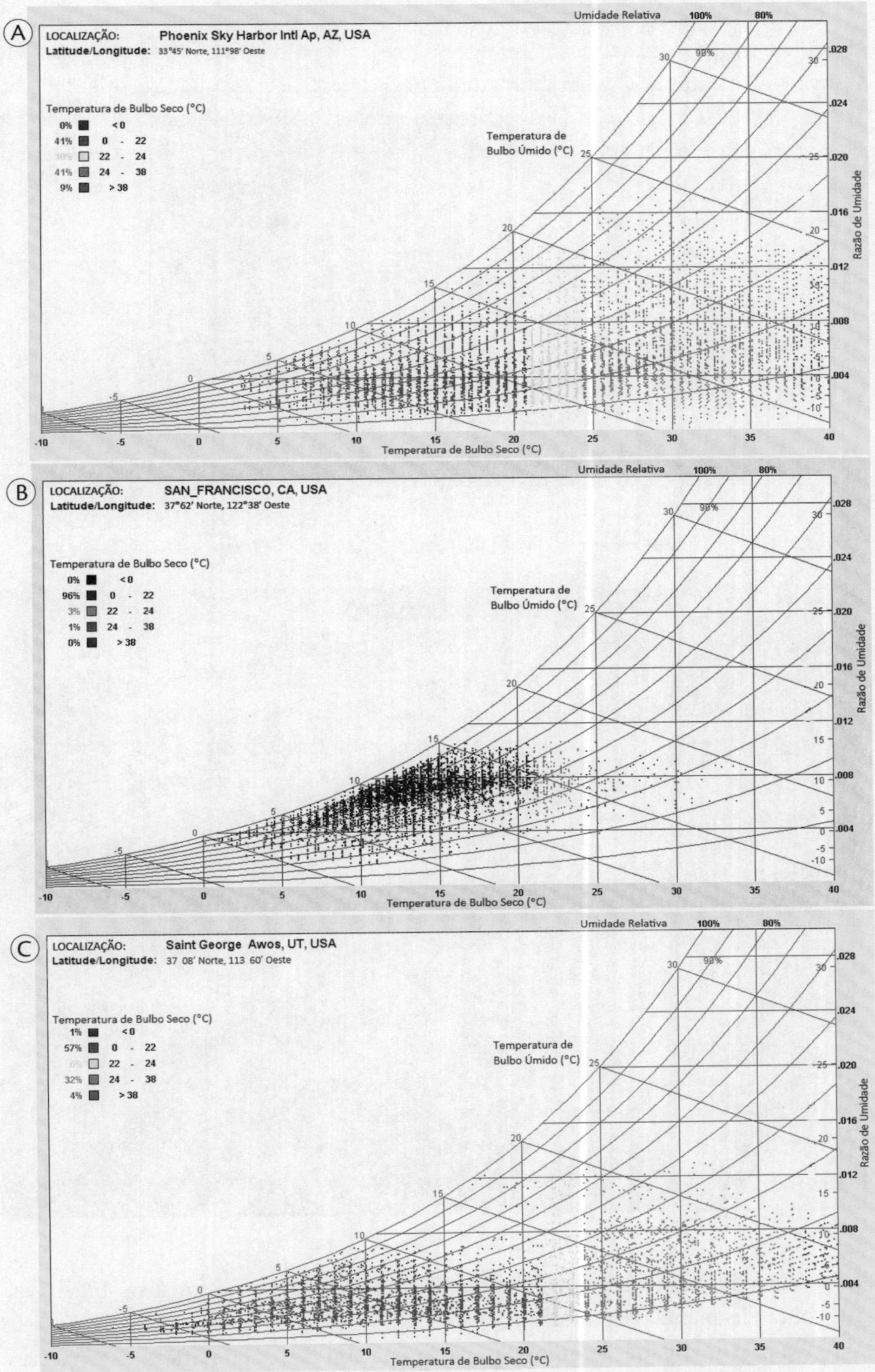

Fig. 15.1 Análise comparativa dos quatro climas de onde estão os estudos de caso, com dados climáticos plotados na carta psicrométrica, a saber: (A) Phoenix, no Arizona; (B) São Francisco, na Califórnia e (C) Saint George, em Utah
Fonte: Rosa Schiano-Phan.

ambiente externo e os ambientes internos, de situações ambientais controladas. O edifício dispõe de um sistema convencional de condicionamento de ar para o resfriamento dos espaços internos no verão e o seu aquecimento no inverno. No entanto, na intenção de minimizar os ganhos de calor solar, proteções solares e vidros com cor foram instalados nas fachadas e coberturas (Fig. 15.4). Por outro

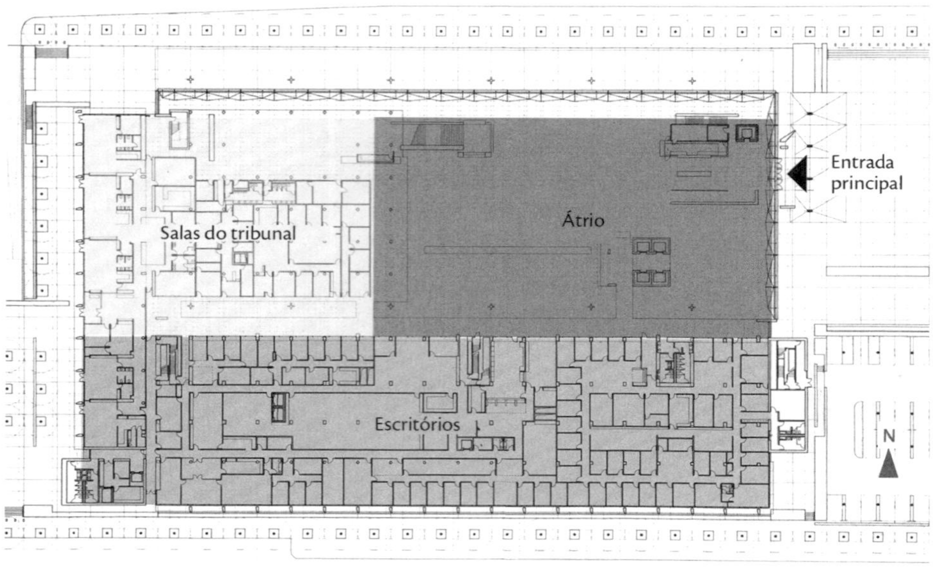

Fig. 15.2 Planta baixa do piso térreo do edifício do Federal Courthouse, Phoenix

Fig. 15.3 Vista interna do átrio do edifício do Federal Courthouse, Phoenix
Foto: Rosa Schiano-Phan.

lado, o uso de iluminação artificial nas áreas de escritórios se mostrou inevitável por conta das plantas profundas.

Com a finalidade de amortecimento das condições climáticas externas no ambiente de transição, um sistema de PDEC foi instalado no sexto pavimento do átrio (Figs. 15.5 e 15.6). Em virtude das dimensões do átrio, de aproximadamente 100 m por 50 m, o sistema PDEC do Phoenix Federal Courthouse é provavelmente um dos maiores do mundo, com nove tubos de suprimento de água presos ao corrimão do sexto pavimento servindo a aproximadamente 1.100 esguichos controlados pelo sistema de automação predial do edifício. O sistema PDEC foi considerado somente depois de comprovado tecnicamente que os riscos de superaquecimento

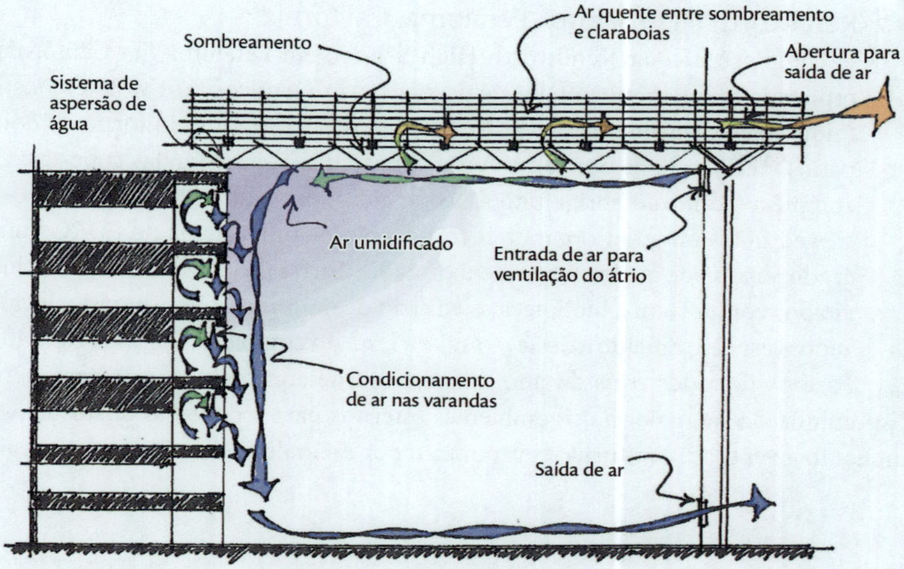

Fig. 15.4 Estratégias de ventilação para o desempenho ambiental do edifício Federal Courthouse
Fonte: adaptado de Stephens (2008).

Fig. 15.5 Detalhe do sistema de resfriamento evaporativo instalado no sexto andar do átrio: esguichos de alta pressão
Foto: Rosa Schiano-Phan.

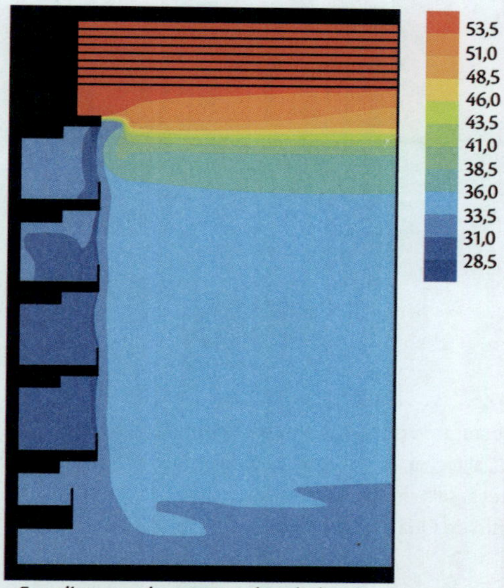

Fig. 15.6 Imagem de uma simulação computacional de dinâmica de fluidos, CFD, mostrando a estratificação da temperatura ao longo da altura do átrio por conta da influência do PDEC
Fonte: adaptado de Stephens (2008).

do átrio por excessivos ganhos solares foram eliminados com a inserção do sombreamento.

Os cálculos para a previsão das condições de conforto térmico no átrio ao longo do ano apontaram a ocorrência de desconforto por 10% do tempo previsto de uso desse espaço, resultado considerado plenamente satisfatório, sendo o átrio um espaço de transição e não de permanência longa. Por fim, não supreendentemente, as condições térmicas criadas no volume do grande átrio, com o efeito do resfriamento evaporativo, provou reduzir a carga térmica de resfriamento dos ambientes internos, com condições térmicas controladas.

15.1.2 Kenilworth High School, Petaluma, Califórnia

O complexo escolar Kenilworth High School, em Petaluma, na Califórnia, projetado pelos arquitetos locais do escritório Quattrocchi Kwok, é constituído por um agrupamento de doze edifícios organizados em torno de dois pátios entrecortados por caminhos e conectados por passarelas cobertas. O complexo edificado abriga oito salas de aulas, um edifício administrativo e três edifícios projetados para a incorporação de um sistema de PDEC, integrado ao topo de quatro torres denominadas Torres Geladas. Os três edifícios citados comportam a biblioteca, o edifício de múltiplo uso e o ginásio, localizados respectivamente a oeste, ao sul e a leste do complexo (Figs. 15.7 a 15.10).

Para os períodos frios do ano, um sistema de aquecimento sob o piso foi disponibilizado na maioria dos ambientes internos para o conforto dos usuários, enquanto a ventilação noturna e evaporação por meio de PDEC são os principais

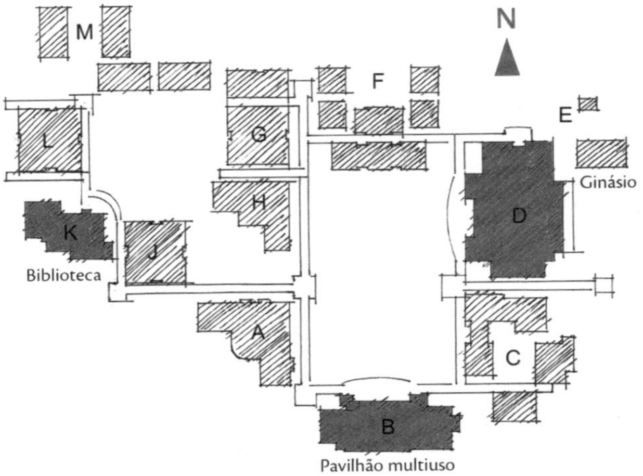

Fig. 15.7 Implantação do complexo escolar Kenilworth High School, em Petaluma, Califórnia, com a indicação dos edifícios com o sistema PDEC (biblioteca, sala multiuso, ginásio)
Fonte: adaptado de Quattrocchi Kwok.

Fig. 15.8 Vista da biblioteca
Foto: Rosa Schiano-Phan.

Fig. 15.9 Vista do edifício multiuso
Fonte: Martin Yoklic (2007).

Fig. 15.10 Vista do ginásio
Foto: Rosa Schiano-Phan.

meios de resfriamento desses ambientes nos períodos quentes do ano. Do ponto de vista da iluminação, os principais ambientes da escola mostraram uma dependência contínua do sistema artificial para o alcance dos 500 lx exigidos em norma, mesmo com a abundante disponibilidade de luz natural, típica do clima local. Na biblioteca, excepcionalmente, a iluminação natural é principalmente alcancada por meio de janelas altas colocadas na fachada norte, que também se abrem para a ventilação natural em conjunto com as torres de resfriamento (Fig. 15.11).

Na biblioteca, a torre de resfriamento de 10 m de altura fornece ar frio do lado oeste do edifício, enquanto o ar quente é removido na parte superior, por meio de aberturas com ventilação mecânica nas fachadas norte e leste. A torre de 2,25 m por 2 m de base serve um espaço de 435 m^2. No ginásio, duas torres de 3 m por 3 m de base foram projetadas para a inserção do sistema PDEC em comunicação direta com a área esportiva de 750 m^2 (Figs. 15.12 e 15.13). No edifício multiuso, a torre de base, de dimensões semelhantes às outras duas, serve uma área de 422 m^2. Infelizmente, na ocasião de uma visita ao edifício em 2007, verificou-se que essa é a única do conjunto de três torres que se encontra em funcionamento.

Fig. 15.11 Vista das janelas altas no edifício da biblioteca
Foto: Rosa Schiano-Phan.

Fig. 15.12 Saída de uma das torres de resfriamento no edifício do ginásio
Foto: Rosa Schiano-Phan.

15.1.3 Global Ecology Research Centre, Stanford, Califórnia

O edifício do Global Ecology Research Centre, em Stanford, Califórnia, foi projetado pelo escritório local de arquitetura de São Francisco, EHDD. Com dois pavimentos e 1.000 m^2 de área construída, o edifício foi orientado a norte e sul, de forma a maximizar a iluminação natural da orientação norte para

Fig. 15.13 Vista interna da torre de resfriamento do ginásio
Foto: Rosa Schiano-Phan.

os ambientes de laboratório e escritórios, setorizados no térreo e no 1º pavimento, e minimizar o impacto da radiação solar (Figs. 15.14 e 15.15). Uma torre com 10 m de altura foi projetada na fachada leste do edifício para a instalação do sistema PDEC, que distribui ar resfriado no átrio de entrada, utilizando somente cinco dispositivos de nebulização de água (AIA/COTE, 2007).

Além do sistema de PDEC que resfria o átrio de entrada, foi introduzido um de resfriamento, também baseado na aspersão de água, que se beneficia das baixas temperaturas do céu no período noturno. Nesse sistema, água é borrifada na cobertura do edifício e resfriada passivamente durante o período noturno, por trocas radiativas com o fundo de céu, configurando a estratégia chamada em inglês de *night-spray radiant cooling*. Essa água é então coletada nas canaletas da cobertura e drenada até um tanque, onde é mantida à temperatura de 10 °C. Durante o dia, a água resfriada circula pelas lajes do térreo e do primeiro pavimento, resfriando os painéis radiantes que compõem os forros dos espaços internos e os *fan coils* dos laboratórios (Fig. 15.16).

Controlado pelo sistema de gerenciamento predial (Building Management System, BMS), o sistema de PDEC começa a funcionar quando a temperatura externa alcança a marca dos 29,5 °C e a umidade relativa atinge os 36%, o que ocorre no período mais quente do ano, durante os meses de julho e agosto (Figs. 15.17 a 15.19). Nesse período, o resfriamento do átrio de entrada contribui para a diminuição da carga de resfriamento dos espaços adjacentes dos laboratórios.

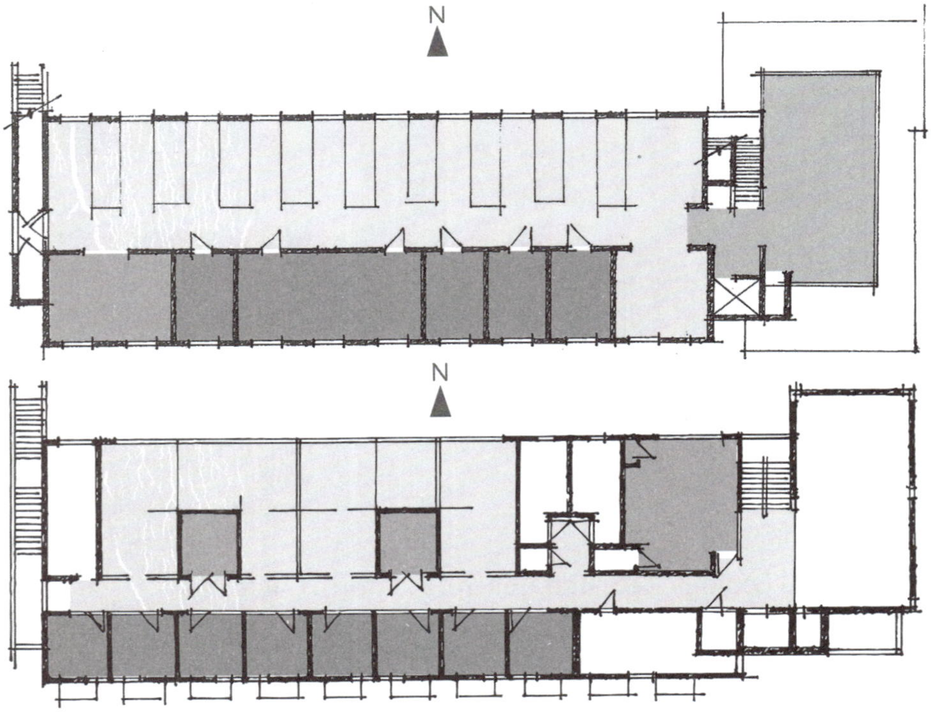

Fig. 15.14 Plantas do pavimento térreo e do primeiro pavimento do Global Ecology Research Centre
Fonte: adaptado do EHDD Architecture.

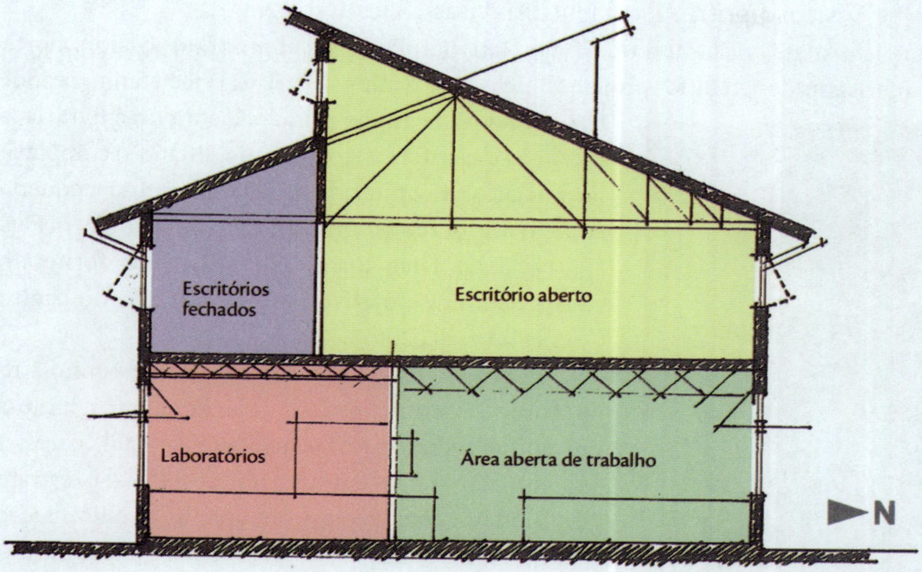

Fig. 15.15 Corte norte-sul do edifício do Global Ecology Research Centre
Fonte: adaptado do EHDD Architecture.

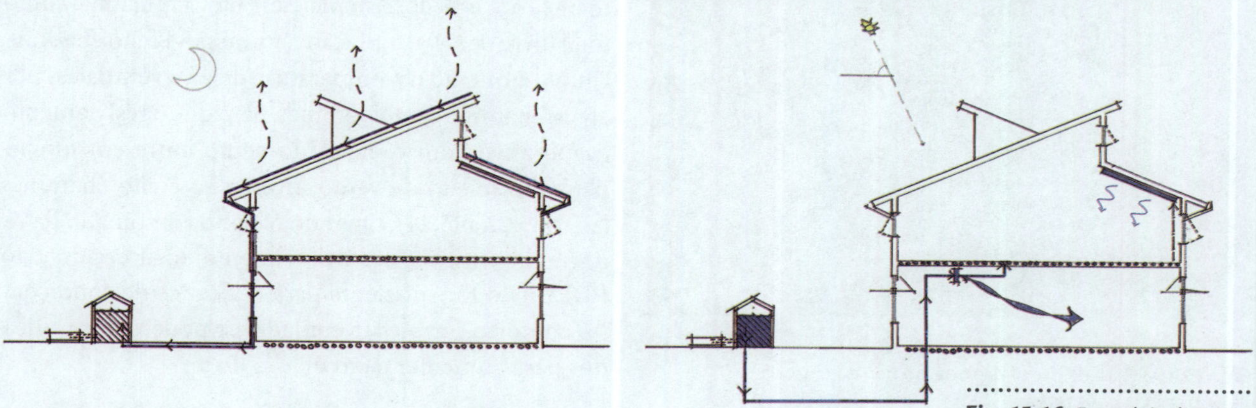

Fig. 15.16 Estratégia de resfriamento radiante – modo noturno e modo diurno
Fonte: adaptado do EHDD Architecture.

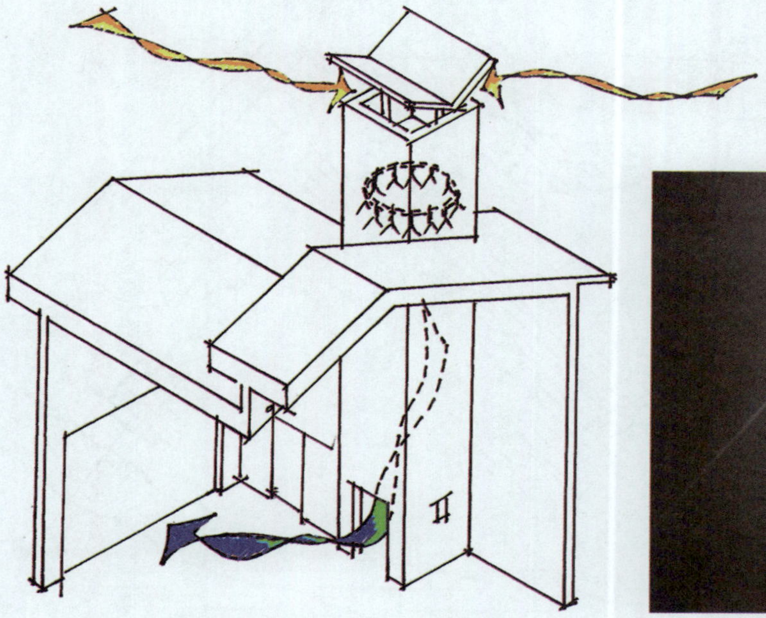

Fig. 15.17 Projeto do PDEC para o átrio de entrada
Fonte: adaptado de EHDD Architecture.

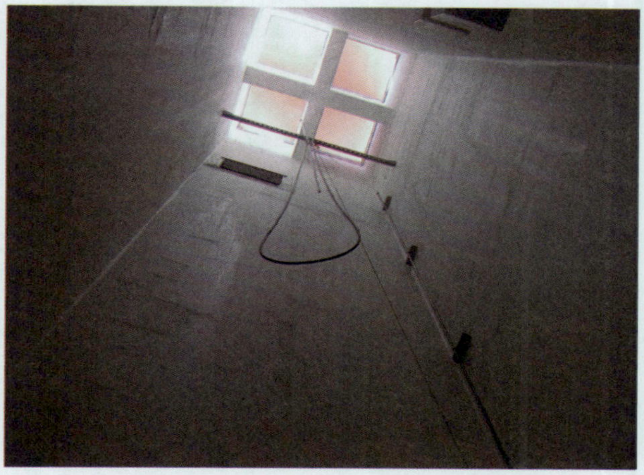

Fig. 15.18 Vista do interior da torre de resfriamento
Foto: Rosa Schiano-Phan.

15.1.4 Visitor Centre, Zion National Park, Utah

O centro de visitantes do Zion National Park, localizado no Estado norte-americano de Utah, foi projetado pelo U.S. National Park Service e compreende três edifícios: o edifício principal, com uma livraria, a recepção e escritórios, totalizando 818 m^2; o complexo de vestiários e sanitários de 256 m^2; e um pequeno edifício de apoio administrativo de 15,8 m^2 (Figs. 15.20 e 15.21). Duas torres de resfriamento fornecem resfriamento evaporativo para os edifícios do centro (Torcellini et al., 2005).

Fig. 15.19 Vista da porta da torre no *hall* de entrada
Foto: Rosa Schiano-Phan.

O projeto teve como meta de desempenho a redução de 70% do consumo de energia em relação a um edifício similar convencional. Para tal, o resfriamento evaporativo foi adotado ao lado das estratégias fundamentais de aproveitamento da iluminação natural e da ventilação natural. Em um primeiro momento, a torre do sistema de PDEC funciona como uma torre para a ventilação natural por efeito chaminé. Com o aumento da temperatura do ar, a ventilação por efeito chaminé é interrompida para que o resfriamento evaporativo com o efeito do vento entre em funcionamento (efeito de vento inverso ao efeito chaminé) (Figs. 15.22 a 15.24). Quando o efeito combinado da redução de temperatura e movimento do ar criado pelo PDEC não for suficiente para o alcance de condições de conforto térmico, ventiladores podem ser utilizados para aumentar a circulação do ar.

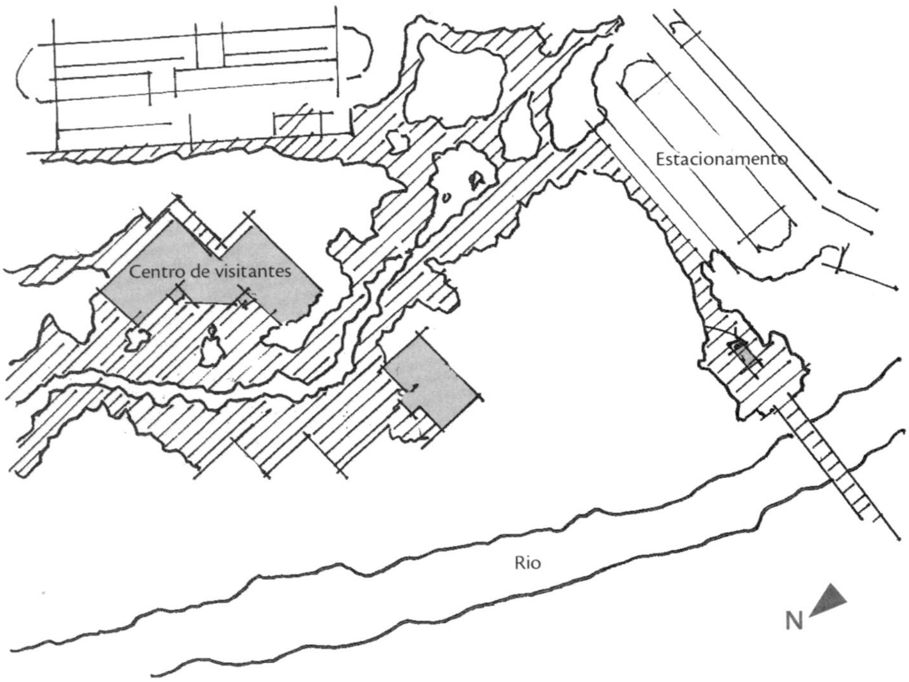

Fig. 15.20 Implantação do complexo do Zion National Park Visitor Centre
Fonte: adaptado de Torcellini et al. (2005).

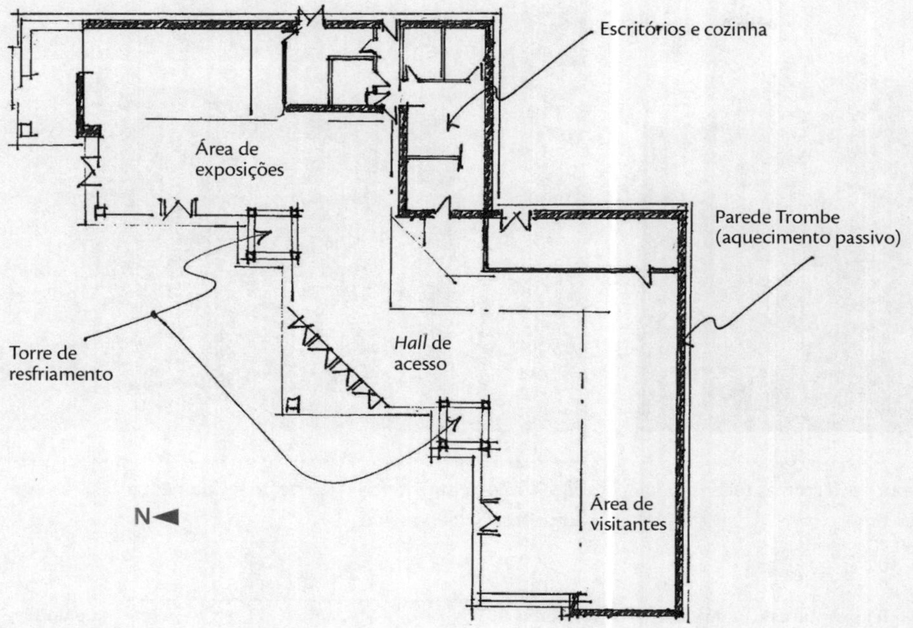

Fig. 15.21 Planta do edifício principal do Zion National Park Visitor Centre
Fonte: adaptado de Torcellini et al. (2005).

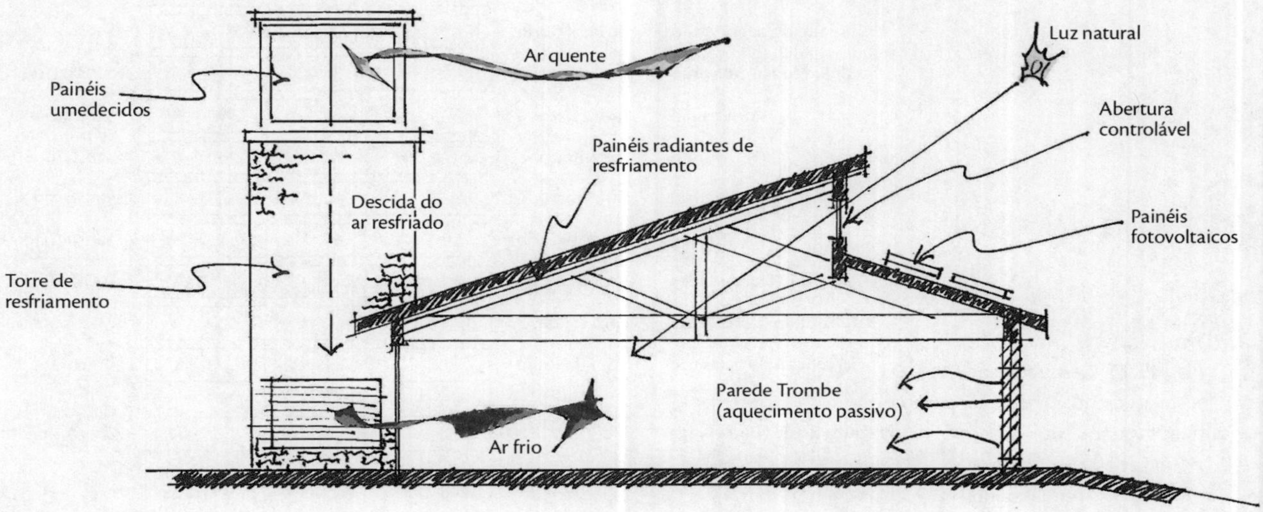

Fig. 15.22 Corte do edifício principal do Zion National Park Visitor Centre, mostrando a operação da torre de resfriamento e outras estratégias para o desempenho ambiental do edifício
Fonte: adaptado de Torcellini et al. (2005).

15.2 A percepção dos usuários

15.2.1 Federal Courthouse, Phoenix, Arizona

A pesquisa de satisfação dos usuários no edifício do Federal Courthouse, em Phoenix, focou no desempenho do átrio e dos escritórios circundantes, localizados no piso térreo, onde a influência direta e indireta do sistema PDEC é potencialmente maior. A pesquisa mostrou a insatisfação dos usuários com relação ao conforto térmico, à qualidade do ar e ao controle sobre as condições ambientais (Fig. 15.25). A relação entre ruído e conforto deslocou-se para condições mais satisfatórias, enquanto que "imagem aos visitantes" recebeu uma resposta média. A grande maioria, 88%, destacou o problema de temperaturas altas nos dias de verão.

As previsões de projeto sugeriram uma diferença de temperatura média de 11 °C entre o átrio e o exterior. Comparativamente, medições realizadas em outubro

Fig. 15.23 Topo das torres de resfriamento com as telas úmidas que atuam no resfriamento do ar descente
Foto: Rosa Schiano-Phan.

Fig. 15.24 Vista interna da torre de resfriamento
Foto: Rosa Schiano-Phan.

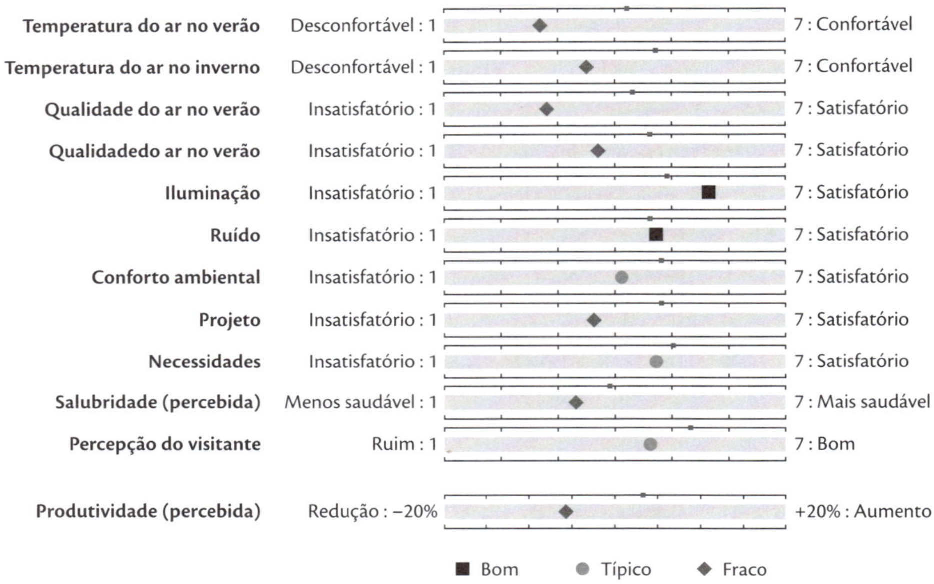

Fig. 15.25 Resultados da pesquisa de pós-ocupação junto aos usuários do edifício do Federal Courthouse, em Phoenix.

de 2007 revelaram uma diferença de 5 °C a 7 °C nos valores de temperatura do ar entre o átrio e o exterior.

A percepção de que o átrio é um espaço "quente" é reforçada pela diferença entre as condições ambientais deste e as dos espaços internos de escritórios junto aos átrios, que são climatizados e mantidos a uma temperatura de 22 °C ± 1 °C, consideravelmente mais baixa do que o limite no átrio. A viagem de carro de casa até o edifício é feita, pela grande maioria dos usuários, em temperaturas ainda mais baixas do que a dos escritórios, já que os veículos são climatizados com ar-condicionado.

Normalmente, os sistemas de resfriamento evaporativo exigem uma quantidade considerável de água. De acordo com pesquisas realizadas por Ford, Schiano-Phan e Francis (2010), o consumo típico de água em escritórios para o resfriamento evaporativo é de aproximadamente 10 L a 15 L por pessoa por dia. Medições realizadas no edifício do Federal Courthouse, em Phoenix, em outubro de 2007, registraram um consumo de água de aproximadamente 6.300 L por dia, exclusivamente para o sistema PDEC. Em um dia típico de verão, foi relatado que esse consumo é superior a 13.000 L.

Quanto ao impacto no consumo de energia do edifício para a climatização, a introdução do PDEC no átrio provou contribuir para a redução da carga térmica de resfriamento nos espaços junto a ele. Somado a isso, o desempenho energético do edifício para a climatização foi aprimorado com o tempo de ocupação. No ano de 2007, o consumo total de energia elétrica foi de cerca de 100 kWh/m^2, enquanto no ano anterior esse valor foi de 144 kWh/m^2. Vale indicar que o consumo médio de energia elétrica em edifícios de escritórios nos EUA é de 168 $kWh/m^2 \cdot$ ano.

15.2.2 Kenilworth High School, Petaluma, Califórnia

A avaliação pós-ocupação nos edifícios da Kenilworth High School, em Petaluma, Califórnia, envolveu o grupo de funcionários da escola. Os resultados da pesquisa mostraram que os ocupantes têm uma percepção negativa da qualidade ambiental do edifício, sendo a qualidade do ar a questão de maior insatisfação, com 62% de respostas classificando esse quesito como inadequado, por problemas atrelados a uma taxa de renovação insuficiente (Fig. 15.26). Além disso, as declarações dos funcionários sobre o conforto térmico levantaram o problema de altas temperaturas nos dias quentes de verão. Apesar do problema térmico nesses dias, deve-se considerar que a escola não é ocupada nos meses de verão. Por fim, todos os entrevistados indicaram uma grande insatisfação com a falta de controle individual sobre as condições térmica, de iluminação e de ruído.

No caso da biblioteca, o resfriamento evaporativo acabou em conflito com os requisitos de sua função, por causa do impacto negativo da alta umidade relativa. Isso porque o sensor da torre de resfriamento controla a temperatura do ar, mas não a umidade. Por essa razão, a última vez que a torre de resfriamento da biblioteca entrou em operação foi no verão de 2006. No ginásio, apenas uma das duas torres foi mantida em funcionamento. Problemas adicionais incluem perturbações criadas pelo ruído de abertura e fechamento das portas das torres de resfriamento.

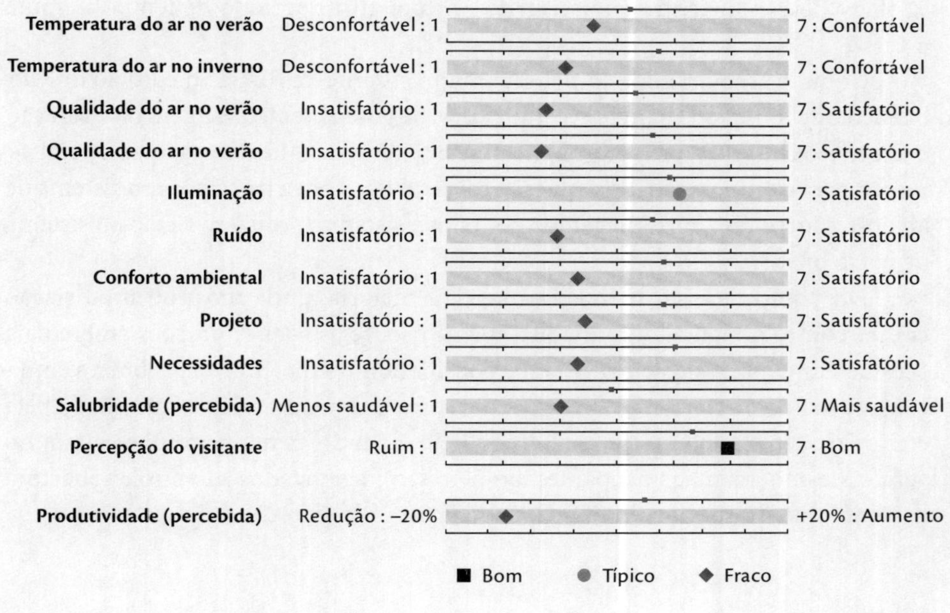

Fig. 15.26 Resultados da pesquisa de pós-ocupação junto aos usuários do edifício do Kenilworth High School, Petaluma, Califórnia

15.2.3 Global Ecology Research Centre, Stanford, Califórnia

A avaliação de pós-ocupação no Global Ecology Research Centre, em Stanford, Califórnia, focou no desempenho dos escritórios localizados no primeiro pavimento. Ao contrário do que foi verificado nos outros casos, os resultados da pesquisa nesse estudo de caso mostram uma percepção muito boa do edifício, incluindo o conforto térmico, a qualidade do ar, a qualidade ambiental em geral e a imagem do edifício (Fig. 15.27).

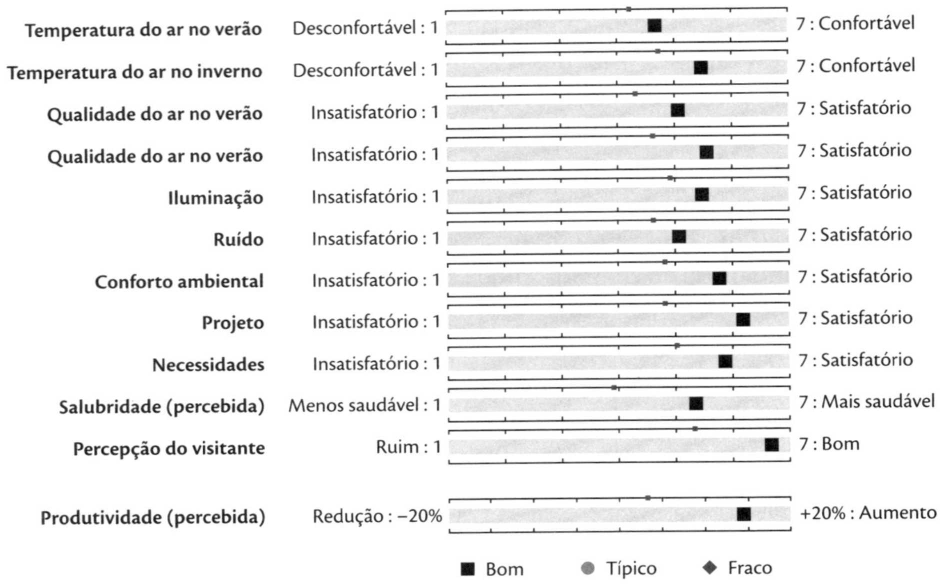

Fig. 15.27 Resultados da pesquisa de pós-ocupação junto aos usuários do edifício do Global Ecology Research Centre, em Stanford, Califórnia

Mesmo assim, a análise mais detalhada das respostas dos entrevistados identificou problema de superaquecimento por um curto período no verão. Apesar de 71% dos entrevistados considerarem os ambientes confortáveis, quando perguntados sobre a percepção da condição térmica, 59% responderam que o ambiente estava ligeiramente quente e muito quente. Mesmo estando localizado em um lugar de clima quente, cabe mencionar aqui que o sistema de PDEC no caso do Global Ecology Research Centre é requisitado por um curto período de tempo durante o verão.

Como na maioria dos edifícios com um sistema de PDEC, o edifício do Global Ecology Research Centre teve problemas de gotejamento no início da operação, entre outros motivos, pela pressão insuficiente da água utilizada na torre de resfriamento para a evaporação. Essa questão foi resolvida com a troca por um sistema de alta pressão, porém, o ruído gerado pelo novo sistema levou à reversão ao sistema de baixa pressão.

Do ponto de vista menos favorável, a maioria ainda mostrou insatisfação com o controle manual e individual restrito sobre as suas condições ambientais. Mesmo assim, 44% dos entrevistados consideram bom o controle sobre a ventilação natural do edifício e do PDEC. A abertura inferior da torre é controlada pela equipe de gerenciamento predial do edifício, quando as temperaturas sobem no verão. Mesmo assim, os ocupantes também são incentivados a controlar abertura da ventilação do sistema do PDEC.

15.2.4 Visitor Centre, Zion National Park, Utah

Mais uma vez, a pesquisa de avaliação de pós-ocupação no Centro de Visitantes do Zion National Park, no Estado de Utah, revelou uma percepção bastante positiva do edifício, sendo a imagem e a arquitetura os tópicos de maior satisfação dos ocupantes. De maneira geral, as respostas sobre as condições de conforto térmico mostraram uma percepção positiva dos ocupantes. O mesmo se aplica à qualidade do ar e à percepção da iluminação natural (Fig. 15.28).

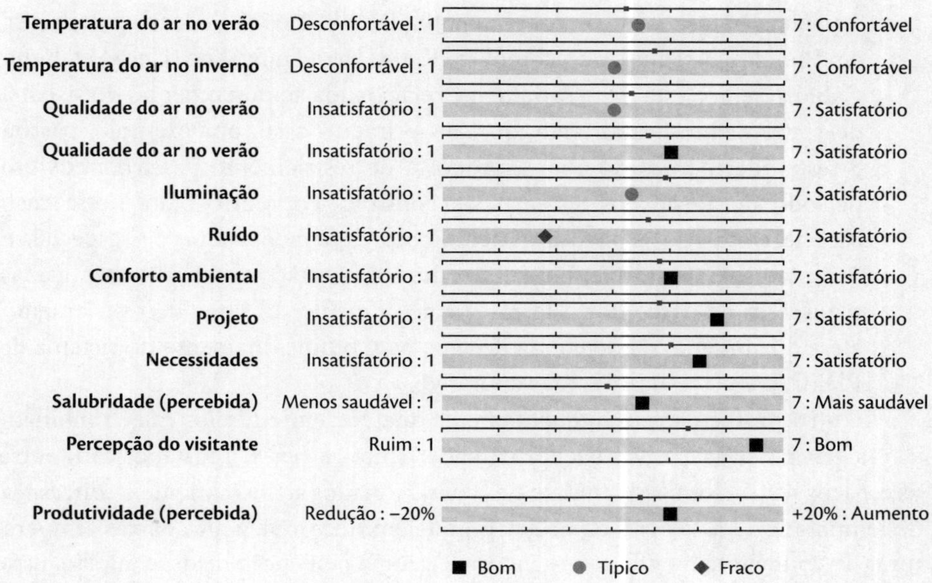

Fig. 15.28 Resultados da pesquisa de pós-ocupação junto aos usuários do edifício do Visitor Centre do Zion National Park, em Utah

Apesar da percepção positiva sobre o conforto térmico, para os dias de verão, 60% dos entrevistados acharam que a temperatura é quente e varia durante o dia. A percepção da oscilação diurna de temperatura nos ambientes estudados pode estar relacionada às flutuações da ocupação, com ondas de visitantes que aumenta instantaneamente a carga térmica interna e o desempenho da massa térmica, que seria potencialmente melhor se aplicada no teto em vez de no chão. Em termos de projeto, uma localização mais central (ao invés de perimetral) das torres de resfriamento evaporativo poderia ter sido mais eficaz para os espaços mais internos nos dias de verão. Ventiladores foram instalados posteriormente para aliviar o problema térmico, porém, com o encargo de ruído.

Mesmo com essa crítica, o funcionamento do sistema de resfriamento evaporativo durante o verão de 2002 mostrou um desempenho exemplar, com uma temperatura de saída de 27 °C, ao mesmo tempo que a temperatura exterior era de 47 °C (Torcellini et al., 2005).

Uma percepção menos positiva foi registrada com relação ao ruído, uma vez que 83% dos entrevistados manifestaram insatisfação para com as condições acústicas do ambiente de planta livre e multifuncional.

De forma geral, os ocupantes e usuários demonstraram conhecimento e apreciação sobre as estratégias de desempenho ambiental do edifício, incluindo o sistema PDEC. Entretanto, a falta de oportunidades para o controle individual das condições ambientais voltou a ser uma questão de insatisfação para 83% dos ocupantes.

O consumo de energia para o funcionamento das torres de resfriamento e dos ventiladores de teto foi de 4,5 kWh/m^2, em 2001, e de 6,6 kWh/m^2, em 2002, por conta de um verão mais quente neste ano. Paralelamente, a média de consumo de energia para a climatização artificial nesse período de dois anos foi de 4,5 $kWh/m^2 \cdot$ ano, em oposição a 17,3 $kWh/m^2 \cdot$ ano de um edifício similar convencional, sem o resfriamento evaporativo.

15.3 Avaliação pós-ocupação: resumo dos resultados

A percepção insatisfatória dos ocupantes dos edifícios do Federal Courthouse, em Phoenix, Arizona, e do complexo Kenilworth High School, em Petaluma, Califórnia, não está necessariamente relacionada ao desempenho do sistema de resfriamento evaporativo, que, no primeiro caso, por exemplo, passou a responder de acordo com a proposta de resfriamento passivo, após um período de ajuste dos sistemas de controle. Por outro lado, nesse caso, características do projeto arquitetônico propriamente dito, em especial, o uso extensivo de vidro em um clima desértico, estão inevitavelmente ligadas a questões de desconforto térmico e ao aumento da carga de resfriamento, além do aumento da demanda de água para o funcionamento do sistema de PDEC, para o resfriamento evaporativo.

Outro problema que frequentemente aparece em edifícios que combinam estratégias passivas e ativas é a aproximação (muitas vezes, a justaposição) entre os espaços resfriados passivamente e os condicionados artificialmente. A diferença de temperatura entre esses espaços é grande em decorrência das baixas temperaturas do condicionamento ativo e incorre em uma percepção de desconforto. Essa percepção é agravada pela dependência do uso de automóvel também climatizado a baixas temperaturas, que alimentam uma cultura de baixas temperaturas mesmo em lugares de clima quente, negando o potencial de adaptação climática dos usuários e, consequentemente, da eficiência de estratégias passivas.

No complexo Kenilworth High School, em Petaluma, Califórnia, os problemas identificados na pesquisa de avaliação pós-ocupação têm origem em questões de projeto, como no caso anterior, que são somadas à falta de participação dos usuários no controle das condições ambientais. Indo mais além, a falta de uma rotina de operação por um gerente local resultou no não funcionamento correto das torres de resfriamento do edifício.

Ao contrário do que visto nos primeiros dois estudos de caso, a pesquisa de avaliação pós-ocupação sobre os edifícios do Global Ecology Research Centre, em Stanford, Califórnia, e do Centro de Visitantes do Zion National Park, em Utah, mostrou resultados mais positivos sobre a percepção dos usuários a respeito dos edifícios e suas condições ambientais. A percepção muito boa dos ocupantes do Global Ecology Research Centre está relacionada, principalmente, à qualidade ambiental e à imagem arquitetônica do projeto como um todo. Embora a torre do PDEC seja uma estratégia secundária para o resfriamento dos ambientes internos, o sistema mostrou eficácia na retirada da carga térmica. O entendimento dos usuários sobre a proposta do sistema passivo e o controle sobre este certamente foi fundamental para a satisfação desses usuários.

No geral, o estudo desses edifícios revelou que os sistemas de resfriamento evaporativo passivo (por efeito de vento inverso ao efeito chaminé), PDECs, que incorporam dispositivos de aspersão de água são uma opção prática para evitar o condicionamento ativo convencional, principalmente em espaços de transição. No entanto, seu sucesso em termos de desempenho técnico e da percepção dos usuários depende de um número de fatores relacionados ao projeto arquitetônico, à operação e ao controle dos sistemas prediais envolvidos na climatização do edifício e não somente do sistema de resfriamento evaporativo.

Nesse sentido, a redução das cargas térmicas de resfriamento com uma estratégia de adequação climática do projeto arquitetônico é essencial para o bom desempenho de um sistema PDEC. Continuando, a importância da especificação do sistema de evaporação e de sua estratégia de controle para o bom desempenho contínuo do sistema de resfriamento evaporativo constitui uma das principais lições aprendidas com os edifícios estudados. A presença de um engenheiro de manutenção local, que possa solucionar qualquer problema operacional e implementar um regime de manutenção correto, é altamente benéfica, conforme visto no Federal Courthouse e no Visitor Centre.

Um sistema de PDEC precisa de um controle sobre os valores operacionais da temperatura do ar e da umidade relativa, específicos para o clima e a função do edifício. Quando possível e desejável, a oportunidade de dispor de meios de controle manual e/ou de substituição pelos ocupantes é mais eficaz para alcançar um alto grau de satisfação destes, como visto, por exemplo, no edifício Global Ecology Research Centre. Ao contrário disso, o pré-condicionamento de expectativas e hábitos relacionados ao condicionamento ativo tem impacto negativo sobre a percepção de ambientes com estratégias passivas de resfriamento, como visto no caso do Phoenix Federal Courthouse.

Sendo dada a devida atenção a todos esses fatores, técnicos e de percepção, o resfriamento evaporativo dos sistemas de PDEC é uma técnica passiva de grande potencial para o conforto térmico e a economia de energia em edifícios localizados em regiões de clima quente e seco, ainda pouco explorada.

Referências bibliográficas

AIA - THE AMERICAN INSTITUTE OS ARCHITECTS; COTE - COMMITTEE ON THE ENVIRONMENT. *Top ten green projects 2007.* Disponível em: <http://www.aiatopten.org/taxonomy/term/2>. Acesso em: mar. 2008.

BUS - BUILDING USE STUDIES. 2006. Disponível em: <http://www.usablebuildings.co.uk>.

CUNNINGHAM, W. A.; THOMPSON, T. L. Passive cooling with natural draft cooling towers in combination with solar chimneys. In: PLEA – INTERNATIONAL CONFERENCE ON PASSIVE AND LOW ENERGY ARCHITECTURE, 1986, Pecs. *Proceedings...* Pecs: PLEA, 1986.

FORD, B.; SCHIANO-PHAN, R.; FRANCIS, E. (Ed.). *The architecture and engineering of downdraught cooling:* a design sourcebook. PHDC Press, 2010.

GIVONI, B. *Passive and low energy cooling of buildings.* New York: Van Nostrand Reinhold, 1994.

LEAMAN A. Probe 10: occupancy survey analysis. *The CIBSE Journal*, maio 1997, p. 21-25.

IEA - INTERNATIONAL ENERGY AGENCY. *Technology roadmap-energy efficient buildings:* heating and cooling equipment. IEA, France, 2011. Disponível em <http://www.iea.org/papers/2011/buildings_roadmap.pdf/>. Acesso em: 2 maio 2012.

MEIER, R.; FRAMPTON, K.; RYKWERT, J.; HOLL, S. *Richard Meier Architect.* New York: Rizzoli International Publications Inc, 2004.

STEPHENS, S. Play misty for me: at the center of Meier's Phoenix Courthouse, a water-cooled atrium. *Architectural Record*, New York, 2008. Disponível em: <http://archrecord.construction.com/projects/portfolio/archives/0103courthouse-1.asp>. Acesso em: fev. 2008.

THOMAS, L.; BAIRD, G. Post-occupancy evaluation of passive downdraught evaporative cooling and air-conditioned buildings at the Torrent Research Centre, Ahmedabad, India. In: SHANNON, S.; SOEBARTO, V.; WILLIAMSON, T. (Ed.). *Proceedings of the Annual Conference - Challenges for Architectural Science in Changing Climates.* Adelaide: Australian and New Zealand Architectural Science Association, 2006, p. 97-104.

TORCELLINI, P.; LONG, N.; PLESS, S.; JUDKOFF, R. *Evaluation of the low-energy design and energy perfomance of the Zion National Park Visitors Centre.* National Renewable Energy Laboratory, Colorado, 2005 Disponível em: <http://www.osti.gov/bridge>. Acesso em: mar. 2008.

A reabilitação de edifícios

16

Joana Carla Soares Gonçalves (seção 16.1)

Nick Baker (seção 16.2)

16.1 O porquê da reabilitação de edifícios

O cenário crescente da população urbana mundial, que alcançou a marca de 50% na primeira década de 2000 e tem previsões de ultrapassar 75% em 2050, chama atenção não apenas para o tema da densidade urbana, mas também da contribuição do estoque existente de edifícios para a acomodação dessa população em centros urbanos consolidados. Um estudo realizado por Vattenfall (2007) estima que 53% do estoque residencial mundial disponível em 2030 virão de novos edifícios, enquanto os 47% restantes referem-se a edifícios existentes.

Obviamente, esses números variam de acordo com o contexto urbano e socioeconômico das cidades. No caso europeu, por exemplo, estima-se que aproximadamente 75% do estoque residencial necessário para 2050 já esteja construído (Kleemann, 2000; Ravetz, 2008), consequentemente, a requalificação de edifícios existentes é uma questão-chave nesses países.

Com relação ao impacto ambiental das edificações, de acordo com dados publicados por McKinsey (2009), em 2005 o setor era responsável por 18% das emissões globais de gases causadores do efeito estufa, predominantemente o dióxido de carbono, CO_2. Estudos de projeção do IPCC (International Panel of Climate Change) mostram que essa parcela pode subir para 30% em 2030 (Levine et al., 2007). De maneira geral, o impacto ambiental do setor está relacionado com a construção do edifício, e todos os processos industriais vinculados a ela, e também, se não principalmente, com o consumo de energia dos edifícios em uso e a origem dessa energia, ou seja, o tipo da energia primária.

Estima-se que a vida útil da estrutura de um edifício alto, de grande porte, seja igual a ou mais de 40 anos (podendo chegar a mais de 60 anos), e essa duração é equivalente para a envoltória (Sabbatini, 2007). Durante esse tempo, os edifícios consomem energia continuamente no seu uso e ocupação. Como regra geral, os usos finais da energia estão atrelados aos vários sistemas prediais, incluindo o sistema de iluminação artificial, sistemas de climatização, equipamentos (eletrodomésticos, no caso dos edifícios residenciais) e bombas e elevadores (para os edifícios altos).

Nos países industrializados (também classificados internacionalmente como membros da OECD, Organisation for Economic Co-operation and Development), de forma geral, a energia consumida durante a ocupação é responsável por 84% de toda a energia consumida durante a vida útil de um edifício, enquanto 12% correspondem à energia incorporada (energia necessária ao longo de todo o processo industrial de materiais e componentes construtivos, transporte desses elementos e construção do edifício (EPA, 1997)) e os restantes 4% destinam-se à manutenção (WBCSD, 2007). Assim, o foco da redução do impacto ambiental de edifícios deve estar na diminuição da chamada *energia operacional*, por meio de estratégias para a redução de demanda (quando pertinente) e pela eficiência energética.

Com respeito ao uso residencial no mundo industrializado, em particular, a maior parcela de energia consumida está alocada no aquecimento dos ambientes internos, seguida pelo aquecimento de água. Já em países em desenvolvimento, na grande maioria localizados em climas mais quentes, o consumo de energia em edifícios residenciais destina-se primordialmente ao aquecimento da água, seguida pela iluminação artificial em conjunto com aparelhos eletrodomésticos (Nekhaev, 2004). Neste caso, a parcela da energia incorporada tende a ser relativamente maior.

No Brasil, um estudo realizado por Guisi, Gosch e Lamberts (2007) associa o consumo de energia elétrica do setor residencial ao zoneamento bioclimático nacional, que divide o país em oito zonas. O zoneamento bioclimático, junto com recomendações técnicas de construção para habitação social, visando ao seu desempenho térmico, está publicado na norma técnica NBR 15220 (ABNT, 2005). Para o conjunto de 62 cidades que constituem a zona bioclimática 3, por exemplo, em que estão classificadas as cidades de São Paulo, Florianópolis e Belo Horizonte, o principal consumidor de energia é a geladeira, o chuveiro elétrico está em segundo lugar, seguido pela iluminação artificial. No que tange ao projeto do edifício e seus sistemas prediais, esses dados indicam uma tendência de consumo do setor residencial da região, que pode ser drasticamente minimizada com a adoção de sistemas alternativos de aquecimento de água e melhor aproveitamento da iluminação natural.

Voltando à discussão entre energia incorporada e energia operacional, apesar de a primeira ser significativamente menor, ela passa a ser mais representativa à medida que o consumo de energia durante a ocupação se tornar mais eficiente. Olhando pela perspectiva da energia incorporada, obviamente, a requalificação de edifícios tem uma grande vantagem quando comparada a novas construções. Como colocado por Baker (2009), essa vantagem está ligada ao fato de a maior parcela da energia incorporada em edifícios residir nos componentes construtivos da estrutura, com especial referência ao concreto e ao aço, que, por conta de sua durabilidade, constituem as partes do edifício que são mantidas, reforçando os argumentos econômicos das práticas de requalificação.

16.2 Diretrizes gerais para a requalificação ambiental e energética de edifícios

O termo *reabilitação* abrange uma vasta gama de intervenções, desde, por exemplo, a substituição de acabamentos e a renovação de luminárias até a reconstrução da envoltória de um edifício (incluindo fachadas e cobertura) e a total substituição dos sistemas prediais. A motivação é geralmente impulsionada pelas vantagens na melhora da funcionalidade, do conforto ambiental, da eficiência energética e da aparência do edifício. No entanto, quase sempre a oportunidade de melhorar a sustentabilidade ambiental de um edifício pode estar associada a custos bastante moderados.

Paradoxalmente, muitas vezes, a melhoria das condições de conforto térmico em um edifício existente é entendida pela inserção de sistemas de condicionamento do ar, o que obviamente resulta em um grande aumento da demanda energética do edifício. A inserção de sistemas de condicionamento de ar para o arrefecimento do espaço é válida principalmente no setor residencial, pois conforme a situação econômica do ocupante melhora, maior a tentação de instalar ar-condicionado ao invés de aprimorar os componentes construtivos do edifício, para um melhor desempenho térmico dos espaços internos.

Dados confirmam que, no Brasil, apesar do já mencionado maior consumo de eletricidade ser do refrigerador e do chuveiro elétrico (Guisi; Gosch; Lamberts, 2007), a mais alta taxa de crescimento entre os usos finais de consumo de energia em edifícios residenciais é referente aos sistemas de ar-condicionado. Por outro lado, certamente essa tendência pode ser evitada com a adoção apropriada de estratégias passivas de projeto. No setor comercial, mesmo se o ar-condicionado ainda for necessário, a adoção de estratégias passivas pode reduzir significativamente a extensão do equipamento instalado, com economias associadas a custos de capital, de manutenção e de energia.

Na sequência da discussão sobre os benefícios da reabilitação (ou requalificação) sustentável, ou seja, em prol de um melhor desempenho ambiental dos edifícios, este capítulo descreve as estratégias amplamente aplicáveis a edifícios residenciais e não residenciais, levando em consideração a variação climática do território brasileiro.

16.2.1 Estratégia para a redução do consumo energético e de emissões de CO_2

É de conhecimento geral que os sistemas de ar-condicionado, aquecimento (calefação), iluminação e ventilação, em edifícios do mundo inteiro, são responsáveis por quase metade do consumo de energia global, com a consequente emissão de CO_2 e seu efeito sobre o aquecimento global. Nos países industrializados, a solução para esse problema é frequentemente tida na adoção de padrões de desempenho cada vez mais rigorosos para novas construções. Porém, por razões óbvias, a substituição do enorme estoque de edifícios existente é inviável e mesmo a demolição de grande parte dele culminaria em gastos astronômicos, além de contribuir fortemente para as emissões de CO_2, como resultado da energia associada à produção de materiais e ao processo da construção. Assim, é essencial que sejam desenvolvidas estratégias e técnicas para melhorar o desempenho energético do estoque de edifícios existentes.

Mesmo em países com grande oferta de energia renovável, proveniente de hidrelétricas, o crescimento da demanda de eletricidade é fonte de preocupação, já que apesar de as emissões de carbono serem menores, ainda permanecem os custos ambientais e econômicos.

Nesse contexto, geralmente a reabilitação é impulsionada por: substituição de acabamentos e componentes degradados, adaptação da organização espacial a novos usos e melhoria da qualidade ambiental. Essas razões por si só podem ser suficientes para justificar os investimentos de um projeto de requalificação de um edifício. Se nesse processo o edifício puder se tornar mais eficiente energeticamente, os benefícios incluirão a redução dos custos de funcionamento e a diminuição das emissões de CO_2, quando associadas ao consumo de energia.

16.2.2 Reabilitação *versus* reconstrução: aspectos da economia e do impacto ambiental

Há muitos casos em que a demolição e a reconstrução são consideradas como alternativas à reabilitação. Isto é comumente justificado com base nas vantagens econômicas e mesmo ambientais proporcionadas por um edifício novo, melhorias na sua funcionalidade, no conforto e na imagem pública, sendo o último particularmente relevante a edifícios comerciais. No entanto, dois fatores não econômicos devem ser considerados na comparação entre o novo e a reabilitação: o impacto ambiental e o impacto socioeconômico.

Inicialmente, o impacto ambiental da reabilitação será quase sempre menor que o do edifício novo. Essa diferença se deve principalmente ao fato de que todos os materiais carregam energia incorporada, e a sua reposição traz novas emissões de carbono (Fig. 16.1). Somado a isso, o processo de demolição e eliminação de resíduos geram emissões de carbono, sem mencionar demais impactos. A demanda energética para o transporte de materiais e componentes construtivos, eliminados e novos, também deve ser considerado nas análises comparativas do impacto ambiental do novo *versus* o da reabilitação.

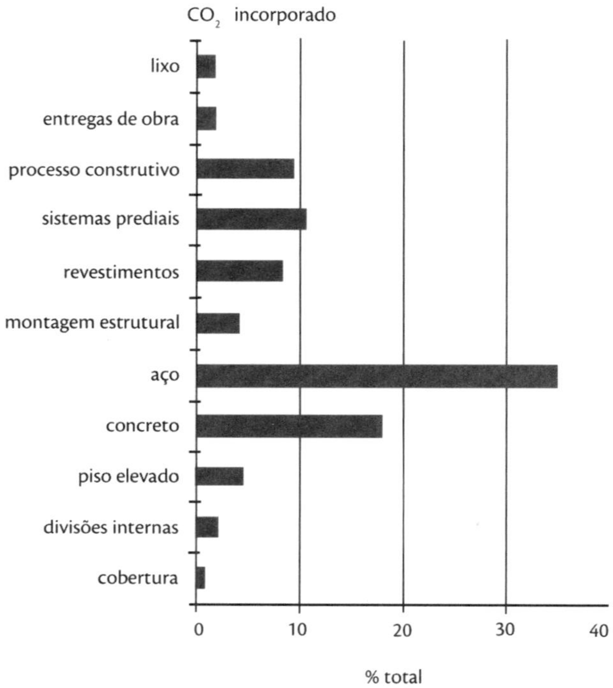

Fig. 16.1 Valores de CO_2 incorporado, associado a edifícios novos e reabilitados. Destaque para o alto conteúdo de CO_2 em materiais estruturais, como concreto e aço. É interessante notar que os componentes construtivos originários desses materiais são os mesmos componentes que são mantidos em projetos de reabilitação
Fonte: Simons Construction Group apud Lane (2007).

É comum o argumento de que um edifício novo tem o potencial de apresentar um melhor desempenho energético durante a sua operação do que um edifício reabilitado; e, consequentemente, terá um menor impacto ambiental durante seu ciclo de vida. Essa relação dinâmica é mostrada na Fig. 16.2. Aqui, é importante observar dois efeitos importantes: primeiramente, o edifício novo só passa a ser o menor emissor depois do ponto de *empate* ou de *encontro*; em segundo lugar, o período antecedente a esse *ponto de encontro* pode ser estendido se o edifício reabilitado tiver seu desempenho melhorado ao longo do seu tempo de ocupação.

Além disso, se esse ponto de empate estiver posicionado além do período da crise ambiental (ou do objetivo de redução de emissões nos processos de uso e operação de edifícios), as emissões referentes ao ciclo de vida se tornam irrelevantes e o edifício reabilitado passa a ser a melhor opção. Outro fator importante é que o ponto de *empate* é sensível ao desempenho real do edifício, já que edifícios novos tendem a não atingir o nível de desempenho previsto durante o projeto, atrasando esse momento de encontro nesses dois casos.

Com respeito a impactos de natureza não ambiental, no caso de edifícios residenciais, um grande argumento contra a demolição e a construção de um edifício novo ao invés da reabilitação de um existente é a ruptura de padrões sociais e relações socioeconômicas já estabelecidas. A longo prazo, programas de reabilitação guardam o potencial de reter estruturas sociais existentes.

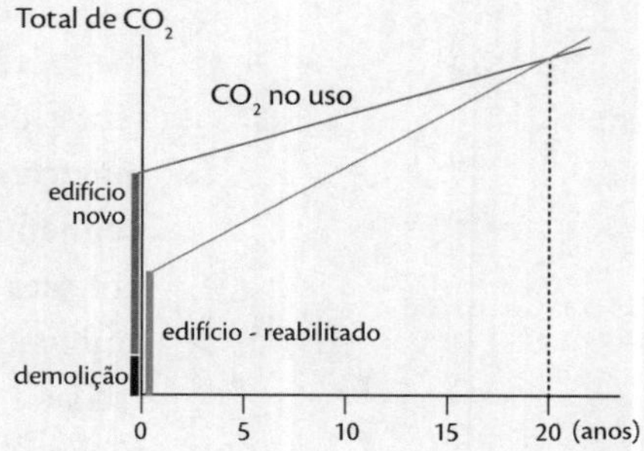

Fig. 16.2 Emissões de CO_2 para edifícios novos e reabilitados em função do tempo de uso. O ponto de empate depende da diferença no desempenho (indicada pela inclinação do gráfico) entre os dois casos
Fonte: Nick Baker.

16.2.3 O edifício, serviços prediais e ocupantes como sistemas

Simulações e análises de dados medidos em edifícios existentes mostram que a envoltória por si só não é capaz de determinar o desempenho energético final do edifício. A Fig. 16.3 apresenta os três subsistemas atuantes no desempenho ambiental e energético de um edifício: o projeto do edifício propriamente dito, os serviços prediais e os ocupantes, cada um com peso 2, aproximadamente.

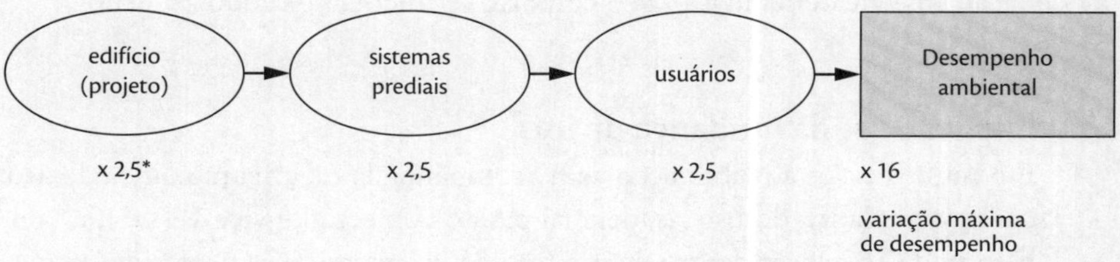

Fig. 16.3 O projeto, os serviços prediais e ocupantes como fatores de influência no desempenho ambiental dos edifícios. Um edifício mal projetado pode exigir muito dos serviços prediais, que, se mal administrados, resultam em alto consumo de energia. O inverso também pode acontecer. O impacto desses fatores resulta em grandes disparidades no consumo de energia de edifícios similares
Fonte: Nick Baker.

Quando um edifício projetado de forma inadequada é combinado a sistemas também impróprios e mal gerenciados, o desempenho energético resultante pode ser dramaticamente pior do que o de um edifício de situação inversa. Essa grande variação de desempenho pode ser vista na Fig. 16.4. É interessante notar que o edifício nº 92, na extrema direita, foi construído em 1987 e reformado em 1992. Os consumos mais altos de energia observados na Fig. 16.4 são referentes ao ar-condicionado e à iluminação artificial. O ponto a ser destacado nessa análise comparativa é a variação no consumo de energia em toda a amostra provável de ser encontrada em qualquer contexto climático, não apenas nas cidades de clima frio e temperado do Reino Unido.

Sob o ponto de vista da eficiência energética do edifício em operação, essa evidência enfraquece o argumento que favorece o edifício novo sobre a reabilitação do existente, uma vez que mostra como as propriedades inerentes ao edifício como projeto e construção são apenas um dos fatores determinantes no seu desempenho ambiental e energético final, em uso e ocupação. Por outro lado, sabe-se que o projeto, o gerenciamento dos sistemas prediais e o controle das condições ambientais internas podem resultar em um bom desempenho ambiental tanto no edifício novo quanto no reabilitado.

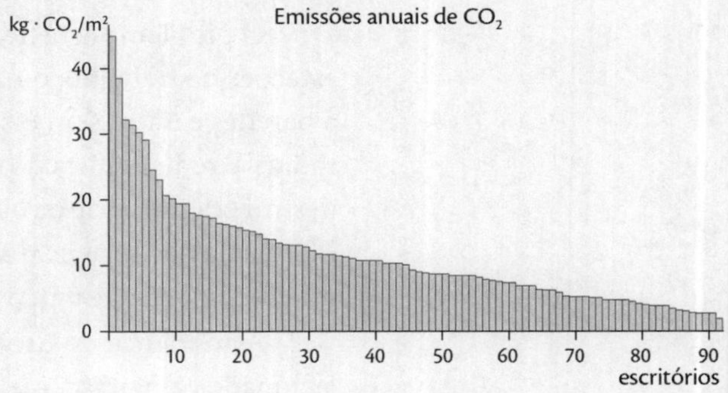

Fig. 16.4 Emissões anuais de CO_2 por m² para 92 edifícios de escritórios localizados no Reino Unido. A variação de até vinte vezes entre as emissões dos vários casos é um demonstrativo do efeito combinado dos fatores edifício-projeto, serviços prediais e ocupantes
Fonte: Nick Baker.

No entanto, é prudente observar que os números referenciados anteriormente representam médias gerais, podendo haver casos em que as condições inerentes de um edifício existente apresentem problemas intransponíveis para a reabilitação de sucesso ambiental. Por exemplo, um edifício de planta profunda, dependente inteiramente do condicionamento do ar e da iluminação artificial, sempre será problemático do ponto de vista do consumo de energia e da qualidade ambiental interna. Por outro lado, um edifício cujo mau desempenho é causa da fachada não sombreada pode ser beneficiado por uma intervenção nesse sentido, incluindo a proteção solar necessária. Assim, o potencial ambiental e energético da reabilitação deve ser quantificado caso a caso.

No tema do desempenho ambiental, é importante destacar que algumas características gerais diferenciam os edifícios residenciais daqueles não residenciais. Entre elas, a principal é a ocupação, que é geralmente mais baixa, ou seja, de menor densidade do que a de edifícios comerciais. Dessa forma, comparativamente a outros usos, o programa de atividades do edifício residencial exerce um impacto menor no desempenho ambiental do edifício. Por outro lado, no caso residencial, a ocupação envolve demandas para o conforto térmico no período noturno.

16.2.4 Implicâncias da mudança de uso

Em muitos casos a reabilitação vem acompanhada de uma mudança de uso, como a mudança do uso residencial para o comercial e vice-versa. Ela também pode acontecer dentro de um tipo de uso, quando as necessidades funcionais de um espaço mudam em virtude da reorganização e das mudanças nas rotinas de uso e nas possibilidades tecnológicas.

Em ambos os casos, oportunidades são perdidas quando projetistas impõem soluções estereotipadas. Por exemplo, numa conversão de um armazém de uma antiga fábrica para o uso de escritórios, o alto pé-direito e as lajes estruturais expostas são frequentemente substituídos por forros falsos por razões de conforto acústico e pela impressão errônea de que o espaço original impede o sucesso do desempenho esperado de um sistema de condicionamento de ar.

O problema acústico pode ser resolvido facilmente com estratégias locais nas estações de trabalho, ou ainda com a aplicação de barreiras acústicas e telas junto a paredes e tetos, sem o seu cobrimento completo. Na realidade, uma intervenção radical e reducionista do problema, como a introdução do forro falso, não somente destrói grande parte da qualidade arquitetônica do espaço, como também gera uma influência negativa na distribuição da luz e da ventilação natural e, ainda por cima, no desempenho térmico da estrutura.

A mudança de uso frequentemente está associada a variações de fatores relacionados à ocupação e a requisitos ambientais, sendo estes: padrão e densidade de ocupação, intensidade dos ganhos internos de calor, níveis de iluminação e números de trocas de ar (taxa de ventilação), temperatura de conforto, exigências de acústica (tempo de reverberação, exclusão de ruído), entre outros. A variação de tais fatores pode trazer vantagens ou desvantagens para a reabilitação, dependendo das características físicas do edifício existente. Por exemplo, um edifício de pé-direito restrito vai oferecer desvantagens para uma função em que a luz natural constitua um requisito fundamental.

Em outro caso, um edifício de grande capacidade térmica pode oferecer vantagens ao uso de escritórios, em que o calor interno gerado pelas atividades pode ser absorvido pela massa térmica, amortecendo o aumento da temperatura do ar. Assim, as propriedades inerentes ao edifício, as exigências operacionais do novo uso e as opções técnicas para o projeto de reabilitação devem ser consideradas interativamente e caso a caso.

Impacto na demanda energética

É importante mencionar que a reabilitação e a mudança de uso de um edifício existente pode incorrer em um aumento do consumo de energia em relação à situação original. Isso não significa, necessariamente, que a reabilitação em prol da eficiência energética falhou.

Uma avaliação justa do desempenho da reabilitação deve incluir estudos comparativos entre o desempenho do edifício existente com o uso original (indicado na Fig. 16.5A) e o edifício existente com seu novo uso, considerando o cumprimento das condições requeridas de conforto (fala-se aqui de níveis de iluminação e temperaturas de conforto), mas sem a adoção ainda de medidas de eficiência energética e melhoria do desempenho do projeto (Fig. 16.5B). Em uma segunda instância, a comparação deve ser feita com um edifício novo de uso semelhante (Fig. 16.5C).

Observando esses cenários, pode-se esperar que o desempenho do projeto reabilitado fique entre o edifício original sem melhorias e um novo, projetado para o bom desempenho. Em reabilitações de sucesso, o desempenho do edifício reabilitado pode até superar o desempenho de um edifício novo típico. Por fim, para fins de avaliação do impacto ambiental, cabe a comparação entre os valores de emissão de CO_2 de edifícios de mesmo uso e o estudo de caso em questão (Fig. 16.5D).

O exemplo da Fig. 16.5 mostra que edifícios reabilitados no Reino Unido emitem 35% do equivalente no caso do edifício original com mudança de uso e sem a melhoria da reabilitação, e 58% da média do estoque existente construído para o mesmo uso, apesar de emitir 10% a mais do que um edifício novo.

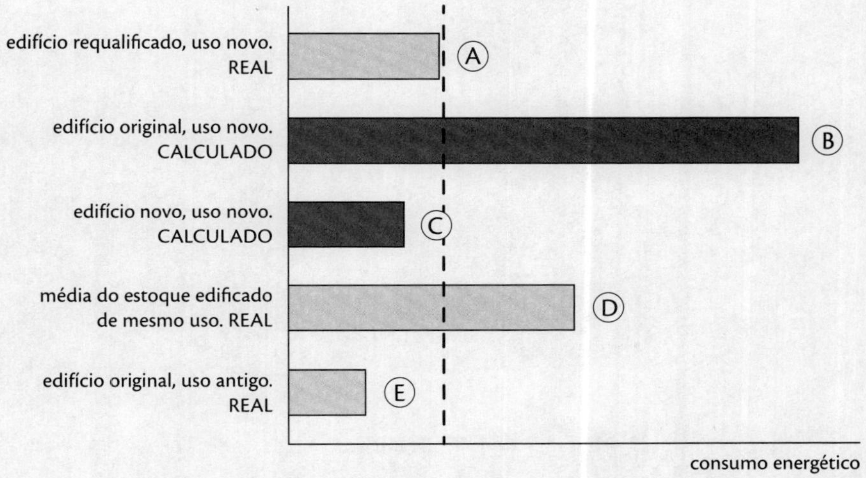

Fig. 16.5 Comparando de igual para igual: avaliação da melhoria do desempenho ambiental e energético de um edifício reabilitado no Reino Unido
Fonte: Nick Baker.

16.2.5 Padrões de conforto ambiental

Melhorar os padrões de conforto ambiental é geralmente uma das motivações iniciais para a reabilitação. O edifício da Fig. 16.6, em um bloco de escritórios construído nos anos 1970, é mal isolado, com grandes áreas de vidro simples com cor, sem sombreamento e, por fim, com um sistema de aquecimento mal controlado. Desde sua ocupação original, sua densidade foi aumentada, e houve uma proliferação de computadores e outras máquinas da atividade comercial. Como resultado, ocupantes reclamam de superaquecimento no verão, além de sub e superaquecimento no inverno e má qualidade do ar.

Nesse caso, o usuário pode ser facilmente levado a acreditar que o ar-condicionado é a solução para o problema. No entanto, medidas da reabilitação, incluindo o sombreamento, a melhoria do isolamento térmico das fachadas e a reinstalação de janelas com caixilhos que abrem, melhoram significativamente as condições de conforto, apesar de as condições térmicas criadas pelo sistema de ar-condicionado não serem atingidas para todo o período de ocupação do ano. Também já é de conhecimento geral da teoria e da prática que a satisfação de ocupantes pode ser alcançada em edifícios com sistemas predominantemente passivos, incluindo a ventilação natural, mesmo quando os padrões convencionais de temperatura e umidade do ar-condicionado não são atingidos.

Mesmo quando as condições ambientais internas forem tão severas que torne essencial o uso do ar-condicionado, pode ser que, permitindo um controle ambiental mais flexível, a operação dos sistemas possa ser limitada a certas áreas, estações do ano ou períodos do dia. Esse conceito, conhecido como híbrido ou modo misto, invariavelmente contribui para a redução do consumo de energia anual do edifício. Nesse contexto, a possibilidade da *oportunidade de adaptação* é um fator-chave para que o ocupante aceite condições mais variáveis. Isso nada mais é que a habilidade do ocupante em alterar as suas condições ambientais de forma a melhorar seu conforto.

Oportunidades positivas para a adaptação são: código de vestimenta mais flexível, mobilidade do ocupante no espaço, acesso a bebidas quentes ou frias, abertura de janelas, manuseio de persianas ajustáveis, uso de ventiladores de mesa

Fig. 16.6 Edifício IST (Instituto Superior Técnico), em Lisboa, reproduz um exemplo típico da produção comercial dos anos 1970 do Reino Unido, com excesso de vidros e envelope com pouca massa térmica, sofrendo de superaquecimento no verão e subaquecimento no inverno. Na visão do usuário, erroneamente, a única solução para os problemas de conforto é o ar-condicionado. Foto: Nick Baker.

ou de teto, controles locais de aquecimento e resfriamento do ar, flexibilidade de mobiliário em geral, planta estreita (minimizando a distância das janelas), salas celulares (reduzem perturbação mútua), acabamentos de superfície apropriados a tarefas visuais, luz natural e luminária de mesa para reforço, vistas (externas e internas), espaços de transição (varandas, átrios etc.), fácil acesso a áreas externas e outras.

Já situações negativas para a adaptação são caracterizadas pela uniformidade do ambiente (temperatura, iluminação, cor), planta profunda e acesso reduzido ao perímetro do espaço, ocupação densa com opções de estação de trabalho limitadas, esquadrias fixas, vistas obstruídas por elementos fixos de sombreamento, controle central de serviços mecânicos e outros.

Estudos realizados por Humphreys (1994) e Baker e Standeven (1994) demonstraram que a presença de oportunidades positivas de adaptação resulta na aceitação de até 5 °C acima do limite superior de zonas de conforto convencionais, e por volta de 3 °C abaixo do limite inferior. Com base nesses resultados, a adoção de uma flexibilidade maior nas zonas de conforto térmico naturalmente diminui a dependência do uso de sistemas de climatização, permitindo um aproveitamento de soluções passivas e híbridas, com implicações diretas no custo inicial da construção, nos gastos de manutenção e, em última instância, nas emissões de CO_2.

A opção por priorizar a climatização natural ou artificial vai diferenciar as escolhas e as prioridades das medidas para a reabilitação. Em climas mais quentes, a priorização pelo ar-condicionado, por exemplo, pode se beneficiar da substituição de vidro simples pelo duplo de alto desempenho. No entanto, vale destacar que, em ambos os casos, o sombreamento é altamente vantajoso.

É comum em climas quentes que as condições ambientais internas, em edifícios ventilados naturalmente, sofram momentos de superaquecimento inaceitável ao conforto térmico dos usuários em certos períodos do ano. Neste caso, o resfriamento do ar a níveis de conforto pode ser aplicado em períodos específicos do ano. Tendo em vista a predominância do condicionamento natural e o uso pontual do ar-condicionado, limites restritos de temperatura e umidade, como nos edifícios inteiramente dependentes do ar-condicionado, não são mais necessários, nem mesmo nos períodos de climatização artificial. A estratégia do modo misto permite que o condicionamento confortável do ar seja uma alternativa viável e energeticamente eficiente.

16.2.6 Estratégias passivas

Edifícios dependentes do condicionamento ativo do ar consomem significativamente mais energia do que aqueles ventilados naturalmente. Entretanto, em climas temperados, estudos de campo mostram que apesar do controle mais preciso das condições ambientais, a satisfação dos ocupantes não é maior nesses edifícios do que nos ventilados naturalmente. Mesmo em climas mais quentes, a satisfação em edifícios climatizados artificialmente por todo o tempo de ocupação pode ser significativamente menor do que em edifícios ventilados naturalmente, como demonstra um estudo feito em edifícios de escritórios em Lisboa (Fig. 16.7). Dessa forma, a estratégia de evitar o ar-condicionado é válida, no entanto, um controle híbrido das condições ambientais internas pode representar uma alternativa viável.

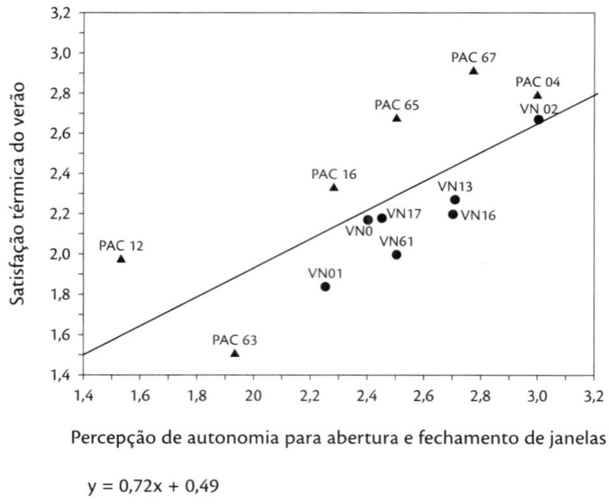

Fig. 16.7 Resultados da pesquisa feita durante o verão de 2001 em 26 edifícios de escritório em Lisboa, mostrando a satisfação do ocupante em edifícios ventilados naturalmente (VN) e condicionados artificialmente por parte do tempo (PAC) em função da possibilidade de controle das janelas
Fonte: Guedes (2000).

De acordo com os princípios do edifício de melhor desempenho ambiental, o aprimoramento da construção para o melhor desempenho do condicionamento natural precede a opção dos sistemas ativos de climatização artificial. Tal abordagem se aplica inclusive a um edifício que já possua ar-condicionado. Muitos edifícios dos anos 1960 e 1970, marcados pelo excesso de superfícies envidraçadas, foram condicionados artificialmente para o alcance de condições térmicas confortáveis ao uso. Entretanto, medidas de reabilitação incluindo sombreamento, isolamento térmico das fachadas, redução das áreas envidraçadas e a adoção de controles e medidas de adaptação ambiental acabam reduzindo significativamente a carga térmica de resfriamento ou mesmo eliminando a demanda de condicionamento artificial.

Ventilação natural

Muitos edifícios candidatos à reabilitação apresentam altas taxas de infiltração. Este é o caso, especialmente, de edifícios com componentes em concreto pré-moldado, sistemas de painéis ou *cortinas de vidro* e forros secos, típicos do período entre os anos 1960 e 1980, construídos em uma série de cidades ao redor do mundo, incluindo da Europa e da América do Sul. Taxas mais elevadas de renovação do ar, decorrentes da infiltração, acabam contribuindo para a qualidade do ar interno, no entanto, em climas mais frios, o resultado de uma alta taxa de infiltração é o desperdício de energia causado pela perda de calor para o ambiente externo. Sendo assim, nesse caso, o princípio para o bom desempenho ambiental é construir hermeticamente e ventilar corretamente.

Em climas predominantemente quentes, a redução da infiltração está associada a benefícios energéticos se o edifício for condicionado artificialmente a uma temperatura significativamente mais baixa do que a do ar exterior. Caso contrário, o foco das estratégias de desempenho ambiental se concentra em prover ventilação suficiente para a remoção dos ganhos internos de calor e a circulação do ar; a não ser no caso de temperaturas externas bem acima do limite da zona de conforto, quando a minimização da taxa de renovação do ar possibilita que os ganhos internos de calor sejam absorvidos pela massa térmica confinada dos ambientes internos. Nessas situações, enquanto o ambiente interno pode ser fechado durante o dia em virtude das elevadas temperaturas do ar, a ventilação noturna é uma estratégia utilizada para resfriar o ambiente interno e sua envoltória, incluindo paredes, coberturas e lajes, aproveitando as temperaturas mais baixas durante a noite (Fig. 16.8).

Mesmo quando as temperaturas diurnas estão dentro de uma determinada zona de conforto, fechar o edifício durante o dia e abri-lo durante a noite pode ser uma estratégia eficiente para o conforto dos ocupantes de edifícios residenciais durante o período noturno. Particularmente em edifícios residenciais – onde os ganhos internos de calor no período diurno são praticamente inexistentes em virtude da ausência da ocupação e do fechamento das janelas (o que impede também

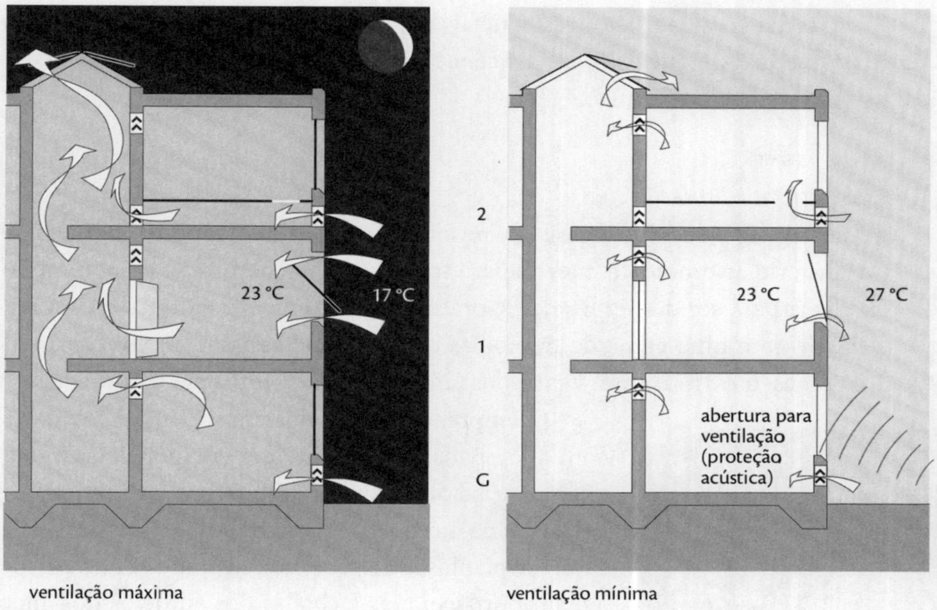

Fig. 16.8 Corte esquemático de um edifício residencial, em que é utilizada a ventilação noturna para maximizar as condições de conforto no período noturno e diurno. Fonte: Nick Baker.

o acesso do Sol) e a ventilação no período diurno (mais precisamente no período da tarde) aproxima a temperatura interna da externa –, o aproveitamento da ventilação noturna sem a abertura diurna propicia, por conta do efeito da massa térmica da construção, temperaturas mais baixas do que as exteriores durante o dia, as quais são mantidas até a noite, quando chega a ocupação.

Já em edifícios cuja principal ocupação acontece no período diurno, pelo efeito das cargas térmicas internas, mesmo com o aproveitamento da massa térmica e da ventilação noturna, o uso da ventilação diurna tem um papel crucial na remoção dos ganhos de calor, que dificilmente seriam completamente absorvidos pela massa térmica interna. Ou seja, o grande diferencial na maior ou menor eficiência da ventilação noturna são os ganhos de calor interno, associados à ocupação.

Dessa maneira, há uma diferença crítica na estratégia de ventilação e na infiltração da envoltória quando em edifícios condicionados artificialmente e naturalmente. Portanto, medidas de reabilitação como a redução da infiltração e o aumento do isolamento do envelope devem ser avaliadas conforme o modo de operação predominante do edifício.

Edifícios residenciais

Quando se fala em edifícios residenciais, a ênfase muda do período diurno de ocupação para o noturno; a criação de condições de conforto térmico no período noturno, quando os ocupantes estão dormindo, pode ser um desafio. Na predominância de condições de calor, as altas taxas de ventilação desejáveis, que precisam de aberturas generosas, podem ser comprometidas por considerações sobre o controle de ruídos, privacidade e segurança. Indo mais além, é importante evitar ganhos de calor no período diurno e o acúmulo na massa térmica da construção, que podem resultar em temperaturas elevadas durante a noite. Contudo, nos períodos mais amenos ou frios, a estratégia se inverte e o acúmulo da radiação solar durante o dia, na massa térmica da construção, passa a ser importante para o conforto térmico e, em casos mais extremos, uma alternativa à redução ou à eliminação da carga térmica de aquecimento.

De forma geral, edifícios residenciais tendem a ter plantas mais estreitas do que os comerciais, o que favorece o alcance das taxas de ventilação natural, necessárias para o conforto térmico.

Luz natural e proteção solar

Mais de dois séculos depois da revolução industrial, quando o homem se transferiu ao ambiente interno para trabalhar, a luz natural se tornou muito valiosa para ser desperdiçada. A prática arquitetônica respondeu a essa realidade com uma gama de tipologias de janelas, claraboias, pátios e plantas estreitas, que trouxeram vantagens também para a ventilação natural.

Fig. 16.9 O grande passo na eficiência luminosa da lâmpada fluorescente anunciou a obsolescência da iluminação natural. Edifícios de plantas profundas abandonaram a iluminação e a ventilação natural, e janelas foram relegadas a proporcionar vistas ao exterior. Foto: Nick Baker.

O empreendimento dos anos 1950, que contava com a lâmpada fluorescente e a energia elétrica relativamente barata, levou a arquitetura a questionar a exigência da iluminação natural, possibilitando a realização de plantas mais profundas. Dando continuidade a essa abordagem, as fachadas dos edifícios dos anos 1960 aos 1980 foram definidas pela tecnologia do vidro. Nesse período, a eficiência luminosa da lâmpada fluorescente cinco vezes maior do que a da lâmpada incandescente mostrava que era técnica e economicamente possível fornecer iluminação inteiramente artificial para os ambientes internos (Fig. 16.9). A solução comumente dada pela arquitetura comercial ao impacto da radiação solar direta era, naquela época, e ainda é o emprego de persianas internas, que levam ao escurecimento do ambiente interno e ao aumento da demanda pela iluminação artificial.

Em decorrência de tais conflitos de influências, a arte de projetar para obter boa iluminação natural foi perdida. Na ausência do uso da persiana, edifícios do tipo cortina de vidro resultam em ambientes com ofuscamento e superaquecimento, por causa dos ganhos excessivos de calor solar.

Nesse contexto, foi criada a iluminação artificial suplementar permanente (PSALI, Permanent Supplementary Artificial Lighting in Interiors), por meio da qual a má distribuição de iluminação natural, marcada pelo excesso de luminosidade nas áreas junto às fachadas de vidro, é equilibrada pela iluminação artificial distante das zonas periféricas. Vidros coloridos e refletivos também são comumente usados como soluções para a redução dos problemas de ofuscamento pela diminuição da transmitância luminosa de até 25%.

Como muito discutido em trabalhos de avaliação da arquitetura comercial, a planta e a fachada do edifício popularmente conhecido como *caixa de vidro* provaram ser fatores de grande impacto no consumo de energia dos edifícios condicionados artificialmente, sendo esses também candidatos a problemas de qualidade do ar, o que ocasiona a chamada *síndrome do edifício doente*.

Diante dos problemas mencionados anteriormente, o Quadro 16.1 apresenta um conjunto de estratégias para a reabilitação de edifícios, com foco no melhoramento das condições de iluminação natural.

Quadro 16.1 Estratégias de iluminação natural na reabilitação de edifícios caracterizados por diferentes configurações de planta e área de vidro nas fachadas

	Tipologia	Condição da iluminação natural	Estratégia da reabilitação
a)	Planta estreita e área envidraçada pequena	Provisão de iluminação natural prejudicada/insuficiente[1].	Instalar controles fotossensíveis[2].
b)	Planta estreita e área envidraçada grande	Má distribuição da luz natural pela baixa transmissividade do vidro, nenhuma proteção ou presença de proteção fixa	Considerar a redução da área envidraçada e/ou a inserção de proteção solar móvel e/ou o uso de vidro de alto desempenho e a instalação de controles fotossensíveis[3].
c)	Planta profunda e área envidraçada grande	Iluminação natural prejudicada mesmo nas zonas perimetrais em virtude do excesso de luminosidade. Usualmente, altos níveis de iluminação artificial.	Como no caso b, para zonas perimetrais. Considerar estratégias de iluminação zenital, quando possível, com cuidado em relação aos ganhos de calor. Instalar iluminação pontual de tarefa com iluminação de fundo fotossensível de baixa iluminância.
d)	Planta profunda e área envidraçada pequena	Iluminação natural prejudicada por causa da pouca luminosidade. Usualmente, altos níveis de iluminação artificial.	Considerar o aumento da área envidraçada juntamente com as medidas mencionadas no caso c.

[1] O desempenho da iluminação natural pode ser prejudicado pelo projeto inapropriado de elementos de sombreamento, obstruções internas ou externas, má distribuição em consequência do baixo pé-direito somado ao impacto de superfícies de baixa refletância, redução deliberada da transmitância de vidros por meio de filmes ou aplicação de cor.

[2] Com relação aos excessos da iluminação artificial, controles fotossensíveis reduzem a utilização do sistema artificial quando a luz natural é suficiente. Por meio de um sensor de iluminância, o interruptor é desligado ou a iluminação do circuito é dimerizada. Seu custo é relativamente baixo, além de ter um potencial de 30% a 50% de redução nos custos da iluminação artificial.

[3] O conceito de *iluminação natural de alto desempenho* se refere à capacidade técnica de equilibrar a utilidade da iluminação natural para realizar certa tarefa, com as vantagens da comunicação visual com o exterior e sem o impacto do superaquecimento e do ofuscamento. Isso é alcançado por meio de soluções de projeto como as bandejas de luz e os elementos de sombreamento precisamente dimensionados, que melhoram a distribuição da luz natural no ambiente. Nesse sentido, a transmissão luminosa de elementos de sombreamento pode ser modulada, por exemplo, no caso das venezianas ajustáveis (persianas), para responder a diferentes níveis de iluminância externa. Vidros absorventes que reduzem a transmissão da parte invisível do *spectrum* exercem um efeito de redução dos ganhos solares, sem grandes prejuízos da luz natural útil. No entanto, essa especificação deve ser feita de acordo com as condições de clima e céu do lugar, para realmente evitar o ocasionamento de ambientes escuros.

Por fim, os benefícios da iluminação natural e do projeto adequado das fachadas não são somente para a economia de energia. A importância dada pelos ocupantes para a presença da luz natural e a comunicação visual com o exterior é fato inquestionável e determinante na agenda atual dos projetos que consideram a real qualidade ambiental dos edifícios, visando à satisfação e produtividade dos ocupantes. O controle sobre as condições de luz natural em ambientes internos constitui uma estratégia-chave para a adaptação ambiental, aceitação e satisfação dos ocupantes com os ambientes condicionados naturalmente e sujeitos às variações do clima externo.

Sombreamento

A demanda de sombreamento como parte do projeto das janelas ou das fachadas como um todo é atualmente amplamente reconhecida pelos vários agentes envolvidos no projeto, uso e operação de edifícios. Internacionalmente, apenas nas décadas de energia barata (dos anos 1960 ao início dos anos 1980), a arquitetura comercial nas cidades americanas e europeias dispensaram qualquer estratégia de sombreamento, considerando-as uma inconveniência para a imagem dos edifícios, que poderia ser dispensada e substituída pela tecnologia dos sistemas de condicionamento de ar.

Simultaneamente, o entusiasmo pelas grandes áreas de vidro nas fachadas e as construções leves, sem capacidade e resistência térmica, exacerbaram o impacto da radiação solar pela falta do sombreamento, incorporado em um vasto estoque construído que ainda é ocupado nos dias de hoje. No entanto, vale ressaltar que o reconhecimento da demanda de sombreamento mencionada anteriormente, principalmente em edifícios comerciais localizados em cidades de clima quente, não resultaram necessariamente na implementação de medidas eficientes de proteção contra a radiação solar; pelo contrário, a falta de um entendimento técnico-científico completo sobre o tema do desempenho ambiental pode incorrer em respostas não somente ineficientes quanto ao sombreamento propriamente dito, mas também em outros problemas de ordem ambiental. No caso do uso dos vidros coloridos ou espelhados, por exemplo, nota-se o escurecimento dos ambientes internos, enquanto a grande parte das ondas de calor continua a passar, sem falar dos impactos negativos no entorno, por conta da reflexão da radiação direta.

As diferentes estruturas de sombreamento externo, que são as mais eficientes no bloqueio da radiação solar externa, apresentam um desempenho distinto em relação aos requisitos de: comunicação visual entre interior e exterior, iluminação natural, ventilação natural e adaptação sazonal. Algumas servem para todas as orientações e outras têm uma aplicação mais restrita, além de terem diferentes características construtivas, como descrito no Quadro 16.2.

Nas zonas climáticas do Brasil, o sombreamento adequado é uma das estratégias passivas mais importantes para o bom desempenho ambiental dos edifícios, com estimativas encorajadoras de custo-benefício, com vistas ao potencial de redução da demanda energética para a climatização. Por meio do controle de ganhos solares, o ar-condicionado pode ser evitado ou, quando não eliminado completamente, pode ter suas cargas significativamente reduzidas.

O papel fundamental do sombreamento fica evidente em estudos simplificados de desempenho térmico de espaços internos, como no caso de um ambiente de escritório de 24 m^2 (4 m de largura por 6 m de profundidade), em que uma área envidraçada de 7 m^2 voltada a leste ou oeste e desprovida de sombreamento, em uma condição de céu claro, é responsável por ganhos solares que variam entre 1.500 W a 3.000 W, dependendo do contexto climático. Paralelamente, quatro ocupantes e seus equipamentos produzem uma parcela significativamente menor de calor, de aproximadamente 750 W. Uma estratégia de sombreamento adequada pode reduzir os ganhos de calor solar em até 90%, resultando em uma redução de carga de resfriamento anual de 66%. Se bem distribuída, a radiação reduzida ainda pode fornecer uma iluminância média de mais de 500 lx.

Integração com edifícios novos

Projetos de reabilitação e requalificação de edifícios englobam diferentes graus de reconstrução, podendo totalizar uma área construída similar ou maior que a do edifício original, como no exemplo da intervenção no edifício do Lycée Chevrollier, em Angers na França (Fig. 16.10). Em alguns casos, isso pode incluir demolições e substituições e, em outros, o edifício novo pode estar simplesmente intensificando a ocupação do terreno.

QUADRO 16.2 TIPOS DE SOMBREAMENTO E UMA ANÁLISE QUALITATIVA DO DESEMPENHO

	Tipos de sombreamento	Orientação recomendada	Comunicação visual	Ventilação natural (em condições limitadas)	Iluminação natural (em condições limitadas)	Resposta variável e sazonal	Modulação	Observações
	Projeção horizontal externa							
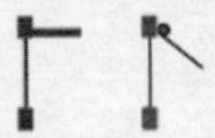	Fixa	180 +/- 30	Boa	Boa	Média	Média	Nenhuma	Exemplo: toldos, *brises*, beirais + geometria ajustável.
	Retrátil	180 +/- 30	Boa	Boa	Boa	Boa	Boa	
	Aletas/persianas externas							
	Fixas	180 +/- 30	Média-Ruim	Boa	Média	Média	Nenhuma	As vistas para o exterior são influenciadas pela modulação, tamanho e geometria das peças. A qualificação *boa* se aplica no caso dos componentes retráteis.
	Ajustáveis	Todas	Média-Ruim	Boa	Boa	Boa	Boa	
	Retráteis	180 +/- 30	Média-Boa	Boa	Boa	Boa	Média	
	Retráteis e ajustáveis	Todas	Média-Ruim	Boa	Boa	Boa	Boa	
	Aletas verticais externas							
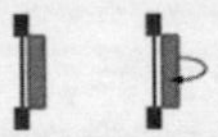	Fixas	90, 270 +/- 20	Média-Ruim	Boa	Média	Média	Nenhuma	Vistas influenciadas pela geometria e tamanho dos componentes.
	Ajustáveis	90, 270 +/- 45	Média	Boa	Boa	Boa	Boa	
	Cortina							
	Retrátil	Todas	Ruim-Boa	Ruim	Boa	Boa	Média	A qualificação *boa* se aplica aqui à condição retrátil da cortina.
	Telas perfuradas							
	Fixas	Todas	Ruim	Média-Ruim	Ruim	Ruim	Nenhuma	Não recomendável.

Fig. 16.10 A nova ala e átrio construídos como parte da intervenção no edifício do Lycée Chevrollier, em Angers, na França. A ala antiga está à direita, atrás do sombreamento criado pelas novas partes que caracterizam a reabilitação Foto: Nick Baker.

Tecnicamente, são duas as categorias de intervenção em projetos de reabilitação sujeitas a afetar o desempenho ambiental dos edifícios: de arquitetura ou de engenharia. A integração arquitetônica inclui a consideração do edifício como espaço, construção e valor histórico ou arquitetônico, lembrando que a forma pode exercer um impacto significativo na disponibilidade no potencial de aproveitamento da luz natural, no acesso ao sol, na disponibilidade da ventilação natural, assim como na situação microclimática criada no entorno imediato do próprio edifício.

Como exemplo disso, durante uma visita ao edifício Lycée Chevrollier na primavera, foi observado que as salas de aulas no bloco F tinham as luzes acesas, como resultado da obstrução gerada pelo novo bloco C, enquanto que as do bloco E estavam apagadas. Por outro lado, essa obstrução causada pelo novo bloco também exerce um impacto sobre a insolação nos edifícios vizinhos, principalmente nos horários de altura solar mais baixa, que pode vir a diminuir os riscos de superaquecimento nos dias de verão e, com isso, influenciar a real necessidade de sombreamento nesses edifícios. Essa situação observada no projeto de reabilitação do complexo Lycée Chevrollier ilustra a importância do olhar cuidadoso a respeito das interferências de novas construções sobre as existentes, comum em projetos de reabilitação de grande porte.

No campo da Engenharia dos Sistemas Prediais, a tecnologia, a extensão e a capacidade dessa instalação estão atreladas aos usos, à área e à abordagem ambiental adotada no projeto. Por outro lado, reduções na demanda pelos sistemas, resultantes da reabilitação das partes existentes podem compensar eventuais aumentos na área servida por esses sistemas. Em todo caso, ao menos que a eficiência da instalação seja compatível com os padrões atuais, novas instalações adequadamente dimensionadas para todo o empreendimento tendem a ter um bom custo-benefício.

Outra importante consideração para projetos de complexos de edifícios é a vantagem de uma instalação descentralizada sobre a opção dos sistemas centralizados. Obviamente, a escolha por uma ou outra opção vai depender do grau de dependência que o projeto vai ter dos sistemas prediais, em especial dos de climatização.

Assumindo uma demanda relativamente pequena (comparada com o caso de dependência total da climatização artificial), o controle individual dos sistemas são mais eficientes na busca pelas condições de conforto do que os sistemas centralizados convencionais (como já extensivamente discutido pela prática e a teoria contemporânea). Em muitos casos, os sistemas descentralizados oferecem economias imediatas de operação quando comparados aos custos associados à operação e à manutenção dos meios de distribuição dos sistemas centralizados, até mesmo no caso de um único edifício.

Referências bibliográficas

ABNT - ASSOCIAÇÃO BRASILEIRA DE NORMAS TÉCNICAS. *NBR 15220*: desempenho térmico de edificações. Parte 1: Definições, símbolos e unidades. Rio de Janeiro, 2005.

BAKER. N. *The handbook of sustainable refurbishment of buildings.* London: Earthscan, 2009.

BAKER N. V. STANDEVEN, M. Comfort criteria for passively cooled buildings: a pascool task. In: SAYIHG, A. A. M. (Ed.) *Renewable Energy*, Elsevier, 1994.

EPA - ENVIRONMENTAL PROTECTION AGENCY. *Sustainable building technical manual.* DOE - U.S. Department of Energy. Public Technology Inc. 1997.

GUEDES, M. Thermal comfort and passive cooling in southern european offices. Thesis (PhD) - University of Cambridge, 2000.

GUISI, E.; GOSCH, S.; LAMBERTS, R. *Electricity end-uses in the residential sector in Brazil.* Energy Policy 35, Elsevier, 2007.

HUMPHREYS, M. A. *An adaptive approach to the thermal comfort of office workers in NW Pakistan.* Proc. World Renewable Energy Congress 3, Reading, 1994.

KLEEMANN, M.; HECKLER, R.; KOLB, G.; HILLE, M. Die Entwicklung des Wärmebedarfs zur Wärmebereitstellung in Gebäuden, Bremen, 2000.

LANE, T. (citando Simons Construction Group in: Our Dark Materials. In: *Building*, v.9, nov. 2007.

LEVINE, M.; et al. *Residential and commercial buildings in climate change 2007:* mitigation, contribution of working group III to the fourth assessment report of the IPCC - Intergovernmental Panel on Climate Change. Cambridge University Press, Unites Kingdom and New York NY, USA, 2007.

MCKINSEY GLOBAL INSTITUTE. *India's urban awakening:* building inclusive cities, sustaining economic growth. New York: McKinsey Global Institute, 2010.

NEKHAEV, E. V. *The energy access situation:* the nature of the problems ahead. In: World Energy Technologies Summit, 10., 2004, Paris. WEC - World Energy Council, 2004 (apresentação).

RAVETZ, J. Resource flow analysis for sustainable construction: metrics for an integrated supply chain approach. In: ICE - Institution of Civil Engineering. *Waste and resource management* v. 161, p. 51-66, 2008.

SABBATINI, F. H. *Projeto norma de desempenho vida útil.* FHS Consultoria e Engenharia, 2007.

VATTENFALL A. B. *Global mapping of greenhouse gas abatement opportunities up to 2030.* Buildings sector deep-dive, 2007.

WBCSD - WORLD BUSINESS COUNCIL FOR SUSTAINABLE DEVELOPMENT. *Energy efficiency in buildings:* business realities and opportunities. FACTS Summary Report. WBCSD, out. 2007.

O contexto europeu da reabilitação de edifícios

17

PAULA CADIMA (SEÇÃO 17.1)
JORGE RODRÍGUEZ ÁLVAREZ (SEÇÃO 17.2)

17.1 MAIS CONFORTO E MENOS ENERGIA NA RENOVAÇÃO DE EDIFÍCIOS HABITACIONAIS EM CLIMAS MEDITERRÂNICOS

Esta reflexão sobre o desempenho ambiental e energético de edifícios se concentra nos aspectos de concepção do projeto de reabilitação ambiental arquitetônica e analisa algumas soluções técnicas e construtivas para edifícios de habitação no sul da Europa. Apresenta alguns resultados de vários projetos europeus financiados pelo programa Intelligent Energy Europe (IEE). São apresentadas soluções para a envolvente dos edifícios envidraçados e tratamentos da cobertura na perspectiva de atingir o conforto térmico tanto no inverno como no verão nos climas mediterrânicos.

A renovação dos edifícios habitacionais é um grande desafio internacional para enfrentar as alterações climáticas. Renovar os edifícios existentes não só proporciona um grande potencial para a redução das emissões de carbono e de consumo de energia como também oferece uma oportunidade de melhorar as condições de conforto térmico a par dos novos padrões de conforto e de consumo das sociedades modernas.

Os projetos europeus no âmbito do programa Intelligent Energy Europe têm disseminado muita informação sobre as oportunidades e as dificuldades na renovação de blocos de apartamentos de habitação social na Europa (Cadima; Noel; Sutherlan, 2008). A maioria desses projetos tiveram como objetivo a reabilitação de blocos de habitação para um melhor desempenho de conforto ambiental, realçando, sobretudo, os aspectos energéticos.

Na maioria dos países da União Europeia, a necessidade nominal de energia é em média de 50 $kWh/m^2 \cdot$ ano em virtude das exigências térmicas regulamentares (Edifícios e energia, 2013). No entanto, estudos recentes demonstram que o objetivo da Comissão Europeia para a realização de edifícios com balanço energético próximo do zero está se tornando cada vez mais uma realidade mesmo na reabilitação dos edifícios existentes (Trachte; Herde, 2010).

Nem sempre as necessidades de renovação para melhoramento da qualidade ambiental dos edifícios residenciais estão associadas aos problemas do conforto térmico. Muitas vezes, as infiltrações de água, o bom funcionamento dos sistemas de esgotos, os problemas acústicos e outras questões relacionadas à falta de espaço são frequentemente demandas mais urgentes. Contudo, ao ter que remodelar e substituir elementos de fachada, elementos estruturais, mexer nas partições interiores ou melhorar o isolamento acústico, é sempre mais eficiente pensar em soluções que integrem a melhoria de conforto em geral, incluindo o térmico, e que contribuam para uma redução dos consumos energéticos e das emissões de carbono, sem que o somatório desses elementos representem necessariamente custos adicionais.

Também a importância do papel dos habitantes e o seu padrão de comportamento nos edifícios no impacto ambiental resultante, nomeadamente no consumo de energia, é reconhecida em muitos trabalhos para além da União Europeia (Demers; Potvin, 2009). No entanto, mudar os hábitos de comportamento ou modernizar as instalações elétricas, nomeadamente dos sistemas de saneamento e aquecimento, sem o esforço inicial de melhorar a eficiência térmica do edifício, tem um efeito menor.

As principais barreiras para a concretização de trabalhos de renovação não se prendem, na maioria das vezes, a aspectos técnicos, mas sim à falta de financiamento ou outros aspectos, tais como questões legais e processos de decisão, sobretudo quando a propriedade dos apartamentos é mista, incluindo inquilinos e proprietários (Cadima, 2009). Nesse contexto, este texto foca apenas nos aspectos técnicos e projetuais que lidam com algumas medidas simples e eficazes para a remodelação de edifícios multi-habitacionais, incluindo as temáticas da envolvente, dos envidraçados e das coberturas.

17.1.1 Envolvente

A eficiência energética na reabilitação é obtida desde logo, no tratamento do isolamento da envolvente, incluindo paredes, coberturas, pavimento térreo, envidraçados e caixilharias. Projetos na Europa demonstraram que só a aplicação de isolamento térmico e a substituição de vidros simples para vidros duplos pode levar a reduções de consumo energético de 62%-95% na demanda por aquecimento (Trachte; Herde, 2010).

No âmbito do projeto EI-Education (http://ec.europa.eu/energy/intelligent/projects/en/projects/ei-education), os melhores exemplos demonstraram um aumento da eficiência energética de pelo menos de 30%. O estudo mostra em cada caso uma comparação dos coeficientes de transmissão térmica antes e depois da renovação. Para atingir o mínimo de 30% de economia de energia, é necessária uma renovação compreensiva e inteligente. Isso quer dizer que, em primeiro lugar, é preciso modernizar completamente a envolvente, devendo-se isolar pelo exterior as paredes, o teto, o pavimento térreo e a cobertura.

A troca de janelas antigas por modernas com vidros e caixilharia eficientes tem de acompanhar o isolamento das paredes. Essa medida é muito importante para a qualidade de habitabilidade e as exigências regulamentares energéticas atuais. O gráfico da Fig. 17.1A mostra as porcentagens das economias energéticas dos exemplos mais interessantes de boas práticas de todas as regiões estudadas no âmbito do projeto EI-Education. Os resultados estão ordenados por país. Os números se referem aos valores da base de dados desse projeto.

O isolamento da envolvente do edifício e o melhoramento das janelas são medidas muito eficazes para economias energéticas significativas em blocos de apartamentos, sobretudo no setor da habitação social, que caracteristicamente tem uma qualidade de construção mais pobre. Uma comparação dos coeficientes de

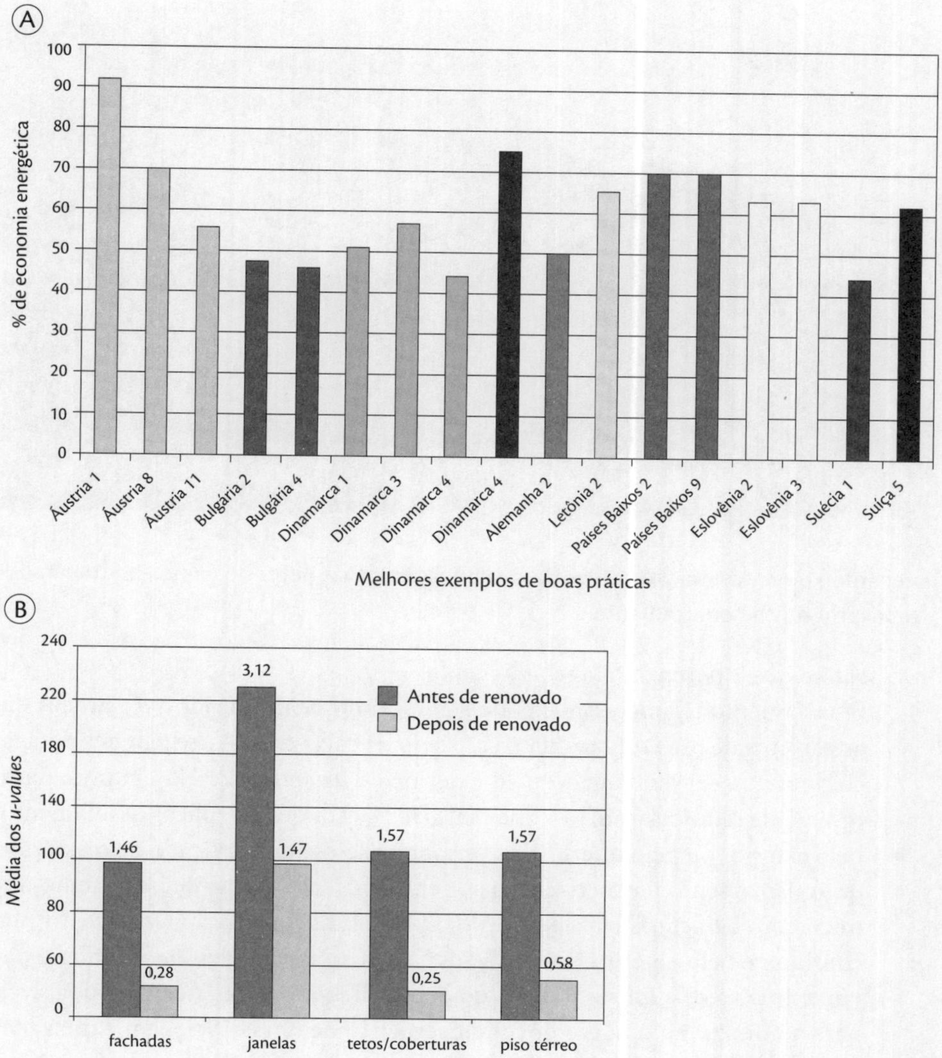

Fig. 17.1 (A) Porcentagens das economias energéticas dos exemplos mais interessantes de boas práticas de todas as regiões estudadas e (B) comparação dos coeficientes de transmissão térmica (*u-values*) das partes da envolvente do edifício antes e depois dos trabalhos de renovação
Fonte: EI-Education.

transmissão térmica (*u-values*) das partes da envolvente do edifício antes e depois dos trabalhos de renovação mostra quanta energia pode ser economizada por uma renovação inteligente (Fig. 17.1B). Esses cálculos são baseados nos valores obtidos nos melhores exemplos de boas práticas do projeto EI-Education.

O mesmo gráfico indica que a média dos coeficientes de transmissão térmica (*u-values*) das fachadas, cobertura e pavimento térreo melhorou em cerca de 80% e que a média dos coeficientes de transmissão térmica das janelas pôde reduzir para a metade. Para serem eficientes, essas janelas devem ser compostas por caixilhos com corte térmico e por vidros duplos. Os sistemas de isolamento térmico, aplicados de forma contínua e pelo exterior, contribuem para proteger o interior das habitações dos extremos de temperatura (tanto do frio como do calor) e são muito fáceis de aplicar em edifícios existentes.

A Fig. 17.2 mostra um dos melhores exemplos de boas práticas no âmbito do projeto EI-Education. Depois de remodelado, o edifício de habitação em Linz, na Áustria, reduziu em 91% o consumo energético. As medidas de renovação incluíram o isolamento da envolvente, a colocação de janelas com vidros triplos, o fechamento das varandas com painéis de vidro eficiente, a instalação de um sistema

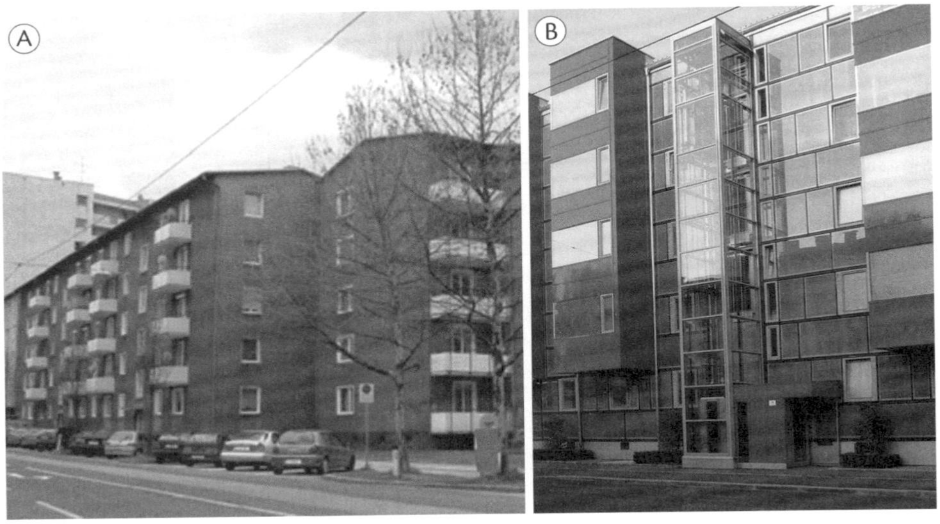

Fig. 17.2 Bloco de apartamentos em Linz, Áustria, (A) antes e (B) depois das obras de remodelação
Fotos: Paula Cadima.

mecânico de recuperação de calor, a atualização da caldeira de gás e a alteração do fornecimento de energia para a rede distrital.

Isolamento de paredes, tetos e pavimentos

O isolamento térmico tanto pode ser aplicado pelo interior das paredes da envolvente de um edifício como colocado na caixa de ar entre paredes duplas, como ainda ser adicionado pelo exterior de um edifício. No entanto, num projeto de remodelação, se torna mais fácil e econômico aplicar o isolamento pelo exterior ou pelo interior, mas é sobretudo quando aplicado pelo exterior que o isolamento térmico tem maior eficácia. Um sistema de isolamento térmico com características técnicas e espessura adequada, aplicado de forma contínua e pelo exterior dos edifícios (coberturas, paredes envolventes e pavimento térreo), contribui, mais do que qualquer outro sistema equiparável, para a otimização do desempenho energético de um edifício, em climas mediterrânicos (Casa Certificada, s.d.).

O isolamento térmico, aplicado de modo contínuo e pelo exterior, apresenta várias vantagens, entre elas, a eliminação de todas as pontes térmicas, que causam o aparecimento de condensações e, consequentemente, de fungos nas paredes interiores (ou em compartimentos fechados). No entanto, tanto o projeto como a execução devem garantir a continuidade efetiva do isolamento térmico. Outra vantagem da sua aplicação de forma contínua pelo exterior é fazer com que a inércia térmica (dos materiais pesados utilizados na construção) funcione a favor do clima interior (ver seção "Inércia térmica").

Na reabilitação de edifícios que não possuam nenhum ou possuam insuficiente isolamento térmico, quando aplicado pelo exterior, é fundamental elaborar os pormenores construtivos em volta de vãos e nas junções de diferentes componentes construtivos com cuidado a fim de evitar pontes térmicas. Também se deve garantir a permeabilidade ao vapor e a impermeabilidade à água, evitando criar barreira às trocas gasosas. A garantia da barreira à entrada de água líquida fica normalmente assegurada com revestimento exterior de base acrílica. O isolamento térmico utilizado deverá possuir as características adequadas, incluindo as da sua durabilidade, as características isolantes e a espessura correta para o contexto específico.

No Norte e Centro da Europa, onde a quantidade de radiação solar é menor e os invernos são mais frios que no sul da Europa, as exigências de aquecimento são geralmente inferiores às dos países nórdicos da Europa e as demandas pelos coeficientes de transmissão térmica mínimos para o isolamento são menos exigentes. Nos climas mediterrânicos, o consumo de energia para climatização do espaço interior não resulta somente da procura das habitações aquecidas no inverno, mas também, e em alguns casos mais significativamente, em conseguir casas frescas no verão. Nessas regiões, um isolamento excessivo pode trazer desconforto nos períodos de verão. Por isso, a norma Passivhaus (desenvolvida na Alemanha para a melhoria do desempenho energético das unidades residenciais) pode ser pouco indicada para as construções no sul da Europa.

O projeto Passive-on (http://ec.europa.eu/energy/intelligent/projects/en/projects/passive), que teve como objetivo promover *casas passivas* em climas temperados e procurou examinar como expandir o conceito da Passivhaus, particularmente no sul da Europa, demonstrou que, por um lado, em certas regiões, as soluções utilizadas nessa norma podem também servir de base para o projeto de casas confortáveis nos dias quentes do ano. Nesse caso, porém, seriam necessárias algumas modificações para reduzir o impacto da radiação solar, que é maximizado para benefícios no período de inverno.

Por outro lado, a investigação também demonstrou que alguns dos requisitos explícitos e implícitos da Passivhaus podem ser muito exagerados para o sul da Europa. Nesse sentido, a norma Passivhaus obriga um requisito explícito do limite da permeabilidade da envolvente do edifício, o que torna implícita a exigência de um sistema cativo para ventilação. Por outro lado, a experiência, por exemplo, na Espanha e em Portugal, mostra que podem ser construídas casas confortáveis e de baixo consumo energético sem a necessidade de um sistema de ventilação ativo e com critérios menos exigentes para o desempenho da envolvente dos edifícios, e sem os correspondentes custos adicionais, sobretudo nos elementos de construção para atingir a estanqueidade hermética, exigida pela norma alemã.

Inércia térmica

A otimização da inércia térmica na região do clima mediterrânico é uma técnica tradicional que tem assegurado condições de conforto térmico no interior de edifícios. Mesmo que atualmente os materiais de construção sejam outros (mais leves do que os das construções mais antigas), a inércia térmica continua a ter um papel fundamental para se conseguir conforto ambiental e um clima interior estável nas habitações.

A inércia térmica é especialmente relevante em climas sujeitos a grandes amplitudes térmicas em curtos espaços de tempo – uma das características dos climas temperados no sul da Europa. Quando bem aplicados, os materiais pesados, maciços e com capacidade térmica podem proporcionar uma maior estabilidade térmica nos espaços interiores, porque reagem lentamente às temperaturas do ar, armazenando calor, que se liberta mais tarde, quando as temperaturas ambientais descem. A interação de um elemento de construção maciço com o clima interior é muito positiva, porque, quando não é obstruída, irradia continuamente para os espaços interiores a mesma temperatura média que armazenou.

Para o exterior, é essencial que se minimizem as perdas térmicas, pelo que é importante conjugar a inércia térmica com o isolamento térmico, idealmente aplicado de forma contínua e pelo exterior, como dito anteriormente.

Para o aproveitamento do efeito da inércia térmica, não se deve revestir os materiais pesados com outros leves, tais como tetos falsos, papel de parede, madeiras e outros, uma vez que os materiais leves de revestimento funcionam como isolante, impedindo as trocas térmicas pretendidas com os materiais mais pesados. Conjugar os efeitos da inércia térmica com ventilação natural torna-se especialmente importante durante as noites de verão, porque permite que o calor acumulado nos materiais pesados seja libertado durante a noite mais fresca e seja restabelecida a capacidade de acumular e absorver o calor excessivo durante o dia seguinte. É possível evitar, desse modo, a saturação da inércia térmica disponível por acumulação de calor. Esse ciclo, quando bem gerido, pode conferir, durante o verão, o conforto que se deseja nos espaços interiores de uma habitação (Casa Certificada, s.d.).

A cor das superfícies condiciona igualmente a sua capacidade de absorção térmica e de reflexão da luz. Adaptar a inércia térmica também à cor com a qual é revestida a superfície em contato direto com o ambiente interior influencia também o seu comportamento, porque as cores claras refletem melhor a radiação (por absorverem menos) e são ideais para climas mais quentes, enquanto as cores mais escuras absorvem mais radiação, o que aumenta a temperatura nos espaços interiores, pelo que a sua adoção é recomendada em climas mais frios. Conjugar a definição das cores que revestem áreas de inércia térmica elevada com a incidência sazonal dos raios solares é mais uma contribuição para a otimização do conforto.

Revestimento vegetal

Trepadeiras vegetais que utilizem espécies de plantas adaptadas ao local podem ser um elemento estrutural ecológico útil nas zonas urbanas com climas quentes, pois podem ser afixadas em muitos edifícios existentes (Fig. 17.3). Cobrir uma fachada com plantas pode reduzir significativamente a temperatura da parede do edifício durante os meses quentes. Um estudo recente na Itália, que incluiu a análise de três tipos diferentes dessas *living walls*, sugere que elas podem ficar 20 K mais frescas que uma parede descoberta em dias ensolarados (Mazzali et al., 2013).

Fig. 17.3 (A) Fachada com trepadeiras, em Singapura, e (B) parede vegetal, em Hackney, Londres
Fotos: Paula Cadima.

Para além desse efeito de bloqueio da radiação e amenização das temperaturas internas, cobrir as fachadas de alvenaria ou concreto com vegetação pode ajudar também a diminuir os níveis de poluição nas grandes cidades com mais êxito do que se pensava. Investigadores no Reino Unido concluíram que o uso de muros verdes nos chamados *urban canyons* (vales urbanos), vários prédios altos alinhados nos dois lados de uma mesma rua, formando verdadeiros corredores de vegetação vertical em avenidas movimentadas, pode reduzir os poluentes do local em até 30% (Pugh et al., 2012). Como o ar leva maior tempo a circular dentro dos *canyons* urbanos, onde a poluição é gerada pelos carros e fica mais concentrada, as paredes de vegetação são mais indicadas do que as coberturas vegetais. As plantas limpam o ar ao remover dióxido de nitrogênio e partículas poluentes prejudiciais à saúde.

17.1.2 Envidraçados

Janelas

As janelas são o elemento mais vulnerável da envolvente dos edifícios, sendo responsáveis pela maior parte do consumo de energia de aquecimento e/ou de resfriamento. Entre 25% e 30% da energia consumida em um edifício de clima temperado ou mediterrânico é desperdiçada pelas janelas, pelo fato de essas serem ineficientes do ponto de vista térmico, com caixilho de madeira antigo e/ou de alumínio com vidro simples (Cool Roofs, s.d.). O isolamento dos caixilhos e portadas também deve ser bem executado a fim de impedir as trocas de calor entre o exterior e o interior e contribuir de forma positiva para o balanço térmico final. Existem muitas variantes de janelas no mercado. A forma como elas operam é fundamental para o controle da ventilação natural. Janelas com bandeiras que permitam abrir e fechar para controlar a circulação do ar podem ter um impacto significativo no conforto ambiental no interior das habitações (Fig. 17.6B). As especificações dos vidros não só afetam a quantidade de transmissão da radiação solar, como também a qualidade da luz no interior.

17.1.3 Controle solar

O controle solar é fundamental para o conforto térmico no verão, sobretudo nos climas mais quentes do sul da Europa. Um sombreamento correto das janelas evita um superaquecimento desnecessário dos espaços internos. A minimização do sobreaquecimento no verão e a maximização da entrada de luz solar no inverno deve ser feita por meio da colocação de dispositivos complementares de controle ajustável. Numa obra de modernização, optar por colocar persianas, sejam elas em madeira, lona ou metal, pode melhorar o conforto ambiental (térmico e lumínico), mas é quando colocadas pelo exterior que estas são mais eficientes em reduzir a quantidade de radiação solar penetrada no interior (Fig. 17.4).

O típico fator solar para persianas de cor branca, colocadas no interior, está em torno dos 46% (Fig. 17.5), enquanto que, quando colocadas pelo exterior, estas só deixam passar 12% da radiação solar (Fig. 17.5B). Essa diferença pode ter impactos significativos na energia necessária para a climatização do espaço interior.

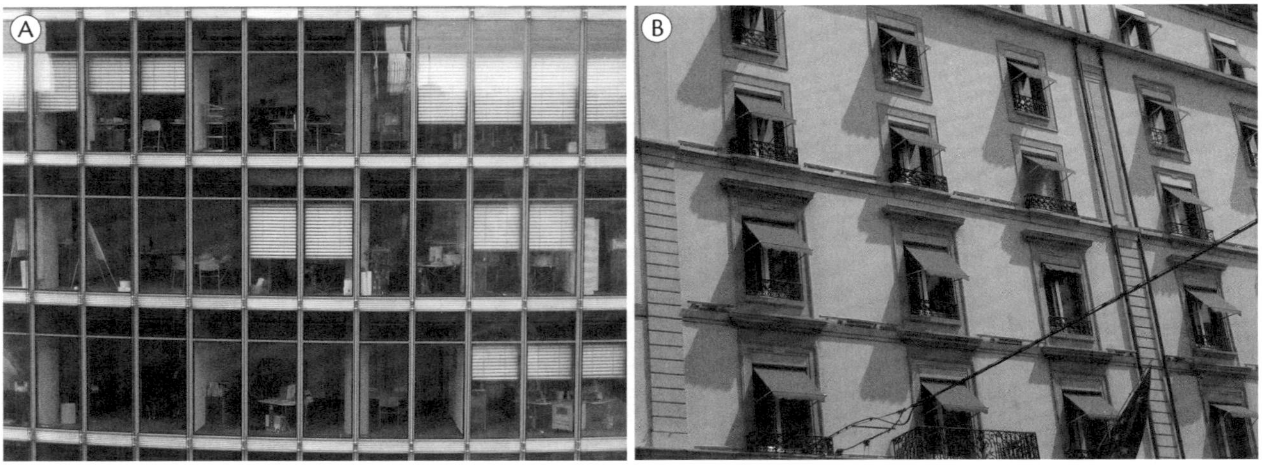

Fig. 17.4 (A) Edifício de escritórios em Berlim com controle solar interno e (B) hotel em Genebra com controle solar exterior
Fotos: Paula Cadima.

Simulações efetuadas no âmbito do projeto europeu BestFaçade (http://ec.europa.eu/energy/intelligent/projects/en/projects/bestfacade) revelaram que as demandas de resfriamento num edifício em Lisboa praticamente duplicam quando os elementos de sombreamento (do tipo venezianas) são colocados no interior. O estudo também considerou o impacto causado pelo fato de as venezianas serem colocadas entre a cavidade de envidraçados duplos, situação mais comum em edifícios de escritórios (Fig. 17.6).

Varandas

Envidraçar uma varanda (Fig. 17.7A) com os devidos cuidados de pormenorização dos acabamentos pode trazer benefícios de desempenho térmico no inverno se esses espaços servirem para armazenar o calor proveniente das horas de incidência solar. Mas nem sempre a orientação é favorável a essa medida.

Um estudo em Lisboa demonstrou que envidraçar uma varanda de forma incontrolada não implica necessariamente em uma desvantagem para a qualidade ambiental dos espaços adjacentes, mas também não provou oferecer habitabilidade contínua no espaço envidraçado. Simulações térmicas efetuadas para estudar o efeito de envidraçar uma varanda demonstram que essa medida apresenta temperaturas máximas no espaço envidraçado com valores entre 34-38 °C para orientações entre nordeste e sul. Taxas de ventilação mais elevadas na varanda envidraçada

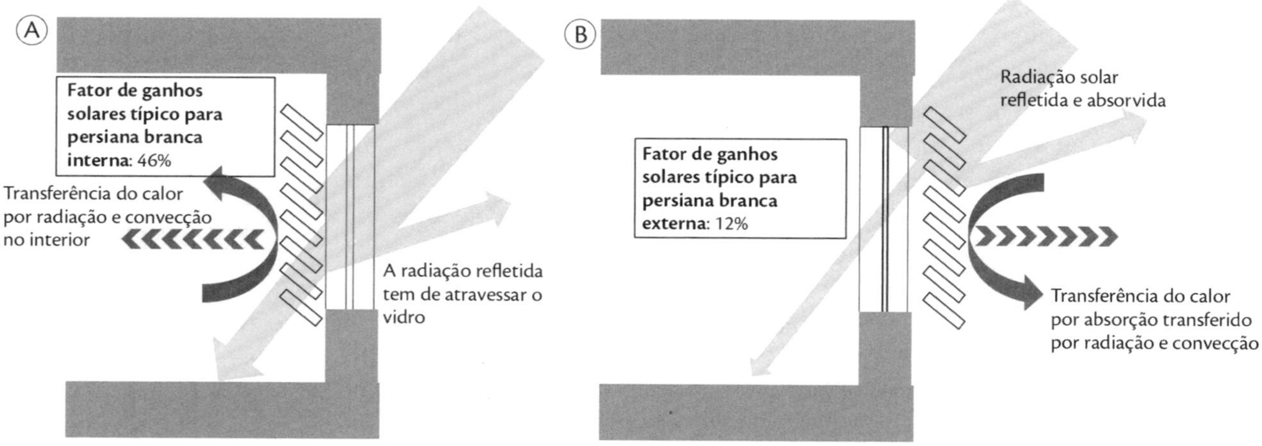

Fig. 17.5 Ganhos solares com o efeito de uma persiana branca (A) quando colocada no interior e (B) quando colocada no exterior
Fonte: Paula Cadima.

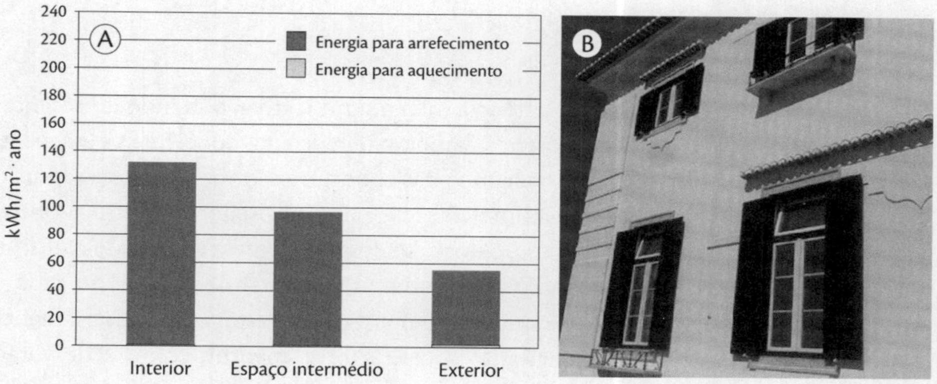

Fig. 17.6 Energia anual calculada para aquecimento e arrefecimento de um edifício de referência em Lisboa. Resultados para diferentes posicionamentos de elementos de sombreamento (venezianas): (i) no interior do edifício; (ii) numa posição intermédia entre os painéis de vidro; (iii) no exterior do edifício e (B) bandeiras de vidro na parte superior dos vãos da janela que permitem abertura para circulação do ar
Fonte: (A) adaptado de BestFaçade (www.bestfacade.com) e (B) Aluvedras <www.aluvedras.com>.

mostraram aliviar um pouco esses picos, mas não muito abaixo dos 30 °C, e com pouco impacto no cômodo adjacente (Cadima, 2000).

Os picos elevados da temperatura do ar nas varandas envidraçadas, sobretudo na ausência de sombreamento, encorajam os habitantes a instalar ar-condicionado ou, mais frequentemente, a usar o espaço apenas para empilhar mobília (Fig. 17.7B). Essa medida diminui o potencial de resfriamento por meio da circulação transversal natural do ar, assim como reduz a qualidade da iluminação natural nos espaços adjacentes. Também pode reduzir o potencial dos benefícios de inverno ao diminuir os ganhos solares úteis e a capacidade de armazenamento de calor.

Para o melhor desempenho, recomenda-se uma concepção cuidadosa para os períodos de inverno e verão. Elementos flexíveis, tais como vegetação de folhagem caduca ou elementos movíveis de sombreamento para controle da radiação solar, painéis envidraçados que possam ser abertos e fechados e isolamento noturno móvel, devem ser considerados na fase do desenho e garantidos na execução. No entanto, a sua contribuição depende dos controles por parte dos habitantes no que diz respeito à ventilação natural e às trocas de calor entre o exterior, a varanda envidraçada e o espaço interior adjacente.

No contexto urbano, o desenho de varandas abertas deve ser estudado cuidadosamente e é preciso verificar se o local oferece as condições adequadas para a sua implementação e uso. A qualidade do ar, a garantia de níveis baixos de ruído e de vistas agradáveis são condições fundamentais. Uma boa orientação, a geometria apropriada e a provisão de controle solar e do movimento do ar devem ser objetivos essenciais de concepção.

Fig. 17.7 Varandas fechadas com painéis de vidro em blocos de apartamentos em (A) Berlim e (B) Lisboa
Fotos: Paula Cadima

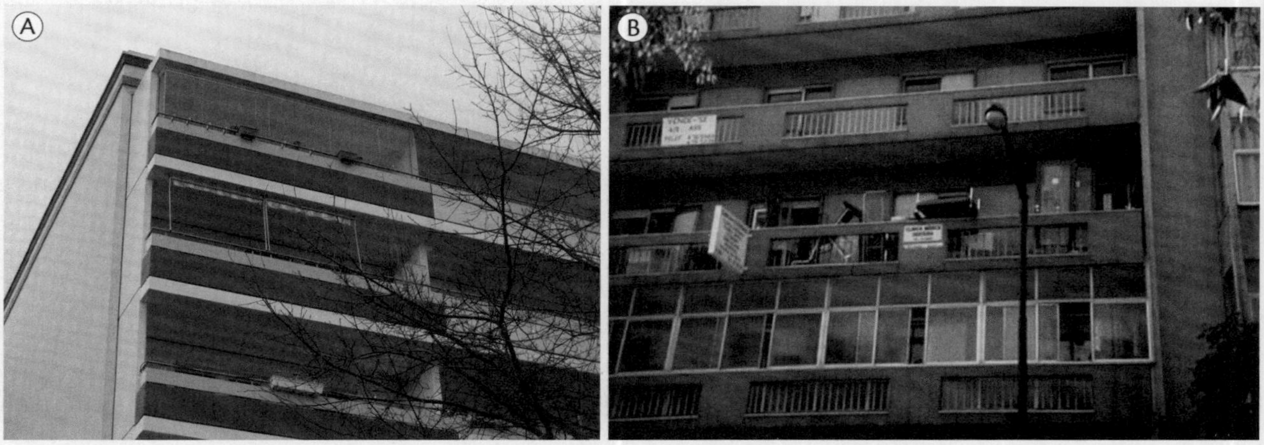

17.1.4 Coberturas

Isolamento térmico

No sul da Europa, onde a incidência solar é significativa, podendo representar elevados ganhos indesejados, o isolamento térmico das coberturas é essencial. Assim, o correto isolamento térmico das coberturas contribui para a redução do consumo energético de climatização e para um maior conforto térmico. Num edifício de apartamentos, o impacto dessa obra afeta sobretudo o último andar, representando assim um investimento que não é prioritário para a maioria dos habitantes. No entanto, num projeto de renovação, cujas soluções técnicas devam contemplar tanto o conforto de inverno como o de verão, existem outras soluções para o tratamento das coberturas e fachadas que convém analisar. A seguir, descrevem-se as tecnologias *cool roof*.

Acabamentos claros na cobertura

Para além do isolamento térmico, fundamental para reduzir os consumos energéticos de aclimatização interior, existem outras medidas capazes de contribuir para o melhoramento do conforto térmico no verão. O acabamento claro de coberturas é uma estratégia empregada na arquitetura tradicional e contemporânea para manter o interior dos edifícios confortáveis nos dias quentes do ano (Fig. 17.8).

Fig. 17.8 (A) Paredes pintadas de branco e pátios em Campo Maior, Portugal, e (B) coberturas com acabamento claro (calçada à portuguesa) em Sines, Portugal: algumas das estratégias empregadas na arquitetura tradicional e contemporânea para manter o interior dos edifícios frescos no verão
Fotos: Paula Cadima.

Os potenciais benefícios do uso de acabamentos de elevada refletância solar e elevada emissividade de infravermelhos na cobertura, os chamados *cool roofs*, foram avaliados em diferentes casos de estudos no âmbito do projeto europeu *Cool roofs*, financiado pelo programa Intelligent Energy Europe. O projeto conclui que o impacto desses acabamentos pode ser positivo, no entanto, como durante o inverno a radiação solar é atualmente mais baixa do que no verão, os benefícios de conforto veranil ou a demanda energética para o resfriamento têm de ser balanceada com a demanda energética de inverno, que aumenta com a menor quantidade de radiação solar absorvida e as elevadas emissões radiativas (perdas por condução). Os resultados indicam 30% de redução na energia global, sendo uma redução da ordem dos 40% na demanda pelo resfriamento, *versus* um aumento de 10% do aquecimento.

O estudo desses efeitos é complexo, pois as cargas térmicas estão associadas à morfologia do edifício, características do isolamento, tipo de sistema de ventilação etc. Simulações das demandas energéticas anuais do edifício revelam que a tecnologia *cool roofs* tem um impacto positivo nos edifícios com pouco isolamento, pois reduz a temperatura do ar no interior durante o verão. O conforto térmico é melhorado nos edifícios sem o condicionamento ativo. Essa solução de reabilitação das envolventes dos edifícios mostra também grande potencial para economias nos consumos de energia e melhor desempenho dos sistemas de ar condicionado em grandes edifícios, especialmente nos edifícios industriais e supermercados.

No âmbito do projeto *Cool roofs*, o caso de estudo francês referente a um edifício de apartamentos de poucos pisos, típico de habitação social em Poitiers (Fig. 17.9A), na zona central da França, demonstrou que mesmo num clima moderado a aplicação de *cool roof* diminui a média da temperatura superficial externa em mais de 10 K (graus Kelvin), com diferenças menores nas temperaturas mais baixas, mas forte impacto nas temperaturas mais elevadas. O efeito médio do acabamento *cool roof* na temperatura operativa no interior do edifício é baixo, mas a diferença para as temperaturas mais elevadas não é irrelevante. Isso acontece por causa do nível de isolamento exigido pela legislação na França para todos os edifícios novos. Assim, as diferenças da temperatura interior são muito evidentes nos edifícios sem isolamento.

O impacto direto nas temperaturas altas encontradas nesse estudo, dependendo da utilização do edifício e do isolamento do teto, realça o interesse dos acabamentos *cool roof* no conforto de verão. Mais ainda, esse tipo de edifício, ventilado naturalmente durante o verão, é influenciado pelos efeitos indiretos de coberturas *cool roof* no ambiente urbano e da temperatura do ar ao redor do edifício (que não foram avaliados nesse estudo). Esses estudos, em progresso, podem ajudar na otimização do balanço energético do edifício durante o ano inteiro, com a combinação adequada de isolamento da cobertura e da técnica *cool roof* aplicada (Fig. 17.9B,C).

Fig. 17.9 (A) Habitação coletiva em Poitiers; (B) cobertura sem (C) e com a pintura *Cool roof* em 2009 Fonte: (A,B) Bozonnet, Doya e Allard (2011), (C) Zinzi e Romeo (2010).

17.1.5 Conclusões

Na Europa, obras de renovação de blocos de apartamentos podem levar à redução dos consumos energéticos superiores a 90%. O isolamento da envolvente do edifício e o melhoramento das janelas são medidas de renovação essenciais em blocos de apartamentos para se conseguir economias energéticas significativas. No entanto, soluções que integrem a melhoria do conforto ambiental em geral são sempre mais eficientes.

Nos climas mediterrânicos, é mais indicado aplicar os sistemas de isolamento térmico de forma contínua pelo exterior para proteger o interior das habitações, tanto do frio como do calor.

O isolamento térmico utilizado deverá possuir as características adequadas, incluindo as características isolantes e a espessura correta para o contexto específico. Um isolamento excessivo, tal como o exigido pela norma Passivhaus, pode ser pouco indicado para as habitações no sul da Europa, onde se pode construir casas efetivamente de baixo consumo energético, sem a necessidade de um sistema de ventilação ativo, com critérios menos exigentes para envolvente dos edifícios e sem os correspondentes custos adicionais.

Em toda a faixa de clima mediterrânico, a inércia térmica é uma medida essencial para a otimização do desempenho energético-ambiental de edifícios habitacionais.

Como visto, o envidraçamento cuidadoso de uma varanda pode beneficiar o desempenho térmico no inverno. No entanto, em alguns países do sul da Europa, envidraçar uma varanda pode levar a temperaturas muito elevadas no verão e deixar de oferecer habitabilidade contínua no espaço envidraçado.

Paredes cobertas de vegetação podem ficar 20 K mais frescas do que outras descobertas, em dias ensolarados, e coberturas com acabamentos de elevada refletância e emissividade podem diminuir a média da temperatura superficial externa em mais de 10 K e levar a reduções da demanda energética para a climatização, da ordem dos 30%. A tecnologia *cool roofs* é, no entanto, a solução mais indicada para os edifícios com pouco isolamento e onde se pretende melhorar, sobretudo, o conforto de verão.

17.2 O caso espanhol: reabilitação ambiental de edifícios residenciais na Galícia, uma resposta à crise econômica

Rehabilitación (reabilitação) é a principal palavra utilizada em espanhol para descrever a reforma de edifícios para melhores condições de ocupação. Em português, há uma ampla gama de palavras e conotações diversas para intervenções em edifícios (reformas, restauros, adaptações, renovações, *retrofit*...), enquanto que o termo *reabilitação* é geralmente utilizado no sentido de cura após doença ou lesão. O título desta seção é, portanto, propositalmente ambíguo, uma vez que ambos os significados da palavra *reabilitação* são pertinentes ao atual contexto espanhol. A indústria da construção se adoentou e, com a crise financeira mundial de 2007, precisou digerir a prévia falta de moderação na construção de novos edifícios.

Nesse contexto, a reabilitação de edifícios existentes é uma maneira de manter atividades no setor e ajudar a mitigar o impacto da estagnação econômica. Essa ideia já foi compreendida pela indústria e construtoras locais que, uma vez acostumadas a volumosas comissões, agora disputam arduamente projetos isolados de adaptação, que requerem um nível maior de detalhe e desempenho, enquanto oferece pouco lucro em retorno. O interesse crescente na requalificação tem muitos aspectos positivos (de forma geral, edifícios reformados terão um desempenho melhor do que o anterior), mas também pode ter impacto negativo para o desempenho ambiental e a ocupação, quando características arquitetônicas específicas e a condição prévia do edifício não são cuidadosamente consideradas antes da intervenção.

Tomar decisões informadas antes de iniciar os trabalhos de *retrofit* pode minimizar os custos significativamente, além de otimizar o equilíbrio entre eficiência energética e conservação arquitetônica. Portanto, o fator diferencial nesse setor cada vez mais competitivo não está somente na maestria do ofício da construção tradicional, mas também no bom domínio de instrumentos de análise e ferramentas de projeto.

Com base nessa ideia, esta seção apresenta uma metodologia de análise e avaliação de intervenções potencialmente adequadas para melhorar o desempenho ambiental de edifícios existentes. Apesar de os números aqui apresentados estarem relacionados ao contexto específico da Galícia, na Espanha, métodos e resultados desse exercício podem ser extrapolados e adaptados a outros locais e tipologias. Tendo em vista a demanda por aquecimento dos espaços internos, por consequência das características climáticas da região, a carga de aquecimento foi utilizada como principal indicador de desempenho ambiental e energético, uma vez que ilustra custos de operação, a eficiência ambiental e, ao mesmo tempo, pode ser comparado com a energia incorporada do projeto.

O estudo aqui apresentado se baseia na experiência da Galícia como uma região de notável patrimônio arquitetônico e extensivo conhecimento em conservação de edifícios. Casos e medidas aqui discutidos têm o intuito de representar o estoque de edifícios existentes e a prática atual no campo da conservação na região. Em resumo, esta seção descreve o uso mais eficiente de técnicas de requalificação por meio de estudos analíticos de projeto.

17.2.1 A produção de edifícios habitacionais

Estima-se que os edifícios residenciais representem 75% do estoque total de edifícios na Europa (BPIE, 2011). Essa porcentagem dá uma ideia do peso que o tecido habitacional tem no processo de dar forma ao ambiente construído. A estrutura característica do estoque habitacional determina, em grande parte, a forma física de vilas de cidades, assim como a relação entre a área urbanizada e seu território. Além do mais, a importância desse setor vai além do aspecto puramente físico, em virtude do seu enorme impacto na economia e na estrutura social das cidades.

Infelizmente, a crise da Eurozona (subsequente da crise americana no final dos anos 2000) revelou a forte dependência entre a construção de moradias e o crescimento econômico de cidades e países. O mesmo círculo vicioso que impulsionou um crescimento econômico marcante na primeira década do século XXI passou a ser um dos principais fardos para uma recuperação efetiva. Diante desse cenário, vale a pena dar uma breve descrição sobre as distintas características do setor imobiliário na Espanha, a fim de contextualizar o papel da *reabilitação* nos próximos anos.

A noção de que o propósito da habitação vai além da provisão de moradias tem sido amplamente estabelecida na Espanha. Apesar de a acomodação permanecer como uso primário, outras funções contribuem para compreender o caráter distinto do estoque habitacional.

Primeiramente, uma grande fração do mercado imobiliário é representada por segundas residências. A combinação de um clima quente e uma costa atraente provoca migrações em peso do lugar de trabalho para residências de férias, não somente de cidadãos espanhóis, mas também de outras nacionalidades, como britânicos e alemães. Em segundo lugar, imóveis herdados têm um valor sentimental que, em muitos casos, é o único valor da propriedade. Durante os anos 1960 e 1970, houve uma importante migração rural para vilas e cidades. Quando a última geração habitante da área rural faleceu, o próximo herdeiro raramente ocupou a propriedade, e esses imóveis começaram a se acumular. Como resultado, muitas famílias urbanas têm casas de campo que não são utilizadas.

A combinação desses dois fatores explica a razão pela qual a Espanha apresenta um dos maiores números de habitações por família (hpf) na União Europeia. De acordo com dados do último censo (INE, 2001), havia uma média de 1,47 hpf, enquanto que na UE este valor era de somente 1,105 hpf (Rodríguez López, 2006). Essa diferença se tornou referência para medir a magnitude da bolha no setor imobiliário na década de 2000 (Naredo, 2010; Luxán, 2008). Mesmo sendo parcialmente preciso, é necessário destacar que a diferença encontrada em países europeus como a Alemanha (0,97 hpf), Holanda (0,98) ou Suécia (1,01) (NBHBP, 2005) não reflete um excesso de oferta, mas sim a diversidade no propósito da habitação.

A Fig. 17.10 ilustra a distribuição geográfica do índice hpf em 2001, mostrando que somente em poucas áreas o índice é menor que a média europeia. No entanto, os mais altos índices não estão localizados nas regiões metropolitanas ricas (Madri, Barcelona, Valência e Bilbao, por exemplo), mas em áreas remotas, o que demonstra um caráter rural na posse de propriedades.

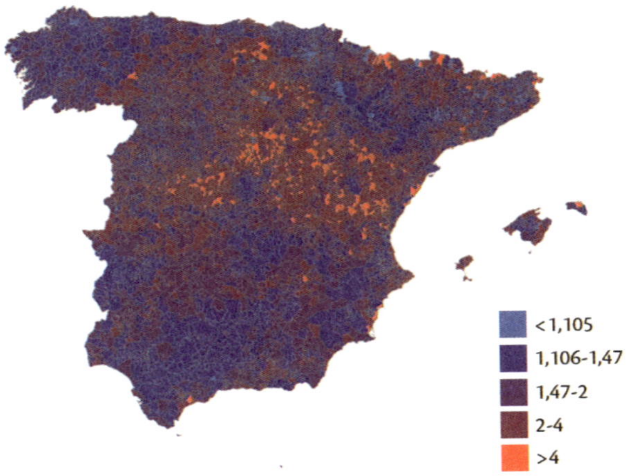

Fig. 17.10 Habitações por família
Fonte: baseado em dados do censo (INE, 2001) e do Ministerio de Fomento (2012).

Outro fator é a crença popular de que a habitação é um investimento lucrativo. Como destacou o economista e ex-presidente do Banco Hipotecário (Rodríguez Álvarez, 2008), haviam dois grandes mitos que contribuíram para as famílias investirem suas economias no mercado imobiliário: "o preço de uma casa nunca vai cair" e "alugar uma propriedade é desperdício de dinheiro, pois você não recebe nada em retorno".

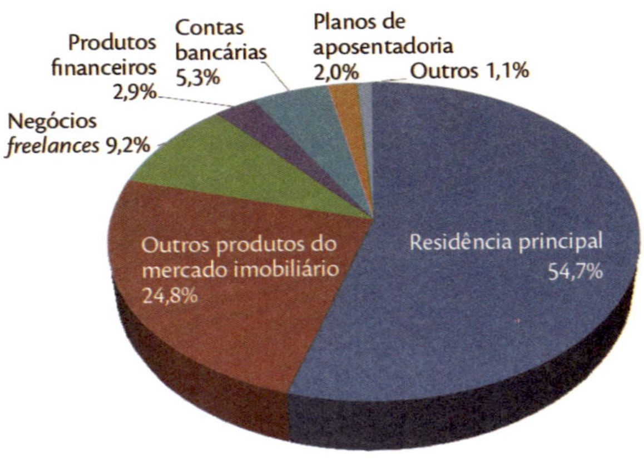

Fig. 17.11 Finanças de uma família típica
Fonte: Cunha Serantes (2012).

Embora a experiência tenha demonstrado a falácia dessas duas afirmações, elas têm sido cegamente seguidas por muitos anos. Consequentemente, a Espanha apresenta uma das porcentagens mais baixas de aluguel na União Europeia, com 16,8%, sendo 27,1% a média da UE (Eurostat). Paralelamente, a habitação representa mais da metade do investimento doméstico (Fig. 17.11). Quase 80% do investimento familiar típico é atribuído a imóveis, tanto para adquirir a residência principal (55%) como para outros investimentos em propriedades (25%) (Cunha Serantes, 2012). Esta concentração tem sido de ajuda essencial em dar forma à economia nacional, que se tornou excessivamente dependente dos setores da construção e imobiliário. Nesse contexto, a média da percentagem do PIB atrelada à construção fica em torno de 6%, sendo pouco acima dos 2% correspondente a edifícios residenciais (United Nations Statistical Database).

17.2.2 A ascensão e o colapso da bolha habitacional

A suposição de que a habitação é um bem econômico a expõe às incertezas do mercado, mas também torna o setor capaz de agitar a economia. Incentivos fiscais têm sido utilizados por governos sucessivos desde o início dos anos 1980 para promover a aquisição de moradias e, assim, ativar a economia. Em 1998, a reforma da lei do Imposto de Renda Pessoal (Lei nº 40/1998, de 9 de dezembro, referente ao Imposto de Renda das Pessoas Físicas e Outras Normas Tributárias) proporcionou um cenário fiscal favorável à compra de residências. Depois disso, o subsídio médio para a compra de residências dobrou, o que na prática se traduziu em altos gastos públicos para inflacionar artificialmente o mercado (Fig. 17.12). Isso foi feito, inclusive, de forma bastante desigual, uma vez que a dedução foi realizada sobre o imposto a ser pago e não sobre a receita bruta, resultando em subsídios independentes dos níveis de renda.

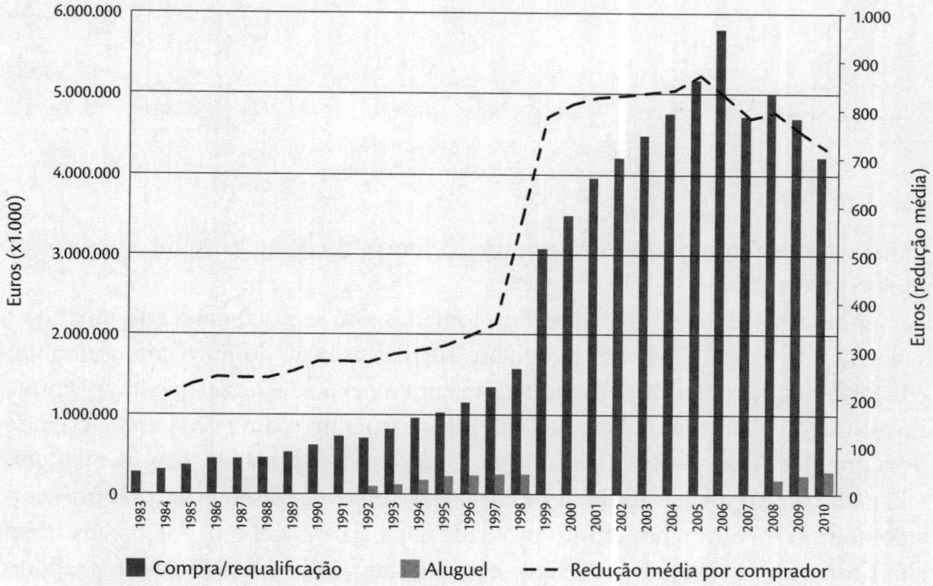

Fig. 17.12 Dedução de imposto na compra de imóveis desde 1983. O eixo vertical esquerdo e as barras sólidas mostram o total de dinheiro que o Estado deixou de arrecadar como resultado dos incentivos fiscais à compra de imóveis. O eixo direito e a linha pontilhada mostram a média que cada comprador de imóveis deixou de pagar por ano
Fonte: Agência Estatal de Administração Tributária, Tesouro Nacional.

Consequentemente, esses incentivos não aumentaram a acessibilidade à habitação, pelo contrário, os benefícios foram absorvidos por empreendedores quando os preços imobiliários dispararam em poucos anos. Em outras palavras, mais de quatro bilhões de euros foram despejados dos cofres públicos a cada ano, não para facilitar o acesso à habitação, mas para aumentar o lucro do mercado imobiliário e das construtoras.

Além disso, em uma segunda reforma legislativa referente à avaliação de terras, provou-se definitivo o progresso do empreendimento especulativo. Esta lei, aprovada em 1998 (Lei nº 6/1998, de 13 de abril, sobre o regime e valorizações do solo; parcialmente emendado pelo Decreto Real - Lei nº 4/2000, de 23 de junho, de Medidas Urgentes de Liberalização no Setor Imobiliário e Transportes) foi baseada na hipótese de que a liberação de terras viabilizaria mais lotes para empreendimentos e, consequentemente, o aumento da oferta reduziria os preços de moradias. A Fig. 17.13 mostra que o ocorrido não foi exatamente como esperado.

O principal objetivo dessas medidas era incumbir o setor da construção de reerguer a economia durante um período de recessão, na sequência dos eventos de 1992 (Olimpíadas e Expo Internacional). Inicialmente, o resultado foi positivo, o PIB cresceu a uma média de 3,75% de 1998 a 2007, e o nível de desemprego atingiu recorde mínimo em 2007. No entanto, a longo prazo, a dependência excessiva a um

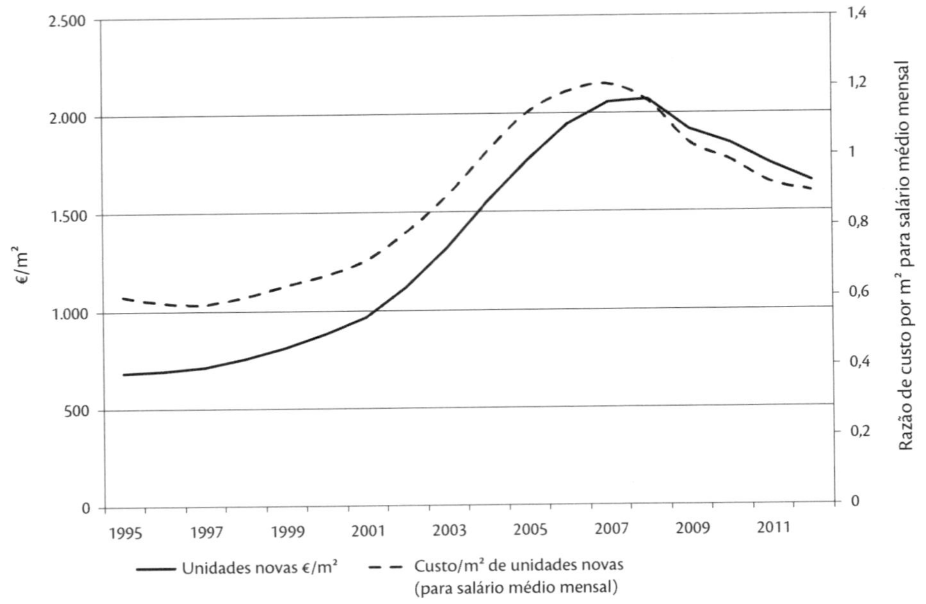

Fig. 17.13 Evolução do custo da habitação e poder de compra
Fonte: INE (2001).

único setor resultou numa estrutura frágil, pouco resistente à eventual desaceleração do mercado.

Apesar de as medidas terem sido tomadas a nível nacional, certo auxílio essencial foi trazido da Europa (Krugman, 2011). A adoção do Euro como uma moeda forte trouxe capital abundante e desencorajou exportações, o que impulsionou investimentos internos. Baixas taxas de juros tornaram o dinheiro barato, criando uma grande ilusão de poder de compra. Compradores privados, empreendedores e bancos caíram na armadilha do espiral especulativo, em que compradores consideraram o investimento em propriedades de baixo risco, pois "os preços iriam subir constantemente", e quando os preços subiram, cada vez mais os compradores ambicionavam entrar no jogo e se beneficiar da situação, como explica Naredo (2010).

Os efeitos da bolha imobiliária começaram a ser percebidos em 2001-2002, quando áreas mais afastadas dos centros urbanos foram urbanizadas. Os preços de construção e de novos edifícios residenciais subiram como nunca antes: em 2006, mais de 700.000 novas unidades foram concluídas (Fig. 17.14) e o custo por metro quadrado relativo dobrou em comparação ao de 1996. Em 2007, os primeiros efeitos da recessão podiam ser percebidos na quantidade de pedidos de permissão para construir, depois na quantidade de projetos concluídos e, por fim, com uma curva consideravelmente mais suave, nos preços. A crise americana e as turbulências financeiras da chamada Zona do Euro aceleraram o processo, gerando um final abrupto no *boom* espanhol. As consequências até agora têm sido devastadoras, o desemprego atingiu o máximo histórico, o corte do orçamento afetou a saúde pública e o sistema educacional.

Em crises passadas, a Espanha tinha autonomia para desvalorizar sua moeda a fim de aumentar as exportações. Porém, como integrante da Zona do Euro, isto não é mais possível, e outras medidas têm que ser consideradas para ganhar competitividade no mercado internacional. Por um lado, a mudança do modelo econômico requer a pesquisa e a inovação, que, por sua vez, exige planejamento a longo prazo, no qual agendas políticas imediatistas não estão dispostas a se comprometer.

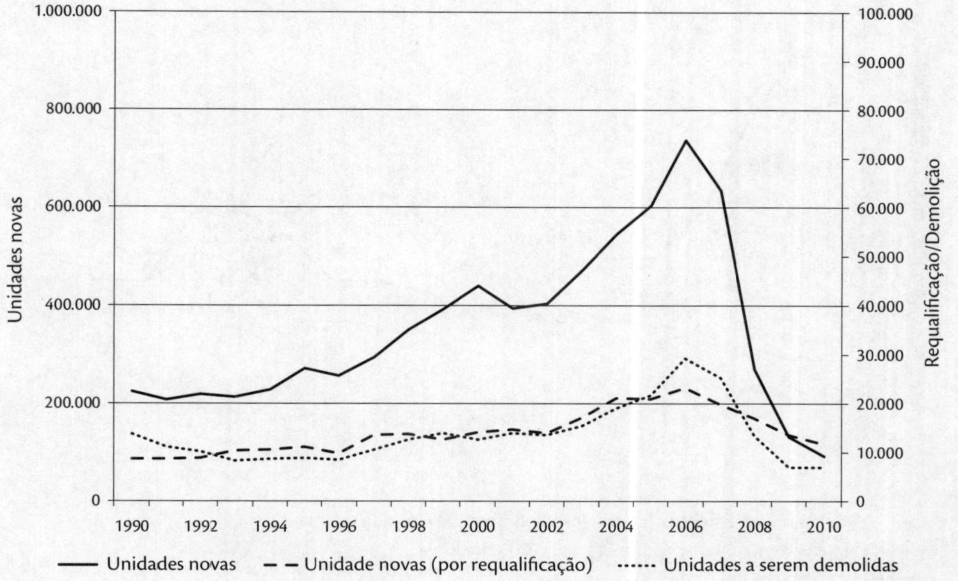

Fig. 17.14 Atividade da construção habitacional por setor
Fonte: INE (2001).

Cortes recentes na educação e em fundos para pesquisa confirmam a relutância em apoiar setores cujos retornos serão capitalizados por futuros administradores.

Como esperado, alguns políticos caíram na tentação de recorrer à construção, mais uma vez, como solução para a crise (Campa, 2010). Curiosamente, a realidade mostra que, de fato, a recuperação parcial da construção a níveis aceitáveis é essencial. Grande parte da força de trabalho teve acesso a bons salários quando ainda jovem e abandonou seus estudos durante o *boom*, criando um obstáculo para ser realocada em outros setores, uma vez que não possuem proficiência ou conhecimento além da construção.

Como ativar o setor da construção em que houve tamanha superprodução? Incentivos públicos seria uma resposta óbvia, no entanto, e dada a experiência prévia com esse tipo de incentivo, parece mais sensato começar pela análise das tendências atuais do mercado e fazer algumas estimativas do tempo que a construção pode tomar para recuperar seus excessos, antes de postular incentivos artificiais. Mesmo sendo difícil de premeditar com exatidão, uma vez que fatores externos podem repentinamente criar um quadro completamente diferente, possíveis cenários podem ser deduzidos com base em suposições e observações. Neste caso, o objetivo deve ser identificar o excesso de oferta no estoque habitacional para calcular o período razoável em que o mercado poderia absorvê-lo. Essa hipótese considera que, uma vez o excesso assimilado, a atividade da construção entra numa tendência sustentável, ajustando a oferta à real demanda.

O principal fator que configura a demanda de moradias em condições normais é o número de novas unidades habitacionais criadas. A proporção entre esses dois números revela o equilíbrio entre oferta e demanda. A demanda por segundas residências pode alterar essa proporção, já que requer um ritmo mais elevado de novas construções dentro de uma margem lógica. Baixas taxas de juros e incentivos fiscais criam condições favoráveis à especulação, o que pode distorcer essa proporção e inflacionar uma demanda artificial. A Fig. 17.15 mostra a correlação inversa entre taxas de juros e o número de transações, mas também mostra como a correlação estável entre novas moradias e unidades habitacionais foi abruptamente alterada em 2002. A partir daquele momento, muitos dos novos empreendimentos

Fig. 17.15 Evolução de hipotecas em comparação à taxa de juros
Fonte: INE (2001).

não respondiam mais à lógica racional da demanda, mas à bolha inflacionada e à especulação que durou até 2007. Em 2010, o número de hipotecas caiu a níveis equivalentes aos de 1995, e não está claro o quanto mais podem cair. Apesar de haver uma demanda oculta da parte daqueles que não puderam ou não quiseram comprar durante o *boom*, ela depende principalmente da população mais jovem, que é também a mais exposta ao desemprego e à instabilidade econômica. Foi estimado que o estoque habitacional ainda à venda chegue a até um milhão de moradias (INE, 2001), e esse número pode aumentar por consequência do retorno ao mercado de muitas unidades compradas como investimento.

Quando o setor da construção irá reiniciar? Com base em dados do Instituto Nacional de Estadistica (INE) e assumindo um crescimento contínuo de 280.000 novas moradias por ano como equilibrado, a bolha habitacional pode ser moldada como um desvio da taxa de construção atual do crescimento linear equilibrado (Fig. 17.16). Foi utilizado esse número por ser a média do período anterior ao *boom* da construção. No entanto, um cálculo mais rigoroso requer uma análise mais detalhada das condições e capacidade do estoque existente para satisfazer a demanda de novas moradias. O uso dessa estimativa dá uma ideia do período que pode ser necessário para absorver o excesso de habitações. Três possíveis cenários podem ser traçados com base nos dados disponíveis para o ano de 2011:

- o primeiro cenário apresenta uma diminuição constante em projetos concluídos de 2011 a 2014 e assume que a construção fique estagnada completamente durante três anos. O excesso de moradias poderia ser absorvido até 2018. Este seria o caminho mais curto para a recuperação, porém, é o de maior custo, uma vez que poucas empresas poderiam suportar tal estagnação por quatro anos;
- o segundo e terceiro cenários contemplam correções menos dramáticas, com 50.000 e 100.000 novas moradias por ano, respectivamente. Em ambos os casos, a recuperação seria mais longa (2020 e 2022), mas pelo menos o setor poderia manter níveis produtivos de atividade durante o processo.

Obviamente, essas estimativas podem ser alteradas em virtude de fatores que não estão sendo considerados (como disponibilidade de crédito), mas ilustra o

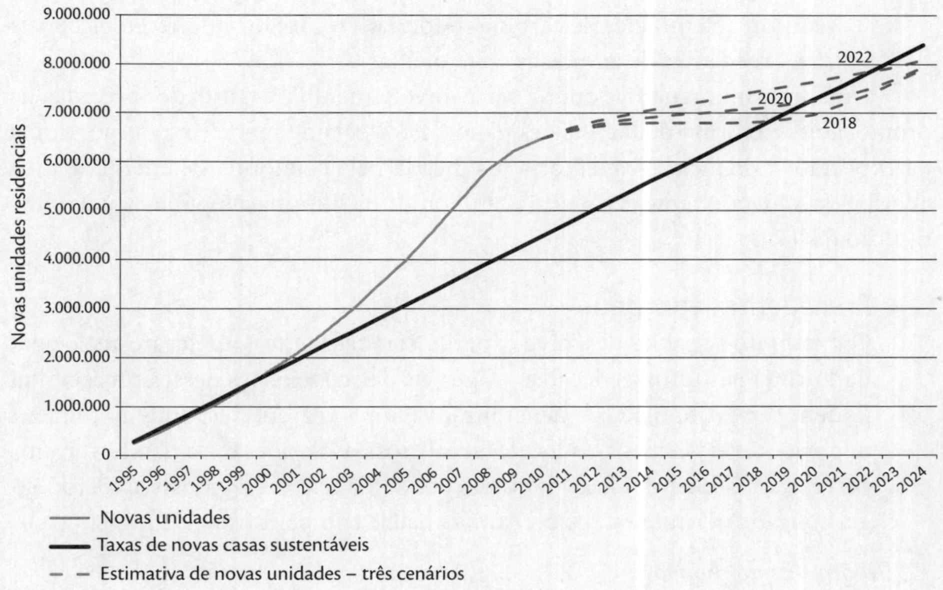

Fig. 17.16 Estimativa da dimensão da bolha imobiliária e cenários potenciais para a recuperação
Fonte: INE (2001).

quanto é improvável que a construção impulsione a economia espanhola, pelo menos a curto prazo.

17.2.3 O caso da requalificação

Durante este período, reformas também flutuaram, porém numa extensão menor que novas habitações. No pico da bolha, a proporção entre reforma e novas moradias chegou à razão de 1 para 35 (Fig. 17.14), enquanto que depois da depressão econômica, essa proporção diminuiu consideravelmente. A aparente robustez do setor levou especialistas a formular propostas nas quais a reforma foi definida como uma oportunidade de realocar mão de obra para estimular a economia (González Pérez, 2010; Naredo, 2010; Cuchí; Sweatman, 2011). Outros benefícios viriam na forma da economia de energia, redução da emissão de CO_2 e consequentes retornos referentes ao mercado de energia e de emissões. Alguns estudos especularam que 130.000 empregos estáveis seriam criados e uma grande economia de energia seria alcançada nas próximas quatro décadas, caso houvesse um investimento contínuo na melhoria da habitação na Espanha (Cuchí; Sweatman, 2011).

Esses são argumentos estimulantes, mas devem aceitos com cautela quando a ideia e a teoria se transformam em planos e programas. O setor da renovação de edifícios não é tão grande quanto a indústria da habitação e seu impacto é limitado. Além do mais, há poucos empreendedores privados dispostos a investir em edifícios existentes. Regulamentações rigorosas e mão de obra especializada tornam essa área muito cara e instável para atrair empreendedores privados. Consequentemente, restam duas formas para despertar o setor:

- gastos públicos, geralmente em forma de concessões, para alavancar proprietários ou agentes privados. O Estado cobre parte dos custos da intervenção ou possibilita o acesso a créditos favoráveis. O proprietário assume o resto do custo e, em alguns casos, aceita certas condições no projeto;
- taxas e obrigações impostas aos acionistas mais solventes (por exemplo, fornecedores de energia). Gastos em medidas de eficiência energética e

redução de emissões de carbono poderiam ser financiados com os benefícios excedentes de empresas selecionadas.

Uma terceira maneira poderia ser o envolvimento de entidades privadas na promoção da reforma de habitações, como estratégia de marketing ou por conta da expectativa de lucro. A melhoria justificada pela economia de energia é uma alternativa audaciosa que já foi posta em prática na iluminação pública, pela substituição de luminárias.

17.2.4 Precedentes europeus

O parágrafo seguinte descreve experiências relevantes que foram realizadas na Europa nas últimas décadas. Algumas das conclusões desses precedentes podem ser extrapoladas e generalizadas, uma vez que respondem a fatores que não são específicos ao local. Em outros casos, apesar de não haver uma correlação direta por causa de condições climáticas ou regionais, a metodologia aplicada permite estabelecer uma análise comparativa.

Programas de renovação

Um planejamento coordenado com uma abordagem *top-down* é importante para impulsionar a reforma de edifícios, mas o objetivo final do *retrofit* eficiente será alcançado somente por meio de ações *bottom-up*. O sucesso do todo reside no conjunto de pequenas histórias de sucesso. Se subsídios são fornecidos e taxas são impostas, na promessa de metas ambiciosas que não podem ser atingidas, a perda de confiança pode comprometer programas de renovação durante anos (BPIE, 2011). Um grande número de hipóteses é assumido para simplificar a análise com o intuito de chegar a conclusões finais. O produto é, portanto, uma estimativa aproximada do que pode ser feito, mas será distorcido pelo retorno da generalização à especificidade.

Ações *bottom-up* são entendidas aqui como intervenções econômicas cuja ocorrência pode ser coordenada num nível geral, mas sua definição deve ser determinada com base nas particularidades da menor escala. Decisões tomadas com base nas análises específicas favorecem a otimização por minimizar incertezas. O desempenho de um edifício é definido pela combinação de fatores como a geometria, materiais, sistemas construtivos e padrões de ocupação, que são específicos de cada caso. Restrições espaciais impõem limites ao nível de intervenção e impedem a padronização. Cada edifício é diferente e, portanto, deve ser analisado e avaliado individualmente, para a determinação de metas apropriadas e medidas viáveis.

A articulação entre ações globais e projetos específicos é essencial para o sucesso de projetos de requalificação. Ao observar alguns dos programas energéticos selecionados pela União Europeia (Quadro 17.1), pode-se notar que todos são baseados em incentivos econômicos para medidas energeticamente eficientes. Eles estipulam metas globais, fornecem fundos (públicos ou privados) e traçam o percurso pelo qual esses fundos são direcionados aos destinatários finais. O que permanece incerto é a ação que o destinatário final deve tomar para garantir que o investimento seja utilizado para cumprir as metas estipuladas. As duas opções mais comuns são:

- estabelecer diretrizes determinísticas para os projetos. Este é o método típico utilizado nas Regulamentações de Construção, definindo padrões mínimos de isolamento, hermeticidade e dimensão das aberturas. O projeto pode se beneficiar dos incentivos desde que cumpra com o código (por exemplo, que a parede tenha certo mínimo de inércia térmica etc.). Vale colocar aqui que esse método pode ter sido útil antigamente, mas está completamente ultrapassado, já que compromete a inovação e análises especializadas em favor de padrões mínimos comuns. Além do mais, ele não discrimina entre mediocridade e alta qualidade, representando, assim, um desencorajamento para o mercado a se comprometer com pesquisa e a desenvolver o conhecimento.

- a segunda opção é definir metas de desempenho sem especificar regras sobre como alcançá-las. Neste caso, a concessão é subordinada ao desempenho alcançado, em vez da repetição de soluções pré-estabelecidas. Assim, o projeto deve demonstrar a seu suposto desempenho por meio de indicadores que podem ser verificados posteriormente. Essa opção é beneficiada pela capacidade de equipes de projeto bem qualificadas.

Entre os programas listados no Quadro 17.1, os subsídios para auditorias em energia implementados na Finlândia oferece um bom custo-benefício, com um investimento um tanto quanto modesto. Auditorias energéticas fornecem informações específicas sobre o estado e o desempenho de edifícios existentes, juntamente com a possibilidade de avaliar propostas que são específicas para cada caso. Dessa maneira, o auditor se torna responsável por prever a economia permitindo ao proprietário tomar decisões com maior confiança.

Quadro 17.1 Alguns dos programas de renovação pela Europa

País	Descrição	Investimento	Metas/indicadores de performance
Áustria	Incentivos públicos.	1,78 bilhões de euros (2006-2010).	Consumo de energia reduzido a 25-45 kWh/m^2; 10.000 novos empregos.
Bélgica	Empréstimos sem juros.	1 bilhão de euros (2014).	Consumo de energia reduzido; 5.000 novos empregos.
Finlândia	Subsídios de 40% a 50% em auditorias energéticas.	23,1 milhões de euros (1992-2007).	11 TWh de economia de energia (1992-2007) equivalente a 360 milhões de euros; 6.800 edifícios avaliados.
França	Empréstimos preferenciais e poupanças com taxa zero e 2,5% de juros.	60 bilhões de euros (quantia esperada a ser levantada, público-privado).	Não disponível.
Alemanha	Subsídios e empréstimos para edifícios novos e renovações energeticamente eficientes.	16,9 bilhões de euros (2009) de fundos públicos.	3,1 milhões de casas energeticamente eficientes.
Suíça	Taxa sobre as importações de gasolina e diesel para apoiar a renovação energética dos envelopes de edifícios existentes.	118 milhões de francos suíços (2010).	240.000 t em redução de CO_2; 6.750 projetos concluídos.
Reino Unido	Cobrar fornecedores de eletricidade para cumprir as metas de redução de carbono.	Não disponível.	Não disponível.
Espanha	Incentivos financeiros, subsídios e empréstimos com baixas taxas de juros.	30 bilhões de euros (2011-2020), sendo 2,8 vindos de fundos públicos.	5.567 ktep de energia primária economizada em edifícios existentes até 2020.

Fonte: dados da Espanha: IDAE (Instituto para la Diversificacion y Ahorro de la Energía); e dos demais países: BPIE (Buildings Performance Institute Europe).

Na escala mais modesta (*bottom-up*), o conhecimento pode ser desenvolvido pela experiência em intervenções menores, cujos resultados podem ser monitorados e utilizados em trabalhos futuros. Isso ajudaria a melhorar a capacidade de previsão dos atuais métodos de projeto. O conceito *bottom-up* pode não causar impactos significativos em geração de empregos ou na economia a curto prazo, mas reforça a qualidade e proporciona maiores chances de sucesso do projeto a longo prazo.

17.2.5 Economia de energia e o impacto econômico do *retrofit*

A previsão da economia de energia que um projeto de *retrofit*, ou de requalificação, renderá é uma tarefa complexa e influenciada pela combinação de múltiplos fatores, podendo ser agrupados nas categorias a seguir. Baker e Steemers (2000) definiram três principais categorias: edifício, sistemas e ocupantes, sendo o clima e o contexto urbano adicionados na reflexão desse trabalho.

- *Condições climáticas*: este é talvez o primeiro e mais importante elemento que define a demanda de energia de edifícios. Aqui também são consideradas as variações microclimáticas.
- *Morfologia urbana*: apesar da recente expansão, a maioria dos edifícios na Espanha está inserida na malha urbana, o que pode impactar no desempenho ambiental tanto dos edifícios quanto da própria malha.
- *Projeto do edifício*: materiais, elementos construtivos, geometria ou orientação.
- *Sistemas prediais, como água, gás e eletricidade*: o tipo de combustível e a eficiência do sistema resultarão num consumo final de energia para as mesmas condições ambientais.
- *Padrões de uso*, incluindo ocupação, atividades e cargas internas de eletrodomésticos e equipamentos.

Estudos prévios tentaram atribuir melhoras no consumo de energia a cada variável do edifício e do contexto (geometria do edifício, clima, orientação e outras) por meio de inúmeras simulações computacionais. Acredita-se aqui que esse esforço é de pouco uso, a não ser que um padrão de desempenho claro seja extraído, uma vez que cada novo edifício oferece um cenário diferente e circunstâncias específicas. De fato, observações empíricas confirmaram uma ampla gama de variações no desempenho ambiental de estratégias de requalificação, mesmo em condições semelhantes.

O Quadro 17.2 resume os resultados de economias no consumo de energia para o aquecimento do espaço interno em dez projetos europeus, com a implementação de projetos de *retrofit*. Alguns dos estudos tiveram seus resultados obtidos por meio de simulações computacionais (T), enquanto outros, por meio do monitoramento de edifícios em uso (E). A diferença entre os valores é grande, chegando a 60%. Também se conclui que, apesar de os benefícios da reforma serem suficientemente demonstrados, a extrapolação dos números de economia de energia pode ser imprecisa para uma mesma medida e, em outros casos, pode resultar na metade da economia obtida originalmente. Dessa forma, políticas genéricas não podem assegurar que os fundos investidos na promoção de uma requalificação sejam utilizados da maneira mais efetiva, a não ser que sejam feitas análises caso a caso.

Quadro 17.2 Resumo da economia de energia por meio de soluções de retrofit, conforme vários estudos da União Europeia

			Isolamento do envelope					Energia solar			
			Parede	Piso	Telhado	Substituição de janelas	Ventilação controlada com recuperação de calor	Varanda envidraçada	Parede solar	Coletor solar	Economias combinadas
Dalenback	1995	E	✓	✗	✗	✗	5%–20%	10%-70%	15%-70%	15%-60%	70%
Balaras et al.	2000	T		20%-40%		20%	20%	✗	✗	13%-18%	
	2000	E	24%-28%	18%-20%	5%-6%	✗	✗	✗	✗	13%-17%	
Bell e Lowe	2000	E	30%	✗	5%	7%	✗	✗	✗	✗	
Voss	2000	T	✗	✗	✗	✗	✗	✗	30%	12%	
Ponêek et al.	2004	E	✓	✓	✗	✓	✗	✗	✗	✗	46%
Hong et al.	2006	T	10%-17%	✗	✗	✗	25%	✗	✗	✗	
Steemers	2006	E	✗	✗	✗	✗	✗		55%		
Richarz et al.	2006	T	30%-40%	9%	9%-12%	5%	✗	40%	✗	✗	
	2006	E	✓	✓	✓	✓	✗	✓	✗	✓	30%-47%
Donkelaar	2007	E	✓	✓	✓	✓	✓	✗	✗	✓	30%-60%
Instituto Cerdà	2008	T	5%-16%	✗	4%-14%	3%-10%	✗	✗	✗	15%-30%	
Período de retorno	(anos)		3-4[1]	5-7[1]	9[1]	15-20[2]	30-300[3]	45-100[3]	35-60[3]	15-40[3]	

Fonte: Rodríguez Álvarez (2008).

E = dados de observações empíricas
T = dados de estudos teóricos

Dados de retorno de:
1. Bell e Lowe (2000) 2. Richarz et al. (2006) 3. Dalenback (1995)

17.2.6 Quatro casos na Galícia

Na sequência, apresenta-se a análise de quatro blocos residenciais requalificados na região da Galícia, de diferentes tipologias e construídos em diferentes períodos. Uma análise comparativa dos quatro mostra divergências na efetividade entre os projetos de requalificação. Os custos de cada intervenção foram estimados, com o intuito de contextualizar o impacto econômico das intervenções, demonstrando que as medidas mais efetivas para a economia de energia podem ter um custo moderado, o que, de certa forma, pode ser decepcionante às altas expectativas em torno da criação de novos empregos, uma vez que a proporção de empregos gerados está geralmente relacionada ao investimento. A pesquisa do BPIE mostrou que 18 postos de trabalho para cada milhão de euros investidos é uma média constante. Se os maiores benefícios podem ser obtidos a um menor custo, o impacto na geração de empregos será reduzido.

Clima

A Galícia é uma região costal no noroeste da Espanha (42° N, 8° W). Seu clima é caracterizado por verões frescos e invernos amenos e é bastante influenciado pela sua proximidade ao oceano, de onde provêm ventos úmidos tanto no verão (NE) quanto no inverno (SO). Janeiro é o mês mais frio, com temperatura média por volta de 9 °C, e agosto é o mais quente, com temperatura média em torno dos 20 °C. A umidade relativa fica constantemente acima dos 70%. Os valores diurnos médios estão plotados na Fig. 17.17, juntamente com a zona de conforto, que está geralmente acima da temperatura exterior, tornando problemas de superaquecimento improváveis, a não ser que sejam muito mal projetados. Como resultado desse diagnóstico climático, boas condições de conforto térmico podem ser alcançadas durante grande parte do ano por meio de medidas passivas de projeto, e medidas de conservação de energia tendem a focar em estratégias passivas de aquecimento.

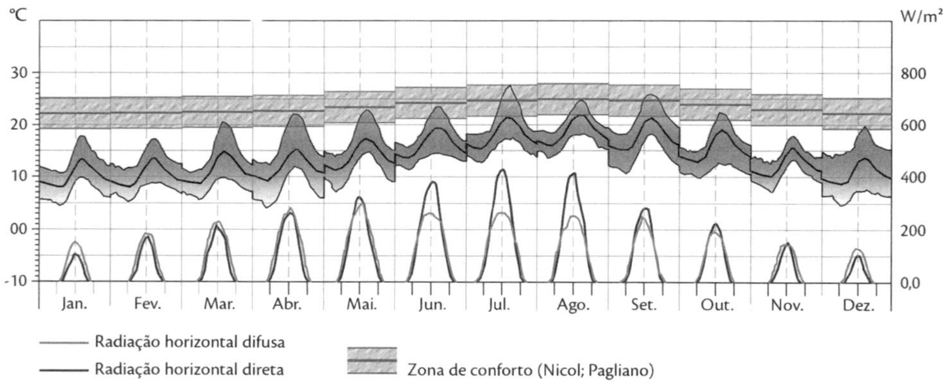

Fig. 17.17 Médias diárias de temperatura do ar e radiação do clima da cidade de Corunha Fonte: dados da estação meteorológica de Corunha.

Consumo de energia por setor

O setor da construção é um dos três maiores consumidores de energia, tanto na Galícia, como na Europa, atrás da indústria e dos transportes. No setor residencial, o aquecimento do ambiente representa a maior porção da demanda energética. Na Galícia, até 50% do total da demanda energética em edifícios residenciais é destinado ao aquecimento dos ambientes, seguido pelo aquecimento da água, com 18%, a iluminação e os eletrodomésticos, que somam juntos 22,20%, a cozinha, com 8,9%, e uma pequena fração para o ar-condicionado (Fig. 17.18, à esquerda). O peso da carga térmica nesse balanço ilustra a importância do projeto arquitetônico na conservação de energia. Muitos dos elementos que determinam a carga térmica, excluindo clima e administração do edifício, podem ser otimizados ou redesenhados em favor do desempenho ambiental.

Estudos prévios realizados por Rodríguez Álvarez (2008) estimaram o consumo médio de energia em habitações galicianas em torno de 120 kWh/m^2 · ano (por volta de 165 kWh/m^2 · ano de energia primária) e a carga térmica em torno de 60 kWh/m^2 · ano (ou 82 kWh/m^2 de energia primária). Esses números são significativamente baixos quando comparados a países europeus, como mostra a Fig. 17.18, na qual se nota que somente a Grécia apresenta um perfil similar.

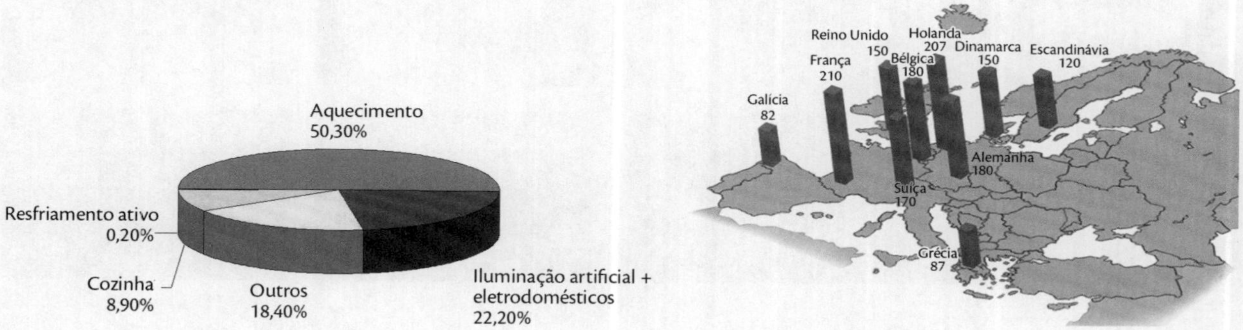

Fig. 17.18 (A) Consumo de energia por setor em habitações galicianas; (B) consumo médio de energia para calefação em kWh/m^2 em alguns países europeus
Fonte: Rodríguez Alvarez (2008).

Hábitos culturais e comportamento dos usuários

O apego à propriedade como parte da cultura espanhola já foi mencionado em parágrafos prévios como um importante fator na formação da bolha imobiliária. No entanto, existem outras consequências mais positivas que são derivadas da relação entre o usuário e sua residência. O fato de que o ocupante é também o proprietário da residência induz ao maior cuidado e manutenção dos edifícios. Além disso, há casos em que o residente está disposto a abrir mão de certo nível de conforto em favor de outras qualidades ambientais que aprecie mais. Em uma pesquisa recente conduzida em Santiago de Compostela, residentes idosos do centro histórico provaram estar satisfeitos com as condições térmicas de suas habitações tradicionais apesar da identificação de temperaturas internas de aproximadamente 16 °C (Hasman et al., 2010).

Contexto urbano

Uma vez construídos em períodos distintos, os estudos de caso pertencem originalmente a ambientes construídos de características físicas distintas (Fig. 17.19):

- a *cidade histórica* (edifícios construídos até 1940) segue um *layout* irregular, com ruas estreitas com seis a oito metros de largura e sobrados baixos de três a quatro andares. As ruas principais são orientadas no eixo norte-sul, permitindo um certo grau de penetração solar no denso tecido urbano;
- complexos urbanos do período pós 2ª Grande Guerra (edifícios construídos entre as décadas de 1940 e 1950). A necessidade de acomodar um importante fluxo de trabalhadores vindos do interior criou novos

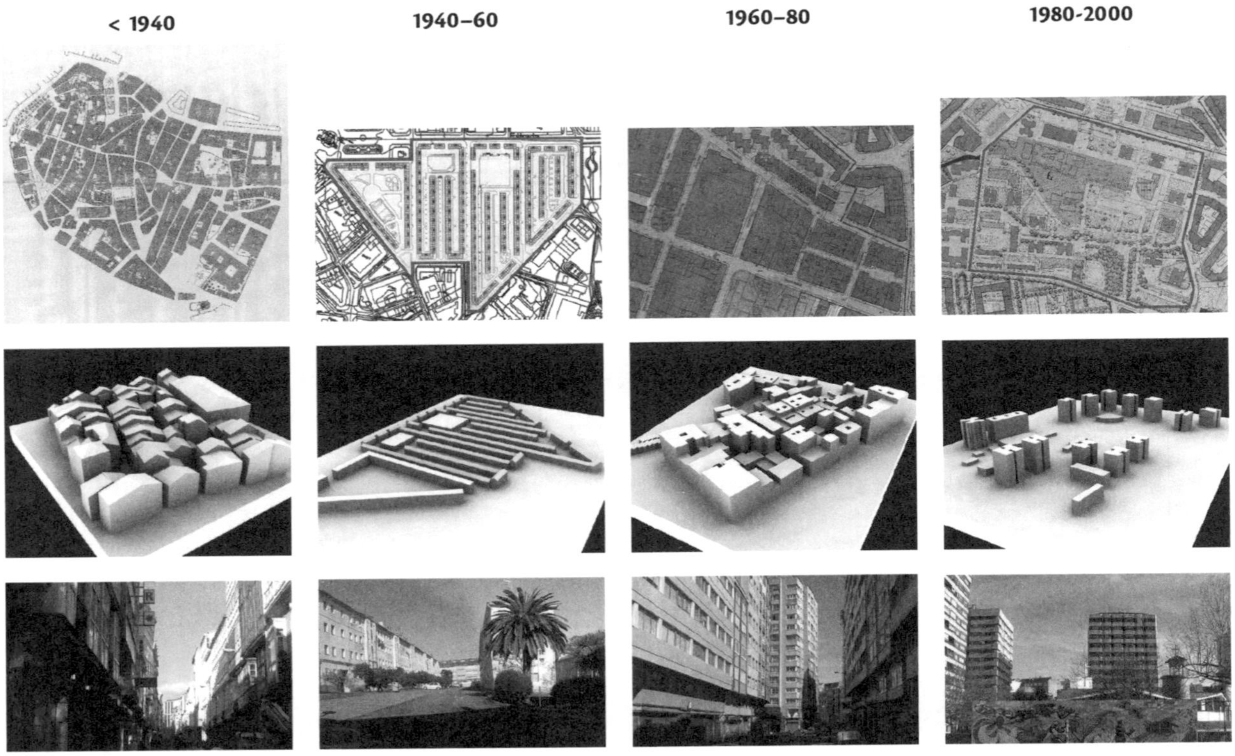

Fig. 17.19 O contexto urbano dos estudos de caso
Fonte: Jorge Rodriguez Álvarez.

assentamentos fora dos centros históricos. As ruas se tornaram mais largas, permitindo que edifícios se beneficiassem do sol e da ventilação natural;

- *boom* imobiliário dos anos 1960 e 1970, que resultou numa expansão descontrolada da extensão da malha urbana, ocupando antigas plantações e áreas verdes. O tecido resultante é denso, apertado e indiferente ao acesso do sol ou dos ventos;
- aglomerações isoladas na periferia da cidade dos anos 1980 criou a possibilidade da captação da energia solar para o aquecimento passivo dos ambientes internos, mas, por outro lado, levaram à ocupação de áreas verdes e ao espalhamento da malha urbana.

Características do edifício

- *Sobrado tradicional (~1920)*

  A forma e geometria respondem à projeção linear dos lotes cumpridos e estreitos, com 4 m a 7 m de largura por 12 m a 15 m de profundidade. Em termos de ocupação, o edifício inclui uma loja ou oficina de trabalho no térreo e dois apartamentos nos níveis superiores. As fachadas e paredes internas são feitas de blocos de granito com espessura de 50 cm a 80 cm, resultando em um coeficiente de condutibilidade térmica de aproximadamente (U) 2,5 $W/m^2 \cdot K$. O telhado inclinado é feito de telhas cerâmicas e suportado por uma estrutura de madeira. Antigamente, o espaço abaixo do telhado era uma zona não ocupada ventilada, protegendo o edifício de problemas de umidade; hoje, a tendência é de utilizar essa área como áreas de estoque.

Janelas têm caixilhos de madeira e painéis de vidro simples, com coeficiente de condutibilidade térmica de 5,5 $W/m^2 \cdot K$. Um detalhe interessante nessas carpintarias é a ausência de batente entre a parede de pedra e o caixilho de madeira. Consequentemente, a junta é permeável ao fluxo dos ventos, permitindo infiltrações e perdas de calor. O uso de *galerias* é uma característica particular da arquitetura vernacular galiciana. Como varandas envidraçadas, as galerias são geralmente localizadas nos últimos pavimentos e funcionam quase como estufas. Os raios solares atravessam os painéis de vidro e atingem a parede de pedra, onde o calor é retido e liberado durante a noite.

- *Habitações do período pós 2ª Grande Guerra (~1950)*
Os empreendimentos do período pós-guerra incorporaram princípios das recentes tendências urbanas europeias, como acesso ao sol e ao vento. O edifício tem um potencial para o aquecimento solar passivo em virtude do espaçado tecido urbano. As unidades habitacionais têm acesso às fachadas exteriores em ambos os lados, que, juntamente com uma planta básica estreita, permite a ventilação cruzada e uma boa penetração solar. Paredes externas são feitas de alvenaria, com uma única camada de aproximadamente 40 cm de espessura, o que significa baixa capacidade de isolamento térmico para esse clima. A cobertura segue o mesmo padrão que o sobrado tradicional, com um ático ventilado, telhas e estrutura de madeira. Os caixilhos são feitos de madeira e pele única de vidro, mas com dimensões reduzidas das casas tradicionais, uma vez que a planta estreita permite boa iluminação natural com janelas menores, o que contribui para reduzir as perdas de calor pelo vidro. As lajes de concreto beneficiam o isolamento acústico, enquanto reduz marginalmente os fluxos de calor entre pavimentos. O revestimento em cerâmica comum mantem a inércia térmica do concreto e, consequentemente, a suavização das flutuações térmicas (Fig. 17.20B).

- *Bloco de apartamentos (~1970)*
Este típico edifício urbano tem lojas no térreo, um mezanino com escritórios e apartamentos nos sete pavimentos acima. Pequenos pátios internos são utilizados para iluminar e ventilar alguns dos ambientes internos. A parede não tem função estrutural, é mais fina e a cavidade de ar melhora a condutividade térmica, aumentando o isolamento ($U = 1{,}40\ W/m^2 \cdot K$). A falta de isolamento na cobertura acentua a exposição do último pavimento às condições externas, resultando em riscos de superaquecimento ou maiores perdas de calor. As janelas têm caixilhos em alumínio e painel de vidro simples. Acima do caixilho, há uma caixa oca para acomodar rolos de persianas, o que cria uma ponte térmica na fachada. Este problema, que aumenta o fluxo de calor, também está presente na junta entre as lajes de concreto e a fachada (Fig. 17.20D).

- *Edifícios altos (~1985)*
Nos anos 1980, novos padrões demandavam a provisão de espaços abertos e áreas verdes nas cidades. Empreendimentos tiveram que incorporar espaços abertos, o que resultou em blocos habitacionais mais altos. A unidade

habitacional foi assim beneficiada pelo contato direto com o exterior em todos os cômodos, mas a distribuição dos espaços era independente da orientação, como neste caso. Pela primeira vez, havia um código que regulava o comportamento térmico de edifícios (NBE-CT, 1979). Edifícios tinham que limitar sua condutividade térmica e consequentemente materiais de isolamento se tornaram amplamente difundidos. Neste edifício, paredes e coberturas são isoladas (0,5 e 0,9 $W/m^2 \cdot K$, respectivamente), mas as pontes térmicas nas lajes ainda não foram solucionadas completamente. As janelas de pele de vidro dupla e o caixilho de alumínio de perfil duplo melhoram o desempenho térmico do edifício (Fig. 17.20C).

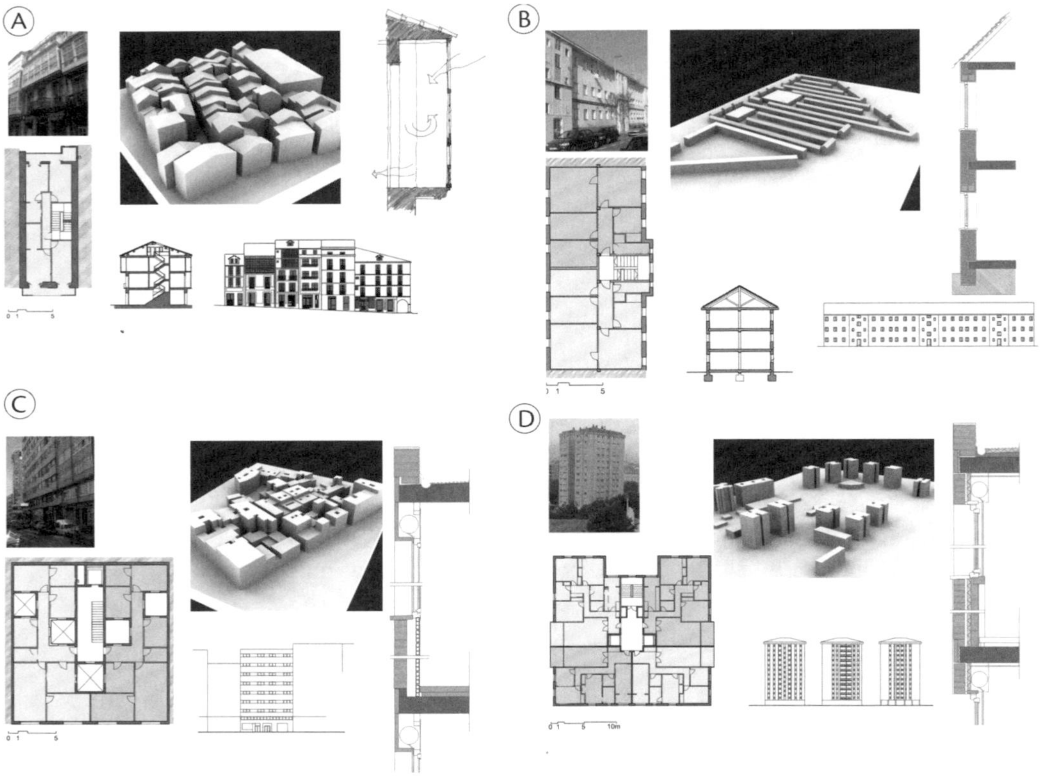

Fig. 17.20 Detalhes dos casos de estudo: (A) 1930, (B) 1950, (C) 1970, (D) 1985 e Fonte: Jorge Rodriguez Álvarez.

Auditoria de energia

Diferentes comportamentos podem ser identificados na leitura dos perfis térmicos de um edifício (Fig. 17.21). Nos dois edifícios com paredes em alvenaria, a temperatura de bulbo seco aumenta 4 °C quando a fonte de calor entra em ação (por exemplo, ocupação às 19h), mas cai levemente antes da fonte de calor cessar. Reciprocamente, quanto mais isolado for o edifício (por exemplo, os de 1985), a temperatura do ar aumenta constantemente até a fonte de calor cessar (às 24h).

O equilíbrio entre os ganhos e as perdas de calor pode explicar esse comportamento diferente. No primeiro caso, a perda de calor pelo envelope é maior e, quando a temperatura externa cai, a temperatura interna tende a seguir, mesmo com a ação dos ganhos internos. Se a parede for bem isolada, o edifício se torna menos sensível às condições externas e os ganhos internos são maiores que as perdas, fazendo com que a temperatura interna aumente gradualmente, reduzindo assim a necessidade de aquecimento ativo do ambiente. As cargas térmicas resultantes desse comportamento heterogêneo seguem a evolução temporal do progresso construtivo:

- a carga térmica dos edifícios vernaculares é de 106 kWh/m^2 · ano. De acordo com esse dado, o efeito da *galeria* não é suficiente para neutralizar o fraco isolamento térmico da parede de alvenaria;
- a carga térmica do edifício do período pós-guerra é de 87 kWh/m^2; nesse caso, o tecido urbano menos denso permite que o edifício se beneficie da radiação solar;
- apesar do uso da cavidade de ar na parede, que melhora a condutividade térmica, o bloco habitacional dos anos 1960 ainda consome 73 kWh/m^2. Grandes janelas sombreadas pelo entorno em um tecido urbano apertado não permitem mais reduções;
- finalmente, o uso de materiais isolantes nos edifícios mais altos resulta na menor carga térmica de 40 kWh/m^2 · ano.

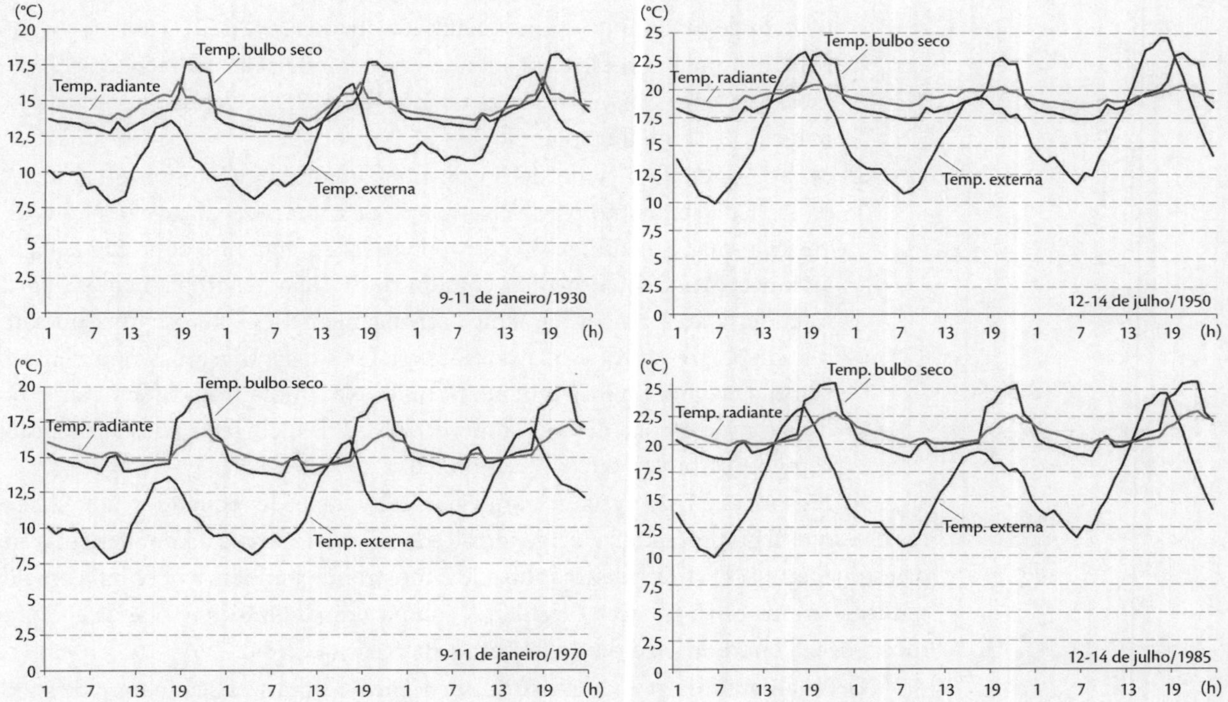

Fig. 17.21 Perfis de desempenho térmico dos edifícios típicos de quatro períodos, em um dia típico de inverno, em 1930, 1950, 1970, 1985.
Fonte: Jorge Rodriguez Álvarez.

Medidas e avaliações

Os quatro edifícios foram modelados para testar a implementação hipotética de medidas de requalificação do edifício para um melhor desempenho ambiental e energético, com foco na demanda por aquecimento dos ambientes internos de edifícios residenciais. Em um primeiro estágio, o potencial de estratégias típicas de *retrofit* foi avaliada individualmente. O grau da economia rendida provou ser altamente dependente das características originais do edifício.

Em um segundo estágio, foi avaliada a ação combinada de soluções complementares. As medidas de *retrofit* raramente são aplicadas individualmente, e a estratégia comum é reformar dois ou mais elementos de uma só vez. O efeito combinado das reformas pode aumentar os benefícios ou ser redundante. O custo e sua energia incorporada são comparados à economia gerada para dar uma ideia das vantagens de custo e economia energética em cada solução. As onze medidas individuais foram agrupadas em seis categorias:

- *caso 1*: testa o isolamento da parede. Primeiro, foi adicionada uma camada interna de 50 mm (caso 1.1), depois, uma camada externa da mesma espessura (caso 1.2) e, finalmente, testa uma camada externa de 100 mm (caso 1.3);
- *caso 2*: avalia o isolamento da cobertura. Se o ático for ventilado e não ocupado, o isolamento é considerado no último pavimento. Se o ático for ocupado, o isolamento é na cobertura. Duas espessuras distintas são avaliadas, 50 mm (caso 2.1) e 100 mm (caso 2.2);
- *caso 3*: analisa o isolamento contra o chão. O procedimento será adicionar uma camada isolante na laje mais baixa ou na laje contra o chão;
- *caso 4*: considera melhorias nas janelas. Primeiramente, o efeito de um coeficiente de condutibilidade térmica melhor é testado (caso 4.1) e, depois, o efeito de uma infiltração reduzida é avaliado (caso 4.2);
- *caso 5*: simula a implementação de uma parede solar na fachada sul, começando com um vidro convencional (caso 5.1) e, depois, testando um material isolante transparente (caso 5.2);
- *caso 6*: sintetiza o efeito de novas *estufas* (conservatórios) nas varandas da fachada sul, como possíveis espaços de captação e aproveitamento da energia solar. Sua dimensão é proporcional ao tamanho da unidade habitacional. Esta é uma medida comum que ocupantes implementam para estender a área do apartamento. Termicamente, ela oferece uma oportunidade de pré-aquecer o ar durante estações mais frias, mas raramente é utilizada como um instrumento térmico. Na simulação, o funcionamento da varanda é considerado como o das janelas, abrindo para ventilação somente durante poucas horas do dia.

As Figs. 17.22 e 17.23 avaliam estratégias individuais de requalificação. As barras da esquerda representam a carga térmica anual final, depois da implementação da estratégia, em kWh/m^2 de área aquecida; mostrando também a porcentagem de redução em relação à situação original. A coluna à direita indica o total de energia incorporada em cada medida em kWh/m^2 de área aquecida.

O isolamento da parede mostrou ser a medida mais eficiente em edifícios antigos, alcançando um potencial de economia de até 49%. Em contraste, se o edifício for isolado, o impacto da estratégia de requalificação é mínimo. Quando a energia incorporada necessária à estratégia é considerada, pode-se notar que a energia gasta no processo pode ser maior do que aquela economizada durante o ciclo de vida do edifício. Quanto aos elementos a serem renovados, as paredes externas devem ter prioridade, já que provam oferecer o maior potencial nas economias de energia. A escolha de espessura e posicionamento da camada isolante deve ser avaliada perante seu custo relativo e energia gasta. O isolamento de elementos horizontais (coberturas e pisos) parece oferecer menor redução de energia, de forma geral, uma vez que a superfície renovada é geralmente menor, porém, são frequentemente essenciais para oferecer conforto às unidades nas extremidades, já que estão em contato direto com o exterior por meio do telhado e do chão.

Fig. 17.22 Efeito do aumento do isolamento térmico dos componentes opacos da construção
Fonte: Jorge Rodriguez Álvarez.

A melhoria das janelas é postulada como uma das estratégias mais eficientes, por melhorar a resistência térmica e também por reduzir infiltrações. No caso das *paredes solares* (de captação e armazenamento da energia solar), viu-se que a utilização de materiais isolantes transparentes, que isolam painéis que permitem certa transmitância de luz, pode gerar economias na demanda energética por aquecimento de até 52%.

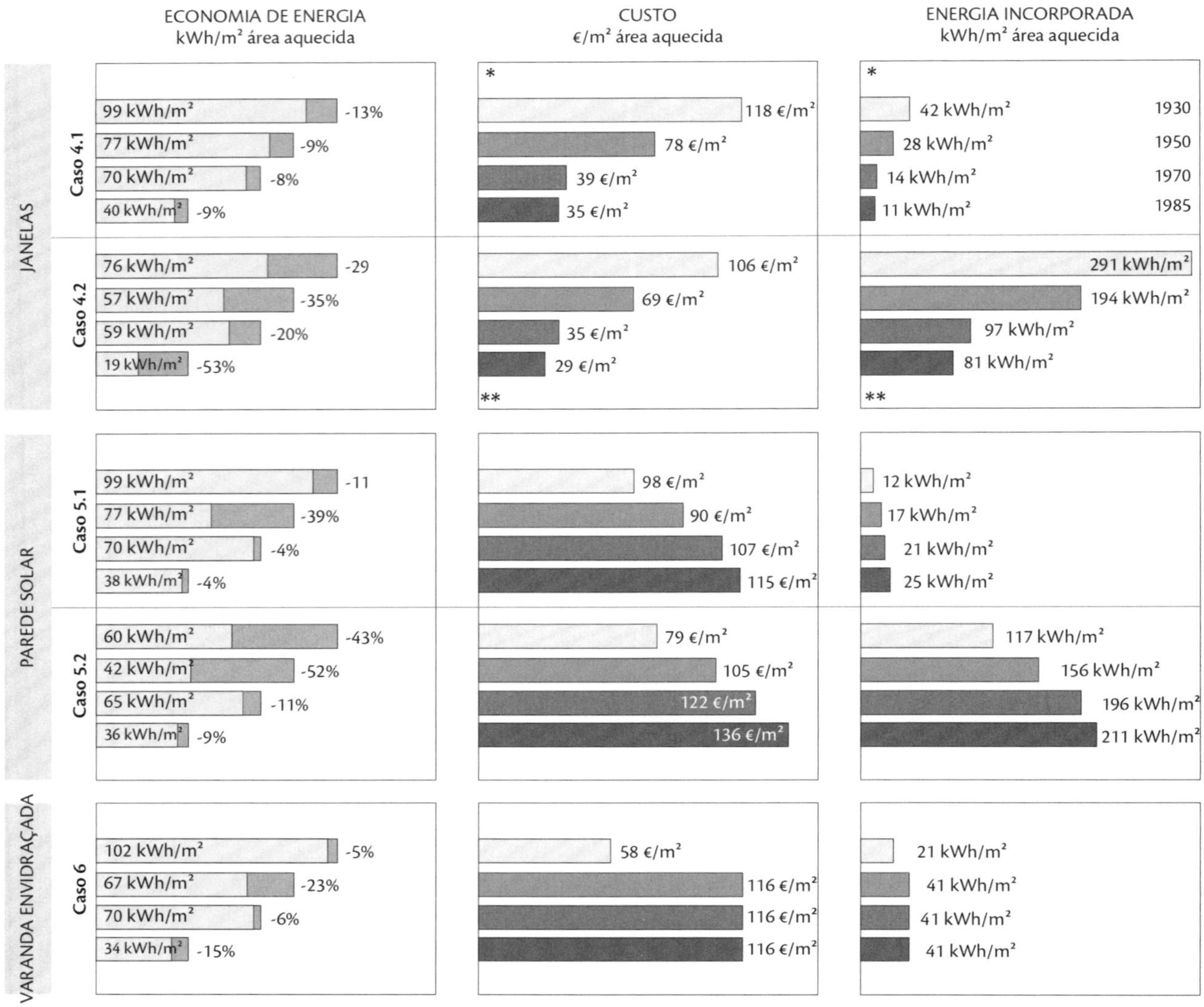

Fig. 17.23 Efeito do aumento do isolamento térmico dos componentes envidraçados da construção (*madeira; **alumínio)
Fonte: Jorge Rodriguez Álvarez.

A Fig. 17.24 ilustra a ação combinada de soluções complementares em diferentes edifícios. Melhoras no isolamento são responsáveis por quase metade de todo o potencial de economia nos dois casos mais antigos, enquanto a substituição de janelas representa o maior potencial de economia nos dois edifícios mais recentes. Em todos os casos, uma diminuição considerável na carga térmica foi alcançada, apesar do investimento mínimo para um retorno relevante ser menor em edifícios mais antigos.

Concluindo, os quadros demonstram uma grande divergência na economia obtida por medidas semelhantes aplicadas a edifícios de tipologias distintas. As características específicas do edifício determinam, em grande parte, o custo-benefício da intervenção. Por exemplo, a Fig. 17.24 mostra como a melhoria das janelas é a medida mais efetiva para o edifício alto de 1985, que não é tão efetiva nos outros edifícios. Outras discrepâncias poderiam ser encontradas se mais casos tivessem sido analisados. Programas de incentivo que pretendem impulsionar a requalificação de edifícios focada na eficiência energética devem priorizar a análise das condições atuais e as possíveis metas antes de investir em soluções específicas.

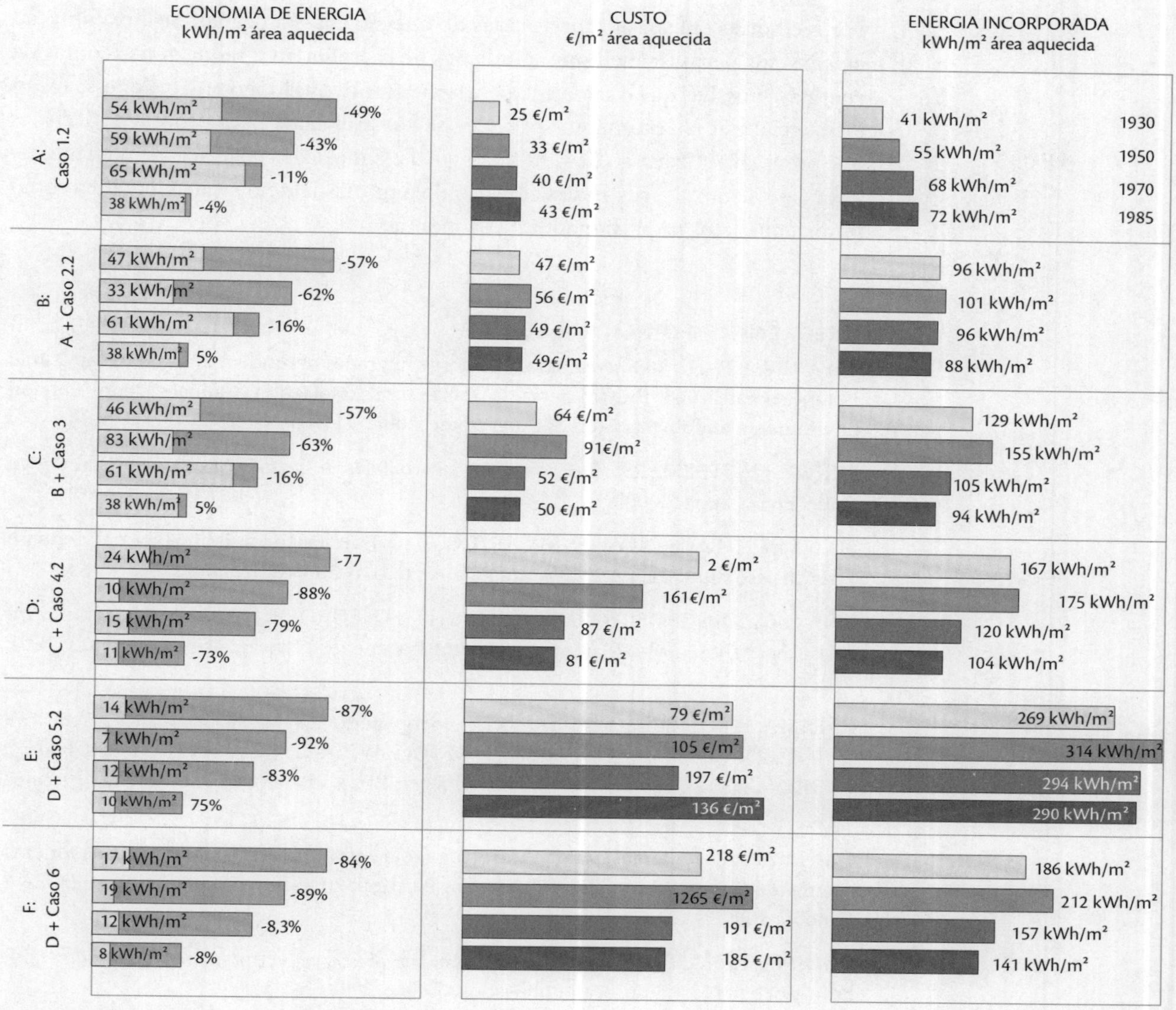

Fig. 17.24 Economias de energia pela combinação das estratégias. Caso 1.2: 50 mm de isolamento na parede externa; caso 2.2: 100 mm de isolamento na cobertura; caso 3: 100 mm de isolamento no piso térreo; caso 4.2: substituição de janelas; caso 5.2: parede solar; caso 6: galeria envidraçada
Fonte: Jorge Rodriguez Álvarez.

17.2.7 Considerações finais

Foi demonstrado que o *retrofit*, ou a requalificação, é uma estratégia eficiente para reduzir o consumo de energia e as emissões de edifícios. Em alguns casos, o custo econômico pode ser pago por meio da economia na conta de energia, mas isso é raramente considerado na tomada de decisões, fazendo com que programas de incentivo público sejam a principal alternativa para iniciar uma nova onda de renovações de edifícios existentes. Isso serviria bem como contrapartida da bolha imobiliária e da recessão econômica. A estagnação na construção pode ser parcialmente contrabalanceada pelo aumento na atividade de reabilitações. No entanto, se essa atividade for artificialmente sustentada por subsídios, a recuperação durará somente enquanto houver fundos para suportá-la.

Uma das principais características da propriedade imobiliária na Galícia e na Espanha é a vasta proporção de domicílios ocupados pelo proprietário, o que tem sido mencionado como uma fraqueza do sistema econômico espanhol, uma vez que previne a mobilidade de trabalhadores. Por outro lado, esse aspecto pode ser uma oportunidade para o *retrofit*, já que proprietários estão mais dispostos a pagar por melhorias em suas próprias casas do que em casas alugadas. Se a reabilitação de edifícios permitir melhores condições de moradia ou a redução nas contas de energia, é possível que o setor prospere sem incentivos a longo prazo. Por essa razão, é essencial que investimentos públicos sejam utilizados para promover decisões que previnam o fracasso de resultados finais. Suposições genéricas têm o risco de levar a expectativas frustradas, ameaçando o futuro da renovação energética como importante fator impulsionador da economia.

Referências bibliográficas

ÁLVAREZ, J. R. *Environmental retrofit*. Energy upgrades of residential dwellings in a mild atlantic climate. 2008. Tese (M.Arch.) - Architectural Association Graduate School. London. Environment and Energy Studies Programme, 2008.

BAKER, N.; STEEMERS, K. *Energy and environment in architecture:* a technical design guide. E&FN Spon, 2000.

BOZONNET, E. M.; DOYA, F.; ALLARD. Cool roofs impact on building thermal response: a french case study. *Energy and buildings*, v. 43, n. 11, p. 3006-3012, nov. 2011.

BPIE - BUILDINGS PERFORMANCE INSTITUTE EUROPE. *Europe's buildings under the microscope:* a country-by-country review of the energy performance of buildings. BPIE, 2011.

CADIMA, P. Retrofitting homes for better energy performance: the occupant's perspective. In: INTERNATIONAL CONFERENCE ON PASSIVE AND LOW ENERGY ARCHITECTURE, 26., 2009, Québec. *Proceedings...* Québec: PLEA - Passive and Low Energy Architecture, 2009.

CADIMA, P. *Transitional spaces:* the potential of semi-outdoor spaces as a means for environmental control with special reference to Portugal, 2000. Tese (Doutorado) - EESP; AA, London, 2000.

CADIMA, P.; NOEL, T.; SUTHERLAND, G. (Ed.). *Energy-efficient homes and buildings:* the beauty of efficiency. European Publications Office, 2008.

CAMPA, J. M. El sector construcción devolverá a España al crecimiento económico. *El mundo*, Madri, 19 fev. 2010. Disponível em: <http://www.elmundo.es/elmundo/2010/02/18/suvivienda/1266493649.html>. Entrevistador: Jason Webb. Madri: Reuters Entrevista concedida ao jornal El Mundo.

CASA CERTIFICADA. [s.d.]. Disponível em: <http://www.casacertificada.pt/empresas/solucao/sistemas-de-isolamento-termico>. Acesso em: 15 set. 2012.

COOL ROOFS. *Promotion of cool roofs in the EU*. National and Kapodistrian University of Athens, Athens, [s.d.]. Disponível em: <http://ec.europa.eu/energy/intelligent/projects/en/projects/cool-roofs>.

CUCHÍ, A.; SWEATMAN P. *Una visión-país para el sector de la edificación en españa:* hoja de ruta para un nuevo sector de la vivienda. Fundación Conama, 2011.

DEMERS, C.; POTVIN, A. (Ed.). Architecture, energy and the occupant's perspective. In: INTERNATIONAL CONFERENCE ON PASSIVE AND LOW ENERGY ARCHITECTURE, 26., 2009, Québec. *Proceedings...* Québec: PLEA - Passive and Low Energy Architecture, 2009.

EDIFÍCIOS E ENERGIA. Lisboa, set./out. 2013. Disponível em: <http://www.edificioseenergia.pt/pt/a-revista/edicao/revista-setembro-outubro-2013>.

EUROSTAT. Disponível em: <http://appsso.eurostat.ec.europa.eu>. Acesso em: 15 set. 2012.

HASMAN, M.; LEE, K.; MIKUS, J.; and WOLF, J. *The Galerías of Calderería and Toural, two historic buildings in Santiago de Compostela, Spain:* an exploration of environmental and architectural aspects. 2010. Projeto de curso - Architectural Association Graduate School. Environment and Energy Studies Programme, Londres, 2010.

INE - INSTITUTO NACIONAL DE ESTADÍSTICA. Censo oficial de población y viviendas de 2001. Disponível em:<http://www.ine.es/censo2001/>Acesso em: 30 nov. 2014.

KRUGMAN, P. *Notes on the eurobubble.* Paul Krugman's Blog on The New York Times, 2001.

LÓPEZ, J. R. *Situación y perspectivas futuras en el sector inmobiliario en España.* Ministerio de Fomento, 2006.

LUXÁN, M. La perspectiva integral de la rehabilitación urbana. In: Congreso Nacional del Medio Ambiente, 9., 2008, Madri. *Proceedings...* Madri: CONAMA 9, 2008.

MAZZALI, U.; PERON, F.; ROMAGNONI, P. et al. Experimental investigation on the energy performance of Living Walls in a temperate climate. *Building and Environment*, v. 64, p. 57-66, 2013.

MINISTERIO DE FOMENTO. *Atlas Digital de Áreas Urbanas,* 2012. Disponível em: <http://atlas.vivienda.es/>. Acesso em: 30 nov. 2014.

NAREDO, J. M. El modelo inmobiliario español y sus consecuencias. *Boletín CF+S44* Tierra y Libertad, 2010.

MINISTERIO DE OBRAS PÚBLICAS Y URBANISMO. *NBE-CT-79:* Norma básica de la edificación sobre condiciones térmicas de los edificios. MOPU, 1979.

NBHBP - NATIONAL BOARD OF HOUSING, BUILDING AND PLANNING. Housing statistics in the European Union. Sweden and Ministry for Regional Development of the Czech Republic. Boverket, 2005.

PÉREZ, J. M. G. The real state and economic crisis: an opportunity for urban return and rehabilitation policies in Spain. *Sustainability,* v. 2, n. 6, p. 1571-1601, 2010.

PUGH, T. A. M.; MACKENZIE, A. R.; WHYATT, J. D.; HEWITT, C. N. The effectiveness of green infrastructure for improvement of air quality in urban street canyons. *Environmental Science & Technology*,v. 46, ano 14, p. 7692-7699, 2012.

SERANTES, F. C. *El ajuste del sector inmobiliario español.* Ministério de Fomento, 2012.

TRACHTE, S.; HERDE, A. de. *Advanced and sustainable housing renovation.* International Energy Agency Solar Heating and Cooling Programme, 2010.

ZINZI, M.; ROMEO, C. Report on the five case studies and analysis of the results, COOL ROOFS - Promotion of Cool Roofs in the EU, ENEA, 2010.

O desempenho ambiental e a requalificação de edifícios altos no centro de São Paulo, com foco na habitação de interesse social

18

Joana Carla Soares Gonçalves
Joanna Perez Conceição
Sandra Mayumi Morikawa
Mônica Dolce Uzum

Ao contrário do que é visto nas cidades dos países industrializados, onde grande parte do estoque de edifícios necessário até 2050 já está construído (Kleemann et al., 2000; Ravetz, 2008), não se pode negar que o grande atrativo de mercado do setor da construção em países em desenvolvimento e de economias emergentes continua sendo a construção de edifícios novos (WBCSD, 2007). Segundo informação publicada pela Agência Câmara de Notícias (2011), só no Brasil o déficit habitacional em 2011 chegava à marca dos 5,5 milhões de unidades.

Contudo, vale destacar que em grandes cidades de economias emergentes, como São Paulo, a requalificação e a reocupação de edifícios existentes, localizados em bairros centrais, têm um papel fundamental para as políticas habitacionais, com ganhos socioeconômicos e ambientais associados às vantagens do adensamento populacional, como aqueles resultantes da redução dos deslocamentos urbanos.

18.1 O centro de São Paulo e seus edifícios altos residenciais

Em São Paulo, a reabilitação de edifícios vazios e deteriorados para o uso residencial em bairros do centro vem despertando o interesse do mercado e do poder público, tendo em vista o valor de venda ainda alto do imóvel localizado na região central, e todas as vantagens associadas à infraestrutura urbana de serviços básicos já instalada. Em 2004, a Emurb (Empresa Municipal de Urbanização) anunciou o plano de intervenção no centro intitulado Ação Centro, com o objetivo principal de criar oportunidades para o mercado para a habitação de interesse social e, juntamente com isso, promover a requalificação de determinadas áreas urbanas centrais. Uma das áreas de maior projeção desse projeto de intervenção pública foi o conjunto de quadras do bairro de Santa Ifigênia, conhecido como região da Luz, inicialmente denominado Perímetro de Reabilitação Integrada do Hábitat da Luz (PRIH-LUZ), abrangendo 25 quarteirões e aproximadamente 300.000 m^2. Atualmente, essa área coincide com o perímetro de incentivo fiscal da Prefeitura (PMSP, 2005). Em 2009, a Prefeitura anunciou os planos de um processo de transformação radical da região da Luz, visando ao adensamento construtivo e populacional desse conjunto de quadras, incluindo a demolição de uma grande parcela dos edifícios de pequeno, médio e grande porte (PMSP, 2009). Em 2012, o novo governo da cidade paralisou o projeto de intervenção na região.

Em julho de 2010, a Prefeitura de São Paulo aprovou a Lei 15.234/2010 (Decreto 51.920/2010), instituindo o IPTU progressivo, que atinge imóveis como edifícios abandonados e terrenos baldios. Após notificação da Prefeitura ao proprietário, caso o aproveitamento do imóvel não seja adequado, a alíquota do imposto predial passa a sofrer aumentos progressivos, podendo, em cinco anos, atingir até 15% do valor venal.

Uma grande parte dos edifícios altos residenciais construídos para a população de renda média e baixa nos bairros centrais da cidade, entre as décadas de 1930 e 1960, adotou a tipologia da unidade residencial do quitinete, sendo esse um único cômodo para o cumprimento das várias funções do habitar, em média com uma área típica de 28 m^2 (Sampaio et al., 2002). O interesse mercadológico pelo coeficiente máximo de aproveitamento do lote, combinado à replicação da unidade mínima do quitinete, resultou em edifícios altos com elevadas taxas de ocupação.

Na década de 1950, a tipologia dos apartamentos quitinete se multiplicou em resposta às necessidades de uma classe média que se mudava para o centro, resultando no que acabou virando a base para a acomodação da habitação social na região. Nas décadas seguintes, deu-se início a um processo de desvalorização e esvaziamento dos bairros centrais, uma vez que a classe dominante preferiu a exclusividade de bairros mais afastados, impulsionada pelo desenvolvimento da indústria automobilística e políticas rodoviárias. A desvalorização e o esvaziamento de grande parte dos edifícios deu margem às ocupações irregulares, os conhecidos cortiços, e a degradação da construção. Cortiços são domicílios improvisados e coletivos, localizados em casas e edifícios, que se destinam à moradia da mão de obra sem qualificação utilizada na indústria de confecções. A palavra cortiço apareceu mesmo antes da popularização do termo operário e da expressão casa operária. O cortiço não era bem uma casa, mas um conjunto de habitáculos singelos em que havia a superposição total de todas as funções da habitação (Lemos, 1998).

Fig. 18.1 Quadra no bairro da Santa Ifigênia no centro de São Paulo, que chegou ao início dos anos 2000 com um aglomerado de edifícios altos degradados, abandonados e cortiçados.
Foto: Joana Carla Soares Gonçalves.

Em 1940, o centro de São Paulo abrigava 33,4% da população da cidade, número este que caiu para 3,13% em 2000, segundo dados do IBGE (2010). Na primeira década de 2000, o centro de São Paulo concentrava aproximadamente 40.000 edifícios vazios em mau estado de conservação (Fig. 18.1) (Bomfim, 2004). Paradoxalmente, a cidade vem sofrendo o maior déficit habitacional desde a década de 1980. Como consequência desse déficit, 50% das habitações construídas nos últimos 20 anos são informais ou ilegais. Em 1991, a população que morava em favela era de 891.679, cerca de 9,24% da população total (9.646.185), e em 2000 essa população cresceu para 1.160.590, cerca de 11,12% da população total (10.434.252) (PMSP, 2008).

Assim, enquanto a periferia cresce longe do emprego, do serviço público e da infraestrutura urbana, o centro da cidade dispõe de uma alta densidade construtiva e baixa densidade habitacional. Nesse contexto, como mencionado anteriormente, o estoque de edifícios degradados e vazios vem se tornando um atraente potencial mercado para habitação, pelas facilidades da infraestrutura disponível e a proximidade das diversas atividades econômicas que o centro da cidade ainda oferece.

Por outro lado, apesar de o valor do imóvel localizado nos bairros centrais despertar o interesse do mercado pela requalificação, ele se torna uma restrição de ordem financeira. Segundo informações do projeto Reabilita (Zmitrowicz; Bomfim, 2007), os custos de aquisição de um imóvel antigo representam o primeiro e o maior empecilho para os projetos de requalificação, uma vez que, embora em estado de degradação física, em virtude das facilidades da infraestrutura existente, eles ainda apresentam um valor econômico significativamente elevado quando comparados à construção de novos edifícios em bairros fora da região central. O projeto Reabilita, da Escola Politécnica da Universidade de São Paulo, elaborou em 2007 diretrizes para intervenções de requalificação em edifícios deteriorados em centros urbanos consolidados, para a habitação de interesse social, com estudos de caso nas cidades de São Paulo, Salvador e Rio de Janeiro. O trabalho listou e analisou determinados aspectos da reabilitação de edifícios, como legislação, planos de financiamentos, projetos (de arquitetura, estrutura e instalações prediais), custos e tecnologias de sistemas economizadores das instalações prediais. No Centro de São Paulo, foram quatro os casos estudados: o Edifício Riskallah Jorge (17 pavimentos), Edifício Maria Paula (12 pavimentos), Edifício Labor (9 pavimentos) e Edifício Hotel São Paulo (21 pavimentos). O custo médio para reabilitação dos casos estudados foi estimado na ordem de R\$ 455,00/m^2 (data base de junho de 2005); no mesmo período, o custo médio de construção de novas unidades habitacionais de interesse social do PAR (Programa de Arrendamento Residencial) era de R\$ 615,00/m^2.

Em 2010, sob a iniciativa da Companhia de Habitação de São Paulo (Cohab-SP), o programa Renova Centro foi lançado, com o intuito da compra e conversão de 53 edifícios da região central em unidades de habitação social. O programa não só faz uso das vantagens socioeconômicas anteriormente citadas, mas também considera os ganhos indiretos provenientes da economia na implementação de infraestrutura necessária para novos conjuntos habitacionais nas bordas da cidade.

O objeto do programa extrapola a criação de novas unidades habitacionais, repensando a cidade e sua manutenção orçamentária como um todo, envolvendo interesses de diversas secretarias e reforçando a ideia de uma cidade compacta, ao invés da cultura de expansão periférica. Retomando uma intenção já ensaiada, a forma de uma política sistêmica de aquisições imobiliárias permite que o programa Renova Centro possua o potencial de ditar a prática usual na requalificação dos edifícios vazios e deteriorados do centro de São Paulo, que potencialmente será seguida pelo mercado imobiliário.

18.2 Possibilidades arquitetônicas da requalificação e o seu desempenho ambiental

A fim de definir o conjunto de ações para a recuperação de edifícios existentes, o termo *retrofit* é comumente utilizado no contexto internacional (e também pela maioria dos agentes do mercado brasileiro), com foco na renovação tecnológica de sistemas prediais, em prol de uma maior eficiência energética do edifício. No contexto dessa reflexão crítica, o objetivo da intervenção em edifícios existentes está ligado à "atribuição de qualidade a", ou seja, considera-se que a intervenção promova a qualidade ambiental do edifício, indo além dos limites da eficiência energética. Assim, o termo aqui adotado para se referir à intervenção em um edifício existente visando à atribuição de qualidade é *requalificação*.

A planta tipo dos edifícios altos do centro da cidade, destinados primordialmente à tipologia da quitinete, é caracterizada por unidades residenciais com 28 m^2 de área, em média, sendo essas estreitas e relativamente profundas, servidas por corredores longos, estreitos, escuros e muitas vezes úmidos por serem mal ventilados (Uzum, 2011). Além da baixa qualidade ambiental, comum na maioria dos casos, as unidades residenciais e as circulações horizontais e verticais normalmente não atendem aos requisitos mínimos da atual legislação de combate a incêndio, desenho universal e acessibilidade (Garcia, 2009).

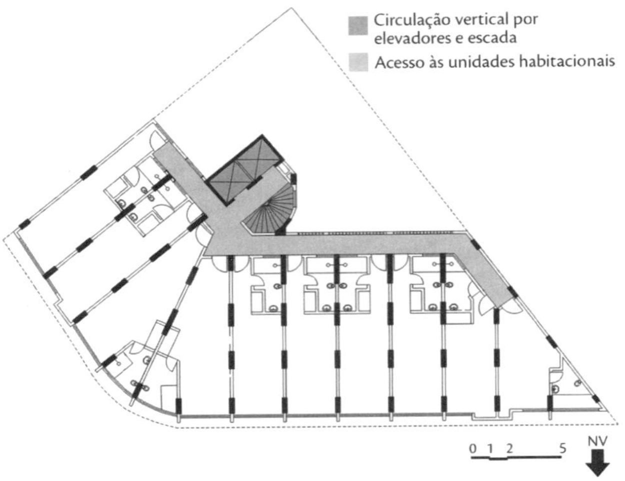

Fig. 18.2 Planta de um dos pavimentos tipo do edifício Santa Josefa, no bairro de Santa Ifigênia, em São Paulo, com o desenho original dos apartamentos quitinete

Em geral, o *layout* de apartamentos quitinete apresenta quartos junto à única fachada externa, em detrimento da cozinha, da sala e do banheiro. Os projetos originais não previam divisões internas entre ambientes, objetivando a penetração da iluminação e da ventilação natural em todo o ambiente. Entretanto, como observado na pesquisa de Uzum (2011), na ocupação real são introduzidas divisórias entre sala e quarto para uma maior privacidade, que, em contrapartida, acaba comprometendo a qualidade ambiental dos ambientes afastados das janelas (Figs. 18.2 a 18.4).

Fig. 18.3 Interior de um dos apartamentos quitinete no edifício Santa Josefa, mostrando a inserção de divisórias internas e demais adaptações do espaço feitas pelos moradores
Fotos: Mônica Dolce Uzum.

Em termos de desempenho ambiental, estudos analíticos desenvolvidos por Uzum (2011) e Morikawa (2012) mostraram como as condições de salubridade e de conforto térmico podem ser comprometidas no verão, essencialmente pela ventilação insuficiente, e no inverno, pela falta de isolamento térmico das janelas (cuja metade não possui o painel externo de vidro) e infiltração excessiva. A qualidade ambiental é ainda mais sacrificada pelas condições precárias de iluminação natural consequentes da profundidade das plantas do cômodo único.

Vale observar que casos recentes de requalificação de edifícios residenciais para população de baixa renda no centro de São Paulo se tornaram essencialmente recuperação de fachadas e reposição de sistemas prediais, sem incluir aspectos fundamentais da qualidade ambiental da unidade residencial. A exemplo disso, a reforma do edifício Santa Josefa (localizado em frente à Estação Júlio Prestes), realizada em 2007 como parte do programa Monumenta limitou-se à recuperação das fachadas. O Monumenta é um programa do Ministério da Cultura, que visa à recuperação sustentável do patrimônio histórico urbano brasileiro tombado pelo IPHAN (Instituto de Patrimônio Histórico e Artístico Nacional) e sob tutela federal. O programa oferece financiamentos para reforma em imóveis privados com taxa de juros zero e prazos que variam de dez a vinte anos para obras de recuperação das fachadas (Governo Federal, 2007).

Fig. 18.4 Edifício Santa Josefa inserido na paisagem urbana do bairro de Santa Ifigênia
Foto: Mônica Dolce Uzum.

Ao lado dos edifícios residenciais, um estoque significativo de edifícios altos projetados para o uso de escritórios ao longo das últimas décadas divide as quadras urbanas do centro com os residenciais, guardando um potencial adicional para o aumento da oferta de moradia. Uma vez que as áreas de laje e pé-direito típicos desses edifícios não atendem aos requisitos do mercado de edifícios comerciais que crescem na cidade de São Paulo, a conversão para o uso residencial abre uma nova oportunidade para a reocupação dessas estruturas.

Edifícios previamente comerciais requerem um grau maior de intervenção, quando comparados com os edifícios residenciais existentes, dado o requerido grau de demolição (por causa da compartimentação dos cômodos) ou de construção (para plantas livres), além da necessidade de novas prumadas hidráulicas e elétricas. Ademais, apresentam um desafio maior com relação à iluminação natural e ventilação após a nova compartimentação das unidades, dados os pré-requisitos distintos e o menor pé-direito. Uma maior exposição em área de janelas também é recorrente nessa tipologia, geralmente sem proteção solar. Apesar do grau elevado de intervenção, essa tipologia oferece em retorno maior oportunidade de redesenho da fachada de acordo com o dimensionamento devido.

18.2.1 Desempenho térmico: clima e arquitetura

Com o objetivo comum de gerar diretrizes projetuais para a requalificação de edifícios altos residenciais voltados originalmente para a tipologia da quitinete, assim como para a conversão de antigos edifícios comerciais do centro da cidade, um conjunto de estratégias de projeto em busca de um melhor desempenho ambiental foi formulado por Conceição (2010), Uzum (2011) e Morikawa (2012), partindo de uma análise criteriosa do clima, da tipologia arquitetônica e do padrão de uso e ocupação característico do setor residencial em São Paulo, em particular, da habitação social.

O clima subtropical de altitude de São Paulo (latitude 23° 24'S, 720 m a 850 m acima do nível do mar) apresenta temperaturas amenas durante a maior parte do ano, com a ocorrência de dias quentes no verão e noites frias no inverno. O diagnóstico climático do clima da cidade de São Paulo foi realizado com base nos dados climáticos extraídos do arquivo da ASHRAE (2009). No verão, verifica-se a necessidade de proteção solar durante o dia e da ventilação natural durante o dia e a noite. Por outro lado, em princípio, o alcance do conforto térmico no interior da habitação nos dias de inverno está totalmente atrelado ao controle da ventilação natural e ao acesso da radiação solar.

Embora as temperaturas médias se mantenham ao redor de 20 °C e a umidade relativa média seja elevada, é importante atentar para a influência da alta taxa de urbanização nos microclimas da cidade, com bairros inteiros marcados pela poluição sonora e do ar, além da contínua dissipação de calor proveniente das atividades antropogênicas, dos edifícios e dos automóveis. Como resultado, ao mesmo passo em que a densidade construída oferece sombreamento (Tarifa; Armani, 2000) e os gabaritos irregulares dos edifícios agem em favor de uma melhor ventilação urbana (Mello, 2012), o efeito da ilha de calor é evidente nos bairros centrais da cidade.

Em São Paulo, a temperatura e a umidade relativa do ar apresentam uma variação considerável ao longo do dia, durante a maior parte do ano. Essas flutuações são responsáveis pela fama de a cidade ter "as quatro estações do ano em um mesmo dia", com temperaturas mais baixas nas primeiras horas do dia e que chegam a ultrapassar a marca dos 30 °C no princípio da tarde, em dias típicos de verão, ou mesmo durante o outono e a primavera. Por essa razão, um mínimo de quatro dias distintos é necessário para ilustrar as condições climáticas típicas de São Paulo, sendo: dia chuvoso de verão, dia ensolarado de verão, dia típico de inverno e dia ensolarado de inverno (Fig. 18.5).

Apesar de a ventilação ser a principal estratégia para a remoção do calor em climas como o de São Paulo (em que a temperatura do ar não tende a subir acima dos 32 °C) (Szokolay, 2003), deve-se considerar que as temperaturas do vento podem chegar aos 30 °C no verão, quando o fechamento das janelas pode levar a temperaturas internas mais amenas. Também é importante lembrar que embora o denso contexto urbano possa mudar os padrões dos ventos, a orientação NE-SE das quadras favorece a exposição dos edifícios aos ventos predominantes do SE.

Em relação ao consumo de energia por usos finais do setor residencial, de acordo com estudos apresentados por Ghisi, Gosch e Lamberts (2007), nem o ar-condicionado no verão, tampouco a calefação no inverno, tem implicações expressivas. O baixo índice de utilização de sistemas de climatização no Brasil indica que os brasileiros encontram formas alternativas a esses sistemas ou simplesmente não apresentam demanda desses recursos para atingirem conforto térmico.

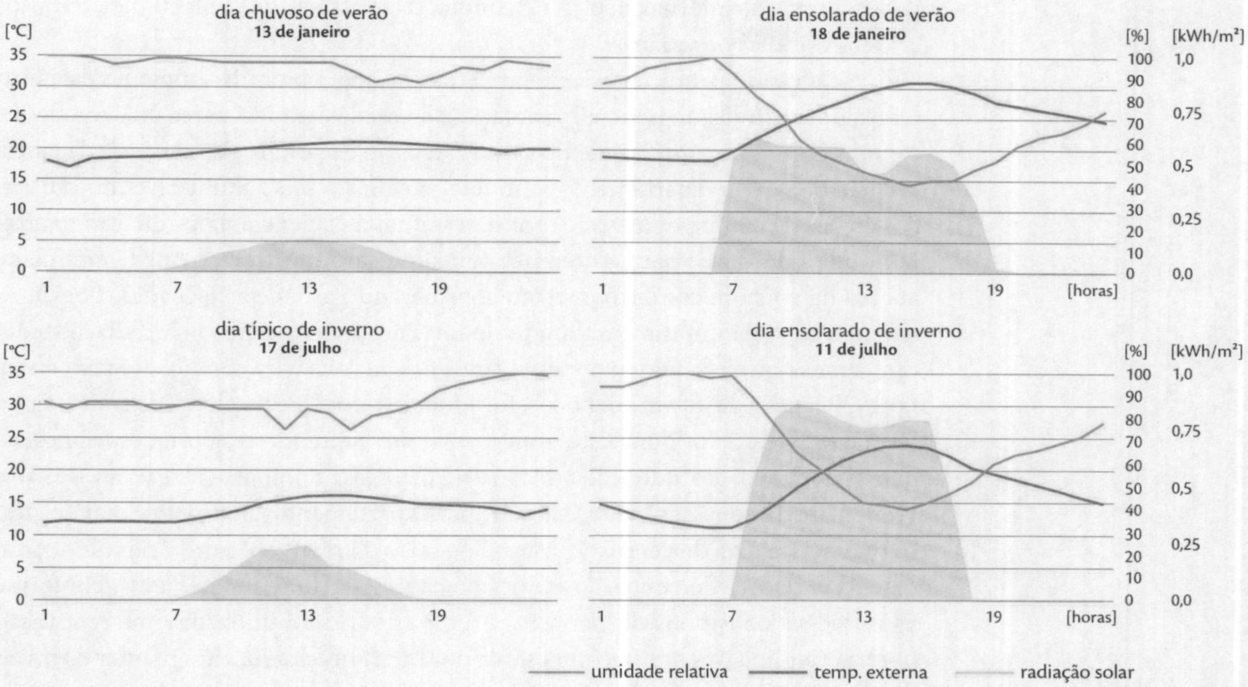

Fig. 18.5 Dias típicos do clima de São Paulo, incluindo um dia chuvoso e outro ensolarado no verão, seguidos por um dia nublado e outro ensolarado no inverno
Fonte: Morikawa (2012).

Em contrapartida, o mesmo estudo indica que o uso de sistemas de ar-condicionado está relacionado ao poder aquisitivo dos usuários, em detrimento das condições climáticas locais. Ou seja, com o aumento do poder de consumo da sociedade brasileira, o uso do ar-condicionado em edifícios residenciais e a consequente demanda pela energia elétrica tendem a crescer (inclusive em edifícios da habitação social), mesmo em cidades como São Paulo, onde o clima, em princípio, não leva a essa demanda. Nesse momento de mudanças comportamentais, com o risco de sérias implicações ambientais, a busca pela boa qualidade ambiental em edifícios residenciais (incluindo os da habitação social) tem um papel determinante na reversão da preferência pela climatização artificial.

Além das condições térmicas, vale lembrar que problemas de ruído e poluição do ar levam o usuário do ambiente interno a fechar as janelas em períodos em que a ventilação pode ser um recurso necessário para o conforto, o que pode agravar a tendência já mencionada da adoção de meios de climatização artificial. Por outro lado, sabe-se que os períodos mais críticos de ruído e poluição são durante o dia, em especial nas horas de pico do transporte, e não durante a noite, fato esse que tende a preservar o conforto ambiental noturno dos moradores.

Uma avaliação preliminar de desempenho térmico de uma unidade tipo, do apartamento quitinete, foi realizada por Uzum (2011), utilizando o método de cálculo da temperatura efetiva (TE). O cálculo da temperatura efetiva apresentada por Frota e Schiffer (2001) foi originalmente desenvolvido pelo centro francês de pesquisas na área de tecnologia da construção, CSTB (Centre Scientifique et Technique du Bâtiment).

Como resultado, os estudos apontaram a influência favorável da capacidade térmica da construção, com paredes externas e internas de tijolo maciço, em manter a temperatura efetiva no cômodo único da quitinete abaixo do limite de 28 °C, nos dias de calor. A consequente inércia térmica da massa das paredes mantém as temperaturas internas dentro de condições aceitáveis de conforto nos horários críticos dos dias de verão.

Vale ressaltar que os cálculos mostraram que o bom desempenho está atrelado a uma condição essencial: ventilação adequada em toda a área do cômodo durante as horas de ocupação. Sendo assim, a relação entre a área de abertura da janela e a área de piso do apartamento quitinete provou ser um parâmetro definidor das condições de conforto no verão, por determinar a eficiência da ventilação natural. Já no período de inverno, as temperaturas internas mostraram cair ligeiramente abaixo da zona de conforto, mesmo considerando as janelas fechadas. Por outro lado, no caso de um dia ensolarado de inverno, a contribuição da radiação solar direta mostrou elevar as temperaturas internas de volta para condições mais confortáveis. Para esses estudos analíticos, foi adotado o coeficiente global de transmissão térmica (U) de 3,90 $W/m^2 \cdot K$, com *inércia média*, sendo essa uma especificação bem aproximada do realizado em construções dessa tipologia entre os anos 1940 e 1960 (auge da construção dos edifícios para apartamentos quitinetes). Para os meses quentes, a taxa de ventilação variou de seis a 23 renovações horárias, de acordo com as variações de ocupação e a orientação solar, consequentemente, conforme as variações de ganhos de calor. Para o mês de frio foi utilizada uma renovação horária mínima (menos que uma troca por hora) necessária para manter os níveis de salubridade.

18.3 Ocupação e demanda energética

A crise do apagão no cenário energético brasileiro de 2001 mostrou o potencial efetivo de redução do consumo de energia por meio da consciência coletiva, da melhora de hábitos de consumo do ocupante e do aperfeiçoamento da tecnologia. No âmbito das edificações, o setor residencial mostrou a economia mais significativa, com uma redução de 28,2% no consumo. Durante esse período, os brasileiros tiveram de aprender a improvisar para evitar as multas das concessionárias, caso a porcentagem de redução prevista para cada mês não fosse cumprida. Como exemplo disso, grande parte dos consumidores de energia substituíram os bulbos incandescentes em suas casas por lâmpadas mais eficientes, desligaram aparelhos eletrônicos da tomada quando não estivessem sendo utilizados e evitaram o hábito de abrir a porta da geladeira várias vezes durante o dia.

Somente pela substituição das lâmpadas incandescentes pelas fluorescentes, a redução no consumo de energia para iluminação pode chegar a quase 75%. Além disso, a lâmpada incandescente de 40 W proporciona 516 lm, enquanto a fluorescente pode proporcionar um pouco mais, 590 lm, com menor potência, de apenas 11 W, ou seja, mais luz com menos consumo de energia.

Além da iluminação artificial, equipamentos podem ser responsáveis por grande parte do consumo de energia elétrica, mesmo quando desligados (em virtude do modo *standby*). O estudo da WWF-Brazil (2007) estima que equipamentos possam representar 10% do consumo energético nos setores residencial e comercial (com a potência do *standby* limitada a 1 W, o consumo de equipamentos pode reduzir em até 20%). Segundo Januzzi (2007) geladeiras e *freezers* representam o maior potencial na redução do consumo energético em equipamentos eletrodomésticos, uma vez que 30% das geladeiras no Brasil têm mais de 10 anos de uso. Se elas fossem substituídas por modelos mais atuais e eficientes, a redução poderia chegar até 55% em relação ao consumo convencional.

No entanto, lamentavelmente, a economia gerada em 2001 já não é mais vista. Uma vez que o cenário energético voltou ao normal após o apagão, a porcentagem de redução de consumo deixou de ser obrigatória nas faturas mensais e, aos poucos, os brasileiros voltaram ao padrão de consumo anterior à crise.

A fim de quantificar o impacto do comportamento do usuário no que tange ao consumo de energia elétrica atrelado ao uso de eletrodomésticos em uma unidade residencial quitinete, Conceição (2010) realizou uma análise comparativa entre uma série de cenários, variando aspectos do uso e da ocupação, assim como dados da eficiência energética desses equipamentos. Seu objetivo foi avaliar o impacto do uso mais consciente e planejado de equipamentos eletrodomésticos e da iluminação artificial na unidade residencial. Assim, três cenários reproduzem um conjunto de medidas adotadas na época do apagão, quando as pessoas recorreram a equipamentos mais eficientes e reduziram as suas horas de uso, em busca de economias imediatas no consumo de energia elétrica em todo o país (Fig. 18.6). Para esses estudos, a posse média de equipamentos eletrodomésticos foi extraída do recomendado por Ghisi, Gosch e Lamberts (2007).

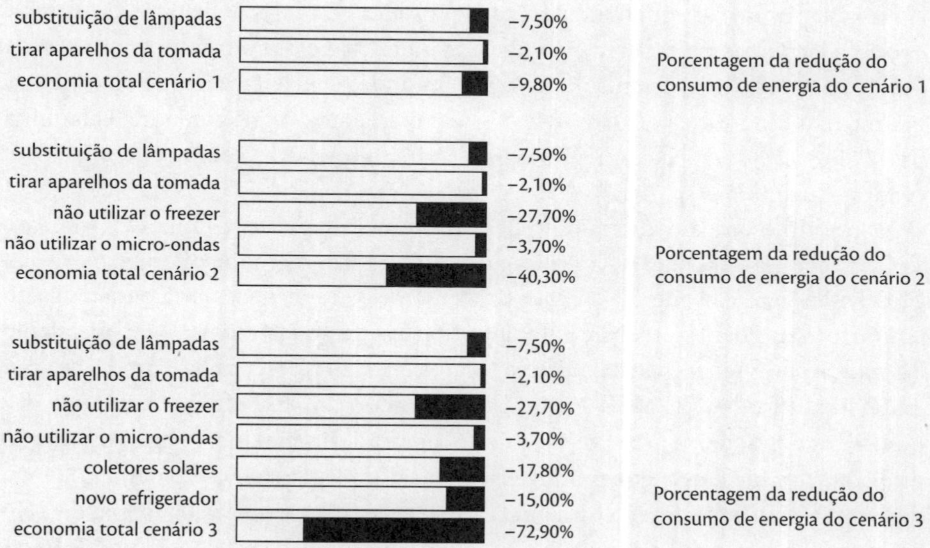

Fig. 18.6 Porcentagem da redução no consumo de energia para os cenários 1, 2 e 3, contemplando diferentes padrões de uso de equipamentos eletrodomésticos
Fonte: Conceição (2010).

A Tab. 18.1 mostra o consumo diário de um caso-base para um apartamento do tipo quitinete, típico dos edifícios localizados no centro de São Paulo, que inclui: três lâmpadas incandescentes, uma geladeira, um *freezer*, um chuveiro elétrico, uma televisão, um aparelho de som, um ferro de passar roupas, uma máquina de lavar roupas e um forno micro-ondas.

O cenário 1 envolve medidas razoavelmente simples, como trocar as lâmpadas incandescentes por fluorescentes e tirar aparelhos eletrodomésticos da tomada quando não estiverem em uso, para evitar o consumo em modo *standby*, como acontece comumente com aparelhos de televisão, som e micro-ondas. A economia após cada medida é de 7,5% pela troca de lâmpadas e 2,1% ao evitar o consumo de *standby*. Considerando ambas as medidas, a redução total para o cenário 1 chega a 9,8% de consumo.

Tab. 18.1 Consumo de energia elétrica do caso-base de uma unidade do tipo quitinete

	Wh/dia	kWh/mês	horas por dia	dias de uso
iluminação	1.200,00	36,00	4,00	30
refrigerador	2.924,00	87,72	24,00	30
freezer	3.200,00	96,00	24,00	30
chuveiro elétrico	2.410,00	72,30	0,75	30
televisão	350,00	10,50	3,00	30
aparelho de som	433,00	12,99	1,00	30
ferro de passar roupas	1.000,00	12,00	1,00	12
máquina de lavar roupas	575,00	6,90	1,00	12
micro-ondas	425,00	12,75	0,30	30
total	12.517,00	347,16		

Já o cenário 2 acrescenta medidas um pouco mais rigorosas às ações do cenário 1: evitar o uso de equipamentos que não sejam fundamentais para a rotina de ocupação, como o *freezer* (uma vez que a geladeira já possui um compartimento de *freezer*) e o forno micro-ondas, cujas funções podem perfeitamente ser executadas no fogão ou no forno. A exclusão desses equipamentos representa uma economia de 27,7% e 3,7%, respectivamente. Sendo assim, o total de economia gerado nesse cenário é de 40,3%.

O último cenário, de número 3, envolve medidas mais complexas. Além de incluir as ações dos cenários anteriores, considera como grande diferencial, a substituição de 85,5% da energia elétrica proveniente da rede, necessária para o uso do chuveiro elétrico, pela energia gerada por placas de aquecimento solar. O cálculo da geração de energia pelos coletores solares foi realizado com base no Decreto n. 49.149 de 21/01/2008 (PMSP, 2007). Considerando um edifício que acomode dez quitinetes por andar, a área limitada de cobertura seria suficiente para a instalação de 312 coletores solares, que produzem energia limpa para 85,5% da demanda total de energia para aquecimento de água. Considerando uma demanda inicial de 347,1 kWh/mês, o cenário 3 é capaz de reduzir esse número para 94 kWh/mês. A economia gerada pelos três cenários apresentados também representa uma redução de custos significativa na conta mensal de energia elétrica da unidade residencial, podendo chegar a 73%.

Além disso, incorpora-se a sugestão apresentada no estudo de Januzzi (2007), de substituir a geladeira convencional por um modelo mais eficiente, assumindo que a existente/usual tenha 10 anos ou mais de uso. Com a primeira mudança, a redução no consumo chega a 17,8%, seguida por outros 15% com a troca de geladeiras, totalizando 72,9% de economia em relação ao caso-base.

Por outro lado, vale chamar a atenção para o risco de a economia alcançada com equipamentos ou sistemas mais eficientes resultar em um consumo de energia adicional, pela maior frequência de uso do mesmo produto, ou seja, por uma questão comportamental. Esse risco é conhecido como o *efeito ricochete*, que pode ser direto ou indireto (WBCSD, 2007).

18.4 Flexibilidade e sustentabilidade

18.4.1 Do comercial para o residencial

O exercício de projeto de conversão do edifício comercial para o residencial usou como referência as premissas do projeto Renova Centro, em desenvolvimento pela Cohab-SP. Da amostra de edifícios construídos originalmente para o uso comercial e selecionados pelo programa, verificou-se a altura média de 11 pavimentos (térreo mais dez). A malha urbana irregular do centro da cidade, com suas quadras e lotes de diversas dimensões é refletida na grande variação de proporções no conjunto dos edifícios analisados.

Em sua maioria, os edifícios seguem a tradição construtiva da década de 1960, tendo lajes de concreto, paredes externas de blocos de concreto e paredes internas de tijolos maciços. Com áreas de 170 m² até 460 m² em seus andares tipo, os edifícios podem apresentar plantas compartimentadas ou livres, exigindo uma grande alteração de *layout* em ambos os casos, para a sua requalificação e adaptação para o programa habitacional, especialmente por necessitarem de novas prumadas hidráulicas e elétricas (Figs. 18.7 e 18.8).

O fato de muitos dos edifícios apresentarem fachadas laterais cegas indica um desafio ainda maior para a mudança de *layout*, pois o acesso limitado à fachada acaba incorrendo no desenho de ambientes mais profundos. Com o intuito de cumprir os requisitos de iluminação e ventilação, muitos dos edifícios construídos há 50 anos ou mais já foram feitos com pátios centrais ou laterais. Morikawa (2012) verificou o desempenho ambiental das novas propostas, com foco na contribuição dos pátios para a ventilação e iluminação natural das unidades habitacionais, por meio de procedimentos analíticos de simulação computacional.

O alto valor imobiliário dos edifícios se torna um importante dado de projeto para a requalificação dos edifícios, pois, a fim de garantir a viabilidade dos empreendimentos, os edifícios do programa Renova Centro possuem uma média maior de

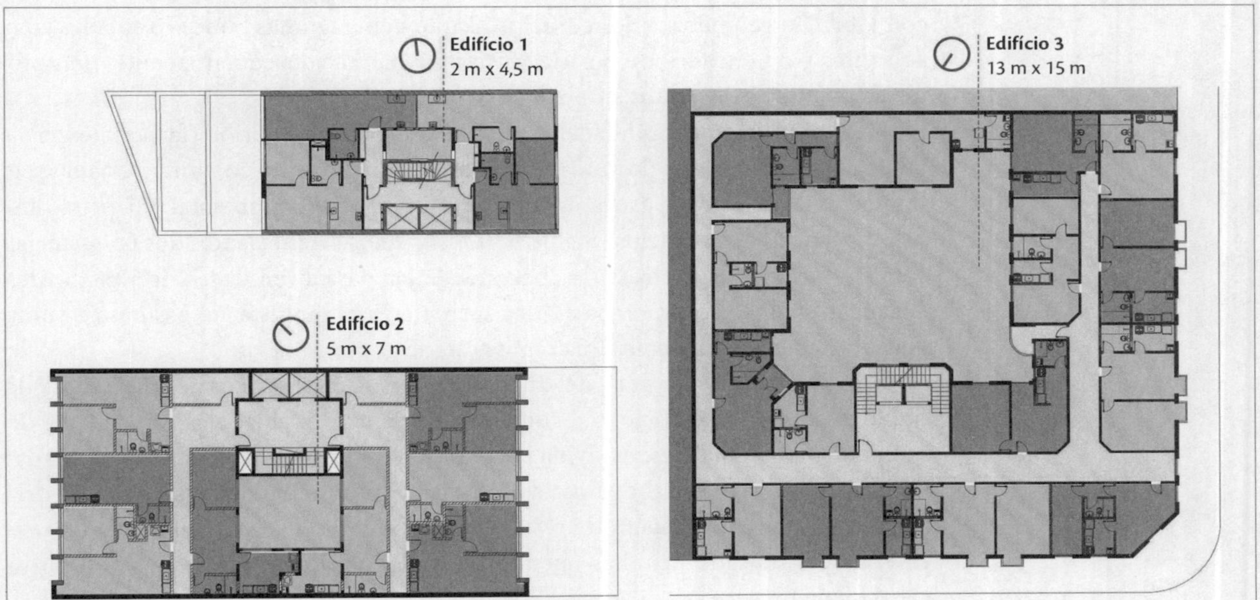

Fig. 18.7 Pavimento tipo de três dos edifícios do programa Renova Centro, em desenvolvimento pela Cohab-SP, com a proposta do novo *layout* de unidades residenciais Fonte: Morikawa (2012).

Fig. 18.8 Um dos edifícios do programa Renova Centro, originalmente de uso comercial, a ser convertido para o uso residencial. Vista da fachada externa, pátio e interno Fonte: Morikawa (2012).

unidades por área construída, e as unidades, por sua vez, possuem uma metragem reduzida para se enquadrarem nos limites de financiamento disponíveis. Dadas as características das plantas dos edifícios existentes e as premissas socioeconômicas do programa, os projetos de reocupação propõem composições de unidades do tipo quitinete e um dormitório em um mesmo pavimento, com algumas voltadas apenas para os pátios.

Diferente das unidades com fachada externa, aquelas voltadas para os pátios são menos profundas, mantendo uma profundidade de, no máximo, duas vezes o pé-direito, o que vem a favorecer a qualidade ambiental interna. Além das unidades voltadas apenas para o exterior e outras voltadas exclusivamente para o pátio, a configuração geométrica dos edifícios resultou em algumas poucas unidades com aberturas para o exterior e o pátio (com uma planta consequentemente mais profunda do que os dois outros tipos).

Com as três possibilidades de exposição para o exterior (fachada externa, pátio ou ambos) e o tipo de unidade (quitinete e um dormitório), foram criadas seis tipologias para a investigação analítica do desempenho ambiental das propostas de reocupação dos edifícios (Fig. 18.9). Os modelos foram elaborados com janelas com 50% da área de fachada e a abertura efetiva para a ventilação de 50% da área de janela, como encontrado na prática corrente. Para a infiltração, assumiu-se uma baixa taxa de vedação, com uma renovação de ar por hora.

A fim de explorar mais detalhadamente as características arquitetônicas da tipologia do antigo edifício alto comercial do centro da cidade, a avaliação de desempenho ambiental desenvolvida por Morikawa (2012) teve o interesse particular de investigar o potencial dos pátios internos como meio de acesso à luz natural e à ventilação natural, além de servir como zona de mediação climática entre o exterior e o interior, nos dias quentes de verão, tendo em vista sua significativa capacidade térmica.

No que tange à luz natural, resultados de simulações computacionais mostram que os níveis de iluminação nos andares mais baixos dos três pátios não

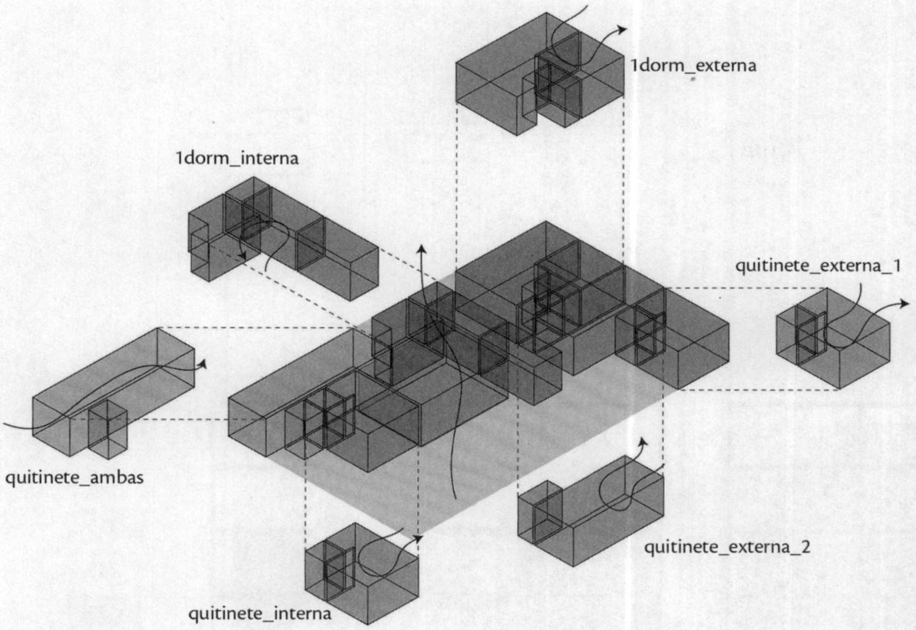

Fig. 18.9 Variações do caso base dos estudos de desempenho ambiental Fonte: Morikawa (2012).

atingem os requerimentos mínimos para uso residencial, indicando que os usuários irão recorrer à iluminação artificial, com implicações no desempenho térmico da unidade, dado o aumento dos ganhos de calor. No entanto, observa-se uma diferença sensível nos valores encontrados nos pátios A e B, quando comparados ao pátio C. No primeiro caso, valores próximos aos 150 lx são alcançados nos três últimos pavimentos, enquanto que no pátio C vê-se a penetração da luz natural até aproximadamente o quarto andar (Fig. 18.10). As simulações consideraram um céu nublado (a fim de evitar a interferência da luz direta), cor clara nas paredes dos pátios, com 0,8 de reflexão.

Ficou comprovado, portanto, que aqueles com aberturas menores que 5 m por 7 m têm uma contribuição insignificante para o acesso à luz natural, a não ser para os três últimos pavimentos. No caso dos pátios de maiores dimensões (como visto à direita na Fig. 18.9), o efeito de obstrução é semelhante ao das fachadas externas, por isso, eles não foram incluídos nessas simulações.

Considerando que a abertura de 5 m por 7 m já tem o potencial de contribuir para a boa qualidade luminosa dos cômodos, foi adotado nos modelos de avaliação do desempenho térmico das unidades um pátio com as mesmas dimensões, a fim de continuar a análise crítica do pátio, com a verificação do desempenho dessa abertura na criação de condições microclimáticas distintas daquelas do ambiente externo.

As avaliações de desempenho térmico do interior do pátio em um dia típico de verão (realizadas com o software EDSL-TAS) revelaram o efeito de mediação climática criada no seu espaço interno, especialmente durante a tarde, quando as temperaturas externas atingem os valores de pico nos andares mais altos (como no clima externo), o que não acontece nos andares mais baixos do pátio, cercados pela massa térmica da construção protegida da radiação solar direta (Fig. 18.11). Conclui-se, com isso, que unidades localizadas nos andares mais baixos e voltadas exclusivamente para o vazio do pátio se beneficiam de temperaturas mais amenas do que as externas. Além disso, pode-se admitir que o pátio também está protegido

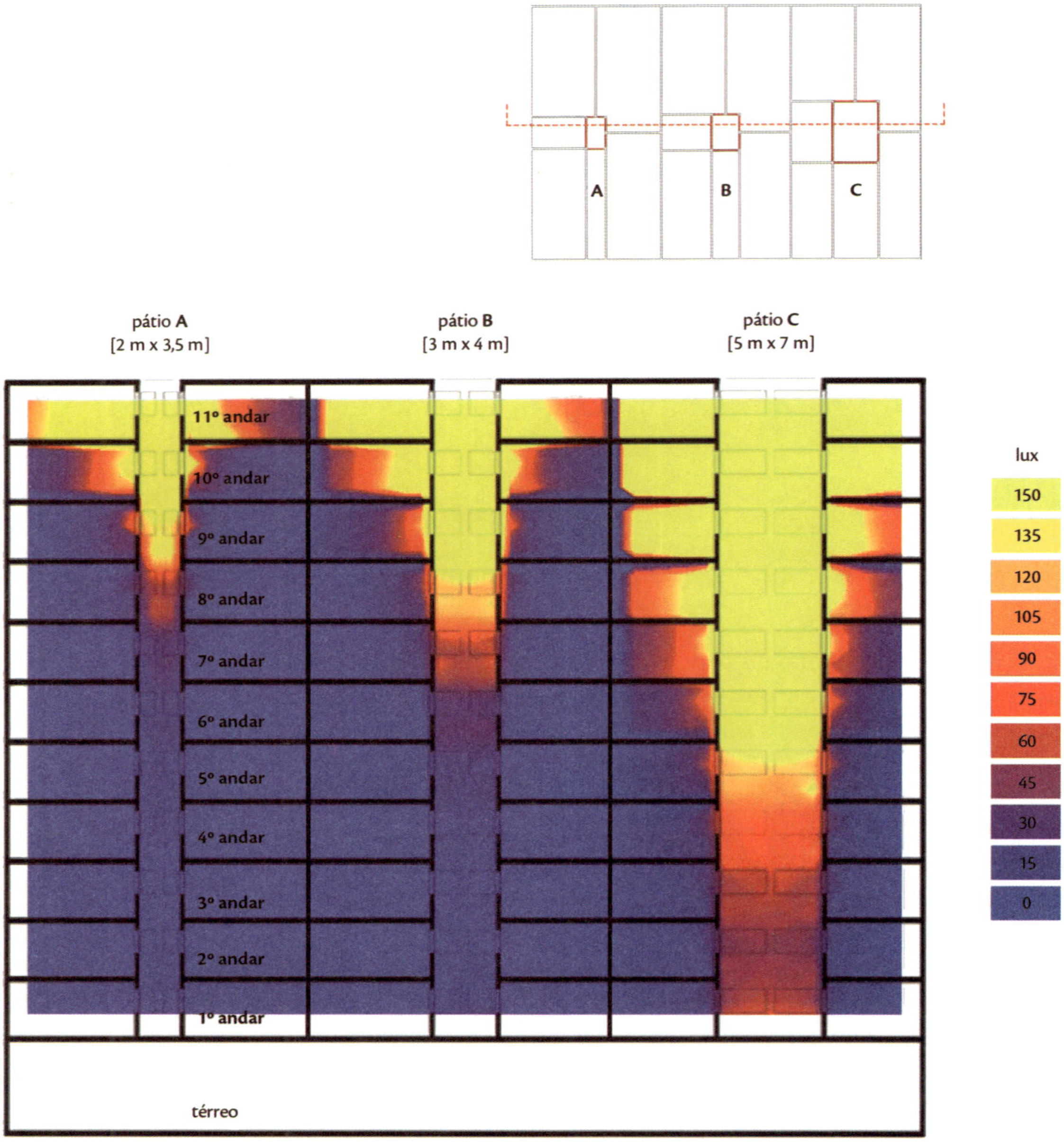

Fig. 18.10 Penetração da luz natural em pátios de diferentes proporções, mostrando as condições mais favoráveis do modelo de 5 m por 7 m de abertura
Fonte: Morikawa (2012).

da poluição sonora, permitindo a abertura das janelas durante o dia, sem riscos de desconforto acústico.

Olhando para o desempenho térmico das unidades propriamente ditas, no mesmo dia, quando a temperatura externa ultrapassa os 30 °C, como esperado, aquelas voltadas para o pátio apresentam um desempenho térmico ainda satisfatório (dentro de uma zona de conforto teórica), contanto que a ventilação permanente entre as unidades e o pátio seja mantida (Fig. 18.12).

Com exceção das unidades voltadas para os primeiros andares do pátio, o fechamento das janelas quando as temperaturas externas se aproximam de 28 °C, do meio-dia às 19 h, mostrou ser uma estratégia eficiente para evitar ganhos de calor indesejados nas tardes de verão, com um decréscimo considerável nas temperaturas internas, quando comparadas àquelas resultantes do uso da janela aberta continuamente (Fig. 18.13).

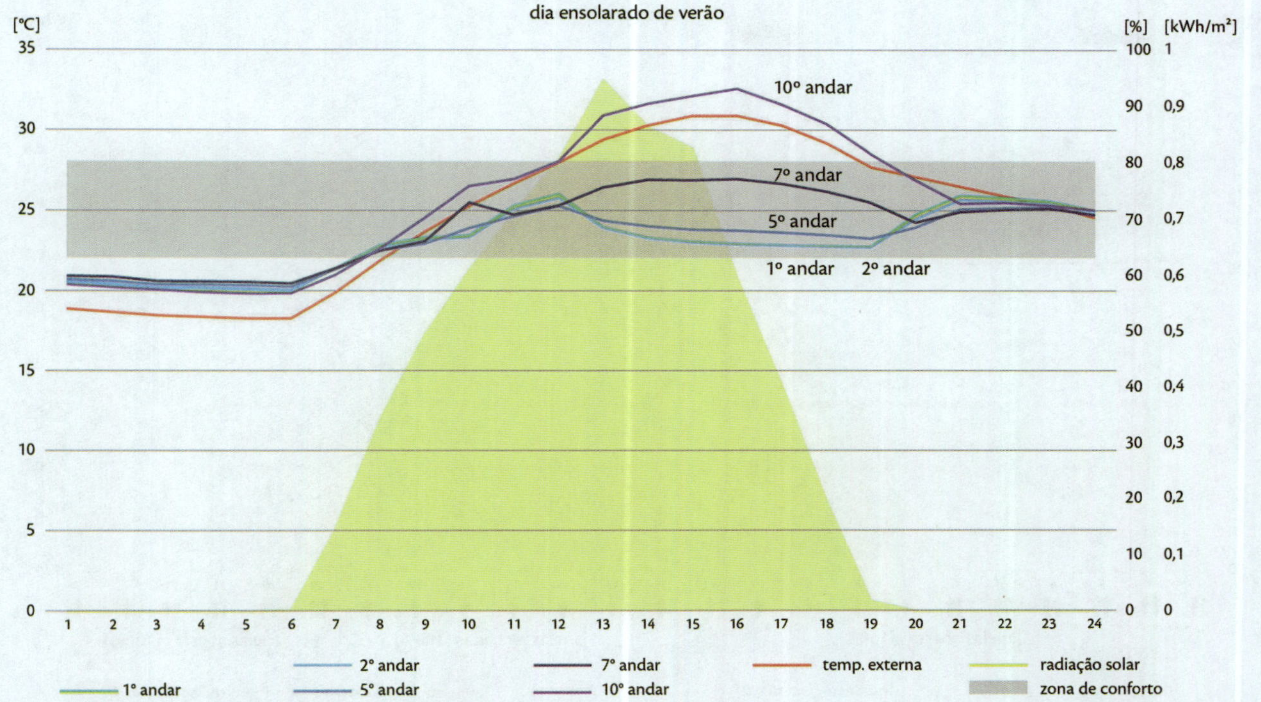

Fig. 18.11 Temperatura resultante (temperatura do ar combinada ao efeito da temperatura radiante das paredes) no interior do pátio em um dia ensolarado de verão, ao longo dos pavimentos
Fonte: Morikawa (2012).

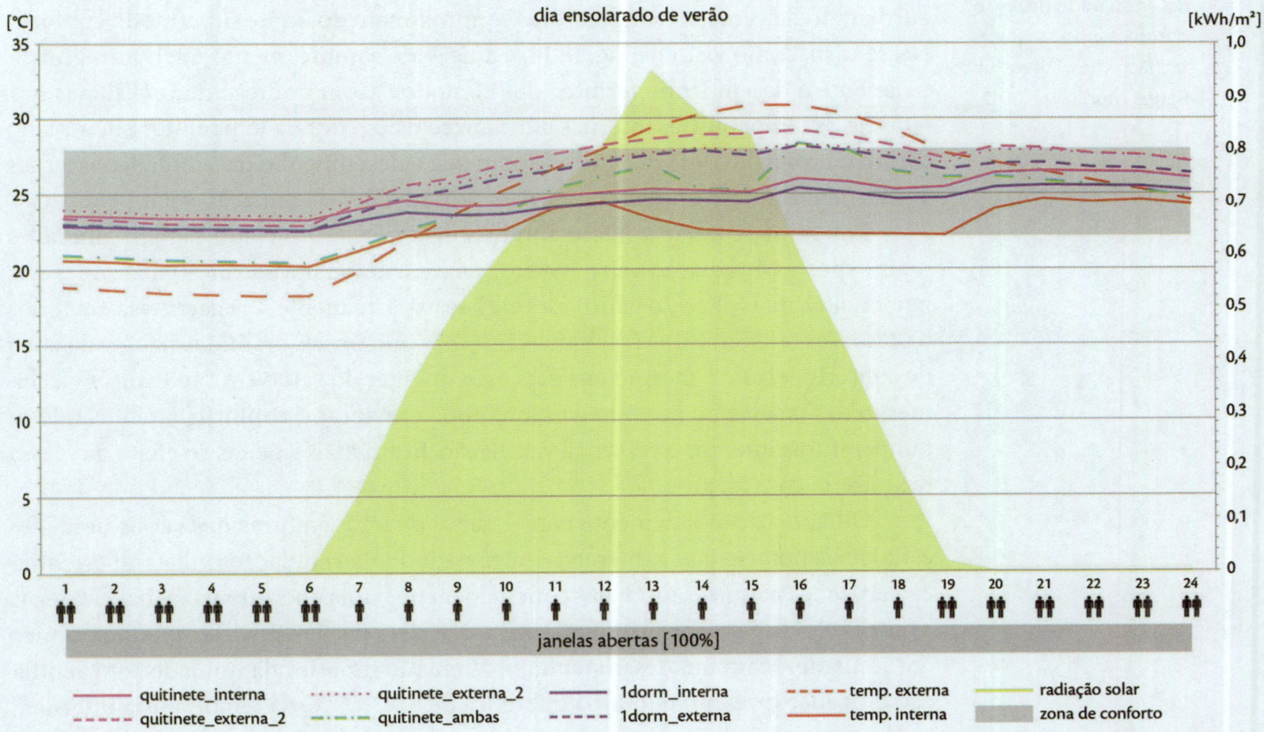

Fig. 18.12 Temperatura resultante no interior das unidades residenciais em um dia ensolarado de verão, considerando as janelas abertas durante o ciclo de 24h
Fonte: Morikawa (2012).

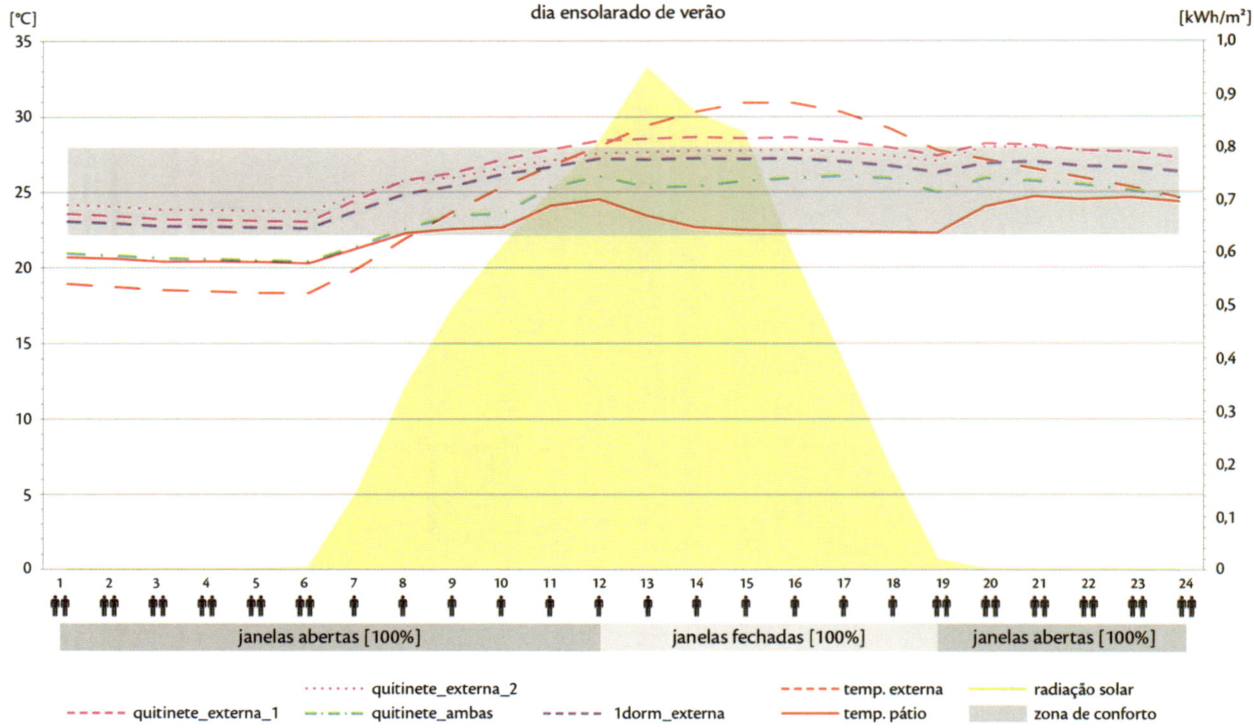

Fig. 18.13 Temperatura resultante no interior das unidades residenciais em um dia ensolarado de verão, considerando as janelas fechadas das 12h às 19h
Fonte: Morikawa (2012).

No entanto, vale destacar que, embora os resultados indiquem que as temperaturas nos ambientes internos são mantidas ao redor da zona de conforto teórica, estabelecida para o clima de São Paulo, observa-se que durante a tarde do dia típico ensolarado de verão, as temperaturas se aproximam do limite superior do conforto. Nesse caso, como visto na Fig. 18.14, a adição de sombreamento melhora significativamente o desempenho térmico dos cômodos. Com a adição de venezianas projetáveis, as temperaturas internas permanecem ao redor da temperatura neutra, no centro da zona de conforto, fazendo com que o desempenho das unidades externas se assemelhe ao das unidades internas, já protegidas da radiação solar pelo pátio.

Em suma, contanto que o sombreamento seja projetado para as unidades mais expostas à radiação solar (voltadas para o ambiente da rua e localizadas nos pavimentos mais altos do pátio) e a ventilação permanente seja garantida em todos os casos, as temperaturas resultantes internas podem ser mantidas dentro da zona de conforto térmico, mesmo nos dias mais quentes do verão em São Paulo. O fechamento das janelas no período da tarde pode melhorar o conforto, amenizando as temperaturas internas que, sem a ventilação, ficam mais sujeitas ao efeito da massa térmica da construção.

Olhando detalhadamente para a curva de temperaturas nas várias unidades estudadas, nota-se que a diferença entre o modo de ventilação unilateral e ventilação cruzada (naquelas unidades com pelo menos uma abertura na fachada externa e outra voltada para o pátio) resulta em variações sensíveis no desempenho térmico das unidades, com um desempenho obviamente superior da unidade com ventilação cruzada, apresentando uma diferença de 3 °C a 5 °C na temperatura interna.

Os estudos do desempenho ambiental das unidades residenciais realizados por Morikawa (2012) incluíram o cálculo de número de horas acima de 28 °C nos ambientes internos dos diferentes modelos de unidades, ao longo do ano, em função da localização em diferentes andares do edifício. O apartamento quitinete

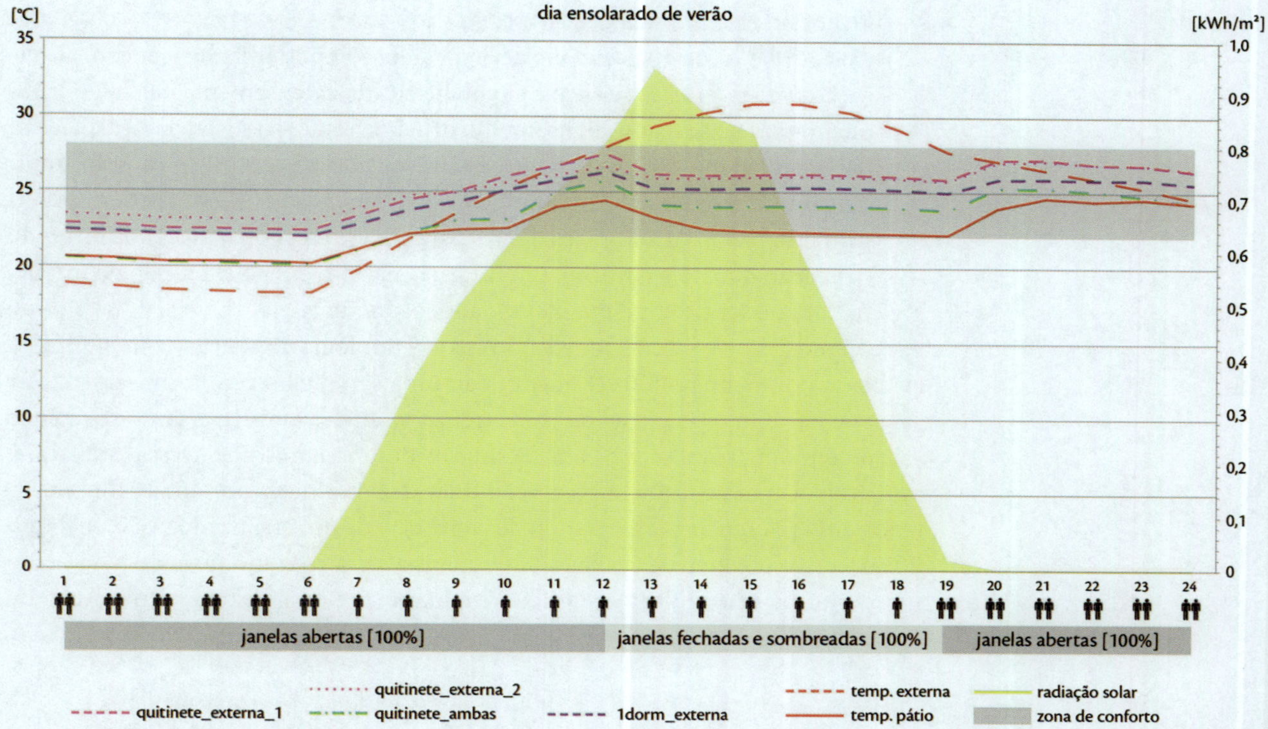

Fig. 18.14 Temperatura resultante no interior das unidades residenciais em um dia ensolarado de verão, considerando as janelas fechadas e sombreadas das 12h às 19h
Fonte: Morikawa (2012).

sofre um aumento de 10% dessas horas, quando movido dos andares mais baixos para os mais altos, enquanto a unidade de um dormitório sofre um aumento de 6% (Fig. 18.15). Estudos como esse são de grande utilidade para a distribuição das unidades no pavimento e, ao longo dos andares, apontando para os benefícios de colocar as unidades quitinete nos andares mais baixos junto aos pátios.

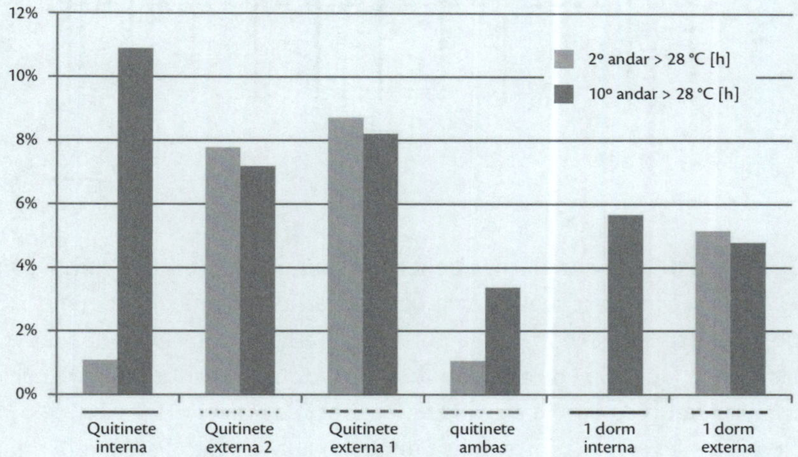

Fig. 18.15 Análise comparativa do número de horas acima do limite de 28 °C nas diferentes unidades, quando colocadas no 2° e no 10° andar
Fonte: Morikawa (2012).

Os estudos analíticos de Morikawa (2012) comprovam o potencial ambiental de uma serie de edifícios antigos localizados no centro da cidade, com pátios internos para a iluminação e ventilação natural, que podem exercer uma contribuição relevante no desempenho térmico e luminoso de unidades habitacionais, funcionando como mediadores da temperatura externa nos dias quentes do ano. Ou seja, os pátios representam uma oportunidade para a reocupação com qualidade ambiental desses edifícios.

18.4.2 Do residencial para o comercial

Ao abordar o centro da cidade de São Paulo, é impossível negligenciar sua vocação para o setor de serviços. Como discutido extensamente nas referências que tratam do tema do adensamento urbano, o sucesso social da densificação habitacional em centros urbanos está associado ao uso misto do solo, a fim de garantir um espaço urbano vívido e diversificado. Nesse sentido, se um primeiro passo for trazer residentes para o centro para balancear os níveis de ocupação diurno e noturno, um futuro cenário requer a expansão da infraestrutura de serviços e demais atividades econômicas.

A amostra de edifícios construídos para a tipologia do apartamento quitinete, levantada por Sampaio (2002), identificou uma série deles cuja forma retangular e área de laje tem o potencial de converter as unidades quitinetes em salas comerciais ou em uma planta livre para escritórios do tipo *landscape*. Dessa amostra, o Edifício Normandie, projeto para acomodar dez quitinetes por andar, foi selecionado como referencia para o estudo de conversão de usos realizado por Conceição (2010), com o objetivo de avaliar o desempenho térmico e luminoso do pavimento tipo de forma retangular do edifício originalmente de quitinetes para o uso de escritórios (Fig. 18.16).

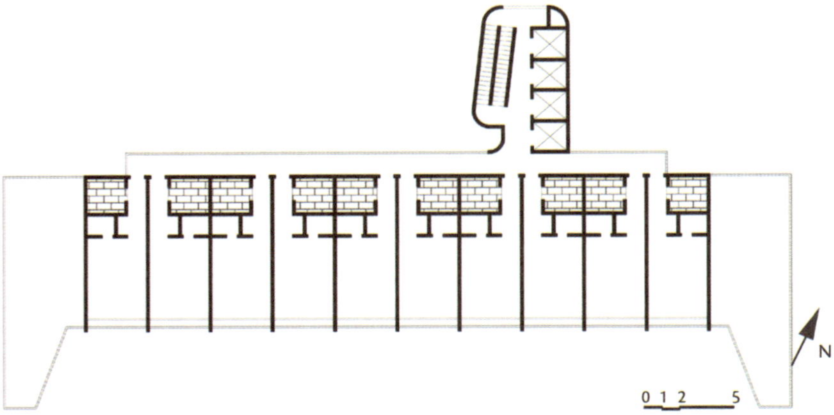

Fig. 18.16 Edifício Normandie, vista da fachada principal e planta do pavimento tipo original
Fonte: Sampaio et al. (2002).

Com o auxílio de simulações de termodinâmica (realizadas com o *software* EDSL-TAS), averiguou-se a eficiência de ventilação natural considerando a atividade de escritórios no pavimento tipo de planta livre, sem qualquer recurso de sistemas ativos. Dois dias do período de verão foram tomados como cenários climáticos, um dia típico do mês de fevereiro e outro de março (Fig. 18.17).

No dia de fevereiro, o mês mais quente do ano em São Paulo, as simulações mostraram que as temperaturas internas são mais altas do que o limite da zona de conforto, estabelecida a partir do modelo de conforto térmico adaptativo de Humphreys (1978), principalmente no período da tarde, quando essas ultrapassam a marca dos 30 °C, como observado na Fig. 18.17. No caso do dia de março, com temperaturas externas mais amenas e, principalmente, o menor impacto da radiação solar direta na fachada (pela mudança da trajetória do Sol), as temperaturas internas ficam no meio da zona de conforto, eliminando qualquer hipótese de superaquecimento do ambiente.

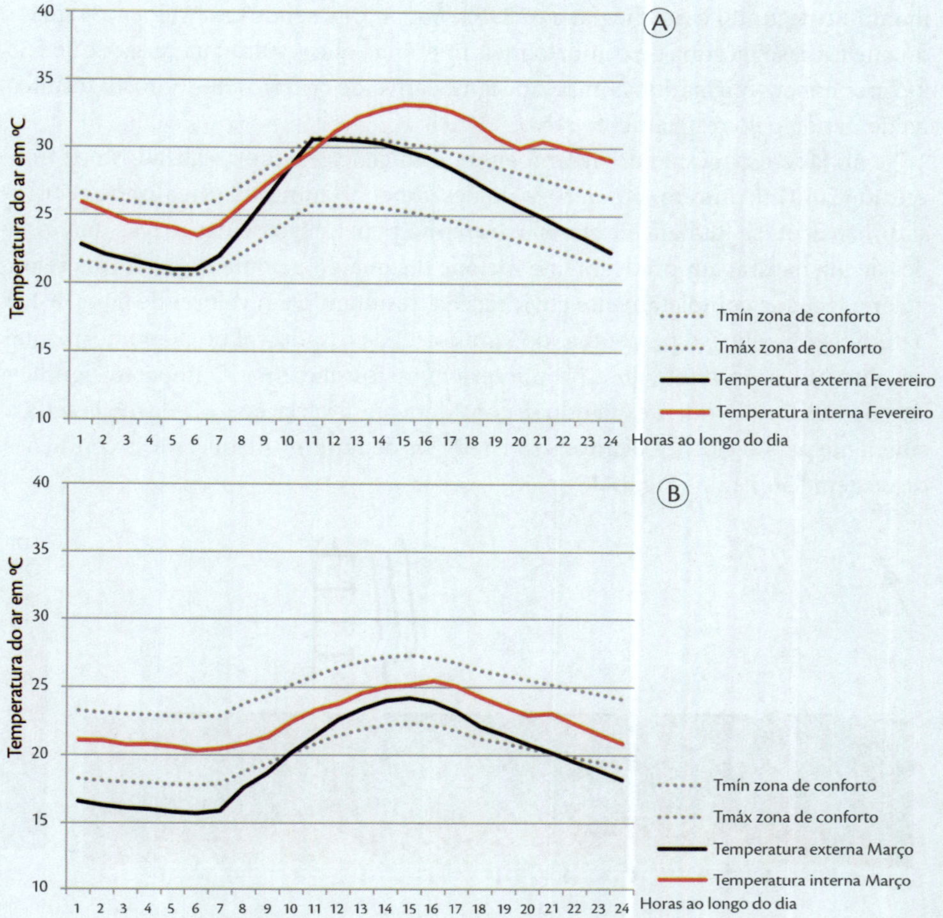

Fig. 18.17 Temperaturas internas em um pavimento tipo do Edifício Normandie, convertido para o uso de escritórios com ventilação natural, em dois dias do verão: (A) no mês de fevereiro e (B) no mês de março. Nos dois casos, as simulações de termodinâmica consideraram as janelas da fachada principal com uma abertura de 30% do vão, das 7h às 20h, que diminui para 10% no período noturno, mantendo constante a renovação do ar interno. As bandeiras das portas voltadas para o corredor de circulação também foram mantidas parcialmente abertas durante o período de ocupação, possibilitando um fluxo de ventilação cruzada.

As altas temperaturas encontradas no interior do edifício de referência no dia de verão, significativamente mais elevadas do que as vistas anteriormente para o caso do uso residencial, são resultado do efeito combinado da falta de sombreamento externo com a carga térmica interna da atividade de escritório, naturalmente bem maior do que a do uso residencial. Com respeito ao impacto dos ganhos de calor solar, é importante atentar para o fato que, na latitude de São Paulo (24° S), a orientação sudeste pode ser especialmente problemática nos meses de verão, por decorrência da incidência da radiação direta no período da manhã.

Comparativamente, o desempenho térmico do pavimento tipo em um dia típico do mês de março mostrou uma curva de temperaturas bem mais amenas do que em fevereiro, por consequência da menor incidência da radiação solar, alertando para os benefícios de uma estrutura móvel de sombreamento.

Dadas as elevadas temperaturas encontradas na simulação do dia quente de verão, os estudos de desempenho térmico partiram para o cálculo da carga térmica anual de resfriamento, necessária para manter os ambientes de escritórios sob condições de conforto térmico, no cenário original de projeto, ou seja, sem a existência de sombreamento externo.

O cálculo da carga térmica de resfriamento foi tomado como base do estudo comparativo do impacto de diferentes critérios de conforto térmico, sendo a zona de conforto mais tolerante limitada entre 19 °C e 25 °C, enquanto a mais estreita ficou entre 21 °C e 23 °C. Os resultados mostraram que a carga térmica de resfriamento no segundo caso chegou a 67.395 kW por ano, sendo esse valor 16% maior do que no caso da zona de conforto mais tolerante, que resultou na carga de 56.525 kW por ano, confirmando o impacto significativo de critérios de conforto térmico na demanda pelo resfriamento ativo.

Ao lado da questão do desempenho térmico, os estudos realizados por Conceição (2010) incluíram simulações de desempenho luminoso (realizadas com o *software* Ecotect-Radiance), que mostraram a penetração de excessivas quantidades de luz natural em praticamente metade da área do pavimento de forma retangular e fachada completamente envidraçada, resultando em valores de fator de luz natural (FLN, que é o percentual de luminosidade disponível no plano horizontal desobstruído, resultante no espaço interior) maior que 20%. O impacto significativo desse valor é evidente quando se considera que a variação de 2% a 4% já seria o suficiente para o alcance de níveis satisfatórios de luminosidade para as condições de céu em São Paulo (Fig. 18.18).

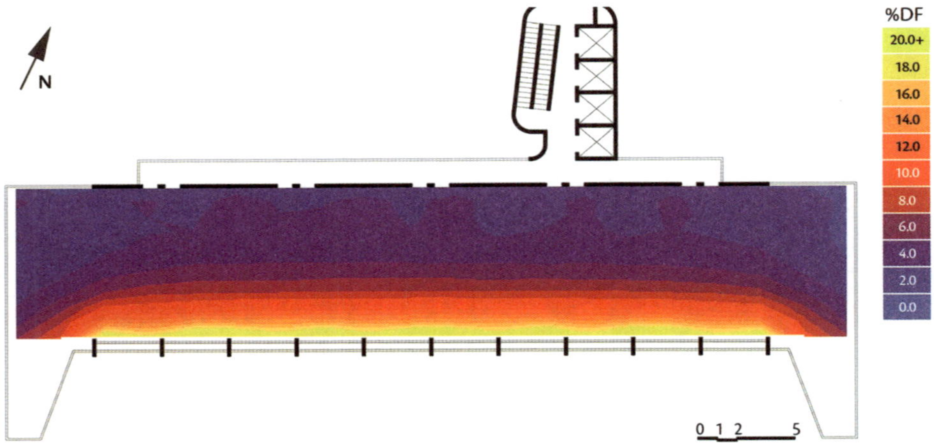

Fig. 18.18 Fator de luz natural (FLN) em um pavimento tipo do Edifício Normandie, no centro de São Paulo

De forma geral, os resultados das avaliações de térmica e iluminação natural, sustentam a hipótese do potencial ambiental da conversão de edifícios de forma retangular, originalmente de uso residencial, em edifícios de escritórios, para as condições climáticas e de céu típico de São Paulo. Por outro lado, o problema no caso do edifício Normandie está diretamente relacionado com a falta de sombreamento na fachada principal, o que incorre em ofuscamento e ganhos solares que se tornam problemáticos particularmente no caso da função de escritórios. Por outro lado, a planta estreita favorece a ventilação natural cruzada, o alcance da luz natural e vistas do exterior de qualquer posição no pavimento.

18.5 Considerações finais

Como mencionado anteriormente, a demanda por projetos de requalificação de edifícios altos para uso residencial vem crescendo em grandes cidades, não só do mundo industrializado, mas também de economias emergentes. Para a conquista de exemplos bem-sucedidos, é necessário que o verdadeiro significado da requalificação seja compreendido por parte de todos os agentes envolvidos no processo de projeto e na implementação das propostas, abordando questões de densidade e desempenho ambiental, indo além de uma simples renovação de fachadas, ou mesmo da troca dos sistemas prediais.

Com respeito ao caso específico de São Paulo, no momento atual, entre os inúmeros obstáculos que um projeto de requalificação na área central pode enfrentar, o processo de aquisição dos edifícios é o que apresenta o maior grau de dificuldade. Múltiplos proprietários e impedimentos de cunho legal são uma constante nessas propriedades, dados seus avançados anos de construção. Como uma companhia pública, a Cohab-SP pode fazer uso de diferentes instrumentos legais, uma grande vantagem sobre o setor privado. Desde o Decreto de Interesse Social (DIS), ao poder de compra compulsório e à relativa vantagem judicial quanto às dividas fundiárias, a Cohab-SP possui maneiras de superar barreiras que, em outro contexto, poderiam levar à inviabilidade econômica do projeto, congelando-o. O DIS informa os proprietários do imóvel sobre a necessidade do cumprimento da função social dos edifícios.

No entanto, apesar de possuir essas vantagens legais, o processo ainda assim é relativamente lento quando comparado a novos empreendimentos. O conjunto de 53 edifícios do Renova Centro faz uso das experiências passadas da Cohab-SP com edifícios requalificados no centro de São Paulo e o interesse recente dos setores público e privado na sua requalificação, sob a forma de um plano metodológico, a fim de acelerar o processo de aquisição imobiliária. O Programa Renova Centro é um exemplo concreto das vantagens do setor público sobre o setor privado, como a geratriz de uma transformação desejada. Considerando o posterior papel do poder privado, a importância de melhorar o desempenho ambiental das unidades se vê ainda maior, visto que as estratégias provavelmente seguirão os parâmetros sugeridos pelo Renova Centro.

No que tange ao projeto das novas unidades residenciais e o seu desempenho ambiental, a qualidade ambiental das unidades do tipo quitinete, em edifícios altos construídos há 40 anos, não pode ser alcançada mantendo o projeto original das unidades residenciais, tampouco a densidade atual, no caso dos edifícios ocupados. Por isso, destaca-se a importância de projetos urbanos com metas de requalificação de edifícios e áreas urbanas, considerando o papel do edifício no contexto da quadra, do entorno imediato, do bairro e até mesmo da cidade. Por outro lado, é necessário manter um olhar atencioso para o potencial dos edifícios existentes (não somente dos construídos para as quitinetes), que podem e devem ser mantidos e explorados criteriosamente na reinvenção de unidades residenciais de melhor qualidade ambiental.

A oportunidade de influenciar a maneira pela qual a cidade se desdobra deve ser vista como um importante meio de se repensar a cidade. Olhando para o futuro, espera-se que reflexões como essa chamem a atenção de autoridades públicas e agentes de mercado, projeto e construção para as possibilidades da requalificação e conversão de edifícios altos em centros urbanos para a habitação. Nesse contexto, levantam-se as oportunidades criadas por um processo de projeto fundamentado em critérios específicos de desempenho ambiental, assim como em uma visão contemporânea do conceito e das necessidades da habitação no centro urbano e, não menos relevante, em uma postura criativa em relação às oportunidades espaciais e ambientais do ambiente construído como ele é.

Referências bibliográficas

AGÊNCIA CÂMARA DE NOTÍCIAS. Déficit habitacional no Brasil é de 5,5 milhões de moradias. *Câmara dos Deputados*, Brasília, DF, 17 abr. 2011. Disponível em: *<http://www2.camara.leg.br/camaranoticias/noticias/ADMINISTRACAO-PUBLICA/196187-DEFICIT-HABITACIONAL-NO-BRASIL-E-DE-5,5-MILHOES-DE-MORADIAS.html>.*

ASHRAE - AMERICAN SOCIETY OF HEATING, REFRIGERATING, AND AIR-CONDITIONING ENGINEERS. *Climate design data*: ASHRAE Handbook, ASHRAE, Atlanta, 2009.

BOMFIM, V. C. *Os espaços edificados vazios na área central da cidade de São Paulo e dinâmica urbana.* Dissertação (Mestrado) - Poli-USP, São Paulo, 2004, p. 69-76.

CONCEIÇÃO, J. P. *Environmental retrofit for residential buildings in São Paulo.* Dissertation (M.Sc.) - AA School of Architecture, Environment and Energy Programme, Sustainable Environmental Design. London, 2010.

FROTA, A. B., SHIFFER, S. R. *Manual de conforto térmico:* arquitetura, urbanismo. 5. ed., São Paulo: Studio Nobel, 2001.

GARCIA, G. S. *Avaliação da acessibilidade nas unidades habitacionais na proposta de retrofit dos edifícios São Vito e Santa Josefa para o Urban Age (LSE):* Aplicação do software de vistoria eletrônica da SMPED. 2009. Relatório de Iniciação Científica (Graduação) - FAU-USP; Fundação de Amparo para Pesquisa Ambiental; FAPESP, 2009.

GHISI, E., GOSCH, S., LAMBERTS, R. Electricity end-uses in the residential sector in Brazil. *Energy Policy*, v. 35, n. 3. Elsevier, 2007.

GOVERNO FEDERAL. *Brochura de apresentação do Programa Monumenta*: projeto de reforma e conservação do Edifício Santa Josefa, no bairro da Luz. São Paulo, 2007.

HUMPHREYS, M. A. Outdoor temperatures and comfort indoors. *Building research and practice*, v. 6, p.92-105, 1978.

IBGE - INSTITUTO BRASILEIRO DE GEOGRAFIA E ESTATÍSTICA. *Data from latest census.* IBGE, 2010. Disponível em: <http://www.ibge.gov.br>

JANUZZI, G. *Programa de eficiência energética para consumidores residenciais de baixa renda no Brasil:* considerações para um programa de substituição de refrigeradores. Faculdade de Engenharia Mecânica da Universidade de Campinas. Campinas, 2007

KLEEMANN, M., HECKLER, R.; KOLB, G., HILLE, M. *Die Entwicklung des Wärmebedarfs zur Wärmebereitstellung in Gebäuden.* Bremen, 2000.

LEMOS, C. Os primeiros cortiços paulistanos. In: *Habitação e Cidade.* São Paulo: Faculdade de Arquitetura e Urbanismo da Universidade de São Paulo/Fapesp: 1998.

MELLO, M. *Refurbishing the urban fabric of São Paulo city centre.* Dissertation (M.Sc.) - AA School of Architecture. Environment and Energy Programme, Sustainable Environmental Design, London, 2012.

MORIKAWA, S. M. *Refurbishment of underused buildings in central São Paulo.* Dissertation (M.Sc.) - AA School of Architecture, Environment and Energy Programme, Sustainable Environmental Design. London, 2012.

PMSP - PREFEITURA DO MUNICÍPIO DE SÃO PAULO. Decreto Estadual Nº. 49.149, De 21.01.2008: Regulamenta a Lei nº14.459, de 03.07.2007, que acrescenta o item 9.3.5 à Seção 9.3. Instalações Prediais do Anexo I da Lei nº. 11.228, de 25.06.1992 (Código de Obras e Edificações), e dispõe sobre a instalação de sistema de aquecimento de água por energia solar nas novas edificações do Município de São Paulo. São Paulo: PMSP, 2007.

PMSP - PREFEITURA DO MUNICÍPIO DE SÃO PAULO. *Nova Luz*. São Paulo: PMSP, 2005. Disponível em: <http://centrosp.prefeitura.sp.gov.br/projetos/novaluz_area.php/>. Acesso em 12 maio 2010.

PMSP - PREFEITURA DO MUNICÍPIO DE SÃO PAULO. SECRETARIA DE PLANEJAMENTO. *Infocidade:* estimativas de população e domicílios em favelas. São Paulo: PMSP, 2008. Disponível em: <http://sempla.prefeitura.sp.gov.br/infocidade/Habitação/>. Acesso em: 30 jun. 2010.

PMSP - PREFEITURA DO MUNICÍPIO DE SÃO PAULO. Termo de referência para contratação de serviços técnicos especializados para elaboração de projeto urbanístico específico e estudos ambientais e econômicos necessários à viabilização da concessão urbanística na área da Nova Luz. PMSP, São Paulo, 2009. Disponível em: <http://centrosp.prefeitura.sp.gov.br/projetos/novaluz/>.

RAVETZ, J. Resource flow analysis for sustainable construction: metrics for an integrated supply chain approach. In: ICE - Institution of Civil Engineering. Waste and resource management v. 161, p. 51-66, 2008.

TARIFA, J. R.; ARMANI, G. As unidades climáticas urbanas da cidade de São Paulo. In: *Atlas Ambiental do Município de São Paulo.* São Paulo, 2000.

SAMPAIO, M. R. A. de. LIRA, J. T. C. de. ROSSETTO, R., BOSETTI, A., SAMPAIO, L. WINGE, N. A. *A promoção privada de habitação econômica e a arquitetura moderna 1930-1964*. São Carlos: Rima Editora, 2002.

SZOKOLAY, S. *Introduction to architectural science:* the basis of sustainable design. Architectural Press, 2003.

UZUM, M. d. S. D. *A requalificação de edifícios altos residenciais no centro da cidade de São Paulo: em busca de conforto ambiental.* 2011. Dissertação (Mestrado) - Faculdade de Arquitetura e Urbanismo da Universidade de São Paulo, São Paulo, 2011.

WBCSD - WORLD BUSINESS COUNCIL SUSTAINABLE DEVELOPMENT. *Energy efficiency in buildings:* business realities and opportunities. FACTS Summary Report, out. 2007.

WWF-BRAZIL. *Agenda elétrica sustentável 2020:* estudo de cenários para um setor elétrico brasileiro eficiente, Seguro e competitivo. Brasília, 2007.

ZMITROWICZ, W.; BOMFIM, V. C. *Diretrizes para reabilitação de edifícios para HIS:* as experiências em São Paulo, Salvador e Rio de Janeiro. Projeto REABILITA. São Paulo, 2007.

A reocupação de edifícios multifamiliares no centro de São Paulo

19

ROBERTA CONSENTINO KRONKA MULFARTH (SEÇÃO 19.1)

MARIA RUTH AMARAL DE SAMPAIO (SEÇÃO 19.2)

KARINA CAVALCANTE DE OLIVEIRA (SEÇÃO 19.2)

19.1 UMA REFLEXÃO SOBRE A QUESTÃO ERGONÔMICA

19.1.1 A cidade de São Paulo e as escolhas do morar

Nos últimos anos, tem-se assistido na cidade de São Paulo um grande número de iniciativas com o objetivo de trazer mais moradores para as áreas centrais. O déficit habitacional aliado aos desgastes nos deslocamentos diários levou a um natural entendimento da necessidade de olhar de forma diferente para as áreas centrais. A riqueza na disponibilidade de transporte coletivo, quando comparada com outras áreas da cidade, e a vacância em um grande número de edificações permitiram que várias iniciativas começassem a se desenvolver com o objetivo não só de trazer mais pessoas para as áreas centrais, mas também, e principalmente, de tentar atrair *vida* em locais que perderam completamente a urbanidade.

Renova Centro, *Viva o Centro*, *Morar no Centro* e *Procentro* (Programa de Reabilitação da Área Central de São Paulo) são alguns exemplos desse processo de mudança de imagem do centro, que, além de refletirem uma tentativa de resposta não só a uma crescente demanda por habitações, evidenciam um esgotamento de áreas para novas edificações em consequência dos limites físicos impostos pelo crescimento e configuração da Região Metropolitana da Cidade de São Paulo (RMSP). Segundo Silva (2010), o perímetro que coincide com a área da *Operação Urbana Centro*, com 95 quadras, 158 edifícios vazios (68 totalmente vazios e 90 somente com o térreo ocupado), os quais possuem, na sua grande maioria, de 8 a 12 andares. Nessa mesma área, 12 edifícios sofreram reabilitação com recursos federais, estaduais e/ou municipais.

Como consequência desse processo, a mudança de paradigma relacionada à densidade populacional nas áreas centrais também ganhou destaque e esse novo olhar passou a avaliar a necessidade de uma cidade mais compacta. Mobilidade, poluição do ar com os deslocamentos (emissão de CO_2), qualidade de vida, entre outros fatores se tornaram parte dessa balança que procura equalizar o *morar* em uma cidade como São Paulo (Fig. 19.1).

Esse processo de mudança de imagem de um centro que se encontrava abandonado e alienado trouxe a discussão da intensificação do uso do solo em áreas centrais e, consequentemente, todos os "res" passaram a fazer parte desse universo de discussões: revitalização, reabilitação, *retrofit*, reforma, reutilização e requalificação entraram nas discussões e integraram um universo de propostas e ações que visam, de certa forma, mudar o olhar para essa região de São Paulo.

Fig. 19.1 Área da Luz, no bairro de Santa Ifigênia, no centro de São Paulo, com uma série de edifícios altos abandonados ou *cortiçados* Foto: Alexandre Hepner.

E quando se fala em utilizar os edifícios existentes, na maioria das vezes abandonados e/ou subutilizados, é inevitável abordar os aspectos relacionados à *demanda* desse tipo de ação, ou seja, muitas vezes, aos olhos do poder público, há mais visibilidade em construir edificações novas do que em investir em reformas de edifícios já existentes. Vários estudos apontam que os custos de requalificações de cerca de 30% a 40% inferiores aos que seriam praticados em edificações residenciais novas muitas vezes ainda não justificam esse tipo de investimento, provavelmente por razões relacionadas com expectativas do mercado.

Mesmo assim, as vantagens na reutilização de edificações existentes talvez já tenham sido notadas pela iniciativa privada, que tem concentrado suas ações em edifícios com o uso comercial e de serviço. Investimentos até 65% inferiores aos de uma nova edificação são também recompensados pela possibilidade de locações com o mesmo custo e até superiores a de edificações novas (Secovi, 2009).

Esse cenário, que leva o olhar para o centro, também é reflexo das dificuldades de deslocamentos na Região Metropolitana de São Paulo (RMSP). Nos últimos anos, o conceito de *morar bem* acaba tendo como um dos principais requisitos a facilidade de acesso, tempo nos deslocamentos, entre outros fatores. Isso tudo reflete uma qualidade de vida que pontuou a mobilidade como grande definidor não só de estratégias de investimento em planejamento urbano e em infraestrutura, mas também motivador de escolhas dos cidadãos, que, de certa forma, acabam sendo reféns de uma cidade na qual os investimentos em transporte coletivo ficaram muito aquém da demanda existente e que possui, nos horários de pico, uma velocidade média de deslocamento inferior às das mulas que os bandeirantes utilizavam, nessa mesma cidade, há alguns séculos (Saldiva, 2011).

Dado esse emaranhado de questões estruturais e delineadoras do futuro da cidade, abordar aspectos ergonômicos e de conforto ambiental relacionados com o projeto e a ocupação da unidade habitacional parece ser uma medida supérflua. Indo mais além, em uma cidade em que se encontram unidades habitacionais com até 15 vagas na garagem (por unidade habitacional!) e unidades com 30 m^2 que possuem prioritariamente uma vaga de automóvel, fica evidente a falta de urbanidade que acomete a maioria dos bairros. À primeira vista, falar em ergonomia e conforto ambiental nessas circunstâncias pode parecer irrelevante, ou, no mínimo, menos importante.

Por outro lado, fazendo um paralelo com os girinos de *Rhinella ornata* (Ximenez et al., 2011), que inocentemente adaptam-se às temperaturas mais elevadas da água até subitamente sucumbirem, assistem-se hoje situações completamente intoleráveis dentro do mínimo que se espera de habitabilidade. Para animais ectotérmicos, um dos principais mecanismos para a termorregulação é o comportamento.

No caso desses animais, a termorregulação é realizada, em alguns casos, por mecanismos fisiológicos e, na maioria das vezes, por mecanismos comportamentais. Os mecanismos comportamentais envolvem a mudança na postura do indivíduo ou busca ativa de locais com temperaturas favoráveis, o que tem consequências diretas sobre a seleção do hábitat. Acesso ao sol? Para quê, já que ver o céu é um verdadeiro luxo? Ruídos elevados? É natural nas grandes cidades... Acostuma-se... Ventilação natural? Não é necessária, uma vez que a qualidade do ar é tão ruim... Também não se pode esquecer o festival de *mínimos*, que, embasado na justificativa dos *custos*, virou lugar-comum na maioria das unidades, como se as pessoas fossem naturalmente se adaptando à temperatura da água tal qual os girinos, literalmente... Pé-direito baixo, mobiliário reversível, dormitórios que não estão dimensionados para a cama, entre outros exemplos.

Nesse contexto, é natural surgir a pergunta: o que significa, em termos que conforto e qualidade ambiental, morar em uma cidade como São Paulo? Respondê-la com certeza é mais complexo. Provavelmente, esse questionamento não aponte somente para uma solução, mas sim várias alternativas que acabaram surgindo nesse emaranhado de problemas e oportunidades que se apresentam em uma cidade como essa. Para muitos, é natural acordar de madrugada, passar mais que 4h diárias dentro de um transporte coletivo, para outros, a possibilidade de trabalhar em casa por parte do tempo justifica deslocamentos entre municípios, quando necessário.

Proximidade do trabalho, facilidade no deslocamento, qualidade do ar, ausência de ruído, proximidade de serviços, possibilidade de trabalho em casa, custo, entre outros fatores ilustram um pouco esse universo de razões prováveis para justificar o *morar* no centro da cidade e estar exposto a problemas de qualidade ambiental e condições restritas de habitabilidade. Talvez algumas dessas reflexões levem à conclusão de que as pessoas optaram por *sobreviver* e de que alguns aspectos que seriam considerados naturais em uma residência passaram para um segundo plano, em detrimento de outros fatores.

Todos esses fatores, quando avaliados no contexto das habitações de interesse social da cidade de São Paulo, realmente tomam uma proporção que levam ao questionamento do objetivo das moradias de interesse social em geral. Até que ponto realmente se procura levar maior qualidade de vida para os cidadãos em detrimento da solução de um problema meramente *eleitoreiro*?

O centro da cidade de São Paulo é constituído de bairros historicamente consolidados, com infraestrutura básica instalada, mas que passaram por um processo de desvalorização econômica, esvaziamento da população e deterioração da sua estrutura física, ou seja, do ambiente construído como um todo, como é o caso da área da Luz, no bairro de Santa Ifigênia. Atualmente, a taxa de vacância na região central da cidade de São Paulo é de aproximadamente 30% (D'Angelis et al., 2007), com edifícios que, na grande maioria dos casos, se encontram degradados e abandonados, criando condições para invasões e se tornando habitações precárias, sem as mínimas condições de salubridade e habitabilidade, além de contribuírem para uma crescente degradação do espaço urbano (Fig. 19.1).

Para ilustrar essa questão, vale lembrar que em 1940 o centro da cidade continha 33,4% da população do município, enquanto que em 2000 esse número baixou para 3,96% (Bomfim, 2004). Essa perda de população se exprimiu tanto pela diminuição global do número de domicílios próprios e de domicílios alugados quanto pela degradação ou abandono dos imóveis existentes. No entanto, esse estoque mantém um grande potencial para novas unidades habitacionais, não só pela infraestrutura existente, mas também pela possibilidade de reabilitação (Bomfim, 2004).

Convém ressaltar, que, como sabido, esse cenário tem como pano de fundo o grande déficit habitacional existente na cidade de São Paulo, uma alta densidade construída com baixa densidade residencial nessas áreas centrais, em detrimento de regiões mais periféricas da cidade de São Paulo que crescem longe de postos de trabalho, de serviços públicos e sem infraestrutura (Sampaio et al., 2002).

Apesar de algumas iniciativas do setor público que visam atrair moradores, principalmente com foco nas habitações de interesse social, para as áreas centrais da cidade, observa-se que essas questões ainda não estão sendo devidamente tratadas nos fóruns públicos. A demolição de vários edifícios e até de quadras inteiras para novos projetos urbanos, muitas vezes não correspondem às demandas do local, muito menos representam a opção mais viável dentro não só de aspectos econômicos, mas principalmente quando avaliadas em um contexto maior dentro da cidade de São Paulo.

Juntamente com o desafio de mudar a morfologia urbana para densidades mais altas em cima de uma estrutura urbana existente, o tema da reutilização de edifícios na cidade de São Paulo se tornou uma questão urgente em todo o centro da cidade. A maioria desses edifícios, datados das décadas de 1940, 1950 e 1960, refletem um período da arquitetura no qual foram características marcantes as áreas *mínimas* para as unidades residenciais, além de princípios construtivos que refletiam racionalização da construção, tendo em vista os requisitos da industrialização.

Foi nesse período que o centro de São Paulo presenciou a proliferação das quitinetes, que, com o intuito de atender aos objetivos da classe média de usufruir das vantagens da época em morar no centro da cidade, acabou representando a base, mesmo que de forma incipiente, para os desenvolvimentos sócio-habitacionais que ocorrem hoje nessa área (Sampaio et al., 2002). Nesse contexto, os poucos casos identificados como *retrofit* para famílias de baixa renda constituem essencialmente recuperação de fachada, mudanças de instalações, não abordando necessariamente questões do desempenho ambiental e da acessibilidade.

É certo que o processo de requalificação dos edifícios existentes deve passar por um momento de reflexão sobre o patrimônio edificado já existente e as formas de inseri-lo no cenário de recuperação da habitação no centro da cidade, não só pelas modificações tecnológicas, funcionais e estéticas, mas também pelas possíveis maneiras de se apropriar novamente do espaço público. Paralelamente, considerando que a grande maioria dos edifícios altos no centro da cidade tem mais de meio século de existência, faz sentido, no âmbito da tecnologia, assumir que a atualização de determinados componentes arquitetônicos, assim como de partes ou conjuntos inteiros de sistemas prediais, se torna fundamental para a melhoria das condições de conforto ambiental. Além disso, as conquistas de ganhos na eficiência energética e no consumo mais racional da água contribuiriam para uma maior sustentabilidade ambiental do edifício.

A questão da acessibilidade e do projeto universal, que desde 2004 tem caráter legal na cidade de São Paulo, com a divulgação do Decreto nº 5.296, também impõe desafios ao projeto e à reocupação desses edifícios, trazendo novos parâmetros mais rigorosos de desempenho ergonômico e dimensional tanto para o edifício comercial como para o residencial. Esses parâmetros primam não só pela qualidade espacial, como também pela segurança e conforto ergonômico do usuário. No que diz respeito às relações arquitetônicas com o contexto urbano, a deterioração dos edifícios também está intimamente ligada à degradação do seu entorno imediato e vice-versa.

19.1.2 Em busca de alternativas para o *morar* no centro

Motivados por esses questionamentos, em 2008, foi desenvolvida no Labaut (Laboratório de Conforto Ambiental e Eficiência Energética do Departamento de Tecnologia (AUT) da Faculdade de Arquitetura e Urbanismo da Universidade de São Paulo (FAU-USP)) uma pesquisa que procurou soluções para áreas centrais, tanto na escala urbana como na escala do edifício. A equipe de projeto, formada por Joana Carla Soares Gonçalves, Roberta Consentino Kronka Mulfarth, Maria Ruth Amaral de Sampaio, Bruna Luz, Érica Umakoshi, Mônica Dolce, Mônica Pereira Marcondes, Adriana Lessa, Eduardo Pizarro, Joanna Conceição, Letícia Zamolo Duque, Lívia Monteiro Rocha, Gabriela Simões Garcia, Raphael Negri Milion e Virginia Nehmi, partiu da premissa de adensamento das áreas centrais e enfocou o desenho urbano e o projeto, propondo um redesenho da área da Luz, no bairro de Santa Ifigênia, tendo como pano de fundo fatores ambientais, tais como acesso ao sol, possibilidade de geração de energia, mobilidade, redução do ruído urbano e conforto em áreas externas.

Além desse exercício de projeto focado na escala urbana, houve a proposta de requalificação (*retrofit*) de dois edifícios localizados na área central, ambos da década de 1960, projetados e construídos pelo mesmo escritório, Zarzur e Kogan. O primeiro deles, o Santa Josefa, é o edifício mais alto ocupado na época. Habitado por 202 famílias morando em unidades com menos de 15 m^2, em condições precárias, não só pelo aspecto físico, mas também pela falta de qualidade ambiental (Figs. 19.2 e 19.3). O outro, o São Vito, construído justaposto ao edifício Mercúrio, também projetado para abrigar quitinetes, tornou-se um ícone dessa discussão, não só por representar todo o descaso que o poder público havia dado ao centro, mas também por apontar um norte para todos esses questionamentos (Fig. 19.4). Talvez uma das maiores favelas verticais da cidade de São Paulo, com o laudo estrutural indicando a possibilidade de reutilização, esse edifício totalmente abandonado foi finalmente (infelizmente) demolido no ano de 2011. Após a desapropriação e demolição do edifício São Vito, o edifício vizinho, Mercúrio, seguiu o mesmo processo. Esse exercício de pesquisa e projeto desenvolvido pelos pesquisadores do Labaut foi apresentado na conferência internacional Urban Age São Paulo 2008 (Gonçalves; Mulfarth; Ferreira, 2008).

Esse exercício teve como premissas principais as possibilidades arquitetônicas e tecnológicas com o objetivo de melhorar a qualidade espacial e ambiental desses dois edifícios para a habitação social. Melhorar a integração do térreo dessas edificações também se alinhou com as diretrizes para a área que visava resgatar a urbanidade do entorno imediato. Tanto o térreo como os pisos superiores dos edifícios foram completamente redesenhados. Nos pisos térreos, o comércio foi mantido, mas com a criação de espaços públicos protegidos da chuva e do sol, com o alargamento das calçadas e abertura de caminhos pelos térreos. Os andares

Fig. 19.2 Localização dos edifícios (A) Santa Josefa, (B) Mercúrio e São Vito. O primeiro se encontra na área da Luz, no bairro de Santa Ifigênia (em frente à Sala São Paulo), já os dois últimos, que foram demolidos, localizavam-se na avenida do Estado, junto ao Parque Dom Pedro
Fonte: Google Earth/DigitalGlobe (2014).

superiores, com impressionantes vistas do horizonte da cidade, que eram utilizados apenas como pisos técnicos, foram convertidos em áreas comuns para o acesso público.

No São Vito, um restaurante e uma escola *gourmet* são introduzidos no último andar do edifício existente e, no Santa Josefa, cafés e espaços de exposições passaram a configurar os novos pisos superiores. O núcleo de circulação vertical também teve de ser completamente redesenhado e reposicionado em ambos os edifícios, uma vez que não passariam na legislação vigente. Após a remoção dos moradores, o estado degradado do edifício São Vito se tornou ainda mais notório. Por essa razão, a intervenção do projeto foi mais radical no caso deste edifício do

Fig. 19.3 Vista do edifício Santa Josefa, o mais alto na área da Luz, bairro de Santa Ifigênia, em frente à estação Júlio Prestes e à famosa Sala São Paulo
Fotos: Gabriela Simões Garcia.

Fig. 19.4 (A) Vista externa dos edifícios Mercúrio e São Vito e (B) vista aproximada do edifício São Vito, mostrando o impacto de degradação da ocupação irregular na fachada principal
Fotos: Gabriela Simões Garcia.

que no Santa Josefa, tendo em vista as diferenças entre o estado de preservação e de ocupação de ambos na época da proposta.

Ao contrário do que foi proposto no São Vito, no Santa Josefa, a estrutura principal e as fachadas foram totalmente mantidas, com exceção das esquadrias. No São Vito, apenas os principais componentes estruturais permaneceram nesse exercício de projeto, e a reformulação completa dos andares criou a oportunidade de incluir unidades residenciais de um e dois dormitórios.

As estratégias ambientais foram baseadas nas principais características do clima local, e, como consequência desse partido, o projeto no verão necessita de proteção solar durante o dia e ventilação natural durante o dia e a noite, enquanto para alcançar o conforto térmico no inverno o edifício requer acesso ao sol durante o dia e renovação mínima do ar nos períodos de ocupação.

A avaliação crítica das condições existentes revelaram que a qualidade ambiental e de acessibilidade das unidades habitacionais estavam abaixo dos padrões mínimos. A planta típica de uma quitinete de um edifício alto em São Paulo tem formato alongado, plantas retangulares de aproximadamente 3 m de largura por 7 m de comprimento e um pé-direito de 2,5 m, conectado pelo núcleo de circulação vertical interna e corredores longos e estreitos.

Além da má qualidade ambiental dos corredores longos, escuros e úmidos, as duas circulações verticais e horizontais em ambos os edifícios não cumpriam a legislação vigente quanto à segurança contra incêndio e a acessibilidade. As unidades de apartamentos do Santa Josefa possuem em torno de 14 m^2, sendo ainda menores do que as do edifício São Vito, que possuíam unidades em torno de 28 m^2 (Figs. 19.5 a 19.7). Esse fator foi determinante não só na definição no partido do projeto dos edifícios, mas principalmente para o início das análises ambientais.

No edifício São Vito, as quitinetes configuravam unidades habitacionais com uma planta profunda e estreita, delimitadas por corredores internos fechados para a iluminação e ventilação natural. Para alterar tal configuração, foram introduzidos átrios abertos para o exterior de dois e três andares de altura, trazendo luz e ventilação natural, além de proporcionar a comunicação visual entre andares para o exterior. A base de piso de cada átrio definiu espaços abertos para convivência dos moradores (Figs. 19.8 a 19.10).

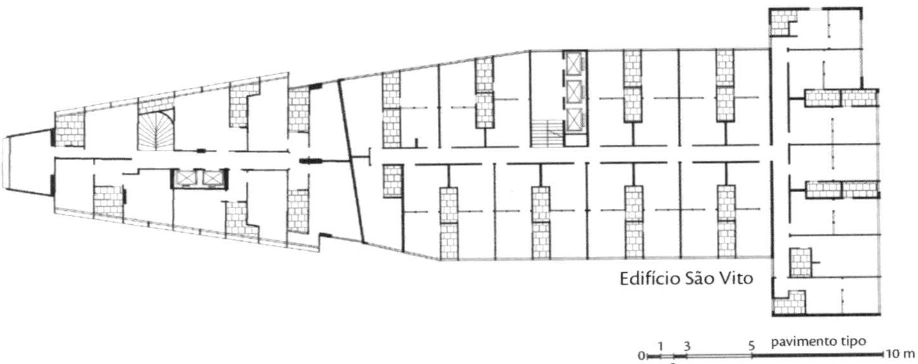

Fig. 19.5 Planta baixa do pavimento tipo do projeto original do edifício São Vito, justaposto ao edifício Mercúrio, no extremo esquerdo do lote Fonte: Sampaio et al. (2002).

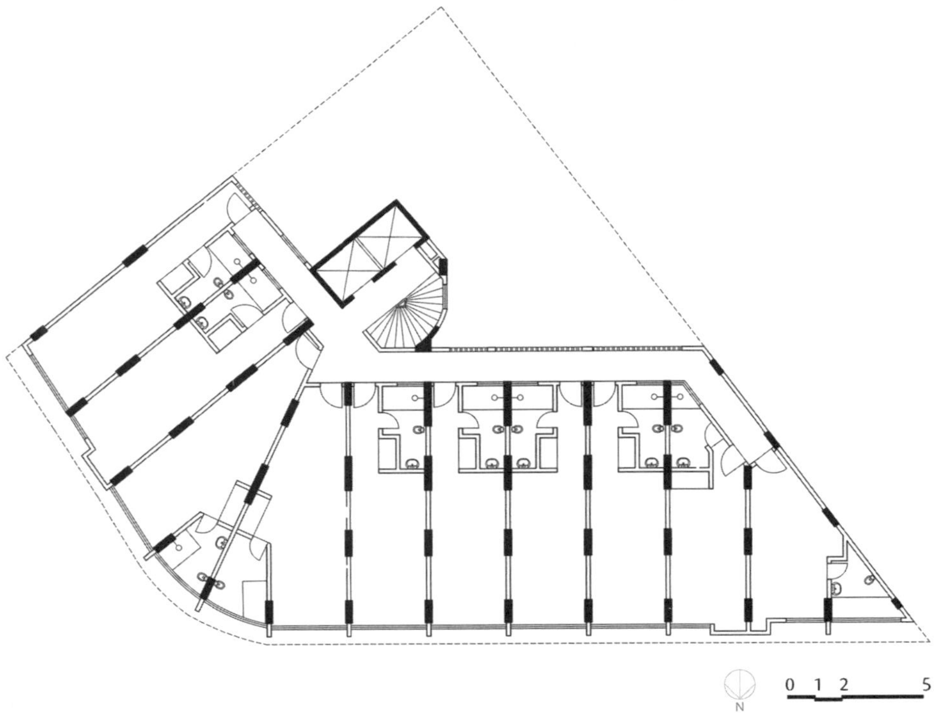

Fig. 19.6 Planta baixa do pavimento tipo do projeto original do edifício Santa Josefa Fonte: Garcia (2009).

Diferentemente do São Vito, como mencionado anteriormente, o edifício Santa Josefa encontrava-se totalmente ocupado por uma comunidade diversificada, proprietária das unidades, que escolheu o local pelas atrações e facilidade de morar no centro da cidade. Nesse caso, antes mesmo de qualquer problema da unidade habitacional, a manutenção das áreas comuns do edifício era a principal questão, já que a taxa de moradores que não contribuía para os custos de condomínio do edifício era superior a 50%.

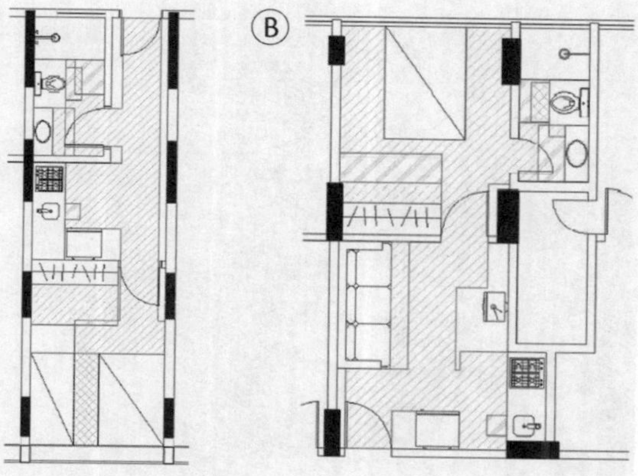

Fig. 19.7 Plantas originais dos apartamentos quitinete dos edifícios (A) São Vito e (B) Santa Josefa
Fonte: Garcia (2009).

Apesar da imagem de degradação do edifício visto do exterior e de suas áreas comuns, identificou-se um claro desejo dos moradores de permanecer em suas residências por uma série de razões, incluindo o sentido de propriedade, a proximidade dos seus postos de trabalho e do transporte público e do aspecto de diversidade social da área. A fim de manter todos os moradores e oferecer melhores condições de habitabilidade, a proposta de requalificação do Santa Josefa considerou a inclusão da quadra urbana para a reconfiguração da planta do edifício, extrapolando as dimensões do lote, aumentando o tamanho das unidades, criando percursos de pedestres, abertura de novos espaços públicos e oportunidades de lojas e atividades públicas (Figs. 19.11 e 19.12).

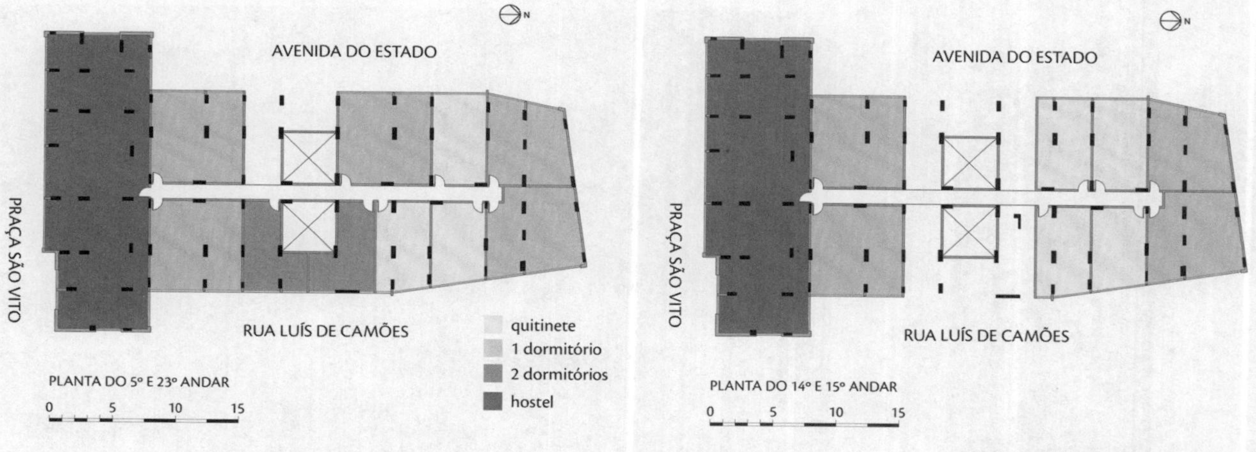

Fig. 19.8 Plantas da proposta de intervenção no edifício São Vito, com a transformação de algumas quitinetes em apartamentos de um e dois dormitórios
Fonte: Gonçalves, Mulfarth e Ferreira (2008).

Sobre o projeto das fachadas, sob as janelas, painéis solares para aquecimento de água foram propostos para reduzir o consumo de energia e os impactos relacionados à redução da manutenção para a população de baixa renda. Para substituir o revestimento externo (originalmente em gesso pintado), um novo revestimento cerâmico foi especificado pela sua durabilidade, baixa manutenção e resistência à incidência da radiação solar e intempéries.

Para a acomodação da função de morar com qualidade e adequação às necessidades contemporâneas da habitação de interesse social, as propostas de intervenção para esses dois edifícios resultaram no aumento da área das unidades residenciais. Antes mesmo de se pensar na viabilidade de atividades socioeconômicas no espaço da habitação, a redução do número total de unidades por pavimento foi

Fig. 19.9 Volumetria da proposta de intervenção para o edifício São Vito, com o aumento do número de pavimentos e a abertura de espaços abertos ao longo da altura
Fonte: Gonçalves, Mulfarth e Ferreira (2008).

Fig. 19.10 Vista aproximada da nova fachada proposta para o edifício São Vito, com a abertura de espaços ao longo da altura e painéis de vegetação ao longo do conjunto de pavimentos
Fonte: Gonçalves, Mulfarth e Ferreira (2008).

uma opção do projeto em troca da qualidade ambiental e acessibilidade prescritas em normas nacionais vigentes; além disso, também foi considerada a possibilidade de realização de tarefas de geração de renda no espaço da habitação (Fig. 19.13). Para compensar essa redução, novas áreas foram adicionadas à estrutura existente. Como visto anteriormente, no São Vito, cinco novos andares foram propostos no topo do edifício, o que tornou especialmente decisiva a mudança de paredes internas de tijolo para gesso contrabalançando o peso extra dos novos andares

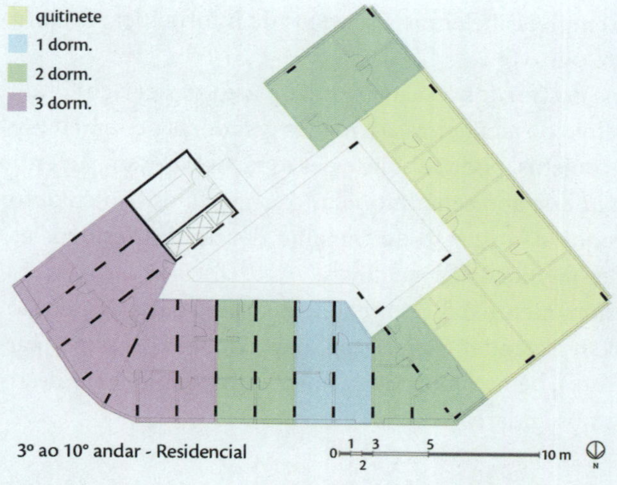

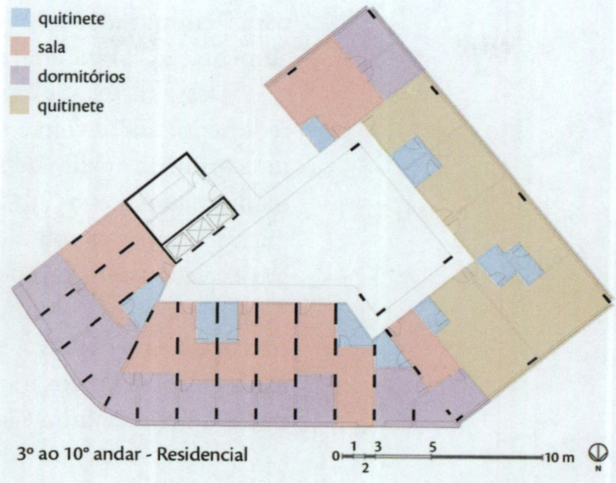

Fig. 19.11 Proposta de intervenção e aumento dos pavimentos do edifício Santa Josefa, com a transformação de algumas quitinetes em apartamentos de um e dois dormitórios
Fonte: Gonçalves, Mulfarth e Ferreira (2008).

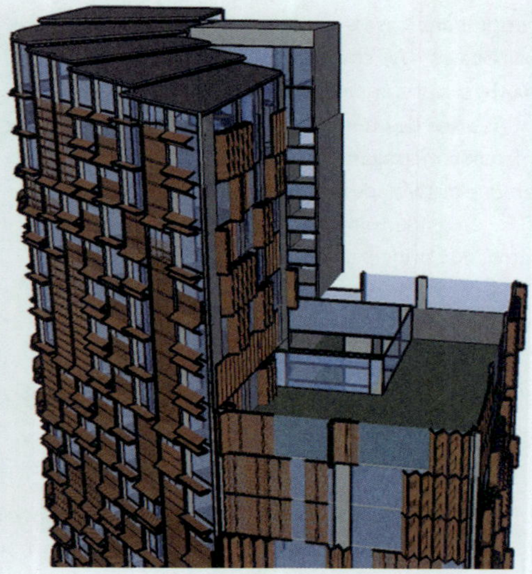

Fig. 19.12 Volumetria da proposta de ampliação do edifício Santa Josefa e proposta de nova fachada, com a inserção da proteção composta por elementos cerâmicos
Fonte: Gonçalves, Mulfarth e Ferreira (2008).

sobre a estrutura existente. Já no Santa Josefa os primeiros quinze andares foram estendidos para o lado, ao longo de um terreno vazio, criando um átrio aberto cercado por corredores internos.

Talvez a grande reflexão proposta com a readequação das unidades habitacionais tanto do São Vito como do Santa Josefa esteja não só na necessidade de redimensionamento das unidades e adequação ambiental tendo em vista a situação precária encontrada nos edifícios, em espaços muito aquém do mínimo desejável para uma família, mas também na revisão da função atual da habitação, com enfoque no interesse social.

Uma análise do desempenho ergonômico dessas unidades habitacionais constatou a necessidade de transformação do espaço da habitação, que além das funções básicas já conhecidas, também passou a incorporar funções que procuram se adequar às necessidades socioeconômicas dos moradores. Essas análises levaram à inserção de espaços destinados ao trabalho, com a função de gerar renda para seus moradores (por exemplo, cabeleireiro, serviços de informática, costura, alimentação, lavanderia, entre outros).

Dessa forma, os espaços destinados à sala, cozinha e área de serviço foram redimensionados com o objetivo de atender às atividades geradoras de renda. Em uma primeira análise desses projetos, pode ser que esses espaços pareçam superdimensionados e com um *layout* que apresenta mobiliários supérfluos. No entanto, quando avaliados sob o enfoque da inserção do trabalho dentro das residências, talvez eles passem a responder melhor às expectativas.

Além disso, o redimensionamento das áreas externas destinadas à circulação não teve como objetivo exclusivo atender à legislação, mas também proporcionar áreas de convívio dos moradores, bem como inserir novos usos, como áreas destinadas à permacultura e lazer nos andares dos dois edifícios.

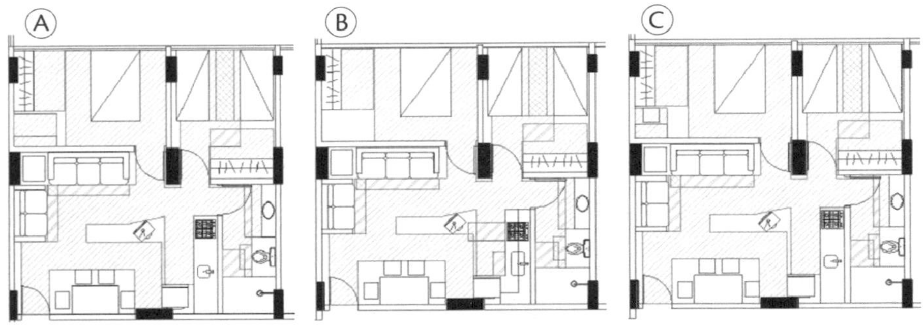

Fig. 19.13 Estudo de desempenho ergonômico do apartamento tipo de dois dormitórios, criados nas duas propostas de intervenção, considerando as atividades de lavar e passar (A), cozinhar para fora (B) e costurar para fora (C). As áreas de interferência se referem à metragem quadrada em que a atividade de geração de renda coincide com a atividade principal do espaço
Fonte: Garcia (2009).

Dentro desse contexto, é importante salientar que a avaliação de desempenho ergonômico visa não só atender aos aspectos de dimensionamento do ambiente e adequação da atividade em questão, mas também verificar a qualidade ambiental do espaço como um todo, além de verificar os aspectos socioculturais e psicológicos que nele atuam e proporcionam, ou não, um espaço adequado e com qualidades. Em ambos os edifícios, o programa de necessidades foi pensado com o objetivo de dar alternativas de geração de renda aos moradores, além de capacitação profissional. Cooperativas, escolas profissionalizantes, além da possibilidade de produção de artefatos e o plantio de verduras e legumes são algumas das premissas de projeto que ilustram esse partido.

A melhoria do projeto da habitação de interesse social e também de médio padrão exige uma revisão do programa da unidade habitacional (programa de utilização), extrapolando as necessidades básicas e incluindo espaços para atividades educativas e econômicas. Em outras palavras, o espaço da habitação deve abrigar estações de computador, máquinas de costura e outros usos.

Esse exercício projetual de reflexão sobre as possibilidades de requalificação, tomando como base dois edifícios no centro de São Paulo, demostrou que a qualidade ambiental e ergonômica das unidades quitinete, em edifícios altos construídos há 40 anos, não pode ser alcançada mantendo o projeto original das unidades residenciais, tampouco a mesma densidade, no caso dos edifícios ocupados. Por isso, destaca-se a importância de projetos urbanos com metas de requalificação de edifícios e áreas urbanas, considerando o papel do edifício no contexto da quadra, do entorno imediato, do bairro e da cidade.

19.1.3 Fatores ergonômicos: o conforto ambiental e a percepção do espaço

A inserção do conforto ambiental, em particular das questões pertinentes à Ergonomia, na concepção e avaliação dos projetos de arquitetura e das edificações existentes, remete ao questionamento e definição de conforto ambiental, que em quase todas as referências, apesar de suas especificidades, caracteriza uma percepção individual do espaço, de qualidades, influenciada por valores de conveniência, adequação, expressividade, comodidade e prazer (Virilio, 1993). Percepção essa que engloba não só todas as suas variáveis e interferências, mas também vários fatores comportamentais, que poderiam ser classificados em quatro grandes grupos: socioculturais, psicológicos, ambientais e físicos (Hall, 2005).

Talvez uma crítica importante à abordagem convencional das variáveis de conforto no projeto esteja no aprofundamento e detalhamento dos aspectos relacionados com os fatores físicos, em detrimento aos aspectos socioculturais, psicológicos e ambientais das questões relacionadas com o conforto ambiental como um todo. E esse questionamento vem justamente de encontro às questões ergonômicas, que em um projeto, na maioria das vezes, se restringem aos aspectos relacionados à antropometria e acessibilidade. Muito provável, por seu caráter interdisciplinar, ou até mesmo pela sua ausência no currículo de muitos cursos de graduação em Engenharia Civil, Arquitetura e Urbanismo, a Ergonomia muitas vezes é esquecida e até injustiçada na sua efetiva contribuição. Talvez o ponto central esteja em definir o verdadeiro papel da Ergonomia, não só como uma das áreas do conforto ambiental, mas também no seu real papel na concepção, estruturação e avaliação de projetos.

Historicamente, ela faz parte do grupo de disciplinas de conforto ambiental. Surgida no pós-guerra, entre 1947 e 1949, com os estudos do engenheiro inglês Kenneth Frank Hyevel Murrel, a Ergonomia nascia com o objetivo básico de *melhorar* as condições de trabalho nas fábricas em um período em que a mão de obra era explorada até a sua exaustão. Conseguir que os trabalhadores tivessem condições adequadas de trabalho parecia algo razoável e se traduzia, na época, em máxima produção no limite do esforço físico.

Carregada por décadas pelo estigma de ciência que estuda a interface do ser humano com o trabalho, a Ergonomia passou (e ainda passa) por várias interpretações equivocadas que enfraqueceram o seu caráter multi e interdisciplinar, reduzindo-a, no caso específico do projeto de arquitetura, a questões meramente dimensionais, reforçando os aspectos antropométricos e, mais recentemente, relacionados à acessibilidade.

Entender esse *trabalho* como qualquer ação do homem no meio em que se encontra trouxe a real dimensão da Ergonomia (*ergon* = ação e *nomos* = princípios). Apesar de algumas discordâncias entre diferentes escolas, existe um consenso do caráter integrador que caracteriza essa disciplina, que leva à transformação dos vários fatores estruturadores: os psicológicos, socioculturais, ambientais e físicos (Daniellou, 2004).

Partindo do pressuposto de que a Ergonomia na Arquitetura tem como objeto o homem no espaço, podemos defini-la como o estudo das ações e influências mútuas entre o ser humano e o espaço nas interfaces recíprocas. Dessa forma, a principal contribuição da Ergonomia na Arquitetura é propor relações e condições de ação e mobilidade, definir proporções e estabelecer dimensões em condições específicas em ambientes naturais e construídos, tendo como base o conforto ambiental, que pressupõe a percepção individual de qualidades, influenciada por valores de conveniência, adequação, expressividade, comodidade e prazer.

Baseada nesses pressupostos e em seus quatro fatores estruturadores, a Ergonomia embasa ações projetuais que visam conforto. Por exemplo, quando o assunto é habitação com enfoque no interesse social, em um contexto urbano de pró-adensamento construído e populacional, obviamente as discussões acabam se concentrando na dimensão mínima, no espaço mínimo, como se em um passe de mágica fosse possível colocar uma família de cinco pessoas em 12 m^2 ou se um dormitório de 1,7 m por 2,4 m pudesse ser compatível com as atividades a serem desempenhadas.

Fig. 19.14 Ilustração representativa do conceito de espaço mínimo, em que a realização de funções e o conforto ambiental são prejudicados pela inadequação espacial
Fonte: Eduardo Pizzaro.

O erro está em tratar as dimensões ou, em outras palavras, o projeto, e não o espaço que abriga pessoas. É obvio que as questões dimensionais são importantes, pelas razões de custo e outros fatores que não serão aqui abordados, mas ela jamais pode ser determinante de espaços que claramente não apresentam desempenho e condições de conforto para o usuário, como ilustrado na Fig. 19.14.

Por que sempre é discutido o espaço mínimo de determinada habitação e não o máximo? É muito comum encontrar índices máximos de pessoas/m^2 ou de pessoas/cômodo. Seria possível fazer um banheiro em uma área de 10 m × 5 m com o pé-direito de 6 m? Por que não? Tecnicamente, seria possível, sim, construir esse banheiro, e talvez esse projeto passasse em todos os índices de recomendações de pessoas/m^2. Seria funcional? Imagine-se dentro de um espaço desses... Você se sentiria confortável? Justamente por aspectos que não são mensuráveis, a resposta é não! Esse banheiro é uma verdadeira lástima. São justamente esses fatores, os mensuráveis e os não mensuráveis, que são objeto de estudo da Ergonomia aplicada à Arquitetura e ao Urbanismo.

Outro exemplo que ajuda a refletir sobre os questionamentos aqui abordados é a incorporação das questões de conforto ambiental nos projetos de edifícios, mais especificamente nos edifícios focados nas habitações de interesse social. A Sehab, Secretaria Municipal de Habitação, da Prefeitura do Município de São Paulo, nas duas últimas gestões, iniciou um processo de olhar de forma diferenciada para essas habitações, não só no que diz respeito à possibilidade de personalização das unidades residenciais, mas principalmente com a exigência de avaliações de conforto ambiental dos projetos.

Por determinação da Sehab, os projetos passaram a ter consultoria para o conforto ambiental desde a sua fase inicial. Aspectos relacionados com a implantação da edificação, acesso ao sol das áreas livres e das unidades habitacionais, ventilação natural, iluminação natural e artificial, desempenho térmico de componentes construtivos além de aspectos relacionados com a acessibilidade das unidades habitacionais e as áreas livres dos conjuntos que tiveram a consultoria.

A incorporação das considerações e avaliações de conforto ambiental representou uma mudança no processo de projeto tradicional da habitação social, promovendo um resgate de importantes aspectos que, de certa forma, jamais deveriam ter sido colocados à margem de definições projetuais. Talvez o grande aspecto a ser questionado aqui é como se chegou ao ponto de tratar os requisitos de conforto ambiental como aspectos supérfluos ao projeto e que refletem um diferencial, e não como algo necessário.

19.1.4 Um longo caminho a percorrer

Fazendo uma analogia com os girinos de *Rhinella ornata*, cuja adaptação de mecanismos fisiológicos é determinada por mecanismos comportamentais, é imperativo que as questões relacionadas ao conforto ambiental façam parte do processo de projeto desde o início, das discussões relacionadas ao partido inicial, bem como todas as inter-relações que possam ocorrer com esses fatores.

Todas as áreas que fazem parte do conforto ambiental – a térmica, a acústica, a iluminação natural e artificial e a Ergonomia – devem ser avaliadas em conjunto dentro de um contexto que adéque todas as possíveis interfaces com o projeto, procurando estabelecer a relação entre essas áreas e o comportamento do usuário. Sem essa busca, as questões relacionadas ao conforto ambiental tendem, na maioria dos casos, a ficar isoladas, sem conexão com o processo de projeto, apenas cumprindo um protocolo dentro do projeto como um todo.

A reflexão a ser feita aqui, porém, não se refere à iniciativa da Prefeitura do Município de São Paulo nem à pesquisa realizada pelo Labaut no Bairro de Santa Ifigênia de incluir como etapa de projeto os estudos de desempenho ambiental e avaliações de conforto ambiental como um todo. Ela se refere, sim, à prática bastante comum que levou os arquitetos e demais agentes envolvidos no processo de projeto ao ponto de tratar essas questões como requisitos à parte, como se fossem um diferencial. O fato é que o conforto ambiental ainda não é contemplado adequadamente na maioria dos projetos de edifícios habitacionais na realidade brasileira, inclusive naqueles voltados para o interesse social, e, quando se avalia o contexto urbano, a qualidade dos espaços e a inserção deles na cidade, a situação também não é diferente.

O conforto ambiental, juntamente com a Ergonomia e o seu caráter integrador, deve ser resgatado no processo de projeto e nas análises de desempenho ambiental, não só para atingir um resultado adequado, mas também como instrumento de projeto, com todos os seus fatores integradores, para a transformação necessária de edifícios e de cidades em ambientes de melhor desempenho e qualidade ambiental.

19.2 Edifício União, no bairro do Bom Retiro: a recuperação da estrutura e a conquista para a habitação

Desvinculado de programas formais de financiamento, a requalificação do Edifício União localizado no bairro do Bom Retiro, no centro de São Paulo, é resultado de um trabalho de reconhecido sucesso que reuniu a população local, o poder público, a universidade pública e o setor privado.

A ocupação do edifício de construção inacabada teve início com uma invasão que aconteceu gradualmente entre o fim dos anos 1970 e início dos anos 1980. Em 2002, 72 famílias ocupavam todas as áreas disponíveis do edifício de planta estreita e alongada (resultante do uso máximo do lote urbano), incluindo a área destinada ao elevador (Fig. 19.15). Em 2003, foi feita a retirada de parte dos ocupantes, utilizando o tempo de ocupação do espaço como critério. Assim, saíram as famílias que lá habitavam há menos de 5 anos, a fim de facilitar as ações de usucapião, e permaneceram 32 famílias.

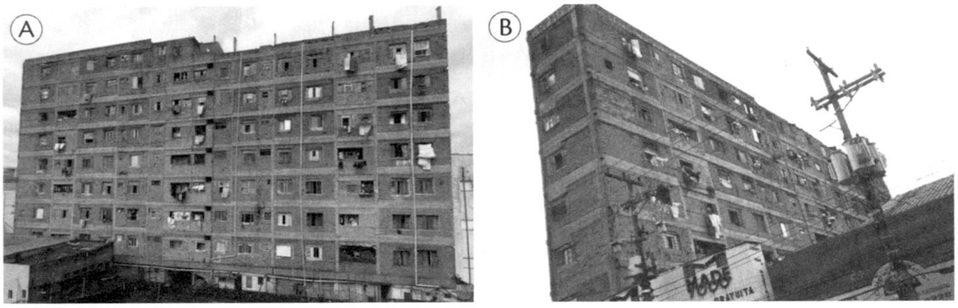

Fig. 19.15 O Edifício União, no bairro Bom Retiro, no centro de São Paulo. Em (A), vista da fachada frontal do edifício, destacando as dimensões estreitas da planta. Em (B), vista da fachada lateral mostrando a extensão do edifício de oito andares inteiramente ocupado, apesar da construção inacabada. Fotos: Maria Ruth Amaral de Sampaio.

Em 2002, com a participação de alunos da Faculdade de Arquitetura e Urbanismo da USP, da disciplina Habitação Popular Paulistana, deu-se início a um projeto que envolveu pesquisa e extensão de serviços à comunidade, dois dos principais objetivos da Universidade de São Paulo. Em nossa trajetória de ensino, pesquisa e extensão de serviços à comunidade, já havíamos estudado a autoconstrução e as favelas, que, juntamente com os cortiços, compõem o universo da habitação popular paulistana. Nosso objetivo inicial com o projeto do Edifício União foi estudar as características de um cortiço vertical, identificar seus moradores, bem como desenvolver um estudo visando à requalificação desse imóvel em particular, de oito andares, inacabado e deteriorado pelo tempo.

No projeto de intervenção da FAU-USP, em 2002, moravam no edifício 72 famílias, que gradualmente foram se instalando no imóvel, comprando espaços da obra abandonada. Com 3.000 m^{2}de área construída em um terreno de 520 m^2, o imóvel se destacava na paisagem construída do entorno pela degradação da sua estrutura, abandono e superlotação. Dentro do edifício, as inúmeras ligações de luz clandestinas apontavam para riscos de incêndio, ameaçando a segurança dos moradores. A superlotação era visível, assim como a sujeira que se acumulava não só na entrada, como nas áreas de uso comum.

Em virtude das denúncias feitas pelo proprietário do terreno vizinho, ocupado por uma quadra esportiva coberta, por causa de objetos e lixo constantemente jogados pelas janelas do Edifício União, a Secretaria Municipal de Habitação de São Paulo procurou os moradores na mesma ocasião em que o projeto de intervenção da Universidade de São Paulo foi iniciado junto ao edifício e seus moradores. Em vista do trabalho em desenvolvimento, somado à resposta positiva que a população vinha dando aos planos de melhoria de suas condições de moradia, a Prefeitura se dispôs a colaborar com a meta de requalificação do edifício, que havia se transformado em um cortiço verticalizado.

O imóvel localizado na Rua Solon, 934, no bairro do Bom Retiro, no centro da cidade, era exemplo de um cortiço vertical superocupado e deteriorado, como tantos outros existentes em São Paulo. Desde o início da atuação da equipe da FAU--USP, o objetivo era desenvolver um projeto social destinado a implantar melhorias físicas e, consequentemente, das condições de vida das 72 famílias residentes no edifício. Perante o quadro de degradação e superlotação do edifício, a Secretaria de Habitação sugeriu o seu *desadensamento*, oferecendo um auxílio-moradia ou viagem para aqueles que aceitassem deixar o imóvel. A proposta foi aceita por 30 famílias, permanecendo, então, 42, número com o qual foram organizados os espaços internos em geral e o *layout* dos apartamentos.

Das melhorias propostas na fase inicial do projeto, a mais urgente foi a instalação de uma nova rede elétrica, projetada com a colaboração da Faculdade de Saúde Pública da USP (Fig. 19.16). Nessa ocasião, a equipe contou com a colaboração do Prof. Dr. Carlos Celso do Amaral e Silva e da aluna de pós-graduação Patrícia Mendes da Faculdade de Saúde Pública da USP, que auxiliaram o desenvolvimento de um projeto destinado à implantação de uma rede elétrica no edifício. Paralelamente, com o auxílio do Instituto de Pesquisas Tecnológicas de São Paulo (IPT), um curso de Formação de Brigada de Incêndio foi ministrado a 20 moradores do prédio, habilitando-os a tomarem as primeiras providências para debelar o fogo antes da chegada dos bombeiros.

Fig. 19.16 Em (A), rede elétrica exposta ao ambiente, nas áreas de uso comum e circulação do edifício antes da reforma, em 2002. Em (B), partes da nova rede elétrica projetada e instalada com a colaboração da Faculdade de Saúde Pública da USP
Fotos: Maria Ruth Amaral de Sampaio.

Com tudo isso, a organização dos moradores começou a crescer e a união entre eles se solidificava. Um dos exemplos do esforço coletivo foram os mutirões de limpeza. Por outro lado, o aspecto deteriorado do prédio permanecia sendo um dos problemas que mais atingia a autoestima e a integração social dos moradores no meio urbano. Melhorar o aspecto do prédio era, portanto, uma necessidade e o desejo da maioria dos moradores. Com uma poupança de 40% do valor da obra e o auxílio de parceiros da indústria, que doaram as janelas frontais e os portões de entrada, a fachada do antigo edifício deteriorado foi recuperada. Nessa ocasião, a Clinton Foundation ofereceu a colocação de um sistema de aquecimento solar na cobertura do edifício, cuja aceitação foi adiada pelas incertezas com relação ao estado da estrutura. Com os melhoramentos visíveis resultantes da recuperação da fachada, foi colocado na frente do imóvel o seu novo nome: Edifício União.

Estava assim afastada definitivamente a imagem de um cortiço sujo e perigoso. Com o entusiasmo dessa primeira grande conquista e o auxílio do Centro Gaspar Garcia de Direitos Humanos, deu-se entrada no Fórum da Capital no processo de Usucapião Coletivo Urbano. A partir desse momento, um novo alento se apoderou dos moradores, que começaram a melhorar seus próprios apartamentos.

Com essa trajetória de conquistas, em 2008, o projeto de requalificação do Edifício União recebeu o prêmio internacional Deutsche Bank Urban Age Award, promovido pela fundação Alfred Herrhausen Society do banco alemão Deutsche Bank, que contempla soluções criativas para problemas habitacionais em diferentes cidades do mundo. O prêmio foi destinado à execução dos projetos de melhoria das condições de segurança e habitabilidade do edifício.

19.2.1 A estrutura, o problema maior

O Edifício União foi abandonado durante sua construção nos anos 1960 e ocupado para moradia ilegal nos anos 1980. Desde então, nenhum tipo de manutenção preventiva, revestimento, proteção ou impermeabilização foi realizado na estrutura de concreto, inacabada e sujeita aos impactos do ambiente. A vedação das paredes foi feita pelos próprios moradores, com vários tipos de blocos cerâmicos e de concreto.

Na avaliação técnica realizada em junho de 2001, verificou-se que a estrutura apresentava um quadro de corrosão das armaduras generalizado e preocupante. Além disso, o edifício está hoje com mais de 40 anos e, consequentemente, próximo do limite da vida útil de 50 anos da estrutura, conforme previsto pela norma brasileira NBR 15.575 (ABNT, 2010). Portanto, a fim de restabelecer a segurança e a estabilidade do edifício, constatou-se que a sua estrutura exigia uma intervenção corretiva imediata, assegurando a renovação da vida útil da estrutura por mais 40 anos.

O processo teve início com a elaboração de um projeto de intervenção corretiva e a realização de um treinamento com os próprios moradores para reforçar os pilares mais críticos do edifício. Em maio de 2012, haviam sido reforçados 16 pilares de sustentação do edifício, localizados no subsolo e no térreo. Parte do material necessário foi doado pelas empresas Gerdau e MC Bauchemie, totalizando mais de 2 t de aço e 7 m^3 de graute estrutural de alta resistência. Esse trabalho, altamente especializado, foi executado pelos próprios moradores, durante os finais de semana, com o apoio de um treinamento técnico sobre procedimentos de reforço estrutural, promovido por profissionais.

Em paralelo ao restabelecimento da segurança e estabilidade do edifício, destaca-se o ganho social obtido com a capacitação técnica dos moradores e sua ação comunitária para a melhoria da qualidade e do valor de um bem comum à população do edifício.

19.2.2 Diagnóstico técnico

Ensaios

A estrutura foi concebida e construída em concreto armado moldado *in loco*, não sendo conhecidas as classes de resistência do concreto, nem o diário de obra. As únicas plantas conhecidas eram as arquitetônicas (tipo *as built*), desenvolvidas pelos alunos da FAU-USP em parceria com a empresa Método Engenharia, em 2010.

O diagnóstico do estado atual de conservação e vida útil da estrutura contou com a realização de ensaios técnicos feitos em laboratório, com amostras extraídas *in loco*, incluindo: ensaio de profundidade de carbonatação, potencial de corrosão e extração de testemunhos, descritos a seguir.

Inspeção visual

Por meio de inspeção visual e tátil, com ajuda de um martelo à percussão, foram encontradas manifestações patológicas nas estruturas de concreto armado, localizadas principalmente no subsolo e no térreo, compreendendo pilares, vigas e lajes. A manifestação patológica mais grave no âmbito de segurança estrutural se deu nos níveis avançados de corrosão da armadura (Fig. 19.17).

Fig. 19.17 Em (A), corrosão nas armaduras dos pilares do subsolo. Em (B), corrosão nas armaduras das vigas e lajes do subsolo
Fotos: Maria Ruth Amaral de Sampaio.

Aspectos geométricos e características das armaduras

Foram realizadas inspeções geométricas (levantamentos de medidas geométricas) dos elementos estruturais, como as dimensões das lajes, vigas e pilares e locação das peças estruturais para o levantamento de estrutura completa, viabilizando a elaboração da planta de fôrma de todos os pavimentos. A Fig. 19.18 mostra uma vista geral da planta estrutural do subsolo, com a locação dos pilares cilíndricos que foram reforçados. Os pilares originais que passaram por intervenção possuem seção circular de 54 cm de diâmetro, com armaduras longitudinais compostas por barras de bitola 20 mm a cada 50 mm (lisas, CA 25) e os estribos com bitola 4,2 mm a cada 200 mm.

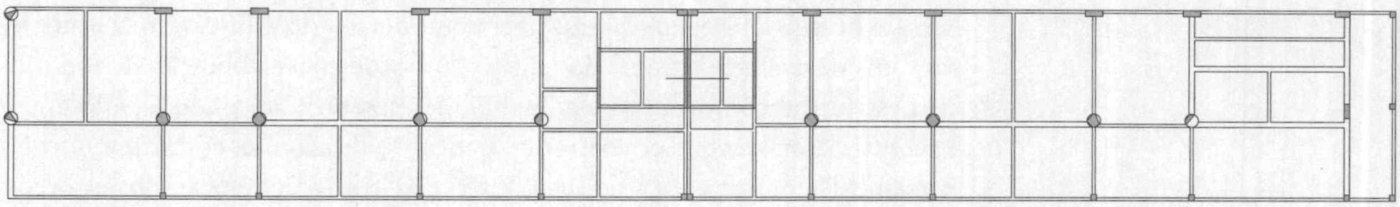

Fig. 19.18 Planta de locação dos pilares do subsolo
Fonte: Karina Cavalcante de Oliveira.

Profundidade de carbonatação e cobrimento

Os ensaios de profundidade de carbonatação são realizados para verificar a alcalinidade do concreto. Por meio desses ensaios em alguns pilares e vigas, conforme o método de ensaio RILEM CPC-18 (International..., 1998), verificou-se que a profundidade de carbonatação atingiu um valor médio de 36 mm com cobrimento de 25 mm, sendo a profundidade da carbonatação superior ao recobrimento das armaduras, o que apontou para o alto risco de corrosão.

Ensaio de resistência à compressão do concreto

Para estimar a resistência do concreto da estrutura, foi utilizado o método de extração de testemunhos de concreto, totalizando 14 desses, conforme a NBR 7680 (ABNT, 2007b). Os resultados apresentaram valores de 20 MPa a 35 MPa, comprovando a grande variabilidade do processo construtivo empregado na época, baseado na produção de concreto em canteiro de obra, sem muito rigor técnico.

Potencial de corrosão

O potencial de corrosão é um dos parâmetros eletroquímicos de mais fácil determinação experimental. Apesar de qualitativo, esse tipo de levantamento é ainda a técnica mais utilizada para monitorar os riscos de corrosão em estruturas de concreto armado. Quando rigorosa e cuidadosamente utilizado, esse método permite identificar de forma não destrutiva as áreas com corrosão (Cascudo, 1997). Complementando, o conhecimento do valor do potencial de corrosão fornece informações valiosas, tanto para técnicas de proteção contra a corrosão como para investigações sobre os processos corrosivos.

Os ensaios de medição do potencial de corrosão foram realizados em um pilar escolhido aleatoriamente e que não apresentava visualmente indícios de corrosão, mesmo assim, os resultados indicaram uma possibilidade alta de corrosão das armaduras. Trata-se de um caso típico de deterioração por corrosão de armaduras, em virtude do fenômeno da carbonatação característico de São Paulo. Foi agravante desse processo a má execução, que não primou por cobrimentos adequados. Soma-se a essa condição desfavorável os 40 anos de vida da estrutura, sem nenhuma manutenção e o fato de o concreto ter sido deixado exposto ao meio (aparente), sem ter sido projetado nem construído para tal grau de exposição agressiva.

Com esse diagnóstico e a comprovação de armaduras principais em pilares cilíndricos com uma redução de seção significativa, de mais de 15% (e praticamente sem estribos), concluiu-se que a segurança do edifício estava seriamente comprometida.

19.2.3 Projeto de reforço estrutural

Em julho de 2011, iniciou-se o projeto de reforço dos 16 pilares cilíndricos, que *nascem* no subsolo e *morrem* no pavimento térreo do edifício. Inicialmente, para fins de avaliação global do edifício, procede-se à elaboração de um modelo estrutural conforme o estado atual da estrutura de concreto, adotando a geometria existente e critérios de verificação de cálculo, conforme normalização existente na época de sua construção. Após a obtenção dos esforços solicitantes, o projeto foi adaptado para atender aos critérios de dimensionamento da NBR 6118 (ABNT, 2007a). O projeto de reforço estrutural levou em consideração custo, a disponibilidade de mão de obra especializada e de materiais e equipamentos.

No detalhe do projeto de reforço estrutural (Fig. 19.17B), foi especificado o encamisamento do pilar existente, com uma coroa armada de 6 cm de espessura que aumentou o diâmetro do pilar para 68 cm. O projeto apresenta 20 barras com bitola de 12,5 mm a cada 10 cm (de centro a centro), CA 50, nervuradas e comprimento de 4,3 m. Já os estribos possuem barras com bitola de 4,2 mm a cada 5 cm, CA 60, lisos e dobrados com ganchos nas pontas e transpasse de 30 cm. A capacidade portante dos pilares originais, conforme avaliado na verificação preliminar do projeto, era de 200 tf, enquanto a capacidade do reforço estrutural foi dimensionada para 400 tf, com a utilização de um graute (microconcreto de alta resistência com grande fluidez capaz de preencher pequenos vazios), com resistência característica à compressão de 50 MPa. A armadura nova foi calculada como armadura principal do pilar, desconsiderando a existente, em virtude do avançado processo de corrosão nela já presente.

19.2.4 Execução

As etapas do reforço consistiram na preparação do substrato, montagem da armadura, preparação da fôrma e do graute, concretagem, desforma e cura. Os trabalhos foram realizados nos finais de semana, com equipes de aproximadamente sete homens trabalhando em regime de revezamento. A Fig. 19.19A mostra a montagem da armadura do reforço estrutural, executada pelos moradores. Em paralelo à confecção da armadura, construiu-se uma fôrma metálica padrão, que foi utilizada para o reforço de todos os pilares. O grauteamento foi realizado em três etapas; nas duas primeiras, foi utilizada a fôrma metálica e, na última, fôrmas em madeira foram confeccionadas pelos próprios moradores. Os ensaios para o controle tecnológico de todo o graute utilizado para o reforço foram realizados pelo Instituto de Pesquisas Tecnológicas de São Paulo (IPT).

Testes sobre o desempenho da nova estrutura apresentaram valores de resistências à compressão bem superiores ao estipulado em projeto (considerando em média 65 MPa, em vez de 50 MPa). O entendimento desses resultados deve considerar a alta variabilidade do desempenho, inerente a um processo de produção e controle de concreto de forma artesanal e feito em canteiro, com revezamento dos trabalhadores.

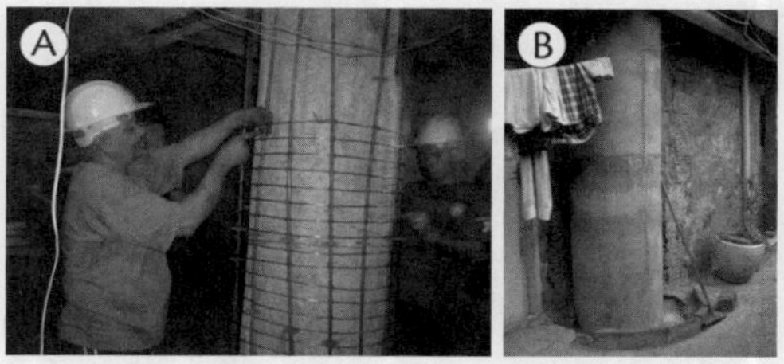

Fig. 19.19 Em (A), montagem das armaduras transversais do reforço estrutural pelos moradores. Em (B), continuação, no térreo do Edifício União, do reforço estrutural iniciado nos oito pilares do subsolo
Fotos: Maria Ruth Amaral de Sampaio.

Ressalta-se ainda que o reforço estrutural foi projetado para suportar sozinho toda a carga do pilar, desprezando a resistência do pilar original, por conta do problema de corrosão. Assim, a carga máxima atuante no pilar original mais solicitado é da ordem de 200 tf, enquanto a capacidade resistente, considerando só o reforço, é da ordem de 400 tf. A Fig. 19.19B mostra os pilares cilíndricos do térreo do Edifício União, já reforçados.

Como o Edifício União não tinha recursos para fazer frente aos gastos com uma intervenção corretiva tradicional, optou-se por treinamento dos moradores com técnicas de reforço que, em regime de mutirão e orientação técnica de empresa especializada, reforçaram parte da estrutura.

Atualmente, foram reforçados os pilares mais críticos do subsolo e do térreo. Essa experiência foi um grande exemplo de responsabilidade social das empresas envolvidas e da organização dos moradores, além de ser um caso ímpar de avaliação da durabilidade de estruturas de concreto. Indubitavelmente, a requalificação do Edifício União constitui uma grande vitória dos trabalhos de extensão à comunidade realizados pela Universidade de São Paulo. A experiência do Edificio União, além de recuperar a sua estrutura física, teve o efeito adicional de unir os moradores em uma comunidade organizada e eficiente.

Os trabalhos de reforço estrutural e recuperação da fachada do Edifício União, iniciados em 2011, só foram possíveis em virtude das inúmeras parcerias firmadas entre a universidade, o setor de serviços e a indústria. Da mesma forma, o sucesso das ações futuras para a melhoria das condições de moradia no edifício precisa da continuidade dessas parcerias, que atuaram nas primeiras etapas de requalificação do Edifício União.

19.2.5 A nova ocupação

Após a reforma estrutural, a fachada principal, a cobertura e os apartamentos internos (Fig. 19.20) também sofreram melhorias, com a finalidade de acomodar a população de 42 famílias com mais conforto e qualidade ambiental.

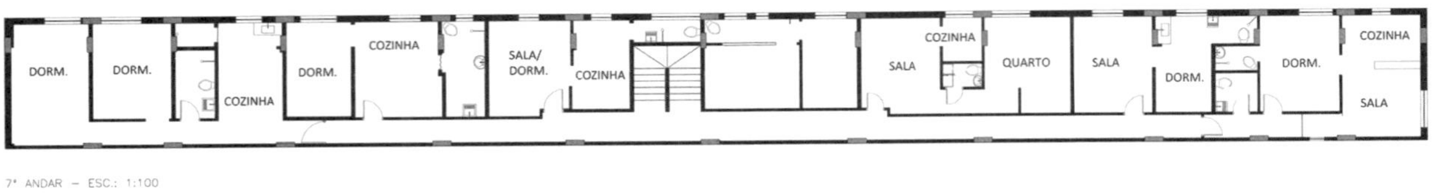

Fig. 19.20 Plantas do 1º e 4º pavimento do edifício, com quatro e cinco apartamentos, respectivamente. Em geral, os oito pavimentos acomodam unidades de um e dois dormitórios. No caso do Edifício União, não se optou pela tipologia do apartamento quitinete, tendo em vista a demanda de espaço das famílias moradoras e a possibilidade de acomodar essas famílias em unidades maiores
Fonte: Karina Cavalcante de Oliveira.

O resultado da reforma da fachada principal teve grande impacto na aparência final do edifício, assim como nas condições ambientais internas dos cômodos voltados para ela (Fig. 19.21). As novas janelas permitem flexibilidade no controle da insolação, iluminação e ventilação dos cômodos. No entanto, a maior fachada, a lateral, continua esperando recursos para a execução do revestimento externo. A reforma da cobertura incluiu a execução de uma nova estrutura para a coleta da água da chuva, proteção contra infiltrações e bloqueio da radiação solar direta (Fig. 19.22).

Vale observar que a planta estreita com aberturas na fachada lateral (mais longa) possibilitou boas condições de iluminação natural e ventilação, dada a relação de proporção entre a abertura das janelas e o tamanho dos cômodos. A Fig. 19.23 mostra a ocupação dos espaços internos, em que a cozinha e sala são beneficiadas com iluminação natural. O *layout* de apartamentos compactos (aproximadamente 30 m^2) levou à subdivisão dos cômodos com divisórias, conforme

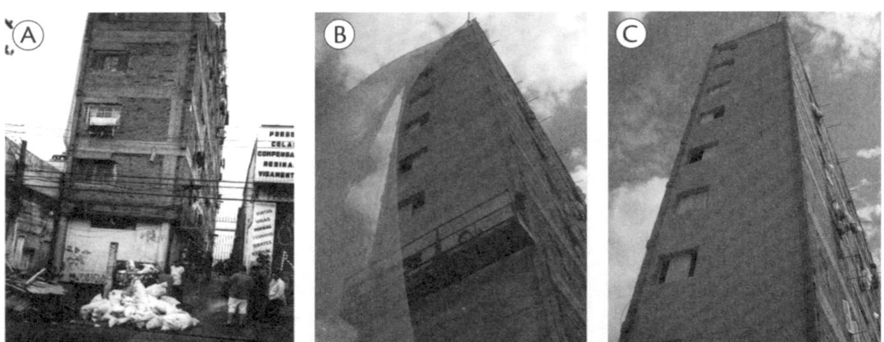

Fig. 19.21 Fachada principal do edifício (A) antes (início de 2002), (B) durante e (C) depois da reforma. As paredes externas de tijolo foram devidamente revistas para a proteção contra as intempéries e novas janelas foram instaladas
Fotos: Maria Ruth Amaral de Sampaio.

Fig. 19.22 Em (A), a cobertura durante o processo de fôrma. Em (B), vista da nova cobertura, com proteção contra infiltração e a radiação solar direta
Fotos: Maria Ruth Amaral de Sampaio.

a Fig. 19.21B, como comumente é feito em apartamentos do tipo quitinete. No entanto, essas divisórias não parecem prejudicar a iluminação natural dos ambientes, em virtude da planta estreita com possibilidade de abertura para a fachada lateral.

Fig. 19.23 Vistas dos espaços internos dos apartamentos reformados
Fotos: Maria Ruth Amaral de Sampaio.

Concluindo, as considerações sobre a nova ocupação, sabe-se que, na prática, o uso habitacional é caracterizado pela adaptação de todo tipo, incluindo o uso do espaço do morar, o controle das condições de ambientais de conforto e até mesmo a criação de oportunidades para atividades de lazer. Nesse sentido, a Fig. 19.24 mostra o aproveitamento improvisado e criativo do espaço aberto de dimensões estreitas entre o edifício e o limite do lote, para o convívio da população do agora conhecido como Edifício União.

Fig. 19.24 Uso da área externa lateral para atividades comunitárias
Foto: Maria Ruth Amaral de Sampaio.

Referências bibliográficas

ABNT - ASSOCIAÇÃO BRASILEIRA DE NORMAS TÉCNICAS. *NBR 6118:* Projeto de estruturas de concreto. Procedimento. Rio de Janeiro, 2007a.

ABNT - ASSOCIAÇÃO BRASILEIRA DE NORMAS TÉCNICAS. *NBR 7680:* concreto: extração, preparação, e ensaios de testemunhos de concreto. Procedimento. Rio de Janeiro, 2007b.

ABNT - ASSOCIAÇÃO BRASILEIRA DE NORMAS TÉCNICAS. *NBR 15.575:* Edifícios habitacionais de ate cinco pavimentos - Desempenho Parte 1: Requisitos gerais. Rio de Janeiro, 2010.

BOMFIM, V. C. *Os espaços edificados vazios na área central da cidade de São Paulo e dinâmica urbana.* Dissertação (Mestrado) - Poli-USP, São Paulo, 2004.

CASCUDO, O. *O controle da corrosão de armaduras de concreto: inspeção e técnicas eletroquímicas.* São Paulo: Pini, 1997.

D'ANGELIS, C. K.; TERRA, U.; RAMOS, D. H.; HIRAO, F. H.; COSTA, E. Pelo direito à cidade: a desocupação do Edifício Prestes Maia em São Paulo. *Minha cidade*, São Paulo, ano 7, n. 079.02, jul. 2007.

DANIELLOU, F. (Coord.). *A ergonomia em busca de seus princípios:* debates epistemológicos. São Paulo: Edgard Blücher, 2004.

GARCIA, G. S. *Avaliação da acessibilidade nas unidades habitacionais na proposta de*

retrofit dos edifícios São Vito e Santa Josefa para o Urban Age (LSE): aplicação do software de vistoria eletrônica da SMPED. 2009. Relatório de Iniciação Científica (Graduação) - Faculdade de Arquitetura e Urbanismo da Universidade de São Paulo; Fundação de Amparo para Pesquisa Ambiental; Fapesp, 2009.

GONÇALVES, J. C. S.; MULFARTH, R. C. K.; FERREIRA, L. S. Ecobuilding for São Paulo. In: Urban Age São Paulo, 43., 2008, São Paulo. *Conferência.* São Paulo, 2008. Disponível em: <http://lsecities.net/ua/conference/2008-sao-paulo/audios&vídeos>.

HALL, E. *A dimensão oculta.* São Paulo: Martins Fontes, 2005.

INTERNATIONAL UNION OF LABORATORIES AND EXPERTS IN CONSTRUCTION MATERIALS, SYSTEMS AND STRUCTURES - RILEM. *CPC-18* - Measurement of hardened concrete carbonation depth. Québec, 1998.

SALDIVA, P. Efeitos da poluição no corpo. *Cidades e soluções,* Entrevista concedida ao jornal Globo News. Programa exibido em: 04 maio 2011.

SAMPAIO, M. R. A. de.; LIRA, J. T. C. de.; ROSSETTO, R.; BOSETTI, A.; SAMPAIO, L.; WINGE, N. A. *A promoção privada de habitação econômica e a arquitetura moderna 1930-1964.* São Carlos: Rima Editora, 2002.

SECOVI – SINDICATO DAS EMPRESAS DE COMPRA, VENDA, LOCAÇÃO E ADMINISTRAÇÃO DE IMÓVEIS RESIDENCIAIS E COMERCIAIS DE SÃO PAULO. *A visão do amanhã dos novos empreendedores:* Retrofit, comercialização e vendas, funding e empreendedorismo. In: CONGRESSO SECOVI NE, 1., 2009, São Paulo.

SILVA, H. M. B. (Coord.) BIAVA, A. H. R.; SÍGOLO L. M. *Tributos imobiliários e imóveis vazios no centro de São Paulo:* Relatório Final. São Paulo, 2010.

VIRILIO, P. *O espaço crítico.* Rio de Janeiro: Editora 34, 1993.

XIMENEZ, S. et al. *Influência da temperatura da água sobre a distribuição de girinos de Rhinella ornata Amphibia.* Bufonidae, 2011.

[Parte 5]

Os desafios ambientais e as forças de mercado

Habitações mais sustentáveis para populações de baixa renda: fundamentos e propostas desenvolvidas pelo Núcleo Orientado para a Inovação da Edificação (Norie)

20

Miguel Aloyzio Sattler

A linha de pesquisa em Edificações e Comunidades Sustentáveis, do Núcleo Orientado para a Inovação da Edificação (Norie), possui um histórico de aproximadamente 17 anos, ao longo dos quais um dos temas que vêm sendo investigados é o de soluções habitacionais mais sustentáveis para populações de baixa renda. O Norie, que integra o PPGEC, Programa de Pós-Graduação em Engenharia Civil da UFRGS, está identificado com a área de construção desse Programa. Em 1995, o Norie deu início às suas atividades na área de sustentabilidade, juntamente com a Fundação de Ciência e Tecnologia, instituição à qual o autor estava também associado à época, por meio da realização de um Concurso Internacional de Ideias, que tinha como tema *habitações sustentáveis para populações carentes*.

Olhando para o conjunto de experiências do Norie, pretende-se compartilhar aqui algumas preocupações sobre os impactos causados à natureza, particularmente ao próprio ser humano, como resultado da transformação do ambiente natural em ambiente construído, assim como discutir algumas iniciativas para minorar tais impactos, por meio da inclusão de princípios de sustentabilidade no processo de produção de assentamentos humanos, em suas diversas escalas. A literatura citada aponta para a gravidade da situação atual, quando expressada por meio de uma série de indicadores, e levam à reconsideração das soluções atualmente adotadas, também nas diferentes escalas: edificações, bairros, cidades e municipalidades.

Espera-se que o conjunto de estudos e experiências conduzidas no Norie, aqui parcialmente descritas, possa contribuir para a concepção de edificações e comunidades mais sustentáveis, oferecendo uma melhor qualidade de vida para a sociedade, em particular, para as populações mais carentes. Assim, visa-se diminuir os impactos causados ao ambiente, de modo a, eticamente, preservá-lo sem limitar as oportunidades de seu usufruto, tanto pela espécie humana como por todas as demais, que compartilham este planeta.

20.1 Um breve retrospecto das pesquisas em habitação de interesse social

Para melhor justificar tanto o posicionamento aqui adotado em relação ao tema como o entendimento de algumas atividades envolvidas, julga-se importante apresentar um breve retrospecto, destacando os trabalhos relacionados à habitação para populações de baixa renda, desenvolvidas ao longo de mais de 30 anos de atuação na área.

O período entre 1978 e 1983, caracterizado por uma ênfase em controle tecnológico por parte dos diversos institutos de pesquisa brasileiros, marcou o início do envolvimento do autor, então atuando na Fundação de Ciência e Tecnologia (Cientec), com a área de habitação de interesse social.

Nesse período, grande parte das atividades desenvolvidas pela instituição e ligadas à área de habitação estava relacionada com o controle da qualidade de materiais, componentes e sistemas construtivos. Na época, havia um dispositivo legal, específico para o Estado do Rio Grande do Sul, em que cada conjunto habitacional que viesse a ser construído deveria destinar o percentual de 1% do valor orçado para a construção para o controle de qualidade. Ou seja, esses recursos eram direcionados à realização de testes e ensaios de solos e materiais de construção, na busca de materiais de qualidade, que oferecessem adequada resistência mecânica e durabilidade às edificações, dentro de parâmetros de custo considerados aceitáveis.

Também nesse período, o evento Simpósio Latino-Americano de Racionalização da construção e sua aplicação às habitações de interesse social, no Instituto de Pesquisas Tecnológicas de SP (IPT), trouxe para a discussão uma proposta *diferenciada* de assentamento habitacional de um casal de arquitetos alemães (Kennedy; Kennedy, 1981), os quais se tornariam referência internacional pelo seu envolvimento em propostas de ecovilas: uma delas, denominada Caçapava Permaculture Project, para o município de Caçapava, em SP, que foi fundada em princípios permaculturais. Essa foi uma proposta inspiradora e que balizou ações subsequentes do autor e de sua equipe na busca por assentamentos humanos mais sustentáveis. Uma das primeiras ações nessa direção foi desenvolvida na tese de doutorado do autor, que pesquisou de que forma a adição de vegetação aos projetos paisagísticos de conjuntos habitacionais poderia contribuir para o oferecimento de melhores condições de conforto ao usuário das edificações de baixo custo.

A partir de 1988, deu-se início a um processo de aprofundamento da Cientec no conhecimento da realidade local e nacional, relativa a programas habitacionais em desenvolvimento. O 1º Encontro Nacional da Comissão Técnica da Associação Nacional de Tecnologia do Ambiente Construído (Antac), em 1988, e a constituição do Grupo de Trabalho em Conforto Ambiental da Antac, em 1990, foram medidas determinantes para a troca e disseminação de experiências nacionais sobre os temas da construção, habitação, do desempenho ambiental e, mais recentemente, de sustentabilidade, que acontece até os dias de hoje. Esse universo de discussões e trocas vem contando com a adição crescente de experiências latino-americanas e de outras partes do mundo.

Em 1995, o Concurso Internacional de Ideias sobre Habitações Sustentáveis para Populações Carentes foi promovido no sentido de criar um balizamento para projetos habitacionais mais bem qualificados em termos ambientais para a região sul do Brasil. Esse concurso, copromovido pela Antac e pela associação internacional Passive and Low Energy Architecture (Plea), resultou no encaminhamento de um amplo repertório de ideias de projeto, encaminhados por profissionais e estudantes de arquitetura da Europa, Austrália e América do Sul, que mostravam preocupação com aspectos de sustentabilidade.

Cabe assinalar que o conceito de *sustentabilidade*, tal como hoje entendido no Norie, passou a ser identificado cada vez mais com o conceito de *saudabilidade*.

Nesse sentido, pode-se dizer que, em última instância, busca-se a eficientização de processos para, por meio de um enfoque sistêmico, se alcançar a saudabilidade de sistemas complexos de diversas escalas: do planeta, da região, do município, do bairro, da habitação etc. Dentro desse entendimento, tais sistemas deverão ser pensados, inclusive, em termos de sua saudabilidade econômica, social, ambiental, em cada uma das escalas mencionadas.

Entende-se que para se alcançar a saudabilidade nas diversas escalas, o próprio humano deverá ser saudável, e essa saudabilidade do ser humano deverá se estender às suas dimensões corporal, emocional, mental e espiritual. Em suma, uma condição para se ter um planeta sustentável, ou saudável, é que a própria sociedade humana também seja saudável. Vale dizer que a sustentabilidade é uma meta a ser buscada em um horizonte temporal que tende ao infinito e que deverá ocorrer de modo concomitante com a própria evolução da sociedade humana.

A proposta vencedora introduziu um caráter diferenciado de projeto habitacional, particularmente quando comparado ao que se praticava na época no Brasil para esse tipo de produção, em termos de sustentabilidade (Fig. 20.1).

Merece destaque, nessa direção, a preocupação dessa proposta vencedora com a adequação climática do conjunto de edificações, que são orientadas de tal modo que o eixo maior de cada uma delas esteja alinhado na direção leste-oeste. Além disso, essa proposta sugere a implantação das habitações de forma distinta do *grid* regular, comumente praticado no Brasil, pois as orienta de forma que nenhuma edificação determine um *sombreamento* de vento sobre aquelas situadas a sota-vento, permitindo, assim, obter o máximo benefício da ventilação cruzada

Fig. 20.1 Proposta vencedora do Concurso Internacional de Ideias sobre Habitações Sustentáveis para Populações Carentes, de autoria do escritório australiano H_2O Workshops, liderado pelo arquiteto Michael Morrisey Fonte: Michael Morrisey et al. (1995) apud Sattler (2007).

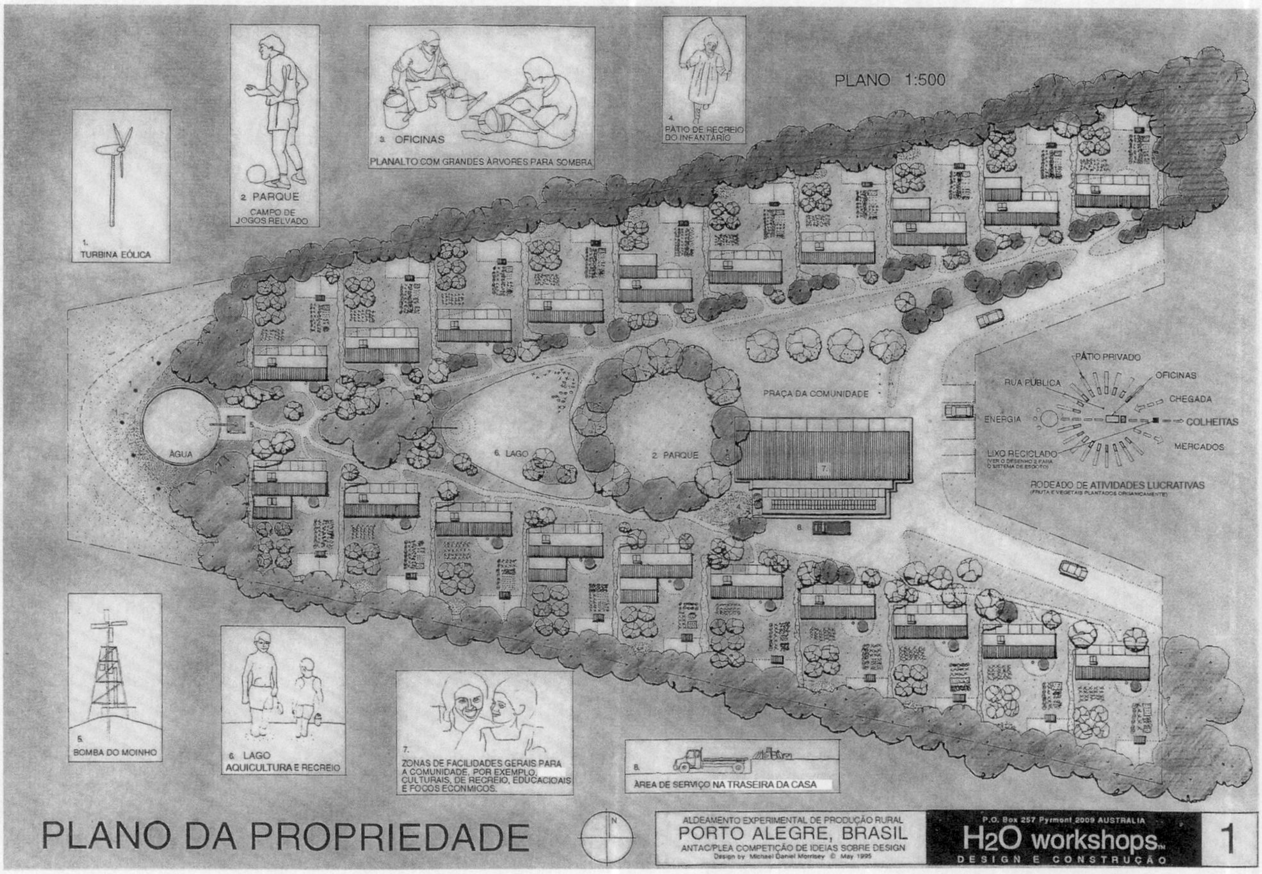

proporcionada pelos ventos predominantes de verão, originários a leste. Ao mesmo tempo, é proposto um sistema de *quebra-ventos* vegetados, para proteger as edificações dos ventos frios de inverno, originários de sul e sudoeste. Adicionalmente, cabe mencionar que:

- o assentamento habitacional foi também projetado para que suas águas residuais fossem todas tratadas no próprio local, por meio de uma sucessão de dispositivos de tratamento (digestores, filtros, leitos de raízes e sistemas aquiculturais), de modo a minimizar a contaminação do lençol freático;
- a fim de contribuir para a segurança alimentar dos moradores locais, o projeto propõe a implantação de hortas domésticas e de uma pequena instalação para criação de animais domésticos;
- para a construção das unidades habitacionais, foi proposta a utilização de materiais locais, isentos de toxicidade;
- os investimentos em infraestrutura viária foram minimizados considerando a realidade econômica dos residentes no local, que não dispõem de recursos para investir em veículos, ao mesmo tempo que são introduzidas soluções que protegem os moradores das ameaças normalmente determinadas pela intrusão de veículos, impedindo a sua circulação em meio às habitações;
- o paisagismo produtivo proposto alia a proposição de espaços agradáveis para usufruto dos moradores com a de potenciais áreas adicionais para a produção de alimentos.

Ainda em 1995, durante o VI Encontro Nacional da Antac, realizado no Rio de Janeiro, é criado o Grupo de Trabalho em Desenvolvimento Sustentável, também da Antac.

Em 1997, um projeto de pesquisa é aprovado pela Finep (Financiadora de Estudos e Projetos) em parceria com a Caixa Econômica Federal, o qual visava o desenvolvimento de um projeto executivo para um Centro Experimental de Tecnologias Habitacionais Sustentáveis, CETHS.

O projeto, que também se inspirou no Caçapava Permaculture Project e agregava aspectos de sustentabilidade presentes na proposta vencedora do concurso de ideias, propõe uma série de estratégias *mais* sustentáveis para a habitação popular, como: a gestão local de resíduos líquidos, com o reúso de águas cinzas e a biodigestão de águas negras; moradias confortáveis, de baixo custo e de baixo impacto ambiental; paisagismo produtivo; o aproveitamento da água da chuva, para descarga de vasos sanitários e irrigação de hortas; propostas de *traffic calming* no traçado das ruas; produção local de alimentos; entre outras.

Os recursos concedidos pelos órgãos financiadores possibilitaram não só a execução de um projeto para o CETHS (Sattler, 2007) (Fig. 20.2), como também o acompanhamento a campo da construção do que seriam as suas oito unidades habitacionais iniciais, no município de Nova Hartz, localizado na região metropolitana de Porto Alegre, a cerca de 90 km da capital.

A construção dessas oito unidades iniciais somente se tornou possível graças a um outro projeto de pesquisa desenvolvido em paralelo, com financiamento da Fundação de Amparo à Pesquisa do Estado do Rio Grande do Sul (Fapergs) e em parceria com o Sindicato das Indústrias de Olarias e Cerâmicas do RS (Siocergs), que objetivava avaliar o impacto ambiental associado à produção de tijolos e telhas cerâmicas nesse Estado. Além da construção das oito unidades habitacionais,

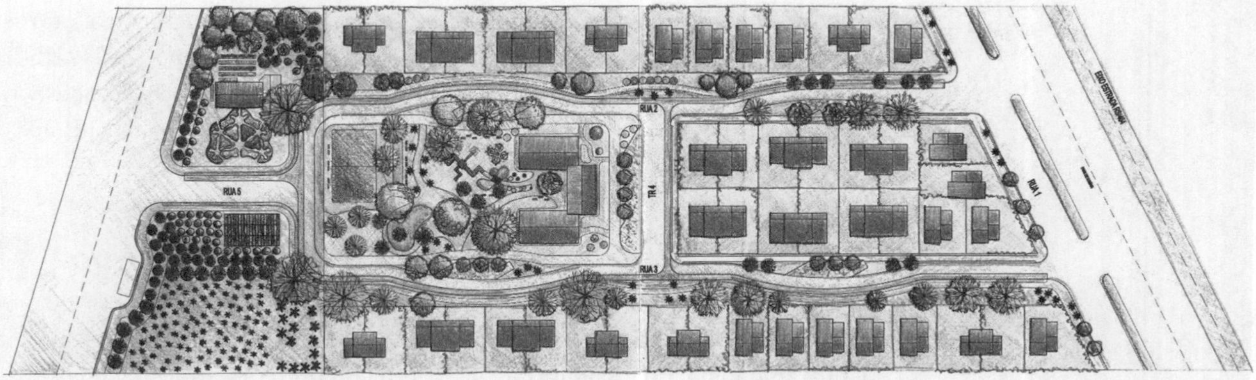

Fig. 20.2 Ilustração da proposta de implantação para o CETHS, na cidade de Nova Hartz, no Rio Grande do Sul
Fonte: Sattler (2007).

também foi realizado um protótipo habitacional, segundo o mesmo modelo de habitação, que foi construído em 2002 no *campus* da UFRGS, a cerca de 20 km do centro da cidade de Porto Alegre (Fig. 20.3).

Essa unidade habitacional passou, desde então, a servir como objeto de investigação de pesquisadores do Norie até o ano de 2006, data de conclusão do último estudo. O livro *Habitações de baixo custo mais sustentáveis: a Casa Alvorada e o Centro Experimental de Tecnologias Habitacionais Sustentáveis*, do Programa Habitare da Finep (Sattler, 2007), conta a história completa do projeto, incluindo sua construção e monitoramento.

Fig. 20.3 Protótipo Habitacional Casa Alvorada, construída no *campus* do Vale da UFRGS
Fotos: Miguel Aloyzio Sattler.

A avaliação dos impactos ambientais do protótipo incluiu análises de custos associados aos materiais de construção, o que possibilitou verificar a inexistência de diferenças significativas em termos de custo, na comparação entre a solução mais sustentável e as soluções convencionais praticadas na cidade de Porto Alegre, tomando-se como referência o metro quadrado construído. Em Sattler (2007, p. 389-391), pode-se verificar que enquanto os custos dos materiais incorporados no protótipo alcançaram o valor de R$ 345,67 (estando aí também incluído o valor das perdas de materiais) por metro quadrado de área construída, os custos dos materiais em dois modelos habitacionais na época sendo empregados pelo Departamento Municipal de Habitação, e atualizados para a mesma data, variavam entre R$ 304,55 e R$ 408,33.

Adicionalmente, a publicação de Sattler (2007) ainda faz referência a outros estudos, como: paisagismo permacultural do entorno do protótipo (p. 242-250), avaliação de desempenho lumínico (p. 308-318), avaliação de desempenho acústico (p. 353-375), construção de um coletor solar com materiais de sucata (301-307), proposta de um forno multifuncional (p. 250-260) e outros.

20.2 Comunidades resilientes no cenário pós-pique do petróleo: uma reflexão sobre os desafios para a sustentabilidade

Conforme mencionado anteriormente, um conjunto de estratégias mais sustentáveis orientaram as propostas do Norie na concepção do Centro Experimental de Tecnologias Habitacionais Sustentáveis. Com o passar dos anos, observou-se um crescimento de preocupações globais com alguns temas específicos e de caráter global, como: o paulatino decréscimo da disponibilidade de recursos energéticos de origem fóssil; o aumento da poluição das águas, e o consequente decréscimo de acesso a fontes de água de qualidade; e a também crescente dificuldade de acesso a alimentos, tanto em quantidade como em qualidade, pela população global.

Facilmente se entende que esses temas guardam uma relação entre si. A exemplo disso, os mesmos recursos fósseis que possibilitam a produção de agrotóxicos e fertilizantes acabam contaminando as águas superficiais e profundas e os próprios alimentos. A segurança alimentar para a fração da população mundial que hoje ainda tem acesso a alimentos passa a ser ameaçada na medida em que diminuem os estoques mundiais de combustíveis, que possibilitam o seu transporte a grandes distâncias. A título de exemplo, a média ponderada das distâncias percorridas por todos os alimentos que chegam à Central de Abastecimento do Rio Grande do Sul, sediada em Porto Alegre, é de 560 km!

Caso se considere a distância média de transporte de alimentos nos Estados Unidos entre os locais em que estes são produzidos e onde são consumidos, esse valor supera a marca dos 2.000 km (Orr, 1994, p. 188). Ou seja, os alimentos diariamente consumidos estão sendo, permanente e continuamente, estocados e transportados por veículos que dependem de recursos fósseis.

Diante disso, os estudos passaram a incluir cenários que não estão muito distantes em termos de tempo. Segundo especialistas na área, apenas uma geração, ou algo como 30 a 40 anos, separa o ser humano de condições críticas (isto para se referir apenas a algumas, pois não foram incluídos entre as condições mencionadas o efeito estufa e as decorrentes mudanças climáticas, entre outros). A busca de maior resiliência às comunidades em geral, particularmente às mais carentes, oferecendo melhor qualidade de vida, saudabilidade do ambiente construído e segurança alimentar, tem sido o foco do Norie nos últimos anos.

Nesse contexto, parte-se do pressuposto de que a qualidade de vida está diretamente associada à saudabilidade corporal do ser humano e que esta é, fundamentalmente, dependente da qualidade do ar, da água e dos alimentos, assim como da acessibilidade à energia e a um abrigo digno. Os dois últimos constituem uma preocupação mundial maior ou menor, dependendo do nível de *desenvolvimento* de cada país, mas, no caso específico da cidade de Porto Alegre, os três primeiros aspectos são cada vez mais preocupantes. Para incitar uma reflexão a respeito da situação enfrentada em seu local de morar e do potencial que bons projetos têm para sua amenização, destaca-se a gravidade da realidade em Porto Alegre com relação à (falta de) saudabilidade do ambiente local.

20.2.1 Qualidade do ar

Estudos sobre a poluição atmosférica em Porto Alegre, realizados pela Universidade Federal de Ciências da Saúde de Porto Alegre (UFCSPA), confirmam a baixa qualidade do ar, e as medições realizadas situam a cidade entre as mais poluídas do país. Conforme declaração de Cláudia... (2010), nos meses de inverno, em termos de poluição aérea, Porto Alegre só é superada por São Paulo. Enquanto o padrão nacional do Ministério do Meio Ambiente estabelece um limite superior para o índice de material particulado de dez microgramas por metro cúbico, no Centro de Porto Alegre é registrado, no citado período, um valor de 16 microgramas por metro cúbico.

Apenas para balizar o tema, recentes estudos realizados no Reino Unido (Chu, 2012; Yim; Barrett, 2012) reportam um total de 7,5 mil mortes prematuras por ano, em resultado das emissões pelos sistemas de transporte, cujos maiores contribuintes individuais, segundo Yim e Barrett (2012) são automóveis e caminhões. A título de comparação, esses estudos informam que menos de 3.000 britânicos morreram em decorrência de acidentes em estradas, em 2005. Quantas serão as mortes precoces por poluição em Porto Alegre?

Não menos preocupante é a poluição de ambientes internos. Vale conferir o que nos informam McDonough e Braungart (2002) e Duncan (2006), referente à contaminação do ar interno, que é causada não apenas pela atividade de construção, como por inúmeros produtos utilizados no dia a dia, tais como bisfenóis em vasilhas plásticas e revestimentos de latas contendo alimentos; PFAs em panelas antiaderentes; PBDEs em torradeiras, micro-ondas, televisores, aparelhos de som etc.

20.2.2 Qualidade da água

No que se refere à qualidade da água, o IBGE (2010) identifica que três dos rios contribuintes para a bacia do Guaíba (Caí, Sinos e Gravataí) estão entre os dez rios brasileiros que apresentam situação mais crítica, em termos de poluição hídrica, e representam "uma amostra daqueles em situação de maior risco e degradação ambiental" (IBGE, 2010, p. 99). Essas conclusões resultam de análises realizadas e são expressas pela Demanda Bioquímica de Oxigênio (DBO) e pelo Índice de Qualidade da Água (IQA). Este último indicador utilizado para verificar a qualidade da água é obtido com base em uma fórmula matemática que usa como variáveis (parâmetros) a temperatura, o pH, o oxigênio dissolvido, a demanda bioquímica de oxigênio, a quantidade de coliformes fecais, o nitrogênio, o fósforo, os resíduos totais dissolvidos e a turbidez, todos medidos na água.

No entanto, segundo Rebouças (1999), as preocupações com a qualidade da água, e particularmente com a que é servida à população, devem se estender para bem além dos parâmetros anteriormente assinalados. No seu entender:

> [...] o desenvolvimento da tecnologia de tratamento de água, ocorrido na segunda metade deste século, levou à idéia de que, independentemente dos níveis de poluição dos

mananciais utilizados para abastecimento das cidades, os processos convencionais de tratamento – operações unitárias de coagulação-floculação, sedimentação, filtração e desinfecção – seriam suficientes para tornar a água de qualidade segura para consumo humano. Nesse quadro, cresce de forma assustadora a importância dos parâmetros denominados de micropoluentes orgânicos sintéticos e metais tóxicos. Esses elementos ou compostos podem causar efeitos danosos à saúde, mesmo quando em teores muito baixos – da ordem de partes por bilhão, ou de microgramas por litro, e até de partes por trilhão, ou nanogramas por litro. (Rebouças, 1999, p. 205).

Segundo o mesmo autor:

[...] os micropoluentes orgânicos sintéticos, tais como os organofosforados e organoclorados, compostos benzênicos, fenólicos, ésteres do ácido ftálico, aromáticos polinucleares, não são removidos pelos sistemas tradicionais de tratamento de água provenientes dos mananciais que recebem efluentes industriais. (Rebouças, 1999, p. 206).

Ele acrescenta, ainda, que os elementos referidos nos padrões de potabilidade não se apresentam isoladamente nos corpos de água, mas formam soluções cada vez mais complexas e instáveis.

Como alerta Jardim (2010), estudos mais recentes apontam para a deterioração na qualidade das águas brutas, captadas para o abastecimento público, e o fato de a grande maioria das Estações de Tratamento de Água (ETAs) ainda usar um processo quase que secular no tratamento dessas águas, o que é um impeditivo para a remoção eficiente dos chamados Contaminantes Emergentes (CE). Adiciona, ainda, que:

[...] muitos destes compostos, os quais incluem nanomateriais, protetores solares, agentes antichama, fármacos e produtos de higiene pessoal, hormônios sintéticos, pesticidas, surfactantes e plastificantes, dentre outros, apresentam em comum o fato de muitos deles não serem legislados. Além disso, alguns compostos desta vasta e crescente lista atuam como interferentes do sistema endócrino de humanos e de diversos seres vivos. (Jardim, 2010, p. 73).

Ele conclui, de forma nada otimista, que:

[...] com a expansão e melhoria na coleta e no tratamento de esgoto, deveremos ter, dentro de vinte anos (sendo otimista), uma melhora na qualidade dos mananciais, a qual irá refletir na água para consumo humano. Até lá pode ser que tenhamos a ingrata constatação de que esperamos tempo demais para agir. (Jardim, 2010, p. 74).

20.2.3 Qualidade do solo e dos alimentos

No relatório sobre uso de agrotóxicos na agricultura elaborado pelo Sistema Integrado de Gerenciamento de Recursos Hídricos do Estado de São Paulo (SIGRH), consta que:

[...] os pesticidas são aplicados sobre as plantas ou diretamente no solo ou nas sementes, e, mesmo quando direcionados aos vegetais, cerca de 50% da dose utilizada pode ter como destino final o solo, em três formas principais de transporte: a volatilização, a lixiviação e o escoamento superficial. (São Paulo, s.d.).

Cabe aqui chamar atenção para os resultados encontrados pela Agência Nacional de Vigilância Sanitária, por meio de seu Programa de Análise de Resíduos de Agrotóxicos em Alimentos (PARA). Em levantamento realizado em 2010, no monitoramento de dezoito alimentos (abacaxi, alface, arroz, batata, beterraba, cebola, cenoura, couve, feijão, laranja, maçã, mamão, manga, morango, pepino, pimentão, repolho e tomate), em treze Estados, a Agência identificou a presença de resíduos de agrotóxicos em 2.488 amostras de alimentos (Anvisa, 2011). A escolha das culturas se baseou nos dados de consumo obtidos pelo Instituto Brasileiro de Geografia e Estatística (IBGE), na disponibilidade desses alimentos nos supermercados das diferentes unidades da Federação e no uso intensivo de agrotóxicos nessas culturas.

Os resultados do levantamento apontaram que em apenas 37% das amostras não foram detectados resíduos; enquanto que em 35% das amostras os resíduos estavam presentes, mas abaixo do Limite Máximo de Resíduos (LMR) estabelecido; e em 28% das amostras foi constatada a presença de resíduos agrotóxicos de produtos não autorizados (em 24,3% do total) ou, autorizados, mas acima do LMR (em 1,7% do total de amostras).

Esse estudo destaca duas consequências preocupantes: a exposição ocupacional desnecessária do trabalhador rural e o aumento do risco dietético para os consumidores, que ingerem o alimento contaminado, risco esse que se agrava à medida que esses agrotóxicos são encontrados em um número considerável de alimentos comercializados.

Para reforçar essa preocupação, Brown (2008, p. 113) aponta um levantamento realizado sobre análises do cordão umbilical de dez bebês recém-nascidos em hospitais norte-americanos, em que foram encontrados 287 produtos químicos. Destes, 180 são conhecidos por produzirem câncer em seres humanos ou animais, 217 são tóxicos para o cérebro e sistema nervoso e 208 apontam para defeitos no nascimento ou desenvolvimento abaixo do normal em testes em animais.

20.2.4 Construindo abrigos saudáveis e dignos

Diante de tais números bastante preocupantes, para não dizer alarmantes, o que poderia ser sugerido em relação à implantação de assentamentos humanos mais dignos e sustentáveis?

Entendendo sustentabilidade como sinônimo de saudabilidade, conforme já referido anteriormente, não seria possível explorar todo o potencial oferecido pelo ato de construir para iniciar um processo de melhoria das condições de saudabilidade do indivíduo e dos assentamentos humanos? Tal como propõe Day (2004), que busca explorar o potencial da arquitetura como uma *arte curativa* (*architecture as a healing art*), seria possível promover, por meio da implantação de assentamentos humanos mais saudáveis, a *cura* do indivíduo e de seu ambiente, pelo menos no que concerne à sua saudabilidade na dimensão *material*?

A sugestão aqui é no sentido de se tentar mudar o paradigma atual de reprodução do mesmo modelo de assentamento habitacional independente de sua localização no país (e das diferenças climáticas e culturais). Isso porque esse modelo considera apenas aspectos quantitativos (usualmente por meio de processos licitatórios, que contemplam as soluções de menor custo inicial) e provê habitações compactas que não abrangem as diferentes composições familiares ou o seu crescimento, as quais logo acabam se *favelizando*. Aparentemente, a busca pelo oferecimento de maior qualidade de vida a tais populações é um aspecto que pode ser e tem sido negligenciado, em muitos casos, ao longo do território nacional.

Nesse sentido, uma ideia seria dotar os novos assentamentos para populações carentes com áreas para a produção local de alimentos, como uma estratégia essencial em direção à sustentabilidade. Ao se analisarem iniciativas como as da família Dervaes (Dervaes Institute, 2012), nota-se que, quando adequadamente exploradas, mesmo áreas relativamente pequenas e inseridas em contextos urbanos podem ser altamente produtivas e contribuir expressivamente para a segurança alimentar.

O exemplo da família Dervaes ainda mostra que essa produção pode e deve ser alcançada sem o uso de agrotóxicos, de modo a não comprometer a saúde do ser humano (que pode ocorrer por meio da ingestão de alimentos ou água contaminados por tais agrotóxicos), ou do ambiente. Por outro lado, ele também mostra que o uso de pequenas áreas (distintamente do que ocorre em sistemas monoculturais em grandes áreas) é destinada à produção de alimentos saudáveis.

Além de preservar a saúde humana e a do ambiente, a produção orgânica, local, e de pequena escala, também resulta na redução da quantidade de energia hoje consumida na produção de fertilizantes e agrotóxicos, assim como daquela utilizada para o transporte de alimentos. Desse modo, seria possível fazer com que as comunidades se tornem mais resilientes em vista da escassez crescente de energia anunciada para as próximas décadas.

Diante da perspectiva de escassez futura, é essencial que as pessoas se tornem mais cônscias e racionais de suas limitações e desperdícios. Orr (1994, p. 188) refere que um produtor rural, usando energia fóssil em combustíveis e fertilizantes, pode alimentar em torno de 75 pessoas. Ele adverte, contudo, que tais números ocultam o fato de que tais sistemas de produção requerem onze calorias de energia fóssil para colocar uma caloria no prato do consumidor.

Alguns poderão alegar que a destinação de áreas urbanas ou suburbanas para a produção de alimentos seria inviável em função do elevado preço da terra. Um estudo recente mostra que:

> [...] apesar da importância do custo do terreno para a composição final dos preços dos imóveis, [...] constata-se que este é menos impactante do que geralmente se argumenta: em simulações realizadas, um acréscimo de 100 a 150% no preço do metro quadrado [...] resultou em uma variação média de apenas 15 a 20% no preço final da unidade. (Ferreira, 2012, p. 185).

O mesmo raciocínio também poderia se estender para a ampliação, de 100% a 150%, na área de terra a um lote tradicional! E se isso é aplicável a áreas urbanas, em grandes cidades, seria muito mais em milhares de pequenas municipalidades brasileiras, onde o custo da terra é muito mais baixo. No caso do CETHS, onde o custo da construção de uma casa como o Protótipo Casa Alvorada seria de pouco mais de 17 mil reais, o custo de um hectare de terra, no entorno do empreendimento, à época, era bem inferior a esse valor: próximo a 8 mil reais.

O que se conclui é que falta um planejamento adequado do uso do solo nos aglomerados urbanos. Há números que mostram que assentamentos humanos com uma densidade de aproximadamente 30 habitantes/hectare (que é a densidade média do município de Porto Alegre) poderiam abrigar uma população de 12 milhões de habitantes (maior que a população do Rio Grande do Sul), em uma área inferior a 400.000 hectares. A densidade de 30 hab/ha é a mesma densidade habitacional de Village Homes (Corbett; Corbett, 2000), uma comunidade, em Davis, Califórnia, cuja construção foi concluída no início da década de 1980. Village Homes é uma referência internacional em termos de estratégias de sustentabilidade, com 242 moradias construídas em uma área de 28 hectares. Ou seja, seguindo a referência de Village Homes, a população de todo o Rio Grande do Sul poderia ser distribuída em uma área inferior a 1,5% da área do Estado.

20.3 O desafio de (re)planejar comunidades para a era *pós-combustíveis fósseis*

É claro que o planejamento de novos assentamentos humanos, em qualquer escala, constitui um desafio fantástico. Orr (1994) assinala que para enfrentar esse desafio é necessário considerar um conjunto de fatores, entre os quais:

- *energia*: apenas foi possível abrigar populações em grandes cidades após ter se tornado tecnologicamente viável concentrar os recursos energéticos necessários para provê-las. Diante disso, mesmo que seja possível voltar a ser uma civilização explorando apenas a energia diária de origem solar, ela provavelmente estará apoiada em cidades menores, com populações mais dispersas, por conta do alto custo de captura e armazenamento da abundante, mas difusa, luz solar;
- *resiliência ecológica*: o equilíbrio entre áreas urbanas e rurais poderá ser afetado pela possibilidade de uma ruptura ecológica a nível global no séc. XXI. Se assim for, os arranjos econômicos e sociais, que somente funcionam sob condições de relativa estabilidade ecológica, serão dolorosamente testados. Entre tais arranjos, as grandes áreas urbanas poderão ser as mais vulneráveis;
- *saúde*: a frágil perspectiva urbana nas décadas adiante tem a ver com a vulnerabilidade de grandes concentrações de populações diante de novas e virulentas doenças. Além disso, os esforços industriais para provê-las de alimentos, energia e materiais têm afetado adversamente as populações por meio da disseminação de substâncias tóxicas e produtos químicos até os locais mais remotos do planeta;
- *problemas de escala e complexidade*: existem boas razões para se acreditar que as áreas urbanas cresceram para além da habilidade de gerenciá-las adequadamente. Em outras palavras, cidades possuem limites de escala acima da qual elas se tornam menos gerenciáveis, humanas, democráticas e agradáveis de viver.

Orr (1994) conclui que:

> considerada a enormidade da tarefa que está à nossa frente, uma década de trabalhos preparatórios, por uma dúzia ou mais de institutos regionais, representa apenas o primeiro passo de uma longa jornada que se estenderá por vários séculos. (Orr, 1994, p. 201).

E adiciona que "para evitar a crise que se acentua, nós poderíamos optar por reabitar áreas rurais, de um modo ordenado, baseado no conhecimento e na sustentabilidade" (Orr, 1994, p.192).

20.3.1 O desafio específico da segurança alimentar

Diante das perspectivas sombrias, mas sob hipótese alguma *gratuitas*, apontadas por Orr, considere-se apenas uma das inúmeras ameaças a que o ser humano está sujeito em algumas poucas décadas: a da dificuldade de acesso a alimentos. Estima-se que em 50 anos, ou menos, as pessoas tenham duas alternativas: continuar a transportar alimentos que sejam produzidos em locais distantes, consumindo os escassos recursos energéticos, ou repensar a forma como criar novas cidades ou reabilitar as existentes.

Que fique claro, porém, que é inviável se pensar em edifícios-torre-estufas, produtoras de alimentos, como sugerido por alguns (Good Environment, 2012), como um caminho para a autossustentabilidade em alimentos para as cidades. Observe-se que os sistemas de mais elevada produtividade conhecidos, em âmbito internacional, como o adotado pela família vegetariana de Jules Dervaes (Dervaes Institute, 2012), na Califórnia, requerem um mínimo de 100 m^2, por pessoa, apenas para a produção de vegetais, e a dedicação quase que integral dessa família a essa atividade.

Não é difícil calcular o que, efetivamente, é necessário em área de terra para atender à dieta de uma pessoa. Como um mínimo, é possível se orientar pela composição da cesta básica mensal (conjunto formado pelos produtos consumidos por uma família durante um mês). O cálculo de área necessária à produção de cada item é complexo, em alguns casos, mas em outros é bastante simples.

Veja-se, por exemplo, o raciocínio aplicado a uma cesta básica, baseada no critério de 4,5 kg de feijão por família, por mês. Em um ano, o consumo seria de 54 kg (a). A produtividade média do feijão poderia ser considerada como sendo igual a 1.200 kg/ha (b). Dividindo-se (a) por (b) e convertendo hectares em seu equivalente em metros quadrados, obtém-se 450 m^2. Certamente, muito menos será requerido em termos de área, aplicando-se o mesmo raciocínio, por exemplo, à produção de tomates. Nesse caso, um consumo de 9 kg por mês corresponde a 108 kg (a) ao ano. Considerando uma produtividade de 75 t/ha (b), será requerida uma área de 14 m^2 para suprir às necessidades de uma família. Seria possível dizer que 450 m^2 e 14 m^2 sejam as pegadas ecológicas para a produção doméstica de feijão e de tomates, respectivamente.

Aplicando-se o mesmo raciocínio para os demais componentes dessa cesta em particular, seria possível ter um valor representativo da pegada ecológica que identifica a área necessária para produzir todos os itens que integram uma determinada dieta alimentar. Dependendo da dieta de cada indivíduo, este valor pode chegar a valores próximos de 4.000 m^2, principalmente quando se tratar de uma dieta rica em alimentos de origem animal (carnes, ovos, leite etc.). No entanto, note-se que essa é a pegada ecológica de produção dos alimentos. Caso seja calculada a pegada total, isto é, incluindo toda a cadeia de produção até o alimento chegar ao prato (incluindo a produção e o transporte, embalagem, refrigeração, preparo dos alimentos consumidos etc.), pode-se facilmente chegar ao equivalente a alguns hectares por pessoa.

No caso específico da área metropolitana da Grande Londres, essa pegada ecológica foi estimada em mais de 25.000 m^2, valor que corresponde à pegada ecológica média de cada indivíduo, associada apenas aos alimentos que essa população consome (Best Foot Forward, 2002). Essa fração da pegada ecológica total representa um percentual surpreendente, de 41% da pegada ecológica total de cada londrino (total que inclui as parcelas equivalentes ao consumo de materiais, energia, assim como o correspondente às necessidades de transporte, suprimento de água, disposição de resíduos e outros fatores).

O que se depreende do anteriormente exposto é que o local onde é produzido o alimento é de extrema importância para se reduzir os impactos causados no planeta. Jules Dervaes orgulhosamente nos informa que os alimentos, por ele e sua família cultivados e consumidos, além de não estarem contaminados por agrotóxicos e não incluírem alimentos geneticamente modificados, resultam de uma pegada de transporte de tão somente 30 m (100 *feet diet*), que corresponde ao percurso por ele feito de sua casa até a sua horta de 400 m^2, onde produz com sua família, anualmente, mais de 2 t de alimentos (Dervaes Institute, 2012).

É importante deixar claro, contudo, que não se está propondo que todas as pessoas devam produzir os alimentos que consomem. Há pessoas que, definitivamente, não querem ou não podem produzir alimentos. E não há como esquecer que os avanços da civilização resultaram, também, da divisão do trabalho. No entanto, em algumas décadas, já não haverá condições de usufruir do *luxo* ou desperdício de energia associado ao transporte de alimentos como se faz hoje.

Brown (2008, p. 35) lembra que o equivalente a dois terços da energia necessária para produzir alimentos é consumida, posteriormente, para transportar os alimentos desde o produtor até o consumidor. O autor também recorda que 14% dos 8 milhões de residentes de Londres produzem parte de sua própria comida em seus jardins (Brown, 2008, p. 207) e que em Vancouver esse número chega a 44%. Sugere, também, que diante do inevitável aumento no futuro dos preços de combustíveis, os econômicos benefícios da expansão, tanto da agricultura urbana como do uso de alimentos produzidos localmente, se tornarão mais óbvios.

20.3.2 Os desafios estabelecidos para a indústria da construção pelos cenários futuros

Acredita-se que para países em desenvolvimento como o Brasil será muito difícil mudar o panorama atual de degradação pelo caminho da sensibilização da população. Uma iniciativa estrangeira que vai nessa direção é a da SDPromo (http://www.sdpromo.info). Se sequer as universidades brasileiras, incluindo aí os seus líderes, conseguem ser sensibilizadas para a sustentabilidade, mesmo abrigando a elite cultural brasileira, como seria possível esperar mudanças significativas de parte da população em geral? São inúmeros os alertas que a população, em geral, vem recebendo de cientistas, já há décadas, sem que isso tenha conseguido reorientar as práticas cotidianas; e o que é crítico é que tais mudanças já deveriam ter iniciado e estar em curso também há décadas.

Entende-se que, do ponto de vista da construção civil, há um sinalizador temporal, de 50 anos, que é a expectativa de vida para as construções em geral, e, em particular, para as edificações com fins residenciais. Isso, por sua vez, sinaliza que aquilo que se está construindo hoje deveria considerar o panorama ambiental, social e econômico de algumas décadas adiante. O principal sinalizador para que se adotem procedimentos e se busquem soluções distintas das atualmente empregadas é o esgotamento gradual dos recursos energéticos fósseis.

Como alerta Heinberg (2010), não é apenas o petróleo, cujo pique de produção mundial está ocorrendo no momento, que irá se esgotar: todos os recursos que têm origem na Terra irão gradualmente se esgotar, para atender à ávida e inconsequente sociedade atual. Já os recursos que têm origem no Sol irão requerer da sociedade uma nova postura e desafio: a de *viver dos juros, sem esgotar o capital* e, na medida do possível, transformar resíduos em recursos, seguindo o modelo da natureza.

Analisando-se de forma racional, conclui-se que o esgotamento do petróleo e, um pouco mais adiante, dos outros combustíveis fósseis também trará benefícios: a poluição será também sensivelmente reduzida. Não só a poluição aérea, determinada pela queima do petróleo e gás e outros combustíveis, mas também a poluição de alimentos, contaminados pelo excesso de agrotóxicos e fertilizantes; de solos e águas, seja pelos mesmos venenos, seja pela quantidade exorbitante de resíduos, produtos descartados, que têm origem nos derivados do petróleo e que continuamente estão sendo lançados no solo e na água.

Que outras implicações, mais especificamente para o setor da construção civil, estarão associadas ao fim da era dos combustíveis fósseis? Com a redução da disponibilidade e com o esperado aumento gradual do custo da energia de origem fóssil, cada vez menos serão utilizados produtos altamente energívoros (como o cimento, o aço, o alumínio, os plásticos, o vidro...). Será necessário apelar, cada vez mais, para os denominados sistemas construtivos não convencionais. A redução na disponibilidade de energia fóssil fará com que a matriz energética brasileira (como a de outros países, com a mesma riqueza natural) se oriente para a utilização mais intensiva da energia de origem hídrica, que, certamente, não será suficiente para atender às novas demandas. Não determinará isso, também, a reorientação da forma de construir, reduzindo a altura das construções, ajustando-a às alturas tradicionalmente passíveis de construção *sem o uso de elevadores*? Ou seja, limitar a altura das *construções ao padrão de altura europeu, anterior à disponibilidade de energia elétrica* barata?

Disso, também resultarão benefícios: a ampliação de *janelas solares*, para a utilização da energia do sol, não só para aquecer as residências, mas também para supri-las de água quente e de energia elétrica fotovoltaica, com sistemas de coletores cada vez mais eficientes; além disso, o efeito da ilha urbana de calor será atenuado, tornando menos intenso o calor resultante da irradiação do calor absorvido pelas atuais superfícies urbanas; a circulação mais livre do vento, menos obstaculizada pelas edificações altas, possibilitará o uso mais generalizado da ventilação cruzada; com a diminuição do número de veículos, pela falta de combustível, as áreas vegetadas nas cidades serão expandidas, de modo a torná-las mais aptas a sombrear as calçadas e ciclovias; e isso fará com que as pessoas se exercitem mais, tornando-se mais saudáveis.

Por outro lado, novamente, o esgotamento dos recursos energéticos fósseis, e a influência disso na mobilidade, também implicará uma maior atenção e um repensar na origem dos alimentos que são consumidos.

20.4 Desenvolvimento de estudos para um conjunto habitacional, para o município de Feliz, no Rio Grande do Sul

Entre 2000 e 2010, várias iniciativas direcionadas a projetos mais sustentáveis foram desenvolvidas pelo grupo do Norie. Todas essas iniciativas tinham início em exercícios desenvolvidos em disciplinas ministradas a alunos de pós-graduação, com o intuito de aplicar em casos reais os conteúdos desenvolvidos em sala de aula. Assim, a partir 2000, a equipe do Norie liderou a elaboração do projeto conceitual e posteriormente coordenou o anteprojeto para o Refúgio Biológico Bela Vista, um centro de visitação, educação e demonstração, integrando o complexo de Itaipu Binacional, que foi concluído em 2004, com mais de 30 edificações distintas construídas, aplicando conceitos de sustentabilidade.

De modo similar, foram iniciados em 2002 os estudos para duas escolas mais sustentáveis, inauguradas em 2008 em duas municipalidades distintas (Viamão e Feliz), no RS; a primeira delas tendo o seu projeto executivo desenvolvido por profissionais que, na época, estudavam em distintas áreas do Programa de Pós-Graduação em Engenharia Civil da Universidade Federal do Rio Grande do Sul (UFRGS).

Tais demandas continuaram a surgir. Em 2010, um novo desafio associado a habitações para populações de baixa renda foi proposto para os alunos do Norie. Esse desafio teve sua origem em uma demanda da Prefeitura Municipal de Feliz, que se manifestou disposta a investir na construção de um conjunto habitacional para uma população de aproximadamente cem famílias. O grupo do Norie, então, encaminhou um estudo inicial para um conjunto habitacional mais sustentável. A infraestrutura já se encontrava parcialmente implantada, em cujas adjacências já havia sido inserido parte de um conjunto habitacional.

Os objetivos do poder público local incluíam as seguintes premissas:

> a ideia inicial seria construir sobrados; mas concluímos que o número de unidades a serem construídas seria muito reduzido e o custo iria aumentar. Por isso, estamos optando por edifícios de 4 ou 5 pavimentos. Entretanto, mesmo assim estamos abertos a sugestões. [...] A nossa intenção é dar mais prioridade à qualidade das unidades habitacionais, bem como à qualidade de vida a ser proporcionada, mesmo que o custo seja um pouco mais alto. (Moch, comunicação pessoal, s.d.).

Conforme já referido, para a formulação do conceito de projeto, os alunos deveriam considerar as diretrizes formuladas por Jason McLennan (2004), segundo sua proposta de *living buildings*, assim como os conceitos humanizadores de projeto (assim denominados por Barros (2008)), associados aos *padrões* de Christopher Alexander (Alexander et al., 1977). Jason McLennan foi um dos criadores do Living Future Institute (http://living-future.org/), uma ONG norte-americana que se propõe a catalisar uma transformação global em direção da verdadeira sustentabilidade. O instituto almeja parcerias com líderes dos setores público, privado e com organizações sem fins lucrativos, visando um futuro que seja socialmente justo, culturalmente rico e ecologicamente restaurador. As diretrizes propostas por McLennan estão alinhadas com o que o autor chama de *pétalas*, ou temas que deverão orientar cada projeto que busque a sua sustentabilidade: local, água, energia, saúde, materiais, equidade e beleza.

Os conceitos humanizadores de Christopher Alexander foram descritos em *A pattern language: towns, buildings, construction*, em que o autor aponta métodos exatos para a construção de projetos práticos, seguros e atrativos em diversas escalas: da escala de uma região inteira, passando por cidades, bairros, jardins, edificações, salas, mobiliário e detalhes que vão até às maçanetas de portas, os quais, posteriormente, são adaptados pelos projetistas às condições específicas ao ambiente estudado. Como esse livro foi publicado em 1977, ele não faz menção à sustentabilidade, até porque esse termo passou a ser empregado mais recentemente, mas grande parte de seus conceitos e padrões podem ser identificados com propostas que buscam a sustentabilidade.

Com base em tais referências, entre outras que subsidiam os estudos e propostas de ambientes (em diferentes escalas) mais sustentáveis propostos pelo Norie, no projeto para o conjunto habitacional para a cidade de Feliz, foram considerados aspectos associados a: arquitetura bioclimática; de gestão de resíduos sólidos e líquidos; de gestão energética; de produção local de alimentos; de gestão das águas (incluindo drenagem das águas pluviais) e que contemplassem a acessibilidade universal.

No que tange a diretrizes para as construções, foram estimulados: o emprego preferencial de materiais locais, bem como de materiais culturalmente aceitos; o uso de materiais reciclados ou potencialmente recicláveis ou reutilizáveis, evitando-se o emprego de materiais derivados de recursos de origem fóssil (plásticos em geral), ou tóxicos; o uso de materiais que exijam um nível baixo de manutenção e que sejam duráveis; a utilização de materiais com baixo nível de industrialização (pedra, tijolos cerâmicos, madeira, palha etc.), conduzindo a uma pegada ecológica pequena; e o emprego de técnicas construtivas que utilizassem, da forma mais ampla possível, mão de obra disponível localmente.

Ademais, buscou-se incentivar a criação, em maior ou menor escala, de benefícios para a população-alvo dos projetos e também para as populações residentes em áreas adjacentes ao empreendimento. Neste caso, foi solicitado aos alunos que propusessem algumas opções de serviços e equipamentos (Figs. 20.4 e 20.5):

1] uma creche (que também poderia contar com uma horta orgânica, produzindo alimentos saudáveis para as crianças);
2] um centro de capacitação (possibilitando a educação continuada de adultos e jovens, em cursos que poderiam estimular, entre outros fins, a produção local de alimentos, ou mesmo a constituição de novos ofícios e negócios);
3] um posto de serviços diversos (caixas eletrônicos, correio, posto de saúde, farmácia etc.);
4] um entreposto de venda de excedentes da produção de frutas e verduras, a ser explorado pela comunidade, também integrado a uma padaria, confeitaria, sorveteria etc.

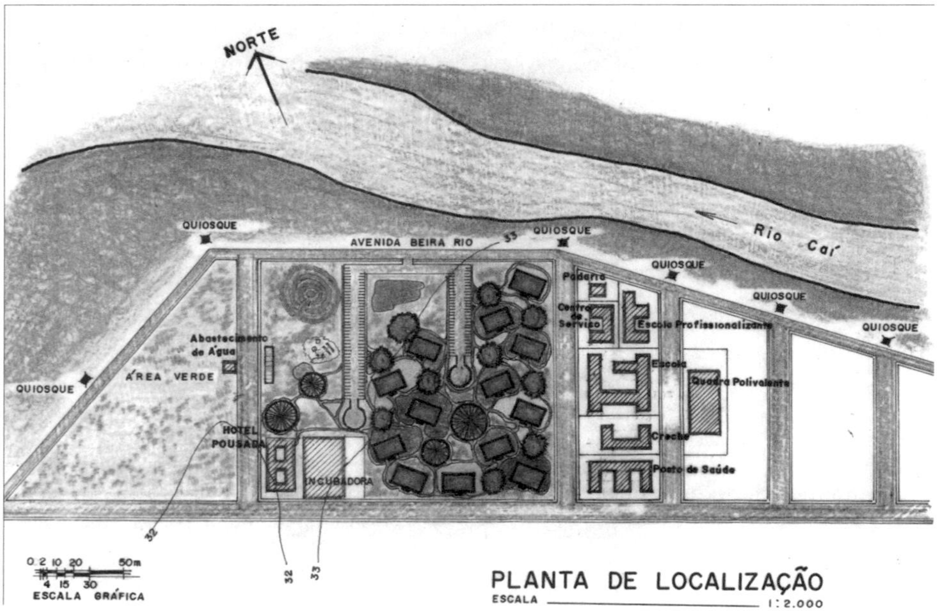

Fig. 20.4 Planta de localização integrante do estudo para o conjunto habitacional mais sustentável, destacando serviços e equipamentos que pudessem ser usufruídos pela população residente no entorno
Fonte: Lamb et al. (2010).

Segundo os autores da proposta ilustrada pelas Figs. 20.4 e 20.5:

> a proposta do projeto ultrapassou os limites físicos do condomínio, a ser implantado no bairro Matiel, buscando uma maior interação com a vizinhança. As diretrizes garantem ao condomínio maior desempenho das edificações e dos sistemas. O paisagismo produtivo oferece a complementação alimentar às famílias e o convívio constante com a natureza. Espaços comuns resgatam o convívio entre as pessoas, proporcionando sua comunhão. A casa torna-se elemento vivo de um sistema, enquanto a organicidade da proposta imita as formas da natureza. (Lamb et al., 2010, slide 2).

Fig. 20.5 Uma perspectiva do condomínio, destacando alguns dos padrões propostos por Alexander et al. (1977)
Fonte: Lamb et al. (2010).

20.5 Considerações finais

A discussão aqui elaborada expôs a importância e a necessidade de projetar assentamentos humanos mais sustentáveis, assim como a impossibilidade de dissociar o conceito de sustentabilidade do de saudabilidade. Por outro lado, fica evidente o papel que os diversos atores que integram a cadeia produtiva da construção civil (em particular aqueles que contribuem para o projeto de assentamentos humanos) poderão desempenhar na construção de um planeta mais sustentável, em vez de continuarem a constituir o setor de atividades humanas que mais impacta o ambiente, ameaçando de forma significativa a sobrevivência das futuras gerações.

Não há dúvidas de que o tema sustentabilidade abrange vários outros assuntos e escalas não aprofundados neste texto, que apenas aborda alguns aspectos da dimensão ambiental. No entanto, o importante é ter deixado claro que se busca, em paralelo, o oferecimento de condições de vida mais dignas às populações mais carentes, algo que não se vê nos projetos de habitações padronizadas, em assentamentos mal planejados e que quase alcançam o tamanho de uma pequena cidade, nos quais a principal diretriz de projeto é a minimização do custo do hábitat.

Este texto buscou discutir alguns aspectos não considerados em projetos elaborados por equipes não interdisciplinares e que normalmente não se apoiam em uma visão sistêmica. Destacou-se a importância da questão da saudabilidade, ou seja, de se projetar assentamentos humanos que contribuam para a saúde de seus habitantes, tendo sido abordada apenas a saúde física ou material. Muito mais seria necessário aprofundar a fim de buscar soluções, também para a saúde mental, emocional ou espiritual dos moradores em assentamentos humanos, contribuindo para a construção de verdadeiras cidades para a vida, inspiradas em McLennan, que preconiza integrar a equidade, a saúde e a beleza.

Adicionalmente, há que se considerar *cenários futuros*. Os projetos que hoje estão sendo desenvolvidos deverão contemplar, necessariamente, a questão de resiliência diante das ameaças que irão ocorrer antes do final deste século: esgotamento de uma fração considerável dos recursos energéticos fósseis, mudanças climáticas e poluição. E tais ameaças, uma vez concretizadas, afetarão de modo significativo a forma como hoje se produz e transporta materiais (principalmente os alimentos), além do acesso à energia e à água potável. Projetos bem elaborados, que internalizem os aspectos de saudabilidade, nas escalas da habitação a municipalidades inteiras, serão de vital importância para a criação de resiliência.

É essencial, pois, nessa linha de raciocínio, a reflexão sobre algumas das necessidades essenciais a serem atendidas, sem as quais a sobrevivência ou qualidade de vida e/ou saúde dos seres humanos será seriamente comprometida. São elas, em ordem decrescente de imprescindibilidade: ar, água, alimentos, energia e habitação/abrigo. Fica também subentendida a necessidade de que esse suprimento seja atendido, tanto em termos quantitativos quanto qualitativos.

Em suma, não basta, simplesmente, ter ar para respirar. Esse ar deve ser o mais puro possível, sob risco de comprometer a sobrevivência ou a qualidade de vida. O mesmo se aplica à água e aos alimentos. Um raciocínio semelhante poderia ser aplicado à necessidade de moradias, onde se requer mais do que um simples teto sob o qual viver. Além disso, mais do que uma habitação, necessita-se de um hábitat adequado, para que o ser humano se desenvolva em todas as suas potencialidades.

O capítulo também refere o quanto e por que razões tem havido um crescente comprometimento na qualidade dos alimentos, aí se incluindo o ar e a água. É inegável que o uso exagerado de combustíveis fósseis tem muito a ver com isso. Contudo, o que é ainda mais preocupante é o fato de que, além de poluir o ar, a água e os alimentos, os combustíveis fósseis não são inesgotáveis. Na verdade, tais recursos estão se esgotando a uma taxa muito superior à da descoberta de novas reservas, o que permite, inclusive, antecipar, com razoável precisão, por quantos anos ainda os seres o terão à disposição.

O quarto elemento essencial à manutenção do estilo de vida que a humanidade, ou a maior parte dela, tem perseguido está se esgotando rapidamente. O gradual esgotamento da energia, com certeza, exigirá uma forma de viver distinta da atual, com a crescente redução: de mobilidade pessoal e daquela dos produtos hoje transportados; da produção e alimentos (pela impossibilidade de manter a cadeia produtiva da agricultura de larga escala, que é totalmente dependente de equipamentos, combustíveis fósseis, agrotóxicos, fertilizantes etc.) e de seu transporte; do conforto possibilitado pelos sistemas de climatização artificial dos ambientes; da produção de itens de consumo (inclusive de edificações), que requerem o emprego de recursos de origem fóssil.

Isso tudo já requer mudanças na forma de se conceber assentamentos humanos e unidades habitacionais, que, justamente, constituem a quinta necessidade humana essencial. E os assentamentos habitacionais da era pós-petróleo (entenda-se combustíveis fósseis, de forma ampla) requererão a otimização na gestão, na forma de produzir, de consumir e de disposição final dos demais elementos essenciais. Será preciso concebê-los entendendo-os como sistemas e segundo o princípio de ciclos fechados, de utilização de resíduos de modo a transformá-los em recursos, buscando eficientizar ao máximo tais sistemas. Enfim, será necessário buscar inspiração nos sistemas naturais.

Por outro lado, é importante criar assentamentos que estimulem a interação entre as pessoas, a cooperação, a ajuda mútua, questões que são enfatizadas e apresentadas de uma forma muito clara por autores, como Alexander et al. (1977) e McLennan (2004). Modestamente, ilustrou-se este capítulo com alguns estudos desenvolvidos por alunos de pós-graduação do Norie, ao longo de mais de uma década. Nesse período, procurou-se envolvê-los no atendimento a demandas diversas da sociedade, em uma tentativa de melhor educá-los e capacitá-los a enfrentar um planeta em transição.

Referências bibliográficas

ALEXANDER, C.; ISHIKAWA, S.; SILVERSTEIN, M.; JACOBSON, M.; FIKSDAHL-KING, I. e ANGEL, S. *A pattern language:* towns, buildings, construction. New York: Oxford University Press, 1977. 1171 p.

ANVISA - AGÊNCIA NACIONAL DE VIGILÂNCIA SANITÁRIA. PARA - Programa de Análise de Resíduos de Agrotóxicos em Alimentos. In: *Relatório de Atividades de 2010.* Brasília, 2011. Disponível em: <http://portal.anvisa.gov.br/wps/wcm/connect/55b8fb80495486cdaecbff4ed75891ae/Relat%C3%B3rio+PARA+2010+-+Vers%C3%A3o+Final.pdf?MOD=AJPERES>. Acesso em: 21 maio 2012.

BARROS, R. R. M. P. *Habitação coletiva:* a inclusão de conceitos humanizadores no processo de projeto. 2008. 456 p. Tese (Doutorado) - Unicamp, Campinas 2008.

BEST FOOT FORWARD. *City limits:* a resource flow and ecological footprint analysis of Greater London. London, 2002. Disponível em:< http://www.citylimitslondon.com/>. Acesso em: 23 maio 2012.

BROWN, L. *Plan B 3.0:* mobilizing to save civilization. New York: Norton, 2008. 400 p.

CORBETT, J.; CORBETT, M. *Designing sustainable communities:* learning from Village Homes. Washington: Island Press, 2000.

CHU, J. New study links air pollution and early death in the U.K. MIT News, abr. 2012. Disponível em: <http://web.mit.edu/newsoffice/2012/air-pollution-deaths-united-kingdom-0420.html>. Acesso em: 20 fev 2012.

DAY, C. *Places of the soul:* architecture and environmental design as a healing art. Londosn: Architectural Press, 2004.

DERVAES INSTITUTE. *Path to freedom:* urban homestead. 2012. Disponível em: <http://urbanhomestead.org/urban-homestead>. Acesso em: 15 jun. 2012.

DUNCAN, D. E. A poluição interior. *National Geographic Brasil*, ano 7, n. 79, p. 96-123, out. 2006.

FERREIRA, J. S. W. (Coord.). *Produzir casas ou construir cidades? Desafios para um novo brasil urbano: parâmetros de qualidade para a implementação de projetos habitacionais e urbanos*. São Paulo: LABHAB; FUPAM. 2012. 200 p.

GOOD ENVIRONMENT. 2012. Disponível em: <http://www.good.is/post/a-vertical-greenhouse-could-make-a-swedish-city-self-sufficient>. Acesso em: 15 jun. 2012.

HEINBERG, R. *Peak everything*: waking up to the century of declines. Gabriola Island: New Society Publishers, 2010. 213 p.

IBGE - INSTITUTO BRASILEIRO DE GEOGRAFIA E ESTATÍSTICA. *Indicadores de desenvolvimento sustentável - Brasil 2010*. Rio de Janeiro, 2010.

JARDIM, W. F. Ensaio. *Revista DAE*, n. 184, ano 58, set. 2010, p. 73-74.

KENNEDY, D. e KENNEDY, M. The Caçapava permaculture project. In: SIMPÓSIO LATINO-AMERICANO: RACIONALIZAÇÃO DA CONSTRUÇÃO E SUA APLICAÇÃO ÀS HABITAÇÕES DE INTERESSE SOCIAL, 1981, São Paulo. *Anais...* São Paulo: Instituto de Pesquisas Tecnológicas do Estado de São Paulo, 1981, p. 123-138.

LAMB, G. S. et al. *Condomínio residencial mais sustentável*. In: NORIE - NÚCLEO ORIENTADO PARA A INOVAÇÃO DA EDIFICAÇÃO, 2010, Porto Alegre: UFRGS - UNIVERSIDADE FEDERAL DO RIO GRANDE DO SUL, 2010. (Trabalho não publicado, apresentado em PowerPoint).

MCDONOUGH, W.; BRAUNGART, M. *Cradle to cradle*: remaking the way to make things. New York: North Point Press, 2002.

MCLENNAN, J. *The philosophy of sustainable design*. Ecotone Publishing Company LLC, 2004.

MOCH, T. E-mail enviado pelo setor de engenharia do município de Feliz (RS) ao NORIE - NÚCLEO ORIENTADO PARA A INOVAÇÃO DA EDIFICAÇÃO. [s.d.]. *Linha de pesquisas em edificações e comunidades sustentáveis*. Porto Alegre: UFRGS. Disponível em: <http://noriegec.cpgec.ufrgs.br/norie/pesquisa/grupo-de-edificacoes-e-comunidades-sustentaveis>. Acesso em: 17 ago. 2012. (Comunicação pessoal).

ORR, D. *Earth in mind*: on education, environment and the human prospect. Washington: Island Press, 1994. 214 p.

REBOUÇAS, A. C. Estratégias para se beber água limpa. In: *O Município no século XXI: cenários e perspectivas*. São Paulo: CEPAM, 1999, p.199-215.

JORNAL DO COMÉRCIO DE PORTO ALEGRE. *Cláudia mostra que a qualidade do ar não é boa*: estudo científico monitorou poluição em sete pontos da cidade. Porto Alegre: Jornal do Comércio, abr. 2010. Disponível em: <http://jcrs.uol.com.br/site/noticia.php?codn=26856>. Acesso em: 15 jun. 2012.

SATTLER, M. A. *Habitações de baixo custo mais sustentáveis*: a Casa Alvorada e Centro Experimental de Tecnologias Habitacionais Sustentáveis. Porto Alegre: ANTAC - Associação Nacional de Tecnologia do Ambiente Construído, 2007. 488 p.

SIGRH - SISTEMA INTEGRADO DE GERENCIAMENTO DE RECURSOS HÍDRICOS DO ESTADO DE SÃO PAULO. *Uso de agrotóxicos na agricultura*. [s.d.], [n.p.]. Disponível em: <http://www.sigrh.sp.gov.br/sigrh/ARQS/RELATORIO/CRH/CBH-ALPA/1121/uso_de_agrotoxicos_na_agricultura.html>. Acesso em: 21 maio 2012.

YIM, S. H. L.; BARRETT, S. R. H. Public health impacts of combustion emissions in the United Kingdom. *Environment Science & Technology*, v. 46, ano 8, p. 4291-4296 2012.

A certificação ambiental de edifícios

21

Anarrita Bueno Buoro

Joana Carla Soares Gonçalves (seção 21.1)

Charles Harris (seção 21.2)

Após a criação dos sistemas BREEAM (Building Research Establishment Environmental Assessment Method) e LEED (Leadership in Energy and Environmental Design) no Reino Unido e nos Estados Unidos, respectivamente, no início da década de 1990, adaptações desses sistemas a outros contextos socioeconômicos, e mesmo a criação de novos sistemas de certificação por mercados locais comprovam a busca do mercado do setor das edificações por instrumentos que meçam e classifiquem investimentos nessa área.

A grande força de mercado adquirida pelos sistemas de certificação do desempenho ambiental de edifícios em pouco mais de uma década aponta para o fato de que essas ferramentas de classificação vão continuar a influenciar a noção do que é o *edifício verde*, a médio e longo prazo. Sem desmerecer o papel dos sistemas de certificação ambiental e energética de edifícios no contexto global, diante do crescente interesse do mercado por esse tipo de classificação, é importante questionar o que vem sendo de fato certificado. Atualmente, têm recebido certificação empreendimentos que pouco se diferenciam da produção convencional no que tange ao projeto arquitetônico e aos conceitos de conforto ambiental.

Uma visão bem realista do mercado diria que o interesse pelo valor de mercado agregado ao empreendimento certificado antecede o entendimento e interesse pelo seu real desempenho ambiental. Sendo assim, é ainda mais importante perguntar: o quanto de real desempenho ambiental está presente nesses sistemas de avaliação? E quão melhor os edifícios certificados são em relação a seus similares? Uma reflexão sobre possíveis respostas para perguntas como essas são apresentadas neste capítulo.

21.1 Uma revisão dos sistemas de certificação e o caso brasileiro

Entre os principais sistemas de certificação de edifícios descritos por Brophy e Lewis (2011), estão os seguintes: BREEAM (originário do Reino Unido, 1990); LEED (originário dos Estados Unidos, 1998); CASBEE (Comprehensive Assessment System for Built Environment Efficiency, originário do Japão, 2001); Green Star (Green Building Council of Australia, originário da Austrália, 2003); DGNB (German Sustainable Building Council, originário da Alemanha, 2007).

De forma simplificada, os sistemas de certificação de edifícios se baseiam em critérios alocados em um conjunto de categorias, aos quais são atrelados valores mínimos e máximos a serem somados em uma pontuação final, que determina a classificação alcançada na escala da certificação. Algumas das categorias exigem pré-requisitos para que seja alcançada uma pontuação mínima. De acordo com cada certificação, tanto o processo de certificação propriamente dito como seus critérios, categorias e pontuação apresentam variações.

Com o objetivo de atender às necessidades de edifícios mais *sustentáveis*, eles são entendidos como aqueles que causam menor impacto ambiental no sentido mais amplo: com menor consumo de energia e uma postura ambiental também em relação à poluição (do ar e da água) e à contaminação ambiental. Essa contaminação pode ocorrer em decorrência dos processos industriais ou também dos cuidados relacionados às questões sociais durante a fase de projeto e execução de obra, conforme a complexidade da certificação. Por isso, inúmeros países criaram o que popularmente conhecemos como programas de edifícios verdes. Assim como se entende na definição da IEA (2008), "edifícios verdes são aqueles com maior eficiência energética, mas ao mesmo tempo com reduções do consumo de água, uso de materiais com menor impacto no meio ambiente e na saúde de seus usuários" (IEA, 2008, p. 71, tradução dos autores).

Nos Estados Unidos (EUA) foi introduzido, em 1998, pelo Conselho Americano de Edifícios Verdes (sigla em inglês: USGBC), o selo de certificação de edifícios que ranqueia os edifícios de acordo com seu desempenho ambiental, o LEED. Entende-se que esse sistema de certificação americano traga benefícios como uma estratégia de marketing para os empreendimentos certificados, tanto nos EUA quanto no Brasil, conforme constatou Toy (2010). Esse selo coloca o Brasil hoje no sexto lugar no ranking de número de processos de certificação LEED após os EUA, Canadá, Índia, Emirados Árabes e China. Essa hierarquia contempla os países com elevado consumo de energia em edifícios, tais como China e Emirados Árabes.

Olhando para os números referentes ao consumo de energia no setor dos edifícios em alguns desses países, em 2006, dados publicados pela Agência Internacional de Energia (IEA, International Energy Agency) mostraram que, dentre os países com as maiores emissões de CO_2 na atmosfera, estavam os EUA em primeiro lugar, com 72,2% da eletricidade sendo produzida por meio de combustíveis fósseis; a China em segundo, com mais do que o dobro do restante de outros países como a Índia, classificada na quinta colocação, e o Canadá, na sétima (IEA, 2008). Olhando para o caso dos Emirados Árabes, apesar de ocupar a trigésima sétima posição no *ranking* mundial, o país está entre os maiores consumidores de energia elétrica *per capita* do mundo em virtude de uma série de fatores, incluindo o consumo de energia elétrica no condicionamento de ar de edifícios, que tende a crescer.

Ou seja, vê-se que os países com o maior número de edifícios certificados também são aqueles em que o consumo de energia do setor se destaca entre os mais altos no cenário global! Por isso, é importante questionar: quão de fato melhores são os edifícios certificados em relação aos não certificados? Além disso, quão mais adequados eles são no que concerne ao clima?

Com foco na questão específica do consumo de energia em edifícios em operação e adotando um caminho diferente daquele que enfatiza e promove o uso dos sistemas de certificação, a União Europeia (UE) criou a Diretiva de Desempenho Energético de Edifícios (DDEE), que é um instrumento legal para promover a melhoria do desempenho energético por meio de medidas de custo-eficiência (Carbon Trust, 2012). O plano de ação dessa política energética determina que todos os novos edifícios públicos da União sejam "quase energia zero" até 2018 e o restante deles alcance desempenho similar até 2020. Essa diretiva foi implementada nos países membros da União em 2006, com exceção daqueles que, por falta de profissionais qualificados e acreditados, obtiveram um período adicional de três anos (Wouters; Dijk, 2006). Os cinco aspectos principais dessa diretiva são:

- desenvolvimento de uma metodologia de cálculo para determinar o consumo de energia dos edifícios;
- aplicação dos requisitos mínimos de desempenho energético para todos os edifícios novos;
- aplicação dos requisitos mínimos de desempenho energético para edifícios com grandes áreas construídas e que foram retrofitados;
- desenvolvimento e distribuição de certificados de eficiência energética para servir de etiquetas disponíveis no edifício construído, sendo ele vendido ou alugado;
- regulamentação da inspeção ou, em vez dela, promoção de consultoria sobre eficiência energética.

Em 2006, o Comitê Europeu de Normatização (CEN) atestou a necessidade urgente de normas para ratificar a DDEE. Assim, uma série de normas foram criadas com base em uma lista de 31 temas relacionados à medição, cálculo e procedimentos de inspeção, incluindo métodos no nível de componentes de construção e sistemas. O objetivo era oferecer, dentro de um curto período de tempo (de 2004 a 2006), um conjunto claro e nacionalizado de normas e procedimentos para os países membros da União (EDEPB, 2002 apud IEA, 2008).

21.1.1 Os sistemas de certificação mais comuns no Brasil

Os sistemas de certificação de maior uso no Brasil, além dos nacionais PBE Edifica e Selo Casa Azul (descritos no Cap. 22), originários do exterior são: LEED, Aqua (Alta Qualidade Ambiental) e BREEAM, que são apresentados adiante.

Leadership in Energy and Environmental Design (LEED)

A certificação ambiental LEED foi desenvolvida pela organização U.S. Green Building Council (USGBC), em 1991, sendo esse um sistema voluntário e aplicável a qualquer tipo de construção, em qualquer fase do empreendimento. Trata-se de um modelo que vem sendo utilizado em diversos países. No Brasil, até maio de 2012 existiam 51 edifícios certificados pelo sistema LEED e outros 616 registros acumulados, sendo mais da metade dessa quantidade referente a edifícios comerciais situados na cidade de São Paulo (GBCB, 201-). Verifica-se que, desde 2007, o selo LEED vem ganhando amplo espaço no mercado brasileiro, sob a coordenação da organização Green Building Council Brasil (GBCB) (Toy, 2010).

O processo de certificação começa com o registro do empreendimento diretamente no site da organização USGBC, mediante o pagamento de uma taxa que varia conforme a tipologia e a metragem da obra a ser executada. Em seguida, o empreendedor deve montar uma equipe multidisciplinar ou contratar consultoria especializada para acompanhar o processo e produzir os relatórios e memoriais que devem ser enviados a USGBC para a validação do processo de certificação. No final da obra, o empreendimento é auditado pela USGBC e recebe a certificação de acordo com o total de pontos obtidos (a certificação é emitida em nome da própria USGBC, mas as auditorias são realizadas pelo instituto Green Building Certification Institute (GBCI), uma divisão da USGBC responsável por certificar os empreendimentos e acreditar os profissionais especialistas em LEED). Todo o processo, mesmo no Brasil, é feito diretamente nos Estados Unidos.

No Brasil, a organização não governamental GBCB foi criada em 2007 para promover a prática dos chamados *edifícios verdes* e, consequentemente, incentivar o desenvolvimento da indústria da construção de menor impacto no país. A GBCB é um dos 21 membros do World Green Building Council (WGBC), entidade supranacional que regula e incentiva a criação de Conselhos Nacionais como forma de promover mundialmente tecnologias, iniciativas e operações sustentáveis na construção civil.

Segundo a GBCB (201-), a versão do LEED adaptada para o Brasil, conhecida como LEED® Brasil, está sendo atualmente formulada pelo Comitê de Adaptação do GBC Brasil. Ela inclui algumas modificações, como: alteração do sistema métrico, medidas de desempenho (como a norma de desempenho, a NBR 15.575-1:2003), redução de pontos creditados para o uso de energia não poluente (que, no caso brasileiro, é predominentemente energia hidrelétrica), para citar as mais importantes antecipadas pela GBCB.

Em 2012, a GBCB criou uma certificação unicamente para edifícios residenciais, denominada Referencial GBC Brasil Casa® (GBCB, 2012), com um sistema de pontuação similar ao do LEED, mas que tem como pré-requisitos itens do selo brasileiro PBE Edifica, o Programa Nacional de Eficiência Energética em Edificações, instituído em 2003 pela Eletrobras-Procel (Ciclo Vivo, 2012).

Alta Qualidade Ambiental (Aqua)

Outra certificação nacional originária de um sistema internacional é o selo Aqua, adaptado em 2007 pela Fundação Carlos Alberto Vanzolini (FCAV), vinculada à Escola Politécnica da Universidade de São Paulo, com base na certificação HQE, desenvolvida pelo Comitê Científico da Tecnologia da Construção (CSTB), da França. O selo Aqua se baseia na avaliação do desempenho de um edifício, verificado do processo de concepção até a conclusão da obra, caracterizando um sistema de gestão do empreendimento. Até junho de 2013 existiam 80 edifícios com essa certificação no Brasil, com outros em processo de auditoria para a obtenção do selo.

Em 2008, a FCAV participou como membro fundador da organização internacional Sustainable Building Alliance (aliança para edifícios sustentáveis), juntamente com representantes da França, Inglaterra, Alemanha, Itália e Finlândia, com o objetivo de encontrar indicadores comuns para questões-chave da avaliação e da certificação da construção sustentável, a fim de promover a adequação ambiental local.

A certificação Aqua tem uma peculiaridade dentro das certificações *verdes* existentes no mercado brasileiro: possui uma aplicação mais exigente, comparativamente, porque requer o atendimento a todas as 14 categorias (Fig. 21.1) e a verificação por meio de auditorias presenciais ao longo de três etapas do programa: concepção (projeto), realização (construção) e uso dos empreendimentos (obra concluída).

Gerenciar os impactos sobre o ambiente exterior	Criar um espaço interior sadio e confortável
Sítio e construção	**Conforto**
1 Relação do edifício com o seu entorno	8 Conforto higrotérmico
2 Escolha integrada de produtos, sistemas e processos construtivos	9 Conforto acústico
3 Canteiro de obras com baixo impacto ambiental	10 Conforto visual
	11 Conforto olfativo
Gestão	**Saúde**
4 Gestão de energia	12 Qualidade sanitária dos ambientes
5 Gestão da água	13 Qualidade sanitária do ar
6 Gestão dos resíduos de uso e operação do edifício	14 Qualidade sanitária da água
7 Manutenção/Permanência do desempenho ambiental	

Fig. 21.1 As 14 categorias da certificação Aqua
Fonte: Aqua (2013).

Por exigir desempenho mínimo em todos os critérios, permite maior flexibilidade às soluções de projeto, que podem ser adotadas de acordo com o contexto, considerando fatores como clima, vegetação, cultura e aspectos particulares do ambiente construído e das comunidades locais. Os níveis de desempenho variam de *excelente*, para as melhores práticas (três pontos com classificação excelente, no mínimo), *superior*, para as boas práticas (quatro pontos com classificação superior), e *bom*, para as práticas correntes e legislação (sete pontos no máximo), totalizando 14 itens.

A certificação Aqua é definida como um processo de gestão de projeto que tem o objetivo de obter a qualidade ambiental de um empreendimento novo ou reabilitado e, para tanto, baseia-se em duas referências de desempenho (Aqua, 2013):

- referencial do Sistema de Gestão do Empreendimento (SGE), que avalia o sistema de gestão ambiental implementado pelo empreendedor;
- referencial da Qualidade Ambiental do Edifício (QAE), que avalia o desempenho técnico e arquitetônico da edificação.

Segundo esse sistema, a conquista da qualidade ambiental desejada para edificação pode ser alcançada por meio da implementação do Sistema de Gestão do Empreendimento (SGE), que também permite controlar o conjunto de processos operacionais relacionados às fases de elaboração do programa, concepção e realização da construção. Além disso, durante a fase de projeto, são consideradas soluções passivas e ativas para a obtenção de conforto e saúde e para a redução de impactos ambientais e custos operacionais da construção. Ao longo de toda sua vida útil, espera-se que essas soluções consumam menos recursos naturais e gerem menos resíduos, além de proporcionarem melhores condições de conforto e saúde aos usuários. Isso abrange as fases de programa, concepção (projeto), realização (construção) e uso dos empreendimentos, quando ocorrem as auditorias da Aqua, conforme indicado na Fig. 21.2.

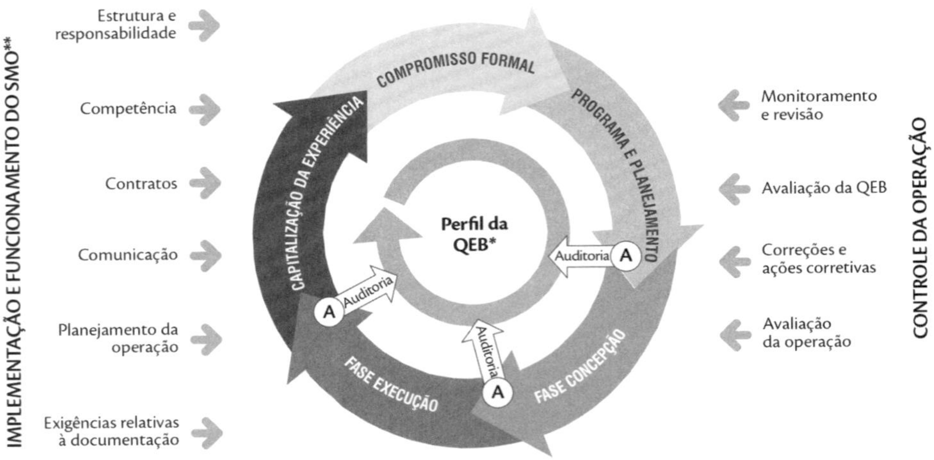

Fig. 21.2 Representação de modelo de sistema de gestão do empreendimento Aqua indicando quando ocorrem as auditorias
Fonte: Silva (2007).

Building Research Establishment Environmental Assessment Method (BREEAM)

A certificação BREEAM constitui o método de avaliação ambiental de edifícios criado em 1992 pelo centro de pesquisas em edificações do Reino Unido, Building Research Establishment (BRE). Apesar de sua aplicação fora do Reino Unido não ser permitida, a não ser que a adaptação ao novo contexto ambiental e socioeconômico tenha sido feita por orgãos reconhecidos pelo BRE, em 2010 a certificação BREEAM foi identificada como aquela com o maior volume de edifícios certificados no mundo (AECweb, 2010).

O selo foi baseado na prevenção de riscos e na preservação dos recursos naturais, com o intuito de garantir também conforto e qualidade de vida para os usuários dos edifícios, além de controlar os impactos ambientais da construção no entorno. O selo BREEAM Brasil foi criado com base no sistema original e destinado à adaptação ao contexto local. Em virtude da dimensão física do território nacional e suas diversas condições climáticas, a versão adaptada também ganhou outras versões distintas para cada região (AECweb, 2010). Os créditos requisitados pelo BREEAM estão inseridos em dez categorias.

1] *Energia*: dióxido de carbono e energia operacional (CO_2);
2] *Gestão*: política de gestão, comissionamento, gerenciamento do sitio e aquisição;
3] *Bem-estar e saúde*: interior e exterior (ruído, luz, ar, qualidade etc.);
4] *Transportes*: relacionada às emissões de CO_2 e localização – fatores correlatos;
5] *Eficiência* no consumo de água;
6] *Materiais*: impactos da energia embutida dos materiais, incluindo impactos do ciclo de vida assim como o dióxido de carbono incorporado a eles, por exemplo;
7] *Resíduos*: a eficiência no uso dos recursos para a construção e operação do edifício – gestão de resíduos e de mitigação dos impactos ambientais;
8] *Poluição*: do ar externo e da água;
9] *Uso da terra*: implantação e características do sítio e pegada de carbono;
10] *Ecologia*: valor ecológico, conservação e valorização do local.

Vale destacar que, diferente de outros sistemas de certificação, o BREEAM não inclui alguns dos itens que são exigidos pela legislação e pelo código de obras do Reino Unido.

21.1.2 Análise comparativa do uso de selos de origem internacional no Brasil

Buscando um melhor entendimento comparativo dos selos, o Quadro 21.1 foi construído com os dados gerais de cada selo em colunas e os critérios considerados para cada um deles nas linhas. Indica-se com um X quando os critérios são aplicáveis na coluna do selo correspondente. Algumas observações estão indicadas ao final da tabela, bem como os níveis de cada certificação. Os critérios são:

1] energia;
2] água;
3] sítio/localização;
4] Qualidade Ambiental Interna (QAI);
5] materiais;
6] processo e gerenciamento;
7] aspectos econômicos;
8] funcionalidade;
9] inovação;
10] requisitos mínimos

O Quadro 21.1 apresenta todos os critérios de cada um dos selos de origem internacional que foram adaptados para a realidade brasileira. O selo referencial GBC Brasil Casa, por ainda estar em uma versão piloto, não consta na análise comparativa dos sistemas certificados existentes no Brasil.

Quadro 21.1 Comparativo dos selos BREEAM, LEED e Aqua

SELOS	BREEAM	LEED	AQUA
Origem	UK	EUA	França (adaptado para o Brasil)
Nome	Building Research Establishment Environmental Assessment Method	Leadership in Energy and Environmental Design	Alta Qualidade Ambiental
Desde	1990	1998	2007 (na França desde 2005)
Responsável	BRE	U.S. Green Building Council	Fundação Carlos Alberto Vanzolini
Requisito legal	Legislação do Reino Unido	Não se aplica	Não se aplica
Norma ou apoio legal	EPBD Diretiva BN	IECC (2004) e ASHRAE (2004) (Fonte: IEA, 2008)	Normas NBR, NR, Regulamentos Anvisa, PBE Edifica e Inmetro

CRITÉRIOS

		BREEAM	LEED	AQUA
1	**ENERGIA**			
1.1	Baixa emissão (CO_2)	✗		✗
1.2	Energia renovável		✗	✗
1.3	Eficiência	✗	✗	✗
1.4	Pouco CO_2	✗		
1.5	Gerenciamento de gás refrigerante	✗	✗	✗
2	**ÁGUA**			
2.1	Reúso/reciclagem	✗		✗
2.2	Consumo	✗	✗	✗

SELOS		BREEAM	LEED	AQUA
		CRITÉRIOS		
3		**SÍTIO/LOCALIZAÇÃO**		
3.1	Transporte público	X	X	X
3.2	Seleção do sitio	X	X	X
3.3	Estética			
3.4	*Facilities* para ciclistas	X	X	
4		**QUALIDADE AMBIENTAL INTERNA**		
4.1	Qualidade do ar	X	X	X
4.2	Iluminância	X	X	X
4.3	Acústica	X		X
4.4	Conforto térmico	X	X	X
4.5	Odores			X
4.6	Higiene			X
5		**MATERIAIS**		
5.1	Reúso de materiais	X	X	X
5.2	Gerenciamento de resíduos (obra)	X	X	X
5.3	Robustez			X
6		**PROCESSOS E GERENCIAMENTO**		
6.1	Planejamento			X
6.2	Fase de construção	X		X
6.3	Comissionamento	X	X	X
7		**ASPECTOS ECONÔMICOS**		
7.1	Custos	$	$$$	$
7.2	Considerada a ACV			[b]
7.3	Estabilidade do valor			
8		**FUNCIONALIDADE**		
8.1	Flexibilidade e adaptabilidade			X
8.2	Acesso universal	X[a]		X[c]
8.3	Segurança	X		X[c]
9		**INOVAÇÃO**		
9.1	Aspectos de inovação considerados	X	X	X[d]
10		**REQUISITOS MÍNIMOS OBRIGATÓRIOS**		
10.1	SIM	X	X	[e]
Níveis de certificação		Aprovado Bom Superior Excelente Espetacular	LEED Certificado LEED Prata LEED Ouro LEED Platinum	

[a] Entre a legislação inglesa como outro elemento.

[b] A avaliação do ciclo de vida dos materiais ocorre por meio da declarações ambientais de produto (EPD) segundo a ISO 21930. Válido para níveis *superior* e *excelente*.

[c] Itens que constam apenas no referencial residencial.

[d] Critérios de desempenho que promovem a reflexão e que podem resultar em inovação. O *princípio da equivalência*, válido para níveis *superior* e *excelente*, permite a inovação nos processos de avaliação.

[e] Não há níveis de certificação, porém, o certificado indica os níveis obtidos nas 14 categorias, sendo *B* (bom), *S* (superior), *E* (excelente). O perfil mínimo para a certificação é de *3E*, *4S* e *7B*.

Nota: os dados apresentados foram validados por um responsável de cada selo, sendo: Aqua: dados elaborados por A. B. Buoro e validados por Felipe Queiroz Coelho, da Fundação Vanzolini; BREEAM: Glaucia Bomfim e Viviane Cunha Associados; e LEED: Maria Carolina Fujihara e GBCB. Tradução de A. B. Buoro.

Fonte: adaptado de Nelson, Rakau e Dorrenberg (2010).

21.1.3 Considerações críticas sobre o processo de certificação LEED

Como colocado por Kowaltowski et al. (2006), cada vez mais o processo de projeto, desde sua fase de concepção, é influenciado por avaliações de desempenho, incluindo aquelas voltadas para a obtenção dos selos da certificações *verdes*. Esse processo tem o potencial de repercutir em melhoras significativas do desempenho ambiental de edifícios, incluindo não só a redução de demanda energética resultante da melhoria do projeto arquitetônico e suas especificações, mas também o aumento da eficiência dos sistemas prediais, como o condicionamento de ar, iluminação artificial e outros, com a adoção de projetos e especificações melhores que as convencionais. Vale destacar que, em princípio, aspectos que caracterizam projetos de bom desempenho ambiental não precisam necessariamente estar contemplados nas certificações anteriormente mencionadas.

Por outro lado, com respeito à certificação LEED, a mais adotada no contexto brasileiro para edifícios comerciais até julho de 2013, é importante atentar para o fato de que a grande quantidade de pontos possíveis para a certificação e a complexidade de dados que são necessários para comprovar cada um desses pontos pode resultar em profissionais *experts* na certificação LEED, em vez de promover de fato uma abordagem integrada para o melhor desempenho ambiental do edifício. Esses *experts* trabalham na arrecadação do maior número possível de pontos em cada área, sem necessariamente favorecer a busca das soluções ecoeficientes como um todo. Entre algumas situações na qual a pontuação pode simular um crédito pouco efetivo no desempenho ambiental geral do edifício, podem-se destacar as seguintes:

- *Uso de bicicletários*: a pontuação obtida pela existência de um bicicletário é considerada mesmo em contextos urbanos ou geográficos totalmente inadequados para esse meio de transporte.
- *Consumo de energia sem a contemplação do impacto em termos de emissões*: um edifício com gerador a diesel para atender a demanda energética na tarifa de ponta consome, consequentemente, menos energia elétrica. No entanto, uma vez que a energia elétrica no Brasil é proveniente prioritariamente de fontes limpas (hidrelétricas), o menor consumo energético alcançado com o gerador substitui o consumo da energia renovável pela não renovável. Nesse caso, o crédito de energia limpa e/ou renovável (não obrigatório) é prejudicado, mas o crédito de consumo energético é favorecido, apesar das emissões de gases poluentes associadas à natureza da energia primária.
- *Não consideração sobre a geração de poluição*: a geração de poluição nas áreas externas do empreendimento não entra em nenhum item escrito pela certificação LEED. O uso de um gerador a diesel sem a previsão de tratamento da casa de máquina e filtragem do ar na saída externa, por exemplo, pode interferir diretamente na qualidade ambiental do entorno e seus edifícios, incluindo o próprio emissor da poluição.
- *Sistemas elétricos*: com relação aos sistemas elétricos, o LEED considera o atendimento das normas americanas que determinam uma variação da queda de tensão de 3%. No Brasil, o critério para queda de tensão é contemplado na NBR 5410 (ABNT, 2008), que estabelece uma variação de 7%. Por conta dessa diferença, todos os edifícios LEED no Brasil devem ter cabos

de cobre mais espessos do que a realidade de variação de tensão exigida no país. Fica evidente aqui a inadequação desse critério para a realidade brasileira.

Outro aspecto de inadequação local, porém mais complexo de ser abordado, é o critério da relação entre a área de vidro e a área opaca de fachada (*window-to-wall ratio,* WWR). Por razões mercadológicas de várias origens, nesse sistema de certificação não existe o real incentivo com mais créditos para promover edifícios comerciais com menores áreas envidraçadas do que o tipo *cortina de vidro*. Para o LEED, o WWR impacta no desempenho energético e, por isso, aborda-se a especificação do vidro, mas a extensão do seu uso e a inserção de mecanismos de proteção solar são parâmetros não contemplados.

Voltando para a discussão sobre a realidade brasileira, como resultado do interesse em responder a (ou em se enquadrar nas) *recomendações* do LEED, o mercado local continua a produzir edifícios do tipo *cortina de vidro*, mas de *alto desempenho energético* (o famoso vidro verde), segundo especificações técnicas. Apesar do desempenho energético, o uso do vidro nesses edifícios perpetua uma abordagem inadequada aos climas e condições de luminosidade das cidades brasileiras, incluindo São Paulo, com consequências para o conforto térmico e luminoso dos ocupantes, assim como para o desempenho energético do edifício.

Além disso, a quantidade de radiação solar em grande parte do território brasileiro é bem superior a nos EUA, então, para evitar o ofuscamento nesses edifícios com muita área envidraçada, torna-se obrigatória a instalação de cortinas internas. Elas amenizam o problema do calor, mas prejudicam o aproveitamento adequado da luz natural, com consequências sobre o consumo energético final do edifício, que aumenta tanto pelo sistema de iluminação quanto pelo sistema de climatização (resultante de carga térmica ainda alta, pela excessiva área de vidro e falta de sombreamento externo).

21.1.4 O desempenho energético de edifícios e a interação dos usuários

Espera-se que, na prática, um edifício verdadeiramente *verde*, ou seja, de melhor desempenho ambiental do que os convencionais locais, consuma menos energia do que um edifício com as mesmas características e condições de uso e ocupação inserido no mesmo contexto climático. Conforme mostra a Fig. 21.3, a energia consumida na fase de uso (operação) é bem superior às outras fases do edifício, desde sua concepção, que define a escolha do partido e materiais, até sua demolição e reciclagem, ao final do seu ciclo de vida.

Nesse contexto, é importante salientar a importância das rotinas de ocupação, incluindo manutenção e operação do edifício, no sucesso das soluções e estratégias para um melhor desempenho energético e ambiental definidas em projeto e, consequentemente, o alcance das metas de desempenho e da satisfação dos usuários.

Diversas pesquisas constataram que o desempenho do edifício está diretamente ligado ao comportamento dos usuários e suas expectativas em relação ao ambiente construído (Goins; Moezzi, 2012; Liu; Yao, 2012; Valentina; Andersen; Corgnat, 2012). Assim, como muito discutido, a ocupação repercute diretamente no consumo final de energia do edifício. Mendler, Odell e Lazarus (2006) mostraram que edifícios construídos nos Estados Unidos e operados como especificado em projeto levariam a uma redução de energia de 20% do consumo real constatado. Não se pode negar que quanto mais automatizados sejam os sistemas em um dado

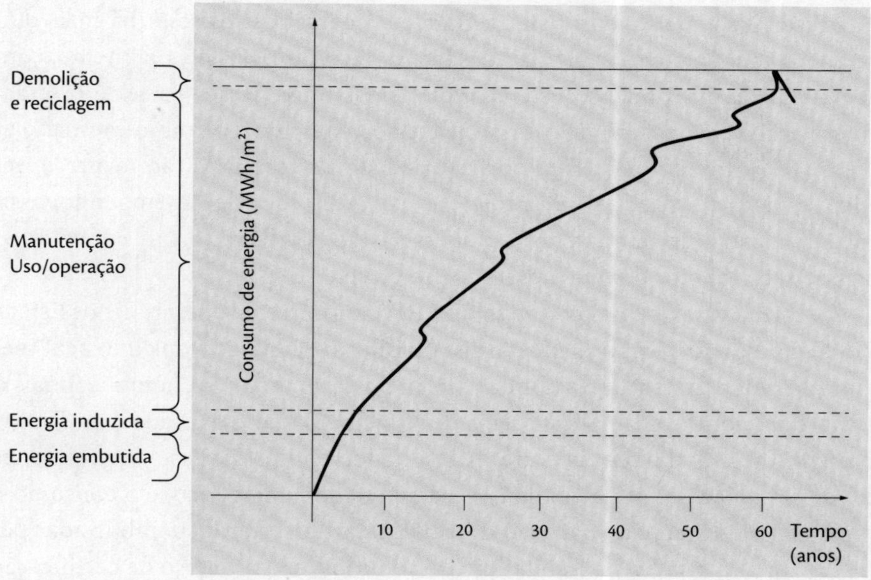

Fig. 21.3 Energia consumida no ciclo de vida de 60 anos de um edifício
Fonte: adaptado de Jones (1998).

edifício, a tendência é de que sejam menores as distorções entre o que se projeta e o que efetivamente se realiza na fase operacional do edifício.

Por outro lado, sabe-se que, com um maior aproveitamento de alternativas passivas, tais como ventilação natural e a iluminação natural, a influência dos usuários no controle das condições ambientais e, consequentemente, no desempenho ambiental e energético do edifício tende a ser ainda mais relevante do que em edifícios mais automatizados. Nicol, Humphreys e Roaf (2012) destacam a imprevisibilidade dos usuários e o seu impacto nos estudos de simulação energética em relação ao consumo real, podendo resultar em diferenças significativas do desempenho ambiental final entre o previsto na fase de projeto e o desempenho real, como confirmado na pesquisa de Tuohy e Murphy (2012) realizada em edifícios no Reino Unido.

Ao contrário do que foi comentado anteriormente, Guiles Jr. (2011) analisou o impacto da eficiência energética obtida com base na evolução das normas ASHRAE 90.1, desde 1975, 1990, 1999 até 2004, e constatou que desde 1985 o setor de edifícios nos Estados Unidos teve um aumento anual de 12% do consumo energético, diferente do previsto pelo Departamento de Energia do Governo dos Estados Unidos da America (DOE), que calculou um acréscimo de 29% na eficiência energética do setor, com a evolução das normas. Segundo Guiles Jr. (2011), as causas para essa diferença podem estar nos seguintes fatores:

- diferença entre a taxa de infiltração do edifício simulado e real, que pode resultar em até 33% de aumento do consumo para aquecimento e 3% de redução para o resfriamento;
- diferença entre o desempenho energético da envoltória do edifício simulado e real: de acordo com a norma ASHRAE 90.1 e os códigos energéticos americanos, não há limitação de WWR (*window-to-wall ratio*), por isso, estima-se que as diferenças entre os modelos da norma e a prática pode chegar a 75%;
- variações no controle e operação dos sistemas prediais incluindo o condicionamento de ar, a iluminação artificial e o aquecimento de água, entre o especificado na norma ASHRAE 90.2-2004 e o colocado em prática.

Em diversos países europeus, legislações energéticas existem há mais de 10 anos (na Alemanha, em particular, desde a década de 1980) e, atualmente, como mencionado na introdução deste capítulo, em muitos desses países é exigida a comprovação do consumo de energia real e sua comparação com o estimado em projeto (NRW.Invest, s.d.). Esta obrigatoriedade de comprovação favorece, sem dúvida, o rigor no processo de projeto e nas avaliações de desempenho, assim como na construção, manutenção e operação dos edifícios, a fim de evitar um desempenho real pior do que o previsto em projeto.

De forma geral, edifícios com selo LEED para a fase de operação, nos Estados Unidos, ainda não são obrigados a disponibilizar dados do consumo real, nem mesmo a comparar os valores obtidos por meio de simulações computacionais do edifício final com o estimado na fase de projeto. Como destacado por Tuohy e Murphy (2012), as diferenças entre os resultados obtidos na fase de projeto, por meio de simulações computacionais do desempenho energético, e o consumo de energia efetivo durante a ocupação do edifício devem estar disponibilizadas para que se possam constatar os resultados reais obtidos pelo processo de certificação.

Mesmo sem a facilidade de acesso a dados de consumo real, Newsham, Mancini e Birt (2009) analisaram cem edifícios comerciais certificados e em operação nos Estados Unidos e concluíram que os certificados mostraram um consumo de energia de 18% a 39% menor do que similares não certificados. Atestou-se que muitos dos edifícios certificados eram operados e a manutenção, realizada pelos próprios proprietários, sendo essa uma variável bastante favorável ao real interesse na eficiência energética.

Harris (2011) alertou para o fato de que o desafio que arquitetos e engenheiros enfrentam na busca pela sustentabilidade é um *paradoxo difícil*: por um lado, a certificação LEED alertou para o tema de forma pontual e com um sistema de entendimento fácil, porém, de outro lado, ela não favorece na direção do futuro sustentável, como era de se pensar. Isso se deve principalmente à hipótese de que os desafios ambientais e energéticos do cenário global necessitam de reduções muito mais significativas do consumo de energia em edifícios, como apontado no relatório do Programa Ambiental das Nações Unidas, *The green economy report* (Unep, 2011).

21.1.5 Considerações finais

É sabido que a integração dos diversos profissionais envolvidos no projeto, desde a fase inicial, incluindo arquitetos, projetistas de ar condicionado, luminotécnica, consultor ambiental e de acústica, gerentes de obra e de manutenção, entre outros, já na fase inicial de concepção do projeto, de uma certa forma, provocada pelo interesse na certificação, como colocado por Brophy e Lewis (2011), tem grandes chances de favorecer a tomada de decisões em prol de um melhor desempenho ambiental do edifício, resultando em soluções integradas.

No entanto, provavelmente o grande paradoxo da maioria dos sistemas de certificação é a ênfase nos sistemas prediais e a carga de tecnologia na operação de edifícios que, de certa forma, promove a dissociação dos usuários em relação ao controle das suas próprias condições ambientais, em outras palavras, um princípio contrário ao da adaptação climática. Somado a isso, deve-se reconher aqui que o interesse pela marcação do maior número possível de pontos para a obtenção da certificação, ao estilo *check-list*, em muitos casos está desassociado (além de acabar substituindo) uma abordagem mais ampla sobre o desempenho ambiental e energético do edifício.

No Brasil, pode-se constatar que as empresas multinacionais são as pioneiras na exigência de uma certificação em seus edifícios, conforme constatado pela GBCB (201-). Entende-se que as empresas utilizam o selo *verde* como uma estratégia de marketing e, pela confiabilidade de sua aplicação no mercado americano, consideram que ao cumprirem os critérios da certificação estão contribuindo para a construção e ocupação de edifícios com um real menor consumo de energia do que os convencionais.

Entretanto, vale comentar que, como exposto anteriormente, a adaptação desses sistemas de certificação, em particular do LEED, ainda apresenta inadequações ao contexto brasileiro, incluindo aquelas de natureza climática. O Aqua difere do LEED porque, além de também adaptado, é mais flexível quanto às escolhas dos critérios a favor de um melhor desempenho ambiental para um determinado contexto de projeto, como explicado por Valente (2009).

A verdade é que, a indisponibilidade de dados de consumo de energia estimados em simulação e submetidos aos sistemas de certificação, assim como aqueles medidos durante o uso e a ocupação de edifícios, principalmente os certificados, constitui uma grande barreira ao entendimento da real contribuição dessas certificações em diferentes contextos. Segundo a IEA:

> a eficiência energética dos edifícios deveria estar visível para o mercado para dar uma chance real aos proprietários dos edifícios. Isto poderia ser feito pela certificação, pelas etiquetas ou por outras formas de declaração de consumo energético. (IEA, 2008, p. 80, tradução dos autores).

Na versão do LEED de 2009, a avaliação pós-ocupação é considerada de forma não obrigatória, somando pontos extras caso seja feita a avaliação. Como essas avaliações implicam custos e esforços adicionais, normalmente ela não é implementada. Na medida em que as certificações ganham credibilidade e popularidade de uso, entende-se que essa etapa teria que ser incluída no processo, como procedimento crucial para a demonstração do real desempenho ambiental do edifício.

Com relação à eficiência não apenas das certificações, mas também de normas e regulamentações de desempenho ambiental e energético de edifícios, na sua publicação *Energy efficiency requirements in building codes* (IEA, 2008), a Agência Internacional de Energia chamou atenção para o fato de que esses determinam valores mínimos de eficiência para edifícios novos e, por isso, em muitos casos, mesmo normas e regulamentações têm provado ser insuficientes à demanda pela eficiência energética a longo prazo.

Concluindo, o processo de projeto pode ser favorecido na busca de um selo de desempenho ambiental, independente da certificação em questão, por requerer certa integração entre diferentes agentes do projeto e, efetivamente, avaliações de desempenho ambiental na fase de projeto. Porém, vale aqui a crítica de que sem a comprovação do real melhor desempenho ambiental e energético dos edifícios em uso e ocupação, a certificação não passa de um simples instrumento de mercado, sem valor real para quem pagou por ela.

Pode-se dizer que o importante para o futuro do valor ambiental e econômico dos edifícios é que as boas práticas de projeto, em prol da qualidade ambiental e da real eficiência energética, façam parte da agenda de investimentos dos mercados locais, sejam os edifícios certificados ou não.

21.2 Uma avaliação crítica do sistema LEED

Quando se fala em sustentabilidade no setor da construção civil, é difícil não se falar no sistema LEED. Fruto de uma iniciativa pioneira da organização United States Green Buildings Council (USGBC, Conselho de Edificações Verdes dos Estados Unidos), realizada em 1998, o processo de certificação intitulado Leadership in Energy and Environmental Design (LEED, Liderança Projetual Energética e Ambiental) se tornou um dos principais agentes por trás de projetos e construções de edifícios reconhecidos internacionalmente como ecologicamente corretos.

Desde então, nos Estados Unidos e ao redor do mundo, proprietários, investidores, construtoras e arquitetos abraçaram a ideia da certificação e classificação da sustentabilidade nas edificações. Até o fim de 2011, mais de 9.200 edifícios foram certificados dentre um dos diversos tipos de classificação LEED (USGBC, s.d.). Em 2013, esse número tinha ultrapassado 38.000 certificações.

No entanto, apesar da extensa adoção do sistema LEED de certificação como uma base comparativa para a sustentabilidade ambiental dos edifícios, a última década marcou uma fase de críticas e questionamentos sobre a eficácia desse sistema. Nesse momento, em que edificações com a certificação LEED já existem há mais de uma década, não está claro se esse sistema vem realmente contribuindo para a produção de uma nova geração da arquitetura comercial mais sustentável ambientalmente.

Enquanto muitas edificações certificadas pelo LEED tomaram algumas medidas admiráveis em prol de melhorar seu desempenho ambiental, estudos técnicos realizados por diferentes grupos de pesquisa mostram que esses edifícios não consomem necessariamente menos energia que construções convencionais, não certificadas. Certamente, após mais de uma década de existência, este é o momento para uma retrospectiva crítica e analítica do sistema de certificação LEED, visando a sua melhoria.

Atualmente, arquitetos, engenheiros e outros profissionais do campo da sustentabilidade se deparam com um complexo paradoxo. Se de um lado o sistema obteve grande êxito no mercado norte-americano e em outros, levantando a questão da sustentabilidade na construção civil por meio de um sistema de assimilação simples, por outro, há indícios de falha no que tange ao desempenho energético. A esse respeito, as edificações LEED como um todo parecem ter progredido pouco em prol de um futuro realmente mais sustentável para o setor das edificações, tal qual se esperava.

Apesar das muitas críticas que o sistema vem recebendo desde a sua criação, a força adquirida pelo LEED no mercado internacional faz com que a evolução do sistema em direção à promoção de um desempenho energético significativamente melhor do que o convencional seja de extrema importância para o futuro do setor das edificações. A análise crítica, aqui apresentada, da evolução do sistema LEED nos anos 2000 possibilita a compreensão das vantagens, deficiências e oportunidades do sistema para a sua própria mudança e melhoria.

21.2.1 Ascensão

Para que se possa avaliar em que sentido o LEED deveria ser modificado, é importante entender as origens por trás do sistema de certificação criado pelo USGBC, organização criada em 1993 por um investidor do mercado imobiliário e um cientista ambiental. Apesar de a USGBC ser uma organização sem fins lucrativos, é extremamente orientada para o mercado imobiliário e o da construção civil.

Além de promover uma grande arrecadação de recursos financeiros essenciais para o funcionamento da USGBC, Rick Fedrizzi, atual presidente da organização, enfatiza o papel do sistema LEED como um instrumento voltado para o interesse do mercado quando declarou em uma matéria para a *Fast Company Magazine* (Kamenetz, 2007): "percebemos que estávamos captando a mensagem errada ao lidar com este tema ambiental, nós tínhamos que lidar como um caso de negócios".

De acordo com os relatórios anuais da USGBC de 2009 e 2010, as receitas providas pelas certificações LEED e o processo de registro de projeto totalizaram uma média de 35 milhões de dólares por ano. Sem considerar as taxas pagas pelos processos de certificação, a organização também coletou mais de 250 dólares para cada um dos 40.000 profissionais que fizeram o teste para se tornar um *LEED-Accredited Professional* (Profissional Credenciado). Por tudo isso, além de ser um sistema de certificação ambiental de edifícios, o sistema LEED também constitui um negócio altamente lucrativo para a organização USGBC.

A USGBC vivenciou um esplendoroso sucesso do seu sistema de certificação nos primeiro doze anos de existência do LEED. Além dos benefícios financeiros mencionados anteriormente, esse se tornou em um sistema internacionalmente reconhecido como o parâmetro de medição e classificação de edifícios "verdes". Como prova disso, até 2013 mais 13.000 edifícios ao redor do mundo obtiveram algum nível de certificação LEED, sendo que 40% de todos os projetos em busca dessa certificação estão fora dos Estados Unidos (Ashley, 2012). Sob a luz desses fatos, a popularidade do LEED ultrapassa em muito qualquer outro sistema similar de certificação ambiental de edifícios no contexto global.

São vários os fatores que culminaram no sucesso econômico do sistema LEED, contudo, o fator mais importante por trás da sua popularidade foi a viabilidade financeira no mercado imobiliário e na indústria da construção civil. Tecnicamente, dada a gama de pontos possíveis de serem obtidos com as várias categorias de avaliação, é de certa forma simples alcançar a pontuação mínima para a certificação básica, sem grandes comprometimentos de tempo, custos e recursos do projeto, como colocado por Rob Watson, outro fundador da USGBC, ao dizer: "nós jogamos alguns pontos ali para que as pessoas pudessem chegar a uns vinte e poucos pontos e pensar: nós podemos conseguir isso" (Ashley, 2012).

Indiscutivelmente, a fácil pontuação do LEED a torna inicialmente uma ferramenta bem atraente para o mercado. Assim, apesar da classificação *prata* ou *ouro* necessitar de obviamente mais pontos, já é de conhecimento geral que o nível básico da certificação exige pouco esforço da equipe de projeto, principalmente no que tange ao desempenho energético, sendo esse o foco de maiores críticas formuladas sobre o sistema LEED de certificação e o foco de discussão dessa reflexão.

Além da pontuação fácil, outro fator por trás da popularidade do sistema LEED de certificação ambiental de edifícios é o sucesso de marketing. Durante o grande *boom* do mercado imobiliário mundial na primeira década do milênio, a certificação LEED se tornou o principal veículo de distinção de um projeto de melhor desempenho ambiental e, consequentemente, de atração de investidores, compradores e locatários. Como explicado em uma matéria do jornal New York Times (Toy, 2010), os projetos com certificação LEED que vendem a imagem da sustentabilidade ambiental podem fazer com que os locatários se sintam *ecologicamente ou ambientalmente corretos.*

Como discutido em outras referências da prática e da teoria, existem muitos benefícios econômicos, além de ambientais, no melhoramento do desempenho ambiental e, em particular, energético dos edifícios. No entanto, esses benefícios não explicam ou justificam necessariamente o sucesso de adoção do sistema LEED de certificação ambiental. É muito mais provável que o êxito desse sistema até o momento esteja atrelado às razões explicadas anteriormente, em especial, ao fato de esse ser um sistema fácil o suficiente para o alcance de uma certificação.

Quanto à estratégia de marketing, ao criar um produto também fácil de comercializar, associado a vantagens na competição de mercado, a USGBC cuidou para que o LEED se tornasse uma força motriz na produção de edifícios aclamados como ambientalmente sustentáveis, nos Estados Unidos e ao redor do mundo, sem uma reflexão crítica sobre a sua eficiência técnica na medição do real desempenho ambiental de projetos e edifícios em operação.

21.2.2 Críticas

Com o crescimento e a difusão do sistema LEED por mais de uma década, cabe a pergunta sobre o real desempenho ambiental e energético dessa primeira geração de edifícios certificados e sua superioridade em relação aos edifícios convencionais. Enquanto o sistema de certificação contempla um conjunto de aspectos projetuais e construtivos do edifício, as versões iniciais não requisitavam comprovações suficientes para a validação do melhor desempenho do edifício em operação.

Em 2007, um estudo sobre o consumo de energia de uma amostra de 121 estudos de caso de edifícios comerciais (de escritórios) demonstrou o desempenho superior de 25% a 30% dos edifícios certificados em comparação com a prática convencional, sem os objetivos da certificação (New Buildings Institute, 2008).

No entanto, por questões metodológicas, críticas bastante discutidas enfraqueceram a validade desses estudos. Primeiramente, os 121 casos representam 22% de uma amostra inicial de 500 casos selecionados, e o restante não teve seus dados disponibilizados. Esse percentual reduzido de edifícios com dados disponíveis descredita a representatividade da amostra estudada.

Em 2009, dois outros estudos publicados fizeram uma análise criteriosa da quantidade de energia de fato consumida por esses edifícios certificados. O trabalho de Newsham, Mancini e Birt (2009) foi elaborado pelo Instituto para Pesquisa em Construção (Institute for Construction Research) de Ottawa, no Canadá. Apesar de o referido estudo ter concluído que os edifícios certificados utilizam em média de 18% a 39% menos energia por área construída do que seus correspondentes convencionais, paralelamente, observou-se que de 28% a 35% da mesma amostra consome mais energia que seus correspondentes não certificados. Indo mais adiante, não foi encontrada nenhuma relação direta entre a certificação *ouro, prata* ou *bronze* e o consumo de energia do edifício.

Outro estudo, desenvolvido por Scofield (2009), chegou a uma conclusão ainda mais cética sobre a eficiência e a veracidade do sistema de certificação LEED a respeito do quesito energia. Nesse análise, observou-se o tema da energia de uma maneira mais ampla, somando-se aquela gasta na construção à energia operacional (medida pelos mesmos coeficientes do estudo anterior) em uma nova amostra de casos. Como conclusão, não foi encontrada nenhuma evidência de que a certificação LEED tenha coletivamente diminuído o consumo de energia dos edifícios estudados, seja ela a consumida durante a construção ou a operação dos edifícios. Nesse sentido, o trabalho mencionado demonstra que, para sua amostra de edifícios comerciais, os certificados não são superiores aos seus correspondentes.

Nos últimos anos, pesquisas sobre o desempenho energético de edifícios certificados não foram os únicos veículos de levantamento do paradoxo inerente ao sistema LEED, com especial atenção ao tema da energia. Proprietários e usuários dos edifícios com certificação LEED, assim como o público em geral, vêm se tornando cada vez mais conscientes de que os edifícios certificados por esse sistema não representam o modelo de sustentabilidade ambiental que se acreditava ser e realizar.

Quando se descobriu que um edifício recentemente certificado pelo LEED na Carolina do Norte, nos Estados Unidos, consome quase o dobro da energia consumida pelos edifícios vizinhos, jornalistas e ativistas enfatizaram essa constatação como um exemplo das distorções do sistema e a criação de um *padrão de manchas LEED* (Applebaum, 2011). A conscientização da existência das inconsistências do sistema LEED levantou a suspeita do público em geral. Como claramente colocado pela crítica, a USGBC é uma instituição privada sem o apoio da fiscalização pública. Da mesma forma, não há consequências para os edifícios que acabam consumindo mais do que o previsto no processo de certificação.

Como já mencionado, as críticas e dúvidas sobre o desempenho certificado pelo sistema LEED não parecem ter refletido negativamente no sucesso de mercado do sistema, principalmente nos Estados Unidos. Uma prova disso é o fato de uma série de Estados e cidades, além de outros órgãos públicos, terem integrado o LEED ao código de edificações.

A quarta versão do LEED, lançada em 2013, mantém as seis categorias de pontuação para a certificação da proposta original: localização e transportes, espaços sustentáveis, uso racional da água, energia e atmosfera, materiais e recursos, e qualidade ambiental interna.

- *Localização e transportes*: credita pontos para características sustentáveis considerando a localização do edifício. Estão disponíveis 16 pontos, muitos desses obtidos por locar o projeto em uma área com acesso a transporte público e/ou em bairros amigáveis ao movimento de pedestres;
- *Espaços sustentáveis*: disponibiliza dez pontos pelo tratamento do terreno, especialmente na preservação dos espaços abertos e no controle das águas pluviais;
- *Uso racional da água*: oferece até 11 pontos para minimizar o consumo de água no edifício, especialmente por ações como a colocação de equipamentos de baixo consumo;
- *Energia e atmosfera*: oferece a maior pontuação entre todas as categorias, disponibilizando 33 pontos, dos quais 18 são somente para a redução do

consumo energético do projeto em comparação a um edifício-padrão, estabelecido pelo próprio sistema e conhecido como *baseline*;

- *Materiais e recursos*: oferece 13 pontos por considerações relacionadas ao impacto ambiental dos materiais de construção e seu ciclo de vida;
- *Qualidade ambiental interna*: oferece 16 pontos para questões relacionadas com a qualidade do ambiente interno, incluindo: conforto térmico, luminoso e acústico, além de vistas para o exterior.

Categorias para créditos adicionais são disponibilizados para inovação, processo de projeto e regionalidade.

Mesmo com uma simples leitura das categorias e objetivos do sistema de certificação, nota-se que importantes aspectos do desempenho ambiental de edifícios estão faltando, dentre os quais se destaca aqui a verificação do desempenho ambiental e energético em operação, que tem o papel de validar a certificação. Com o aumento da cobrança pela eficiência energética dos edifícios, a última versão do sistema, o LEED v.4.0, começa a promover a certificação e a pontuação dos "selos" verdes com base na realidade pós-ocupação.

Vale ressaltar que, no seu formato atual, pode-se dizer que o sistema LEED está mais ligado à construção de menor impacto ambiental (popularmente chamada de construção sustentável) do que ao edifício de melhor desempenho ambiental, no que tange à energia operacional.

Variações desde a especificação construtiva até o comportamento dos usuários são fatores de grande impacto no consumo energético final de um edifício. Sendo assim, mais uma vez, ressalta-se que, o título de Leadership in Energy and Environmental Design, ganha valor quando associado a uma verificação pós-ocupação.

21.2.3 Perspectivas futuras

A fim de ampliar sua aplicabilidade, o LEED foi ramificado em sistemas distintos para servir a edifícios de diferentes funções, incluindo: escolas, residências, edifícios de escritório, mas avaliando exclusivamente a envoltória e a forma do edifício (*core and shell*) e, finalmente, áreas urbanas (LEED Desenvolvimentos de Bairros), com metas e créditos específicos de cada categoria.

Com mais de uma década de existência e grande abrangência no setor das edificações, não se pode negar que o sistema de certificação LEED vem tendo uma contribuição relevante para o crescimento do interesse dos agentes envolvidos no setor das edificações e da construção civil pela questão ambiental de uma forma geral (mesmo que, em muitos casos, ainda superficial), com alcance muito além das fronteiras norte-americanas.

Ao conectar a questão ambiental e o interesse empresarial, o sistema conseguiu se embrenhar na cultura do desenvolvimento imobiliário e da indústria da construção civil. Por essa razão, pode-se admitir que melhorias significativas do sistema, com respeito à avaliação do desempenho energético, guardam um potencial de impacto no desempenho ambiental e energético das edificações. No que concerne ao desempenho energético, um dos principais aprimoramentos do sistema revolve em torno da avaliação do edifício ocupado, ou seja, de avaliações pós-ocupação.

O Painel Intergovernamental sobre Mudanças Climáticas (IPCC), ao estabelecer a necessidade de uma redução de 60% no consumo de energia dos edifícios em todo o mundo até 2050, apontou uma meta específica e tangível para o desempenho energético das edificações. A incorporação de metas agrega relevância internacional a sistemas de avaliação e certificação como o LEED.

Retomando a discussão sobre o impacto da ocupação no desempenho energético do edifício, pesquisas recentes (Baker, 2009) mostraram que o impacto dos ocupantes no desempenho energético de um edifício pode ser tão significativo quanto o próprio projeto da edificação. Por isso, somada a importância conferida pelo sistema LEED à eficiência dos sistemas prediais, faz sentido considerar criteriosamente aspectos do projeto inseridos para facilitar a busca pelas condições de conforto. Trata-se de sistemas de controle das condições ambientais e de recursos do edifício que permitam o ajuste da iluminação, insolação e ventilação natural, como aberturas controláveis e estruturas móveis de sombreamento e adaptação da luz natural.

Indo nesse caminho, a nova versão do sistema oferece pontos adicionais pelo aumento de monitoramento nos primeiros anos de ocupação do edifício, visando à melhora contínua de questões que impactam o desempenho ambiental e energético do edifício. Somado a isso, a USGBC recentemente criou a Parceria para o Desempenho da Edificação (Building Performance Partnership, BPP), uma base de dados voluntária para a troca de informações de desempenho de edifícios com a certificação LEED, sendo essas iniciativas de extrema importância para o futuro da avaliação de edifícios que buscam a certificação.

Como instrumentos de mercado, é importante para o futuro dos edifícios aclamados como de melhor desempenho ambiental e energético que os sistemas de certificação como o LEED acompanhem a evolução dos conceitos e metas do desempenho ambiental de edifícios.

Referências bibliográficas

ABNT - ASSOCIAÇÃO BRASILEIRA DE NORMAS TÉCNICAS. *NBR 5410:2004* Versão corrigida: instalações elétricas de baixa tensão. Rio de Janeiro, 2008.

AECWEB - PORTAL DA ARQUITETURA, ENGENHARIA E CONSTRUÇÃO. *Selo de certificação verde para construções chega ao Brasil*, 2010. Disponível em: <http://www.aecweb.com.br/aec-news/materia/3268/selo-de-certificacao-ver-para-construcoes-chega-ao-brasil.html>. Acesso em: 3 out. 2012.

APPLEBAUM, A. Can the green building council polish LEED's tarnished standards? *Fast Company*, jun. 2011. Disponível em: <http://www.fastcompany.com/1714517/the-problem-with-leed-certification>.

AQUA. *Referencial técnico de certificação.* Edifícios habitacionais-Processo AQUA. São Paulo: Fundação Carlos Alberto Vanzolini, 2013. v. 2.

ASHLEY, K. Market impact. *Green building facts*, jul. 2012. Disponível em: <http://www.usgbc.org/articles/green-building-facts/>.

BAKER. N. *The handbook of sustainable refurbishment of buildings.* London: Earthscan, 2009.

BROPHY, V., LEWIS, J. O. *A green vitruvius.* principles and practice of sustainable architectural design. London: Earthscan, 2011.

CARBON TRUST. *Impact of assessment methodology for Procel Edifica.* Disponível em: <http://www.carbontrust.co.uk>. Acesso em: out. 2012.

CICLO VIVO. *GBC Brasil lança referencial para casas sustentáveis*. 17 set. 2012. Disponível em: <http://www.procelinfo.com.br/main.asp?ViewID=%7BF5EAADD6-CCB0-4E29-A0C4-482D3D66BB65%7D&params=itemID=%7BE2C2908B-84CB-4AE9-9A3C-71776D2FF8FE%7D;&UIPartUID=%7BD90F22DB-05D4-4644-A8F2-FAD4803C8898%7D>. Acesso em: dez. 2012.

GBCB - GREEN BUILDING COUNCIL BRASIL. Disponível em: <http://www.gbcbrasil.org.br/?p=certificacao>. Acesso em: 20 maio 2012.

GOINS, J.; MOEZZI, M. Links between occupant complaint handling and building performance. In: WINDSOR CONFERENCE. 7. The changing context of comfort in an unpredictable world. 2012, Windsor.

GUILES Jr., E. G. Building professional accreditation, construction quality control and better buildings. In: *ASHRAE Transactions*. v. 117, n. 1, 2011.

HARRIS, C. *LEED:* novos desafios para uma agenda contemporânea. Trabalho desenvolvido para a disciplina da Professora Joana C. Gonçalves na Architecture Association (AA), Londres, 2011.

IEA - INTERNATIONAL ENERGY AGENCY. *Energy efficiency requirements in building codes, energy efficiency policies for new buildings*, 2008. Disponível em: <http://www.iea.org/publications/freepublications/publication/Building_Codes.pdf>. Acesso em: 30 mai. 2012.

JONES, J. L. *Architecture and the environment*. London: Laurence King Publishing, 1998.

KAMENETZ, A. The green standard? *Fast Company Magazine*, 2007. Disponível em: <http://www.fastcompany.com/magazine/119/the-green-standard.html>. Não paginado.

KOWALTOWSKI, D. C. C. K. et. al. Reflexão sobre metodologias de projeto arquitetônico. *Ambiente construído*, Porto Alegre, v. 6, n. 2, p. 07-19, abr./jun. 2006.

LIU, J.; YAO, R. Investigations of occupants behavioural adaptation for improving thermal comfort in workplaces. In: WINDSOR CONFERENCE. 7. The changing context of comfort in an unpredictable world. 2012, Windsor.

MENDLER S.; ODELL, W.; LAZARUS, M. A. T*he guidebook to sustainable design*. 2. ed. New Jersey: John Wiley & Sons, 2006.

NELSON, A; RAKAU, O; DORRENBERG, P. Energy and climate change. *DB research*. 12 abr. 2010. Disponivel em: <http://www.dbresearch.com>.

NEW BUILDINGS INSTITUTE. Energy performance of LEED for new construction buildings. *Final Report,* mar. 2008.

NEWSHAM, G. R. C.; MANCINI, S.; BIRT, B. J. Do LEED-certified buildings save energy? Yes, but... *Energy and Buildings*, v. 41, n. 8, p. 897-905, 2009.

NICOL, F.; HUMPHREYS, M. A.; ROAF, S. *Adaptive thermal comfort:* principles an practice. Londos: Earthscan, 2012.

NRW.INVEST. Business guide english. The legal framework. Planning and building. [s.d.]. Disponível em: <http://www.nrwinvest.com/Business_Guide_englisch/The_Legal_Framework/Planning_and_Buildingl/index.php/>. Acesso em: 30 maio 2012.

SCOFIELD, J. H. Do LEED-certified buildings save energy: Not really... *Energy and Buildings,* v. 41, n. 8, p. 1386-1390, 2009.

SILVA, V. G. *Metodologias de avaliação de desempenho ambiental de edifícios: estado atual e discussão metodológica*. São Paulo, USP, 2007. Projeto "Tecnologia para construção habitacional mais sustentável". Projeto Finep 2.386/04 .Série Habitação mais sustentável.

TOY, V. Farm fresh outside the lobby. *The New York Times*, 19 set. 2010. Disponível em: <http://www.nytimes.com/2010/09/19/realestate/19posting.html/>. Acesso em: 20 maio 2012.

TUOHY, P. G.; MURPHY, G. B. Why advanced buildings don't work? In: WINDSOR CONFERENCE. 7. The changing context of comfort in an unpredictable world. 2012, Windsor.

UNEP - UNITED NATIONS ENVIRONMENTAL PROGRAMME. Buildings: investing in energy and resource efficiency. *In: The Green Economy Report,* 2011. Disponível em: *<http:www.unep.org/greeneconomy/>*. Acesso em: 14 de junho de 2011.

USGBC - U. S. GREEN BUILDING COUNCIL. *LEED project directory*. [s.d.] Disponível em: <http://www.usgbc.org/LEED/Project/CertifiedProjectList.aspx>.

VALENTE, J. P. *Certificações na Construção Civil:* comparativo entre LEED e HQE. 2009. Trabalho de Conclusão de Curso (Graduação) - Escola Politécnica da Universidade Federal do Rio de Janeiro, Rio de Janeiro, 2009.

VALENTINA, F.; ANDERSEN, R. V.; CORGNATI, S. P. Window opening behaviour: simulations of occupant behaviour in residential buildings using models based on a field survey. In: WINDSOR CONFERENCE. 7. The changing context of comfort in an unpredictable world. 2012, Windsor.

WOUTERS, P.; DIJK, D. *EPBD Building platform:* overall context and activities. Disponível em: <http://www.epbd-ca.org/>. Acesso em: set. 2012.

Brasil, Plano Nacional de Eficiência Energética, etiquetagem e o selo Casa Azul da Caixa

22

Roberto Lamberts
Veridiana Atanasio Scalco
Michele Fossati
María Andrea Triana Montes
Rogério de Souza Versage

Uma visão global traz inúmeros aspectos relativos à análise ambiental de edificações em todas as suas etapas. A eficiência energética é, frequentemente, o indicador mais importante de desempenho ambiental da edificação, pelo fato de a energia representar grande parte dos custos de operação, por ter alto impacto no conforto térmico e visual dos ocupantes e pelo potencial de oferecer ao consumidor informações sobre os gastos com energia (Kordjamshidi; King, 2009).

Como forma de incentivo à produção de edificações eficientes, medidas de avaliação de desempenho para edificações foram criadas em diversos países. Algumas abarcam temas de sustentabilidade, incluindo o da eficiência energética, e outras são focadas totalmente no uso racional da energia, tais como os certificados energéticos Energy Performance Certificates (EPCs), obrigatórios na Europa em função da Diretiva Europeia 2002/91/CE, recentemente reformulada pela Diretiva 2010/31/EU.

Os primeiros regulamentos relacionados ao desempenho de edificações foram criados na Europa no início dos anos 1970. Esses regulamentos definiam parâmetros para o envelope construtivo das edificações, no intuito de diminuir a transferência de calor pelos seus componentes construtivos, diminuindo as perdas nos períodos frios do ano (aumentando o isolamento térmico, diminuindo a infiltração da envoltória e, consequentemente, reduzindo as cargas de aquecimento).

No início dos anos 1990, a regulamentação e a certificação energética para edificações emergiram como um meio para redução do consumo energético e da emissão de gases causadores do efeito estufa. Métodos de avaliação vêm sendo desenvolvidos em diversos países, a fim de avaliar e classificar seu desempenho. A certificação energética de edificações passou a ser uma tendência mundial, adotada inicialmente por diversos países na Europa. Nos Estados Unidos, sua implantação é mais recente, com a etiqueta da associação American Society of Heating, Refrigerating and Air-Conditioning Engineers (ASHRAE). Em outros países, a certificação ainda se encontra em desenvolvimento. Além das certificações energéticas, as certificações ambientais como LEED (Leadership in Energy and Environmental Design), Green Star e BREEAM (Building Research Establishment Environmental Assessment Method), entre outras, também consideram a questão energética como um item de destaque em suas metodologias.

As primeiras medidas relacionadas à conservação e ao uso racional de energia no Brasil surgiram na década de 1980 com a implementação, em 1984, do Programa

Brasileiro de Etiquetagem (PBE), pelo Instituto Nacional de Metrologia, Qualidade e Tecnologia (Inmetro).

Inicialmente, a adesão ao PBE por parte dos fabricantes era de caráter voluntário, entretanto, com o passar dos anos, a obrigatoriedade foi sendo exigida para alguns setores. O PBE tem como objetivo informar o consumidor sobre a eficiência energética de aparelhos e equipamentos por meio da concessão da Etiqueta Nacional de Conservação de Energia (Ence), a qual estabelece uma classificação em níveis que vão de *A* (mais eficiente) até *E* (menos eficiente).

Desde sua implementação, a Eletrobras e a Petrobras têm sido importantes aliadas: a Eletrobras com o Programa Nacional de Conservação de Energia Elétrica (Procel), criado em 1985, e a Petrobras com o Programa Nacional da Racionalização do Uso dos Derivados do Petróleo e do Gás Natural (Conpet), criado em 1991. Com esses dois programas, foram desenvolvidas duas formas de incentivo à eficiência energética, que reconhecem anualmente os produtos mais eficientes dentro da sua categoria. Para equipamentos consumidores de energia elétrica, instituiu-se o Selo Procel e, para aparelhos consumidores de gás, o Selo Conpet.

Com esse cenário aliado à crise de energia ocorrida em 2001 no Brasil, ocasionada por fatores como falta de investimento, aumento do consumo nos anos anteriores e escassez de chuvas, foi promulgada em 2001 a Lei nº 10.295, sobre a Política Nacional de Conservação e Uso Racional de Energia (Brasil, 2001). Essa lei estabeleceu a necessidade de determinação de níveis máximos de consumo de energia, ou mínimos de eficiência energética, de máquinas e aparelhos consumidores de energia fabricados ou comercializados no país, assim como para edificações, baseados em indicadores técnicos e regulamentação específica.

Para determinar esses níveis, foi instituído um Comitê Gestor e, especificamente para as edificações, o Grupo Técnico para Melhoria da Eficiência Energética nas Edificações no País (GT-Edificações). Em 2003, foi instituído o Procel Edifica, como um dos seus subprogramas, com foco na eficiência energética das edificações.

Em 2009, o Inmetro, com o apoio do Procel Edifica, iniciou a implantação dos Regulamentos para o Nível de Eficiência Energética de Edificações, com os quais seriam outorgadas etiquetas que mostrassem o desempenho das edificações em relação à eficiência energética.

Assim, em 2009, foi publicado o Regulamento Técnico da Qualidade para o Nível de Eficiência Energética de Edifícios Comerciais, de Serviços e Públicos (Inmetro, 2009) e, em 2010, o Regulamento para edificações residenciais (Inmetro, 2010b), que serão detalhados a seguir. Atualmente, a aplicação desses regulamentos é de caráter voluntário, entretanto, de acordo com o Plano Nacional de Eficiência Energética (Brasil, 2011), a etiquetagem será obrigatória para edificações públicas em um horizonte máximo de 10 anos; para edificações comerciais e de serviços, em 15 anos, e para edificações residenciais, em 20 anos. Pela primeira vez, o Plano Nacional de Energia (PNE 2030) impõe uma meta de eficiência energética para 2030: redução de 10% da demanda projetada.

Outra iniciativa governamental relacionada à sustentabilidade de edificações é o Selo Casa Azul da Caixa (Caixa, 2010), considerado a primeira iniciativa de certificação ambiental de edificações totalmente brasileira. Esse Selo, lançado em junho de 2010, tem por objetivo incentivar a construção de edificações residenciais com critérios de sustentabilidade, incluindo critérios de projeto, conforto e eficiência energética. Essa iniciativa está dirigida a projetos financiados pela Caixa, o maior financiador da habitação do país, em especial para faixas de menor renda.

Paralelamente a essas iniciativas com foco na questão energética, normas de desempenho mínimo de edificações vêm sendo desenvolvidas e propostas. Em 2005, foi aprovada a NBR 15.220 (ABNT, 2005), referente a diretrizes de desempenho térmico de edificações. A principal contribuição dessa norma foi a definição do zoneamento bioclimático brasileiro (Fig. 22.1), indicando aos projetistas as estratégias bioclimáticas recomendáveis por zona (Quadro 22.1). A norma também abrangeu métodos de cálculo das propriedades térmicas de elementos e componentes e diretrizes construtivas para habitações unifamiliares de interesse social.

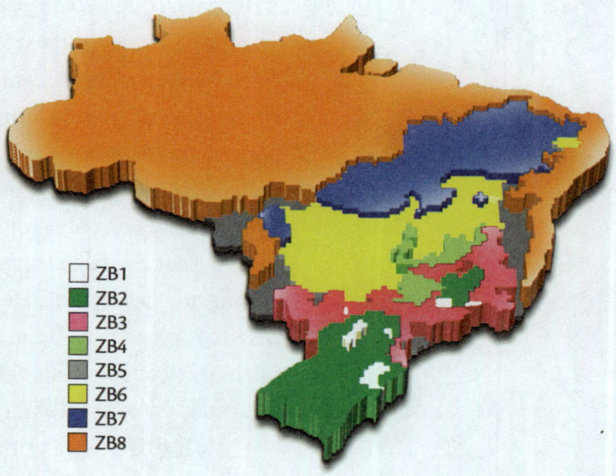

Fig. 22.1 Zoneamento bioclimático brasileiro com base na NBR 15.220: Parte 3 (ABNT, 2005)
Fonte: Caixa (2010).

Em 2008, a NBR 15.575 (ABNT, 2008) foi aprovada com foco no desempenho de edificações residenciais de até cinco pavimentos. Desde então, essa norma tem passado por revisões para sua adequação, enquanto o setor da construção civil tem demonstrado resistência na adoção dos requisitos nela contidos, o que já protelou duas vezes a sua implantação oficial. Essas normas de desempenho (NBR 15.220 e

Quadro 22.1 Zonas bioclimáticas brasileiras com estratégias de condicionamento passivo recomendáveis por zona

Zonas bioclimáticas	Estratégias	
ZB 1	Inverno	Aquecimento solar da edificação; vedações internas pesadas (inércia térmica). Obs.: o condicionamento passivo será insuficiente durante o período mais frio do ano.
ZB 2	Verão	Ventilação cruzada.
	Inverno	Aquecimento solar da edificação; vedações internas pesadas (inércia térmica). Obs.: o condicionamento passivo será insuficiente durante o período mais frio do ano.
ZB 3	Verão	Ventilação cruzada.
	Inverno	Aquecimento solar da edificação; vedações internas pesadas (inércia térmica).
ZB 4	Verão	Resfriamento evaporativo e massa térmica para resfriamento; ventilação seletiva (nos períodos quentes em que a temperatura interna seja superior à externa).
	Inverno	Aquecimento solar da edificação; vedações internas pesadas (inércia térmica).
ZB 5	Verão	Ventilação cruzada.
	Inverno	Vedações internas pesadas (inércia térmica).
ZB 6	Verão	Resfriamento evaporativo e massa térmica para resfriamento; ventilação seletiva (nos períodos quentes em que a temperatura interna seja superior à externa).
	Inverno	Vedações internas pesadas (inércia térmica).
ZB 7	Verão	Resfriamento evaporativo e massa térmica para resfriamento; ventilação seletiva (nos períodos quentes em que a temperatura interna seja superior à externa).
ZB 8	Verão	Ventilação cruzada permanente. Obs.: o condicionamento passivo será insuficiente durante as horas mais quentes.

Fonte: ABNT (2005).

NBR 15.575) serviram de referência para o desenvolvimento dos Regulamentos e do Selo Casa Azul da Caixa.

Nesse contexto, cabe ressaltar que com o advento de políticas públicas para eficiência energética, como os já mencionados Regulamentos e o Selo Casa Azul, a concepção do projeto arquitetônico deve ser repensada, incorporando os conceitos nelas contidos desde a idealização do projeto, o que demandará a atualização dos profissionais envolvidos no processo. A componente energética deve acompanhar todo o processo de concepção do projeto, desde a relação com o entorno e o terreno (implantação, orientação) até a instalação de equipamentos (refrigeração, aquecimento), passando pela escolha de formas (compacidade, proteção solar) e componentes (paredes, aberturas) e pela discussão de todos os critérios da concepção (técnica, usos, estética).

A indústria da construção civil está em um momento de crescimento da economia e sob pressões internacionais que conduzem à abordagem desses critérios nos projetos. Além disso, medidas como a Instrução Normativa nº 01 (Brasil, 2010), que dispõe sobre os critérios de sustentabilidade ambiental para aquisição de bens, contratação de serviços e obras pela Administração Pública Federal, Autarquias e Fundações, e como o Decreto de Compras Públicas Sustentáveis (medidas para a Administração Pública Federal adquirir equipamentos com Selo Procel ou com etiqueta nível *A* no PBE) têm muito a contribuir nesse sentido. No entanto, paralelamente a todo esse esforço, vale indicar aqui que se faz necessária a quebra de alguns paradigmas, em especial em relação a metodologias e processos de projeto, para que todos sejam beneficiados: projetistas, empreendedores, usuários e a sociedade como um todo.

A seguir, serão discutidas em maior detalhe as iniciativas brasileiras dos Regulamentos do Programa Brasileiro de Etiquetagem e do Selo Casa Azul da Caixa, assim como as suas implicações em relação aos projetos, benefícios e exigências para uma maior difusão e aplicação no mercado.

22.1 Etiquetagem para avaliação do nível de eficiência energética em edificações

A etiquetagem do Inmetro tem como objetivo a avaliação do nível de eficiência energética de edificações. A sua base técnica foi desenvolvida por meio de um convênio entre a Eletrobras-Procel Edifica e a Universidade Federal de Santa Catarina (UFSC), por meio do Laboratório de Eficiência Energética em Edificações (LabEEE), com a participação da Secretaria Técnica de Edificações (ST-Edificações).

A ST-Edificações foi criada em 2005 e constitui um fórum de discussões entre diversos especialistas do meio acadêmico e representantes dos conselhos de classe e de entidades do setor da construção civil. Esse fórum é coordenado pelo Programa Procel Edifica, da Eletrobras, que tem como objetivo construir as bases necessárias para racionalizar o consumo de energia nas edificações brasileiras. Em uma de suas vertentes de ação, a ST apoiou o desenvolvimento dos parâmetros referenciais utilizados e incorporados no(s) regulamento(s) para verificação do nível de eficiência energética de edificações. Atualmente, existem dois métodos para a avaliação do nível de eficiência, um para edificações comerciais, de serviços e públicas (Inmetro, 2010a), e outro para edificações residenciais (Inmetro, 2012b).

O nível de eficiência energética avaliado por meio dos métodos é ilustrado em uma etiqueta semelhante às demais emitidas pelo Inmetro para equipamentos e eletrodomésticos. A classificação é apresentada na forma de níveis cuja categorização varia de *A* (mais eficiente) a *E* (menos eficiente). No caso das edificações, existem dois tipos de etiquetas: uma para o projeto e outra para a edificação construída. Até meados de 2012, haviam sido emitidas 43 etiquetas para edificações comerciais, de serviços e públicas, e 687 etiquetas para edificações residenciais.

22.1.1 Métodos de avaliação do nível de eficiência energética de edificações

A avaliação do nível de eficiência energética é feita por meio dos métodos descritos nos Regulamentos Técnicos da Qualidade (RTQs): método prescritivo e simulação. primeiro é mais simplificado e pode ser utilizado para a maioria das edificações, já o segundo é utilizado para geometrias mais complexas. Apesar de ser mais complexo e requerer capacitação técnica para o seu uso, a simulação computacional é mais precisa e permite alcançar melhores níveis de eficiência.

Determinado o nível de eficiência energética por meio de um dos métodos de avaliação, avalia-se o atendimento aos pré-requisitos e as possibilidades de bonificações. Os pré-requisitos são necessários para determinados níveis de eficiência energética, já as bonificações são somadas ao nível de eficiência com o objetivo de valorizar iniciativas que representem economia de energia e/ou a utilização de recursos naturais renováveis.

Para facilitar a utilização dos métodos prescritivos presentes nos dois regulamentos, desenvolveu-se a ferramenta *online* WebPrescritivo (2010), disponível no site do LabEEE, para o preenchimento dos dados das edificações (Fig. 22.2). Por enquanto, a WebPrescritivo é destinada apenas a edificações comerciais, de serviços e públicas (a versão da ferramenta para edificações residenciais ainda está em desenvolvimento). Além de facilitar a aplicação das equações, a verificação dos pré-requisitos também está embutida nesse processo de cálculo, que fornece o nível de eficiência final da edificação.

Em relação ao método de simulação, objetivou-se também a criação de uma ferramenta que facilitasse a aplicação do método, denominada S3E (Simulador de Eficiência Energética de Edificações), sendo essa uma ferramenta *online* para a simulação simplificada de edificações comerciais, de serviços e públicas. Com ela, partindo de tipologias predeterminadas de plantas, usos, padrões de uso, entre outros quesitos, é possível simular o nível de eficiência de uma edificação e visualizar ao final a etiqueta alcançada. Assim como o WebPrescritivo, pretende-se desenvolver um S3E para as edificações residenciais.

Além do S3E, o *software* Domus Procel Edifica (http://domus.pucpr.br/) tem sido desenvolvido com o apoio da Eletrobras e é um instrumento para a avaliação de edificações comerciais, de serviços e públicas, por meio do método prescritivo ou de simulação computacional.

22.1.2 Edificações comerciais, de serviços e públicas

As edificações comerciais, de serviços e públicas são caracterizadas por não possuírem finalidade residencial ou industrial. Entre elas, alguns exemplos são: escolas, instituições ou associações de diversos tipos, incluindo prática

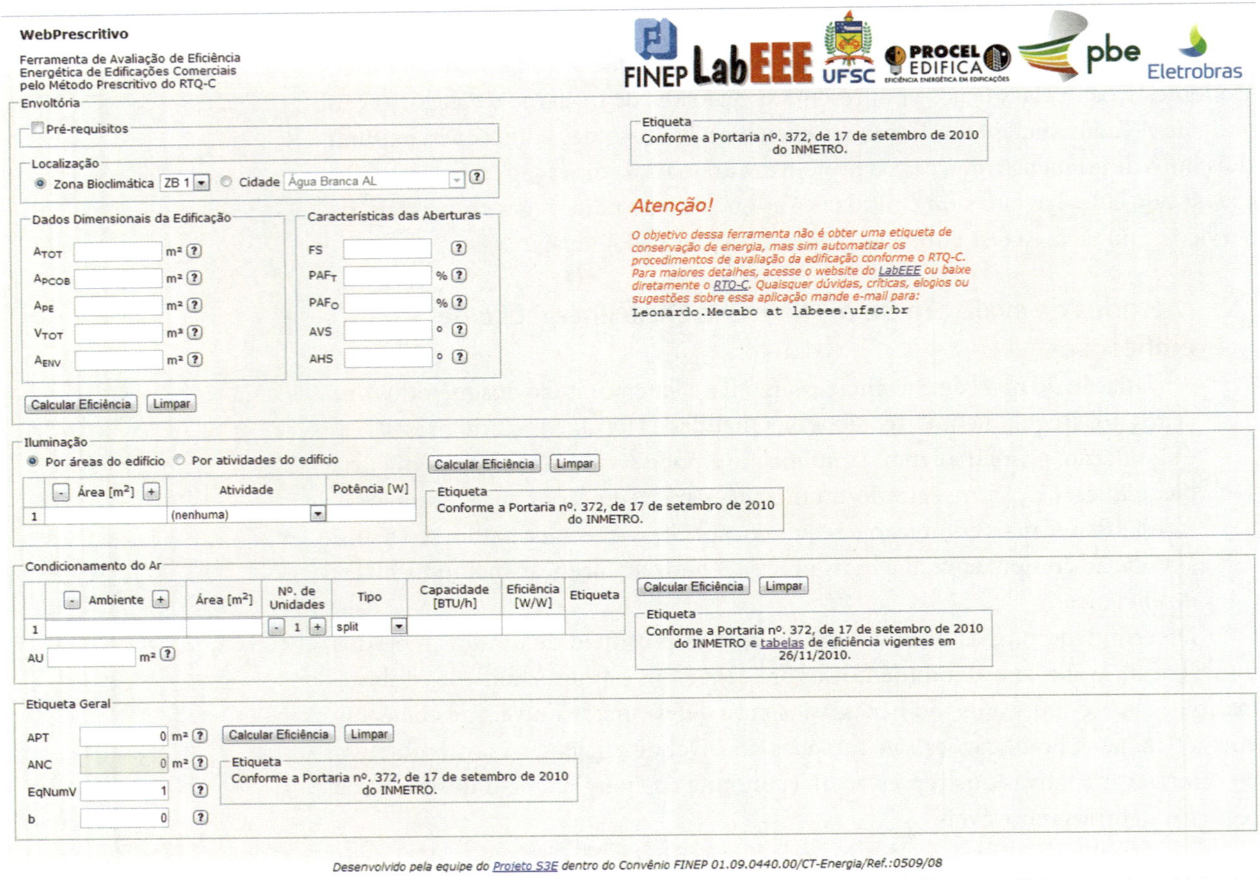

Fig. 22.2 Imagem da tela da ferramenta WebPrescritivo, para edificações comerciais, de serviços e públicas
Fonte: WebPrescritivo (2010).

de esportes; hospitais, postos de saúde e clínicas; vendas de mercadorias em geral; prestação de serviços; bancos; diversão; preparação e venda de alimentos; escritórios e edifícios empresariais, de uso de entidades, instituições ou organizações públicas municipais, estaduais e federais, incluindo sedes de empresas ou indústrias, desde que não haja a atividade de produção nesta última; e meios de hospedagem (Inmetro, 2010a).

A Fig. 22.3 apresenta a etiqueta geral que contempla os três sistemas avaliados: envoltória, iluminação artificial e condicionamento de ar, além do detalhamento do atendimento aos pré-requisitos e das bonificações. Além da etiqueta geral para esses três sistemas, é possível obter etiquetas parciais pela combinação de dois dos três sistemas.

Envoltória

O método prescritivo classifica a eficiência da envoltória com base em um indicador de consumo obtido por meio de equações, que foram desenvolvidas com base em simulações do desempenho termoenergético de casos-base cujas tipologias representam edificações construídas no país. Esse método se aplica à grande maioria de tipologias construídas atualmente no Brasil. As equações consideram parâmetros que indicam a eficiência do sistema relacionada à geometria da edificação, área de janelas e existência ou não de proteções solares (Fig. 22.4).

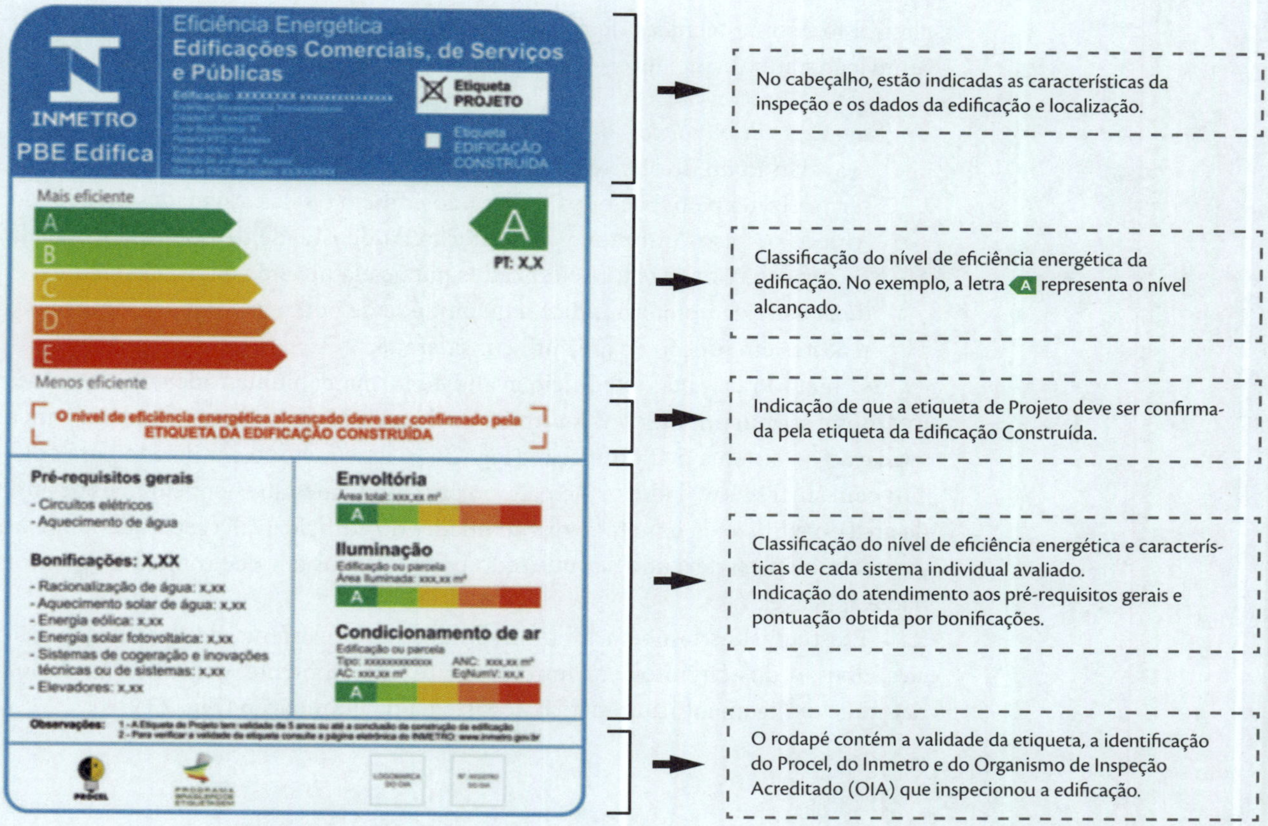

Fig. 22.3 Etiqueta de eficiência energética para edificações comerciais, de serviços e públicas do tipo geral
Fonte: PBE Edifica (201-c).

O indicador de consumo obtido é comparado a uma escala numérica dividida em intervalos que descrevem um nível de classificação de desempenho que varia de *A* a *E*. Quanto menor o indicador obtido, mais eficiente será a envoltória da edificação.

Além da aplicação das equações, são avaliados pré-requisitos relacionados à escolha dos materiais da edificação (paredes externas e coberturas), a cor utilizada nos revestimentos das superfícies externas e as características de aberturas zenitais (Fig. 22.4).

Como dito anteriormente, o método de simulação é outra possibilidade de avaliação do nível de eficiência energética da edificação. Esse método pode incluir soluções que promovem a eficiência energética como o aproveitamento da luz

Fig. 22.4 Variáveis arquitetônicas consideradas na avaliação da envoltória
Fonte: Versage (2012).

natural, o uso de técnicas de geotermia para climatização artificial ou o uso de ventilação natural, que deve ser comprovado por meio de horas de conforto.

Sistema de iluminação

A avaliação do nível de eficiência energética do sistema de iluminação pode ser realizada pelos métodos da área do edifício ou das atividades do edifício. Ambos os casos utilizam a comparação da densidade de potência instalada no projeto com os valores indicados para cada nível de eficiência (*A* a *E*). A densidade de potência indica a quantidade de potência total das lâmpadas e reatores em função da área útil considerada.

O método da área do edifício avalia de forma conjunta todos os ambientes internos e atribui um único valor limite de densidade de potência instalada para a avaliação do sistema de iluminação (Fig. 22.5). Esse método é utilizado para edifícios com até três atividades principais, ou para atividades que ocupem mais de 30% da área do edifício. Já o método das atividades do edifício avalia separadamente os vários ambientes, devendo ser utilizado para edifícios em que o método anterior não é aplicável.

Pré-requisitos também foram definidos para o sistema de iluminação. São eles: divisão dos circuitos em função da área do ambiente, contribuição da luz natural e desligamento automático do sistema de iluminação (Fig. 22.5).

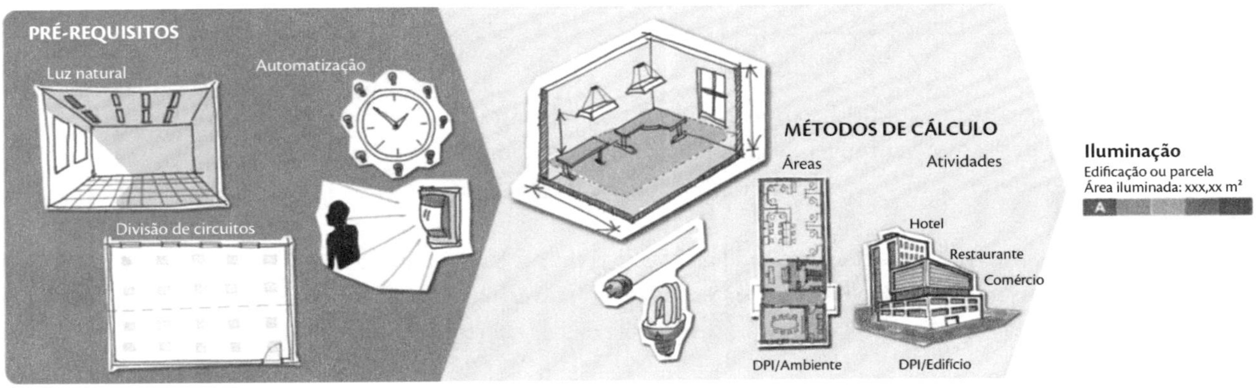

Fig. 22.5 Variáveis consideradas na avaliação da iluminação
Fonte: Versage (2012).

Sistema de condicionamento de ar

O nível de eficiência do sistema de condicionamento de ar de condicionadores do tipo janela e *split* são determinados apenas pela eficiência dos equipamentos com base na etiqueta atribuída pelo Inmetro. Para sistemas centrais e equipamentos não etiquetados pelo Inmetro, há limites de desempenho para condicionadores, resfriadores de líquido e torres de resfriamento de acordo com a capacidade do equipamento e do nível de eficiência que se pretende alcançar. Nesse sistema, também são avaliados pré-requisitos relacionados ao isolamento térmico dos dutos de ar e ao condicionamento de ar por aquecimento artificial (Fig. 22.6).

Bonificações

Com relação ao emprego de tecnologias prediais, existem quatro possibilidades de bonificação para as edificações comerciais, de serviços e públicas, a

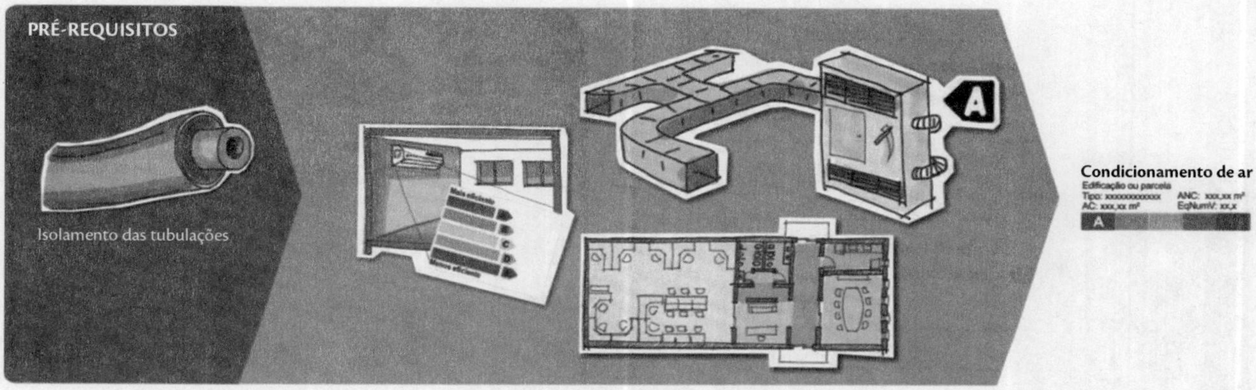

Fig. 22.6 Variáveis consideradas na avaliação do condicionamento de ar
Fonte: Versage (2012).

saber: sistemas e equipamentos que racionalizem o uso da água, sistemas ou fontes renováveis de energia, sistemas de cogeração e inovações técnicas ou de sistemas e elevadores com nível *A* de eficiência energética.

A bonificação relativa a sistemas e equipamentos que racionalizem o uso da água deve gerar uma economia mínima de 40% no consumo anual de água do edifício. Essa economia pode ser obtida por meio do uso de torneiras com arejadores e/ou temporizadores, sanitários com sensores, aproveitamento de água pluvial e de outras fontes alternativas de água.

Os sistemas ou fontes renováveis de energia dizem respeito à utilização de energia solar (coletores solares e/ou painéis fotovoltaicos) ou de energia eólica. Essas fontes devem proporcionar uma economia de 10% no consumo anual de energia da edificação. Já os sistemas de cogeração e inovações técnicas devem proporcionar uma economia mínima de 30% do consumo.

A última possibilidade de bonificação diz respeito aos elevadores que possuam nível de eficiência *A*, de acordo com a norma alemã VDI 4707-2009 (VDI, 2009).

Edificações etiquetadas

A relação das edificações etiquetadas se encontra no site do Inmetro <http://www.inmetro.gov.br/consumidor/pbe/tabelas-comerciais.pdf> (última atualização em 17 nov. 2014). Um exemplo delas é o Centro de Documentação e História da Saúde da Fundação Oswaldo Cruz (Fiocruz) situada no Rio de Janeiro (RJ) (Fig. 22.7A). A avaliação da edificação foi realizada pelo método de simulação e incluiu todos os sistemas – envoltória, iluminação e condicionamento de ar – resultando na etiqueta geral (Fig. 22.7B). A classificação obtida foi nível *A*, concedida em função dos seis pontos alcançados, sendo um ponto referente à bonificação pela economia de água.

22.1.3 Edificações residenciais

As edificações residenciais são caracterizadas por possuírem fins habitacionais, que contenham espaços destinados ao repouso, alimentação, serviços domésticos e higiene, não podendo haver predominância de atividades como comércio, escolas, associações ou instituições de diversos tipos, prestação de serviços, diversão, preparação e venda de alimentos, escritórios e serviços de hospedagem (Inmetro, 2012b).

Existem três possibilidades de etiquetas para a classificação da eficiência energética. A primeira se refere às habitações classificadas como unidades habitacionais

Ⓐ

Ⓑ

Fig. 22.7 Representação em perspectiva ilustrada do Centro de Documentação e História da Saúde (CDHS), da Casa de Oswaldo Cruz (Fiocruz), elaborada por Jonas Pinheiro com base no projeto arquitetônico de Cristiane Cabreira e Alexandre Pessoa
Fonte: (A) Jonas Pinheiro e (B) PBE Edifica (201-a).

autônomas, sejam estas casas ou apartamentos. Havendo mais de uma habitação no mesmo lote, outra etiqueta pode ser obtida com o nível de eficiência de residências multifamiliares. As áreas de uso comum, presentes em edificações multifamiliares ou em condomínios residenciais, também podem ser avaliadas segundo essa etiquetagem. Os aspectos de projeto considerados em cada etiqueta estão detalhados a seguir.

Habitações

Para a classificação das habitações, também denominadas unidades habitacionais autônomas (UHs), são avaliados dois sistemas: envoltória e aquecimento de água (Fig. 22.8). Para cidades que possuem maiores variações de temperaturas, como Curitiba, São Paulo e Porto Alegre, a envoltória possui duas classificações relativas ao desempenho nos períodos de verão e inverno. Já para cidades que possuem temperaturas mais altas durante o ano todo, como Rio de Janeiro, Manaus e Salvador, a envoltória possui uma classificação relativa ao seu desempenho no verão (o sistema *Envoltória para inverno* não aparece na etiqueta).

O aquecimento de água é avaliado para todas as zonas bioclimáticas. Entretanto, nas zonas onde as temperaturas são mais elevadas, o peso desse sistema é inferior quando comparado às zonas onde as temperaturas são mais baixas.

Além dos dois sistemas avaliados, existem pré-requisitos gerais e específicos e, ainda, bonificações que podem elevar o nível de eficiência energética constatado por meio das metodologias de avaliação aqui apresentadas.

Envoltória

A avaliação da envoltória é baseada no desempenho de requisitos e pré-requisitos que devem ser atendidos para atingir o nível de eficiência desejado para a habitação. Como pré-requisitos, são definidas transmitâncias térmicas máximas para paredes e coberturas e percentuais mínimos de aberturas para iluminação e ventilação natural, de acordo com a zona bioclimática onde a habitação está localizada.

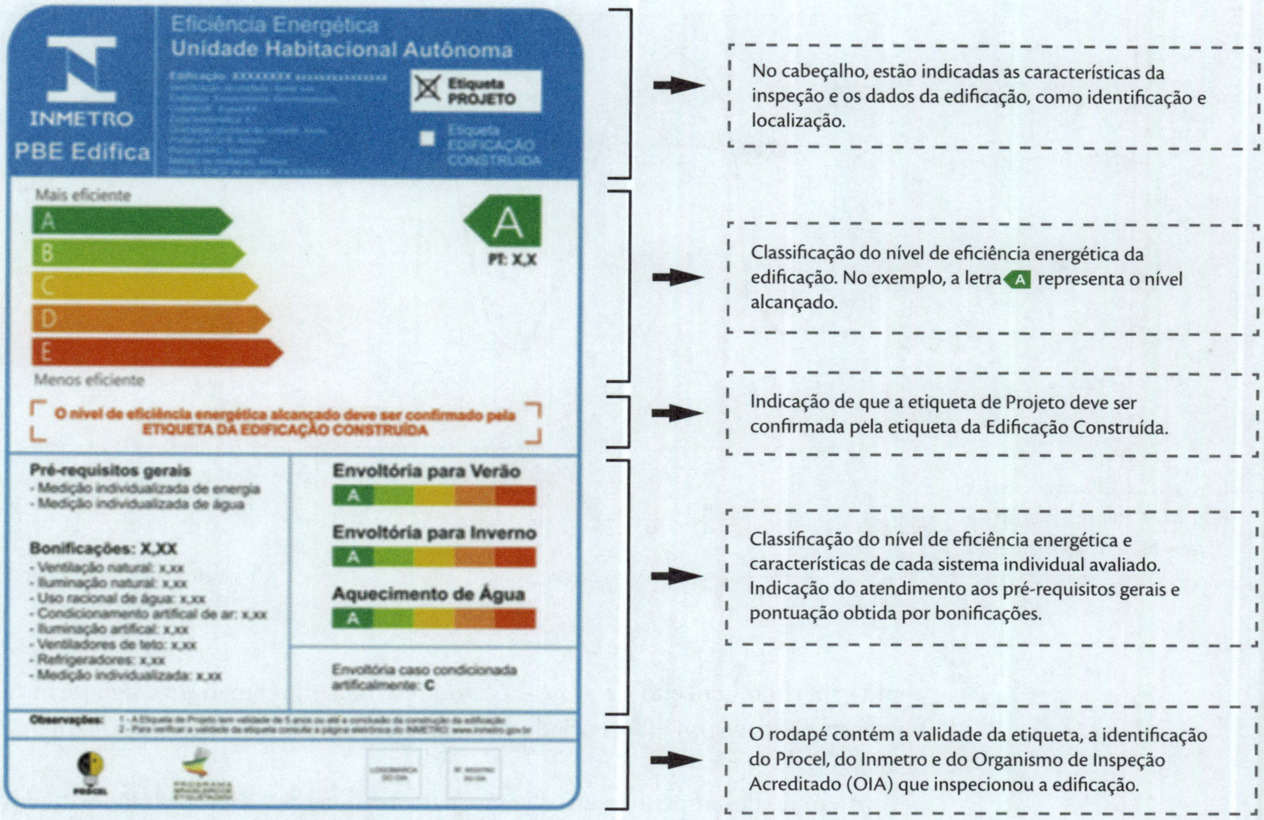

Fig. 22.8 Etiquetas de eficiência energética para habitações
Fonte: PBE Edifica (201-c).

Como anunciado anteriormente, a avaliação dos requisitos da envoltória também varia de acordo com a zona bioclimática e é realizada para cada ambiente de permanência prolongada da habitação. Nessa avaliação, são levados em consideração parâmetros construtivos que podem afetar o desempenho térmico de um ambiente, sendo eles (Versage, 2011):

- *variáveis térmicas*: transmitância, absortância e capacidade térmica dos elementos construtivos do ambiente;
- *variáveis geométricas*: áreas dos ambientes, pé-direito, volume, áreas de paredes, áreas envidraçadas e áreas de abertura para ventilação;
- *variáveis binárias*: contato com o solo, exposição da cobertura para o exterior, piloti, sombreamento nas aberturas, tipo de construção (pesada ou leve), aberturas envidraçadas com vidro duplo e isolamento térmico;
- *variáveis combinadas*: combinação de propriedades termofísicas dos materiais e componentes e variáveis geométricas.

Assim como no caso do regulamento para edificações comerciais, a determinação da eficiência da envoltória para edificações residenciais pode ser feita por dois métodos: prescritivo ou por meio de simulação computacional. O método prescritivo se baseia em equações para cada zona bioclimática, obtidas por meio de regressão múltipla, que inter-relacionam as variáveis supracitadas. O desempenho da envoltória para o verão é obtido por meio de indicadores de graus-hora de resfriamento, determinado como a somatória da diferença da temperatura horária, quando esta se encontra superior à temperatura de base fixada em 26 °C (Fig. 22.9).

A avaliação de desempenho da envoltória de edificações residenciais parte do princípio de que essas são edificações naturalmente ventiladas e utiliza, portanto,

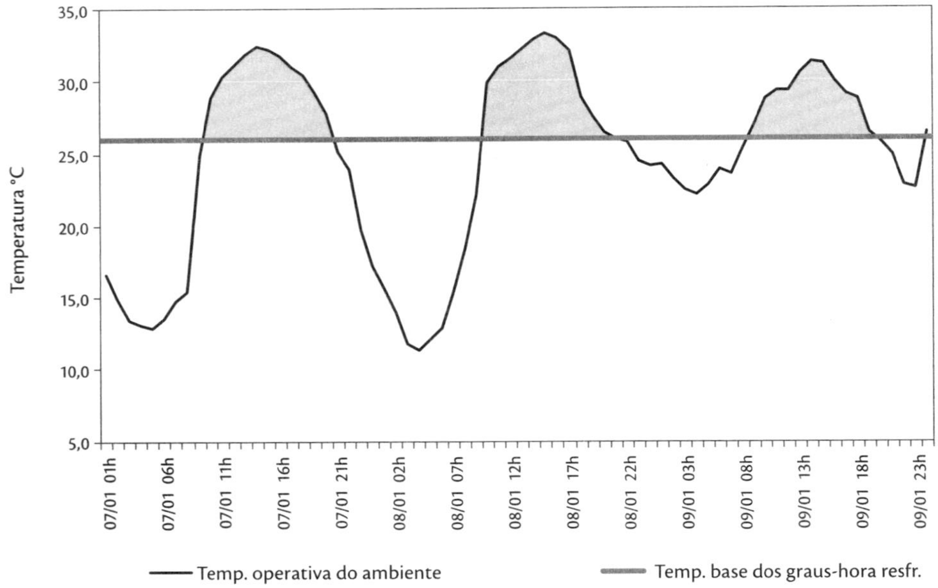

Fig. 22.9 Representação de graus-hora de resfriamento
Fonte: Sorgato (2011).

como critério o conceito de graus-hora de resfriamento, e não de carga térmica ou consumo de energia (apropriados no caso de ambientes com condicionamento de ar).

Além do desempenho para o verão, para as zonas de 1 a 4 é avaliado o desempenho da envoltória no inverno, por meio do indicador de consumo necessário para aquecimento. Esse indicador representa o total de energia consumida em um ano para o aquecimento do ambiente, em kWh/m^2 por ano. Já nas zonas bioclimáticas de 5 a 8, essa medição não é realizada, uma vez que o consumo de energia para aquecimento do ar é constatadamente insignificante ou nulo.

Obtidos os desempenhos de cada ambiente de permanência prolongada para verão e inverno, por meio de uma ponderação pela área útil dos ambientes, obtém-se a classificação para a habitação nas duas situações. A classificação final da envoltória da habitação é obtida pela distribuição de pesos de acordo com a zona bioclimática. Nas zonas em que é necessário apenas o desempenho para verão, o desempenho da habitação é obtido diretamente por este.

A classificação da envoltória para a habitação condicionada artificialmente segue o mesmo procedimento descrito para habitação naturalmente ventilada, com suas respectivas equações, e representa o consumo anual de eletricidade para condicionamento de ar em kWh/m^2 · ano. Esse indicador é de caráter informativo e só será obrigatório caso se deseje obter a bonificação relativa ao condicionamento de ar.

Além do método prescritivo, a avaliação das habitações pode ser realizada pelo método de simulação computacional, em que a geometria da habitação é modelada para a simulação para duas condições: naturalmente ventilada e condicionada artificialmente, seguindo os parâmetros determinados no regulamento. O método compara o desempenho da habitação com valores tabelados de eficiência, disponíveis no site Procel Info (www.procelinfo.com.br/etiquetagem_edificios). A Fig. 22.10 ilustra as variáveis arquitetônicas consideradas na avaliação da envoltória.

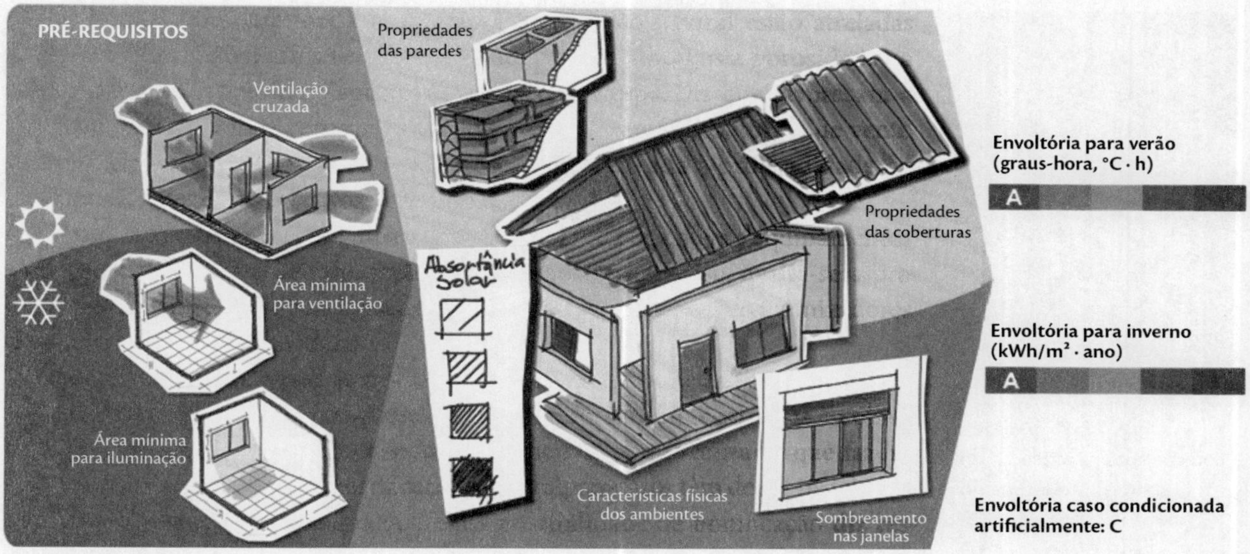

Fig. 22.10 Variáveis arquitetônicas consideradas na avaliação da envoltória
Fonte: Versage (2012).

Aquecimento de água

Os sistemas de aquecimento de água considerados na etiquetagem de edificações residenciais são: aquecimento solar, a gás, bomba de calor, resistência elétrica e caldeiras a óleo, que sejam utilizados individualmente ou em sistemas mistos. O aquecimento solar possui duas metodologias de avaliação: método do dimensionamento e método de simulação. No método do dimensionamento, são utilizadas equações para a determinação da fração solar que indicará o nível de eficiência do sistema, já para o método de simulação recomenda-se a utilização da metodologia *F-chart* (Beckman; Klein; Duffie, 1977) ou similares.

No aquecimento a gás, podem-se avaliar aquecedores que fazem parte do PBE, nos quais o próprio nível de eficiência da etiqueta é adotado. Para determinar a eficiência energética de aquecedores não presentes no PBE, foram assumidas as classificações da ASHRAE 90.1 (ASHRAE, 2010). Os requisitos se aplicam tanto a sistemas individuais de passagem ou de acumulação quanto a sistemas coletivos de aquecimento a gás.

As bombas de calor têm a sua eficiência avaliada por meio do Coeficiente de Performance (COP), enquanto as resistências elétricas (aquecedores elétricos de passagem, chuveiros e torneiras elétricas) são examinadas de acordo com a sua potência e se fazem ou não parte do PBE. As caldeiras a óleo são a última possibilidade de aquecimento de água presente na etiquetagem.

Os sistemas de aquecimento solar, a gás e bomba de calor podem atingir altos níveis de eficiência (*A* ou *B*). Já os demais casos levarão sempre a classificações mais baixas (*D* ou *E* para resistência elétrica e *E* para caldeiras a óleo), procurando, dessa forma, estimular o uso de fontes energéticas de menor impacto ambiental.

Complementando, para todos os sistemas de aquecimento de água, existem pré-requisitos gerais e específicos que devem ser cumpridos. O pré-requisito geral de isolamento adequado das tubulações é fundamental para obtenção do nível *A* ou *B* (Fig. 22.11).

A valoração do sistema de aquecimento de água no nível de eficiência energética final da habitação varia de acordo com a região geográfica. Em áreas em que a

Fig. 22.11 Variáveis consideradas na avaliação do sistema de aquecimento de água
Fonte: Versage (2012).

demanda por aquecimento é maior (regiões Sul e Sudeste), o peso é de 35% e, em áreas em que a necessidade é menor (Norte, Nordeste e Centro-Oeste), o peso varia de 5% a 10% (Scalco et al., 2012). A Fig. 22.12 apresenta um exemplo da aplicação dos pesos para a cidade de São Paulo (Zona Bioclimática 3).

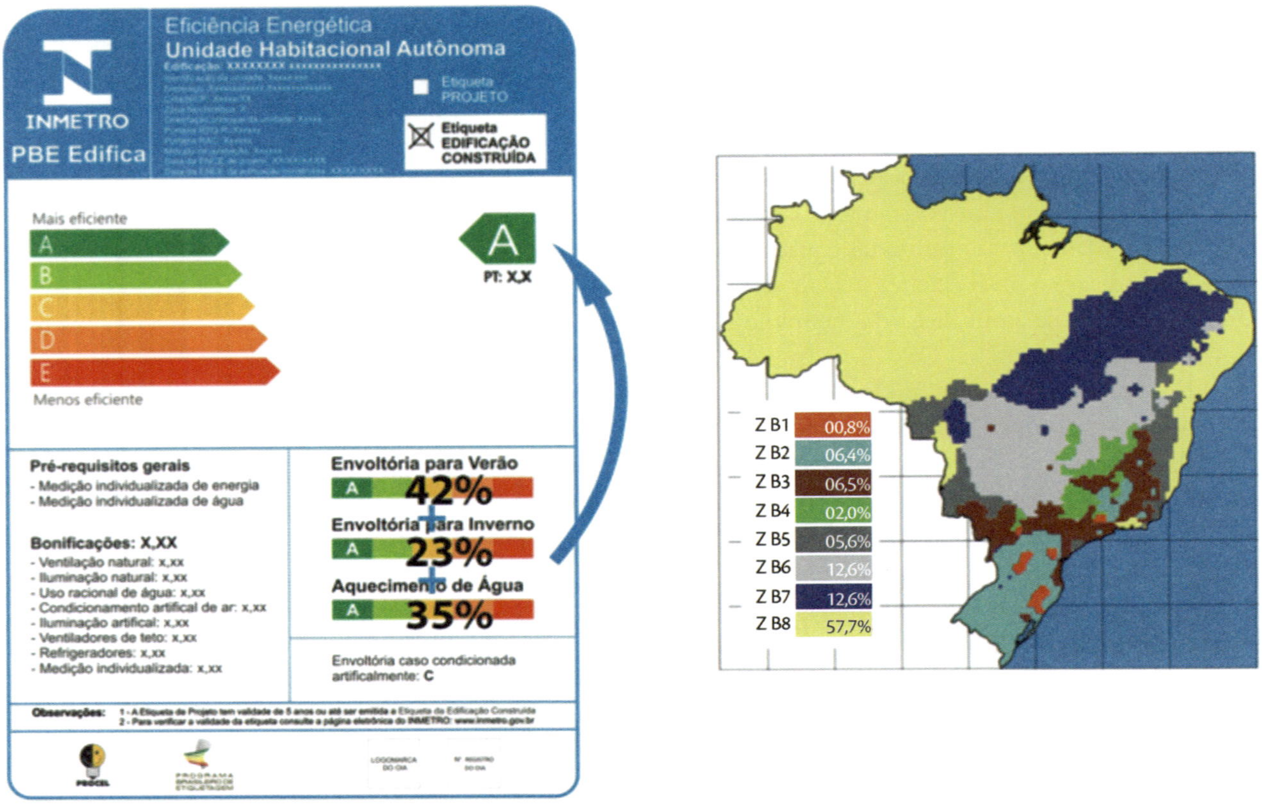

Fig. 22.12 Exemplo da aplicação dos pesos para classificação da eficiência energética de uma habitação na cidade de São Paulo (ZB 3)
Fonte: LabEEE (2012).

Bonificações

Além da avaliação da envoltória e do aquecimento de água, é possível aumentar um ponto na classificação da habitação em função de incentivos a iniciativas eficientes, entre elas: estratégias de ventilação e iluminação natural, uso racional de água, uso de equipamentos eficientes energeticamente e medição individualizada de água quente (aplicável a unidades habitacionais autônomas de edificações multifamiliares).

As bonificações relativas à ventilação e iluminação natural estão atreladas às decisões de projeto. Para a ventilação natural, são bonificadas a porosidade da edificação e a utilização de dispositivos e estratégias especiais que favoreçam a ventilação natural (como venezianas móveis, peitoris ventilados, torres de vento e outros). Na iluminação natural, a bonificação está atrelada à profundidade do ambiente e à refletância dos tetos dos ambientes.

O uso racional de água engloba a utilização de água da chuva e equipamentos economizadores. Para a determinação da pontuação nesse caso, avalia-se a presença de pontos atendidos pela água e o número de equipamentos economizadores em relação aos totais da habitação.

As bonificações relativas ao condicionamento artificial de ar, iluminação artificial, ventiladores de teto e refrigeradores dizem respeito ao incentivo às escolhas por equipamentos que o empreendedor da habitação pode realizar e que fazem parte do PBE. Para receber tais bonificações, os equipamentos têm de ser instalados na habitação entregue ao usuário. A última possibilidade de bonificação diz respeito à medição individualizada de água, sendo aplicável apenas quando o sistema de aquecimento é partilhado por mais de uma habitação.

Edificações etiquetadas

A relação das edificações residenciais etiquetadas encontra-se no site do Inmetro (http://www.inmetro.gov.br/consumidor/pbe/residenciais.asp). Um exemplo delas é a Casa Eficiente em Florianópolis, Santa Catarina, cujo projeto é resultado de uma parceria entre a Eletrosul, a Eletrobras e Universidade Federal de Santa Catarina, para a construção de um centro de demonstrações em eficiência energética (Fig. 22.13). A Casa funciona como laboratório e como centro de visitação, expondo ao público em geral novas referências em termos de uso eficiente e racional de energia.

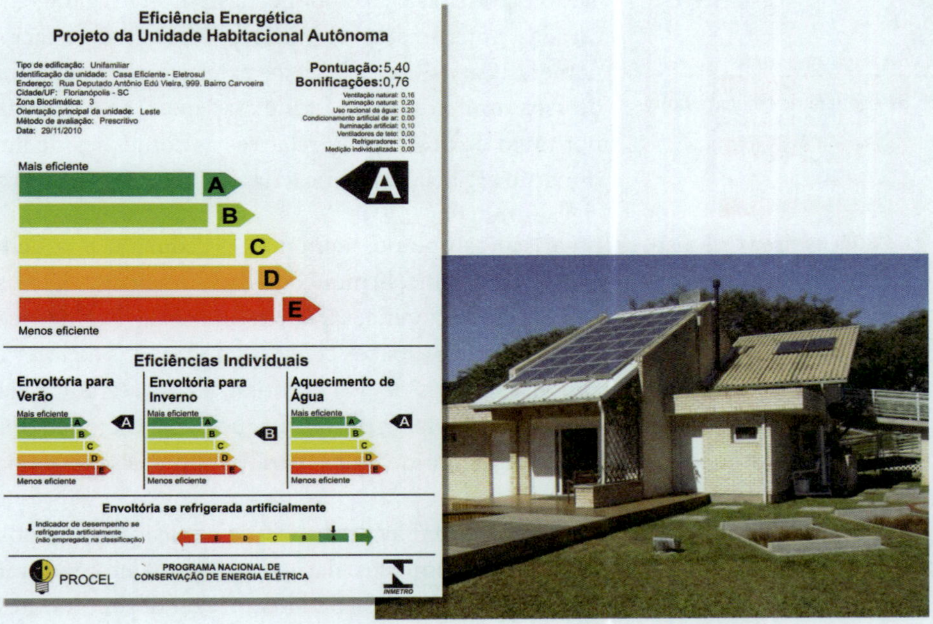

Fig. 22.13 Imagem e Ence da Casa Eficiente, em Florianópolis (SC)
Fonte: PBE Edifica (201-b).

A residência foi avaliada pelo método prescritivo. Como resultado, a envoltória foi classificada como de nível *A* no caso do verão e nível *B* para inverno. O sistema de aquecimento de água, composto por aquecimento solar com *backup* elétrico, resultou na classificação de nível *A*. Somado a isso, a residência alcançou 0,76 pontos em bonificações, obtidos com iluminação e ventilação natural, uso racional de água, iluminação artificial e refrigeradores. Concluindo a avaliação, a pontuação final obtida foi 5,40, resultando em nível *A* na classificação geral.

Edificações multifamiliares

Para a classificação das edificações multifamiliares, ou condomínios residenciais, ponderam-se os níveis obtidos para cada habitação pela sua área útil. A obtenção dessa etiqueta exige que todas as unidades autônomas sejam avaliadas (Fig. 22.14). A etiqueta contém todas as informações do nível de eficiência e o detalhamento do número de habitações que possuem os níveis *A*, *B*, *C*, *D* ou *E*, como mostrado na Fig. 22.15.

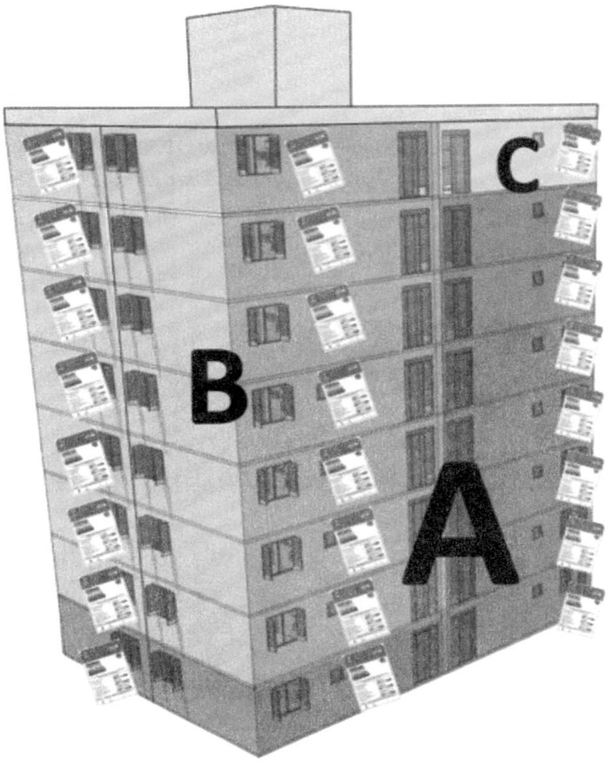

Fig. 22.14 Exemplo de composição de etiqueta de edificação multifamiliar
Fonte: Versage (2012).

Áreas de uso comum

Para a classificação das áreas de uso comum, são avaliados sistemas individuais classificados em áreas comuns de uso frequente e em áreas comuns de uso eventual. Como visto na Fig. 22.16, a etiqueta mostra separadamente o nível de eficiência geral e o nível de eficiência para cada um dos sistemas individuais, aplicados aos dois tipos de áreas.

Áreas comuns de uso frequente são áreas que possuem uso contínuo por parte dos usuários da edificação e podem ser exemplificadas por *halls*, garagens, escadas, antecâmaras, elevadores, corredores, estacionamento de visitantes, acessos externos ou ambientes de usos similares aos citados. Essas áreas são avaliadas por meio de prescrições relativas às condições de iluminação artificial, eficiência das bombas centrífugas e elevadores (Fig. 22.7).

Já as áreas de uso eventual são as que possuem acesso reduzido e podem ser exemplificadas por salões de festa, piscina, brinquedoteca, banheiros coletivos, bicicletário, quadra poliesportiva, sala de cinema, sala de estudo, sala de ginástica, *playground*, churrasqueira, sauna e demais espaços coletivos destinados ao lazer e descanso dos moradores. Nas áreas comuns de uso eventual, é considerado o desempenho da iluminação artificial, dos equipamentos (que inclui condicionadores de ar e eletrodomésticos), do aquecimento de água (para banho e piscina) e da sauna (Fig. 22.18).

O método proposto permite que sejam avaliadas desde edificações que possuem poucos ambientes de uso comum (como circulação e garagem) até condomínios do tipo clube, com diversos espaços coletivos voltados ao lazer dos moradores.

Para obtenção da classificação final das áreas comuns, é feita uma distribuição de pesos relativos às áreas comuns de uso frequente e de uso eventual. Em ambas, são avaliados somente os sistemas individuais aplicáveis ao empreendimento. Por

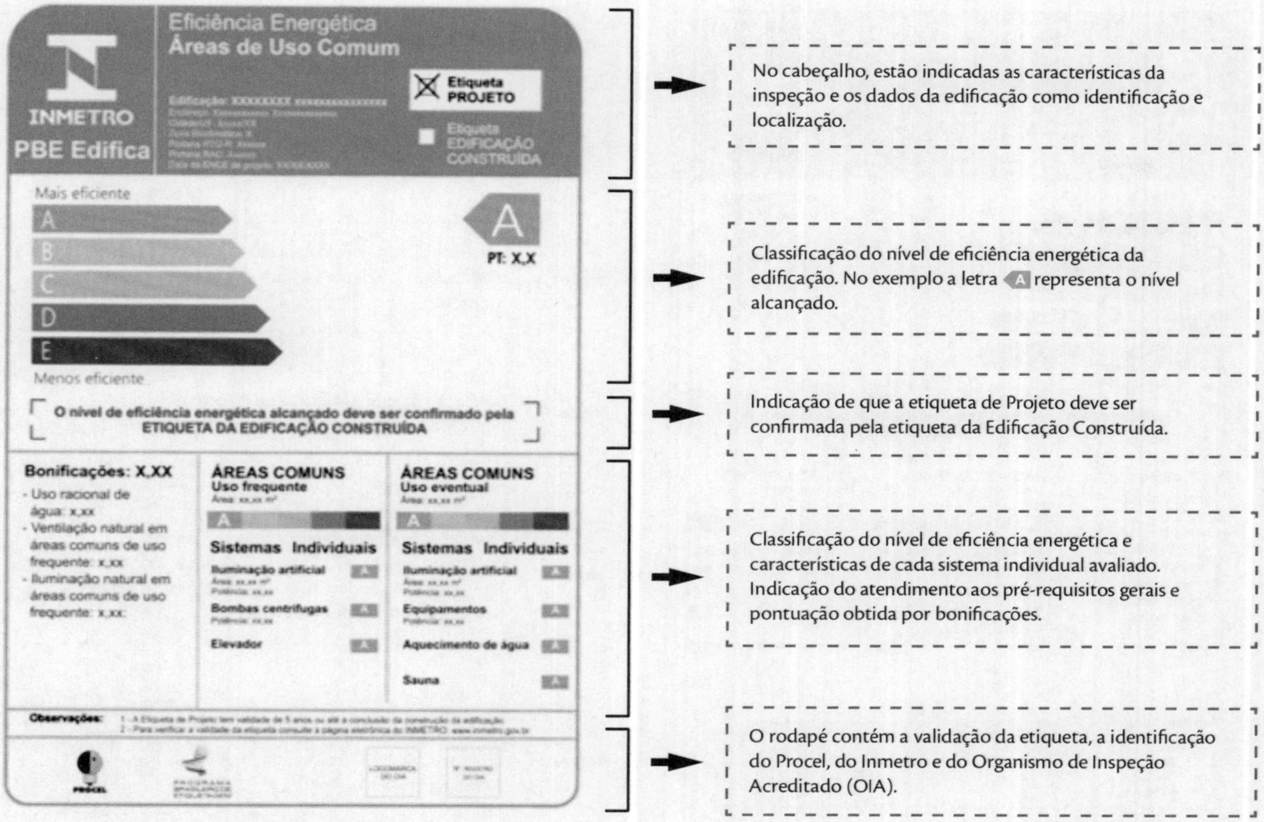

Fig. 22.15 Etiqueta de eficiência energética para edificações multifamiliares
Fonte: PBE Edifica (201-c).

exemplo, se uma edificação não possui elevador ou sauna, esses sistemas não são considerados para a composição da classificação geral das áreas comuns.

A pontuação final pode ser acrescida de até 1 ponto em bonificações relacionadas a iniciativas tecnológicas que aumentem a eficiência energética das áreas comuns, desde que justificadas e comprovadas. Como mencionado anteriormente, as bonificações estão relacionadas ao uso racional de água e condições de iluminação e ventilação natural.

22.1.4 Como obter uma etiqueta?

Para obter uma etiqueta, o solicitante deve procurar um OIA listado no site do Inmetro (Inmetro, 2012a), que informará o procedimento e a documentação necessária para início do processo. Inicialmente, a edificação obterá uma etiqueta de projeto e, em até cinco anos, a etiqueta do edifício construído deverá ser solicitada, a fim de atestar a eficiência da edificação constatada na etapa de projeto. O OIA faz a inspeção tanto da etapa de projeto como da edificação construída, com base nos critérios presentes nos Requisitos de Avaliação da Conformidade para Eficiência Energética de Edificações (Inmetro, 2013).

22.2 Selo Casa Azul da Caixa

O Selo Casa Azul, criado pela Caixa (2010), é o primeiro sistema brasileiro de classificação de projetos com foco no desempenho ambiental, social e econômico (Fig. 22.19). O Selo tem como objetivo o reconhecimento e incentivo de projetos habitacionais com propostas de ações em prol de um melhor desempenho ambiental, contemplando o uso eficiente de recursos e a melhoria

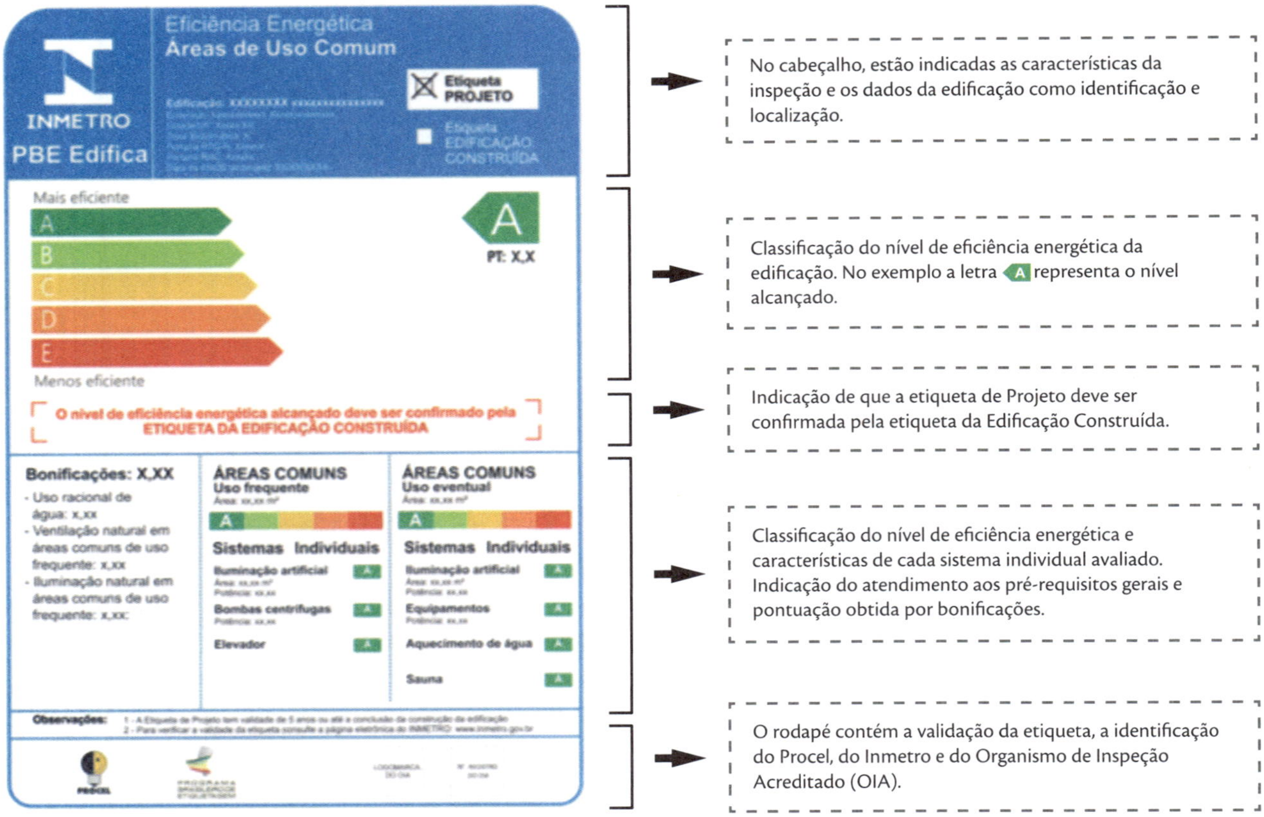

Fig. 22.16 Etiqueta de eficiência energética para áreas de uso comum
Fonte: PBE Edifica (201-c).

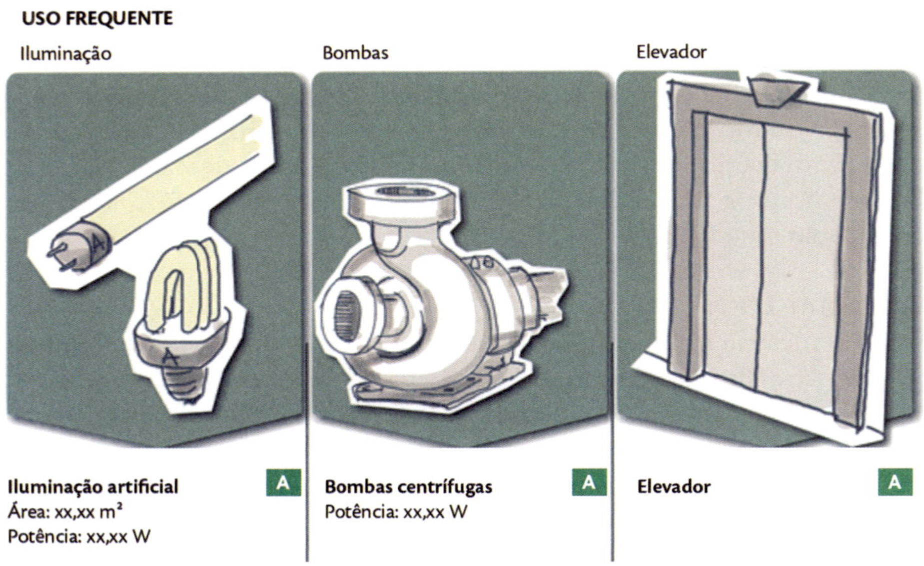

Fig. 22.17 Sistemas avaliados nas áreas comuns de uso frequente
Fonte: Versage (2012).

da qualidade habitacional considerando a construção, o uso e a manutenção das edificações. As informações sobre esse Selo foram consultadas em Caixa (2010) e as atualizações sobre esse sistema de classificação podem ser conferidas no site <http://www14.caixa.gov.br/portal/rse/home/produtos_servicos/selo_casa_azul>.

A Caixa, criada em 1861, é uma empresa 100% pública, que atua de forma ativa no desenvolvimento do país, por meio de diversos setores, entre os quais habitação e infraestrutura, com o objetivo de melhorar a qualidade de vida dos cidadãos

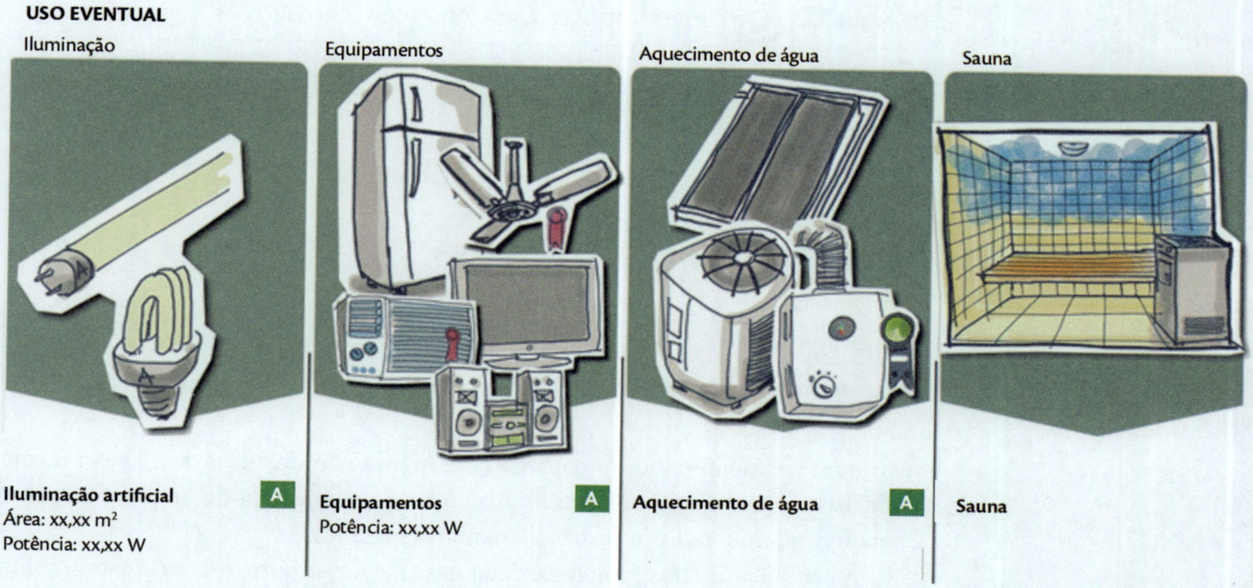

Fig. 22.18 Sistemas avaliados nas áreas comuns de uso eventual
Fonte: Versage (2012).

brasileiros. É também o agente responsável pelo maior número de financiamentos para a construção de habitações no país, em especial, para os setores de baixa renda (Caixa, 201-).

O Selo Casa Azul, lançado em junho de 2010, faz parte do programa de ações para o desenvolvimento sustentável promovido pela Caixa e se trata de uma metodologia de classificação de projetos, sob o ponto de vista da sustentabilidade, que considera o desempenho ambiental, econômico e social dos empreendimentos por eles financiados. A metodologia de avaliação foi desenvolvida por uma parceria entre a Caixa e um grupo de especialistas da Escola Politécnica da Universidade de São Paulo (Poli-USP), da Universidade Estadual de Campinas (Unicamp) e da Universidade Federal de Santa Catarina (UFSC).

Fig. 22.19 Logo do Selo Casa Azul da Caixa
Fonte: Caixa (2010).

Os projetos são avaliados em relação a 53 critérios, divididos em seis categorias: qualidade urbana, projeto e conforto, eficiência energética, conservação de recursos materiais, gestão da água e práticas sociais. As questões relacionadas à conservação da energia nos projetos são colocadas nas categorias *projeto e conforto* e *eficiência energética*, detalhadas a seguir.

Entre os critérios, 19 são obrigatórios, distribuídos entre as várias categorias, enquanto os demais 34 são critérios de livre escolha (Quadro 22.2). A seleção destes últimos deve ser justificada por meio da elaboração de uma *agenda do empreendimento*, em que são requisitadas as diretrizes principais do projeto, com a escolha dos critérios a serem adotados, justificados pelo contexto, incluindo localidade e região bioclimática, usuários, características de uso da edificação e necessidades financeiras.

Parâmetros que fazem sentido em um determinado projeto podem não ser igualmente vantajosos ou apropriados para outro, em razão de suas características específicas. Projetos voltados para o adequado desempenho ambiental devem estar fundamentados em escolhas que sejam relevantes e que tragam benefícios

Quadro 22.2 Categorias do selo Casa Azul com critérios

Categorias	Critérios obrigatórios	Critérios de livre escolha
Qualidade urbana	2	3
Projeto e conforto	5	6
Eficiência energética	3	5
Conservação de recursos materiais	3	7
Gestão da água	3	5
Práticas sociais	3	8
Total de critérios	**19**	**34**

Fonte: com base em dados de Caixa (2010).

reais para o desempenho da construção e o conforto dos usuários. Dessa forma, o objetivo é que os critérios escolhidos com base na agenda do empreendimento estejam fundamentados nas suas demandas específicas.

A classificação dos projetos é dada nas categorias *ouro*, *prata* e *bronze*, como apresentado na Fig. 22.20. Projetos de baixa renda são elegíveis às três categorias, enquanto os demais são elegíveis somente às categorias prata e ouro. A categoria *bronze* é alcançada com a obtenção dos 19 critérios obrigatórios e a categoria *prata* com os 19 critérios obrigatórios mais 6 de livre escolha. Para a categoria *ouro*, são necessários 12 critérios de livre escolha, além dos 19 obrigatórios. Os critérios foram formulados com base em normas nacionais e são, na sua maioria, de fácil aplicação.

A adesão ao Selo é voluntária e apresenta um custo baixo, por já estar inserido dentro do contexto do financiamento da Caixa. Assim como visto no caso anterior, a classificação final depende do atendimento aos requisitos em projeto e da comprovação em obra, com a ocupação do edifício.

A metodologia do Selo foi desenvolvida em paralelo com a etiquetagem de energia para edificações residenciais. Por essa razão, muitos dos parâmetros considerados são semelhantes, além de ambas compartilharem como base a NBR 15.220 (ABNT, 2005) e a NBR 15.575 (ABNT, 2008). Porém, o Selo foi estruturado em termos de critérios com indicadores a serem atingidos.

O objetivo inicial do Selo foi a facilidade de ser absorvido pelo mercado, incluindo empreendedores e projetistas. Com esse intuito, foi desenvolvido o manual

Fig. 22.20 Selo Casa Azul nos níveis ouro, prata e bronze
Fonte: Caixa (2010).

Boas práticas para habitação mais sustentável (Caixa, 2010), o qual, mais que conter os requisitos e critérios para a obtenção do selo, foi pensado como um manual de projeto para auxiliar na escolha das principais diretrizes de projetos e tecnologia para o empreendimento. Dessa forma, para cada critério é mostrado o objetivo, indicador para avaliação, documentação necessária, benefícios socioambientais, recomendações técnicas e bibliografia adicional para consulta.

22.2.1 Categoria projeto e conforto

O Selo Azul visa destacar a importância de um projeto pensado em termos bioclimáticos, que responda de maneira adequada tanto às demandas climáticas do local quanto às necessidades de conforto dos usuários. Para isso, o processo de projeto deve considerar nas suas etapas iniciais as estratégias apontadas no zoneamento bioclimático brasileiro e, quando necessárias, as estratégias ativas de baixo consumo de energia contempladas no manual.

Uma das principais estratégias para proporcionar conforto aos usuários em edifícios residenciais, em diferentes climas do país, é o uso de ventilação natural. Dessa forma, nessa categoria, o selo incentiva essa e outras estratégias que estejam adequadas às necessidades do empreendimento, verificando tanto o desempenho térmico do edifício quanto o impacto que o edifício vai gerar no contexto de implantação, assim como estratégias que qualifiquem o projeto para os seus futuros usuários.

Na categoria *projeto e conforto*, existem onze critérios possíveis de serem atingidos, dentre os quais cinco são obrigatórios e seis de livre escolha. Dentre os critérios obrigatórios, são avaliadas medidas em relação ao desempenho térmico da edificação, considerando as características da envoltória em função do desempenho térmico das vedações. Essa avaliação inclui a transmitância e a capacidade térmica de paredes e coberturas, a porcentagem de abertura para iluminação e ventilação dos ambientes de maior permanência e a presença de sombreamento nas aberturas, conforme as necessidades para cada uma das zonas bioclimáticas. Igualmente é avaliado o uso de estratégias bioclimáticas adequadas ao contexto de implantação.

Além disso, são aferidos outros itens como o uso de paisagismo eficiente, considerado também como possível estratégia de sombreamento, conforme as necessidades da edificação. São estimuladas soluções relacionadas à melhoria da qualidade do empreendimento, com o incentivo à presença de áreas de lazer, sociais e esportivas e a existência de espaços adequados para a coleta seletiva de resíduos.

Entre os critérios de avaliação de livre escolha, menciona-se a relação do empreendimento com a vizinhança (Fig. 22.21). O objetivo, nesse caso, é o incentivo a soluções de projeto que minimizem a interferência indesejada no desempenho ambiental do entorno, no que tange ao acesso a iluminação natural, insolação, ventilação e vistas do exterior.

Do mesmo modo, é incentivada a iluminação e ventilação natural de ambientes internos, como banheiros e de áreas comuns, em empreendimentos multifamiliares com aberturas adequadas para estes fins.

Outros critérios de avaliação de livre escolha incluem o apoio a soluções para o transporte alternativo, por meio de bicicletários, ciclovias ou de transporte coletivo privativo do condomínio, caso seja justificável; flexibilidade do projeto em especial para habitações de interesse social, de forma a permitir a fácil adaptação

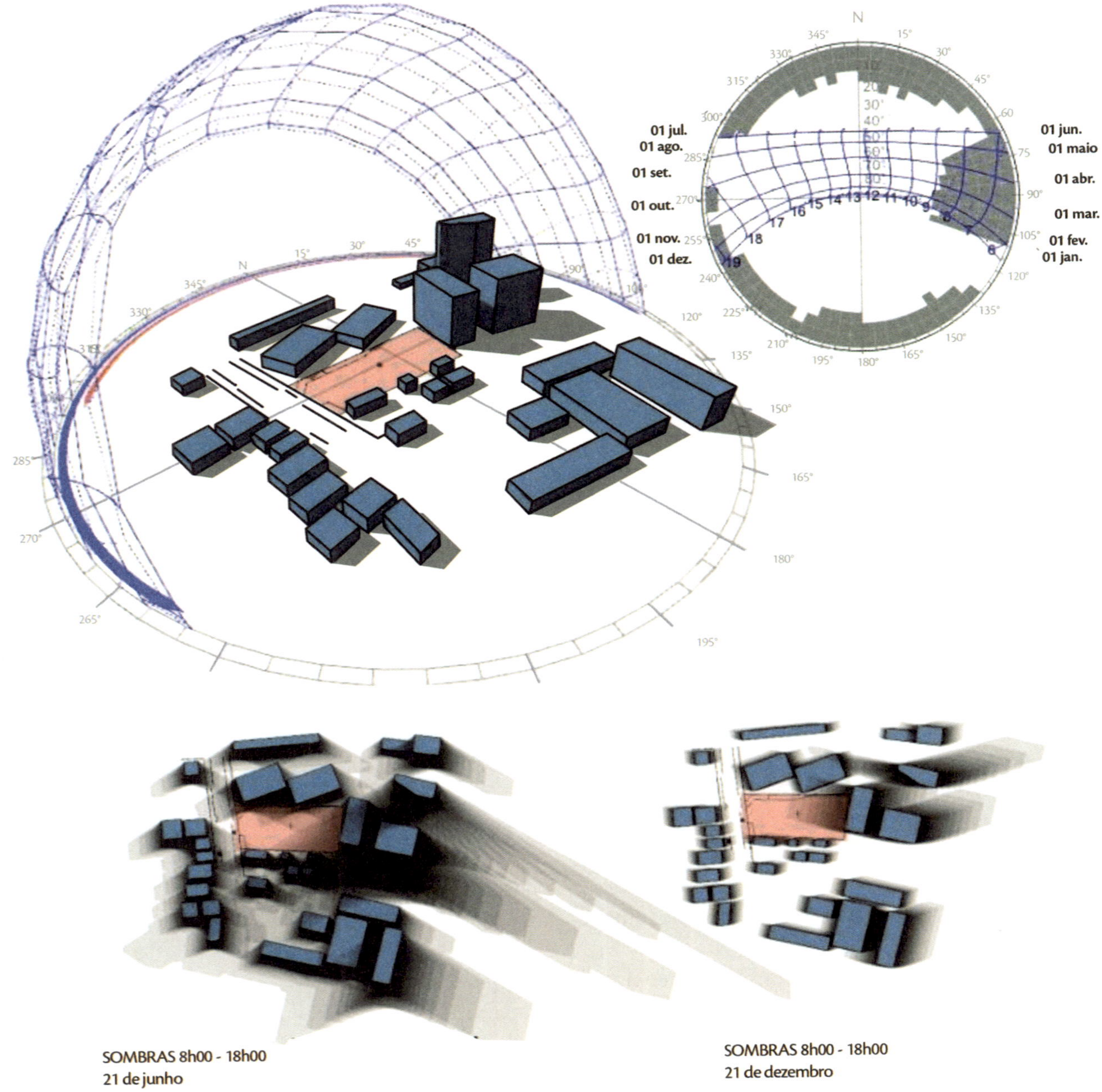

Fig. 22.21 Estudo de sombras do entorno no terreno
Fonte: Caixa (2010).

das habitações a possíveis necessidades futuras dos usuários; e adequação do projeto às condições físicas do terreno para tornar mínimo o impacto da construção no terreno e seu entorno natural.

22.2.2 Categoria eficiência energética

Em relação à eficiência energética, o selo tem como objetivo alertar aos projetistas e empreendedores para ações que busquem a diminuição da demanda de energia e o aumento da oferta, por meio de fontes alternativas. O setor residencial no Brasil apresenta como principais consumos de energia por fonte, a eletricidade, o GLP (gás liquefeito de petróleo) e a lenha, com porcentagens muito similares (EPE, 2011) (Fig. 22.22). Como a lenha é mais presente no setor rural e sua porcentagem de participação parece superestimada para a realidade brasileira, a eletricidade e o gás devem ser entendidos como os principais consumos por fonte energética no meio urbano a serem reduzidos.

Dentro da parcela da eletricidade, os principais consumos por uso final se referem ao uso de refrigeradores (22%), uso de aquecimento de água pelo chuveiro elétrico (24%), principalmente nas faixas de baixa e média renda, seguidos pelo ar-condicionado (20%) e pela iluminação artificial (14%) (Eletrobras, 2007).

Diante desse panorama, foram desenvolvidos oito critérios de avaliação das edificações residenciais, aliados com estratégias nacionais de economia de energia para o setor. Entre eles, dois obrigatórios e seis de livre escolha. De tal modo, foram colocados critérios que incentivassem o uso de energias renováveis para aquecimento de água e geração de eletricidade (Fig. 22.23), assim como a entrega de equipamentos com baixo consumo de energia, que incorporem altos níveis de desempenho dentro do PBE, como os selos Procel, para baixo consumo de energia elétrica, e Conpet, para baixo consumo de gás.

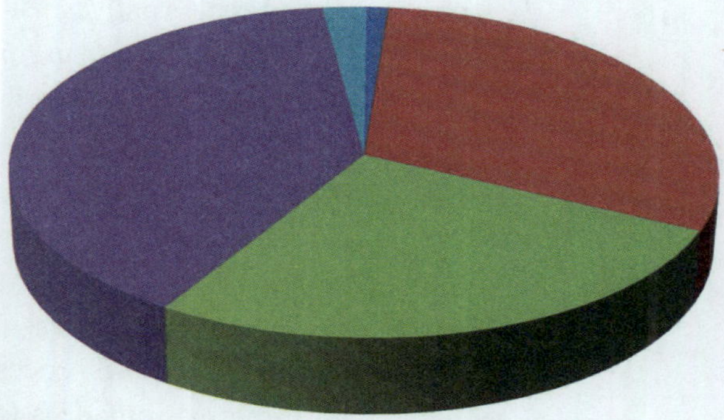

Fig. 22.22 Consumo de energia no setor residencial por fonte. Ano-base 2010
Fonte: EPE (2011).

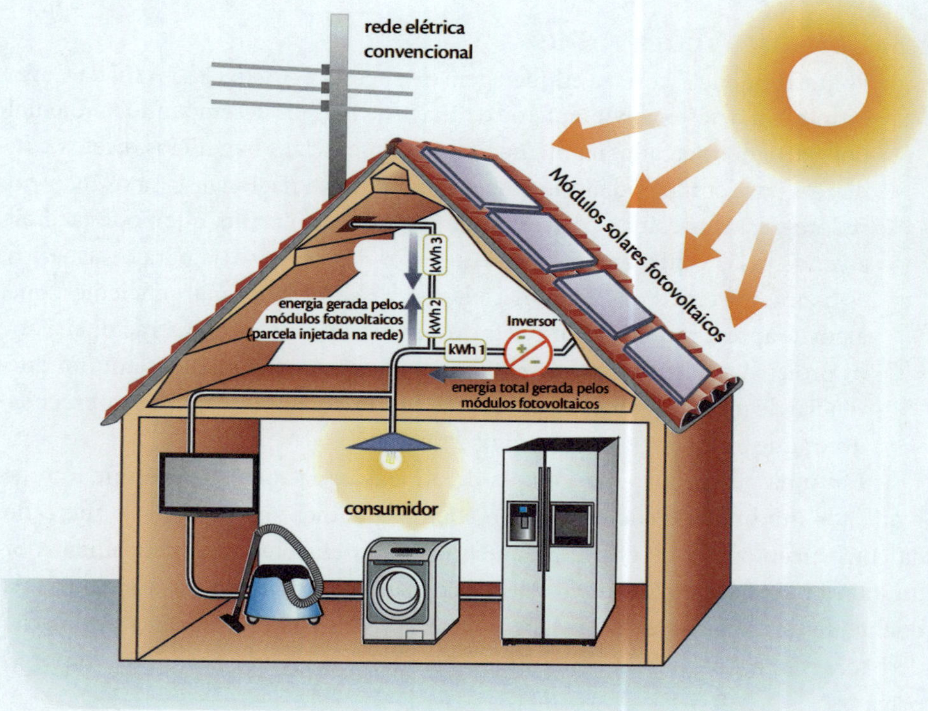

Fig. 22.23 Desenho esquemático de uma instalação de painéis solares fotovoltaicos em residência, interligado à rede elétrica
Fonte: ilustração com base em Rüther (2004) apud Caixa (2010).

Dessa forma, os critérios obrigatórios definidos para essa categoria foram: o incentivo ao uso e/ou entrega de lâmpadas de baixo consumo energético para áreas privativas de habitações de interesse social (sendo este considerado critério de livre escolha para outro tipo de empreendimento); uso de dispositivos economizadores de energia para as áreas comuns dos condomínios; e medição individualizada de gás por meio de medidores certificados pelo PBE do Inmetro.

Entre os critérios de livre escolha, estão a entrega de eletrodomésticos nas unidades habitacionais, ou áreas comuns, e elevadores com comprovada eficiência; sistemas de aquecimento de água eficientes por meio de aquecimento solar, ou a gás, ambos com comprovada eficiência pelo PBE do Inmetro; e incentivo ao uso de fontes alternativas para a geração de energia por sistemas eficientes.

O Selo Casa Azul constitui uma política pública alinhada com as necessidades do setor e de fácil assimilação pelo mercado. Desde a sua criação em 2010 até meados de 2012, cinco empreendimentos foram certificados e alguns outros se encontravam em processo de avaliação. Apesar do número ainda baixo de certificações, constata-se o crescente aumento do uso do manual e dos critérios, como auxílio no processo de projeto.

Uma das medidas para o desenvolvimento futuro do Selo Azul da Caixa é a incorporação do processo de etiquetagem de energia de edificações residenciais do Inmetro. Somado a isso, espera-se que, num futuro próximo, projetos de melhor desempenho ambiental resultem em melhores taxas de juros para os empreendimentos, de forma que a inclusão de critérios de sustentabilidade (ambiental e socioeconômica) e eficiência energética se torne cada vez mais atraente para incorporadores, promovendo a melhoria na qualidade de vida dos usuários e o menor consumo de energia do setor residencial, ao longo do território nacional.

22.3 Considerações finais

Políticas públicas como a etiquetagem de energia e o Selo Casa Azul da Caixa estimulam o desenvolvimento de edifícios de melhor desempenho ambiental por parte do mercado, na medida em que propiciam benefícios diretos e indiretos para empreendedores e usuários, em nível nacional. Para os incorporadores, essas medidas criam um diferencial de mercado, que pode facilitar a venda pelas vantagens de menores custos de operação. Já para os usuários, essas mesmas medidas ajudam a identificar edificações mais eficientes, que, além de apresentarem maior conforto, têm um menor custo operacional. Para os projetistas, além de proporcionar atualização profissional, criam um diferencial de mercado, facilitando futuras contratações por parte de empreendedores que busquem esse mesmo objetivo.

Em uma perspectiva mais ampla de dimensão nacional, a determinação de requisitos mínimos de eficiência energética nas edificações estimula o mercado da construção civil a investir em edificações mais eficientes energeticamente. Simultaneamente, espera-se que o selo Casa Azul seja um incentivo à melhoria da qualidade das habitações no país, em especial daquelas destinadas à população de baixa renda que, atualmente, são executadas em grande parte por empresas privadas.

Outras iniciativas governamentais começam a surgir para edificações que comprovarem melhores níveis de eficiência energética. O ProCopa Turismo – Hotel Eficiência Energética é um dos exemplos de incentivo concedido pelo BNDES, para financiar a construção, reforma, ampliação e modernização de hotéis que obtenham etiqueta de eficiência energética nível *A*. Para esses estabelecimentos, serão conferidas as melhores taxas de financiamento e maiores prazos de pagamentos.

A metodologia proposta pelos regulamentos e pelo Selo Casa Azul encoraja projetos que utilizem estratégias bioclimáticas, tirando proveito das condições climáticas locais e reduzindo o consumo de energia elétrica, que, em determinados casos, está relacionado ao uso de condicionamento de ar.

Embora recente e ainda de natureza voluntária, os regulamentos de eficiência energética cobrem uma lacuna normativa no país, que até então não possuía normas a respeito disso. Ao lado disso, 60% do setor da construção civil trabalha na informalidade.

Positivamente, a avaliação da eficiência energética das edificações, usada na etiquetagem, tende a ser incorporada por outros programas governamentais, como o "Programa Minha Casa, Minha Vida", o Selo Casa Azul da Caixa e em licitações sustentáveis, assim como também em editais de concursos de projetos de arquitetura.

A proposta de etiquetagem é constantemente revisada para que sejam incorporadas melhorias nos processos metodológicos, incluindo critérios e procedimentos. Uma delas é a determinação de um RAC (Requisito de Avaliação de Conformidade) único de avaliação de todos os usos dos edifícios, em detrimento de RACs individuais, como foi inicialmente estruturado para a etiquetagem.

Para o Selo Casa Azul, está prevista a equivalência de vários critérios com a etiqueta de energia residencial do Procel, sendo também estudadas menores taxas de juros para empreendimentos classificados com o selo.

Entretanto, acredita-se que uma maior difusão dessas políticas públicas, de forma a atingir uma parcela maior do mercado, só será possível quando se tenham compensações financeiras claras, ou quando se tornem compulsórias, a exemplo do que tem acontecido nos países da Comunidade Europeia. Para isso, também é necessária a introdução de uma forma mais rápida desses conceitos nos cursos de Arquitetura e Engenharia, de maneira integrada ao desenvolvimento dos projetos e parcerias com universidades e associações de classe, visando à atualização profissional dos projetistas já atuantes no mercado.

Mesmo sabendo que se tem um caminho longo a percorrer pela frente, o Brasil está caminhando a passos firmes e por um percurso sem volta rumo ao desenvolvimento de edifícios com melhor desempenho ambiental. Espera-se que mais políticas públicas surjam no sentido de colaborar com esse objetivo.

Referências bibliográficas

ABNT - ASSOCIAÇÃO BRASILEIRA DE NORMAS TÉCNICAS. *NBR 15.220-3:* desempenho térmico de edificações. Parte 3: zoneamento bioclimático brasileiro e diretrizes construtivas para habitações unifamiliares de interesse social. Rio de Janeiro, 2005.

ABNT - ASSOCIAÇÃO BRASILEIRA DE NORMAS TÉCNICAS. *NBR 15.575:* edifícios habitacionais de até 5 pavimentos. Desempenho. Rio de Janeiro, 2008.

ASHRAE, AMERICAN SOCIETY OF HEATING, REFRIGERATING AND AIR CONDITIONING ENGINEERS. *ASHRAE Standard 90.1–2010:* energy standard for buildings except low-rise residential buildings. Atlanta, 2010.

BECKMAN, W. A.; KLEIN S. A.; DUFFIE, J. A. Solar heating design by the f-chart method. New York: John Wiley & Sons, 1977.

BRASIL. Lei nº 10.295, de 17 de outubro de 2001. Dispõe sobre a política nacional de conservação e uso racional de energia. *Diário Oficial da União,* Brasília, 2001. Disponível em: <www.inmetro.gov.br/qualidade/pdf/lei10295.pdf>. Acesso em: 17 mar. 2003.

BRASIL. Ministério de Minas e Energia. Plano nacional de eficiência energética: Premissas e diretrizes básicas. Portaria nº594, de 19 de outubro de 2011. Disponível em: <http://www.mme.gov.br/mme/galerias/arquivos/PlanoNacEfiEnergetica.pdf>.

BRASIL. Ministério do Planejamento, Orçamento e Gestão. Instrução normativa n. 01, de 19 de janeiro de 2010.

CAIXA - CAIXA ECONÔMICA FEDERAL. 201-. *Site institucional.* Disponível em: <http://www.caixa.gov.br/>. Acesso em: 20 maio 2012.

CAIXA - CAIXA ECONÔMICA FEDERAL. *Boas práticas para habitação mais sustentável.* Coordenação de JOHN, V. M.; PRADO, R. T. A. São Paulo: Páginas & Letras. Editora e Gráfica, 2010. Disponível em: <http://downloads.caixa.gov.br/_arquivos/desenvolvimento_urbano/gestao_ambiental/SELO_CASA_AZUL_CAIXA_versaoweb.pdf>.

ELETROBRAS - CENTRAIS ELÉTRICAS BRASILEIRAS S.A SINPHA - Sistema de Informações de Posses de Eletrodomésticos e Hábitos de Consumo. Brasília: Eletrobras, 2007.

EPE - EMPRESA DE PESQUISA ENERGÉTICA. *Balanço Energético Nacional 2011:* ano-base 2010. Rio de Janeiro: EPE, 2011. 266 p. Disponível em: <https://ben.epe.gov.br/downloads/Relatorio_Final_BEN_2011.pdf>. Acesso em: 10 jul. 2011.

INMETRO – INSTITUTO NACIONAL DE METROLOGIA, QUALIDADE E TECNOLOGIA. Portaria n. 53, de 27 de fevereiro de 2009. Regulamento técnico da qualidade para o nível de eficiência energética de edifícios comerciais, de serviços e públicos. (RTQ-C). 2009.

INMETRO – INSTITUTO NACIONAL DE METROLOGIA, QUALIDADE E TECNOLOGIA. Portaria n. 372, de 17 de setembro de 2010. Requisitos técnicos da qualidade para o nível de eficiência energética de edifícios comerciais, de serviços e públicos (RTQ-C). 2010a. Disponível em: <http://www.inmetro.gov.br/consumidor/produtosPBE/EdificiosComerciais.asp>. Acesso em: 20 nov. 2011.

INMETRO – INSTITUTO NACIONAL DE METROLOGIA, QUALIDADE E TECNOLOGIA. Portaria n. 449, de 25 de novembro de 2010. Regulamento técnico da qualidade para o nível de eficiência energética de edificações residenciais. 2010b.

INMETRO - INSTITUTO NACIONAL DE METROLOGIA, QUALIDADE E TECNOLOGIA. 2012a. Disponível em: <http://www.inmetro.gov.br/consumidor/produtosPBE/EdificiosComerciais.asp>. Acesso em: 20 out. 2012.

INMETRO - INSTITUTO NACIONAL DE METROLOGIA, QUALIDADE E TECNOLOGIA. Portaria n. 18, de 16 de janeiro de 2012. Regulamento técnico da qualidade para o nível de eficiência energética de edificações residenciais. 2012b. Disponível em: <http://www.inmetro.gov.br/consumidor/produtosPBE/EdificiosComerciais.asp>. Acesso em: 20 out. 2012.

INMETRO - INSTITUTO NACIONAL DE METROLOGIA, QUALIDADE E TECNOLOGIA. Portaria n. 50, de 01 de fevereiro de 2013. Requisitos de avaliação da conformidade para a eficiência energética de edificações. 2013. Disponível em: <http://www.inmetro.gov.br/legislacao/rtac/pdf/RTAC001961.pdf>. Acesso em: 28 ago. 2011.

LABEEE - LABORATÓRIO DE EFICIÊNCIA ENERGÉTICA EM EDIFICAÇÕES. *Imagens confeccionadas sobre a Etiqueta PBE Edifica e as Zonas Bioclimáticas baseado na NBR 15220:2005.* Florianópolis, 2012, 1 p. (Trabalho não publicado).

KORDJAMSHIDI, M. e KING, S. Overcoming problems in house energy ratings in temperate climates: a proposed new rating framework. *Energy and Buildings*, v.41, n. 1, p.125-132. 2009.

PBE EDIFICA. Etiqueta e imagem do Edifício do Centro de Documentação e História da Saúde da Fiocruz. 201-a. Disponível em: <http://pbeedifica.com.br/sites/default/files/edificios-etiquetados/cdhs.jpg>. Acesso em: 03 dez. 2014.

PBE EDIFICA. Etiqueta e imagem da Casa Eficiente. 201-b. <http://pbeedifica.com.br/edificacoes-etiquetadas/residencial>. Acesso em: 03 dez. 2014.

PBE EDIFICA. O que é a etiqueta PBE Edifica. 201-c. <http://www.pbeedifica.com.br/conhecendo-pbe-edifica>. Acesso em: 03 dez. 2014.

SCALCO, V. A.; FOSSATI, M.; VERSAGE, R. de S.; SORGATO, M. J.; LAMBERTS, R.; MORISHITA, C. Innovations in the Brazilian regulations for energy efficiency of residential buildings. *Architectural Science Review*, Sydney, v. 55, n. 1, p. 71-81, 2012. Disponível em: <http://dx.doi.org/10.1080/00038628.2011.641731>.

SORGATO, M. *Relatório técnico da base de simulações para o RTQ-R*. Relatório técnico: RT_LabEEE-2011/02. Florianópolis, jul. 2011.

VDI - VEREIN DEUTSCHER INGENIEURE. *VDI 4707:* lifts. Energy Efficiency. mar. 2009.

VERSAGE, R. S. *Equações prescritivas para o regulamento de etiquetagem de eficiência energética de edificações residenciais*. Relatório técnico: RT_LabEEE-2011/03. Florianópolis, jun. 2011.

VERSAGE, R. de S. *Imagens confeccionadas sobre o RTQ-C e RTQ-R*. Florianópolis, 2012. 2 p. (Trabalho não publicado).

WEBPRESCRITIVO. *Ferramenta de Avaliação de Eficiência Energética de Edificações Comerciais pelo Método Prescritivo do RTQ-C*. Projeto S3E. Convênio FINEP 01.09.0440.00/CT-Energia/Ref.:0509/08. 2010. Disponível em: <http://www.labeee.ufsc.br/sites/default/files/webprescritivo/index.html>. Acesso em: 24 nov. 2014.

[Considerações finais]

Klaus Bode

Sandro Tubertini

Joana Carla Soares Gonçalves

O valor do edifício de melhor desempenho e qualidade ambiental

O edifício ambiental aqui discutido é contrário à ideia do desempenho ambiental determinista, atrelado a um conjunto de regras e soluções preconcebidas, sem flexibilidade nas estratégias de projeto, ocupação ou controle das condições ambientais. Diferente disso, a nova abordagem do edifício ambiental é resultado do projeto concebido para a adaptação do usuário e a qualidade ambiental, que, por consequência, vêm favorecer a eficiência energética e o valor do edifício em um futuro de mudanças climáticas e regulamentações energéticas cada vez mais rigorosas.

Projetar com o clima e hábitos culturais define a essência do modelo adaptativo de conforto ambiental (Nicol; Humphreys, 2002), que, por sua vez, constitui a base para o projeto do edifício de melhor desempenho ambiental. O conceito de adaptação cria oportunidades para os ocupantes encontrarem as suas próprias condições de conforto e satisfação com o ambiente interno e o edifício como um todo. Com isso, em vez de se fechar para o clima externo e assumir a dependência dos sistemas ativos de climatização, projetar o edifício de melhor desempenho ambiental significa a facilitação da comunicação entre ambientes internos e externos, diretamente ou indiretamente, por meio de componentes e espaços de transição dos mais variados tipos, tais como: fachadas com aberturas controláveis, proteções solares flexíveis e ajustáveis, varandas, terraços, pátios, átrios e outros recursos. O modo e a frequência com que essa comunicação pode ocorrer dependem da função do edifício, das expectativas dos usuários, do clima do lugar e das condições gerais do entorno.

A ideia da solução ótima é aqui substituída pela solução adequada (ou soluções adequadas), tendo em vista todos os parâmetros que interferem no desempenho ambiental de um edifício, em particular, as expectativas do próprio usuário. Trata-se aqui de soluções adequadas às condições climáticas, ao padrão de ocupação, à situação urbana e até mesmo à realidade econômica.

Com respeito à prática, é preciso atentar para o fato de que, na medida em que cresce o interesse político e mercadológico pela imagem do edifício de melhor desempenho ambiental, cresce também o número de novos projetos aclamados como *verdes*, e demais adjetivos de significado similar, ao redor do mundo. Entre esses casos, encontram-se aqueles cujo diferencial ambiental está no uso da chamada *alta tecnologia*, incluindo a geração de energia limpa e os sistemas de automação predial relacionados à climatização e à iluminação artificial, principalmente para a arquitetura comercial do edifício de escritórios.

Apesar da aclamada eficiência energética dos sistemas, cabe questionar o real desempenho desses edifícios em uso. Um dos maiores riscos associados à tendência das *altas tecnologias* é a criação de falsos paradigmas, em que o consumo energético chega a ser maior do que nos casos mais convencionais, em virtude do mau uso desses sistemas, dada a sua grande complexidade tecnológica.

Além disso, sabe-se que a economia de energia resultante da maior eficiência energética dos sistemas pode ser facilmente comprometida pelo uso mais intenso e mais prolongado desses sistemas, caracterizando o fenômeno chamado, em inglês, de *rebound effect*, e, em português, de *efeito ricochete* (Unep, 2011a). No que tange ao resfriamento do espaço, o mau uso de sistemas mais eficientes leva a um acréscimo do consumo energético de 10% a 50% em relação a sistemas menos eficientes.

Os impactos do *efeito ricochete* destacam a importância do comportamento e hábitos dos usuários para o desempenho ambiental real de um edifício, além das hipóteses teóricas de projeto, mostrando que as vantagens dos avanços tecnológicos definem uma condição potencial, cujo sucesso depende do dia a dia da ocupação do edifício. Nessa discussão, é importante também compreender que eficiência energética não significa necessariamente redução da demanda energética, que é o que o setor realmente precisa em termos globais.

Como mencionado mais de uma vez ao longo desta publicação, um ponto crítico em relação a tanta aclamação do chamado *alto desempenho* é a falta de dados sobre o real desempenho energético de edifícios, que é indubitavelmente uma das maiores barreiras a ser ultrapassada no processo de revisão crítica e aperfeiçoamento das soluções de projeto arquitetônico e dos sistemas de climatização. Como se sabe, por trás da ciência dos dados quantitativos, a concepção de edifícios de melhor desempenho ambiental e energético também requer um bom entendimento da ocupação de edifícios existentes, ou seja, é preciso aprender com a realidade.

Voltando à questão da *alta tecnologia*, apesar de a eficiência dos sistemas e a geração de energia limpa terem seu papel no desempenho ambiental dos edifícios, deve-se lembrar que a redução da demanda energética antecede a eficiência do consumo no sucesso das estratégias em prol de um melhor desempenho ambiental. Por isso, é primordial o entendimento do projeto como um todo, incluindo a influência dos usuários e mesmo o impacto das mudanças climáticas, e não apenas o conhecimento do desempenho térmico de um determinado componente construtivo, ou energético dos sistemas, exclusivamente. Dessa forma, o melhor desempenho ambiental requer uma abordagem de projeto que antecipa questões do edifício em uso e que evita soluções preconcebidas.

Como exemplo disso, os vários projetos discutidos nesta publicação – como a sede do Commerzbank, em Frankfurt; a Assembleia Nacional do País de Gales, em Cardiff; o Velódromo das Olimpíadas de Londres; o edifício de escritórios One Airport Square, na cidade de Acra, em Gana, na África; e outros – constatam o sucesso de projetos que integram arquitetura, tecnologia e desempenho ambiental, assim como a influência determinante da ocupação no sucesso do desempenho ambiental de edifícios.

Quando se trata de melhor desempenho ambiental, compreende-se que o objetivo principal não é simplesmente a criação de edifícios mais eficientes, mas sim, primeiramente, o menor consumo de energia. Claro que essa abordagem requer um alto grau de eficiência, tanto das tecnologias como da forma e de outros parâmetros arquitetônicos. As lições aprendidas do Commerzbank, por exemplo, mostram que é possível ventilar naturalmente edifícios altos de escritório, satisfazendo as expectativas ambientais e de conforto térmico nos espaços internos, ao mesmo tempo que é alcançada uma significativa economia de energia.

Aprender com exemplos como esse significa investir em tempo, recursos financeiros e inteligência profissional ao longo do processo de projeto e do gerenciamento dos edifícios ocupados, na busca de soluções simplificadas e eficientes. Contudo, sem uma atitude crítica por parte do mercado e do setor público, que incentivam e regulam o setor das edificações, precedentes e exemplos dessa natureza têm uma repercussão limitada.

A realização de edifícios de melhor desempenho ambiental requer uma mudança de atitude em prol de novos conceitos sobre o valor econômico, social e ambiental de edifícios, por parte de todos os parceiros envolvidos no desenvolvimento do projeto, construção e ocupação, incluindo empreendedores, projetistas, construtores, ocupantes e gerenciadores de sistemas. Conforme extensivamente discutido ao longo desta obra, o processo começa com a busca pela redução da exigência de recursos, em especial, a energia, cuja demanda para a climatização e a iluminação artificial é sensivelmente influenciada pelas características do projeto arquitetônico. Em seguida, tem-se a elaboração de soluções eficientes e de menor impacto ambiental na resposta à demanda residual, integrando uma arquitetura de qualidade e desempenho às possibilidades tecnológicas dos sistemas prediais.

Soluções simples e eficientes envolvem o uso de tecnologia no processo de projeto para a redução da dependência dos sistemas de climatização e iluminação nas rotinas de ocupação do edifício. O projeto para o edifício de melhor desempenho ambiental passa por duas grandes fases: a primeira, em que o conhecimento dos fenômenos da física e do comportamento humano no espaço informa a concepção, e a segunda, em que os resultados numéricos da física aplicada ao projeto informam a definição das soluções arquitetônicas e também da engenharia dos sistemas prediais.

A conquista da excelência no desempenho e na qualidade ambiental de edifícios projetados, para serem diferenciados da prática convencional, exige a revisão e a ampliação do conceito de valor, com uma visão de investimento e retorno que vai além dos custos iniciais de projeto e construção. Preocupações relacionadas à economia de energia na fase de ocupação, que vão questionar muitas das premissas da arquitetura comercial convencional, além da sua tecnologia predial, são um ponto de partida e não o objetivo único do desempenho ambiental de um edifício.

Tendo em vista o caso específico de edifícios comerciais, a definição clássica de maximizar a relação entre a área útil e a área total, bem como designar o mesmo valor econômico a toda a área ilocável, é uma ação reducionista e inadequada, configurando um obstáculo para o desenvolvimento e a propagação do desempenho e da qualidade ambiental nos empreendimentos comerciais.

Da perspectiva dos usuários, as estratégias centrais para a minimização da demanda energética (a iluminação natural, a ventilação natural e o controle dos usuários sobre as condições ambientais do espaço interno) também exercem um impacto relevante na produtividade e na saúde – por exemplo, a iluminação natural reflete em um aumento de até 40% na produtividade; a ventilação natural, em um aumento de até 18%; e o controle localizado das condições térmicas, em um aumento de até 37% (Loftness; Hartkopf; Gurtekin, 2003) –, indo além das vantagens econômicas da economia de energia.

Por isso, como é possível acreditar que dois ambientes em um mesmo edifício de escritórios tenha o mesmo valor, independentemente de receberem iluminação natural ou não e de terem vistas para o exterior ou não? Ou que áreas externas e espaços de transição não possam ser considerados áreas formais de trabalho e produtividade? Enquanto a questão de qualidade ambiental não for propriamente incorporada no desenho arquitetônico e a ideia de um empreendimento de sucesso não superar os indicadores clássicos de valor por metro quadrado, raramente a arquitetura comercial realizará uma solução diferente da convencional, já tão discutida e criticada por sua baixa qualidade ambiental e oneroso consumo de energia para a climatização e a iluminação artificiais.

Assim, é essencial no projeto de edifícios contemporâneos, particularmente naqueles informados por critérios de desempenho ambiental, que a definição de valor vá além do indicador de área útil e inclua outros parâmetros de avaliação, como área servida de luz natural, espaços semiabertos para interação social, comunicação visual entre espaços internos e ambiente externo, entre outros. Apesar da força do mercado convencional, alguns exemplos ícones de uma nova geração de edifícios de melhor desempenho ambiental mostram que crescem as oportunidades para uma abordagem diferenciada.

Com respeito aos edifícios de escritórios, exemplos ao redor do mundo mostraram que edifícios ocupados pelos próprios donos, como o Commerzbank, são aqueles em que a inovação vai mais longe. Apesar disso, no caso de edifícios com diferentes locatários, a economia de energia na operação e a diferenciação da qualidade ambiental (se existir essa preocupação além da economia no funcionamento do edifício), em conjunto com a imagem associada ao gesto pelo melhor desempenho e qualidade ambiental, são vantagens para a atração e a permanência desses usuários.

Contra-argumentos às vantagens econômicas da qualidade ambiental em um projeto são usualmente baseados nos custos extras de investimento no projeto e na obra, que supostamente sobrepesam os retornos positivos, fazendo com que as vantagens inicialmente mencionadas deixem de ser economicamente atraentes. No contexto internacional do edifício verde, acredita-se que esse suposto incremento de investimentos em um projeto de melhor desempenho ambiental varia de 10% a 30%, enquanto situações reais mostram valores muito mais baixos, que não ultrapassam a marca dos 3%, e que são facilmente compensados em um curto espaço tempo, com a simples economia de energia (WBCSD, 2009).

Nos Estados Unidos, a pesquisa realizada por Kats (2010 apud Unep, 2011a, 2011b) comprovou que aqueles envolvidos com o projeto, a construção e a ocupação de edifícios voltados para um melhor desempenho ambiental acreditam que esses edifícios têm um custo extra de aproximadamente 17% em relação aos da prática convencional. Entretanto, um estudo em 170 estudos de caso, realizado dentro da mesma pesquisa, revelou que o custo extra é de fato de apenas 1,5%.

Por outro lado, é verdade que percentuais mais altos se aplicam em casos em que as considerações para com o desempenho ambiental não estiveram presentes na etapa conceitual, incorrendo na necessidade de recursos tecnológicos possivelmente mais custosos para tratar da eficiência energética, mesmo assim, sem alcançar um desempenho comparável ao de um projeto cuja arquitetura foi concebida para um melhor desempenho.

Em geral, dentre os parâmetros comumente citados que fazem o edifício de melhor desempenho ambiental custar mais caro do que o seu similar convencional estão: o tempo mais extenso para o projeto e a inclusão das novas especializações, a inserção de tecnologias inovadoras e o processo de certificação.

Quanto ao projeto, ao se considerar a contribuição de uma consultoria ambiental especializada, a experiência europeia mostra que o aumento nos honorários não deve exceder 0,5%, e essa porcentagem pode ser ainda menor em grandes projetos, chegando a taxas tão baixas quanto 0,1%, pois o aporte do projeto de desempenho ambiental não é tipicamente proporcional ao tamanho, mas sim à complexidade do projeto. Ou seja, dizer que a consultoria especializada encarece o projeto a ponto de se tornar *insustentável* economicamente é uma afirmação falsa.

No campo das novas tecnologias, o aumento nos custos é frequentemente consequência da busca de soluções similares àquelas de outros mercados de realidades climáticas distintas, como visto no caso do uso indiscriminado das fachadas duplas, ou mesmo dos vidros duplos em edifícios localizados em cidades de climas mais quentes, onde o sombreamento é mais importante para o bom desempenho ambiental do edifício do que as características termofísicas do vidro. A interpretação errônea do que constitui o *edifício verde* apresenta o risco da criação de falsos paradigmas de desempenho ambiental.

Além disso, o sucesso de edifícios de desempenho ambiental e energético não requer o emprego de soluções tecnológicas complexas e nem de alto custo, muito pelo contrário, a incorporação de conceitos básicos associados à qualidade ambiental dos edifícios e a adaptação dos usuários, ao lado de considerações de uma arquitetura de inserção climática, são os pilares para a inovação projetual e o bom desempenho ambiental.

Com referência a procedimentos de avaliação de desempenho na fase de projeto, o aumento da popularidade dos sistemas de certificação, no Brasil e em outras partes do mundo, não é necessariamente um sinal de melhoria do desempenho térmico das edificações. Paradoxalmente, no que tange ao tema do consumo de energia para a climatização, os sistemas de certificação acabam enfatizando o uso de sistemas prediais e, dessa forma, a dependência do condicionamento de ar, sem questionar primeiramente a real necessidade de tais sistemas, ou, ao menos, por quanto tempo o seu acionamento é realmente necessário.

É fato comprovado que qualquer economia significativa de energia em edifícios comerciais só vai ser alcançada quando a iluminação natural e a ventilação natural voltarem para o projeto de arquitetura e não puramente com sistemas prediais mais eficientes. Por isso, os custos da certificação devem ser associados à imagem do edifício e ao seu valor de mercado, e não necessariamente a um desempenho ambiental e energético aprimorado e distinto.

Diferente dos projetos guiados por *check lists*, o processo de projeto do edifício de melhor desempenho ambiental foca na integração de indicadores de desempenho e qualidade ambientais, que evitam soluções complexas e fora de contexto. Com isso, é possível eliminar o requerimento da certificação e, por conseguinte, os custos associados a tais processos, em troca de uma estratégia de mercado que valoriza a diferenciação e a contextualização das soluções de projeto.

Historicamente, as premissas em defesa de considerações ambientais no projeto baseavam-se na redução dos consequentes danos ambientais e na obtenção de economia dos custos operacionais. Contudo, o argumento da conservação energética baseado exclusivamente nesse tipo de economia é insuficiente para a promoção de um projeto diferenciado, principalmente quando o custo da energia ainda é relativamente barato se comparado a outros parâmetros da construção e operação de edifícios, ou seja, nessas condições, as economias não são suficientes para justificar o investimento necessário de capital no projeto e na obra.

Não se pretende aqui desmerecer a importância do interesse do mercado por edifícios de melhor desempenho ambiental. No entanto, tomando novamente o caso dos Estados Unidos como referência, pesquisas mostram que mudanças instigadas por esse interesse, expressadas pelo aumento das certificações, não têm sido suficientes para alcançar a redução de emissões de carbono do setor das edificações no país, estipulada pela Agência Internacional de Energia (IEA) visando ao controle do impacto ambiental desse setor (Houser, 2009). Uma análise de 80 estudos de caso ao redor do mundo concluiu que medidas e instrumentos regulatórios são os mecanismos mais eficientes na redução do impacto ambiental dos edifícios (e menos custosos) nos países industrializados (Unep-SBCI, 2007).

Por outro lado, não é de se surpreender que o relatório do Programa Nacional das Nações Unidas, *The green economy report* (Unep, 2011a), concluiu que os desafios ambientais para o futuro do setor das edifícios demandam todos os tipos de incentivo: os de natureza voluntária do mercado e os regulatórios. Em um primeiro momento, incentivos, mais do que regulamentações, são especialmente importantes nos países em desenvolvimento e de economias emergentes, onde os eventuais custos iniciais do projeto de melhor desempenho ambiental podem oferecer uma barreira à disseminação da eficiência energética e à qualidade ambiental. Na sequência, os estágios iniciais de regulamentações ambientais e energéticas podem também ter um caráter voluntário e informativo, como está sendo feito no caso brasileiro com a publicação dos Requisitos de Avaliação da Conformidade para a Eficiência Energética de Edificações (Inmetro, 2013).

Tratando-se do incentivo à prática de edifícios de melhor desempenho e qualidade ambiental em países em desenvolvimento ou de economias emergentes, os mecanismos financeiros estão entre os instrumentos mais importantes (Unep, 2011a). Inúmeros estudos indicam os benefícios alcançados pelo *projeto verde*, desde a redução da rotatividade de inquilinos, valorização do valor de aluguel e o aumento do desempenho, da satisfação e da qualidade de vida do usuário.

Todavia, no Brasil, a maneira pela qual os empreendimentos imobiliários são avaliados (sem incluir os riscos associados às mudanças climáticas, aumento dos preços dos recursos naturais e a demanda dos usuários por edifícios de melhor qualidade em geral), e o modo pelo qual os benefícios alcançados são distribuídos entre incorporadores, proprietários e usuários desencorajam a adoção do projeto de melhor desempenho e qualidade ambiental.

Incentivos fiscais, como subsídios de custo associados a novas tecnologias e à diminuição de impostos, têm a força de corrigir essas falhas de mercado e incentivar a criação do equilíbrio entre investidores e o retorno aos usuários, bem como considerar o valor excedente gerado por esses imóveis. Para isso, a criação desses mecanismos fiscais se concentra na redução dos custos excedentes associados ao desenvolvimento das construções diferenciadas por seu melhor desempenho e qualidade.

Nos países em desenvolvimento, onde a disponibilidade de capital é mais restrita e normalmente conjunta a juros mais altos, qualquer investimento extra significa um impacto significativo no fluxo de caixa de um empreendimento, em sua totalidade. Por isso, embora já se tenha provado ser falsa a ideia de que edifícios de melhor desempenho ambiental são mais custosos do que os convencionais, quando de fato algum fator de diferenciação do desempenho e da qualidade incidir sobre os custos, instrumentos financeiros devem ser aplicados para minimizar o peso sobre o empreendedor, incentivando a adoção do modelo de melhor desempenho. Alinhar os interesses dos três agentes principais: investidor, proprietário e usuário, no sentido de redistribuir proporcionalmente os benefícios ligados ao edifício de melhor desempenho ambiental também deve ser foco de instrumentos fiscais.

Uma visão mais abrangente sobre o valor de um edifício de melhor desempenho ambiental soma as vantagens econômicas de um consumo energético reduzido e outros fatores de interesse mercadológico, incluindo: a garantia de uma margem competitiva em mercados cujas legislações ambientais e energéticas tendem a ser mais rígidas com o passar do tempo, a atração de investimentos de instituições financeiras que preferem projetos de melhor desempenho ambiental e, ainda, a suscetibilidade à taxação futura de emissões de carbono relativa ao consumo de energia. Em suma, a discussão do valor do edifício de melhor desempenho ambiental se volta para a gestão de risco e proteção de bens, acrescendo o valor da propriedade.

Embora seja difícil prever com exatidão o impacto das forças futuras de mercado no projeto e execução do edifício de melhor desempenho e qualidade ambiental, um aspecto em particular pode ser considerado como certo: o de que as pressões ambientais de ordem local e global, anteriormente classificadas como de médio a longo prazo, agora são de curto a médio prazo. Nesse contexto, é necessário o entendimento de que o setor das edificações não responde às forças de transformação política, econômica e ambiental na mesma rapidez com que outros setores da indústria o fazem, como o automobilístico, necessitando assim, de uma visão estratégica de futuro.

Considerando o histórico de marcos na evolução das expectativas e exigências para o desempenho ambiental dos edifícios, incluindo previsões para um futuro de curto a médio prazo, conforme apresentado no diagrama adiante, fica claro o aumento de forças legislativas e regulamentares, assim como o da competitividade de mercado, no incentivo a um melhor desempenho ambiental dos edifícios em um contexto global. Por essa razão, o interesse pela preservação do valor do edifício em um futuro de exigências ambientais e energéticas cada vez mais rígidas, leva inevitavelmente ao desenvolvimento de projetos que superem padrões mínimos de desempenho. Essa situação já é vigente nas cidades europeias, que lideram não somente as políticas públicas, mas também a formação de um mercado mais exigente.

Enquanto a avaliação da qualidade ambiental de um edifício em uso e operação requer uma visão geral do projeto, reunindo um conjunto de critérios quantitativos e qualitativos referentes ao conforto térmico, luminoso, acústico, ergonômico, entre outros requisitos, a avaliação do seu impacto ambiental não precisa de uma lista longa de indicadores. Em essência, dois indicadores resumem a questão: o consumo de energia e as consequentes emissões de carbono.

Linha do tempo ambiental

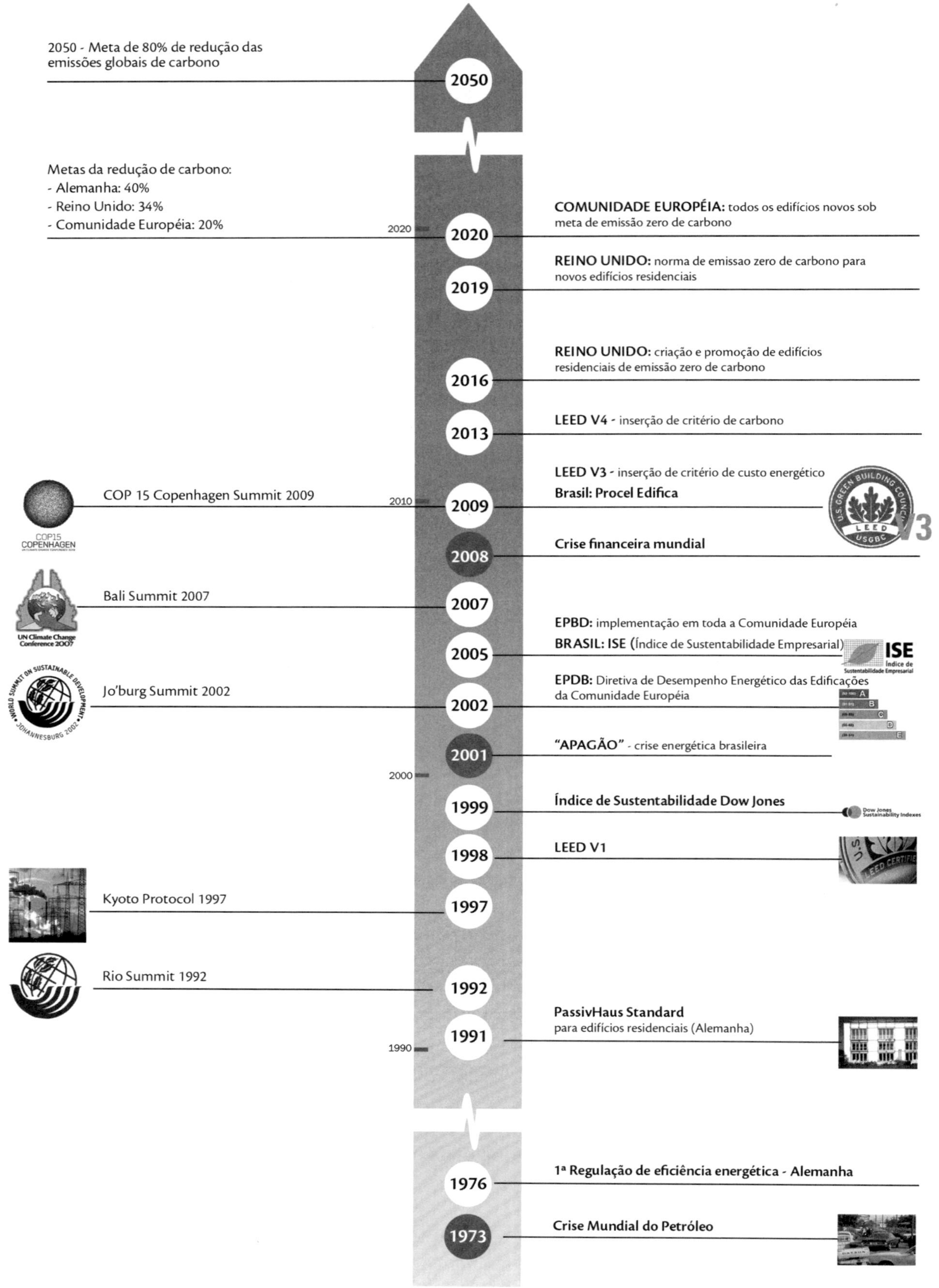

Fonte: BDSP Partnership.

O consumo de energia posiciona o desempenho do edifício comparativamente ao de outros similares e do mesmo contexto climático, ao mesmo tempo que permite a avaliação da eficiência do projeto em relação ao clima e a metas ou referências de desempenho, também locais. Já em um cenário comparativo global, o que interessa saber de um edifício são as emissões de carbono, tanto o valor total como em relação ao consumo energético, uma vez que o impacto das emissões tem efeitos de ordem global. Apesar disso, as metas de emissões para o setor das edificações também se diferencia entre países (quando existem), precisamente por estarem relacionadas às metas energéticas.

É possível que haja edifícios que, no contexto global, tenham um impacto ambiental relativamente baixo, quando comparados a outros edifícios de diferentes contextos climáticos, mas com maior eficiência energética, por causa das emissões de CO_2 decorrentes do tipo de energia primária que alimenta os edifícios. Terminologias como *era do carbono*, *economias de baixo carbono* e outras estão se tornando cada vez mais comuns para o anúncio de uma época de incentivos à redução do impacto ambiental de atividades econômicas que o Programa das Nações Unidas para o Meio Ambiente (PNUMA) – em inglês, United Nations Environmental Programme (Unep) – chama de *economia verde* (Unep, 2011a).

No cenário internacional de interesse crescente por questões ambientais, acompanhado por políticas de regulamentação energética e taxação sobre as emissões de carbono (que já afeta o setor de edificações nos países industrializados), empreendimentos além dos limites aceitáveis se tornam investimentos de risco. Nesse contexto, o Índice de Exposição de Carbono, definido pela razão entre um valor referencial de emissões (associado à demanda energética) e a quantidade produzida pelo edifício caracteriza um fator de risco dos empreendimentos do setor das edificações.

Na medida em que o uso de indicadores de impacto ambiental se torna mais popular, aumenta a importância e o interesse pela incorporação do desempenho e da qualidade ambiental em projetos de edifícios. Mesmo nos países da Comunidade Europeia, onde o controle do impacto ambiental dos edifícios é mais rígido do que em qualquer outro lugar do mundo, o cumprimento de um limite de emissões de carbono é regulado indiretamente pelas normas de desempenho energético. Entretanto, a tributação direta sobre as emissões, nesses países, é uma simples questão de tempo. É bem provável que as pressões globais sobre o impacto ambiental dos edifícios leve à incorporação de índices como o de exposição de carbono também nos sistemas de certificação.

Referindo-se a estímulos para a criação de edifícios de melhor desempenho ambiental, além das vantagens econômicas da redução da demanda energética e da maior competitividade de mercado, outro fator determinante é a infraestrutura urbana. Os riscos trazidos pelas incertezas e deficiências da infraestrutura urbana, envolvendo o fornecimento de energia e outros serviços básicos, nas grandes cidades do mundo que passam por um processo acelerado de crescimento e transformação, levantam preocupações sobre as possibilidades de uso e o valor dos edifícios.

Embora a redução do consumo de energia e das consequentes emissões de carbono do setor das edificações seja um objetivo global, os processos e meios adotados por cada país não são necessariamente os mesmos. Diferentes graus de desenvolvimento urbano e socioeconômico vão incorrer em diferentes estratégias. Como regra geral, os países em desenvolvimento e de economia emergente, de acelerado crescimento urbano e populacional, ainda possuem um consumo relativamente baixo de energia *per capita*, diferente dos países industrializados (Unep, 2011b), ou seja, é praticamente inevitável que o crescimento dessas cidades e países conduzirá a um aumento vertiginoso da demanda energética sobre a infraestrutura urbana.

A exigência de investimento em infraestrutura não deixa de ser uma oportunidade para a implementação de energias renováveis na matriz energética, contribuindo para a minimização do impacto ambiental associado à energia consumida pelos edifícios em uso. No entanto, essa ação não elimina a importância de edifícios mais eficientes, tendo em vista as pressões do crescimento urbano sobre a oferta da energia.

Em teoria, enquanto o setor público tem a missão de focar no *esverdeamento* da energia ofertada, o setor privado se protege investindo na redução da demanda. O incentivo à indústria dos edifícios de melhor desempenho ambiental não deixa de ser, contudo, de particular interesse do setor público, que se beneficia da diminuição da demanda energética sobre a infraestrutura.

Em um país como o Brasil, em que a base da energia elétrica que abastasse os edifícios ainda é predominantemente de baixo impacto ambiental (EPE, 2012), o fator de risco embutido no problema das emissões de carbono é, indiscutivelmente, bem menor do que na grande maioria dos países industrializados e outras economias emergentes, cuja matriz energética é bem mais poluente. No caso brasileiro, marcado pelo rápido crescimento do setor das edificações, os riscos associados à infraestrutura é um fator de maior peso no incentivo a projetos de melhor desempenho e qualidade ambiental do que a taxação sobre as emissões.

Com respeito à prática de projeto no cenário brasileiro, é provável que se veja, em um futuro próximo, uma interação maior entre os sistemas de climatização e o projeto arquitetônico do que aquela vista na prática convencional das últimas décadas. Interação essa propiciada por um conjunto de fatores, incluindo a força externa de pressões globais, o crescente interesse mercadológico, a influência de medidas públicas e, ainda, a entrada de profissionais do exterior, de atuação internacional, nas equipes de projeto do mercado local.

No entanto, uma mudança que envolva a renovação dos princípios, valores e metas do projeto, como proposto nesta publicação, requer mais do que uma influência de processos e tecnologias que promovam o desempenho ambiental dos edifícios. Trata-se de uma mudança de mentalidade a ser implantada por profissionais preparados para demonstrar para um mercado mais visionário e interessado em edifícios melhores (ainda em formação) as possibilidades de um futuro de menor consumo de energia, melhor qualidade ambiental e mais valor, realizado na forma de edifícios mais adequados ambientalmente.

Referências bibliográficas

EPE - EMPRESA DE PESQUISA ENERGÉTICA. Ministério de Minas e Energia. *Balanço energético nacional 2012:* Ano-base 2011. Rio de Janeiro: EPE, 2011. 266 p. Disponível em: <http://ben.epe.gov.br/downloads/Relatorio_Final_BEN_2012.pdf>. Acesso em: 30 mar. 2012.

HOUSER, T. The economics of energy efficiency in buildings. *Policy Brief*, Washington, n. pb09-17, 2009. Peterson Institute for International Economics. Disponível em: <http://www.www.piie.com/publications/pb/pb09-17.pdf>. Acesso em: 30 jun. 2010.

INMETRO - INSTITUTO NACIONAL DE METROLOGIA, QUALIDADE E TECNOLOGIA. Ministério do Desenvolvimento, Indústria e Comércio Exterior. Portaria n. 50 de 01 de fevereiro de 2013. Requisitos de avaliação da conformidade para a eficiência energética de edificações. 2013. Disponível em: <http://www.inmetro.gov.br/legislacao/rtac/pdf/RTAC001961.pdf>. Acesso em: 30 mar. 2014.

LOFTNESS, V., HARTKOPF, V.; GURTEKIN, B. *Linking energy to health and productivity in the built environment.* 2003 Disponível em: <http://www.usgbc.org/Docs/Archive/MediaArchive/207_Loftness_PA876.pdf>. Acesso em: 20 jun. 2010.

NICOL, J. F.; HUMPHREYS, M. A. Adaptive thermal comfort and sustainable thermal standards for buildings. *Energy and Buildings*, v. 34, n. 6, p. 563-572, 2002.

UNEP - UNITED NATIONS ENVIRONMENTAL PROGRAMME. Buildings: investing in energy and resource efficiency. In: *The Green Economy Report.* 2011a. Disponível em: <http://www.unep.org/greeneconomy/>. Acesso em: 14 jun. 2011.

UNEP - UNITED NATIONS ENVIRONMENTAL PROGRAMME. Cities: investing in energy and resource efficiency. In: *The Green Economy Report.* 2011b. Disponível em: <http://www.unep.org/greeneconomy/>. Acesso em: 14 jun. 2011.

UNEP - UNITED NATIONS ENVIRONMENTAL PROGRAMME; SBCI - SUSTAINABLE BUILDINGS AND CONSTRUCTION INITIATIVE. *Assessment of policy instruments for reducing greenhouse gas emissions from buildings.* Budapest: UNEP; SBCI; Central European University, 2007. Disponível em: <http://www.greeningtheblue.org/.../AssessmentofPolicyInstruments_0.pdf>. Acesso em: 20 nov. 2010.

WBCSD - WORLD BUSINESS COUNCIL FOR SUSTAINABLE DEVELOPMENT. *Energy efficiency in buildings:* transforming the market. WBCSD. Geneva, 2009. Disponível em: <http://www.epe-asso.org/even/91719_EEBReport_WEB.pdf>. Acesso em: 30 nov. 2010.

Sobre os autores

Joana Carla Soares Gonçalves

É arquiteta e urbanista pela Universidade Federal do Rio de Janeiro, UFRJ (1993), e professora associada da Faculdade de Arquitetura e Urbanismo da Universidade de São Paulo (FAU-USP), onde atua no Departamento de Tecnologia da Arquitetura e no Laboratório de Conforto Ambiental e Eficiência Energética (Labaut) desde 1993. Foi professora orientadora do Programa de Pós-Graduação Sustainable Environmental Design da Architectural Association (AA) School of Architecture de 2009 a 2012. Atualmente, é professora visitante do SED/AA. Em 2011, foi professora visitante na Graduate School of Design (GSD), da Universidade de Harvard. Desde 2015 é professora visitante da Faculty of Architecture and the Built Environment da University of Westminster, em Londres. Em 2011, atuou como coordenadora da consultoria de ecoeficiência do projeto de expansão do Centro de Pesquisas da Petrobras, no Rio de Janeiro. Participou da coordenação do documento *The green economy report*, produzido pela Unep em 2011. É autora do livro *The environmental performance of tall buildings* (2010).

Klaus Bode

Graduado em Engenharia de Sistemas Prediais e Desempenho Ambiental pela University of Bath (1987). De 1987 a 1995, integrou a equipe da empresa J. Roger Preston & Partners, quando participou do projeto da sede do Commerzbank, em Frankfurt am Main, na Alemanha. Em 1995, fez parte do grupo fundador da empresa de engenharia e consultoria ambiental BDSP Partnership, em Londres, com sede em Belgrado e em São Paulo. No BDSP Partnership, Klaus se estabeleceu internacionalmente no campo da eficiência energética e do desempenho ambiental de edificações e áreas urbanas, tendo participado dos projetos National Assembly for Wales, em Cardiff, com Richard Rogers Partnership; Columbia University Master Plan, em Nova York, com Renzo Piano Building Workshop; Università Commerciale Luigi Bocconi, em Milão, com Grafton Architects; London 2012 Velodrome, com Hopkins Architects; One Airport Square, em Acra, Gana, com Mario Cucinella Architetto; entre outros. Em 2012, participou da fundação da empresa Chapman BDSP, na qual atua no projeto de renovação da Battersea Power Station, em Londres e em outros projetos do cenário internacional. Desde 2005, faz parte do corpo docente do Programa de Pós-Graduação Environment and Energy, da AA School of Architecture, em Londres.

Leonardo Marques Monteiro

Professor doutor do Departamento de Tecnologia da FAU-USP. Autor da tese de doutorado *Modelos preditivos de conforto térmico: quantificação de relações entre variáveis microclimáticas e de sensação térmica para avaliação e projeto de espaços abertos*. Assessor *ad hoc* da Fundação de Amparo à Pesquisa do Estado de São Paulo (Fapesp). *Fellow* do Precourt Energy Efficiency Center, da Stanford University. Membro do Programa Ibero-americano de Ciência e Tecnologia para o Desenvolvimento (CYTED). Coordenador dos projetos "Conforto termoacústico em espaços urbanos abertos" e "Termoacústica urbana", financiados pelo Conselho Nacional de Desenvolvimento Científico e Tecnológico (CNPq). Pesquisador do Núcleo de Apoio à Pesquisa (NAP) "Biometeorologia humana" (IAG, FM, EP, FAU-USP). Revisor dos periódicos *Building and environment, Climate research, Hábitat sustentable* e *Ambiente construído*.

Leonardo Bitencourt

Possui graduação em Arquitetura e Urbanismo pela Universidade Federal de Pernambuco, UFPE (1977), e doutorado em Environment and Energy Studies pela AA School of Architecture (1993). Atualmente, é professor da Universidade Federal de Alagoas (UFAL), onde atua no Programa de Pós-Graduação em Arquitetura e Urbanismo. Tem experiência em projetos e pesquisas em Arquitetura e Urbanismo e possui publicações sobre questões relacionadas à Sustentabilidade Ambiental e Eficiência Energética em Edificações.

Mônica Pereira Marcondes Cavaleri

Arquiteta e urbanista pela FAU-USP (2002), mestre em Environment and Energy Studies pela AA School of Architecture (2004) e doutora pela FAU-USP (2010). Pós-doutoranda do Labaut (FAU-USP) no projeto "Edificação e desenho urbano com adensamento e qualidade ambiental" (PNPD-Capes). Coautora do artigo "The new research centre ofthe Brazilian Petroleum Company in Rio de Janeiro, Brazil: the achievements in the thermal performance of air-conditioned buildings in the tropics", publicado pela *Energy and Buildings*, em 2008. Consultora em Conforto Ambiental para o projeto vencedor do Concurso Internacional para o Museu Exploratório de Ciências da Universidade Estadual de Campinas (Unicamp), de CHN Arquitetos (2009).

João Oliveira Cotta

Graduado em Arquitetura pela Pontifícia Universidade Católica de Campinas, PUC-Campinas (2008), e mestre (com distinção) em Sustainable Environmental Design pela AA School of Architecture (2012). Em 2009, tornou-se sócio do escritório Oliveira Cotta Arquitetura, cuja prática é voltada para as áreas de P&D, Indústria e Tecnologia. Em seu portfólio, destacam-se o novo centro de P&D da empresa Siemens na Ilha do Fundão, no Rio de Janeiro (certificação LEED Gold), o centro de Inovação da DuPont do Brasil e a nova indústria química do grupo alemão Freudenberg.

João Leal Vieira

Graduado em Arquitetura e Urbanismo pela FAU-USP (2006) e mestre em Sustainable Environmental Design pela AA School of Architecture (2011). Foi coordenador de projetos e produtos da empresa Racional Engenharia (2007-2010) e atualmente é consultor ambiental da empresa BDSP Brasil, na qual se dedica a projetos urbanos e de edificações, entre eles a nova sede da Natura em São Paulo, edifícios corporativos e *retrofits*. É professor de Conforto Ambiental e Projeto de Arquitetura na FMU (FIAM-FAAM).

Alberto Hernandez Neto

Graduado em Engenharia Mecânica (1988), doutor (1998) e livre-docente pela Escola Politécnica da Universidade de São Paulo, Poli-USP (2009). Atua no Departamento de Engenharia Mecânica, desenvolvendo pesquisas voltadas para a área de climatização e refrigeração com ênfase em eficiência energética, modelagem e simulação de sistemas de refrigeração e ar condicionado. Autor de mais de cem artigos em periódicos e congressos nacionais e internacionais. Membro da ABCM (Associação Brasileira de Ciências Mecânicas) e da Anprac (Associação Nacional de Profissionais de Refrigeração, Ar Condicionado, Ventilação e Aquecimento).

Vanessa Gomes Silva

Graduada em Arquitetura e Urbanismo pela Universidade Federal do Espírito Santo, UFES (1993), com mestrado (1998) e doutorado em Engenharia Civil pela Poli-USP (2003). Professora associada livre-docente (2010) da Unicamp, com experiência em Projeto e Construção Sustentável e Avaliação Ambiental de Edifícios. *Fullbright fellow* na Harvard University (2014) e University of Pittsburgh (2010), bolsista Capes para estudos de pós-doutoramento na University of Pittsburgh, na Carnegie Mellon University (2010-2011) e na SBSE Jeffrey Cook Scholar (2010). Vice-presidente da International Initiative for a Sustainable Built Environment (2011-2013). Coordenadora regional (Américas) da Comissão de Trabalho W116 (Smart and sustainable built environments), do International Council for Research and Innovation in Building and Construction (CIB), e assessora *ad hoc* do Programa Ambiental das Nações Unidas (PNUMA) e do Banco Interamericano de Desenvolvimento (BID), entre outros.

Maristela Gomes da Silva

Graduada em Engenharia Civil pela UFES (1988), com mestrado (1993) e doutorado (1998) em Engenharia Civil pela Poli-USP, pós-doutorado em Engenharia Civil e Ambiental pela University of Pittsburgh (2011) e em Arquitetura e Construção pela Unicamp. Foi coordenadora do Programa de Pós-Graduação em Engenharia Civil (1998-2000), diretora do Centro Tecnológico (2000-2008) da UFES, professora visitante no Department of Civil and Environmental Engineering da University of Pittsburgh (2010-2011), pesquisadora associada do Mascaro Center for Sustainable Innovation da mesma Universidade (2010-2011), professora convidada da Carnegie Mellon University (2010) e coordenadora do curso de Graduação em Engenharia Civil da UFES (2011-2012). É professora associada do Departamento de Engenharia Civil da UFES, membro especialista do Comitê Consultivo do Fundo de Tecnologia do BNDES, membro do corpo de revisores dos periódicos *Ambiente construído, Smart and sustainable built environment journal* e *Revista Ibracon de Estruturas e Materiais*. Tem experiência na área de Engenharia Civil, com ênfase em materiais e componentes de construção civil, atuando, principalmente, nos temas de reciclagem de resíduos industriais, escórias siderúrgicas, cimentos, concreto, durabilidade, indicadores de sustentabilidade, análise do ciclo de vida, emissões de GHG, redução de impactos ambientais de materiais de construção, construção sustentável e construção civil.

Denise Duarte

Professora doutora da FAU-USP, orientadora da Pós-Graduação e bolsista de Produtividade em Pesquisa (PQ) 2 do CNPq. Atualmente é vice-chefe do Departamento de Tecnologia da Arquitetura e coordenadora do Labaut (FAU-USP). É pesquisadora do Núcleo de Apoio à Pesquisa em Mudanças Climáticas (IAG-USP), revisora dos periódicos *Enegy policy*, *Portafolio*, *Ambiente construído*, *Oculum*, *Parc* e *Pós*. É assessora *ad hoc* Fapesp, CNPq e Capes e membro do Plea Board (Passive and Low Energy Architecture). Pesquisa o impacto da vegetação e do adensamento nos microclimas urbanos no cenário atual e o impacto de mudanças climáticas.

Marcelo R. A. F. Mello

Graduado em Engenharia Civil pela Poli-USP (2008) e em Arquitetura e Urbanismo pela Universidade Presbiteriana Mackenzie (2009). Mestre em Sustainable Environmental Design pela AA School of Architecture (2012). Trabalhou na Ycon Engenharia como engenheiro estrutural. Atua como tutor no Centro Brasileiro de Construções em Aço e como consultor de Eficiência Energética da empresa Centro de Tecnologia de Edificações (CTE).

Anna Christina Miana

Graduada em Arquitetura e Urbanismo pela Universidade Federal de Minas Gerais, UFMG (2000). Especialista em Conforto Ambiental e Eficiência Energética pela FAU-USP (2003). Mestre em Tecnologia da Arquitetura e Urbanismo pela Escola de Engenharia de São Carlos da USP (2005). Doutora em Tecnologia da Arquitetura e Urbanismo pela FAU-USP (2010), com pós-doutorado na mesma instituição (2012). Atualmente é docente do Instituto Metodista Izabela Hendrix, atuando no curso de Arquitetura e Urbanismo e professora visitante do Departamento de Urbanismo da Faculdade de Arquitetura e Urbanismo da UFMG.

Marcos Lima Rosa

Graduado em arquitetura e urbanismo pela FAU-USP (2004). Aluno do Programa de Doutorado da Technische Universität München (TUM). Autor do livro *Microplanejamento, práticas urbanas criativas* (2011) e editor do livro *Handmade urbanism* (2013). Lecionou na TUM em 2008, na Escola da Cidade (São Paulo) em 2009, e em ETH (Zurique) de 2010 a 2011. Criou e coordenou a plataforma de pesquisa do Deutsche Bank Urban Age Award (2008-2012), do qual foi curador em duas edições, além de conceitualizar a plataforma de mapeamento colaborativo no Rio de Janeiro (2013). Seu trabalho aborda sobreposições possíveis entre a teoria e prática por meio de investigação e *design* em trabalhos de pesquisa e estúdios colaborativos.

Carlos Eduardo Soares Gonçalves

Graduado em Engenharia de Produção pela Poli-USP (1997), com mestrado e doutorado em Economia pela Faculdade de Economia e Administração da Universidade de São Paulo, FEA-USP (2003). Participou do Programa de Doutorado Sanduíche na Boston University (2001) e fez pós-doutorado na London School of Economics, LSE (2009). Atualmente é professor Titular da FEA-USP. Suas áreas de pesquisa são Macroeconomia, Economia Política e Desenvolvimento Econômico. É coautor dos livros *Economia sem truques* (2008) e *Sob a lupa do economista* (2009), ambos publicados pela parceria Campus-Elsevier.

Anésia Barros Frota

Possui graduação em Arquitetura e Urbanismo pela Universidade de Brasília, UNB (1969), mestrado em Arquitetura e Urbanismo pela FAU-USP (1983) e doutorado em Arquitetura e Urbanismo pela mesma instituição (1989). É professora doutora da FAU-USP (aposentada em 2011). Professora visitante na Universidade de Lisboa em 2004. Fundadora da empresa de consultoria em desempenho ambiental da arquitetura, A. R. Frota Arquitetura SS Ltda., atuando em projetos no setor público e privado. Consultora *ad hoc* da Universidade Estadual de Maringá, da Universidade Estadual de Londrina e da Fapesp. Coautora do livro *Manual de conforto térmico* (2006), publicado pela editora Studio Nobel, e autora do livro *Geometria da insolação* (2004), publicado pela editora Geros. Tem experiência na área de Arquitetura e Urbanismo, com ênfase em conforto térmico, atuando principalmente nos temas: conforto ambiental, ventilação natural, conforto térmico, iluminação externa e mudança climática.

Alessandra Rodrigues Prata Shimomura

Possui graduação em Arquitetura e Urbanismo pela PUC-Campinas (1993), mestrado em Engenharia Civil pela Universidade Estadual de Campinas, Unicamp (1998), doutorado em Arquitetura e Urbanismo pela FAU-USP (2005), com estágio no Laboratório Nacional de Engenharia Civil (LNEC), em Lisboa, Portugal, e pós-doutoramento em Arquitetura e Urbanismo pela FAU-USP (2009 e 2010). Atualmente é Jovem Pesquisadora do Departamento de Arquitetura e Construção da Faculdade de Engenharia Civil, Arquitetura e Urbanismo (Unicamp) e Pesquisador/Colaborador do Departamento de Arquitetura e Construção (FEC-Unicamp) no Laboratório de Conforto Ambiental e Física Aplicada (Lacaf). Assessora *ad hoc* da Fapesp.

Norberto Corrêa da Silva Moura

Possui graduação em Arquitetura e Urbanismo pela FAU-USP (1981), especialização em Conforto Ambiental e Conservação de Energia pela FAU-USP/Fupam (2001) e doutorado em Arquitetura e Urbanismo, pela mesma instituição, na área de Tecnologia da Arquitetura (2007). Professor doutor na FAU-USP desde 2008, integra o Conselho do Departamento de Tecnologia desde março de 2011. Foi coordenador do grupo de disciplinas de Metodologia no Departamento de Tecnologia de julho de 2011 a junho de 2013 e membro titular do Conselho Deliberativo Nutau-USP de dezembro de 2009 a dezembro de 2010. Atua nas linhas de pesquisa Tecnologia Digital de Produção e Ensino da Arquitetura, do Urbanismo e do Design, com ênfase na Modelagem da Informação da Construção (BIM) e conforto ambiental, eficiência energética e ergonomia, com foco em iluminação natural. Coautor do artigo "BIM implementation: an experiment integrating practice, theory and didactic", publicado nos anais do *1st BIM International Conference 2013.*

Erica Mitie Umakoshi Kuniochi

Graduada em Arquitetura e Urbanismo (2004) e doutora pela FAU-USP (2014). Atualmente é pesquisadora do Labaut (FAU-USP) e consultora na área de desempenho ambiental e energético de projetos de arquitetura e urbanismo. É coautora do livro *The environmental performance of tall buildings* (2010), publicado pela EarthScan (Londres).

Anne Save de Beaurecueil

Arquiteta pela California Polytechnic State University (1993), com especialização em Urban Architecture pela École d'Architecture de Paris (1994) e mestre em Advanced Architectural Design pela Columbia University GSAPP (1998). Foi docente da AA School of Architecture entre 2005 e 2010 (Diploma Unit 2) e, em 2013, professora visitante na Faculdade de Arquitetura da Unicamp. Atuou no escritório de arquitetura Zaha Hadid, em Londres, entre 1994 e 1997, no escritório TR Hamzah and Ken Yeang Architects, em Kuala Lumpur, entre 1996 e 1997 e no escritório Bernard Tschumi Architects, em Nova York e Paris, entre 1998 e 2003. Cofundadora do escritório de arquitetura SUBdV Architecture, sediado em São Paulo, cujo portfólio inclui os projetos das Lojas Clarindo e do Instituto Escola do Povo, na Comunidade de Paraisópolis (UMCP), ambos no bairro do Morumbi, em São Paulo.

Franklin Lee

Graduado em Arquitetura pela AA School of Architecture (1995) e mestre em Advanced Architectural Design pela Columbia Graduate School of Architecture, Planning and Preservation, GSAPP (2001). Professor adjunto da Columbia University (GSAPP), em Nova York, entre 2003 e 2005. Docente da AA School of Architecture entre 2005 e 2010 (Diploma Unit 2). Atuou no escritório de arquitetura TR Hamzah and Ken Yeang Architects, em Kuala Lumpur, entre 1996 e 1997 e no escritório Beyer Blinder Belle Architects Planners, em Nova York, entre 1997 e 2000. Cofundador do escritório de arquitetura SUBdV Architecture.

Monica Dolce Uzum

Arquiteta e urbanista pelo Centro Universitário Belas Artes (2004) e tecnóloga em Construção Civil (na moradia de edifícios) pela Fatec-SP (1999). Mestre pela FAU-USP (2011) e aluna do Programa de Doutoramento da mesma instituição. Desde 2012, é professora do Centro Universitário Metodista do Sul, onde atua nos cursos de Arquitetura e Urbanismo e Design de Interiores e coordena o Laboratório de Conforto Ambiental. Trabalhou em projetos de urbanização de favelas e de unidades habitacionais junto à Secretaria de Habitação da cidade de São Paulo e ao CDHU entre 1999 e 2009.

Joanna Perez Conceição

Graduada em Arquitetura e Urbanismo pela FAU-USP (2008) e mestre em Sustainable Environmental Design pela AA School of Architecture (2010). Integrou a equipe de arquitetos do escritório paulista Aflalo & Gasperini entre 2008 e 2009 e a da Orbi Projetos e Resultados em 2009. Desde 2011, atua como consultora de desempenho ambiental na empresa inglesa BDSP Partnership (Chapman BDSP desde 2012), onde participou dos projetos da Universidad de Ingeniería y Tecnología (Utec), em Lima, da Battersea Powerstation Phase 2 e da London Bridge Residential Tower, em Londres, entre outros.

Sandra Mayumi Morikawa

Graduada em Arquitetura e Urbanismo pela FAU-USP (2008) e mestre em Sustainable Environmental Design pela AA School of Architecture em 2012. Sócia do escritório JBMC Arquitetura e Urbanismo desde 2009. Em seu portfólio, destacam-se as obras da Estação e Passarela Cidade Nova, inaugurada (2010), e da Estação Uruguai (2014), ambas no Rio de Janeiro (RJ).

Roberta Consentino Kronka Mulfarth

Graduada em Arquitetura e Urbanismo pela FAU-USP (1994), mestre em Energia pelo IEE-USP (1998) e doutora em Estruturas Ambientais Urbanas pela FAU-USP (2002). Professora da FAU-USP no Departamento de Tecnologia da Arquitetura e do Urbanismo desde 2006 e atual coordenadora do grupo de disciplinas de Conforto Ambiental. Desenvolve pesquisas com enfoque no conforto ergonômico e comportamento. Participa da pesquisa *Ecocampus* da Rede de Universidades WC2, que reúne pesquisadores da USP, Technischen Universität de Berlin (TU-Berlim), Universidad Autónoma Metropolitana (UAM), Politecnico di Milano, entre outras.

Maria Ruth Amaral de Sampaio

Socióloga, professora titular do Departamento de História da Arquitetura e Estética do Projeto e das áreas de concentração Hábitat e História e Fundamentos da Arquitetura e do Urbanismo, do Programa de Pós-Graduação da FAU-USP. Foi diretora da FAU-USP entre dezembro de 1998 e dezembro de 2002. Atualmente pertence ao Laboratório de Fundamentos da Arquitetura e do Urbanismo (Labfau) e do grupo de pesquisa "Os estrangeiros e a construção da cidade". Faz parte do programa da Unesco "Profissionais da cidade", cujo objetivo é incentivar as relações da universidade com a sociedade. É autora de vários livros, entre os quais *Casas proletárias em São Paulo* (1994), em coautoria com o arquiteto Carlos Lemos, *Habitação e cidade* (1998) e *A promoção privada de habitação econômica e arquitetura moderna 1930-1964* (2002).

Karina Cavalcante de Oliveira

Possui graduação em Engenharia Civil pela Universidade Federal de Mato Grosso do Sul, UFMS (2010). Aluna de mestrado na área de Engenharia de Construção Civil e Urbana (Poli-USP). Entre 2011 e 2012, atuou na empresa PhD Engenharia Ltda. Sua área de atuação é Materiais de Construção Civil, principalmente ligados ao concreto armado, e sua linha de pesquisa é Concreto com adições de fibras de aço.

Annarita Buoro

Graduada em Arquitetura e Urbanismo pela FAAP (1997), especialista em Conforto Ambiental e Eficiência Energética pela FAU-USP (2003) e mestre pela mesma instituição (2008). Atualmente, é aluna do Programa de Doutorado da Poli-USP, na Faculdade de Engenharia Mecânica. É professora da disciplina Conforto Ambiental do curso de Arquitetura e Urbanismo do Centro Universitário Senac-SP e da Escola da Cidade, onde atua nos respectivos laboratórios de Conforto Ambiental. Participou de projeto de pesquisa em Eficiência Energética no Grupo de Energia (Gepea) do Departamento de Engenharia de Energia e Automação Elétricas da Poli-USP entre 2012 e 2013 e do Labaut (FAU-USP) de 2004 a 2008. Também atua junto à Fundação Carlos Alberto Vanzolini com projetos de certificação Aqua e PBE Edifica. Possui menção honrosa no concurso da Estação Antártica Brasileira (2013) e no concurso da Holcim Awards Latin America em 2008.

Roberto Lamberts

Possui graduação em Engenharia Civil pela Universidade Federal do Rio Grande do Sul (1980), mestrado em Engenharia pela UFRGS (1983) e doutorado em Civil Enginering pela University of Leeds (1988). É professor titular da Universidade Federal de Santa Catarina (UFSC). É supervisor do Laboratório de Eficiência Energética em Edificações na UFSC; coeditor do periódico *Ambiente construído*; membro do comitê editorial do periódico *Journal of Building Performance Simulation*, das associações científicas Antac (na qual participou da diretoria por vários mandatos), Conselho Brasileiro para a Construção Sustentável (CBCS) e Associação Internacional para a Simulação do Desempenho de Edificações (IBPSA). É membro do Grupo de Trabalho (GT) e da Secretaria Técnica (ST) de Edificações do MME, Ministério de Minas e Energia do Governo Federal do Brasil, apoiando o desenvolvimento da etiquetagem de eficiência energética em edificações. Atua na área de Engenharia Civil, com ênfase em eficiência energética, desempenho térmico de edificações, bioclimatologia e conforto térmico.

Veridiana Atanasio Scalco

Graduada em Arquitetura e Urbanismo (2003), mestre em Arquitetura (2006) e doutora em Engenharia Civil (2010) pela UFSC. Tem experiência na área de Arquitetura e Urbanismo, com ênfase em conforto ambiental e eficiência energética de edificações, atuando nos seguintes temas: projeto arquitetônico e urbanístico, simulação computacional e educação a distância. Atualmente é pesquisadora do LabEEE, coordenadora do Núcleo de Edificações Comerciais, de Serviços e Públicas do Centro Brasileiro de Eficiência Energética em Edificações (CB3E) e membro da ST-Edificações do MME, coordenada pela Eletrobras, apoiando o desenvolvimento da etiquetagem de eficiência energética em edificações.

Michele Fossati

Graduada em Engenharia Civil (2001), mestre em Engenharia de Produção (2004) e doutora em Engenharia

Civil (2008) pela UFSC, com pós-doutorado nas áreas de Ecoeficiência de Edificações (2009) e Desenvolvimento de Regulamento de Eficiência Energética de Edificações Residenciais (2013) pelo LabEEE-UFSC. Atualmente é pesquisadora do LabEEE, coordenadora do Núcleo de Edificações Residenciais do CB3E e membro da ST-Edificações do MME, apoiando o desenvolvimento da etiquetagem de eficiência energética em edificações.

María Andrea Triana Montes

Graduada em Arquitetura pela Universidad del Valle (1997), em Cali, Colômbia, e mestre em Arquitetura e Urbanismo pela UFSC (2005). Atualmente é pesquisadora na área de Eficiência Energética (LabEEE). Tem experiência em Arquitetura com ênfase em projetos de edificações, atuando principalmente nos seguintes temas: sustentabilidade, eficiência energética, desempenho térmico, metodologias de avaliação ambiental de edificações e habitações de interesse social.

Rogério de Souza Versage

Graduado em Arquitetura e Urbanismo pela UFMS (2006) e mestre em Comportamento Ambiental e Eficiência Energética em Edificações pelo Programa de Pós-Graduação em Arquitetura da UFSC (2009). Atualmente é aluno de doutorado do Programa de Pós-Graduação em Engenharia Civil da UFSC. Tem experiência na área de desempenho térmico e eficiência energética de edificações, atuando principalmente com simulação computacional de desempenho termoenergético de edificações naturalmente ventiladas.

Sandro Tubertini

Graduado em Arquitetura e Urbanismo pela FAU-USP (2004) e mestre em Sustainable Environmental Design pela AA School of Architecture, de Londres, em 2006. No mesmo ano, ingressou na ChapmanBDSP (antiga BDSP Partnership) e desde 2011 é diretor da empresa BDSP Brasil, em São Paulo, atuando em projetos urbanos e de edificações, entre eles a nova sede da Natura em São Paulo, edifícios corporativos e *retrofits*.

Simos Yannas

Diretor do Programa de Pós-graduação Environment and Energy Studies da AA School of Architecture, em Londres, e coordenador do curso de mestrado em Sustainable Environmental Design e do Programa de Doutorado em Arquitetura. Estudou Arquitetura na National Technical University of Athens, na Grécia, e Projeto Ambiental na AA School of Architecture. Recebeu o título de *professor* pela AA Graduate School e Open University Research School. Palestrante convidado em mais de 30 países. Nomeado Sir Isaac Newton Design Fellow da University of Cambridge em 2008. Membro fundador da organização Plea. Coautor do livro *Em busca de uma arquitetura sustentável para os trópicos*, publicado pela Editora Revan, em 2003. Seu livro mais recente, *Lessons from vernacular architecture*, foi publicado pela editora Earthscan/Routledge em 2014.

Gustavo Brunelli

Graduado em Arquitetura e Urbanismo pela FAU-USP (2003) e mestre em Environment and Energy Studies pela AA School of Architecture (2004). Consultor associado da empresa inglesa de engenharia e consultoria BDSP Partnership (desde 2013, ChapmanBDSP). Atua na BDSP Partnership desde 2005 como consultor em desempenho ambiental de edifícios e projetos urbanos, tendo participado de projetos ícones no contexto internacional, como a Assembleia do País de Gales, em Cardiff, a New Student Union da London School of Economics (LSE), em Londres, e o Velódromo das Olimpíadas de Londres de 2012.

Rosa Schiano-Phan

Graduada em Arquitetura pela Facoltà di Architettura dell'Università degli Studi di Napoli "Federico II" (1997), mestre em Architecture, Energy and Sustainability pela University of North London (2000) e PhD pela AA School of Architecture (2005). Desde 2013, é principal lecturer em Architecture and Environmental Design, na Faculty of Architecture and the Built Environment da University of Westminster. Possui 15 anos de experiência em consultoria e pesquisa na área de desempenho ambiental do ambiente construído, tendo trabalhado em organizações de atuação internacional. Foi docente e orientadora no Programa de Mestrado em Sustainable Environmental Design da AA School of Architecture, entre 2010 e 2013, e contribuiu para o Programa de Doutorado em Environment and Energy Studies da mesma instituição. É codiretora da empresa Natural Cooling Limited e coautora do livro *The architecture and engineering of downdraught cooling*, publicado em 2010 e premiado pelo Royal Institute of British Architects com a menção honrosa RIBA President's Awards for Research em 2011.

Nick Baker

Graduado em Física pela London University em 1964, com PhD pela mesma instituição em 1968, com atuação marcante na área de desempenho ambiental da arquitetura. Professor e pesquisador do Departamento de Arquitetura da Cambridge University entre 1985 e 2005, com trabalhos na área de simulação computacional de desempenho ambiental e energético de edifícios, iluminação natural e conforto térmico. Atualmente faz parte do corpo docente do curso de mestrado Sustainable Environmental Design, da AA School of Architecture e do Centro de Tecnologias Alternativas (Centre for Alternative Technology), na University of East London. Autor de uma série de livros e artigos sobre esses temas, sendo a sua publicação mais recente *The handbook of sustainable refurbishment*, publicado pela Earthscan em 2009.

Paula Cadima

Arquiteta pela Universidade Técnica de Lisboa (1985) e doutora pela AA School of Architecture (2000). Exerce atividade profissional e científica na área da sustentabilidade ambiental há mais de 25 anos. Lecionou na AA School of Architecture de 1994 a 1999, para onde voltou em 2010, e na Faculdade de Arquitectura da Universidade Técnica de Lisboa de 2001 a 2005, onde criou e coordenou o curso de mestrado em Arquitetura Bioclimática. Atuou na Comissão Europeia em Bruxelas entre 2005 e 2009, orientando projetos europeus na promoção da eficiência energética, energias renováveis e investigação de nível internacional em áreas emergentes, e desde então tem experiência como *European Community Expert*. Foi responsável pelo GT Ambiente e Arquitetura Sustentável do Conselho dos Arquitetos Europeus em 2009. É presidente da organização internacional Plea desde 2011 e codiretora do Programa de Pós-Graduação Environment and Energy da AA School of Architecture, em Londres, desde 2012.

Jorge Rodríguez Álvarez

Arquiteto e urbanista pela Universidade da Coruña, UDC (2003), mestre em Building Conservation and Urban Regeneration pela Universidade de Santiago de Compostela, USC (2006), e em Sustainable Environmental Design (com distinção) pela AA School of Architecture (2008). Doutor pela UDC (2014) e pesquisador visitante na UCL Bartlett entre 2012 e 2013. Desde 2008, leciona no programa de pós-graduação Environment and Energy, da AA School of Architecture, em Londres, no curso de mestrado Sustainable Environmental Design e no curso de Arquitetura e Urbanismo da ETSAC, na Espanha. Palestrante em um conjunto de universidades na Espanha e no exterior. Cofundador do escritório SAAI, especializado em projetos e consultoria para o desempenho ambiental, com trabalhos na Espanha, China, México e Costa Rica.

Miguel Aloysio Sattler

Graduado em Engenharia Civil pela Universidade Federal do Rio Grande do Sul, UFRGS (1974), e em Agronomia, pela mesma universidade em 1978. Doutor pela University of Sheffield (1987) e pós-doutor pela University of Liverpool (1994), no Reino Unido, ambos em Ciências Ambientais ligadas à Edificação. Foi pesquisador da Fundação de Ciência e Tecnologia (RS), entre 1978 a 1996, e desde 1988 é professor no Programa de Pós-Graduação em Engenharia Civil da UFRGS, onde hoje é professor associado. Possui experiência na área de Engenharia Civil com ênfase em edificações e comunidades sustentáveis, atuando em pesquisa, ensino e extensão com foco nos seguintes temas: sustentabilidade, construções sustentáveis, engenharia urbana sustentável, conforto ambiental e habitação popular. Foi presidente da Antac e iniciador da série de eventos sobre Conforto Ambiental e Edificações e Comunidades Sustentáveis. É autor do livro *Habitações de baixo custo mais sustentáveis: a Casa Alvorada e Centro Experimental de Tecnologias Habitacionais Sustentáveis* (2007) e organizador da publicação *Construção e Meio Ambiente*, (2006), ambos publicados pela Antac.

Charles Louis Harris

Graduado em Arquitetura pela University of Pennsylvania (2009) e mestre em Arquitetura pela Harvard University Graduate School of Design (2013). Integrou a equipe de arquitetos do escritório Adrian Smith and Gordon Gill, em Chicago, de maio de 2012 a agosto de 2012, onde participou do projeto Biophilic Tower, em Suzhou, na China, premiado em 2012 pelo American Architecture Awards. Desde 2013, atua no escritório Skidmore Owings and Merrill LLP, de Nova York.